U0772009

遗传学和发育生物学

GENETICS AND DEVELOPMENTAL BIOLOGY: CONCEPTS AND ANALYSIS

遗传学和发育生物学

GENETICS AND DEVELOPMENTAL BIOLOGY: CONCEPTS AND ANALYSIS

"101计划"核心教材
生物科学领域

主　编　许　田　金　力
副主编　吴晓晖
编　者　（以姓氏拼音为序）

曹　莹	曹云霞	陈大蔚	邓　恋
邓兴旺	丁志明	何光明	焦雨铃
金　力	蓝　斐	李关健	李　磊
李文轩	李永鑫	刘光慧	卢大儒
陆　艳	马仙珏	毛湛睿	孟安明
米　达	潘鹤龄	裴端卿	宋默识
孙　璘	唐鸿云	王　堃	王　文
魏　珂	吴晓晖	吴燕华	向卉芬
徐国良	徐书华	许　田	薛　雷
薛　天	杨　剑	杨雪艳	于文强
俞　强	袁钧瑛	张　博	张维绮
赵　峰	钟上威	朱洁滢	邹薇薇

中国教育出版传媒集团
高等教育出版社·北京

内容简介

本书分为导论、遗传学篇、发育生物学篇三部分。遗传学篇涵盖遗传基础和中心法则、遗传变异和重组、基因调控与表达、群体遗传选择和进化、人类遗传学和疾病、遗传筛选和模式生物、表型分析和突变分析、修饰基因遗传筛选、反向遗传学；发育生物学篇包括胚胎发育和形态发生、器官发育、神经发育、生殖细胞和性发育、植物发育、细胞命运分化和死亡、尺寸与生长调控、干细胞和再生、发育和衰老、发育和进化等。全书以生命科学研究案例导入知识点，简明扼要地介绍基本概念，重在遗传和发育的思路分析，凸显科学研究的源起和经历。本书还系统介绍了遗传学和发育生物学的研究进展，重点展示中国科学家的贡献。本书可作为各类高等院校生物科学类专业本科生的课程教材，也可供相关专业的研究生、科研人员和生物学爱好者参考使用。

封面图片说明： 前景为一只染色体插入 *piggyBac* 转座子载体的成年 FVB/Nj 小鼠及其子代，背景为非洲人特有单倍型 Y 染色体的进化系统树示意。*piggyBac* 转座子载体表达红色荧光蛋白标记基因，使携带载体的成年及子代小鼠在紫外光下发出明亮的红色荧光。（许田、金力、吴晓晖供图）。

图书在版编目（CIP）数据

遗传学和发育生物学 / 许田，金力主编；吴晓晖副主编. -- 北京：高等教育出版社，2025.9. -- ISBN 978-7-04-065274-1

Ⅰ. Q3；Q132

中国国家版本馆CIP数据核字第2025CN6168号

YICHUANXUE HE FAYUSHENGWUXUE

策划编辑	高新景　赵晓玉	开　　本	889mm×1194mm 1/16	
责任编辑	高新景　赵晓玉	印　　张	42	
封面设计	姜　磊　贺雅馨	字　　数	1120千字	
版式设计	王凌波　赵　阳	购书热线	010-58581118	
责任绘图	李沛蓉	咨询电话	400-810-0598	
责任校对	刘娟娟	网　　址	http://www.hep.edu.cn	
责任印制	张益豪		http://www.hep.com.cn	
		网上订购	http://www.hepmall.com.cn	
			http://www.hepmall.com	
出版发行	高等教育出版社		http://www.hepmall.cn	
社　　址	北京市西城区德外大街4号	版　　次	2025年9月第1版	
邮政编码	100120	印　　次	2025年10月第2次印刷	
印　　刷	北京中科印刷有限公司	定　　价	165.00元	

本书如有缺页、倒页、脱页等质量问题，请到所购图书销售部门联系调换

版权所有　侵权必究

物料号　65274-00

审图号　GS京（2025）1680号

数字资源

网上数字资源围绕纸质教材知识体系设计，充分体现学科知识的广度和深度，是纸质教材的有力拓展和补充。数字资源主要包括知识拓展、教学课件和参考文献等，内容丰富，形式多样，可供教师教学和学生参考。

使用方法

1. 电脑或移动设备访问新形态教材网。

abooks.hep.com.cn/65274

2. 注册并登录后，进入"个人中心"。

3. 刮开图书封底防伪码涂层，通过扫描二维码或手动输入20位密码，完成防伪码绑定。

4. 绑定成功后，即可开始学习。

如有使用问题，请点击页面下方的"疑问"按钮。

序

博大精深的生命科学

地球 46 亿年进化至今，生物可以说是最为复杂多样的存在，并在过去半个世纪成为科学世界最被广泛关注的研究对象。2005 年，《科学》周刊根据全球科学家的反馈，提出的 125 个悬而未决的基本科学问题中有一多半与生命科学直接相关，其中遴选出的 25 个特别关注里有 15 个是生物学问题。近 20 年过去了，新的知识、理论和技术不断涌现，给生物科学领域带来了深刻变革和巨大进步，然而之前提出的那些基本问题没有一个获得最终答案，很多甚至依旧在原地踏步。

与物理、化学等学科相比，生物学有其鲜明的特点。目前阶段，生物学仍主要通过观察现象去理解机理，以实验科学和数据分析为主，还没有发展到从基本理论出发、推导结论的程度。可能也正因为如此，生物学是进入 21 世纪以来最活跃的研究领域，新问题、新突破层出不穷，也是学科交叉的汇聚焦点。面对新的机遇和挑战，如何培养能够引领未来、创造未来的拔尖人才？教育部 2023 年启动的基础学科系列"101 计划"就是为解决这一问题而实施的高校教育教学综合改革方案。

生物科学"101 计划"的专家委员会通过分析近年来生物科学各领域的深刻变革，以及社会发展对生命科学人才培养的新要求，提出了 11 门课程作为生物科学专业核心课程：普通生物学、生物化学、细胞与分子生物学、遗传学和发育生物学、生理学、微生物学、神经生物学、生物物理学、生物信息学、生态学、免疫生物学，并编写了一套具有鲜明特点的理论和实验教材。教材主编和参编者均为活跃在教学和科研第一线的学者，他们不仅在各自领域取得了出色的研究成果，而且积累了丰富的教学经验，从而保证了教材内容的准确性和教学适用性。本套教材有以下几个特点：

一是注重系统性和前沿性。全面梳理了生物学科知识模块，重构了核心知识框架；注重经典和前沿的融合，关注国际学术前沿和国家战略发展需求，突出学科交叉，更新迭代新知识、新内容。

二是注重深入浅出，启蒙创新思维。不仅清晰介绍知识点，更注重讲述科学发现背后的逻辑，力求能够激发学生的创新火花，培养科学思维、批判性思维和定量思维。

三是体现中国特色。紧密关注国家战略发展需求，充分反映国内生物学领域高水平学术成果，生动展现我国科技事业发展取得的长足进步。

四是呈现形态多元。采用纸质教材加数字资源的新形态教材出版形式，二者一体化设计、有机融合。纸质教材确保可读性和趣味性，数字资源充分展示学科知识的广度与深度，实现信息技术与教材的深度融合。

生物学是一门极富生命力的学科，问题层出不穷，发展日新月异，"授之以鱼不如授之以渔"。我们在期待这套教材能够让读者朋友们系统掌握生物科学知识体系的同时，更希望激发大家对生命科学领域的好奇心、想象力、探知欲，掌握基本的方法论，成为未来创新的主力军。

在这里，要特别感谢生物科学"101 计划"专家委员会成员、主编团队以及一起奋斗的 400 余位编委、撰稿人，没有大家的辛勤付出，不可能短时间内高质量完成这套教材的编写工作；更要感谢几十所高校的资深专家、一线老师和同学在教材编写、审读、试讲试用中提供的宝贵建议。当然，第一版教材肯定会有很多不足之处，恳请读者朋友们带着批判的态度，反馈宝贵的改进意见，我们将继续努力，力争把这套教材打造成为经典，真正走向世界。

尺寸教材，悠悠国事。衷心希望这套教材为有志于在生命科学领域有所作为的青年人带来一点启发，也助力中国科研教育工作者在全社会的持续支持下为探索未知、培养人才做出更大的贡献。

施一公

2025 年 3 月于西湖大学

前　言

　　生命在地球上已经出现了 38 亿年。漫长岁月里，物种由少到多、个体生息繁衍，逐渐占据地球的各个角落。这一进程中，遗传使生命体构建和生存所需的核心信息得以传递，发育则使个体在这些信息指导下得以建成并开展活动。遗传信息的变化是新物种的产生的必要条件，发育调控的改变与个体对环境的适应密切相关。因此，遗传和发育是生命科学的两大核心问题。

　　现代遗传学的奠基人孟德尔（Gregor J. Mendel，1822—1884）用豌豆开展的工作把遗传学奠定在了科学的基础之上。孟德尔遗传规律于 1900 年被重新发现，标志着经典遗传学时代的到来。此后，摩尔根（Thomas H. Morgan，1866—1945）和他的学生们通过研究果蝇总结了染色体和基因遗传理论，艾弗里（Oswald T. Avery Jr.，1877—1955）以肺炎双球菌转化实验证明 DNA 是遗传物质，沃森（James D. Watson）和克里克（Francis H. C. Crick，1916—2004）于 1953 年发现 DNA 双螺旋结构解释遗传信息复制机制，遗传学自此进入分子时代。1990 年人类基因组计划的启动和罗斯伯格（Jonathan M. Rothberg）团队测序仪的研发，进一步把遗传学推向了基因组时代。需要指出的是，经典遗传学时代产生的众多概念、逻辑和思维分析体系始终是当代遗传学研究必不可少的支撑，催生着一批又一批生命科学的重大发现。事实上，经典的正向遗传学诱变筛选就是一种典型的功能基因组学研究。

　　现代发育生物学脱胎自实验胚胎学。19 世纪，实验胚胎学以实验操作替代观察为主的传统胚胎学研究而兴起。20 世纪 20 年代，施佩曼（Hans Spemann，1869—1941）通过研究蝾螈胚胎，提出"组织者"和"诱导"的概念，表明胚胎发育是一个受到精确调控的生物学过程。第二次世界大战结束后，胚胎学研究日渐式微，发育生物学研究逐步兴起。发育生物学将研究范围由胚胎发育扩展到了从配子发生到衰老死亡的生命全过程。20 世纪 30 年代，摩尔根的学生波尔森（Donald F. Poulson，1910—1989）发现了染色体异常和基因突变对果蝇胚胎发育的影响。20 世纪 80 年代，尼斯莱因－福尔哈德（Christiane Nüsslein-Volhard）和维绍斯（Eric F. Wieschaus）用遗传筛选寻找影响胚胎发育的基因，开启了用遗传学方法研究发育的新潮流，研究活动也融入了细胞生物学、分子生物学等多领域策略与技术。进化保守的个体发育背后遗传分子调控机制的奥秘得到揭示。

遗传学和发育生物学对人类生产生活意义重大。它们不仅对动植物育种做出了重要贡献，也引领着现代生物医学的发展与进步。许多对肿瘤等重大疾病发生发展有重要影响的基因或信号通路，最早都发现自模式动物遗传学研究。遗传学知识技术的进步也推动着遗传性疾病的诊断与鉴别。胎儿发育异常直接导致出生缺陷，胎儿和婴幼儿发育受到环境的不良影响也会增加成年后肥胖、糖尿病、心血管疾病的发生率。遗传学和发育生物学的发展更催生了生物技术高新产业，胰岛素、基因治疗、抗体药物、干细胞治疗等不断造福人类。因此，学习掌握遗传学和发育生物学知识，对生命科学、医学、药学和生物技术等行业的从业者大有裨益。

《遗传学和发育生物学》是一本面向本科生和低年级研究生的教材，旨在通过阐述遗传学和发育生物学的基础概念、核心知识、分析方法和前沿挑战，让学生了解遗传学和发育生物学的概况。遗传学和发育生物学在生物学机理上息息相关，研究主题上紧密互动。教材通过深入浅出的表述引导学生从遗传学的视角审视个体发育与各种生命活动，深入理解遗传学和发育生物学的内在联系，掌握科学的遗传学和发育生物学研究思维，促进基本概念的理解。教材重视用核心案例展示重大突破的历史背景、创新思路和研究路径，通过对创新要素的讨论剖析，帮助学生在掌握知识的同时形成探索意识、批判思维和创新能力。

本教材共 20 章，先以"遗传与发育的关系"作为导论入手，讲解两个分支学科的紧密内在联系，突出遗传分析思维和技术方法在实际研究中的重要价值，然后分为遗传学和发育生物学两个部分进行介绍。在遗传学部分中，先介绍"遗传的物质基础与规律"，包括遗传信息的组成、遗传和变异的规律、遗传信息表达调控，再在此基础上讨论不同的"遗传分析"手段和方法，包括遗传学在群体进化、人类疾病中的应用、遗传分析策略。在发育生物学部分，先以"胚胎发育与器官形成"为基础，包括胚胎发育与形态发生、器官发育、神经系统发育、性发育和植物发育五个部分，然后讲述发育在细胞水平的关键过程，包括细胞增殖、分化与死亡等，最后分别关注发育生物学的两个特殊研究对象——衰老和进化。为了平衡教材的可读性与遗传学和发育生物学进展的丰富性，本书纸质教材较为简洁，线上资料推荐了丰富的学术资源，供各位读者更加深入了解感兴趣的方向。

　　遗传学和发育生物学是当今生命科学和生物医药领域关注的热点，新进展、新知识、新方法、新技术层出不穷。为保证教材质量，本教材作者均来自国内一流高校和科研院所的教学科研一线，同时邀请相关领域的资深学者进行审稿。在此对他们认真细致的工作表示衷心感谢。囿于我们的知识和能力，教材编撰难免疏失或缺漏，敬请读者在教材使用过程中不吝赐教。

编者

2025 年 7 月

目 录

第一章

导　论

　　遗传学（genetics）和发育生物学（developmental biology）是生命科学的两个重要分支学科，深刻影响人类健康事业的进步，推动着科技发展的进程，与人类发展息息相关。遗传学是研究遗传信息的传递、变异、表达、相互作用及其调控的科学，涵盖分子、细胞、个体乃至群体的各个层面。本章第一节先追溯经典遗传学的科学历史，介绍早期的遗传学家如何通过敏锐的自然观察和严谨的科学实验揭示遗传变异的规律和遗传物质的本质。发育生物学是研究从受精卵、胚胎发育、生长，到性成熟的个体发育，再到个体衰老、死亡的规律及其调控机制的科学，也是与遗传学密切相关的另一生物学分支学科。本章第二节将重点介绍遗传和发育的内在联系：遗传物质为个体发育提供了基础，决定了个体的发育潜能，而遗传信息的有序表达是个体发育得以实现的关键。反过来，个体发育过程中细胞的分裂和分化确保了生物的体细胞拥有基本相同的遗传物质和特定的基因表达模式，也决定了遗传信息在世代间传递的方式。因此，遗传与发育相辅相成，两者既保证了物种的繁衍与发展，也是生命推陈出新、不断进化的基础。遗传分析作为遗传学研究生命科学问题的核心思想与科学方法，在解答发育生物学问题时展现出独特的价值。本章第三节以三个经典案例作为导引，简要介绍这一方法的研究思路和科学方法。在生命科学蓬勃发展的当下，遗传学和发育生物学的研究成果已广泛应用于生物技术、生物医药、农业育种等多个领域，在本章的最后一节，我们将展望学科前沿，简要介绍遗传学和发育生物学的应用与发展。

第一节 遗传与变异的基本规律

遗传学是人类从漫长的生存和生产实践经验中总结、分析、再实验探索而形成的一门自然科学。人类祖先很早就开始了动植物的驯化，先后培育了水稻、小麦、粟、猪、羊、狗等重要的农作物和家畜。大量的考古发现揭示，中国的长江中下游地区是水稻的独立驯化起源地。早在 12 000～10 000 年前，居住在中国长江中下游的人类就开始有意种植野生稻，在距今 8 000 年左右，通过驯化得到了适合大规模栽培的品种。例如，浙江金华上山遗址（距今约 10 000 年）出土的陶器上印有稻谷的痕迹，浙江杭州的跨湖桥遗址（距今约 8 000 年）发现了碳化稻谷，良渚文明（距今 6 000～5 000 年）遗址中不仅发现了大量碳化稻谷，还有大面积水稻栽培和灌溉系统的痕迹，提示当时已有发达的稻作农业。到了 1 000 年前的宋朝，还形成了"种瓜得瓜，种豆得豆""一母生九子，九子各不同"等朴素的遗传学观念。

一、孟德尔的豌豆杂交实验与遗传学的诞生

作为一门自然科学，遗传学的知识萌芽诞生于 19 世纪初的欧洲。这个时期，人们对生物遗传变异规律的主流观点是混合式遗传（blending inheritance），代表理论包括查尔斯·达尔文（Charles R. Darwin，1809—1882）提出的泛生论（hypothesis of pangenesis）。该理论认为身体各部分都存在一种"泛子"，决定细胞的分化和发育。各种泛子可随着血液循环汇集到生殖细胞中传递给后代。受精卵长成个体的过程中，泛子又不断地流到不同细胞中，控制细胞分化，产生特定的组织和器官。但是包括达尔文自己在内的很多学者也逐渐意识到这种学说存在严重的漏洞，那就是如果一直混合下去，遗传带来的结果必然是性状的均一化，这显然与自然界普遍存在的性状变异现象是相互矛盾的。这一时期还有英国植物学家托马斯·奈特（Thomas A. Knight，1759—1838）、德国植物学家约瑟夫·克尔罗伊特（Joseph G. Kölreuter，1733—1806）和卡尔·格特纳（Karl F. von Gärtner，1772—1850）等人开始通过植物杂交实验进行遗传研究，他们发现性状不同的两个亲本杂交，有时候后代并不是相同的居中性状，而是两种亲本性状以一定的比例出现。但是，他们都没有真正揭示这些现象背后的机制，直至格雷戈尔·孟德尔（Gregor J. Mendel，1822—1884）的出现。

豌豆是孟德尔的主要研究对象。在豌豆品种中，紫花和白花是一对相对性状。将开紫花的纯系植株与开白花的纯系植株，即亲代（parental generation，P）杂交（图 1-1），得到的子一代

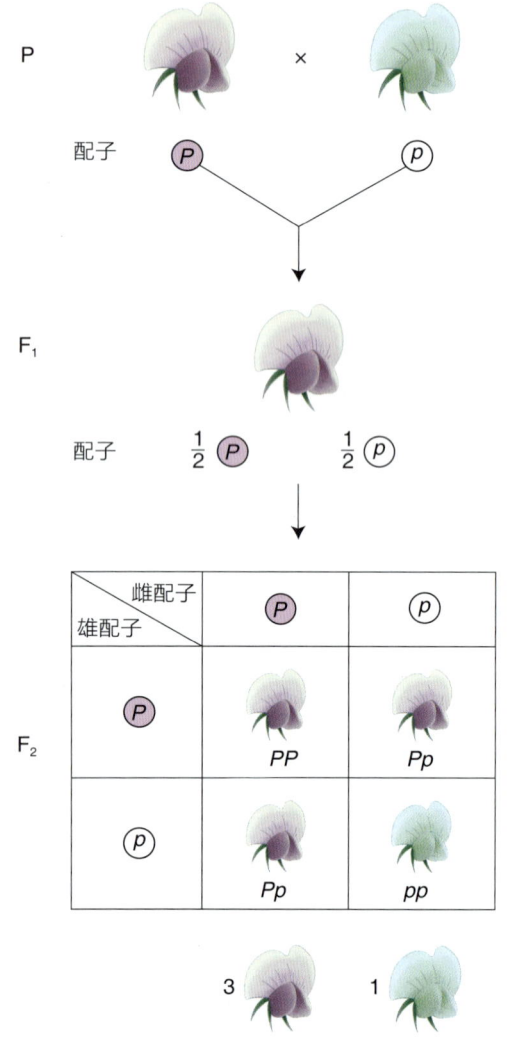

图 1-1 豌豆中一对因子（紫花和白花）的杂交实验

（first filial generation，F_1）植株全部开紫花。因为只有紫花的性状在F_1中显示出来，紫花对白花是显性性状（dominant character），白花是隐性性状（recessive character）。F_1的紫花植株自交，得到的子二代（second filial generation，F_2）中，除紫花植株外，又出现了特定比例的白花植株。在F_2中隐性性状重新出现的现象被称作分离（segregation）。除了研究紫花和白花这一对相对性状，孟德尔还在豌豆中研究了其他6对相对性状，它们的遗传方式与花色一致，即在F_2中都出现了分离现象，而且，显性性状的个体数目与隐性性状的个体数目的比值都接近3：1（表1–1）。

表1–1　孟德尔的豌豆杂交实验（7对相对性状）中F_2植株的统计结果

相对性状（显性/隐性）	显性植株数目	显性植株比例 /%	隐性植株数目	隐性植株比例 /%
紫花/白花	705	75.89	224	24.11
饱满子叶/皱缩子叶	5 474	74.74	1 850	25.26
黄色子叶/绿色子叶	6 022	75.06	2 001	24.94
成熟豆荚不分节/分节	882	74.68	299	25.32
未成熟豆荚绿色/黄色	428	73.79	152	26.21
花腋生/花顶生	651	75.87	207	24.13
高植株/矮植株	787	73.97	277	26.03

孟德尔为了解释这些结果，提出了7点假设：① 遗传性状由遗传因子（现在被称为等位基因）决定；② 每个植株内有许多成对的遗传因子；③ 雌雄生殖细胞内只含有每对遗传因子中的一个；④ 在每对遗传因子中，一个来自父本的雄性生殖细胞，一个来自母本的雌性生殖细胞；⑤ 生殖细胞形成时，每对遗传因子相互分开，分别进入不同的生殖细胞中；⑥ 雌雄生殖细胞的结合是随机的；⑦ 遗传因子有不同形式，即显、隐性之分。在这些假设的基础之上，我们就可以来解释紫花和白花的杂交结果了（见图1–1）。紫花是显性性状，决定该性状的遗传因子用字母P来表示；白花是隐性性状，决定该性状的遗传因子用字母p来表示。按照前面的假设，亲代紫花植株的细胞中有两个紫花因子，写作PP；亲代的白花植株的细胞中有两个白花因子，写作pp。紫花植株产生的生殖细胞中只有一个P；白花植株产生的生殖细胞中只有一个p。受精时，雌雄配子相互结合，两个因子加在一起，成为Pp。因为紫花因子P对白花因子p是显性，所以F_1的植株都开紫花。F_1产生的配子，只能得到两个遗传因子中的一个。这时因子P与p就分离，产生两种配子（雌雄配子都是两种），一种有P，另一种有p。两种配子的数目相等，是1：1。因为雌雄配子各有两种，受精时就可有4种不同的组合：① P雌配子与P雄配子结合，形成PP；② P雌配子与p雄配子结合，形成Pp；③ p雌配子与P雄配子结合，形成pP；④ p雌配子与p雄配子结合，形成pp。所以，在F_2植株中，1/4是PP，2/4是Pp，1/4是pp。由于P对p是显性，因此1/4的PP和2/4的Pp都是开紫花的，只有1/4的pp是开白花的，最终F_2中紫花植株与白花植株的比例是3：1。

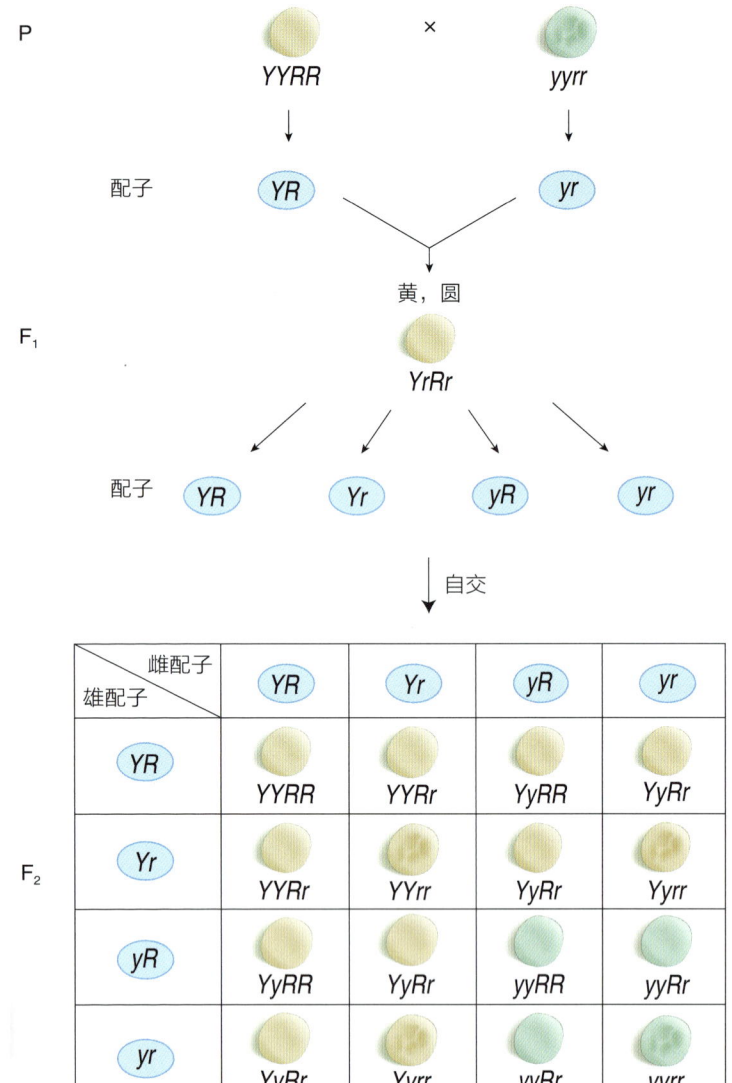

图 1-2　豌豆中两对因子（饱满子叶与皱缩子叶、黄色子叶与绿色子叶）的杂交实验

孟德尔的一对相对性状的实验结果，后人把它归纳为孟德尔第一定律，又称分离定律（law of segregation），它指的是杂合子形成配子时，每对遗传因子（等位基因）相互分离进入不同配子中，两种类型的配子数目相同。分离定律说明，一对遗传因子（等位基因）在杂合状态中保持相对的独立性，在配子形成时，可独立分离到不同配子中去。在一般情况下，杂合子的配子分离比是 1∶1，F_2 基因型分离比是 1∶2∶1，F_2 表型分离比是 3∶1。分离后的隐性纯合子和隐性亲本在表型上是一样的，隐性遗传因子（隐性等位基因）并不因为和显性遗传因子（显性等位基因）在一起而改变它的性质，也就是说遗传因子是独立的单元，这就是孟德尔揭示的遗传规律。

在完成了一对相对性状的研究之后，孟德尔又针对两对性状的遗传进行了研究，发现两对性状之间是自由组合的，后人把这种现象归纳为孟德尔第二定律，或称自由组合定律（law of independent assortment）。如图 1-2 所示，子叶黄色和绿色是一对相对性状，决定这对相对性状的遗传因子分别用 Y 和 y 表示；子叶饱满和皱缩是另一对相对性状，决定这对相对性状的遗传因子分别用 R 和 r 表示。这样，亲本子叶黄色饱满的遗传因子组成，即基因型是 YYRR，产生的配子只有一种，全为 YR；亲本子叶绿色皱缩的基因型是 yyrr，产生的配子也只有一种，全是 yr。YR 配子与 yr 配子结合，产生的 F_1 基因型是 YyRr，表型是子叶黄色饱满。F_1 则可以产生 4 种配子，数目相等，即比例是 1∶1∶1∶1。从图 1-2 中可以看到，雌雄配子组合而成的 F_2 共有 9 种基因型。由于一些基因型的表型是相同的，因此表型只有 4 种，分离比例为：黄色饱满∶黄色皱缩∶绿色饱满∶绿色皱缩 = 9∶3∶3∶1，这一比例也和真实的实验结果相符。利用自由组合定律我们可以将两对基因的遗传规律推广到更多对基因中，因为只要是遵循自由组合定律的不同基因，它们的分离就都是独立的，子代的表型是基因型不同组合的结果（表 1-2）。

在孟德尔之前，奈特、克尔罗伊特和格特纳等人都做过植物杂交实验，甚至也采用了豌豆作为实验材料，并也得到过类似的 3∶1 的分离结果。但他们都无法突破当时的科学局限，也没有创造性地利用数学作为研究生物学问题的工具。孟德尔曾在他的论文中指出这些学者的实验不足，包括没有对杂种子代中不同类型的植株进行分类

表 1-2 不同对数基因杂交得到的基因型与表型

杂交基因对数	F$_2$ 表型数（完全显性的情况）	表型分离比	F$_2$ 基因型数	基因型分离比
1	2	$(3+1)^1$	3	$(1+2+1)^1$
2	4	$(3+1)^2$	9	$(1+2+1)^2$
3	8	$(3+1)^3$	27	$(1+2+1)^3$
…	…	…	…	…
n	2^n	$(3+1)^n$	3^n	$(1+2+1)^n$

计数，没有区分杂种后代的代次，观察每一代中的植株情况，也没有明确每一代中不同类型植株数之间的统计关系。孟德尔的伟大发现在于他善于总结前人的工作经验和教训，并利用刚刚开始出现的生物统计学方法将实验数据近似的 3∶1 分离归结于理论的分离比。今天，研究者可以运用恰当的数学方法科学分析遗传学实验获得的各项数据（知识窗 1-1）。

知识窗 1-1

孟德尔遗传中的数据分析

尽管孟德尔当时对他自己所得的分离比例并未做过统计学分析，但他已经发现只有子代个体数较多时才比较接近他提出的分离比，子代个体数不多时，会有明显的波动。从今天的统计学角度看，如果我们获得的样本量（子代数量）越多，那么实际分离比与理论分离比之间的偏差会随着样本量（n）的增加而减少。这是因为实际分离比（$\hat{p}$）是理论分离比（p）的估计值，属于随机变量，其方差为 $p(1-p)/n$，因此该方差与样本量成反比。遗传学的杂交实验是以生物个体为单位的，通常单位的数量不会很大，因此配子形成和合子形成过程中往往存在较为明显的随机取样误差，从而造成了实际分离比随机波动的现象。

另外，我们现在也可以用统计学方法来检验一次杂交实验的结果是否符合孟德尔分离定律。例如，我们可以用卡平方统计量来做适合性检验，推断实际的分离比是否符合孟德尔的理论分离比。我们对实际每种性状的数量与理论预期数量的偏差的平方除以理论预期数量，然后求和，得到卡平方值（公式见后），进而得到统计检验的 P 值。如果 $P < 0.05$，则说明实际观察数值的分布

与理论预期相符的概率低于 0.05，不太可能是由于随机波动造成的，应判定为不符合孟德尔分离比，反之，如果 $P > 0.05$，则判定为符合。

$$\chi^2 = \sum \frac{(实得数 - 预期数)^2}{预期数}$$

从孟德尔的经历中我们可以看到，理论的创新发展不仅需要批判性地继承前人的知识，有时候还需要灵活大胆地尝试交叉学科的知识和方法。在现代生命科学的研究中，数学、物理、化学和人工智能等多学科的深度融合正在推动学科的创新发展。例如，统计学能够帮助遗传学家从海量的组学数据中提炼出有价值的生物信息；物理学在生物医学成像等技术中发挥着不可替代的作用；化学是认识生命反应过程，进行药物设计与合成的必要基础；人工智能更是为生命科学领域带来了重大变革，在当下的生物数据分析、疾病预测模型构建等方面展现出巨大潜力。可见，多学科交叉融合已经成为现代生命科学创新发展的关键所在。只有像孟德尔那样勇于打破学科壁垒，大胆假设并小心求证，我们才能在科学研究的道路上走得更远。

二、摩尔根的基因论与基因概念的发展

在孟德尔提出了性状由成对遗传因子决定之后，威廉·约翰森（Wilhelm L. Johannsen，1857—1927）在1909年首次提出基因一词，用于描述孟德尔所说的遗传因子。1909年，刚刚转入哥伦比亚大学动物系不久的美国遗传学家托马斯·摩尔根（Thomas H. Morgan，1866—1945）开始以黑腹果蝇（*Drosophila melanogaster*）为实验材料开展遗传学研究。果蝇具有很多适合遗传学研究的优点，它体型小，饲养容易，生活史短（在25℃时经12天就可以完成一个世代），而且果蝇生命力强，繁殖率高。此外，果蝇还有很多容易观察的性状等。1910年的一天，摩尔根实验室饲养的大量野生型红眼果蝇中出现了一只白眼的雄性果蝇。摩尔根将这只白眼雄蝇与正常的红眼雌蝇交配，他发现，获得的 F₁ 不论雌雄都是红眼的。如果继续将这些 F₁ 自交产生 F₂，又会发现：雌的全是红眼，雄的半数是红眼，半数是白眼（图1-3）。为了进一步确认白眼性状是否和性别有关，他又将最初的那只白眼雄蝇和 F₁ 的红眼雌蝇杂交，发现后代中雌雄都有红眼和白眼，且比例接近（图1-4）。摩尔根据此提出了决定眼色的基因位于果蝇的 X 染色体上，因为雌雄果蝇的性染色体组成不同，雄蝇有且只有一条 X 染色体。由于性染色体上基因的遗传方式具有和性别相关的特点，所以被称为伴性遗传（sex-linked inheritance）。

根据白眼果蝇的实验，摩尔根第一次把一个特定基因（*w*）与一特定染色体（X 染色体）联系了起来。随后，他和他培养的三位学生，艾尔弗雷德·斯特蒂文特（Alfred H. Sturtevant，1891—1970）、赫尔曼·穆勒（Hermann J. Muller，1890—1967）和卡尔文·布里奇斯（Calvin B. Bridges，1889—1938）通过大量的实验系统阐述了基因和染色体之间的关系。首先，既然基因位于染色体上，那位于同一条染色体上的非等位基因是否还会遵循孟德尔的自由组合定律呢？为了回答这一问题，摩尔根对生物性状的遗传规律进行了补充和完善，提出了连锁定律（law of linkage），即遗传学第三定律。

果蝇的黑体（black body）和残翅（vestigial wing）这两个突变体是由位于2号染色体上的两个非等位基因决定的，利用纯合的黑体长翅果蝇与纯合的灰体残翅果蝇进行杂交，结果发现位于同一条染色体上的非等位基因并不能够完全自由组合，而是更倾向于同时传递给后代，表现出连锁（linkage）

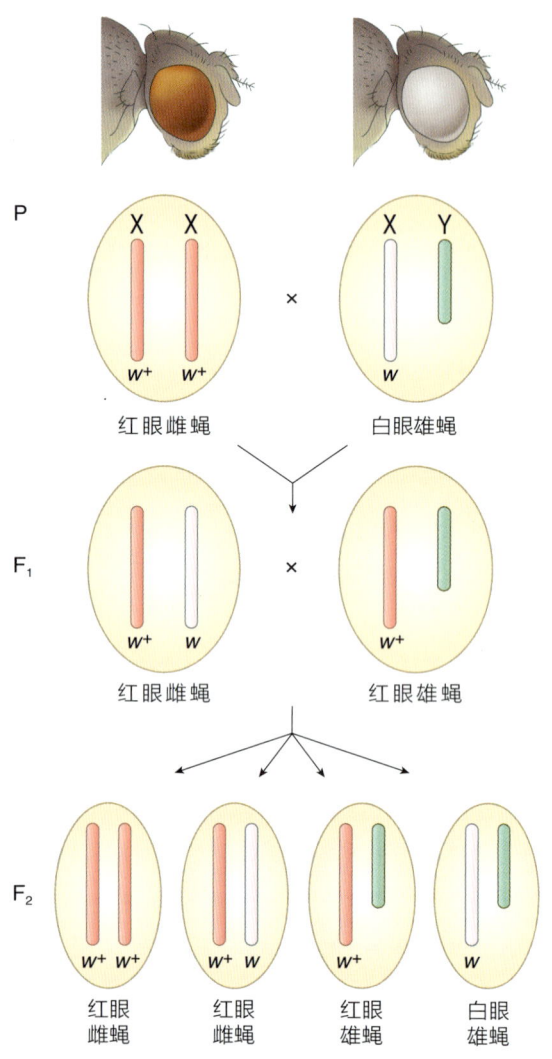

图 1-3 白眼雄蝇与野生型红眼雌蝇的杂交
亲代红眼雌蝇的性染色体组成是两条 X 染色体，上面都携带了野生型等位基因 *w+*；白眼雄蝇的染色体组成是 XY，其中 X 染色体上携带了突变型等位基因 *w*（果蝇遗传学中基因的名称往往根据突变的表型来命名，白眼表型是 white eye，所以白眼基因用 *w* 基因表示），Y 染色体较短，上面没有相应的等位基因。

的关系，子代的表型与亲本相同；但与此同时，后代中也会出现少数不同于亲本的重组（recombination）类型，但比例远低于自由组合的结果。1913 年，斯特蒂文特在摩尔根的指导下进一步建立了用于检测果蝇染色体上基因顺序的专门技术，并利用重组值的大小反映位于同一条染色体上基因之间距离的远近，揭示了基因在染色体上的直线排列方式以及基因之间的连锁关系。最终，他们发现果蝇的多个基因可以分为 4 个相互连锁的组，这正好对应于果蝇的 4 套染色体。连锁和重组现象的发现不仅丰富了性状的传递规律，更揭示了遗传多样性的另一个重要来源——位于同一条染色体上的非等位基因能够通过重新组合不同亲本的基因类型，产生新的基因型和表型，为生物群体提供更多的遗传变异，有助于生物体适应变化的环境，不断发展进化（详见第三章）。

1915 年，摩尔根和他的学生在大量实验证据的基础上系统阐述了基因和染色体行为之间的一致性，出版了《孟德尔遗传的机制》（*Mechanism of Mendelian Heredity*）一书。1916 年，布里奇斯进一步发现了果蝇的 X 染色体不分离（nondisjunction）现象，为基因在染色体上提供了更为坚实的证据。将白眼雌蝇与红眼雄蝇交配，通常子代雌蝇都是红眼、雄蝇都是白眼，但会有少数例外，大约每 2 000 个子代中会出现一个例外的白眼雌蝇或红眼雄蝇，而且重复多次实验都是这个比例。布里奇斯通过仔细的观察与分析提出，这些例外果蝇的产生是由于雌性果蝇的卵母细胞在减数分裂过程中出现异常，两条 X 染色体没有正常分离，而是同时进入了细胞一极，最终产生携带两条 X 染色体或者不携带任何 X 染色体的成熟卵子。如图 1-5 所示，如果携带两条 X 染色体的卵子和携带一条 Y 染色体的精子结合，后代发育为白眼雌蝇；不携带任何 X 染色体的卵子和携带一条 X 染色体的精子结合，后代就会发育为红眼雄蝇。这些推论与实际细胞遗传学实验观察到的染色体组成完全一致，而且进一步将例外的白眼雌蝇与正常红眼雄蝇杂交，得到的后代表型也完全符合预期。在这一系列的证据之下，当时的遗传学界逐渐接受了摩尔根的理论。

摩尔根实验室出现的第一只白眼果蝇是自发突变的结果，这种突变的频率极低，不利于遗传学的研究。摩尔根的另一个学生穆勒证明了 X 射线的照射可以大大提高果蝇的基因突变频率，并且突变率在一定范围内与 X 射线的剂量相关。穆勒还进一

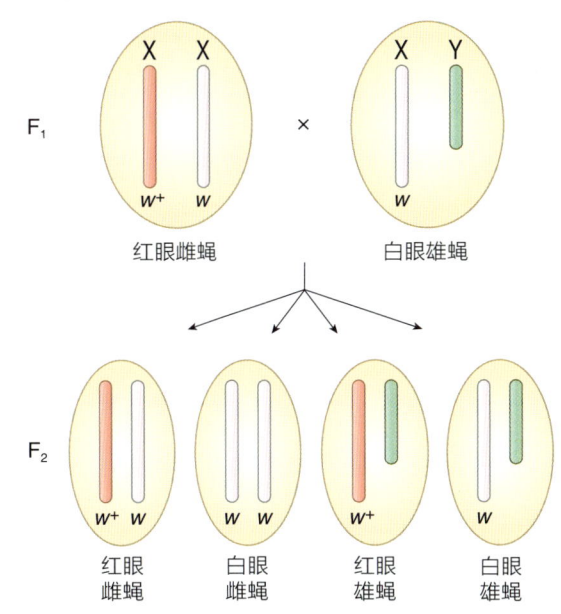

图 1-4　白眼雄蝇与杂合子一代红眼雌蝇的杂交

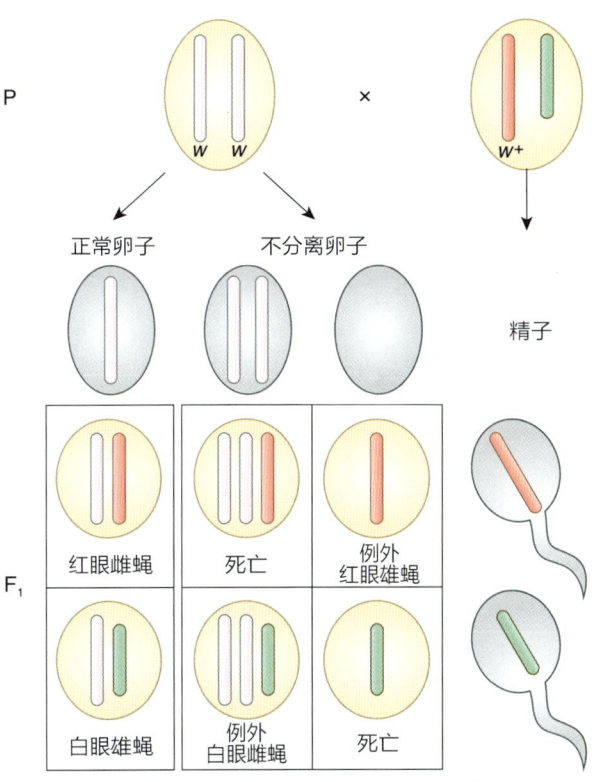

图 1-5　果蝇的 X 染色体不分离现象

步建立了果蝇基因突变的检出方法，进一步促进了人们对基因突变的认识。1926 年，摩尔根出版《基因论》，系统阐明了基因是遗传物质的重组单位、突变单位和功能单位，被简称为"三位一体"的基因概念（Morgan，1926）。摩尔根无疑是推动遗传学学科发展的重要历史人物，他和他的学生准确地找到了承载遗传因子的物质实体，发掘了果蝇这一良好的模式生物，揭示了连锁与交换的遗传学定律，并培养了一批优秀的学生继续发展和丰富遗传学研究的手段。中国遗传学的多位奠基人都深受摩尔根遗传学的影响。在 20 世纪中叶，遗传学在中国的发展曾经历了激烈的争论（知识窗 1-2），但最终摩尔根遗传学在中国得到了积极的传播和发展。

知识窗 1-2

摩尔根遗传学与米丘林遗传学的争论

孟德尔和摩尔根的遗传学理论并不是一经推出就得到了世人的接受，孟德尔的论文在沉睡了 34 年后才被其他学者"再发现"，而摩尔根遗传学也经历了和米丘林遗传学的激烈争论。米丘林遗传学是由苏联育种学家李森科提出的，以苏联植物育种学家伊万·米丘林（Ivan V. Michurin，1855—1935）的名字命名的一种遗传学说。米丘林是一位非常勤劳的育种学家，他在长期的果树育种实践中认识到孟德尔的遗传定律也有局限性，不适用于靠嫁接繁殖的多年生果树，但他并没有否定孟德尔定律，而是进行了一些修正和补充。但是，建立米丘林学说的李森科则把孟德尔和摩尔根的遗传研究看成伪科学，进行了全面否定，他坚持认为环境改变所引起的变异具有定向性，且这种获得性状能够遗传。

20 世纪 50 年代，在我国学术界发生了一场长达 8 年之久的米丘林遗传学和摩尔根遗传学的尖锐争论，这场争论不仅引发了关于科学方法论和科学哲学的广泛讨论，还因为受到了政治因素的干扰，导致了一些不科学的结论和决策的产生，严重打击了刚刚起步的中国遗传学，一些学校被迫放弃教授摩尔根遗传学。但在这个艰难的时刻，一大批中国遗传学家仍然坚持真理，无所畏惧。例如，中国遗传学家谈家桢（1909—2008）、刘祖洞（1917—1998）等人坚持在复旦大学教授摩尔根遗传学，并继续开展亚洲异色瓢虫鞘翅色斑的遗传基础的研究工作。

1956 年，毛泽东提出了"百花齐放、百家争鸣"的"双百方针"。同年 8 月，高等教育部和中国科学院在山东青岛组织召开了遗传学座谈会，与会专家们积极就我国的遗传学发展开展反思与讨论。谈家桢在这次座谈会上先后作了 8 次重要发言，尤其详细介绍了孟德尔和摩尔根的遗传理论，让尘封许久的遗传学重返中国的科学界。1956 年、1957 年复旦大学和北京大学先后设立了遗传学专业。1959 年，谈家桢在全国率先恢复讲授摩尔根遗传学。与此同时，吴仲贤翻译了孟德尔的《植物杂交的试验》，卢惠霖翻译了摩尔根的《基因论》，这些代表性的遗传学译著影响了一大批中国生物学学者，中国的遗传学学科也得以恢复和发展。谈家桢曾说："几十年遗传学的发展证明，不管是孟德尔还是摩尔根，他们的工作都有局限性，这反映了任何人都受到时代的局限，科学的发展需要一个过程。李森科抓住孟德尔遗传学中局部不完善的东西，否定其整个理论，这不是科学的态度。"

名词窗 1-1

基因（gene）：孟德尔提出的遗传因子的现代概念，最初由丹麦学者约翰森在 1909 年提出，后来不断得到发展和修正。基因是遗传信息的基本单位，一般指的是位于染色体上能够编码一个特定功能产物（如多肽或 RNA）的一段核苷酸序列（DNA 或 RNA）。

等位基因（allele）：位于相同基因座上、控制相同性状的不同遗传因子形式。例如，紫花因子 P 和白花因子 p 就是豌豆花色基因的不同等位基因形式。

基因型（genotype）：一个生物体或细胞内等位基因的组成。大多数生物是二倍体，含有两个等位基因，因此基因型符号通常包含两个字母。例如，PP、Pp 和 pp 就是决定不同花色的基因型。

基因组（genome）：一个生物体或细胞内所有基因或遗传物质的组成。

纯合子（homozygote）：两个相同的等位基因组成的基因型。例如，两个显性的紫花基因构成的 PP，两个隐性的白花基因构成的 pp。

杂合子（heterozygote）：两个不同的等位基因组成的基因型。例如，Pp 是一个杂合的紫花基因型。

表型（phenotype）：生物体或细胞表现出来的性状。例如豌豆的紫花和白花。表型是由基因型与环境相互作用共同产生的，需要发育或分化过程来实现。研究者通常会选择特定的物理化学方法进行测定。广义的表型泛指任何可观察到的生物性状，狭义的表型指特定基因型所表现出来的性状。

孟德尔性状（Mendelian character）：由单独一对等位基因控制的性状，也称为单基因性状（monogenic character）。例如，由 P 和 p 控制的花冠颜色。

第二节 遗传与发育的关系

发育（development）指的是多细胞生物从单细胞的受精卵到胚胎形成，直至产生成熟成体的变化过程。在 17 世纪，先成论（preformation theory）是发育生物学的主流思想，这一思想认为，成体是由预先存在于生殖细胞中的雏形不断生长放大发展而成的。例如，人体胚胎的发育只不过是在精子（"精原说"）或卵子（"卵原说"）中早已包含着的一个完整小人在发育中不断增大。因此，先成论认为有机体是先成的，不存在真正的发育。在有了显微镜技术后，一些学者能够在光学显微镜下看到一些物质的外部轮廓，他们发表了不少论文，声称自己在镜下观察到了"小人"和"小动物"。但这些仅凭想象力提出的观点是经不起实践检验的。随着科学的不断发展，研究者逐渐观察到胚胎发育是从简单的形态结构逐渐形成复杂形态结构的过程，这就是后成论（epigenesis theory）。今天，利用更加精密的显微成像和示踪技术，我们可以清晰地看到个体发育过程中广泛存在的细胞分化、细胞迁移、胚胎的形态改变、器官和组织的逐渐建成等现象。个体发育实际上是一个生物有机体的自我构建和自我组织的复杂过程，而且毋庸置疑的是，这一过程受到来自内部因素（遗传）和外部因素（环境）的精密调控。

一、遗传物质是发育的基础

　　植物种子的萌发是大家都很熟悉的自然现象，在适宜的温度和湿度下，种子就能自发地长出根系，并萌发幼芽。动物的受精卵其实亦是如此，只要环境合适，它们就会启动一个复杂但高度有序的发育过程。这些自然现象不由得让人们思考到底是怎样的内部因素决定了个体发育。答案仍然是遗传物质，发育与遗传是密不可分的。一方面，发育是从基因型到表型的过程。我们前面提到的所有性状，孟德尔研究的豌豆花色、摩尔根关注的果蝇眼色，这些性状的形成都是发育的结果，基因变异导致发育过程中出现了扰动，因此表型也发生了变化。另一方面，发育过程本身也受到遗传和变异的调控。这是因为发育需要连续不断的细胞有丝分裂，而每一次的有丝分裂过程都需要遗传物质的精确复制和均等分离。从一个受精卵长成为一个新个体，每个体细胞细胞核中的基因（组）都是等同的（不考虑体细胞中低频出现的基因重组和突变），遗传的作用保证了每个受精卵发育成为特定物种中的特定个体。与此同时，在发育中受精卵细胞不仅通过增殖增加数量，还通过分化形成形态、功能各不相同的细胞类型，成为一个复杂的多细胞生物。含有相同基因组的细胞能够在特定遗传机制的调控下发展成为一个高度有序的有机整体。

　　在摩尔根时代，遗传学研究者通常关注果蝇成体的表型变化（而不是胚胎的发育过程），例如复眼的颜色、翅膀的形态都是成体的表型，而发育生物学研究者的侧重点是胚胎的形成机制，并且主张环境因素，而非遗传因素，是促进胚胎发育的关键因子。直到 20 世纪 30 年代，美国发育遗传学家唐纳德·波尔森（Donald F. Poulson，1910—1989）独立开展了一系列果蝇胚胎发育与染色体异常的研究，尤其是 *Notch* 突变体，揭示了遗传和发育的重要内在联系。摩尔根实验室很早就记录过 *Notch* 突变，它是 X 染色体连锁的遗传变异，在雌蝇中，*Notch* 的杂合缺失突变会导致雌性果蝇翅的边缘造成缺刻，因此得名（图 1-6）。*Notch* 的纯合突变雌蝇和杂合突变的雄蝇（只有一条 X 染色体）都在胚胎阶段死亡。波尔森通过一系列仔细的胚胎观察发现，*Notch* 突变实际上直接影响到了果蝇早期胚胎的发育，突变体胚胎丧失了胚层的分化，所有成形的组织和器官（形态高度异常）都是外胚层起源，神经系统和肠道过度发育，丧失中胚层和内胚层的分化，缺少表皮组织等（Poulson，1937）。这项研究推翻了当时的环境决定胚胎发育的观点，率先揭示了遗传物质在个体发育中的重要作用。现在已经知道，*Notch* 信号通路实际是个体发育中最重要的信号转导途径之一，在从果蝇、线虫到哺乳动物的各个物种中都高度保守，在调节细胞凋亡、分化和迁移中发挥了关键作用。

　　20 世纪 50 至 70 年代，另一位利用果蝇研究遗传和胚胎发育的代表性科学家是美国遗传学家爱德华·刘易斯（Edward B. Lewis，1918—2004），他在分析胚胎发育异常的突变果蝇时发现，一些调控果蝇体节特异性发育的关键基因相邻分布在染色体

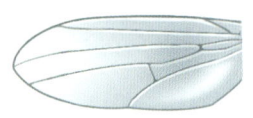

野生型翅　　　　　　*Notch*杂合突变翅

图 1-6　携带 *Notch* 杂合突变的雌蝇翅

上，构成了一个基因复合体，复合体内的基因变异能够导致果蝇胚胎的一个节段转变为另一个节段，即同源异形突变（homeotic mutation）。本书后续的发育生物学章节将向大家详细介绍同源异形基因调控发育的作用与机制。

二、胚胎发育相关基因的大规模筛选

19 世纪末到 20 世纪初，发育生物学研究进入了实验胚胎学的阶段，代表性科学家是德国胚胎学家威廉·鲁（Wilhelm Roux，1850—1924）和汉斯·施佩曼（Hans Spemann，1868—1941），代表性成果是 1924 年施佩曼通过组织者（organizer）移植实验证明细胞之间存在诱导（induction）作用。后来，随着生物化学技术的发展，研究者尝试从早期胚胎中分离纯化控制发育的关键因子，但由于这些调控因子的数量少、稳定性差，并未取得理想的进展。直到 1979 至 1980 年，位于海德堡的欧洲分子生物学实验室的德国生物学家克里斯蒂安娜·尼斯莱因-福尔哈德（Christiane Nüsslein-Volhard）和美国发育生物学家埃里克·维绍斯（Eric Wieschaus）利用遗传分析的方法才打破了发育生物学机制研究的僵局。他们利用正向遗传分析策略对果蝇早期胚胎发育的遗传机制进行了全面分析（Nüsslein-Volhard & Wieschaus，1980）。这项工作也是遗传学历史上第一次在多细胞真核生物中开展的诱变工作，并大获成功，被称为海德堡筛选（详见第七章）。

两位研究者首先选定了果蝇早期胚胎发育的遗传机制这个科学问题，通过利用甲基磺酸乙酯（ethyl methane sulfonate，EMS）对果蝇进行随机诱变，这是一种带有活泼烷基的烷化剂，可造成碱基对的配对改变，实现基因诱变。实验的第二阶段是培育突变品系，将诱变雄蝇与雌蝇交配得到 F_1。在特定剂量 EMS 的随机诱变作用下，各个 F_1 果蝇在基因组的不同位置携带了不同的单拷贝基因突变（非致死的），将 F_1 和野生型果蝇做单对杂交，可以得到携带相同突变的 F_2 果蝇，F_2 自交就能够在 F_3 中得到各突变品系的杂合子和纯合子（图 1-7）。实验的第三阶段，对 F_3 的早期胚胎发育过程进行表型筛选。正常的果蝇胚胎在受精后 10 h 左右就能形成原肠胚，胚胎表面一系列均匀间隔的沟槽将胚胎沿着头尾的轴向有序划分出头部、胸部和腹部共计 14 个副体节。尼斯莱因-福尔哈德和维绍斯对经过诱变后的果蝇胚胎进行了深入分析，他们发

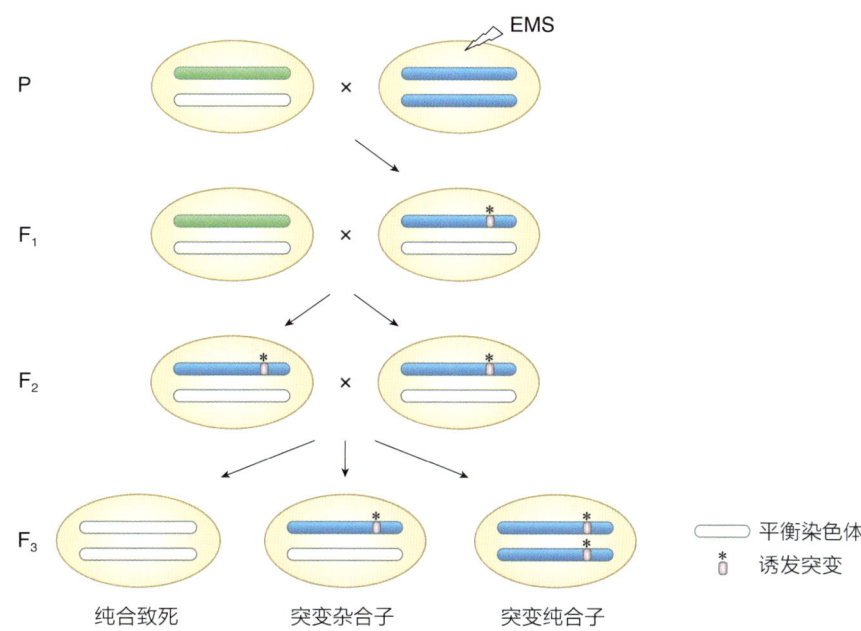

图 1-7　海德堡筛选中诱变果蝇与繁育突变品系的简要流程

名词窗 1-2

正向遗传学（forward genetics）：即通过生物个体或细胞的基因组的自发突变或人工诱变，首先寻找相关的表型或性状改变，然后从这些特定性状变化的个体或细胞中找到对应的突变基因，并揭示其功能的研究方法。

诱变（mutagenesis）：利用各种物理、化学和生物因子等因素，引起基因发生突变的过程。

模式形成（pattern formation）：胚胎发育过程中，卵裂形成的细胞团按照一定的时空模式精确有序地形成各种结构体的过程，包括体轴的建立和胚层的特化。

副体节（parasegment）：果蝇早期胚胎发育到原肠胚时出现的 14 个节段。这些节段与成虫真正的体节交错了半个体节的位置，即每个体节由上一个副体节的后半区室与下一个副体节的前半区室构成。

裂隙基因（gap gene）：果蝇胚胎发育早期控制相邻副体节发育的基因，它的突变会导致果蝇胚胎副体节发生的异常，产生大段的裂隙。

成对规则基因（pair-rule gene）：果蝇胚胎发育中控制相邻一对副体节形成的基因，它的突变会导致果蝇胚胎缺失一半的奇数或偶数体节。

体节极性基因（segment polarity gene）：果蝇胚胎发育中控制副体节内部极性的基因，它的突变会导致果蝇胚胎的各个副体节丧失头尾轴的极性。

现并收集了 600 个左右在果蝇胚胎模式形成中发生缺陷的突变体。对不同的突变表型进行了分类后发现，有的胚胎躯干上出现了大段缺失，连续缺失了好几个体节，有的是缺失了全部奇数或全部偶数的体节，还有的是丧失了体节内部前后轴的极性。在项目研究的最后一个阶段，他们对各个突变体进行基因定位，发现这 600 多个突变体大约对应了 120 个基因（一个基因可以有多个不同的突变体）。而这些基因无疑在果蝇早期胚胎发育中发挥重要作用，被分别命名为裂隙基因、成对规则基因和体节极性基因。

尼斯莱因 – 福尔哈德和维绍斯开展的这项海德堡筛选工作的影响力之大，以至于在这之后的近十年中，世界各地的果蝇实验室都在围绕他们发现的突变体和基因开展果蝇的发育生物学研究。更为重要的是，后来的研究揭示，调节果蝇胚胎发育的很多基因在进化中是非常保守的，它们也存在于哺乳动物包括人类的基因组中，为认识个体发育及人类疾病 / 性状的发生提供了重要基础（详见第十一、十二章等）。

第三节　遗传分析

遗传学发展的早期，孟德尔利用豌豆揭示了遗传因子的分离和自由组合定律，摩尔根利用果蝇揭示了基因在染色体上。二者的开创性工作有很多共同点：首先，都利用了模式生物来揭示生命的一般规律；其次，都从模式生物的表型变异入手，确切地说，是从一对相对性状入手。孟德尔研究的是紫花与白花豌豆，摩尔根研究的是红眼与白眼果蝇。孟德尔假设不同的遗传因子决定了紫花与白花的表型，摩尔根进一步证明存在于 X 染色体上 *white* 基因的突变导致了白眼性状。再看尼斯莱因 – 福尔哈德和维绍斯的海德堡筛选，他们通过人工诱变获得了很多不同于野生型的突变性状，然后寻找到被诱变的基因，建立基因型与表型的关系。总结以上这些研究方法的基本特征，不难看出，遗传学家们都是从突变体入手，利用它们与野生型个体的表型差异寻找其中的遗传机制。这是遗传学独有的分析思路，而这种遗传分析方法帮助研究者们解决了很多复杂的生命科学问题，推动了其他生命科学分支学科的发展与协作，这里先举几个代表性的案例。

一、大肠杆菌 DNA 聚合酶的鉴定

1957 年，美国生物化学家阿瑟·科恩伯格（Arthur Kornberg，1918—2007）首次在试管中用脱氧核糖核苷酸、DNA 模板和他从大肠杆菌（*Escherichia coli*）中纯化的一种蛋白质组分等成功完成了 DNA 的体外合成，轰动一时。随后，他将该蛋白质命名为 DNA 聚合酶（DNA polymerase），即负责大肠杆菌 DNA 复制的酶。两年后科恩伯格获得了诺贝尔生理学或医学奖，以表彰他在 DNA 生物合成分子机制中的发现。但事实上，当时科恩伯格纯化出的 DNA 聚合酶并非是大肠杆菌 DNA 复制的关键酶，而是参与 DNA 损伤修复的聚合酶。大肠杆菌含有 5 种 DNA 聚合酶：科恩伯格当年纯化的是 DNA 聚合酶 Ⅰ（DNA polymerase Ⅰ），此外还有 DNA 聚合酶 Ⅱ ~ Ⅴ（DNA polymerase Ⅱ ~ Ⅴ）。负责大肠杆菌体内 DNA 复制的是 DNA 聚合酶Ⅲ，具有 3 种重要的酶活性：$5' \to 3'$ 聚合酶活性、$3' \to 5'$ 核酸外切酶活性和仅对单链 DNA 发挥作用的 $5' \to 3'$ 核酸外切酶活性，这些酶活性是其介导 DNA 复制作用所必需的。相反，DNA 聚合酶 Ⅰ、Ⅱ、Ⅳ 和 Ⅴ 则主要在不同的 DNA 损伤修复中发挥作用。由于 DNA 聚合酶Ⅲ在细胞内含量较低，利用分离纯化的传统生化技术难以获得。那后来的研究者是如何发现这一"错误"的呢？这要归功于大肠杆菌的遗传分析工作。

1969 年，美国分子生物学家约翰·凯恩斯（John Cairns，1922—2018）和他的团队利用随机诱变获得了大肠杆菌的多个突变品系，并且意外地发现其中包含了科恩伯格纯化得到的 DNA 聚合酶的编码基因 *polA* 的突变体菌株（Lucia et al., 1969）。由于 *polA* 突变体已经丧失了该酶 $5' \to 3'$ 聚合酶活性，理论上该突变菌株应该是无法正常存活的。但表型分析的结果是，突变菌株的 DNA 复制照常进行（只是对紫外照射敏感）。这一发现非常重要，它意味着大肠杆菌的 DNA 复制并不依赖于该酶的活性，负责大肠杆菌 DNA 复制的另有其他分子。在这项重要的遗传学工作的启发下，后来的生物化学家才纯化出了大肠杆菌的其他 DNA 聚合酶，包括负责 DNA 复制的 DNA 聚合酶Ⅲ。可见，遗传分析能够帮助研究者发现体内基因产物的真实功能，弥补体外合成这一代表性生物化学技术的不足之处。

二、酵母细胞分裂的分子机制

细胞周期的调控机制是生命科学领域另一个非常有吸引力的科学问题。最初，不

少生物化学家首先尝试利用爪蟾、人类细胞等材料分离纯化不同细胞周期时相中的差异蛋白，但是进展缓慢。后来，遗传学的研究思路和另一种良好的模式生物——酵母在细胞周期调控机制的研究领域大放光彩。

20世纪60年代初，美国细胞生物学家利兰·哈特韦尔（Leland Hartwell）率先以酿酒酵母（*Saccharomyces cerevisiae*）作为实验对象研究细胞周期的调控机制（Hartwell，1967）。他建立了一套酵母的温度敏感型突变筛选技术，即将经过随机诱变的菌株先放在23℃下正常培养，然后通过影印的方法接种到两个平板中，一个继续在23℃下培养，另一个转移到36℃高温下培养，筛选那些在正常条件下可以生长但是在高温下出现生长缺陷的突变体。之所以采用这种方法进行筛选是因为他意识到细胞周期进程一旦被破坏，酵母很可能无法存活（也就无法获得对应的突变品系），而温度敏感突变的筛选方法可以很好地解决这一问题。最终，他获得了上百个突变体，其中的一些出现了周期相关的表型——生长停滞在了特定的细胞周期时相。通过互补实验分析，哈特韦尔确认这些突变属于数十个不同的基因，他把它们统一命名为细胞分裂周期基因（cell division cycle genes，*cdc*）。例如，*cdc28*负责启动细胞从G_1期进入S期，*cdc28*的温度敏感突变菌在高温下不能出芽，停留在了G_1期。

在哈特韦尔的工作启发下，另一位英国遗传学家保罗·纳斯（Paul Nurse）在20世纪70年代，以裂殖酵母（*Schizosaccharomyces pombe*）为材料，通过相似的遗传筛选方法也获得了调控细胞周期进程的关键基因（Nurse，1986）。野生型裂殖酵母在细胞生长到一定长度后一分为二完成分裂，但纳斯发现，*cdc2*（和酿酒酵母的*cdc28*同源）和*cdc25*的突变型酵母即使生长得很长也不完成分裂，而*wee1*基因突变的酵母在还没有伸长的时候就提前开始了分裂（图1-8）。更有趣的是，*cdc25*和*wee1*都发生突变的个体可以正常分裂。通过更多的遗传分析，纳斯发现裂殖酵母的*cdc2*是调节细胞周期的关键基因，它编码的是一种周期蛋白依赖性激酶（cyclin-dependent kinase，CDK），在活性条件下促进细胞周期的进行。而*cdc25*和*wee1*分别是*cdc2*的促进型和抑制型调控因子。两位学者利用遗传筛选的方法不仅获得了通过生化手段已经纯化得到的一些细胞周期调节因子的编码基因，还获得了大量生化手段没有纯化出来的蛋白质的编码基因，尤其是一些含量极低的CDK调节基因。

细胞周期调节的另一个关键因子周期蛋白（cyclin）最早是由英国分子生物学家蒂姆·亨特（Tim Hunt）在无脊椎动物海胆的胚胎中通过分离纯化发现的，因为其表达水平随细胞周期发生变化，因此被命名为周期蛋白（Hunt，1991）。亨特根据周期

图 1-8　裂殖酵母的不同细胞周期调控因子的突变体

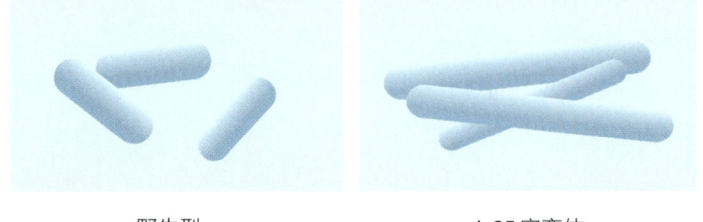
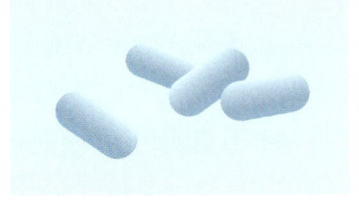

野生型　　　　　　　　*cdc25*突变体　　　　　　　*wee1*突变体

蛋白的表达变化推测它在细胞周期调节中的重要作用，但他也进一步利用遗传学方法证明细胞周期的正常进展依赖于周期蛋白的参与，因为周期蛋白缺陷的菌株同样出现了细胞周期时相的停滞。

特别值得指出的是，利用遗传学方法在酵母中发现的细胞周期调控机制同样在高等生物如哺乳动物细胞中存在，这意味着真核细胞的细胞周期受到非常保守的调节机制的控制。生物学家们综合利用遗传学和生物化学等技术手段，才成功揭示了细胞周期的调控机制。

三、*Ras* 信号转导通路与线虫发育

信号转导（signal transduction）指的是生物细胞在胞外 / 胞内信号的刺激下，引发细胞内的一系列生物化学反应和 / 或蛋白质相互作用，最终调节特定效应基因的表达，实现细胞增殖、分化、凋亡等各种生物学效应的过程。*Ras* 编码一种和 GTP 结合的细胞信号转导分子，位于细胞膜的细胞质一侧，负责将细胞外信号传入胞内，在细胞增殖等细胞活性中扮演重要调控作用。1982 年，包括癌症学家罗伯特·温伯格（Robert A. Weinberg）在内的多个团队从人膀胱癌细胞系中克隆到了 *Ras*。*Ras* 因在大鼠肉瘤（rat sarcomas）中鉴定得到而得名，它是研究者们克隆得到的第一个癌基因，也是一类对肿瘤发生发展有促进作用的肿瘤相关基因。

临床上近三分之一的肿瘤患者都携带 *Ras* 基因的突变，因此研究 *Ras* 的致病机制具有非同寻常的意义。研究者们很快就揭示了肿瘤细胞中的 *Ras* 存在一个错义突变，第 12 位氨基酸从甘氨酸变成了缬氨酸，正是这个错义突变改变了 RAS 蛋白质的结构，使其一直处于激活状态，进一步促进了细胞的无限增殖。但后续的研究陷入了僵局，很多研究者想从肿瘤细胞系中分离纯化 RAS 所在信号转导途径的下游分子并解析 *Ras* 这一信号通路，结果发表了上千篇相互矛盾的文章。直至近十年之后，遗传学家保罗·斯特伯格（Paul W. Sterberg）和华人遗传学家韩珉利用线虫（*Caenorhabditis elegans*）这一模式生物开展遗传分析，才真正揭示了 *Ras* 介导的信号转导通路，并发现了它在线虫器官发育中的关键作用。

在线虫中，RAS 的编码基因是 *let-60*，遗传分析显示 *let-60* 功能获得型突变的线虫阴门（vulva）发育异常，出现多阴门（multivulva，Muv）表型。韩珉等人随后发现另一个基因 *lin-45* 的功能降低型突变导致了无阴门（vulvaless，Vul）的表型（图 1-9），该基

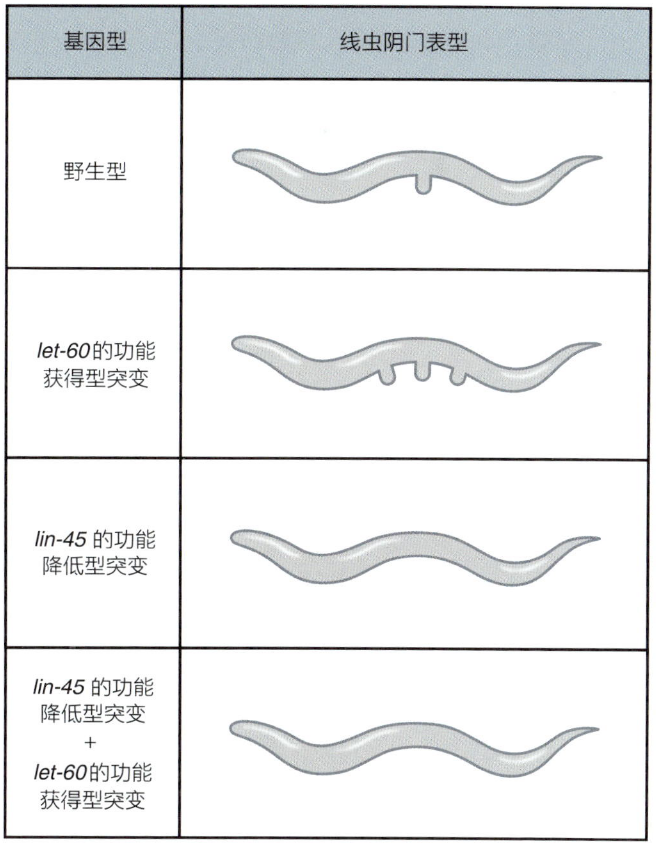

基因型	线虫阴门表型
野生型	
let-60 的功能获得型突变	
lin-45 的功能降低型突变	
lin-45 的功能降低型突变 + *let-60* 的功能获得型突变	

图 1-9 *let-60* 和 *lin-45* 突变体线虫的阴门发育表型

名词窗 1-3

DNA 复制（DNA replication）：从亲代 DNA 合成子代 DNA 的过程。亲代 DNA 的两条链解开，每条链作为新链的模板，分别形成两个子代 DNA 分子。每一个子代 DNA 分子包含一条亲代链和一条新合成的链，因此也称为半保留复制。

DNA 聚合酶（DNA polymerase）：以一条 DNA 链作为模板，催化由脱氧核糖核苷三磷酸合成新的 DNA 链的酶。

细胞周期（cell cycle）：连续分裂的细胞从上一次有丝分裂结束到下一次有丝分裂结束所经历的整个过程，包括分裂期和分裂间期。分裂间期又包括 G_1 期（gap 1 phase）、S 期（synthesis phase）和 G_2 期（gap 2 phase）。

分裂期（mitotic phase）：真核生物细胞周期中完成细胞分裂的时期，包含了有丝分裂（核分裂）和胞质分裂两个阶段，最终母细胞被分为两个子细胞。

肿瘤（tumor）：脱离了接触抑制、锚定依赖，失去生长控制的细胞群。

癌症（cancer）：发生了侵袭和转移的肿瘤，又称为恶性肿瘤（malignant tumor）。

癌基因（oncogene）：正常情况下促进细胞增殖，但在肿瘤细胞中因功能获得型突变产生过度或不恰当的活跃形式，促使肿瘤细胞获得无限生长推动力的一类肿瘤相关基因。

原癌基因（proto-oncogene）：未发生突变的癌基因的等位基因类型，存在于正常细胞中，其编码的蛋白质产物负责调控细胞的正常增殖。肿瘤细胞中，原癌基因发生功能获得型突变，成为癌基因。

功能获得型突变（gain-of-function mutation）：导致获得原先没有的功能的基因突变，例如发生在基因编码区内的一个错义突变导致了蛋白质产物的活性上升，或者发生在表达调控区的一个插入突变导致蛋白质表达量的大幅上升等。

肿瘤抑制基因（tumor suppressor gene）：在正常情况下是负责监控细胞准确复制、正常分裂和生长、程序性凋亡的基因，因为功能丧失型突变失去了正常功能，使异常细胞逃避修复和清除，发展为肿瘤。

功能丧失型突变（loss-of-function mutation）：导致原有功能丧失的基因突变，例如基因编码区内的一个无义突变导致截短蛋白的产生，丢失了活性，或者整个基因序列发生了缺失，完全没有基因产物。

因编码了哺乳动物中丝氨酸 / 苏氨酸蛋白激酶 RAF 的同源蛋白。此外，同时携带 *let-60* 的功能获得型突变和 *lin-45* 的功能降低型突变的双突变体线虫仍然表现出无阴门表型，这说明 *lin-45* 很可能是位于 *let-60* 信号转导途径下游的信号分子（Han et al., 1993）。借助于这样的遗传分析思想，研究者们最终揭示了控制线虫阴门发育的 RTK/RAS/RAF/MAP 这一信号转导途径（详见第八章与第九章），并进一步在人肿瘤细胞系中得到了验证。

可见，遗传分析这一科学方法不仅可以筛选调控个体发育的关键基因，更能深入探索并清晰地描绘出调节生物发育的信号转导通路，为理解个体发育和疾病发生的分子机制提供有力的工具。

第四节　遗传学和发育生物学的应用

我们在前面提到的遗传学研究可以大致地归为孟德尔时期、摩尔根时期和分子遗传学时期。近几十年来，遗传学和发育生物学的发展日新月异。这一领域的研究成果不仅为理解生命的本质提供了重要的科学依据，也在生物技术、生物医药、农业育种等多个领域展现出巨大的应用价值。

一、基因工程技术是生物科技的开端

20 世纪 70 年代，众多限制性内切酶、核酸连接酶的成功发现和纯化，使得体外构建重组 DNA 成为可能。将重组 DNA 成功导入大肠杆菌又推动了划时代的基因工程技术的发展。于 1976 年创立的美国基因工程技术公司（Genetech）是生物技术行业的创始者，他们利用基因工程技术开创了利用细胞工厂生产重组药物的时代。1977 年该公司就成功合成出生长激素抑制素，1978 年又合成了人胰岛素，1979 年成功克隆生长激素编码基因。后来，重组人胰岛素成为第一个被批准使用的基因工程药物。与传统的生物化学纯化方法相比，利用重组 DNA 生产胰岛素具有成本低、产量高、活性高、安全性好等优点，为全球的糖尿病患者带去了福音。20 世纪末，各种基因工程技术公司如雨后春笋般快速发展起来，生物医药正是基因工程技术应用最广泛的领域之一。多肽类药物、抗体类药物的生物合成为治疗疾病提供了新的手段。进入 21 世纪，肿瘤领域出现了靶向治疗和免疫治疗的新机遇，背后的治疗机制同样也与遗传学进展密不可分。例如，第一个临床使用的肿瘤靶向治疗药物格列卫（Gleevec）的研发就得益于遗传学家揭示了染色体相互易位产生的融合蛋白 BCR-ABL 是诱发慢性髓系白血病的关键原因。华裔免疫学家陈列平在 1999 年发现的免疫检查点蛋白 PD-L1（当时命名为 B7-H1）是肿瘤局部出现免疫反应抑制的关键机制所在，他率先开展了针对 PD-1/PD-L1 的抗体药物的临床实验，为随后全球范围内的免疫治疗药物研发奠定了重要基础。

此外，农业生物技术相关的公司则通过遗传改良和基因编辑等技术手段，提高农作物的产量、品质和抗逆性。以袁隆平（1930—2021）为代表的中国水稻育种学家对水稻的雄性不育性状进行了深入的研究，在全球率先培育出杂交水稻并大面积应用于生产，为解决中国乃至全球的粮食安全发挥了不可替代的作用。

二、基因组学研究推动生命科学快速发展

人类基因组计划（Human Genome Project，HGP）在人类科学史上具有重要的地位。该计划于 1988 年正式批准实施，先后有美国、英国、日本、德国、法国和中国参与，旨在对人类全基因组进行序列测定。2001 年，*Nature* 和 *Science* 杂志同一时间公布了人类基因组草图图谱及初步分析结果，这在全球掀起了基因组学研究的浪潮，

也意味着遗传学研究正式进入了基因组学时代。在人类基因组计划之后，以"单倍型图谱（Haplotype Map，HapMap）计划"为代表的人群遗传分析揭示了人类基因组DNA序列中的常见遗传变异，为人类疾病的遗传因素筛选提供了重要数据支撑。以"DNA元件的百科全书（Encyclopedia of DNA Elements，ENCODE）计划"为代表的功能基因组学研究旨在全面阐述人类基因组序列的结构和功能，破解人类自身的遗传密码。

近年来，其他组学研究，如转录组学（transcriptomics）、蛋白质组学（proteomics）、表观基因组学（epigenomics）、代谢组学（metabonomics）等也相继成熟，极大地推动了遗传学和发育生物学的发展。例如，转录组学是从 RNA 水平研究细胞的基因转录情况及转录调控的规律与机制，它能够揭示个体发育和疾病发生等过程中动态的基因表达变化，鉴定出其中的关键调控机制和调控因子。2020 年宣告完成的多机构合作研究项目"基因型 – 组织表达"（Genotype–Tissue Expression，GTEx）绘制了来自近千人的上万个组织样本的转录组图谱，建立了全面开放的人类转录组数据资源。毫不夸张地说，当下遗传学和发育生物学研究的数据信息呈现井喷之势，为生命科学研究开拓了更为广阔和深入的领域。

三、遗传学和发育生物学研究中的科技伦理

在遗传学和发育生物学迅猛发展的同时，我们也要重视科学研究中伴生的科技伦理问题。克隆羊"多莉"的诞生引发了"克隆人"的争论，人类基因组的测序完成引发了遗传信息安全与遗传资源保护的争论，转基因技术的推广引发了转基因食物安全性的争论，基因编辑技术的成熟引发了能否运用到人类胚胎的全社会思考……

2021 年 4 月正式实施的《中华人民共和国生物安全法》明确规定，从事生物技术研究、开发与应用活动，应当符合伦理原则。2022 年 3 月国务院进一步印发《关于加强科技伦理治理的意见》，指出科技伦理是开展科学研究、技术开发等科技活动需要遵循的价值理念和行为规范，是促进科技事业健康发展的重要保障。每一位遗传学和发育生物学研究者都应该在科学研究的过程中严格遵循科技伦理，认真思考如何运用各项遗传学知识与技术，如何加强生命伦理学的交流与讨论，如何在发展遗传学和发育生物学的同时健全科技伦理，最终让遗传学和发育生物学更好地服务于全球的可持续发展。

※ 复习思考题

1. 结合本章的多个遗传学研究案例，思考遗传分析的基本策略是什么？

2. 遗传和发育有着怎样的内在联系？为什么遗传学方法能够解决一些发育生物学的问题？

3. 遗传学研究方法是否也有局限性？谈谈你的想法。

※ 推荐阅读

1. DE LUCIA P, CAIRNS J. Isolation of an *E. coli* strain with a mutation affecting DNA polymerase[J]. Nature, 1969, 224(5225): 1164-1166.

2. HAN M, GOLDEN A, HAN Y, STERNBERG P W. *C. elegans* lin-45 raf gene participates in let-60 ras-stimulated vulval differentiation[J]. Nature, 1993, 363: 133-140.

3. HARTWELL L H. Macromolecule synthesis in temperature-sensitive mutants of yeast[J]. J Bacteriol, 1967, 93(5): 1662-1670.

4. HUNT T. Cyclins and their partners: from a simple idea to complicated reality[J]. Semin Cell Biol, 1991, 2(4): 213-222.

5. MORGAN T H. The Theory of Gene [M]. New Haven, Conn.: Yale University Press, 1926.

6. NÜSSLEIN-VOLHARD C, WIESCHAUS E. Mutations affecting segment number and polarity in *Drosophila*[J]. Nature, 1980, 287(5785): 795-801.

7. POULSON D F. Chromosomal deficiencies and the embryonic development of *Drosophila melanogaster* [J]. Proc Natl Acad Sci U S A, 1937, 23(3): 133-137.

8. SIMANIS V, NURSE P. The cell cycle control gene cdc2$^+$ of fission yeast encodes a protein kinase potentially regulated by phosphorylation[J]. Cell, 1986, 45(2): 261-268.

9. The English translation of Mendel, J.G. "Versuche über Pflanzenhybriden", Druery, C.T.; Bateson, William(1901). "Experiments in plant hybridization" [J]. Journal of the Royal Horticultural Society, 1866, 26: 1-32.

（编写：许田、金力、吴燕华；审读：杨剑、吴晓晖）

第二章

遗传基础和基因组学

　　遗传学的基础理论起源于 19 世纪中期孟德尔的研究。本章首先回顾遗传学发展历史上一系列经典的里程碑事件，展示确立 DNA 作为遗传物质的科学探索历程。随后，解析遗传信息在生命体中传递和表达的分子机制，包括遵循孟德尔定律的细胞核遗传和不服从孟德尔定律的细胞质遗传。最后介绍现代基因组学，简述其作为经典遗传学的扩展正在推动遗传学研究在分子水平上迈向全基因组规模。

　　本章第一节主要介绍遗传学的基础知识，内容包括染色体和基因的概念、遗传物质的确定、DNA 的分子结构，以及描述遗传信息流动的"中心法则"（central dogma），这些理论是现代生命科学和医学研究的基石。

　　第二节聚焦于细胞质遗传，这一非孟德尔遗传方式强调了核外遗传物质的重要性，主要介绍线粒体和叶绿体中的单亲遗传机制。作为细胞核遗传的重要补充，细胞质遗传解释了许多母系遗传现象，在相关疾病的诊断和植物学研究中具有重要的价值。

　　最后一节介绍迅速发展的基因组学。现代基因组学建立在高通量测序技术之上，通过在全基因组水平多维度地描述遗传信息的时空表达和调控过程，极大地加深了人们对于基因组结构与功能的认识和理解。实例展示了基因组学在精准医学、人类起源研究以及动植物遗传改良等不同学科和领域中的应用。

　　通过本章的学习，读者将系统掌握从经典遗传学到现代基因组学的核心概念，为后续学习遗传分析策略与方法，以及理解遗传变异在生物体发育和进化过程中的作用奠定坚实的理论基础。

第一节　遗传基础

遗传学是现代生物学的重要分支，其基本概念可以追溯到 19 世纪末和 20 世纪初的一系列重要发现。本节将深入探讨遗传学的早期里程碑事件，以及遗传的基本原理。

一、染色体和基因的提出

1. 孟德尔遗传定律

我们已经在导论中介绍了孟德尔于 1866 年提出"遗传因子"的概念，将生物性状归因于这些遗传因子。它们被视为离散的、独立的遗传单位，负责传递和决定生物性状，并遵循分离定律和自由组合定律。尽管当时孟德尔并未解释遗传因子的实际结构和运作机制，但他的研究为基因概念的提出提供了理论基础。

2. 染色体的发现

得益于显微技术的进步，科学家们在 19 世纪 80 年代通过一种新发现的有机和无机染料的组合方式能够直接观察细胞核内长而明亮的物体，并称其为染色体（chromosome）。通过观察配子形成过程中的染色体行为，科学家们逐渐意识到染色体可能携带遗传物质。这一认识促进了 1902 年染色体学说的提出，即染色体是细胞核内的结构，由 DNA、蛋白质和其他分子组成，它们携带了生物体的遗传信息。染色体学说将遗传物质的概念从抽象粒子转化为物理实体，将遗传物质与染色体联系起来。

3. 萨顿 – 博韦里假说

1903 年，美国遗传学家沃尔特·萨顿（Walter Sutton，1877—1916）以及德国动物学家西奥多·博韦里（Theodor Boveri，1862—1915）同时在模式生物海胆中注意到胚胎的发育过程需要全部染色体的参与。之后，萨顿又以蝗虫（*Brachystola magna*）为研究对象，发现染色体在减数分裂（meiosis）过程中的分离现象与孟德尔提出的遗传定律吻合（图 2-1），这表明染色体很可能就是遗传定律的物质基础。这两位科学家的一系列重大发现被后人命名为"萨顿 – 博韦里假说"，又被称为"遗传的染色体学说"（chromosome theory of inheritance）。这一学说提出染色体是遗传物质的载体。

4. 基因概念的提出

1909 年，丹麦遗传学家约翰森在他的著作《精密遗传学原理》中首次提出了"基因"（gene）概念，以替代孟德尔所称的"遗传因子"。这一新术语进一步强调了遗传信息的离散性，并为基因的研究奠定了基础。

5. 三位一体基因概念的确立

随着基因概念的提出，科学家开始关注基因的物理性质。在 1910 年前后，美国遗传学家摩尔根及其学生通过研究遗传学领域经典的模式生物果蝇，为染

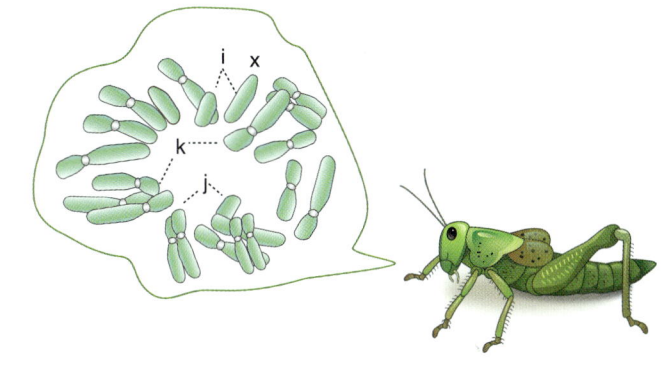

图 2-1　萨顿 1902 年发表的论文中描绘的蝗虫染色体

色体是遗传物质载体这一假设提供了实验证据。摩尔根在其 1926 年的著作《基因论》中提出了三位一体基因概念——基因是遗传的功能单位、结构单位以及突变单位。这一理论的确立将基因从抽象概念转化为物理实体，证明了基因位于细胞核内的染色体上，并影响着生物的性状。摩尔根的发现为现代遗传学的研究奠定了重要基础，并因此获得了 1933 年的诺贝尔生理学或医学奖。

二、DNA 是遗传物质

1. 遗传物质的早期探索

尽管早期研究奠定了遗传学的基础，但直至 20 世纪初，科学家仍对遗传的分子本质缺乏认识。起初人们更倾向于认为蛋白质可能是遗传物质，因为蛋白质具有更加复杂的特性，能够解释遗传的多样性。然而，一系列实验逐渐揭示了核酸（nucleic acid）才是主要遗传物质。

2. 核酸的首次发现

1868 年，瑞士医生弗雷德里希·米歇尔（Friedrich Miescher，1844—1895）首次在白细胞核中发现核酸，并将其命名为"核素"。他还观察到生殖细胞中细胞分裂前核酸含量显著增加，尽管当时他无法确认核酸的具体功能，但这一发现标志着对遗传物质的初步探索。

3. 肺炎双球菌转化实验

1928 年，英国细菌学家弗雷德里克·格里菲斯（Frederick Griffith，1879—1941）进行了关键性实验，发现了肺炎双球菌（pneumococcus）的"转化"能力，揭示了遗传物质的功能（图 2-2）。他从肺炎双球菌中分离出两种不同的细菌类型——光滑型（smooth，S）和粗糙型（rough，R）。S 型细菌是野生型，具有致病性，因能够在细胞外合成一层多糖荚膜而呈现光滑外表；而 R 型细菌是 S 型的突变体，没有致病能力，因无荚膜而呈现粗糙外表。格里菲斯发现，将活的 R 型菌和加热杀死的 S 型菌混合后注射到小鼠体内，会导致疾病，但单独注射这两种菌则没有致病效果。这一实验提出，经过高温杀死的 S 型菌内含有一种能够改变细菌遗传特性的物质，使 R 型菌转化为 S 型，并称之为"转化因子"。这一发现为遗传物质的存在提供了直接证据。

1944 年，美国细菌学家奥斯瓦尔德·艾弗里（Oswald Avery，1877—1955）、科林·麦克劳德（Colin McLeod，1909—1972）和麦克林恩·麦卡蒂（Maclyn McCarty，1911—2005）从高温杀死的 S 型菌中提取无

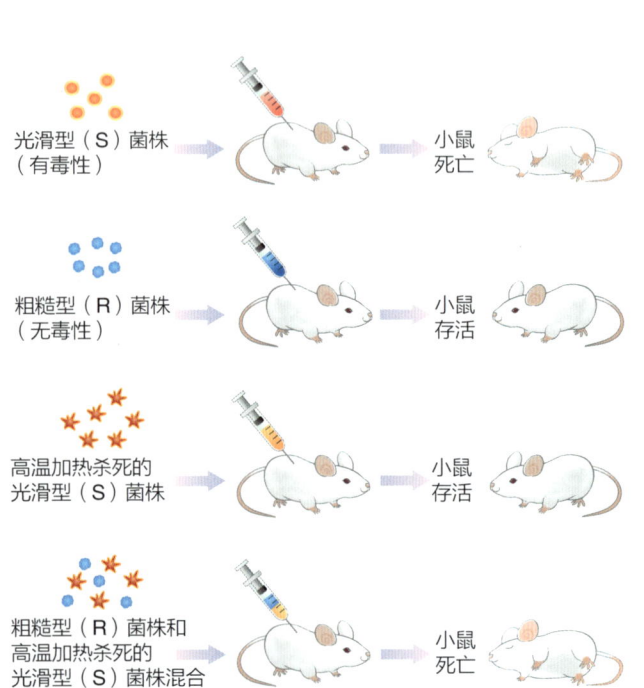

光滑型（S）菌株（有毒性） → 小鼠死亡

粗糙型（R）菌株（无毒性） → 小鼠存活

高温加热杀死的光滑型（S）菌株 → 小鼠存活

粗糙型（R）菌株和高温加热杀死的光滑型（S）菌株混合 → 小鼠死亡

图 2-2　格里菲斯的肺炎双球菌转化实验

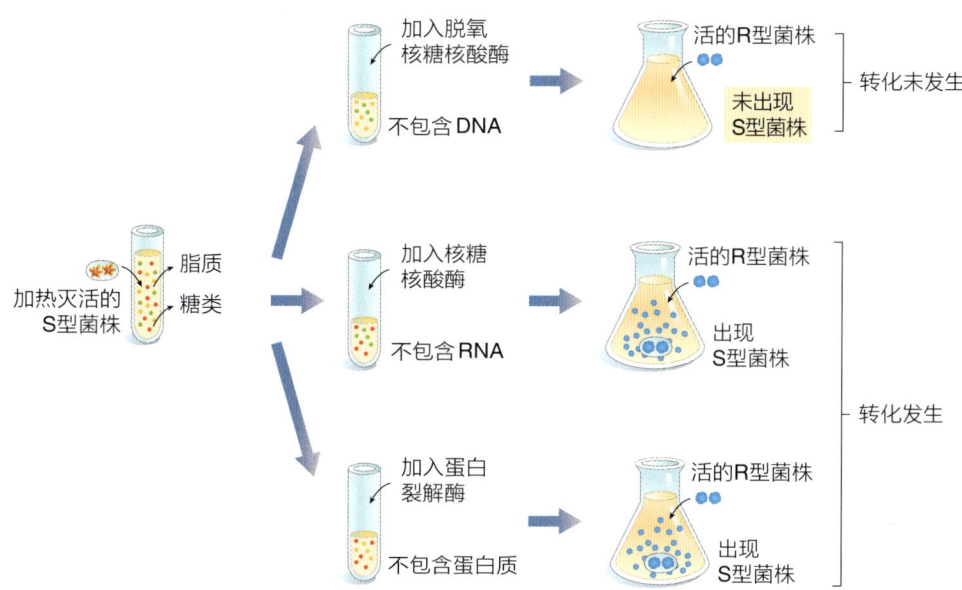

图 2-3　艾弗里的肺炎双球菌转化实验

细胞液并纯化出了"转化因子"（图 2-3）。他们的进一步实验发现，纯化的"转化因子"仍然具有转化活性，直到加入一种能够降解脱氧核糖核酸（deoxyribonucleic acid，DNA）的酶才完全破坏了这一活性。因此，科学家们得出结论："DNA 是Ⅲ型肺炎球菌转化因子的基本单位"。这一实验进一步验证了格里菲斯的发现，首次提出了 DNA 是遗传物质。艾弗里团队的这项革命性发现得益于洛克菲勒大学（Rockefeller University）跨学科的科研环境。尽管艾弗里的团队由生物学家构成，但他们与该校的化学家有着密切的合作与交流，这种跨学科的互动为识别 DNA 作为遗传物质的关键因素提供了新的视角和方法。他们的工作在理解 DNA 的化学性质和生物功能方面迈出了重要一步，为后来的 DNA 双螺旋（DNA double helix）结构的发现奠定了基础。

4. 噬菌体感染实验

1952 年，艾尔弗雷德·赫尔希（Alfred Hershey，1908—1997）和马莎·蔡斯（Martha Chase，1927—2003）利用 T2 噬菌体进行实验，最终确定了遗传物质是核酸而不是蛋白质（图 2-4、图 2-5）。他们使用了两种不同的同位素来标记两种大分子——硫（^{35}S）用于标记蛋白质，磷（^{32}P）用于标记 DNA。通过用这两种不同同位素标记的噬菌体感染大肠杆菌，并测定同位素的位置，他们发现：当使用 ^{35}S 标记的噬菌体感染细菌时，放射性物质依然分布在噬菌体的外壳部分，而当使用 ^{32}P 标记的噬菌体感染细菌时，放射性物质则分布在大肠杆菌细胞内。这一实验清晰地表明，进入细胞的遗传物质是 DNA，而不是蛋白质。这一发现进一步巩固了 DNA 作为遗传物质的地位。

通过这些重要实验，科学家们逐渐确定了核酸是主要的遗传物质，并深入了解了其在遗传过程中的关键作用。这些发现为遗传学的发展奠定了坚实的基础，为我们理解生命的遗传机制提供了关键

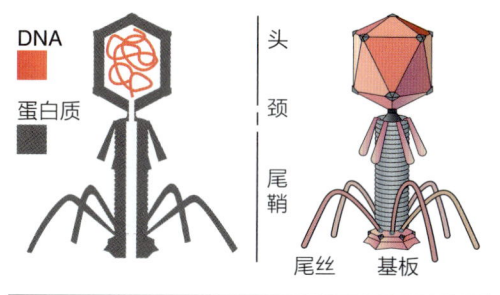

图 2-4　T2 噬菌体构造

图 2-5　T2 噬菌体侵染大肠杆菌的实验

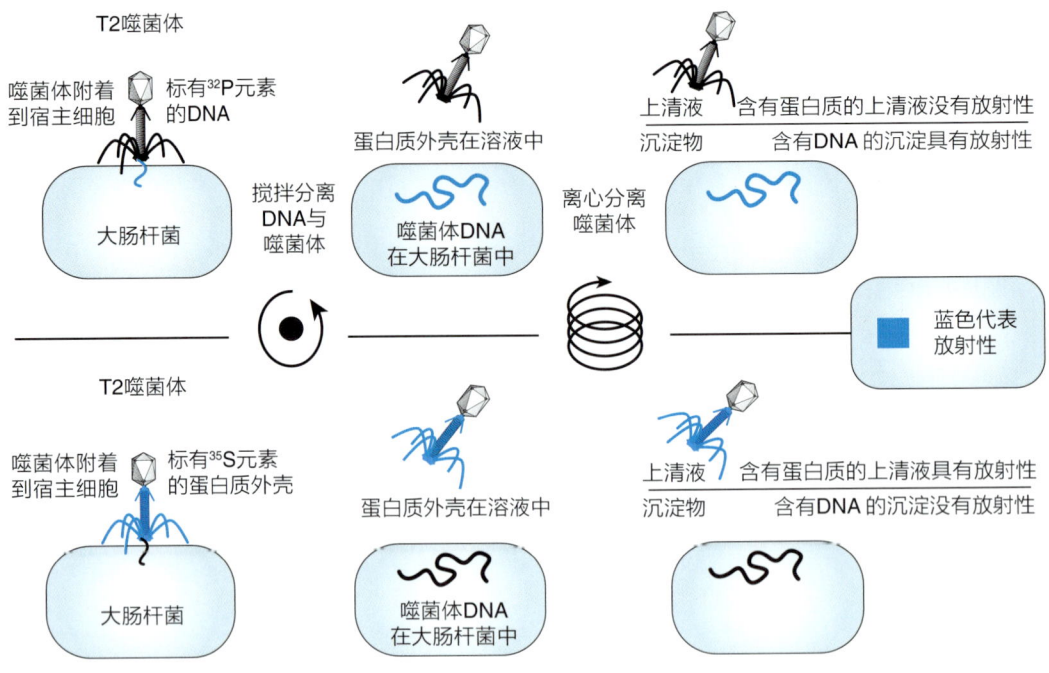

的见解。在本书的后续章节中，我们将更深入地探讨生物的主要遗传物质——DNA 的结构和功能。

三、DNA 的分子结构

1. DNA 的化学结构

20 世纪初期，科学家们在前人发现核酸的基础上，进一步纯化了 DNA 和核糖核酸（ribonucleic acid，RNA），并阐明了它们的组成和化学结构。核苷酸（nucleotide）是构成核酸的基本单元，研究人员发现，DNA 分子由 4 种相似但不同的脱氧核苷酸（deoxynucleotide）构成，每种核苷酸的化学结构由中心的脱氧核糖，与 5′ 碳端连接的一个无机磷酸盐以及与 1′ 碳端连接的一个含氮碱基组成（图 2-6）。碱基又可分为 4 种类型：腺嘌呤（adenine，A）、胸腺嘧啶（thymine，T）、胞嘧啶（cytosine，C）和鸟嘌呤（guanine，G）。与 DNA 分子不同，RNA 分子的中心五碳糖为核糖（即 2′ 碳端未脱氧），并在 4 种碱基类型中以尿嘧啶（uracil，U）取代胸腺嘧啶。在 20 世纪 40 年代晚期，奥地利裔美国人埃尔文·查戈夫（Erwin Chargaff，1905—2002）发现，在任何物种的 DNA 中，腺嘌呤和胸腺嘧啶的含量大致相同；同时，鸟嘌呤和胞嘧啶的含量也大致相同。这一发现后来被称为碱基互补配对原则（Chargaff law）（图 2-7），为理解 DNA 分子结构提供了重要线索。

2. DNA 的物理结构

从 20 世纪 30 年代起，科学家们开始用 X 射线晶体衍射技术对生物大分子进行成像。1952 年，英国化学家、X 射线晶体学家罗莎琳德·富兰克林（Rosalind Franklin，

图 2-6　核苷酸的结构

嘌呤

腺嘌呤　　　　鸟嘌呤

嘧啶

胞嘧啶　　　尿嘧啶　　　胸腺嘧啶

碱基
（腺嘌呤）

五碳糖

OH=核糖
H=脱氧核糖

核苷
核苷一磷酸
核苷二磷酸
核苷三磷酸

脱氧核糖核酸（DNA）　　图 2-7　碱基互补配对

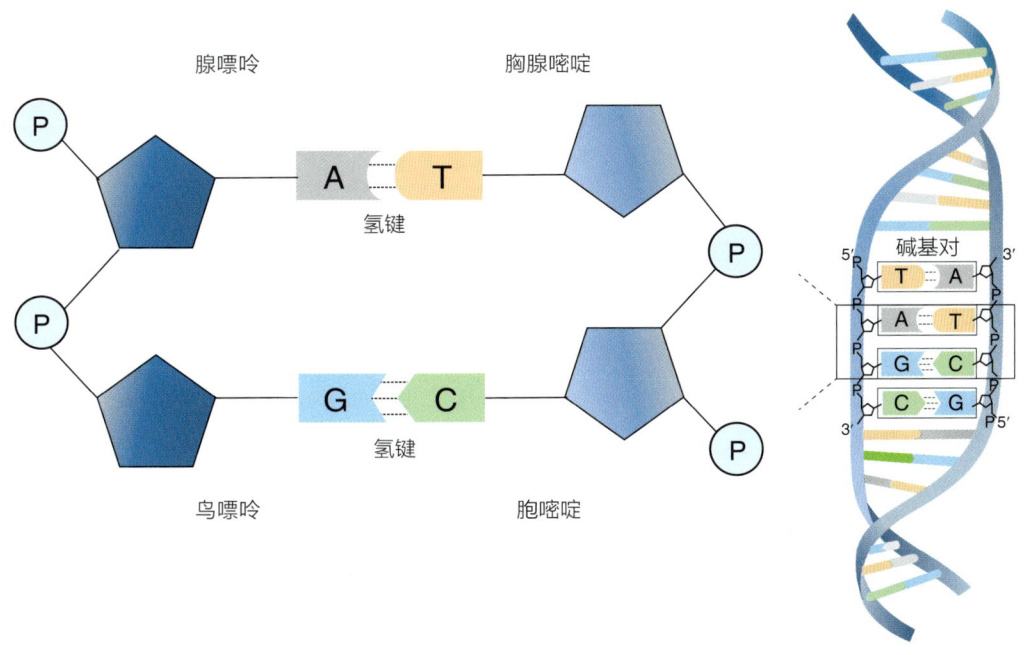

腺嘌呤　　　　　　胸腺嘧啶

A　T
氢键

G　C
氢键

鸟嘌呤　　　　　　胞嘧啶

碱基对

1920—1958）和她的研究生雷蒙·葛斯林（Raymond Gosling，1926—2015）拍摄到了一张 DNA 的 X 射线衍射照片，即著名的"照片 51 号"。这张照片被誉为"有史以来最美的 X 射线照片之一"（图 2-8）。这一照片证明了 DNA 分子的有序螺旋状结构。由于和导师及同事不合，富兰克林离开了她就职的伦敦国王学院。随后，葛斯林将"照片 51 号"分享给了他后来的导师、同在伦敦国王学院使用 X 射线晶体衍射技术研究 DNA 结构的莫里斯·威尔金斯（Maurice Wilkins，1916—2004）。1953 年，威尔金斯将"照片 51 号"展示给了来国王学院访问的朋友、美国生物学家詹姆斯·沃森

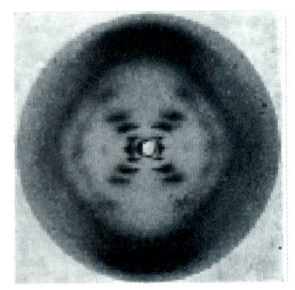
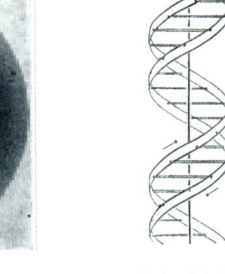

图 2-8　富兰克林拍摄的 DNA 晶体衍射图片（左）与沃森和克里克搭建的 DNA 双螺旋模型（右）

（James Watson），并参与了对 DNA 模型的讨论与后续修正。沃森和同在剑桥大学卡文迪许实验室工作的英国物理学家弗朗西斯·克里克（Francis Crick，1916—2004），结合富兰克林的衍射图像、查戈夫的碱基互补配对原则、DNA 分子的物理排列以及核苷酸的化学结构，提出了著名的 DNA 双螺旋模型（图 2-8）。他们的研究成果发表在 Nature 杂志（1953）。根据他们的模型，DNA 分子由两条平行但方向相反的链组成，这两条链以右手螺旋绕成一个圆柱体；两条链的外侧骨架由核糖和磷酸二酯键连接而成，而内侧则由氢键连接的 AT 或 GC 碱基对组成。

磷酸二酯键共价连接一个核苷酸分子的 3′ 碳端以及下一个核苷酸的 5′ 碳端。这种连接方式赋予了 DNA 单链方向性，其中一个端点被称为 5′ 端，另一个端点被称为 3′ 端。两条链通过相反的方向平行连接，形成一个由强亲水性的磷酸基团排列在外侧的螺旋结构。DNA 双链内侧配对的碱基通过氢键连接。腺嘌呤和胸腺嘧啶碱基之间由 2 个氢键连接，而鸟嘌呤和胞嘧啶碱基之间由 3 个氢键连接，因此双链内侧的化学结构非常稳定。研究表明，DNA 双螺旋结构形成的圆柱体直径为 20 Å（1 Å 为 10^{-10} m），每个螺旋周期的间距为 34 Å，而相邻碱基对之间的上、下间距为 3.4 Å，因此一次螺旋是由 10 对核苷酸缠绕而成的精密结构。

在沃森和克里克发表 DNA 双螺旋模型之前，因研究蛋白质的 α 螺旋和 β 折叠二级结构而闻名的美国化学家莱纳斯·鲍林（Linus Pauling，1901—1994），也曾提出一个著名但错误的 DNA 模型。他认为 DNA 由三股螺旋缠绕而成，其中螺旋的磷酸骨架在内、碱基在外侧。鲍林假设骨架中间是中性不带电荷的磷酸基团，事实上核酸分子呈酸性，其磷酸基团带负电荷，而带负电荷的基团会相互排斥，不可能组成稳定的三螺旋核心。这是一个致命的矛盾，也催化了 DNA 正确模型的提出。在双螺旋模型发表后，鲍林曾公开发表导致他提出错误模型的几个重要原因，其中之一便是缺少高质量的 X 射线晶体衍射图像。

DNA 的双螺旋模型广泛存在于真核生物的细胞核染色体内，而在近年来的研究中，DNA 也被发现以其他形式的结构存在。例如，在一些细胞器和原核生物的染色体中可以找到环状的双链 DNA 结构，而一些 DNA 病毒则存在着体积较小的单链 DNA。此外，研究人员还发现自然界中不仅存在右手螺旋的 DNA 结构，还包括一些不规则的左手螺旋的 DNA 结构。

通过对 DNA 化学结构的理解，我们可以推断遗传信息是通过 4 种不同碱基的排列进行编码的，并且了解遗传信息是如何稳定存储的。DNA 双螺旋模型的提出为后续 DNA 高保真度的复制、转录和翻译等遗传信息传递过程的研究奠定了基础，推动了遗传学、分子生物学以及生物技术等领域的快速发展。沃森和克里克的 DNA 双螺旋模型代表着生物学领域的一次重大突破，他们与威尔金斯共同获得了 1962 年的诺贝尔生理学或医学奖。

四、DNA 的复制

1. 半保留复制假说

DNA 作为生物体内主要的遗传物质，其可能的复制机制早在科学家们研究 DNA 的分子结构时就已经引起了关注。由于 DNA 的骨架由稳定性较强的磷酸二酯键共价连接，而骨架内部的碱基由稳定性较弱的氢键连接，这使得人们推测 DNA 的解旋是从内部氢键的断裂开始的。一旦 DNA 双螺旋解开，内部两条单链的碱基序列就会暴露出来，成为两条模板链（template strand）。依据严格的碱基互补配对原则，新的核苷酸分子可以与模板链上的碱基结合形成新的氢键，之后，新配对的核苷酸之间在某种酶的作用下共价连接成新链。经过这样的复制过程后，原始的 DNA 分子将产生两条新的 DNA 分子。每条新产生的 DNA 分子都包括一条原始的 DNA 链和一条新合成的 DNA 链，这样在每一代复制产物中都保留了上一代 DNA 分子的一半信息。这种复制假设被称为 DNA 的半保留复制（semiconservative replication），由沃森和克里克在 1953 年首次提出。当时对于 DNA 复制机制的假设存在许多不同的观点，除了半保留复制之外，还有原始链不变、仅形成新链的全保留复制假设，以及原始链和新链嵌合在一起的分散复制假设。直到 1958 年，美国遗传学、分子生物学家马修·梅瑟森（Matthew Meselson）和富兰克林·斯塔尔（Franklin Stahl）通过一项创新性的重氮实验，成功证明了 DNA 半保留复制假说的正确性（图 2-9）。

梅瑟森和斯塔尔采用了同位素标记法来标记 DNA 中的氮原子，利用 ^{14}N 和 ^{15}N 之间的密度差异来区分原始 DNA 和

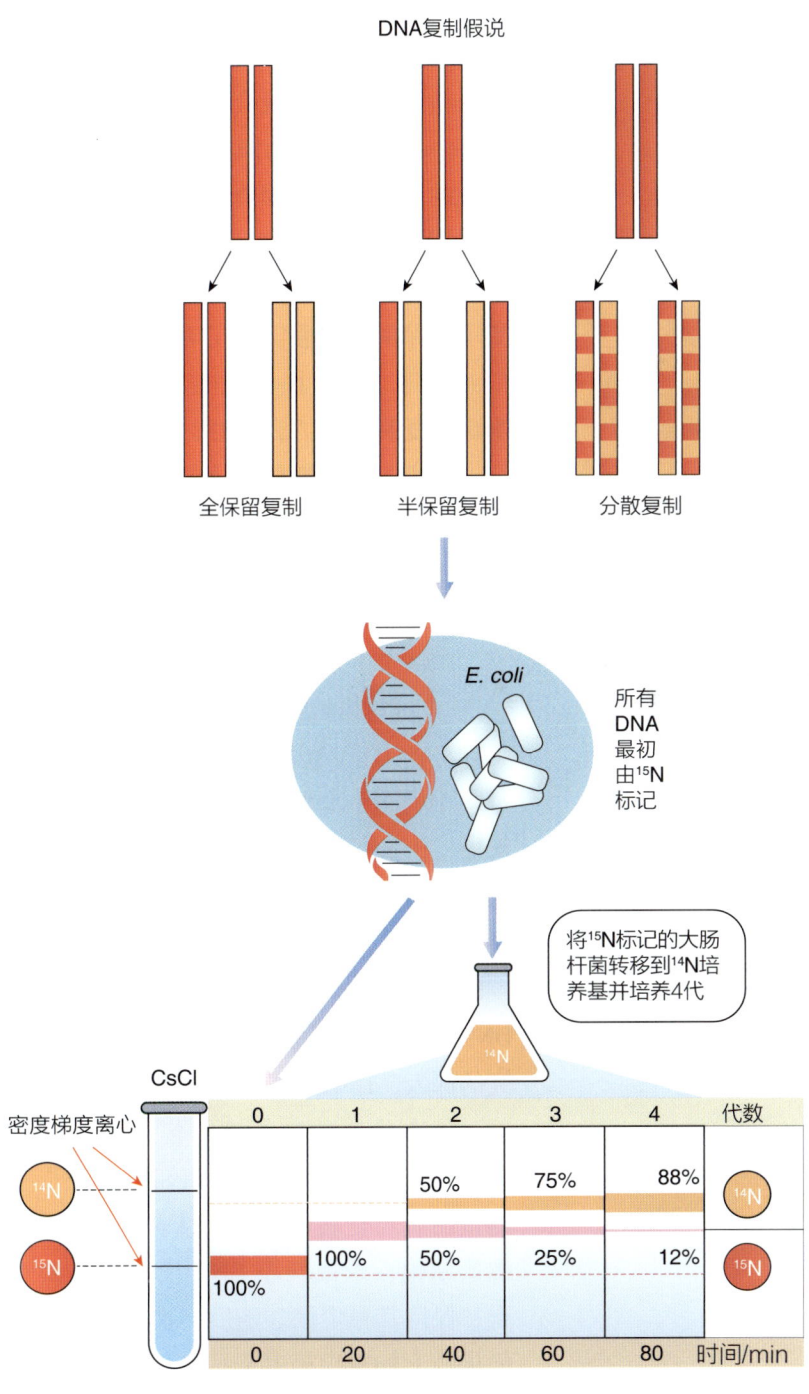

图 2-9　梅瑟森和斯塔尔采用同位素标记法证明 DNA 半保留复制

新合成的 DNA。他们首先将大肠杆菌分别培养在仅含有 ^{14}N 的培养基和仅含有 ^{15}N 的培养基中，使细菌合成的 DNA 中含有对应的标记氮元素。为区分含 ^{14}N 和含 ^{15}N 的DNA，梅瑟森和斯塔尔将提取出的 DNA 样品放置在氯化铯溶液中进行密度梯度离心，这样不同密度的含 ^{14}N 和含 ^{15}N 样品就会在不同位置形成条带。他们观察到，在 ^{14}N 培养基中生长的大肠杆菌 DNA 在接近离心管管口的位置形成了一条纯 ^{14}N 条带，而在 ^{15}N 培养基中生长的大肠杆菌 DNA 于接近离心管底部的位置形成一条纯 ^{15}N 条带。接着，他们将在 ^{15}N 中培养的大肠杆菌转移到 ^{14}N 培养基中，经过大肠杆菌的一个复制周期后（约 20 min），取出了第一代子细胞 DNA 进行离心，并观察到离心管中出现了一条新的条带，位置介于纯 ^{14}N 和纯 ^{15}N 条带之间，这一结果表明新生成的 DNA 分子含有一条 ^{15}N 标记的旧链和一条 ^{14}N 标记的新链，与当时人们对半保留复制的假说是一致的。随后，梅瑟森和斯塔尔继续使用 ^{14}N 培养基培养这批了细胞，再经过一个复制周期后，取出第二代子细胞的 DNA 进行离心，此时离心管中出现了两条条带，一条位于纯 ^{14}N 条带的位置，另一条出现在纯 ^{14}N 和纯 ^{15}N 条带之间。这一结果进一步证实了半保留复制假说的正确性，即 $^{14}N^{15}N$ 混合的 DNA 双链再次分离，利用 ^{14}N 培养基中的原料，形成了一条全新的 ^{14}N 子链和一条 $^{15}N^{14}N$ 子链。这一实验不仅证明了 DNA 半保留复制机制的合理性，也推翻了全保留复制和分散复制的假设。

2. DNA 复制的分子机制

DNA 半保留复制机制的提出为科学家们研究遗传物质的复制与传递提供了坚实的基础。然而，DNA 复制的详细分子机制仍然不明。1956 年，美国生物化学家阿瑟·科恩伯格首次从正处于复制阶段的大肠杆菌中纯化出 DNA 聚合酶 I（DNA polymerase I，DNA Pol I），证明了 DNA 的合成与复制需要特定酶的介入，这种酶能够识别 DNA 复制的模板链，并催化游离核苷酸结合形成聚合物。科恩伯格还通过实验验证了体外的 DNA 复制过程是可再现的。这一重大发现揭示了 DNA 聚合酶在 DNA 复制过程中的核心作用，为人们理解遗传信息如何高效、准确地传递奠定了分子层面的基础，因此他于 1959 年获得了诺贝尔生理学或医学奖。1970 年，美国生物化学家托马斯·科恩伯格（Thomas Kornberg），即阿瑟·科恩伯格次子，发现了 DNA 聚合酶 II（DNA polymerase II，DNA Pol II）和 DNA 聚合酶 III（DNA polymerase III，DNA Pol III）。其中，DNA 聚合酶 III 和 DNA 聚合酶 I 是 DNA 复制过程中依赖的主要酶，而 DNA 聚合酶 II 则主要参与 DNA 修复。随着研究人员对 DNA 聚合酶结构解析和功能研究的深入，DNA 复制的分子机制得到了进一步的完善。

DNA 复制的分子机制包括 3 个核心步骤——起始、延伸和终止（图 2-10）。在 DNA 分子上存在特殊的短核苷酸序列，称为复制起始位点。首先，一些有特定功能的蛋白质与复制起始位点结合形成复合体，进而触发 DNA 解旋酶（helicase）打开双螺旋结构，形成两条 DNA 模板链与两个复制叉。单链结合蛋白与两条 DNA 单链结合，保持其稳定性。随后，携带碱基的游离脱氧核糖核苷酸根据碱基互补配对原则与模板链上的对应碱基形成氢键，再由 DNA 聚合酶 III 在上游核苷酸链的 3′ 碳末端与游离的脱氧核苷三磷酸（deoxyribonucleoside triphosphate，dNTP）的首个磷酸基团之间

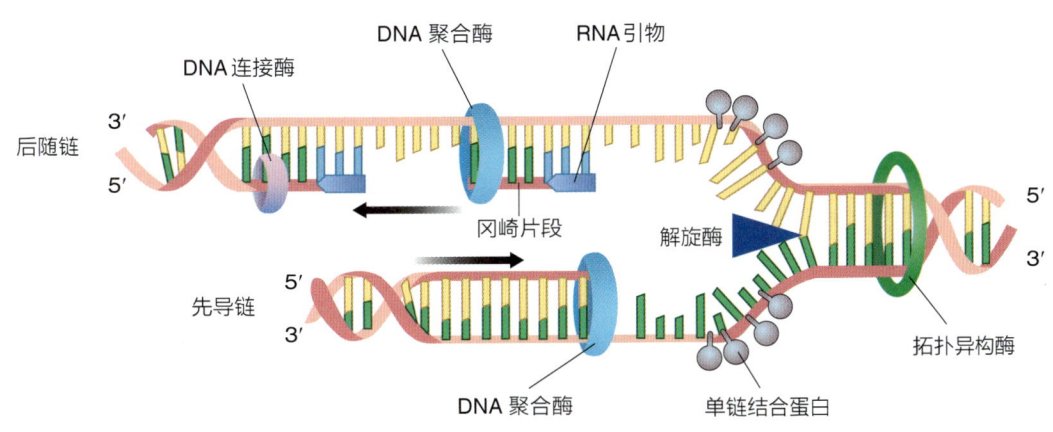

图 2-10 DNA 复制过程

形成磷酸二酯键，进而合成新的链。这一聚合过程的能量来源于 DNA 聚合酶切割上一个游离脱氧核苷三磷酸的高能磷酸键。由于 DNA 聚合酶Ⅲ只能从核苷酸链的 3′ 碳端连接一个新核苷酸来形成新链，因此在模板链的 3′ 端都需要一条引物来提供可连接的 3′ 碳端。这些引物通常由一小段 RNA 组成，而连接 RNA 引物与模板链的酶则被称为引物酶（primase）。在延伸过程中，新链从模板链的 3′ 端向 5′ 端合成，也就是新链自身 5′ 端至 3′ 端的方向合成，并且复制叉也随着解旋酶的运动而前移。在这个过程中，随复制叉同向延伸的新链被称为先导链（leading strand），而与模板链反向互补，只能向复制叉相反方向延伸的新链被称为后随链（lagging strand）。先导链可以连续进行合成，而后随链只能以不连续的方式合成一系列片段。这些片段通常包含 1 000 个左右的碱基对，被命名为冈崎片段（Okazaki fragment），以纪念最早发现这一现象的团队领导者——日本名古屋大学的冈崎令治（Okazaki Reiji，1930—1975）与冈崎恒子（Okazaki Tsuneko）夫妇。每当复制叉移动一段距离，引物酶就会在模板链上结合一段 RNA 引物，然后由 DNA 聚合酶将新核苷酸结合到引物片段的 3′ 端，形成冈崎片段，一直延伸到前一段冈崎片段的 RNA 引物处。DNA 聚合酶Ⅰ介入两条相邻的端冈崎片段间，通过形成新的核苷酸片段来取代 RNA 引物。最后，DNA 连接酶在片段间合成磷酸二酯键，得到一条完整的 DNA 新链。新链的延伸一直持续到整条 DNA 双链都被复制完毕才会终止。在真核生物中，DNA 复制过程通常涉及多个复制起点的同时启动。

在上述 DNA 复制的过程中，不仅涉及已提及的一系列酶，还有其他更为复杂的酶系统参与，以确保复制过程的稳定性和准确性。例如，在 DNA 双链解旋的过程中，随着解旋酶的前进，前方未解旋的双链将会形成高度卷曲的复杂结构。此时，拓扑异构酶（topoisomerase）会与卷曲区域结合，切断 DNA 双链，使其恢复到松弛状态，然后再次修复双链。拓扑异构酶减少了复制过程中 DNA 链断裂的风险，同时维持了 DNA 分子的稳定性。此外，一些 DNA 聚合酶具有校对和修复错配碱基的作用。当新合成的碱基对发生错误配对时，DNA 聚合酶会倒退一个碱基，利用核酸外切酶（exonuclease）删除错配碱基，然后重新形成正确的配对，从而保证了 DNA 复制过程的高保真性与遗传信息在传递过程中的准确性。

3. DNA 复制原理的应用

DNA 的复制过程不仅是生命体遗传与发育的基础，还在生物技术的发展中发挥着重要的作用。基于 DNA 复制原理，科学家们发明了一代测序技术，也称为双脱氧终止法（dideoxy termination method），由费雷德里克·桑格（Frederick Sanger，1918—2013）于 1977 年首次开发。这项技术利用双脱氧核苷酸（dideoxyribnucleoside triphosphate，ddNTP）随机终止 DNA 的复制过程，通过测定终止处的碱基，实现了 DNA 序列的确定。桑格的这一贡献使他在 1980 年第二次获得了诺贝尔化学奖。另一项革命性的技术是由凯利·穆利斯（Kary Mullis，1944—2019）于 1983 年发明的聚合酶链式反应（polymerase chain reaction，PCR），这项技术通过交替使用 DNA 聚合酶和热循环来实现 DNA 的指数级扩增，使研究人员能够在短时间内大规模扩增特定 DNA 片段。凭借这一创新性成果，穆利斯于 1993 年获得了诺贝尔化学奖。这两项基于 DNA 复制机制的技术已成为遗传学、分子生物学和医学领域的关键工具，极大地推动了相关科学领域的研究和应用，为基因组学解析、新药研发、疾病诊断以及法医学等领域提供了重要支持。如今，它们仍然是生物学实验室中不可或缺的工具，并持续推动着现代生命科学和医学的发展。

五、中心法则

1. 中心法则的提出

DNA、RNA 和蛋白质构成了生物体内的三大核心生物大分子，它们共同承载并传递着生物的遗传信息。在人们发现 DNA 作为主要的遗传物质并开始深入研究其分子结构的同时，另一些科学家已经开始致力于研究蛋白质的结构与功能。1951 年，桑格成功地测定了第一个蛋白质——胰岛素的氨基酸序列，证明了蛋白质的一级结构由氨基酸序列所决定。桑格的这项开创性工作作为后来中心法则与遗传信息流动的研究奠定了基础，也因此于 1958 年获得了他的第一个诺贝尔化学奖。随着 DNA 和蛋白质的分子结构逐渐被科学家们所揭示，一个关键性的问题浮现出来：核苷酸序列中的遗传信息是如何传递和体现在氨基酸序列中呢？

分子生物学的中心法则阐述了遗传信息在不同生物大分子之间的流动途径，这一理论最初由克里克于 1957 年提出。克里克认为遗传信息是由核酸编码，然后传递到氨基酸，形成蛋白质，而当信息一旦被转化为蛋白质后，就不会再流回 DNA。这个理论强调了遗传信息流动的单向性。此外，克里克进一步预测，存在一种小分子适配器，这种小分子不仅能够准确识别核苷酸序列，还能合成相对应的氨基酸序列，这一假设中的小分子适配器后来被成功提取出来，并命名为转运 RNA（transfer RNA，tRNA）。tRNA 和核糖体 RNA（ribosomal RNA，rRNA）的发现揭示了 RNA 作为中间介质在遗传信息传递过程中的关键作用，也为该过程中可能存在更多功能元件提供了线索，而后续信使 RNA（messenger RNA，mRNA）的发现进一步印证了这一理论。1961 年，两个实验室分别独立地发现了 mRNA 的存在，这一重要中间分子的

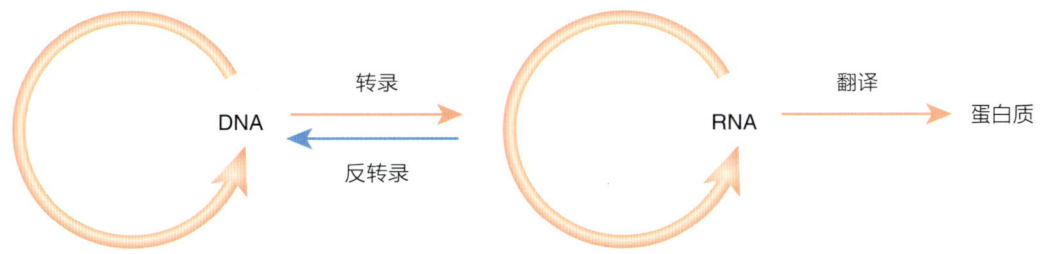

图 2-11　中心法则

作用是将存储于细胞核内的 DNA 信息传递到细胞质中，以便在细胞质中进行蛋白质的合成。至此，我们可以明确遗传信息从 DNA 到蛋白质的传递主要经历了两个阶段（图 2-11），一是从 DNA 传递到 RNA，这一过程被称为转录（transcription）；二是从 RNA 传递到蛋白质，这一过程被称为翻译（translation）。

2. 转录的分子机制

转录是指根据碱基互补配对原则，将 DNA 链作为模板合成单链 RNA 序列的过程。与转录生成的 RNA 序列相同（除了 RNA 中的尿嘧啶替代了 DNA 中的胸腺嘧啶）的 DNA 链被称为编码链（coding strand），又叫有义链（sense strand）或非模板链（non-template strand），另一条 DNA 链被称为非编码链（non-coding strand）、反义链（antisense strand）或模板链。催化 RNA 合成的酶被称为 RNA 聚合酶（RNA polymerase）。与 DNA 聚合酶的功能相似，RNA 聚合酶通过在核糖核苷酸分子的 3′ 碳末端连接下一个核苷酸的磷酸基团来合成 RNA。因此 RNA 合成的方向也是从自身的 5′ 端往 3′ 端延伸，而 RNA 聚合酶从 DNA 模板链的 3′ 端向 5′ 端移动。

转录过程主要包括起始、延伸和终止三个阶段（图 2-12）。在转录起始阶段，RNA 聚合酶识别启动子（promoter），即位于转录起始位点的特殊 DNA 序列，并与其结合以开启转录过程。由于 DNA 上存在许多个启动子，转录可以在多个不同位置同时进行。RNA 聚合酶与启动子结合导致双链 DNA 解旋，暴露了内部的碱基序列，进而形成转录泡（transcription bubble）。酶复合物识别起始转录的核苷酸并依据碱基互补配对的原则在 DNA 模板链上结合对应的核糖核苷酸，其中 A 对应 U，C 对应 G。随后，RNA 聚合酶催化核糖核苷酸之间形成磷酸二酯键。随着新生成 mRNA 链的 3′ 端不断结合新的核苷酸，RNA 聚合酶逐渐释放启动子，并沿着模板向前移动，此时转录进入延伸阶段。

在延伸阶段，RNA 聚合酶继续沿着模板链的 3′ 端至 5′ 端移动，通过破坏双链 DNA 间的碱基配对而使模板链暴露，同时催化新的核糖核苷酸与 DNA 模板结合形成 DNA-RNA 杂合链。与此同时，在转录泡后方，已经生成的 RNA 链从 DNA 模板上解离，形成 5′ 端游离在双链外的一条单链 RNA。而 DNA 模板链则重新与非模板链结合，恢复了双螺旋结构。之后，被释放的启动子便可能再次与新的酶复合物结合。转录过程的终止是由 mRNA 链上一段特殊序列——终止子（terminator）所触发的。终止子能与 RNA 单链结合形成一个稳定发夹结构的环，使 RNA 聚合酶无法继续在 3′ 端添加新的核苷酸，从而导致酶复合物从 DNA 模板链上解离，并释放出 mRNA。

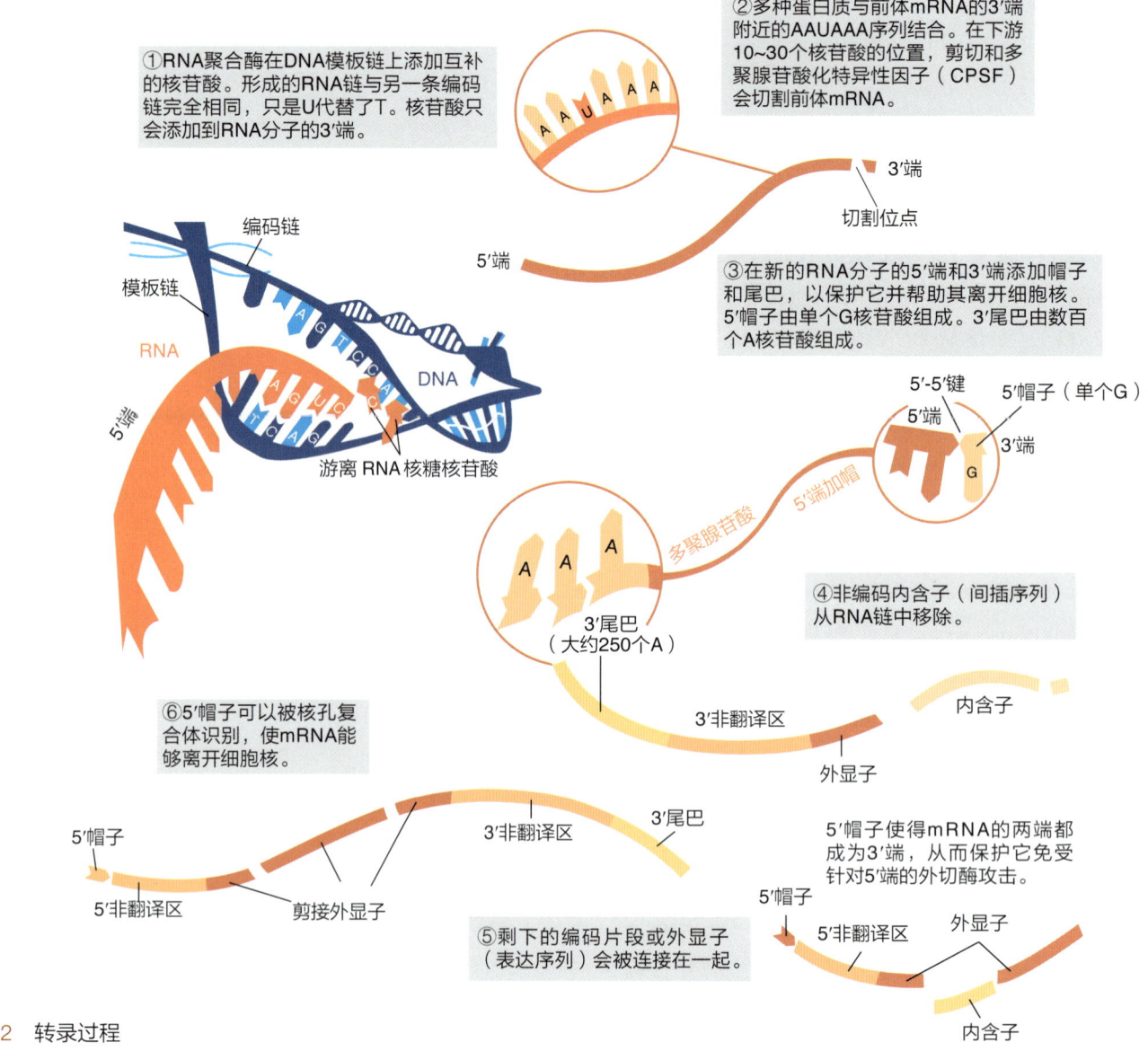

①RNA聚合酶在DNA模板链上添加互补的核苷酸。形成的RNA链与另一条编码链完全相同，只是U代替了T。核苷酸只会添加到RNA分子的3'端。

②多种蛋白质与前体mRNA的3'端附近的AAUAAA序列结合。在下游10~30个核苷酸的位置，剪切和多聚腺苷酸化特异性因子（CPSF）会切割前体mRNA。

③在新的RNA分子的5'端和3'端添加帽子和尾巴，以保护它并帮助其离开细胞核。5'帽子由单个G核苷酸组成。3'尾巴由数百个A核苷酸组成。

④非编码内含子（间插序列）从RNA链中移除。

⑤剩下的编码片段或外显子（表达序列）会被连接在一起。

⑥5'帽子可以被核孔复合体识别，使mRNA能够离开细胞核。

5'帽子使得mRNA的两端都成为3'端，从而保护它免受针对5'端的外切酶攻击。

编码链
模板链
RNA
5'端
游离RNA核糖核苷酸
DNA

3'端
切割位点
5'端

5'-5'键   5'帽子（单个G）
5'端
3'端
5'端加帽
多聚腺苷酸
A A A
3'尾巴（大约250个A）
3'非翻译区
外显子
内含子

5'帽子
5'非翻译区
剪接外显子
3'非翻译区
3'尾巴

5'帽子
5'非翻译区
外显子
内含子

图2-12 转录过程

3. 原核生物与真核生物在转录过程中的差异

转录过程在原核生物与真核生物之间存在许多差异。首先，转录所需的酶不同。在原核生物中，通常只有1种RNA聚合酶负责合成所有类型的RNA。然而，在真核生物中，核基因组中主要有3种不同类型的RNA聚合酶，各自负责合成不同类型的RNA。其中，RNA聚合酶Ⅱ负责合成全部的mRNA；RNA聚合酶Ⅰ则是高度活跃的酶，主要负责合成rRNA——细胞中含量最多的RNA；RNA聚合酶Ⅲ则负责合成tRNA及其他小的非编码RNA（non-coding RNA，ncRNA）。2001年，DNA聚合酶发现者阿瑟·科恩伯格的长子，美国生物化学家、结构生物学家罗杰·科恩伯格（Roger Kornberg）团队发表了真核生物转录过程中RNA聚合酶Ⅱ的分子图像，首次从高分辨率解析了这个动态多蛋白复合体的结构。这一成果不仅是结构生物学领域的重大突破，还为深入理解真核生物的转录机制及基因表达的调控机制提供了关键的分子基础。科恩伯格于 2006 年获得诺贝尔化学奖，与其父亲阿瑟·科恩伯格成为第六对获得诺贝尔奖的父子。真核生物与原核生物的转录过程除了 RNA 聚合酶不同之外，转录起始位点的启动子也有所不同。在原核生物中，启动子通常只需要结合 RNA 聚合酶和相应的 σ 因子便可启动转录。而在真核生物中，启动子序列较为复杂，包括 TATA 框（TATA box）和多个转录因子（transcriptional factor）的结合位点，而 RNA 聚合酶需要与多个转录因子相互作用，形成一个完整的转录复合物，以启动转录。此外，真核生物的启动子功能还受到其他转录调控元件的影响，例如增强子（enhancer）与沉默子（silencer）等。增强子是位于启动子上游或下游的一段 DNA 序列，其距离不固定。它通过与转录因子结合以及 DNA 空间结构的折叠，与启动子相互作用，从而增强基因转录水平。另一差异在于，真核生物中的转录后 mRNA 需经过修饰或剪接。由于原核生物不具备细胞核，转录和翻译过程都发生在细胞质中。经过合成的 mRNA 可以直接参与蛋白质的翻译。然而在真核生物中，转录发生在细胞核，新合成的 mRNA 需要经过末端修饰来延长其存在的时间，直到被转运到细胞质中用于翻译。首先，在转录开始的前几个核糖核苷酸形成前体 mRNA 的 5′ 端，通常会被添加一个或多个甲基基团，形成甲基化帽。这一过程有助于保护 mRNA 不被降解。在前体 mRNA 从 DNA–RNA 杂合物解离之后，3′ 端形成，随后由 polyA 聚合酶在其末端添加 200 个左右的多腺嘌呤尾部，形成 polyA 尾。这一过程不仅可提高了 mRNA 的稳定性，还帮助核孔复合物识别成熟的 mRNA 并将其转运到细胞质。此外，在高等真核生物中，存在许多不连续的基因结构，这些基因被称为断裂基因（split gene）。它通常由外显子（exon）和内含子（intron）交替组成，外显子是在 DNA 与成熟 mRNA 中都存在的序列，而内含子是在 DNA 中存在但在成熟 mRNA 中不存在的序列。通过对比真核生物基因的 DNA 序列长度与相应 mRNA 序列长度，研究人员发现基因的 DNA 序列往往长于 mRNA 序列。这是因为在真核生物中，由 DNA 模板合成的前信使 RNA（precursor mRNA）在成为成熟 mRNA 之前还会经历可变剪接，RNA 分子会在不同内含子的下游与上游处被切割和重新连接，从而产生不同的 mRNA 变体。真核生物的基因序列普遍经历可变剪接过程，这丰富了蛋白质的结构多样性和功能多样性，解释了基因的表达特异性、功能特异性以及可调控性。这一系列复杂而精确的转录中调控和转录后修饰过程，使真核生物在基因表达和表型多样性上具有了远超原核生物的调控灵活性和多样性。

4. 遗传密码的破解

翻译是以 RNA 序列为模板合成氨基酸序列的过程，在此过程中，遗传信息真正从核酸传递至蛋白质。这两者在组成与结构方面存在显著差异：核酸序列的信息主要由 4 个不同的碱基编码，而蛋白质序列的信息则由 20 种常见氨基酸编码。那么遗传信息又是如何对应与传递的呢？正如解密战争年代的摩尔斯电码一样，科学家们相信必定存在一种遗传密码，能够将 RNA 序列与蛋白质序列联系起来，从而指导蛋白质的合成。这一套密码，现在被称为密码子（codon），终于在三组科学家的共同努力之下真相大白。

1961 年，美国生物化学及遗传学家马歇尔·尼伦伯格（Marshall Nirenberg，1927—2010）与他的博士后海因里希·马特伊（Heinrich Matthaei）设计了一种精巧的体外蛋白质翻译系统，首次揭示了苯丙氨酸的密码子由多个尿嘧啶核苷酸组成。尼伦伯格和马特伊首先通过裂解大肠杆菌创造了一个无细胞的体外翻译系统，该系统中包含了所有必要的翻译元件（例如核糖体），并添加了 DNA 酶以防止其他 RNA 模板的产生。然后，他们往系统中加入了仅由尿嘧啶核苷酸单一组成的 mRNA 模板，以及 20 种常见氨基酸单体作为合成蛋白质的基础原料。在每次实验中，他们只用放射性同位素 ^{14}C 标记了 20 种常见氨基酸中的一种，以检验系统内是否出现带有放射性标记的多肽。当他们加入放射性标记的苯丙氨酸时，系统内确实检测到了带有放射性的蛋白质产物；相反，当标记其余氨基酸时，均未检测到放射性产物的生成。这一结果表明，多聚的尿嘧啶核糖核苷酸只有可能是苯丙氨酸的密码子。随后的一系列实验陆续验证了多聚胞嘧啶、多聚腺嘌呤和多聚鸟嘌呤等密码子所编码的氨基酸类型。在此之后，美国生物化学家哈尔·科拉纳（Har Gobind Khorana，1922—2011）根据不同规律合成了二联、三联和四联的寡聚核酸，并相继验证了它们编码的氨基酸序列，这为探究核酸密码的最小单位奠定了基础。1964 年，美国生物化学家罗伯特·霍利（Robert Holly，1922—1993）对 tRNA 进行了成功的分离、测序以及结构解析，揭示了 tRNA 是遗传信息从 RNA 向氨基酸传递的重要适配分子。tRNA 具有复杂的三级结构，由单链内部部分序列的碱基配对，形成带有短互补区域的二级结构，然后在三维空间中发生折叠扭曲，形成了类似倒 L 型的三级结构（图 2-13）。在倒 L 型结构的底端存在可以与 mRNA 密码子互补配对的区域，这一区域被称为反密码子（anticodon）。而在倒 L 型结构的另一端，则为氨基酸的附着位点。这些深入而系统的研究不断推进着遗传密码的破解工作。直到 1965 年，尼伦伯格与其同事菲利普·莱德尔（Philip Leder，1934—2020）再一次设计了巧妙的实验方法，进一步揭示了遗传密码以三联体形式存在，并且成功破解了大多数尚未解码的密码子。在这次实验中，尼伦伯格和莱德尔采用了长度极短的三聚核糖核苷酸序列和 20 种已与 tRNA 结合的氨基酸作为合成蛋白质的模板与原料，每次实验只有一种氨基酸被标记了放射性同位素 ^{14}C。接下来，他们将合成产物倒入特制的过滤器中，该过滤器的设计基于一个原理：只有与对应三核苷酸密码子结合的 tRNA 才会与核糖体结合形成翻译复合物，从而被捕获在过滤器中的硝化纤维素膜上，在过滤器中显示放射性。若 tRNA 未结合对应的密码子，它将不会与核糖体结合，因此不会被过滤器捕获，过滤器中不会显示放射性。通过这一改进的实验方法，尼伦伯格终于在 1966 年成功解出了全部 20 种氨基酸所对应的密码

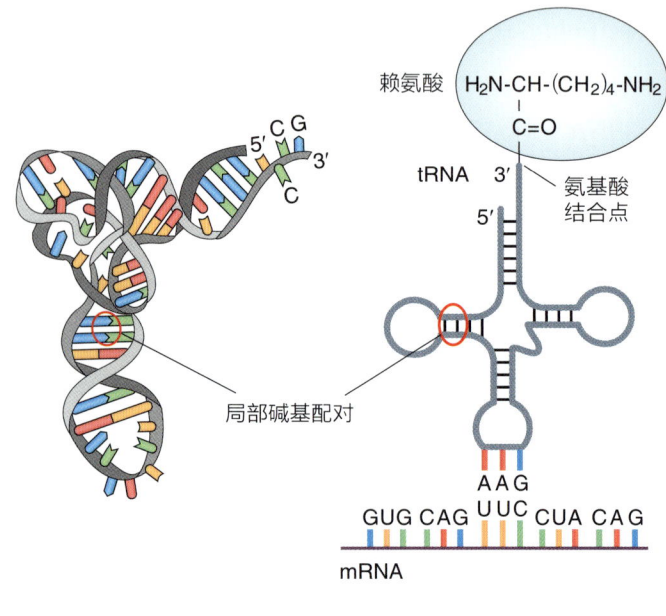

图 2-13   tRNA 结构

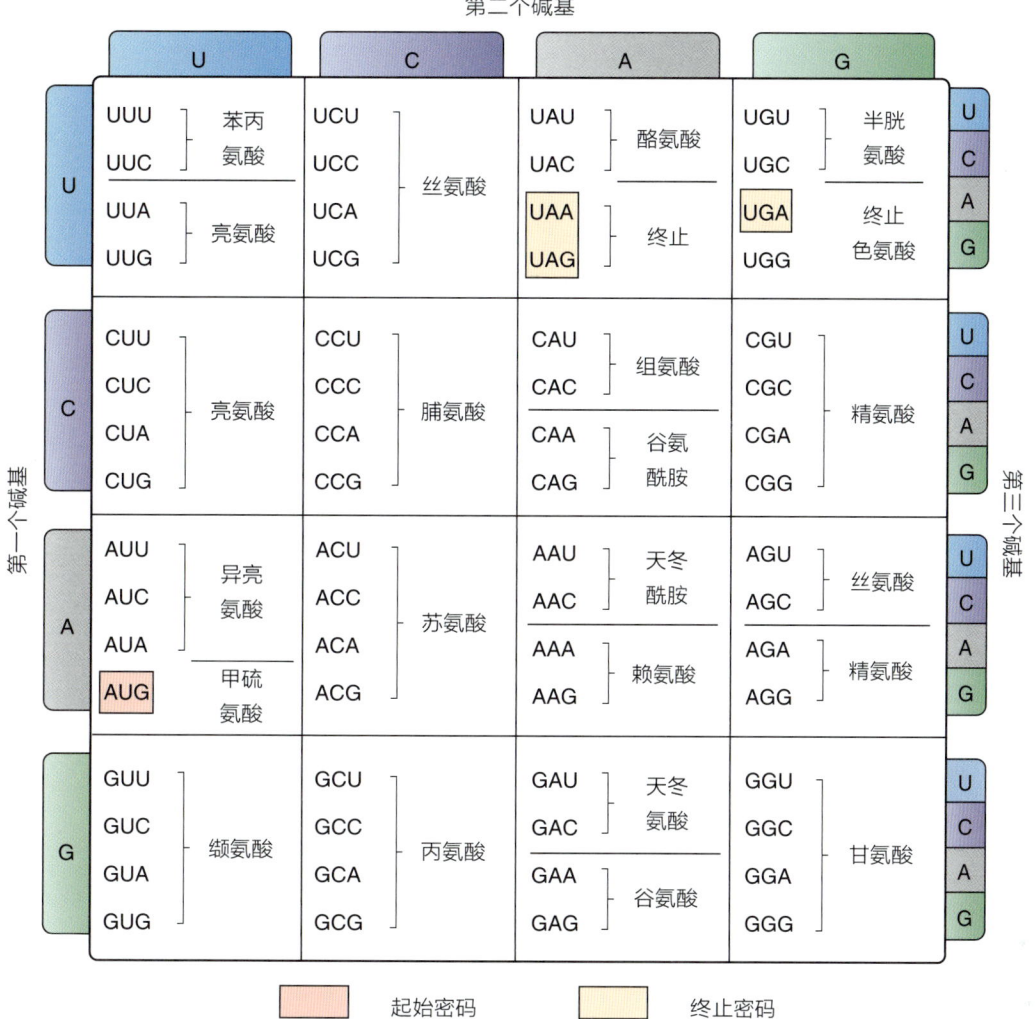

第二个碱基

图 2-14 遗传密码表

起始密码 终止密码

子，解开了 64 种三联遗传密码中的 54 种（图 2-14）。随后，科学家们进一步解码了终止密码子，并揭示了遗传密码的极性、简并性、通用性等特性。遗传密码的完整解码和对蛋白质合成的深入理解，给分子生物学、遗传学，以及生物工程领域带来了深远的影响。为表彰尼伦伯格、科拉纳和霍利三位科学家在遗传密码破解方面做出的卓越贡献，他们于 1968 年被授予了诺贝尔生理学或医学奖。

5. 翻译的分子机制

解开遗传密码后，遗传信息从 RNA 流向蛋白质的过程也就迎刃而解。翻译过程中所需的主要功能元件包括 mRNA、核糖体、tRNA，以及一系列重要的酶和蛋白质因子，如氨酰 tRNA 合成酶（催化氨基酸与 tRNA 结合）和肽酰转移酶（催化氨基酸链从 N 端向 C 端增长）。与 DNA 的复制和转录一样，翻译包括起始、延伸和终止三个阶段（图 2-15）。翻译过程在核糖体上完成，核糖体的结构可以分为一大一小两个亚基，共同组成了 tRNA 结合的三个位点——从右往左分别为 A、P、E 位点。在翻译起始阶段，核糖体小亚基首先与 mRNA 单链的 5′ 端结合，在一些蛋白质因子的作用下与 tRNA 启动子（携带甲硫氨酸的 tRNA）结合，识别起始密码子，形成起始复合体。

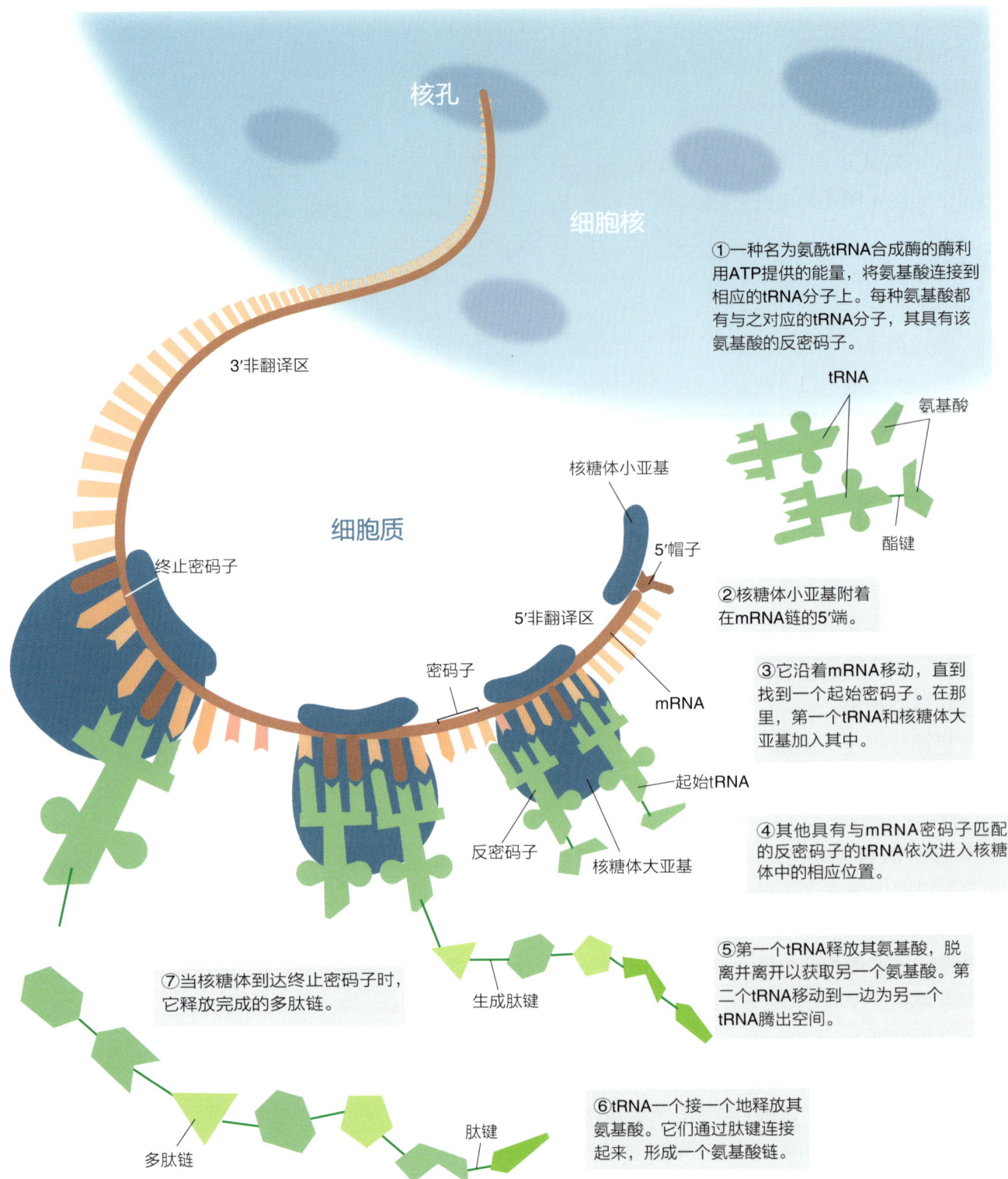

核孔

细胞核

①一种名为氨酰tRNA合成酶的酶利用ATP提供的能量，将氨基酸连接到相应的tRNA分子上。每种氨基酸都有与之对应的tRNA分子，其具有该氨基酸的反密码子。

tRNA

氨基酸

酯键

3′非翻译区

核糖体小亚基

5′帽子

②核糖体小亚基附着在mRNA链的5′端。

细胞质

5′非翻译区

③它沿着mRNA移动，直到找到一个起始密码子。在那里，第一个tRNA和核糖体大亚基加入其中。

终止密码子

密码子

mRNA

起始tRNA

④其他具有与mRNA密码子匹配的反密码子的tRNA依次进入核糖体中的相应位置。

反密码子

核糖体大亚基

⑤第一个tRNA释放其氨基酸，脱离并离开以获取另一个氨基酸。第二个tRNA移动到一边为另一个tRNA腾出空间。

⑦当核糖体到达终止密码子时，它释放完成的多肽链。

生成肽键

⑥tRNA一个接一个地释放其氨基酸。它们通过肽键连接起来，形成一个氨基酸链。

多肽链

肽键

图2-15　翻译过程　然后核糖体大亚基与之结合，形成完整的核糖体。此时，tRNA启动子直接位于核糖体的 P 位点中。在延伸过程中，新的携带氨基酸的 tRNA 进入核糖体的 A 位点，然后识别并结合位于 mRNA 上 3′ 端方向的下一个密码子。肽酰转移酶催化 P 位点与 A 位

点之间的氨基酸形成肽键，将合成的肽链转移到 A 位点的 tRNA 上。然后，核糖体向 mRNA 的 3′ 方向移动一个密码子的距离，空出 A 位点，使携带肽链的 tRNA 位于 P 位点，而空载的脱酰 tRNA 位于核糖体末端的 E 位点。随后，携带下一个密码子对应氨基酸的 tRNA 进入 A 位点，E 位点的脱酰 tRNA 离开核糖体，完成一个翻译循环。随着 mRNA 不断从 5′ 端向 3′ 端相对位移经过核糖体，肽链也不断由 N 端向 C 端延伸。mRNA 上的终止密码子与任何 tRNA 的反密码子都不配对，而是与被称为释放因子的蛋白质功能元件结合。因此当核糖体 A 位点移动到 mRNA 终止密码子对应位置时，蛋白质释放因子识别终止密码子，停止肽链的合成，并使 tRNA 释放合成的肽链。接着在其他释放因子的共同作用下，核糖体释放最后一个脱酰 tRNA，并解聚成大、小亚基，完成翻译的终止过程。翻译完成的肽链并不会直接折叠成具有功能的蛋白质，而往往会经历一系列的翻译后修饰，如肽链的截断、磷酸化和甲基化，以成为成熟且具有功能的蛋白质。这些修饰过程调控蛋白质的活性和稳定性，影响蛋白质与其他分子的相互作用和定位，是细胞精准调控蛋白质合成与性状表达的重要机制。

6. 原核生物与真核生物在翻译过程中的差异

与转录过程相似，原核生物的翻译过程与真核生物有许多显著的差异。首先，这两类生物的核糖体在大小和 rRNA 含量上有着明显的不同，导致了它们在翻译起始阶段的一些差异。例如，起始 tRNA 携带的氨基酸，核糖体小亚基与 mRNA 的结合位点，以及翻译启动所需的蛋白质因子在原核生物和真核生物之间均有所不同。其次，原核生物 mRNA 不需要经过转录后修饰便可直接参与翻译，因此其 mRNA 上存在许多核糖体结合位点，可同时翻译几种不同的多肽。而真核生物的成熟 mRNA 在 5′ 端修饰有甲基化帽，这使得核糖体小亚基首先与 5′ 甲基化帽结合，导致一条 mRNA 在同一时间内只能被翻译成一种多肽。最后，原核生物在蛋白质翻译完成后不会经历大规模的修饰，这一点也与真核生物中常见的丰富多样的翻译后修饰过程形成鲜明对比。

7. 中心法则的拓展

在探讨遗传信息的流动时，我们通常遵循中心法则，即信息从 DNA 复制到 DNA、从 DNA 转录到 mRNA，以及从 mRNA 翻译到蛋白质。除此之外，科学家们还发现了一些特殊的信息传递途径（见图 2-11）。其中，反转录酶（reverse transcriptase）的发现尤为重要。1970 年，美国病毒学家霍华德·特明（Howard Temin，1934—1994）和戴维·巴尔的摩（David Baltimore）分别独立从两种肿瘤病毒中分离出反转录酶，他们发现这种酶能够以单链 RNA 为模板合成互补 DNA（complementary DNA，cDNA）单链。这一发现挑战了传统的中心法则，并揭示了 RNA 病毒如何实现自我复制和繁衍：它们在宿主体内利用宿主原料复制自身基因，并将合成的 cDNA 整合到宿主基因组中。这一发现不仅有助于我们理解 RNA 病毒（如 HIV 病毒）的遗传和感染机制，而且对于病毒学和癌症研究都具有深远的影响。因此，这一发现使特明和巴尔的摩在 1975 年与研究肿瘤病毒的意大利裔美国病毒学家罗纳托·杜尔贝科（Renato Dulbecco，1914—2012）共同获得了诺贝尔生理学或医学奖。反转录酶的发现不仅拓展了中心法则的范畴，也推动了分子生物学技术的发展，为后来的科学研究打开了新的视野和可能性。此外，研究人员还发现了 RNA 可以以自身为模板进行复制的现象。这一过程涉及一种不同于转录过程中 DNA 依赖的 RNA 聚合酶，这种酶是以 RNA 为模板的 RNA 聚合酶，在 RNA 病毒的基因组中被发现。这些发现进一步丰富了我们对于生命现象的理解，并为未来的研究奠定了基础。

　　然而，正如克里克在 20 世纪 50 年代提出的观点一样，一旦遗传信息传递到蛋白质后，就不再反向传递。迄今为止，人们尚未发现以蛋白质为起点，向 DNA、RNA 甚至向蛋白质本身传递遗传信息的途径。遗传信息的流向被认为是单向的，从 DNA 到 RNA 再到蛋白质，但这个领域的研究仍在不断深入。我们期待在未来能有更多新的发现，以揭示生命科学中仍然未知的领域。

第二节　细胞质遗传

　　19 世纪晚期，科学家们已经认识到，遗传物质是以染色体的形式存在于真核生物的细胞核中，其遗传机制遵循了孟德尔提出的分离定律与自由组合定律。然而，在 1909 年，德国植物学与遗传学家卡尔·科伦斯（Carl Correns，1864—1933）却在紫茉莉中发现了一种截然不同的遗传规律（图 2-16）。紫茉莉拥有 3 种不同的叶色性状，分别是白色、绿色和杂色。科伦斯发现，当白叶的母本与任何叶色的父本进行杂交时，所有子代都表现出白叶的性状；当绿叶的母本与任何叶色的父本杂交时，所有子代均呈现绿叶的性状；而当杂色的母本与任何叶色的父本进行杂交时，子代表现出或白叶，或绿叶，或杂色叶的性状分布。紫茉莉子代叶色性状无法通过孟德尔定律进行预测，这一遗传学现象被称为非孟德尔遗传（non-Mendelian inheritance）。后来，人们把紫茉莉中由母本性状决定的这种遗传方式称为母系遗传（maternal inheritance）。在不同的模式生物，如玉米和酿酒酵母中，母系遗传现象也逐渐被发现；在藻类生物中，父系遗传（paternal inheritance）现象也被发现。母系和父系遗传也被统称为单亲遗传（uniparental inheritance）。直到 20 世纪 60 年代，科学家在细胞质中发现了位于线粒体和叶绿体中的 DNA，这些非孟德尔遗传现象才得到合理解释。由于控制这些非孟德尔遗传现象的遗传物质都位于细胞核外的细胞质中，具有诸如单亲遗传、随细胞分裂不均衡随机分配等非孟德尔遗传机制，它们被统称为细胞质遗传（cytoplasmic inheritance）（Nakamura et al.，2016；Camus et al.，2022）。细胞质遗传物质的发现和遗传机制的研究，帮助人们更全面地理解遗传物质和生物性状之间的关系。本节我们将一起探索细胞质遗传的现象和规律。

一、细胞质遗传的概念和类型

　　与细胞核内的 DNA 以单一染色体的存在形式不同，细胞质遗传物质的种类和载体更加多样化。根据细胞质遗传物质是否以细胞器为载体可大致分为两类：细胞

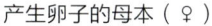

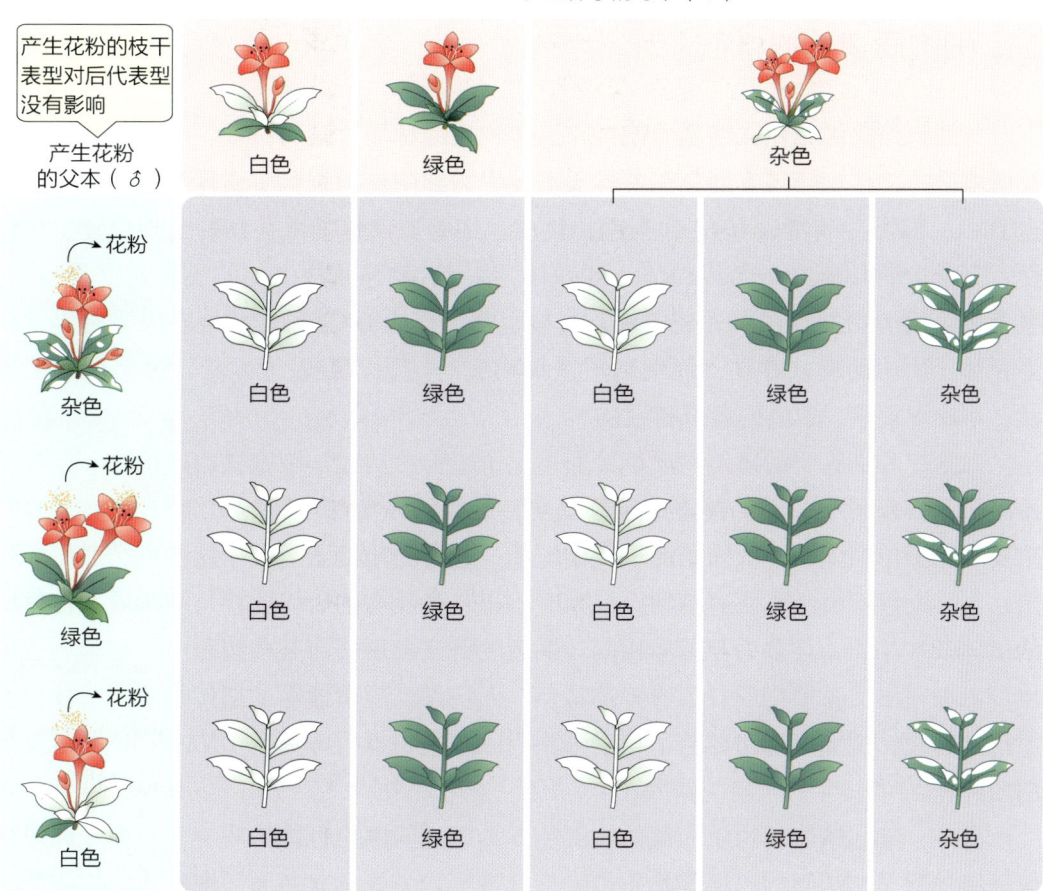

图 2-16 紫茉莉分枝和叶色遗传

器基因组和非细胞器基因组。细胞器基因组主要包括线粒体基因组（mitochondrial genome）、叶绿体基因组（chloroplast genome）、中心粒基因组（centriole genome）、动粒基因组（kinetoplast genome）、膜体系基因组（plastid genome）；非细胞器基因组主要包括共生体基因组（symbiont DNA）、细菌质粒基因组（plasmid DNA）等（Hartwell et al., 2011; Pierce et al., 2013）。另外，本书将没有细胞结构的微生物的遗传物质，如病毒、噬菌体等，也归类为细胞质遗传物质。总的来说，生物界的遗传物质和载体可以概括如下：

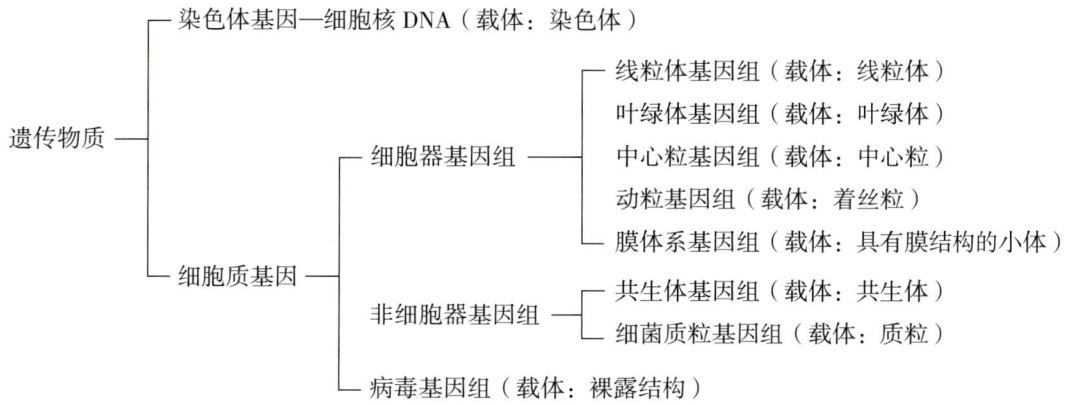

二、细胞质遗传的特征

　　与细胞核遗传相比，细胞质遗传在遗传物质的种类、空间位置、结构和载体，以及所遵循的遗传规律等方面存在差异。真核生物细胞核与细胞质遗传的主要遗传物质是 DNA，但某些病毒以 RNA 作为遗传物质。细胞质遗传物质存在的空间位置主要包括：真核生物细胞核外（线粒体、叶绿体等），细菌等原核生物的质粒，以及病毒、噬菌体等微生物的蛋白质外壳内等。真核生物的核内 DNA 紧密缠绕在组蛋白上，以染色体（质）的形式存在，而细胞质遗传物质的结构存在较大差异，多为裸露的环状、不规则环状、单链或者双链结构。

　　细胞核和细胞质的遗传物质都是通过配子遗传给后代。细胞核的遗传物质存在于雌配子和雄配了中，无论是正交还是反交，后代的表型都相同。而细胞质遗传物质，主要存在于单亲配子中，即雌配子或雄配子，通常为雌配子。由于这种单亲遗传的特点，当某个性状由细胞质遗传物质控制时，正交和反交的后代性状与细胞质遗传物质的供体亲本相同，且多为与母本相同。最近的研究发现，在某些物种中，细胞质遗传也可以表现出父系遗传或双亲遗传等特点。而病毒、噬菌体等的遗传物质多依赖宿主遗传给后代，例如病毒需要借助宿主细胞内的细胞机器合成后代 DNA 或 RNA 以及蛋白质外壳。

　　另外，细胞核遗传物质的载体（染色体）通过同源染色体的联会和自由分配机制保证雌雄配子的细胞核内遗传物质是完整且被平均分配的。然而，细胞质遗传物质的载体（例如具有 DNA 的细胞器）没有类似的均分机制。遗传物质伴随细胞分裂相对随机分配给后代，子代的表型取决于所携带的野生型和突变型遗传物质的相对数目。

三、细胞核遗传与细胞质遗传之间的关系

　　维持细胞及其细胞器正常功能所需的蛋白质和其他物质主要由细胞核内的遗传物质编码并合成。然而，某些与细胞器功能紧密相关的蛋白质可由细胞质中的遗传物质独立编码并合成。此外，某些生化过程可能需要细胞核和细胞质中的遗传物质共同作用。以细胞色素 c 氧化酶（cytochrome c oxidase）为例，该复合物是呼吸作用电子传递链的第四个中心酶复合物，位于线粒体内膜上。在哺乳动物细胞中，细胞色素 c 氧化酶由 13 个亚基构成，其中 10 个亚基由细胞核的 mRNA 编码并在细胞质中的核糖体上合成，而另外 3 个亚基则由线粒体 mRNA 编码并在线粒体中的核糖体上合成。随后，这 13 个蛋白质亚基在线粒体膜转运蛋白处完成组装。这种核质互作关系是在生命进化中逐渐发展起来的。根据共生体学说（endosymbiont theory），细胞器如线粒体和叶绿体，最初是独立的原核生物。在亿万年前，它们进入宿主细胞后逐渐失去了自主复制和独立生存的能力，但保留了其特有的遗传物质和代谢功能。它们为宿主细胞提供能量，而宿主细胞则为这些细胞器提供保护和营养，并从中受益。尽管共生体学说在

提出时遭到了一些质疑和争议，但随着科学技术的不断进步和新证据的积累，它逐渐得到了更多的支持和认可。

四、细胞质遗传的机制

细胞质遗传，特别是细胞器遗传，主要表现为单亲遗传，尤其以母系遗传为主。因此，后代的表型受到母系的影响。鉴于细胞质遗传载体和模式的多样性，我们选取线粒体、叶绿体和病毒作为典型例子，详细介绍细胞质遗传的机制。

1. 线粒体遗传

线粒体（mitochondrion）是真核细胞的能量供给中心。它通过氧化磷酸化产生三磷酸腺苷（adenosine triphosphate，ATP），为细胞提供能量。通常，每个细胞携带多个线粒体，并且不同细胞类型之间线粒体的数量存在差异。在细胞分裂过程中，线粒体会随机地分配到两个后代子细胞，并在细胞的不同阶段发生动态变化。线粒体基因组 DNA 存在于线粒体内部，一般包含多个拷贝，是裸露的双链 DNA 分子。它通常是一个环状结构，但在一些原核生物，如草履虫和四膜虫中，则呈线性结构。大部分生物体中线粒体基因组都不含有内含子区域，如人类线粒体基因组，基因紧密排列，少数相邻基因存在重叠，但在少数物种，如酵母菌、盘基网柄菌等的线粒体 DNA，存在内含子区域，同时这些内含子在基因转录产物的加工翻译过程中具有一定功能。不同物种的线粒体基因组 DNA 长度也存在差异，动物的线粒体基因组 DNA 长度一般在 11 ~ 28 kb 之间，而植物和真菌的线粒体基因组 DNA 长度差异较大，一般在 1 ~ 1 000 kb 之间。

1981 年，研究人员阐明了人类线粒体 DNA 的全序列（Anderson et al.，1981）（图 2-17）。人类线粒体基因组 DNA 全长为 16 569 bp，呈环状双链 DNA 结构。其中编码区共携带了 37 个基因，有 13 个基因编码参与氧化磷酸化过程的蛋白质亚基，其余基因则编码 22 种不同的转运 RNA（tRNA），以及 2 个线粒体内的核糖体 RNA（12S rRNA 和 16S rRNA）。

（1）线粒体遗传机制

线粒体遗传物质 DNA 会进行半保留复制，并通过配子传递给后代。遗传方式主要是母系遗传，少数物种为父系遗传。例如，大部分的被子植物通过母本遗传线粒体，而在针叶树中（如北美红杉 *Sequoia sempervirens*），线粒体 DNA 表现为父系遗传。

在真核细胞中，存在许多线粒体，其数量和大小会根据细胞的能量需求进行动态调整。在细胞减数分裂过程中，亲代线粒体会随机分配到子代细胞中。与

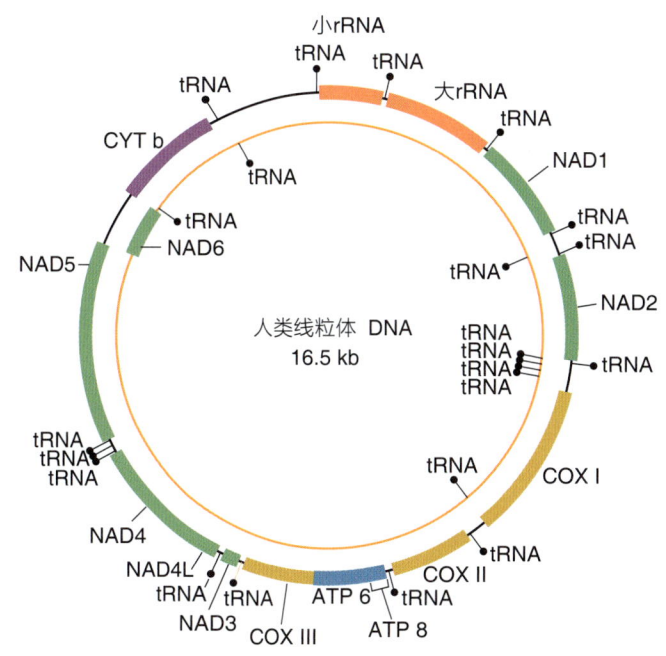

图 2-17 人类线粒体基因组 DNA 结构

细胞核 DNA 的修复机制相比，线粒体 DNA 的修复能力较弱，因此导致线粒体 DNA 的突变频率高于核 DNA。子代细胞内可能同时存在突变型和野生型线粒体，即线粒体异质性（heteroplasmy）。因此，子代的线粒体功能相关表型会受到携带的野生型线粒体和突变型线粒体数量的影响，肌阵挛性癫痫伴随红纤维病（myoclonic epilepsy with ragged-red fibers，MERRF）就是一种由线粒体异质性引起的人类遗传病。线粒体 DNA 拷贝数量较多，并且突变频率较高，理论上线粒体异质性应该是一种常见现象。然而，实际观测发现，大多数细胞中的线粒体 DNA 是同质的（homoplasmy）。为了解释这一悖论，遗传学家提出了线粒体 DNA 经历了某种瓶颈效应（bottleneck effect）的假说。该假说认为，在配子形成或者合子早期发育的某个时间点，线粒体 DNA 经历了一个瓶颈阶段，只保留了少数线粒体和线粒体 DNA 拷贝，从而极大地降低了线粒体 DNA 的异质性程度。有人认为，线粒体瓶颈效应是一种净化选择（purifying selection）的过程，有利于细胞消除有害的线粒体变异（Pakendorf et al., 2005）。尽管有越来越多的证据支持线粒体 DNA 瓶颈效应假说，但目前还存在着争议。

线粒体 DNA 在遗传过程中不会发生遗传重组，可以保持相对保守，因此可以通过线粒体 DNA 追踪群体的起源和迁徙。例如，阿兰·威尔逊（Allan Wilson，1934—1991）等通过分析来自世界各地 147 个人的线粒体 DNA，提出现代人类的共同祖先来自于 200 000 年前的非洲。

另外，需要指出的是，线粒体是半自主细胞器，内含线粒体核糖体等。线粒体 DNA 上的基因可以翻译成内部所需的蛋白质，用于执行线粒体的功能，特别是与能量生产相关的蛋白质。线粒体 DNA 编码蛋白质所使用的遗传密码与通用遗传密码之间也存在一些差异。例如，人类线粒体的三联体密码子 UGA 是编码色氨酸的密码子，而不是通用遗传密码中的终止密码子。

（2）线粒体遗传相关疾病

关于由线粒体基因组遗传变异引起的遗传病，已经有许多报道。其中一些经典案例包括莱伯遗传性视神经病变（Leber hereditary optic neuropathy，LHON）和肌阵挛性癫痫伴随红纤维病（MERRF）。LHON 是一种典型的线粒体疾病，通常表现为双眼无痛性（亚）急性视力下降。该疾病由线粒体 DNA 的变异引起，并通过母系遗传传递（图 2-18）。大多数 LHON 患者的视神经细胞为同质性疾病突变，即所有线粒体均为

图 2-18　LHON 的母系遗传模式

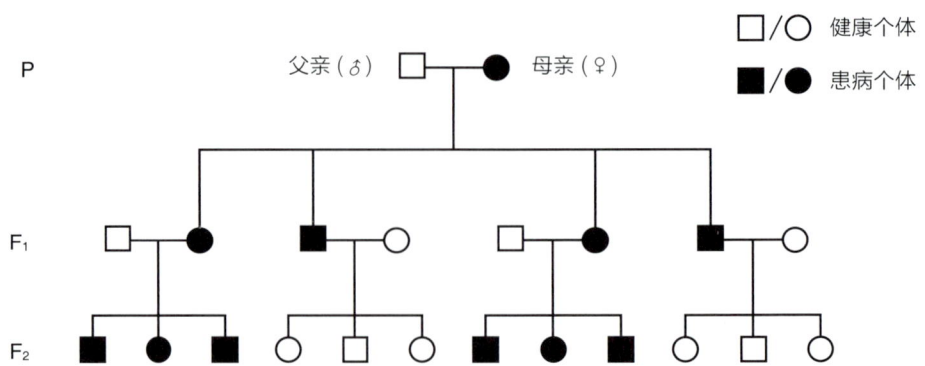

突变体。患者的线粒体基因组突变导致了线粒体呼吸链复合物 I 功能的损害，从而降低了细胞内 ATP 的合成，并导致过量的活性氧自由基产生，最终引发视网膜神经节细胞的损伤。

MERRF 综合征的主要症状包括肌阵挛性癫痫、小脑性共济失调和肌病。此外，肌细胞可能伴随有团块状的异常线粒体（能够被特异性染料染成红色），可能引发继发性痴呆、耳聋和视神经萎缩。MERRF 综合征是由线粒体 DNA 突变引起的，最常见的是 A8344G 突变。该突变导致线粒体功能受损，进而影响能量产生和细胞正常功能。MERRF 综合征通常是母系遗传的，属于线粒体异质性疾病。MERRF 患者的细胞中同时携带致病突变线粒体与野生型线粒体，两种类型的线粒体比例决定了病症的严重程度。

此外，有研究指出线粒体上的突变可能会对人类的衰老过程造成影响。线粒体 DNA 上突变的积累会导致细胞氧化磷酸化水平下降，从而可能引起心脏、大脑等功能下降，损害器官的正常代谢活动。然而，具体的生物学机制仍不明确。

2. 叶绿体遗传

叶绿体（chloroplast）是进行光合作用的场所，它存在于植物的叶片和部分藻类细胞中。叶绿体中的类囊体内部结构嵌入了叶绿素和光吸收蛋白，在光反应阶段，光子的能量会被叶绿素和光吸收蛋白吸收，从而激发电子的能量水平。被激发的电子随后被传送到叶绿体电子传递系统，形成还原型烟酰胺腺嘌呤二核苷酸磷酸（nicotinamide adenine dinucleotide phosphate，NADPH）和 ATP。在随后的暗反应阶段，相关酶以大气中的二氧化碳为原料，利用光反应产生的 NADPH 和 ATP，反应生成糖类，将太阳能转化为化学能。

叶绿体 DNA 存在于叶绿体内部，最早于 1959 年通过生化实验发现，并于 1962 年通过电子显微镜实际观测确认，1986 年烟草与地钱的叶绿体 DNA 被测序发表。截至目前，已有大量陆生植物与藻类的叶绿体 DNA 被测序发表。叶绿体 DNA 多为裸露的环状双链结构。大部分植物叶绿体环状 DNA 包括一个大的单拷贝区、一个小的单拷贝区和两个倒转重复区。与线粒体 DNA 相比，叶绿体 DNA 的长度相对一致，为 120～160 kb。每个叶绿体中通常包含多个叶绿体 DNA 拷贝，例如在高等植物叶肉细胞内，每个叶绿体通常包含 15～20 个叶绿体 DNA 拷贝。叶绿体基因组主要由编码区和非编码区组成。编码区占据叶绿体基因组总长度的 70% 以上，包含 120～130 个基因，这些基因包括编码蛋白质、rRNA 和 tRNA 的基因，主要作用于光合作用、叶绿素合成和代谢途径；而剩余 30% 的非编码区主要起对叶绿体的转录、翻译和代谢功能的调控作用。叶绿体基因排列紧密，且包含内含子区域（图 2-19）。目前认为，产氧光合生物主要含有 5 种类型的叶绿素——叶绿素 a、b、c、d 和 f，其结构和合成路径各有不同。叶绿素的每一步合成都依赖酶的催化，而每种酶由一个或多个基因编码。得益于分子遗传学工具的发展，叶绿素生物合成的共同步骤或特异步骤所需的基因已经被逐步发现。例如，2023 年西湖大学李小波团队发现了叶绿素 c 合成酶的编码基因（Jiang et al.，2023）。

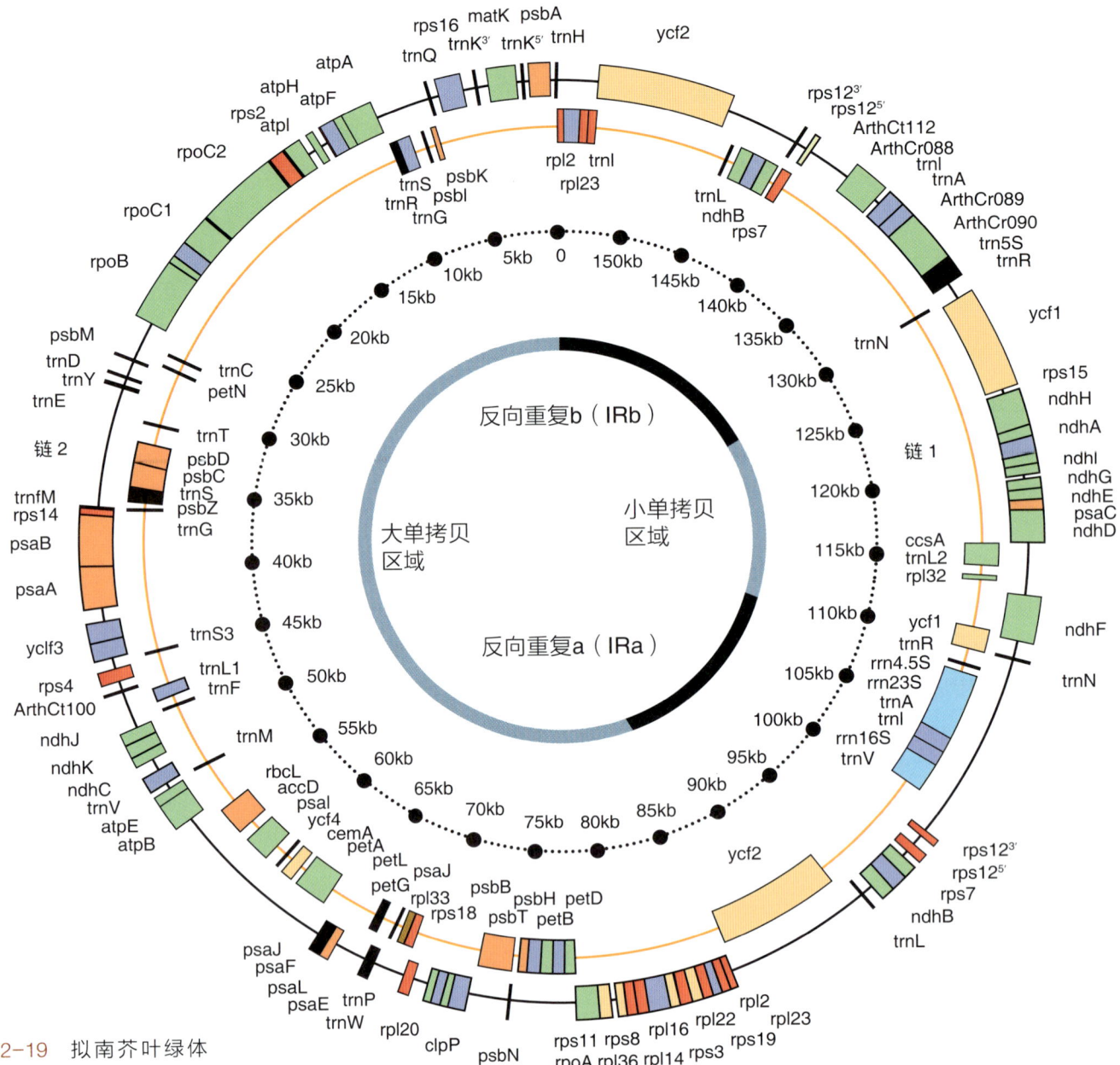

图 2-19 拟南芥叶绿体基因组的图形展示

标注了两个反向重复序列（IRs）、一个大单拷贝区（LSC）和一个小单拷贝区（SSC）。小亚基核糖体蛋白（黄色）、大亚基核糖体蛋白（橙色）、潜在的叶绿体开放阅读框（柠檬色）、参与光合反应的蛋白质编码基因（绿色）或其他功能的蛋白质编码基因（红色）、rRNA（蓝色）、tRNA（黑色）。灰色表示内含子。

叶绿体遗传机制

叶绿体基因组表现出非孟德尔遗传模式，主要为母系遗传，但是大多数裸子植物叶绿体基因组则表现出父系遗传。下面我们以本节开篇描述的紫茉莉叶片颜色变异杂交实验为例，阐述叶绿体遗传机制。

控制紫茉莉分枝和叶片颜色的基因位于叶绿体 DNA 上，受叶绿体遗传机制的调控。由于紫茉莉花粉细胞几乎没有叶绿体 DNA，故受精卵中的叶绿体 DNA 主要遗传自母本，即母系遗传，后代中由叶绿体 DNA 控制的性状与母本相同。具体而言，完全是绿色的紫茉莉分枝和叶片上的细胞含有野生型叶绿体 DNA，完全是白色的紫茉莉分枝和叶片上的细胞含有突变型叶绿体 DNA。特别地，如果细胞同时携带野生型和突变型叶绿体 DNA（异质叶绿体）则同样表现为绿色，因为即使少量的野生型叶绿体中的叶绿素含量也足以超过阈值，产生绿色表型（图 2-20）。

在产生配子时，由于叶绿体随细胞分裂而随机地分配到子代细胞，不同颜色分枝上形成的卵子所携带的叶绿体 DNA 存在差异。绿色枝条上产生的卵子携带野生型叶绿体 DNA，杂交后代表现为绿色；白色枝条上产生的卵子携带突变型叶绿体 DNA，杂交后代表现为白色。而在杂色分枝和叶片上，杂色区域中的绿色斑块包含异质细胞（即细胞内叶绿体 DNA 为野生型和突变型的混合）和同质细胞（即细胞内叶绿体 DNA 为野生型），白色斑块包含突变型细胞。在产生配子时，杂色枝条上产生的卵子可以携带同质的野生型叶绿体 DNA，也可能携带同质的突变型叶绿体 DNA，还可能是携带异质性叶绿体 DNA，所以杂交后代的颜色是随机的，无法通过孟德尔定律进行预测。

3. 病毒遗传物质

病毒（virus）是一类将核酸作为遗传物质的非细胞结构。它由蛋白质外壳包裹并寄生在宿主细胞中，以完成自我复制。病毒的生命周期依赖于宿主细胞的酶、能量和代谢物质。病毒遗传物质和结构多样，可以是单链或双链、线性或环状、一个或多个 DNA 或 RNA 分子。相对于有细胞结构的生物，病毒的基因组通常较小，但不同种类病毒之间基因组大小差异巨大，长度范围大约从 1.3 kb 到 2.5 Mb。大部分 DNA 病毒将细胞核作为主要的复制场所，而大部分 RNA 病毒将细胞质作为主要的复制场所，此外，单链 RNA 反转录病毒和双链 DNA 反转录病毒的基因组复制过程较为特殊。DNA 转录形成 RNA 的过程发生在细胞核中，而 RNA 反转录形成 DNA 的过程发生在细胞质中。本小节将以新冠病毒作为 RNA 病毒的例子，以及乙肝病毒作为双链 DNA 反转录病毒的例子，介绍病毒遗传物质的构成和遗传过程。

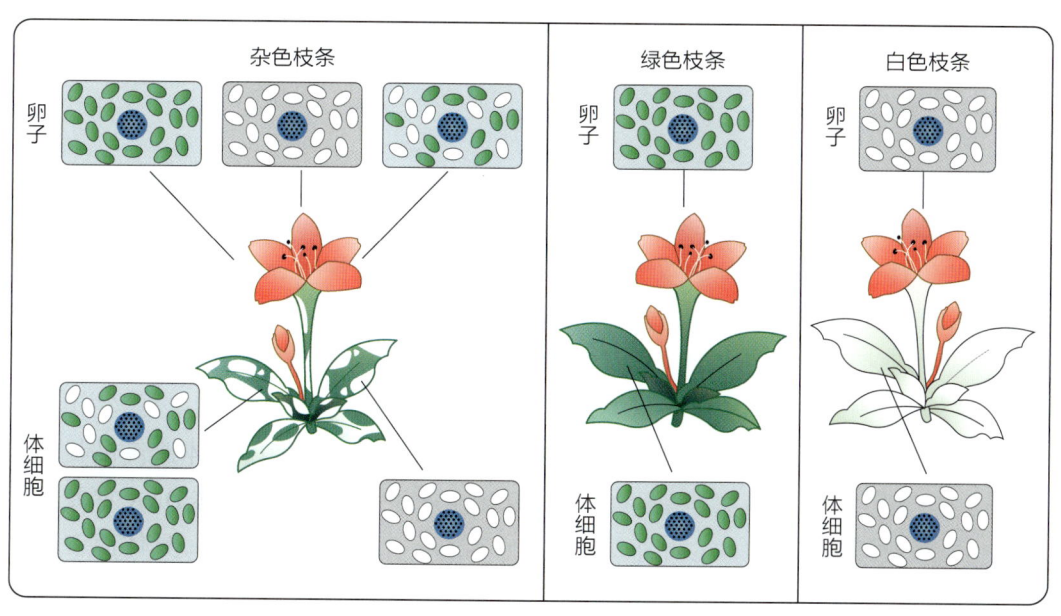

图 2-20　紫茉莉分枝和叶色的叶绿体遗传

图 2-21 新冠病毒的基因组结构

（1）新冠病毒的基因组结构及遗传过程

新冠病毒（或新型冠状病毒），全称为严重急性呼吸综合征冠状病毒 2（severe acute respiratory syndrome coronavirus 2，SARS-CoV-2），是一种单链 RNA 病毒，属于冠状病毒科。新冠病毒可导致呼吸道疾病 COVID-19，2019 末被首次发现，由于其高度的传染性，很快在全球范围内引发大流行。2020 年 1 月，中国科学家成功分离出首株病原体毒株，并解析了其全基因组序列信息。SARS-CoV-2 的遗传物质为一条长约 30 kb 的 RNA 单链，包含 15 个开放阅读框，编码 29 个蛋白质，其中包括 16 个非结构蛋白、4 个结构蛋白以及 9 个辅助蛋白（图 2-21）。新冠病毒的基因组复制过程发生在宿主细胞的细胞质中。新冠病毒首先通过刺突蛋白与宿主受体 ACE2 结合，进入宿主细胞。随后，病毒 RNA 基因组与核衣壳蛋白分离。RNA 链作为转录的模板，在 RNA 依赖的 RNA 聚合酶催化下，产生反义链 RNA。之后，反义链 RNA 又作为模板生产新的有义链 RNA 基因组。最终，新合成的基因组 RNA 与核衣壳蛋白结合，组装形成新的病毒颗粒，并从细胞中被释放。

（2）乙肝病毒的基因组结构及遗传过程

乙肝病毒，全称为乙型肝炎病毒（hepatitis B virus，HBV），是一种双链 DNA 反转录病毒。乙肝病毒主要感染人类肝脏，并可导致多种与肝脏相关的临床疾病，包括急性肝炎、慢性肝炎、肝硬化和肝癌等。据统计，全球约有 3 亿人感染乙肝病毒，每年约有 82 万人死于乙肝相关疾病，乙肝病毒造成全球重要的卫生挑战。乙肝病毒基因组长度约为 3.2 kb，包括 4 个开放阅读框，编码 DNA 聚合酶、衣壳蛋白、囊膜蛋白等多个蛋白质。乙肝病毒的基因组结构较为独特，由两条不完全互补的 DNA 链组成。DNA 反义链较长，能够形成环状结构，其 5' 端序列能够与 3' 端互补，从而形成三条链的构象；DNA 正义链较短，编码的遗传信息不完整，其 5' 端连接一个帽子结构的 RNA 分子。

乙肝病毒基因组复制涉及多个步骤，需要在细胞质和细胞核中分别完成（图 2-22）。乙肝病毒在进入宿主细胞后，基因组 DNA 被释放到细胞核中，经过末端延伸合成和共价连接，形成完整的双链环状 DNA 分子，即共价闭合环状 DNA（covalently closed circular DNA，cccDNA）。之后，cccDNA 作为模板，参与病毒的转录过程，被用于合成多种不同的病毒 mRNA。前基因组 RNA（pregenomic RNA，pgRNA）是其中最长的转录产物，长约 3.5 kb，携带有乙肝病毒的全部遗传信息。pgRNA 在合成后被释放到细胞质中，与衣壳蛋白相结合形成核衣壳。随后，在 DNA 聚合酶的反转录酶结构域作用下，pgRNA 被反转录合成形成新的乙肝病毒基因组 DNA。这些基因组 DNA 可以继续转运至细胞核以增加 cccDNA 的数量，或装配形成新的病毒颗粒，并随后从细胞中被释放。

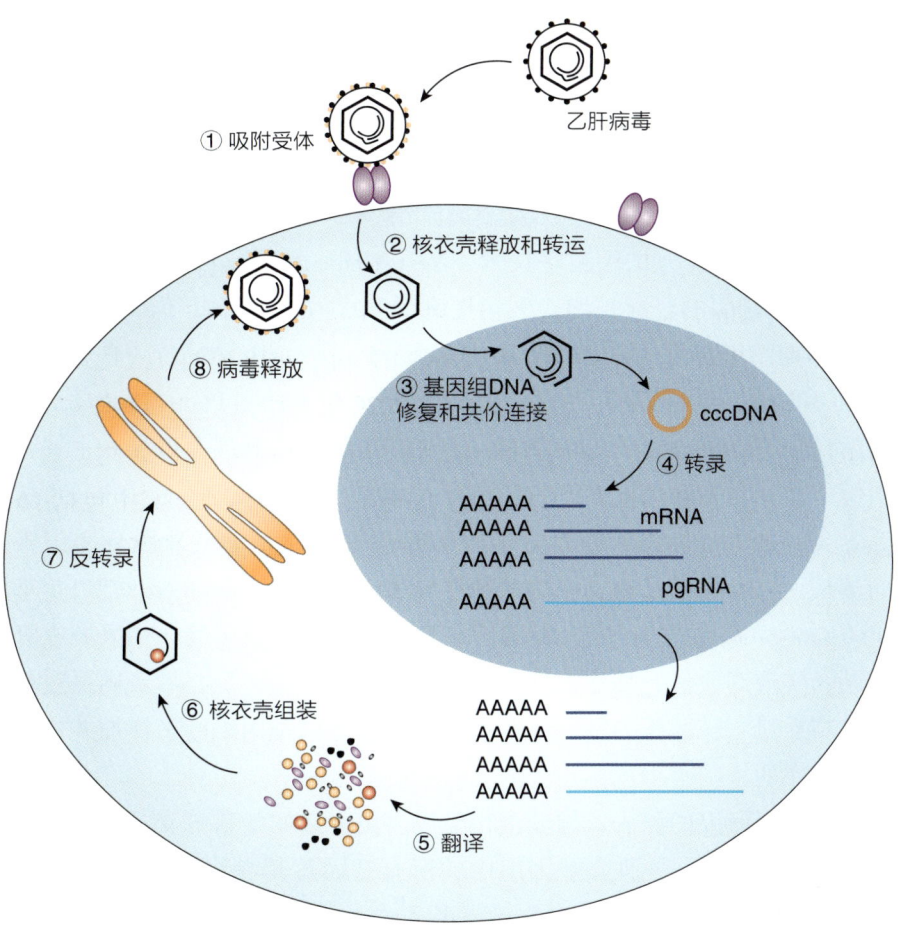

图 2-22 乙肝病毒生命周期

第三节 基因组学

一、基因组学概述

基因组学（genomics）是研究生物体所有遗传信息的科学，包含了基因组的结构、功能、进化、定位和编辑。它是生物学的一个跨学科分支，涉及生物学、遗传学、生物信息学、计算生物学、生物化学等学科的内容。相较于经典遗传学关注特定基因及其遗传规律，基因组学则是研究特定生物体所有基因的定量、特征、相互作用及其对生物体的影响。同时，基因组研究也包含了基因组的测序和分析，尤其是利用高通量测序方法和生物信息学分析工具对基因组的结构与功能进行研究。

1926 年，德国植物学家汉斯·温克勒（Hans Winkler，1877—1945）首次使用了德语单词"Genom"，用来描述某个有机体的全部遗传物质。而"基因组学"这个名词则是在 1986 由美国遗传学家汤姆·罗德里克（Tom Roderick，1930—2013）在一次会议上提出，用于概括基因组作图、测序与功能分析的遗传学学科分支。回顾基因组学的发展史，测序技术的更新迭代成为重要的推动力量。1977 年，桑格使用双脱氧终止法成功测定了噬菌体的基因组序列，标志着第一代 DNA 测序技术的诞生。利用这项技术，1995 年，流感嗜血杆菌基因组成为首个进行全基因组测序的细菌基因组。1996 年，酿酒酵母成为首个完成全基因组测序的真核生物。2000 年，首个模式植物拟南芥的全基因组测序完成。2001 年，人类基因组计划（HGP）实现首个人类参考基因组图谱的测序。2005 年前后，二代测序技术（Next-Generation Sequencing，NGS）基于并行测序和 DNA 聚合酶的合成扩增，大幅提高了测序效率并降低了测序成本。基于该项技术，单体型图谱计划（International HapMap Project，HapMap）、千人基因组计划（1000 Genomes Project，1KGP）、1000 植物基因组计划（1000 Plants Project，1KP）、全球微生物组计划（Earth Microbiome Project，EMP）等相继开展，以深入了解各个物种的基因组结构与变异信息。同时，三代测序技术（Third-Generation Sequencing，TGS）则通过直接测序单个 DNA 或 RNA 分子，无需进行 PCR 扩增或片段分离，从而实现了更长的读长。该项技术推动了从端粒到端粒（telomere-to-telomere，T2T）基因组和泛基因组（pan-genome）的研究。前者旨在克服基因组中高重复序列区域或复杂结构的组装难题，实现高质量、高连续性和高完整性的基因组组装；后者则通过整合分析多个个体的高质量、长读长的基因组数据，揭示群体内基因组的多样性并构建更全面的参考基因组序列。

随着对基因组研究的深入，领域内衍生更多更复杂的学科分支。例如，功能基因组学（functional genomics）研究基因组中的所有基因及其在细胞和生物体中的表达、调控和相互作用；结构基因组学（structural genomics）通过实验和建模相结合来进行高通量的蛋白质结构解析，以揭示基因组中的蛋白质结构、功能和相互作用；基因组医学（genomic medicine）利用基因组信息来进行疾病的辅助诊断、风险预测、个体化治疗方案制定及预后评估，实现精准医疗；比较基因组学（comparative genomics）通过比较不同物种或物种内基因组的差异和相似性，来揭示基因组的功能以及物种的进化过程；宏基因组学（metagenomics）研究宏观环境中所有微生物群体的基因组组成和功能，探索微生物群体在生态系统中的相互作用；单细胞基因组学（single cell genomics）通过对单细胞水平的基因组、转录组、甲基化组、空间位置等信息分析，不仅对细胞进行功能鉴定和分类，还能揭示组织内的细胞异质性，以及细胞在发育、分化和疾病过程中的动态变化。综上，基因组学的发展推动了人们对基因功能、疾病机制、个体差异、进化关系和生物多样性等方面的理解，对于生物学、医学、农业以及环境科学等领域的研究和应用具有重要意义。

二、基因组的结构与功能

1. 基因组的结构

基因组的组成研究在现代生命科学中至关重要。本小节旨在为读者提供基因组生物学的简要概述和基本概念，重点关注基因组组成、特征以及三维结构等背景，涵盖的主题包括基因组大小，染色体组成（如中心粒、基因臂、端粒等），基因组区域（基因、调控元件等）以及基因组三维结构。由于基因组的组成和结构是所有生物体共同具有的特征，下文主要以人类或哺乳动物作为模式生物进行举例说明。

（1）基因组大小

基因组是由核酸组成的，包含了所有遗传信息和基因的集合。我们使用特定的单位来衡量基因组大小，例如 1 Gb（Gigabytes，千兆字节）等于 1 000 Mb（Megabytes，兆字节），又等于 1 000 000 个核苷酸对（base pairs，bp）的数量。不同物种的基因组大小存在较大差异（表2–1、表2–2）。迄今为止，已知最小的真核基因组属于寄生性微孢子虫（*Encephalitozoon intestinalis*），其基因组大小约为 2.3 Mb（Corradi et al.，2010）；而衣笠草（*Paris japonica*）拥有最大的已知基因组，大小约为 130 Gb（Pellicer et al.，2010）。相较之下，人类的基因组（知识窗 2–1）大小约为 3 Gb。

（2）基因组的组成

从结构来看，基因组可以根据其是否形成染色体形态分为两种——非染色体基因组和染色体基因组。非染色体基因组主要包括：病毒基因组、原核生物（如细菌）的

表 2–1　物种间的基因组大小

基因组	基因数目	碱基对数 /bp
有机体（organisms）		
植物（plants）	<50 000	$<10^{11}$
哺乳动物（mammals）	~ 30 000	$\sim 3 \times 10^9$
蠕虫（worms）	~ 14 000	$\sim 10^8$
蝇类（files）	~ 12 000	$\sim 1.6 \times 10^8$
真菌（fungi）	~ 6 000	$\sim 1.3 \times 10^7$
细菌（bacteria）	2 000 ~ 4 000	$<10^7$
支原体（mycoplasma）	~ 500	$<10^8$
双链 DNA 病毒（dsDNA viruses）		
牛痘病毒（vaccinia）	<300	~ 187 000
SV40 猕猴病毒（papova–SV40）	~ 6	5 226
T4 噬菌体（phage T4）	~ 200	~ 165 000
单链 DNA 病毒（ssDNA viruses）		
小颗粒病毒（phage fX174）	11	5 387
双链 RNA 病毒（dsRNA viruses）		
利奥巴病毒（reovirus）	–	~ 23 000
单链 RNA 病毒（ssRNA viruses）		
流感病毒（influenza）	12	~ 13 500
MS2 噬菌体（phage MS2）	4	3 569
类病毒（viroids）		
PSTV RNA	0	359

（参考书籍：LEWIN's GENES XII）

表 2-2　人及常见模式生物的基因组大小

物种	拉丁学名	基因组大小 /Mb	蛋白质编码基因数目
人	*Homo sapiens*	~3 000	~20 000
小鼠	*Mus musculus*	~2 600	~20 200
大鼠	*Rattus norvegicus*	~2 750	~22 000
斑马鱼	*Danio rerio*	~1 500	~32 000
果蝇	*Drosophila melanogaster*	~175	~13 000
秀丽隐杆线虫	*Caenorhabditis elegans*	~100.3	~19 000
拟南芥	*Arabidopsis thaliana*	~135	~25 500
原绿球藻	*Prochlorococcus*	~1.7	~1 800
酿酒酵母	*Saccharomyces cerevisiae*	~12.1	~6 000
大肠杆菌	*Escherichia coli*	~4.6	~4 000

质粒基因组，以及真核生物的线粒体基因组与叶绿体基因组（见上文）；染色体基因组一般指真核生物细胞核内的基因组，是真核生物体内负责存储和传递遗传信息的结构，在细胞分裂和遗传过程中起着重要的作用。从功能来看，基因组又可以分为基因区域和非基因区域。基因区域主要由蛋白质编码基因（protein-coding gene）、非编码 RNA（non-coding RNA）和假基因（pseudogene）组成。其中，蛋白质编码基因负责生产具有特定功能的蛋白质，非编码 RNA 则在基因表达调控、染色质结构维持等生命活动中发挥关键作用。虽然假基因已失去原有功能，但它们仍可参与基因表达调控，影响其他基因的表达。此外，基因组还包括非基因区域的调控元件（regulatory element）和重复序列（repetitive sequence），这些在维持基因组结构和调控基因表达中都起着重要作用。

染色体是由蛋白质和 DNA 构成的复合物，具有一些特殊的结构，包括着丝粒、基因臂和端粒等。着丝粒（centromere）是真核生物分裂过程中染色体正确分离和传递所必需的染色体区域，由两个中心粒（centrioles）和周围的蛋白质组成（图 2-23）。中心粒在细胞分裂中发挥着重要的作用，它在有丝分裂过程中形成纺锤体，并参与染色体的分离。染色体臂（chromosome arms）：基因组的染色体通常由两条臂组成，即染色体长臂（q 臂，由"queue"派生而来，意为尾部）和染色体短臂（p 臂，由"petit"派生而来，意为小）。长臂和短臂由染色体上的中心体分割开来。端粒（telomere）是染色体末端的一段特殊的 DNA 序列，它在细胞的稳定性、基因组的完整性、衰老和疾病发生中起着重要的作用。端粒的主要功能是保护染色体末端免受损伤和降解。由于 DNA 聚合酶的限制性作用，

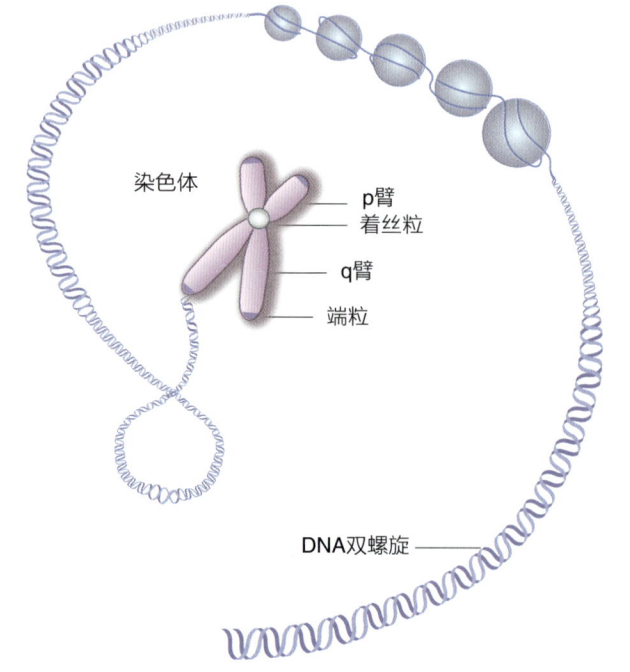

染色体

p臂
着丝粒
q臂
端粒

DNA双螺旋

图 2-23　染色体和着丝粒、基因臂、端粒

知识窗 2-1

人类的染色体组成

人类的染色体共有46条（23对），包括44条常染色体（22对）和2条性染色体（XX或XY）（图2-24）。常染色体大致按照从长到短的顺序编号为1至22号染色体。当染色体数目异常或结构发生畸变导致疾病时，我们称之为染色体病（chromosome disorder）。三体综合征通常指13、18、21号染色体在体内出现了三条而非两条的染色体（三体现象）。其中，13三体综合征（Patau syndrome）的新生儿发病率为1/6 000～1/5 000，女性患病率明显高于男性。18三体综合征（Edward syndrome）的新生儿发病率为1/8 000～1/3 500。而21三体综合征被称为唐氏综合征（Down syndrome），其在新生儿中的发病率为1/800～1/600。因此，对于高风险人群，尤其是年龄较大的孕妇，推广遗传咨询和产前筛查是降低我国新生儿三体综合征发病率的有效手段。这些措施能够提供重要的信息和支持，帮助家庭做出正确的决策，保障健康新生儿的诞生。

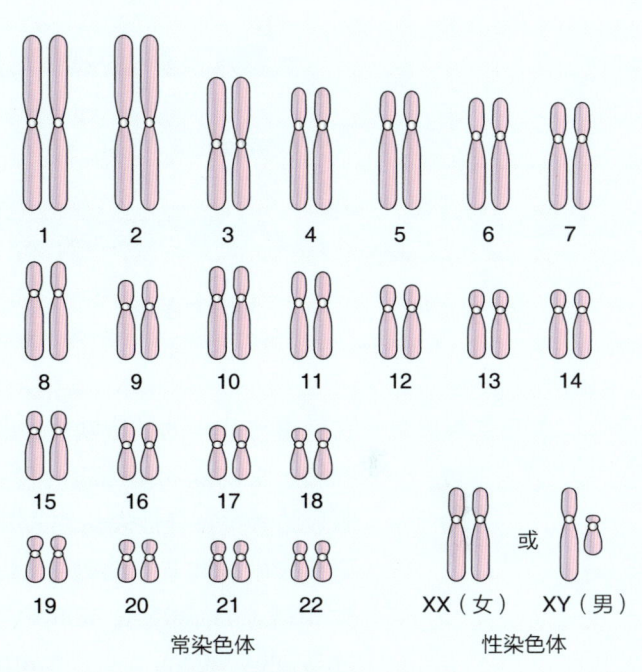

图2-24 人类染色体核型图

在染色体末端的 DNA 不能被完全复制，导致每次细胞分裂后端粒长度会略微缩短，称为"末端复制问题"。

蛋白质编码基因是指基因组中能够被转录成 mRNA，并通过翻译过程转化为蛋白质的基因。蛋白质编码基因通常包括多个外显子和内含子序列，外显子是蛋白质编码基因中直接参与编码蛋白质的序列段，而内含子则是位于外显子之间的非编码序列段。在转录过程中，位于编码区（coding sequence，CDS）两端的非编码片段，被称为非翻译区（untranslated region，UTR），包括 5′UTR 和 3′UTR 两部分，分别位于 mRNA 起点和终点的外显子之外（图2-25）。

非编码 RNA 是指在基因组中存在的一类不编码蛋白质的基因，但有 RNA 转录产物，且在调控基因表达和细胞功能方面起着重要作用。常见的非编码 RNA 包括管家非编码和调节非编码 RNA（表2-3）。管家非编码 RNA（housekeeping ncRNA）是一类细胞生存所必需的非编码 RNA，其含量相对稳定，呈现组成型表达，主要包括 tRNA、rRNA、核内小 RNA（small nuclear RNA，snRNA）、核仁小 RNA（small nucleolar RNA，snoRNA）以及端粒酶 RNA（telomerase RNA component，TERC）等。

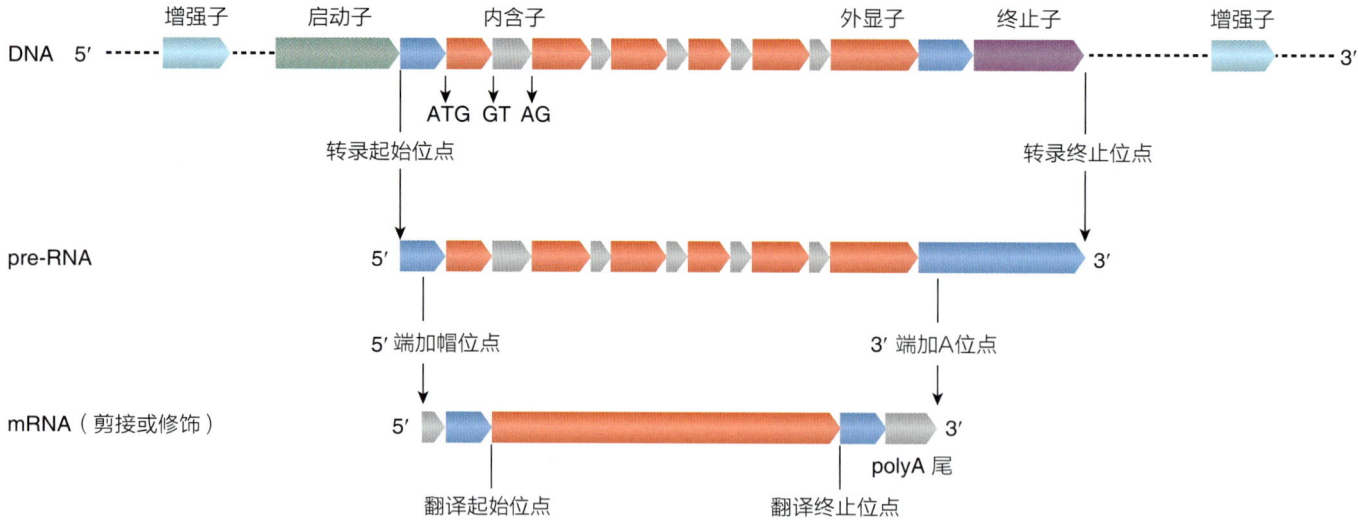

图 2-25　蛋白质编码基因和调控元件

它们参与基本的细胞功能，如蛋白质合成、基因表达调控和 RNA 加工等，用于维持细胞正常功能和基因组的稳定性。调节非编码 RNA（regulatory ncRNA）是一类具有明显的时空特异性表达的 ncRNA。它们在转录、翻译和其他基因表达调控过程中发挥调节作用。调节非编码 RNA 包括长链非编码 RNA（long non-coding RNA，lncRNA）、微 RNA（microRNA，miRNA）、环状 RNA（circular RNA，circRNA）等。它们可以通过与 DNA、RNA 和蛋白质相互作用，调控基因的转录水平、转录后修饰、转运和翻译等过程。调节非编码 RNA 对于细胞分化、发育、免疫应答、疾病发生和进化等方面起着关键作用。

表 2-3　非编码 RNA

类型	全称	缩写	长度 /nt
管家非编码 RNA	核糖体 RNA（ribosomal RNA）	rRNA	120 ~ 4 500
	转运 RNA（transfer RNA）	tRNA	76 ~ 90
	核内小 RNA（small nuclear RNA）	snRNA	100 ~ 300
	核仁小 RNA（small nucleolar RNA）	snoRNA	60 ~ 400
	tRNA 半分子（tRNA halves）	tiRNA	29 ~ 50
	tRNA 来源的小片段 RNA（tRNA-derived fragments）	tRF	16 ~ 28
	端粒酶 RNA（telomerase RNA）	TERC	/
调节非编码 RNA	微 RNA（microRNA）	miRNA	21 ~ 23
	小干扰 RNA（small interfering RNA）	siRNA	20 ~ 25
	piwi 相互作用 RNA（piwi-interacting RNA）	piRNA	26 ~ 32
	长链非编码 RNA（long non-coding RNA）	lncRNA	>200
	增强子 RNA（enhancer RNA）	eRNA	50 ~ 200
	环状 RNA（circular RNA）	circRNA	100 ~ 10 000

　　假基因是指在基因组中存在的与功能性基因序列非常相似的 DNA 序列，但它们通常不会被转录成 RNA 或翻译成蛋白质，并且缺乏明确的生理功能。虽然假基因本身不具备功能，但是它们在基因组的进化和多样性中发挥了重要的作用，也有可能对基因表达调控产生影响。近年来的研究表明，假基因可能通过产生内源性小干扰 RNA（endogenous siRNA）、反义 RNA（antisense RNA）或 miRNA 的诱饵等方式，调控基因发挥作用。

　　调控元件是指基因组中能够调节基因表达的时机、水平和组织特异性的 DNA 片段。常见的调控元件包括以下几种：启动子（promoter），位于基因的上游区域，是转录因子结合并启动基因转录的关键序列；增强子（enhancer），是一类位于基因上、下游或甚至远离基因的 DNA 序列，可以与转录因子结合形成调控复合物，从而增强基因的转录活性；沉默子（silencer），可以与转录因子结合并阻碍基因的转录活性，起到负调控作用，抑制基因的表达；边界元件（boundary element），可以将染色体分割成不同的染色质区域，起到隔离和保护基因的作用，确保不同基因或调控区域之间的相互独立性。

　　重复序列是指在真核生物基因组中重复出现的相同或相似的序列，每个重复出现的序列又称为重复单位（repeats unit），包括串联重复（tandem repeats）和散在重复（interspersed repeats）等。根据串联重复单元的长度，又可将其进行分类为长度较长的卫星 DNA（satellite DNA）、相对较长的小卫星 DNA（minisatellite DNA）和最短的微卫星 DNA（microsatellite DNA）。散在重复序列的分类则不同，可以分为长散在核元件（long interspersed nuclear element，LINE）（重复单位 > 500 bp）和短散在核元件（short interspersed nuclear element，SINE）（重复单位 < 500 bp），以及长末端重复序列（long terminal repeat，LTR）（重复单位 100 ~ 5 000 bp）。

　　（3）基因组的三维结构

　　一个细胞内基因组 DNA 的线性长度远远超过其细胞核或原核生物细胞能容纳的尺寸，而 DNA 本身并不具备折叠到足够小体积的能力。为了在有限的空间里有效地存储并传递基因信息，DNA 需要与蛋白质以及少量 RNA 相结合，经过盘绕、折叠及压缩等形成质地紧密的复杂结构。该过程主要包含核小体（nucleosome）的形成和染色体高级结构的形成两方面。基因组的三维结构与基因的功能和表达调控有着密切联系。

　　① 核小体的形成

　　染色质（chromatin）是细胞分裂间期，细胞核内由 DNA、组蛋白（histone）、非组蛋白及少量 RNA 组成的线性复合物。组蛋白主要有 5 种分子类型：H1、H2A、H2B、H3 和 H4。其中 4 种类型（H2A、H2B、H3 和 H4）的分子共 8 个蛋白质构成了核心组蛋白（core histone）。核小体是真核生物中由 DNA 与核心组蛋白组成的染色质基本单位。组蛋白是带强正电的碱性蛋白质，而 DNA 磷酸糖骨架上的磷酸基团使得 DNA 具有强负电。因此，长度约 146 bp 的 DNA 双链能紧紧地在核心组蛋白上盘绕 1.7 圈，形成染色体最基本的 DNA 包装单元——核小体。同时，H1 组蛋白结合在核小体上的 DNA 进出口处，起到稳定核小体结构的作用，从而形成 11 nm 直径的串珠状结构，也称为染色质小体（chromotosome）。在细胞分裂间期，每条染色质由成千上万个核小体组成，相邻核小体之间由平均长度约 20 bp 的 DNA 连接。在核小体的形成过程中，DNA 双链压缩了 7 倍。大多数原核生物没有组蛋白（除古菌域外），但具有类组蛋白参与基因组三维结构的构建。

② 染色体高级结构的形成

染色质按照左手螺旋的超螺旋方式进一步盘绕卷曲，形成 30 nm 直径的染色质纤维（chromatin fiber）。H1 组蛋白处在染色质纤维内侧，再次起到稳定染色质高级结构的作用。这一过程使得 DNA 压缩程度达到 40～60 倍。研究人员通过显微镜观察发现，每转螺旋包含 6 个核小体。在细胞分裂间期，染色质大多以染色质纤维的形式存在，但也存在其他的折叠方式。特定区域的折叠方式往往由核小体间连接 DNA 的长度和 H1 组蛋白的存在与否所控制。在染色质的各区域上，折叠方式往往是动态的，并非一成不变。随后，染色质纤维在黏连蛋白（cohesin）和 CCCTC 结合蛋白（CCCTC-binding factor，CTCF）的作用下进一步形成长度为 300 nm 的染色质环（chromatin loop）结构。在细胞分裂时期，染色质环压缩卷曲成 250 nm 宽的纤维，致密地盘绕，最终形成染色体。在染色体形成的过程中，相比于裸 DNA，DNA 被压缩了近万倍（图 2-26）。

③ 真核细胞中的三维基因组

随着显微成像技术和三维构象技术的发展，研究人员对真核细胞中的三维基因组进行了更系统全面的研究，根据染色质的状态、位置以及相互作用提出了一系列基因

图 2-26　染色体的形成

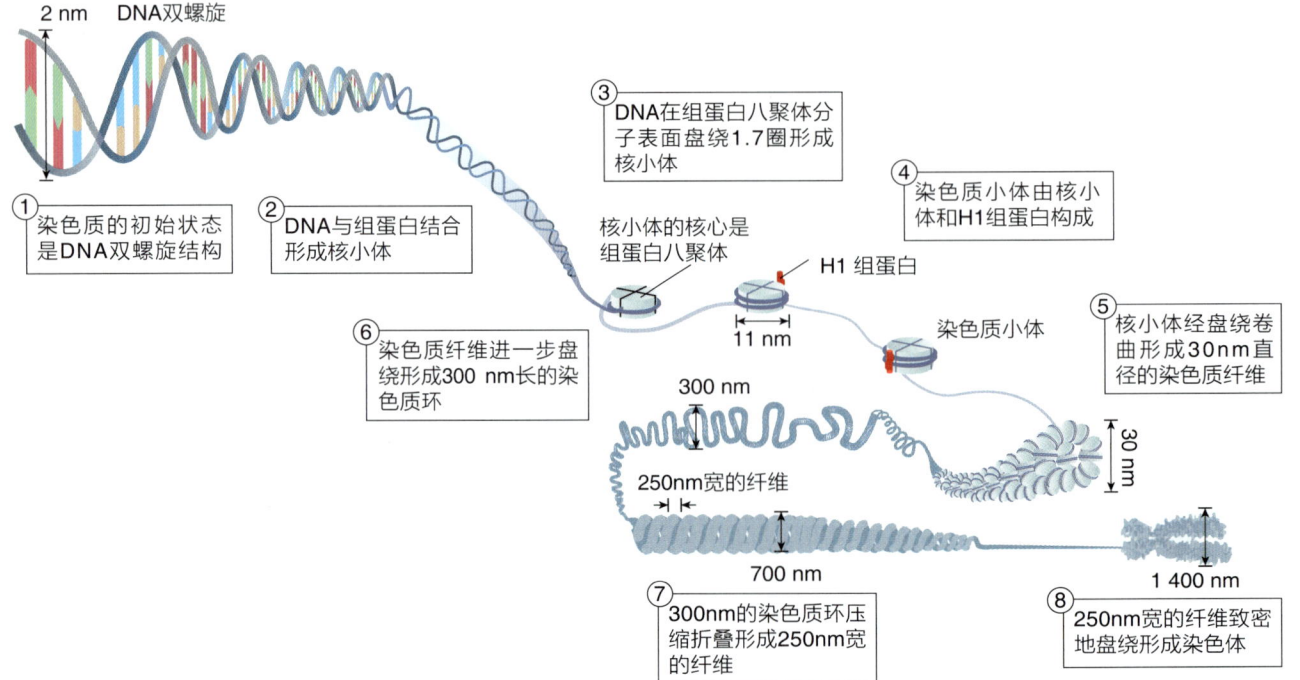

组三维结构的概念。

常染色质（euchromatin）是指处于伸展状态的染色质纤维，通常富集基因并具有转录活性；异染色质（heterochromatin）是指处于高度压缩状态下的染色体纤维，含有的基因数目较少且通常不具备转录活性。常染色质与异染色质的核小体组蛋白修饰是有区别的。组蛋白修饰（histone modification）是指组蛋白在相关酶的作用下以共价方式进行的蛋白质翻译后修饰，包括甲基化（methylation）、乙酰化（acetylation）、磷酸化（phosphorylation）、多聚腺苷酸化（polyadenylation）、泛素化（ubiquitination）和ADP 核糖基化（ADP-ribosylation）等修饰。组蛋白修饰可以引起组蛋白与 DNA 之间的相互作用变化，或者招募非组蛋白分子来动态调整染色质的结构，从而改变转录状态。乙酰化修饰可以削弱组蛋白的正电性，进而降低组蛋白和 DNA 结合的能力。如 H3K9ac 和 H3K27ac 通常与活跃基因的增强子和启动子有关。甲基化修饰则不直接作用于组蛋白和 DNA 的结合，而是通过招募蛋白酶或蛋白质复合体介导染色质的开放与闭合。如 H3K4me1 标记基因增强子区域；H3K4me3 标记基因启动子区域；H3K9me3 则标记异染色质区域。

染色体疆域（chromosome territories）是指细胞分裂间期特定染色质占据细胞核内特定且不重合的区域（图 2-27）；这个概念最早由卡尔·拉布尔（Carl Rabl，1853—1917）在 1885 年提出（Cremer et al.，2010）。染色体的相对位置在有丝分裂开始前通常保持相对稳定。例如，早期复制位点和活性基因倾向定位于细胞核内部，而晚期复制位点和抑制基因则倾向定位于核边缘。

染色体区室（chromosome compartment）分为 A 区室（A compartment）和 B 区室（B compartment），是埃雷兹·利伯曼 – 艾登（Erez Lieberman-Aiden）等研究人员在2009 年使用高通量染色体构象捕获（high-throughput chromosome conformation capture，

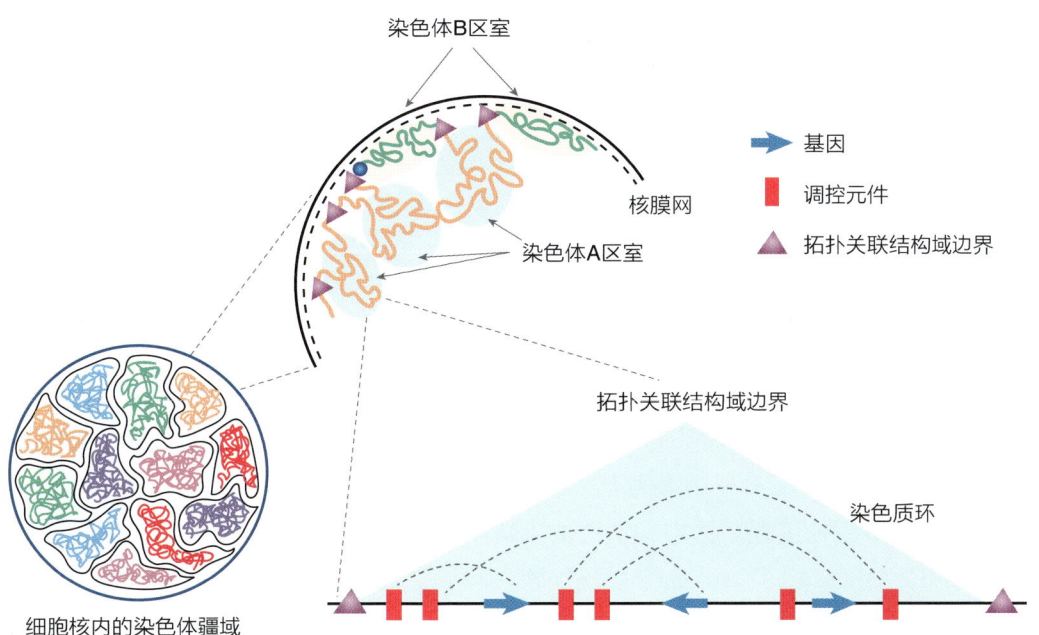

图 2-27 三维基因组

Hi-C）技术（见下文）对三维结构进行研究时提出的概念（Lieberman-Aiden et al.，2009）。A 区域通常处于染色质开放状态，主要包含常染色质区域；B 区域通常处于染色质闭合状态，主要包含异染色质区域。

拓扑关联结构域（topologically associating domain，TAD）是指具有 Mb 级大小，高度自我相关的区域性染色体互作结构域。这种结构域是由艾尔菲吉·诺拉（Elphège Nora）和杰西·迪克森（Jesse Dixon）等研究人员在 2012 年，通过将 Hi-C 互作图谱的分辨率提高到 40 kb 及以上而发现的。在小鼠胚胎干细胞中，TAD 的平均长度约为 880 kb，约占基因组 91% 的区域。在非哺乳动物中，如果蝇、斑马鱼、线虫以及酵母等的基因组中均有相似的 TAD 结构。TAD 的边界富集了结合蛋白 CTCF、管家基因、tRNA 和短散在重复序列等。随后，更高分辨率（1~4 kb）的 Hi-C 互作图谱又使研究人员发现了更小的染色质结构域，被称为亚拓扑关联结构域（subTAD）。相比于 TAD，subTAD 更具有细胞类型特异性，具体功能尚未知。

染色质环是指染色质中两个远距离 DNA 序列相互之间通过空间折叠而形成的环状结构。这种环状结构将两个 DNA 序列紧密相连，缩短了它们在三维空间上的距离，促进了基因调控元件（增强子等）与靶基因之间的相互作用，使调控元件高效地调节基因的表达。染色质环的形成与黏连蛋白和结合蛋白 CTCF 有关。2014 年，苏哈斯·拉奥（Suhas Rao）等利用原位 Hi-C（in situ Hi-C）技术，同时将 Hi-C 互作图谱的分辨率提高到 1 kb，更准确地检测并描述了染色质环结构。

2. 基因组注释

基因组注释是对基因组序列进行解读，旨在研究基因的结构、功能、调控机制和相互作用。基因组注释涉及多种策略和工具，包括基于序列相似性的比对、基于基因家族的功能预测、通路分析等。基因组注释是生物信息学和分子生物学领域至关重要的一环，为后续的生物信息学分析、基因功能研究、药物开发和临床诊断等领域打下基础。

（1）基因组结构注释

基因组结构注释的目标是准确地标识和描述基因组中的各种结构特征，以提供有关基因组的组织结构和基因组学特征信息。通过基因组结构注释，研究人员可以了解基因组的组织和编码蛋白质的方式，以及与基因表达和功能相关的调控元件。目前经常被广泛研究的基因组结构注释包含基因的注释、基因编码序列的推断、基因调控元件的注释、非编码 RNA 的推测和重复序列的识别等。

基因的注释是指对基因组序列进行解读和标记，以确定其中的基因、非编码区域和其他功能元素。注释的目的是理解基因组的结构和功能，并推断基因的编码序列、调控元件和其他相关信息，包括从头注释、同源注释和基于转录组和蛋白质组的注释。从头注释是不利用参考基因组的注释信息，对新的基因组序列进行分析和预测，推断基因的位置、结构和功能的方法。从头注释的工具包括 SNAP、TwinScan、FGENESH、Augustus、Genscan、GAZE 等。同源注释是将同源物种基因的转录物序列或蛋白质序列映射到已经注释的基因组上。基于转录组和蛋白质组的注释是指将不同来源的转录物序列或蛋白质序列比对至基因组上，然后根据位置进行注释。同源注释和基于转录组和蛋白质组的注释工具包括 BLAST、BLAT、Splign、Spidey、sim4、Exonerate、gmap、Magic-BLAST 和 minimap2 等（表 2-4）。

基因编码序列的推断是通过分析基因组序列确定可能存在的蛋白质编码区域和序列的过程。蛋白质编码序列通常由一系列连续的核苷酸组成，被称为开放阅读框（open reading frame，ORF）。推断基因编码序列可采用统计模型、序列比对和机器学习等方法。统计模型分析基因组序列的核苷酸组合规律和编码蛋白质特征，构建模型预测可能的编码序列。序列比对将待推断的基因组序列与已知的编码蛋白质或已注释的基因组序列比对，识别可能的开放阅读框，常用的比对工具有 BLAST、BLAT 和 HMMER。机器学习方法是利用已知蛋白质编码和非编码序列的特征，通过机器学习算法进行预测，如核苷酸组合、二级结构和保守性等特征。推断基因编码序列常用工具有 Prokka 和 COG 数据库。Prokka 适用于细菌和古菌基因组注释，可自动预测基因的编码序列和注释功能；COG 数据库提供基于同源关系的基因功能注释和分类信息。

基因调控元件的注释是指对基因组中的调控元件进行识别、定位和描述的过程。

表 2-4 常见的基因组注释数据库

缩写	全称	描述
NCBI	National Center for Biotechnology Information	生物信息学资源和数据库中心，旨在收集、存储、管理和提供与生物技术和生物医学相关的信息，隶属于美国国家卫生研究院（NIH）。它为生命科学研究人员、医学专业人士和公众提供广泛的生物学数据库、工具和在线服务。NCBI 的数据库包括 GenBank、PubMed、Protein、Nucleotide、GEO、SRA、PubChem、ClinVar 等。
UCSC	University of California，Santa Cruz	由加州大学圣克鲁兹分校创建和维护的生物数据库，提供多个物种的基因组信息和分析工具。
Ensembl	Ensembl Genome Database Project	欧洲生物信息研究所的科学项目，提供多种物种的基因组序列、注释和变异信息。
ENCODE	Encyclopedia of DNA Elements	国际合作项目，旨在识别和注释人类基因组中的功能元件，包括基因、转录因子结合位点、组蛋白修饰位点、长链非编码 RNA、DNA 甲基化等。
GENCODE	Encyclopedia of Genes and Gene Variants	提供准确、全面注释信息的基因注释体系。它包括蛋白质编码基因的不同转录物、非编码的基因位点和假基因的注释。GENCODE 提供基因的位置、结构和功能等信息，主要有人类和小鼠两个物种的基因注释信息。研究人员可以通过访问 GENCODE 网站或使用相关工具和数据库获取和分析这些注释信息。
FANTOM	Functional Annotation of the Mammalian Genome	通过实验和计算方法研究哺乳动物基因组中的转录过程，并注释基因功能。它关注转录组学和功能基因组学，以揭示基因调控网络和转录调控机制。
EPD	The Eukaryotic Promoter Database	注释的真核生物 Pol II 启动子数据库，包含经实验证实的启动子序列和相关信息。每个条目包括启动子的起始位点映射数据、交叉引用和功能描述，提供指向核苷酸序列的指针，使用户可以访问启动子序列。
JASPAR	Just Another Satisfiability Problem Solver	转录因子结合位点信息的数据库。它是一个开源的数据库，记录了多个物种的转录因子（transcription factor，TF）的 DNA 结合偏好信息。

调控元件指参与调控基因表达的 DNA 序列片段，包括启动子、增强子、抑制子、转录因子结合位点等。这些调控元件可以在特定的细胞类型或特定的发育阶段发挥作用，调节基因的转录水平和模式。实验方法包括用于检测转录因子与 DNA 相互作用的染色质免疫共沉淀测序（chromatin immunoprecipitation sequencing，ChIP-seq）、用于检测开放染色质区域的 DNase Ⅰ 超敏感位点测序（DNase Ⅰ hypersensitive sites sequencing，DNase-seq），以及用于检测可访问染色质区域的转座酶可及染色质测序（assay for transposase-accessible chromatin sequencing，ATAC-seq）。对 ChIP-seq 数据进行分析，可以利用各种可用的工具和算法，如 MACS2、HOMER、MEME-ChIP 等，来鉴定转录因子结合位点。对 ChIP-seq 或 ATAC-seq 数据进行分析，可以利用工具如 MACS2、HMMRATAC、SICER 等，来识别染色质状态的特定区域，如开放染色质区域、启动子、增强子等。对已识别的调控元件进行注释时，可以使用现有的数据库和软件工具，如 Ensembl、GENCODE、UCSC Genome Browser 等，来获取调控元件的基因关联、调控因子和调控通路等信息。

非编码 RNA 的预测是利用计算方法和生物信息学工具，根据基因组序列的特征和模式来确定 ncRNA 的存在和潜在功能。首先进行序列特征分析，包括序列长度、GC 含量、二级结构等特征，筛选潜在的 ncRNA 候选序列。然后将分析好的特征序列与已知的 ncRNA 数据库（如 NONCODE、miRBase）比对，或使用搜索算法寻找与候选序列相似的已知 ncRNA 序列。最后使用 RNA 二级结构预测算法（如 RNAfold、Mfold），预测 ncRNA 的二级结构和稳定性，确定非编码序列的类型和类别。

重复序列的识别是通过计算方法和生物信息学工具对基因组序列中的重复序列进行辨识和标记的过程。首先将基因组序列与已知重复序列数据库比对，如 Smith-Waterman 或 BLAST，寻找与已知重复序列模式相似的序列片段。然后分析序列片段的结构特征，如 GC 含量、重复单元长度和间隔，推断是否为重复序列。最后对识别出的重复序列进行分类，如简单重复序列（如微卫星、转座子）和复杂重复序列（如 LINE、SINE）。常用的重复序列识别工具有 RepeatMasker、CENSOR 和 TRF 等。

（2）基因组功能注释

为了理解基因的特定功能、参与的通路以及与其他基因的关联，研究人员使用各种工具和资源对基因进行解释和注解。基因根据相似的碱基或蛋白质序列归类为基因家族（gene family）。

基因家族是指源于同一个祖先，由一个基因通过基因重复而产生的一组相似基因，通常具有相似的结构和功能。根据基因的进化关系来分，基因家族分为旁系同源基因（paralogs）和直系同源基因（orthologs）。旁系同源基因是指在同一物种中的具有相似序列的基因；直系同源基因是指不同物种间的具有相似序列的基因。人类基因组组织基因命名委员会（HUGO Gene Nomenclature Committee，HGNC）利用基因家族成员的主干符号创建命名方案，并使用分层编号系统来区分各个成员。如 *HOX* 基因家族，*HOX* 是根符号，家族成员有 *HOXA1*、*HOXB1*、*HOXC1*、*HOXD1* 等。基因家族中的家族成员具有相似的结构和生物学功能。因此，一方面，一些功能数据库基于序列相似性聚类形成；另一方面，研究人员可通过与功能数据库中的序列进行比对，对新基因或未知功能的基因所来自的基因家族进行分类，从而对其功能进行预测。

在基因功能注释过程中，研究人员依赖于各种功能注释数据库；这些数据库提供了丰富的注释信息和工具，帮助研究人员获取特定基因的详细注释信息，理解基因的功能和特征。主要的基因功能数据库有以下几个：

同源基因簇数据库（Database of Clusters of Orthologous Genes，COGs）是 NCBI 开发用于同源蛋白注释的数据库，通过比较完整基因组的蛋白质序列而产生。研究人员可通过将待鉴定蛋白质与该数据库序列进行比对，对蛋白质进行分类，从而预测其功能。

Pfam 数据库（protein families database）是由欧洲生物信息研究所（EMBL-EBI）维护和更新的数据库，通过鉴定目标蛋白质与数据库蛋白质序列的多重序列比对和隐马尔可夫模型（Hidden Markov Model，HMM），来对蛋白质进行注释和分类，帮助研究人员理解蛋白质的结构、功能和进化。

UniProt 数据库（Universal Protein resource）是包含蛋白质序列和大量功能注释信息的蛋白质数据库，共有 4 个核心数据库：UniProtKB（UniProt knowledgebase）、UniRef（UniProt reference clusters）、UniParc（UniProt archive）和 UniMES（UniProt Metagenomic and Environmental Sequences）。UniProtKB 又分为人工校正的 Swiss-Prot 和计算机自动注释的 TrEMBL 蛋白质序列数据库；UniRef 是基于序列相似性的聚类数据库；UniParc 包含来自主要公共数据库的所有蛋白质序列。

GeneCards 数据库是一个综合性的人类基因数据库，提供已注释和预测的人类基因的注释信息、基因互作关系、临床和功能等全面的信息，整合了超过 150 个网络资源的基因中心数据。

基因本体论（gene ontology，GO）是对基因及其产物特性进行统一化生物学描述的数据库。GO 从三个方面描述生物学领域的知识：①分子功能（molecular function，MF），指单基因产物或多基因产物复合体在分子水平上的活动。分子功能的描述只表示活动本身，而不涉及执行功能的实体（分子或复合物），活动发生的地点、时间和背景，如广义的功能条目可以是"催化活性"或"转运活性"，具体的功能条目可以是"腺苷酸环化酶活性"或"类 Toll 受体结合"等。②细胞组分（cellular component，CC），指基因产物执行功能所处的细胞结构位置，可以是细胞区室（如线粒体）或包含产物的稳定大分子复合物（如核糖体）。③生物学过程（biological process，BP），指由多种分子活动协同完成的生物学过程，如广义生物学过程条目可以是"DNA 修复"或"信号转导"，具体的条目可以是"嘧啶核苷酸生物合成过程"或"葡萄糖跨膜转运"。

KEGG（Kyoto Encyclopedia of Genes and Genomes）是帮助理解生物学系统的功能和作用的一个数据库资源。它涵盖了基因和蛋白质（代表基因组信息）、分子复合物及化学反应（代表化学物质信息）、各类元素的分类、功能单元和互作网络（代表系统信息）以及疾病和药物等（代表健康信息）四大方面的信息，用来帮助理解生物学系统以及指导生物学应用。KEGG 通路是 KEGG 的核心数据库，是一系列代谢通路的集合，其主要包含生物代谢、遗传信息处理、环境资料加工、细胞过程、生物体系统、人类疾病以及新药开发等方面的分子间相互作用和反应网络。

（3）遗传变异的功能影响注释

遗传变异的功能影响注释是计算和评估基因变异对基因功能影响程度的方法。通常基于多种算法和模型，利用大量基因功能和结构信息进行预测。通过功能影响评分，研究人员可以定量比较和排序不同基因变异的功能影响，有助于识别与疾病相关的致病突变，深化对基因功能和疾病机制的理解。然而，功能影响评分方法仍然是预测性的，准确性和可靠性可能受多种因素影响。因此，在实际研究中，应结合实验验证和其他生物信息学方法综合评估遗传变异的功能影响。根据注释的范围大小，可以将其分为蛋白质编码区域的功能影响注释，如 SIFT、PolyPhen-2、GERP 和全基因组范围的功能影响注释，如 CADD、FATHMM-MKL、GWAVA（表 2-5）。

表 2-5　遗传变异的功能影响注释

注释工具	预测模型	注释区域	发表年份
phastCons	phylo-Hidden Markov Model	coding	2005
PhyloP	Dynamic Pogramming Algorithms	coding	2006
MutationAssessor	Scoring System	coding	2007
PolyPhen-2	Naïve Bayes Classifier	coding	2010
GERP++	Statistical Framework	coding	2010
SIFT	Probability Estimation	coding	2012
FunSeq2	Scoring System	non-coding	2012
MISTIC	Ensemble Method	coding	2013
CADD	Support Vector Machine	whole genome	2014
GWAVA	Random Forest	whole genome	2014
DANN	Deep Learning	whole genome	2015
MetaLR	Logistic Regression	coding	2015
MeaSVM	Support Vector Machine	coding	2015
FATHMM-MKL	Support Vector Machine	whole genome	2015
eigen	Meta Scores	whole genome	2016
PredictSNP2	Ensemble Method		2016
REVEL	Random Forest	coding	2016
M-CAP	Gradient Boosting Tree	coding	2016
LINSIGHT	Generalized Linear Model	whole genome	2017
CDTS	Probability Estimation	whole genome	2018
PrimateAI	Deep Learning	coding	2018

注释工具	预测模型	注释区域	发表年份
MVP	Deep Learning	coding	2021
MutationTaster	Random Forest	coding	2021
EVE	Variational Autoencoder	coding	2021
Depletion rank（DR）	/	whole genome	2022
MetaRNN	Deep Learning	coding	2022
gMVP	Graph Attention Meural Network	coding	2022
PrimateAI-3d	Deep Learning	coding	2023
AlphaMissense	Deep Learning	coding	2023

随着医学和生物学的发展，对疾病的认识不断深化，对疾病相关信息和数据的需求也相应增加。为了方便获取和共享疾病相关数据，研究人员开发了各种疾病数据库。这些数据库满足了研究人员对疾病信息和数据的需求，促进了疾病研究的发展，并为疾病的治疗与预防提供支持和指导。下面详细介绍几个常见的疾病数据库，以便研究人员根据需要选择适合自己研究的数据库进行数据查询和分析。

HGMD（Human Gene Mutation Database）是一个收集已发表文献中致病突变和与人类疾病相关的功能多态的数据库，有助于研究人员查找和分析与疾病相关的基因突变。

ClinVar 是一个存储和分享遗传变异与人类健康相关信息的数据库，提供遗传变异的临床意义、相关疾病和遗传模式等信息，帮助研究人员了解遗传变异与疾病之间的关联。

OMIM（Online Mendelian Inheritance in Man）是一个提供人类遗传疾病详细信息的数据库，包括表型特征、基因突变和遗传模式等，有助于研究人员深入了解人类遗传疾病的基础知识。

DisGeNET 是一个研究人类疾病和基因之间关系的数据库，整合了多个公共资源的数据，包括 OMIM、PubMed、GWAS 目录等，提供疾病和基因之间的关联、共现性和功能相似性等信息。

Malacards 是一个综合性的人类疾病数据库，提供关于疾病的详细信息和注释，整合了基因、表型、药物、文献等多种数据源，有助于深入了解疾病的多个方面。

Orphanet 是一个罕见疾病的知识数据库，提供罕见疾病的诊断、孤儿药物、临床试验和专家网络等信息，有助于研究人员深入了解罕见疾病的特点和治疗方法。

PharmGKB（Pharmacogenomics Knowledgebase）是一个关于基因变异如何影响药物反应的数据库，集中于药物基因组学领域，提供药物代谢、作用机制和基因变异对药物反应的影响等信息，支持个体化药物治疗。

三、基因组研究技术

基因组承载着生物体完整的遗传信息，可以通过测序进行解码，为生物多样性研究、疾病的诊断与治疗，以及个性化医疗等领域提供基础。1977 年，科学家成功测序了噬菌体 X174 的基因组，这一事件标志着基因组学测序的开篇；而人类基因组计划的提出和完成则将基因组学研究推向了大规模测序的新纪元（知识窗 2-2）。在本小节中，我们将系统地概括不同测序技术的原理、优势与限制，以及实际应用案例等方面的内容（图 2-28）。

1. 测序技术的发展及原理

（1）一代测序技术

20 世纪 70 年代，英国科学家桑格等人发明了双脱氧终止法测序技术，也称为

图 2-28　测序技术的发展及其特点

图中的时间线展示了基因组测序技术随时间的发展；同时对从一代到三代测序的特点进行了比较和总结。

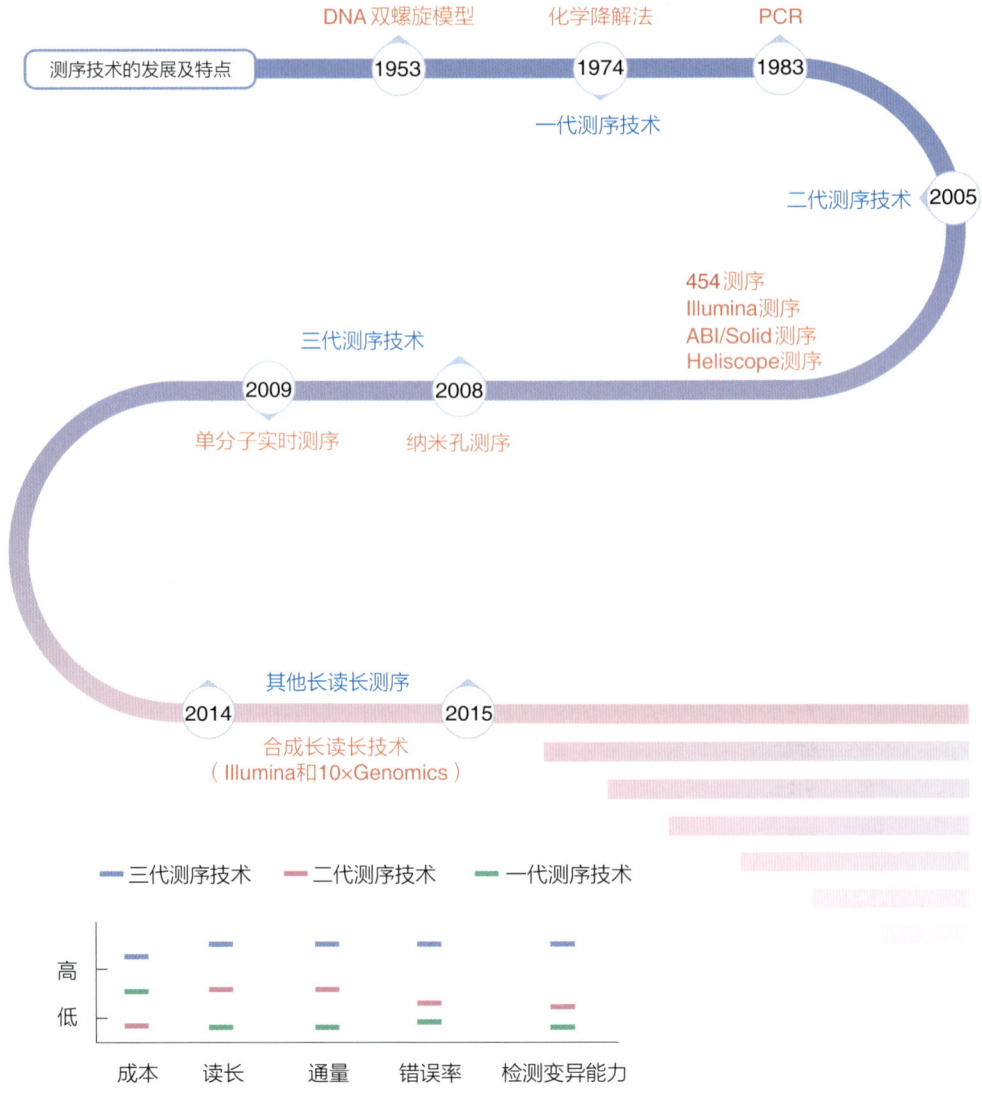

Sanger 测序。同年，阿伦·马克萨姆（Allan Maxam）和沃尔特·吉尔伯特（Walter Gilbert）报道了化学降解法（chemical degradation method）的测序策略，又称为 Maxam–Gilbert 测序。双脱氧终止法、化学降解法以及在它们基础上发展的各种 DNA 测序技术统称为一代测序技术（图 2-29）。

① 化学降解法

通过对 DNA 进行特定的化学修饰，然后进行切割和电泳分离，最后通过读取分离的 DNA 片段来确定 DNA 序列。首先，使用 ³²P-dATP 和多核苷酸激酶对待测序的双链 DNA 的 5′ 端进行放射性标记，使用二甲基亚砜（DMSO）将 DNA 变性，得到单链 DNA（single strand DNA，ssDNA）分子，并通过电泳将其进行分离；然后，通过氮碱基特异性反应，修饰腺嘌呤（A）、胞嘧啶（C）、鸟嘌呤（G）和胸腺嘧啶（T）的残基，使 ssDNA 在这些位置的 5′ 端发生化学切割；最后，通过聚丙烯酰胺凝胶电泳和自显影，将修饰后的 ssDNA 片段按大小分离，并在 X 射线胶片上检测放射性 DNA 条带的图谱。这些条带图谱代表了 DNA 序列，通过分析图谱可以确定 DNA 的确切序列。

化学降解法测序在早期的 DNA 分子测序中发挥了重要作用。然而，测序过程中涉及危险的化学物品，技术复杂，难以大规模使用。因此，逐渐被更为便捷的 Sanger 测序等方法所替代。

② 双脱氧终止法

该法包括三个主要步骤：DNA 模板制备、凝胶电泳分离和凝胶分析。在 DNA 模板制备中，待测序的 DNA 序列作为模板，与脱氧核苷酸三磷酸（dNTPs）一同引入链终止剂 ddNTPs。这些 ddNTPs 能在 DNA 聚合酶合成 DNA 链时终止延伸，产生随机长度的 DNA 片段。然后，通过凝胶电泳按大小分离这些链终止的 DNA 片段。凝胶电泳中 DNA 片段向正电极泳动，根据大小差异将其分离，较小片段泳动得更远更快。最后，在凝胶分析中，通过阅读凝胶带上的 DNA 片段来确定 DNA 序列。DNA 聚合酶合成 DNA 链时，终止的 ddNTPs 会对应原序列中的特定核苷酸。通常，从底部到顶部读取凝胶，根据每条带上 ddNTP 的标识来确定 DNA 序列。

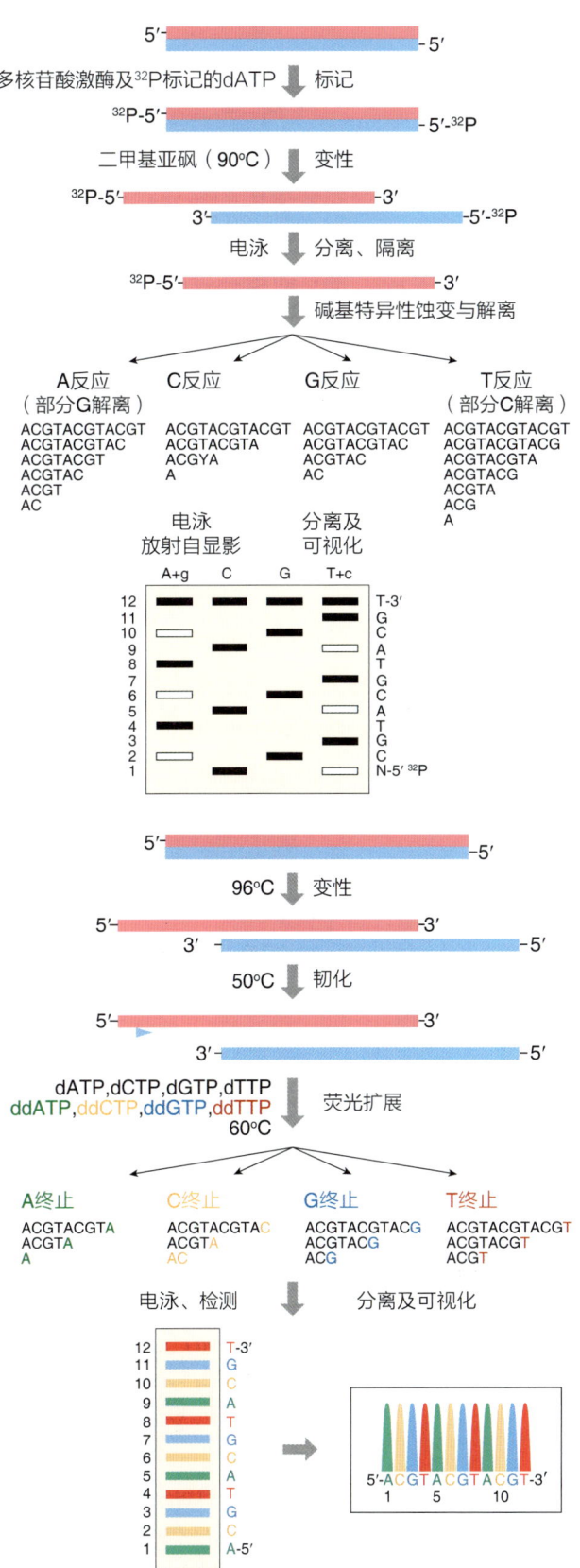

图 2-29　一代测序技术：化学降解法（上）和双脱氧终止法（下）

知识窗 2-2

人类基因组计划及其对测序技术和基因组学研究的贡献

人类基因组计划的提出和完成对 DNA 测序技术的发展产生了深远的影响。该计划由国际人类基因组测序联盟（International Human Genome Sequencing Consortium，IHGSC）发起，历时 10 年，总花费约 30 亿美元。其主要目标是对人类基因组上的 24 条染色体（22 条常染色体和 2 条性染色体）所包含的约 30 亿个碱基对进行测序和解析，绘制出人类基因组图谱，识别蛋白质编码基因及其序列组成，最终实现破解人类遗传信息的终极目标。

2001 年 2 月，IHGSC 和塞雷拉基因组公司（Celera Genomics）分别在 *Nature* 和 *Science* 杂志上发表了人类基因组草图的相关论文，标志着人类基因组计划的成功（International Human Genome Sequencing Consortium，2001；Venter et al.，2001）。2003 年 4 月 14 日，中、美、日、德、法、英 6 国科学家宣布成功绘制了完整的人类基因组序列图，开启了后基因组研究时代。2004 年，国际人类基因组测序联盟报道了人类基因组的完成图（International Human Genome Sequencing Consortium，2004），共有 28.5 亿个碱基位点，碱基正确率高达 99.999%，含 20 000~ 25 000 个蛋白质编码基因，这个基因组被定义为人类参考基因组（human reference genome）。

在人类基因组计划中，主要策略是将整个基因组切割成长度约为 15 万个碱基的小片段，并确保相邻片段有部分重叠的 DNA。然后，将每条 DNA 片段插入到人工培育的细菌染色体中，通过细菌的繁殖来实现 DNA 片段的复制。随后，这些 DNA 片段被分割成约 1 000 个碱基长度的短重叠片段，并进行测序分析，生成了许多测序结果序列，每个序列被称为一个"读长"（read）。最终，通过不同 DNA 片段之间的重叠部分，获得了连续的图谱。这种严格的图谱测序方法虽然操作复杂，但能够将测序错误降至最低，确保了最终产生的人类基因组序列具有极高的质量。

塞雷拉基因组公司提出了一种更加高效的方法，称为"全基因组鸟枪测序法"（whole-genome shotgun sequencing）。该方法将整个基因组随机打断成多个短的重叠 DNA 片段，然后直接对这些 DNA 片段进行测序。最后，通过组装这些测序得到的读段数据，成功获得了完整的基因组序列。这一方法的主要优点在于速度较快，塞雷拉基因组公司仅耗时 3 年就完成了一个个体基因组的测序和组装。

这两种方法的竞争加速了人类基因组计划的完成并推动了 DNA 测序技术的不断进步，特别是全基因组鸟枪测序法为下一代测序技术提供了思路，形成高通量并行测序的技术，大大推进了基因组学的发展。

以 Sanger 测序为代表的一代测序技术，因其通量较低逐步退出主流测序领域。然而，由于其产生的序列准确性高，它仍然被视为序列测序的金标准（golden standard），用来评估新测序技术的准确性等。

（2）二代测序技术

以 Sanger 测序法为代表的一代测序技术曾经主导了几十年的基因组学研究。然而，Sanger 测序存在着诸多局限性，包括价格昂贵、通量较低和操作繁琐等，导致其在大规模测序中应用受限。为了克服这些限制，二代测序技术，又称大规模平行测序（massively parallel sequencing，MPS）（Rogers et al.，2005）应运而生。与 Sanger 测序

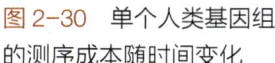
图 2-30　单个人类基因组的测序成本随时间变化

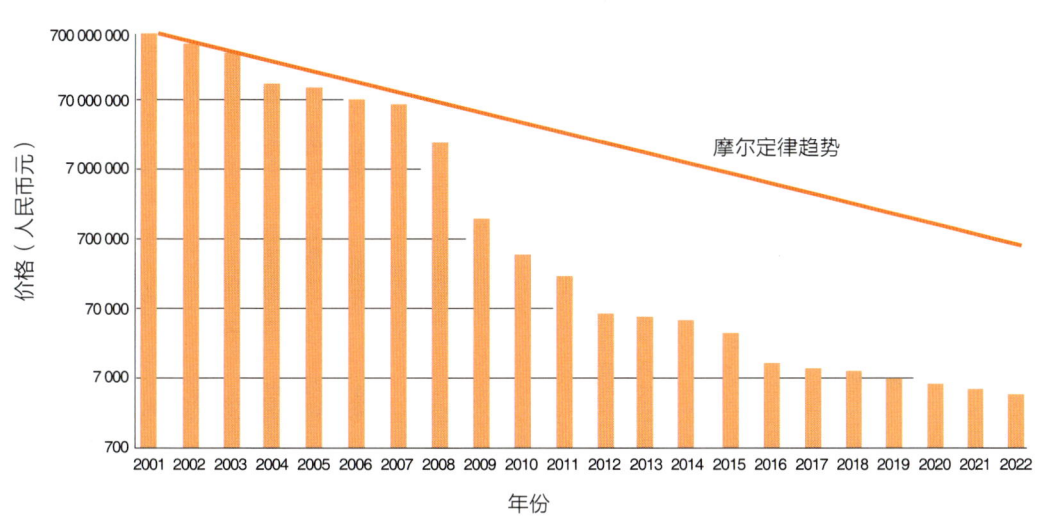

不同，二代测序技术利用高通量平台构建 DNA 文库并进行 PCR，能够同时并行测序大量的 DNA 分子，从而极大地提高了测序效率。在成本方面，二代测序打破了"摩尔定律"（图 2-30），使得单个基因组的测序价格从最开始的 30 亿美元逐年降低至 1 000 美元以下（NHGRI，2022）。随着测序厂商不断推出新的二代测序平台，这一技术逐渐成为基因组学、转录组学和表观遗传学等领域的重要工具。二代测序技术催生了基因组大数据时代的到来，同时也推动着生命科学领域进入一个全新的阶段。根据测序策略的不同，二代测序主要可分为两大类，即连接法测序（sequencing by ligation，SBL）和边合成边测序（sequencing by synthesis，SBS）。

SBL 使用 DNA 连接酶（DNA ligase）以及核苷酸探针来测定 DNA 片段的序列（Shendure et al.，2005）。最具代表性的 SBL 测序平台是 ABI SOLiD，其在早期的二代测序技术中占据重要位置，但由于测序效率较差，逐渐被其他快速发展的 SBS 测序技术所取代。

SBS 是目前最常用的二代测序策略，其核心原理是利用 DNA 聚合酶在合成 DNA 的同时进行序列测定。根据细节原理的不同，SBS 又可进一步划分，其中最具代表性的方法包括焦磷酸测序（Margulies et al.，2005）、Illumina 可逆终止测序（Ju et al.，2006）和 Ion Torrent 半导体测序（Rothberg et al.，2011）。

① 焦磷酸测序

焦磷酸测序（pyrosequencing）是一种通过酶级联化学发光反应实现 DNA 序列测定的 SBS 技术，最早由三位瑞典科学家帕尔·尼伦（Pål Nyrén）、马蒂亚斯·乌伦（Mathias Uhlén）和莫斯塔法·罗纳吉（Mostafa Ronaghi）于 1998 年提出。2005 年，454 Life Sciences 公司推出了 GS20 焦磷酸测序仪，这也是第一台商用二代测序仪。

焦磷酸测序使用乳液 PCR（emulsion PCR）对 DNA 文库进行扩增（图 2-31），即将包含 DNA 片段和 PCR 组分的水溶液与矿物油进行混合，形成众多相互隔离的"油包水"小液滴作为 PCR 的反应容器（Williams et al.，2009）。在测序过程中，当脱氧核苷酸三磷酸（dNTP）与模板结合时，会产生焦磷酸盐分子（pyrophosphate，PPi）。

图 2-31   焦磷酸测序

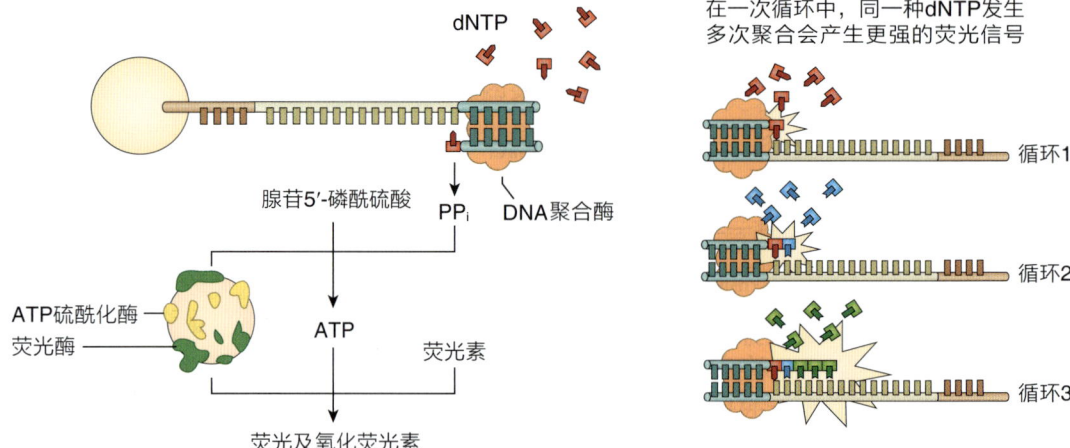

PPi 与三磷酸腺苷硫酰化酶（ATP sulfurylase）一同反应，将反应物腺苷 5'- 磷酰硫酸（adenosine 5'-phosphosulfate，APS）转化为 ATP。随后，ATP 与荧光酶（luciferase）共同催化荧光素（fluorescein）底物，产生光信号，这些信号会被电荷耦合器件所记录。最后，利用三磷酸腺苷双磷酸酶（apyrase）降解反应物，重置整个测序过程。在一次循环内，只有一种 dNTP 被聚合，产生的荧光强度由发生聚合的 dNTP 的数量所决定，通过不断检测反应室中 4 种 dNTP 的荧光类型和强度，即可测得 DNA 片段的序列。

② Illumina 可逆终止测序

Illumina 可逆终止测序是目前市面上最常用的高通量测序技术。与其他 SBS 方法相比，Illumina 测序在原理上有着显著不同，其包括两个关键技术，即桥式 PCR（bridge PCR）（Bing et al., 1996）和循环可逆终止（cyclic reversible termination，CRT）（Bentley et al., 2008）。

Illumina 测序的 PCR 扩增和测序反应发生在特殊设计的玻璃流通槽（flowcell）中。首先，DNA 模板与附着在槽上的寡核苷酸引物（P5 和 P7）结合，并在 DNA 聚合酶的作用下生成反向链。接着，DNA 双链被解开，反向链与其他引物序列结合并继续扩增。最后，不断重复这个过程，直至形成一个个 DNA 簇。由于在扩增期间，DNA 序列会形成桥状结构，因此这种扩增方式被称为桥式 PCR（图 2-32）。

Illumina 测序所使用的每个 dNTP 都标记有一个可剪切的荧光基团，并且 dNTP 原本的 3'-OH 位置被修饰成一个叠氮甲基基团（azidomethyl group）。在测序过程中，由于该修饰基团的阻断作用，每次反应只能结合一个 dNTP。通过全反射内照射荧光显微镜对流通槽进行成像，可以识别当前结合的 dNTP 类型。每完成一轮反应后，dNTP 的荧光基团会被切除，3'-OH 由还原剂重新生成，继续下一轮测序的链延伸（图 2-33）。

③ Ion Torrent 半导体测序

Ion Torrent 半导体测序是首个商业化的不依赖复杂光学传感系统的测序技术，仪器小巧轻便。该技术能直接将 DNA 合成反应过程中的化学信息转化为序列信息，显

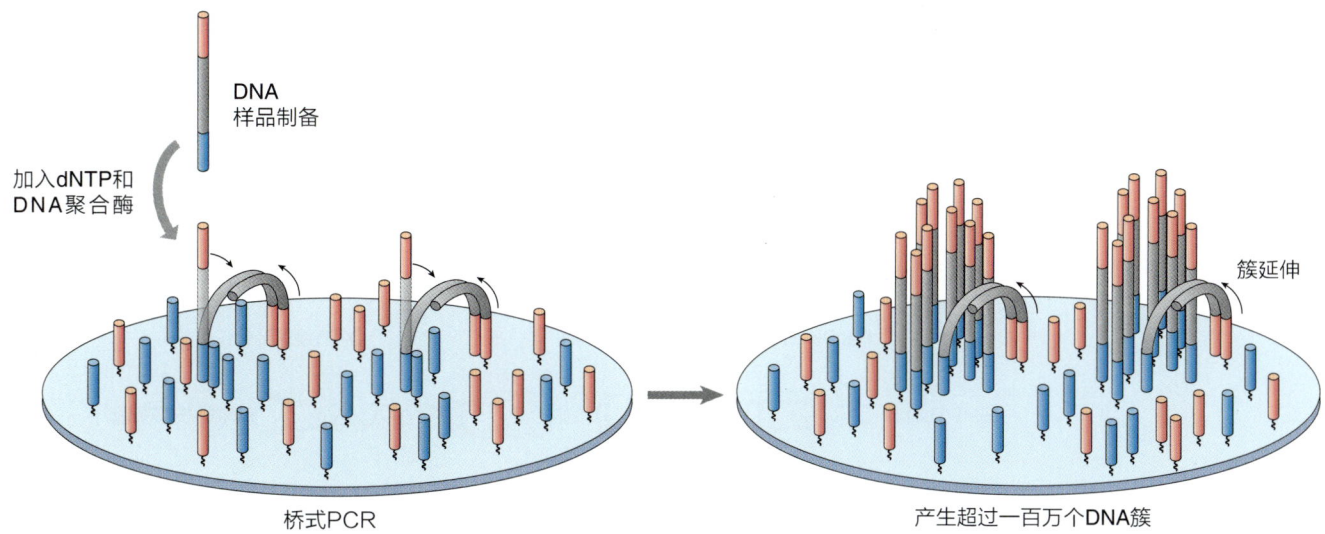

图 2-32 Illumina 测序桥式 PCR 扩增

著提升了测序效率。然而，其在检测连续重复碱基时的准确性较低。

（3）三代测序技术

许多动植物的基因组中含有大量的结构变异（structural variation，SV），如重复元素和拷贝数变异等，表现出极高的复杂性。由于短序列测序技术的读长相对较短，因此难以正确解析这些基因组上的复杂区域。三代测序技术，如单分子实时测序和纳米孔测序，无需进行 PCR 扩增，可以对每个 DNA 分子单独测序，从而产生更长的测序片段（图 2-34）。目前，长读长测序已广泛应用于动植物基因组的组装、结构变异的检测和转录组研究等方面（知识窗 2-3）。

图 2-33 Illumina 可逆终止测序

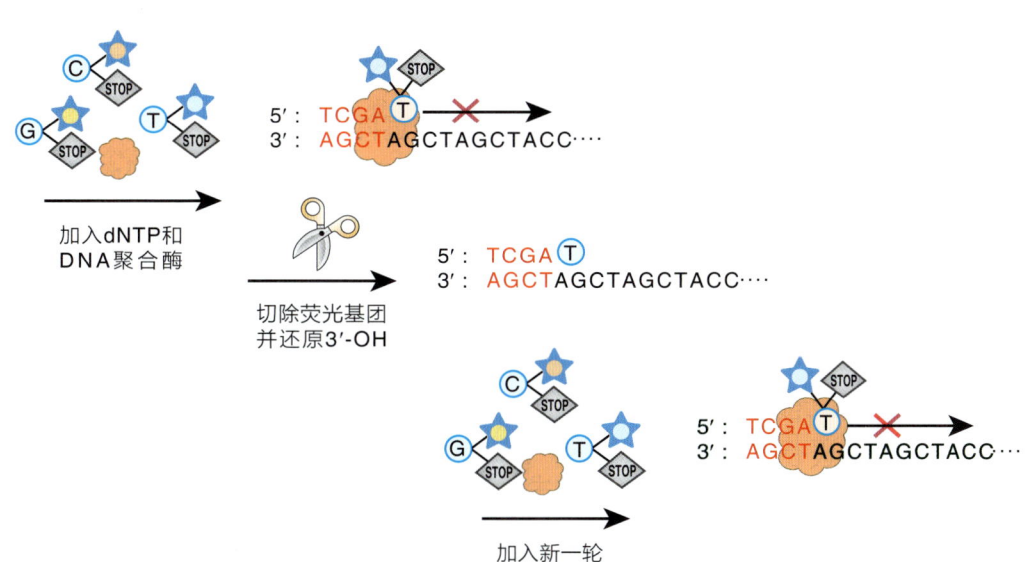

① 单分子实时测序

单分子实时测序（single molecule real-time sequencing，SMRT）技术是由太平洋生物技术公司（Pacific Biosciences，PacBio）开发的长读长测序方法。在 SMRT 测序中，待测序的 DNA 以单链环形分子形式存在，通常被称为 SMRTbell 模板。该模板由两端

图 2-34　长读长测序技术

A. 实时长读长测序

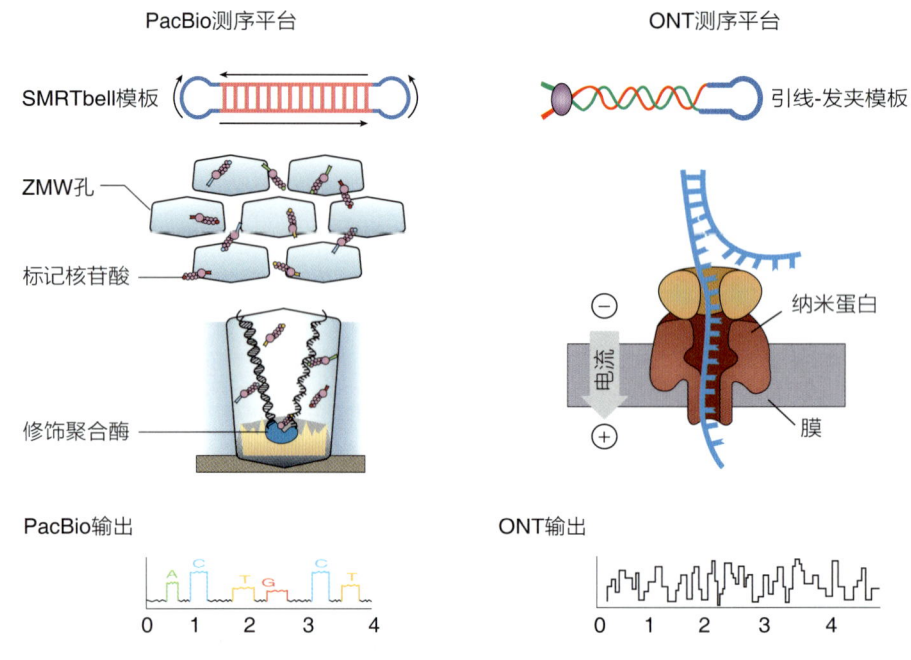

B. 合成长读长测序

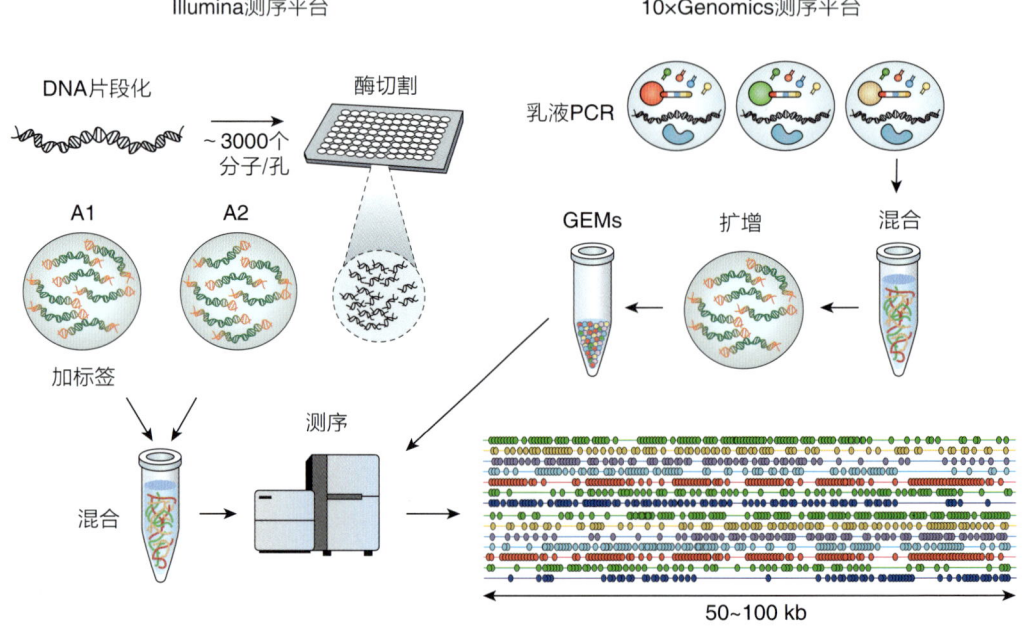

知识窗 2-3

T2T 基因组和泛基因组

1. 端粒到端粒（telemere to telemere，T2T）基因组

传统的基因组测序方法和组装算法通常在染色体末端、着丝粒区域等具有高度重复序列的基因组区域，存在难以解决的挑战。随着三代测序技术的不断进步，特别是结合高精度的 PacBio HiFi 序列和 ONT 的超长读长，研究人员能够对这些复杂区域进行正确组装和矫正，从而得到完整的基因组序列。2022 年，首个完整的人类基因组序列公布（Nurk et al.，2022）；2023 年，两个独立的研究团队分别发布了中国人的完整基因组序列（Yang et al.，2023；He et al.，2023）。类似的研究也在植物基因组研究中得到了应用，例如拟南芥（Wang et al.，2022）和水稻（Shang et al.，2023）等，为深入研究生物多样性和基因功能提供了重要工具。

2. 泛基因组（pan-genome）

随着测序技术的不断发展，大量高质量的基因组序列被组装出来，从而形成了泛基因组学的研究方法。与传统的线性基因组学不同，泛基因组研究整合了多个个体的基因组变异信息，旨在全面了解和比较个体之间的基因组变异和功能多样性（Liao et al.，2023）。目前，泛基因组学已广泛应用于医学、农业、微生物学等多个领域。在医学方面，泛基因组学为个性化医疗和疾病研究提供了强大的工具，有助于理解疾病的遗传基础以及治疗方法的个体差异。在农业领域，它用于作物遗传改良，帮助培育更具抗性和高产性的作物品种，以满足全球食品需求。在微生物学领域，泛基因组学有助于研究微生物的功能和多样性，对环境保护和药物研发具有重要意义。泛基因组学的兴起进一步推动了基因组学的研究前沿。

带有单链发夹式接头的双链 DNA 序列组成。测序反应发生在 SMRT Cell 芯片中，该芯片包含许多微小的通道，被称为零模波导孔（zero-mode waveguide，ZMW）。在每个 ZMW 通道中，都固定了一个 DNA 聚合酶分子，从而实现对单个 SMRTbell 模板的测序。测序开始时，将 SMRTbell 文库加载到 SMRT 芯片，聚合酶与 SMRTbell 的适配体结合并复制。在复制过程中，4 种不同的荧光标记核苷酸（A、T、G 和 C）与聚合酶结合并产生具有特征光脉冲的信号。光脉冲信号随后被解读为核苷酸序列，生成被称为 CLR（continuous long read）的序列。由于 SMRTbell 模板呈环状，聚合酶多次测序 DNA 模板，每次产生一个 subread。由于这种方法产生的测序错误是相对随机的，虽然单个 subread 中的测序错误率较高，但多个 subreads 的相互校正可以生成高质量的 CCS（circular consensus sequence）序列，也称为 HiFi reads。

② 纳米孔测序

纳米孔测序（nanopore sequence）技术是由牛津纳米孔（Oxford Nanopore Technology，ONT）公司开发的一种基于纳米孔电信号的直接测序方法。待测序的双链 DNA 分子首先在两端连接引导适配体（leader adapter）和发夹适配体（hairpin adapter）。然后，将这些 DNA 文库装载到包含数以千万计个纳米孔的流动池中。在测序过程中，引导序列的存在使 DNA 分子能够被引导到带有电流的孔道中。当 DNA 分子穿过孔道时，会引起孔道电流的变化，包括电流的大小和持续时间等。这些电流变化被记录下来，

并根据它们的特征转化成 DNA 序列信息。 这一过程是实时的，允许在测序过程中获得数据，从而实现高效的 DNA 测序。由于碱基空间结构的相似性、甲基化修饰等因素的影响，增加了从电信号转成 DNA 序列的难度，导致测序错误率较高。当 DNA 分子质量较高时，可以降低测序过程中的断裂和损伤风险，从而产生非常长的 DNA 序列（超过数万甚至 1 百万个碱基对），这种长序列被称为超长读长（ultra-long reads）。超长读长序列对于理解基因组复杂区域非常有帮助，因此在推动基因组学和生物学研究中具有重要作用。

③ 合成长序列测序

合成长序列测序技术（synthetic long reads，SLR）是利用低成本且测序准确度高的短读长测序平台生成长读长的测序数据。在测序前，将大的 DNA 片段分割到微型孔板或乳化液滴中，以确保每个孔板或者液滴中只存在少量的 DNA 分子。随后，对每个孔板或者液滴中的 DNA 分子进行切割，并添加条形码。然后，切割后的 DNA 分子在二代测序平台上进行测序。测序完成后，测序数据将按照条形码拆分，并在已知共享条形码的片段来自同一原始大片段的情况下对测序数据进行组装。类似于人类基因组计划中的 BAC 文库测序技术，带有条形码的测序数据使我们能够获取更大基因组片段的信息，并在不同的小片段之间建立关联。分隔这些片段，可以隔离重复或复杂的区域，使每个区域可以在局部进行组装。这可以防止在组装中出现无法解决的分支点，从而避免断点（间隙）和较短重叠群（contig）的产生。目前，有多种可用于合成长读长测序的技术，如 Illumina 平台的 Moleculo 和 Infinity 系统、10×Genomics 平台的 GemCode 和 Chromium 系统，以及华大智造基于 DNB SEQ 平台的单管长片段（single-tube Long Fragment Read，stLFR）技术等（Wang et al.，2019）。

（4）其他基因组研究技术

① DNA 芯片技术是基于微阵列，利用芯片上固定的大量 DNA 探针与待测样品中的 DNA 分子特异性杂交，从而实现对 DNA 序列的高通量检测和分析。DNA 芯片通常由玻璃或硅片制成，上面固定着上千甚至数百万个 DNA 探针。这些 DNA 探针可以是寡核苷酸序列、基因片段或全长基因，覆盖基因组的特定区域或整个基因组。待测的 DNA 样品经过荧光标记或放射性标记后，与芯片上的 DNA 探针杂交。通过测量杂交信号的强度和位置，可以确定待测 DNA 的序列信息或基因表达水平。

DNA 芯片可根据不同研究目的进行分类。如基因表达芯片用于测量基因的表达水平；基因组芯片检测单核苷酸多态性（single nucleotide polymorphism，SNP）、基因拷贝数变异、可变剪接、染色体重排等基因组水平的 DNA 变异；miRNA 芯片用来检测小分子 RNA 的表达；DNA 甲基化芯片用于检测 DNA 甲基化的程度；免疫共沉淀芯片用于检测蛋白质之间的相互作用等。总体上，DNA 芯片技术具有高通量、高灵敏度、高特异性和快分析速度，为大规模基因组学研究提供了强大的工具。

② 单分子光学图谱（optical mapping）技术能够提供单个 DNA 分子上有序的全基因组限制性内切酶酶切位点信息，从而揭示整个基因组的结构信息。其原理是将一条 DNA 分子"拉直"并固定在载玻片上，然后利用特定酶切位点的限制性内切酶对

DNA 进行酶切，酶切后的 DNA 分子片段仍然附着在载玻片表面。这些酶切后的 DNA 分子片段通常会被标记上荧光标记物，以便在荧光显微镜下观察。通过检测这些荧光标记物的位置，可以确定 DNA 分子上酶切位点的位置。这些位点通常对应于基因组中的特定序列，因此酶切会在这些序列周围创建特定的 DNA 片段。这项技术主要应用于辅助基因组组装，通过生成大量的 DNA 片段酶切位点，可以协助组装复杂的基因组。此外，它还可应用于检测大尺度结构变异，如插入、缺失和倒位等。目前，单分子光学图谱技术主要是 BioNano 公司的 Irys/Saphyr 系统。

③ 蛋白质测序是生物医学研究领域的关键技术，涵盖了爱德曼降解法（Edman degradation）和质谱（mass spectrometry）等经典手段。通过分析氨基酸序列的具体排列，蛋白质测序不仅揭示了蛋白质的结构和功能，还在鉴定新型生物标志物、发掘潜在药物靶点、构建系统发育树以洞察生物之间的进化脉络，以及识别同源性蛋白质和进行同源性进化分析等方面发挥着至关重要的作用。此外，蛋白质测序在预测未知同源蛋白的功能、促进 cDNA 文库筛选以及支持蛋白质工程学研究等领域也扮演着不可替代的角色。

2. 测序技术的应用

多年来，测序技术被广泛应用于多个学科领域，包括基因组学、转录组学、表观遗传学、癌症基因组学以及群体遗传学等，极大地推动了生命科学和医学领域的发展。

（1）基因组测序

自 HGP 完成以来，测序技术已被广泛应用于其他物种的全基因组测序。2005年，第一份非人灵长类动物黑猩猩的基因组草图被发布（Chimpanzee Sequencing and Analysis Consortium，2005），为人们理解人类生物学和进化提供了宝贵的信息。同年，作为世界上最重要的粮食作物之一，水稻的全基因组序列被发布（International Rice Genome Sequencing Project et al.，2005）。2010 年，科学家成功测定并组装了大熊猫（2008 年北京奥运会吉祥物晶晶）的全基因组序列（Li et al.，2010），这为保护其遗传资源提供了重要的参考信息。2018 年 11 月，地球生物基因组计划（Earth BioGenome Project，EBP）启动（Lewin et al.，2018），旨在对自然界中约 150 万种真核生物的基因组进行测序和注释。通过实施 EBP 项目，人们能更好地了解物种的进化历程、生物多样性的形成和维持机制，并为保护濒危物种及应对全球性生态问题提供科学依据。

（2）基因表达测定

转录组测序（RNA-seq）可以有效地对生物样本中的基因表达水平进行定量，包括组织样本转录组测序（bulk RNA-seq）（Mortazavi et al.，2008）、单细胞转录组测序（single cell RNA-seq，scRNA）（Picelli et al.，2017）以及空间转录组测序（spatial transcriptomics RNA-seq，stRNA）（Chen et al.，2015）。单细胞转录组测序可以识别不同类型的细胞，揭示细胞发育轨迹，并探索细胞亚群的功能差异。空间转录组测序可以帮助人们获取包含空间位置信息的基因表达数据，加深对各类生物过程的理解。高通量测序技术在转录组学领域的应用为人类鉴定差异表达基因、探索转录调控网络、研究细胞发育过程以及探索疾病分子机制等提供了强大的支持。

（3）表观遗传学研究

2007 年，高通量测序技术与 ChIP 结合，诞生了 ChIP-seq 技术（Barski et al.，2007）。ChIP-seq 能够高效地鉴定基因组上的转录因子结合位点和组蛋白修饰区域。随后几年，一系列基于高通量测序的基因组研究方法如雨后春笋般出现，如用于鉴定染色质开放性区域的脱氧核糖核酸酶超敏位点的 DNase-seq 技术（Boyle et al.，2008）和用于发掘染色质互作的 Hi-C 技术（Lieberman et al.，2009）等。一些大型国际项目，如 DNA 元件百科全书计划（Encyclopedia of DNA Elements，ENCODE）（Sloan et al.，2016），利用高通量测序技术绘制了多个物种的基因组调控元件和表观修饰图谱，这些参考数据集对于研究基因组上的遗传调控元件和结构特征做出了巨大的贡献。

（4）癌症基因组学研究

癌症一直以来都是医学研究和临床实践中的重大挑战之一。由于其复杂的发病机制和多样的病理类型，癌症研究面临重重困难。2008 年，第一例基于二代测序技术的肿瘤样本（急性髓系白血病）进行了全基因组测序（Ley et al.，2008），并取得了显著成果。该研究发现了一系列携带有获得性突变的基因，向公众展示了基因组测序在寻找癌症药物靶点方面的潜力。2009 年，二代测序技术被应用于癌症基因组图谱计划（The Cancer Genome Atlas，TCGA）。在过去的十几年里，TCGA 对 33 种不同类型的癌症进行了基因组测序，涉及超过 2 万个原发癌和正常样本。基于这些测序工作，人们成功识别出了一系列重要的癌症驱动基因、标志物和信号通路。截至 2024 年，TCGA 已经产生并公开了超过 2.5Pb 的各类组学数据，为癌症研究提供了宝贵的数据资源。

（5）群体遗传学研究

在过去的十几年里，多个国际组织和国家应用测序技术在大规模人群中开展了全基因组测序，其中包括两个具有里程碑意义的大型基因组测序计划，即 HapMap（The International HapMap Consortium，2004） 和 1KGP（The 1000 Genomes Project Consortium，2015）。HapMap 和 1KGP 构建了多人群的单体型图谱，并提供了多个被广泛应用的参考数据集，例如高置信度遗传变异参考位点、基因组复杂度参考区域和用于基因型填补的单体型参考面板等，对基因组学和群体遗传学领域产生了深远影响。此外，一些大型数据库，如基因组整合数据库（Genome Aggregation Database，gnomAD）（Mailman et al.，2007）和外显子组整合联盟（Exome Aggregation Consortium，ExAC）（Lek et al.，2016），收录了数亿条来自二代测序的基因组变异数据，为世界各地的群体遗传学研究提供了重要的数据支持。

3. 基因组数据分析策略

在获得个体基因组的测序数据后，通常有两种分析策略：

基因组比对和变异检测。首先将个体的测序数据与已知的参考基因组进行比对，以确定与参考基因组的相似性和差异性，这一步骤通常被称为测序数据的比对（read alignment）。然后，在比对的结果中进行变异检测（variant calling），识别个体基因组中的遗传变异，包括 SNP、短插入缺失（short insertion and deletion，INDELs）和 SV 等。这有助于确定个体的遗传特征及其与疾病或性状相关的遗传变异。

基因组组装（genome assembly）。如果没有可用的参考基因组或者需要获得个体的高质量基因组时，可以使用基因组组装的方法将测序数据组装成一个连续的基因组序列。这种方法往往需要高深度的测序数据，因此成本较高。一旦完成了基因组组装，就可以进行下一步的分析，如预测基因结构、检测功能元件和识别重复序列等，以了解基因组的结构和功能。

这两种分析策略通常在基因组学研究中互补使用，取决于具体的研究目的和可用的数据。测序数据比对和变异分析通常用于将个体的测序数据与已知参考基因组进行比较，识别基因组的差异和变异；而基因组组装则通常适用于基因组的重建和比较基因组的研究，识别不同物种、个体或群体之间的基因组差异和相似之处。通过综合使用这两种方法，可以深入了解基因组的遗传特征、结构和功能，对医学、进化生物学、生态学等领域的研究具有广泛的应用价值。

四、基因组学的应用

随着对基因组的认识不断深入，人们开始积极探索基因组学在不同领域的应用。例如在食品工业中，对食品中的微生物进行检测和鉴定，以确保食品的安全性和质量；在作物育种领域，识别和标记与特定性状相关的基因，从而实现精准选育；在微生物学中通过对微生物基因组的分析，可以发现新的微生物物种，了解其与环境之间的关系，并应用于污染控制、环境保护、石油开采、生物燃料等；在医学领域中，基因组学可应用于无创产前诊断和癌症的靶向治疗，前者通过对孕妇血液样本中胎儿游离的 DNA 进行测序来评估胎儿的遗传病风险，避免了传统的侵入性检测方法（如羊水穿刺或绒毛活检），后者通过基因测序确定患者癌症细胞的治疗靶点，从而指导适合的靶向药物。由此，我们列举了以下三个实例来详细阐述基因组学的应用场景，期待未来更多更有意义的应用能被认识和发现。

应用实例一：基因组学在新型冠状病毒大流行期间的应用

2019 年 12 月底，中国武汉地区报道了新型冠状病毒感染（COVID-19）的病例。2020 年 1 月，中国科学家成功分离出首株病原体毒株，并初步确定其为新型冠状病毒（SARS-CoV-2），并公开了其全基因组序列信息。通过序列分析，科学家们首先确定该病毒属于冠状病毒 β 属，为全长约 29.9 kb 的正链单股 RNA 病毒。同时，根据序列信息，科学家们确定了 4 个重要的结构蛋白编码区域，包括刺突蛋白（S）、包膜蛋白（E）、膜蛋白（M）和核衣壳蛋白（N）。其中，刺突蛋白可以和宿主细胞表面的受体 ACE2 相结合，使病毒包膜与宿主细胞的细胞膜相融合，最终感染宿主细胞。其次，通过比对不同种属的序列和谱系分析，人们发现新冠病毒与来源于蝙蝠的冠状病毒 BatCoV RaTG13 的序列相似度为 96%，由此推测蝙蝠可能是新冠病毒的主要宿主（Zhou et al.，2020）。同时，二代和三代测序技术被广泛应用于监测新冠病毒的突变情况，通过比对不同毒株的基因组序列，确定病毒突变的发生和传播。例如 Alpha 毒株通常包含 N501Y、E484K 的突变，其中 N501Y 通过增强与 ACE2 受体的亲和力而提高了传播力（Volz et al.，2021）。随后 Delta 毒株在此基础上增加了多个突变，其中 P681R 突变促进病毒复制，导致了更高的病毒载量和病死率（Johnson et al.，2020）。因此，基因组学在此次新冠病毒大流行期间对于病原体的确定、病毒宿主来源的查找和病毒变异的追踪都起到了重要作用。

应用实例二：古人类基因组学研究

尼安德特人（*Homo neanderthalensis*）是至今约 12 万年前活跃在欧洲及西亚的古人类，约于 3 万年前灭绝。在早年间，科学家们认为从尼安德特人的骨组织中提取 DNA 是几乎不可能的。1997 年，科学家们逐步克服样本含量少、DNA 污染等问题，从德国西部挖掘尼安德特人古化石中提取线粒体 DNA 并成功进行测序。与现代人类的基因组进行比较后，发现尼安德特人的线粒体 DNA 对现代人类基因组并无贡献（Krings et al.，1997）。2010 年，通过对 3 个尼安德特人的人骨进行采样测序，首个尼安德特人的基因组草图正式发布，并发现欧亚人群中有 1%～4% 遗传信息来自于尼安德特人（Green et al.，2010）。2014 年，科学家们对丹尼索瓦洞发现的古人类完成全基因组测序，揭示了丹尼索瓦人、尼安德特人与现代人之间存在的基因交流现象（Prüfer et al.，2014）。这一系列研究揭示了早期人类群体之间的基因流动和进化历史，为我们理解人类的起源和进化提供了重要线索。古人类基因组研究主要贡献者斯万特·帕博（Svante Pääbo）通过优化实验方案，克服了从古人类化石中提取 DNA 的技术难题，推动了古人类基因组学的发展，并因此获得了 2022 年诺贝尔生理学或医学奖。

应用实例三：利用基因组学进行奶牛育种

传统的奶牛育种需要经历公牛配种生育后代、雌性后代成长到繁殖年龄进行交配后，根据其泌乳数据进行种牛的选育，整个周期可长达 7 年之久。随着现代基因组学和群体遗传学的发展，可以通过基因组估算育种值（genomic estimated breeding value，GEBV）来对种牛进行早期预测筛选。首先收集奶牛的基因组数据和性状表型数据：基因组数据通常来自基因组测序或 DNA 芯片分析，而性状表型数据可以包括泌乳量、蛋白质含量、体型等。接着，建立一个包含大量奶牛样本的基因组选择参考群用于构建统计模型来预测 GEBV 的统计模型。最后，根据预测的 GEBV 来选择具有优良遗传潜力的奶牛作为种牛，用于后续的繁殖和育种，大大缩短了世代间隔，加速了奶牛群体的选择进展。该方法具备加速育种进程的能力，能够避免传统育种中的环境误差，并能预测多个性状的遗传价值，使得育种目标更加全面和多样化。因此，该技术在奶牛育种领域得到了广泛的应用，推动了国内外奶牛种业的发展。

※ 复习思考题

1. 三位一体基因学说的内容是什么？
2. DNA 被证明是遗传物质的过程是怎样的？
3. DNA 是如何复制的？

4. 描述遗传密码破译的历史过程，列举关键的科学家及其贡献。

5. 为什么遗传密码的破译对于理解基因表达和遗传信息传递如此重要？

6. 解释真核生物中 mRNA 的加工过程，包括 5′ 端加帽、3′ 端加尾和可变剪接，它们是如何影响基因表达的调控和多样性的？

7. 描述分子生物学的中心法则及其主要内容，解释至少一种中心法则的已知例外情况。

8. DNA 复制的总错误率约为 1×10^{-10}，RNA 聚合酶也有一定的校对能力，但转录的整体错误率明显更高（1×10^{-4}）。为什么生物体能够忍受比 DNA 复制更高的转录错误率呢？

9. 细胞质基因组相比核基因组，在结构、功能、突变与损伤修复，以及遗传模式上有何异同？

10. 叶绿体基因组的结构特点是什么？

11. 为什么病毒基因组如此精简，却能编码产生复杂的生理功能？

12. 如何基于对病毒遗传过程的理解，研发抗病毒药物？

13. 染色体的三维结构对基因表达调控有什么样的影响？

14. 如果有一系列基因，你可以利用哪些数据库对基因的功能进行注释？

15. 什么是基因家族？举一个除课本外的基因家族例子。

16. 简述一代测序、二代测序及三代测序各自的优缺点。

17. 人类基因组计划对遗传学和生物医学有什么应用和意义？

18. 测序技术对其他学科有哪些积极影响？

19. 基因组学在其他领域还有哪些应用？如社会科学、法医、生物进化等。

※ 推荐阅读

1. WATSON J D, CRICK F H. Molecular structure of nucleic acids: a structure for deoxyribose nucleic acid[J]. Nature, 1953, 171: 737-738.

2. MESELSON M, STAHL F W. The replication of DNA in *Escherichia coli*[J]. Proceedings of the National Academy of Sciences, 1958, 44: 671-682.

3. BALTIMORE D. RNA-dependent DNA polymerase in virions of RNA tumour viruses[J]. Nature, 1970, 226: 1209-1211.

4. GORMAN G S, MEYER J, KRISHNA S, et al. Mitochondrial diseases[J]. Nature Reviews Disease Primers, 2016, 2 (1) : 1-22.

5. DOBROGOJSKI J, ADAMIEC M, LUCIŃSKI R.The chloroplast genome: a review[J]. Acta Physiologiae Plantarum, 2020, 42 (6) : 98.

6. WU F, ZHAO S, YU B, et al. A new coronavirus associated with human respiratory disease in China[J]. Nature, 2020, 579: 265-269.

7. SHENDURE J, BALASUBRAMANIAN S, CHURCH G, et al. DNA sequencing at 40:

past, present and future[J]. Nature, 2017, 550: 345-353.

8. INTERNATIONAL HUMAN GENOME SEQUENCING CONSORTIUM. Finishing the euchromatic sequence of the human genome[J]. Nature, 2004, 431: 931-945.

9. 1000 GENOMES PROJECT CONSORTIUM, AUTON A, BROOKS L D, et al. A global reference for human genetic variation[J]. Nature, 2015, 526 (7571): 68-74.

10. NURK S, KOREN S, RHIE A, et al.The complete sequence of a human genome[J]. Science, 2022, 376 (6588): 44-53.

（编写：杨剑；审读：黄涛生）

第三章

遗传变异和重组

　　1900 年孟德尔的工作被重新发现之后，人们一方面赞叹遗传规律可以如此简单，另一方面又不禁疑惑既能稳定遗传、又负责决定性状的遗传物质究竟是什么样的物质实体。显微镜的发明和显微染色技术的发展催生了细胞学，使人们看到了精彩的微观生命世界。人们早在 19 世纪 80 年代就发现了细胞核中能被碱性染料着色的棒状小体结构"染色体"，以及它们在细胞分裂过程中分分合合的动态变化，甚至还区分出了有丝分裂和减数分裂，只是人们并不知道这些结构和动态变化有什么生物学意义。遗传学的出现为细胞学的发现赋予了真正的意义和生命力。细胞学与遗传学结合，将遗传学推进到细胞遗传学时代，使抽象的孟德尔遗传因子得以实体化，诞生了遗传的染色体学说（chromosome theory of inheritance）和遗传学第三定律——基因的连锁定律（law of linkage）。遗传学三大定律告诉我们，位于非同源染色体上的遗传物质通过自由组合实现分子间重组（recombination），位于同源染色体上的遗传物质则通过交换（crossing over/crossover）实现分子内重组，这都属于遗传物质的正常"变异"，同时有可能产生新的性状组合。此外，作为化学物质，染色体和 DNA 还会受到各种内、外环境的影响而发生异常的改变——突变（mutation），小到仅影响一个碱基，大至殃及整套的染色体；有的突变还会造成有益或者有害的表型效应（有可能产生新的性状）。遗传物质的正常变异（重组）和异常改变（突变）共同造就了多姿多彩的生命世界，也构成了进化的重要驱动力。从某种意义上说，连锁交换/重组和突变构成了经典遗传学的核心和精华。本章首先回顾美国生物学家摩尔根和他的团队如何通过对果蝇的研究证实遗传的染色体学说、发现基因的连锁与互换定律，并藉此进行连锁作图（linkage mapping），然后介绍遗传物质的异常改变和重组的分子机制。

第一节　基因的连锁与重组

一、遗传的染色体学说与基因连锁

1. 遗传的染色体学说

孟德尔的分离和自由组合定律告诉我们遗传因子（后来翻译成基因，下文统称基因）是颗粒性的，彼此独立、互不干扰；在向后代传递的过程中，等位基因分离，非等位基因独立分配、自由组合；那么，这个抽象而神秘的基因的细胞学基础是什么？细胞里的何种结构、何种成分能担负起基因的使命？DNA 又是以什么方式存在于细胞内的呢？

美国学者萨顿和德国学者博韦里分别注意到染色体在减数分裂过程中的行为与孟德尔描述的基因在配子形成过程中的行为非常类似（图 3-1）。例如，基因和染色体都是成对存在，在配子形成过程中，等位基因之间和同源染色体之间同样会彼此分离。博韦里通过研究蛔虫和海胆，证明染色体并不是在细胞分裂时短暂形成然后消失，而是细胞核内独立的、连续的实体，并且卵子和精子在受精后为合子细胞提供相同数量的染色体；他还证明特定的染色体对应特定的遗传性状，不同的染色体包含不同的基因。这些发现为把孟德尔的基因落实到染色体上奠定了重要基础。1903 年，萨顿和博韦里各自独立提出了遗传的染色体学说，认为染色体是基因的载体，性状是由染色体上的基因控制的，这些基因通过配子向后代传递，保证了遗传的世代连续性。随后，美国生物学家摩尔根和他的团队通过研究黑腹果蝇白眼突变的伴性遗传，将白眼基因定位到了 X 染色体上，为遗传的染色体学说提供了关键证据。

图 3-1　孟德尔基因和减数分裂中染色体行为的平行性

左列，孟德尔基因的行为；右列，染色体的行为。
在减数分裂中，同源染色体联会与 A、a 等位基因配对和 B、b 等位基因配对相对应，同源染色体分离与 A、a 等位基因分离和 B、b 等位基因分离相对应，非同源染色体独立分配/自由组合与 A 或 a 等位基因和 B 或 b 等位基因之间的独立分配/自由组合相对应。

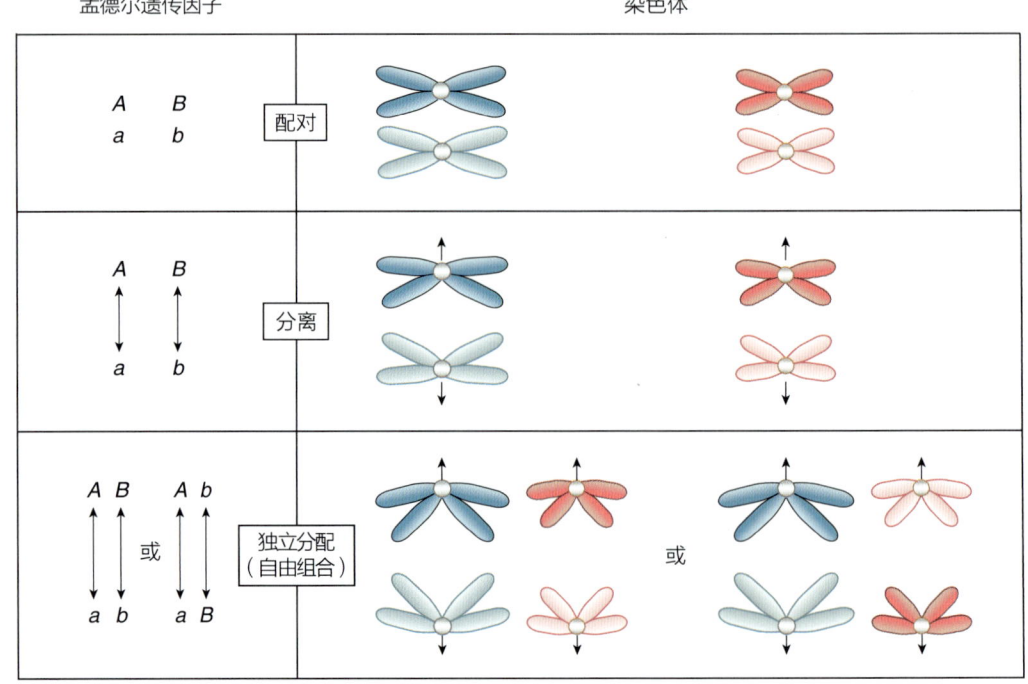

孟德尔遗传因子　　　　　　　　　　染色体

2. 基因连锁

遗传的生理基础是生殖，细胞学基础是染色体和减数分裂。将基因定位在染色体上，可以很好地解释基因向后代传递的物质基础，但是同时也产生了一个具体的问题：基因等于染色体吗？那就要看染色体的数目跟基因的数目是否匹配。我们现在知道，每一个物种的染色体数目是恒定的，少的仅有一条，多的可超过 1 000 条；每个物种基因的数目也是固定的，但是一般不会少于 1 000 个。例如，果蝇只有 4 对染色体，却有 1.7 万个基因；人类虽然有 23 对染色体，也仅有 2 万左右的（编码）基因。显然，染色体的数目跟基因的数目并不匹配，基因数远远多于染色体数；也就是说，染色体不等于基因，每条染色体上携带了不只一个基因；染色体只是基因所在的场所，或者说基因的载体，而并非基因本身。

实际上，人类细胞染色体数目的确定颇为曲折，其中有一位中国的科学家徐道觉（1917—2003）做出了奠基性的贡献。徐道觉早年师从谈家桢（1909—2008）先生，开展摇蚊、蝗虫染色体的研究。1952 年，他在美国从事博士后研究时及时抓住实验中偶然的发现，创新性地建立了低渗溶液预处理制备人类和哺乳动物染色体标本的新技术，大大推进了人类细胞遗传学的研究。三年后，凭借这一技术，华裔遗传学家蒋有兴确定并公开发布了人类染色体数目为 46 条的正确计数结果，纠正了流行多年的 48 条染色体的谬误。由于低渗处理制备染色体的技术简单有效，被科研工作沿用至今。

既然一条染色体上包含多个基因，很自然地就出现了一个问题：位于同一条染色体上的不同基因之间是否仍然遵循自由组合定律？减数分裂的机制告诉我们，配子在发生过程中是以染色体为实体单位进行分离和自由组合的——同源染色体分离，非同源染色体则自由组合。位于非同源染色体上的非等位基因能够随着染色体被动地完成自由组合，那么，如果一条染色体上容纳了多个非等位基因，这些非等位基因之间的自由组合是否会受到影响？或者说，位于同一条染色体上的非等位基因是如何向后代传递的呢？为了回答这一问题，摩尔根团队选择果蝇灰/黑体和长/残翅这两个位于 2 号染色体上的基因进行了杂交实验，以检验自由组合的情况。野生型果蝇的身体呈灰色，由显性等位基因 B 控制，隐性等位基因 b（black body）决定黑体；野生型翅膀为长翅，由显性等位基因 V 控制，隐性等位基因 v（vestigial wing）决定残翅。将显性纯合的 $BBVV$ 果蝇与隐性纯合的 $bbvv$ 果蝇杂交，F_1 均表现为灰体长翅，其表型与 $BBVV$ 亲本相同，但其基因型却为 $BbVv$ 双杂合子（图 3-2）。将 F_1 雌果蝇与隐性纯合的 $bbvv$ 雄果蝇进行测交，如果体色和翅形这两对非等位基因之间能够进行自由组合，则预期将产生两对性状自由组合而成的 4 种表型的后代，包括灰体长翅、灰体残翅、黑体长翅与黑体残翅，并且比例应接近 1∶1∶1∶1，即每种表型各占 25%。如果将这 4 种表型合并为亲本型（parental type）（灰体长翅 + 黑体残翅）和重组型（recombinant type）（灰体残翅 + 黑体长翅）两大类，那么亲本型和重组型应各占 50%。实际的实验结果确实出现了 4 种预期的表型，但其比例却明显偏离预期，两种亲本型的果蝇数量大大多于重组型，约占后代总数的 83%，而重组型后代仅占

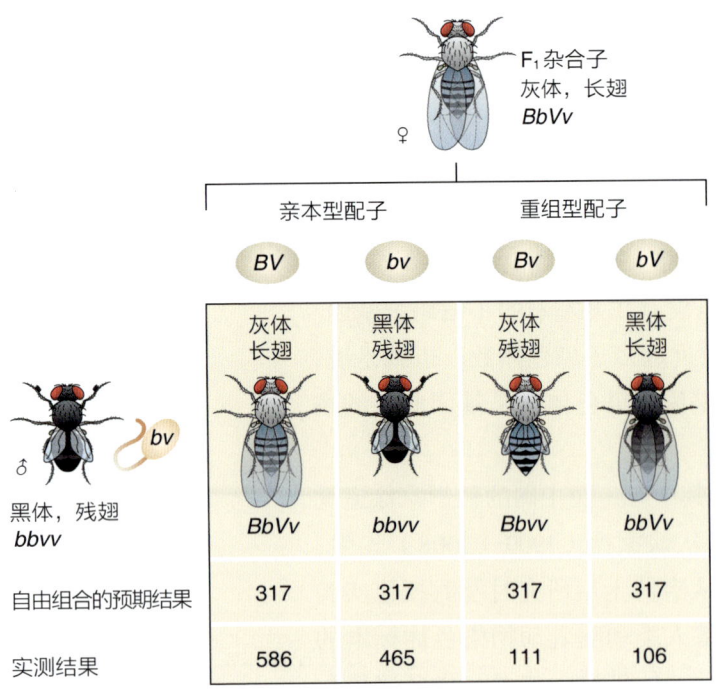

图 3-2 果蝇黑体和残翅基因的杂交结果

灰／黑体基因和长／残翅基因位于果蝇 2 号染色体上。基因型分别为 *BBVV*（灰体长翅）和 *bbvv*（黑体残翅）的果蝇杂交得到基因型为 *BbVv*（灰体长翅）的 F₁，F₁ 雌蝇与 *bbvv* 隐性纯合雄果蝇测交，后代中亲本型（*BbVv* 和 *bbvv*）多于重组型（*Bbvv* 灰体残翅和 *bbVv* 黑体长翅）。

17%，远低于预期的 50%。这一结果说明，位于同一条染色体上的非等位基因似乎并不是完全自由的，不同的非等位基因更倾向于集体行动，在减数分裂中共同进入同一个配子中，从而产生更多的亲本型后代。尽管这一现象跟孟德尔遗传规律中的基因独立分配／自由组合定律存在冲突，但无疑更符合关于基因位于染色体上的论断。人们将这种两个或两个以上的非等位基因倾向于以跟亲本相同的组合方式向后代传递的现象称为连锁（linkage），这些相互关联的基因互称连锁基因（linked gene），例如前述的 *B/b* 与 *V/v* 便是两个连锁的非等位基因。出现连锁现象的根本原因在于有多个基因位于同一条染色体上。因此，人们把所有位于同一条染色体上的基因构成的基因群体称作一个连锁群（linkage group，LG）。实际上，连锁群可视为染色体的同义词，它反映了染色体作为遗传物质载体的生物学本质属性。生物信息学分析中常用到的一些基因组数据库网站，例如 Ensembl、NCBI 以及 UCSC 等，均采用 LG 作为染色体的符号。

二、连锁交换与遗传学第三定律

在上述实验中，*B/b* 和 *V/v* 的连锁程度并不完全，因为 F₁ 双杂合子的测交后代中出现了一定比例（17%）的重组型果蝇。那么，为何位于同一条染色体上的连锁基因并未全部以亲本型的方式共同传递给后代？重组型后代是如何产生的？是否所有的连锁基因都会以 17% 的比例产生重组型后代？

摩尔根团队又选择果蝇 X 染色体上的灰／黄体基因和红／白眼基因进行了杂交实验（图 3-3）。这次所用的亲本分别为灰体（野生型体色）白眼的纯合雌蝇（y^+y^+ww）和黄体（*yellow body*，突变型体色）红眼（yw^+/Y）的雄蝇，得到的 F₁ 雌蝇全部为灰体红眼（y^+yw^+w），即野生型的表型，跟两个亲本都不一样。注意 F₁ 雌蝇的两条染色体上的等位基因组合分别是 y^+w 和 yw^+，因此其基因型也可以写成 y^+w/yw^+。F₁ 自交后产生 F₂ 后代。为了达到测交的效果，以便区分自由组合和连锁遗传这两种情况，他们仅对 F₂ 中的雄蝇进行了计数，因为这些雄性后代只含有一条 X 染色体，来自 F₁ 雌蝇，因此它们的表型和比例能够直接反映 F₁ 雌蝇产生的配子的基因型与比例。与前述黑体和残翅的杂交结果类似，F₂ 雄蝇出现了 4 种表型，分别为两种亲本型（注意亲本型由最初的亲本 P 而非 F₁ 决定）和两种重组型，只是重组型所占的比例远远小于前面的例子，在该例中只有1%。这说明，不同的连锁基因组合，它们产生重组型后代的频率是不同的；相应地，重组型后代出现的频率也应该能够在一定程度上反映两个基因之间连锁的程度。为了量化非等位基因之间的这种连锁关系，人们把测交后代中重组型个体占全部后代总数的百分比称为重组率（recombination frequency，RF），又称重组频率或重组值（recombination value）。重组率在本质上反映的是减数分裂中非等位基因之间发生交换的配子的百分比，或者说减数分裂后重组型配子所占的比例。

那么，使连锁的基因间发生重组的原因是什么？为何不同的基因之间重组的频率不同呢？这就需要回溯遗传的物质和细胞基础来回答这些问题。在此之前，弗兰斯·扬森斯（Frans Janssens，1865—1924）等细胞学家就在显微镜下观察到，在第一次减数分裂前期，联会的同源染色体之间会形成交叉（chiasma），但是并不清楚该现象背后的生物学意义。摩尔根将这个现象跟果蝇的连锁与重组现象联系起来，认为细胞学的交叉显示的应该就是等位基因之间发生位置互换、造成非等位基因之间产生重组的部位（图3-4）。两条同源的非姐妹染色单体在某个位置发生断裂和重接，从而相互交换部分区段的DNA（图3-4C）。在前面提到的灰/黑体和长/残翅这两对相对性状的杂交实验中，在F₁杂合体雌蝇（BbVv）中，B与V连锁（位于同一条2号染色体上）、b与v连锁（位于另外一

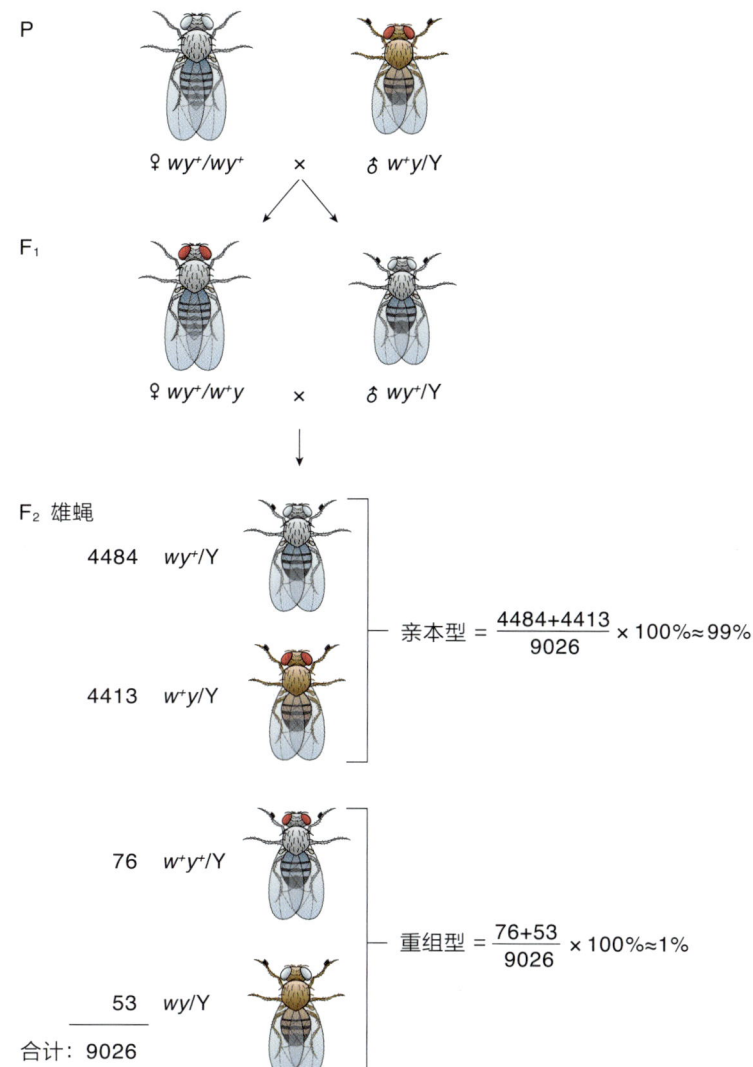

图3-3 果蝇白眼和黄体基因的杂交结果

灰/黄体基因和红/白眼基因位于果蝇X染色体上。基因型为 $w\,y^+/w\,y^+$ 的灰体白眼雌蝇与基因型为 $w^+\,y/Y$ 的黄体红眼雄蝇杂交得到 $w\,y^+/w^+\,y$ 的灰体红眼 F₁ 雌蝇和 $w\,y^+/Y$ 的灰体白眼 F₁ 雄蝇，F₁ 内交得到的 F₂ 雄蝇中亲本型（$w\,y^+/Y$ 灰体白眼和 $w^+\,y/Y$ 黄体红眼）占99%，远远多于重组型（$w^+\,y^+/Y$ 灰体红眼和 $w\,y/Y$ 黄体白眼）。

条同源的2号染色体上）。在卵母细胞减数分裂过程中，两条2号染色体分别复制，然后4条染色单体联会（配对）。在减数分裂的前期Ⅰ（prophase Ⅰ），其中任意两条非姐妹染色单体都有可能发生部分交换，如果交换恰好发生在 B/b 和 V/v 之间，则它们原有的 B–V 和 b–v 的连锁状态就会被破坏，同时建立起新的连锁关系，即 B–v 连锁和 b–V 连锁，从而产生重组型卵子。这样的卵细胞与 bbvv 隐性纯合雄蝇产生的 bv 精子结合后，就会产生灰体残翅（Bv/bv）和黑体长翅（bV/bv）的重组型 F₂。细胞学与遗传学相结合，完美地解释了基因间的连锁与重组现象，非姐妹染色单体间的物理

图 3-4　自由组合与连锁交换的比较

图示 *AaBb* 双杂合子减数分裂后形成的配子类型。（**A**）自由组合：两个基因分别位于两条非同源染色体上（非连锁基因）。（**B**）完全连锁：两个基因位于同一条染色体上（连锁基因），但是在减数分裂过程中未发生交换。（**C**）不完全连锁：两个基因位于同一条染色体上（连锁基因），在减数分裂过程中两条非姐妹染色单体之间发生一次交换（单交换）。

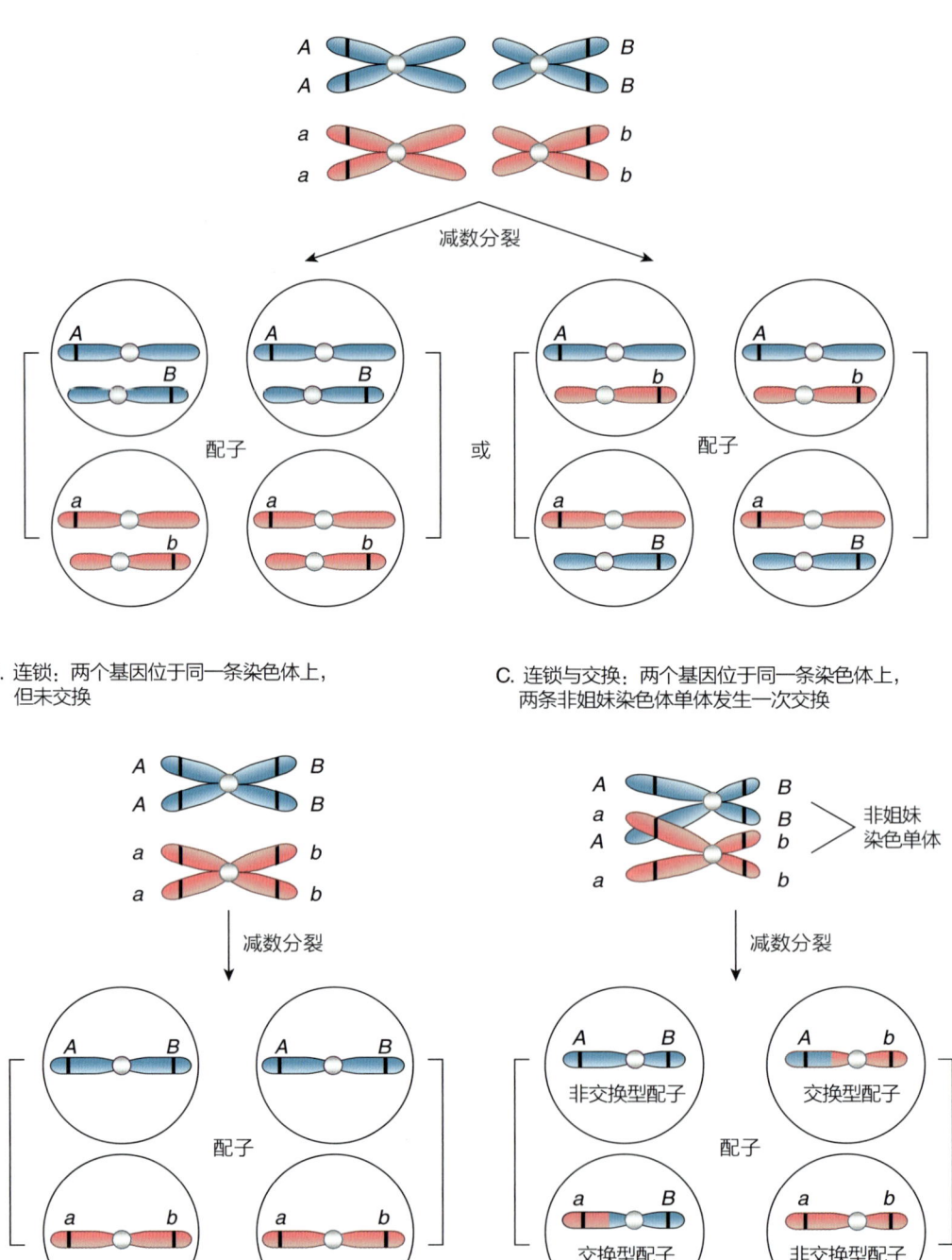

A. 独立分配：两个基因位于非同源染色体上

减数分裂

配子　　或　　配子

B. 连锁：两个基因位于同一条染色体上，但未交换

减数分裂

配子

C. 连锁与交换：两个基因位于同一条染色体上，两条非姐妹染色单体发生一次交换

非姐妹染色单体

减数分裂

配子

非交换型配子　　交换型配子

交换型配子　　非交换型配子

交换造成了细胞学上的染色体交叉与遗传学上的连锁基因重组，交叉与重组均为交换的结果。

摩尔根进一步推测，相互连锁的基因呈线性排列于染色体上，任意两个基因之间都有可能随机发生不同数量的交换；两个基因在物理位置上越靠近，它们之间发生交换、形成染色体交叉（chromosome chiasma）、出现重组的可能性越小。这意味着，两个基因在同一条染色体上的距离越靠近，它们的连锁程度就会越紧密，而相距较远的基因则更容易发生交换。因此，不同基因之间的重组频率不同。一般而言，两个连锁基因之间发生交换的频率有限，因此重组型后代往往少于亲本型；此外，由于每个交换仅涉及 4 条染色单体中的两条，因此重组率理论上最高不会超过 50%。那么，在减数分裂过程中如果发生多次交换的话，重组率会不会高于 50% 呢？以双交换为例，由于一对同源染色体包含 4 条染色单体，因此双交换存在 4 种形式：二线双交换、三线双交换 –1、三线双交换 –2 和四线双交换，这 4 种形式发生的频率相等（图 3–5）。其中二线双交换并不产生重组型配子，三线双交换一半的配子为重组型，四线双交换则所有的配子均为重组型（图 3–5）。综合计算后发现，双

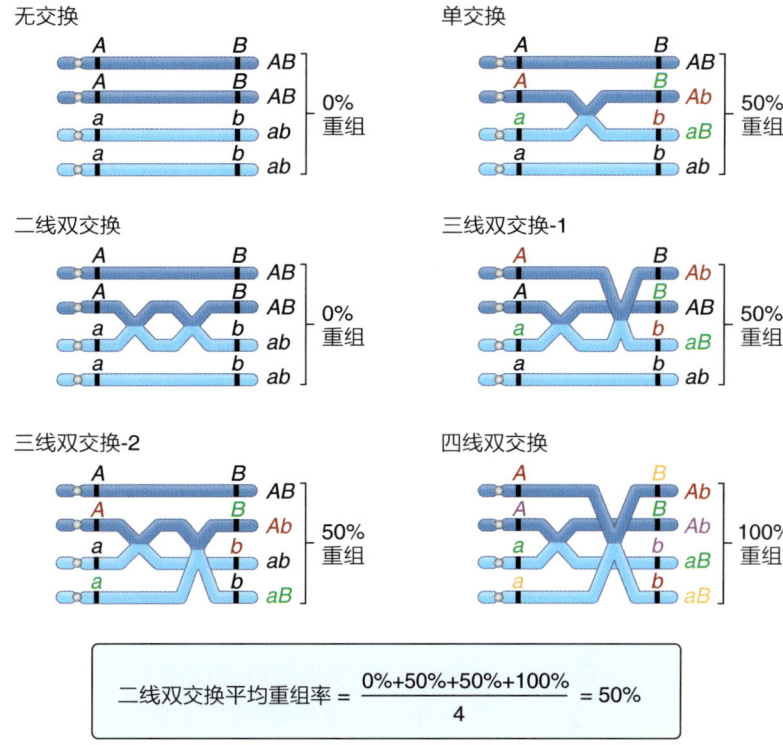

图 3–5　双交换的最大重组率也是 50%

交换整体上也只会产生 50% 的重组型配子，也就是说双交换的最大重组率也是 50%。有理由推测，两次以上多交换的最大重组率也依然会是 50%。

　　值得注意的是，位于不同染色体（非同源染色体）上的基因属于不连锁的基因，它们之间不存在交换的问题。然而，由于它们之间可以通过自由组合产生重组型后代，因此同样可以计算两者的重组率；由于自由组合产生的亲本型和重组型后代各占一半，因此理论上位于两条非同源染色体上的任意两个基因之间的重组率均为 50%，这同时也是重组率的最大值。当位于同一条染色体上的两个基因相距足够远或者超出某个距离后，它们之间的重组率也能达到 50%。因此，50% 的重组率只能说明这两个基因在遗传上是不连锁的，但是并不能排除它们位于同一条染色体上，或者说，并不能断定它们位于不同的染色体上。

　　除了两个基因之间的物理距离之外，还有许多其他因素会影响重组频率，例如碱基序列的复杂度、染色质的结构（开放 / 凝聚状态）等，其中的分子机制仍在探索之中。显然，连锁与交换现象超出了孟德尔分离和自由组合定律所涵盖的范围，摩尔根根据他和他的学生们共同研究果蝇取得的一系列成果，对性状的遗传与变异规律进行了补充和完善，提出了遗传的连锁定律，又称遗传学第三定律。其基本内容是：在配子形成过程中，位于同一条染色体上的非等位基因倾向于共同向后代传递（连锁）；同时，位于一对同源染色体上的两个等位基因能够发生位置互换（交换），从而导致该基因与其连锁的非等位基因之间产生新的组合（重组）。至此，遗传学三大定律系统地阐明了性状向后代传递的规律，揭示了性状遗传与变异并存的奥秘，奠定了遗

传学的重要基石。无论是自由组合，还是连锁交换，都能造成非等位基因之间的重组，为了区分这两种不同类型的重组，人们将非同源染色体之间自由组合产生的重组称为染色体间重组（interchromosomal recombination），将同源染色体之间连锁互换产生的重组称为染色体内重组（intrachromosomal recombination），合称遗传重组（genetic recombination）。

可见，与自由组合定律类似，基因的连锁定律同样会造成亲代与子代在性状上产生差异，从而显著增加性状组合的多样性。等位基因（同源染色体）之间的分分合合、非同源染色体之间的自由组合、同源染色体之间的连锁交换，共同构成了性状变异的重要遗传基础。不过，这些性状变异都属于遗传物质在向后代传递过程中发生的正常改变，是由于不同的等位基因之间和／或不同的非等位基因之间的重新组合所致，而并不涉及基因自身的变异，或者说基因本身的异常改变。不言而喻，基因自身的异常改变同样会造成性状变异（详见本章第二节）。性状的多样性为物种进化提供了丰富的可能性，构成了进化的遗传基础。

1913 年，摩尔根的学生斯特蒂文特在做本科论文期间意识到，他的导师所提出的基因交换假说有可能用来对基因进行定位、度量连锁基因之间的距离。如果基因在染色体上呈线性排列，且交换在染色体上随机发生，那么重组率应该能反映两个基因之间的物理距离。于是，他很快就依此绘制出了世界上第一幅基因连锁图（linkage map），又称遗传图（genetic map）、染色体图（chromosome map）。从此，通过遗传杂交计算基因之间的重组率确定基因在染色体上的相对位置与排列顺序成为遗传分析（genetic analysis）的一个有力工具。人们将这一过程称为基因定位（gene mapping），或称连锁作图、遗传作图（genetic mapping）。能够对基因进行定位的前提是，每个基因在染色体上都占据一个特定的位置，称为基因座［locus（复数 loci）］。连锁作图时，可以将每个基因座视为染色体上的一个点。现在我们知道，每条染色体都是由很多核苷酸（nucleotide，nt）相互连接、线性排列构成的一个连续的核酸分子，而每个基因都是其中一段连续的、特定的序列，含有成百上千甚至更多的核苷酸，而并不是一个抽象的点，只是在大多数情况下，将基因近似为一个"点"基本能满足连锁作图的精度要求。碱基／核苷酸序列能够反映基因之间的真实物理距离，由碱基／核苷酸序列构成的基因组图谱称为物理图（physical map）。尽管目前基因组测序技术已相当成熟，可以轻松获得某个基因的完整序列，但是仅仅靠单独的核苷酸序列并不能直接推知基因的功能；解析基因功能、将特定的表型／疾病定位到相关的基因上，仍然离不开传统的遗传作图。虽然基因组测序技术为基因定位提供了极大的便利，但是它并不能代替遗传作图，两者互为补充，相辅相成。例如，基因组随机诱变和遗传筛选常用来研究发育、再生等生物学现象的遗传基础。筛选到影响相关表型的突变后，就需要找到染色体上对应的基因，然后才能进行基因功能与作用机制研究。利用连锁分析将某个突变定位到染色体上某个特定的位置、克隆出突变基因的方法称为定位克隆（positional cloning）（图 3-6），一般是利用序列和位置已知的一系列染色体分子标记，首先通过连锁分析将突变定位到某条染色体上，然后再通过更精细的重组作图将其定位到染色体的某个特定位置（某两个邻近的分子标记之间，确定突变跟分子标记之间的紧密连锁关系），最后再结合测序等其他方法定位到突变的基因。

　　通过重组率推算出的两个连锁基因在染色体上的相对距离称为图距（map distance）。人们将 1% 的重组率定义为 1 个图距单位（map unit），为了纪念摩尔根的贡献，图距单位又称厘摩（centiMorgan，cM）。图 3-7 显示了果蝇黄体（y）、白眼（w）、小翅（m）3 个基因之间两两测交后计算得到的图距，可以看出，这些相互连锁的基因之间的重组率存在近似"加和"的关系，符合直线排列的方式，重组率可以近似反映基因之间的距离。不过，交换重组会受到诸多因素的影响，而并非仅仅取决于两个基因之间的物理距离（碱基对长度）。因此，通过连锁分析得到的遗传图距与碱基序列所决定的物理图距之间并非完全精确对应。例如，不同的染色体区段发生交换的频率并不是均匀的，不难想象，异染色质区通常较难发生交换。不同性别的交换频率也有差异，通常异配性别较少发生交换（雄果蝇甚至是完全连锁的，检测不到交换）；人类男性和女性的遗传图谱就存在差异。此外，受到最大重组值为 50% 的限制，以及双交换等多次交换的影响，两个基因之间距离越远，重组值越有可能被低估。因此，基因越靠近，重组率作图越精确：当重组率在 10% 之内时，遗传图与物理图的对应性比较好；重组率越大，与物理图距之间的偏离越大（图 3-8）。不过，由连锁图推算出的基因之间的顺序（相对位置关系）一般是正确的。

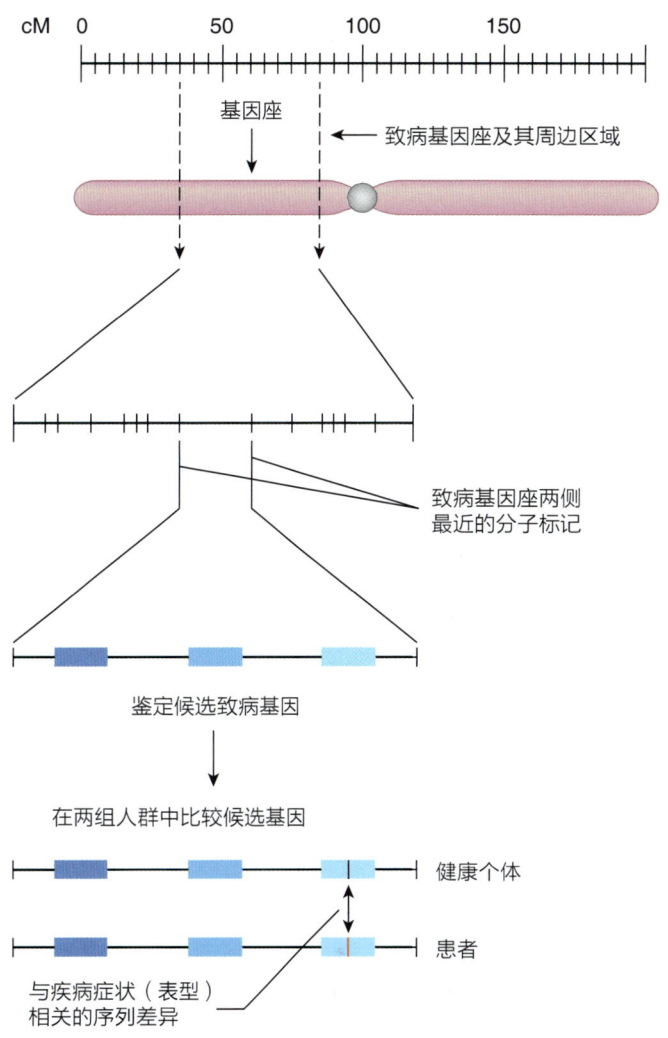

图 3-6　定位克隆的大致流程

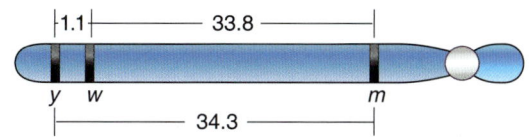

图 3-7　果蝇 X 染色体上黄体（y）、白眼（w）、小翅（m）3 个基因的连锁图

注意：y-w 的图距为 1.1，w-m 的图距为 33.8，两者相加为 34.9，并不等于 y-m 的图距（34.3），这有可能是由于双交换甚至两次以上的交换造成的。

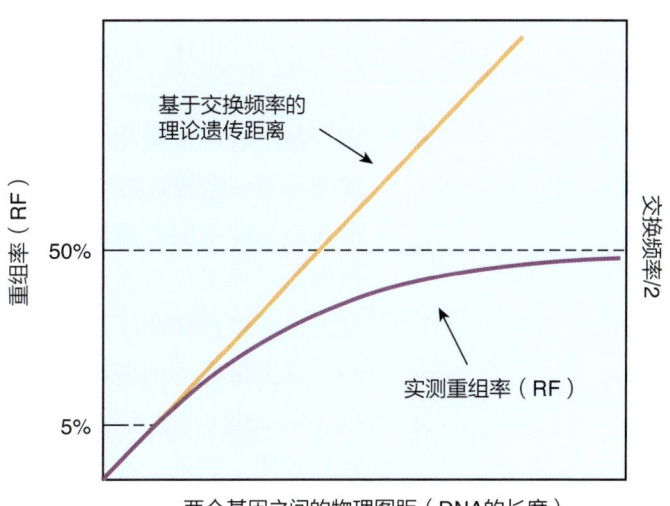

图 3-8　重组率与物理图距之间的关系

第二节　突变的类型与机制

物种及个体的遗传信息主要存储于基因组 DNA 的碱基序列中，它通过基因表达控制性状的形成，同时通过复制和重组向后代传递，实现性状的遗传与变异。因此，DNA 序列及基因组结构须同时具备稳定性与灵活性，其中稳定性尤为重要。尽管与其他生物大分子相比，DNA 已经相当稳定，但作为一种化学分子，它并非一成不变。在复杂的生命活动中，DNA 难免会出现错误和损伤，导致遗传物质发生各种异常变化，最终表现为 DNA 序列和基因组结构在不同尺度上的变化，包括碱基序列的替换、增减与重排等。简而言之，基因组在 DNA 序列、组成和结构上的异常改变都称为突变，属于遗传物质的异常变异；与之相对的是遗传物质的正常变异，例如在减数分裂过程中非同源染色体的自由组合和同源染色体的交换重组。不过，虽然"突变"对于 DNA 分子本身而言属于其在复制、重组等生命活动过程中偶然发生的"意外"，往往会对基因的表达和功能造成破坏，但是，对于生物体和种群而言，"突变"并不一定都是有害的，有时反而是有益的；而遗传物质保持一定的突变频率正是进化的需求，是自然选择的结果；可以说遗传物质的改变推动了新物种的出现，造就了丰富多彩的生命世界。从广义上看，突变可分为两大类——小范围的"基因突变"和大尺度的"染色体畸变"（chromosome aberration）。前者通常仅涉及单基因，最小可至一个碱基对；后者则涉及基因组 DNA 大片段的改变，突变范围往往超出单基因和单个位点，有可能会导致染色体形态结构的改变，甚至造成整条或整套染色体的增减（详见后文）。从生物学效应的角度来看，尽管基因组的 DNA 突变属于异常变化，但是突变不一定会直接导致表型的变化。这是因为，尽管突变发生在 DNA 上，但并不一定发生在基因内部（基因在基因组中的占比很小）。需要指出的是，突变的发生是由 DNA 分子的化学特性本质所决定的，属于遗传物质的固有属性，而并非基因所特有的现象。此外，突变即便发生在基因内也不一定会导致表型效应。具体来说，某些突变不会改变基因的表达和功能，因此对细胞和个体的表型没有影响，也不会产生明显的生物学效应，属于一种"中性"的突变；而另一些突变则可能改变基因的表达和功能，从而对细胞、组织、器官或个体产生不利影响，导致各种表型异常，例如诱发发育缺陷、肿瘤等疾病，甚至有可能威胁到细胞或个体的生存和繁殖能力。不过，改变基因表达和功能的突变并不一定都是破坏性的，有的可能对个体是有益的。此外，基因组 DNA 突变的表型效应与突变的规模并无必然联系，有时仅一个碱基的微小改变便足以致命，而有时整套染色体丢失也有可能对个体的生长和生存没有明显影响。因此，突变的后果与突变发生的位置和性质（是否影响了重要基因）相关，而与突变的大小没有直接关系。

从遗传能力的角度来看，对于有性生殖的多细胞生物而言，如果突变发生在体细胞（somatic cell）中，通常只会对生物体自身产生影响，仅影响当代个体，而不会传递给后代，更不会在群体或物种中传播；只有发生在生殖细胞中的突变才有可能传递给后代，并可能进一步在群体或物种中扩散，从而被固定下来，成为一种可稳定遗传的突变，并导致该群体遗传组成发生改变。尽管体细胞突变不会遗传，但其危害并不一定小于可遗传的突变。例如，许多突变可能影响细胞分裂和生长，导致突变的细胞因增殖失控而发生癌变。导致 DNA 突变的因素可分为内因和外因两大类。内因是指生物体自发的内源性 DNA 损伤，主要源于 DNA 在复制、分离和重组等生命活动过程中自发产生的随机错误，例如复制错误、不等交换（unequal crossover/unequal exchange）、染色体不分离（nondisjunction）及染色体丢失等。例如，人体每个细胞每天会出现约 10 000 个自发 DNA 损伤。外因则是指各种内源性或外源性环境或人为因素（包括物理、化学和生物学因素）诱发细胞或个体产生 DNA 损伤。如果这些损伤未能及时且正确地修复，就可能导致突变。能够诱导 DNA 损伤并引发突变的因子被称为诱变剂（mutagen），其中有一些诱变剂具有致癌性，使细胞周期失控、细胞不受控制地增殖，因此这类诱变剂也被称为致癌剂（carcinogen）。突变率（mutation rate）常用来衡量突变的效率，一般是指每个世代或每次 DNA 复制或在其他规定的单位时间内某种突变发生的概率，可用配子/染色体组、位点、基因、核苷酸等不同层次的遗传物质载体发生突变的频率表示。对于有性生殖的生物，突变率通常是指减数分裂中每一个配子发生突变的概率，用突变型配子数占总配子数的百分比表示；对于无性生殖的生物如细菌，突变率通常是指每一个细胞世代中每个细胞发生突变的概率，用一定数目的细胞在一次细胞分裂过程中发生突变的次数表示。自然界生物体自发出现突变的概率很低，一般认为每次 DNA 复制时每个核苷酸的自发突变率仅有 10^{-9}。不过，不同物种、同一物种不同基因的自发突变率并不相同，细菌、噬菌体等微生物的突变率一般低于高等动植物。在高等生物中，据估计大约 10 万个到 1 亿个配子中才会有一个发生突变，即突变率为 $10^{-8} \sim 10^{-5}$；在细菌中，1 万到 100 亿个细菌中才有一个发生突变，即突变率为 $10^{-10} \sim 10^{-4}$。玉米抑制色素形成的基因突变率为 1.06×10^{-4}，而黄色胚乳基因的突变率为 2.2×10^{-6}。人工诱变可大幅度提高基因突变的效率。常用的物理诱变剂有 X 射线、紫外线，化学诱变剂有碱基类似物（base analog）、碱基修饰剂、嵌入剂（intercalating agent），生物诱变剂（介导插入突变）有反转录病毒、转座子等。不同诱变剂的诱变效率差异很大，一般化学诱变剂的诱变率高于生物诱变剂。例如，乙基亚硝基脲（N–ethyl–N–nitrosourea，ENU）是一种 DNA 烷化剂（alkylating agent），它的诱变频率很高，是广泛使用的化学诱变剂之一；有报道在小鼠精原干细胞中每个基因的突变率可达 1.5×10^{-3}，另有报道估算小鼠中每一代单个核苷酸的突变率可达 1.4×10^{-6}。虽然化学诱变效率高，但是其最大的缺点是定位突变位点/基因困难。生物诱变剂则恰恰相反，诱变效率较低，但是定位突变位点很方便。这是因为其诱变原理是将外源 DNA 序列（供体）插入基因组（受体）中，从而对基因的结构和功能造成破坏。由于插入的 DNA 序列已知，该序列就起到了一种"标签"的作用，可以通过特殊的 PCR 方法鉴定到插入位点附近的基因组序列，从而实现定位。例如，有报道在斑马鱼中用假型反转录病毒进行插入诱变，平均每个 F_0 可向后代传递 20 ~ 30 个病毒插入，每个 F_1 中最多可鉴定到 10 ~ 15 个病毒插入。值得一提的是，利用反转录病毒、转座子等生物元件不仅可以实现插入突变，还可以通过设计各种功能性 DNA 元件，构建转基因并实现多样化的基因组修饰，例如基因诱捕（gene trap）、增强子捕获（enhabncer trap）等。转座子的插入效率通常低于病毒载体，但是病毒粒子的制备过程烦琐、技术门槛比较高，转座子的构建则简单得多，因此转基因、基因诱捕等实验通常采用转座子系统。

　　DNA 人工诱变是重要的遗传和发育研究及育种工具，是基因功能研究中最重要、有时候甚至是唯一的研究方法。近年来飞速发展起来的 TALEN、CRISPR/Cas 系统就是人工诱导基因组靶向突变技术的一类典型代表，而人工诱变最早源于摩尔根的另一个弟子穆勒的研究。1927 年，穆勒发现 X 射线照射能够大大提高果蝇基因的突变频率，并且突变率在一定范围内与辐射剂量成正比。X 射线会打断 DNA 的磷酸戊糖骨架，有时会在同一位置同时造成双螺旋的两条链发生断裂；多处双链断裂会产生多条 DNA 片段，若这些片段不正确连接就会导致 DNA 出现或大或小的缺失，或者其他类型的染色体序列重排（rearrangement）。值得一提的是，当时的人们只看到 X 射线神奇的透视能力，社会上流行用 X 射线进行疾病的诊断和治疗而不做任何防护；甚至还将其扩展到其他商业化应用。穆勒的这个发现让人们开始意识到 X 射线照射的可怕副作用，穆勒也积极向社会宣传核辐射对健康的危害，反对滥用 X 射线，呼吁人们重视对辐射的防护，充分体现了科学家的社会责任感。1946 年，穆勒因在辐射遗传学研究领域做出的开创性贡献获得诺贝尔生理学或医学奖，是继摩尔根（1933）之后获得诺贝尔奖的第二位遗传学家。

一、基因突变

　　突变是 DNA 的固有属性，理论上 DNA 突变可以发生在基因组的任何区域，跟该区域是否存在基因无关。但另一方面，发生在基因内的突变则更有可能影响基因的表达和表达产物的功能，进而导致表型的改变，因此得到了研究者的广泛关注。本小节简要介绍发生在基因内的小尺度突变的主要类型、来源与生物学效应，根据对碱基类型、数量的影响主要分为点突变（point mutation）和短插入 / 缺失（small insertion and deletion，indel）突变两种，下面分别介绍。

1. 点突变

　　广义上的点突变通常指的是 DNA 上仅涉及一个碱基的异常改变，包括单碱基的替换、插入或缺失。更严格的定义仅限于单碱基替换。单碱基替换是最简单的一种基因突变，被称为碱基置换（base substitution），或更准确地说，是碱基对置换（base-pair substitution），或者核苷酸对置换（nucleotide-pair substitution）。同类型碱基之间的替换，即一个嘌呤转变为另一个嘌呤，或一个嘧啶转变为另一个嘧啶，被称为转换（transition）；而嘌呤转变为嘧啶，或嘧啶转变为嘌呤的情况则被称为颠换（transversion）（图 3-9）。尽管理论上颠换的种类是转换的两倍，但在自发突变中，转换的发生频率明显高于颠换，约为 2∶1。这一现象并不难理解，因为嘌呤向嘌呤转变要比向嘧啶转变更为容易，反之亦然。

　　自发的碱基置换通常源于内源性 DNA 损伤，这些损伤多数情况下能够迅速得到

A.转换 　　　　　　　　　　　　　　　　　B.颠换

可能的碱基改变 　　　　　　　　　　　　　　　　　可能的碱基改变

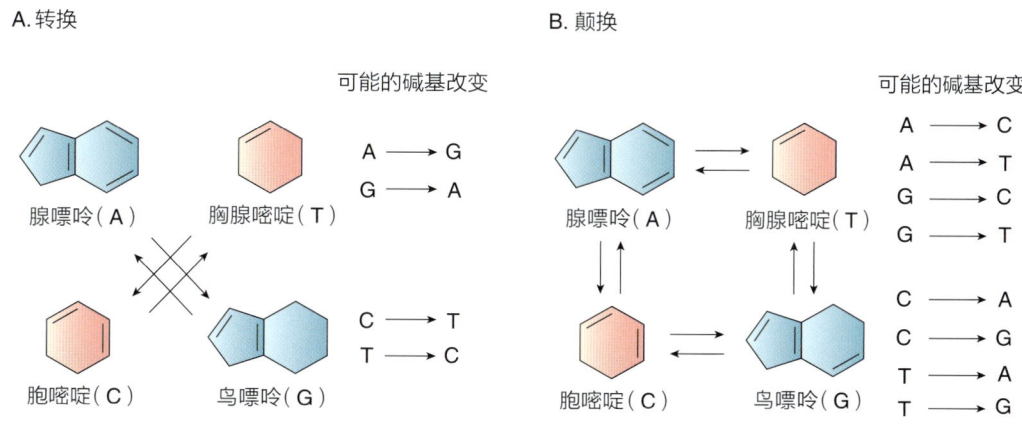

图 3-9　碱基置换的类型
嘌呤之间相互替换或者嘧啶之间相互替换称为转换，嘌呤替换嘧啶或者嘧啶替换嘌呤称为颠换。

修复；而外源性碱基置换则是由特定的碱基诱变剂引发，其突变效率通常远高于自发突变。常见的碱基置换诱因主要包括：水解脱嘌呤作用（depurination）、碱基氧化脱氨作用（deamination）、不稳定碱基类似物的掺入，以及碱基的羟基化、烷基化等侧基修饰。可对碱基进行烷基化修饰的诱变剂称为烷化剂，其中甲基磺酸乙酯（ethyl methane sulfonate，EMS）是一种常用的烷化剂，它更倾向于引起 G、T 的乙基化修饰，从而改变其配对性，最终导致 G：C 转变为 A：T 或 A：T 转变为 G：C 的转换。由于其诱变效率较高，EMS 成为生物医学和育种等科研实践中常用的 DNA 化学诱变剂之一，通常用于大规模的基因组随机诱变，然后人们从中选择有感兴趣表型的突变体，进而从该突变体入手，通过定位克隆寻找突变基因并进行功能与作用机制研究。

　　由于点突变仅改变一个碱基，尽管在许多情况下这种微小的变化不足以引起可检测到的生物学效应，但也有不少点突变会导致严重后果，尤其是那些发生在基因编码区的突变。根据对蛋白质产物的影响，发生在基因编码区的点突变可分为以下几类（图 3-10）：①同义突变（synonymous mutation），又称沉默突变（silent mutation）。由于氨基酸密码子的简并性，某些发生在编码区的碱基置换仅改变了密码子，而并不改变所编码的氨基酸的性质，因而对蛋白质的氨基酸序列没有任何影响。这种突变最为温和，在大多数情况下不会产生表型效应。这类突变一般位于三联体密码的第三位。②错义突变（missense mutation），属于一种非同义突变（nonsynonymous mutation）。这类碱基置换会导致氨基酸种类发生改变，这是编码区理论上最常见的点突变类型。单个氨基酸变化产生的生物学效应差别很大，这与该氨基酸在蛋白质中的具体位置和功能密切相关，有些变化不会影响基因的功能，而有些则可能导致基因部分或完全失活，尤其是那些发生在酶活性中心等关键功能区域的突变。人们所熟知的镰状细胞贫血便是一个典型的错义突变引起的疾病，其发病机制仅因 β- 珠蛋白基因发生了一个 A：T 到 T：A 的碱基替换，造成了一个错义突变，导致第 6 个密码子由编码谷氨酸的 GAG 突变为编码缬氨酸的 GUG。仅此一个氨基酸的改变便显著影响了 β- 珠蛋白多肽链的高级结构和溶解性，从而引发一系列分子、细胞、组织及个体层面的表型异常，以及贫血、乏力等临床症状。③无义突变（nonsense mutation），在某些情况下，碱基置换可能导致产生新的终止密码子，这种现象被称为无义突变。例如，若色氨

图 3-10　点突变和碱基插入对蛋白质产物的影响（**A**）野生型基因序列和相应的 mRNA 及多肽序列;（**B**）同义突变仅造成密码子的改变，但是不改变其所编码的氨基酸;（**C**）错义突变不仅造成密码子的改变，同时会改变所编码的氨基酸;（**D**）无义突变将原有的编码某个氨基酸的密码子突变为终止密码子，造成蛋白质翻译的提前终止。非 3 的倍数的碱基插入和 / 或缺失会造成移码突变，其中有的会直接产生终止密码子（**E**），有的则会造成蛋白质产物氨基酸序列的改变（**F**）;两者通常均会造成蛋白质翻译的提前终止。

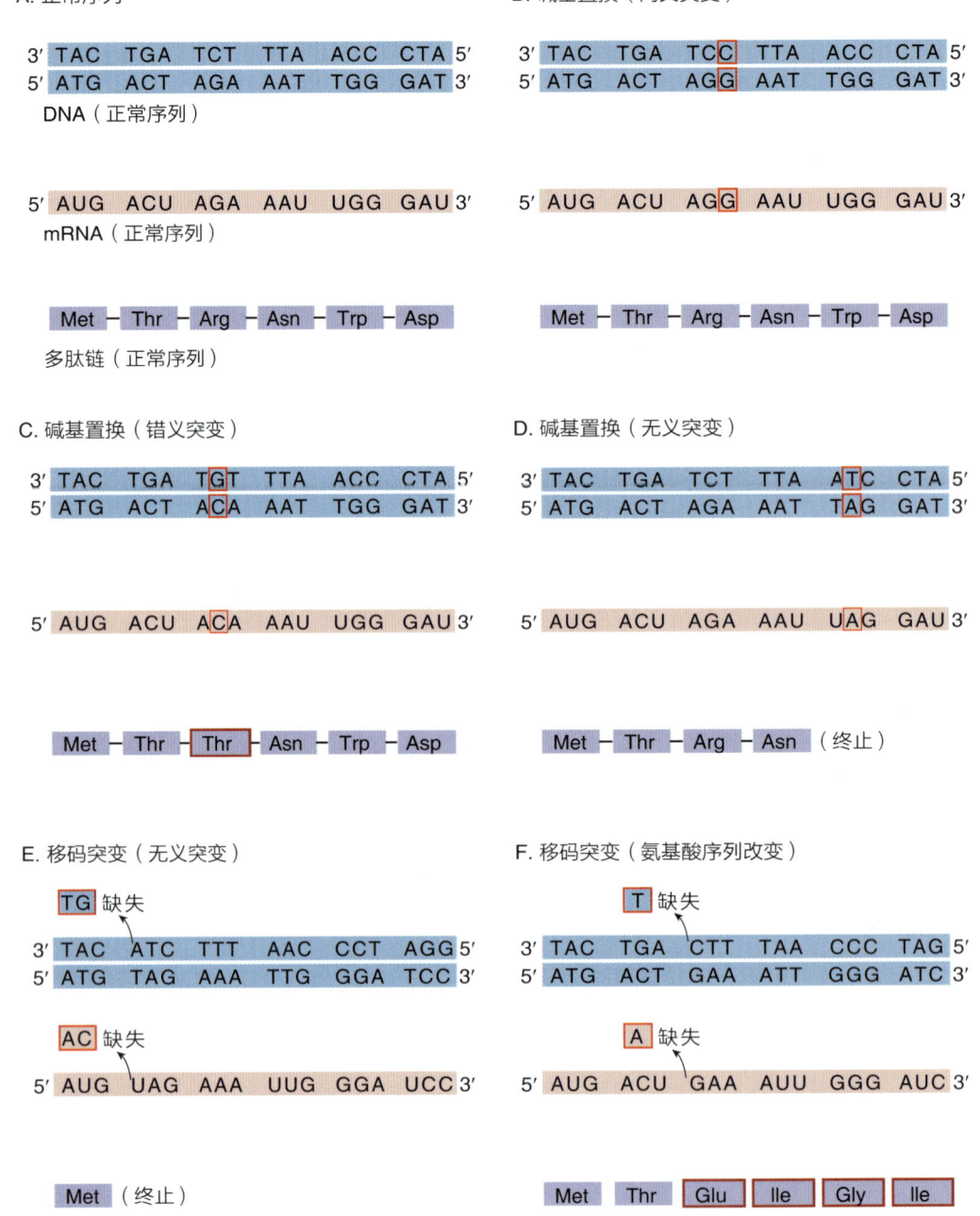

酸密码子 UGG 的第三位发生 G 到 A 的转换，就会意外生成 UGA 终止密码子。这类突变会导致蛋白质翻译在该密码子处提前终止，从而有可能产生截短蛋白（truncated protein），这样的蛋白质产物通常无法发挥正常的生物学功能。此外，野生型基因的终止密码子通常位于最后一个外显子中，如果无义突变造成的新的终止密码子位于最后一个外显子之前，其转录出来的 mRNA 就会被识别为异常的转录产物，进而激活一种称为无义介导的 mRNA 降解（nonsense-mediated mRNA decay，NMD）的途径，导致这种异常的 mRNA 被降解。因此，无义突变往往会破坏基因的功能。④移码突变

（frameshift mutation），前述的 3 种突变都源于碱基置换，而单碱基的插入或缺失造成的生物学效应则跟它们有所不同。发生在编码区的单碱基插入或缺失会导致突变位点之后的 mRNA 读码框发生改变，从而改变突变位点之后的氨基酸序列（并且往往很快会出现终止密码子），这类突变因而被称为移码突变。由于移码突变后产生的氨基酸序列通常与相应的野生型蛋白质序列不同（通常更短），因此在大多数情况下，这类突变产生的蛋白质产物会部分或完全丧失功能。需要注意的是，移码突变不仅限于单碱基的插入或缺失，多个（非 3 的倍数）碱基的增加或减少同样会导致移码突变（图 3-10；详见下文）。

2. 插入 / 缺失突变

插入 / 缺失突变通常指的是基因组特定位点上碱基序列小范围的异常增加、减少，或同时出现增加与减少的情况。广义的插入 / 缺失突变也包括单碱基的插入和缺失（见图 3-10）。研究表明，插入 / 缺失突变的发生频率高于碱基置换突变。此外，转座子（transposon）是一种可移动的核酸序列，在合适的条件下能够在基因组上从一个位置复制或者转移到另一个位置，转移的位置一般是随机的，因此也能造成插入突变。

与点突变相似，插入 / 缺失突变可以自发产生，也可以通过诱变剂诱导产生。其产生的原因主要包括 DNA 复制过程中链滑动（strand slippage）导致的错误（图 3-11A）、染色体的不等交换（图 3-11B）、嵌入剂等化学诱变剂的作用，以及 DNA 双链断裂（double-strand break，DSB）后非同源末端连接（non-homologous end joining，NHEJ）修复过程中的错误等。吖啶是一种由 3 个环构成的平面分子，其大小与由嘌呤和嘧啶组成的碱基对相似，因此可以作为嵌入剂，模拟配对的碱基插入到 DNA 分子中。这种插入可导致相邻碱基之间的空间距离发生变化，并使 DNA 双螺旋结构扭曲，从而在 DNA 复制过程中容易引发造成少量核苷酸的插入或缺失。生物医学实验室中常用的 DNA 荧光染料吖啶橙（acridine orange）和溴化乙锭（ethidium

图 3-11 链滑动（A）和染色体不等交换（B）造成的插入 / 缺失突变

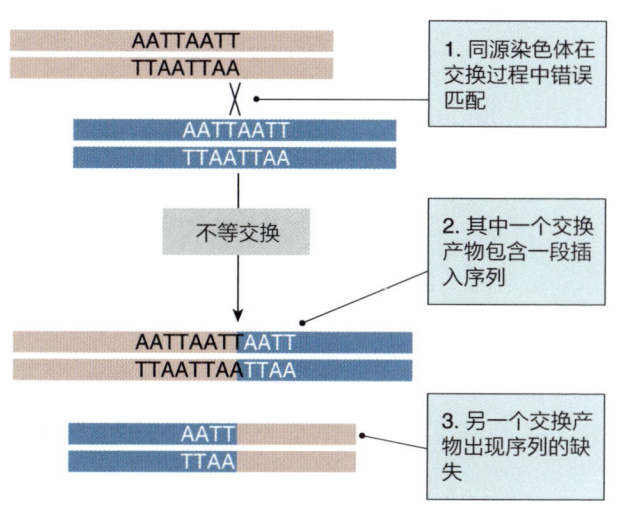

A. 链滑动造成的插入/缺失突变

B. 染色体不等交换造成的插入/缺失突变

bromide，EB）便属于该类嵌入剂型的化学诱变剂，它们同时也属于致癌物质。此外，当 DNA 受到辐射或核酸内切酶作用时，会产生双链断裂，这是一种极为严重的 DNA 损伤，可造成染色体重排、诱发肿瘤，甚至导致细胞死亡，因此必须迅速进行修复。

插入 / 缺失突变对基因结构造成的最常见影响是移码突变，这类突变会对蛋白质序列产生两方面的影响：首先，突变位点之后的氨基酸序列会与野生型蛋白质完全不同；其次，移码后形成的新读码框在经过少量氨基酸之后很容易出现终止密码子（称为提前终止密码子），从而导致蛋白质翻译迅速终止；这样，最终不仅会产生一个截短的蛋白质产物，而且该蛋白质的氨基酸序列与野生型相比也存在很大差异，这样的蛋白质显然很难发挥正常作用。此外，跟前述的无义突变类似，如果插入 / 缺失突变移码后造成的提前终止密码子不在最后一个外显子中，则还有可能激活 NMD，导致其转录出的 mRNA 被降解。因此，上述诸多效应叠加在一起的效果是，移码突变通常会在很大程度上破坏基因的功能，甚至导致该基因完全失活。这表明，与碱基置换相比，插入 / 缺失突变能更有效地破坏基因功能。不过，需要指出的是，只有当插入或缺失的碱基数不是 3 的倍数时，才会导致移码突变；如果插入或缺失的碱基数是 3 的倍数，则通常不会导致移码，而仅会导致蛋白质序列中少数氨基酸的增减或改变，这样对基因功能的影响有可能并不显著。进入 21 世纪以来，科学家们巧妙地利用了插入 / 缺失突变可导致移码的特性，逐步开发出锌指核酸酶（zinc-finger nuclease，ZFN）、TALE 核酸酶（transcription activator–like effector nuclease，TALEN）、CRISPR/Cas 系统等序列特异性的人工核酸内切酶（engineered endonuclease），从而实现简单、高效的 DNA 定点损伤（双链断裂），开创了基因组靶向编辑技术的新纪元。

二、染色体畸变

作为遗传物质，基因组 DNA 的组成和含量在每个物种中均保持恒定，这一稳定性在染色体上表现为每个物种具有特定的染色体数目和结构。一个物种的染色体数量和结构通常在个体之间没有差异，并且在世代交替中保持一致。然而，由于染色体与 DNA 状态密切相关，当 DNA 发生损伤或突变，尤其是出现大幅度变化时，可能会影响到染色体，从而导致其数量和结构异常。这类大尺度的 DNA 突变被称为染色体畸变，通常涉及 DNA 在同一条染色体内或不同染色体间的大片段序列重排，以及由于 DNA 分子数量变化引起的染色体数目异常。相较于基因突变，染色体畸变展现出一些独有的特征及生物学效应。本小节将探讨染色体畸变的类型、来源及其表型效应。

1. 染色体结构畸变

染色体的结构畸变是指由于基因组序列和结构的大范围变动所导致的染色体片段的增加、减少和重排等异常变化，这种畸变通常会引起基因组中基因数目的增减、基因位置的变化，或基因排列顺序的改变。根据 DNA 序列和染色体结构变化的特征，染色体的结构畸变主要包括缺失（deletion/deficiency，记作 *Del* 或 *Df*）、重复（duplication/repeat，记作 *Dup* 或 *Dp*）、倒位（inversion，记作 *Inv* 或 *In*）和易位

A. 染色体断裂−重接错误造成的染色体结构畸变

B. 异常重组造成的染色体结构畸变

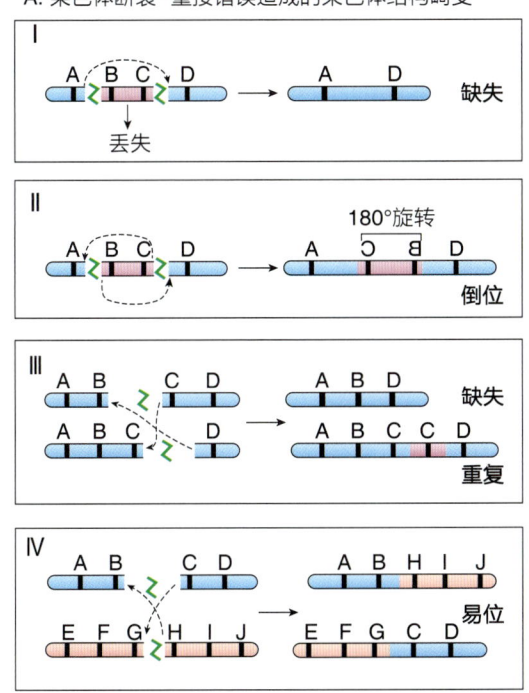

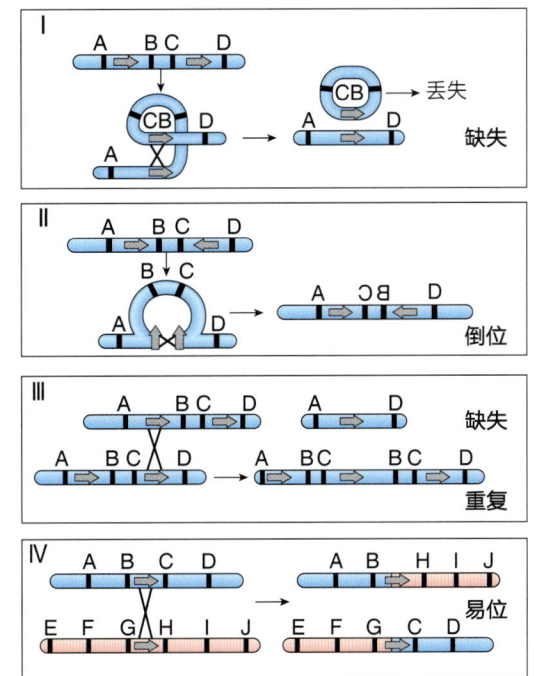

图 3-12　染色体断裂−重接错误（A）和异常重组（B）造成的染色体结构畸变

图中（Ⅲ）的两条染色体为同源染色体或者姐妹染色单体，（Ⅳ）中的两条染色体为非同源染色体。

（translocation，记作 T）等类型（图 3-12）。部分染色体片段丢失称为缺失，部分染色体片段增加则称为重复，这两种变异均可导致基因组 DNA 含量的变化，并可能影响到基因数目。在基因组学中，通常将这两类结构上的变异称为拷贝数变异（copy number variation，CNV）。这类变异往往涉及数千至数几百万个碱基对，有可能涉及一个或多个基因的增减。研究表明，拷贝数变异在人类基因组中普遍存在，每个人平均会携带上千个拷贝数变异，其中大多数并不表现出表型效应，但是也有一些与人类疾病相关。倒位是指部分染色体片段发生倒置，这种变化有可能改变基因在染色体上的线性顺序与连锁关系。易位是指部分染色体片段转移到非同源染色体上，或者两条非同源染色体的部分片段相互交换位置，这样有可能会改变基因在基因组中的位置与连锁关系。因此，与缺失和重复不同的是，倒位和易位仅涉及 DNA 序列的重排，一般不会改变基因组的 DNA 含量和基因的数量。基因组学领域通常将上述染色体序列重排和拷贝数变异统称为结构变异（structural variation，SV）。此外，高等真核生物中还存在一种较短的 DNA 序列的串联重复现象，其重复单位的长度通常为 2~6 bp，重复次数从几次到几百次不等。这种短序列重复称为微卫星（microsatellite），又称短串联重复（short tandem repeat，STR）或简单序列重复（simple sequence repeat，SSR）。SSR 在人类不同个体间表现出高度多态性，因此常用于个体识别、身份验证及亲子鉴定等多种 DNA 司法鉴定。

　　染色体结构畸变主要是由于 DNA 复制、重组以及染色体断裂−重接（breakage and rejoining/breakage and reunion）等过程中的错误所引起的。其中，染色体断裂−重接的根源通常是为了修复因 DNA 损伤而导致的双链断裂；若修复过程中出现失误，则可能引发染色体结构发生异常变化。例如，当某条染色体内部出现两个断裂点时，该染色体会暂时被分割为 3 个片段。在后续修复过程中，如果连接了两个远端的片段，则中间未被连接的片段将会缺失（未连接的中间片段最终被丢弃）（图3-12A Ⅰ）；若中间片段旋转 180° 并分别与两端片段相连，则修复后的染色体将呈现出该中间片段的倒位（图 3-12A Ⅱ）。如果两条同源染色体在不同部位发生双链断裂，这些断点可能会交叉连接，从而导致一条染色体部分序列重复，而另一条染色体则缺失对应的序列（图 3-12A Ⅲ）。若交叉连接的断裂点来自两条非同源染色体，将导致相互易位（图 3-12A Ⅳ）。异常重组也是导致染色体结构畸变的一种常见原因（图3-12B）。例如，若染色体内存在同向排列的重复序列，它们之间可能发生重组，导致序列缺失（图 3-12B Ⅰ）；而若重复序列呈反向排列，则重组会导致序列倒位（图3-12B Ⅱ）。重复序列还可能使得两条同源染色体因错配而产生不等交换，从而导致各自出现缺失和重复（图 3-12B Ⅲ）。当两条非同源染色体上含有相似或相同的序列时，它们之间进行重组则可导致相互易位现象发生（图 3-12B Ⅳ）。

　　染色体结构畸变对生物体性状的影响通常取决于是否导致了重要基因的增减或突变，并没有统一的规律。倒位和易位并不改变遗传物质的总量，因此通常不会引发异常表型，除非倒位或易位的断点或重组位点恰好位于基因内部。跟倒位和易位相比，缺失和重复会导致遗传物质的减少或增加，因而更可能造成表型异常，这是因为有可能导致重要基因的缺失或基因剂量的不平衡。在对生物体的影响方面，缺失通常比重复更为严重；大片段缺失所带来的后果尤为严重，甚至可能危及生命；某些缺失个体即使在杂合状态下也无法存活；尽管小片段缺失不一定致命，但仍然可能造成表型异常和病变；而缺失纯合体即使是小片段，也往往会表现出表型变化，有时甚至致命。

　　值得注意的是，许多肿瘤组织中可以检测到染色体的结构畸变，其潜在的原因包括：①缺失可能导致控制细胞周期的基因丢失或功能丧失；②倒位、缺失与易位可能导致某些肿瘤抑制基因发生断裂，或者融合产生可诱导肿瘤的基因突变，或使癌基因转移至新的位置并受到新调控元件的调节。其中费城染色体（Philadelphia chromosome）最具有代表性，是由于 9 号染色体长臂与 22 号染色体长臂的部分区域发生相互易位所致。9 号染色体上的易位断点位于原癌基因 c-abl 的内含子中，而 22 号染色体上的易位断点则位于 bcr 基因的内含子中，相互易位后形成了 bcr-abl 融合基因，其表达产物能够不受控制地促进细胞增殖，从而最终引发慢性髓细胞性白血病（chronic myelogenous leukemia，CML）（图 3-13）。

　　除了引发多种表型效应之外，染色体结构畸变往往还会推动物种的适应与进化。例如，染色体重复被认为是新基因产生的基础。

　　2. 染色体数目异常

　　染色体数目的变化通常源于细胞分裂中染色体分离的异常，例如同源染色体或姐妹染色单体不分离、提前分离或丢失，这些情况均可导致染色体数目的增加或减少。染色体数目的变异可分为非整倍性（aneuploidy）变异和整倍性（euploidy）变异两种类型。个体或细胞中染色体的数量仅发生单条或多条的增加或减少，而非整套染色体

A. 白血病患者白细胞异常增多

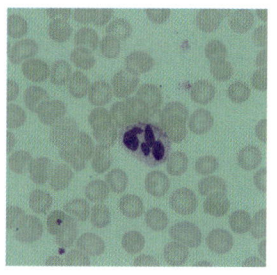

正常的血细胞

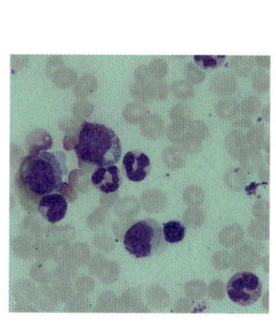

白血病患者的血细胞

B. 慢性髓细胞性白血病的遗传基础

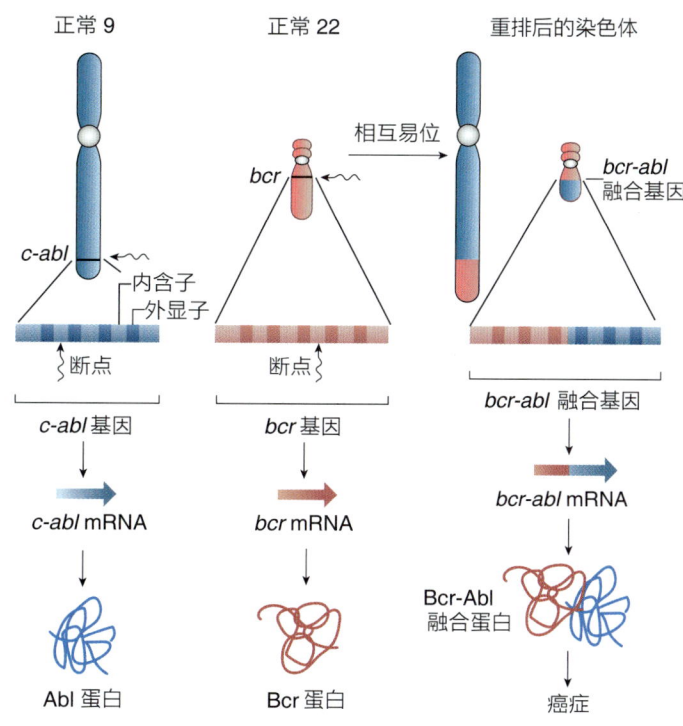

图 3-13　费城染色体：相互易位造成慢性髓细胞性白血病

（A）血涂片染色结果，显示白血病患者的白细胞（×1 000，图中较大的、紫色深染的细胞）异常增多。（B）9 号染色体和 22 号染色体相互易位造成部分 *c-abl* 基因和部分 *bcr* 基因之间发生融合，该融合基因编码的融合蛋白逃避了细胞周期的控制，最终导致慢性髓细胞性白血病发生。（A 图由首都医科大学附属北京世纪坛医院检验科张曼教授惠赠）

的变化，这种情况属于非整倍性变异；染色体数量整套地增加或减少则属于整倍性变异，在这种情况下染色体的数目依然保留整倍数。

（1）非整倍性变异

产生非整倍性变异的细胞或个体被称为非整倍体（aneuploid），也称为异倍体（heteroploid）。以二倍体（diploid）生物为例，染色体的非整倍性变异可进一步分为两类（图 3-14）：①缺少一条或多条染色体称为亚二倍体（hypodiploid），其中丢失一条染色体为单体（monosome/monosomic），记作 $2n - 1$；丢失一对同源染色体为

图 3-14　$2n$ 个体和二倍体产生的非整倍性和整倍性变异的种类

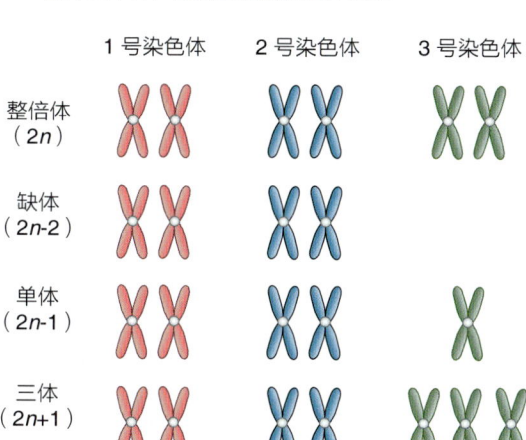

A. 二倍体 $2n$ 个体产生的非整倍性变异类型

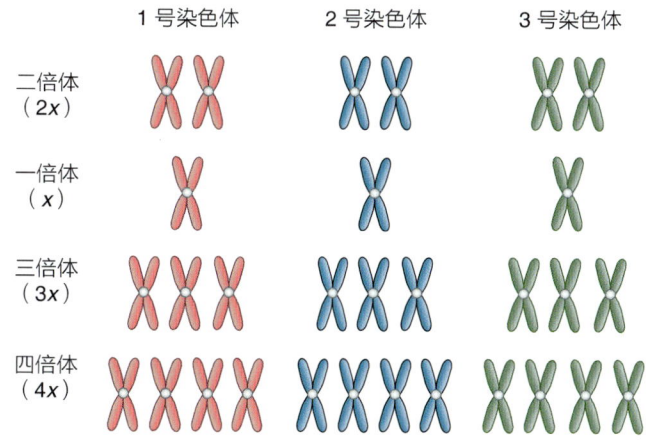

B. 二倍体产生的整倍性变异类型

缺体（nullisome/nullisomic），记作 $2n - 2$。②多出一条或多条染色体则称为超二倍体（hyperdiploid），其中多出一条染色体为三体（trisome/trisomic），记为 $2n + 1$；而多出一对同源染色体则为四体（tetrasome/tetrasomic），记为 $2n + 2$；依此类推。

　　非整倍体的产生主要源于细胞分裂过程中个别染色体的异常行为，包括染色体不分离和染色体丢失。其中，染色体不分离可分为有丝分裂不分离和减数分裂不分离；而减数分裂不分离又可进一步分为减数分裂 I 不分离和减数分裂 II 不分离（图 3-15）。在减数分裂过程中，染色体不分离或丢失可导致个别染色体的增加或减少，从而产生非整倍性配子，这些配子与正常配子结合后可形成超二倍体或亚二倍体。

　　非整倍性变异能够引发多种生物学效应，具体影响取决于所涉及染色体的特性及其数量，尤其是其中所包含基因的类型和数量。有些变异对细胞或个体的影响微乎其微，难以察觉明显异常；而另一些则有可能致命。总体而言，非整倍性变异具有以下特征：①该变异并不会改变基因序列，但会导致基因拷贝数变化；由于染色体的整体增减往往涉及多个基因，因此通常会产生表型效应，严重时还会影响个体的存活能力。②一般来说，染色体异常增加所引起的表型变化相对温和，而减少则可能导致更

图 3-15 有丝分裂不分离和减数分裂不分离产生非整倍性变异的过程

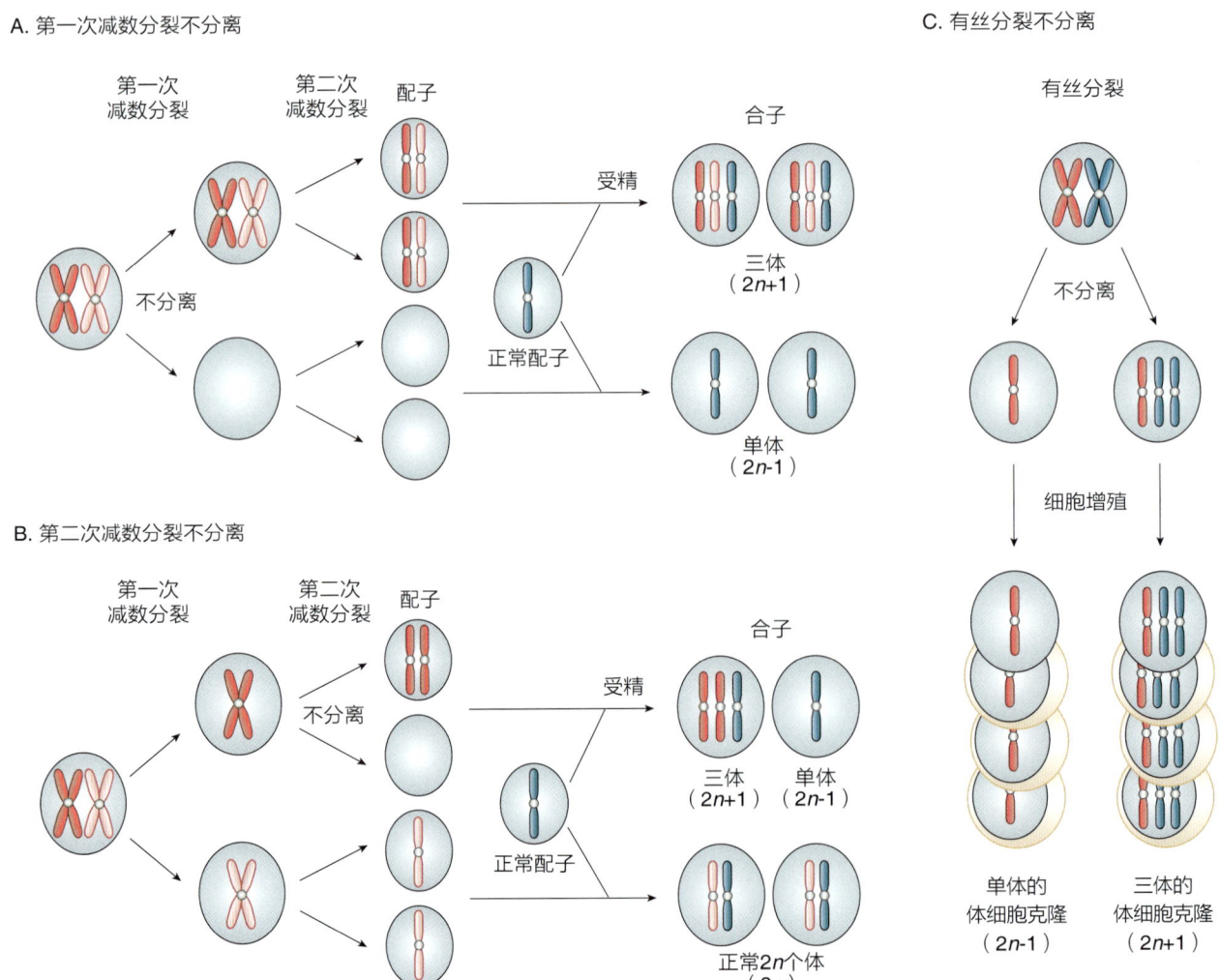

为显著的影响。例如，对于二倍体动物，常染色体单体通常无法存活，而尽管大部分常染色体三体是致死性的，但有少数能够短暂存活。③不同物种之间，非整倍性变异带来的后果在动物与植物中存在明显差异。一般而言，动物通常对染色体数目变化更敏感，植物则相对具备更强的耐受能力。因此，在动物中，大多数情况下非整倍性变异是致死性的，仅有少量能够存活，但往往伴随各种异常或疾病，而非整倍体植物则通常能够生存。④同一物种对于不同染色体的非整倍性变异表现出不同程度的敏感性，其中最典型的例子是常染色体与性染色体之间的区别，常染色体数目变异所引起的表型变化通常比性染色体更为严重。例如，人类的任何常染色体单体均无法存活，而仅有少数几种三体得以出生，但均会表现出多种复杂的临床症状，并且通常会早逝；相比之下，X 染色体的非整倍性变异个体则相对具有较好的生存状况，尽管其生育能力往往显著降低。

单体和三体是常见的两种非整倍性变异形式。在二倍体生物中，常染色体的单体变异通常难以存活，其主要原因在于每条染色体上携带着很多基因，其中会有不少基因处于杂合状态，若缺失一条染色体，则剩余的那条染色体有可能携带的是突变的等位基因，如果其中有任何一个基因对个体生存是必需的，则该单体将无法存活。此外，某些重要基因对剂量非常敏感，两个等位基因共同表达才能维持个体的正常生存，在这种情况下，缺失含有该类基因的染色体无疑会对个体造成致命影响。许多植物为多倍体，对于这类物种而言，单体所造成的危害相对较小，例如，小麦是一种异源六倍体（$2n = 42$），理论上可产生 21 种不同类型的单体，而实际上，研究人员确实获得了 21 种能够存活且可育的单体。与单体相比，三体具有更高的存活机会，不过大多数会出现异常表型。在这一点上植物与动物之间也存在差异。水稻的单倍体拥有12 条染色体，研究人员成功分离出了对应每一条染色体的三体突变，它们均能生长，但其表现均不及野生型。而在动物中，迄今为止从未取得过类似的成功。就人类而言，未曾观察到过单体婴儿诞生，而三体则仅有 13、18 或 21 号染色体的三体有可能出生，但这些个体通常伴有严重的发育异常，大多数会在幼年时期夭折。13 号和 18 号染色体三体分别引起 13 三体综合征（Patau syndrome）与 18 三体综合征（Edwards syndrome），而 21 号染色体三体则会引发唐氏综合征（Down syndrome）。唐氏综合征又称"先天愚型"，是人类首次识别的由染色体缺陷引起的疾病，也是最常见的人类常染色体数目异常疾病。由于大多数患者表现出 21 号染色体的三体性，因此又被称为 21 三体综合征（trisomy 21 syndrome）。该病常见的原因之一有可能与 21 号染色体相对较小有关，其 DNA 含量仅占整个基因组的 1.5%，所携带的基因数量相对较少，或者重要基因及对剂量敏感的基因相对较少，因此，额外的基因拷贝对细胞和机体造成的影响可能低于其他较大的染色体，从而使得患者有机会出生并存活。然而，尽管如此，唐氏综合征患者仍然表现出发育迟缓、骨骼畸形、心脏病、智力低下等多种缺陷以及其他诸多严重的临床症状，许多患者在出生后一年内便夭折。不难想象，21 号染色体三体的形成主要源于减数分裂过程中的染色体不分离。研究显示，高达 90% 的 21 号染色体不分离事件源于母系，即来自患者母亲的卵细胞，其中 75% 的不分离

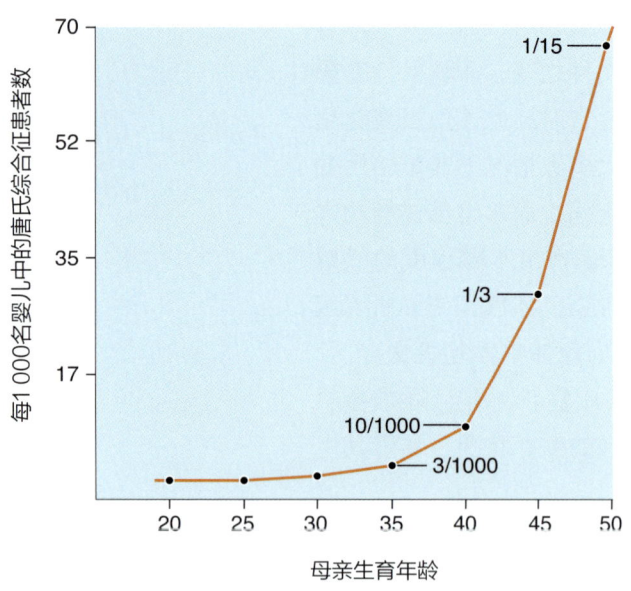

图 3-16   母亲生育年龄与唐氏综合征发病率呈正相关

发生在第一次减数分裂。此外，一个重要的发现是，母亲生育时年龄越大，孩子患唐氏综合征的风险越高。母亲 30 岁生育的发病率约为千分之一，40 岁生育则发病率增至百分之一，提高了十倍，之后发病率更是急剧攀升，到 50 岁时可高达 1/15（图 3-16）。

由 X 或 Y 染色体数目异常引发的人类疾病统称性染色体病。与常染色体相比，尽管 X 染色体是人类基因组中最长的染色体之一，约占基因组的 5%，但其非整倍性变异所带来的危害则相对有限，单体和三体患者通常能够相对正常地生活，主要表现为生育能力下降以及骨骼发育的某些异常。常见的性染色体数目异常疾病主要包括以下两种：①缺少一条性染色体的 XO 单体表现为特纳综合征（Turner syndrome），通常发育为女性，身材较矮小。该病的发病率约为 1/2 500，是人类中已知唯一可存活的染色体单体变异。②多出一条性染色体的 XXY 三体表现为克兰费尔特综合征（Klinefelter syndrome），通常发育为男性，身材往往较高大。

（2）整倍性变异

含有整套染色体的细胞或个体称为整倍体（euploid），染色体的整倍性变异指的是细胞或个体染色体整套的异常增加或减少。并非所有染色体的整倍性变异都是异常的，在有性生殖的多细胞个体中，通过减数分裂形成配子的过程中，染色体会发生减半，这是一种典型的染色体倍性正常变化。人们把配子中所包含的整套染色体称为染色体组（chromosome complement/chromosome set），记作 n；具有与某一物种的配子染色体数相同的细胞或个体称为单倍体（haploid），即含有一个染色体组（n）的细胞或个体；相应地，有性生殖物种的体细胞或合子的染色体数通常为 $2n$，这样的细胞或个体称为双体或二体（disome/disomic），或称为 $2n$ 个体。

细胞或个体中染色体的数量状态被称为倍性（ploidy）。由于染色体的整倍性变异涉及多倍体（polyploid）现象，为了更全面地介绍染色体的整倍性变异，本小节将从物种进化的视角引入染色体倍性的定义。在漫长的进化过程中，许多现存物种都经历了染色体加倍事件，部分物种甚至还经历过了多次加倍。在这些物种中，形态、大小和结构相似的染色体（同源染色体）往往超过两套，从进化的角度来看，这些物种属于多倍体。因此，追溯该物种的进化历史，并与其祖先种或基本种进行比较，能够更准确地反映该物种染色体的真实倍性。一个物种的祖先种（基本种）中的染色体组被称为该物种的基本染色体组（basic chromosome complement/basic chromosome set），亦称为染色体基数（chromosome basic number），记作 x。这实际上是指一套具有不同大小、形态、结构及连锁基因的非同源染色体，构成了一套无法配对的染色体。在此基础上，含有一套基本染色体组的细胞或个体被称为一倍体（monoploid）或单元单倍体

（monohaploid）；若单倍体中包含两套或以上的基本染色体组，则称为多元单倍体。由两套基本染色体组构成的细胞或个体称为二倍体，记作 2x；而由 3 套或 3 套以上的基本染色体组构成的细胞或个体则称为多倍体，其中由 3 套和 4 套基本染色体组构成的细胞或个体分别称为三倍体（triploid，记作 3x）和四倍体（tetraploid，记作 4x），依此类推（见图 3–14）。一般而言，动物通常为二倍体，而植物中则常见多倍体。单倍体个体可以通过自发方式产生，也可以通过人工诱导获得。在动物界，自然存在的单倍体个体比较罕见，其中两个著名的例子来自蜜蜂和蚂蚁，其雄性个体为单倍体，而雌性个体则为二倍体。例如，在蜜蜂中，蜂王和工蜂的体细胞含有 32 条染色体，而雄蜂的体细胞仅含有 16 条染色体，这些雄蜂是通过孤雌生殖产生的单倍体。在植物界，据报道有 36 个物种中出现过自发单倍体，这些植株几乎都来源于无融合生殖（apomixis）。例如，番茄、棉花、咖啡和小麦中均有自发单倍体的记录。大多数植物可以通过花药或花粉培养来获得单倍体，也有通过子房培养实现。例如，单倍体的花粉细胞可以首先被诱导进入有丝分裂，形成胚状体（embryoid），随后可通过植物激素处理使其发育为完整的植株。在动物中，自然发生的同源多倍体（autopolyploid）极为罕见，仅在某些雌雄同体的低等动物和个别鱼类中有过报道；而在植物界，多倍体现象相对普遍。多倍体植物通常比二倍体植株更高大、粗壮，花和果实也更为硕大，具有较高的经济价值，因此在育种中受到广泛关注。常见的许多经济作物、果蔬和花卉大多为多倍体，例如六倍体的小麦，三倍体的香蕉和水仙，四倍体的番茄、葡萄和花生，以及八倍体的草莓等。此外，不同物种之间杂交（远缘杂交）可以产生异源多倍体（allopolyploid），已成为植物育种中的一种常规手段。将两个不同物种的二倍体植物杂交可得到异源二倍体，不过，由于其染色体无法配对，通常表现为不育；通过秋水仙碱对这样植株的染色体进行加倍处理，可以得到异源四倍体。此时所有的染色体均可配对，从而能够像常规二倍体一样产生正常的配子，开花结果，并实现稳定遗传，因此是一种可育的异源四倍体。由于这样的四倍体实际上是由两个不同物种的二倍体染色体组合而成，因此又被称为双二倍体（amphidiploid）（图 3–17）。我国遗传育种学家鲍文奎先生（1916—1995）采用类似的方法，将小麦和黑麦进行杂交，经过 30 多年的努力，于 20 世纪 70 年代成功培育出异源八倍体新物种小黑麦（triticale）。该品种综合了小麦的高产、丰富的蛋白质含量，以及黑麦的抗逆性等优点，在我国高寒山区的种植产量显著高于小麦和黑麦，充分证明了异源多倍体的杂交优势。

　　四倍体与二倍体杂交可产生三倍体（图 3–18A）。由于三

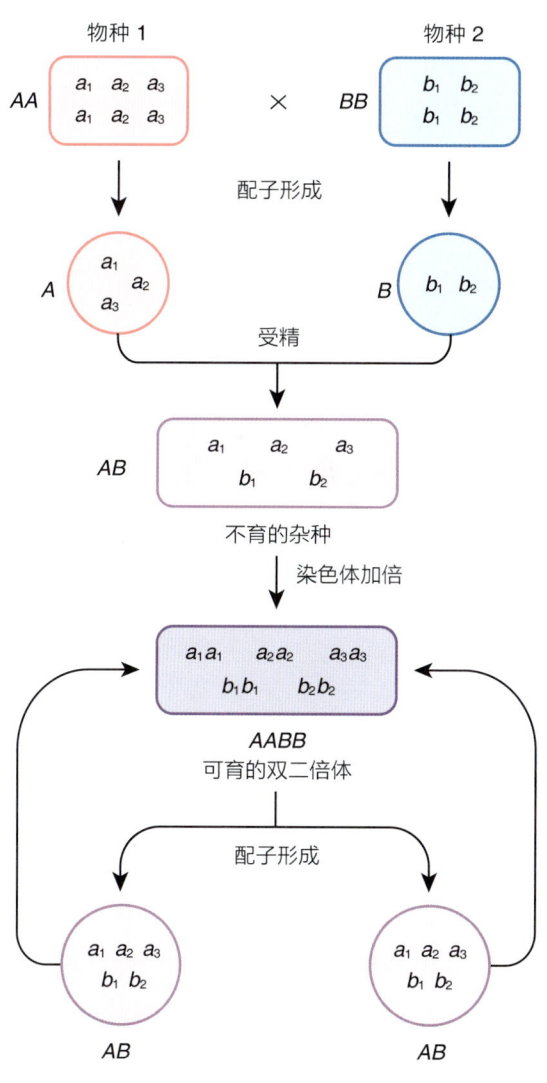

图 3–17　双二倍体的产生

图 3-18　三倍体的产生
（A）及其减数分裂（B）

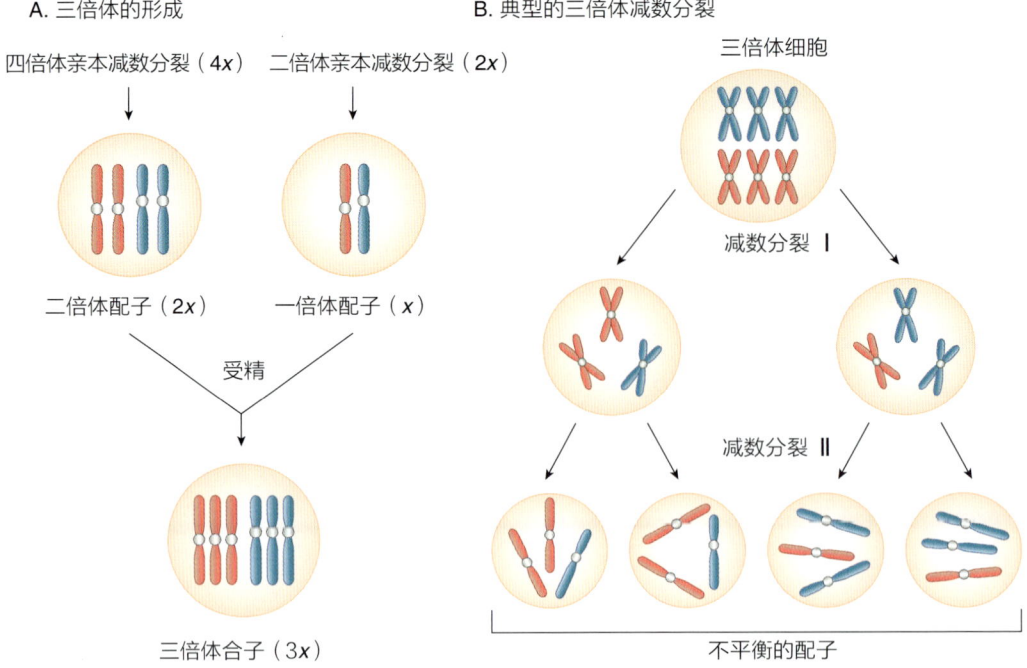

A. 三倍体的形成

四倍体亲本减数分裂（4x）　　二倍体亲本减数分裂（2x）

二倍体配子（2x）　　一倍体配子（x）

受精

三倍体合子（3x）

B. 典型的三倍体减数分裂

三倍体细胞

减数分裂 I

减数分裂 II

不平衡的配子

倍体无法形成染色体平衡的配子，通常表现为不育，无法结出种子，只能依赖营养体进行繁殖（图 3-18B）。实际上，所有倍性为奇数的多倍体都存在不育的问题。然而，许多三倍体植物展现出较强的生存能力，其营养器官等经济价值部位的产量较高，不结种子也给人们带来了更好的食用体验，因而具有显著的经济价值，因此，三倍体在育种业受到广泛欢迎。尤其对于那些不以种子为生产目的的花卉、水果和树木等植物来说，三倍体育种是一条重要途径。人们利用这些特性成功培育了多种经济价值高的新品种，其中三倍体无籽西瓜就是一个典型的例子。

整倍体概念之间的比较与关系详见图 3-19。

DNA 突变是一把双刃剑，既有可能损害基因的结构和功能，同时又为进化提供了原材料，增加了遗传多样性。遗传物质的重组与变异构成了进化的基础。实际上，正是遗传物质的正常变化（例如遗传重组，包括染色体间重组与染色体内重组）与异常改变（如突变），共同成就了生命的不断进化，造就了当今多姿多彩的生命世界。

第三节　重组的分子机制

一、重组的分子基础

新等位基因的产生依赖突变，然而自发突变非常罕见。因此，现有等位基因的重新组合（重组）是有性生殖的物种产生基因组多样性的最重要机制。等位基因之间的重组主要源于非同源染色体自由组合和同源染色体交换，其中位于同一条染色体上的

A. 整倍体（根据配子染色体组*n*区分）

B. 整倍体（根据基本染色体组*x*区分）

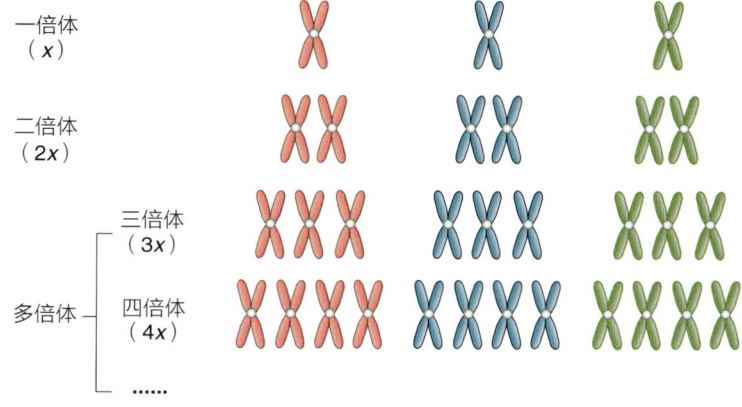

C. 多倍体（根据来源区分/以四倍体为例）

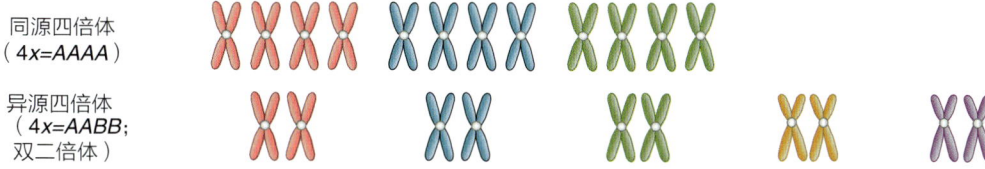

图 3-19　整倍体概念之间的比较与关系

连锁基因一般只有通过交换才能产生新的组合。在真核生物中，除了能产生新的等位基因组合之外，同源重组还有另外一个重要功能，那就是确保减数分裂中染色体的正确分离。那么，同源重组在分子水平是如何发生的呢？

　　我们目前对减数分裂重组分子机制的了解主要得益于在酵母中进行的生化实验。在酵母中 Spo11 是启动减数分裂重组的关键蛋白质，其在线虫、植物、果蝇和哺乳动物中的同源蛋白同样是减数分裂重组所必需的，这有力地说明 DNA 双链断裂诱导的同源重组在机制上是保守的。1964 年美国学者罗宾·霍利迪（Robin Holliday，1932—2014）提出了第一个解释同源重组机制的分子模型，而目前比较被认可的是后续经过改进的 DNA 双链断裂模型。同源重组依赖于大范围的 DNA 同源序列（通常为两条非姐妹染色单体）间的联会（synapsis）。在重组过程中，DNA 分子发生断裂－重接，从而造成不同等位基因之间的重新组合。不过，需要注意的是，在下文所示的同源重组分子模型中，并不是每一次由 Spo11 起始的分子重组过程都会产生遗传重组的结果。

　　1. 重组的启动

　　在减数分裂重组的第一步，Spo11 使 4 条染色单体中的一条产生双链断裂

（图 3-20A ）。随后，一种核酸外切酶从切口的 5′ 端开始降解两条 DNA 单链，分别留下 3′ 单链尾巴（图 3-20B ）。这一过程称为切除（ resection ）。下一步为链入侵（ strand invasion ），一条单链尾巴侵入与其配对的非姐妹染色单体，取代该染色单体上相对应的那条链（图 3-20C ）。这一步骤导致形成异源双链区（ heteroduplex region ），该区域的 DNA 分子分别由每条非姐妹染色单体的一条单链组成。接下来，这两条交叠在一起的 DNA 分子有两种解离方式，其中只有一种方式会产生遗传物质的交换。

2. 交换型解离

被入侵链替换的那条单链与剩余的那条 3′ 单链尾巴配对，形成第二个异源双链区（图 3-20D ）。沿着两条 3′ 尾巴分别合成被外切酶降解的两段 5′ 端 DNA 链，然后由 DNA 连接酶修复 DNA 断点，从而形成两个 Holliday 连接体（ Holliday junction ）（图 3-20D，E ）。两个 Holliday 连接体各自向两端迁移，导致它们之间的异源双链区逐渐扩大。这一过程称为分支迁移（ branch migration ）（图 3-20E ）。最后，在解离酶（ resolvase ）和连接酶的共同作用下，两个 DNA 分子分别在两个 Holliday 连接体处通过切割 – 连接分开。如果在两个 Holliday 连接体处分别切割 – 连接的是不同 DNA 分子上的单链，例如左侧横切、右侧纵切（图 3-20F1 ），或者左侧纵切、右侧横切（图 3-20F2 ），则最终就会产生 DNA 的交换（以及两侧等位基因的重组）（图 3-20G1，G2 ）。由于解离酶往往会选择切割所有 4 条 DNA 单链的作用方式（即横切和纵切的组合），因此两个 Holliday 连接体的解离通常会产生交换。

3. 非交换型解离

有一种抗交换解旋酶（ anticrossover helicase ），可以将入侵的单链从非姐妹染色单体上解开，从而中断 Holliday 连接体的形成（图 3-20D′ ）。这种解离方式不会产生 DNA 的交换，也不会产生遗传重组；不过，其中的一条染色单体仍然会形成异源双链区（图 3-20E′，F′ ）。

二、突变在个体和基因组中的分布与规律

南京大学田大成团队以拟南芥、水稻等自花传粉植物为主要实验材料，构建了来自相同遗传背景的、经历一次减数分裂的纯合子、杂合子（F_1）及其分离世代（F_2 到 F_4），通过全基因组测序评估了突变的分布与规律，发现杂合子的突变率比纯合子高 3.5 倍；并且杂合位点附近的突变率也相对较高，杂合度越高的区域发生突变的可能性也越高。此外，减数分裂中发生重组的断点和杂合度与突变率之间也存在着正相关，暗示重组可能也会影响突变的发生。这些结果说明双亲染色体之间的差异有可能对突变有促进作用。分析来自同一个 F_1 植株的 F_2 个体，发现异质、重组与突变之间呈显著正相关，暗示染色体异质性可促进 DNA 断裂，进而促进重组与突变。遗传差异高的基因家族突变率也更高（5 ~ 10 倍），暗示受正选择的基因家族所具有的较大差异本身就具有促进突变的作用。

染色体序列差异可促进突变的现象，暗示物种的遗传变异与进化速率与该物种的

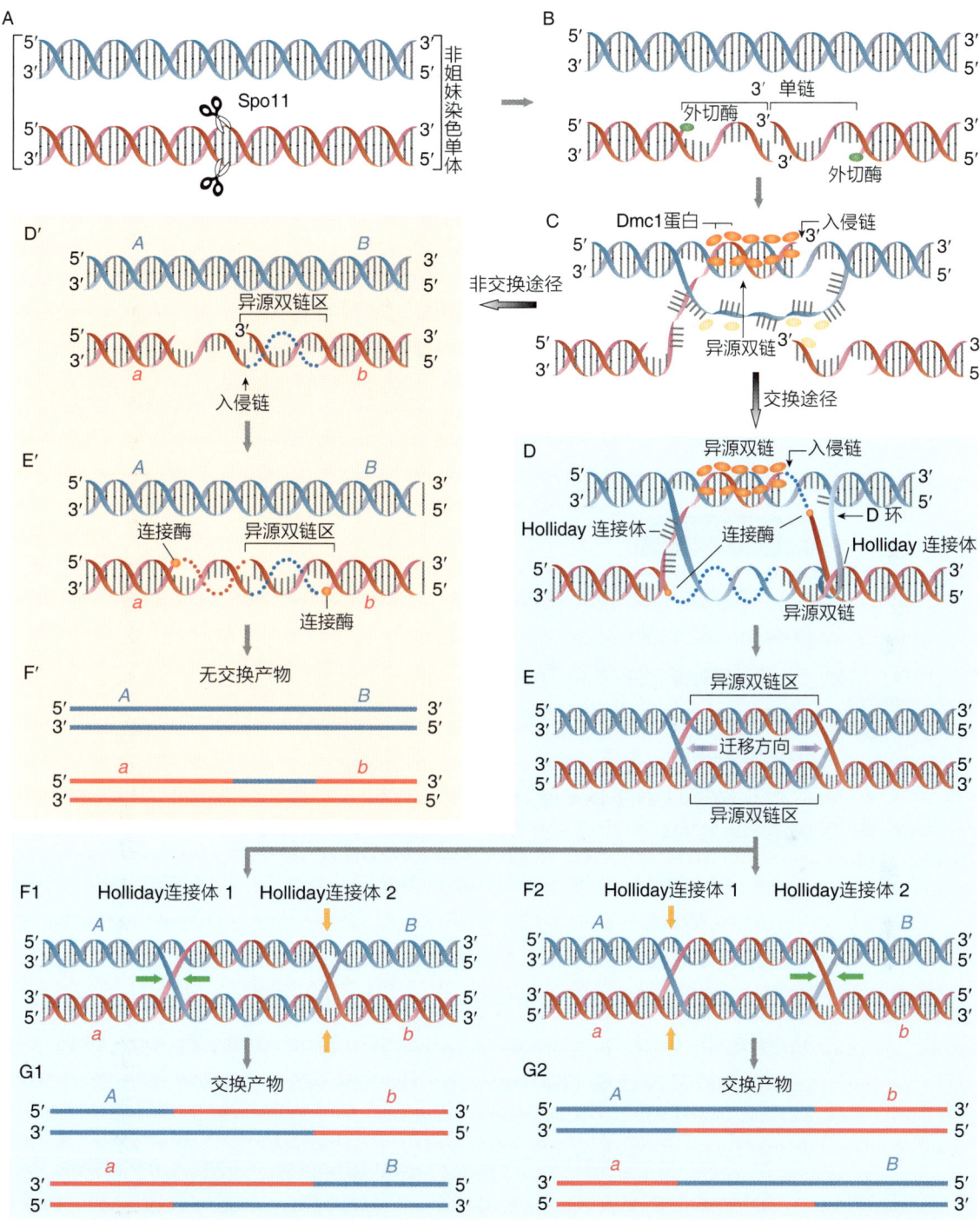

图 3-20 DNA 双链断裂诱导同源重组的分子机制

（**A**）DSB 形成：在第一次减数分裂前期，Spo11 破坏一条染色单体（红色 DNA）中两条链上的磷酸二酯键；（**B**）切除：双链断口的两个 5′端被核酸外切酶降解，形成两条 3′ 单链尾巴；（**C**）第一链入侵：Dmc1 等蛋白质帮助其中的一条 3′ 单链尾巴打开并侵入非姐妹染色单体（蓝色 DNA），形成稳定的异源双链区（红色单链和蓝色单链杂交的区域）；被入侵链替换下来的那条单链形成替代环（D 环，D-loop，displacement loop）；（**D**）双 Holliday 连接体形成：入侵的单链开始复制，导致 D 环扩大；D 环中被替换下来的碱基逐渐跟另一条 3′ 单链尾巴形成互补配对，该 3′ 尾巴也开始合成新链，取代了在 3′ 尾巴形成过程中降解

的 DNA，从而形成了第二个异源双链区；两条新链长度达到 5′ 端断点时，连接酶分别将两者连接，形成封闭的 DNA 分子，同时也形成了两个 Holliday 连接体；（**E**）分支迁移：两个 Holliday 连接体分别向两端扩展，两个异源双链区也相应得到扩展；（F1~G1，F2~G2）Holliday 连接体解离：Holliday 连接体分别被切割 - 连接，如果切割的是不同 DNA 分子上的单链，则会造成 DNA 分子的交换和两侧基因的遗传重组。（**D′**）抗交换解旋酶将入侵的单链从非姐妹染色单体上解开，中断了 Holliday 连接体的形成；（**E′~F′**）双链断裂的 DNA 通过复制和连接酶补齐缺失的核苷酸。这种解离方式不会产生 DNA 的交换，也不会产生遗传重组；不过，其中的一条染色单体仍然会形成异源双链区。

繁殖方式、群体多样性、个体的染色体差异密切相关。同时也暗示突变热点的存在很可能跟同源染色体间的异质性相关。突变率与同源染色体间的异质性密切相关，异质促进突变，这些结果丰富了人们对突变发生分子机制的认识。

※ 复习思考题

1. 有人说遗传学就是变异学，你同意吗？如何理解这种说法？
2. 连锁定律跟分离定律和自由组合定律有何关系？
3. 变异都有哪些类型？变异对于性状及其遗传有什么影响？
4. 基因突变是如何发生的，有些什么类型？基因突变跟表型有何关系？
5. 染色体畸变有哪些类型，各有什么特点？染色体畸变是不是都是有害的？

※ 推荐阅读

1. HOLLIDAY R. A mechanism for gene conversion in fungi[J]. Genetics Research, 1964, 5: 282-304.

2. JANSSENS F A. The chiasmatype theory: A new interpretation of the maturation divisions[J]. Cellule, 1909, 25: 389-411. (Translated from the French; reprinted in Genetics 191: 319-346.)

3. MORGAN T H. Sex limited inheritance in *Drosophila*[J]. Science, 1910, 32 (812): 120-122.

4. MULLER H J. Artificial transmutation of the gene[J]. Science, 1927, 46: 84-87.

5. NOWELL P C, HUNGERFORD D A. Chromosome studies on normal and leukemic human leukocytes[J]. Journal of National Cancer Institute, 1960, 25: 85-109.

6. STURTEVANT A H. The linear arrangement of six sex-linked factors in *Drosophila* as shown by mode of association[J]. Journal of Experimental Zoology, 1913, 14: 39-45.

7. SUTTON W S. The chromosomes in heredity[J]. Biological Bulletin, 1903, 4: 231-251.

8. TJIO J H, LEVAN A. The chromosome number of man[J]. Hereditas, 1956, 42: 1-6.

9. YANG S, WANG L, HUANG J, et al. Parent-progeny sequencing indicates higher mutation rates in heterozygotes[J]. Nature, 2015, 523: 463-467.

（编写：张博；审读：黄涛生）

第四章

表观遗传与基因表达调控

生命如此神奇，从微观的细胞到宏观的生态系统，每一层级都蕴含着深邃的奥秘。古今中外，无数哲人学者都致力于探寻生命的真谛。过去，人们曾天真地认为，只要破译了 DNA 序列的密码，就能掌握生命的全部奥秘。然而，随着科学的进步，我们逐渐意识到，生命远非一串静态的碱基组合所能定义。我们从父母那里继承的 DNA 序列，在短暂而又漫长的一生中几乎不会发生变化，而 DNA 之外的信息却随时随地在变化着。表观遗传（epigenetics）简单来讲，就是在 DNA 序列编码外影响遗传和基因表达的机制。例如，即便是基因组 DNA 完全相同的同卵双胞胎，也会存在生理到心理特征的诸多不同，这些差异部分可以归因于表观遗传的影响；同样地，分裂分化自同一个受精卵的细胞虽然基因相同，却功能各异，构建出复杂的组织和器官，这主要是由遗传编码的发育程序主导的，而表观遗传也在调控和影响这个过程中起到了重要作用；华夏先人更是从春秋时期就已通过"橘生淮南则为橘，生于淮北则为枳"的朴素观察，意识到了环境对生命性状的深刻塑造。这些用传统遗传学理论很难解释的现象，促使我们去探究和拥抱表观遗传学知识。表观遗传就像细胞的一项"化妆技术"，同一张"脸"（同一个基因组），却能经过它的修饰呈现出不同的"美"。生命中的表观遗传特征让世界变得异常精彩。

第一节　表观遗传学基本概念

一、表观遗传学研究的开端

科学家们很早就观察到个体获得的性状可以遗传的现象。1809 年，法国生物学家让－巴蒂斯特·拉马克（Jean-Baptiste Lamarck，1744—1829）发表了《动物学哲学》（*Philosophie Zoologique*），提出了环境和习性对动物进化的影响。书中提出了两个著名的自然法则——"用进废退"和"获得性状的遗传"，回答了两个关键问题：①性状如何获得；②获得的性状如何遗传给子代。为了对其观点进行说明，拉马克列举了大量例子，其中广为人知的是关于长颈鹿的案例：由于其栖息地环境干燥不生青草，长颈鹿必须努力让自己的嘴伸到高处取食树叶，这一生活习性的长期保持进而导致其前肢长于后肢，而且脖子长达 2 m 多（图 4-1）。拉马克是第一个提出比较完整的生物进化理论的科学家，他提出了生物的变异和进化，认为进化具有方向性，环境对生物进化具有关键作用，这些思想对于达尔文自然选择学说以及后来的进化理论都产生了重要影响。然而，随着科学的发展，人们逐渐认识到拉马克的"用进废退"和"获得性遗传"理论虽然正确地指出了环境对生物进化的影响，但并不足以完全解释生物性状的传递和演变。

达尔文的自然选择学说强调物种通过遗传变异在环境中存活和繁衍的重要性，提供了更为科学的解释。进入 20 世纪后，现代进化论在此基础上发展而来，通过基因

图 4-1　拉马克 *vs.* 达尔文：环境和习性对长颈鹿进化的影响

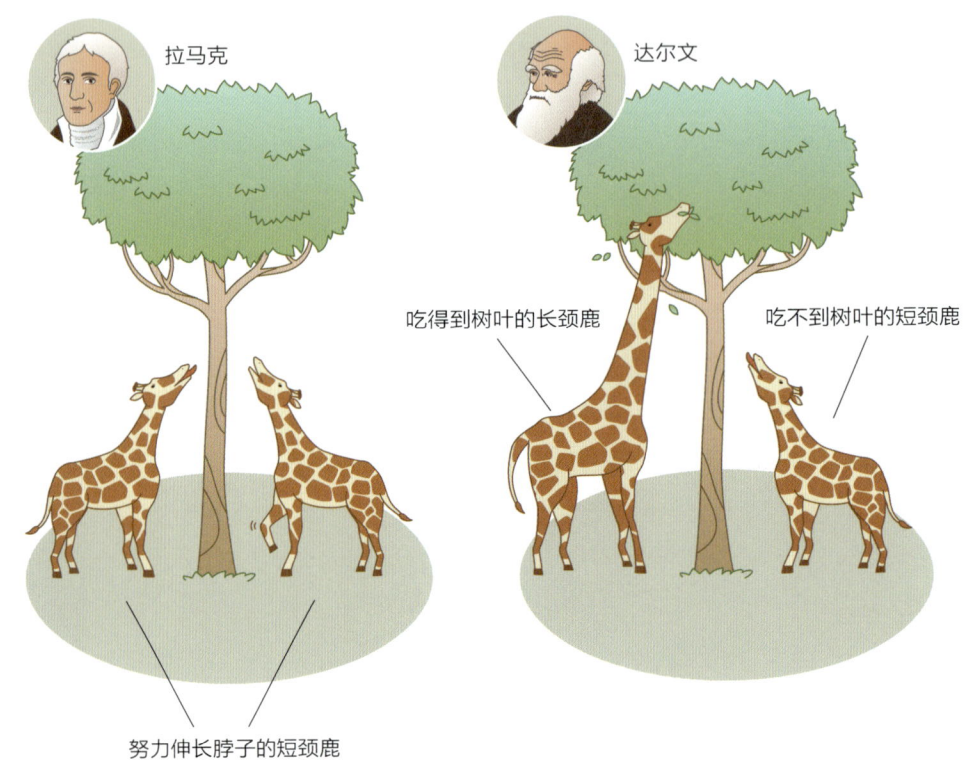

拉马克

达尔文

吃得到树叶的长颈鹿

吃不到树叶的短颈鹿

努力伸长脖子的短颈鹿

选择的视角，强调基因突变和遗传漂变在进化中的作用。在这一演变过程中，科学家们通过不断的研究，逐步完善了对生物进化的理解，形成了更全面和系统的理论框架。拉马克的理论虽然未能完全解释进化过程，但作为早期进化思想的重要阶段，为后续的科学辩论和理论发展奠定了基础。

自遗传学诞生以来，遗传突变很快就成为科学关注的焦点。1944年，美籍加拿大裔医生艾弗里等人提出DNA（脱氧核糖核酸）是遗传物质。1953年，沃森和克里克提出DNA的双螺旋模型，使人们更关心DNA序列变化与遗传突变的关系。然而，表观遗传学一词，早在DNA结构得到解析之前就被提出来了。1942年，英国发育生物学家康拉德·沃丁顿（Conrad Waddington，1905—1975）最早提出了"epigenetics（表观遗传学）"的概念，由"genetics（遗传学）"和"epigenesis（后成论）"合并而成，用于描述发育过程中从基因型转化为表型的现象。其中的"epi-（表观）"是"在……之上、之外"的意思，也就是说要研究在遗传学之上拓展的内容。

沃丁顿教授随后又提出了著名的表观遗传景观模型（epigenetic landscape），来阐述他对细胞分化和命运决定的理解（图4-2）。如果用山脉来做比喻，山脊和山谷象征着细胞分化的路径，由终末分化细胞组成的器官处在山脚就是目标，而绵延不断的山脊具有不同的高度、不同的坡度，实则代表着整个发育过程对于细胞分化路径的调控能力。而真实的细胞分化过程主要取决于3点：①细胞的起点；②各种基因复杂的相互作用；③细胞发育过程中可能的诱导因素。基因则像是铆钉在生命核心的"桩子"，每一根"桩子"其实牵引着生命的各个层面。基因是难以改变的，而环境因素与基因相互作用就构成如此复杂的生命现象。简而言之，特定遗传因素（如基因序列）基本稳定不变，它控制着一些固化的"山谷"，但是外界环境依旧有可能影响细胞分化路径而改变发育进程；而有些时候细胞可能是静止的，只要有一个诱导因素，或许细胞就会顺着"牵引力"而去——这就是细胞的分化。

如今，表观遗传学有两种不同的理解。其一是阿瑟·里格斯（Arthur Riggs，1939—2022）及其同事对表观遗传学的狭义解释，认为表观遗传学是研究在有丝分裂和（或）减数分裂过程中，并非由DNA序列改变引起的基因功能的可遗传变化。根据这一定义，DNA的化学修饰、组蛋白修饰等是调控表观基因组和表观遗传记忆的专有工具。此外，由表观遗传标记的改变所引起的转录模式和表型变化能通过跨代遗传而传递下去。这种有丝分裂过程中细胞通过维持特定细胞类型的转录模式，维持身份不变的过程也被称为"基因书签"（gene bookmarking）。

其二是更广义的也更类似于沃丁顿对表观遗传学的解释，即"染色体区域的结构适

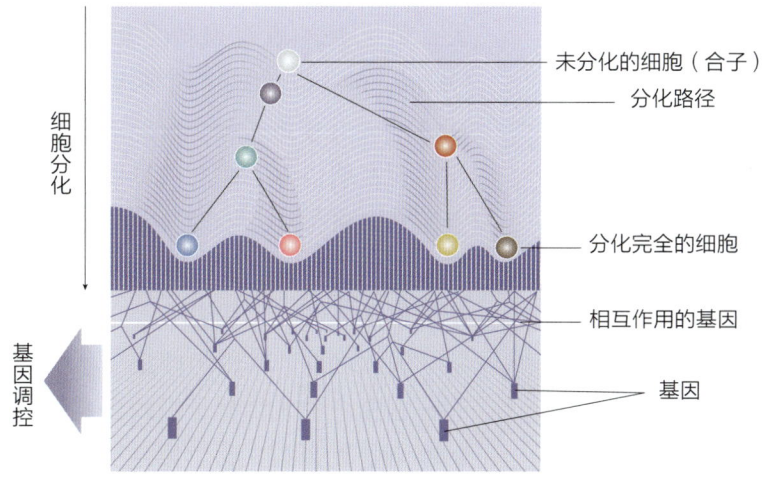

图4-2 表观遗传学地势图（示意图）

应，以记录、标记或维持改变了的活性状态"。这一定义包含表观遗传记忆，但规避了严格需要遗传性的限制。这个定义还包括了环境影响，如衰老、化学物质、营养、胁迫和药物，它们通过作用于表观基因组进而潜在地改变生物表型这一概念的含义，会随着研究的深入还可能出现变化，这也是科学发展的自然过程。

二、表观遗传学研究中的重要概念

人类的基因组常被比作是一本"天书"，虽然只有 A、T、C、G 四种碱基，但"字数"多达 60 亿个，近乎无穷的组合分布在 23 对染色体中。人们曾以为，只要能从整体上破解基因组的全部序列，自然能够揭开人类进化和生老病死中的无数奥秘。到了新千年伊始，人类基因组计划（HGP）由美、英、法、德、日、中六国科学家共同完成，人类参考基因组（reference genome）序列的发布标志着人类遗传信息已被整体破译。然而，就像其他所有突破性的科学进展一样，人类参考基因组非但没有带来生命科学的"终极答案"，反而引发了无穷无尽的新问题：为什么人类基因组只有不到 2% 的序列编码蛋白质，剩余基因组序列难道都是进化过程中产生的"垃圾"吗？为什么人类全部蛋白质编码基因和黑猩猩的基因只有不到 1% 的差别，却造就了两个截然不同的物种？疾病的发生与基因突变和环境、饮食等因素又有何关联？

人们逐渐意识到，破译人类基因组序列只是解开生命奥秘的万里长征第一步，生命科学进入了后基因组时代，又被称为功能基因组学时代。为了揭示基因组的功能及调控机制，由美国人类基因组研究所（National Human Genome Research Institute，NHGRI）和欧洲生物信息研究所（European Molecular Biology Laboratory，EMBL）牵头的"DNA 元件百科全书"（Encyclopedia of DNA Elements，ENCODE）计划于 2003 年启动；随后，由美国国立卫生研究院（the National Institutes of Health，NIH）资助的"表观组学路线图"（Roadmap Epigenomics Mapping Consortium，Roadmap）计划也于 2008 年启动，致力于绘制人类表观组学图谱（图 4-3），相关数据库为人类的生殖发育、疾病发生研究及精准医学诊疗提供了大量公开可靠的数据。

最重要的表观遗传学概念包括：DNA 甲基化（DNA methylation）、组蛋白修饰（histone modification）和非编码 RNA（non-coding RNA，ncRNA）调控等。其中，DNA 甲基化修饰是最早研究的表观遗传调控现象，早在 20 世纪 40 年代，即沃丁顿提出"表观遗传学"概念的同时代，就被发现存在于哺乳动物组织细胞中。而直到 20 世纪 80—90 年代，组蛋白修饰才被发现可以调控染色质结构与基因转录——1988 年研究者发现切除组蛋白 H4 的 N 端尾巴会抑制基因转录，并改变染色质结构、细胞周期长度及酵母的交配型。

除此之外，基因组印记（genomic imprinting）也是一种非常重要的表观遗传学概念，它指一种亲代配子中的表观遗传修饰能够传递给子代并影响其基因表达的现象。1984 年，南斯拉夫科学家达沃尔·索特（Davor Solter）和英国科学家阿兹姆·苏拉尼（Azim Surani）等通过原核移植实验证明了只有同时具备双亲染色体的胚胎才能存活，

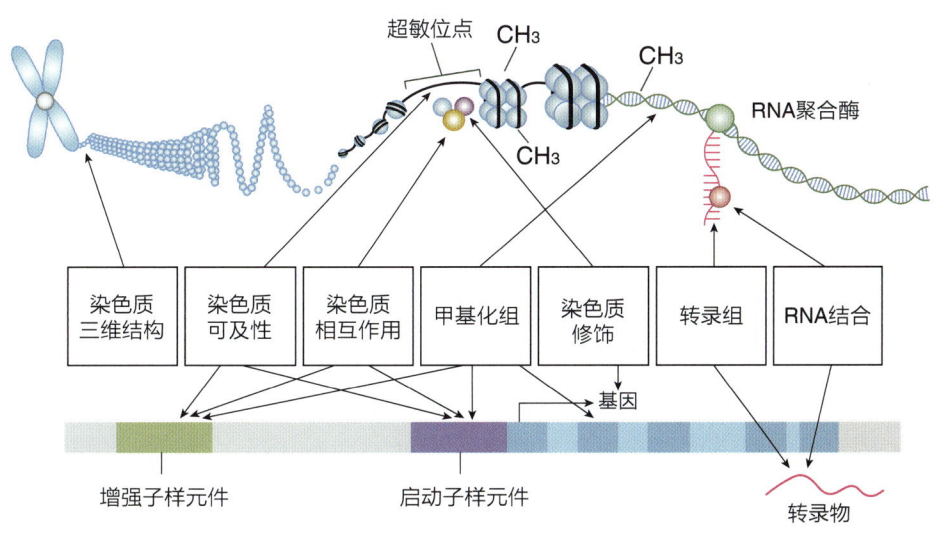

图 4-3 表观遗传学修饰示意图

表明母系和父系染色体对于胚胎发育的贡献存在较大的差异性，自此提出了印记基因（imprinted gene）的概念。在 1987 年沃尔夫·瑞克（Wolf Reik）等提出基因印记是通过差异性 DNA 甲基化起作用后的 30 年里，DNA 甲基化都被认为是唯一会影响子代基因表达的印记标记。直到 2017 年，华人科学家张毅提出一种新的观点：某些组蛋白修饰，如 H3K27me3，也能作为一种非常规的印记标记维持某些印记基因的表达。

虽然大部分表观遗传调控机制研究关注染色质上 DNA 与组蛋白的共价修饰，但也有很多表观遗传调控方式并不发生在染色质上。例如不参与编码蛋白质的 RNA、发生在 RNA 上的 m6A 修饰等。这些表观遗传学研究的热点内容都将在后面的章节中一一展开。

三、表观遗传信息的遗传

"龙生龙，凤生凤，老鼠的儿子会打洞"，这种说法承载了亲代与子代间生物学行为和社会学行为的延续。每一个独立个体从父母那里继承了许多共同的东西，并且将它们遗传下去，这既包含了一般遗传学的性状，也包含了表观遗传学性状，也就是不依赖于 DNA 序列改变的染色质变化所介导的可稳定遗传的表型。这一定义中包含了两个核心要素：①不依赖于 DNA 序列改变（即外界环境的改变可以动态调控基因的表达模式，进而改变个体的表型）；②表型可遗传（这种基因表达模式的改变可以由亲代传给子代，增强了子代对特定环境的适应性）。遗传学和表观遗传学性状共同记录了父母和祖辈的生活轨迹，进而造就似曾相识却又独一无二的新生命。

表观遗传改变个体表型的方式主要包括 DNA 甲基化、组蛋白修饰和 ncRNA 等。其中，DNA 甲基化和组蛋白修饰均为化学修饰，并可遗传给子代，因此统称为表观遗传学修饰（epigenetic modification）。绝大多数表观遗传修饰具有可逆性，动态的表观遗传状态构成了个体的表观遗传信息。而 ncRNA 对基因的调控模式也可以传递给子代，因此也具有表观遗传属性。遗传学和表观遗传学互作并共同决定基因表达及性状特征。一些由环境因素引起的亲代表型可以遗传给子代，使得后代对相似环境的适应性增强，但也可能诱使子代发生某些疾病。

水稻（*Oryza sativa*）是最重要的农作物之一，杂交水稻是提高水稻产量的重要途径之一。温度敏感型雄性不育系在两系杂交水稻生产中发挥重要作用，它们在高温条件下表现为雄性不育，作为母本接受花粉产生杂交种；在低温条件下，其生育性恢复，完成不育系的繁殖。那么水稻到底是通过什么机制改变功能基因表达，响应外界环境温度变化的呢？中国科学家曹晓风带领团队通过对大量农业品种进行筛选和多年的冷驯化，不仅发现了控制我国 71% 的两系杂交稻（2011 年数据）温敏不育系的关键突变基因——*tms5* 基因，也发现包括小分子 RNA（miRNA）、组蛋白甲基化修饰在内的诸多表观遗传调控方式同样发挥着重要的作用。水稻对生长温度适应过程中的表观遗传信息代际传递，为长期以来具有争议的"拉马克学说"提供了可能的机制解释。正如美国植物学家卢瑟·伯班克（Luther Burbank，1849—1926）曾于 1907 年提出的著名论断：遗传仅仅是所有过去环境的总和（Heredity is only the sum of all past environment）。

人们习惯将新生儿呱呱坠地之日看作其生命的开始，但在生物学意义上，早在婴儿孕于母胎，徜徉于羊水中发育生长时，人生旅途就已经开始。环境对生命最初的影响，正是经由母体所施加的。随着全世界范围内糖尿病的发生率日趋增高且日益低龄化，一个亟待回答的问题是：这些育龄期妇女孕前期经历的高血糖等不良内环境能否通过卵母细胞的改变，进而损害其子代健康？中国科学家黄荷凤团队于 2012 年提出了"配子源性成人疾病"学说，首次发现疾病起源可前移至孕前（配子发育期），并证实孕期宫内高糖等因素暴露能够改变 DNA 甲基化造成代际间的遗传；并于 2022 年与中国科学家徐国良团队合作，发现了"子承母疾"的表观修饰遗传机制：母亲生殖细胞中开启卵源性代际遗传模式的关键钥匙——DNA 去甲基化酶 Tet3 介导了糖尿病代际传递效应。而更有意思的是，高血糖暴露的甲基化印记竟是由父本基因传递到子代。包括这项研究在内的一系列发育源性疾病研究成果不仅与中国自古以来"上医治未病"的医疗智慧不谋而合，也为从源头出发降低出生缺陷、提高人口健康提供了全新视角和策略。

DNA 甲基化在细胞有丝分裂的过程中，可以用 DNA 半保留复制的方式完成代际间的传承。那么同为经典表观遗传调控因子的组蛋白修饰又是以何种方式传递给子代的呢？中国科学家朱冰通过同位素标记的方法区分新、旧组蛋白，发现在有丝分裂过程中核小体的组蛋白是全保留分配，从而推翻了之前组蛋白半保留复制的假说。那么如果不是半保留复制，组蛋白的修饰信息又是如何继承的呢？为了回答这一问题，就要提到转录抑制调控因子多梳复合物（polycomb repressive complex，PRC）和其所调节的组蛋白 H3K27 位点的甲基化修饰。H3K27me3 修饰一般出现在基因组的异染色质区域，代表着转录抑制。他们发现转录激活相关的组蛋白修饰（例如 H3K4me3 和 H3K36me2/3）以及开放的染色质都会抑制 H3K27 甲基化转移酶 PRC2 的活性，无法建立 H3K27 位点的甲基化修饰。相反，转录抑制修饰 H3K27me3 以及固缩的染色质则会促进 PRC2 的活性并导致该修饰在该区域染色质上的延伸。由此，他们提出了一个全新的假说，即 PRC2 通过感知靶基因的转录状态来调节其活性，从而有效实现基因转录状态的维持。

从染色体到 DNA 和组蛋白上的一系列表观遗传修饰，我们从父母那里继承到的"财产"之丰富远远超过科学家们最初的想象。举例来说，父亲的饮食习惯能够通过表观遗传效应影响子代的健康。2010 年，澳大利亚科学家玛格丽特·莫里斯（Margaret J. Morris）首次在哺乳动物中报道了高脂饮食代谢后遗症可以通过非基因途径从父亲传递给后代。同年，美国科学家奥利弗·兰多（Oliver Rando）的研究揭示了在父系环境影响后代基因表达的过程中，DNA 甲基化等表观遗传信息也会随之发生重编程。中国在这一领域的贡献同样显著，2015 年，中国科学家周琪等报道了通过高脂饮食诱导的肥胖父代小鼠能够通过精子中的 tRNA 片段，使正常饮食的后代也表现出代谢紊乱症状。这一发现建立了表观遗传效应与代谢变化的因果关系，开启了从 RNA 角度研究获得性状跨代遗传的新领域。2024 年，德国科学家进一步发现，精子携带的由线粒体编码的 tRNA（mt-tRNA）及其片段是获得性表型跨代遗传中的关键表观遗传因子。

随着人们对生命过程及其复杂性认识的提高，表观遗传信息在细胞分裂分化层面以及在个体层面跨代传递，均在多种不同系统中得到验证，其背后的分子机制也逐渐清晰。但实际上，我们对于表观遗传信息的跨代传递认识才刚刚开始，表观遗传的遗传存在诸多未解决的问题。例如，在个体层面，个体的哪些获得的性状通过何种方式遗传给子代，对子代又会造成哪些影响；如何消除亲代遗传给子代的负面影响，如孤独症、抑郁症等疾病的倾向；在体细胞有丝分裂过程中，细胞如何维持自己的谱系，而不会变成其他类型的细胞，甚至癌细胞。深入研究表观遗传的遗传，将加深我们对于生物对外界环境的适应机制、细胞身份维持和变异、肿瘤发生发展等生命过程的认识，为相关疾病的预防和治疗提供新的思路及策略。

第二节　DNA 甲基化

DNA 甲基化是指在 DNA 上出现甲基基团修饰的现象。甲基基团就像一顶神奇的"帽子"，在 DNA 序列中的不同碱基头上轻轻一戴，就能使得 A、T、C、G 四大碱基"旧貌换新颜"。随着研究的深入，人们逐渐发现这小小的"帽子"不仅可以从父母遗传给子代，而且还能发挥非常广泛且重要的生物学功能，例如基因印记、X 染色体失活、染色质结构重塑、基因表达调控及疾病的发生发展等，从而使人类的基因组遗传信息及表型呈现出丰富多彩的面貌。

一、DNA 甲基化中的基本概念

DNA 甲基化最早于 1925 年在结核杆菌中被首次发现，1948 年，科学家们使用化学方法首次在小牛胸腺 DNA 中发现甲基基团，从那以后甲基修饰的碱基也一直被称为第五种碱基。随后的研究则证实了 DNA 甲基化作为一种碱基上的化学修饰，广泛分布于真核生物，这些早期的观察为后来的 DNA 甲基化研究奠定了基础。在 20 世纪 60 年代初，科学家们首次发现了一类被称为 DNA 甲基转移酶（DNA methyltransferase，DNMT）的酶，它们能够将 S- 腺苷甲硫氨酸（S-adenosylmethionine，SAM）提供的甲基基团添加到 DNA 分子上（图 4-4）。

广义来说，DNA 甲基化包括在 DNA 上发生的所有甲基化修饰。将甲基基团"帽"戴到胞嘧啶（C）上，就能得到 N^4- 甲基胞嘧啶（4mC）或 C^5- 甲基胞嘧啶（5mC）；而戴到腺嘌呤（A）上，A 就转变为了 N^6- 甲基腺嘌呤（6mA）。值得注意的是，在原核生物中同时存在 3 种类型的甲基化，而在真核生物中，主要的 DNA 甲基化类型是 5mC（部分物种的基因组中含有微量的 6mA）。在表观遗传学领域，DNA 甲基化通常特指 5mC，故下文中的 DNA 甲基化均指 5mC。

多数 5mC 的 DNA 甲基化都发生在胞嘧啶 - 鸟嘌呤（CpG）二核苷酸上，而非 CG 甲基化则出现在 CHG（H 代表 A、C 或 T）和 CHH 位点上（图 4-4）。在动物细胞中，DNA 甲基化主要发生在 CpG 二核苷酸上。而在植物细胞中，除了 CG 甲基化以外，CHG 甲基化和 CHH 甲基化也相当普遍。CHG 甲基化在植物中尤为显著，并且这一过程主要由植物特有的染色质甲基化酶（chromomethylase，CMT）实施。在真菌细胞中，CG 甲基化和 CHH 甲基化的比例大致相当，但相对于哺乳动物，真菌中的 DNA 甲基化研究相对较少，仍需要更多的深入研究来理解其具体作用。

根据 DNA 甲基化在不同物种中的水平、分布模式和意义，一般认为 DNA 甲基化最初的功能是维护基因组的稳定性，它通过维持转座元件（transposable element）的沉默来防止其转座（transposition）。转座元件是一类能够在基因组中移动的 DNA 片段，如果不加控制地活跃起来，可能导致基因组不稳定，影响宿主基因的正常表达。因此，DNA 甲基化在这一阶段起到了维持基因组稳定性的保护作用。随着物种的进化，DNA 甲基化逐渐参与其他生物学过程，使其功能变得更加复杂，在这一过程中，甲基化的模式和水平可能发生变化，不同物种可能采用不同的策略来调节基因组稳定性以适应其

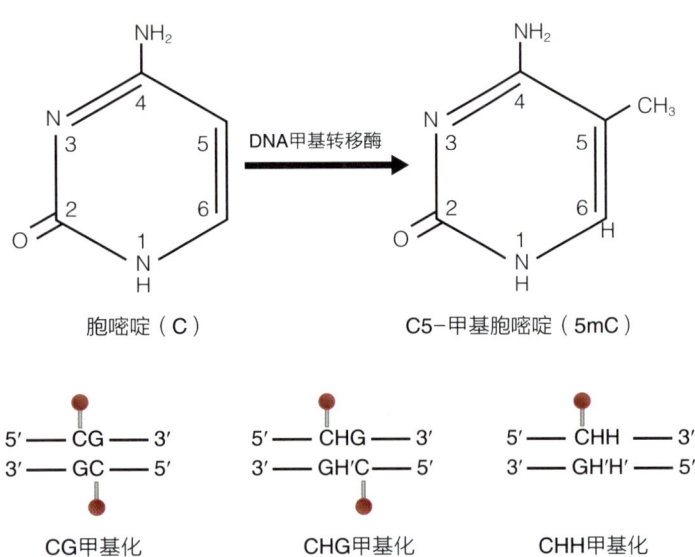

图 4-4　DNA 甲基化的类型
H′ 代表与 H（A、C 或 T）互补的碱基（T、G 和 A）。

特定的生存环境。

在哺乳动物细胞中，有 70% ~ 80% 的 CpG 二核苷酸被甲基化，而一些特殊类型的细胞还含有相对较高水平的非 CG 甲基化，如胚胎干细胞、神经元细胞和卵母细胞。5mC 在基因组序列中的分布也并非是随机的，一般来说，重复序列通常会被高度甲基化，因为需要 DNA 甲基化来抑制它们的活性以维护基因组稳定。

另一个显著的例子是外显子中的 CpG 甲基化程度通常较高，而 CpG 岛（CpG island，CGI）中的 CpG 位点通常不被甲基化。CpG 岛通常指的是长度为 300 ~ 3 000 bp 之间且 GC 含量很高的区域，它们大多位于基因的启动子（promoter）区域和 5′ 端非翻译区（5′ UTR）等重要的调控区域，在基因的转录启动和调控中扮演着关键的角色。

相较于周围的基因组区域，CpG 岛中的 CpG 位点通常不被甲基化，这有助于维持这些区域的开放染色质结构，从而提供了一个有利于转录因子结合和基因启动的环境，进而调控基因表达。而 CpG 岛的甲基化状态也并非是一成不变的，当重要基因的启动子区域出现高甲基化（"戴了很多帽子"）以后，表达水平会被抑制，影响细胞正常的功能。也就是说，DNA 甲基化为细胞提供了一个可以不需要改变 DNA 序列，就能"开启"或"关闭"某些基因的手段。

二、DNA 甲基化酶

我们已经知道，DNA 甲基化作为一种稳定的表观遗传修饰从父母遗传到子代，使得细胞能够通过 DNA 甲基化实现遗传记忆的高度稳定性。那么在受精卵分化发育成胚胎的过程中，来自父母的基因组 DNA 甲基化是如何在细胞分裂过程中维持，又会经历怎样的变化呢？

1975 年，英国科学家罗宾·霍利迪和他的学生约翰·皮尤（John Pugh）提出了一个假设理论，认为由于 DNA 双链上的 CpG 二核苷酸互补，所以在细胞分裂时，甲基化模式可能会以半保留方式得以维持。这意味着在 DNA 复制过程中，可以根据亲本链上特异的甲基化位点，对新生链上对应的 CpG 位点进行甲基化修饰。根据这种甲基化半保留复制模式的理论，他们推测至少存在两种酶，一种起到从头甲基化（*de novo* methylation）的作用，它催化非甲基化的 CpG 位点，从而建立 DNA 甲基化模式；第二种起到维持性甲基化（maintenance methylation）的作用，它在细胞分裂过程中将亲本链上的甲基化模式复制到新生链上（图 4-5）。

随着研究的进一步深入，科学家们证实了两种不同特性的酶的存在。DNMT1（DNA methyltransferase 1）的基因是哺乳动物中第一个被发现的 DNA 甲基转移酶基因，克隆自小鼠细胞。DNMT1 分为 C 端催化区和 N 端调节区，如图 4-6 所示，该 C 端催化区包括了存在于所有 DNA 甲基转移酶中高度保守的特殊序列，这些序列被命名为 Motifs I ~ X。DNMT1 独特的 N 端调节区在发挥其功能特异性方面起着重要作用。该区域包括多个结构域，其中核定位信号（nuclear localization signal，NLS）使 DNMT1

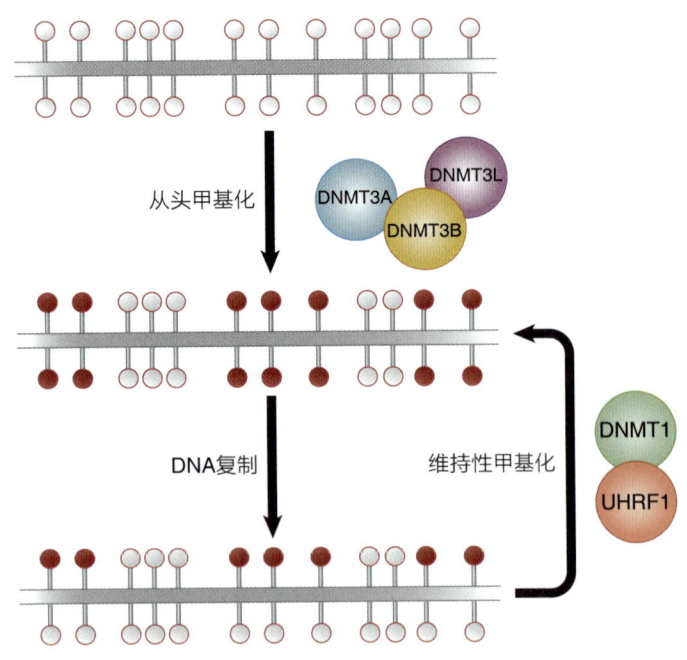

从头甲基化

DNMT3A DNMT3L DNMT3B

DNA复制　　维持性甲基化

DNMT1 UHRF1

图 4-5　DNA 甲基化的两种模式

进入细胞核，DNA 复制灶结构域（replication foci domain，RFD）引导 DNMT1 至正在复制的 DNA 上。此外，CXXC 结构域是一个锌指（zinc finger）结构，能够识别和结合非甲基化 CpG 位点的 DNA。除此之外，DNMT1 还包括两个相邻的 BAH（bromo-adjacent homology）结构域和一个甘氨酸–赖氨酸（GK）重复序列。尽管 BAH 结构域和 GK 重复序列的功能尚不清楚，但它们对于 C 端催化区的催化活性是必不可少的。在没有 DNA 底物的情况下，RFD 恰好位于催化中心上方，从而阻止 DNA 底物结合，表明 N 端调节区对 DNMT1 活性具有自身抑制功能。体外甲基化实验也表明，DNMT1 对半甲基化 CpG 位点的活性远远高于对非甲基化 CpG 位点的活性，符合维持性 DNA 甲基转移酶的特性。DNMT1 在增殖细胞中有广泛的表达，但在非增殖细胞，如休眠细胞和衰老细胞，通常表达较少。经免疫荧光实验证明，在细胞周期的 DNA 复制（S）期，DNMT1 会聚集在复制灶内，这表明其功能与 DNA 复制有关。1992 年，李恩等通过 *Dnmt1* 基因敲除（knockout，KO）的小鼠胚胎干细胞显示全基因组范围 DNA 甲基化的显著下降，这些证据表明，DNMT1 的主要功能是维持性甲基化。

体外实验也曾表明 DNMT1 对非甲基化 CpG 位点有一定程度的催化活性，因此认为从头甲基化和维持性甲基化都可能由 DNMT1 催化。然而，通过进一步的基因敲除实验证明，在 DNMT1 完全失活的小鼠胚胎干细胞中，低水平的 DNA 甲基化持续存在，并且 DNMT1 失活不影响对导入细胞内的原病毒 DNA 的从头甲基化，这为存在多个 DNA 甲基转移酶提供了有力证据。随后，人们发现了一个新的潜在 DNA 甲基转移酶，被命名为 DNMT2（DNA methyltransferase 2）（图 4-6）。尽管 DNMT2 没有 N 端调节区，其催化区包含所有高度保守的催化序列，但体外实验未能检测到 DNA 甲基转移酶活性。后来的研究证实，DNMT2 具有 tRNA 甲基转移酶活性，可以使天冬氨酸 tRNA 上的第 38 位胞嘧啶发生甲基化。因此，DNMT2 已被重新命名为 TRDMT1（tRNA aspartic acid [D] methyltransferase 1）。

进一步，通过使用细菌 C5- 胞嘧啶甲基化酶序列检索小鼠和人类数据库，人们又发现了两个新的哺乳动物 *Dnmt* 同源基因，它们被命名为 *Dnmt3A*（DNA methyltransferase 3A）和 *Dnmt3B*（DNA methyltransferase 3B）。*Dnmt3A* 基因具有两个启动子，因此产生两种主要转录物亚型，即 *Dnmt3A1* 和 *Dnmt3A2*。*Dnmt3A1* 编码完整的 DNMT3A 蛋白，而 *Dnmt3A2* 通过一个位于其下游内含子内的启动子进行转录，其产物不完整，但这并不影响其催化活性。尽管 DNMT1 是主要的维持性 DNA 甲基转移酶，但 DNMT3A 和 DNMT3B 在维持 DNA 甲基化水平和模式方面具有辅助作用。

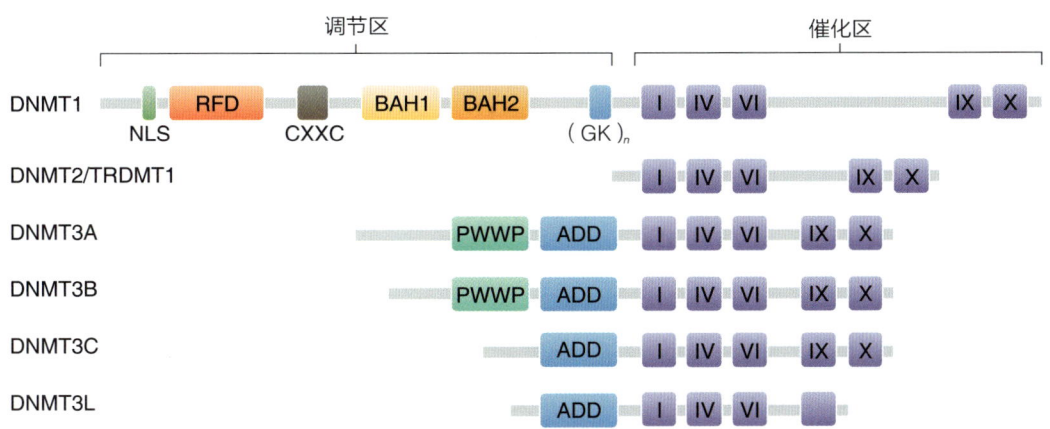

图 4-6　DNA 甲基转移酶的结构域

在进化过程中，*Dnmt3B* 还产生了一个重复基因 *Dnmt3C*（DNA methyltransferase 3C），它仅存在于啮齿类动物中，其结构与 *Dnmt3A* 和 *Dnmt3B* 相似，可能是 *Dnmt3B* 在基因组上的重复，但其 N 端调节区缺乏 PWWP 结构域。DNMT3 家族的另一个成员是 DNMT3L（DNA methyltransferase 3L），最初在哺乳动物基因序列数据库中被发现，它们的 C 端催化区与 DNMT3A 和 DNMT3B 有较高的同源性，但由于缺失一些高度保守的氨基酸和催化序列，因此没有酶活性。DNMT3L 能够与 DNMT3A 和 DNMT3B 结合，从而显著增强它们的催化活性，进一步实验也表明 DNMT3L 对于 DNMT3A 在生殖细胞中的甲基化功能是至关重要的。

除了 DNMT 家族外，还有一些其他蛋白质对 DNA 甲基化也有调节作用，其中一个很重要的调节因子是 UHRF1（ubiquitin-like with PHD and RING finger domains 1）。多项证据表明，UHRF1 与 DNMT1 密切相关，在维持性 DNA 甲基化方面发挥着重要作用。首先，*Uhrf1* 基因敲除后，小鼠胚胎干细胞呈现全基因组范围的低甲基化，与 *Dnmt1* 基因敲除后的表型相似。其次，UHRF1 能够与 DNMT1 结合形成复合物。此外，在正常细胞中，UHRF1 和 DNMT1 共同出现在 DNA 复制起始和异染色质上，而在 *Uhrf1* 基因缺失的细胞中，DNMT1 无法在这些区域定位。这些结果表明 UHRF1 的主要功能是在 DNA 复制过程中招募 DNMT1 到半甲基化的 CpG 位点。

三、DNA 去甲基化

DNA 甲基化的状态并不是一成不变的，DNA 甲基化模式的动态变化一直是表观遗传学领域重点研究对象之一，这种动态平衡正是由 DNA 甲基化和 DNA 去甲基化（DNA demethylation）共同完成的。DNA 去甲基化分为两种方式：一种是复制依赖性的"被动去甲基化"（passive DNA demethylation），即随着细胞不断分裂，DNA 甲基化并没有得到维持，而是逐渐稀释导致去甲基化。另一种是非复制依赖性的"主动去甲基化"（active DNA demethylation），这需要酶的催化才能完成。

　　支持哺乳动物中存在主动 DNA 去甲基化酶的首批证据之一是 2000 年科学家发现小鼠受精卵中全基因组丢失 5mC 现象，在受精后不久，合子父系基因组上的 5mC 信号迅速降低，其程度无法通过复制依赖性稀释完全解释。直到 2009 年，两篇开创性的论文才揭示了这其中的分子机制，研究结果表明人类 TET1 能够将 5mC 转化为 5- 羟甲基胞嘧啶（5hmC），随后另外两种 TET 蛋白 TET2 和 TET3 也被证明具有 5mC 至 5hmC 的氧化活性。TET 家族有高度保守的 C 端催化结构域，包括半胱氨酸富集区（Cys-rich）和 DSBH（double-stranded β-helix）结构域，通过其 DSBH 结构域与 Fe（Ⅱ）及 α-KG 结合，从而行使对 5mC 的氧化功能。

　　张毅与徐国良团队分别发现 TET 不只是将 5mC 氧化至 5hmC，而是将 5hmC 进一步氧化成为 5- 醛基胞嘧啶（5fC）和 5- 羧基胞嘧啶（5caC）。徐国良团队还发现胸腺嘧啶糖苷酶（thymine DNA glycosylase，TDG）可以识别并切除 5caC，形成 AP 位点，随后经由 BER 途径修复，完成整个去甲基化过程。这些研究结果明确揭示了 TET 双加氧酶（ten-eleven translocation dioxygenases）介导的 DNA 去甲基化的分子通路，确认了 DNA 甲基化修饰的可逆性。除了 TET-TDG-BER 去甲基化途径外，TET 蛋白介导的氧化去甲基化机制可能还包括 5hmC 脱氨 - 碱基切除修复途径和 5mC 甲基基团氧化产物的直接移除，但这些假设还需要更多实验证据的支持。

　　TET 双加氧酶在胚胎发育过程中起到了重要的作用。以小鼠的发育过程为例，整个发育过程中基因组会发生两次大规模的去甲基化（图 4-7）。其中一次发生在受精后，这个过程中，源自精子的雄原核会在短短几小时内经历迅速的去甲基化，伴随着 TET3 介导的 5hmC、5fC 和 5caC 的产生，同时 DNA 复制也会导致 5mC 的氧化产物被稀释。而敲除母源 TET3 并不能明显减缓甲基化的降低，提示 DNA 复制依赖的去甲基化是雌原核去甲基化的主要方式。受精卵中的主动去甲基化机制目前还存在需要进一步研究的地方，如这一主动去甲基化途径可能并不依赖于 TDG。

　　基因组另一次大规模去甲基化发生在配子形成过程中。在原始生殖细胞（primordial germ cell，PGC）的形成和迁移过程中，包括印记基因在内的很多位点发生去甲基化。该过程可以进一步分为两个主要阶段：第一阶段发生在 E7.25 到 E9.5 之间的 PGC 增殖和迁移时期，主要是复制依赖的被动去甲基化。该阶段印记控制区域、减数分裂相关基因启动子、X 染色体基因上的 CpG 岛以及一些重复序列等的甲基化水平基本不变。第二阶段发生在 E9.5 到 E13.5 期间，主要是由 TET1，2 介导的 5mC 氧化引发的，但实验也表明同时存在一些除了 TET 介导以外的其他机制参与了去甲基化。

　　除了受精卵基因组上的大规模 DNA 去甲基化，一些特定类型的体细胞还可以迅速响应环境刺激，发生位点特异性的 DNA 主动去甲基化。例如，在受到环境刺激后，激活的 T 淋巴细胞会在白细胞介素 -2（interleukin-2）的启动子和增强子区域发生去甲基化，这种去甲基化不依赖于 DNA 的复制。此外，DNA 主动去甲基化还参与了核激素调节基因的激活，例如，基因 *pS2* 的启动子区域会周期性地发生甲基化和去甲基化，这种周期性与雌激素受体 α（Erα）和 pS2 的表达一致。这些研究表

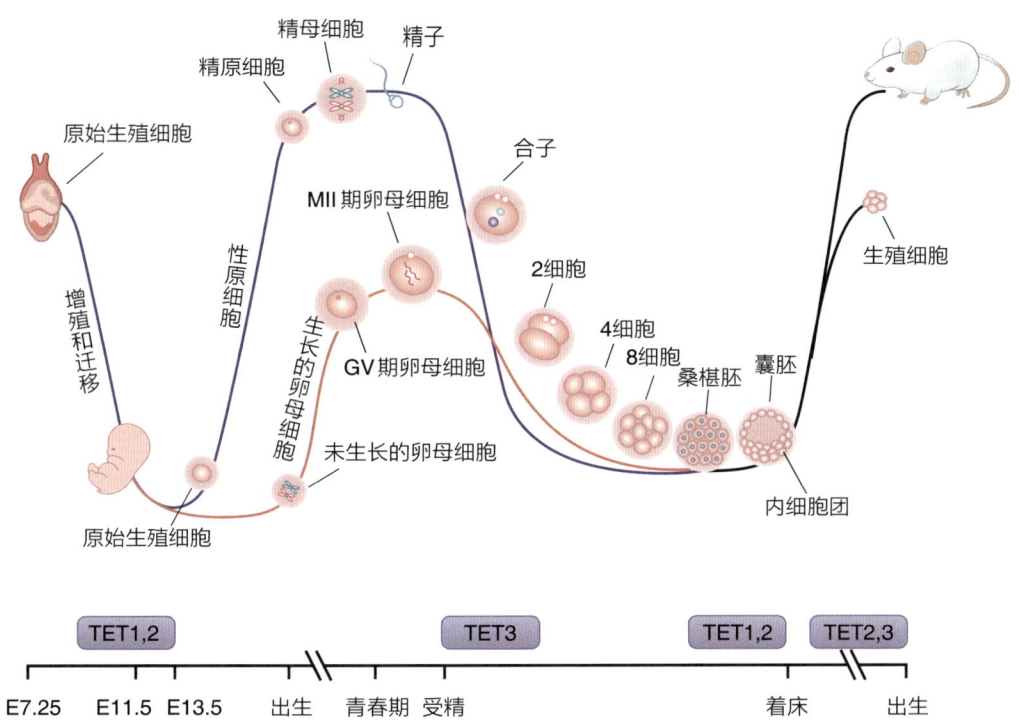

图 4-7　小鼠配子形成及胚胎发育过程中 DNA 甲基化的动态变化

明，DNA 甲基化不仅仅是一种基因的沉默标志，还可以在特定条件下动态调节基因表达。

四、DNA 甲基化的作用与功能

在进化过程中，DNA 甲基化最初的功能可能是抑制转座元件的激活，从而维持基因组的稳定性。然而，在高等生物中，DNA 甲基化发展出包括基因表达调控在内的多种新功能。过去的多项研究证据表明，基因启动子的甲基化与转录的抑制密切相关。一般来说，在启动子区域，DNA 甲基化通过两种主要机制来抑制基因的转录：一种是直接阻止转录因子与基因启动子（或其他调控序列）的结合；另一种则是通过 5mC 结合蛋白来招募转录阻遏物，从而间接地发挥抑制作用（图 4-8）。

5mC 的甲基对 DNA 碱基配对没有影响，然而，由于甲基具有疏水性质并可能改变局部 DNA 的三维结构和染色质构象，因此 DNA 甲基化会影响蛋白质与 DNA 之间的结合。许多转录因子识别富含 GC 的 DNA 序列，通过 CpG 甲基化则可以抑制部分转录因子与其识别序列的结合（图 4-8）。以基因组印记为例，这种不对称的甲基化状态在胚胎发育早期就被建立，对正常发育至关重要，基因组印记的失调可能导致一些表观遗传性疾病。在基因组印记现象中，大部分已知的印记基因

干扰转录因子结合

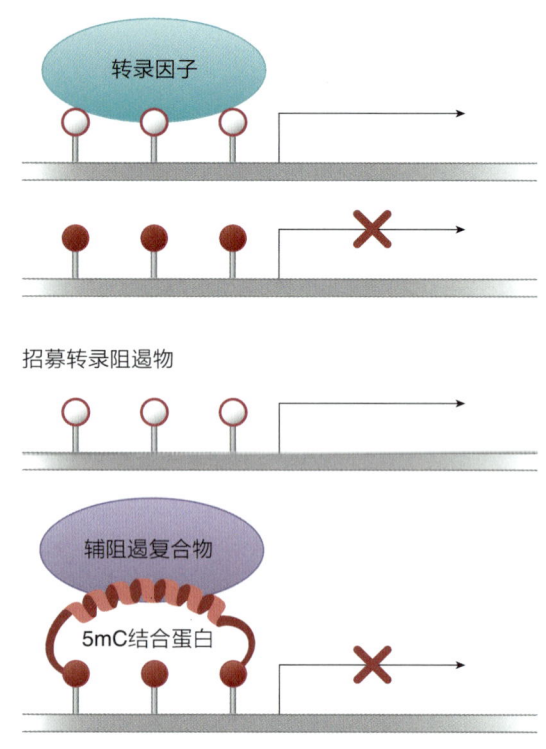

图 4-8　DNA 甲基化抑制基因转录的两种模式

在染色体上成簇存在，这些成簇的印记基因共同受到顺式调控元件印记调控区（imprinting control region，ICR）的调控。*Igf2-H19* 印记基因簇对于胚胎生长具有重要意义。如图 4-9 所示，该基因簇受到位于染色体上 *Igf2* 和 *H19* 印记基因之间的 ICR 调控。该 ICR 位于 *Igf2* 下游，距 *Igf2* 转录起始点约 80 kb；同时，该 ICR 也位于 *H19* 上游，距 *H19* 转录起始位点大约 2 kb。值得注意的是，*H19* 基因下游存在一个增强子，与 *Igf2-H19* 印记基因簇内所有印记基因的表达密切相关，为该区域内所有印记基因所共享。其中锌指蛋白 CTCF 起到了关键作用，CTCF 可以结合染色体上的绝缘子，并与染色体的三维构象有关。在母本染色体上，CTCF 能够结合 *Igf2-H19* 印记基因簇内未甲基化的 ICR。这种结合阻碍了促进印记基因表达的增强子与 ICR 另一侧的 *Igf2* 和 *Ins2* 两个印记基因启动子的相互作用，从而使这两个印记基因处于关闭状态。相反，由于 *H19* 启动子与增强子位于 ICR 的同一侧，它们之间的相互作用未被结合于 ICR 上的 CTCF 所阻断。因此，*H19* 启动子可以与增强子结合，从而促进非编码 RNA *H19* 的转录表达。相比之下，在父本染色体上，*Igf2-H19* 印记基因簇内的 ICR 处于高度甲基化状态。这种甲基化抑制了 CTCF 与父本染色体上 ICR 的结合。因此，增强子可以与 *Igf2* 和 *Ins2* 这两个印记基因的启动子接触，从而促进 *Igf2* 和 *Ins2* 的转录表达。然而，同在父本染色体上的 *H19* 启动子，由于 ICR 发生甲基化，导致 *H19* 启动子的差异性甲基化区域（differentially methylated region，DMR）也处于高度 DNA 甲基化状态，从而无法

图 4-9　*Igf2-H19* 印记基因簇表达调控模式图

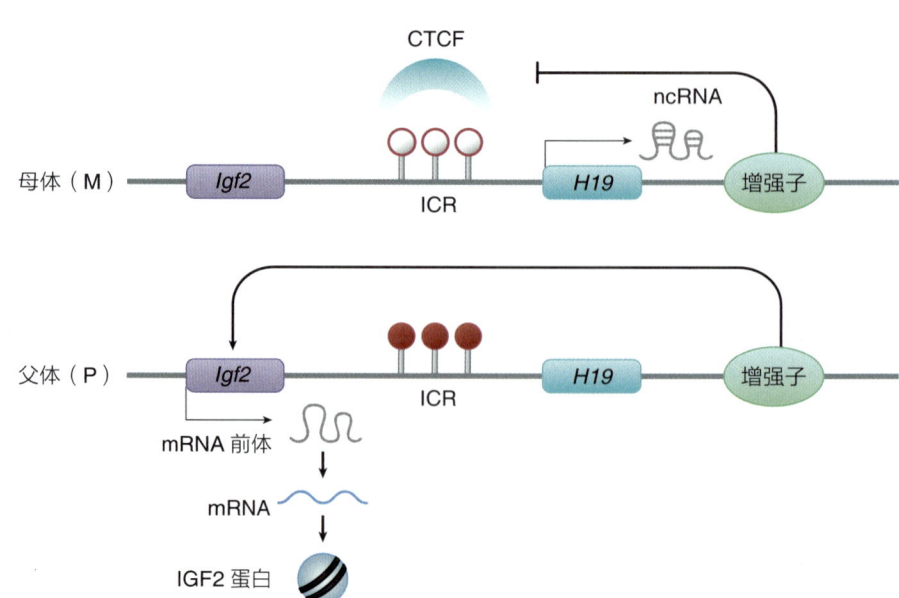

表达 *H19* 非编码 RNA。这些调控模式是 *Igf2-H19* 印记基因簇的经典绝缘子调控模型。

除了启动子区域以外，DNA 甲基化也常发生在基因体（gene body）内，但目前关于基因体 DNA 甲基化的功能知之甚少。一些报告表明，与启动子甲基化的效应相反，基因体内的 DNA 甲基化与基因表达呈正相关，其 DNA 甲基化可以增加转录活性从而促进基因表达；但同时也有报告表明，并非所有基因体内的 DNA 甲基化都与表达呈正相关。目前关于基因体甲基化的形成和功能仍待进一步探索。

DNA 甲基化还与 X 染色体失活和维持基因组稳定密切相关。哺乳动物的性别由性染色体所决定。Y 染色体上的基因相对较少，而 X 染色体上的基因数量较多，因此，X 连锁基因的表达在雄性（XY）和雌性（XX）动物之间需要进行剂量补偿，这一过程被称为剂量补偿效应（dosage compensation effect）。哺乳动物利用 X 染色体失活（X-inactivation）实现剂量补偿效应。它指的是雌性动物中的两条 X 染色体中的其中一条失去活性，使 X 连锁基因的表达水平在雌性和雄性之间实现平衡。X 染色体失活是由一个被称为 X 失活中心（X-inactivation center，Xic）的区域控制的，该区域包含 *Xist*（X-inactive-specific transcript）基因。*Xist* 只在将要失活的 X 染色体上表达，并包裹该染色体，而在有活性的 X 染色体上则保持沉默。在体细胞中，有活性的 X 染色体上 *Xist* 基因 5′ 端的 CpG 岛高度甲基化，与 *Xist* 保持沉默状态一致，而在将要失活的 X 染色体上的同一区域则没有甲基化。

此外，在人类和小鼠的基因组中，大约 50% 的 DNA 来自进化过程中逆转座子（retrotransposon）的复制，其中一部分逆转座子依然具有转座活性，因而对基因组的稳定性构成威胁。为了抑制这些转座元件，涉及多种机制，而 DNA 甲基化是其中一个关键的组成部分。特别是长散在核元件 1（long interspersed nuclear element-1，LINE-1）和短散在核元件（short interspersed nuclear elements，SINEs，如 *Alu* 序列）这类转座子，易受 DNA 甲基化的影响。它们的甲基化状态并非一成不变，而是在胚胎早期发育和生殖细胞发育过程中经历动态变化，这对于正常发育和基因组完整性维持至关重要。

这种动态的表观遗传调控不仅影响个体的发育过程，也可能对后代产生深远的影响。关于表观遗传修饰的"遗传"，目前的研究表明，DNA 甲基化和组蛋白修饰等表观遗传标记可以在不改变 DNA 序列的情况下部分传递给后代，影响基因表达和表型。环境因素如营养、压力和毒素暴露，可能通过改变生殖细胞的表观遗传状态，进而影响后代的发育和疾病易感性。然而，在哺乳动物的生殖细胞形成和早期胚胎发育过程中，大多数表观遗传标记会经历全基因组范围的重编程，导致这些标记被广泛擦除。尽管如此，仍有某些特定的表观遗传信息，如印记基因和某些转座子相关序列，可以逃避重编程过程，继而影响后代。这一现象表明，表观遗传信息在跨代传递中可能具有重要作用，需要进一步研究来阐明其机制和生物学意义。

五、DNA 甲基化与肿瘤

　　大量研究显示，DNA 甲基化和癌症具有密切关系，癌细胞 DNA 具有和正常细胞不同的甲基化水平和谱式。1983 年，美国约翰·霍普金斯大学的安德鲁·芬恩伯格（Andrew P. Feinberg）和伯特·福格斯坦（Bert Vogelstein）应用甲基化敏感的限制性内切酶方法发现，肿瘤组织的 DNA 呈现整体性的低甲基化状态，首次将 DNA 甲基化与肿瘤的发生联系起来。

　　正如硬币有两面，肿瘤也不仅仅只有 DNA 低甲基化这一种特性。仅仅 3 年后，1986 年，美国科学家斯蒂芬·拜林（Stephen B. Baylin）团队先后在肿瘤中报道了启动子区域和 11 号染色体短臂上存在高度 DNA 甲基化的区域。从此开启了肿瘤基因组究竟是低甲基化还是高甲基化的激烈争论。围绕这个争论，掀起了 DNA 甲基化与肿瘤机制的研究热潮。

　　基于 DNA 甲基化的功能，当时学界推测这些特定位置的 DNA 高甲基化可能与抑癌基因的失活存在潜在联系。肿瘤抑制基因的启动子区域的高甲基化导致抑癌基因的沉默，这一假说很好地解释了肿瘤发生的原因，也容易被人们所理解。在 1989 年，德国遗传学家伯恩哈德·霍斯滕克（Bernhard Horsthemke）团队在肿瘤抑制基因 *RB* 中明确发现了高甲基化的现象，DNA 高甲基化导致"抑癌基因"沉默的假说首次得到了证据支持。随后在 1993 年，卡尔·巴雷特（J. Carl Barrett）等人首次建立了逐步丧失抑制基因活性的永生化细胞模型，报道了抑癌基因与 DNA 甲基化之间的功能关系。随后，越来越多的报道证实了肿瘤细胞中存在关键基因启动子高甲基化导致基因沉默失活的现象。因此在这一段时间的争论中，DNA 高甲基化无疑在肿瘤发生发展研究中成为主流的观点。

　　与之相反的是，在很长一段时间里，人们都无法说清楚全基因组水平上的 DNA 低甲基化到底在肿瘤发生中发挥何种作用。直到十多年后的 1998 年，芬恩伯格团队终于建立起了 DNA 低甲基化与基因组不稳定性之间的联系，人们才开始重新认识到 DNA 低甲基化在肿瘤发生中的重要作用。研究者们逐渐发现，DNA 低甲基化也是癌细胞的一个重要特征。一方面，DNA 低甲基化能够使原来沉默的基因重新表达，尤其是原癌基因（proto-oncogene）（如 *c-myc*）及一些重复序列（*LINE-2* 等）的低甲基化，可导致其活性增强、表达增加，进而促进肿瘤的形成。另一方面，基因组不稳定性和染色体非整倍性是肿瘤细胞的两大特征，基因组普遍低甲基化有助于这些变化的产生。DNA 低甲基化可以通过激活转座元件进而导致 DNA 异常缺失、插入等变化，进而对肿瘤的形成起到一定的作用。总而言之，目前研究表明，人体肿瘤细胞的全基因组 DNA 低甲基化和局部区域的高甲基化一起促进了肿瘤的发生和发展。癌细胞一般表现为全基因组范围的低甲基化和局部区域的异常高甲基化，低甲基化通常与重复的 DNA 序列相关，而高甲基化则通常与 CpG 岛区域相关。

　　除了甲基化高低的影响外，DNA 甲基化还可以通过其他机制促进肿瘤的发生，例如 5mC 可影响 DNA 与一些致癌物和紫外线的反应方式，且 5mC 可通过脱氨反应（deamination）而被转变为胸腺嘧啶，而 DNA 修复机制对这种错配的修复效率较低，所以易造成突变。近年来随着基因组测序技术的广泛应用，也逐渐发现一些与 DNA 甲基化相关的基因在癌细胞具有较高的突变率。例如，*Dnmt3A* 和 *Tet2* 的有害变异在急性髓性白血病及其他血液肿瘤中很常见。

对于肿瘤患者来说，最好的治疗手段就是早发现、早诊断、早治疗。晚期肿瘤患者的预后往往很差，治愈率不高。目前肿瘤诊断普遍采用的形态学诊断技术，如 CT、内窥镜、超声波等由于精度的限制难以筛查出早期肿瘤。同时，针对组织器官有创取样活检（如通过肠穿刺检测结肠癌）更不可能作为肿瘤筛查和早期诊断的手段大规模临床推广。因此最理想的方案是立足临床无创或微创样本（如粪便、尿液、唾液及血液）开发早筛早检的检测技术。那么，已经被证明与肿瘤发生发展密切相关的 DNA 甲基化，能否作为一个理想的早期诊断标志物呢？

答案自然是肯定的。近年来，得益于过去关于人类癌症甲基化模式改变的大量研究，DNA 甲基化作为肿瘤诊断和预后的肿瘤标志物已经得到了广泛的探索和应用。许多科学家致力于找到各癌种对应的 DNA 甲基化标志物。例如有研究发现能够利用尿液或血液中的 *GSTP1* 基因启动子高甲基化诊断前列腺癌。而宫颈刮片样品中的 *PAX1* 高甲基化则可用于区分宫颈癌的诊断。血浆游离 DNA 中 *Septin9* 的高甲基化更是已经获得美国 FDA 批准（Epi proColon），专门用于结直肠癌筛查。然而随着研究的深入，人们逐渐发现许多甲基化标志物会在多种肿瘤中出现高甲基化现象。因此，寻找肿瘤共有的甲基化标志物无疑会将肿瘤的检测简单化，也是将复杂的肿瘤诊断提高到一个全新的高度。

近年来，于文强团队通过独创的全基因组 DNA 甲基化检测技术导向定位测序（guide positioning sequencing，GPS），将人类细胞中 DNA 胞嘧啶的检测覆盖率提高到 96%，而目前全世界通用的全基因组 DNA 甲基化检测技术 WGBS（whole genome bisulfite sequencing）仅能覆盖肿瘤基因组胞嘧啶的 50% 左右。基于此，于文强团队发现一种在所有肿瘤中共同存在的甲基化标志物，并定义为"全癌标志物"（universal cancer only marker，UCOM），这些甲基化位点包括 *HIST1H4F*、*PCDHGB7*、*SIX6* 等，在超过 25 种不同类型的肿瘤中存在普遍高甲基化。全癌标志物的发现具有重要的理论和现实意义：一方面全癌标志物为什么在肿瘤中普遍存在高甲基化，提示所有不同肿瘤具有共同的发病机制；另一方面，全癌标志物在临床中的推广应用可以将肿瘤的诊疗简单化、程序化；同时全癌标志物只与肿瘤有关，而不会因为世界各国人群种族差异而不同，便于在全世界广泛推广应用，这必将为多种复杂肿瘤早期诊疗提供更简洁和更具卫生经济学价值的新思路。此外，在检测肿瘤转移、预测患者预后及肿瘤耐药等方面，全癌标志物都展现出了更为宽广的应用前景。

除了作为肿瘤标志物以外，由于 DNA 甲基化的动态可逆性，将其作为肿瘤个性化治疗靶标也是一个极好的选择。以目前在临床中用于治疗骨髓增生异常综合征的两种药物为例：阿扎胞苷（5-aza-CR）和吉西他滨（5-aza-CdR），它们具有相似的结构，均属于 DNA 甲基化酶抑制剂，通过抑制 DNA 甲基化酶的活性，使患者基因组中高甲基化的基因变为低甲基化或正常甲基化的基因，使之能够正常表达和行使基因功能，从而治疗疾病。

然而美中不足的是，由于现有 DNA 甲基化酶抑制剂对基因组上甲基化的去除并没有选择性，虽然其在临床试验中被证明能够改善患者的临床症状，但对于改善患者存活率和提高长期治疗效果尚不确定。因此，开发位点特异性的甲基化药物是未来的发展趋势。目前利用 CRISPR/Cas9 技术定点去除甲基化已经有了许多研究，未来随着技术的进步和定点去除效率的提高，基于 DNA 甲基化的药物治疗肿瘤的临床应用将迎来更多的曙光。

六、DNA 甲基化与其他疾病

除了对于癌症的影响外，DNA 甲基化相关基因突变也是导致一些人类发育性疾病的原因。遗传性感觉和自主神经病变伴痴呆和耳聋（hereditary sensory and autonomic neuropathy with dementia and hearing loss type IE，HSAN IE）及常染色体显性小脑共济失调伴耳聋和嗜睡（autosomal dominant cerebellar ataxia，deafness and narcolepsy，ADCA-DN）是两种很罕见的常染色体显性遗传病，这两种疾病在症状上均主要表现为中枢和周围神经的退行性病变。外显子测序表明两者均由 *Dnmt1* 突变引起；Tatton-Brown-Rahman 综合征属于一种过度生长疾病，主要表现为身材高大、独特的面容，以及轻度至中度智力障碍，部分患者出现了 *Dnmt3A* 突变。

ICF（immunodeficiency，centromeric instability and facial anomaly）综合征是一种罕见的常染色体隐性遗传病，患者主要表现为免疫球蛋白低下，以致在幼年出现反复感染甚至死亡，其他临床表现包括面部异常、生长缓慢、智力障碍等。大约 50% 的 ICF 综合征病例由 *Dnmt3B* 突变引起，另外 50% 患者虽然没有 *Dnmt3B* 突变，但存在其他突变基因可能影响 DNA 甲基化。此外，有相当多的证据表明孤独症患者和非孤独症患者具有不同的甲基化模式，这种模式不仅仅存在于某个特定基因中，而是遍布在整个基因组中，并且这些差异自出生时就存在。

名词窗 4-1

表观遗传学（epigenetics）：一门研究 DNA 核苷酸线性排列序列之外的，引起可遗传的基因表达或细胞表型变化的机制的学科。

表观遗传修饰（epigenetic modification）：是在不改变 DNA 序列的基础上，能够引起基因表达模式的可遗传变化的化学修饰，主要包括 DNA 甲基化修饰和组蛋白修饰。

基因组印记（genomic imprinting）：是一种父母遗传信息不对等的现象，其中某些基因在来自父亲的等位基因和来自母亲的等位基因之间存在甲基化差异。

印记基因（imprinted gene）：指一类由亲本来源决定的、选择性表达父本或母本来源的等位基因。

DNA 甲基化（DNA methylation）：指发生在 DNA 上的所有甲基化修饰的总称，包括 N^6- 甲基腺嘌呤（6mA）、N^4- 甲基胞嘧啶（4mC）和 C^5- 甲基胞嘧啶（5mC）。在真核生物中，由于 DNA 甲基化的主要类型为 5mC，因此，在表观遗传学领域，如果没有特别说明，DNA 甲基化通常就是指 5mC。

CpG 岛（CpG island, CGI）：CpG 岛一般 DNA 序列长度超过 200 bp，并且 GC 含量超过 50%，多位于基因的启动子和 5′ 端非翻译区。在正常细胞中，CpG 岛中的 CpG 位点一般处于非甲基化状态。

转座元件（transposable element）：一类能够在基因组中移动的 DNA 或 RNA 片段。

启动子（promoter）：位于基因 5′ 端上游区的一段能够被 RNA 聚合酶识别、结合和开启转录的 DNA 序列。

DNA 甲基转移酶（DNA methyltransferase）：DNA 甲基化由 DNA 甲基转移酶催化，以 S- 腺苷甲硫氨酸（SAM）为甲基供体，将甲基转移至胞嘧啶第五位碳原子（C5）上。

从头甲基化（de novo methylation）：是指催化非甲基化的 CpG 位点甲基化从而建立 DNA 甲基化模式的过程，从头 DNA 甲基转移酶包括 DNMT3A 和 DNMT3B。

维持性甲基化（maintenance methylation）：指在细胞分裂过程中将亲本链上的甲基化模式复制到新生链上的过程，维持性 DNA 甲基转移酶包括 DNMT1。

主动去甲基化（active DNA demethylation）：指在去甲基化酶的催化下发生的不依赖于 DNA 复制的去甲基化过程。

被动去甲基化（passive DNA demethylation）：指原本甲基化的位点将随着 DNA 复制而发生稀释的过程。

基因启动子甲基化（gene promoter methylation）：指发生在基因启动子区域的甲基化，通常与基因表达呈负相关。

基因体甲基化（gene body methylation）：指发生在基因体区域的甲基化，通常与基因表达呈负相关。

抑癌基因（tumor suppressor gene）：指一类抑制细胞过度生长、增殖从而抑制肿瘤形成的基因。

原癌基因（oncogene）：指能够使正常细胞转化为癌细胞的基因。

全癌标志物（universal cancer only marker, UCOM）：是指一类 DNA 甲基化标志物，它存在于所有肿瘤细胞中，而在正常细胞中没有甲基化，可用于所有肿瘤的早期筛查、疗效判定及复发检测。

第三节　组蛋白修饰

一、组蛋白研究的历史

遗传物质是以染色体的形式存在于细胞核中，而染色体的基本结构单位是核小体（nucleosome），它是由 4 种组蛋白（histone）（H2A、H2B、H3 和 H4）各以 2 分子形式组成的一个 8 聚体，这个 8 聚体再被 146 个 DNA 碱基对以左手超螺旋形式缠绕核心颗粒 1.75 圈，从而组成一个核小体。

从结构上看，核小体就像一个个拖着尾巴的小球，其中，8 个组蛋白的中间肽链部分通过蛋白质折叠组成球状结构域，即 8 聚体的球体部分，而组蛋白肽链的两端不参与折叠，以线性肽链的形式出现，像"尾巴"一样"漂浮"在细胞核基质里。每个组蛋白都有"碳端"和"氮端"2 条尾巴，这样一个 8 聚体的核小体就一共有 16 条尾巴，我们不妨把它们想象成一条条长短不一的"尾巴"，不时地挥来挥去。

从功能上看，对组蛋白调控功能的认知过程就是人们对组蛋白修饰的类型及其功能的逐步发现、认识过程。早在 1964 年，科学家就已经认识到组蛋白可以被乙酰化，而乙酰化可以调控基因表达。但遗憾的是，这些认识在当时并没有得到足够的重视。直到 20 世纪 90 年代早期，组蛋白的调控功能才又重新进入人们视野。人们逐渐认识到，这些"尾巴"的功能居然十分强大，甚至可能远远超过中间的球体。简单地说，这些"尾巴"上携带有许多氨基酸，通过翻译后加以修饰，其中被加上一些重要的化学基团（图 4–10）。正是通过这些基团，"组蛋白尾巴"能够直接参与调控基因的表达，进而调控纷繁的生命途径，其任何功能的异常改变都可能导致生长发育异常，进而诱发各种疾病。

2018 年 9 月，拉斯克医学奖（Lasker Medical Research Awards）授予了美国科学家迈克尔·格伦斯坦（Michael Grunstein）和大卫·埃利斯（David Allis），这是生理学和医学领域除诺贝尔奖外的顶级大奖，用以表彰他们对影响基因表达的组蛋白修饰领域所做出的突出贡献。

1988 年，格伦斯坦设计了一种酿酒酵母（*S. cerevisiae*）菌株，可以人工控制细胞中组蛋白 H4 的水平，并证明了组蛋白在酿酒酵母的基因表达激活中起主要作用。那么，酵母中组蛋白 H4 是如何影响基因表达的呢？格伦斯坦在上述组蛋白 H4 表达控

图 4–10　组蛋白修饰示意图

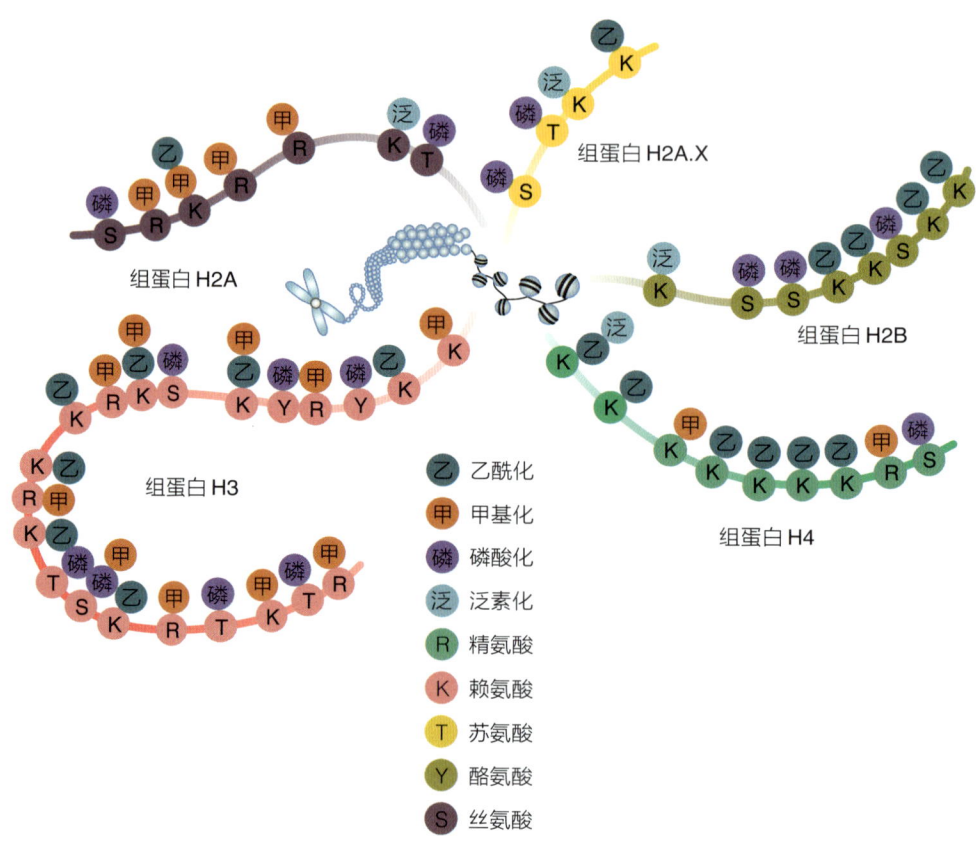

制模型的基础上，对 H4 进行定点突变，发现 H4 氨基末端的缺失，尤其是保守性的赖氨酸（K）残基的突变会影响相应的基因表达。这表明组蛋白 H4 中的赖氨酸残基以及可能的乙酰化是诱导基因表达所必需的。到此，这些研究都证明了组蛋白 H4 与基因的激活相关，那么组蛋白与基因表达抑制之间是否也相关呢？他随后又在酵母模型中证明了 *HMLα* 和 *HMRα* 基因座的沉默需要 H4 尾端的氨基酸残基尤其是 K16 的去乙酰化。至此，格伦斯坦以酿酒酵母作为模式生物，首次发现组蛋白即可参与激活基因表达，也可参与抑制基因表达。重要的是，他对组蛋白 H4 氨基末端的赖氨酸残基的关注为后续研究组蛋白乙酰化奠定了基础。

埃利斯利用了另一种模式生物——四膜虫（*Tetrahymena*）来研究组蛋白及翻译后修饰。埃利斯于 1996 年首次在四膜虫中鉴定到了一个组蛋白乙酰转移酶 A（histone acetyltransferase type A，HATA），能使组蛋白尾部特定的赖氨酸乙酰化，这类似于蛋白激酶识别特定氨基酸序列基序的底物特异性。1999 年，他又在四膜虫的核抽提物中发现组蛋白 H3 赖氨酸甲基化 H3K4me 与转录激活相关，且该位点在酵母和人源细胞中高度保守。埃利斯的这些发现使人们重新开始审视转录领域，尤其是组蛋白修饰对于基因转录的控制。埃利斯还开创性地提出了"组蛋白密码"（histone code）的假说，该假说的主要内容是：不同的组蛋白修饰能够以一个修饰形式独立存在，并以先来后到的方式起作用；或者几个修饰共同存在（如 H3K14ac 和 H4K8ac）而形成一个个"组蛋白密码"，这些密码由相应的可结合在组蛋白上特定的酶来解析，从而导致不同的效应。

埃利斯和格伦斯坦在染色质和组蛋白修饰上的发现引发了该领域研究的爆炸式增长，越来越多的组蛋白修饰类型及其对应的识别和修饰蛋白被发现，从而彻底改变了人们对真核生物基因表达调控的认识。

二、组蛋白修饰：组蛋白乙酰化

组蛋白修饰的形式极其丰富多彩，自 20 世纪 90 年代至今，短短 30 年间已有大量的组蛋白修饰得到研究，包括：乙酰化（acetylation）、甲基化（methylation）、磷酸化（phosphorylation）、泛素化（ubiquitination）等热点修饰，以及研究相对较少的诸如琥珀酰化（succinylation）、丁酰化（butyrylation）、巴豆酰化（crotonylation）等修饰。

随着研究的深入，人们逐渐发现，组蛋白修饰与染色质结构有密切关系，而不同的修饰可能发挥着不一样的功能。真核细胞的染色质根据其折叠紧密程度分为异染色质（heterochromatin）和常染色质（euchromatin）。已经明确的是，常染色质的组蛋白修饰特点为高水平的乙酰化，以及组蛋白 H3 第 4、36 和 79 号赖氨酸上的三甲基化（H3K4、H3K36、H3K79）。异染色质则表现为低水平的乙酰化，以及组蛋白 H3 第 9、27 号和组蛋白 H4 第 20 号赖氨酸上的高水平三甲基化（H3K9、H3K27 和 H4K20）。核心组蛋白的 N 端尾巴可以活跃地与 DNA 及其他蛋白质发生相互作用，在调节核小体和染色质结构中起重要作用。有趣的是，这两种染色质表现出独特的乙酰化模式，常染色质折叠压缩程度低，表现组蛋白高乙酰化（hyperacetylation）。组蛋白的高乙酰化是活跃转录染色质的一个标志，并发现与基因活性诱导和抑制密切相关的动态过程，即高乙酰化标志转录活跃，而低乙酰化（hypoacetylation）则与转录抑制有关。

组蛋白的赖氨酸乙酰化是研究最早，成果最多的表观遗传修饰之一，与基因活化关系密切。不过正如前文所提到的，尽管组蛋白乙酰化修饰早在 19 世纪 60 年代就被报道了，但是组蛋白乙酰化真正得到重视还是要到 20 世纪 90 年代组蛋白乙酰化与转录调控功能的明确以及相关调控酶被发现。其中特别值得一提的重要发现就是英国科学家艾伦·沃菲（Alan P. Wolffe）于 1993 年发现核心组蛋白的乙酰化可降低核小体稳定性，进而在转录中促使 DNA 结合元件能够更加高效地接近启动子元件，从而加速转录。随着高通量测序技术的发展，组蛋白乙酰化修饰经常被研究者用来确定基因调控元件的位置，从而研究基因激活状态。例如，组蛋白 H3 第 27 位赖氨酸的乙酰化（H3K27ac）被认为是活跃的激活元件增强子（enhancer）的标记。

特别值得关注的是，组蛋白修饰并不是一成不变的，而是一种灵活的、动态可逆的机制。例如在组蛋白乙酰化领域，现在已经清楚地知道，组蛋白乙酰化修饰水平是由两类相反活性的酶，即组蛋白乙酰化酶（histone acetyltransferase，HAT）和组蛋白去乙酰化酶（histone deacetylase，HDAC）动态调控的。早在 1996 年，埃利斯和施莱伯就分别发现了第一个组蛋白乙酰化酶 GCN5 和第一个组蛋白去乙酰化酶 HDAC1，首次证明了组蛋白乙酰化修饰可以调控基因表达。

目前的研究认为，组蛋白乙酰化与基因活化有关，而去乙酰化与基因沉默有关。HAT 能将乙酰辅酶 A 上的疏水乙酰基转移到组蛋白的 N 端赖氨酸残基，中和掉 1 个正电荷，使 DNA 与组蛋白之间的空间位阻增大，两者之间的相互作用减弱，使 DNA 易于解聚、舒展，有利于转录因子与 DNA 模板相结合而激活转录。相反，HDAC 通过组蛋白 N 端的去乙酰化，使组蛋白带正电荷，从而与带负电荷的 DNA 紧密结合，染色质呈致密卷曲的阻抑结构而抑制转录。HAT 和 HDAC 之间的这种动态平衡调控组蛋白的乙酰化/去乙酰化状态，进而控制基因转录的启动和关闭。此外，组蛋白乙酰化与去乙酰化还能作为特殊信号，被其他蛋白质因子识别并影响它们的活动，从而实现对基因表达的调控。

组蛋白乙酰化除了独立发挥基因表达调控功能外，还与组蛋白尾部的其他修饰有广泛的交叉作用（cross-talk）。例如，如果乙酰化修饰与其他种类蛋白质修饰发生在同一位点，它们会形成竞争关系而相互抑制。其中最典型的案例是 H3K9 残基的甲基化和乙酰化，H3K9 乙酰化激活转录，而甲基化则变为抑制转录。

三、组蛋白甲基化

组蛋白甲基化修饰是一种重要的表观遗传调控方式。2000 年，奥地利维也纳生物中心的托马斯·耶努文（Thomas Jenuwein）率先报道了第一个真正意义上的组蛋白甲基转移酶（histone methyltransferase，HMT）SUV39H1。SUV39H1 特异性地以 H3K9 为底物，主要富集在异染色质区域，一旦缺失将会导致体内 H3K9me3 水平在基因组范围整体下降。自此，组蛋白甲基化动态调控迅速成为整个表观遗传学领域的研究热点。

其中 H3K4、H3K9、H3K27 甲基化广泛参与基因的转录调控。一般认为 H3K4 甲基化在基因的转录激活调控过程中发挥重要作用，在哺乳动物细胞中，H3K4me3 显著富集于启动子区域，而 H3K4me1 则通常与 H3K27ac 一起富集于活化态增强子（active enhancer）区域。而 H3K9 甲基化则对转录抑制和异染色质的形成至关重要。与 H3K9 甲基化的功能类似，H3K27 甲基化特别是 H3K27me3 在多个物种中对于形成沉默的染色质区域抑制基因表达具有非常重要的调控作用。H3K27 甲基化修饰在染色体上的丰度也非常高，有研究表明，在小鼠胚胎干细胞中，H3K27 位点上约 4% 的 H3 发生单甲基化、70% 的 H3 发生二甲基化、5%~10% 的 H3 发生三甲基化。

在哺乳动物中，H3K27 甲基化是由 PRC2 复合物催化的，PRC2 复合物中含有 SET 结构域的亚基 EZH2（enhancer of zeste homolog 2）及其同源蛋白 EZH1 能够催化 H3K27me1/2/3 的形成。PRC2 作为多梳抑制复合物（polycomb repressive complex）的中心蛋白质复合物之一，是调控多个重要的细胞发育和生理学过程的转录抑制因子，也是细胞维持基因转录状态和细胞记忆的分子基础。体外和体内实验都证实在 DNA 复制过程中，尽管 H3K27me3 会被一分为二地"稀释"，但仍然能够保证抑制性染色质的短期记忆，复制后 PRC2 通过结合于亲本来源核小体上的 H3K27me3 而恢复原来的 H3K27me3 水平。

而另一种别具特点的甲基化修饰是有 H3K79 位点的甲基化，一般来讲，赖氨酸的甲基化修饰主要发生在组蛋白尾部，但是 H3K79 位点的甲基化却是个例外，存在于组蛋白 H3 的核心区域（core domain）。目前已知的能够催化 H3K79 甲基化的甲基转移酶只有一个不含 SET 结构域的酵母 Dot1（disruptor of telomeric silencing）和哺乳动物细胞的同源蛋白 DOT1L（DOT1-like）。DOT1L 能够催化 H3K79 位发生单甲基化、二甲基化和三甲基化，在酵母、果蝇或小鼠中敲除 DOT1L 会导致几乎完全丧失 H3K79 甲基化。研究表明，DOT1L 介导的 H3K79 甲基化在基因转录激活、转录延伸以及 DNA 损伤应答过程中具有重要作用。作为目前发现的唯一调控 H3K79 甲基化的酶，哈佛大学医学院张毅教授率先发现 DOT1L 还在肿瘤发生特别是白血病的发生过程中具有重要的调控作用。

同时，组蛋白甲基化修饰是否动态可逆及其机制也成为广泛探讨的热点问题。不像甲基化修饰需要甲基化酶催化那样直观，去甲基化酶（demethylase）是否存在的争论在学术界持续了 40 多年。认为其不存在的主要论据为：①甲基化键能高（化学性质稳定），蛋白酶介导的催化反应难以达到足够的活化能；②甲基化是一类标记发育进程的关键修饰，需要保持稳定，如果可逆会导致细胞身份紊乱；③组蛋白甲基化表现出较为稳定的特质，有学者曾证明甲基化组蛋白的半衰期与组蛋白半衰期一致，因此认为组蛋白甲基化的去除是通过组蛋白降解完成的，并不需要酶催化。

这所有的争论终于在 2004 年随着第一例去甲基化酶 KDM1A/LSD1 的发现结束了。

这一年，华人科学家施扬教授在哈佛大学医学院的研究组研究 CtBP 转录抑制复合体时发现了 KIAA0601 蛋白具有去除组蛋白甲基化的催化能力。KIAA0601 在当时又叫 NPAO/BHC110，也是 HDAC 复合体中的一个主要组分，其蛋白质序列预测编码一个多胺氧化酶（polyamine oxidase）结构域，因为定位在核内，因此研究者将之命名为 NPAO（nuclear polyamine oxidase）。然而，为什么转录复合体中会出现多胺氧化酶同源蛋白呢？施扬、石雨江和蓝斐团队通过大量的尝试都难以检测到该蛋白质的多胺氧化酶活性。因此他们猜测这个氧化酶的底物并不是体内的多胺，而是与多胺有着类似化学结构的甲基化赖氨酸或是精氨酸（侧链末端氨基甲基化，化学键同为 N—C 键）。有了这个猜想，他们立刻用小牛胸腺组蛋白（含有各类甲基化修饰）作为底物与重组 NPAO 蛋白孵育，很快就发现了其去甲基化酶活性，其底物位点是组蛋白 H3 赖氨酸 4 位双甲基化（H3K4me2），并命名为 LSD1（lysine-specific histone demethylase 1）。由此证明了组蛋白甲基化修饰能够被酶类催化去除，同时也提示了其他蛋白质上的甲基化调控可能也是可逆的，开创了甲基化动态调控的研究新领域。

更多的去组蛋白甲基化酶相继被发现（图 4-11），例如 H3K36me2 的去甲基化酶 FBXL11/KDM2A 和 FBXL10/KDM2B，以及 H3K9me2 的去甲基化酶 JMJD1A/KDM3A 和 JMJD1B/KDM3B。到目前为止，除了 H3K79 上的甲基化修饰还没有找到明确的去甲基化酶以外，其他的主要组蛋白赖氨酸甲基化修饰都已经确定了对应的去甲基化酶。

四、组蛋白其他修饰

除了研究较为深入的甲基化和乙酰化，组蛋白还存在多种多样的其他修饰类型。这些组蛋白修饰的位点分布与功能不尽相同，相互之间还存在相互影响，并与基因的表达调控、DNA 损伤修复和基因组稳定性等过程密切相关，逐渐成为生命科学研究中

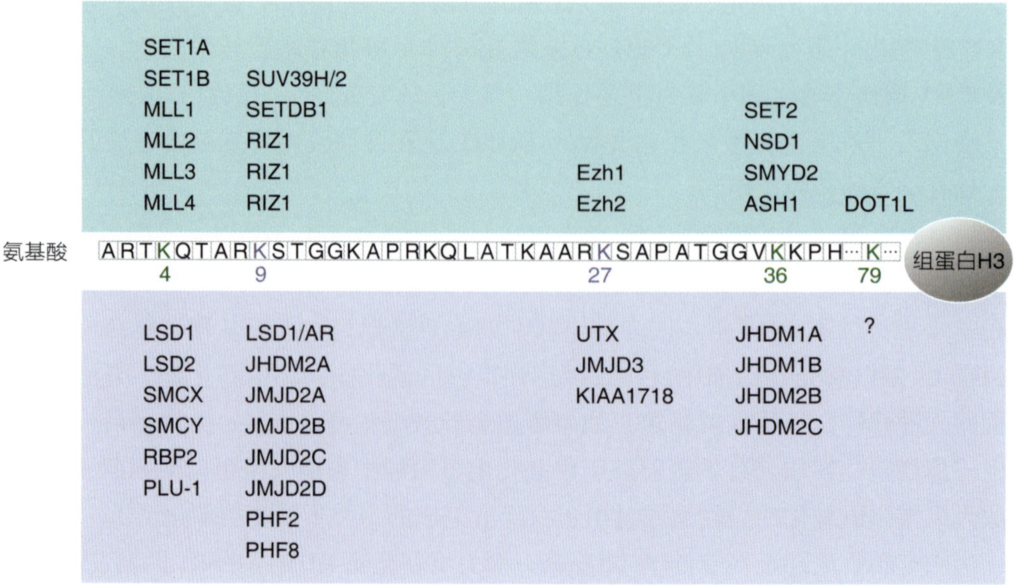

图 4-11　组蛋白甲基化酶（上）和去甲基化酶（下）示意图

的前沿热点。

例如蛋白质泛素化，作为细胞中丰度最高的修饰类型之一，主要发生在 H2A 与 H2B 上，其修饰主要通过泛素 – 蛋白水解酶体（ubiquitin proteasome pathway，UPP）途径完成，过程包括活化、接合、连接三个步骤，参与调控许多重要的生物学过程。H2A 和 H2B 的泛素化修饰已被证明参与基因转录调控：H2A 泛素化修饰主要与基因沉默、转录抑制相关，H2A 去泛素化酶通常是基因激活所必需。而相比之下，H2B 的泛素化修饰则在高表达的基因转录区域存在，主要与转录激活相关。

磷酸化修饰也是一种被广泛研究的组蛋白修饰密码。在核小体组蛋白上，4 种组蛋白末端都有多个丝氨酸（Ser，S）、苏氨酸（Thr，T）、酪氨酸（Tyr，Y）残基位点，能够被各种磷酸激酶（phosphokinase）磷酸化或被蛋白磷酸酶（protein phosphatase）去磷酸化。已有研究表明，有大量的组蛋白磷酸化位点与基因转录调控及细胞周期调控相关，通常这些磷酸化修饰主要调控细胞增殖基因的表达。H3 上的磷酸化修饰还被证明与乙酰化修饰存在相互作用，例如 H3S10、T11、S28 位点上的磷酸化已证明与 H3 乙酰化明显相关，说明以上磷酸化位点与转录激活相关。此外，H3S28 磷酸化也被证明参与 H3K9 乙酰化的促进过程，说明三者之间存在复杂的相互作用调控。

组蛋白酰化修饰是组蛋白上分布最广泛的翻译后修饰类型，除了研究历史较长的乙酰化外，近年来随着质谱技术的发展，人们逐渐发现了至少 9 种新型组蛋白酰化修饰，包括丙酰化（propionylation）、丁酰化（butyrylation）、2- 羟基异丁酰化（2-hydroxyisobutyrylation）、β- 羟基丁酰化（β-hydroxybutyrylation）、琥珀酰化（succinylation）、丙二酰化（malonylation）、戊二酰化（glutarylation）、巴豆酰化（crotonylation，又称丁烯酰化）及乳酸化（lactylation）。近期的研究进展表明，这些新型的酰化修饰在结构、功能和调节机制上与传统的乙酰化修饰既有密切联系又有显著不同，并在表观遗传导致的基因表达调控，以及代谢、肿瘤、生殖发育等多种生理病理过程中发挥重要作用。组蛋白酰化修饰具有高度的动态变化特征，其主要受到酰基转移酶和去酰化酶的调控。尽管目前还没有发现新型酰化修饰特异的酰基转移酶和去酰化酶，但是很多已知的乙酰转移酶和去乙酰化酶同样具有催化新型酰化修饰反应的能力。

五、组蛋白修饰的识别与信号传递

组蛋白修饰要产生生物学效应，离不开识别各种组蛋白标记的"阅读蛋白"（reader）、负责修饰组蛋白的"修饰蛋白"（writer），以及"擦除"组蛋白修饰标记的"去修饰蛋白"（eraser）。阅读蛋白通常都具有保守的"阅读结构域"，这些特定区域通常是各种组蛋白修饰、甲基化修饰，甚至于癌细胞中的点突变，作为功能域能够被相应的修饰蛋白或去修饰蛋白识别，当上游信号级联发出指令时，它们便依赖阅读结构域识别并结合到基因组的特定区域，使催化反应顺利进行。例如，一些甲基赖氨酸阅读蛋白与二 / 三甲基化赖氨酸（Kme2/3）结合最有效，而另一些甲基赖氨酸阅读蛋白则更喜欢结合单甲基化或未甲基化的赖氨酸。而相同的赖氨酸被乙酰化时会与含有溴结构域 / 布罗莫结构域（Bromo domain，BrD）的蛋白质结合（Taverna et al.，2007）。克罗莫结构域（Chromo domain）是最早被发现的组蛋白甲基化阅读结构域，识别组蛋白 H3 第 9 位赖氨酸三甲基化（H3K9me3）修饰，而不识别 H3 第 4 位赖氨酸三甲基化（H3K4me3）修饰。MBT 阅读结构域则更倾向于识别低甲基化（单 / 双甲基化）赖氨酸，而不识别三甲基化赖氨酸。BAH 结构域特异性识别 H4K20 二甲基化修饰。

近年来，随着结构及生物物理学方法的最新进展，越来越多的可以特异性识别单个或者组合的组蛋白转录后修饰的结构域类别被相继发现。鉴于组蛋白修饰动态变化的特性，其异常改变必然会导致基因表达模式的改变，进而影响组织器官的正常生理功能并导致疾病的发生与发展。事实上，组蛋白修饰相关蛋白质已成为许多疾病的潜在治疗靶点，如识别乙酰化修饰的 BrD 以及识别赖氨酸甲基化的结构域 PHD（plant homeodomain）在表观遗传修饰信号传递中扮演着十分重要的角色，它们也就自然地成为重要的药物设计靶点。目前已有超过 30 个临床试验评估各种 BrD 抑制剂对不同人类疾病的疗效。

与此同时，由于在维持表观遗传修饰动态平衡过程中，擦除蛋白与修饰蛋白的作用正好相反，共同维持表观遗传的稳态，因此针对多种修饰蛋白，如组蛋白甲基转移酶、组蛋白乙酰转移酶及磷酸激酶，以及擦除蛋白包括组蛋白去乙酰酶，DNA、RNA 及组蛋白去甲基化酶，都是非常有价值的表观遗传药物开发的靶点。

现在已知有超过 100 种阅读蛋白，约 50 种修饰蛋白和 12 种擦除蛋白被发现。这种多样化的组蛋白识别修饰蛋白与许多疾病相关，许多蛋白质已经成为多种疾病的药物靶标。截至目前，全世界范围内批准上市的表观遗传药物已经有 7 种，其中有 5 种属于组蛋白去乙酰化酶的抑制剂（伏立诺他 Vorinostat、罗米地辛 Lomidesin、贝利司他 Bellistat、帕比司他 Papillistat 和西达本胺 Citarbenamide）。此外，还有 100 余种表观遗传药物已进入后续的药物研发流程之中，说明表观遗传功能性蛋白质在药物研发中的潜在作用正逐步被挖掘出来。

六、染色质三维结构

人类的基因组全长 30 亿碱基对，假如将一个普通的人类二倍体细胞中的 DNA 首尾相接拉成直线就长达 2 m。这么庞大的 DNA 链是如何装进微米级的细胞核中的呢？答案就是通过"折叠"形成三维（three-dimentianally，3D）结构。现在我们已经清楚地知道：染色质的基本结构单元是核小体，而核小体由一段长 147 bp 的 DNA 缠绕组蛋白八聚体形成，核小体之间由 10 ~ 90 bp 不等长度的连接 DNA 串联形成直径约 11 nm 的"串珠"状结构，即染色体的一级结构。虽然科学家早就知道，生理条件下，"串珠"状结构的核小体倾向于缠绕成更紧凑的 30 nm 纤维。然而，组蛋白和 DNA 到底是如何组装成 30 nm 染色质纤维的这一最基本的分子生物学问题，却实实在在地困扰了学界 30 余年。

直到 2014 年，中国科学院生物物理所李国红等通过冷冻电镜第一次"看"清了染色质结构，从而彻底推翻了之前科学界推测的模型：在这之前，科学家们普遍假设这段结构是 6 个核小体围成的"玫瑰花结"往复堆叠；而这项研究证实，真实结构是每 4 个核小体为单位的左手螺旋。30 nm 染色质纤维的组装，是染色质分级折叠过程的第一步，之后再通过折叠压缩等复杂的过程，分别构成二级结构、超螺旋体，最终形成染色体（图 4-12）。由 DNA 介导的生命活动如 DNA 复制、基因的转录及调控和 DNA 修复等，都直接受到染色质高级结构的影响。因此，探究细胞核内染色质 3D 结构的组织方式，以及染色质 3D 结构如何调控基因的表达、细胞命运的决定和生物进化过程非常重要。

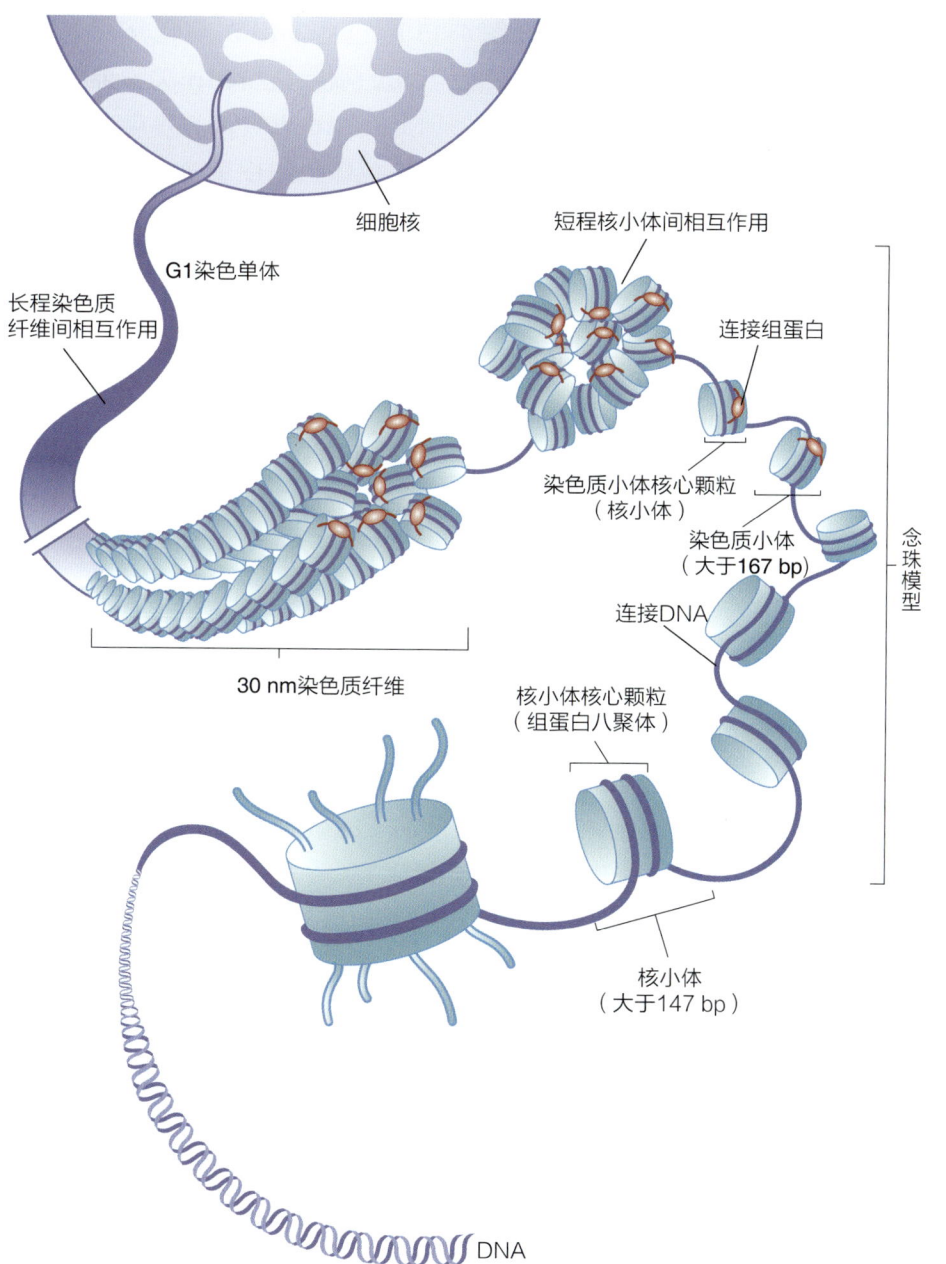

图 4-12 染色质空间折叠示意图

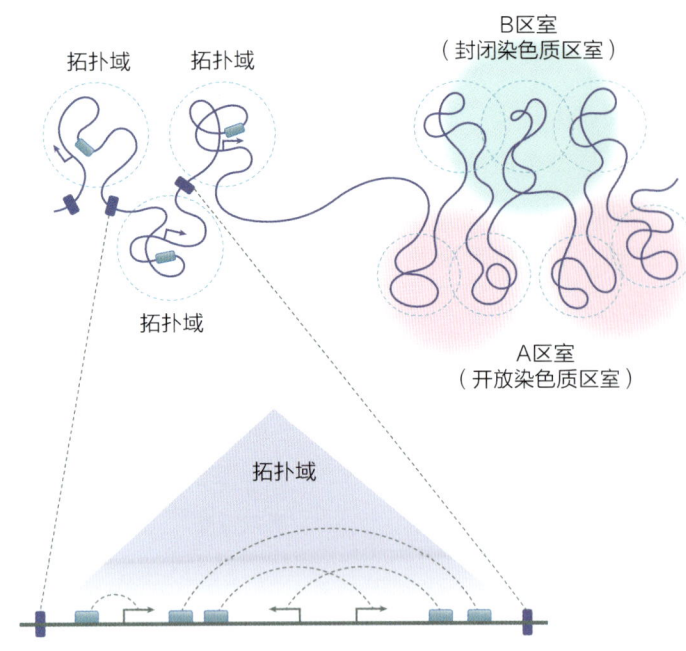

图 4-13　拓扑域（TAD）三维结构示意图

早期的生化和显微镜研究表明，染色质结构域和环的存在是间期染色体的普遍特征。最近的研究表明，每条染色体都位于细胞核中的一个独立区域（chromosome territories，CT）。2012年，包括加州大学任兵教授团队在内的三个小组各自独立地发现人类、小鼠和果蝇的染色体都由许多不同的，长度从数百个碱基对到数百万个碱基对不等的染色质结构域组成。这些区域内部的DNA相互作用更高，又被称为拓扑相关结构域（topologically associating domain，TAD），简称拓扑域（图 4-13）。这些 TAD 在细胞分裂中保持基本稳定，在不同的细胞类型和相关物种的进化中高度保守。因此，TAD 也被认为是染色体折叠的基本单位，是染色体组织中重要的二级结构。在更高层级的空间组织中，染色体还形成开放且转录活跃的 A 区室与封闭并转录抑制的 B 区室，两者通过动态的区室化作用与 TAD 协同调控基因组的动态表达模式。

在研究染色体各级结构形成机制的过程中，科学家们发现在 TAD 边缘常常出现一种起到阻断和架构作用的蛋白质——CCCTC 结合因子（CCCTC-binding factor，CTCF）。这种蛋白质的发现要追溯到 1990 年，科学家们在鸡的 c-Myc 基因转录起始位点上游 180～230 bp 位点发现一种新的 DNA 结合蛋白，这个蛋白质结合的 DNA 序列含有特异性的"CCCTC"碱基，CTCF 因此得名。随后，人们发现 CTCF 在多个物种中高度保守，且广泛表达于各种细胞类型中，对细胞的正常功能和胚胎发育都是必需的。

CTCF 属于锌指蛋白家族的一种，包含 11 个锌指结构，CTCF 通过这些锌指结构识别基因组中的 CTCF 结合位点（CTCF-binding site，CBS）。CTCF 与其结合位点一起充当启动子和其调控元件之间的桥梁，既可以激活转录，又可以抑制转录，所以 CTCF 位点又称绝缘子，能够阻断增强子对启动子的激活。CTCF 被发现已经有近 30 年了，它的功能已经从最初发现的转录抑制因子，到后来的绝缘功能，再到启动子与增强子之间的桥梁作用，并以此激活转录。

增强子是一类顺式作用元件（cis-regulatory element），其特性就是能够不受作用距离和序列取向限制与基因启动子相互作用促进转录。增强子本身模糊的定义和多样灵活的行为特性使其成为几乎可能遍布于整个基因组的"暗物质"，为研究带来了很大困难。对增强子的位置进行搜索的一个重大突破来自于 21 世纪第一个十年间，任兵等首次将组蛋白修饰 H3K4me1 与增强子活性关联起来，如果发现某处 DNA 序列上组蛋白 H3K4me1 相对富集和 H3K4me3 相对减少，就可以推测该序列为潜在的增强子，并进行后续验证。此外，还有 H3K27ac 也可以用作鉴定活化增强子的标记

（Rada-Iglesias et al.，2011）。组蛋白乙酰转移酶如 p300、CBP 的结合位点也可以用来精确地预测增强子。

CTCF 与增强子关系密切，大约一半的增强子附近有 CTCF 结合位点，细胞特异性的 CTCF 结合位点也主要与增强子共定位。因此，CTCF 介导形成正确的启动子与增强子互作可能对于细胞身份的维持有重要意义。2013 年，美国科学家理查德·扬（Richard Young）实验室首次提出了"超级增强子"（super enhancer）概念——一个比普通增强子富集更多组蛋白乙酰化修饰（H3K27ac、H3K4me1 等）、Mediator 复合体和 Bromodomain containing 4 蛋白（BRD4，与组蛋白乙酰化修饰位点结合）等转录激活相关蛋白质、同时具有丰富转录因子结合和更高转录激活为特征的基因调控枢纽。而超级增强子的形成也离不开 CTCF 将远距离的增强子拉近，最终形成超级增强子复合体。

最近，CTCF 还被发现是最重要的三维基因组架构蛋白，在染色质高级结构的形成维持和动态调控中起到关键作用。上海交通大学吴强课题组研究发现，CTCF 结合位点 CBS 的序列并不是对称的，而是具有方向性，对整个三维基因组的架构和转录调控具有重要意义。这个发现意味着，一维基因组的线性 DNA 序列信息能够编码三维基因组的立体结构——CTCF 识别 CBS 的方向性决定了染色质环化的方向性，从而形成染色质高级拓扑结构域，进而"辅助"一维线性的 DNA 元件"自组装"成为立体

名词窗 4-2

核小体（nucleosome）：真核生物染色质的基本结构单位，由基因组 DNA 缠绕于组蛋白八聚体上构成。

组蛋白（histone）：广泛存在于真核生物细胞核中的碱性蛋白质，是染色体的关键结构成分。

组蛋白乙酰化（histone acetylation）：是指将一个乙酰基团加入到组蛋白 H3 或 H4 的 N 端赖氨酸（K）残基上的化学反应。

组蛋白去乙酰化（histone deacetytion）：与组蛋白乙酰化相反，将一个乙酰基团移除的化学反应称为去乙酰化或脱乙酰作用。

增强子（enhancer）：一段可以被转录因子识别、结合，能够不受作用距离和序列取向的限制，与基因启动子相互作用促进转录的非编码 DNA 序列。

组蛋白甲基化（histone methylation）：是指发生在组蛋白 H3 或 H4 的 N 端赖氨酸（K）或精氨酸（S）残基上的甲基化。

多梳抑制复合物（polycomb repressive complex，PRC）：一类最初在果蝇中发现，能够抑制同源（Hox）基因的多梳（polycomb）基因同源蛋白质通过相互作用形成的复合物，包括多梳抑制复合物 1（PRC1）和 PRC2。作为一类高度保守的表观调控因子，能通过组蛋白修饰活性及染色质压缩功能，调节基因的转录，在细胞命运的维持和转变过程中发挥着至关重要的作用。

拓扑相关结构域（topologically Associating Domain，TAD）：是染色质在 3D 空间上所形成的特殊结构区域，其边界内部的 DNA 形成环状结构，内部物理相互作用远比外部区域的频率更高。

CTCF（CCCTC-binding factor）：全称 CCCTC 结合因子，是一种特异性结合 DNA "CCCTC" 序列的关键染色质高级结构架构蛋白。

的三维基因组，并调控基因表达。

第四节 非编码 RNA

非编码 RNA，是一类不具备编码功能性蛋白质或多肽能力的 RNA。它有多个分子家族，并且广泛参与到生物体生殖、发育、分化等重要生命活动中。非编码 RNA 可以独立发挥功能，也能与蛋白质形成复合体进而参与到基因转录和翻译等过程中来调控基因表达，对维持基因组稳定性、细胞分裂和个体发育等都至关重要。随着对非编码 RNA 的深入研究，我们逐渐认识到非编码 RNA 在生命活动的多个方面发挥着关键的生物功能。这些研究丰富了我们对生物体内复杂调控网络的理解，深化了对生命机制的认识，为揭示疾病的发生和发展机制，以及疾病治疗提供了新的思路。

一、非编码 RNA 的基本概念

在经典的"中心法则"中，mRNA 扮演着将遗传信息从 DNA 传递到蛋白质的中介角色，因为它具备编码蛋白质的功能。然而，随着对 RNA 的深入研究，近年来人们揭示了一类 RNA，它们无法编码功能性蛋白质或多肽，被统称为非编码 RNA。根据其功能和长度，非编码 RNA 主要可归为三大类——具有基础维持功能的"管家型"非编码 RNA、调控精细的短链小 RNA，以及参与复杂调控的长链非编码 RNA。尽管这些非编码 RNA 并不在遗传信息传递中充当中介的角色，它们却在多个生命活动中发挥着重要的生物功能，包括参与生物个体的发育、分化、生殖、细胞凋亡和细胞重编程等过程，并与人类疾病密切相关。

目前已知数十种非编码 RNA，它们不仅在形式上差异明显，而且在功能上表现出多样性。总体而言，非编码 RNA 可以独立发挥功能，也可以与蛋白质形成复合体来实现其功能。非编码 RNA 不仅能够调节单个基因的活性，还可以调控整条染色体的活性，这对于维持基因组稳定性、细胞分裂以及个体发育都至关重要。

1953 年 DNA 双螺旋结构解析后，科学界集中精力研究遗传密码和基因与蛋白质之间的联系，这导致了 tRNA 和 rRNA 的发现，它们是最早被发现的非编码 RNA 类型，在蛋白质合成中扮演关键角色。1968 年，各种小 RNA 被鉴定，包括核仁小 RNA （small nucleolar RNA，snoRNA）和核小 RNA（small nuclearRNA，snRNA），它们参与 RNA 修饰和剪接。到 1982 年，一些 RNA 表现出催化活性，例如核酶（ribozyme）和核糖核酸酶（RNase P）。1986 年，首次发现了 RNA 编辑（RNA editing）现象，打破了遗传信息传递的线性规则。1990 年后，科学家们不断发现新类型的非编码 RNA。1993 年，维克多·安博斯（Victor Ambros）在线虫中发现了首个微 RNA（microRNA，miRNA）。随后，许多大约 22 nt 长的 miRNA 被发现，揭示了 miRNA 介导的基因调控机制。1998 年，RNA 干扰（RNA interference，RNAi）现象首次在植物和线虫中被发现。RNAi 表明外源双链 RNA（double-stranded RNA，dsRNA）可以导致基因沉默。2006 年，特异性与 PIWI 蛋白相互作用的 RNA 在多个生殖细胞中被发现，被命名为 piRNA（PIWI-interacting RNA）。2016 年，能够特异性靶向激活增强子，发挥基因激活作用的核内 miRNA 被发现并命名为核激 RNA（nuclear activating miRNA，NamiRNA）。

21 世纪初，高通量测序技术揭示了成千上万的长度大于 200 nt 的长链非编码 RNA（long non-coding RNA，lncRNA）转录位点。这些长链非编码 RNA 具有多样的结构和功能，参与干细胞维持、生物体发育和与癌症等生命活动。2012 年以来，环状 RNA（circular RNA，circRNA）引起了广泛关注，它们具有不同于传统线形 RNA 的共价闭合环状结构。此外，2011 年发现了动态可逆的 RNA 甲基化修饰，为 RNA 表观遗传调控研究开辟了新方向。总的来说，越来越多的研究揭示了多种非编码 RNA，它们通过多种方式参与生命活动的调控。这些研究为我们深入理解生物调控网络，揭示疾病机制和开发新疗法提供了新的视角。

二、小 RNA

小 RNA 通常指的是长度在 200 nt 以下的非编码 RNA。根据其物种来源，可以分为两类——细菌小 RNA 和真核生物小 RNA。在真核生物小 RNA 中，包括 miRNA、piRNA 和 siRNA 等。

微 RNA 是一类内源性、约 22 nt 的小非编码 RNA。1993 年，安博斯在线虫中发现了一种现象，当特定区域基因片段分别被敲除后，幼年线虫的柔嫩皮肤会变得又老又皱，而老年线虫的皮肤竟然能恢复弹性、"返老还童"，并由此发现了第一个 miRNA——*lin-4*。他最初还以为 *lin-4* 是作为一种蛋白质发挥功能，随后的结果却证明这种有调控功能的分子竟是一段只有 21 nt 的小 RNA（Lee et al., 1993）。随后，他的同事加雷·鲁弗肯（Gary Rovkun）进一步探索了 *lin-4* 的功能，发现 *lin-4* 可调控 Lin-14 蛋白的表达。这种蛋白质在幼年线虫中大量富集，其上调也能够使成年线虫中长出幼嫩的皮肤。*lin-4* 通过结合 *lin-14* mRNA 的 3'UTR，进而降解 mRNA 或抑制蛋白质翻译，从而抑制它的表达。

遗憾的是，当时这种由小片段非编码 RNA 引起的调控机制并未得到学界的足够重视，而是被当成一种罕见个例，安博斯和鲁弗肯两人也并未继续探索这一方向。此后一段时间 miRNA 的相关研究基本处于停滞状态。直到 2000 年，第二个 miRNA *let-7* 被发现，人们才开始意识到 miRNA 对基因表达具有普遍的调控意义。随后，大量新的 miRNA 被接连发现。目前，miRBase 数据库里已经记录了超过 48 000 个成熟 miRNA 产物，其中人类的成熟 miRNA 数量就超过 2 600 个。而这些研究基本都遵循着安博斯和鲁弗肯两人发现的"范式"，即 miRNA 通过结合基因的 3'UTR，在细胞质中抑制基因的表达。而安博斯和鲁弗肯也因其在发现和阐明 miRNA 机制中的重要贡献，共同获得了 2024 年诺贝尔生理学或医学奖。miRNA 的合成途径可分为基因转录、初级 miRNA（pri-miRNA）的加工、次级 miRNA（pre-miRNA）的生成和成熟 miRNA 的最终产生等步骤。miRNA 的母基因通常位于基因组的非编码区域，多数会被 RNA 聚合酶 II 转录产生 pri-miRNA。pri-miRNA 是一种长的 RNA 链，会进而被核内的 RNase III 酶——Drosha 加工成 70 ~ 100 nt 的发夹状 pre-miRNA。随后 pre-miRNA 进入细胞质，接着由另一种 RNase III 酶——Dicer，切割成为成熟 miRNA。成熟 miRNA 接下来会与 RNA 诱导沉默复合物（RNA-induced silencing complex，RISC）中的 Argonaute（AGO）蛋白结合，形成活性的 RISC。最后 RISC 会将 miRNA 引导到靶标 mRNA 上，通过部分或完全匹配的方式与其结合。

miRNA 的结合位点通常位于靶基因 mRNA 的 3′UTR。此外，5′UTR、编码区及启动子区也都发现有 miRNA 的结合位点。miRNA 与 mRNA 的结合程度往往决定了 miRNA 对于靶基因 mRNA 的作用：当 miRNA 与靶基因完全或基本完全互补结合时，RISC 中的 AGO2 在靶位点处切割靶基因 mRNA，直接介导 mRNA 降解，基因表达沉默；当二者的匹配度不高时，miRNA 则主要通过抑制靶基因蛋白翻译的方式抑制靶基因发挥作用。此外，miRNA 还能通过迅速清除其靶基因 mRNA 的 polyA 尾巴，从而导致 mRNA 稳定性下降的方法间接调控其表达。由于一个 miRNA 可以同时调控多个靶基因，一个靶基因又同时受到多个 miRNA 调控，由此就形成了一个复杂的转录后水平调控网络。

经过 20 多年的广泛研究，miRNA 的机制似乎已经阐述得非常透彻了。但是正如以往所有的科学发展一样，新知识的积累从来不会是简单的给故事画上句号，而是会推开一扇门，通向蕴含更多未知的蓝海。miRNA 必须从核内转运到胞质中才会发挥作用吗，那许多定位于核内的 miRNA 又有什么功能？事物都存在两面性，对 miRNA 的扰动往往会同时引起不同基因的上调和下调，现有的 miRNA 负向调控机制要如何解释这种现象？

2016 年，于文强团队发现了一种新的 miRNA 调控机制——NamiRNA，核内 miRNA 通过与靶基因的增强子结合，进而激活靶基因的表达。他们发现有超过 1 200 多条 miRNA 前体在基因组中的位置与增强子的组蛋白修饰标志 H3K4me1/H3K27ac 高度重叠，两种具有组织细胞特异性的重要调控机制因此被联系到了一起。增强子序列本身的完整性是 NamiRNA 发挥激活功能的前提，敲除增强子的核心序列，NamiRNA 相对应的邻近基因表达便不再上调，此外，通过抑制核内 AGO2 蛋白会明显抑制 NamiRNA 的激活作用，这表明 NamiRNA 靶基因的转录激活需要 AGO2 蛋白的参与，也表明除了在胞质中抑制靶基因表达外，miRNA 还会在核内发挥促进基因表达的功能。

综上，miRNA 具有双向性调控功能：当 miRNA 位于细胞质时，可以作用于 mRNA 3′UTR 区域，如同灭火器一样，阻断 mRNA 的翻译进而发挥基因的负调控作用；与此相反的是，当 miRNA 位于细胞核时，它就像一个"点火器"，通过结合增强子改变增强子的染色质状态，从而激活基因的转录表达（图 4-14）。

通过双向功能，miRNA 参与到细胞分化、增殖、凋亡和迁移等一系列重要的生命

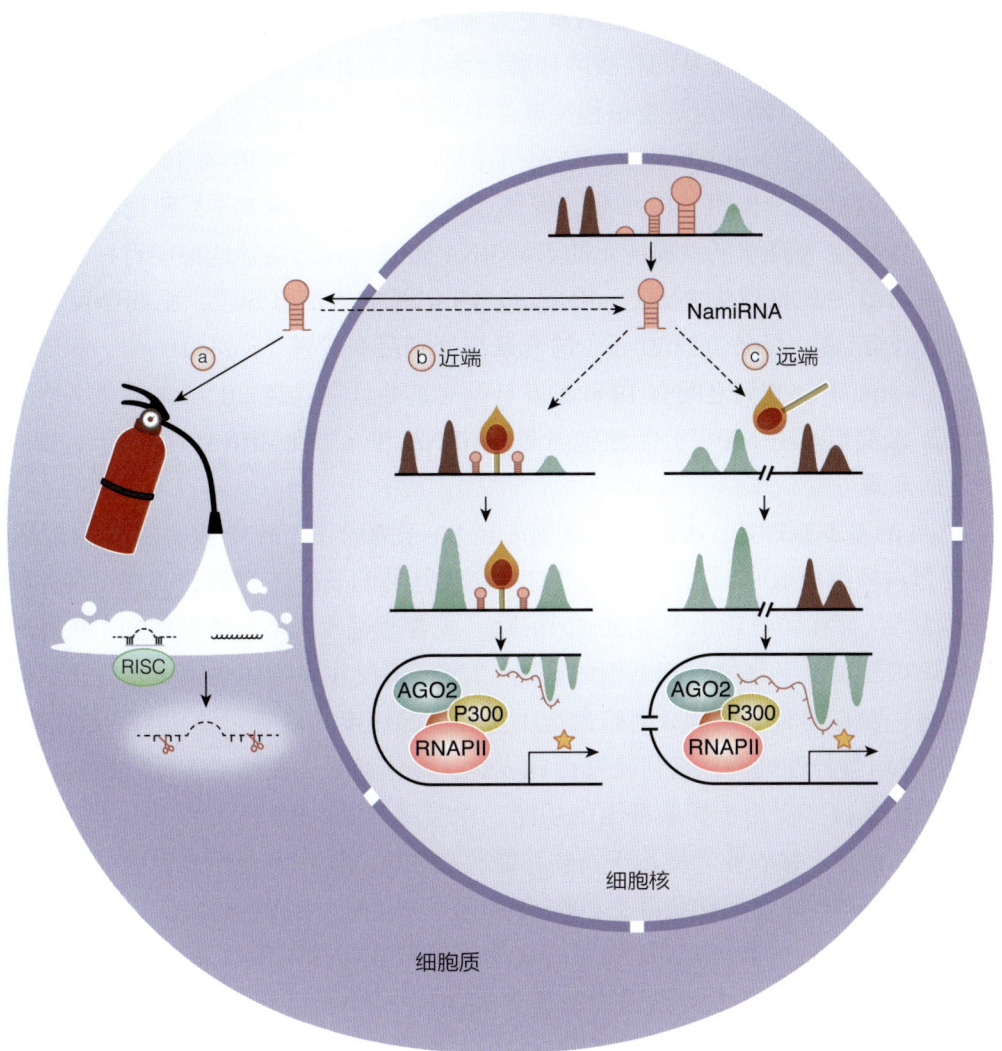

图 4-14　miRNA 在 细 胞核与细胞质中的双向调控功能

活动中，并且与众多疾病有着千丝万缕的联系。特别是在肿瘤相关研究中，随着研究的深入，人们逐渐发现肿瘤细胞中存在 miRNA 的异常表达，这些异常表达的 miRNA 通过靶向基因 3'UTR，改变靶基因的正常表达，导致正常细胞获得了癌细胞的生物学特性。例如无限的复制能力、持续的血管生成、组织浸润和转移、细胞能量代谢异常、基因组不稳定性和突变等肿瘤细胞特征的维持，均有 miRNA 的参与。此外，在疾病的诊断和分型上，miRNA 也发挥了重要的作用，随着目前 miRNA 高通量测序平台的推广，已经有众多 miRNA 标志物被筛选出来，给临床疾病诊断、分子分型提供了线索。

　　此外，还有许多研究关注于一些非经典的 miRNA 调控机制。例如特定的 miRNA 能在细胞周期阻滞时诱导目标 mRNA 的翻译，上调蛋白质的表达；miRNA 也可进入细胞核中发挥作用，通过与靶基因的启动子结合，进而诱导靶基因的表达；还有研究表明 miRNA 可转位到线粒体中，抑制或增加线粒体基因的翻译。

　　PIWI 蛋白互作 RNA（piRNA）是一类生殖细胞特异性的小 RNA，piRNA 特异性地与 PIWI 蛋白结合形成 RNA- 蛋白质复合机器，由 piRNA 通过序列互补配对识别靶基因，PIWI 蛋白利用自身的核酸内切酶活性切割靶 RNA 分子或招募其他蛋白质因子，在配子发生、性别决定等生殖相关事件中发挥重要作用。

干扰小 RNA（small interfering RNA，siRNA）主要介导 RNA 干扰（RNAi）现象，起到基因沉默的作用。1998 年，安德鲁·法尔（Andrew Fire）和克雷格·梅洛（Craig C. Mello）等科学家发现纯化的双链 RNA 能够高效、特异地抑制目标基因的表达，他们将这一现象称为 RNAi。siRNA 是 RNAi 现象的核心分子，由两条互补配对的小 RNA 链组成，每条链约 21 nt。这两条链分别是引导链（guide strand）和随从链（passenger strand）。它们之间有 19 nt 的互补配对，并且在双链 siRNA 的两端各有 2 个碱基的 3' 端突出。siRNA 可分为细胞内源性 siRNA 和外源性 siRNA，取决于它们的序列产生的来源。

RNAi 的基本原理是：dsRNA 在细胞内经 Dicer 酶的加工后产生 siRNA，siRNA 与 AGO 等蛋白质组成 RISC 复合物，识别与 siRNA 互补的 mRNA 序列，直接切割并降解该 mRNA，从而在转录后水平实现基因沉默，或者通过改变染色体结构和干扰基因转录，实现在转录水平调控目标基因的表达。RNAi 不仅在生物体内担负着防止逆转座元件扩增、发育的时空调节、细胞命运决定和抵御病毒入侵等重要功能，与此同时，由于 RNAi 可特异性地调控任何靶基因的表达，操作简易，使用成本低，因此作为反向遗传学工具被广泛用于探索基因的功能。在应用领域，RNAi 作为小分子核酸类药物用于疾病治疗，在农业领域用于植物功能改造和害虫防治都显示出巨大的价值。法尔和梅洛两位科学家也因此获得了 2006 年的诺贝尔生理学或医学奖。

此外，还存在一类与 RNAi 相反的现象——RNA 激活（RNA activation，RNAa）。2006 年李龙承等首次在人类细胞中报道了由双链小 RNA 介导的基因转录激活现象，并且将该现象命名为 RNAa，这种双链小 RNA 被命名为激活小 RNA（small activating RNA，saRNA）。越来越多的研究表明，RNAa 是一种内源性的细胞机制，并且通过使用合成的 saRNA 来触发 RNAa 的方法在生物医学研究及疾病治疗方面均有潜在的应用。

三、长链非编码 RNA

长链非编码 RNA（lncRNA）在基因组中广泛转录，通过高通量技术和实验验证，目前研究人员已经鉴定到了超过 30 000 个人类 lncRNA，其数量甚至超过 mRNA。目前对于 lncRNA 的分类在国际上有多种方式，被广泛接受的一种是 GENCODE 计划提出的根据 lncRNA 与其相邻蛋白质编码基因的位置关系来分类，分为以下 4 类：所有位于基因间区域的 lncRNA——lincRNA（long intergenic ncRNA）；与蛋白质编码基因的外显子全部或者部分反向重叠的 lncRNA——反义 lncRNA（antisense lncRNA）；与蛋白质编码基因的外显子全部或者部分正向重叠的 lncRNA——正向重叠 lncRNA（sense overlapping lncRNA）；来自蛋白质编码基因内含子的 lncRNA——内含子 lncRNA（intronic lncRNA）。

目前关于 lncRNA 的研究是表观遗传学研究中的一个热门领域，已有研究发现，lncRNA 在转录、剪接、翻译及信号转导多个方面具有调控作用。通过这些调控机制，lncRNA 发挥了多种多样的生理功能，它与基因组印记、剂量补偿效应、胚胎干细胞、神经、血液和免疫及心血管系统的功能密不可分，保证了各个系统的正常运行。

此外还有一种特殊的非编码 RNA——环状 RNA（circRNA），一类具有闭合环结构的 RNA 分子。20 世纪 70 年代，人们通过电镜观察发现植物类病毒的基因组由 circRNA 分子构成，随后又陆续发现几例由外显子反向剪接产生的 circRNA 分子。近年来，随着新型高通量测序技术的发展及应用，大量的反向剪接 circRNA 在生物中被广泛发现。根据形成机制的不同，circRNA 可以分为三类：①基因组 circRNA；②非编码 RNA 加工过程中的 circRNA 中间产物和变体；③真核生物 RNA 聚合酶 II（RNA pol II）转录物剪接产生的 circRNA，是生物体内最丰富的 circRNA。

随着研究的深入，越来越多的 circRNA 被证明在生物体内发挥重要的生物学功能，包括但不限于：circRNA 可以作为 miRNA 的"海绵"（miRNA sponge）吸附 miRNA，减少其对其他 mRNA 的调控效应；circRNA 能够与蛋白质相互作用，影响细胞的信号转导和基因表达；一些 circRNA 本身可以被翻译成蛋白质，或者通过调控基因的表达来影响细胞功能。近年来的研究表明，circRNA 与多种疾病之间存在关联。例如，在多种癌症中，circRNA 的表达水平发生变化。circRNA 还与神经及心血管系统疾病有关，它们可以作为潜在的生物标志物，用于疾病的诊断和治疗。总体而言，circRNA 是 RNA 研究领域的一个新兴热点，其独特的结构和多样的功能使得人们对其在细胞生物学和疾病发生发展等方面的研究充满期待。

四、组成型非编码 RNA

除了以上的非编码 RNA 外，组成型非编码 RNA 在细胞生命活动中也发挥着重要作用，这些非编码 RNA 主要包括 rRNA、tRNA、snRNA 和 snoRNA。rRNA 和 tRNA 广泛存在于所有细胞生物中，主要参与蛋白质的合成。而 snRNA 和 snoRNA 存在于所有真核生物和古菌中，它们分别参与 RNA 剪接以及 rRNA、snRNA 和 tRNA 的修饰。

rRNA 是细胞中占比最高的 RNA 类型，约占总 RNA 量的 80%。rRNA 与核糖体蛋白相结合，形成核糖体，发挥着蛋白质合成的工厂作用。原核生物的 rRNA 根据沉降系数可分为三类，分别是 23S rRNA、16S rRNA 和 5S rRNA，它们由原核生物特有的 RNA 聚合酶合成。在细菌基因组中，存在多个核糖体 RNA 操纵子（operon），这三种 RNA 基因通常以 16S-23S-5S 的顺序组合在同一个操纵子内，一起进行转录，而古菌只有一个核糖体 RNA 操纵子。真核生物的核糖体 RNA 根据沉降系数分为四类，包括 28S RNA、18S RNA、5.8S RNA 和 5S RNA。前三种 RNA 通常以 18S-5.8S-28S 的次序组合在同一个核糖体 DNA（rDNA）转录单元内，这些单元由真核生物 RNA 聚合酶 I 合成。在人类基因组中，有 300 ~ 400 个这样的单元，分布在 5 个基因簇中，被两个内转录间隔区（internal transcribed spacer，ITS）所分隔。另一方面，5S RNA 由真核生物的 RNA 聚合酶Ⅲ合成，其 5S rDNA 则以串联重复基因的形式存在。

tRNA 是长度 74～95 nt 的小 RNA 分子，呈现出"三叶草"形的二级结构，由氨基酸臂、二氢尿嘧啶环、反密码环、额外环和 TΨC 环五个部分组成，其三级结构呈倒"L"形。目前已有多达 100 种以上的 tRNA 被发现，是已知核苷酸修饰数目和种类最多的 RNA。在真核生物中，绝大多数 tRNA 基因以单链反向的形式存在，由 RNA 聚合酶Ⅲ合成。tRNA 的经典功能是参与蛋白质合成过程，其 3' 端的氨基酸臂携带对应的氨基酸，通过反密码环识别 mRNA 上的密码子，将 mRNA 中的核苷酸信息翻译成多肽链信息，确保遗传信息的精确传递。

snRNA 存在于真核生物细胞核内的剪接小体（splicing speckle）和 Cajal 小体（Cajal body）中，长度为 50～200 nt，与相关蛋白质形成 snRNP（small nuclear ribonucleoprotein），在细胞核内参与 pre-mRNA 的加工过程。根据 snRNA 的序列特点及其与蛋白质的结合方式，可以将它们分为两大类——Sm-class snRNA 和 Lsm-class snRNA。Sm-class snRNA 包括 U1、U2、U4、U4atac、U5、U7、U11 和 U12，它们由 RNA 聚合酶Ⅱ转录。在 pre-snRNA 转录后，它们在细胞核中的 5' 端会受到 7- 甲基鸟苷酸修饰，然后通过核孔进入细胞质，接受进一步的修饰，与蛋白质结合形成 snRNP。最后，它们被输送回细胞核，参与 hnRNA 的剪接加工。Lsm-class snRNA 包括 U6 和 U6atac，它们由 RNA 聚合酶Ⅲ转录，并在细胞核内成熟。

snoRNA 广泛分布于真核生物细胞核内，长度在 60～400 nt 之间。通常可以根据其保守的结构基序分为两大类——Box C/D snoRNA 和 Box H/ACA snoRNA。Box C/D snoRNA 与 4 种核心蛋白 Fibrillarin（甲基转移酶）、Nop56、Nop58 和 15.5 k 形成 Box C/D snoRNP，主要位于细胞核仁中，参与 rRNA 的 $2'$-O- 核糖甲基化。而 Box H/ACA snoRNA 与 4 种核心蛋白 Dyskerin（假尿苷合成酶）、Gar1、Nhp2 和 Nop10 形成 Box H/ACA snoRNP，同样也位于细胞核仁中，主要参与 rRNA 的假尿苷化，两种 snoRNA 均可参与 snRNA、tRNA 的转录后修饰。此外，还存在一种同时含有 Box C/D 和 Box H/ACA 基序的复合 snoRNA，位于细胞核亚结构 Cajal 小体中，通常被称为 scaRNA（small Cajal body-specific RNA），它们主要参与 snRNA 的修饰。此外，尽管一些 snoRNA 具有 Box C/D 或 Box H/ACA 基序，但没有已知的与 rRNA 或 snRNA 相匹配的互补序列，它们的功能大多尚不明确，因此被称为孤儿 snoRNA（orphan snoRNA）。小核仁 RNA 在基因组中的分布多种多样，脊椎动物的 snoRNA 大多位于蛋白质编码基因的内含子内，由 RNA 聚合酶Ⅱ合成，并在内含子被剪接后进一步加工成熟。

名词窗 4-3

非编码 RNA（non-coding RNA，ncRNA）：指一类不具备编码功能性蛋白质或多肽能力的 RNA，根据功能和长度可以大致可以分为"管家型"非编码 RNA、小 RNA 和长链非编码 RNA。

长链非编码 RNA（long non-coding RNA，lncRNA）：指长度在 200 nt 以上的非编码 RNA。

环状 RNA（circular RNA）：指是一类具有闭合环结构的 RNA 分子。

微 RNA（microRNA，miRNA）：是一种广泛分布在动物、植物和病毒中由内源基因编码、具有高度保守性和组织特异性的小 RNA，通常长度在 22 nt 左右。miRNA 通常以基因簇的形式存在于基因组中。在细胞质内，它们可以与靶标 mRNA 的 3'UTR 结合，导致 mRNA 的降解或翻译抑制。而在细胞核内，它们可以与增强子结合激活基因表达。

NamiRNA（nuclear activating miRNA）是一类存在于细胞核的微 RNA，它们来源于增强子的转录，可以在局部及全基因组水平改变增强子的染色质状态，进而激活相关基因实现细胞的身份维持和状态转变，基于此，建立了 NamiRNA- 增强子 - 基因激活的全新调控模式。

干扰小 RNA（small interfering RNA，siRNA）：一类可由人工合成或细胞内源产生、长度约为 21 nt 的双链 RNA，在细胞内，它们与酶复合物结合，形成 siRNA 诱导沉默复合物（siRISC）。siRNA 与 mRNA 完全互补，指导 RISC 特异地识别并切割目标 mRNA，导致其失活。与 miRNA 不同，siRNA 能够以特异方式靶向 mRNA 的任何位置。

RNA 干扰（RNA interference，RNAi）：指 dsRNA 在细胞内经 Dicer 酶的加工后产生 siRNA，siRNA 与 AGO 等蛋白质组成 RISC 复合物，进而识别与 siRNA 互补的 mRNA 序列，直接切割并降解该 mRNA，从而在转录或者转录后水平实现基因沉默的过程。

核糖体 RNA（ribosomal RNA，rRNA）：细胞中占比最高的一类 RNA，大约占到所有 RNA 的 80%，与多种核糖体蛋白形成核糖体，参与蛋白质的翻译。

转运 RNA（transfer RNA，tRNA）：细胞中一类长度 74～95 nt 的小 RNA 分子，包括氨基酸臂、二氢尿嘧啶环、反密码环、额外环和 TΨC 环五个部分，呈现"三叶草"形状。这些 tRNA 由 RNA 聚合酶 Ⅲ 进行转录合成，其中 3' 端的氨基酸臂携带相应的氨基酸，而反密码环则用来识别 mRNA 中的密码子，从而参与蛋白质的合成。

核小 RNA（small nuclear，snRNA）：一类存在于真核生物细胞核中的剪接小体和 Cajal 小体中长度为 50～200 nt 的小 RNA 分子，与蛋白质形成小核核糖蛋白复合体，在细胞核中参与 RNA 剪接。

核仁小 RNA（small nucleolar RNA，snoRNA）：广泛分布在真核生物细胞核中长度为 60～400 nt 的非编码 RNA，参与 rRNA、snRNA 和 tRNA 的修饰。

还有一些 snoRNA 位于基因间区域、蛋白质编码基因的开放阅读框内，或 UTR 内，snoRNA 基因可以具有独立的启动子，由 RNA 聚合酶 Ⅱ 或 Ⅲ 单独合成。

第五节　基因表达调控与转录后的调控

一、转录调控基本概念

特定基因在特定时间和空间上的表达是真核生物发育、分化和稳态等过程的核心，主要在转录水平上受到调节。遗传信息通过中心法则所描述的途径将 DNA 上的编码信息转录成 mRNA，再通过翻译将 mRNA 上的信息传递给蛋白质，从而构成了表型的重要物质基础。虽然原核生物和真核生物都遵循这个基本的遗传信息流规律，但是在一些具体环节上这两大类生物又存在明显区别。在 1961 年科学家提出了原核生物遗传控制机制的早期见解之后，许多人预计类似的原理将适用于真核生物。然而，随着生化实验技术的进步，大家惊讶地发现，真核生物一般转录机制的复杂性远远超过了当时人们的想象。

美国科学家罗伯特·罗德（Robert G. Roeder）于 1969 年首先发现真核生物 RNA 聚合酶（RNA polymerase）Ⅰ、Ⅱ、Ⅲ，开创了真核转录研究这一领域。3 种真核生物 RNA 聚合酶的亚基组成有很大区别，这说明真核生物 RNA 聚合酶并不是同一种酶的 3 种不同变化，而是 3 种相对独立的转录机器。其中 RNA 聚合酶 Ⅰ 主要负责转录 rRNA；RNA 聚合酶 Ⅲ 负责转录 5S rRNA、tRNA 以及 U6 小核 RNA 等；而 RNA 聚合酶 Ⅱ 作为转录活动的关键元件，负责转录 mRNA 以及一些核小 RNA。

与原核生物 RNA 聚合酶直接识别基因启动子起始转录不同，真核 RNA 聚合酶不能直接识别启动子，需要形成以 RNA 聚合酶 Ⅱ 为核心的转录前起始复合物（preinitiation complex，PIC），并在一系列转录起始因子的帮助下才能启动转录，包括 TFⅡB、TFⅡD、TFⅡE、TFⅡF 和 TFⅡH 等。目前已知的转录起始机制之一是 TATA 结合蛋白（TATA-binding protein，TBP）特异性识别含有 TATA 框（TATA box）的启动子，招募聚合酶并组装 PIC 启动转录。然而，有超过 85% 的人类基因启动子并不含有 TATA 框。因此绝大多数基因是如何起始转录的，实际上是长期未能解决的难题。直到 2021 年徐彦辉团队才发现，在 PIC 组装过程中，TFⅡD 作为最关键的因子，其中的 TBP- 相关蛋白（TBP-associated factor，TAF）元件能够识别下游的启动子，从而很好解释了 PIC 组装和基因转录为何可发生在几乎所有基因的启动子上。

除了 PIC 的组装和转录起始，RNA 聚合酶 Ⅱ 介导的转录过程还包括延伸和终止。随着研究的深入，人们发现转录延伸因子的调控网络也同样精彩和复杂，其大致分为两类：第一类包括一系列直接针对 RNA 聚合酶 Ⅱ 延伸复合物并调节其活性的转录因子；第二类包括多种染色质修饰和染色质重塑酶，以及组蛋白伴侣，如 SPT6 和 FACT 复合物，它们可以通过染色质促进 RNA 聚合酶 Ⅱ 介导的延伸。

那么真核转录机制到底为什么这么复杂？我们现在知道，人类基因组包含大约 25 000 个蛋白质编码基因，其中许多具有多个起始和剪接位点，并且这些位点中的 2 000 多个可能编码结合 DNA 的转录调控因子，而基因表达必须在分化、发育和稳态反应过程中得到精细调节。为此，细胞为 RNA 转录进化出了高度复杂的 DNA 结合转录调控因子阵列，借助有限的信号通路，转导出近乎无限的调控结果。

二、转录后的调控——可变剪接

对于原核生物，由于没有细胞核，因此转录和翻译是耦联的，即两者在同一场所进行，转录后 mRNA 马上开始翻译。而对于真核生物来说，从转录到翻译之间，还需要经历复杂的 RNA 加工运输环节。转录出的初级转录物需要加上 5′ 端帽，然后需要将内含子剪接掉，同时在 RNA 上还需要特定的修饰，在 3′ 端加上 polyA 尾巴并运送出细胞核，才能作为翻译的模板。外部环境的变化通常是快速而剧烈的，DNA 水平的转录调控往往反应不够迅速，或者在精细程度上相对缺失，这就需要 RNA 水平的转录后调控来发挥作用。由此产生的结果便是，同样的转录水平，产生了不同数量的蛋白质，甚至同样的基因序列，制造出不同序列的蛋白质。RNA 的可变剪接（alternative splicing，AS）、转运出核、降解及翻译水平调节，这些复杂的转录后调控过程，精准操纵着遗传信息的流动，使生命体从容应对千变万化的外部环境。

真核生物绝大部分基因含有内含子，剪接即在初级转录物（或称为前体 mRNA）加工时去除内含子，从而使得外显子连接成为成熟的 mRNA。而可变剪接是指前体 mRNA 通过不同剪接位点的组合，产生众多不同 mRNA 异构体（isoform/transcript variant）的过程。这些不同的异构体可翻译出具有不同结构域的蛋白质，或者大部分区域读码框完全不同，甚至有些异构体并不能作为翻译模板，起到竞争其他异构体丰度的作用。因此，可变剪接可以很大程度上丰富蛋白质组的多样性。

绝大多数真核生物中前体 mRNA 的剪接及众多的 lncRNA，还有 tRNA 初级转录物内含子的剪接均需要剪接体（spliceosome）的参与。2015 年，施一公团队利用冷冻电镜技术首次解析了酵母剪接体复合物的近原子分辨率三维空间结构，揭示了 RNA 剪接的关键分子机制。真核细胞的 RNA 剪接通常包括如下过程：U1 snRNA 通过碱基配对的方式识别内含子 5′ 端的供体位点（donor site），U2AF 与位于内含子 3′ 端的受体位点（acceptor site）结合，从而引导 U2 snRNA 与分支点（branch point）结合，接着与 U4、U5 和 U6′ snRNP 聚合形成剪接体。分支点的 A 进攻内含子 5′ 端供体位点附近的 GU 碱基，释放的上游外显子 3′ 端羟基进而进攻内含子 3′ 端受体位点的 AG 碱基，使得内含子成为"套索"结构释放，而位于内含子上、下游的两个外显子完成共价连接。

可变剪接通常发生在依赖剪接体的剪接类型中。根据剪接位点的选择常分为五大类（图 4-15），分别为外显子跳跃（exon skipping）、内含子保留（intron retention）、

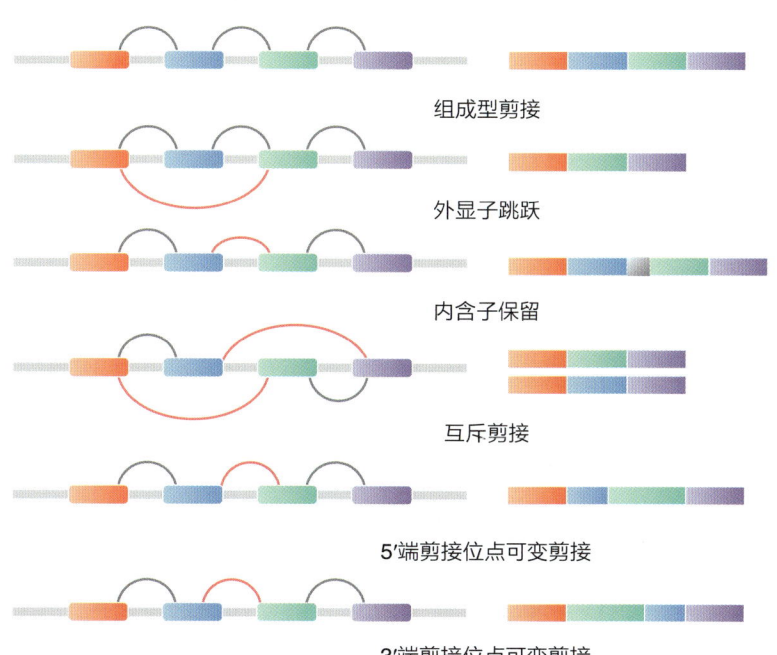

图 4-15 组成型剪接与可变剪接的五种主要类型

组成型剪接

外显子跳跃

内含子保留

互斥剪接

5′端剪接位点可变剪接

3′端剪接位点可变剪接

互斥剪接（mutually exclusive splicing）、5′端剪接位点可变剪接（alternative 5′ splice site）和3′端剪接位点可变剪接（alternative 3′ splice site）。外显子跳跃是指两个相距较远的外显子跳过一个或多个中间的外显子而连接成为成熟 mRNA 的方式；内含子保留是指本来需要被剪接的一个或多个内含子由于某种原因，并没有发生剪接，因此该内含子在最终的转录产物中实际上成为了"外显子"；互斥剪接是指中间的两个外显子，如果其中一个出现在一个转录异构体上的话，那么另一个外显子必定出现在另一个不同的转录异构体上，这两个外显子不可能同时出现在一个转录物上；5′端剪接位点可变剪接是指分支点 A 选择内含子 5′端的不同供体位点作为进攻位点，在该内含子上游形成不同外显子长度的产物；3′端剪接位点可变剪接是指选择内含子 3′端不同受体位点的剪接方式，在该内含子下游形成不同外显子长度的产物。

可变剪接具有重要的生物学功能，其在不同物种、不同生物学过程中变化万千，扮演了重要角色。那么，到底谁来决定剪接的选择方式呢？研究表明，顺式作用元件（核酸序列）、反式作用因子（剪接因子）和表观遗传修饰（主要是 DNA 甲基化和组蛋白修饰）是调控可变剪接的三大因素。简单来说，顺式作用元件是指可以调控基因表达（包括转录、剪接和降解等）的特定核酸序列（包括 DNA 和 RNA），外显子和内含子均存在特定的核酸序列，根据其功能可以分为外显子剪接增强子（exonic splicing enhancer，ESE）、外显子剪接沉默子（exonic splicing silencer，ESS）、内含子剪接增强子（intronic splicing enhancer，ISE）和内含子剪接沉默子（intronic splicing silencer，ISS）。除了顺式作用元件，反式作用因子的改变也是调控可变剪接的重要因素。尤其在特定生物学过程中，许多剪接相关的蛋白质表达量均发生动态改变，在不影响 DNA 序列的基础上影响可变剪接，并最终影响这些生物学过程。反式作用因子可以分为两大类：一类是超大剪接复合体上的蛋白质亚基；另一类是识别外显子/内含子上剪接增强子/沉默子的核不均一性核糖核蛋白家族（hnRNP）和富含丝氨酸/精氨酸（S/R）重复序列的蛋白质家族（SR 蛋白）等。

除了以上两种经典调控途径，表观遗传修饰对可变剪接的调控是近年来的新发现。许多的可变剪接事件是在转录时就发生的，而在转录时产生的前体 mRNA 由于还没有离开核小体包裹的 DNA，因此在物理空间上提供了组蛋白修饰与可变剪接两者相互作用的可能。目前组蛋白修饰调控可变剪接有两种机制，分别为识别子介导的机制和 RNA 聚合酶Ⅱ介导的机制。

而除了组蛋白修饰，DNA 甲基化与可变剪接之间也具有内在联系。基因组水平的分析显示，在 GC 含量相同的区域，外显子中 DNA 甲基化的水平要高于内含子，更进一步，剪接位点附近 DNA 甲基化水平也高。具体来说，内含子的 5′端供体位点和 3′端受体位点附近的 CG 双碱基与甲基化水平高度正相关。那么 DNA 甲基化是否可以影响可变剪接呢？答案是肯定的。其核心是 DNA 甲基化可以促进或抑制特定蛋白质在 DNA 上的结合，这些蛋白质进一步影响可变剪接。目前认为有 3 个蛋白质可介导对可变剪接的调控——CTCF、MeCP2 及 HP1，它们分别识别特定的 DNA 序列、甲基化 DNA 和特定组蛋白修饰。

RNA 的可变剪接影响了众多生命过程，其中最为人所熟知的要数果蝇的性别决定。果蝇的性染色体是 XY 型（雄性 XY，雌性 XX），哺乳动物性别的区分要看有无 Y 染色体，与哺乳动物不同的是，果蝇则要看有多少条 X 染色体，有两条 X 染色体的为雌果蝇，只有一条 X 染色体就只能是雄果蝇。研究者通过果蝇的繁殖实验发现，X 染色体数量信号影响了 *Sxl* 基因 mRNA 的可变剪接。在雌果蝇之中，*Sxl* 基因的 mRNA 会被正常剪接，并产生正常的 Sxl 蛋白质；而在雄果蝇中，*Sxl* 基因的 mRNA 剪接异常，导致雄果蝇只能产生截短的无功能的 Sxl 蛋白质。Sxl 蛋白质的不同会带来一系列基因的表达差异，并最终决定雌、雄果蝇的性别特征。

值得注意的是，在果蝇 *Sxl* 基因的 mRNA 前体中，可变剪接位置附近存在一种特殊的 RNA 修饰，当这种修饰被移除之后，雌果蝇中出现了像雄果蝇一样的 *Sxl* 剪接体，存活率也会大幅下降，即便存活下来的雌果蝇很多也出现了雄果蝇的性别特征。这种 RNA 修饰是什么？它在转录后调控中起到了什么样的作用？这些问题仍有待进一步研究。

三、转录后的调控——RNA 修饰

RNA 修饰是指发生在 RNA 上的各种化学修饰。20 世纪 50 年代以来，人类在古菌、细菌、病毒和真核生物中已发现超过 140 种的 RNA 转录后修饰形式。这些修饰广泛分布于各种类型的 RNA 中。RNA 核苷上的甲基化修饰是 RNA 修饰的主要形式之一，约占 RNA 修饰总量的 2/3，主要包括 6- 甲基腺嘌呤（m6A）、1- 甲基腺嘌呤（m1A）、5- 甲基胞嘧啶（m5C）、3- 甲基胞嘧啶（m3C）和 7- 甲基鸟嘌呤（m7G）等。其中 m6A 修饰是真核生物 RNA 中存在最为广泛的一类甲基化修饰形式，超过一半的 RNA 均存在这类修饰，这也是上文提到过的，关系着果蝇雌雄变化的关键 RNA 修饰。

事实上，早在 20 世纪 70 年代就报道了哺乳动物细胞中的 mRNA 中存在 m6A 修饰，并提出这一修饰有可能选择性地影响某些基因 RNA 翻译成蛋白质的过程。然而学术界很长时间都没有找到合适的方法去研究这种修饰及其功能。这个领域真正的受重视是从 2011 年芝加哥大学何川团队率先通过体内实验证明肥胖基因 *FTO* 具有 RNA 去甲基化酶功能开始。

FTO 是 AlkB 家族在人体中的第九个同源蛋白；当时 AlkB 家族的几个成员已经被确定为核酸去甲基化酶，因此何川课题组选定这 FTO 蛋白为研究对象，在体内寻找其底物。他们系统性地检测了 FTO 对于一系列甲基化修饰的催化活性，并发现 FTO 具有催化 m6A 去除甲基化的活性，证明了 RNA 甲基化修饰同 DNA 甲基化修饰一样是动态可逆的，从而将 RNA 修饰由微调控机制提升到表观转录组的新层次。此后，有关 m6A 的相关研究接踵而至，2013 年中国科学院北京基因组所杨运桂与何川合作报道了 ALKBH5，是哺乳动物中另一种 RNA 去甲基化酶，并且能够影响 RNA 代谢和小鼠的育性。之后的几年间，围绕催化 m6A 的酶 METTL3/METTL14/WTAP、去甲基化酶结合蛋白 YTHDF 家族成员的相关研究也陆续报道。凭借着对 RNA 修饰领域做出的开创性贡献，何川教授也于 2023 年获得了化学领域的沃尔夫奖（Wolf Prize）。

同时，关于 m6A 的生物学功能相关研究也陆续有了进展。m6A 可以作为标签被 RNA 结合蛋白直接识别，目前已经发现的 m6A 结合蛋白有 YTH 家族蛋白和细胞核内蛋白 HNRNPA2B1。通过 m6A 结合蛋白的识别，m6A 可以降低 mRNA 的稳定性、促进蛋白质翻译、调控 mRNA 与 miRNA 的剪接和促进 mRNA 出核。m6A 也可以干扰 RNA 的二级结构，作为"结构开关"调控 RNA 结合蛋白与 RNA 的相互作用。目前已有报道的功能包括参与个体发育、配子发生、细胞重编程、生物节律调控、细胞周期、母源 RNA 降解、X 染色体失活、性别决定、RNA 病毒感染、DNA 损伤修复、癌症等多种生理过程。

转录后调控的机制是如此复杂而又精巧，然而除了已经提到的 mRNA 转录后调控和 RNA 调控外，转录后调控还包含一个很大的研究领域——蛋白质翻译后修饰。

四、蛋白质翻译后修饰

随着人类基因组计划的成功完成，人类初步掌握了自身的遗传信息。目前已知人类基因组中共有约 2.5 万个质编码蛋白质基因，这个数目远远低于人们的预期。因为蛋白质是生物功能的具体执行者，而人类基因组计划所发现的基因数目很难完成细胞生长、分裂、分化和个体发育等复杂的生命过程。为了进一步揭示蛋白质在生物活动中的作用与功能，人类蛋白质组计划（the Human Proteome Project，HPP）应运而生。研究发现，蛋白质组的复杂性不仅源于基因转录后的可变剪接和 RNA 编辑等调控，还依赖于蛋白质翻译水平调控与翻译后修饰（post-translational modification，PTM）的双重机制。在蛋白质翻译阶段，mRNA 的局部结构、非编码 RNA（如 miRNA）及 RNA 结合蛋白可通过调控核糖体招募效率，精确控制蛋白质的合成时机与数量（如 miRNA 抑制翻译起始）；而新生成的蛋白质随后通过翻译后修饰进一步被动态调控。PTM 是在 mRNA 被翻译成蛋白质后，对蛋白质上一个或多个氨基酸残基进行共价修饰的过程。翻译后修饰作为一个动态的调节方式，在蛋白质水平起着至关重要的调控作用。例如，翻译后修饰可改变蛋白质的三维结构，进而调节其生化性质，也可以影响蛋白质的亚细胞定位及与其他生物大分子的相互作用，继而改变其活性和功能。翻译后修饰增加了蛋白质的多样性，使其调控更复杂、功能更特化、作用更精细，目前发现的蛋白质翻译后修饰种类约 400 种。其中，磷酸化（phosphorylation）和乙酰化（acetylation）是两种丰度最高的蛋白质翻译后修饰类型，参与了细胞内几乎所有的生理过程，包括细胞周期调控、代谢途径、神经活动和肿瘤发生等。

作为执行生物功能的基础分子，蛋白质的功能受到细胞内、外环境变化的调控。以代谢酶为例，它们的活性受到细胞能量水平、细胞代谢物水平以及细胞生存环境等诸多环境因素的调控。从 2010 年开始，复旦大学赵世民团队等多个中国科研团队在生物体利用多种蛋白质翻译后修饰响应环境因素，从而调控代谢酶活性的机制这一领域有了突破性的进展，发现核外蛋白乙酰化修饰倾向性地分布于多个代谢途径的代谢酶上。接着，几乎所有的代谢途径中的酶都被鉴定出存在乙酰化位点。当细胞代谢物水平高的时候，乙酰基转移酶将代谢物乙酰辅酶 A 修饰到代谢酶上，调节代谢酶的活性；而当细胞的能量水平低的时候，去乙酰化酶感知到细胞里面 NAD$^+$ 水平相对较高，它们就会把代谢酶上修饰的乙酰基去除，向增加能量产出的方向调控代谢酶活性。如果代谢酶的活性调控失效了，或者偏向一个方向，细胞的生存就会受到威胁，对人类来说就是疾病的开端。

过去人们曾认为破译 DNA 序列便能揭示生命的所有奥秘，但表观遗传学的崛起彻底颠覆了这一认知。作为基因表达调控的第二套密码，DNA 甲基化、组蛋白修饰与非编码 RNA 共同构建了动态调控网络。转录后调控进一步扩展了表观遗传学的维度，可变剪接、RNA 修饰（如 m6A）与蛋白质翻译后修饰（磷酸化 / 乙酰化）形成级联调控链，使单个基因可产生数十种功能迥异的蛋白质变体。新技术的发展正加速解密这些机制——从解析 lncRNA 三维结构到追踪修饰动态，研究者逐渐揭示出表观网络响应环境信号的精密逻辑。然而，表观遗传学领域仍面临诸多未解之谜：DNA 主动去甲基化的保护机制、组蛋白修饰的时空特异性调控、非编码 RNA 代谢网络解析等问题亟待突破。

尽管表观遗传修饰间的协同顺序与因果关联等机制尚待研究，但其在疾病诊疗中的应用已曙光初现。例如 DNA 甲基化不仅为癌症早期筛查提供了稳定可靠的生物标志物，其可逆性更催生了"表观遗传治疗"这一新兴领域。未来，整合多组学技术与人工智能分析，将推动我们绘制更完整的表观调控图谱，最终实现从"读懂序列"到"驾驭调控"的跨越。

名词窗 4-4

转录调控（transcriptional regulation）：是指细胞通过一系列机制控制不同基因的表达水平，以适应不同的外部环境和内部功能需求的过程。转录调控包括多个层次，包括：DNA 水平、转录水平、转录后水平、翻译水平和翻译后水平。

转录后调控（post-transcriptional regulation）：是指在转录后水平（即从 pre-mRNA 经过加工修饰变为成熟的 RNA）上对基因表达的调控，包括一系列对真核生物基因的 mRNA 进行的修饰和加工，以及翻译后多肽和蛋白质水平的修饰。

可变剪接（alternative splicing，AS）：也叫做选择性剪接，指的是在 mRNA 前体通过不同的剪接方式产生多个不同的成熟 mRNA 的转录后调控机制，能够使同一个基因最终产生不同的蛋白质。

翻译后修饰（post-translational modification，PTM）：指在 mRNA 被翻译成蛋白质后，对蛋白质上一个或多个氨基酸残基进行共价修饰的过程。

※ 复习思考题

1. 讨论 DNA 甲基化在基因表达调控中的双重角色。请结合具体例子，说明 DNA 甲基化如何在基因启动子抑制基因表达，而在基因体与基因的高表达密切相关。

2. 组蛋白修饰是表观遗传调控的一个重要机制。请详细解释组蛋白乙酰化和甲基化对染色质结构和基因表达的影响，并探讨这些修饰的可逆性及其生物学意义。

3. 2024 年诺贝尔生理学或医学奖被授予发现"miRNA 及其在转录后基因调控中的作用"的科学家，请深入探讨 miRNA 的不同调控机制，为何在胞质中抑制基因的表达，而在胞核中激活基因的表达。并结合当前研究进展，分析未来 miRNA 在基础研究和临床应用中的发展方向。

4. 表观遗传修饰如何与转录因子和转录调控网络相互作用，协同调控基因表达？请结合具体例子说明这种相互作用，并分析其在细胞分化和发育过程中的重要性。

5. 未来表观遗传学研究的前沿方向是什么？请预测新兴技术（如单细胞测序和 CRISPR/Cas9 基因编辑）将在表观遗传学基础和应用基础研究中带来的创新和挑战。

※ 推荐阅读

1. 于文强，徐国良 . 表观遗传学 [M]. 北京：科学出版社，2023.

2. ALLIS C D, CAPARROS M, JENUWEIN T, et al. Epigenetics[M]. 2nd ed. New York: Cold Spring Harbor Laboratory Press, 2015.

3. FEINBERG A P, VOGELSTEIN B. Hypomethylation distinguishes genes of some human cancers from their normal counterparts [J]. Nature, 1983, 301 (5895): 89-92.

4. BOURC' HIS D, XU G L, LIN C S, et al. Dnmt3L and the establishment of maternal genomic imprints [J]. Science, 2001, 294 (5551): 2536-2539.

5. HEINTZMAN N D, STUART R K, HON G, et al. Distinct and predictive chromatin signatures of transcriptional promoters and enhancers in the human genome[J]. Nature Genetics, 2007, 39 (3): 311-318.

6. BROWNELL J E, ZHOU J, RANALLI T, et al. Tetrahymena histone acetyltransferase A: a homolog to yeast Gcn5p linking histone acetylation to gene activation[J]. Cell, 1996, 84 (6): 843-851.

7. SHI Y, LAN F, MATSON C, et al. Histone demethylation mediated by the nuclear amine oxidase homolog LSD1[J]. Cell, 2004, 119 (7): 941-953.

8. LEE R C, FEINBAUM R L, AMBROS V. The *C. elegans* heterochronic gene lin-4 encodes small RNAs with antisense complementarity to lin-14[J]. Cell, 1993, 75 (5): 843-854.

9. RINN J L, KERTESI M, WANG J K, et al. Functional demarcation of active and

silent chromatin domains in human HOX loci by noncoding RNAs[J]. Cell, 2007, 129 (7): 1311-1323.

10. YAN C, HANG J, WAN R, et al. Structure of a yeast spliceosome at 3.6-angstrom resolution[J]. Science, 2015, 349 (6253): 1182-1191.

（编写：于文强、徐国良、蓝斐、毛湛睿、李文轩；审读：张博）

第五章

群体遗传、选择和进化

在生命科学的广袤领域中，群体遗传与进化研究始终聚焦于一个核心问题：物种多样性是如何产生、维持和随时间变化的？追根溯源，遗传多样性的驱动力源自多个关键要素，包括突变、重组、遗传漂变、混合、自然选择以及环境因素等。突变如同生命密码的"随机改写者"，不经意间为核酸序列注入全新的可能；重组则似一位独具匠心的"裁缝"，拼接出千变万化的基因组合；遗传漂变像是命运的"骰子"，在小群体中左右着等位基因的频率起伏；混合好似"调酒师"，让不同群体的基因相互交融；自然选择仿若一位严苛的"生存裁判"，甄别出最适应环境的基因特质；而环境，无疑是这场生命博弈的宏大背景，为物种的进化之路铺就多样的底色。它们携手共进，奏响了物种多样性这首波澜壮阔的交响曲，推动着地球上的生命从最初的简单质朴，一步步迈向如今的繁复多元，书写了一部震撼人心的生命进化史诗。群体遗传、选择与进化研究正是这史诗背后的"解读者"，不断挖掘其中隐藏的奥秘，为人类认识生命和多样性提供源源不断的智慧。

当我们把目光聚焦于人类自身时，会发现人类遗传多样性的呈现形式丰富多样：从外貌特征上的肤色差异，到生理机能层面的高海拔适应、乳糖耐受等，再到人群进化历程中涉及的起源、迁徙、分歧、融合等具体事件，每一个阶段都镌刻着人类遗传多样性的深刻印记。本章中，我们将以群体遗传结构和连锁不平衡的概念为切入点，全方位展示全球人群的遗传架构全景图，并依托翔实的研究案例深入剖析遗传漂变、基因交流与自然选择是如何塑造人群遗传多样性格局及特定表型的进化，探寻基因背后的生命故事。

第一节　群体遗传结构

一、群体遗传结构的概念

群体遗传结构（population genetic structure）是指遗传变异在群体内部和群体之间的数量和分布，及其在时间和空间尺度上的进化特征和规律。具体来说，群体遗传结构直接反映在等位基因频率和基因型频率上（知识窗 5-1），体现群体的遗传多样性特征，是研究群体遗传与进化的重要内容。在随机交配的群体中，等位基因频率和基因型频率符合哈迪－温伯格平衡（知识窗 5-2），由不同个体组成的亚群理论上应具有相似的等位基因频率。然而，在现实群体中，人群扩张或收缩、分歧与融合、环境适应等事件的发生使得群体遗传结构产生差异。

二、群体遗传结构的分析方法

解析群体遗传结构的最直接方法是计算不同群体间的遗传距离。F_{ST} 是群体遗传学中使用最广泛的统计量，用于衡量群体内部亚群的遗传多样性与整个群体遗传多样性的比例关系（知识窗 5-3）。当我们审视人类基因组中那些频率超过 5% 的常见等位基因时，会发现 5%～13% 的频率差异源于不同大洲人群间的遗传分化。然而，基因组局部区域可能在自然选择等作用下表现出偏离全基因组水平的人群遗传分化。为了评估这种遗传分化的显著性，我们通常对全基因组变异的人群遗传差异值分布进行正

知识窗 5-1

等位基因与等位基因型

基因座（locus）是指染色体上包含一个基因或遗传标记的特定位置。我们将位于同一基因座上的不同变体称为等位基因（allele），其代表了同一基因座上可能存在的不同遗传信息。例如，决定人类血型的基因座上可能存在 A、B、O 等不同的等位基因。等位基因的遗传模式分为显性、隐性、共显性等。显性等位基因在杂合子（heterozygote）条件下就能表现出相应的表型，而隐性等位基因只有在纯合子（homozygote）条件下才能表现出来。

等位基因型（genotype）是指一个个体在某个基因座上的两个等位基因的组合，其表示方式有以下几种：

- 纯合显性（homozygous dominant）：两个等位基因都是显性的，如 AA；
- 纯合隐性（homozygous recessive）：两个等位基因都是隐性的，如 aa；
- 杂合（heterozygous）：一个显性等位基因和一个隐性等位基因的组合，如 Aa。

在遗传学研究中，了解等位基因和等位基因型对于理解疾病的遗传模式、个体对特定环境的适应性以及群体的遗传结构和进化历史等都非常重要。通过分析等位基因型，我们可以推测遗传特征的传递方式和预测遗传疾病的风险。

知识窗 5-2

随机交配与哈迪 - 温伯格平衡

随机交配（random mating）是指在一个有性繁殖的群体中，任一个体都可以与任一不同性别个体以相同概率交配。我们将这样的群体称为孟德尔群体（Mendelian population）（Hartl et al., 1997）。在孟德尔群体中，全部个体共享同一个基因库，没有自然选择、近亲繁殖、人群迁移或其他因素影响个体间的交配模式，因此，基因频率和基因型频率会保持恒定的状态。这种遗传平衡状态通常可以用哈迪－温伯格平衡（Hardy-Weinberg equilibrium）来描述，即在随机交配的理想条件下，一个基因座的不同等位基因频率和基因型频率在世代间是恒定的，其公式表述如下：

$$p^2 + 2pq + q^2 = 1$$

式中 p 和 q 分别代表两个等位基因的频率，即该等位基因座上的两个等位基因在群体中出现的比例（$p + q = 1$）；p^2、$2pq$ 和 q^2 分别代表显性纯合子、杂合子和隐性纯合子的预期频率，即该等位基因座上 3 种基因型在群体中出现的比例。在自然界中，随机交配的理想状态很少存在，因为大多数群体都会受到某种形式的交配偏好、空间分布、社会结构或其他生态因素的影响。尽管如此，随机交配仍然是群体遗传学的基本理论模型，可以帮助我们理解和预测基因频率的变化。

知识窗 5-3

F_{ST} 统计量

F_{ST} 是由美国遗传学家休厄尔·赖特（Sewall G. Wright，1889—1988）和法国数学家古斯塔夫·马莱科（Gustave Malécot，1911—1998）在 20 世纪中期分别提出的统计量（Wright 1949；Malécot 1948）。它是固定指数（fixation index）统计量之一，通过比较某人群内部亚群之间的遗传多样性与人群总体遗传多样性的大小关系，来衡量亚群之间的遗传差异。F_{ST} 也可以理解为由人群间等位基因频率差异导致的遗传多样性。

F_{ST} 最常用的计算方法有以下两种：

- $F_{ST} = \dfrac{H_T - H_S}{H_T}$，式中 H_T 是人群总体的期望杂合度，H_S 是亚群的平均期望杂合度；

- $F_{ST} = \dfrac{V_p}{p(1-p)}$，式中 p 和 V_p 分别代表亚群等位基因频率的均值和方差。

F_{ST} 的取值范围在 0 至 1 之间。$F_{ST} = 0$ 表示不存在群体遗传结构，即亚群之间的遗传差异完全由遗传漂变引起；$F_{ST} = 1$ 表示完全的群体分化，即两个亚群的等位基因完全不同。

态化转换，或者采用蒙特卡罗（Monte-Carlo）方法对经验数据进行随机抽样和排列。通过将特定位点的实际观测值与背景分布进行比较，我们可以判断该位点的遗传分化是否在统计学上显著高于或低于全基因组一般水平。

以多维尺度分析（multi-dimensional scaling，MDS）和主成分分析（principal component analysis，PCA）为代表的数据降维方法帮助我们从高维的遗传数据中提取重要特征，在尽可能减少信息损失的前提下简化数据结构，最终在低维度空间中呈现群体分布特征。如果有 n 个群体，那么对于群体间成对遗传距离的展示只能在 n 维空间中才能实现，这无疑是非常困难的。数据降维方法为解决这一问题提供了有效策略。MDS 的目标是找到一个低维空间中的点阵，使得这个点阵中各点之间的距离与原始数据中的距离尽可能接近；而 PCA 不依赖于原始数据中的遗传距离，通过正交变换将一组可能相关的变量转换为一组线性不相关的变量，依次找到数据中方差最大的方向，并将数据投影到这些方向上，以最大程度地解释原始数据中的变异。实际分析中，我们通常将遗传数据降维后呈现出来的人群分化与人群地理、祖源等信息相关联，以确定导致人群遗传结构的可能因素（图 5-1）。

另一类方法的核心是聚类分析（cluster analysis），根据遗传相似性将众多个体划分为 K 个不同的簇（cluster），确保簇内个体之间的相似度高于与簇外个体的相似度，以此揭示群体的遗传结构。K 值的选取可以参考已知的人群地理分布和祖先起源等信息。例如，在探索欧亚大陆人群的遗传结构时，可以选取 $K = 2$ 来观察大洲水平的人群遗传差异。如果对簇数量没有明确的先验假设，也可以通过设置不同 K 值并多次运行聚类算法，得出一系列似然值，从而反映聚类模型对观测数据的支持程度。随着 K 值的增加，我们有机会观察到欧亚人群更精细的遗传结构，但具有统计学意义的 K 值并不能代表特定的生物学意义。用于人群遗传聚类分析的常用工具包括 *STRUCTURE*、*ADMIXTURE* 和 *CLUMPP* 等。这些工具不仅能够揭示人群遗传结构，还能解析个体或群体的祖先成分，甚至能够推断出可能的基因交流事件（图 5-1；详见

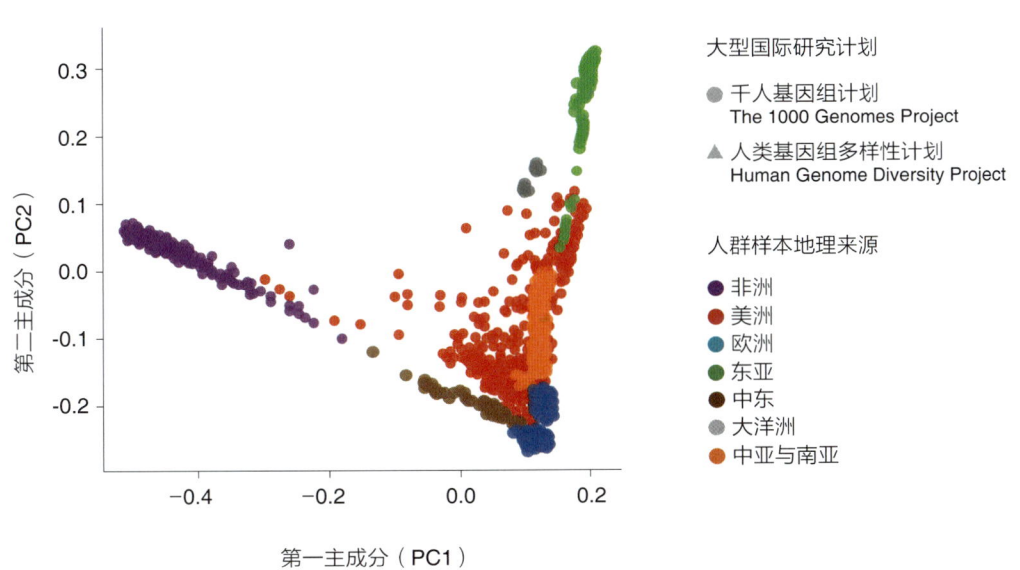

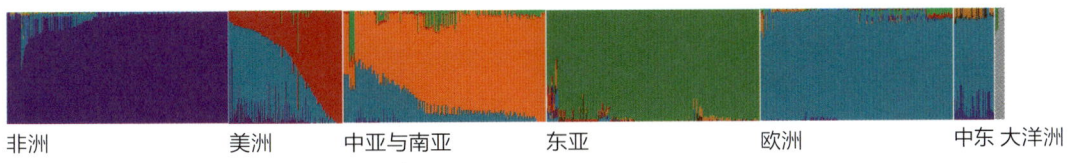

图 5-1 世界主要人群遗传结构

上图呈现了千人基因组计划和人类基因组多样性计划纳入的全球人群样本的主成分分析结果，体现人群遗传聚类与地理分布的一致性；下图展示了上述人群的 ADMIXTURE 分析结果，即在 6 个预设祖先遗传成分的情况下不同地域人群在遗传构成上的特征与异同，不同的遗传成分以不同颜色表示。图改自：Koenig et al., Genome Research, 2024, 34: 796-809。

本章第四节）。

三、大规模人群基因组研究揭示世界人群遗传结构多样性

自 2000 年人类基因组计划草图完成后，全球众多研究团队分别启动了针对不同人群的基因组研究，包括人类基因组多样性计划、千人基因组计划、泛亚 SNP 计划等在内的大型人群基因组项目紧锣密鼓地开展（表 5-1）。这些研究通过对基因组遗传变异的分布模式和规律进行大规模人群调查和分析，比较不同地域人群遗传结构的差异，为我们理解人类的遗传与进化历史提供了基础和条件。

1. 人类基因组多样性计划

人类基因组多样性计划于 1991 年由美国率先发起，并由全球科学家合作研究。这一计划最初收集了来自全球 51 个人群的 1 064 个个体的细胞系，尤其覆盖了人口较少的土著人群。通过对 377 个常染色体微卫星多态位点（microsatellite polymorphism）和 65 万个单核苷酸多态性（single nucleotide polymorphism，SNP；知识窗 5-4）位点的分型分析，该研究首次揭示了全球人群的遗传结构，指出人类基因组的遗传差异主要来自人群内部的个体之间，占总体变异的 93%～95%，而主要人群间差异仅为 3%～5%（Rosenberg et al., 2002）；人群的遗传聚类与其地理分布密切相关，这表明人群的地理起源和迁徙历史可能对遗传多样性有重要影响（Li et al., 2008）。在此基础上，该计划进一步对 54 个人群的 929 个个体全基因组进行测序分析，鉴定出 6 730 万个 SNP，880 万个插入（insertion）或缺失（deletion）变异，以及 40 736 个拷贝数变异（copy number variation，CNV）。这其中包括了大量的变异，它们在一个或多个群体中非常常见，但在之前的研究中未曾被报道。例如，非洲中部和南部、美洲和大洋洲的人群分别都有数万至数十万个特有的常见遗传变异。这些变异大多数是新生突

表 5-1　世界主要大规模人群基因组研究项目

项目名称	启动时间	研究人群	样本量	数据类型	参考文献
人类基因组多样性计划（Human Genome Diversity Project，HGDP）	1991	51，全球人群	1 064	全基因组测序	Cann et al., 2002；Rosenberg et al., 2002；Bergström et al., 2020
千人基因组计划（The 1000 Genome Project）	2008	26，全球人群	2 504	全基因组测序	The 1000 Genomes Project Consortium, 2010，2012，2015
泛亚 SNP 计划（Pan-Asian SNP Project）	2005	73，亚洲人群	1 928	SNP 芯片分型	The HUGO Pan-Asian SNP Consortium, 2009
西蒙斯基因组多样性计划（Simons Genome Diversity Project，SGDP）	2012	142，全球人群	300	全基因组测序	Mallick et al., 2016
爱沙尼亚基因组多样性计划（Estonian Genome Diversity Project，EGDP）	2016	148，全球人群	483	全基因组测序	Pagani et al., 2016

知识窗 5-4

单核苷酸多态性

单核苷酸多态性是指在基因组 DNA 序列中，由于单个核苷酸（A、T、C 或 G）的变异所导致的遗传多态性。SNP 有以下几种常见分类：

• 根据核苷酸变异的类型，可分为转换（transition）和颠换（transversion）。转换是指嘌呤（A 或 G）被另一个嘌呤替换，或者嘧啶（C 或 T）被另一个嘧啶替换（例如，A↔G 或 C↔T）；颠换是指嘌呤被嘧啶替换，或者嘧啶被嘌呤替换（例如，A↔C 或 G↔T 等）。

• 根据 SNP 的等位基因数量，可分为双等位基因型、三等位基因型、四等位基因型等。基因组中绝大多数

SNP 是双等位基因型，多等位基因型的情况较为罕见。

• 根据 SNP 在基因组中的位置，可分为编码区 SNP 和非编码区 SNP。编码区 SNP 又分为同义（synonymous）SNP 和非同义（non-synonymous）SNP。其中，同义 SNP 不改变氨基酸序列，而非同义 SNP 改变氨基酸序列。

SNP 是人类基因组中最常见的遗传变异形式，约占所有已知遗传变异的 90% 以上。SNP 可能通过影响蛋白质的氨基酸序列和功能，或是通过影响基因的表达调控等方式间接影响生物体的性状。

变，除了大洋洲人群的特有变异有较多来自丹尼索瓦古人（Denisovan）的基因渗入（gene introgression），以及美洲人群中发现来自尼安德特古人（*Homo neanderthalensis* 或 Neanderthal）的高频缺失变异（详见本章第四节）。研究人员估计当今世界人群的遗传分化主要发生在过去 25 万年内，是在人群迁徙、分离与融合的共同作用下渐进发生的。

2. 千人基因组计划

千人基因组计划启动于 2008 年，由中、英、美、德等国科学家共同承担研究任务，旨在通过使用高通量测序技术绘制一个详尽的人类基因组遗传多态性图谱，以帮助理解遗传对疾病的贡献。2012 年，该计划首期发布了来自全球 14 个人群 1 092 个个体的基因组数据，包含 3 800 万个 SNP，140 万个短序列插入 / 缺失，以及超过 1.4 万个大片段缺失等，捕获到了人类基因组中 98% 的频率达到 1% 以上的 SNP（The 1000 Genomes Project Consortium，2012）。2015 年，千人基因组计划进一步发布了基于 26 个人群 2 504 个个体基因组的遗传变异检测与分析结果，报告了 8 470 万 SNP、360 万个短插入 / 缺失、6 万个结构变异（structural variation）等总共超过 8 800 万个遗传变异，并且构建了高质量单体型图谱（详见本章第二节），发现的人类基因组中频率超过 1% 的 SNP 占比也从前期的 98% 提升至 99%（The 1000 Genomes Project Consortium，2015）。这些成果和数据资源将极大地促进人类进化和疾病研究。

3. 泛亚 SNP 计划

亚洲共有 46 亿人口、1 000 多个民族，是世界人口的重要组成部分，也是多种语言、文化和宗教的大熔炉。这种复杂的民族构成以及各个人群的起源和发展过程，对于阐明现代人的进化历史以及表型背后的遗传机制具有重要意义。然而，前期开展的

大规模群体基因组研究主要关注在非洲人群、欧洲人群、非裔美国人等几个主要大洲人群中，亚洲人群的样本数据和研究成果都相对匮乏。在这一背景下，中国、印度、日本、韩国等 11 个国家和地区于 2005 年联合发起了"泛亚 SNP 计划"，旨在揭示亚洲人群（特别是东亚和东南亚人群）的遗传结构及其祖先人群的迁徙路线。

　　该计划的第一期成果在 2009 年发布于 *Science* 期刊，共收集了覆盖东亚、南亚及东南亚各区域的 70 多个亚洲代表人群的 1 700 多例样本，主要采用 SNP 微阵列技术，在每例均检测约 6 万个基因位点，以确保能够全面、准确地获取亚洲人群的遗传信息（The HUGO Pan-Asian SNP Consortium，2009）。一方面，研究揭示了亚洲人群的遗传结构与语言结构具有较好的对应关系，其相关性甚至高于遗传结构与人群地理分布的关系，说明现代人群的流动性很大，但文化语言的凝聚力依然很强。另一方面，研究发现大多数通常意义上的人群都包含多个遗传组分，说明亚洲人群之间的基因交流相当频繁。这种基因交流不仅促进了人群的融合和文化的传播，也对亚洲人群的遗传多样性产生了深远影响。东亚人群的典型南北分布以及遗传多样性从南到北的梯度递减模式揭示了东亚人群的南方起源和史前北迁历史。此外，不同亚洲人群之间存在着一定的遗传关联，其中包括那些先前根据语言学、文化和人种学的证据认为没有通婚关系的人群。该研究从全基因组水平揭示了亚洲人群的精细遗传结构，系统阐明了亚洲人群遗传结构与地理分布及语言结构之间的关系，深入探讨了亚洲人群起源、迁徙历史、人群融合模式以及人群遗传结构形成的机制。

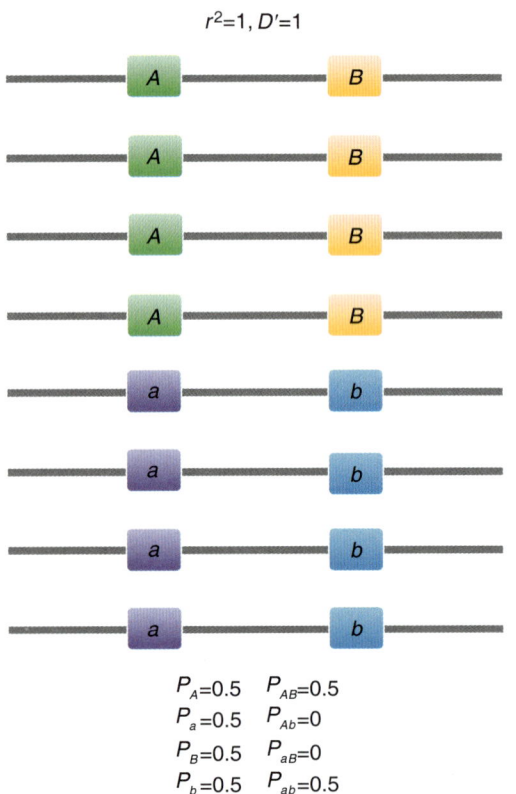

$r^2=1, D'=1$

$P_A=0.5$　$P_{AB}=0.5$
$P_a=0.5$　$P_{Ab}=0$
$P_B=0.5$　$P_{aB}=0$
$P_b=0.5$　$P_{ab}=0.5$

图 5-2　等位基因完全连锁不平衡示意图
在两个等位基因座上的四个等位基因间仅观察到 *AB* 和 *ab* 两种组合，即等位基因 *A* 和 *B*、*a* 和 *b* 完全连锁。

第二节　连锁不平衡

一、连锁不平衡的概念和计算方法

　　连锁不平衡（linkage disequilibrium，LD）是指在某一群体中，分属两个或两个以上基因座的等位基因同时出现在一条染色体上的概率高于随机出现的频率的情形（图 5-2）。假设现有两个基因座，每个基因座各有两个等位基因，分别用 *A*/*a*，*B*/*b* 表示。对于某个人群，则有 *AB*、*Ab*、*aB* 和 *ab* 四种基因型的组合方式，其基因型频率分别为 P_{AB}、P_{Ab}、P_{aB} 和 P_{ab}。那么，各等位基因在该人群中的频率为 $P_A = P_{AB} + P_{Ab}$，$P_a = P_{aB} + P_{ab}$，$P_B = P_{AB} + P_{aB}$ 和 $P_b = P_{Ab} + P_{ab}$。如果这两个基因座之间相互独立，在连锁平衡（linkage equilibrium）的状态下，各个基因型的频率就可以直接算出：$P_{AB} = P_A P_B$，$P_{Ab} = P_A P_b$，$P_{aB} = P_a P_B$，$P_{ab} = P_a P_b$。而在实际情况中，由于连锁不平衡效应的存在，基因型频率的理论值和实际值会产生偏离。这个偏离的程度通常记为 D，称为连锁不平衡系数，

即 $D = P_{AB} - P_A P_B$。如果两个基因座是完全连锁的,即一个基因座上的等位基因总是与另一个基因座上的特定等位基因一起遗传,那么 D 的值会接近于 1 或 –1。如果两个基因座是完全独立的,那么 D 的值将接近于 0。

由于 D 值会受到等位基因频率的影响,使得不同频率等位基因对之间无法进行连锁不平衡程度大小的比较。为了解决这一局限性,找到更适合衡量连锁不平衡程度的量,有学者提出对 D 值进行一些改进,有以下两种常用方法:

(1)D':美国著名遗传学家理查德·陆文顿(Richard C. Lewontin,1929—2021)提出,通过标准化 D 值得到 D'。D' 反映了群体的重组历史,适用于研究群体的连锁不平衡程度,其取值范围是 –1 到 1。

$$D' = \frac{D}{D_{max}}$$

其中:

$$D_{max} = \begin{cases} \min\left[\, P_A P_B,\ P_a P_b \,\right], & D < 0 \\ \min\left[\, P_A P_b,\ P_a P_B \,\right], & D > 0 \end{cases}$$

当 $D' = 0$ 时,处于完全连锁平衡状态;当 $D' = 1$ 时,处于完全连锁不平衡状态。

(2)r^2(相关系数):这是目前更常用的衡量连锁不平衡程度的统计量,反映不同等位基因之间的相关程度,其取值范围是 0 到 1。

$$r^2 = \frac{D^2}{P_A P_a P_B P_b}$$

当 $r^2 = 0$ 时,处于完全连锁平衡状态;当 $r^2 = 1$ 时,处于完全连锁不平衡状态。

二、遗传重组与单体型多样性

等位基因之间的连锁不平衡在全基因组的分布并不是均匀的。通常情况下,物理距离较近的基因座之间更可能发生连锁不平衡,而物理距离较远的基因座可能由于遗传重组(genetic recombination)而相互独立。遗传重组是指有性生殖的减数分裂过程中,来自不同亲本的染色体之间发生遗传物质交换的过程。重组可以破坏连锁不平衡,产生新的等位基因组合(图 5-3)。同一染色体上两个基因座之间发生配对交换的概率通常以重组率(recombination rate)来衡量。重组率越高,反映连锁不平衡被破坏的可能性越大,即连锁不平衡的衰减速度越快,反之亦然。同一染色体上共同遗传的多个基因座上等位基因的组合形成单体型。单体型多样性是指从一个群体中随机抽

图 5-3 突变、遗传重组与单体型多样性

群体中原有 AB 和 aB 两种单体型,等位基因 B 突变为 b 产生新单体型 Ab;单体型 Ab 与 aB 进一步重组产生新单体型 ab。因此,当前群体中共有四种单体型,突变和遗传重组均对单体型多样性增加产生了贡献。

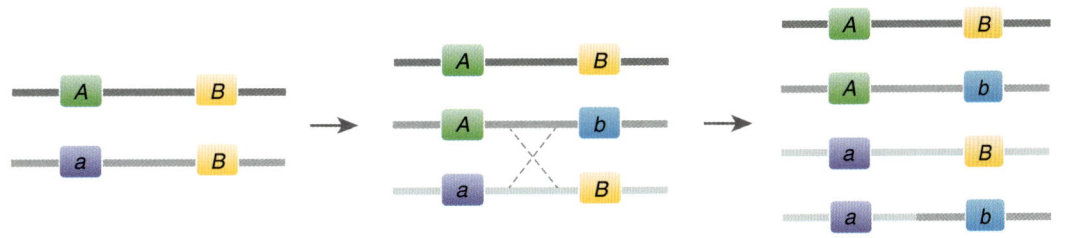

取到两条不同单体型的概率，它是衡量群体遗传多样性的重要指标之一。遗传重组通过产生新的等位基因组合，即产生新的单体型，增加群体的单体型多样性，这对于群体的适应性和进化具有重要意义。

三、国际单体型图谱计划

国际单体型图谱计划（The International HapMap Project，HapMap 计划）是在人类基因组计划完成之后的又一重大国际合作项目。随着人类基因组测序的完成，科学家们意识到需要进一步了解基因组中的遗传变异，尤其是 SNP 以及它们之间的连锁不平衡关系，从而更好地理解人类疾病的遗传基础。HapMap 计划在 2002 年启动，标志着群体基因组学时代的开端。HapMap 计划在人类基因组计划发布的人类基因组序列草图基础上，旨在通过对海量 SNP 的人群检测及计算分析，建立人类基因组的单体型图谱，描绘人群全基因组的 SNP 分布规律、频率特征和连锁不平衡模式等。2005 年，首个人类基因组单体型图谱在国际顶尖学术期刊 *Nature* 发布，其中中国科学家做出了 10% 的贡献。2007 年，HapMap 计划在 *Nature* 上发表了二期研究成果，发现了超过一千万的人类基因组 SNP，完成了约 310 万个频率达到 5% 以上的常见 SNP（≥5%）在 270 个全球样本中的分型检测。第二代 HapMap 图谱的分辨率达到平均不到 1 000 个碱基对（即 1 kb）检测到 1 个 SNP，准确度达到 99.8%。在此基础上，HapMap 三期研究扩充了人群样本以发现低频 SNP。2010 年在 *Nature* 上发表的成果报道了 160 万个常见 SNP 在来自全球 11 个人群的 1 184 个体中的分型结果，以及对其中 692 个体中进行 100 万碱基对（即 1 Mb）区域重测序新发现的低频 SNP。随着越来越多的数据产生，HapMap 图谱逐渐具备更广泛的人群代表性和更精细的基因组序列分辨率。

HapMap 计划的研究结果显示，人类基因组中存在广泛的连锁不平衡。这些连锁不平衡区域（LD block，又称单体型区块）大小不一，包含从几千到几十万个碱基对不等（图 5-4）。遗传图谱（genetic map）正是以连锁不平衡与遗传重组率来确定染色体上遗传标记相对位置的图谱。遗传图谱的距离单位通常采用厘摩（centi-Morgen，cM）表示，以 1 cM 代表 1% 的重组率，大约对应染色体上 100 万个碱基对（即 1 000 kb）的物理距离。HapMap 发布的遗传图谱为揭示复杂疾病的遗传因素奠定了基础。复杂疾病属于常见疾病。不同于单基因疾病，复杂疾病的遗传因素涉及多个基因和分子通路，因此这类疾病的易感性隐匿于多个 SNP 和单体型及其组合中，存在较大个体差异。揭示复杂疾病的遗传模式依赖于大量的群体样本与大量的 SNP 分型，这在 HapMap 构建之前几乎是不可能的。此外，我们可以遗传图谱作为参考依据，选择具有代表性的标签 SNP（tag SNP），从而进行疾病或表型关联遗传变异的定位分析。HapMap 计划为全面揭示复杂疾病易感基因和遗传机制提供了新的研究思路，推动基因组学研究进入新的阶段。

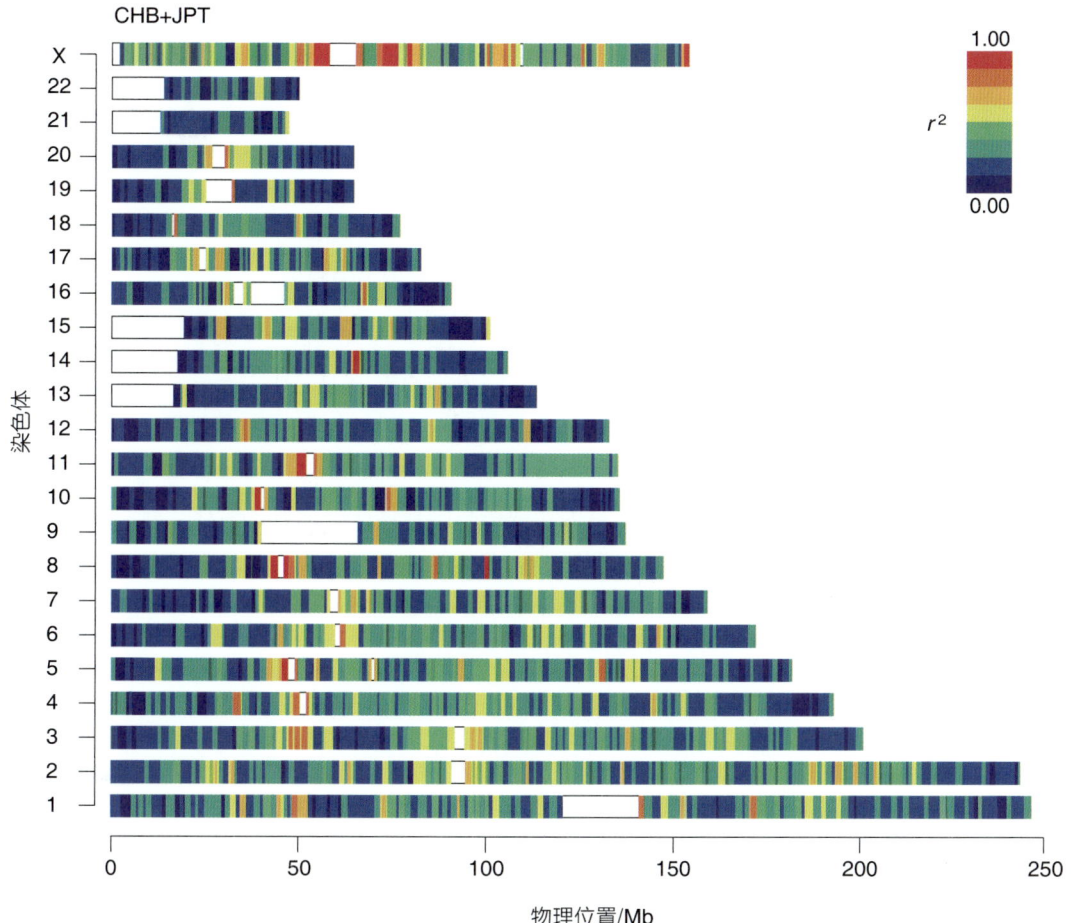

图 5-4　HapMap 计划发布的东亚人群全基因组连锁不平衡片段长度分布
图中所示东亚人群包括北京汉族（Han Chinese in Beijing，简称 CHB）和东京日本人群（Japanese in Tokyo，简称 JPT）。图改自：The International HapMap Consortium，Nature，2007，449：851–861。

第三节　遗传漂变

一、遗传漂变与有效群体大小

遗传漂变（genetic drift）是指在有限群体中由于不同基因型个体生育的子代个体数不同而导致基因频率产生随机波动的现象。等位基因频率在代际之间的变化本质上是由于抽样的随机误差导致的。遗传漂变是一个随机过程，可使等位基因频率升高或者降低，也可能产生较为极端的情形，即某个等位基因在群体中固定下来或完全丢失，导致该基因座失去遗传多样性。例如，某基因座上有 A 和 B 两个等位基因，假设 A 等位基因频率占优而 B 等位基因罕见，若携带 B 等位基因的个体无子女，则 B 在子代中便会消失；而相应地，A 在子代中的频率将达到 100%。

赖特–费舍尔模型（Wright–Fisher model）是群体遗传学中描述有限群体中遗传漂变的经典数学模型（知识窗 5–5）。根据这一模型，群体大小是影响遗传漂变的重要因素之一。群体越小，由于繁殖个体的数量有限，等位基因频率的变化更可能受到

知识窗 5-5

赖特 - 费舍尔模型

赖特 - 费舍尔模型是群体遗传学中描述有限群体中遗传漂变的经典数学模型。它是由美国遗传学家休厄尔·赖特（Sewall G. Wright，1889—1988）和英国统计学家罗纳德·费舍尔（Ronald A. Fisher，1890—1962）在 20 世纪中早期分别独立提出的，因此得名。这一模型假设群体具有以下特征：

- 二倍体群体，群体大小恒定；
- 随机交配，每个个体都有相等的机会贡献基因给下一代（见知识窗 5-2）；
- 代际之间不重叠；
- 没有突变，不考虑新的遗传变异产生；

- 没有自然选择，所有等位基因在生存和繁殖上都是中性的，即它们的适应度相同；
- 不与外部群体发生基因交流。

假设群体中的每个个体都有机会产生一定数量的配子，这些配子随机结合形成下一代个体。尽管不同个体产生的配子数量可能不同，但平均来说，每个个体对下一代的遗传贡献是相同的。在此基础上，我们可以预测等位基因频率在有限群体中随时间的变化。赖特 - 费舍尔模型是群体遗传学的基础模型，是理解遗传漂变对群体遗传结构影响的重要工具，赖特和费舍尔因此也被称为群体遗传学的奠基人。

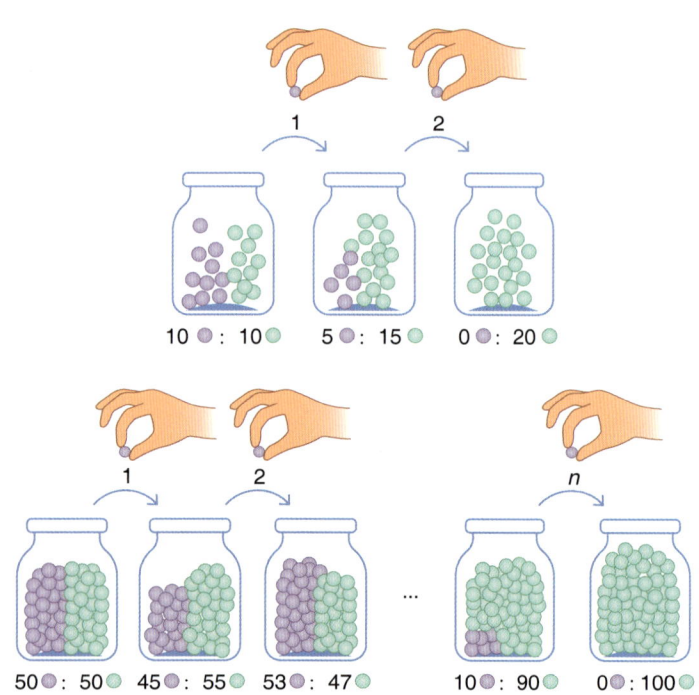

图 5-5　不同有效群体大小下的人群遗传漂变

分别对 20 个球（上）与 100 个球（下）进行多次有放回随机抽样，初始状态下紫球与绿球比例均为 1∶1，每次随机抽取的样本量均等于初始样本量，以模拟有效群体大小不同的两个群体，满足有效群体大小不随时间改变，且二者初始等位基因频率相同情况下的遗传漂变。

随机抽样误差的影响。我们将一个理想遗传学群体中繁育群体的大小称为有效群体大小（effective population size，N_e）。有效群体大小通常小于实际群体大小，这是由于实际群体中通常无法满足所有个体对下一代有同等遗传贡献。在赖特 - 费舍尔模型的假设下，群体中每个个体产生的子代数目符合泊松分布（Poisson distribution），而现实群体中并非如此。在生理、社会等多方面因素影响下，个体之间的繁殖力必然有区别。个体繁殖力的差异越大，有效群体大小越小。

有效群体大小可以从以下两个方面来理解：其一为随机抽样导致的等位基因频率代际变化，即遗传漂变的程度，有效群体大小越大，遗传漂变的影响越小（图 5-5）；其二为同一个体中两个等位基因来自共同祖先的概率，即群体内部近亲婚配的程度，有效群体大小越大，反映近亲婚配的程度越低。奠基者效应（founder effect）和瓶颈效应（bottleneck effect）是导致群体大小减少的两个重要的群体进化事件（图 5-6）。奠基者效应是指一个群体内的少数个体从群体中分离出来形成一个新的群体,新群体的基因频率与原群体不同且遗传多样性小于原群体的现象。瓶颈效应是指由于战争、灾难等事件造成群体中的个体数量急剧减少,这同样导致群体内基因频率的改变及遗传多样性的丧失。此外,群体地理隔离引发遗传隔离,即群体内产生近亲婚配,也是导致群体遗传多样性变小、遗传漂变效应增强的原因。

二、东亚人群的遗传分化

东亚地区是全球人口数量最多的区域之一,总人口约18.9亿,占亚洲总人口的38%以及全球人口的22%。该地区主要由三大民族构成:汉族,主要分布在中国,占总人口约92%;大和民族,占日本总人口98%以上;韩民族,占朝鲜半岛总人口约96%。这些民族在语言和文化体系上存在一些共性,例如汉字(或其衍生文字)的使用以及受到儒家文化的影响,在外貌特征上也拥有相似的黄皮肤、黑眼睛和黑头发等特征。然而,每个民族都有其独特的遗传学属性。一项针对汉族、日本人群和韩国人群的全基因组分析表明,三者的最近共同祖先可以追溯到距今3 000至3 600年前,但其各自具有独特的遗传构成(Wang et al., 2018)。总体上看,这三个人群之间的遗传差异($F_{ST} = 0.002\ 6 \sim 0.009\ 0$)远小于欧亚人群之间的遗传差异($F_{ST} = 0.1$),但超出南方汉族与北方汉族之间的遗传差异($F_{ST} = 0.001\ 4$)。其中,北方汉族和韩国人群的遗传关系最近($F_{ST} = 0.002\ 6$),其次是韩国人群与日本人群($F_{ST} = 0.003\ 3$),南方汉族与日本人群的遗传关系最远($F_{ST} = 0.009\ 0$)。这一结果反映了三个人群的遗传结构与地理分布相对应,表明地理隔离在推动东亚人口分化中起了关键作用(图5-7)。随着汉族十万基因组计划(Han100K)、韩国千人基因组计划(Korean1K)和日本生物银行(Biobank Japan)等东亚各人群专属大规模基因组研究计划的开展,东亚人群的遗传多

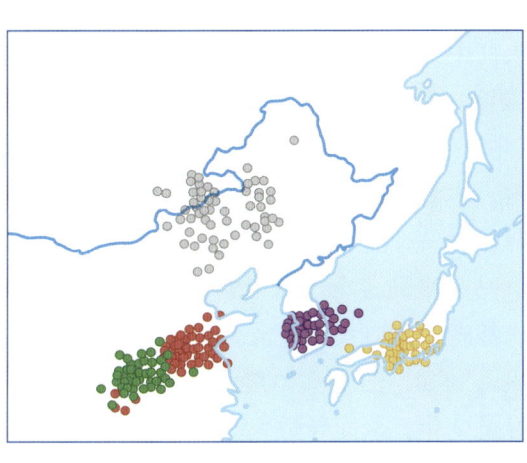

图 5-6　瓶颈效应和奠基者效应导致有效群体大小减小

不同颜色的圆点代表群体基因库中的不同等位基因。在群体经历瓶颈效应事件后,仅有少数类型的等位基因保留下来并产生后代;或是携带有限类型等位基因的个体从原群体中分离出来,作为新群体中的奠基者并产生后代。这两种情况均导致有效群体大小的减小。

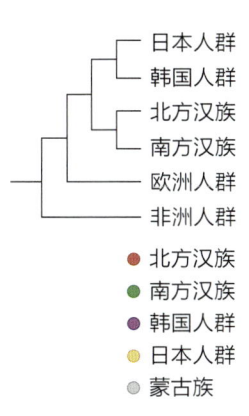

图 5-7　中、日、韩人群的谱系关系与遗传结构

以非洲及欧洲人群为参照,汉族人群、日本人群和韩国人群共同形成了东亚人群聚类分支。主成分分析显示,三者的遗传关系与人群地理分布相一致。图改自:Wang et al., Hereditas, 2018, 55: 19。

日本人群
韩国人群
北方汉族
南方汉族
欧洲人群
非洲人群

● 北方汉族
● 南方汉族
● 韩国人群
● 日本人群
● 蒙古族

样性格局有望被全面揭示。这不仅为理解人类进化历史提供重要信息，也对遗传性疾病的研究和治疗做出贡献。

日本列岛是研究东亚人群遗传漂变的经典"岛屿模型"（island model）。该模型假设一个群体被分成多个岛屿上的亚群，每个岛屿（亚群）内部的基因频率可能会因为遗传漂变而发生变化，而岛屿之间的基因交流则通过迁移来实现。遗传漂变和迁移之间的平衡决定了亚群基因频率的分化程度。如果迁移率足够高，它可以平衡遗传漂变的效果，减少亚种群之间的遗传分化。相反，如果迁移率很低，遗传漂变将导致亚种群之间的遗传分化加剧。一项研究通过对 7 000 多名日本人全基因组 SNP 分析发现，大多数日本人可以分为两个主要的亚群，即本州亚群（包括来自日本主要岛屿的大多数个体）和琉球亚群（包括来自冲绳的大多数个体）（Yamaguchi–Kabata et al., 2008）。此外，尽管在过去大约 100 年左右的时间里日本国内的人口迁移已经变得相当频繁，但本州岛（日本最大的岛屿）的局部地区人群在遗传上仍然存在差异。例如，日本近畿和九州的人群与中国汉族的遗传关系较近；关东部分地区人群与北海道人群在主成分分析结果中呈现较为广泛的个体遗传分布，可能是由于近期日本人群向东京、横滨等关东大城市迁徙和聚集，而北海道虽然位于日本最北端，但绝大多数居民是来自本州的移民后代（图 5-8）。另一项研究进一步将本州之外的岛屿人群解析为 8 个亚群（Sakaue et al., 2020）。其中 1 个亚群主要由最北部的北海道阿伊努人群组成，剩下的 7 个则是来自日本西南琉球地区（九州和冲绳）的亚群——这些西南岛屿彼此相邻，最近距离仅 50 km。"双重起源假说"认为，绳文人（约 1.6 万至 3 000年前的狩猎采集人群）与弥生人（约公元前 900 年至公元 300 年的农业人群）是现代日本人的遗传起源基础。近年来提出的"三系起源假说"在此基础上进行了补充，提出现代日本人的祖先群体除了绳文人和弥生人之外，还有一个与古坟时代（公元 3 世纪末至 7 世纪初）相关的东亚祖先。居住于日本北部的阿伊努人和南端的琉球人可能是绳文人的后裔，而这种古老的遗传亲缘关系可能被本州岛与其周边岛屿之间的基因流动所掩盖，或者被二者之间的地理隔离所逐渐稀释。

三、遗传漂变影响隔离人群的表型特征与疾病风险

在隔离人群中，由于基因交流受到限制，随机的基因频率变化更为明显，从而容易发生遗传漂变。截至 2014 年统计，亚洲共有约 3.7 亿土著人口，占世界土著总人口的 2/3。其中有不少为生活在相对隔离的特殊（甚至极端）环境中的部落人群，与外界较少接触，生活方式较为传统。这些人群通常由于族内通婚或经历了瓶颈效应事件等导致群体规模变小，从而容易发生遗传漂变。例如，根据马来西亚 2010 年的人口普查结果，马来半岛各个土著人群（通常统称为 Orang Asli）的人口普遍在几百至几千人，更有甚者，人口仅 200 余。基因组数据分析显示这些人群经历了近期的有效群体缩减（Deng et al., 2014）。在隔离人群中，遗传漂变可能引起外貌特征相关等位基因频率的显著变化，从而导致人群产生特殊的外貌表型。例如，在某些偏远岛屿的

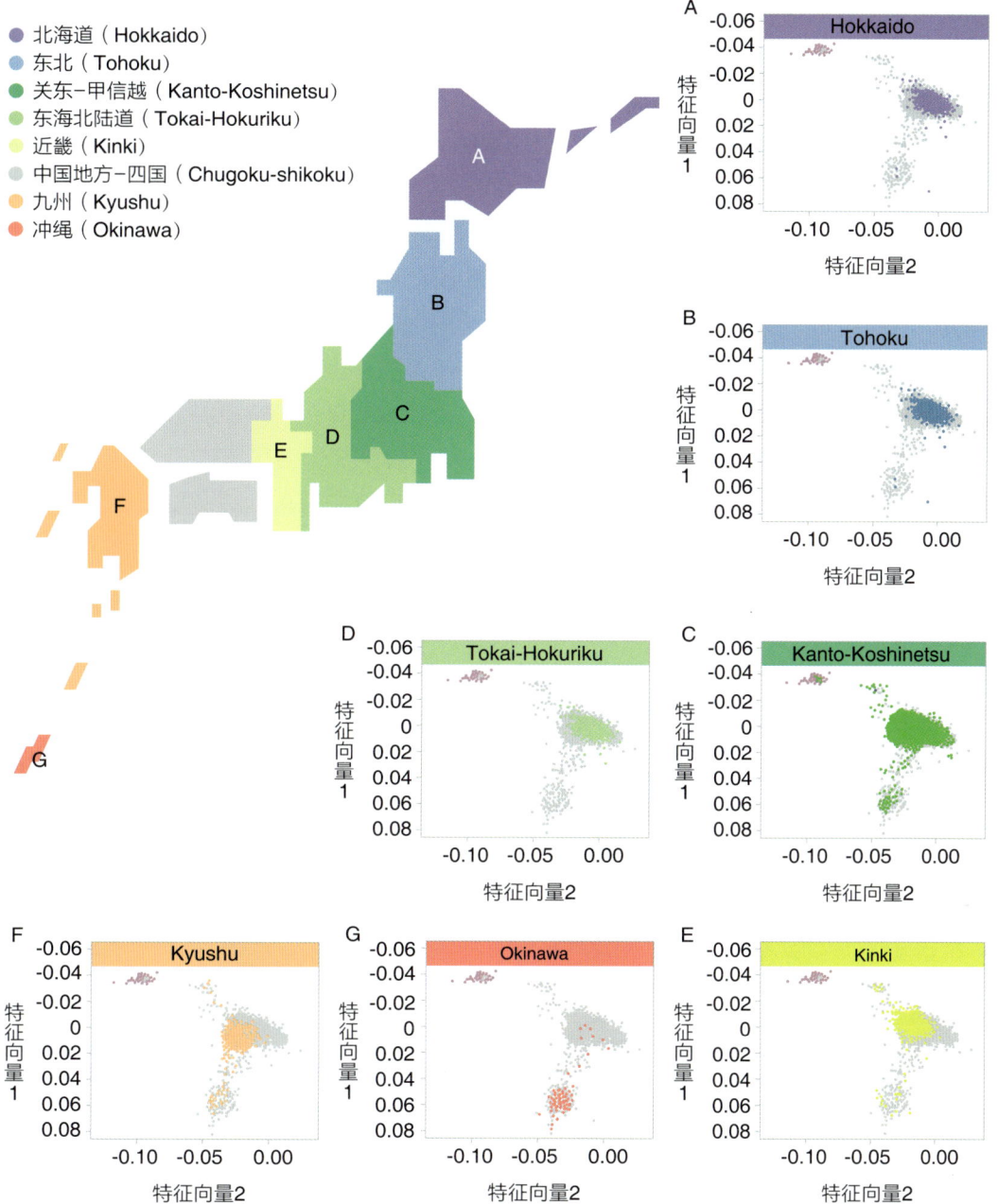

图5-8 日本列岛人群的遗传结构

主成分分析揭示了日本列岛7个地区人群地理分布与遗传特征之间的关系。图A至图G分别对应地图上不同颜色标注的地区，以相应颜色散点凸显该地区个体的遗传分布。图中灰色散点表示其他6个地区个体；粉色散点表示HapMap计划发布的日本东京人群（JPT）个体，作为参考群体。图改自：Yamaguchi-Kabata et al., American Journal of Human Genetics, 2008, 83: 445-456。

人群中，由于长期的隔离和遗传漂变，可能出现独特的面部特征、身材比例或肤色变化。一个典型的例子是生活在马来半岛、菲律宾群岛以及安达曼岛丛林地区的狩猎族群（称为 Negrito），他们通常身材矮小、皮肤黝黑且毛发卷曲（见本章第六节）。遗传漂变会使小隔离群体中某些有害的隐性基因频率增加。在大群体中，隐性有害基因通常会被稀释，因为有大量正常基因与之混合。但在隔离人群中，由于个体数量有限，经过几代的遗传漂变，这些隐性基因可能会在群体中变得相对集中。例如，中国台湾地区葡萄糖-6-磷酸脱氢酶（G6PD）缺乏症的发病率高于东亚和东南亚其他地区，且台湾人群中存在一些特有高频致病突变，包括 487G > A、1388G > A、1376G > T 和

95A > G 等（Tang et al.，1992）；在魁北克某人群中，Ⅰ型酪氨酸血症（tyrosinemia Ⅰ，一种氨基酸代谢障碍）的携带者频率仅用 12 个世代就从 1/5 000 增加到 1/22。由于隔离人群的基因库相对较小，基因与环境因素（如特定的饮食习惯或生活方式）相互作用的模式也可能发生改变，进一步影响疾病的发生和发展。也有人认为，仅通过遗传漂变似乎不足以完全解释导致某些特殊表型或疾病的基因如何经历较短时间在人群中积累到较高频率，或是在地理相距甚远的不同隔离人群中为何产生相似的表型，因此，可能还存在定向选择的作用（详见本章第五节）。

第四节 基因交流

一、遗传混合的基本概念与统计推断

基因交流（gene flow）又称遗传混合（genetic admixture），是指不同遗传背景人群之间的婚配和繁殖，导致基因库的混合（图 5-9）。它可以发生在地理上相邻的群体之间，也可以通过迁移、征服或其他社会事件导致不同地理区域的人群之间的混合。遗传混合的结果是一个群体获得了来自其他群体的遗传物质，即可能有新的等位基因被引入群体，或是群体原有的等位基因频率发生变化，杂合等位基因增加，从而提高了群体内部个体基因型和等位基因的多样性，即遗传多样性。遗传混合是人类进化的重要驱动力之一。

图 5-9 人群混合过程及可用于推断混合模型的遗传信息特征示意
目前人类基因组中用于推断人群混合历史的遗传特征主要分为以下三种：等位基因频谱、混合连锁不平衡以及祖源片段信息。图改自：张瑞 等，科学，2023 年第 75 卷第 1 期，P18-P22。

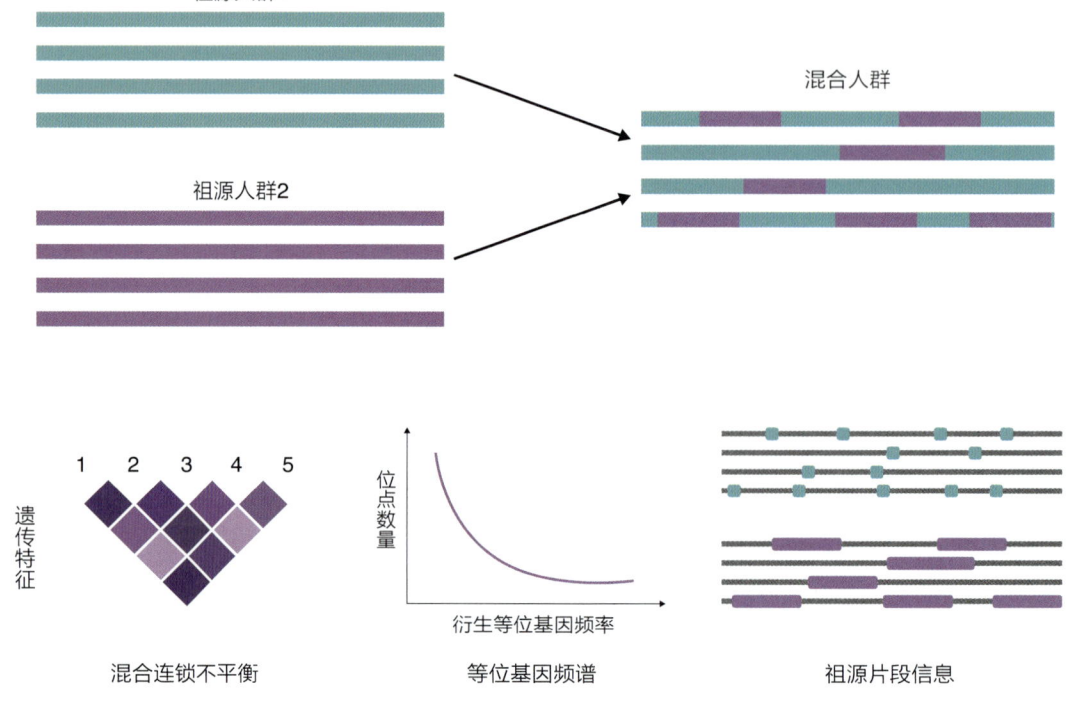

解析混合人群的祖源构成并重构混合历史模型是遗传混合研究的关键问题。全局祖源推断（global ancestry inference）是指在混合个体的全基因组水平上，估计各祖源人群对于混合人群的贡献比例。我们可以采用主成分分析等非参数方法将人群聚类，从而大致判断人群或个体的遗传关系，进一步采用 *STRUCTURE*、*ADMIXTURE* 等基于模型的方法估计混合比例等参数（见图 5-1）。局部祖源推断（local ancestry inference）能帮助我们进一步了解混合人群基因组局部区域的遗传结构，即从混合人群的单体型水平上，解析其基因组中每个位点或者每个片段最有可能来自的祖源人群，这也可以理解成一个给混合个体基因组进行标注的过程。相比于全局祖源推断，局部祖源推断对于祖源成分的解析会更加精细和具体化。目前较常见的局部祖源推断方法主要基于隐马尔可夫模型（hidden Markov model，HMM）。此外，条件随机场（conditional random field，CRF）模型、支持向量机（support vector machine，SVM）、随机森林（random forest，RF）模型等也被应用于局部祖源推断方法的开发中。

基于局部祖源推断得到的来自不同祖先的基因片段信息，我们可以进一步构建人群的混合历史，即推断人群混合的模式及计算混合时间与混合比例（知识窗 5-6）。祖源片段信息包括祖先间跳转速率（ancestral switches probability）和祖源片段长度分布（ancestral tracts length distribution）。前者描述了混合人群基因组中，不同祖先来源的片段之间发生转换的概率；后者描述的是混合人群基因组中，来自某一祖源人群的片段长度分布情况。在群体遗传学中，重组事件的发生可以用泊松过程来刻画，因此，在混合过程中由于重组被打碎的祖源片段长度服从指数分布。随着混合时间的增加，重组事件积累的次数变多，祖源片段也会越来越碎。来自某一祖源片段的总长度

知识窗 5-6

人群遗传混合模型

人群遗传混合模型是用于描述和分析不同遗传背景人群之间婚配和繁殖导致的基因库混合的数学和统计模型。常用的遗传混合模型有以下几种（图 5-10）：

• 基本混合模型，又称混合隔离模型（hybrid isolation 模型，简称 HI 模型）：HI 模型是最简单的模型，假设两个或多个群体在某个时间点混合，即混合事件瞬时发生，形成一个新的混合群体。

• 连续混合模型（gradual admixture 模型，简称 GA 模型）：相比 HI 模型，GA 模型假设混合不是一次性事件，而是随着时间推移而持续发生的过程。

• 持续基因流模型（continuous gene flow 模型，简称 CGF 模型）：混合事件在某个时间点发生之后，其中的一个祖源人群对混合群体产生持续的遗传贡献。

• 多波次混合模型（multiple-wave 模型，简称 MW 模型）：假设混合不是单一事件，而是在不同时间点发生了多次。每次混合事件都可能有不同的祖源贡献群体和贡献比例。因此，MW 模型可以更好地描述那些经历了长期、复杂混合历史的人群。

• 性别偏向性混合模型：在某些群体中，男性和女性可能对混合过程的贡献不同。例如，一个群体的男性倾向性地与另一个群体的女性交配，导致混合后代群体在遗传构成上的偏向性。

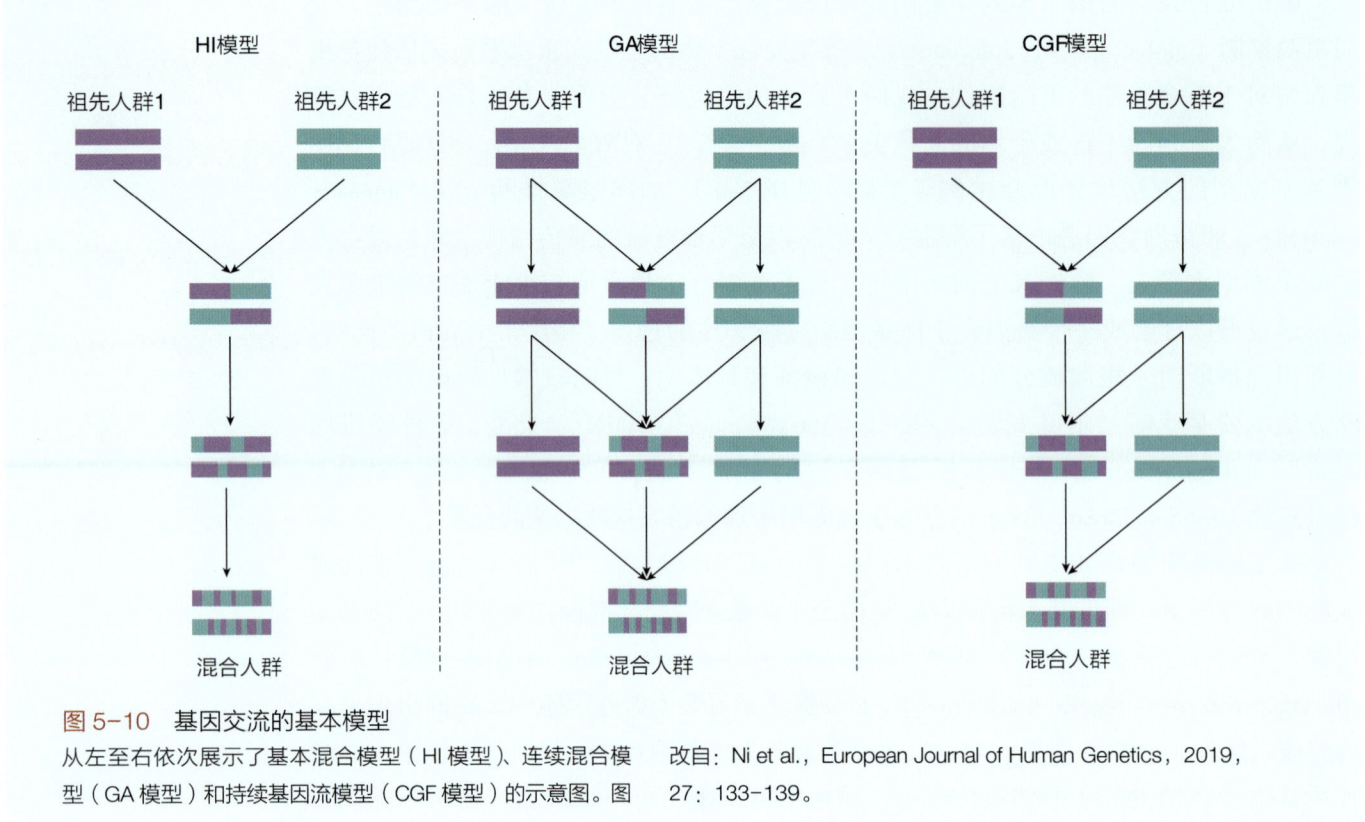

图 5-10　基因交流的基本模型

从左至右依次展示了基本混合模型（HI 模型）、连续混合模型（GA 模型）和持续基因流模型（CGF 模型）的示意图。图

改自：Ni et al.，European Journal of Human Genetics，2019，27：133-139。

也可以反映该祖源人群的遗传物质在混合群体中所占的比例。此外，混合事件发生初期，祖源人群内部的特异性位点在混合人群基因组中更倾向于连锁在一起，而随着时间的推移，混合人群的这种连锁不平衡延伸的现象会以一定的速率指数衰减。因此，结合混合事件发生时的连锁不平衡以及当前混合人群中的连锁不平衡信息，可以推断混合历史。此外，混合人群的连锁不平衡结构及其随世代衰减规律，在实现致病突变基因高解析度定位研究中具有重要理论意义与应用前景（图 5-11）。

　　在人类社会漫长而又错综复杂的历史发展进程中，帝国的兴起与衰败、奴隶贸易与战争、宗教传播与人口扩张，都对人类多样性的构成产生过深远的影响。反复发生的人群分化、隔离、再接触、再融合，最终导致当今复杂的人群遗传结构。现代人类基因组中依旧保留着其祖先迁徙与进化的印迹，数学、统计学与遗传学等多学科的交叉融合，为解析这些历史事件提供了新的研究手段。事实上，世界上大部分人群都是混合人群，并且其混合过程随着时间的推移越来越复杂，其中最典型的混合人群有非裔美国人（African American）、拉丁裔美国人（Latino American），以及我国西北地区的维吾尔族和哈萨克族人群等。下文首先以两类混合人群为例介绍世界范围内不同现代人类之间的基因交流历史，分别为北美混合人群和中亚混合人群。此外，我们将视角置于更遥远的时间尺度内，对现代人类祖先即早期智人与其他已灭绝远古人类之间的基因交流历史进行介绍。

二、现代人群的基因交流

1. 北美人群混合

北美地区人群历史受到长期的人口迁徙、隔离以及不同大洲之间的人群混合的影响，形成了复杂且多元的群体结构。北美混合历史是一个复杂的过程，涉及原住民（包括美洲印第安人、因纽特人等）、欧洲殖民者、非洲人群以及不同文化之间的相互作用和进化。非裔美国人和拉丁裔美国人是两种较为典型的北美混合人群，其形成历程主要受到航海大发现以及奴隶贸易的影响。15 世纪末至 17 世纪初期，欧洲国家通过开辟新航线、发现新大陆以及建立殖民地来拓展贸易疆域。在此期间，欧洲殖民者将数百万非洲人运往美洲，充当种植园、矿山和农场的劳工。目前学界认为非裔美国人的祖先主要为欧洲人群和非洲人群，其混合历史符合连续混合模型。具体来说，欧洲祖先与非洲祖先最初于距今约 12 个世代即距今 300 年前（1 世代可约等于 25 年）发生遗传混合，并在此后的每一代对混合人群持续产生基因贡献。我们在现今非裔美国人基因组中观察到的非洲祖源和欧洲祖源占比分别约为 75% 和 25%（图 5-12）（Ni et al.，2019）。拉丁裔美国人的形成历史主要由欧洲祖先、美洲原住民祖先和非洲祖先经历离散的人群混合事件形成，即符合离散混合模型。欧洲祖先和非洲祖先在距今约 18 代前（即距今 450 年前）发生基因交流；美洲原住民在距今约 12 代前（即距今 300 年前）与已经形成的欧非混血群体进一步融合，从而形成拉丁裔美国人。现今拉丁裔美国人基因组的祖源构成比例约为非洲祖先 5%，欧洲祖先 51%，以及美洲原住民祖先 44%。

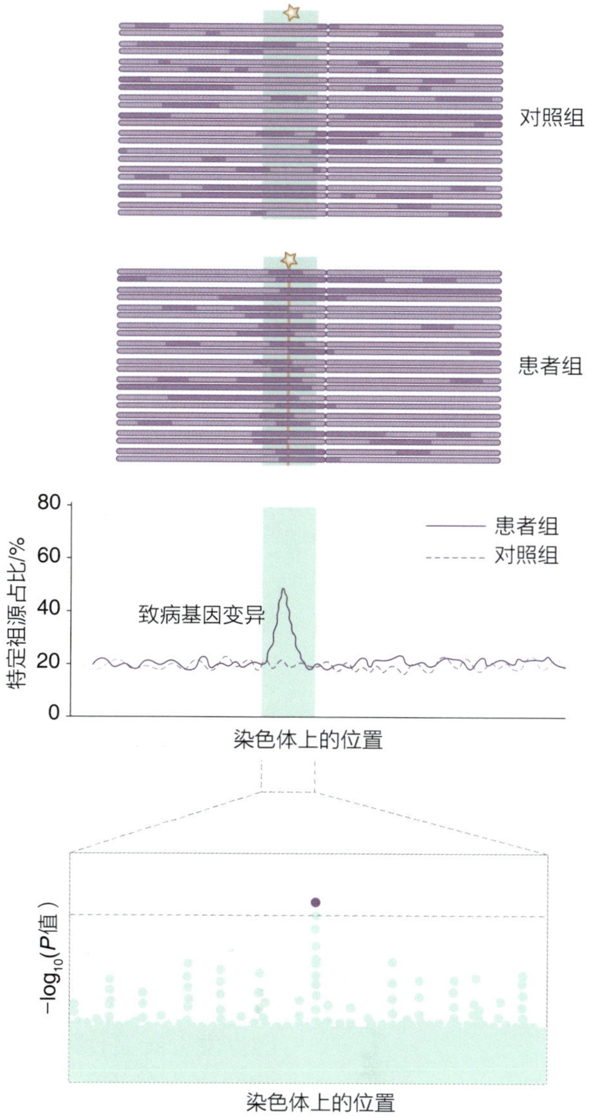

此外，混合也会导致基因频率的改变。在北美人群的混合历程中，有诸多基因座的等位基因频率因人群混合而产生显著改变。例如，在决定肤色的基因座方面，欧洲人群大多携带与较浅肤色相关的等位基因，非洲人群则以深肤色相关等位基因为主，当这两大人群与印第安人人群混合后，混血后裔的肤色相关基因座上的等位基因频率呈现出介于欧洲人群与非洲人群之间或新的组合分布。又如在血型基因座上，不同人群有着不同的血型等位基因频率分布。欧洲人群中 A 型血和 O 型血等位基因占有一定比例，非洲人群中 B 型血等位基因相对更为常见，经过混合后，北美混血人群中各种血型等位基因频率发生变化，A、B、O 血型的比例不再与原住民族群相同，出现了更为多样化和均衡化的趋

图 5-11　利用连锁不平衡定位混合人群中的疾病基因
图中所示基因组中深紫色和浅紫色分别表示两种祖先来源片段。其中，患者组中疾病基因与深紫色祖先片段显著关联，而来自同一人群的对照组在相同基因区域的祖先构成比例与全基因组水平一致。利用混入人群中祖先关联的连锁不平衡信息，能有效定位两个祖先人群中频率差异较大的疾病基因。

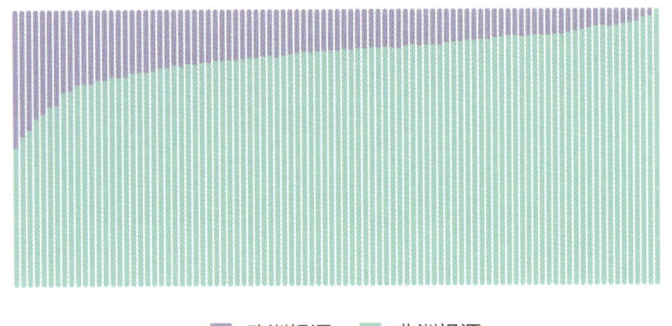

■ 欧洲祖源　■ 非洲祖源

图 5-12 非裔美国人的遗传祖源构成

在设定两个祖先群体（即 $K = 2$）的情况下，非裔美国人个体基因组主要包含欧洲祖源和非洲祖源两种遗传成分。遗传背景、家族历史、地理位置和性别等多种因素均可能导致不同个体的祖源构成比例发生显著差异。图改自：Zakharia et al.，*Genome Biology*，2009，10：R141。

势。不同来源基因在新群体中的融合与重新分布，对群体的遗传特征产生了深远影响，在医学、人类学等多领域研究中都有着重要意义，为探究人群遗传多样性和适应性提供了丰富的素材与线索。

2. 中亚人群混合（丝绸之路）

中亚地区位于欧亚大陆中心，涉及多种文化、民族和宗教，其对于促进欧亚大陆经济、文化以及遗传交流起着十分重要的作用。中亚地区的人群长期受到迁移、隔离以及不同祖源人群的混合事件的影响，从而形成了丰富的遗传地貌。丝绸之路是古代时期一个重要的贸易和文化交流网络，连接了东亚、中亚、南亚、中东以及欧洲等地区，同时也促进了东西方的交流。我国西北地区分布着众多少数民族，其基因组呈现显著的东西方混合特征（图 5-13）。

中国新疆维吾尔族人群是一个典型的混合人群。研究表明，维吾尔族基因组中融合了来自东西方祖先的遗传成分，总体比例约为 1：1。具体来说，西方祖源包括西欧祖先（25% ~ 37%）和南亚祖先（12% ~ 20%），东方祖源包括东亚祖先（29% ~ 47%）和西伯利亚祖先（15% ~ 17%）。维吾尔族人群的混合历史呈现出较为复杂的"混合再混合"模式，可分为两个阶段（图 5-14）（Feng et al.，2017）。第一阶段是维吾尔族祖源人群的形成。早在 5 500 ~ 5 000 年前，遗传成分类似于现代东亚人和西伯利亚人的古人群在欧亚大陆东部发生了一次大规模的混合。与此同时或稍晚的时间（5 000 ~ 3 750 年前），在欧亚大陆西部，遗传成分类似于现代西欧人和南亚人的古人群也发生着遗传混合。第二阶段是维吾尔族祖先人群的初步形成。当欧亚大陆东西方分别形成了遗传学上混合的人群，进一步的东西方人群接触，使分别携带两种遗传成分的东西方古人群之间再次发生了持续的大规模混合，就此 4 种谱系全部融合在一起，形成早期的维吾尔族祖先人群。后续的人群接触可能是比较连续的，但也可能发生较长时间的中断。从数据中可以识别的有两次显著的群体融合事件，分别发生在约 3 750 年前和约 750 年前。

回族是中国境内人口较多的少数民族之一。从历史地理视角来看，宁夏回族自治区自唐代起便是丝绸之路的重要枢纽，银川、固原等城市不仅承载着古代粟特商队的贸易

图 5-13 我国西北少数民族基因组中的西方遗传祖源比例

数据来源：Chen et al.，2024；Wen et al.，2024；Cheng et al.，2024a；Cheng et al.，2024b；Lei et al.，2024；Ning et al.，2023；Pan et al.，2023；Ma et al.，2022；Pan et al.，2022。

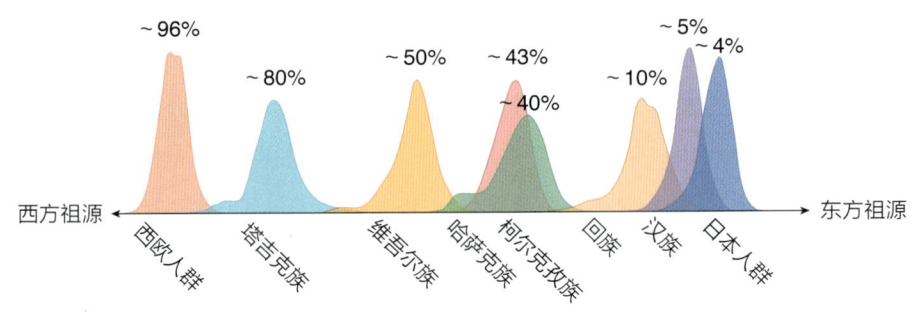

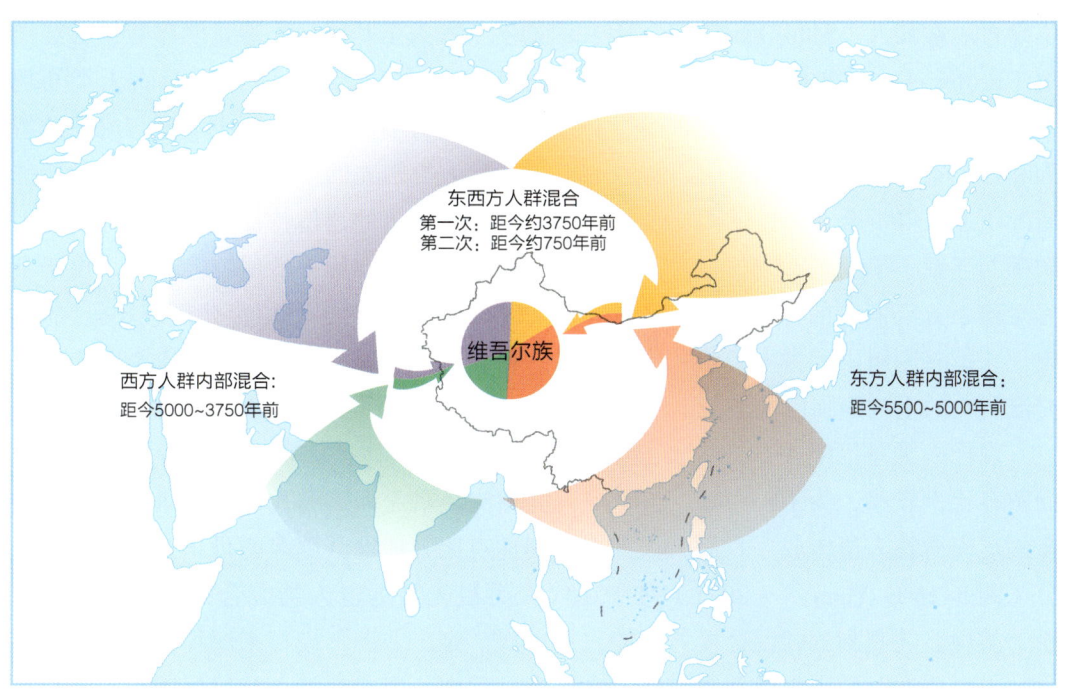

图 5-14 欧亚大陆人群基因交流模型及中国新疆维吾尔族基因组的祖源构成

维吾尔族的形成经历东西方祖先的"混合再混合"（上），其基因组中显著体现出这种复杂的祖源融合特性（下）。图改自：Feng et al., Molecular Biology and Evolution, 2017, 34: 2572-2582。

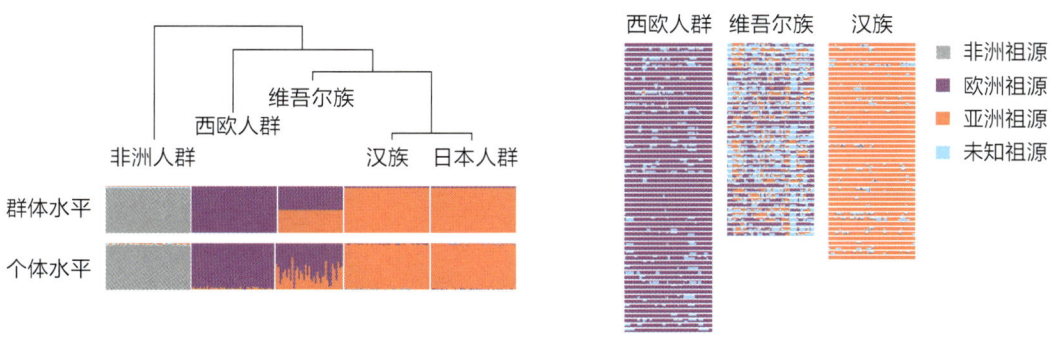

记忆，更在元代发展成为"西域亲军"屯驻的核心区域，直接促进了回族与其他民族的贸易网络在西北地区的形成。与维吾尔族相比，宁夏回族人群基因组中的东方祖源更为显著，东西方祖先的比例约为 9∶1。具体来看，宁夏回族人群基因组中东亚祖先约占 82.8%，西伯利亚祖先约占 7.8%，西欧祖先约占 7%，南亚祖先约占 2.4%。宁夏回族人群的祖先混合模式与维吾尔族略有不同，在早期，西欧、南亚与西伯利亚祖先群体之间发生了混合，同时东亚与西伯利亚祖先群体之间也发生了混合。随后，这两个早期形成的混合祖先群体进一步融合，形成了宁夏回族人群。这一融合过程同样可以描述为两次主要的遗传混合事件，分别发生在距今约 1 025 年前和距今约 500 年前（Ma et al., 2021）。

3. 远古人类与现代智人祖先混合

除了早期智人（*Homo sapiens*）之外，地球上也曾存在过其他远古人类。目前考古学与遗传学中研究较为深入的是尼安德特人和丹尼索瓦人，他们在 4 万至 3 万年前逐渐灭绝。随着高通量测序技术的飞速发展，古 DNA 研究领域迎来了繁荣，包括阿尔泰尼安德特人（Altai Neanderthal）、凡迪亚尼安德特人（Vindija Neanderthal）和阿尔泰丹尼索瓦人（Altai Denisovan）等在内的多个古人全基因组高通量测序数据已经产生（Prüfer et al., 2014；Prüfer et al., 2017；Meyer et al., 2012）。这些远古人类与现代人类的祖先在时间和空间上都有所交集，研究表明早期智人在历史上确与尼安德特人和丹尼索瓦人有过多次接触。远古人类对现代人类祖先的基因渗入可视为一种特殊情况下的人群混合，因此，用于重构现代人类混合历史的遗传特征信息，如等位基因频率与连锁不平衡等，同样适用于古人类与现代人类混合历史的研究。然而，由于不完全谱系分离问题的存在（知识窗 5-7），以及混合时间久远和留存比例较小等因素，现代人类基因组中远古人类渗入序列片段的精确定位和远古人类与现代人类祖先基因交流历史的重构面临巨大挑战。

现代人类基因组中，古人类遗传渗入的 DNA 片段往往因负向选择等因素的影响而留存比例较小，为 1%～4%。与欧洲人群相比，东亚和美洲人群基因组中包含了更多的尼安德特人遗传成分；而大洋洲人群则拥有比其他地区更多的丹尼索瓦人遗传成分（图 5-16）。Yuan 等（2021）对于现代人类祖先与远古人类混合的过程进行了解析，发现目前观测到的混合模式不能仅用单次"走出非洲"模型来解释，而需采用两次"走出非洲"的历史模型来解释。在这个过程中，尼安德特人与丹尼索瓦人分别与

知识窗 5-7

不完全谱系分离

不完全谱系分离（incomplete lineage sorting，ILS）是指物种分化过程中，祖先的基因多态性在不同后代中随机保留，从而导致基因变异并不完全按照物种分化的历史进行分离的现象（图 5-15）。这种现象在构建基因树和物种树时尤为常见，可能导致基因树与物种树之间出现不一致的情况。在研究远古人类与现代人基因交流时，不完全谱系分离是一个重要的干扰因素。

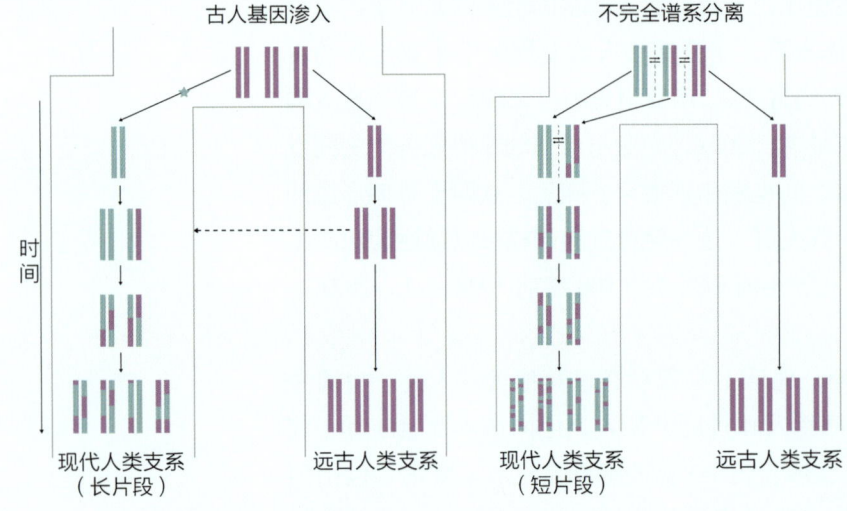

图 5-15 古人基因渗入与不完全谱系分离示意图
图中展示了古人基因渗入（左图）和不完全谱系分离（右图）场景下的疑似古人基因片段长度。从祖先人群中继承而来的基因片段通常在较长时期内经历了多次遗传重组，片段长度较短；而近期古人基因渗入引入的基因片段经历了有限的遗传重组事件，片段长度较长。

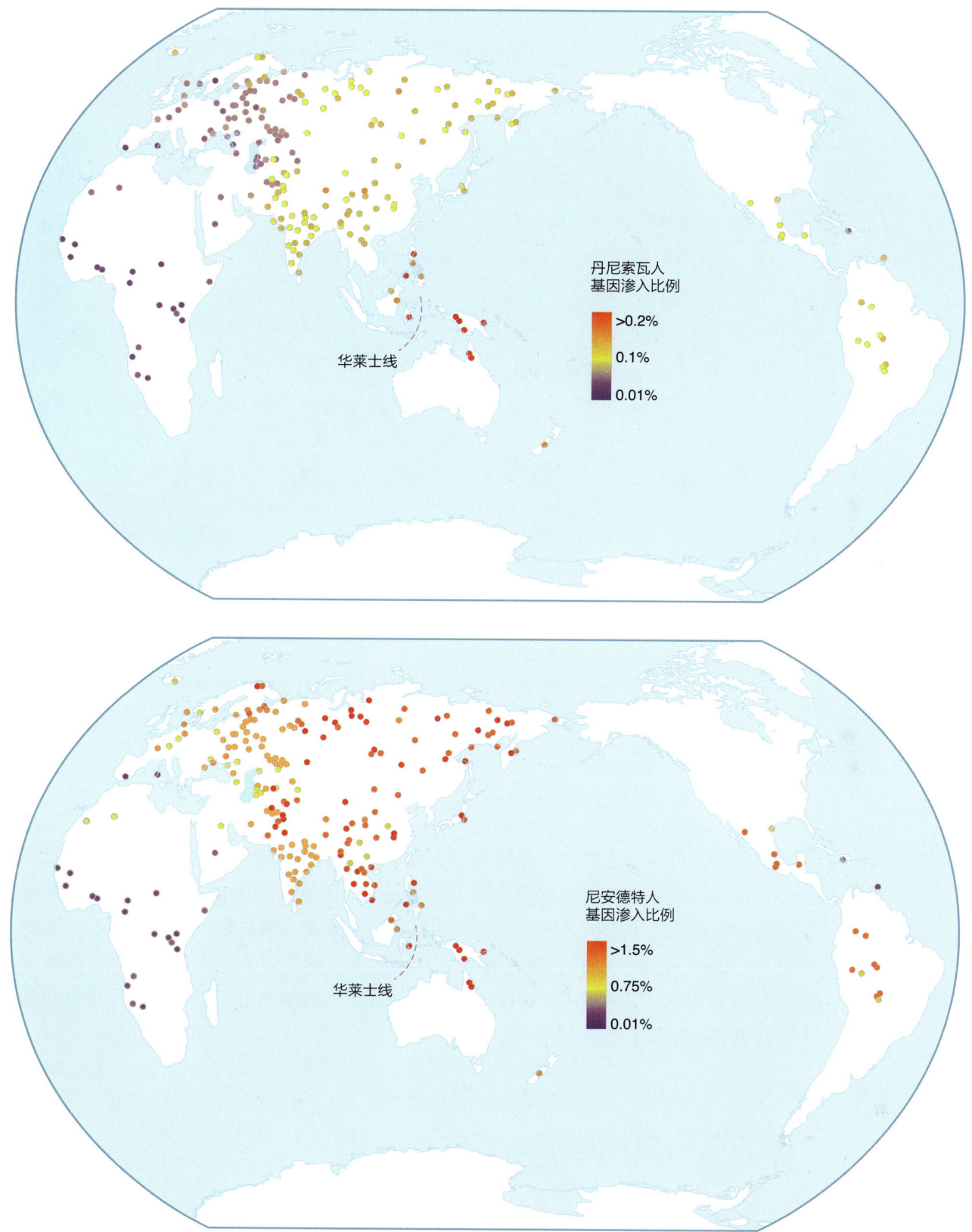

图 5-16　现代人基因组中的古人类基因渗入比例
上图和下图分别展示了采用 ArchaicSeeker 2.0 检测到的现代人群中的 丹尼索瓦人和尼安德特人基因渗入比例。图改自：Yuan et al., Nature Communications，2021，12：6232。

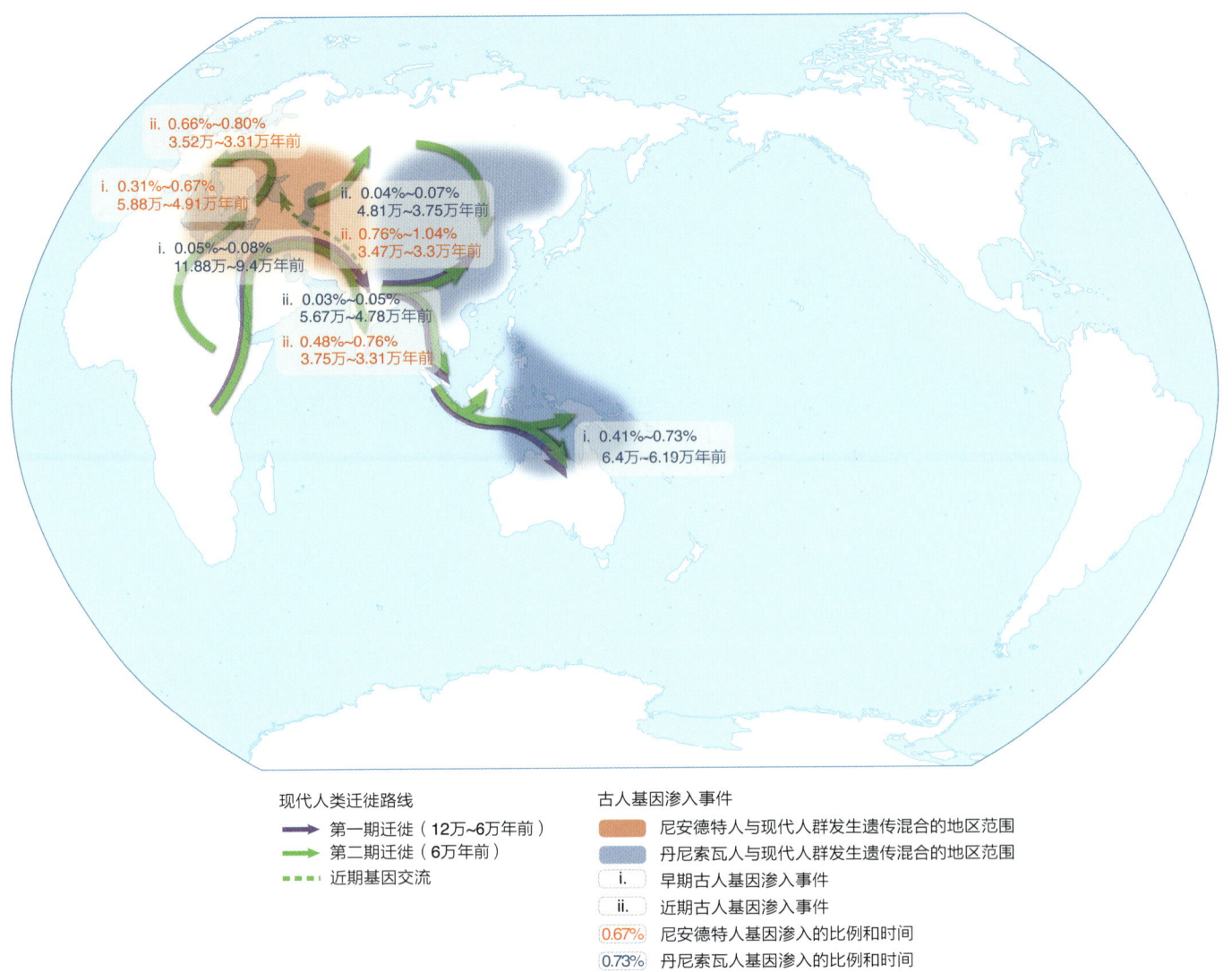

现代人类迁徙路线
➤ 第一期迁徙（12万~6万年前）
➤ 第二期迁徙（6万年前）
┄┄► 近期基因交流

古人基因渗入事件
■ 尼安德特人与现代人群发生遗传混合的地区范围
■ 丹尼索瓦人与现代人群发生遗传混合的地区范围
ⅰ. 早期古人基因渗入事件
ⅱ. 近期古人基因渗入事件
0.67% 尼安德特人基因渗入的比例和时间
0.73% 丹尼索瓦人基因渗入的比例和时间

图 5-17 欧亚现代人群与远古人类的基因交流模型
图中所示为采用 ArchaicSeeker 2.0 构建的丹尼索瓦人和尼安德特人与欧亚大陆现代人群发生的两次遗传混合模型。图改自：Yuan et al., Nature Communications，2021，12：6232。

欧亚大陆人群发生了两次主要的基因交流（图 5-17）。此外，研究人员在非洲人群中也检测到了尼安德特人的基因片段（平均每个个体基因组为 17.4~18.0 Mb），并推测这些片段可能是由于携带尼安德特人基因片段的欧洲人祖先回迁至非洲而引入非洲人群中（Chen et al.，2020）。尼安德特人基因渗入可能促进了现代人的肤色、免疫等功能对欧亚大陆环境的适应，而在与认知功能等相关的基因上，尼安德特人来源的基因片段则相对较少（图 5-18）。

第五节 自然选择与适应性进化

一、自然选择的概念

英国著名生物学家达尔文提出的自然选择（natural selection）理论是现代生物学

的基石。达尔文在 1859 年出版的《物种起源》(*On the Origin of Species*) 一书中提出，自然环境中的个体之间存在遗传上的差异，那些对环境具有更强适应性的个体更有可能生存下来并繁衍后代，从而将有利特征传递给下一代。进化是一个渐进且连续的过程，通过长期的自然选择作用，群体的遗传结构和特征逐渐发生变化，以更好地适应环境变迁，从而增强了其生存和繁殖的能力。这一过程被称为适应性进化 (adaptive evolution)。适应性进化是生物多样性形成的主要驱动力之一，它赋予生物体在不断变化的环境中生存和繁衍的能力。通过适应性进化，物种得以开拓新的生态位，抵御外来物种的入侵，并应对环境变化带来的挑战。

二、自然选择的类型和检测方法

我们通常将个体或群体在特定环境中生存和繁殖成功的概率称为适合度 (fitness)，它是衡量个体或群体遗传特征与环境适应性的重要指标。具有更高适合度的个体更有可能将其基因传递给下一代，从而影响群体的遗传结构。适合度也可以理解为群体中某种等位基因或等位基因型对下一代的贡献度，计算为第二代群体与第一代群体中等位基因频率或等位基因型频率的相对大小。例如，第一代群体中等位基因 *A* 与 *a* 的频率分别为 50%，三种等位基因型 *AA*、*Aa* 和 *aa* 的频率分别为 25%、50% 和 25%；第二代群体中等位基因 *A* 与 *a* 的频率分别为 60% 和 40%，等位基因型 *AA*、*Aa* 和 *aa* 的频率分别为 36%、46% 和 16%。那么，等位基因 *A* 的适合度计算为 60%/50% = 1.2，等位基因型 *AA* 的适合度计算为 36%/25% = 1.44，同理可求得其他等位基因和等位基因型的适合度。

根据等位基因和等位基因型频率在人群中的变化规律，我们通常将自然选择分为正选择 (positive selection)、负选择 (negative selection)、平衡选择 (balancing selection) 和多基因选择 (polygenic selection) 等类型（图 5-19）。基因组正选择信号的检测可以直接通过计算人群间等位基因频率差异，频率差异越大反映适合度越高。正选择倾向于增加有益等位基因的频率，并减少其他等位基因的频率。与有益等位基因紧密连锁的其他等位基因也会随之在人群中的频率增加，这种由于连锁不平衡产生的等位基因频率受周围正选择位点牵连而发生改变的现象称为搭车

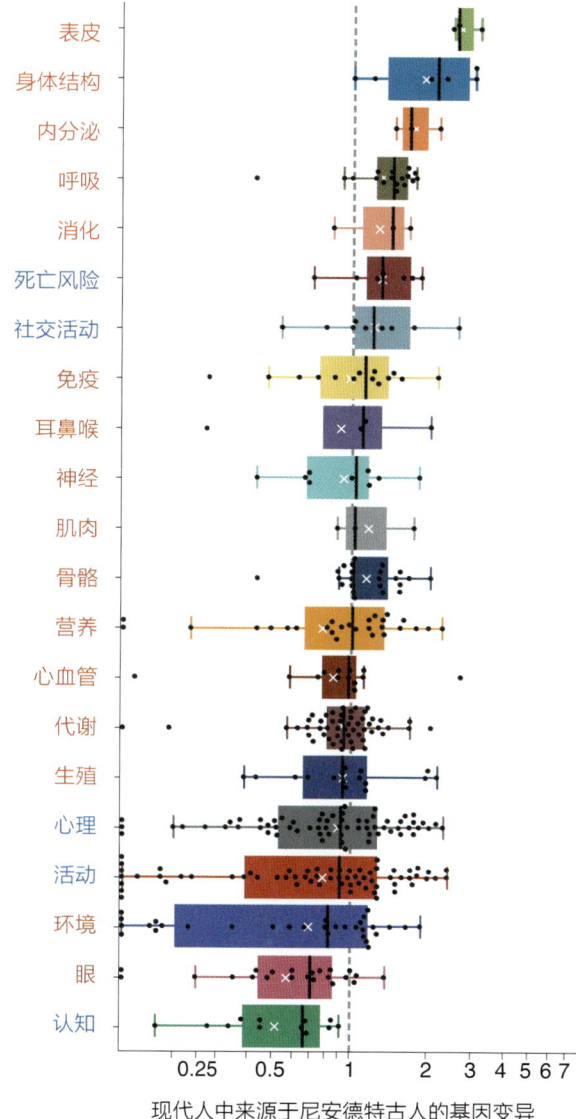

现代人中来源于尼安德特古人的基因变异
在各类表型遗传力上的富集程度

图 5-18　尼安德特古人基因渗入对现代人表型的影响
基因变异在表型遗传力上的富集程度指的是一组特定基因变异对表型遗传力的解释度占全基因组对表型遗传力解释度的比例。图中展示的是以欧洲人群为代表的现代人基因组中，尼安德特古人来源的遗传变异对各类表型的解释度的贡献。各点表示每一大类表型下的细分表型。遗传力解释度越大表示尼安德特古人基因渗入对相应表型贡献越大。图改自：McArthur et al., Nature Communications, 2021, 12：4481。

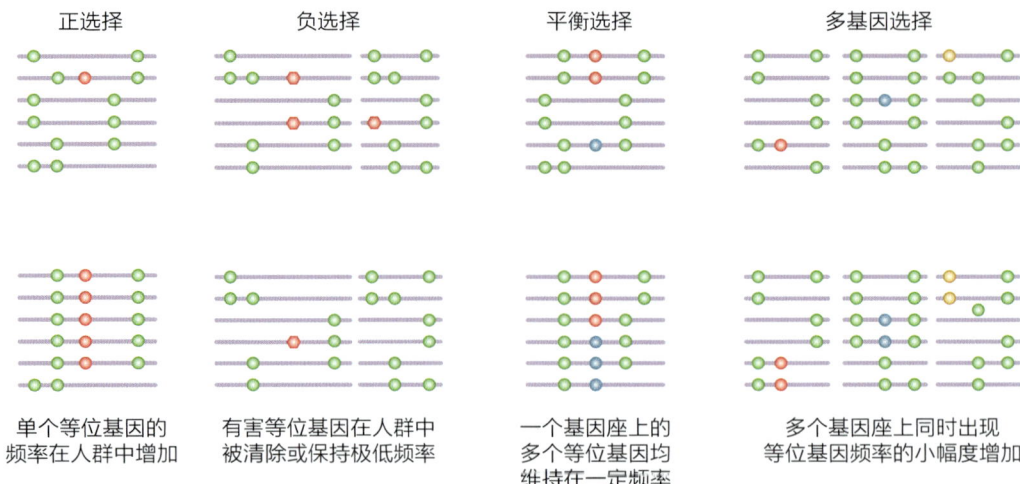

图 5-19　基因组中常见自然选择类型及相应等位基因频率变化
图中圆点表示等位基因，其中红色、黄色和蓝色圆点所示等位基因为各场景下受自然选择的等位基因。图中从左至右依次展示了正选择、负选择、平衡选择和多基因选择发生之前（上）和发生之后（下）的等位基因频率变化。

正选择　**负选择**　**平衡选择**　**多基因选择**

单个等位基因的频率在人群中增加　　有害等位基因在人群中被清除或保持极低频率　　一个基因座上的多个等位基因均维持在一定频率　　多个基因座上同时出现等位基因频率的小幅度增加

效应（hitch-hiking effect）。搭车效应可能导致受选择基因或位点附近的遗传多样性降低，同时产生单体型延伸的现象。此外，正选择意味着群体中个体的繁殖力存在差异，即受选择基因型的个体可能产生更多后代，使得子代中受选择的单体型更容易追溯至同一祖先个体。因此，我们也可以根据基因谱系树的树形结构加以判断，压缩的枝长可能意味着正选择事件的发生（图 5-20）。每种方法有其侧重的遗传特征和适用场景，实际研究中需要根据分析目的和数据特征加以选择，或需结合使用多种方法，并根据所采用方法的原理对分析结果给予适当解读。

负选择信号检测方法参考的基因组信息主要是区域的遗传多样性，或在此基础上

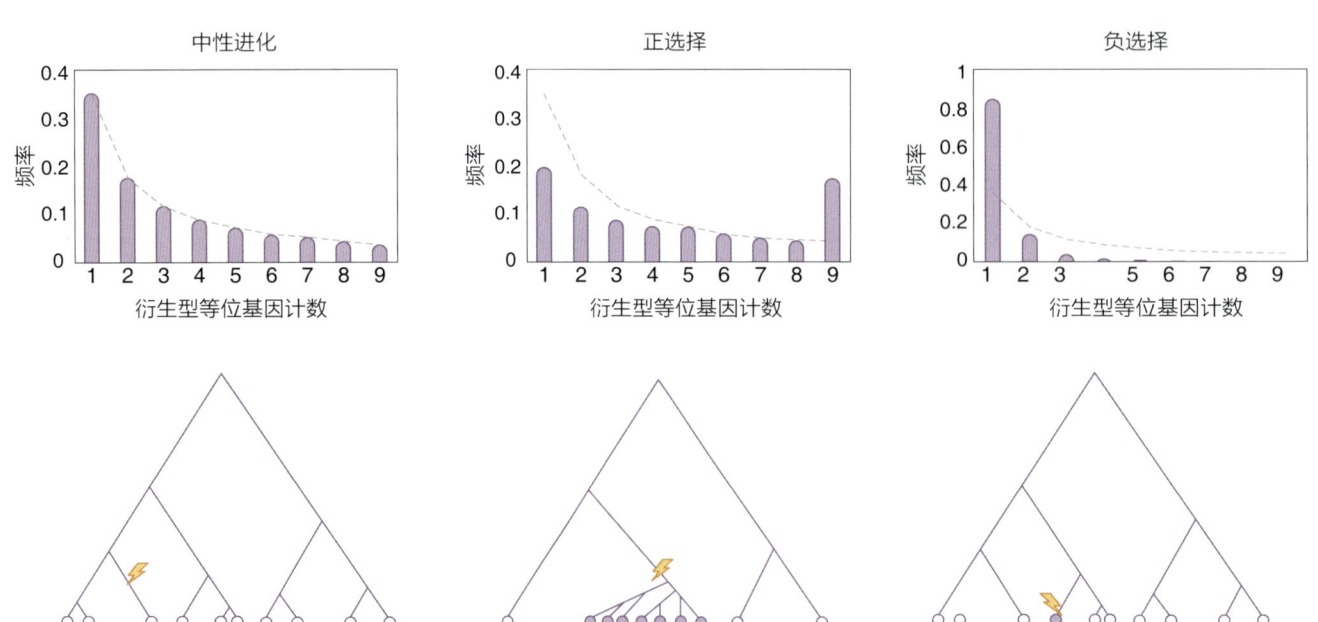

图 5-20　自然选择对等位基因频谱和基因谱系树的影响
图中从左至右依次展示中性进化、正选择和负选择情况下的等位基因频谱（上）和基因谱系树（下）特征。与中性进化相比，正选择产生较多的中高频衍生型等位基因，而负选择保留了更多低频或罕见等位基因。图改自：Ezawa et al., BMC Genetics, 2013, 14: 37。

进一步有效区分同义突变和非同义突变。假设非同义突变由于不改变编码的氨基酸序列而不足以成为负选择的目标，某特定基因组区域内非同义突变和同义突变的相对大小即可以反映负选择的程度。平衡选择保留了群体中的多种等位基因多样性，理论上可以通过检测基因组中高于预期的遗传多样性来得到候选信号。前期开展的全基因组测序研究证实了人群中受平衡选择的主要组织相容性复合体（major histocompatibility complex，MHC）区域表现出较高的遗传多样性。然而，在平衡选择不足够强的区域，则很难区分多样性的增加是由于平衡选择还是中性进化。此外，作用在某个位点上的平衡选择也可能会产生延伸的单体型，但这种特征与近期发生的正选择难以区分。

三、人类适应性进化的驱动因素

适应性进化的外部驱动力主要涉及地理气候条件、人类社会活动以及病原微生物与人类的相互作用等。现代人类约在 30 万至 20 万年前起源于非洲，并在大约 7.5 万年前开始走出非洲向外扩散，足迹遍布全球。我们的非洲祖先从赤道附近的热带地区迁徙至较高纬度的亚热带、温带乃至寒带地区，面临了多种环境变化，例如紫外辐射的减弱及冬季气候的变冷等。这些地理和气候的变化对人类基因组施加了新的选择压力，促使人类祖先产生新的生理和表型适应，增强了应对栖息地变化的能力，而非仅适应单一类型的环境。温度是影响人类适应性进化的关键气候因素之一。自旧石器时代以来，全球气温的周期性波动对人类迁徙和进化产生了深远影响。近 200 万年以来，地球经历了 30 多次冰期（glacial）与间冰期（inter-glacial）交替，温度变化的幅度快速增加，从早期的 2~3℃ 的变化，到中更新世革命（mid-Pleistocene revolution，距今约 90 万年前）以后，增大至 8~10℃ 以上。其中，对人类影响最大的是距今 2.2 万年至 1.8 万年间的末次盛冰期（last glacial maximum，LGM），全球海平面下降了 120~130 m，广泛暴露的海岸带可能促进了人类向东南亚和大洋洲地区迁移。从末次冰消期到全新世转暖过程中，人类社会经历了从渔猎采集、作物驯化到农业社会的重大转变。

根据已知的人类进化历史，在过去一万年中最重要的人类活动是农业扩张（agricultural expansion）。这里讨论的农业是指农作物栽培和动物驯养等广泛意义层面的农业。与人类相关植物和动物的驯养最早发生于 12 000 年前的中东地区和新月沃地（fertile crescent），并随后在世界其他各地兴起——在中国、中美洲、安第斯山脉、新几内亚等地于约 10 000 年前兴起；在撒哈拉以南的非洲于约 8 000 年前兴起；在北美洲东部于约 6 000 年前兴起。在全世界 2 000 多个族群中，仅有少于 100 个群体保持着原始的狩猎与采集的生业模式，而且越来越多的基于原始生活的族群正在向农业文明转变。农业文明的兴起和发展对人类社会发展进程影响广泛而深刻，驱动了人群的扩张，也促进了人类迁移和更多族群的分化，以及在此过程中不同族群经历了不同环境下的适应性进化。人类在农业文明发展中经历的最典型适应性进化是对饮食的适应。农业革命带来人类饮食结构的直接转变。捕猎采集者主要以捕食猎物、昆虫，采集野果充饥；受到农业扩张影响的人群则逐渐转为以驯养农作物和家畜等为食。两者的饮食结构或者食物中营养成分有显著差异。首先，肉类的食用占捕猎采集者的20%～50%，非捕食采集者则仅有10%的肉类食源，且前者的肉类食材中有更少的脂肪和更多的不饱和脂肪酸。其次，捕猎采集者食用更多的纤维和复杂多糖。他们的植物食物甚是广泛，从根、块茎、豆类到各式水果等。农耕文明的族群饮食则局限并深深依赖于他们驯养的小谷粒（以淀粉为主要能量来源），而这些谷物的蛋白质与淀粉含量比要低于野生型植物。另外，捕猎采集者和非捕猎采集者的饮食结构在钙离子、盐类等微量元素上也有差别。简言之，从农耕文明走来的现代族群相比于捕猎采集者而言，食用更多的简单糖类、饱和脂肪酸、盐类，而更少的纤维、复杂糖类、钙离子、不饱和脂肪酸等。牛奶和酒精的饮用则是在驯养家畜和农耕文明之后才进入人群饮食结构中。近期工业文明的兴起，加工食品则进一步增加了这种差异。饮食的转变给人类带来新的选择压力，也因此在一定程度上塑造了当今人类的基因组多样性。

人类迁徙和文明的发展增加了人群对来自自然环境和驯养动物的病原微生物的暴露，这直接影响了人群的出生率和死亡率。病原微生物对于人类适应性的影响具有双重性。一方面，有害病原体可能对人类健康构成威胁，降低生殖潜力，使得宿主人群通过积累抵抗病原体或减弱其影响的遗传变异而提高适应性。例如，疟疾、天花、霍乱、结核病和麻风病等疾病的病原体与人类共存了相当长的时间，而人类在进化过程中也会接触到新的病原体，如艾滋病病毒、冠状病毒等。另一方面，某些病原体（例如肠道微生物）虽然偶尔会引起机体病理反应，但在多数情况下对人体是有益的，推动宿主基因向更倾向于招募有益微生物的方向进化。

四、人类中经典的适应性进化案例

现代人类自迁出非洲以来，随着不断迁徙扩散，在世界各地生态气候各异的环境中开始了定居。步入农业社会，人类生活发生巨变。稳定的农业产出加速了人群繁衍，人口不断扩张。此时，自然环境之外，饮食、文化与病原体等因素，对人群的表型与健康影响渐深。由于生存在不同地区的人群面临着不同种类的气候、海拔和病原体，且有着不同类型的饮食习惯和文化习俗，导致世界各地的人群的定居环境存在显著差异。随着人群在定居环境下的长期繁衍生息，对环境的适应使该地的人群通过遗传和非遗传的机制积累了局部适应性特征，并导致了遗传和表型上产生分化。这些局部适应性特征相关的等位基因可能在一种环境中比其他环境更有益，也可能在一种环境中有益而在其他环境中保持中性。现代人类在外部环境因素和内部遗传因素的共同作用下发生适应性进化，形成了今天的人类遗传多样性和表型多样性格局（图 5-21）。

1. 乳糖耐受

人类文明进程中，饮食习惯的变革驱动了人群适应性进化，乳糖耐受性（乳糖酶持久性，lactase persistence）是其中一个典型案例。人类乳糖酶的活性在断奶后普遍

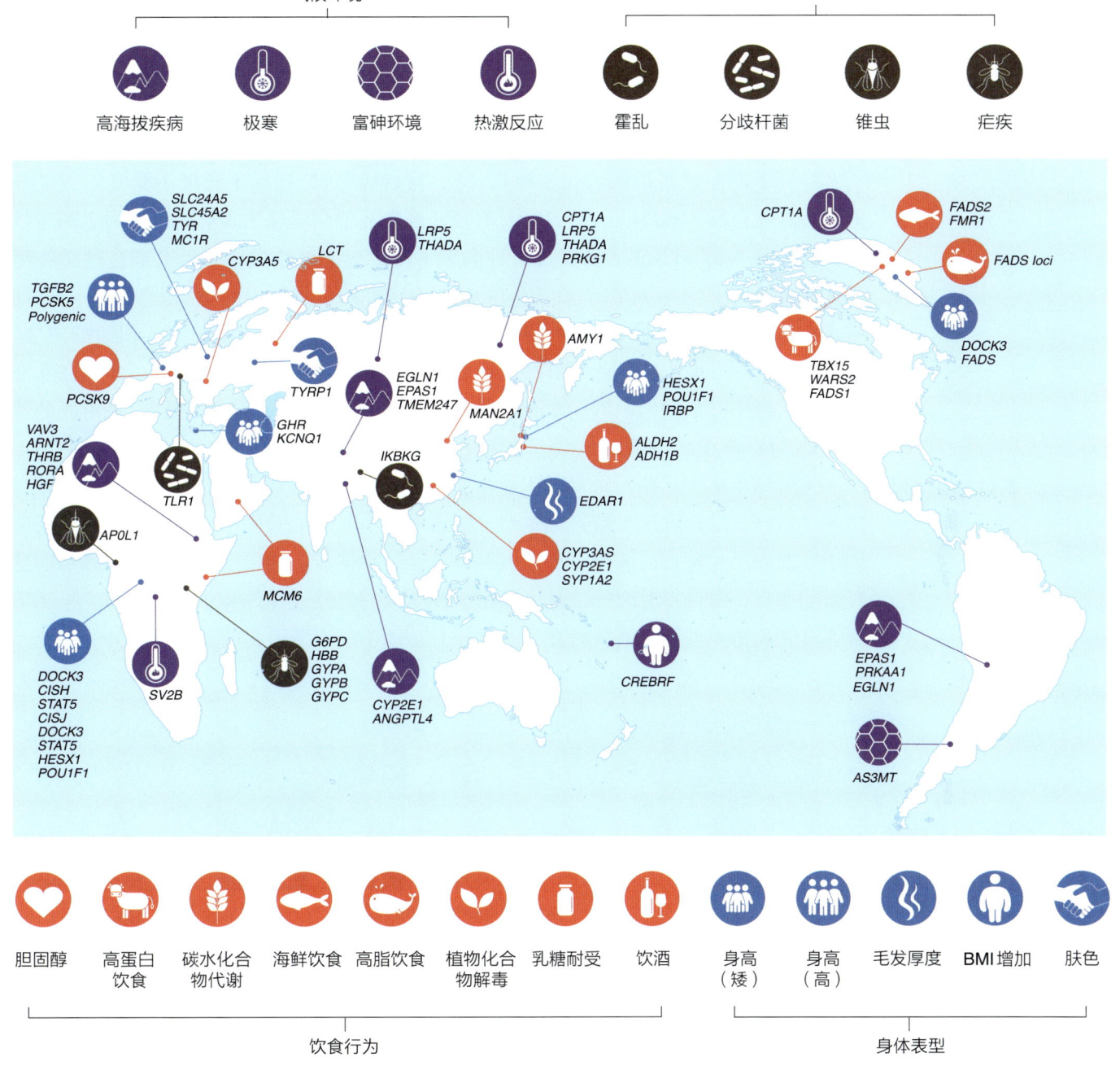

气候环境

高海拔疾病　极寒　富砷环境　热激反应

病原暴露

霍乱　分歧杆菌　锥虫　疟疾

饮食行为

胆固醇　高蛋白饮食　碳水化合物代谢　海鲜饮食　高脂饮食　植物化合物解毒　乳糖耐受　饮酒

身体表型

身高（矮）　身高（高）　毛发厚度　BMI增加　肤色

下降，导致全球约 65% 的成年人存在乳糖不耐受，但部分人群在成年后仍保留乳糖酶活性。这一性状呈现显著族群地理差异：欧洲北部人群耐受率高达 90%，而东亚人群不耐受率达 70%~90%，非洲则存在区域分化。

　　乳糖耐受性是一种显性遗传特征，由乳糖酶基因 *LCT* 调控。该基因在不同人群独立进化出多种适应性突变，使其在成年时期仍然保持着较高乳糖酶水平。欧洲人群 *LCT* 基因上游约 14 kb 处的一个顺式作用元件 SNP（−13910*T，rs4988235）调控了 *LCT* 基因的持续表达（Enattah et al., 2002）；非洲人群则携带 −14010*C，−13915*G

图 5-21　人类适应性进化的经典案例

图中标注了全球各地不同环境下的选择压力或表型，以及相应的适应性基因。

和 –13907*G 等与其乳糖耐受性显著关联的遗传变异（Tishkoff et al., 2007），这说明不同人群乳糖耐受存在趋同进化的现象（图 5-22）。乳糖耐受性的适应性进化与人类开始饲养家畜和消费乳制品的历史紧密相关。距今约 1 万年前的新石器时代，动物的驯化带来乳制品消费的兴起。乳糖吸收不仅提供能量，还可能通过促进钙和维生素 D 吸收增强高纬度人群生存优势，或在流行病中减少腹泻风险。

尽管乳制品消费被认为是主要选择压力，最新研究揭示了乳糖耐受背后更复杂的遗传进化机制（Ma et al., 2025）。该研究首先基于全球现生人群的全基因组测序数据，在东亚人群 2q21.3 区域发现一种高频（约 25%）单体型，并且发现这种单体型与 LCT 基因的表达以及 LCT 启动子区域 cg20242066 位点的甲基化水平有关，与此前报道的影响欧洲人群乳糖耐受性的遗传变异 –13910*T（rs4988235）有相似的效应，提示该单体型可能影响东亚人群的乳糖耐受性。然而这种东亚人常见的单体型在非洲和欧洲人群中完全缺失，进一步表明东亚人群乳糖耐受与欧洲非洲人群存在不同的遗传基础（Ma et al., 2025）。

图 5-22 乳糖耐受的世界分布及不同人群中的趋同进化
图改自：Leonardi et al., 2012; Ingram et al., 2008; Liebert et al., 2017。

为追溯单体型起源，研究团队整合尼安德特人和丹尼索瓦人等远古人类的全基因组测序数据，发现该东亚特异单体型可能通过远古时期尼安德特人遗传渗入现代人基因组，并经历长期正向选择。古代人群的基因组数据显示这种单体型在约 1 万年前已经普遍存在，对选择时间的估计也显示，该区域的自然选择约始于 1 万年前，早于东亚人群开始驯养动物及消费奶制品的时间，暗示牛奶消费引起的乳糖摄入并非东亚人

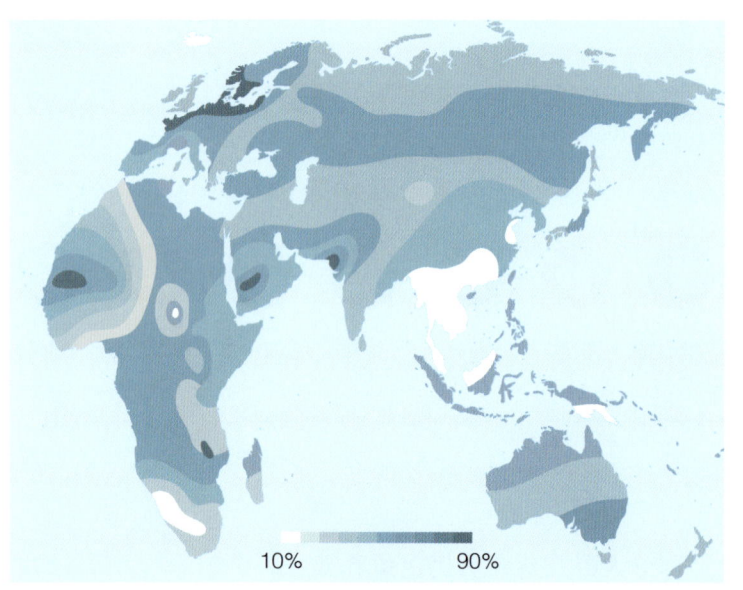

成年人中乳糖耐受者的比例

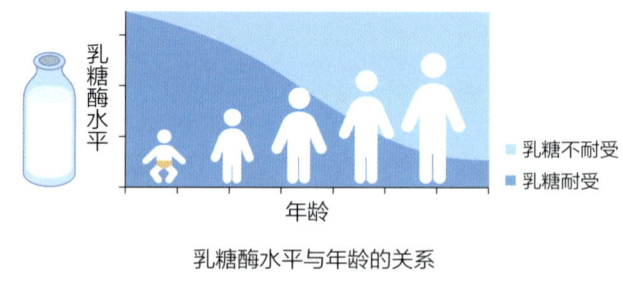

乳糖酶水平与年龄的关系

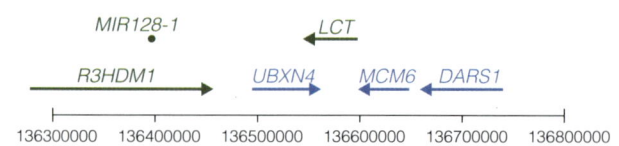

人类2号染色体上与乳糖耐受相关的基因区域

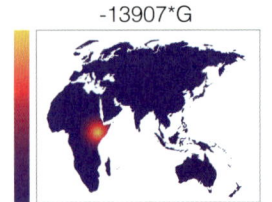
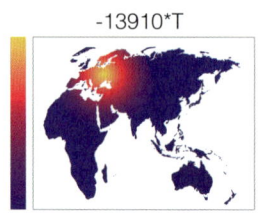
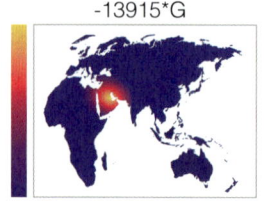
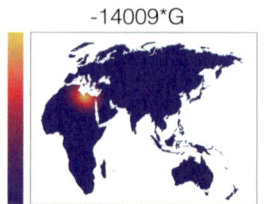
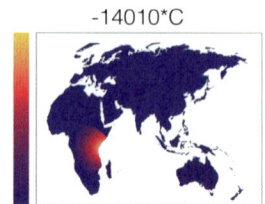

群 2q21.3 区域适应性进化的初始驱动力。该单体型可以影响 2q21.3 区域基因（如 *UBXN4*、*DARS1*）在免疫细胞中的表达，并与白细胞和中性粒细胞计数变化显著相关，研究推测免疫相关的环境因素更可能是潜在的自然选择驱动力。

此外，近期一项迄今为止规模最大的关于欧洲人群乳糖耐受性进化的研究表明，欧洲人群牛奶消费的时间比欧洲人群获得乳糖代谢能力早了几千年，引发人们对 2q21.3 区域的自然选择是否仅与乳糖耐受相关的争论。该研究对这一争论提出了新的猜想，2q21.3 区域的正向自然选择可能存在人群特异性进化驱动因素，该基因区域的全球适应性进化历史比既往认知更为复杂。乳糖耐受性的进化史揭示人类对环境挑战的多样化适应策略。传统"饮食驱动基因选择"模型已不足以解释全球人群差异，需结合群体特异性历史、免疫生态等多维度因素来考量。东亚人群乳糖耐受性的成因可能另有隐情，挑战了乳糖摄入是乳糖酶基因进化原初驱动力的传统认知，为理解基因 – 文化共进化提供了新视角，强调自然选择机制的复杂性和区域独特性（Ma et al.，2025）。

2. 高淀粉饮食

在人类的适应性进化历程中，饮食习惯与文化习俗的变革扮演着至关重要的角色，其影响力远不止于乳糖耐受这一现象。就拿长期食用高淀粉食物的人群来说，为了更高效地分解、利用淀粉，淀粉酶基因悄然发生适应性变化。这清晰地表明，从长远的时间跨度来看，人类生活方式的转变亦是驱动人群适应性进化的关键力量。

淀粉酶基因座（amylase locus，*AMY*）作为人类基因组中拷贝数变异最为频繁的功能区域之一，其拷贝数变异被认为是人类适应性进化的一个经典案例。*AMY* 基因家族在人类 1 号染色体上串联分布，其转录翻译产物参与淀粉的消化过程（Perry et al.，2007）。该基因家族包括 *AMY1*、*AMY2A* 和 *AMY2B* 三个亚型，*AMY1* 在唾液腺中特异性表达，而 *AMY2A* 和 *AMY2B* 则在胰腺中特异性表达（Bolognini et al.，2024）。淀粉酶基因座内部由高度相似的片段重复序列构成（León–Mimila et al.，2018），不同淀粉酶基因亚型之间高度同源，因此难以被精确解析。得益于长读长测序（long–read sequencing）技术的应用，科学家们得以实现淀粉酶基因座局部区域的高质量组装，并开始对全球不同人群中淀粉酶基因座的复杂结构进行精细解析。淀粉酶基因座在人群中具有高度多态性，其长度变化范围为 100 ~ 400 kb，高可信度单体型种类多达 30 余种。其中，H1a 和 H3r 单体型占据主导地位，可以涵盖 60% ~ 70% 的人类基因组淀粉酶单体型。*AMY* 基因的拷贝数在非人灵长类中较为保守，在丹尼索瓦人和尼安德特人中出现了一定程度的扩增。随着人类走出非洲，以东亚为代表的水稻种植范围逐渐扩大，现代人类基因组中 *AMY1* 基因的拷贝数经历了快速变异时期，整体呈现拷贝数扩增趋势（Yilmaz et al.，2024）。编码唾液淀粉酶的基因 *AMY1* 的拷贝数变异在农业社会人群与热带雨林狩猎采集人群间存在明显分化，表明了经历了农业文明的人群因饮食习惯的改变而在该基因上受到了选择。通过比较农业人群与狩猎采集人群基因组发现，农业人群中 *AMY1* 基因拷贝数显著更多。这些现象提示 *AMY1* 基因拷贝数可能与人类历史上农业转型以及淀粉摄入量增加的饮食变革有着密切关联。这些研究揭示了 *AMY* 基因在人类进化中的作用，并且指出了基因拷贝数变异在人类适应环境变化中的重要性。以此为代表的基因组单体型解析和基因拷贝数研究在深入探究人类基因组复杂性与多样性的同时，也为探索人类适应性进化提供了新的视角。

3. 维生素 B_1

维生素 B_1（又称硫胺素）是一种人体必需的微量营养物质，在糖类代谢、免疫系统中发挥重要功能。全麦谷物、豆类、坚果和肉类等食物是人体维生素 B_1 的唯一来源。体内游离的硫胺素通过硫胺素转运体被肠上皮吸收，其中 *SLC19A2* 和 *SLC19A3* 分别编码硫胺素转运蛋白 1 和硫胺素转运蛋白 2，*SLC19A2* 在东亚人群中受到人群特异性正选择（Sabeti et al.，2007）。另一项研究证实了这一分析结果，并且进一步发现 *SLC35F3* 和 *SLC35F4* 基因在东亚人群中也存在特异性的适应性选择信号（Ma et al.，2022）。其中，*SLC35F4* 的适应性单体型和尼安德特人的单体型有极高的相似性（> 90% 的碱基匹配率），提示这种单体型可能源自现代人祖先和尼安德特人及其类似古人的基因交流（图 5-23）。*SLC35F4* 的适应性单体型频率在 1 万年前达到了最大值，而在近 1 万年内未发生较大改变，表明适应性进化在 1 万年前已经完成，这可能提示东亚地区农业发展后人群饮食结构的改变并非自然选择的原初驱动力。

4. 新冠病毒

全球性的新冠病毒（SARS-CoV-2）感染在不同地域、国家、人群间呈现出有差异的感染风险以及重症率和死亡率。过去 3 年多以来，国内外开展的多项大规模人群研究鉴定出一些潜在的新冠病毒易感因子，其中包括在欧美人群中鉴定出的 *ACE2*、*OAS1*、*ABO* 等重要易感基因，以及在中国人群中发现的与新冠病毒感染重症化风险相关的人类白细胞抗原区域（human leukocyte antigen，HLA）、11q23.3 和 11q14.2 等区域，这表明遗传因素可能在疾病进展中起着一定作用。其中，位于 3 号染色体上与欧洲人群重症肺炎风险相关的基因可能来源于尼安德特人（Zeberg et al.，2020）。尼安德特人来源的重症新冠病毒感染基因单体型在南亚地区人群出现频率高达 30%，在欧洲人群中频率为 8%，在混血美国人中频率为 4%，而中国所在的东亚地区人群的频率更低。然而，中国研究团队通过系统性解析新冠病毒入侵人体细胞的关键受体——血管紧张素转化酶 2 的编码基因 *ACE2* 的群体多样性特征，鉴别出在地理人群间差异性分布的 *ACE2* 基因谱系，发现了在东亚人群中尤为显著的谱系特异性自然选择印迹，并进一步揭示了 *ACE2* 基因谱系与新冠病毒感染病症轻重程度的统计学关联（图 5-24）（Pan et al.，2022）。这一东亚人群特有适应性谱系在史前经历了适应性进化，最初自然选择可能起始于约 10 万年前，但在距今 5 000 ~ 3 000 年前达到峰值，早在新冠病毒感染之前的病毒感染和大流行可能是其中潜在的驱动力。人类基因多样性的形成与人类生活环境中的病毒密不可分，是一个相互作用不可分割的共进化过程，揭示人群和个体遗传易感性差异并阐明其分子机制，有助于产生具有实践意义的预测和作为卫生防疫政策制定和实施的重要参考依据。

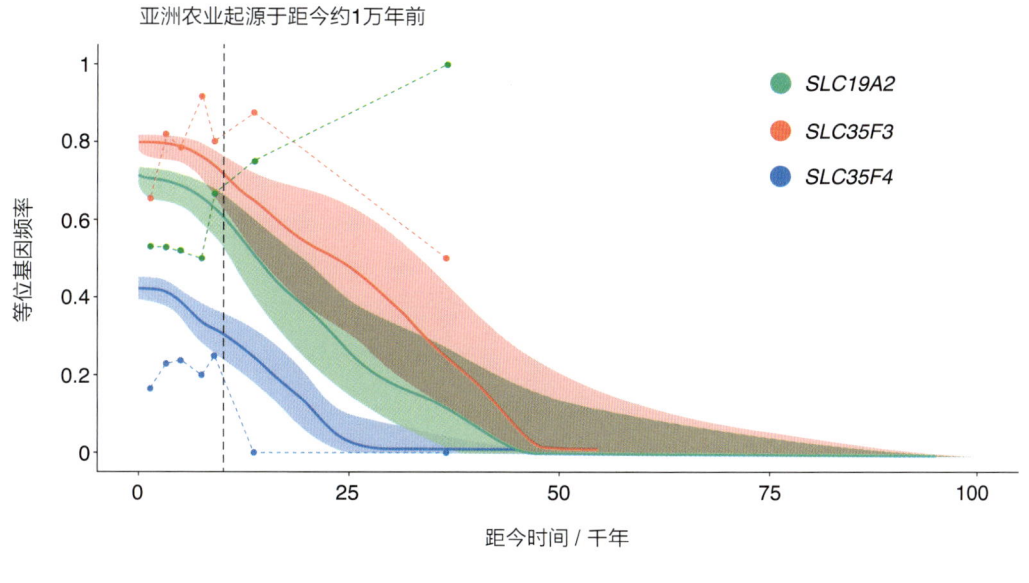

亚洲农业起源于距今约1万年前

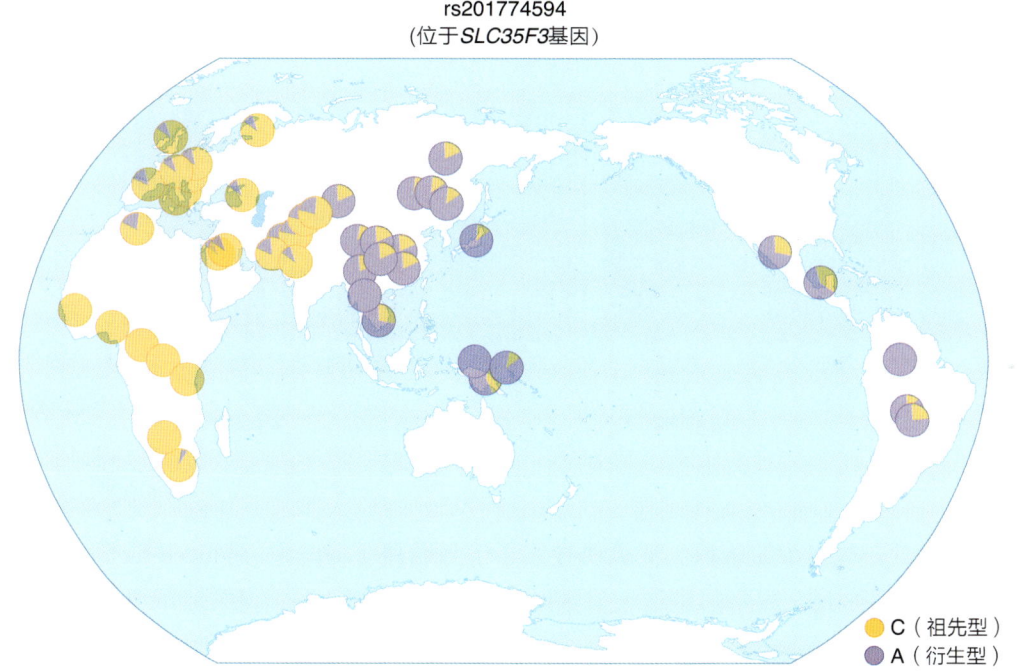

rs201774594
（位于 *SLC35F3* 基因）

C（祖先型）
A（衍生型）

图 5-23　维生素 B₁ 代谢基因在东亚人群中受到特异性正选择

参与维生素 B₁ 代谢通路的 *SLC19A2*、*SLC35F3* 和 *SLC35F4* 基因在东亚人群与其他大洲人群中表现出极为显著的差异。上图展示了这三个基因上代表性遗传变异的衍生型等位基因频率的历史动态变化。其中，实线及阴影部分表示由现生东亚人群基因组估算得到的不同历史时间对应等位基因频率及其 95% 置信区间；虚线表示由对应年代的古人基因组计算所得等位基因频率随时间变化趋势。下图则以 *SLC35F3* 的代表性遗传变异为例，展示了其在全球人群中的频率分布，其中在具有东亚血统的人群中频率较高。图改自：Ma et al., iScience, 2022, 25: 105614。

5. 高原人群低氧环境适应

　　高原自然环境以高寒、缺氧、强辐射等为主要特征，是人类居住的最极端环境之一。世界"第三极"青藏高原的平均海拔为 4 000 m 以上，含氧量为平原的 60%。生活在平原上的人进入青藏高原后，血氧饱和度降低，引起各组织器官供氧不足，进而易引发高原肺水肿、高原脑水肿、高原心脏病等高原疾病。然而，世居于青藏高原、安第斯山、埃塞俄比亚高原等高海拔地区的人群患高原疾病的风险比平原人群低很多。高原世居人群的低氧环境适应，是指高原世居者为了能够在高原生存所产生的非可逆、可遗传的形态结构、生理和生化特性改变过程，涉及多种组织、器官的生理变化（图 5-25）。经过国内外近十余年的密集研究，人们对藏族高原适应的遗传

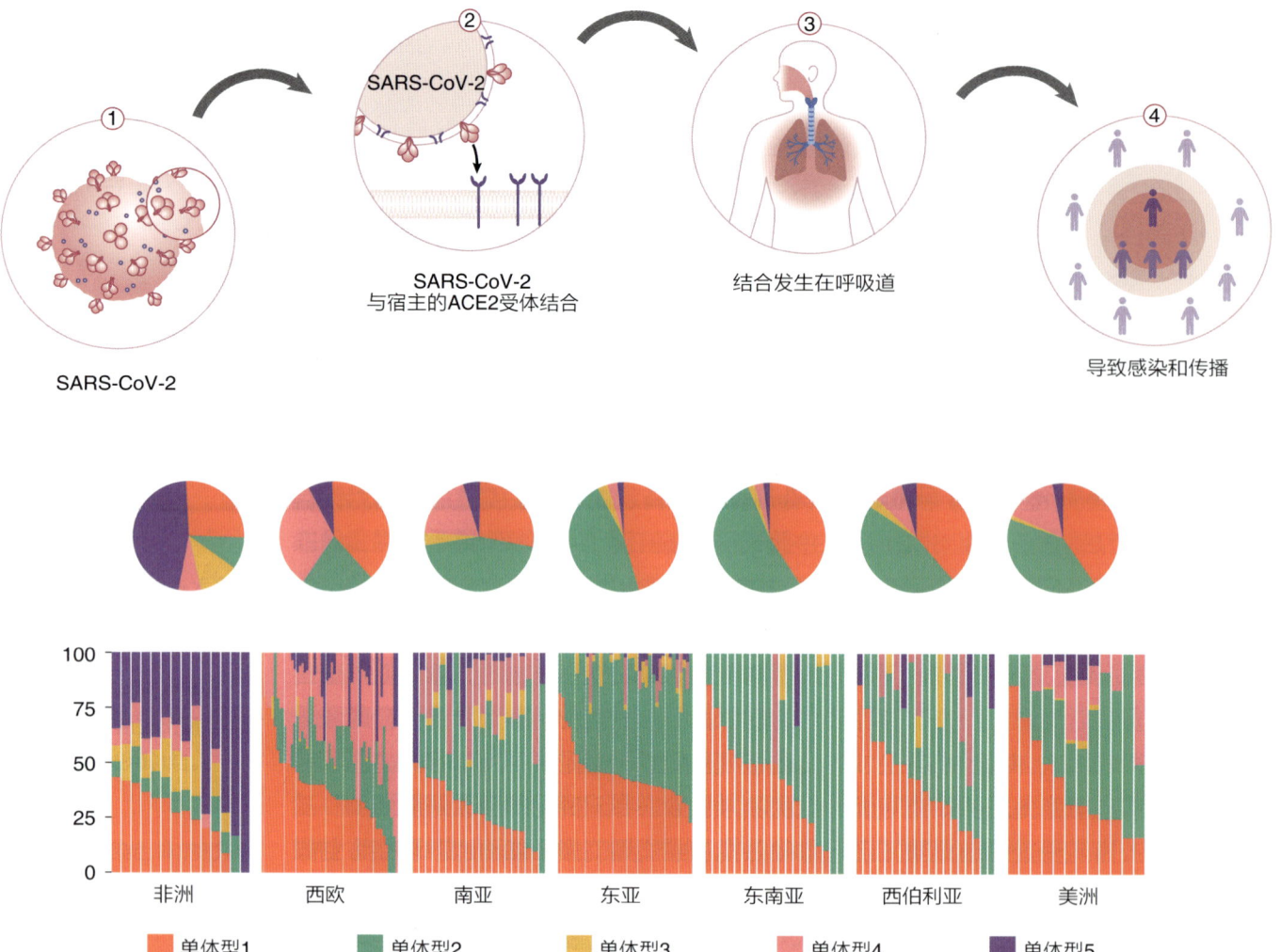

图 5-24　SARS-CoV-2 受体基因 *ACE2* 在东亚人群中特异的单体型谱系
上图展示了 SARS-CoV-2 感染人的途径，通过与宿主的 ACE2 受体结合引发呼吸道感染。下图展示了受体基因 *ACE2* 在世界不同地域人群中的单体型构成。其中，饼图示意某大洲或地区整体水平的 *ACE2* 单体型组成占比；直方图表示该地区不同人群的单体型组成占比。图改自：Yuwen Pan et al., National Science Review, 2022, 9: nwac118。

学基础有了一些初步的认识。低氧诱导因子信号通路（hypoxia-induced factor signaling pathway），简称 HIF 通路，是绝大多数动物中氧水平感知和适应的最重要生物学通路（图 5-26）。

　　早在 2010—2011 年间开展的多项研究均报道 *EPAS1* 和 *EGLN1* 在高海拔和低海拔人群间存在显著的遗传分化（Beall et al., 2010；Xu et al., 2011）。*EGLN1* 基因上的两个错义突变 rs12097901（c.12C > G，Cys127Ser）和 rs186996510（c.380G > C，Asp4Glu）被认为是在藏族人群中特异性富集的关键适应性突变（Lorenzo et al., 2014；Xiang et al., 2013），其在藏族人群中的频率达到 80%。这两个关键适应性变异与藏族血红蛋白水平显著关联，并在小鼠实验中得到证实。*EPAS1* 基因上未能定位到功能突变，但其下游跨膜蛋白编码基因 *TMEM247* 上的藏族特异性错义突变 rs116983452（c.248C > T；p.Ala83Val）可能具有比 *EPAS1* 更显著的表型后果，且二者之间可能存在一定的相互作用（Deng et al., 2019）。这一错义突变也是迄今发现的汉藏频率差异最大的功能变异——在藏族人群中的携带率达到 90% 以上，而在世界其他人群中非

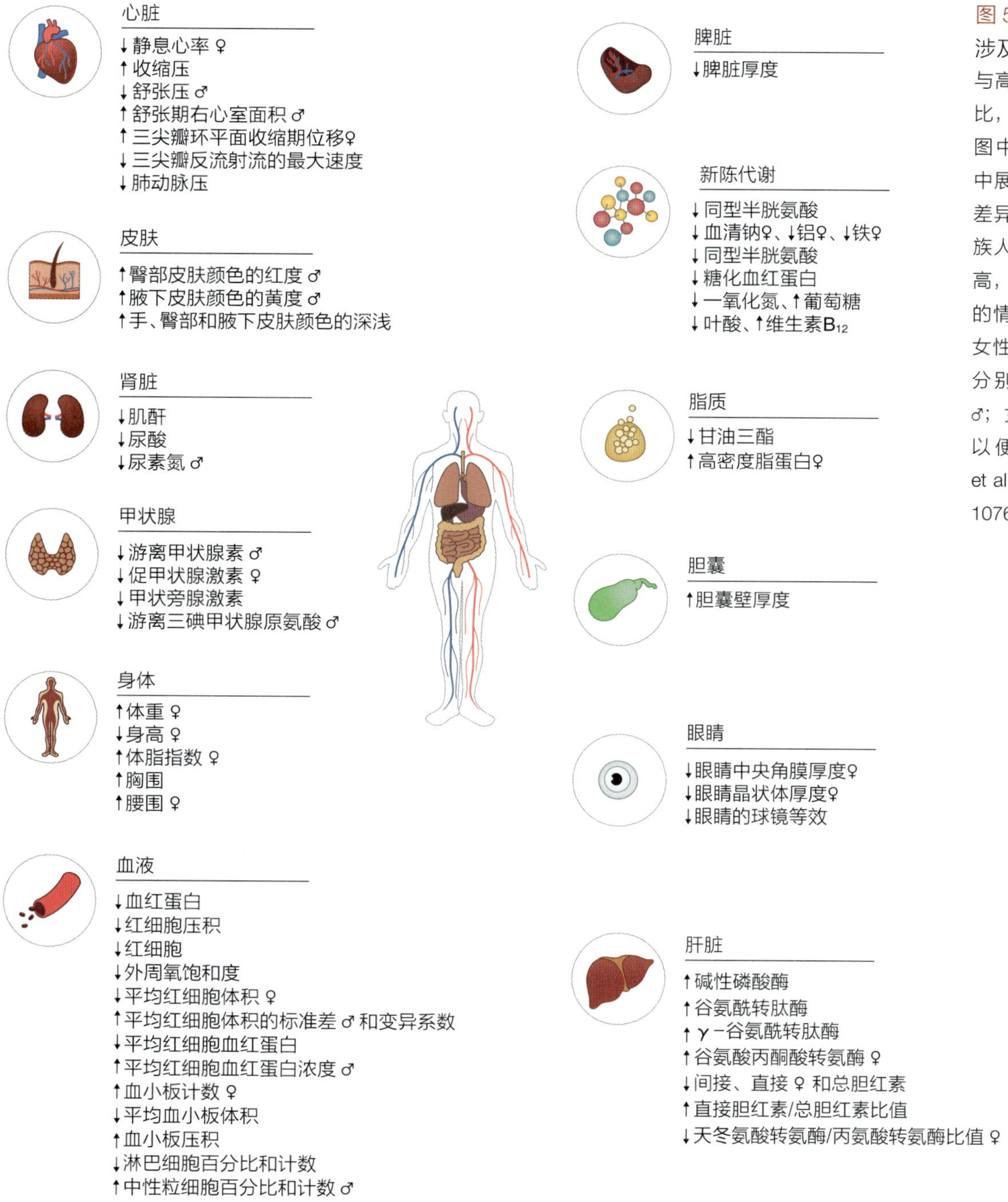

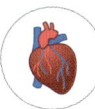

心脏
- ↓静息心率♀
- ↓收缩压
- ↓舒张压♂
- ↑舒张期右心室面积♂
- ↑三尖瓣环平面收缩期位移♀
- ↓三尖瓣反流射流的最大速度
- ↓肺动脉压

皮肤
- ↑臀部皮肤颜色的红度♂
- ↑腋下皮肤颜色的黄度♂
- ↑手、臀部和腋下皮肤颜色的深浅

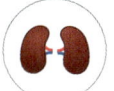

肾脏
- ↓肌酐
- ↓尿酸
- ↓尿素氮♂

甲状腺
- ↓游离甲状腺素♂
- ↓促甲状腺激素♀
- ↓甲状旁腺激素
- ↓游离三碘甲状腺原氨酸♂

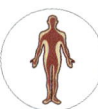

身体
- ↑体重♀
- ↓身高♀
- ↑体脂指数♀
- ↑胸围
- ↑腰围♀

血液
- ↓血红蛋白
- ↓红细胞压积
- ↓红细胞
- ↓外周氧饱和度
- ↓平均红细胞体积♀
- ↓平均红细胞体积的标准差♂和变异系数
- ↓平均红细胞血红蛋白
- ↑平均红细胞血红蛋白浓度♂
- ↑血小板计数♀
- ↓平均血小板体积
- ↑血小板压积
- ↓淋巴细胞百分比和计数
- ↑中性粒细胞百分比和计数♂

脾脏
- ↓脾脏厚度

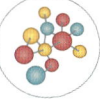

新陈代谢
- ↓同型半胱氨酸
- ↓血清钠♀、铝♀、铁♀
- ↓同型半胱氨酸
- ↓糖化血红蛋白
- ↓一氧化氮、葡萄糖
- ↓叶酸、维生素B$_{12}$

脂质
- ↓甘油三酯
- ↑高密度脂蛋白♀

胆囊
- ↑胆囊壁厚度

眼睛
- ↓眼睛中央角膜厚度♀
- ↓眼睛晶状体厚度♀
- ↓眼睛的球镜等效

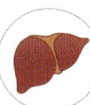

肝脏
- ↑碱性磷酸酶
- ↑谷氨酰转肽酶
- ↑γ-谷氨酰转肽酶
- ↑谷氨酸丙酮酸转氨酶♀
- ↓间接、直接♀和总胆红素
- ↑直接胆红素/总胆红素比值
- ↓天冬氨酸转氨酶/丙氨酸转氨酶比值♀

图 5-25　藏族高原适应涉及的生理表型
与高海拔地区的汉族移民相比，高原世居的藏族人群在图中所示的 12 个器官系统中展现出显著的生理学特征差异。图中的上箭头代表藏族人群中这些特征的数值较高，而下箭头则指示相反的情况。此外，藏族男性和女性各自特有的适应性表型分别用特定的符号（男性：♂；女性：♀）进行了标注，以便于区分。图改自：He et al.，iScience，2023，26：107677。

常罕见，频率小于 3%。此外，*EPAS1* 下游也存在一个长度 3.4 kb 的藏族人群富集型缺失（Tibetan-enriched deletion，TED）（Lou et al.，2015）。

事实上，人类征服青藏高原的历程悠久而曲折。研究表明，青藏高原人群的遗传起源可追溯至距今 6 万至 4 万年前的旧石器时代中晚期，早期进入青藏高原的人类族群间发生广泛的基因交流，并与后期进入青藏高原的族群发生进一步遗传混合，最终形成了一个包含现代智人和早期智人多个谱系（包括考古学已经发现的尼安德特人和丹尼索瓦人等，以及其他未知古人类）的遗传构成极其复杂的混合人群（Lu

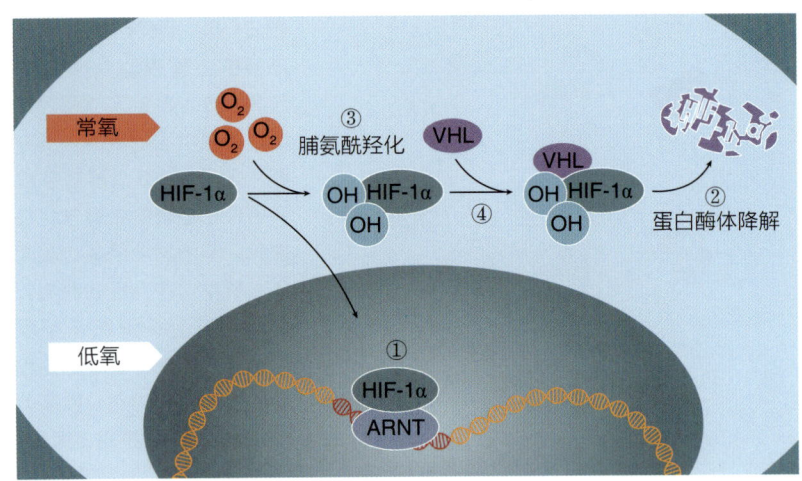

图 5-26　低氧诱导因子信号通路（HIF 通路）是低氧感知和适应的重要生物学通路

① 在缺氧条件下，HIF-1α 蛋白免受降解，因而在细胞核内积聚。在此，它与 ARNT 蛋白结合，共同识别并结合到缺氧响应基因（HRE）的特异 DNA 序列上，从而调控这些基因的表达。② 正常氧水平下，HIF-1α 会被蛋白酶体快速降解，以维持细胞内 HIF-1α 水平的平衡。③ 氧水平的高低通过在 HIF-1α 蛋白上添加羟基（OH）来调控其稳定性，这一过程是 HIF-1α 降解的关键调节机制。④ VHL 蛋白在氧充足时能够识别 HIF-1α，并与之结合形成复合体，这一复合体的形成是 HIF-1α 降解的前提，且该过程依赖于氧的存在。

et al.，2016）。这个过程中，一些曾经帮助人类适应高原环境的古人类基因片段得以保留下来，因高原极端环境的自然选择作用，在现今高原人群中积累到较高的频率，这一现象被称为适应性渗入（adaptive introgression）。除藏族之外，研究人员在其他高原世居人群中也发现了 *EPAS1* 和 *EGLN1* 适应性进化的现象，但也在僜人、夏尔巴人中鉴定出族群特异性的高原适应性基因（Zhang et al.，2019；Ge et al.，2023）。以上的结果都提示了不同高原人群经历了不同的进化历史和自然选择历程，同时也意味着人类的高原适应机制可能极其复杂，而基因组中大量的变异似乎可以组成不同的方案使得生物体具备应对环境改变的能力，即人类对高原环境的适应可能存在趋同进化的机制并且有可能是普遍存在的现象。

6. 人类肤色的适应性进化

肤色是人类适应性进化的重要表型之一，它在不同地域和人群中展现出丰富的多样性。肤色的深浅主要由黑色素的含量决定。纬度和紫外线强度是影响肤色的直接环境因素。生活在赤道附近的人们通常拥有较深的肤色，这有助于保护皮肤免受强烈紫外线的伤害，降低皮肤损伤和皮肤癌的风险。相比之下，生活在高纬度地区的人们则倾向于拥有较浅的肤色，这有助于他们更有效地吸收紫外线，从而促进体内维生素 D 的合成（图 5-27）。前期研究表明，欧洲和东亚人群的浅肤色特征可能是通过趋同进化形成的。例如，在东亚人群中，*OCA2* 基因经历了正选择；而在欧洲人群中，*SLC24A5* 和 *SLC45A2* 等基因也受到了类似的选择压力。近期研究揭示了在藏族人群中，色素合成相关基因 *GNPAT* 受到了强烈的正选择（Yang et al.，2022）。该基因第二内含子中的一个增强子调控元件 rs75356281 发生了点突变，这一突变的衍生等位基因在藏族人群中的频率高达 58%，而在世界其他人群中则不到 18%。这一突变与藏族人群中的原始肤色（如臀部肤色）和继发性肤色（如手背肤色）均存在显著的相关性。通过体外细胞功能实验，研究者们证实了这一突变导致了转录因子结合模式和增强子活性的变化。在自然选择的推动下，*GNPAT* 基因在藏族人群中经历了适应性突变的积累。这些突变增强了藏族人群的黑色素合成能力，使得他们肤色变深，从而更好地适应高原地区强烈的紫外线辐射环境。

另一项研究深入探讨了全球赤道附近深肤色人群的遗传学特征。研究团队收集了全球热带地区近 1 000 例原住民的基因型数据，对色素基因在全球人群中的遗传变异模式进行了分析，并据此提出了几种关于赤道附近人群深肤色进化的模型（图 5-28）

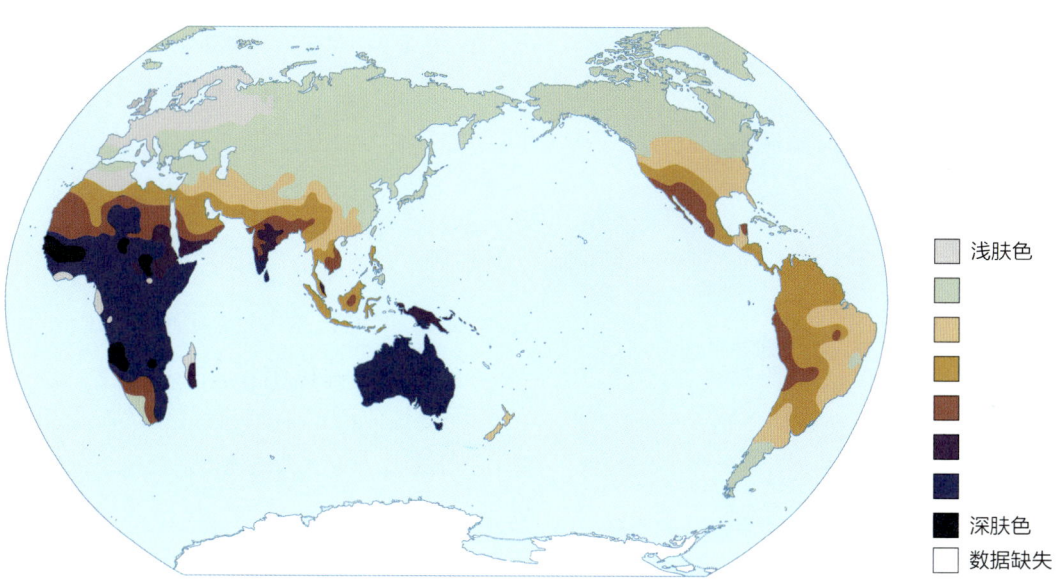

图 5-27　世界人群肤色分布

浅肤色

深肤色
数据缺失

（Deng et al.，2022）。首先，研究指出，与肤色相关的遗传变异可能源自共同祖先，并在不同人群分化后经历了平行进化。通过分析发现，许多在非洲人群中已报道的深肤色关联遗传变异，在亚洲热带原住民中也以一定频率存在。这些携带古老单体型的变异，暗示了亚洲早期祖先可能为当地原住民深肤色表型提供了部分遗传基础。其次，研究提出了趋同进化的可能性，即不同人群在各自的进化过程中独立获得了相同的肤色相关遗传变异。一种情况是古人基因渗入事件，古人与亚洲热带原住民的遗传混合可能重新引入了在"走出非洲"过程中丢失的深肤色相关遗传变异。另一种可能是独立发生的新发突变，例如在 *STK11* 基因上，多个亚洲热带原住民人群携带了同一新发突变，该基因参与紫外线诱导的 DNA 损伤修复。尽管不同人群独立发生相同新发突变的概率较低，但目前的分析尚不能完全排除这种可能性。

　　现今，我们的科学研究正从第四范式——数据密集型科学研究时代，向着尚未形成共识的第五范式——人工智能时代迈进，人类群体遗传学研究近年来取得了突破性进展，人类基因组的密码不断被破解。在泛基因组技术、大数据与人工智能技术的推动下，一方面，我们终将有望揭示人类遗传多样性格局，精准还原人类在漫长进化历程中基因流动、分化与融合的壮丽史诗，让人类起源、迁徙与发展的历史脉络清晰浮现；另一方面，长期困扰医学界、错综复杂的复杂疾病背后隐藏的遗传机制，也将逐步明朗清晰。无论我们的科学技术如何发展，始终有一根主线，就是遗传与进化。最终，我们必须回到基因，回到遗传学，从进化的视角重新审视这个世界以及人类自身。

图 5-28   赤道附近人群深肤色进化模型

图中从上至下依次展示了人类深肤色适应性进化的三种不同模型及相应基因变异在全球人群中的等位基因频率分布。饼图中的颜色与左侧谱系树中各人群名称的颜色相匹配。

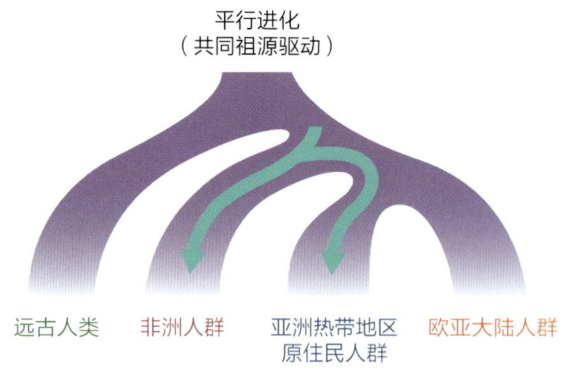

平行进化
（共同祖源驱动）

远古人类　　非洲人群　　亚洲热带地区　　欧亚大陆人群
　　　　　　　　　　　原住民人群

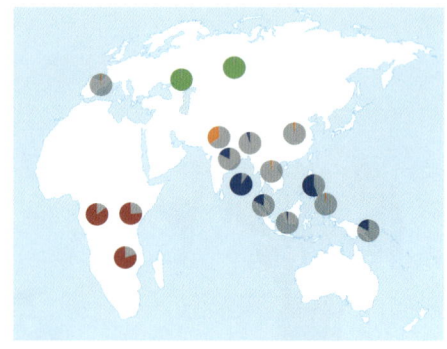

DDB1/DAK-rs11230664-C

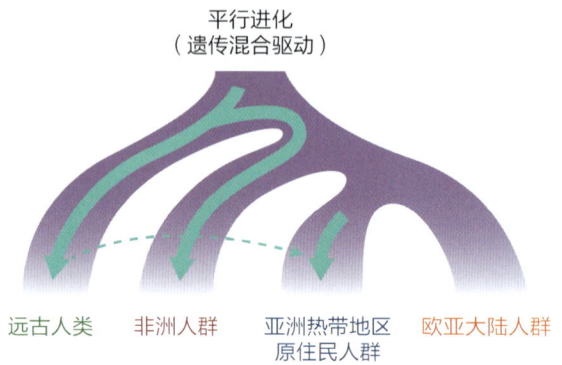

平行进化
（遗传混合驱动）

远古人类　　非洲人群　　亚洲热带地区　　欧亚大陆人群
　　　　　　　　　　　原住民人群

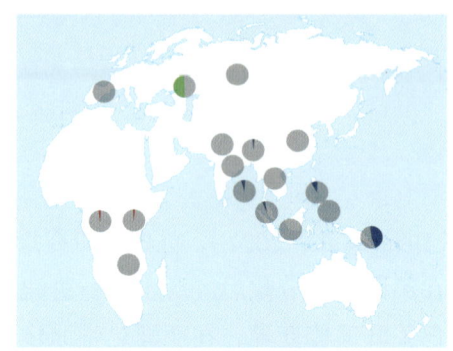

MTHFD1-rs138662720-T

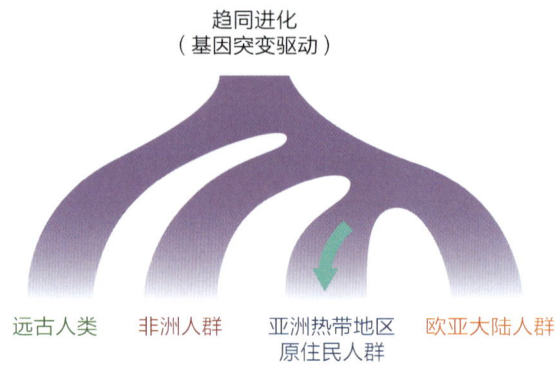

趋同进化
（基因突变驱动）

远古人类　　非洲人群　　亚洲热带地区　　欧亚大陆人群
　　　　　　　　　　　原住民人群

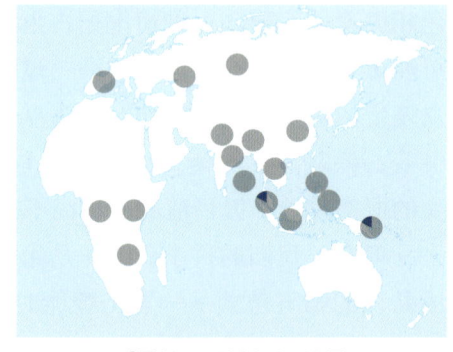

STK11-rs529613543-T

※ 复习思考题

1. 请使用千人基因组浏览器查询 *PRNP* 基因上 SNP 位点 rs1799990 的等位基因和基因型频率，并检验该位点在英国人群（GBR）、非洲卢旺达人群（LWK）、中国北京汉族人群（CHB）和哥伦比亚人群（CLM）中是否处于哈迪－温伯格平衡（HWE）。

2. 为什么人群的有效群体大小与实际人口大小有差异？如果有效群体大小在大幅减少后经历迅速扩张，对中性等位基因和受正选择的等位基因频率变化分别有什么影响？是否能促进两种等位基因在人群中迅速固定下来？

3. 使用来自某个人群的 100 个个体基因序列，如何验证某个基因经历过长期平衡选择？如果同时提供 100 个黑猩猩个体的基因序列，是否会对上述验证分析有帮助？

4. 研究人员发现来自丹尼索瓦人的 *EPAS1* 等位基因可能促进了青藏高原世居人群的高原环境适应，由此我们推断丹尼索瓦人也具备高原低氧环境的适应能力。请问这一推断是否合理？另外还有哪些线索或者证据可以用于验证这一推断？

5. 连锁不平衡现象在复杂疾病全基因组关联研究（GWAS）中起到了关键作用，请详细说明其如何助力研究人员从海量基因数据中精准定位疾病相关基因位点的？并且深入思考，随着基因测序技术的不断进步，连锁不平衡的研究模式可能会面临哪些新的机遇与挑战？

6. 遗传漂变和自然选择是生物进化的两大重要驱动力，但在某些特殊生态环境下，它们之间的界限似乎变得模糊。请举例详细阐述一种这样的特殊生态环境，并深入分析在该环境中遗传漂变和自然选择是如何相互作用，共同塑造生物种群进化轨迹的？

7. 乳糖不耐受现象在不同地区人群中的分布存在显著差异，除了文中提到的畜牧文化因素外，请深入剖析还有哪些地理、历史、社会经济等因素可能影响乳糖耐受基因的频率变化？并且思考随着全球饮食文化交流日益频繁，这种基因频率变化趋势可能会发生怎样的改变？

※ 推荐阅读

1. BERGSTRÖM A, MCCARTHY S A, HUI R, et al. Insights into human genetic variation and population history from 929 diverse genomes[J]. Science, 2020, 367: eaay5012.

2. THE HUGO PAN-ASIAN SNP CONSORTIUM, ABDULLA M A, AHMED I, et al. Mapping human genetic diversity in Asia[J]. Science, 2009, 326: 1541-1545.

3. SABETI P C, VARILLY P, FRY B, et al. Genome-wide detection and characterization of positive selection in human populations[J]. Nature, 2007, 449: 913-918.

4. LU D, LOU H, YUAN K, et al. Ancestral origins and genetic history of Tibetan highlanders[J]. American Journal of Human Genetics, 2016, 99: 580-594.

5. FENG Q, LU Y, NI X, et al. Genetic history of Xinjiang's Uyghurs suggests Bronze age multiple-way contacts in Eurasia[J]. Molecular Biology and Evolution, 2017, 34: 2572-2582.

6. TISHKOFF S A, REED F A, RANCIARO A, et al. Convergent adaptation of human lactase persistence in Africa and Europe[J]. Nature Genetics, 2007, 39: 31-40.

7. GAO Y, YANG X, CHEN H, et al. A pangenome reference of 36 Chinese populations[J]. Nature, 2023, 619: 112-121.

（编写：金力、徐书华、陆艳、邓恋；审读：卢大儒）

第六章

人类遗传学与疾病

　　人类遗传学研究的核心目标之一是揭示基因变异与疾病之间的关联，为疾病的预防、诊断和治疗提供科学依据。本章系统探讨了遗传学与疾病的关联，涵盖遗传模式、致病基因鉴定、遗传检测及治疗方法等多个方面。本章首先介绍人类性状的遗传模式，包括单基因病、寡基因病和多基因病的遗传特点。通过系谱分析，详细阐述了 5 种常见的遗传模式各自的遗传规律，并讨论了外显率、表现度、遗传印记等复杂遗传现象对常见孟德尔式系谱的影响。后进一步系统阐述功能克隆、定位克隆和二代测序技术在鉴定单基因遗传病致病基因方面的具体应用。全外显子组和全基因组测序目前已经成为鉴定致病突变的主流方法，但其数据解读仍然存在很大的挑战。全基因组关联研究已经广泛应用于复杂疾病易感基因的筛查，本章也对其取得的成就、仍然存在的问题和未来的发展方向进行了深入探讨。遗传检测可以更早地识别高风险个体，并制定个性化的健康管理策略。检测技术的进步使得产前筛查、新生儿筛查和携带者筛查成为可能，显著降低了严重遗传病的发生率，提升了人口健康水平。在治疗领域，基因治疗和基因组编辑技术为遗传病的治愈带来了希望。通过修复或替换缺陷基因，这些方法有望从根本上解决传统疗法无法应对的遗传性疾病。同时，药物遗传学研究为个性化用药提供了依据，优化了药物疗效并减少了不良反应。

　　人类遗传学的发展不仅推动了医学进步，也对社会伦理和法律提出了新的挑战。如何在技术创新与伦理规范之间取得平衡，是未来需要持续探讨的重要议题。总而言之，遗传学研究为人类健康事业开辟了新途径，其意义已超越科学领域，深刻影响着医疗实践和社会福祉。

第一节　人类性状的遗传模式

　　最简单的遗传模式表现为由单一基因座上的基因型决定的遗传性状在家系中的传递方式，但这并不意味着该性状本身只由这一对基因决定。因为任何一个人类性状的产生实际上都是大量遗传和环境因素共同作用的结果。在正常的人类遗传和环境背景下，有时候某一个基因座上的特定基因型对于性状的出现是充分而必要的。那么这类单基因性状称为孟德尔性状（Mendelian character）。如果该性状表现为某种疾病，我们将它称为单基因病（monogenic disease）或者孟德尔病（Mendelian disease），例如：编码凝血因子Ⅷ或Ⅸ的基因如果发生突变导致功能丧失，可以分别引起甲型或乙型血友病。孟德尔性状可以用特征性的系谱来进行识别。获得人类病理性或非病理性性状相关信息的最佳来源之一是 OMIM 数据库（the Online Mendelian Inheritance in Man）。OMIM 数据库目前收录有分子基础已知的人类性状 7 551 种，包含引起表型突变的基因 4 930 个，其中单基因突变引起的疾病和性状有 3 451 种，相关基因 4 569 个（截至 2024 年 10 月 11 日）。

　　现在我们已经知道，孟德尔性状的背后也是由多个基因组成的通路或网络，其中孟德尔性状对应的基因座往往是这些通路或网络中的关键节点。更多时候，关键节点的作用没有那么明显，导致多数人类性状的遗传变化并不呈现为简单的孟德尔式遗传。如果疾病或者其他性状变化是由 2 个、3 个或更多基因座的变异结果一起决定的，换句话说，如果疾病主要的遗传决定因素仅包含少数几个基因座，那么我们将其称为寡基因病（oligogenic disease），例如：先天性巨结肠与 *RET*、*EDNRB*、*EDN3*、*GDNF* 等若干基因的突变相关。如果疾病的遗传决定因素由许多个具有微小效应的基因座组成，我们称之为多基因病（polygenic disease）。传统观点认为高血压、糖尿病等常见病大多属于多基因病。实际上，人类性状从完美的孟德尔式遗传到真正的多基因遗传会形成一个连续的谱系（图 6-1A）。而且在此基础上会叠加或多或少的环境因素的影响，最终性状的总体病因学会落在图 6-1B 所示三角形的某个点上。

　　孟德尔性状是非此即彼的，例如囊性纤维化或者多指，要么表现出症状，要么没有症状。但是绝大多数人类性状在某种程度上是连续的或者可以量化的，例如身高和体重。这些性状是非孟德尔式的，但是并不意味着基因对其没有决定作用，对这类性状起作用的基因通常被称为数量性状基因座（quantitative trait loci，QTL）。有些表现为非此即彼的性状也有可能是非孟德尔式的，例如常见的出生缺陷（包括神经管畸

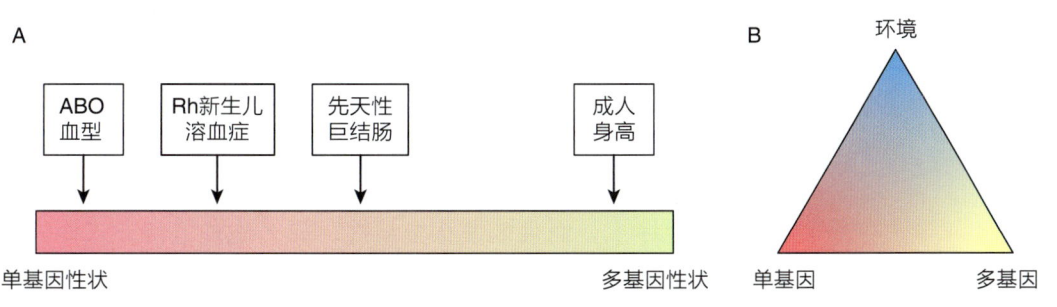

图 6-1　表型的决定因素（**A**）ABO 血型取决于染色体 9q34 上的 *ABO* 基因座上的基因型（除极少数例外）。新生儿的 Rh 溶血症取决于母亲和婴儿在染色体 1p36 上 *RHD* 基因座的基因型，但也会受到母亲和婴儿的 ABO 血型相容性的影响。先天性巨结肠取决于几个基因座的相互作用。成人身高是由许多基因座累积的微小影响决定的。（**B**）一个性状的整体决定因素可以表示为三角形中的某个点。

形、唇腭裂、先天性心脏病等）。但是它们部分或全部是由遗传决定的：它们倾向于在家族中传递，但是可能并不符合标准的孟德尔式系谱。这些遗传因素被称为易感基因（susceptible gene）。数量性状基因座和易感基因在分子水平上与决定孟德尔式性状的基因并无区别，只是它们的性状决定是通过一种更为复杂的方式罢了。更为复杂的情况是常见的一些人类疾病，在其具体的致病原因上可能具有高度的异质性。例如糖尿病，有些是简单的孟德尔式，有些则完全是环境因素的结果，当然大多数是多种因素共同作用的结果。因此这些疾病我们称之为复杂疾病（complex disease）。

除了这些 DNA 水平的变异之外，有时候我们发现染色体的部分区段甚至整条染色体会出现缺失、重复甚至重排，这种大范围的染色体结构性变异导致的疾病我们称之为染色体病（chromosome disease），例如：21 号染色体三体引起的唐氏综合征等。此外，在人类细胞的线粒体中也含有遗传物质 DNA，当发生突变的线粒体 DNA 占到一定比例时会严重影响细胞的能量供应，从而引起疾病，并且以母系方式遗传，我们称之为线粒体遗传病（mitochondrial genetic disease），例如：Leber 遗传性视神经病、Leigh 综合征等。

一、孟德尔式系谱

一个孟德尔性状如果能够在家族中传递意味着该性状不会明显影响个体生育后代，那么它会呈现特征性的孟德尔式系谱。系谱是从家系中第一个被医生或研究者发现罹患某种遗传病或者带有某种性状的先证者（proband）入手，详细调查其所有家族成员的亲属关系以及遗传病或性状的分布情况，并用特定的系谱符号按照一定的格式绘制而成的图谱（系谱中的常用图标见图 6-2）。

由确定的染色体位置上的 DNA 或染色质决定的可遗传性状都符合这种系谱的特征。尽管绝大多数孟德尔性状的决定因子是影响蛋白质编码序列的各种变异，但事实上孟德尔性状的决定因子也可以不是基因或者传统意义上的蛋白质编码序列，而是某个特定染色体区域的结构变异，例如脆性 X 染色体。

根据决定孟德尔性状的基因座所在的染色体位置是常染色体还是 X 染色体以及该性状的显隐性，可以分为五种基本的遗传方式：常染色体显性（autosomal dominant，AD）、常染色体隐性（autosomal recessive，AR）、X 连锁显性（X-linked dominant inheritance，XD）、X 连锁隐性（X-linked recessive，XR）、Y 连锁遗传（Y-linked inheritance）（知识窗 6-1）。如果疾病或性状的决定基因位于第 1~22 号常染色体上，而且该性状呈显性，那么这种遗传方式称为常染色体显性遗传（图 6-3A）。人类有许多性状都是常染色

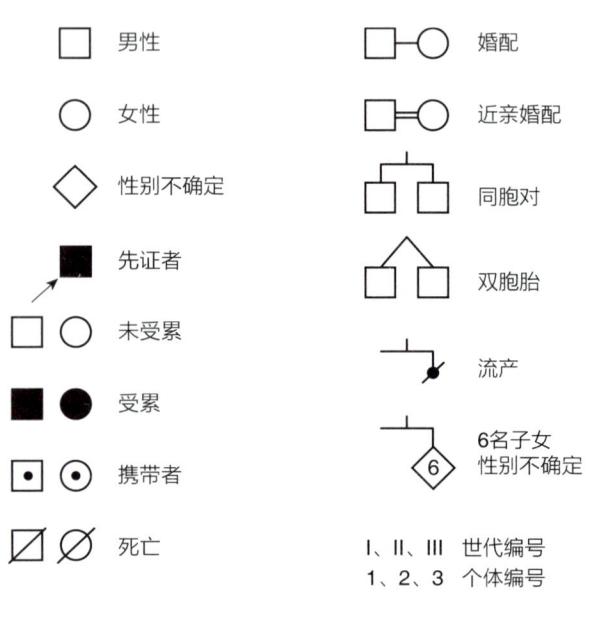

□ 男性	□─○ 婚配
○ 女性	□═○ 近亲婚配
◇ 性别不确定	同胞对
■ 先证者	双胞胎
□ ○ 未受累	流产
■ ● 受累	6名子女 性别不确定
⊡ ⊙ 携带者	
⊘ ⊘ 死亡	Ⅰ、Ⅱ、Ⅲ　世代编号 1、2、3　个体编号

图 6-2　系谱中的常用图标

体显性遗传的，比如有耳垂就是显性性状。人类的许多疾病也呈现为常染色体显性遗传，例如成骨发育不全、亨廷顿舞蹈症等。如果疾病或性状的决定基因位于第 1~22 号常染色体上，而且该性状呈隐性，那么这种遗传方式称为常染色体隐性遗传（图 6-3B）。苯丙酮尿症、白化病、囊性纤维化等都是人类常见的常染色体隐性遗传病。如果疾病或性状的决定基因在 X 染色体上，而且该性状呈显性，那么这种遗传方式称为 X 连锁显性遗传（图 6-3C），人类常见的 X 连锁显性遗传病有色素失调症、抗维生素 D 佝偻病等。如果疾病或性状的决定基因位于 X 染色体上，而且该性状呈隐性，那么这种遗传方式称为 X 连锁隐性遗传（图 6-3D），人类 X 连锁隐性遗传病包括红绿色盲、血友病等。Y 连锁遗传的性状组成了第五种系谱，但是 Y 染色体上携带的基因很少而且其变异的病理效应往往会引起男性不育。因为决定成为男性的 *SRY*（sex-determining region of Y-chromosome）基因就位于 Y 染色体上，所以真正符合 Y 连锁遗传的系谱并不多。其他性状，例如多毛耳等，其实很难完全确定是真正以 Y 连锁方式遗传的。

图 6-3　孟德尔式系谱

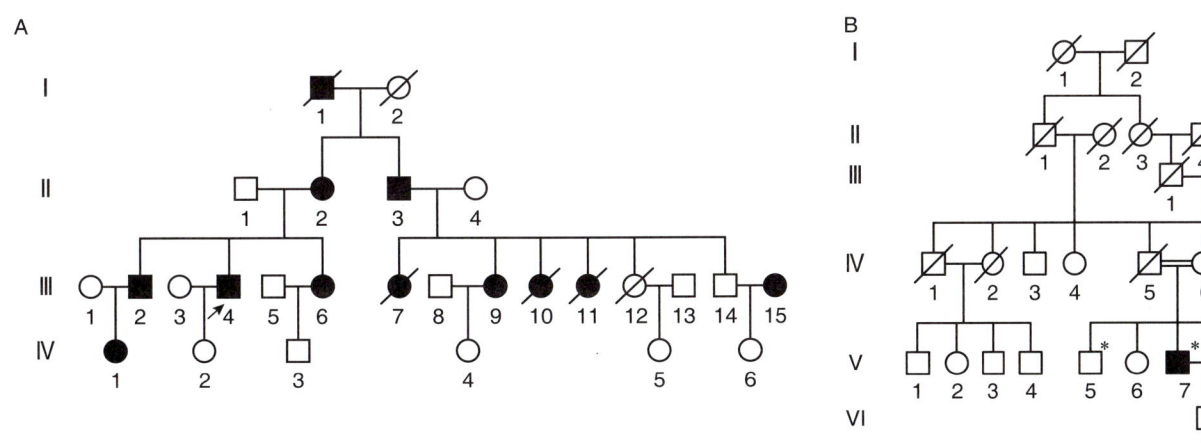

常染色体显性遗传

常染色体隐性遗传

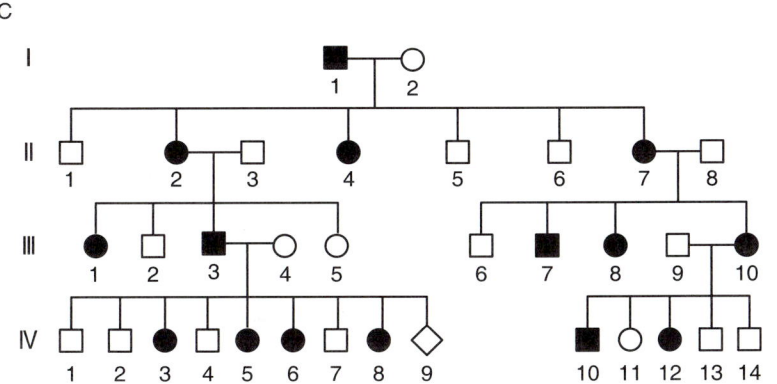

X连锁显性遗传

X连锁隐性遗传

知识窗 6-1

基本孟德尔式系谱的遗传规律

常染色体显性遗传：受累者通常至少有一个受累的父母（但有例外情况，例如新发突变或不外显）。两性皆可受累，且两性均可传递致病基因。父母一方受累，另一方未受累，那么他们的孩子有 50% 的概率受累（假设受累者都是杂合子的情况）。

常染色体隐性遗传：受累者通常是由未受累的父母所生，受累者的父母通常是无症状的携带者。两性皆可受累。如已有受累子女出生，那么后续每个孩子都有 25% 的机会受累（假设父母双方都是杂合子携带者）。

X 连锁显性遗传：父母双方通常至少有一方受累。女性受累者通常比男性受累者的症状变异更大或更轻微（因为 X 染色体随机失活）。受累女性的孩子，无论其性别如何，都有 50% 的概率受累。受累男性的所有女儿都会受累，但儿子无一受累。

X 连锁隐性遗传：主要累及男性。受累男性通常由未受累的父母所生，通常母亲是无症状携带者，但母方可能有受累的男性亲属。如果父亲受累且母亲是携带者，或者偶发的 X 染色体随机失活，也会导致女性受累的情况出现。该谱系中通常不会出现男性到男性的传递（但受累男性和携带者女性婚配会出现男性到男性传递的假象）。

Y 连锁遗传：只有男性受累。受累男性总是有一个受累的父亲（除非是新发突变）。受累男性的所有儿子皆受累。

二、基本孟德尔式系谱中的复杂情况

各种孟德尔性状或疾病在群体和家系中的分布具有各自的规律，通过对多个家系的调查和系谱分析，可以对疾病的遗传模式做出初步判断并且预测后代的发病风险。然而在现实生活中出现的各种复杂情况往往会掩盖基本的孟德尔式系谱关系，这里列举一些常见的复杂情况。

1. 可变表现度

表现度（expressivity）是指个体间基因表达的变化程度，即在不同的遗传背景和环境因素影响下，相同的基因变异在不同个体中表现出的性状和疾病的特征和严重程度可能存在显著差异。显性疾病常常具有可变表现度的特征，图 6-4 显示了一个常染色体显性遗传成骨不全家系的例子。

通常在人类身上观察到的可变表现度（variable expressivity）现象比在模式生物身上观察到的更为明显，这是因为模式生物在遗传背景上要比人类一致得多，而且生活在更为稳定的环境中。这也是研究人类疾病的动物模型时需要考虑的一个重要因素。

2. 不外显和拟表型

基因表达的另一种变异方式是不同的外显率。外显

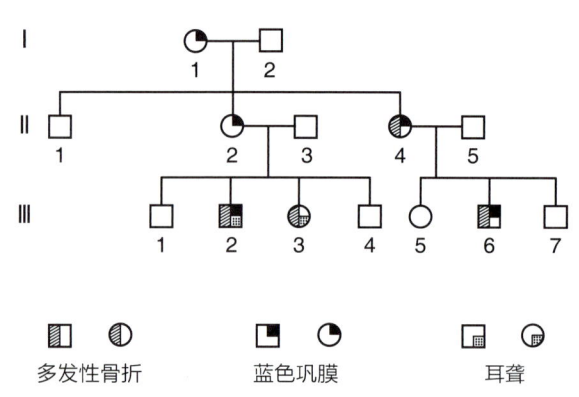

图 6-4 可变表现度

成骨不全患者可以表现出多发性骨折、蓝色巩膜和耳聋这三种性状中的一种或多种。

率（penetrance）是指某一基因型个体显示出预期表型的比例，常用百分数（%）来表示。外显率为100%时称为完全外显（complete penetrance），外显率低于100%时称为不完全外显（incomplete penetrance）。人类颅面骨发育不全是常染色体显性遗传，根据其遗传方式应该在代与代之间连续遗传，但是偶尔会出现代间不连续的现象。如图6-5中Ⅱ-2既有受累的父母，也有受累的孩子，几乎可以肯定其携带显性致病基因，但他却表型正常，这就是出现了不外显的情况。

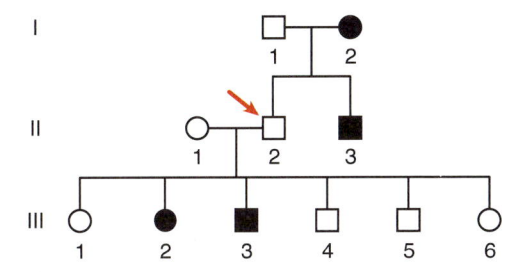

图6-5　不外显

在正常情况下，孟德尔性状的存在与否主要取决于基因座上的基因型。但是不寻常的遗传背景、特定的生活方式，或者可能只是偶然的机会，都会使得个体无法表现出该性状。

与不外显正好相反的一种情况是拟表型（phenocopy）。拟表型又称为表型模拟，是指环境改变所引起的表型改变，有时与基因变异引起的表型变化很相似。拟表型是由环境因素引起的，所以不会遗传给后代。例如：缺乏维生素D会导致佝偻病，患者与常染色体显性遗传的抗维生素D佝偻病具有相似的表型。这种由于维生素D缺乏引起的佝偻病就是一种拟表型。

3. 延迟显性和遗传早现

外显率降低的另一种情形常见于晚发性疾病。遗传病不一定是出生时就发病。基因型虽然在受孕时就固定了，但表型可能要到成年后才能表现出来。在这种情况下，外显率与年龄相关。例如常染色体显性多囊肾病（OMIM#173900）临床表现为双肾囊肿、血尿、高血压、腹痛和进行性肾衰竭，患者在20岁左右能够通过B超检测到肾囊肿，直到40多岁或者更晚时才会出现临床症状。这种杂合子在生命早期显性致病基因的效应并不表现出来，达到一定年龄以后，其作用才表现出来的现象就称为延迟显性（delayed dominance）。延迟显性可能是由于有害物质的缓慢积累、组织死亡的增加或无法修复某种形式的环境破坏所引起的。根据疾病的不同，如果一个人活得足够长，发病率可能会达到100%。或者也可能有人携带该基因，但无论他们活多久，都不会出现症状。类似于图6-6中的亨廷顿舞蹈症的发病年龄曲线是遗传咨询的重要工具，因为它们使遗传学家能够估计有风险但无症状的人随后发展为疾病的可能性。

遗传早现（genetic anticipation）是指某些遗传病的起病年龄一代早于一代，症状逐代加重的现象。这种现象在三核苷酸异常重复，即动态突变引起的疾病中较为常见。例如亨廷顿舞蹈症，是由 *HTT* 基因1号外显子中（CAG）$_n$三核苷酸重复序列异常扩延导致的。（CAG）$_n$重复拷贝数的多少与起病年龄和疾病进展密切相关，（CAG）$_n$重复数目越多，起病年龄越早，病情发展越快越重。（CAG）$_n$低于35一般不会发病，（CAG）$_n$为36～39呈不完全外显，（CAG）$_n$≥40为完全外显，一般在中年时发病，在儿童期或者青春期发病的患者（CAG）$_n$重复序列通常超过60。

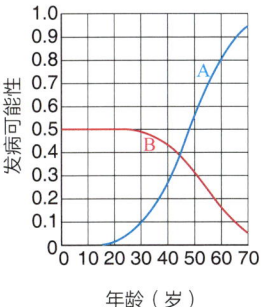

图6-6　亨廷顿舞蹈症发病曲线

曲线A显示了携带致病等位基因的个体在特定年龄出现症状的概率。曲线B显示了在特定年龄无症状但父母中有患者的人携带致病等位基因的风险。

4. 从性遗传和限性遗传

从性遗传（sex-influenced inheritance）是指在常染色体显性遗传中表现出表型受

性别影响的现象，即杂合子显示出男女比例上的差异或表现程度上的差异。例如：常染色体显性遗传的雄激素性秃顶（OMIM#109200），男性患者数目明显多于女性，一般于35岁左右开始出现秃顶。这是由于男性杂合子表现为秃顶，而女性杂合子仅表现为头发稀疏，只有女性纯合子才会出现秃顶的症状。这种性别差异与两性体内的雄激素水平差异有关。

限性遗传（sex-limited inheritance）是指虽然基因位于常染色体上，但是基因的表达明显受到性别的限制，导致某一特定表型只限于在一种性别中出现的遗传现象。限性遗传主要是由于男女在解剖学结构上的差异造成的，例如：女性子宫阴道积水症和男性家族性睾丸中毒症。

5. 遗传印记

遗传印记（genetic imprinting）是控制某一性状的一对等位基因由于亲代来源不同而呈现出差异性表达的现象。某些常染色体显性遗传的人类性状，两性均可受累，而且基因可由父母任何一方传递给子代，但是只有由特定性别的某一方遗传时才会表现出该性状。如图 6-7 所示，常染色体显性遗传的胶质瘤家系中，致病基因只有从父方遗传给子女才会发病（图 6-7A）。而 Beckwith-Wiedemann 综合征只有在致病基因由母方遗传而来的情况下，子女才会发病（图 6-7B）。遗传印记持续存在于一个个体中，但它并不是永久性改变的突变，在配子形成时，旧的印记会被抹除，下一代会根据性别产生新的印记。DNA 甲基化是遗传印记产生的主要原因。

6. 遗传异质性

遗传异质性（genetic heterogeneity）是指同一种性状或者疾病由不同的基因变异所控制，可以分为基因座异质性（locus heterogeneity）、等位基因异质性（allelic heterogeneity）和临床异质性（clinical heterogeneity）。基因座异质性是指同一种性状或疾病是由多个不同基因座的突变所引起的现象。例如：耳聋、失明、智力低下等可以由不同染色体上的不同基因突变引起，表现为不同的遗传方式。等位基因异质性是指携带同一种性状或者疾病的不同患者是由某一个既定基因上发生的许多不同突变导致的。临床上很多疾病既表现为基因座异质性也表现为等位基因异质性。临床异质性则是用于描述同一基因的不同突变可以产生两种或更多不同疾病的情况。例如：雄激素受体基因失活突变引起雄激素不敏感，但是同一个基因中的（CAG）$_n$ 动态突变则引起

图 6-7　遗传印记
（A）常染色体显性遗传的胶质瘤家系，致病基因只有从父方遗传给子女时才会发病。
（B）Beckwith-Wiedemann 综合征只有在致病基因由母方遗传给子女时才会发病。

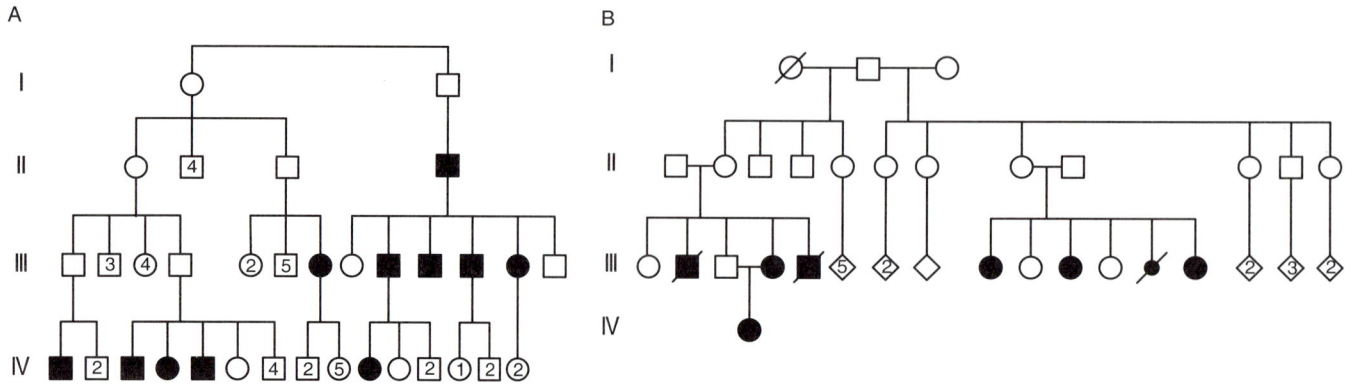

症状显著不同的另一种疾病——脊髓延髓肌营养不良。

7. 新生突变

新生突变（ *de novo* mutation ）是指父母的体细胞中不携带，但子女携带的突变。一般来说可以分为两种情况：一种是父母其中一方的生殖腺中出现的新生突变，往往会造成不止一个子代携带有相同的新生突变；另一种是合子形成之后发生的新生突变，通常只是在某一个子代中偶然出现新生突变。

新生突变本身很罕见，然而在严重的显性疾病或 X 连锁疾病的背景下，新生突变会显得很常见，因为它们可能是所有病例中大部分个体的致病原因。如果严重的显性疾病或 X 连锁疾病能够在人群的多个世代中持续出现，那么必须由新生突变产生新的疾病等位基因来补偿因为受到选择而被去除掉的疾病等位基因。具体情况如下：

（1）一种完全外显的致死性显性疾病必然总是由新生突变引起的，因为致病突变无法在世代中传递下去，例如致死性发育不全（thanatophoric dysplasia, OMIM#187600 ）。

（2）对于非致死性但非常严重的显性疾病也会存在同样的问题，只是程度可能会轻一些，例如软骨发育不全侏儒症（achondroplastic dwarfism， OMIM#100800 ）。

（3）严重的 X 连锁隐性疾病也有相当数量的新生突变，这是因为当致病等位基因出现在男性中时会受到自然选择的影响。

（4）与上述情况相反，常染色体隐性遗传家系往往不会受到新生突变的显著影响。虽然毫无疑问会发生新生突变，但是由于突变等位基因本身可以通过无症状携带者在世代中传递，所以可以合理推测患病孩子的父母通常都是携带者。

以上这些基本孟德尔式系谱中的复杂情况强调了一个事实：即在所有变异中只有非常小的一部分可以直接决定表型且具有很高的外显率。典型的孟德尔式系谱实际上只常见于罕见病中。基因本身总是符合孟德尔式遗传的，但表型不是。外显率降低和可变表现度显示了其他座位上的基因型（所谓的"修饰基因"）、非遗传因素，甚至简单的巧合都会影响表型。随着这些其他因素的增加会达到一个临界点，这时甚至无法用孟德尔式遗传来描述一种性状或疾病。就像图 6-1 中展示的一样，所有的遗传决定因素组成了一个谱系，从完全外显的单基因性状，到由很多基因座共同作用决定的多基因性状。

三、多基因性状与阈值理论

人群之间普遍存在差异的遗传性状，例如身高、体重等，也包括与健康相关的各种疾病，例如糖尿病、肥胖、心脏病和精神健康问题等，这些差异绝大多数从未表现得类似于孟德尔性状。1918 年，罗纳德·费希尔（Ronald A. Fisher， 1890—1962 ）发表论文指出由大量孟德尔式因子控制的性状，也就是多基因性状，正如生物统计学家所描述的那样呈现出连续性、数量差异和家族相关性。后来，道格拉斯·福尔克纳（ Douglas S. Falconer ）将这一模型拓展到覆盖表现为非此即彼的非孟德尔性状，例如出生缺陷。费希尔和福尔克纳的工作为人类遗传学奠定了一个统一的理论基础。

图 6-8 随着基因座的增加，性状的分布逐渐近似正态分布

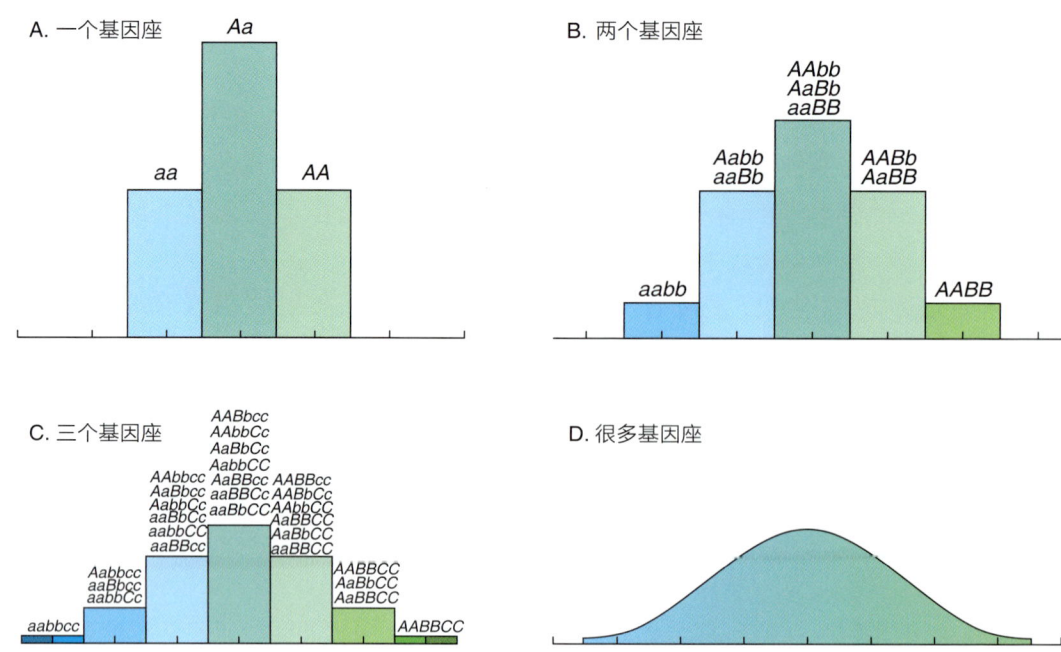

任何依赖于大量微小因素（无论它们是否是遗传因素）共同作用的可变数量性状都会在人群中呈现出正态分布（高斯曲线）。图 6-8 给出了一个遗传性状的高度简化模型。图中我们先假设某个性状由 1 个基因座上的等位基因决定，然后 2 个，3 个……最后很多个。随着越来越多基因座的加入，我们可以看到两个结果：

（1）基因型和表型之间简单的一一对应关系消失了。除了极端表型之外，无法直接从表型推断出基因型了。

（2）随着基因座的增加，性状的分布越来越像高斯曲线。加入微小的环境变异就可以将 3 个基因座的分布抚平成高斯曲线。

即使考虑到更为复杂的情况，包括显性效应的存在和等位基因频率的变化，仍然可以得出相同的结论。

1. 遗传率

图 6-8D 中的正态分布曲线（高斯曲线）仅有两个参数是特异的——均值和方差。表型的总方差 V_P 是由于各种原因引起的方差之和，包括环境方差 V_E 和遗传方差 V_G，其中遗传方差 V_G 又可以分为由于单纯加性效应引起的方差 V_A 和显性效应方差 V_D。遗传率（heritability，h^2）是指在整个表型方差中遗传方差所占的比例，即 V_G/V_P。严格说来，V_G/V_P 称为广义遗传率（broad heritability），而 V_A/V_P 称为狭义遗传率（narrow heritability）。即：

表型方差（V_P）= 遗传方差（V_G）+ 环境方差（V_E）

遗传率（广义）= V_G/V_P

遗传方差（V_G）= 加性效应方差（V_A）+ 显性效应方差（V_D）

遗传率（狭义）= V_A/V_P

多基因遗传性状或疾病是遗传因素和环境因素共同作用的结果，其中遗传因素作

用的大小可以用遗传率来衡量，常用百分数（%）表示。遗传率越大，表明遗传因素对疾病发生的作用越大。有些疾病的遗传率可以高达 70%~80%，表明遗传因素在其中起重要作用，环境因素的作用相对较小。反之，如果疾病完全由环境因素所决定时，遗传率为 0，不会出现明显的家族聚集现象。表 6-1 列出了一些常见的多基因遗传病的患病率和遗传率。

表 6-1　常见多基因遗传病的群体患病率、先证者一级亲属患病率、性别比和遗传率

疾病	群体患病率 /%	先证者一级亲属患病率 /%	性别比（男：女）	遗传率 /%
唇裂 ± 腭裂	0.17	4	1.6	76
腭裂	0.04	2	0.7	76
脊柱裂	0.3	4	0.8	60
无脑儿	0.5	2.8	–	35
先天性心脏病	0.1~0.2	男性先证者 4 女性先证者 1	0.2	70
先天性幽门狭窄	0.3	男性先证者 2 女性先证者 10	5.0	75
先天性巨结肠	0.02	男性先证者 2 女性先证者 8	4.0	80
先天性畸形足	0.1	3	2.0	68
精神分裂症	0.5~1.0	10~15	1	80
原发性癫痫	0.36	3~9	0.8	55
原发性高血压	4~10	15~30	1	62
冠心病	2.5	7	1.5	65
青少年型糖尿病	0.2	2~5	1	75
哮喘	1~2	12	0.8	80
消化性溃疡	4	8	1	37
强直性脊椎炎	0.2	男性先证者 7 女性先证者 2	0.2	70
原发性肝癌	0.05	5.45	3.5	52

值得指出的是：

（1）遗传率与遗传方式完全不同。遗传方式（例如：常染色体显性遗传、多基因遗传等）是一个性状的固有特点，但遗传率不是。

（2）疾病的遗传率是根据特定环境中特定人群的患病率估算出来的，在不同的环境和人群中遗传率会有所不同。

（3）遗传率是一个群体统计量，不能应用到具体的个体。例如某种疾病的遗传率为 50%，仅说明在该病的总变异中，遗传因素占 50% 的作用，而不能说明某个患者

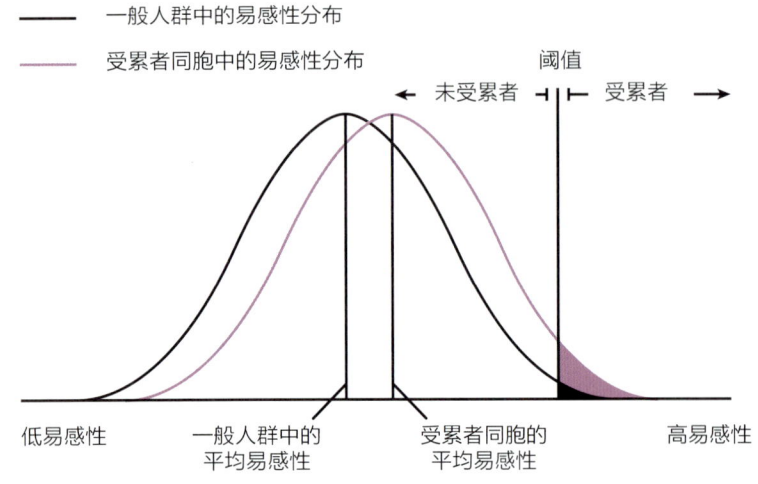

图 6-9　多基因病易感性具有阈值效应

图中标注：
- 一般人群中的易感性分布
- 受累者同胞中的易感性分布
- 阈值
- ←未受累者　受累者→
- 低易感性
- 一般人群中的平均易感性
- 受累者同胞的平均易感性
- 高易感性

患病率的 50% 是由遗传因素决定。

2. 易感性和阈值

虽然一些连续可变的性状，例如血压、体重指数等对于公共健康很重要，但是大家更加关注那些非此即彼性状，如各种疾病和出生缺陷。它们虽然倾向于在家族中传递，但是又不符合孟德尔式系谱的遗传方式。福尔克纳为非孟德尔性状的遗传提供了一个重要的概念工具，将多基因理论拓展到非此即彼的不连续性状中，其中关键的思想是哪怕对于一个非此即彼的性状也存在连续可变的易感性（susceptibility）。一个胎儿可以患或者不患唇腭裂，但是每个胚胎都对唇腭裂有一定的易感性。易感性可高可低，它是由多基因决定的并且在人群中呈现出正态分布（高斯曲线）。伴随多基因易感性还存在一个阈值（threshold；图 6-9）。当胚胎的易感性超过一个关键的阈值时，就会发展成唇腭裂，而易感性低于阈值，哪怕只是低一点点，都会长出正常的颚板。

阈值模型帮助解释了非孟德尔病的再发风险为何会在不同家族中存在差异。受累者必定是很不幸地具备了一些高易感性等位基因的组合。与他们共享基因的亲属一般来说易感性也会增加，反映为易感性曲线的偏移程度（图 6-9 中粉色曲线相对于黑色曲线向右偏移）。但是其亲属与人群易感性均值的差异取决于共享基因所占的比例。因此多基因阈值性状倾向于在家族中传递。此外，与孟德尔性状完全不同的是，多基因病的再发风险依赖于家族史。育有多个受累子女的父母一般来说比只生育了一个受累子女的父母携带有更多的高风险等位基因。阈值本身是固定的，但是平均易感性和再发风险会随着之前生育患儿数量的增加而增加。

阈值可能具有性别特异性。先天性幽门狭窄在男孩中的发病率比女孩高 5 倍。对于生育了患病女孩的父母，他们的子女再发风险比生育了患病男孩的父母要高得多。我们可以通过阈值模型来理解这一现象（图 6-10）。女孩的发病阈值肯定比男孩要高得多，所以才会出现发病率显著低于男孩。那么女孩如果患病，一般来说易感性曲线要比男孩产生更严重的偏移，因此患病女孩的亲属比患病男孩的亲属的平均偏移也要高一些，与之相应的再发风险也会提高。虽然在每个案例中男孩的患病概率仍然是女孩的 5 倍，但这是因为男孩的发病阈值本来就低于女孩。

3. 多基因病再发风险预测

遗传咨询师在预测多基因病的再发风险时是基于由群体调查获得的经验风险。出于这个目的，使用最近的数据和来源于问询者同一个群体的数据是非常重要的。不同的群体会有不同的易感因素谱系，而且在不同时期不同群体的环境因素差别也很大。这里我们讨论的模型并不是为了提供实际的风险预测，而是提供一个理论框架来理解

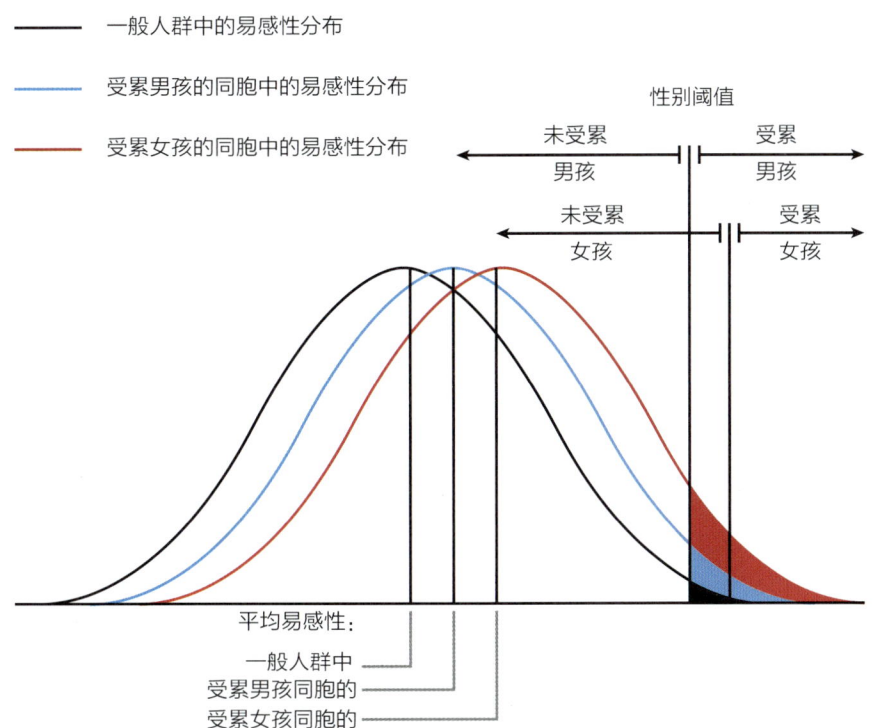

一般人群中的易感性分布

受累男孩的同胞中的易感性分布

受累女孩的同胞中的易感性分布

性别阈值

未受累 受累
男孩 男孩

未受累 受累
女孩 女孩

平均易感性：
一般人群中
受累男孩同胞的
受累女孩同胞的

图 6-10　具有性别特异性阈值的易感性曲线

不同的家族史和家庭结构将如何影响多基因病的再发风险。

（1）受累者亲属的再发风险与遗传率和群体患病率密切相关

多基因病的再发风险与遗传率有关，遗传率越高，说明在疾病表型差异中遗传因素所占比例越大，因而亲属的再发风险越高。如图 6-11 中蓝色系列点所示。当群体患病率为 0.4% 时，遗传率为 0，一级亲属患病率和群体患病率接近，也是 0.4% 左右；遗传率为 50% 时，一级亲属患病率约为 3%，是群体患病率的 7.5 倍；遗传率为 100% 时，一级亲属患病率约为 15%，是群体患病率的 37.5 倍。

在遗传率相同的情况下，多基因病的群体患病率不同，患者亲属的发病风险也不同。如果某种多基因病在一般群体中的患病率越低，说明其阈值越高，患者超过阈值而发病，说明其携带有更多的易感基因，因而患者亲属的再发风险相对增高。反之，在一般群体中的发病率越高，则阈值越低，患者携带有较少的易感基因，亲属再发风险也相对降低。如图 6-11 中红色系列点所示，对于遗传率为 50% 的多基因病，当群体患病率为 0.1% 时，患者一级亲属患病率约

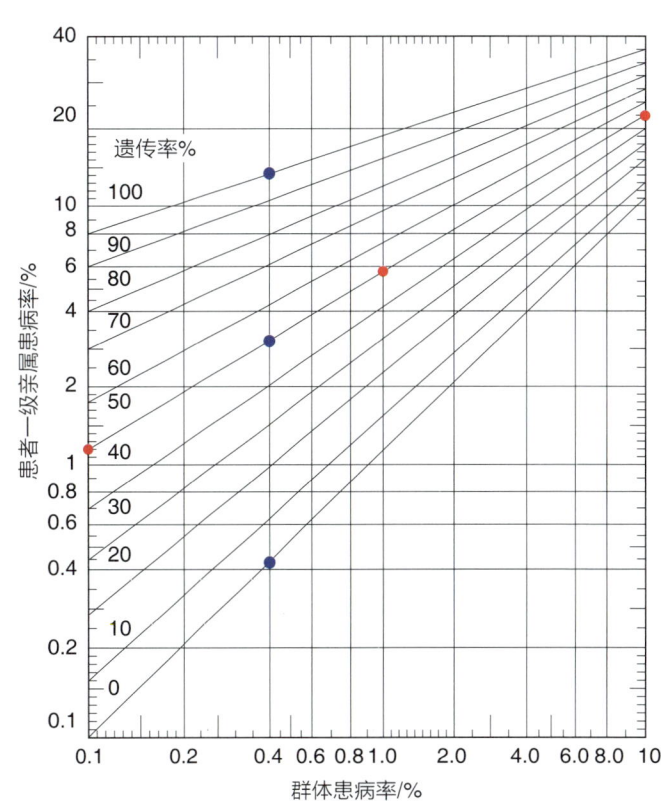

遗传率%

100
90
80
70
60
50
30
20
10
0

患者一级亲属患病率/%

群体患病率/%

图 6-11　再发风险与遗传率和群体患病率之间的关系

为 1.2%，是群体患病率的 12 倍；当群体患病率为 1% 时，患者一级亲属患病率约为 5%，是群体患病率的 5 倍；当群体患病率为 10% 时，患者一级亲属的患病率为 25%，只是群体患病率的 2.5 倍。

（2）受累者亲属的再发风险与亲属级别有关

多基因病有明显的家族聚集倾向，患者亲属的患病率必定高于群体患病率，然而随着亲属级别的降低，两者共享的遗传因素的比例下降，再发风险也相应地迅速降低，向群体患病率靠拢。例如：畸形足的群体患病率为 0.1%，同卵双生患病率为 30%（300×），一级亲属患病率为 2.5%（25×），二级亲属患病率为 0.5%（5×），三级亲属患病率为 0.2%（2×）。

（3）受累者亲属的再发风险与亲属中患病人数有关

对于多基因病，一个家庭中的患病人数越多，则亲属的再发风险越高。例如，唇腭裂的群体患病率为 0.17%，遗传率 76%，一对表型正常的夫妇第一胎生育了一个唇腭裂患儿，则再次生育唇腭裂患儿的风险为 4%；如果他们第二胎又生了一个唇腭裂患儿，则第三胎生育唇腭裂患者的风险上升到 10%。更多患儿的出生并没有改变患病风险本身，只是提示这对夫妇携带更多唇腭裂的易感基因或暴露于更强的环境因素之中。他们虽未发病，但易感性更接近阈值，因此使得一级亲属的再发风险增高。这一点与单基因病截然不同，例如常染色体隐性遗传病，无论一个家庭已生育了多少个患儿，再发风险理论上都仍然是 25%，不会因为患儿数目的增多而增加。

（4）受累者亲属的再发风险与疾病的严重程度有关

多基因病的遗传基础是微效基因的累加效应。如果患者病情严重，说明其易感性远远高于阈值，可能携带有更多的易感基因，那么其父母所带有的易感基因也多，易感性也更接近于阈值，再生育时其后代的患病风险就相应地增高了。例如，单侧唇裂患者的同胞再发风险为 2.46%，单侧唇裂合并腭裂的患者同胞再发风险为 4.21%，双侧唇裂加腭裂的患者同胞再发风险为 5.74%，这说明缺陷越严重，潜在的易感性因素越多，这也与单基因病有所不同。在常染色体隐性遗传病中，无论病情轻重程度如何，患者同胞的再发风险仍为 25%。

第二节　鉴定单基因病的致病基因

基因组序列本身无法给出变异是如何引起表型或者哪个变异可以致病这样的信息，因此研究人员需要建立起基因型与表型之间的联系。目前最为常用的方法是对患者的外显子组（所有蛋白质编码基因的外显子）或者全基因组进行测序。通常在外显子组中可以获得约 20 000 个变异，在全基因组中可以获得约 4 000 000 个变异。这些变异需要通过一些方法进行筛选直到鉴定出那个真正的致病突变。

二代测序技术出现之前，在庞大的基因组中寻找致病变异的工作要艰难得多。于是采用的策略是尽可能接近未知致病变异所在的染色体位置以最小化鉴定变异的测序工作量——这一过程就是所谓的定位克隆（positional cloning）。常见的定位克隆方法是通过对包含多个患者的家系进行连锁分析以确定染色体区域。

在本节中我们将会详细阐述鉴定单基因病致病突变的各种方法的原理，包括最早的不依赖于定位的功能克隆策略，后来的定位克隆，以及现在常用的全外显子或全基因组测序。我们会着重于连锁分析和定位克隆的原理，因为连锁分析对于培养遗传学思维至关重要。而且连锁分析在目前的全基因组测序研究中仍然会占据一席之地，因为它是挑选适合测序的个体和减少需要过滤的变异量的强有力工具。

一、功能克隆

历史上第一个致病基因是通过不依赖定位的方法鉴定出来的。因为在那时没有遗传作图信息及相关技术，所以必须依赖于对基因产物本身的认识找到候选基因，例如镰形贫血病中突变的 β 珠蛋白和苯丙酮尿症代谢过程中的苯丙氨酸羟化酶等。

1978 年，研究人员利用 DNA 探针进行体细胞杂交将 β 珠蛋白基因定位于人类第 11 号染色体。DNA 探针的制备是由蛋白质测序得到的氨基酸序列反推出 cDNA 序列，但是由于密码子的简并性，使用的探针也是简并寡核苷酸，即所有可能序列的混合物。由于在混合物中只有一条寡核苷酸符合真正的序列，所以可以采用简并核苷酸筛选文库以钓取正确的 cDNA 序列，以减少不同探针的数量，提高鉴定出正确靶序列的概率。1983 年研究人员合成了两条包含 19 个核苷酸的探针，其中一个与正常 β 珠蛋白基因的 5′ 端互补，另一个与镰形细胞中的 β 珠蛋白基因互补。来自正常纯合子的 DNA 仅可与第一种探针杂交，镰形贫血病患者的 DNA 仅能与第二种探针杂交，镰形贫血病携带者，也就是杂合子 DNA 可以显示出与两者杂交的条带（图 6-12）。

除了简并探针，另一条途径是利用能够获得的微量蛋白质制造该蛋白质的抗体，然后利用抗体通过免疫沉淀获取编码基因的 mRNA 序列。1982 年编码苯丙氨酸羟化酶的 mRNA 就是通过免疫沉淀从多聚核糖体中发现的。通过克隆 cDNA 到表达载体中构建出 cDNA 表达文库，利用宿主细胞表达出蛋白质，然后采用适当的抗体进行文库筛选鉴定。但前提是该蛋白质不会对宿主细胞产生毒性，而且抗体具有足够高的特异性。

动物模型也曾为鉴定致病基因提供了帮助。如果小鼠突变体和表型相似的人类疾病定位在染色体上相应的位点，那么一旦克隆了小鼠基因，则其人类同源基因就自然成了候选基因。或者从小鼠中鉴定了致病基因，然后分离出相应的人类同源基因并且通过荧光原位杂交进行染色体定位，那么它就会成为定位于该位点的相关疾病的候选基因。2 型 Waardenburg 综合征（OMIM#193510）的致病基因 *MITF* 就是这样被鉴定出来的。但是这种方法需要依赖于染色体定位信息，在没有任何

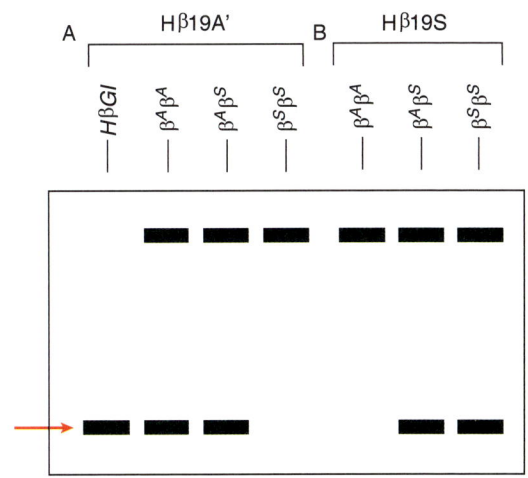

图 6-12　β 珠蛋白基因探针杂交结果

数据来源于 Proc Natl Acad Sci U S A., 1983, 80（1）: 278-282。

定位信息的情况下，把动物模型中鉴定的基因直接在人类患者中进行检测是比较冒险的方法，但也不乏有成功的案例。例如：Dom 小鼠是显性遗传巨结肠模型，与人类 Waardenburg Ⅳ 型综合征的表型非常相似，都表现为先天性巨结肠合并色素异常和听力丧失。由于该病非常罕见，因此家系太小无法进行定位克隆，于是直接在一组 Waardenburg Ⅳ 型综合征患者中检测 *SOX10* 基因上是否存在突变。尽管不是所有患者中都发生了该基因的突变，但 *SOX10* 基因突变的确是 Waardenburg Ⅳ 型综合征的致病基因之一。

不依赖定位的候选基因也可以通过表达差异来进行筛选，对比患者与对照组的 mRNA 得到在疾病中差异表达的基因列表，再从中寻找致病基因。此外，不依赖定位的 DNA 序列信息还可以用于克隆携带三核苷酸重复扩延的动态突变基因。动态突变可以引起遗传性神经疾病，通常这些疾病表现为早现遗传——后代在较早的年龄发病，并且严重性在世代中不断加强。如果所研究的疾病具有这些特征，则有必要从患者的 DNA 中直接筛查三核苷酸重复。该方法曾经成功应用于脊髓小脑共济失调综合征（SCA8，OMIM#608768）中的新扩延重复基因的鉴定。

二、连锁分析和定位克隆

在 20 世纪 80—90 年代，大多数常见单基因病的致病基因都是通过定位克隆鉴定出来的。图 6-13 展示了定位克隆的实验流程，其中最为关键的一步就是通过连锁分析确定精确的染色体位置。在连锁分析中，对一系列分散在基因组中的遗传标记进行检测，以发现在一系列家系中传递的未知致病变异。如果减数分裂重组很少或者从未将两个遗传标记分开，那么肯定它们相互之间离得很近或者位于染色体的同一位置。

每一次减数分裂中都会发生重组。在减数分裂 I 前期，同源染色体联会，染色单体通过交叉交换部分片段。虽然在分子水平上人类同源染色体之间的交叉集中于 3 000 多个重组热点，但粗略来说，可以认为交叉是随机分布于染色体上的。

理论上，人类基因的遗传定位和果蝇或者其他任何有性繁殖的二倍体生物的遗传定位是一样的。然而实际上存在两个明显的差异：第一，我们必须依赖于所能够获得的人类家系，它们与可以直接进行的动物杂交实验不同，往往并不是理想的结构，常常会给解读带来困难；第二，在果蝇中我们可以通过一种表型或疾病来定位另一种表型或疾病，例如通过翅膀形状变异来定位眼睛颜色变异，但在人类中单基因病非常罕见，所以同时具有两种表型 / 疾病且能够共分离的家系就更加罕见了。即使我们能够发现符合上述条件的家系，它也可能因为规模太小而不能给出有效的数据量。

图 6-13　通过定位克隆鉴定单基因病的致病基因

所以为了定位人类疾病或者确定任何其他不常见表型的遗传座位，我们需要收集

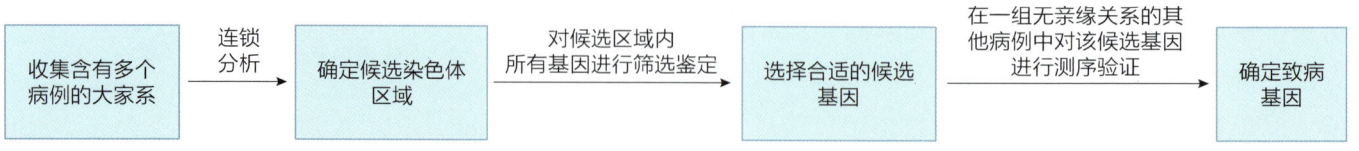

知识窗 6-2

适合进行连锁分析的遗传标记需要满足的条件

● 它需要符合孟德尔式遗传，而且最好是共显性的，因为这样就可以直接从表型推断出基因型。

● 它可以方便而且便宜地从容易得到的材料中获取，例如：从漱口水中获取就比从脑部穿刺样本中获取可行性更高。

● 决定性状的基因座具备较高的多态性，这样任何一个随机选取的个体都很有可能是杂合的。

● 它最好是由成千上万均匀分布于整个基因组上的这种标记组成的合集。

包含感兴趣的性状的家系，然后找到其他同样在这些家系中传递的某种孟德尔性状，或者说遗传标记（知识窗 6-2），这样才可以在个体中找到重组体和非重组体。

早期尝试使用的遗传标记是蛋白质多态性，例如血型和组织相容性抗原。在 1980 年发表的具有里程碑意义的论文中指出 DNA 变异对于人类基因定位的巨大应用潜力。最初使用的 DNA 变异检测方法是限制性片段长度多态性（restriction fragment length polymorphism，RFLP）：因为特定位点的 DNA 变异会产生或者消除限制性内切酶的识别位点，所以可以通过用限制性内切酶消化基因组 DNA，检测片段长度的变化来显示出相应的 DNA 变异。从 20 世纪 90 年代中期开始，人类连锁分析主要采用多重荧光标记的引物扩增微卫星区域，这样可以直接在毛细电泳仪上对扩增产物进行基因分型。21 世纪初，SNP 芯片开始应用于基因分型，对每个家系成员进行基因分型可以检测到 500 000 个 SNPs。在二代测序技术得以广泛应用之后，全基因组测序数据也可以应用于基因分型。

1. 连锁分析

当我们收集到某个单基因病的家系，并采用合适的遗传标记对家庭成员进行基因分型之后，我们如何知道是否能够发现连锁呢？实际上这一问题包含了 2 个方面：

（1）我们如何计算出重组值？

（2）我们应该采用哪些统计检测方法来确定重组值是否显著偏离 0.5 这个不发生连锁的无效假设预期值呢？

我们可以根据推测基因座是连锁（重组率 $=\theta$）或者不连锁（重组率 $=0.5$）来计算这个家系的总体似然性。这两种似然性的比值是连锁比，它的对数就是 Lod 值（logarithm of odds），标记为 Z。1955 年研究人员指出 Lod 值是估算家系连锁最有效的统计方法，并且推导出针对不同标准家系结构的 Lod 值计算公式。在 2015 年的一篇文章中描述了可以使用不同的连锁计算程序来计算 Lod 值，并且给出了这些计算程序的网址。

$$\text{Lod} = \lg \frac{\text{两基因座连锁且相距} \, \theta \, \text{值的似然性}}{\text{两基因座不连锁但相距} \, \theta \, \text{值的似然性}}$$

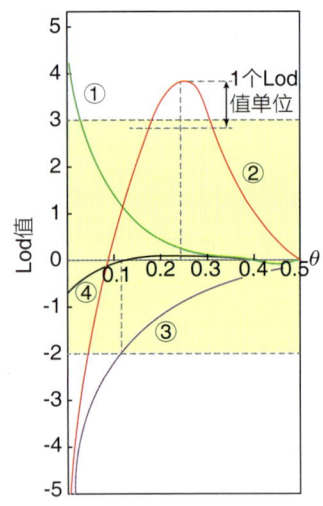

图 6-14　Lod 值曲线
①无重组个体（$\theta=0$）时存在连锁（$Z>3$）；② 当 $\theta=0.23$ 时存在连锁（$Z>3$）；③ $\theta<0.12$ 时排除连锁（$Z<-2$），$\theta>0.12$ 时无法确定是否存在连锁；④ 在 θ 为任何值时都无法确定是否存在连锁，需要补充数据。

作为重组率的函数，Lod 值可以从一系列的 θ 值中计算出。结果可以用相对于重组率的 Lod 值曲线来表示。最有可能的重组率是 Lod 值最高的时候。如果没有重组，那么 Lod 值在 $\theta=0$ 时达到最大。如果有重组，Z 会在最有可能的重组率的地方达到峰值（图 6-14）。

第二个问题是统计显著性的阈值。对于很多统计学家来说，通常使用 $P<0.05$ 作为显著性阈值，但在这里 $Z=3.0$ 是接受连锁的阈值，它有 5% 的概率产生 1 类错误（错误地拒绝了零假设，即假阳性）。之所以选择这么严格的阈值，是因为可选的位点来源于 22 对常染色体，这两个遗传座位几乎不可能正好来源于同一条染色体，更不用说是离得很近的连锁位点。如果某件事情基本不可能发生，那么我们需要有更强的证据来说服我们它是对的。经过贝叶斯量化之后的结果表明 $Z=3.0$，也就是 $1\ 000:1$，实际上相当于传统的 $P=0.05$ 的统计阈值，因此 $Z=3.0$ 被设定为接受连锁的阈值。如果 $Z<-2$，可以认为否定连锁。对于孟德尔性状，Z 值在 -2 和 $+3$ 之间是无法得出明确结论的。但是在全基因组测序时代，小家系中 Lod 值即使远低于 3.0 也是有用的，它可以在分析外显子测序数据时指出应该优先考虑的基因组区域。

2. 定位克隆

在 1985—2000 年期间，绝大多数常见的常染色体显性和 X 连锁疾病都通过上述的家系连锁研究成功定位了致病基因。同样的，对于一些常见的常染色体隐性疾病，例如囊性纤维化，只要有可能找到足够多的不止一个受累者的家系，也可以通过同样的流程定位致病基因。一旦确定了足够小的候选染色体区域，就可以依据与表型的相关性对这一区域的基因进行测序。在候选区域发现序列变异之后，研究者还需要一些额外的信息去确认它的确会导致在家系中传递的疾病。部分证据来自于确定该变异位于与表型连锁的基因座，而且该变异的确影响了这个基因的表达和功能。家系中所有患者都携带该变异实际上并不增加可靠性——它仅仅是再次确认了连锁分析的结果。强有力的证据来源于在完全无亲属关系的其他患者中对靶基因进行测序，结果无亲属关系的其他患者中也都在该基因携带变异而健康对照中完全没有变异。

这一验证过程对于功能丧失型（loss-of-function）变异导致的疾病非常有用，这些疾病通常具有广泛的等位基因异质性，无亲属关系的患者往往在同一个基因中携带不同类型的功能丧失型变异。比较理想的情况是这其中包括一些确定无疑的基因功能丧失型变异，例如：缺失、剪接位点突变、无义突变或者移码突变。与之相对应的是很多该基因中的错义突变往往可能只是良性的多态位点。

因为功能获得型（gain-of-function）变异导致的疾病往往很少或者完全没有等位基因异质性。这就需要在很大一群患者和对照中展示出非常强的变异与疾病之间的相关性。功能研究实验可以提供额外的证据。

无论如何，早期的突变检查常常是不够严格的。现在在 GnomAD 数据库中保存有

知识窗 6-3

根据变异对于基因功能的影响可以分为两大类

1. 功能丧失型：基因产物或活性减少或消失，包括：

- 无效等位基因（Null allele or amorph）：无产物

- 亚效等位基因（hypomorph）：产物数量减少或活性降低

- 负效等位基因（antimorph）：产物可拮抗正常产物功能

2. 功能获得型：基因产物具有明显的异常功能，包括：

- 超效等位基因（hypermorph）：产物数量或活性增加

- 新效等位基因（neomorph）：新产物或新功能

极大数量的健康对照外显子测序数据，这些数据证实很多早期研究中标记为致病性变异其实与健康对照中出现的频率是一样的。有可能在大多数案例中鉴定出了正确的基因座，但是有部分变异被错误地认为是致病性的了——实际的致病性变异可能在该基因的其他地方或者甚至在另一个基因上。

寻找反复出现的祖先单倍型为罕见的单基因隐性遗传疾病的定位提供了新的方法。最早在 1994 年提出利用同合子（autozygosity）进行疾病的定位。同合子是指来源于共同祖先的序列完全相同的纯合子。在一个隔绝的荷兰渔村中，3 个人都患有同一种罕见的隐性疾病——良性复发性肝内胆汁淤积症（OMIM#243300）。这 3 位患者并不知道互相之间是否存在亲属关系，但是根据村子的历史和隔绝程度，他们很可能在大约 6 代之前共有一位祖先。对这 3 位患者及其父母的 256 个微卫星标记进行基因分型。在分散于基因组中的 14 个染色体区域中 2 个相邻的标记都是纯合的，但是对这些片段中的更多标记进行分型后发现只有一个区域里全部的精细单倍型都是共享的；其他 13 个区域虽然初始的 2 个微卫星标记显示出一致性，但是所有新增加的遗传标记都不具有一致性。唯一具有完全一致性的区域是位于染色体 18q21 的一个 19cM 的片段（图 6-15）。研究者计算了在这么长的距离中 6 个遗传标记中的 5 个随机出现且分型一致，但不是因为他们也都携带了同一个疾病等位基因的可能性只有 5×10^{-7}。随后，对世界上其他地方患有同样疾病的家系进行了研究。在每个家系中都发现了共享的 18q21 单倍型，但是不同家系中各自的单倍型是不同的。不同家系共享单倍型的交集只有 1cM 的区域，从而最终鉴定出了该疾病的致病基因。

现在我们可以使用 SNP 芯片或者全基因组测序数据来进行同合子定位。经常碰到的问题是不同的近亲婚配家系产生的同一种隐性疾病患者是否共享一段完全纯合的区域，而不是他们是否共

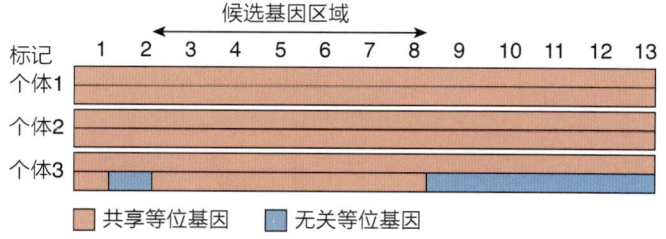

图 6-15　同合子定位

数据来源于 Nat Genet, 1994, 8: 380-386。

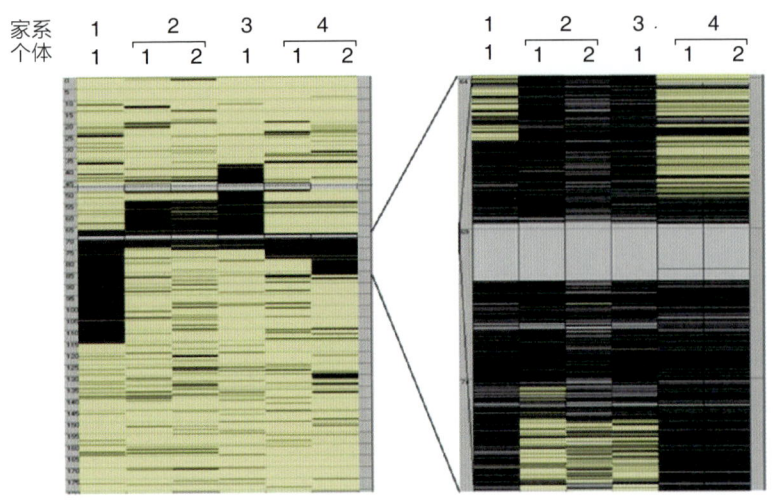

家系 1　2　3　4

个体 1　1 2　1　1 2

图 6-16　采用 SNP 芯片绘制的同合子图谱

其中杂合子用黄色表示，纯合子用黑色表示，灰色部分不包含 SNP。数据来源于 Am J Hum Genet，2010，87：354-364。

享某一种特定的单倍型。无亲缘关系的个体可能在不同的等位基因上纯合，但是纯合发生的区域应该是相同的。即使存在患有同一种疾病的不同家系的突变落在不同基因上的风险，研究无亲缘关系个体的分辨率也是最高的。图 6-16 中展示了一个典型案例。对来源于 4 个无亲缘关系的近亲婚配家系中的 6 个个体进行研究，在同一个家系内，患者共享相似的大片段纯合。图中第 2、3 列和第 5、6 列分别是来源于同一个家系中的两个人，但是在家系之间只有很小的重合（比较第 1、2、4、6 列），这提供了致病基因的精确定位，可以方便地进行鉴定。

3. 基于二代测序的致病基因鉴定策略

随着测序成本的不断下降，全基因组测序开始应用于常规的基因鉴定，但是截至目前大部分还是采用更为便宜的全外显子组测序而不是全基因组测序。2009 年研究人员报道了他们是如何通过对 12 个人的全外显子组测序来找到之前鉴定出的致病变异。这从理论上证实了全外显子组测序可以用于鉴定疾病基因。不久之后，该研究组又使用全外显子组测序鉴定了 Miller 综合征（OMIM#263750）中的突变基因。随后的几年中涌现了大量的单基因遗传病致病基因鉴定成果，特别是罕见的隐性疾病和散发的显性疾病这些之前的基因鉴定方法无从下手的类型（图 6-17）。

实际上，通过外显子捕获获得的测序数据库中所有的外显子并不是均匀覆盖、平等呈现的。有些外显子的捕获和 / 或扩增的效率会显著高于其他外显子。含有过高或过低 GC 含量的外显子通常呈现不足。对于临床外显子筛查，通常推荐总体测序深度为 80×。目前已经发展出各种技术来降低这种外显子覆盖不平衡现象，但即使这样仍然可能会有一些序列在分析时无法通过质量检测。

一个可以解决外显子覆盖不平衡的方法是舍弃外显子捕获而直接进行全基因组测

图 6-17　通过定位克隆和二代测序发现的单基因遗传病致病基因

数据来源于 Bamshad et al.，Am J Hum Genet，2019。

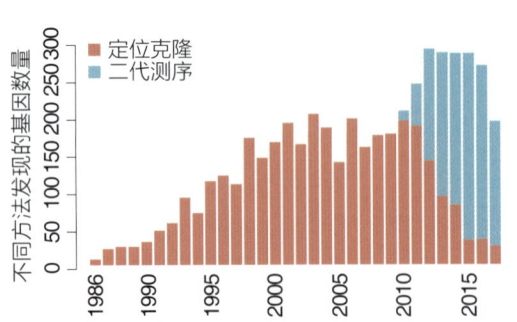

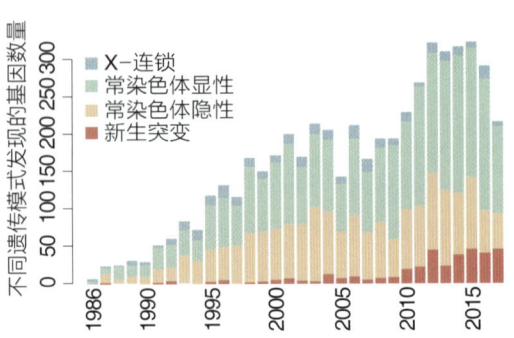

序，但在进行生物信息学分析时局限于外显子区域，不去看大量无法解读的非编码序列变异。这是因为寻找外显子变异的效率显然要高得多。2014 年的一项研究表明了这一方法的价值。在大量严重智力缺陷的患者中有很多可以归为 Nijmegen 群。通过检测拷贝数变异找到了一些病例的致病原因，外显子测序找到了另外一些人的病因，但是仍然还有一些人的致病原因不明。对 50 个这类原因不明的智力缺陷患者和他们的健康父母进行全基因组测序，测序深度为 80×，这是常规临床全基因组筛查测序深度的两倍。该研究共计鉴定出了 84 个编码区的新生突变，其中的 65 个在之前的外显子测序中由于覆盖率太低而未被检测出来。50 名患者中的 21 人给予了阳性诊断：13 人有新生显性点突变，7 人有新生拷贝数变异，1 人是隐性疾病的复合纯合子。所有这些变异在理论上都应该可以经由之前的 SNP 芯片和外显子组测序检测出来，但是即使研究人员具有丰富的经验，它们还是被错过了。这项研究彰显了采用全基因组测序检测外显子变异的巨大效力。如果全基因组测序越来越便宜，它有可能成为更为常用的基因检测方法。

4. 确定候选基因是致病基因

如果患者患有某种孟德尔病，那么检测出的这些变异中应该只有 1 个是该病的致病原因。我们如何从长长的变异列表中筛选出致病变异呢？经验告诉我们绝大多数孟德尔病是由蛋白质编码基因中的错义突变、无义突变、移码突变或剪接突变引起的。虽然常常会出现例外，特别是引起错误剪接的变异，它们经常出现在意料之外的地方，但是最初的搜寻仍然会聚焦于改变蛋白质氨基酸序列的变异。因此，一旦通过各项质检从原始数据中过滤出真实的变异列表，进一步的筛选一般包括知识窗 6-4 中的步骤，但不一定严格按照这个顺序。

在临床上，对单个患者的外显子序列应用这些方法进行过滤，如果在少量留下

知识窗 6-4

对二代测序获得的变异进行过滤筛选的一般步骤

1. 挑选出蛋白质编码区的变异，排除非编码区和内含子上的变异，除非它们正好位于剪接位点附近。

2. 只挑选错义突变、无义突变、剪接位点突变或者小的插入缺失（indel）。

3. 能够引起罕见疾病的变异本身也应该是罕见的，因此对于显性疾病，去除那些在外显子数据库中正常人也携带的变异。这些数据库包括 dbSNP、千人基因组、ExAC 或者 GnomAD 数据库、中国人群华表数据库，以及实验室自己的内部数据库。对于隐性疾病，去除那些

在已有数据库中虽然稀有但是频率过高以至于不太可能引起疾病的变异。

4. 去除那些由 Polyphen-2 或者 SIFT 等程序预测属于非致病性的变异。

5. 对于隐性疾病，挑选其中同时含有 2 个可能的致病变异的基因；对于显性疾病，挑选含有至少 1 个可能致病变异的基因。

6. 对于可能表现为显性的散发疾病，如果有父母的 DNA 样本，挑选新生突变。

图 6-18   使用二代测序确定致病基因的策略
（**A**）在一个大家系中通过纯合子作图鉴定隐性疾病的候选基因。（**B**）寻找具有相同隐性疾病但无亲缘关系的患者都具有的纯合或复合纯合突变基因。（**C**）寻找具有相同显性疾病的无亲缘关系的患者都具有的杂合突变基因。（**D**）寻找新发显性疾病患者中的新生突变基因。

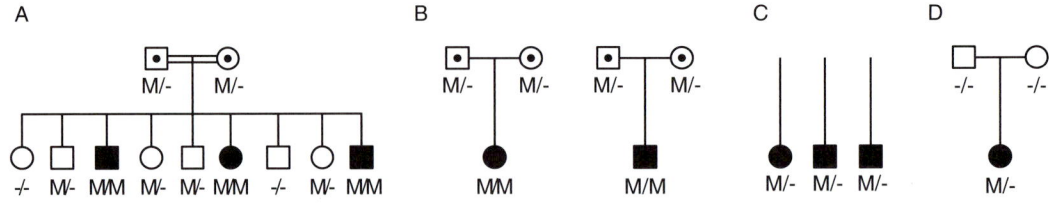

的候选基因中有一个已知会引起相关疾病，那么基本足以确诊。但如果是鉴定新的致病基因，单一的外显子组不可能给出确定答案。这就需要联合分析不止一位患者的数据。根据疾病和遗传模式可以采用不同的策略来筛选合适的测序靶标个体（图 6-18）。

对于临床上非常典型的综合征，展示一组该综合征的患者都在同一个基因上携带突变可以作为鉴定出正确基因的强有力证据。但是这一方法对于某些极其罕见的疾病或者像智力障碍这种高度异质性的疾病并不适用。在这些疾病中，功能实验证据显得至关重要。要想定义一个可能的候选基因，必须加上生化、功能和表型证据来展示为什么该基因上的突变会导致相应的表型。不管候选基因具体是通过哪种方法鉴定出来的，验证阶段都是非常重要的。可以采纳的证据主要分为两类：使用已有的数据库和通过功能实验产生的新数据。

目前有很多数据库可以获得信息来帮助判断一个基因是否能成为所研究疾病的候选基因（知识窗 6-5）。先例、序列的罕见性和保守性是 3 个最有用的初始指针，可以指向该变异是孟德尔病的致病原因。

除了使用已有的数据库，有目的的功能实验对于探索变异产生的实际效应也是必不可少的。研究者可以采用瞬时转染实验检查启动子区变异的效应，以及采用迷你基因剪接实验测试变异对于剪接的影响。如果该蛋白质在细胞中具有明确的生化功能，那么可以在培养细胞中比较野生型和突变蛋白的功能。CRISPR/Cas9 或其他基因编辑系统可以在细胞中引入该变异，或者从携带变异的患者中获取诱导多功能干细胞，然后根据需要分化成合适的细胞类型。

如果基于细胞的实验无法获得明确的答案，那么有必要在模式生物中引入致病变异并且观察其效应。在众多广泛使用的模式生物中，小鼠是最有可能展示出与对应的人类突变直接相关的表型。但是即使小鼠和人类之间具有众多相似之处，研究者也不要期待总是能够看到在这两个物种的同源基因突变体间存在完美的对应关系。很多时候将人类的致病突变引入小鼠中后要么没有明显的表型效应，要么是致死性的。例如在小鼠中敲除 37 个 OMIM 中报道的会引起人类隐性表型的基因，其中 17 个纯合敲除小鼠是致死的。我们需要充分理解的一点是表型的出现依赖于个体的遗传背景。一个给定的变异在不同实验小鼠品系中的表达都常常是有差异的。人和小鼠之间遗传背景的巨大差异会产生更大的效应。即使在人类自身，遗传背景的差异效应也会以不同程度的外显率和表现度的形式体现出来。

知识窗 6-5

从各类数据库中希望获得的信息

1. 该基因是否已经被报道过与某种疾病或表型相关?

2. 是否报道过包含该基因的染色体结构变异,如果有,是在正常人中还是在某些疾病人群中?

3. 有报道过该基因上存在哪些变异,是以什么样的频率出现?

4. 该基因在发育的什么时间在机体的哪些部位表达?

5. 该基因有哪些不同的剪接体?

6. 基因产物可能的生化功能是什么?

7. 与基因产物能够互作的蛋白质有哪些? 它们有什么功能?

8. 该基因的表达是如何被调控的?

9. 该基因有哪些已知的种内或种间同源基因?

10. 该基因的种内和种间同源基因的序列保守性如何,特别是候选致病变异影响的特定氨基酸的保守性如何?

11. 在其他物种中是否存在敲除或者过表达该基因同源基因的相关结果?

第三节　复杂疾病易感基因的鉴定与风险评估

连锁分析在孟德尔病的致病基因鉴定中取得了巨大的成功,但是在鉴定复杂疾病的易感基因时绝大多数都不成功。迄今为止研究复杂或多因素疾病最大的成就还是来自于全基因组关联研究(GWAS)。随着二代测序价格的持续下跌,它在鉴定易感因素中的作用将会越来越大。但是在投入到鉴定复杂疾病易感因素的尝试之前,我们需要先通过疾病的流行病学检查其中是否有证据证明有遗传因素的参与。

一、确定复杂疾病的病因中是否存在遗传因素

要确定遗传是否在疾病的病因中发挥作用,一个显而易见的判断方法是证明该性状能够在家族中传递,也就是它具有家族聚集性(图 6-19)。疾病的家族聚集程度可以用风险比(λ_R)表示,λ_R 为受累者亲属的患病风险相对于群体患病风险的比值。λ_R 为 1,意味着受累者亲属并没有高于一般群体的额外风险。不同级别亲属的数值可以单独计算出来,例如 λ_S 是指同胞对的风险比。表 6-2 显示了来源于多个精神分裂症研究的汇总数据,升高的 λ 值证实了家族聚集性。例如:当父母都是精神分裂症患者时,风险增加了 7 倍。正如预期的一样,在远亲(例如:侄儿、侄女、表兄弟姐妹)中 λ 值将向 1 回落。

但是我们必须记住父母给予子女的不仅仅是基因,还有环境,因此必须考虑到是否共同的环境才是性状出现家族聚集性的原因。这一点对于行为特征,比如智商或者精神分裂症尤为重要。因为对这类疾病来说,养育的影响可以非常显著。即使对于生

表 6-2　精神分裂症患者亲属的患病风险

受累亲属	风险人数	λ 值
父母中一方	8 020	7
同胞兄弟姐妹之一	9 920.7	12.6
父母中一方 + 同胞兄弟姐妹之一	623.5	20.8
同父异母或同母异父的兄弟姐妹	499.5	5.2
姑姨舅叔或甥侄	6 386.5	3.5
孙子女或外孙子女	739.5	4.6
堂兄弟姐妹或表兄弟姐妹	1 600.5	3

注：考虑到一些有风险的亲属低于或仅在精神分裂症风险年龄（例如 15～35 岁）以内，因此对有风险的数字进行了校正，从而得出了非整数值。λ 值的计算假设人口发病率为 0.8%。数据来源于 McGuffin P，Shanks MF，Hodgson RJ. The Scientific Principles of Psychopathology. Grune & Stratton，1984。

理特征或者出生缺陷，也不能够完全忽略环境的影响，因为共同的家庭生活方式可能包括非比寻常的饮食习惯或者一些传统药物，它们都会引起发育缺陷。所以除了家族聚集性之外必须有其他证据来证实遗传易感性。双生子研究和领养研究是常见的解决方法（图 6-19）。

　　同卵双生子（monozygotic twins，MZ）被认为是遗传上完全等同的克隆，在任何由遗传决定的性状上都必然是一模一样的，不管遗传方式如何或者有多少个基因参与都应该是如此。唯一的例外是由形成合子之后发生的遗传变异所决定的性状，比如女性中的 X 染色体随机失活、功能性免疫球蛋白和 T 细胞受体基因库、引起嵌合现象的合子后随机体细胞突变等。异卵双生子（dizygotic twins，DZ）平均共享一半的基因，他们本质上相当于同胞对。理论上，遗传性状应该在同卵双生子中显示出比异卵双生子更高的一致性。当然很多性状实际上也的确是这样的。在对覆盖了 17 804 个性状，包含 14 558 903 对部分重合双生子的 2 748 项研究进行荟萃分析之后得出的结论是：

图 6-19　确定疾病受到遗传因素影响的方法
红色文字为每种方法中可能存在的问题。

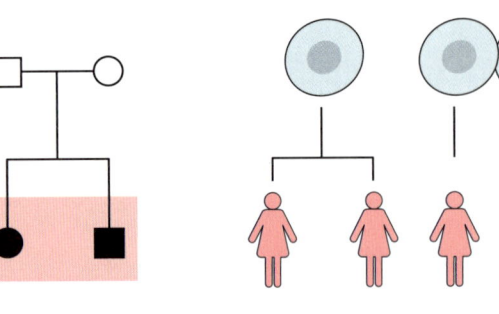

A. 家族聚集性

λ_S=同胞对患病风险/群体患病风险

共同的家庭风险？

B. 双胞胎一致性

同卵双生子（MZ）>异卵双生子（DZ）

只适用于同性别的异卵双生子？
同卵双生子往往待遇更加趋同？

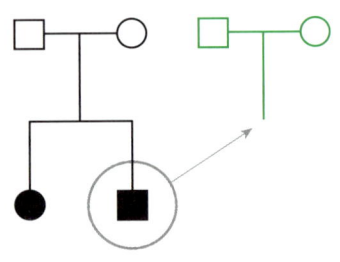

C. 领养研究

生物学家庭>领养家庭

出生时领养？
选择性安置？
宫内影响？

对于大多数性状来说，同卵双生子中的一致性的确是高于异卵双生子。

如果将同卵双生子在出生时分开，然后放在截然不同的环境中抚养，看上去是区分遗传因素和家庭环境因素的理想方案。然而在操作上这一方案是不切实际的，而且双生子毕竟是比较特殊的人群。因此领养研究成为检测性状多大程度上是由遗传决定的金标准。领养研究有两种研究方案：

（1）找到被特定疾病所困扰的被领养人，询问该疾病是在其生物学家庭中传递还是在领养家庭中传递。

（2）寻找孩子是从家庭之外收养的受累者父母，询问收养是否使孩子免于罹患在家族中传递的疾病。

采用第一种设计进行了一项关于精神分裂症遗传因子检测的研究，结果显示是基因而非家庭环境增加了子女患精神分裂症的风险。领养研究主要的障碍是缺乏生物学家庭的信息，因为只有少数国家实行了有效的领养登记。其次是选择性安置问题，领养机构出于孩子的利益往往会选择与其生物学家庭比较类似的家庭进行安置。因为这些困难，所以领养研究主要用于解决生育－养育之争尤为激烈的精神类疾病。

二、采用连锁分析研究复杂疾病

家系、双生子和领养研究证实了遗传因素与复杂疾病的相关性，但是它们并不能鉴定出这些遗传因素。受到连锁分析在鉴别孟德尔病致病基因中取得巨大成功的鼓舞，20世纪90年代的研究者试图将连锁分析应用到复杂疾病中。用于从家系数据中计算 Lod 值的标准程序要求明确候选疾病基因座上每个等位基因的频率和外显率。对于孟德尔性状可以对这些参数进行合理猜测，但是显然并不适用于复杂疾病。因此，复杂疾病的连锁分析必须是不设模型的，也就是非参数分析。非参数分析是比较亲属通过传递一致性（identical by descent，IBD）共享等位基因 / 单倍型的程度和他们共享表型的程度。如果在患病亲属中共享传递一致性的等位基因 / 单倍型的概率比孟德尔定律估计的要大，那么这就是连锁的证据（图 6-20）。

受累同胞对是非参数分析的主要研究对象。收集受累同胞对和他们父母的 DNA，对覆盖他们基因组的遗传标记进行分型。寻找通过传递一致性共享 2 个、1 个或 0 个单倍型超过随机的 1∶2∶1 比例的染色体区域（图 6-21）。即使在 20 世纪 90 年代付出了大量努力，研究人员也只鉴定出了少量候选区域，而且针对同一疾病的不同研究往往产生相互矛盾的结果。少数几个明确的阳性结果之一是在 1991 年通过无模型连锁的标准 Lod 值分析发现了晚发型阿尔茨海默病和 19 号染色体连锁，后来证实该区域与编码载脂蛋白 ApoE 的基因座连锁。

受累同胞对分析是非常强有力的手段，它本身并不

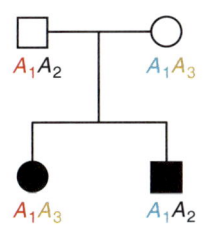
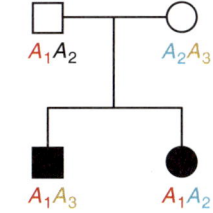
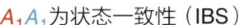

A_1A_1 为状态一致性（IBS）　　　A_1A_1 为传递一致性（IBD）

图 6-20　状态一致性（IBS）和传递一致性（IBD）
图中两个同胞对都共享等位基因 A_1，但左边同胞对中的 A_1 是两个独立拷贝，所以是状态一致性，而非传递一致性。右边同胞对共享同一个亲代的 A_1 等位基因拷贝，所以是传递一致性。因此 IBS 和 IBD 只有在亲代基因型已知的情况下才能区分开。

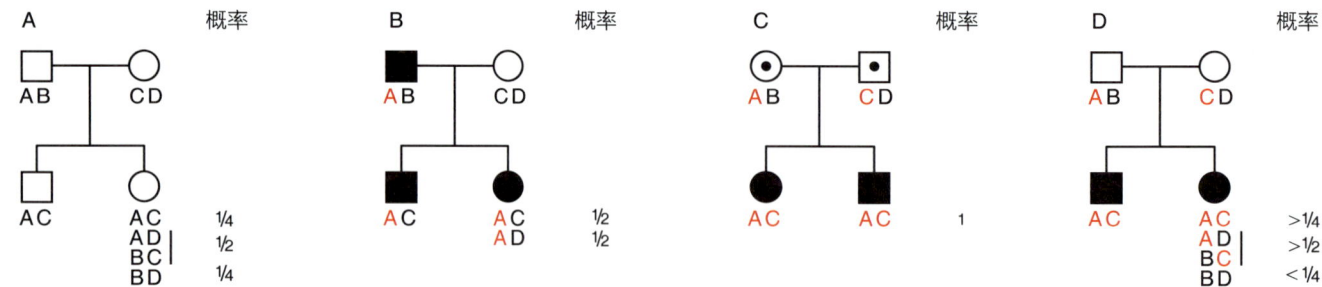

图 6-21　受累同胞对分析
（**A**）通过随机分离，同胞对共享 2 个（均为 AC）、1 个（AC 与 AD 或 BC）或 0 个（AC 和 BD）亲本单倍型的概率分别为 1/4、1/2 和 1/4。（**B**）都患有孟德尔显性疾病的同胞对必须共享携带疾病的等位基因片段，他们可能共享也可能不共享（50%∶50% 的机会）未受影响的那

个父母单倍型。（**C**）都患有孟德尔隐性疾病的同胞对必然在相关染色体片段上共享相同的两个亲本单倍型。（**D**）对于复杂的情况，单倍型共享如果高于预期偶然发生的单倍型（如图 A 所示），就可以识别出含有易感基因的染色体片段。

存在方法学问题或者理论漏洞，主要问题在于它的统计学效力低下，所以需要大量同胞对才能够找到效应极强的位点。1996 年发表的论文计算了具有 80% 统计效力能够检测到显著连锁所需要的同胞对数量（表 6-3）。这一数字依赖于易感等位基因的频率和它赋予额外风险的程度，但是总的来说，只有能够提供 4 倍以上相对风险的罕见等位基因才有可能在合理数目的同胞对中被检测出来。除了证实采用无模型连锁分析来鉴定效应微弱的易感基因是不切实际的之外，这篇文章也指出在基于特定假设的情况下，关联研究具有高得多的统计效力，因此使得对于复杂疾病的研究在后续几年之内从连锁分析转向了关联研究。

三、关联研究

关联（association）与连锁不同，它并不是一种特殊的遗传学现象，而是等位基因与表型共同出现的一种统计学表述。如果某些人同时具有疾病 D 和等位基因 A 的频率显著高于或低于群体中 D 和 A 各自的频率，那么我们就认为等位基因 A 和疾病 D 相关联。例如：英国普通群体中 HLA-DR4 的比例是 36%，但是类风湿性关节炎的群体中 HLA-DR4 的比例为 78%，那么 HLA-DR4 与类风湿性关节炎就是相关联的。产生关联的可能性很多，并不一定都是由于遗传的原因。例如：

表 6-3　具有 80% 效力检测到显著连锁所需要的同胞对数量

相对风险	4				2				1.5			
等位基因频率	0.01	0.1	0.5	0.8	0.01	0.1	0.5	0.8	0.01	0.1	0.5	0.8
所需同胞对数量	4 260	185	297	2 013	296 710	5 382	2 498	11 917	4 620 807	67 816	17 997	67 816

知识窗 6-6

连锁与关联的区别与联系

连锁是基因座之间的关系，关联是等位基因与表型间的关系。连锁是一种特殊的遗传学关系，关联单纯是对各种因素的统计学观察。连锁在家系中可以产生关联，但在一般群体中不产生任何关联。

（1）直接原因：携带等位基因 A 使人对疾病 D 更加易感。具有 A 可能对于发展出疾病 D 既不充分也不必要，但是会增加其可能性。

（2）自然选择：患有疾病 D 的人如果携带等位基因 A 会更有可能存活并生育子女。

（3）群体分层：群体包含了好几个遗传背景不同的亚群，疾病恰好和等位基因一起特别频繁地出现在某一个亚群中。例如：在 HLA 基因座携带 A_1 等位基因和用筷子吃饭相关联，实际上是因为 HLA*A_1 在华裔中的频率远高于白种人。

（4）连锁不平衡（linkage disequilibrium，LD）：疾病相关联等位基因 A 对于易感性没有任何直接作用，但是它标记了含有易感性变异的一个古老的染色体片段。实际上，我们目前鉴定出来证据确凿的关联，其中绝大多数都是由于连锁不平衡而找到的，随后要做的步骤就是鉴定出真正的致病性序列变异。

其实在 1980 年适合连锁分析的 DNA 标记出现之前，关联研究就已经广泛应用于遗传学研究。人类白细胞抗原（human leucocyte antigen，HLA）与各种疾病的关联研究在 20 世纪 60 和 70 年代是遗传学研究的主要组成部分。早期通过关联研究找到了 HLA–DR4 与风湿性关节炎、HLA–DR3 和 DR4 与 1 型糖尿病以及 HLA–B27 与强直性脊柱炎之间的相关性。后期采用非 HLA 标记也取得了一些成功。但是早期关联研究都存在一个共同的问题，那就是低可重复性，其主要原因是缺乏数量足够的相匹配的对照、没有对多重检验进行充分校正、统计效力不足等。

四、全基因组关联研究（GWAS）

很多早期的关联研究由于病例 – 对照数量小，从而导致统计效力不足，所以即使是真实的关联也可能在独立样本中无法得到重复验证。在经历了很多年挫败和不可重复的结果之后，2007 年全基因组关联研究（GWAS）在 Wellcome trust 病例 – 对照联盟（the Wellcome Trust Case–Control Consortium，WTCCC）的领导下横空出世，开启了 GWAS 研究浪潮。

1. 全基因组关联研究的代表性案例

在 WTCCC 中，英国研究者收集了 7 种疾病的各 2 000 例病例，这 7 种疾病分别是：双相障碍（躁郁症）、冠心病、克罗恩病（Crohn disease）、高血压、风湿性关节炎、1 型糖尿病和 2 型糖尿病。此外还收集了 3 000 例健康对照。然后在所有的样本中都对超过 500 000 个 SNP 进行了分型。项目预计如果最小等位基因频率（minor allele frequency，MAF）至少为 0.05 的情况下，相对风险为 1.3 时检测效力是 43%，1.5 时检测效力是 80%。WTCCC 发表的第一篇文章非常值得仔细阅读，因为它非常详尽地讨论了目前已经认为理所当然的质量控制问题。在这 7 大类患者群体中，25 个疾病相关的信号因为 P 值超过显著性阈值而被鉴定出来（图 6-22）。

在这一研究中显著性阈值设定为 $P < 5 \times 10^{-7}$，而不是目前绝大多数研究常用的 $P < 5 \times 10^{-8}$。作为新一代大规模 GWAS 的实验平台，一个关键的问题是这 25 个位点中有哪些可以重复？不管是后续的验证还是和此前研究的一致性比对，结果都非常令人欣慰。这 7 种疾病在之前研究中已经鉴定出的 15 个位点有强有力的可重复证据证实，与一种或更多疾病关联。这 15 个位点中有 13 个都在 WTCCC 研究中被明确地鉴定出来了，虽然其中只有 7 个超过了显著性阈值。

WTCCC 的 GWAS 研究价值主要是开创了一个如何进行合理的可重复的关联研究范例，而不是鉴定出特定的候选基因。随后 GWAS 迅速地应用于形形色色的常见疾病中。从 2010 年开始报道了很多其他的 GWAS 研究。截至 2022 年 7 月，GWAS 数据库中收录了 5 848 项研究，398 342 个特定的 SNP- 性状之间的关联。

2. 后 GWAS 阶段的研究方法：分相、数据填补和荟萃分析

基于 SNP 芯片基础上的传统 GWAS 研究给出的原始数据是由很多 tagSNP 的基因型组成的，将基因型转换为单倍型就是分相（phasing）。如果我们用共享祖先染色体

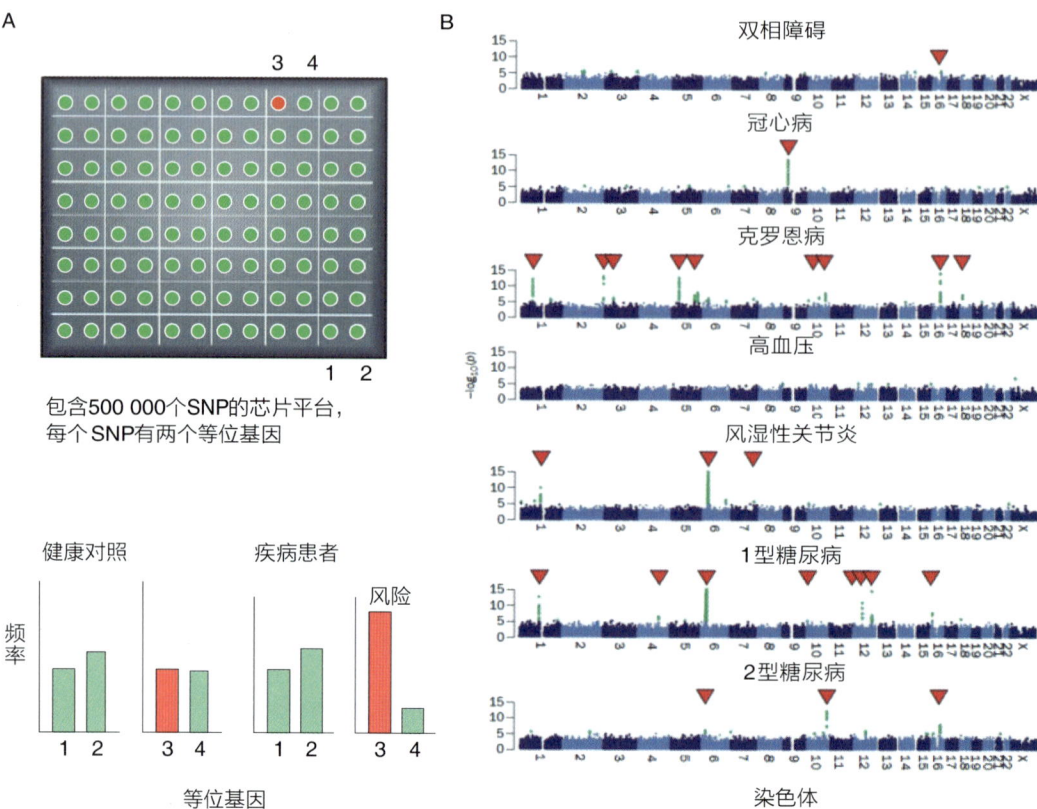

图 6-22　WTCCC 的 GWAS 结果

（A）寻找疾病相关 SNP 位点的原理；（B）在 7 种疾病中找到的显著相关 SNP 位点示意图。

片段来解释关联，那么疾病风险实际上是由单倍型决定的而不是由基因型决定的。换句话说，单倍型－疾病相关性比等位基因－疾病相关性更加接近现实。

进行分相所需要的初始单倍型频率表可以通过不同的方法产生：

（1）如果有亲属的基因型数据可用，那么单倍型可以通过鉴定 IBD 片段推导出来。最简单的情况是：如果我们有父母孩子组成的三口之家的数据，除了那些 3 个人都是同样杂合基因型的基因座，其他单倍型都可以直接读出来。

（2）直接测序可以提供同一读长上基因座的分相数据。目前大多数实验室使用的二代测序仪给出的短读长测序数据的价值有限，但是像 PacBio 这种单分子测序仪获得的长读长测序数据可以对几十 kb 范围内的基因型进行分相，而整条染色体可以采用互相重叠的读长来进行分相。

（3）很多方法，包括显微切割、流式细胞分选或者制备单倍体细胞可以在实验室里分离出染色体单体进行测序。

（4）微流体可以允许随机产生长的 DNA 分子分散到液滴中，在这里它们会被分解成小片段，每一个都用液滴特异性的条形码标记。来自于很多液滴的片段会汇总进行常规的短读长测序，然后可以用条形码将短读长数据重新装配成最初的长分子。每个液滴里长分子的数目可以进行计算，基本不可能出现来源于同一基因组区域的两个长分子正好都存在于同一个液滴中的情况。

这些方法都可以用于构建出相对小尺度的单倍型参考数据。然后一个典型的 GWAS 中数以千计的病例和对照都可以通过计算来进行分相，其准确率依赖于片段大小和单倍型参考数据的质量。千人基因组的数据经常被当作单倍型参考数据来使用。很多其他人群中也陆续建立起了合适的单倍型参考数据。

数据填补（imputation）是利用连锁不平衡和分相的结果将初始实验中没有直接获得那些基因座的基因型填补进去。经过填补的基因型可以像从实验中确定的基因型那样进行关联检测。单个的 SNP 可以在不同单倍型中出现，因此会弱化其他单倍型与特定疾病的关联。填补后的 SNP 可能碰巧只呈现在疾病相关的单倍型上，然后显示出更强的关联性，甚至它本身可能就是致病性变异。正确的数据填补依赖于分相的准确性，而且对于罕见变异来说要困难得多。据估计在典型的 SNP 基因分型研究中，根据千人基因组的数据进行的数据填补可以鉴定出 97% 的常见变异，但是只能鉴定出 72% 的罕见变异（MAF < 0.01）。在数据越来越多的情况下，罕见变异的数据填补能力也会提高。

数据填补的主要价值就在于进行荟萃分析（Meta-analysis）。在 WTCCC 研究中，每种疾病 2 000 个病例和 3 000 个对照也只能提供 43% 的效力，检测出 OR 值为 1.3 的变异。然而绝大多数易感因素甚至效应比这还要微弱，鉴定它们需要更大规模的研究、更多的病例和对照。在荟萃分析中可以将研究同一疾病的好几个独立研究合并在一起，组成更大的队列。一个典型的荟萃分析可以包括上万个研究对象，例如：对于成人身高的 GWAS 荟萃分析包含了来自 79 项不同研究的 253 288 个欧洲祖先的个体。由于不同的研究常常使用不同基因分型平台对一个单倍型域中的不同 SNP 进行基因分型，所以通过数据填补产生一套通用的 SNP 对于合并不同的数据集是非常必要的。此外，非常大型的研究可以检测疾病与罕见变异之间的关联。WTCCC 研究和绝大多数第一代 GWAS 研究一样局限于 MAF > 0.05 的变异，而且绝大多数鉴定出来的变异都具有相对较弱的效力。从自然选择的角度来看，任何具有较强致病效力的变异都有可能是罕见的。因此疾病的致病变异很有可能隐藏于不常见的变异（MAF 介于 0.01～0.05 之间）或者罕见变异（MAF < 0.01）之中。但是为了获得足够多携带这两类变异的人，就需要极大数量的病例和对照。

3. 复杂性状遗传的启示与展望

首先我们需要用平衡的观点来理解遗传在非孟德尔病中的作用：基本没有什么性状是可以完全归因于遗传或者环境因素的。几乎所有性状都是同时包括遗传和环境因素的。在任何一个人类特征中完全没有哪怕一定程度的遗传原因是非常难以理解的。但同样，我们有责任不要过度夸大遗传因素在人类变异中的作用，继而我们应该避免夸大遗传测试的用途。遗传测试检测的是基因型，不是表型。那些对预测表型有用的基因型当然极具价值，但是遗传检测并不是必然可以用于预测一个个体的风险。那些公司在网络上提供的"生活方式"遗传检测可以当作是参考，但不要与临床诊断相混淆。基因决定不能成为对一种疾病的宿命论借口。高遗传率仅仅意味着在现有的环境中没有什么常见变量具有很大的影响，但它并不会影响环境干预手段的潜力。苯丙酮尿症的例子应该足以说明这个观点：在这种完全遗传的孟德尔病中出现的智力障碍是可以采用特定饮食来预防的。

看上去 GWAS 研究过的每种性状都存在"丢失的遗传率"问题，提示绝大多数非孟德尔性状很大程度上都是多基因决定的。与之相关的另一个问题是：复杂疾病多大程度上是孟德尔病或亚孟德尔病的集合？这个需要针对具体问题来具体分析。比如癌症方面已经取得了有价值的进展，目前可以把常见癌症分为由不同功能异常通路驱动的亚型，并且对应不同的治疗方法。先天性心脏病常常可以归因于特定的基因突变，这一信息对于家族检测和再发风险咨询很有用，但是它对于治疗没什么影响。大部分病例都是通过手术来纠正婴儿特定的心脏异常。对于成年期发病的心脏病，生活方式则更为重要。

另一方面，作为 GWAS 研究的主要对象之一的 2 型糖尿病，除了占比很低的青少年成人型糖尿病（maturity-onset diabetes in young，MODY）之外，无法通过基因分型区分成适用于不同临床治疗方法的不同亚型。后者是由于 7 个基因中的某一个突变造成的孟德尔病。不同的药物对不同的突变基因有用，所以 MODY 的诊断和基因分型是有临床价值的。但是对于占 95% 的非 MODY 的 2 型糖尿病只有微弱的遗传亚型线索可能会对不同的治疗有益。

精神疾病具有固有的复杂性。如果诊断标签能够从广泛的行为分类到特定的遗传分类，会是一个巨大的进步，而且毫无疑问会引起治疗的极大改善。理解精神分裂症和孤独症的遗传学有所进展，但是主要来自于鉴定由拷贝数变异或者新发突变引起的很小的亚型。每种疾病的核心仍然极为复杂。有趣的是，有些确定的遗传易感因子是几种疾病共有的，例如精神分裂症、孤独症和智力障碍。这说明可能存在某种受遗传影响的通用的神经发育中的脆弱性，它显示为不同的疾病依赖于某些特定的诱发因素。

其次，孟德尔病和复杂疾病的一个显著差异在于相关遗传因子在基因组中所处的位置。虽然有相当多的例外，但是决定孟德尔病的变异通常位于蛋白质编码序列。对单基因的外显子和剪接位点或者全外显子组进行测序可以鉴定出绝大多数孟德尔病中超过 80% 病例中的致病突变。但是绝大多数 GWAS 鉴定出来的易感变异并不位于蛋白质编码序列中。这一点很符合直观感受。对于孟德尔病，一个 DNA 序列改变就必然导致疾病，它与基因组中约 400 万个其他变异无关，也与环境、生活方式和家族史无关。如果那些其他因素中的任何一个对疾病的发生产生显著影响，那么它就不会是孟德尔病了。只有蛋白质上的明显改变才有可能具有如此强烈的效应。在另一方面，参与复杂疾病的变异必然具有微弱得多的效应，这样他们只有联合很多其他变异一起才能够影响表型。他们可能影响调控序列，轻微地增加或降低基因的表达。实际上，很多 GWAS 鉴定出来的变异定位于 eQTLs，也就是影响基因表达水平的基因座。

这一差异也意味着鉴定 GWAS 中隐藏的易感性变异会比较困难。对于孟德尔病，一般可以在编码区寻找致病突变。他们可能是缺失、移码、无义突变或者剪接位点突变。只有错义突变或者不那么明显的改变剪接的位点会不太容易确定。但 GWAS 的数据要难解释得多。GWAS 数据可能会将效应定位于某个单倍型区块，但是在该区块中可能会有 50 个或更多的变异，其中任何一个都有可能是该效应的实际原因，但是由于连锁不平衡，它们都会与疾病相关联。在一个区块内，可以通过数据填补出所有变异然后检查其中哪个具有最强的效应，但是这在某种程度上依赖于在这一位点不同单倍型共享等位基因方式的随机效应。然后，因为任何易感变异都有可能是在一个已有的常见区块中出现的一个新突变，所以只有其中部分区块才包含有真正的功能变异。对于只在一个给定区块中的部分样本中出现的可能易感变异，数据填补并不能很好地运转。

此外，由于易感变异常常落在非编码区，经常很难评估增强子序列中的一个核苷酸改变的具体效应。我们可以检测该变异对转录因子结合情况的影响，但是真正的功能结合位点常常并不总是具有体外研究中评出的最优序列，因为比较弱的结合可以进行更为灵活的控制。当然基因编辑技术打开了构建任何变异的可能性，理论上我们可以在一个固定的背景下一个接一个地分别检测它们的效应。但是与检查编码序列的改变相比它们要费力得多，而且有数以百计的候选变异等待检测。因此从关联变异到易感变异的推进会很缓慢。

除了帮助我们理解疾病的机制之外，鉴定易感因素对于预防和治疗复杂疾病有什么实际好处吗？我们希望的是对于这些易感因素的了解可以揭示疾病的致病机制并且给出预防或治疗的方法。对个体一系列的变异进行基因分型也许可以预测个体的风险。但是实际进展是令人失望的。我们所期待的由"诊断和治疗"到"预测和预防"的医疗模式转换还在非常缓慢地到来。可能是因为"丢失的遗传率"问题限制了我们现在的预测能力。一旦我们找到了这些丢失的遗传率，那么这些限制是不是就消失了呢？研究人员建立了一种方法，利用同卵双生子的一致性数据估计复杂疾病遗传学的所有知识在多大程度上能够做出临床上的有用预测，选取 24 种覆盖各种类型的疾病，想要回答的问题是：如果知道每一个易感因素并且理解它们之间的所有互作，那么能否使用一个人的全基因组序列去进行"临床有用"的预测？他们把"临床有用"定义为风险提高 10% 或者是群体风险的 2 倍，这两者中更大的那一个。最好的场景下 90% 的个体会获得一个临床有用的预测，也就是 24 种疾病中至少一种风险增加。对于绝大多数疾病绝大多数人会得到一个阴性预测，即没有明显增加的风险。该研究得出的结论是对于绝大多数患者来说遗传检测不能够替代常规检查和基于家族史、身体状况和生活方式的风险管理，这些仍然是主要的医学预防策略。

当然如果知道所有的情况，我们就能够精确预测每一个人的每一个遗传风险。可问题是绝大多数常见复杂疾病都具有很多独立微弱的遗传易感因素。只有在很少一部分个体中，所有或者绝大部分风险因素都指向同一方向——增加或者降低易感性。对于绝大多数人，会是增加和降低风险的因素混合在一起，使得个体风险总体上略高或略低于群体风险。因此，的确最好的知识会得到最好的个体风险预测，但是只有极少数人的风险足以和群体风险区分，以达到临床上有用的预测。要注意的是以上结论只适用于常见复杂疾病而不是孟德尔病，后者的序列变异信息常常是至关重要的。

如果个体化的风险预测没有那么值得期待，那么我们能够从日益增加的对复杂疾病的理解中获得哪些实际的益处呢？一个主要方面是更有效的药物研发。在 2016 年，从最初的潜在药物到市场准入平均直接费用估计是 14 亿美元而且耗时长达 10 年以上，其中绝大部分是由于有效性不足或者副作用导致的临床试验失败。有些罕见但是严重的副作用只有在市场化后的监管中才变得很明显，在这一阶段撤回药物对于制药公司会产生严重的经济后果，导致长时间的诉讼，甚至名誉损失，比如罗非昔布（Rofecoxib，Vioxx™）的例子。鉴定疾病的易感因素可以提示新的药物研发方向，但是基因组知识的主要好处可能是选择最有希望的临床试验患者，并且预测那些具有副作用风险的人。阿斯利康制药公司计划与人类寿命公司、桑格研究院、赫尔辛基大学、蒙特利尔心脏研究所和英格兰基因组合作对两百万人基因组进行测序，也许能够证实这一点。

虽然医学的未来看上去并不在于个性化的风险预测，但是分层药物或者精准药物，即采用基因组数据通知管理者或治疗患者，可能会是一个主要的发展领域。肿瘤学是这一方法目前的主要受益者，但是我们的愿景是将其扩展到医学的所有领域。2015 年美国宣布投入 2.15 亿美元用于精准医疗计划。2016 年，美国宣布投入几十亿美金开展为期 15 年的精准医学计划。在英国，2014 年启动了一项花费 3 亿英镑的 100 000 基因组计划。随着各国精准医疗计划的实施与完成，也许会开启一个新的纪元。

第四节　遗传检测与遗传咨询

之前的各节已经覆盖了遗传检测的很多原则和它在研究中的应用，例如探索人类基因组的自然变异度和理解疾病中遗传变异的作用。在本节中我们主要考虑如何将遗传检测应用于人类疾病诊断、群体筛查和个体鉴定中。其中利用遗传检测进行临床诊断的具体内容将在本书第一部分进行阐述。当我们能够对一种疾病未来是否会发生进行预测诊断时，人们就会期望对整个人群进行检测，以期能够提前预防疾病的发生或尽早进行干预。然而事情没有这么简单。第二部分阐述了在群体筛查项目中存在的各种问题。对于个性化或者精准医疗最有前景的进展是遗传信息不仅可以用于诊断疾病，而且还可以用于管理患者的疾病。医生在临床上经常会观察到不同患者对很多药物的反应不同。基因型虽然只是众多引起不同药物反应的因素之一，但是对于鉴定出那些具有严重副作用风险的人员来说尤为重要。第三部分将对这一内容展开讨论。此外，当警察和律师需要确定个人身份或者两人关系时也要用到遗传检测。这样的问题需要由第四部分中描述的 DNA 指纹图谱来解决。

一、临床诊断性检测

有时候，遗传检测希望确定一个或更多事先已知的特定变异，典型的案例包括：

（1）在家族中进行诊断。一开始可能需要通过测序来确定家族中传递的致病突变，但一旦鉴定出致病突变，其他的家族成员通常只需要检测这个特定的突变即可；

（2）诊断和筛查在一个特定人群中由于强烈的奠基者效应引起的疾病；

（3）检测由患者表型提示的特定微缺失或者微重复；

（4）检测肿瘤活检标本，寻找对靶向药产生反应的突变；

（5）检测对照样本，看看患者中的变异是否实际上只是一个低频的群体多态；

（6）扩增特定的微卫星以检测重复次数；

（7）进行 SNP 分型。

实际上测序本身可以解决以上所有问题，但是当靶标变异已知的时候，我们可以采用各种更便宜更简单的方法来进行基因分型。但更为常见的遗传检测往往需要通过对一个基因的所有外显子、一组基因、全外显子组或全基因组进行检测。二代测序使这些任务变得更加容易。关于二代测序确定的变异是否需要通过一代测序进行确认，仍存在持续的争论。毫无疑问，总体趋势是越来越少地使用一代测序，越来越依赖二代测序。一旦价格大幅下降，全基因组测序很可能会取代外显子组测序，其主要优点并不是能够识别 98% 的基因组中的非编码变异，而是避免了进行外显子捕获。有许多编码序列变异在外显子组测序中会被遗漏，但在对相同样本进行全基因组测序时则可以被检测到。全基因组测序的另一个好处是能够检测出基因组中的结构变异，这在外显子组测序中是无法实现的。

一旦拿到经过验证的变异列表，就必须对其进行过滤，以确定任何可能解释患者病情的变异。解释变异时要考虑的三个要点是先例、保守性和稀有性。

（1）可以通过 ClinVar 数据库来评估是否存在先例。它包含了基因中已报道致病性变异以及其表型的细节。

（2）使用多序列比对来评估错义突变中改变的氨基酸的保守性，例如：通过 POLYPHEN 和 SIFT 等工具进行预测。高度保守氨基酸的变化被预测为具有破坏性，而非保守的氨基酸改变预计是良性的。这些评估的准确率通常在 80% 左右。不同工具可能给出不同答案，因此需要同时使用几个工具进行预测并寻求一致性。同时需要注意的是，这类比对并不涉及序列变化是否会影响剪接，也无法预测对蛋白质的破坏性影响是否会真的给整个人体带来任何问题。

（3）变异具有致病性的证据主要来自于比较其在患者和对照中的频率。最理想的情况下，它只会在患者中出现，在对照组中完全没有。如果它仍然会在某些健康对照中出现，那么频率是非常重要的。如果它在疾病中占主导地位，那么对照组中变异的频率必须显著低于疾病组的频率（因此允许外显率降低）。对于隐性疾病，对照中候选变异的频率必须不高于携带者的预期频率。GnomAD 数据库包括 126 216 个外显子组和 15 136 个基因组，是非常宝贵和强大的工具。如果一个变异在健康对照中过于频繁地出现，可以证明它实际上并没有致病性。许多先前被报道为致病性的变异均未能通过该数据库的检测。

根据上述的过滤原则，人们将变异分为五类：致病性的、可能致病的、意义不确定的、可能是良性的和良性的。美国医学遗传学联合会（American College of Medical Genetics and Genomics，ACMG）的工作组对此提供了广泛的指导意见。其中对每一条可能证据线的注意事项和问题进行了相当详细的说明。如果所涉及的变异位于以前与患者病情无关的基因中，那么所有这些判断都将更加谨慎。

虽然二代测序的稳步发展使许多以前使用的基因检测方法都过时了，然而，并不是诊断实验室碰到的每个问题都能通过当前的二代测序方法来解决。因此临床上仍然采用一些非测序方法来回答某些特定的问题。例如：比较基因组杂交（array-based comparative genomic hybridization，aCGH）是检测结构变异、拷贝数变异等的常用手段；依赖连接的多重探针扩增（multiplex ligation dependent probe amplification，MLPA）广泛用于检测整个外显子的缺失或重复；RNA 分析用于检测异常的基因表达或者剪接效应；甲基化分析可以用于鉴定肿瘤和印记基因等。

实际上，任何遗传检测在应用于临床服务之前都必须对其进行严格评估。不仅要评估实验方法本身的有效性，还要评估引入检测的总体效果，包括：

（1）检测本身的有效性：检测方法对其检测内容的实际效果如何？其灵敏度和特异性是否足够？

（2）临床有效性：该项检测对预后的预测效果如何？这主要取决于基因型－表型相关性的强度。

（3）临床实用性：检测结果具有哪些实际的临床用途？它会导致疾病管理或疾病治疗手段的任何变化吗？

（4）伦理、法律和社会方面：检测是否符合法律和伦理标准，能否为社会所接受？

任何一项检测结果都将与其他所有相关信息放在一起进行考量，例如：患者的年龄和性别、总体健康和社会状况，以及任何其他检测的结果。有用的检测应该是对推动人们跨越行动门槛的过程中做出重大贡献的检测。在这方面，绝对风险往往比相对风险要重要得多。例如：检测结果表明某人的患病风险提高了十倍，但其风险只是从万分之一变为千分之一，那么可能不会产生任何实际的差异。另一方面，BRCA1突变检测呈阳性的相对风险仅为7左右（携带者风险为80%，普通人群风险为12%），但这一检测结果很重要，因为携带者的绝对风险非常高。

二、群体筛查

群体筛查是由公共权力机构向整个人群（或者特定的大型群体）提供的大规模检测服务，其目的并不是解决参与其中的某个个体的个人健康问题，而是改善公共卫生状况。因此群体筛查是自上而下的。它与由个人或他们的医生发起的基因检测不同，那是一个自下而上的过程，主要用来回答由他们的症状或家族史所引发的特定问题。

图 6-23 筛查和诊断的检测目的不同

筛查检测不是诊断检测，尽管有时两者的区别会变得模糊。通常情况下，筛查的目的是确定高危人群，然后为他们提供明确的诊断检测（图 6-23），针对的是个人检测不会碰到的一些特殊问题。

由于群体筛查都是比较集中的大型项目，运营机构必须仔细评估是否需要花钱实施任何筛查计划。筛查项目是正式的官方政策问题，而不是个人的突发奇想。个人在决定是否进行基因检测时可能会不切实际，但中央权力机构，无论是政府机构还是保险公司，都必须对筛查提案进行正式评估。表 6-4 总结了群体筛查项目的一些基本要求。

遗传筛查可能涉及其中任何一项：①产前筛查；②新生儿筛查；③孕前携带者状态筛查；④筛查成年人对晚发性疾病的易感性。后续将一一举例说明。

表 6-4 群体筛查项目的基本要求

要求	示例及说明
阳性结果必须能促成一些有用的行动	例如，苯丙酮尿症可采取特殊饮食的预防性治疗；在囊性纤维化携带者筛查中对生育选择进行审查和抉择。
检测必须具有高灵敏度和特异性	如果产生很多假阴性结果的检测会破坏人们对该计划的信心；如果产生很多假阳性结果的检测，即使随后可以通过明确的诊断测试将其剔除，也会造成令人无法接受的焦虑。
整个项目在社会和伦理上必须是可接受的	受试者必须在知情同意的情况下选择加入该项目；不得对父母可接受后果的受累妊娠施加压力使其终止妊娠；筛查不得具有歧视性。
该项目的收益必须大于成本	以低效的方式使用原本有限的医疗保健预算是不道德的。

1. 产前筛查：以唐氏综合征（Down syndrome）为例

对于染色体异常检测来说，传统的诊断检测需要获得胎儿细胞样本。在妊娠10 ~ 14周时进行绒毛膜活检或者16 ~ 20周时进行羊水穿刺都可以获得胎儿细胞样本。但这两种手术都是侵入性的，有大约1%的流产风险，而且费用不菲。对于有可能生育染色体异常胎儿的高危女性来说，这些缺点可以忽略不计，但如何识别出这类高危女性呢？

除了染色体平衡易位携带者及其配偶之外，对于大多数女性来说，年龄是主要的风险因素。随着母亲年龄的增长，生下患有唐氏综合征或其他染色体数目异常婴儿的概率急剧上升（表6-5）。虽然年龄较大的母亲生育患儿的风险要高得多，但对于年轻女性来说，这一风险也不容忽视。

表 6-5　母亲年龄与胎儿唐氏综合征风险

母亲年龄	20	30	34	36	38	40	42	45
胎儿风险	1/1 500	1/900	1/500	1/300	1/200	1/100	1/60	1/30

从母体血清中已经鉴定出几种生物标志物，包括甲胎蛋白、非偶联雌三醇、人绒毛膜促性腺激素、抑制素 –A 和 PAPP-A（妊娠相关血浆蛋白 A）。这些生物标志物在胎儿患或不患唐氏综合征的妊娠中显示出不同分布。此外，通过非侵入性的超声检查测量胎儿颈部半透明带的厚度，也可以提示唐氏综合征风险。虽然这些检测单独使用的可信度都不高，但是它们结合在一起，再加上产妇年龄就可以提供有价值的风险预测。美国国立卫生研究院的 FASTER 研究比较了几种可能的方案。在许多项目中，提供侵入性诊断检测的阈值是唐氏综合征的复合风险为 1/300 或更高。FASTER 研究中各种选择的检出率为 90% ~ 95%，假阳性率为 5%。

无创产前检测（non-invasive prenatal testing，NIPT）为产前筛查提供了新的选择。在孕妇血液中通常含有无细胞 DNA，其中 5% ~ 10% 来自胎盘，即胎儿组织。如果胎儿有一条额外的染色体，当 DNA 测序达到足够的深度时，在无细胞 DNA 中该染色体序列与正常二倍体的染色体序列相比数量会略大一些（图 6-24）。

NIPT 从妊娠 9 周左右开始就具有非常高的灵敏度。原则上，它还可以揭示更多关于胎儿的信息，例如：胎儿性别鉴定；Rh 分型以预测新生儿溶血问题；检查特定突变（但不包括母体中已存在的变异）。但是 NIPT 仍然被视为筛查手段，而不是确诊手段。NIPT 检测呈阳性的女性会被建议通过绒毛膜活检或羊膜穿刺术进行侵入性检测。但与以往相比，需要进行这些侵入性检测的女性人数已经大大减少。

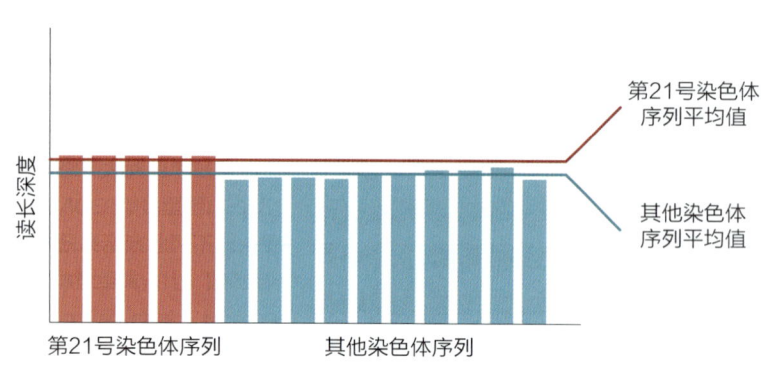

第21号染色体序列平均值

其他染色体序列平均值

读长深度

第21号染色体序列　　　其他染色体序列

图 6-24　唐氏综合征的无创产前检测

2. 新生儿筛查项目是为了筛出可以进行干预的疾病

各个国家和地区都有一个进行新生儿筛查的疾病清单。挑选的原则是有可用的治疗方法，并且早期诊断可以明显改善预后。美国医学遗传学联合会（ACMG）认为：新生儿筛查不仅仅在于检测本身，它包含协调、管理和项目评估。ACMG 建议筛查 29 种疾病，主要是先天性代谢疾病。英国国家卫生服务局更为谨慎地选择筛查 9 种遗传疾病（镰状细胞病、CF、先天性甲状腺功能减退和 6 种先天性代谢疾病）。

苯丙酮尿症在所有发达国家的新生儿筛查中都榜上有名，可通过刺破婴儿的脚后跟来测量血点中的苯丙氨酸水平。注意，苯丙酮尿症筛查不是基于 DNA 水平的，因为许多不同基因的功能丧失型突变都会导致苯丙酮尿症。检测结果呈阳性的婴儿可能患有良性的高苯丙氨酸血症，无需进一步治疗；但也有可能会由于四氢生物蝶呤缺乏而出现苯丙酮尿症，这是一种罕见但非常严重的疾病。未经治疗的苯丙酮尿症会导致严重的智力残疾，通常还伴有癫痫和行为异常，因此需要特定的膳食补充剂来限制苯丙氨酸的摄入。苯丙氨酸是一种必需氨基酸，婴儿需要足够的苯丙氨酸来支持正常生长，但不能过量累积以至于损害其发育中的大脑。在严密监控下，苯丙酮尿症患儿可以正常完成神经发育，避免出现智力残疾。

3. 育龄人群可以进行隐性疾病携带者筛查

我们每个人都可能是一种或多种严重隐性疾病的携带者。对育龄人群进行携带者情况筛查，在双方都是携带者的情况下，可以通过产前诊断或者试管婴儿来避免生育患有严重隐性疾病的婴儿。由于携带者通常表型正常，与非携带者相比往往没有明显的生化差异，因此携带者筛查必须通过基因分型来完成。

隐性疾病几乎总是由功能丧失型突变引起的，因此通常表现出广泛的等位基因异质性。如果某种隐性疾病在特定人群中很常见，那么很可能会有一个或几个奠基者突变，可以通过特定的 DNA 检测进行确认。然而，这种针对特定变异的检测往往会漏掉一些携带不同变异的人。因此只有在能够进行外显子组测序的情况下，才能进行全面的携带者筛查。

三、药物遗传学和个性化用药

某些对大多数人有效的药物会对某些人无效或会引起不良反应。即使药物有效的情况下，不同个体往往需要不同的剂量才能达到相同的治疗效果。其中有些差异效应是由于环境原因造成的：一个人吸收或代谢药物的能力可能会因其疾病状态或生活方式（例如：饮酒、吸烟、锻炼等）而改变，但也有许多差异效应是由于人与人之间的遗传差异造成的。

药物遗传学和药物基因组学就是探索遗传差异对药物效应的影响。图 6-25 总结了可能受到遗传变异影响的药物效应。

实际上，药物遗传学效应可分为两类。

（1）药物代谢动力学：涵盖涉及药物吸收、分配、代谢和消除的遗传变异，换句

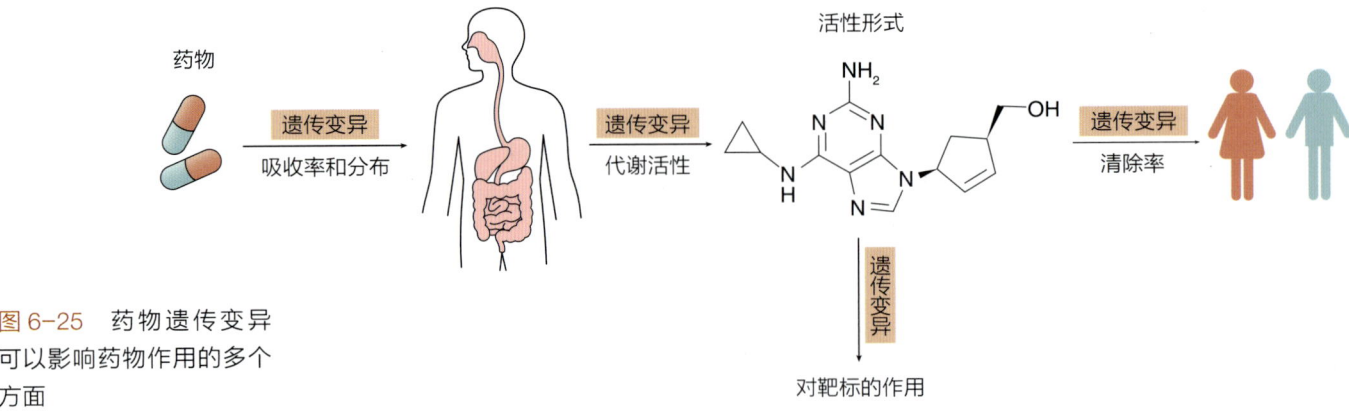

图 6-25 药物遗传变异可以影响药物作用的多个方面

话说，就是人对药物的作用；

（2）药效学：涵盖药物靶点对给定药物产生反应的遗传变异，换句话说，就是药物对人的作用。

1. 遗传差异影响药物代谢水平

药物代谢可以分为两阶段。第一阶段，药物通过氧化、羟基化或水解产生生物活性分子，有时第一阶段产物也可能是药物失活和降解的中间体。第二阶段，药物通过结合反应，如乙酰化、葡萄糖醛酸化或硫酸化等产生更容易排泄的水溶性化合物。参与这两个阶段的酶通常存在影响其活性的多态性差异，这会影响个体对许多药物的反应。这些酶原本的功能是处理外源性物质，尤其是可能存在于饮食中的植物生物碱（图 6-26）。

细胞色素 P450 是一个大的酶家族，它们都具有铁硫活性位点和 450nm 处的光吸收峰，负责药物代谢的第一阶段。它们的作用是将分子氧衍生的单个氧原子插入到非常广泛的有机化合物中。最终产物通常是底物的极性羟基化衍生物。人类有大约 60 个 P450 基因编码酶，它们负责大约 60% 处方药的 1 期代谢，其中至少有 10 种不同的 P450 酶在 1 期药物代谢中具有重要作用。

CYP3A4 是肝脏中含量最丰富的 P450 细胞色素，参与了大约 40% 的药物代谢。它的活性在个体之间的差异高达 30 倍。该酶被许多不同物质高度诱导，其变异性主要来源于控制诱导性的上游调控序列变异，尽管也存在一些编码序列变异。CYP2D6 参与了大约 25% 的药物代谢。低代谢者 CYP2D6 基因有功能丧失型突变，而超快速代谢者的基因拷贝数增加（高达 13 个拷贝），其活性的变化对一些用于治疗高血压和心脏病的 β 受体阻滞剂，以及包括三环类抗抑郁药在内的几种精神药物的反应有显著影响。代谢不良的人有服用这些药物过量的风险。图 6-27 显示了 CYP2D6 活性如何

图 6-26 药物代谢的阶段
第一阶段，药物分子通过氧化、羟基化或水解以产生极性化合物，结果通常是产生活性化合物或降解产物。第二阶段，药物分子可与乙酰基、葡萄糖醛基或谷胱甘肽基偶联，形成可排泄的水溶性分子。

控制抗抑郁药物去甲替林的有效剂量。

此外，CYP2D6 能将可待因转化为其活性形式吗啡。可待因对代谢不良者的疼痛缓解无效，而超快代谢者则有镇静和呼吸受损等不良反应的风险。CYP2C9 可以对药物进行羟基化，靶标包括非甾体抗炎药、磺酰脲类药物、血管紧张素转化酶抑制剂和口服低血糖药物。例如，罕见的代谢不良者对用于治疗 2 型糖尿病的降血糖剂甲苯丁酰胺反应过度。CYP2C9 变异也会影响华法林敏感性。CYP2CI9 可以激活某些药物，包括抗惊厥药物（如美芬妥因）、胃动力抑制剂（如奥美拉唑，用于治疗胃溃疡）、孕激素（一种抗疟药）和某些抗抑郁药。高加索人和非裔美国人代谢不良的频率为 3%~5%，但在东方人中更高，在波利尼西亚人中非常高。对于代谢不良者，由于 CYP2C19 的缓慢去甲基化，标准剂量的地西泮镇静时间延长。相反，丙脒是一种前药，需要 CYP2C19 激活才能形成活性分子环脒，因此代谢不良者显示出该药物的效果降低。

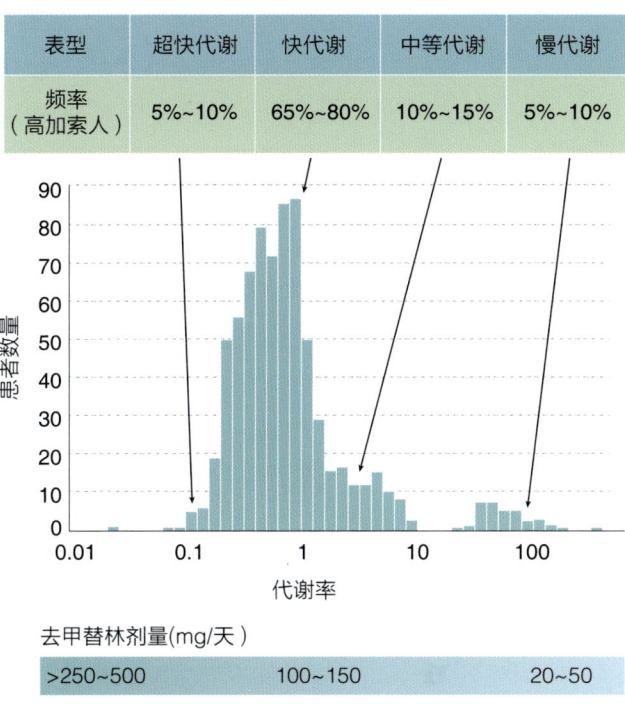

表型	超快代谢	快代谢	中等代谢	慢代谢
频率（高加索人）	5%~10%	65%~80%	10%~15%	5%~10%

去甲替林剂量(mg/天)

>250~500	100~150	20~50

图 6-27 去甲替林的药物遗传学

药物代谢的第二阶段可能涉及药物的乙酰化、葡萄糖醛酸化、硫酸化或甲基化。N- 乙酰转移酶、谷胱甘肽 –S– 转移酶（GST）和 UDP 葡萄糖醛酸转移酶的遗传变异是导致许多药物二期活性变化的基础。药物二期活性不足者灭活和排泄相关药物的速度异常缓慢。

人类有两种芳基 –N– 乙酰转移酶，它们由高度同源的 NATI 和 NAT2 基因编码，这两个基因紧密连锁，位于人类染色体 8p22 上。NATI 酶活性相对稳定，但所有人群都表现出具有不同酶活性的 NAT2 高频多态性。快速乙酰化者和野生型，相比缓慢乙酰化者占主导地位。缓慢乙酰化清除药物和其他外源性物质的速度较慢，因此药物对其敏感性增强。抗结核药物异烟肼的可变乙酰化是药物遗传学中最早观察到的结果之一。在接受标准剂量的药物后，个体血浆药物浓度变化很大，这具有重要的临床意义。缓慢乙酰化者发生周围神经病变的风险增加，这是该药物广为人知的不良反应。乙酰化速率变化在临床上可能具有重要意义，它涉及的其他药物包括普鲁卡因酰胺（一种抗心律失常药物）、肼嗪（一种降压药物）、氨苯砜（抗麻风病药物）和几种磺胺类药物。

GST 参与多种外源性物质和致癌物的解毒过程。根据特定 GST 的不同活性水平，可以将人们分为非偶联者、低偶联者和高偶联者。GST 活性低的人可能无法应对高剂量的药物，因为这些药物的第二阶段反应涉及与谷胱甘肽的结合。

许多药物会以葡萄糖醛酸结合物的形式排泄。这些是由 UDP 葡萄糖醛酸基转移酶催化形成的。染色体 2q37 上的 UGTIA 基因座具有特殊结构，它含有 13 个可选的第一外显子，这些外显子剪接到稳定不变的外显子 2~5 上。外显子 1 可以决定酶的底物特异性，而外显子 2 ~ 5 编码活性位点。其中一种剪接变体 UGTIA1 负责胆红素（红细胞血红素的正常分解产物）和抗癌药物伊立替康的分解代谢。酶活性降低的 UGTIA1 变异携带者，与高胆红素血症有关，而且在接受伊立替康治疗时也会出现严重的副作用。

硫嘌呤 –S– 甲基转移酶（TPMT）将甲基从 S– 腺苷甲硫氨酸转移到免疫抑制剂硫唑嘌呤和 6– 巯基嘌呤上，导致其失活。大约 10% 的欧洲人是杂合子，0.3% 是纯合子。这些个体需要较低剂量的药物。当给予标准剂量的任一药物时，纯合子可能遭受危及生命的骨髓毒性。三种相对常见的变异约占低活性等位基因的 90%。

2. 药物靶点的遗传变异能够影响药效

遗传差异影响药物反应的另一种方式是通过药效学，即药物靶点对给定药物的特异性反应。药物靶点包括受体、酶和信号转导系统。药物靶点的基因变异会影响药物的疗效。

药效学的许多最重要的应用是在抗癌药物中，这些药物被设计为针对细胞表面受体或其他关键分子的特定突变类型发挥作用。其他药物靶点中的一些自然发生的变异与显著不同的临床反应有关。

血管紧张素转换酶（ACE）是一种将血管紧张素 I 转化为血管紧张素 II 的肽酶，后者是一种重要的血压调节器，并具有许多其他生理功能。ACE 基因内含子中 Alu 序列的插入 / 缺失多态性与酶活性的变化有关。缺失纯合子的循环 ACE 水平大约是插入纯合子的两倍。ACE 抑制剂如依那普利和卡托普利广泛应用于治疗心力衰竭。一些报告表明 ACE 抑制剂对缺失纯合子患者比插入纯合子患者更加有效。插入 / 缺失多态性也被广泛应用于研究与疾病的相关性。缺失纯合子患心肌梗死和冠状动脉疾病的风险增加，并且更有可能患 2 型糖尿病并发症，但患晚发型阿尔茨海默病的风险略有降低。

β2 肾上腺素能受体有两种常见的变体——p.Arg16Gly 和 p.Gln27Glu，在许多群体中的频率为 0.4 ~ 0.6，并且彼此之间处于强连锁不平衡状态。β 激动剂是最为广泛使用的哮喘治疗药物。Arg16 纯合子和杂合子个体对单剂量平喘药物沙丁胺醇的响应效果分别是 Gly16 纯合子个体的 5.3 倍和 2.3 倍。

位于染色体 10q24–26 上的 β1 肾上腺受体基因 ADRBI 的常见多态性位点 p.Arg389Gly 与多种药物作用效果相关。Gly389 等位基因与 β 受体阻滞剂的心血管反应降低有关。例如，Arg389 纯合子对 β 受体阻滞剂丁香酚的反应比 Gly389 等位基因杂合子或纯合子效果要好得多。

尽管上面描述的这些药物遗传学和药物基因组学的研究成果已经为人所知几十年了，但它们对开具处方几乎没有影响，因为它们只解释了影响药物处理效果的许多因素中的一部分。临床医生更多时候会通过反复试验来进行判断。另外还存在时效问题，患者和医生都希望在会诊结束时患者能够拿到处方，而不是等实验室报告了相关基因型后再回来取药。

在癌症病例中，癌症靶向药物往往与配套的基因检测一起上市以确定适用的患者，这是由极高的药物成本驱动的。对于价格较低的药物，在风险只是药物无效的情况下进行基因检测的动机较小。但是如果存在严重药物不良反应风险，还是需要首先确定患者的基因型。因此，处方前的基因分型被广泛接受用于阿巴卡韦等药物，阿巴卡韦是大多数 HIV 患者的首选治疗方法，但具有某些特定基因型的人可能会遭受严重的不良反应。

药物遗传学的应用目前还没有被广泛接受，是因为它的目的只是为个体患者提供最有效的剂量，而基因型只是实现这一目标的其中一个因素。如果我们能够有一种像智能手机这样的手持设备，在床边采集一滴血或唾液，并在几分钟内报告相关基因型，或者未来大多数人的全基因组序列可以成为他们标准医疗记录的一部分。那么我们也许会进入承诺已久的个性化医学时代，那时就可以通过基因型确定处方，当然这也取决于基因型对特定临床状况的预测能力。

四、DNA 检测在法医学中的应用：个体身份识别和关系鉴定

利用 DNA 变异识别个体始于英国科学家亚历克·杰弗里斯（Alex Jeffreys）的开创性工作。1984 年，他从人肌红蛋白基因的内含子 1 中鉴定出一个 33 bp 的串联重复序列。当用这个序列作为人类 DNA Southern 印迹的探针时，检测到了几个不同的杂交带。基于这一结果，开发出了一系列包含相关但较短串联重复序列的探针。这些探针与分布在基因组中的许多不同的高度变异微卫星序列杂交，即可在 *Hinf*1 消化的人类 DNA Southern 印迹上产生个体特异性的"指纹"。指纹中的单个条带是可重复的，在家系研究中表现为单一等位基因。其中两种新探针 33-6 和 33-15 构成了法医 DNA 指纹的基础（图 6-28）。当仅使用探针 33-15 时，两个随机无关的欧洲人具有相同指纹的概率为 3×10^{-11}，两个探针都相同的概率是 5×10^{-19}。

自此，DNA 指纹技术彻底改变了法医学，并迅速显示出其在刑事调查和家庭纠纷中的价值。STR 标记的等位基因可以通过精确的重复数来明确定义，报告和记录为 DNA 指纹图谱。如果相关群体中每个等位基因的频率是已知的，那就可以准确计算出 DNA 样本的来源是嫌疑人，而不是该群体中的无关成员。除了高度多态性外，合适的标记物应该在基因组中分散开，并且能进行尽可能可靠的扩增——它们不应该因为引物结合位点中存在的 SNPs 而有扩增失败的风险。选择引物，从不同的标记中得到长度大小不重叠的扩增产物，以便它们可以进行多重 PCR 扩增。如有必要，可以将填充序列

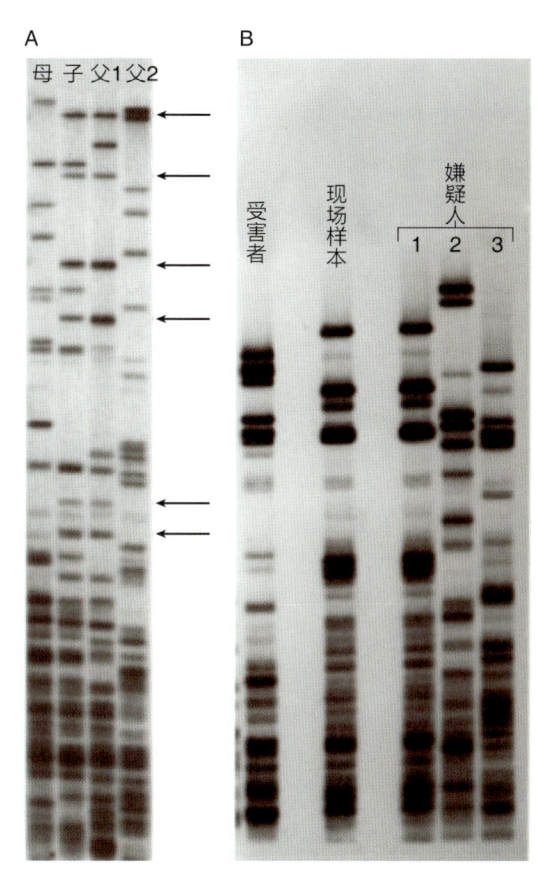

图 6-28　DNA 指纹的应用

（**A**）解决有争议的亲子关系。从一位母亲（M）、她的孩子（C）和两位可能的父亲（F1 和 F2）身上获得了 DNA 指纹。箭头表示在孩子身上有而在母亲身上没有。它们可能来自 F1，但不是 F2，因此排除了 F2 是父亲的可能性。（**B**）刑事调查。从一名强奸受害者的阴道拭子上提取的 DNA 指纹，以及三名嫌疑人的 DNA 指纹。因为棉签可能含有受害者的 DNA（即使经过选择性分离精子头的程序），她自己的 DNA 指纹也会显示出来。嫌疑人 1 号的指纹与样本吻合。数据来源于 Nature，1985，316（6023）：76-79。

加入引物的 5′ 端，以产生合适大小的产物。四核苷酸重复序列通常比二核苷酸更受欢迎，因为它们给出的重复带更少，而且不同的等位基因很容易分离开。

1. Y 染色体分子标记

Y 染色体单倍型可以使用 STR 和 SNP 的组合来定义。因为，除非产生罕见的突变，否则男性的 Y 单倍型与所有男性直系亲属（包括非常遥远的亲属）都是共享的。因此，Y 单倍型匹配几乎没有能力将嫌疑人定罪，但不匹配是强有力的排除性证据。Y–STR 的结果可以从含有绝大多数女性 DNA 的样本中获得，例如在性侵犯之后，当常染色体标记物给出令人绝望的混乱模式时，Y 染色体分型可能会在一批嫌疑人中识别出个别犯罪者。除了犯罪调查之外，Y 标记还可以识别遥远的雄性亲缘关系。

2. 线粒体 DNA 变异

母亲的线粒体 DNA 在没有重组的情况下可以完整地传递给她的所有孩子，因此，就像 Y 单倍型一样，可以用来追踪远房亲戚关系。常见变异主要出现在 D 环的 HV1 和 HV2 高变区。变异通常通过 PCR 扩增，然后对 HV1 和 HV2 区域测序（通常分别为 342 bp 和 268 bp 的扩增子）来分型。异质性并不罕见，并可能使解释复杂化。由于细胞含有许多线粒体，其 DNA 序列的拷贝数远高于核序列。因此，线粒体 DNA 分型可用于量太少或降解太厉害而无法可靠分型核标记的样品。

3. DNA 画像

由于同卵双生子通常在外表上极其相似，他们的面部特征在很大程度上被编码在他们的 DNA 中，那么通过分析犯罪现场样本，可能会产生离开犯罪现场的人的照片特征。图 6–29 展示了通过 DNA 的分析检测进行模拟画像和实际人脸之间的相似程度。

图 6–29　DNA 样本预测长相
数据来源于 Proc Natl Acad Sci U S A., 117（6）: 3053-3062。

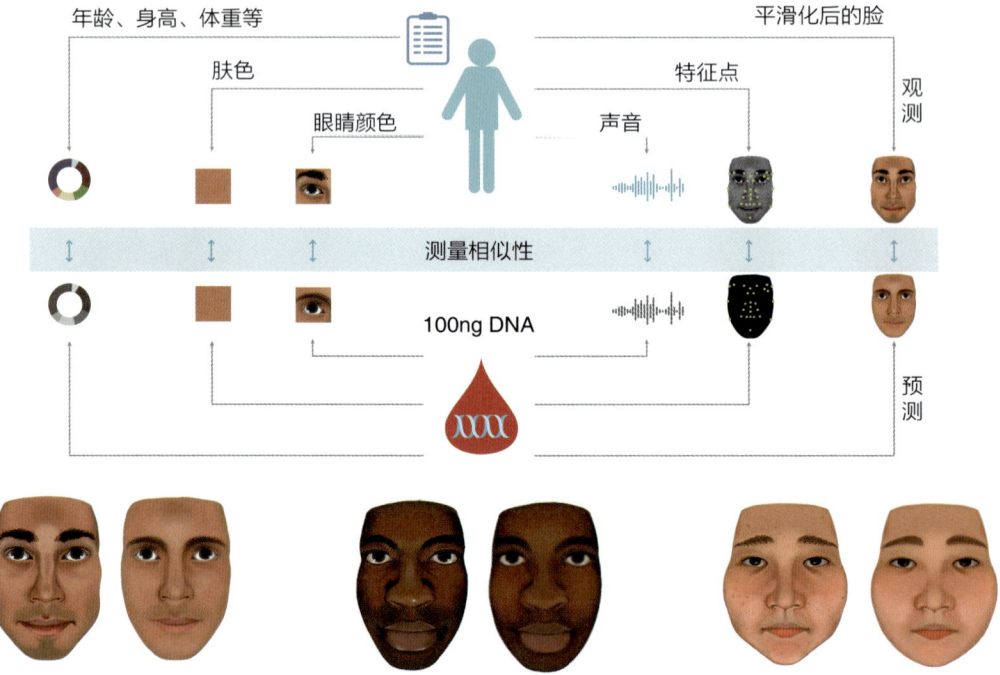

真实的人脸（左）和预测的人脸（右）

4. 父亲身份和亲缘关系检测

与以前基于血型等的方法相比，DNA 图谱提供了一种更优越的鉴别亲子关系或其他关系的方法，可以使用经过充分验证的法医标记试剂盒，或任何其他合适的 DNA 标记。Y 染色体和线粒体标记也有许多应用。亲子鉴定可以很容易地排除所谓的父亲，但永远不能绝对证明一个男人是孩子的父亲。其目的是得出一个父权指数，即嫌疑人而不是来自同一人群的任何一个随机男性是父亲的相对可能性。这将基于相关群体中父系等位基因的频率。对于更遥远的关系，计算可能会变得相当复杂。

与法医匹配不同，在亲子鉴定中必须考虑突变的可能性。STR 标记的突变率远高于 SNPs，并且具有非常高的多态性标记，例如可以非常频繁地观察到 SE33 或 DI8S51 突变。每个标记的每个等位基因的特定突变率都有记录，可以纳入计算（较长的等位基因比较短的等位基因突变率更高）。一般规则是，单一的不匹配，特别是如果不匹配只有一个重复单位，并不排除亲子关系。

第五节　遗传治疗方法

在我们目前的医疗体系中，了解疾病的致病原因，无论它主要是由遗传引起的，还是主要由环境因素引起的，有时候和它的治疗方法毫无关联。标准的治疗总是直接针对症状的。例如：针对严重的耳聋，无论它是由于遗传变异引起的，还是由于误用氨基糖苷类抗生素引起的，最有效的手段都是佩戴助听器或者移植人工耳蜗。但是对于绝大部分的遗传病，特别是单基因病，往往缺乏有效的治疗手段或者现有治疗方法的效果无法令人满意，这就需要依赖于技术的发展，在充分了解致病分子机制的基础上，建立起遗传治疗手段，以期有效缓解症状甚至获得治愈的希望。

对于某些复杂疾病，例如糖尿病，已经有相当令人满意的治疗方法。但是对于许多其他复杂疾病，治疗方法还不太令人满意或者没有效果。根据定义，复杂疾病在遗传上是复杂的。直到最近，我们对潜在的遗传因素还知之甚少，但遗传学研究已经揭示了很多重要的疾病相关因素，特别是自身免疫性疾病，以及越来越多的肿瘤相关因素。遗传学研究能够将复杂疾病区分为不同的亚型，采用针对不同疾病亚型的治疗方法来分别进行治疗。目前层出不穷的新技术和新知识将使我们能够更好地开发出新的更加有效的治疗方法。

本节主要关注如何采用基因治疗等遗传方法来治疗疾病。这些方法大部分应用于治疗遗传疾病（主要是单基因病，但也有一些方法可以用于治疗某些类型的复杂疾病），但它也可以通过赋予宿主抵抗病原体进入的方式治疗某些类型的感染性疾病。在本节中我们首先将治疗分为 3 个大的类别，分别探索各自适用的遗传治疗方法（图 6-30）。然后介绍基因治疗的原理和一般方法，这些方法涉及对患者细胞进行基因修饰或移植经过基因修饰的细胞。之后我们将探讨使用可编程核酸酶进行治疗性基因组编辑的潜在应用前景和存在的风险。最后介绍一些采用遗传手段治疗或预防疾病

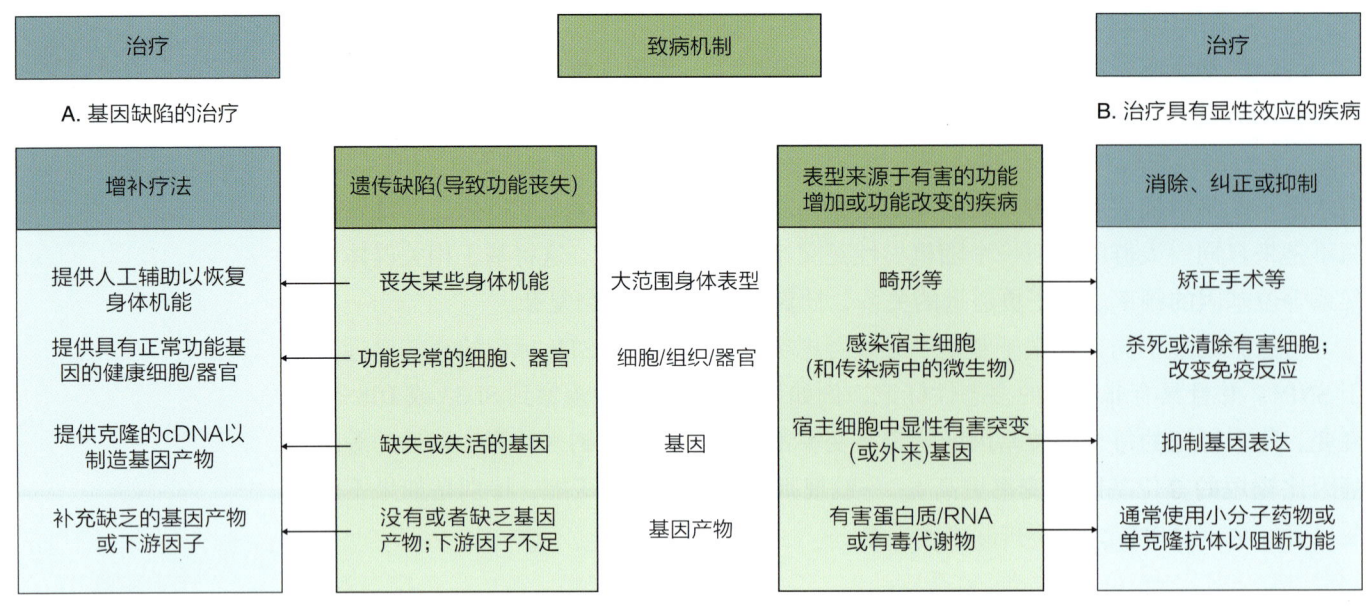

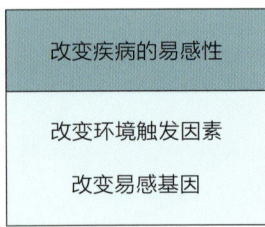

图 6-30　遗传疾病的不同主要治疗策略

的其他方法，例如治疗性 RNA 干扰和线粒体替换等。

一、遗传治疗方法概述

1. 增补疗法

如果遗传疾病是由于基因缺陷引起的基因产物缺乏或者功能丧失，那么可以进行补充治疗，即向患者提供严重耗竭或者缺乏的物质，从而克服缺陷并恢复功能。这种补充强化可以在不同水平上恢复不同级别的功能。

在个体水平上，可以采用常规治疗手段，例如提供人工耳蜗植入或助听器来治疗遗传性耳聋。在细胞和器官水平上，可以将健康的细胞或器官移植到患者体内来产生患者所缺乏的产物，例如骨髓或器官移植。

在分子水平上，可以通过提供纯化的基因产物来恢复表型，比如在许多先天性代谢缺陷中缺少某种用于催化代谢反应的酶。或者当基因产物是在合成一些重要的下游因子（如脂质激素）所需的生物途径中发挥作用时，基因缺陷可能会导致其所合成的下游因子的缺乏。在这种情况下，也可以直接提供纯化的下游因子（如上面提到的脂质激素）。在更加基础的分子水平上，许多基因补充疗法是直接将编码缺失产物的 cDNA 转移到患者的受累组织中，在那里它可以通过转录表达出缺失的蛋白质。此外，也可以对患者的细胞进行基因修饰，使它能够表达出所需的基因产物。

通常隐性疾病（患者的两个等位基因都失去了功能）比显性疾病更加适合分子水平的补充治疗。因为隐性疾病的受累个体通常无法制造出任何有功能的正常基因产物。对受累个体进行中等效力的递送（包括健康细胞、基因或蛋白质）就可以达到有效的治疗。然而，对某些隐性遗传病患者来说补充疗法并不适用，要么是因为很难获得所需分子，要么是难以对它们进行有效的递送。在由于单倍剂量不足引起的显性遗传病中，即使所有的二倍体细胞中都存在一份正常等位基因也会发病，因此需要非常高效的递送手段和高水平表达缺失的基因产物，所以目前的补充疗法还不能够应用于治疗单倍剂量不足引起的单基因病。此外，补充疗法也可以应用于某些复杂的疾病，例如采用纯化的胰岛素和胰岛细胞移植来治疗糖尿病。

2. 抑制疗法

如果是由于功能获得型突变造成的显性有害效应而不是基因缺乏导致的疾病，那么就不能够采用补充疗法。因为这类疾病中出现的问题是无法通过简单地给患者补充正常基因、正常基因产物或正常细胞来纠正的。需要采用与前面所述完全不同的抑制疗法。这种有害效应也可以在个体表型水平上进行治疗，例如对于各种发育畸形，像先天性心脏缺陷、唇腭裂和幽门狭窄这类复杂疾病，直接进行矫正手术会非常有效。

在分子水平上，也可以在不同阶段进行治疗。许多先天性代谢异常中，有害代谢产物水平的升高可以通过各种不同的方式来解决。更常见的问题是由突变基因产生的显性有害基因产物，例如突变的朊病毒蛋白和 β 淀粉样蛋白产生的对细胞有害的蛋白质聚集体，以及短寡核苷酸重复序列不稳定扩增后形成的有害蛋白质或 RNA。这种情况可以通过使用小分子药物或治疗性单克隆抗体选择性地与突变分子结合并抑制其活性来拮抗有害的突变基因产物。在某些情况下，也可以通过使用 RNA 干扰策略在 mRNA 水平上选择性地抑制有害基因的表达。除了靶向有害突变 RNA 外，RNA 干扰也可以靶向感染性疾病中位于细胞内的病原体基因。此外，还可以采用治疗性基因编辑在基因水平上逆转突变并恢复原始序列。

在细胞水平上，疾病可能表现为产生了有害的细胞。有些突变导致细胞行为异常，例如细胞过度增殖导致癌症，可以采用已经长期使用的常规方法（例如：手术切除、放疗和化疗）、靶向性的化学和生物药物，以及肿瘤基因治疗来清除癌细胞从而治疗癌症。在一些遗传疾病中，某些免疫细胞不适当地攻击宿主细胞，引起过度的免疫反应，例如：自身免疫性风湿病或炎症性克罗恩病。在这种情况下，可以采用下调免疫反应的治疗方法。但是在某些癌症的基因治疗中，有时候会反其道而行之，通过上调免疫反应以试图杀死癌症细胞。

3. 改变疾病易感性

第三种治疗疾病的方法试图以某种方式通过降低对疾病的易感性来治疗某些单基因病和一些复杂疾病。在先天性代谢异常中，阻断代谢途径中的某一个步骤可以激活替代途径，导致毒性代谢产物的积累。但这种情况有时可以通过降低疾病易感性来克服，比如消除环境触发因素。例如苯丙酮尿症患者可以通过控制苯丙氨酸的摄入来避免有害产物造成的神经损伤。在某些疾病中，可以通过操纵关键的易感因素，以减少疾病复发的机会或降低进行性疾病的影响。

二、基因治疗

基因治疗是遗传学方法治疗疾病的终极应用。它依赖于对患者的细胞进行基因修饰，包括将基因修饰的细胞移植到患者体内，或者将遗传物质直接原位输送到患者体内。基因修饰包括向细胞内转入人工构建的基因，通常是 DNA 分子。但从广义上来讲，人工构建物也可以是 RNA 或者寡核苷酸。如果人工构建物是专门针对 RNA 转录物的，通常称作 RNA 治疗。不同基因治疗策略中使用的基因类型见图 6-31。

基因增补可以应用于功能丧失型疾病，但目前仅限于治疗出于缺乏或几乎完全没有某些基因产物造成的隐性疾病。其目的仅仅是将克隆的有功能基因拷贝转移到患者细胞中，以制造出缺乏的基因产物。基因沉默应用于由显性有害基因产物引起的疾病。如果功能获得型突变除了产生正常基因产物外，还产生有害的突变基因产物，则可以尝试通过靶向突变 RNA 转录物来选择性地抑制突变等位基因的表达。同样的方法也可以应用于治疗自身免疫性疾病和传染病。其他方法寻求通过使用基因组编辑将突变等位基因序列转化为正常等位基因序列，来修复 DNA 损伤或最小化致病突变的影响。癌症基因治疗策略通常依赖于杀死癌细胞。其目的是直接杀死细胞（通过插入和表达克隆基因来产生一些细胞毒性产物和细胞死亡）或间接杀死细胞，通过将基因转移到健康的免疫系统细胞中，以刺激针对肿瘤的增强免疫反应。

图 6-31　不同基因治疗策略中的基因类型

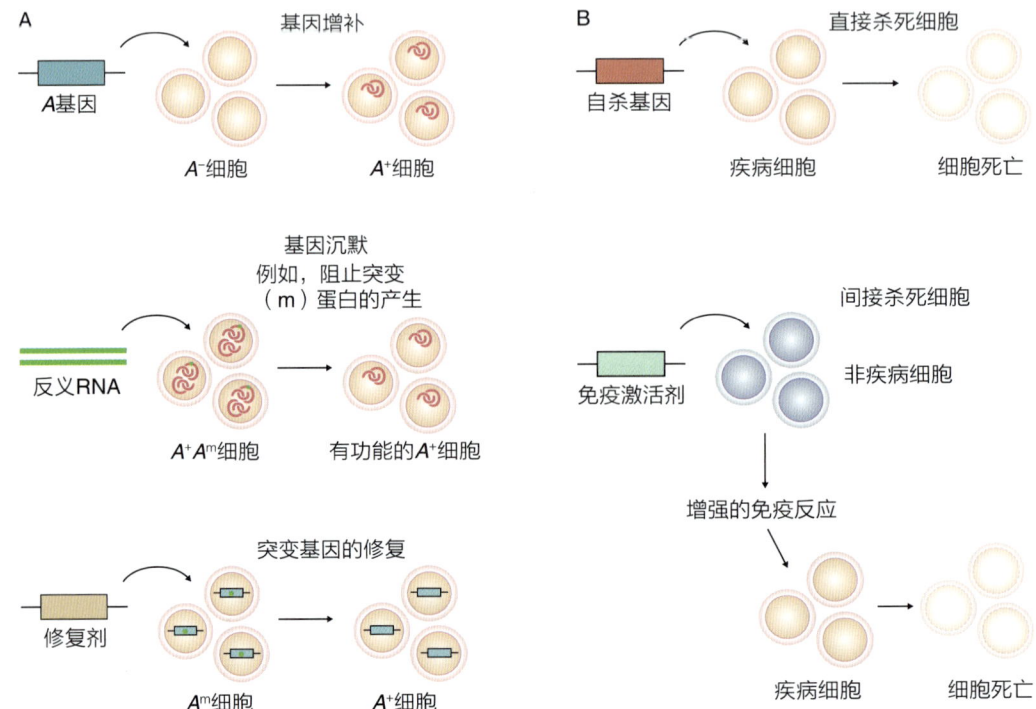

根据转基因细胞能否将人工构建物传给后代，可以将潜在的基因治疗分为两大类：

（1）体细胞基因治疗：该疗法针对患者的体细胞或组织，基因改造的任何后果都仅限于该患者本身。这种类型的基因治疗可以用于修饰体细胞的细胞核 DNA。

（2）生殖细胞基因治疗：在体外受精的过程中对配子或早期胚胎的 DNA 进行基因修饰。基于伦理原因，旨在修饰核 DNA 的生殖细胞基因治疗在人类中被广泛禁止（因为这种基因修饰可以传递给后代并对后代产生影响）。然而，旨在修饰线粒体 DNA 以阻断严重线粒体疾病传递的生殖细胞基因治疗则是另一回事，该治疗目前已经在英国合法化了。

基本上目前所有的人类基因治疗试验和方案都是围绕修改体细胞基因组来开展的。然而，随着基因治疗成功案例的积累，以及技术变得越来越精细和安全，将该技术拓展到生殖系细胞中修饰核 DNA 的诉求会越来越多。基因优化和"设计婴儿"的可能性会不可避免地引发伦理问题。

三、基因组编辑疗法

基因治疗的早期成功使用了基于同源重组的基因组编辑技术，但目前越来越多地采用可编程核酸酶的基因组编辑技术。它使用人工设计的核酸内切酶在所需的靶位点制造出双链断裂，从而对细胞基因组内的特定序列进行精确改变。不同治疗性基因组编辑的策略见图 6-32。使用基因组编辑治疗遗传疾病的一般策略是用等效的正常序列（基因校正）取代致病基因中的突变序列。大部分治疗性基因组编辑最终可能会出现在这一领域。更为复杂的基因组编辑是上调基因的表达以减轻因功能丧失而引起的疾病，例如：通过上调一种产生功能相关蛋白质的基因来补偿肌营养不良蛋白质的丧

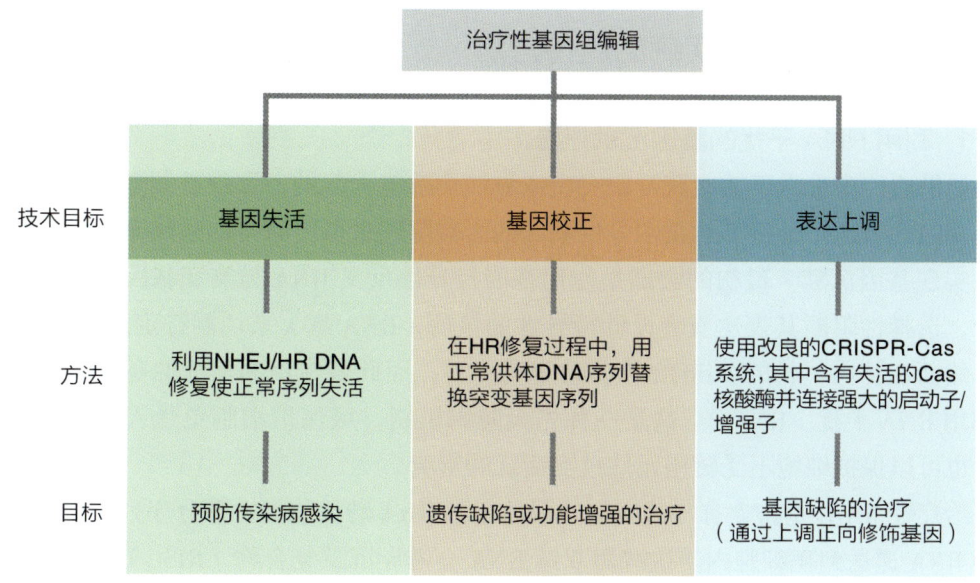

图 6-32 治疗性基因组编辑的不同策略

失。基因失活可以应用于特定的传染性疾病，因为病原体需要识别特定的人类细胞表面蛋白质才能感染细胞，所以失活该细胞表面蛋白质可以预防感染。

目前主要使用的基因编辑手段是 CRISPR-Cas 系统，它是通过转入产生核酸内切酶的基因和可以结合核酸内切酶的相关 RNA 引导序列来发挥作用的。RNA 引导序列通常与靶序列互补，在结合核酸酶后引导 RNA 寻找基因组中的互补序列，将核酸内切酶定位到靶序列，并在那里造成 DNA 双链断裂。

在这些方法中，最终目的都是在细胞内特定靶位点造成 DNA 双链断裂，然后依赖不同的 DNA 损伤修复途径来修复 DNA 双链断裂。在非同源末端连接（non-homologous end joining，NHEJ）途径中，DNA 修复过程中经常会发生随机错误，因此修复片段的序列可能因细胞而异，之后可以在其中筛选出含有所需序列变化的细胞。或者人为引导 DNA 采用同源重组（homologous recombination，HR）途径进行修复，这样就可以通过复制转入的基因序列以产生所需的序列变化。

治疗性基因组编辑的步骤包括：修改取自患者细胞中的特定基因序列、筛选具有所需序列的细胞、将这些细胞重新输入患者体内。最为通用的治疗性基因组编辑是用正常序列来替换突变的基因序列，这一方法可以应用于任何遗传疾病，包括功能获得型突变导致的遗传病。治疗性基因组编辑的另一个潜在的应用是通过使宿主细胞对病毒感染具有抗性来治疗传染病，例如 HIV 治疗的例子。

由于 CRISPR-Cas 技术特别容易实施，而且非常有效，逐渐成为了可编程核酸酶的主流技术手段，并且得到了更为广泛的应用。但是该方法的缺点是核酸酶 Cas 切割的特异性高度依赖于所使用的 CRISPR RNA，并且很可能发生脱靶效应。也就是说，Cas 核酸酶有时可能会在基因组的其他地方切割与靶标类似的序列。这是基因治疗应用中需要特别关注的问题，例如：某个脱靶效应可能会激活原癌基因。目前人们仍在积极探索提高 Cas 核酸酶特异性的各种方法，例如：将结构刚性修饰的寡核苷酸（也称为桥接核酸）掺入 CRISPR RNA 中。

四、其他治疗或预防疾病的遗传方法

1. 利用 RNA 干扰的基因沉默疗法

如果遗传病是由于功能获得型突变或显性负效应引起的，那就必须选择性地抑制突变基因的表达，并将其对正常等位基因的影响降到最低。通常的策略是使用各种技术来实现基因沉默。最初的尝试是使用基因特异性反义 RNA 与突变基因的转录产物结合，选择性阻断其表达或者设计特异性的核酶（RNA 酶）来切割特定的 RNA 转录物。然而在体内，长的单链 RNA 非常容易降解。因此最常用的治疗性基因沉默方法是利用 RNA 干扰（RNAi）。这是一种先天防御机制，可保护细胞免受入侵病毒的侵袭，也可以保护细胞不受转座元件过度活跃的影响。

治疗性 RNAi 是将含有与感兴趣基因的正常 RNA 转录物的一部分序列相对应的短双链 RNA 递送到靶细胞内。这些短双链 RNA 会诱导沉默复合物（RISC）启动下游信号途径，导致任何含有与引入的 RNA 序列相同的 RNA 转录物被降解，从而丧失功能。在这一过程中，递送到细胞内的既可以是各种不同类型的短链 RNA，也可以使用能够转录加工出双链 RNA 的质粒 DNA（图 6-33）。

长期以来，治疗性基因沉默一直受到各种问题的困扰。最初，人们主要担忧的是脱靶效应引起的细胞毒性（除了预期转录物外，其他基因的 RNA 转录物也会受到影响）和引入 RNA 导致的免疫原性。此外，如何将短链 RNA 有效递送到靶细胞中也是一个巨大的挑战。目前在递送方面已经取得了重要进展：阳离子脂质转移系统是现在应用最广泛的 RNA 递送系统。此外，也可以使用不同的偶合物将 RNA 特异性地靶向到某些特定的细胞类型，例如：siRNA 可以与 N- 乙酰氨基半乳糖结合从而靶向递送到肝细胞，因为 N- 乙酰氨基半乳糖可以与肝细胞上存在的去唾液酸糖蛋白受体相互作用，促进肝细胞的内吞作用。

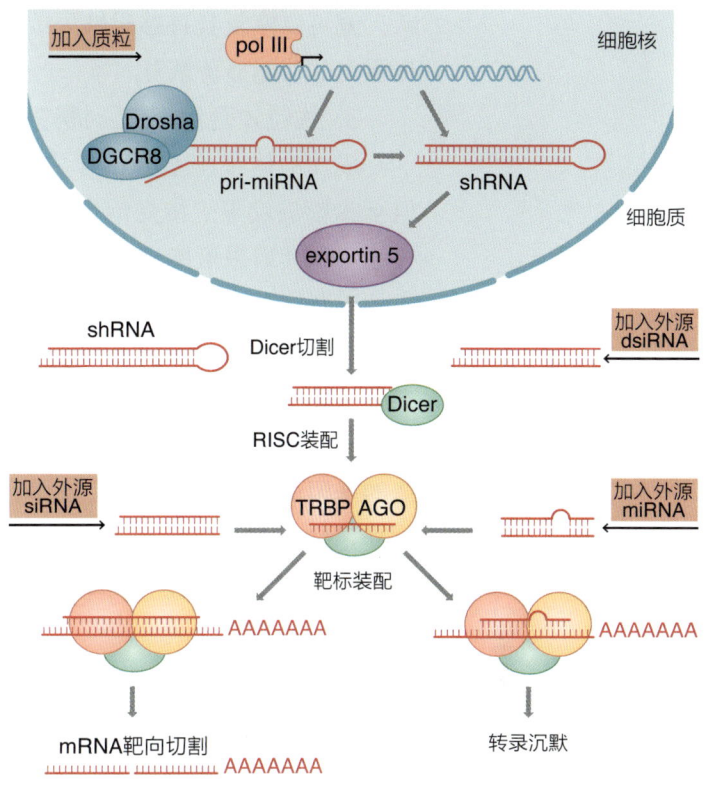

图 6-33　RNAi 疗法

很多组织可以作为合适的 RNA 治疗靶点，特别是眼。Macugen 是第一个被批准的 RNA 治疗药物。它通过抑制眼中血管内皮生长因子的表达来治疗黄斑变性（黄斑变性是成人失明的主要原因）。基因递送手段的发展也使肝脏成为静脉注射或皮下注射的合适靶点。截至 2018 年，使用 RNA 疗法的 40 多项不同临床试验正在进行中，其中几项已经进入临床试验Ⅲ期。

2. 控制剪接

不太常用的一种治疗疾病的方法是迫使疾病基因改变其剪接模式，从而显著减少致病突变的有害影响。因此，可以将反义寡核苷酸设计成与 pre-mRNA 转录物中的特定剪接区域结合。阻断剪接区域与剪接体复合体的相互作用会导致外显子跳跃。诱导外显子跳跃可能适用于外显子中包含有害突变并且其核苷酸数量正好可以被三整除（这样可以保持开放阅读框不变）的情况。或者它可以用于纠正导致移码的缺失突变，但前提是缺失一个外显子不会产生灾难性的后果。

一个典型的例子是杜氏肌营养不良症。这种非常长的肌营养不良蛋白利用 N 端和 C 端的重要功能序列作为"钩子"，将肌肉细胞的收缩单元连接到质膜上，因此相当大一部分的中央区域蛋白片段在功能上就不那么重要了。如果它被突变删除，就会产生一个更短的蛋白质，可以继续发挥作用，但效率相对较低。因此，跨越 X 连锁肌营养不良蛋白基因的多个中间外显子的大段非移码缺失与轻度表型相关，而中间外显子中的无义突变、移码突变，以及移码缺失反而会导致严重表型。如果诱导外显子跳跃，就可以恢复具有移码缺失或有害点突变的突变基因的开放阅读框，使得肌营养不良蛋白的功能显著恢复。

3. 线粒体替代疗法：通过种系改造预防遗传疾病传播

成功的体细胞基因治疗之路肯定不是一帆风顺的（实际上曾经导致数人死亡），但至少影响仅限于接受治疗的人。人类生殖细胞的基因改造是一个完全不同的命题：在这里，其后果可能延伸到后代。生殖细胞基因疗法的支持者认为，随着基因改造技术的不断完善，生殖细胞基因改造可以用来根除各种严重的遗传疾病，如亨廷顿舞蹈症。相反的观点是没有必要进行生殖细胞的基因治疗，哪怕胚胎的基因修饰是 100% 准确可靠的。直接对有携带严重致病性突变的潜在父母采用体外受精并使用基因筛查来选择不携带突变的胚胎，不是更简单吗？目前，对人类生殖细胞的核 DNA 进行改造的基因治疗方法被各国广泛禁止，但对人类生殖细胞中线粒体 DNA（mtDNA）的修饰则是另一回事。

mtDNA 的突变是一部分疾病的重要原因，它们沿着母系传播。但在许多女性中，线粒体异质性（野生型和突变型 mtDNA 分子共存的现象）使得情况复杂化。对于携带特定的致病性突变导致的线粒体遗传病，其严重程度由线粒体突变程度、突变与野生型 mtDNA 的比例来决定。

线粒体遗传病目前没有足够有效的治疗方法，其中一些疾病很严重，有时是致命的，会导致流产或夭折。因此临床工作的重点是预防。然而，在早期卵子发生过程中，mtDNA 拷贝数显著减少，来自同一母亲的不同卵母细胞的突变 mtDNA 可能会出现显著差异（瓶颈效应）。因此准确预测儿童未来的疾病风险是不可能的。植入前基因诊断无法适用于卵母细胞始终含有高突变负荷的女性。相反，在这种情况下，可以采用线粒体替代疗法。采用来自健康女性捐赠者的去核卵母细胞作为正常线粒体的来源，核基因组由未来的父母提供，共同形成用于试管婴儿的杂交胚胎。核基因组可以以核体的形式提供，核体可以在受累的母体卵母细胞与父系精子体外受精后通过原核体转移或受精前通过纺锤体转移（图 6-34）来获得。

由于受精卵是用健康的供体 mtDNA 代替异常的母体 mtDNA 形成的，因此可以视为一种生殖细胞基因疗法，所以在许多国家是被禁

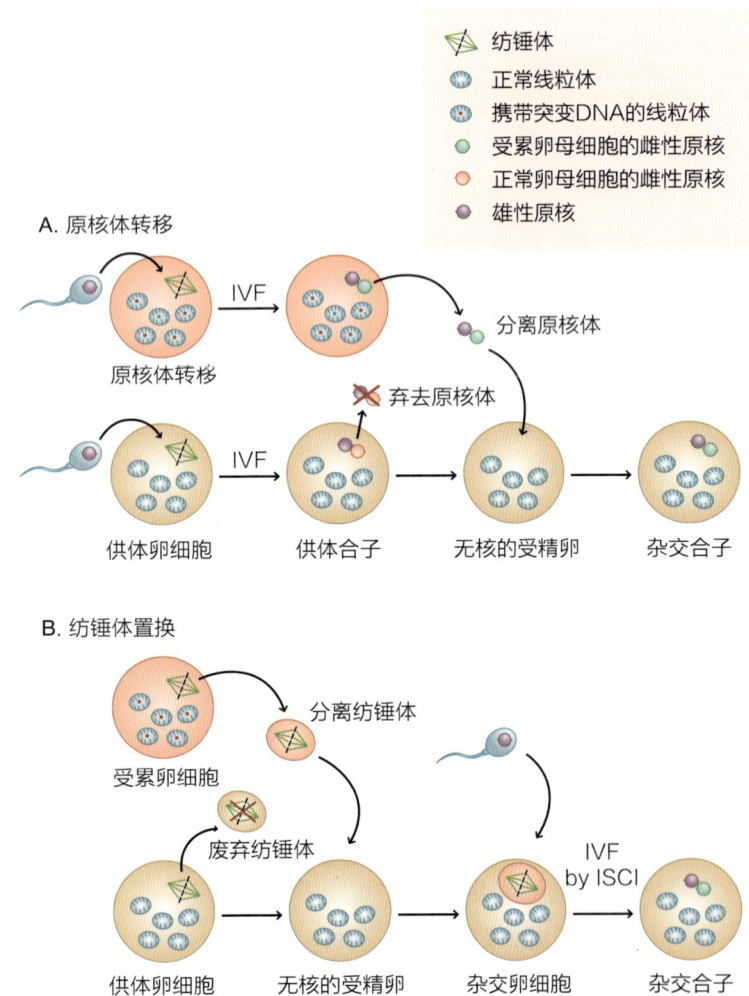

图 6-34　线粒体替代疗法

止的。然而 2015 年英国修改了法律，允许通过原核转移进行线粒体替代疗法。2016 年末，该项目获得了英国监管机构人类胚胎和受精管理局的批准。2016 年，在墨西哥首次使用人类线粒体替代疗法产生了第一个由线粒体捐赠产生的三亲婴儿。该治疗旨在预防一种会导致早期流产或幼儿死亡（通常在 2~3 年内）的严重神经系统疾病——Leigh 综合征。这对来自约旦的父母之前曾 4 次流产，两个侥幸出生的孩子也在很小的时候死于这种疾病。令人鼓舞的是，三亲婴儿的线粒体突变量很少，但仍需要仔细监测。

※ 复习思考题

1. X 染色体随机失活会导致伴 X 遗传病在女性中的表型发生怎样的变化？

2. 比较连锁分析和二代测序在鉴定单基因病致病基因方面各自的优点和缺点。

3. 目前认为在复杂疾病中存在"丢失的遗传率"问题，即哪怕是通过全基因组关联研究找到的易感位点全部加起来也无法解释该复杂疾病的遗传率，那么发生"丢失的遗传率"可能的原因是什么？

4. 你认为适用于个体诊断的遗传检测是否也一样适用于群体筛查？

5. 你认为哪些疾病类型可以采用遗传方法来进行治疗？遗传治疗方法与传统的治疗方法相比，具有哪些优势？

※ 推荐阅读

1. WILKIE A O. The molecular basis of genetic dominance[J]. J Med Genet, 1994, 31: 89-98.

2. FALCONER D S, MACKAY T F C. Introduction to Quantitative Genetics[M]. 4th ed. New York: Longmans Green, 1996.

3. HARPER P S. Practical Genetic Counselling[M]. 7th ed. Boca Raton: CRC Press, 2010.

4. OTT J, WANG J, LEAL S M. Genetic linkage analysis in the age of whole genome sequencing[J]. Nat Rev Genet, 2015, 16: 275-284.

5. LELIEVELD S H, SPIELMANN M, MUNDLOS S, et al. Comparison of exome and genome sequencing technologies for the complete capture of protein coding regions[J]. Hum Mutat, 2015, 36: 815-822.

6. KIRCHER M, WITTEN D M, JAIN P, et al. A general framework for estimating the relative pathogenicity of human genetic variants[J]. Nat Genet, 2014, 46: 310-315.

7. The WELLCOME TRUST CASE CONTROL CONSORTIUM. Genome-wide association study of 14,000 cases of seven common diseases and 3,000 shared controls[J]. Nature, 2007, 447: 661-678.

8. LAPPALAINEN T, LI Y I, RAMACHANDRAN S, et al. Genetic and molecular architecture of complex traits[J]. Cell, 2024, 187: 1059-1075.

9. RICHARDS S, AZIZ N, BALE S, et al. Standards and guidelines for the interpretation of sequence variants: a joint consensus recommendation of the American College of Medical Genetics and Genomics and the Association for Molecular Pathology[J]. Genetics in Medicine, 2015, 17: 405-424.

10. EL C G V, CORNEL M C, BORRY P, et al. Whole-genome sequencing in health care. Recommendations of the European Society of Human Genetics[J]. Eur J Hum Genet, 2013, 21: 580-584.

11. WANG L, MCLEOD H L, WEINSHILBOUM R M. Genomics and drug response[J]. New Engl J Med, 2011, 364: 1144-1153.

12. NALDINI L. Gene therapy returns to centre stage[J]. Nature, 2015, 526: 351-360.

13. COX D B, PLATT R J, ZHANG F. Therapeutic genome editing: prospects and challenges[J]. Nat Med, 2015, 21: 121-131.

（编写：卢大儒、杨雪艳；审读：黄涛生）

第七章

遗传筛选和模式生物

遗传学研究的核心问题之一是基因型与表型的关系。基因突变对基因功能和生命活动的影响最终呈现为表型变化。从具有差异表型的个体入手，寻找导致表型差异的基因变异，进而认识基因的生物学功能，这一遗传学研究的经典策略就是正向遗传学（forward genetics）。随着分子生物学技术的不断进步，从识别基因序列变化入手，追踪基因变异引起的表型改变，进而认识基因功能的反向遗传学（reverse genetics）策略也逐渐得到广泛使用。

遗传筛选是在基因组水平开展的基因型和表型关系研究。传统的正向遗传筛选从接受全基因组随机诱变的群体出发，根据特定表型变化选择目标个体，分析其携带的遗传变异，识别导致特定表型差异的各个突变基因（图7-1）。随着反向遗传学的进步，对变异位点明确的基因突变体库进行表型筛选日益受到青睐。遗传筛选不依赖于对基因功能的初步认识，有可能发现参与特定生命活动过程的大部分基因，进而勾勒出该过程的遗传调控框架。在生物学发展史上，遗传筛选多次产生过里程碑式的发现。

遗传筛选策略原则上适用于任何生物群体。然而，考虑到资源限制和研究效率，遗传筛选主要选用遗传背景清晰、生物学知识丰富且能在实验室大规模养殖的动植物和微生物作为研究对象。符合这些标准的常用动物、植物和微生物也被称为遗传学模式生物（model organism）。

本章将讨论遗传筛选的基本原理，并对主要的遗传学模式生物进行介绍。

图 7-1　一种针对隐性基因变异的遗传筛选策略
将经随机诱变的野生型个体，按图示交配策略获得不同基因变异（m_1，m_2，m_3，……）的纯合子，再通过表型筛选获得影响同一表型（生命活动过程）的候选基因。

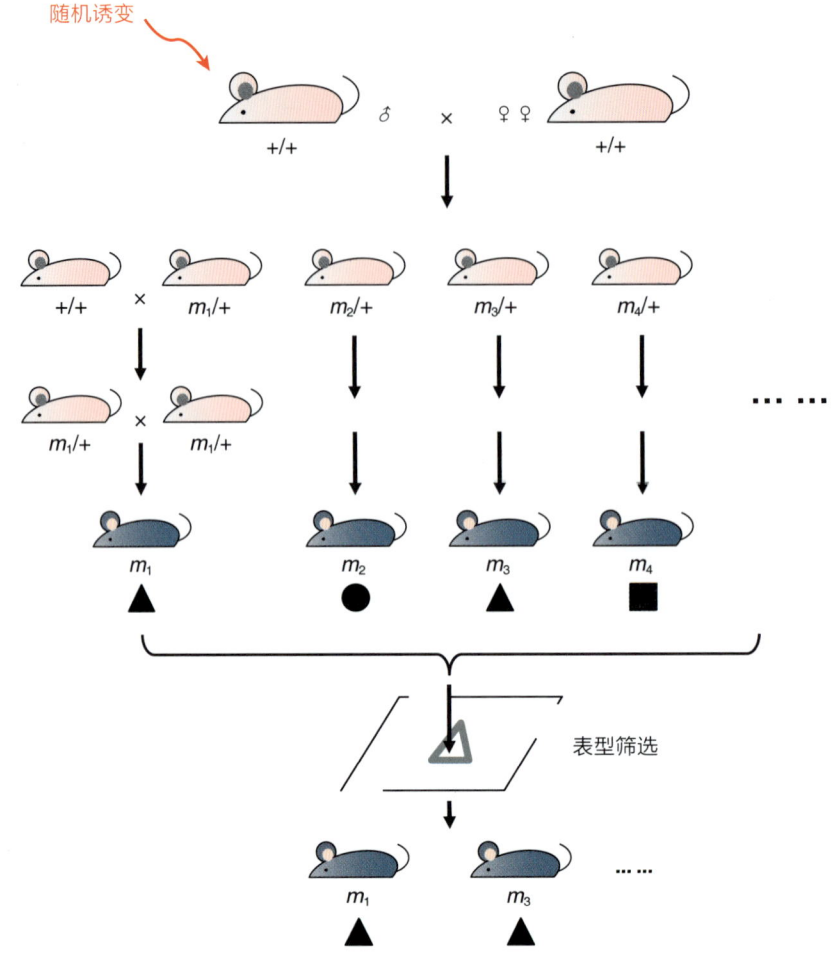

第一节　遗传筛选

　　穆勒于 1927 年发现 X 射线的诱变作用，并因此获得了 1946 年诺贝尔生理学或医学奖。20 世纪 40 和 50 年代，以细菌、噬菌体等原核生物为研究对象的基因诱变和表型筛选研究较为活跃。20 世纪 60 年代起，对真核生物进行全基因组诱变和系统表型筛选的工作逐渐起步。当时，波尔森和西摩·本泽（Seymour Benzer，1921—2007）实验室分别用黑腹果蝇（*Drosophila melanogaster*，以下简称果蝇）作为实验材料，对卵子发生和行为的遗传调控开展筛选研究。1980 年，尼斯莱因－福尔哈德和维绍斯发表了他们系统诱变筛选果蝇胚胎发育致死突变的研究结果（Nüsslein-Volhard et al.，1980）。他们鉴别的基因不仅揭示了果蝇模式形成（pattern formation）的奥秘，其同源基因也被后续研究证明对高等动物发育和疾病发生有重要意义（知识窗 7-1）。1995 年，他们与发现果蝇双胸复合物（bithorax complex）的刘易斯一起分享了诺贝尔生理学或医学奖（Lewis，1978）。

遗传筛选发现果蝇模式形成的奥秘

多细胞动物由受精卵经过细胞增殖和分化发育而来。在胚胎发育过程中，细胞会按特定的时空模式，精确有序地形成各种结构，这一过程称为模式形成。自古希腊时期，人类就对动物发育表现出浓厚兴趣。希波克拉底（Hippocrates of Kos，460—370 BC）、亚里士多德（Aristotle，384—322 BC）和克劳狄乌斯·盖伦（Claudius Galenus of Pergamum，129—199）都曾讨论过鸡胚的发育。亚里士多德还描述过角鲨的胎生现象。19 世纪末，随着实验生物学的发展，模式形成成为发育生物学（当时被称为胚胎学）的核心问题。1924 年，施佩曼用异种组织移植实验，发现蝾螈胚胎背唇的一小群细胞可以诱导胚胎形成第二体轴，从而提出了"组织者"和"诱导"的概念（图 7-2）。这一工作表明，模式形成是一个受到精确调控的生物学过程，施佩曼因此获得了1935 年诺贝尔生理学或医学奖。

在施佩曼发现的诱导现象背后，究竟是怎样的生物学机制在发挥作用？为了解答这一问题，发育生物学家们进行了多种尝试。这些活动包括：20 世纪 30 年代，活跃的剑桥和伦敦"理论生物学俱乐部"，试图明确科学问题并研讨破解方法；30—40 年代的生物化学探索，50—70 年代的细胞生物学研究；以及 50 年代将胚胎学更名为发育生物学，以鼓励多学科交叉研究。然而，在将近半个世纪里，上述努力一直未能发现模式形成背后的生物学机制。

1979 年，刚到欧洲分子生物学实验室（European Molecular Biology Laboratory，EMBL）工作的尼斯莱因－福尔哈德和维绍斯决定尝试利用果蝇破解模式形成机制。两人此前曾一起在果蝇发育遗传学家瓦尔特·格林（Walter J. Gehring，1939—2014）实验室工作过几个月，之后也一直保持着联系。他们选用果蝇研究胚胎发育，不仅基于专业背景，还因为果蝇具有适合充当遗传学模式生物的多种特性、当时最丰富的遗传学工具和

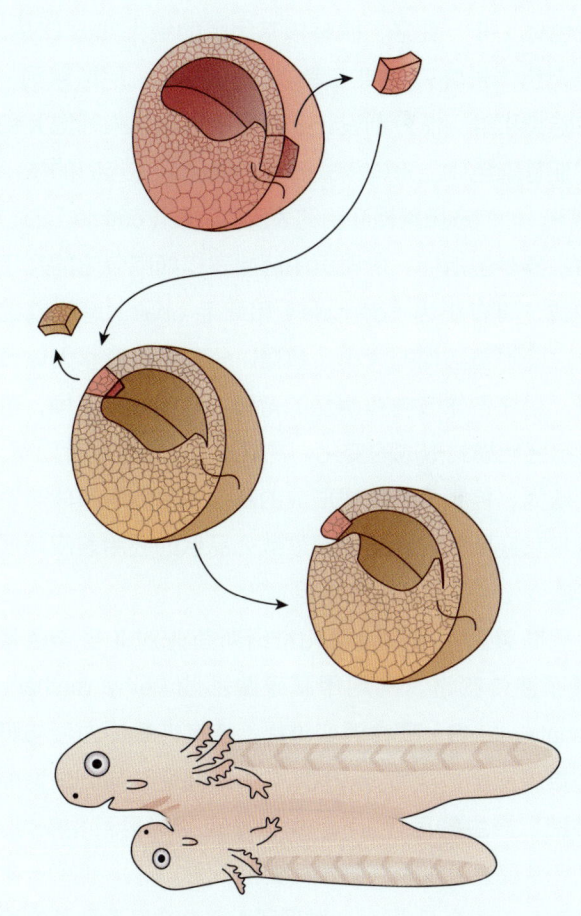

图 7-2　施佩曼发现诱导现象

技术积累，以及明显的模式形成特征。

与其他昆虫一样，果蝇躯体由多个体节组成。这一躯体规划模式早在胚盘时期就已经确定。果蝇幼虫时体节区分极为明显，成虫时头部体节愈合，但胸腹部体节区分依然清晰可见。果蝇体节沿前后体轴分布，不同位置的体节发育命运各异。各体节内的细胞随前后和背腹位置不同也具有不同的命运。值得注意的是，体节的产生和分化也是高等动物胚胎发育的必经步骤。当时，对这些发育过程遗传调控机制的研究极少，相关的果蝇基因突变只有 *bicaudal* 等寥寥数种。

为系统搜寻调控果蝇模式形成的基因，尼斯莱因－福尔哈德和维绍斯决定合作开展全基因组诱变筛选（图7-3）。果蝇共有4对染色体，其中X染色体和两条常染色体（Ⅱ、Ⅲ号）拥有核基因组的绝大部分DNA，Ⅳ号染色体长度只有前三者总和的约1%。尼斯莱因－福尔哈德和维绍斯分别设计了3组平行实验来筛选X和Ⅱ、Ⅲ号染色体上影响模式形成的基因。在当时的技术条件下，他们选用果蝇胚胎的表皮角质层（cuticle）形态作为主要表型指标。角质层由胚胎表皮细胞分泌的几丁质构成，具有小齿（denticle）和细毛（hair）等附着结构。这些附着结构的大小、数量、分布区域形状因体节而异，且在各体节内有明显的背腹、前后分布差异，可以指征胚胎模式形成的变化，并易于通过整装制片观察。他们认为，控制果蝇模式形成的基因失活会导致体节发育异常和胚胎死亡，通过观察致死品系的胚胎表皮角质层形态变化即可发现这些基因。

尼斯莱因－福尔哈德和维绍斯首先对Ⅱ号染色体进行了遗传筛选，利用甲基磺酸乙酯（ethyl methane sulfonate，EMS）喂食诱变雄蝇，待其恢复体力后与野生型雌蝇交配；再将下一代（F₁）雄蝇逐一与野生型雌蝇交配，产生的后代（F₂）中的雌雄果蝇再互相交配，建立纯合品系，观察胚胎发育变化（图7-3）。他们一共检测了5 764个F₂品系，发现了1 620个胚胎致死突变品系，其中272个品系有较明显的表皮角质层形态变化。通过互补测验和遗传定位（详见第八章），他们最终在Ⅱ号染色体上确定了61个影响果蝇胚胎模式形成的基因（Nüsslein-Volhard et al.，1984）。

尼斯莱因－福尔哈德和维绍斯采用了一系列遗传学技术提高研究效率。例如，他们采用了携带眼色突变标记（朱砂眼 cinnabar，cn；褐眼 brown，bw）的Ⅱ号染色体作为诱变区域。这两种隐性眼色突变不影响果蝇胚胎发育，但同时存在会使果蝇复眼呈现白色。这样，携带突变的Ⅱ号染色体纯合子可以通过复眼颜色与其他红色复眼的果蝇相区分，帮助快速识别携带Ⅱ号染色体纯合致死突变的品系。又如，他们使用了名为 CyO 的平

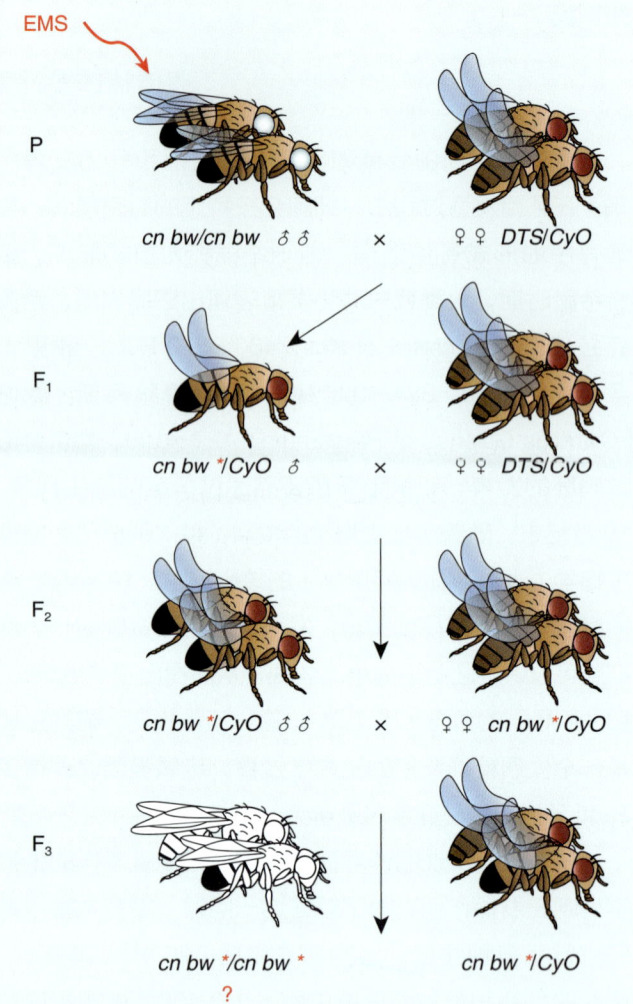

图7-3　尼斯莱因－福尔哈德和维绍斯筛选果蝇Ⅱ号染色体模式形成基因

衡染色体（详见本章第二节）抑制在遗传筛选中获得的Ⅱ号染色体上的基因突变与眼色突变标记的重组。CyO 染色体携带的显性遗传标记卷翅（Curly，Cy）可以帮助区分Ⅱ号染色体纯合致死突变品系，同时携带两条 CyO 染色体的果蝇则死于幼虫期而不干扰后续实验。他们还使用了显性温度敏感致死（dominant temperature sensitive，DTS）突变标记未经诱变的Ⅱ号染色体，并在29℃环境下繁殖F₂果蝇。此时，携带 DTS 标记染色体的果蝇因无法完成胚胎发育而被清除。这些遗传学技术结合勤勉工作，使得Ⅱ号染色体基因的系统筛选仅用时

3 个月即告完成。

此后，尼斯莱因－福尔哈德和维绍斯又以类似策略完成了果蝇 X 染色体和 III 号染色体基因的诱变筛选，并分析了 IV 号染色体的突变品系。这些工作一共建立并分析了近 27 000 个突变品系，鉴别了 139 个影响果蝇胚胎模式形成的基因位点。他们发现的基因及其突变表型显示，果蝇胚胎发育中存在调控前后轴和背腹轴的两套机制。在参与前－后轴决定的基因中，裂隙基因（gap gene）突变导致连续数个体节缺失，成对规则基因（pair rule gene）突变导致奇数或偶数编号体节的结构缺失，体节极性基因（segment polarity gene）突变则导致各体节内结构缺失和部分重复。此外，还有一些基因突变会导致体节内结构扩张或缺失。这些结果提示果蝇体节形成遵循由大到小、先粗后细的决定顺序（图 7-4）。

尼斯莱因－福尔哈德和维绍斯在诱变筛选时非常重视工作的规模和完整性（筛选的"饱和"程度）。他们筛选发现的大部分基因位点都获得了多个突变品系，随着筛选的持续，发现新基因的速度也逐渐减缓。这些现象符合筛选已经"饱和"的预期。然而，这些证据只是表明他们获得了符合筛选标准的基因突变，并不意味着他们发现了所有控制果蝇模式形成的基因。例如，控制模式形成的基因失活会出现表型变化的工作假设，不可避免地受到基因功能冗余的影响。又如，他们的筛选只检查了基因突变纯合子，涉及的基因必须在胚胎发育时就已经开始表达。然而，果蝇胚胎发育还受母体在卵子中储存的基因产物影响（母体效应），这些基因在筛选过程中并未得到有效关注。事实上，用相似策略分析纯合突变雌蝇的后代随后发现了至少 30 个影响胚胎发育的母体效应基因（Nüsslein-Volhard，1996）。

随着尼斯莱因－福尔哈德和维绍斯筛选发现的模式形成调控基因陆续被克隆，同行们很快意识到它们的同源基因在不同物种中调控着类似的信号通路，广泛参与了各种发育和疾病过程。现在广为人知的 Notch、Hedgehog、Wnt、EGF、BMP 等信号转导分子都在尼斯莱因－福尔哈德和维绍斯的基因列表中出现过。这些工作不仅揭示了果蝇模式形成的遗传调控框架，也使得果蝇成为广受欢迎的遗传模式生物。

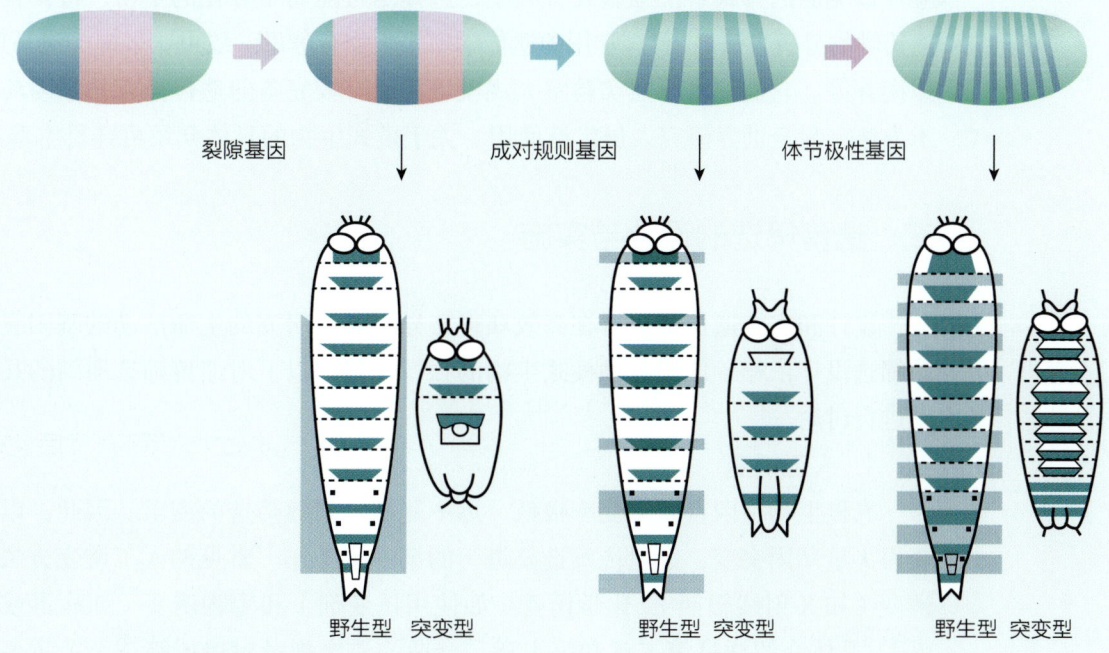

裂隙基因　　　成对规则基因　　　体节极性基因

野生型　突变型　　　野生型　突变型　　　野生型　突变型

图 7-4　果蝇胚胎发育早期模式形成的基因调控

一、遗传筛选的基本步骤

遗传筛选包括 5 个基本步骤：①设定研究目标，确定一个合适的生命活动过程作为研究对象；②选定研究体系，选择一种合适的模式生物开展工作；③设计并实施筛选，获得改变相应生命活动的基因突变；④分析突变，解析基因功能和作用方式；⑤研究基因相互作用，以勾勒生命活动的遗传调控机制。

生物学背景了解浅、分子机制不清楚、难以建立体外研究体系或用其他研究策略停滞不前的领域，适合通过遗传筛选进行研究突破。这是因为遗传筛选只要求被研究的生命活动过程由基因调控，不需要更多的前提条件。此外，遗传筛选涉及全基因组范围的基因诱变、表型鉴定和基因相互作用分析，更适合为其他研究策略提供知识框架和研究蓝图。历史上著名的遗传筛选研究多为这类问题。例如，在尼斯莱因－福尔哈德和维绍斯对果蝇模式形成的研究之前，对早期胚胎发育的研究已经在施佩曼发现"组织者"并提出诱导概念后，停滞了约半个世纪。同样，在 2002 年诺贝尔生理学或医学奖得主霍华德·霍维茨（Howard R. Horvitz）用遗传筛选寻找控制细胞凋亡的基因时，人们对细胞凋亡的分子机制几乎一无所知。

用于开展遗传筛选的模式生物，首要条件是体内存在待研究的生命活动过程。满足这一前提后，应选用构造尽可能简单、繁殖周期短、养殖成本低的物种，以提高研究效率。对此，现代分子生物学奠基者之一、2002 年诺贝尔生理学或医学奖得主悉尼·布伦纳（Sydney Brenner，1927—2019）于 1963 年申请开展线虫研究时说过："我们应该以类似的方式解决细胞发育问题，选择尽可能简单分化的生物，将其置于微生物遗传学的分析方法之下"。常用的遗传学模式生物有酵母、线虫、果蝇、斑马鱼、小鼠、拟南芥等。它们都可以在实验室大规模培养，有较完备的遗传操作与基因功能分析技术方法，为全世界研究人员广泛使用。关于模式生物的具体介绍可详见本章第二节。

二、遗传筛选的设计与实施

设计和实施遗传筛选旨在高效获得特异影响待研究的生命活动的基因突变。精巧的筛选设计依赖于使用各种模式生物的独特优势，以下对遗传筛选遇到的几个常见问题进行讨论。

1. 人工诱变

真核生物基因自发突变率极低，远不能满足高效筛选的需求。因此，以人工诱变获得大量基因突变，是遗传筛选要进行的第一步工作。常见的人工诱变方法包括物理诱变（如 X 射线辐照）、化学诱变（如使用诱变剂）和生物诱变（如病毒或转座子插入），具体介绍详见第三章和第十章。合适的诱变剂量对遗传筛选至关重要：剂量过高可能导致接受诱变处理的个体死亡或不育，剂量过低则会增加后续筛选的工作量。为提高突变个体的生产效率，一般对雄性进行诱变处理，待其生育力大体恢复后再与多个雌性个体交配繁殖。

2. 克服致死和不育突变的影响

真核模式生物多为二倍体，大多数突变基因对野生型基因而言是隐性的。因此，设计遗传筛选时需要繁育突变纯合子，以便通过表型变化发现尽可能多的基因突变。然而，许多纯合基因突变会导致个体死亡或不育，获得的纯合子无法用于传代或重现实验。为此，通常采用杂合子交配保种或保存条件基因突变策略。尼斯莱因－福尔哈德和维绍斯在筛选胚胎发育缺陷突变时，使用杂合子交配保种。哈特韦尔在酿酒酵母中筛选细胞周期调控基因时，选择了在 23℃ 活性不受影响、而在 36℃ 时失活的温度敏感突变。

3. 认识基因功能冗余和多效性

基因功能冗余（redundancy）是指多个基因功能相似，可以部分或全部互相替代的现象。真核生物在进化过程中常发生基因复制，复制后的基因常会发生功能冗余。单个功能冗余基因突变时表型变化通常较弱，同时突变时才会出现较强的表型改变，这被称作协同表型（synthetic phenotype）。基因功能的多效性（pleiotropy）是指一个基因突变影响多种表型的现象。冗余和多效性并不罕见。例如，线虫有两组与多阴门（Muv）表型相关的基因，这两组基因各自单突变均不影响阴门发育，只有同时突变才会导致阴门数量异常。又如，小鼠 *ABL1* 和 *ABL2* 基因编码结构和功能相似的两个蛋白激酶 c-Abl 和 Arg。c-Abl 功能具有多效性，基因敲除后引起多系统异常和部分致死。c-Abl 和 Arg 还存在功能冗余，双突变小鼠神经胚形成异常，导致胚胎早期死亡。冗余会导致遗传筛选时突变检出率的降低，需要设计针对性的筛选方法。多效性可能导致突变后早发表型的出现掩盖了迟发表型，影响对基因功能的全面了解。研究成年期或组织特异基因失活的个体可以弥补这一不足。

三、分析突变、研究机制

获得突变只是遗传筛选的第一步，分析突变如何影响基因功能、利用突变间的遗传互作推测基因作用机制，是遗传筛选最终推动领域进步的关键。这些内容将在后续章节进行详细讨论。

第二节 模式生物

生命从简单到复杂不断进化，每次改变几乎总是对既有生命形态的再利用与再创造。因此，对一个物种生命活动过程的研究，可以帮助了解类似物种的生命活动过程；对简单生物生命活动机制的分析，也可以帮助探索复杂生物生命活动的类似机制。模式生物就是被研究人员在实验室中广泛选用，为研究生命活动过程充当模型，帮助明确基因型和表型间的关系，从而为分析、理解乃至调节人及其他物种生命活动提供启示的一组生物的总称。

人类驯养动物、植物和微生物的历史可以追溯到旧石器时代。狗的驯化历史至少有 18 000 年，小麦等成为农作物也超过 10 000 年，酵母用于酿酒可追溯到 7 000 年前。这些驯化的物种不少被用于科学研究，但成为模式生物的只是少数。与一般用于科学研究的物种相比，模式生物通常具有以下几个特征。

首先，模式生物应具有良好的代表性，获得的研究成果可以启发对其他物种生命活动的理解。例如，对秀丽隐杆线虫细胞谱系发育的研究帮助人们认识了细胞凋亡的基因调控机制。这一机制被证实在从线虫到人的多细胞动物中都是高度相似或保守的。又如，对黑腹果蝇体节发育的研究帮助人们认识了躯体模式形成（body patterning）的遗传调控，而哺乳动物也使用大体类似的分子机制调控肢体和体节的形成。相比之下，许多实验室生物主要被用于研究特定生物学问题，代表性较为有限。例如，蚊虫 20 世纪 60 年代已有实验室饲养，迄今仍主要用于疟疾等虫媒传染病的防控研究。

其次，模式生物要具备便于实验室研究的生物学特性和较完备的遗传操作与基因功能分析技术方法。模式生物一般个体较小，饲养成本可控，世代周期较短，后代数量较多，可在实验室环境下迅速繁殖大量后代，在实验室间运输也较为容易。模式生物的基因组往往较小，诱变处理后容易产生基因突变，也适合转基因和基因靶向诱变，能有效进行个体水平的基因功能整合分析。相比之下，豚鼠（*Cavia porcellus*）等曾经常用的实验动植物由于开展遗传学和基因功能研究的难度较高，未能跻身模式生物之列。

第三，模式生物得到全世界研究人员广泛使用。模式生物由于其生物学和实验优势得到许多研究人员青睐。在各自使用模式生物开展工作的同时，这些研究人员又积极建立起了一致的研究规范和密切的学术联系。他们有意识地推广模式生物研究技术、及时共享生物品系、研究材料和研究成果，逐步建立各种模式生物品系中心和数据库。这种共享互利的价值观反过来又促进了模式生物得到更多认可和使用。

模式生物为人类分析理解基因组的组成、结构与功能做出了巨大贡献，对建立疾病动物模型、研发疾病干预方法也有重要价值。进入 21 世纪以来，以模式生物为主要研究对象的生命科学研究已获得过至少 14 次诺贝尔奖。

一、酵母

酿酒酵母（*Saccharomyces cerevisiae*）和粟酒裂殖酵母（*Schizosaccharomyces pombe*，以下简称裂殖酵母）都是重要的真核模式生物，它们 3.5 亿年前由共同祖先分别进化而来。基因组研究发现，酿酒酵母较裂殖酵母与哺乳动物共享基因更少，提示裂殖酵母进化较酿酒酵母缓慢。酿酒酵母于 19 世纪末被嘉士伯实验室（The Carlsberg Laboratory）用于工业发酵研究，20 世纪初起被用于代谢等生化研究，20 世纪 30 年代开始用于遗传学研究（Greig et al., 2009）。相比之下，裂殖酵母遗传学直到 20 世

40 年代末才得以建立。

1. 酵母生物学

酿酒酵母细胞呈椭球型，以单倍体和二倍体两种形式存在，均可通过有丝分裂出芽繁殖（图 7-5）。条件合适时酿酒酵母每 1.5~2 h 分裂一次，较小的子细胞以出芽方式离开较大的母细胞。酿酒酵母单倍体分为 a 型（*MATa*）和 α 型（*MATα*），两者交配后形成二倍体细胞（*MATa/MATα*）。环境营养匮乏时，二倍体细胞减数分裂形成四分子，其中包含 a 型和 α 型单倍体孢子各两个。酿酒酵母可用液体培养基或琼脂培养基繁殖，也可 -80℃冷冻保藏。

裂殖酵母细胞呈圆柱形，主要以单倍体形式存在，通过有丝分裂成为两个对称的子代细胞。裂殖酵母细胞生长时只向两端延伸，用细胞长度可判断所处的细胞周期，条件合适时每 2~2.5 h 分裂一次。裂殖酵母单倍体有 h⁺（*mat1-P*）型和 h⁻（*mat1-M*）型，环境胁迫下两者可结合形成二倍体，随后迅速减数分裂形成四个单倍体孢子，待环境好转时再发育为单倍体细胞。实验室条件下，也可利用 *mat2-102* 等突变菌株获得稳定的二倍体细胞。裂殖酵母可进行液体和固体培养，并可冷冻保藏。

酿酒酵母于 1996 年成为第一个完成基因组测序的真核生物。它的单倍体基因组约 12.5 Mb，共有 16 条染色体，进化中经历过全基因组复制。酿酒酵母有近 6 000 个蛋白质编码基因，其中仅 4% 有内含子。裂殖酵母于 2002 年成为第六个完成基因组测序的真核生物。它的单倍体基因组有 3 条染色体，约 13.8 Mb，进化中未发生全基因组复制。裂殖酵母有 5 000 多个蛋白质编码基因，其中逾 40% 有内含子。

2. 酵母遗传学研究

由于可以方便地获得数十亿计的酵母细胞，正向遗传学研究可以直接筛选自发突　　图 7-5　酵母生活史

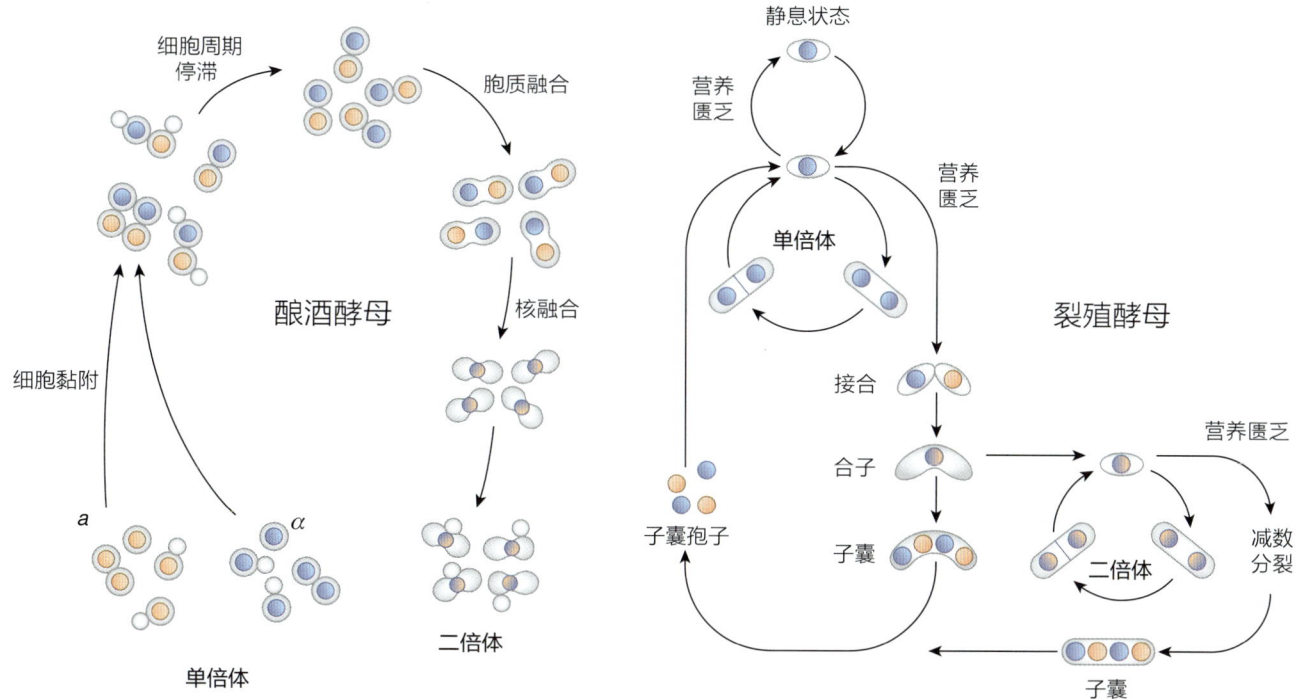

变，也可先进行化学诱变或转座子插入诱变再进行筛选。诱变酿酒酵母常用的转座子有 *mTn3*、*mTn7* 和 *Ty1*，诱变裂殖酵母则可以用 *Hermes* 和 *piggyBac*。由于培养容易、细胞数多，较为罕见的温度敏感突变可以经常由诱变获得。用两种酵母的单倍体可以直接观察基因突变表型，结合温度敏感突变和影印平板培养等技术，即使致死突变也可以快速检出。同时，实验室条件下两种酵母稳定存在二倍体，可用于基因功能互作的双突变体分析。通过自动化的协同基因阵列（synthetic gene array）分析技术，可以将获得的基因突变与包含几乎所有基因缺失的突变体库交配，逐一检验基因的相互作用。

在酵母中还可以进行各种反向遗传学操作，转基因 DNA 既能以自主复制的染色体外质粒形式存在，也可以高效同源重组整合到染色体上。裂殖酵母多用原生质体转化和醋酸锂法转基因，酿酒酵母常用的转基因方法还包括电转移和基因枪。抗生素标记和营养缺陷型标记都常用于快速发现转基因细胞。利用携带转基因标记的酵母 cDNA 文库转化基因突变细胞，可以快速确定突变基因。

酿酒酵母和裂殖酵母同源重组功能发达。人类基因组 1% 重组率（1 cM）约合 1 Mb，而在酿酒酵母和裂殖酵母基因组中仅分别相当于 2 500 bp 和 6 250 bp。事实上，酿酒酵母和裂殖酵母仅分别需要转基因 DNA 两端各 40 bp 或 60 bp 的同源序列即足以引发同源重组。高效的同源重组不仅使基因靶向诱变变得非常容易，也允许对基因组 DNA 进行更复杂的改造。此外，裂殖酵母可以用 RNAi 抑制基因表达。由于 Dicer 等基因缺陷，酿酒酵母不能进行 RNAi 操作。

3. 酵母对当代生命科学的贡献

酵母是研究真核细胞生物学的重要模型，被广泛用于真核细胞转录翻译、异染色质结构功能、基因表达调控、DNA 复制修复、着丝粒功能、染色体高级结构、细胞周期、细胞器发育、细胞骨架组织、细胞分裂等各种基本生物学过程的探索。哈特韦尔和纳斯通过筛选温度敏感突变，分别在酿酒酵母和裂殖酵母中发现了 CDC、CDK 等一系列细胞周期调控基因，荣获 2001 年诺贝尔生理学或医学奖。用酵母开展的端粒酶功能研究帮助杰克·绍斯塔克（Jack W. Szostak）和伊丽莎白·布莱克本（Elizabeth H. Blackburn）获得了 2009 年诺贝尔生理学或医学奖。兰迪·谢克曼（Randy W. Schekman）利用酿酒酵母温度敏感突变筛选找到了控制内质网、高尔基体和细胞表面膜泡运输的系列基因，从而获得了 2013 年诺贝尔生理学或医学奖。大隅良典（Yoshinori Ohsumi）因利用蛋白酶缺陷的酿酒酵母筛选发现自噬调控信号通路，获得了 2016 年诺贝尔生理学或医学奖。此外，酿酒酵母还帮助罗杰·科恩伯格因真核生物转录机制研究获得了 2006 年诺贝尔化学奖。

酵母基因组学是基因组学研究的开路先锋之一。由于基因组和细胞尺寸较小，酵母非常适合高通量研究。2002 年完成的酵母基因组缺失计划（Saccharomyces Genome Deletion Project，SGD）系统培育了各个基因失活的酿酒酵母。诱导基因失活的插入片段携带不同 DNA 序列组成的"条形码"，使利用液体培养基筛选群体表型成为可能。目前，酿酒酵母和裂殖酵母都有多种基因失活品系库、基因过表达品系库和 GFP、

TAP 等标签融合品系库，为进行基因功能、蛋白质细胞内定位和互作研究提供了巨大的便利。使用荧光报告基因和自动化设备的酵母全基因组表型筛选已可在 2 周内完成。酵母也是合成生物学的重要模型之一。覃重军等结合使用 CRISPR/Cas9 系统和同源重组，培育了 16 条染色体合一的单染色体酿酒酵母（Shao et al.，2018）。以从头合成酿酒酵母基因组为目标的国际合作 Sc2.0 计划也已完成技术路线设计。

二、线虫

秀丽隐杆线虫（*Caenorhabditis elegans*，曾用名 *Rhabditis elegans*，以下简称线虫）最早于 1900 年被弗朗索瓦·莫帕（François É. Maupas，1842—1916）命名并用于生物学实验。莫帕发现线虫具有正常态和耐受态（dauer）两种发育过程，并描述了线虫的繁殖方式。1966 年，现代分子生物学奠基者之一、2002 年诺贝尔生理学或医学奖得主布伦纳在英国医学研究理事会（Medical Research Council，MRC）工作时决定用线虫研究发育生物学与神经生物学，并于 1974 年发表了他的第一篇线虫遗传学论文，揭开了线虫作为模式生物的序幕（Brenner，1974）。

1. 线虫生物学

线虫是一种自由生活，以细菌为食的线形动物，一生经历卵、幼虫、成虫三阶段（图 7–6）。线虫的幼虫共四龄，成虫体长约 1 mm，25℃下 3 天即可完成一个世代周期。在群体拥挤食物匮乏时，二龄幼虫会进入耐受态，待食物来源恢复后再继续成长为四龄幼虫。实验室条件下，线虫既可饲养在琼脂平板上以大肠杆菌为食，也可进行液体饲养以进行需要大量虫体的生物化学研究。

线虫通体透明，体细胞数量和发育谱系固定，是已知唯一体内所有细胞都能被清楚盘点归类的多细胞生物。它有五对常染色体和一对或一条性染色体 X，具有两条 X 染色体时发育为具有 959 个体细胞的雌雄同体，只有一条 X 染色体时发育为具有 1 031 个体细胞的雄体。雌雄同体可以自体受精产下约 300 枚卵，其中雄性个体只占不到 0.2%。雌雄同体与雄性交配后将会先使用雄性精子，且产卵数上升至约 1 000 枚。线虫染色体没有着丝粒，也不需要特定序列与微管结合。

线虫基因组约 100 Mb，于 1998 年完成测序，是第一种完成基因组测序的多细胞生物。线虫基因组具有约 20 000 个蛋白质编码基因，38% 以上线虫基因在人类基因组中有直系同源基因（orthologue），逾 60% 人类基因在线虫基因组中有直系同源基因。

2. 线虫遗传学研究

在进行基因组随机诱变时，化学诱变、辐射诱变、*Tc1* 和 *Mos1* 转座子插入诱变等方法都适用于线虫。除了个体小、后代多、世代短、饲养容易等常见的实验优势外，线虫雌雄同体的特性赋予其独特的操作便利。自体受精不仅减少了保种工作量，而且容易得到突变纯合子，即使导致运动障碍的基因突变一般也不影响其繁殖。研究人员可以同时诱变所有染色体，而不担心在后续繁殖中丢失基因突变。如同果蝇一样，线虫被发现存在一些倒位、易位等畸变染色体，可充当平衡染色体保存致死突

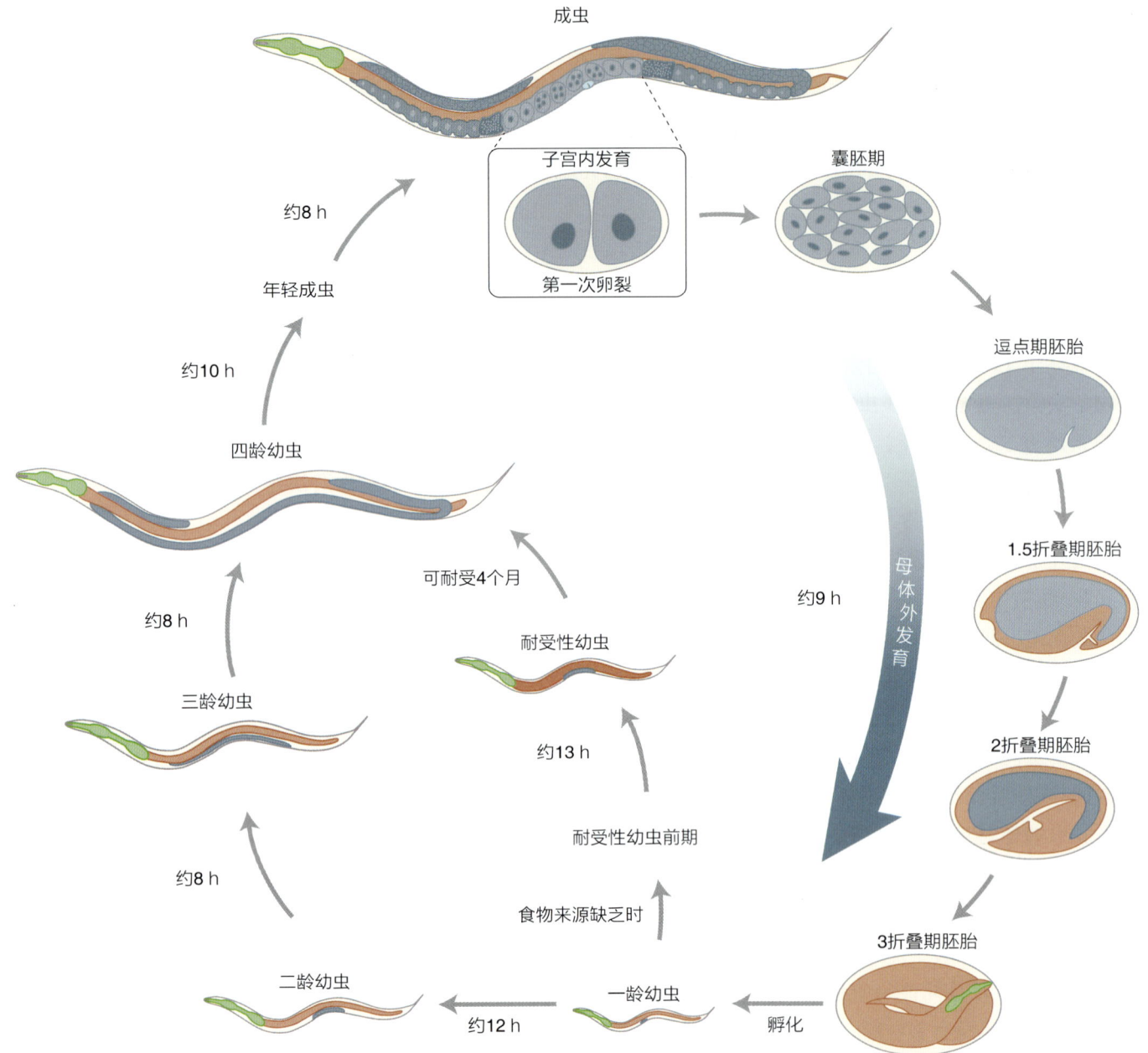

成虫

约8 h

年轻成虫

约10 h

四龄幼虫

约8 h

三龄幼虫

约8 h

二龄幼虫

约12 h   一龄幼虫   孵化

子宫内发育

第一次卵裂

囊胚期

逗点期胚胎

1.5折叠期胚胎

2折叠期胚胎

3折叠期胚胎

母体外发育

约9 h

可耐受4个月

耐受性幼虫

约13 h

耐受性幼虫前期

食物来源缺乏时

图 7-6   线虫生活史

变。此外，线虫可以耐受冷藏，进一步降低了诱变筛选的工作量。

通过向线虫性腺合胞体显微注射 DNA 或利用基因枪轰击虫体可以培育转基因个体。注射的线性或环状 DNA 会重组形成多拷贝染色体外阵列，但通常只在体细胞表达。染色体外阵列可不同程度传代，这一特性可用于培育遗传嵌合体线虫。利用基因枪将携带 DNA 的金颗粒轰击细胞，可以得到整合于染色体上的低拷贝 DNA，并实现生殖细胞表达。线虫中可以高效地利用 RNAi 抑制基因表达。TALEN 核酸酶和 CRISPR/Cas9 系统也成功被用于在线虫中实现基因的靶向诱变。线虫中有同源重组实现序列替换的报道，但其发生率仅为 DNA 染色体整合事件的 0.5% ~ 7%。NemaGENETAG 联盟培育了 13 000 多个基因组定位明确的 *Mos1* 转座子插入品系。

MosDEL 技术选择目标基因附近的插入品系，诱导 *Mos1* 切离形成 DNA 缺失以获得基因突变。

3. 线虫对当代生命科学的贡献

线虫是正向遗传筛选周期最短的多细胞模式生物。它细胞谱系清楚，细胞数量不多，虫体透明容易观察。同时，细胞已经出现结构和功能的分化，个体又具有营自由生活必需的趋利避害等一系列复杂技能。因此，线虫既适合研究细胞增殖、分化、互作等基本生物学过程，也适合研究神经、运动和器官发育等复杂过程。利用线虫开展的工作推动了许多重要信号通路的发现与阐明。例如，细胞凋亡发育的必经步骤，凋亡异常在肿瘤、免疫和退行性病变中都发挥重要作用。霍维茨等人研究线虫细胞谱系发育的遗传调控，筛选发现了十多个细胞凋亡调控相关基因。其中不少在人类基因组中有类似功能的同源基因。这些工作不仅勾勒了细胞凋亡的遗传调控框架，也促进了人类疾病生物学研究，霍维茨因此共享了 2002 年诺贝尔生理学或医学奖。又如，Ras 原癌基因信号通路从线虫到人高度保守，该通路的许多环节首先是由斯特恩伯格和韩珉等人以线虫阴门（vulva）发育过程为模型，通过遗传筛选发现并阐明作用方式的（Sternberg et al.，1998）。此外，线虫还为衰老、干细胞、miRNA 等诸多领域研究做出了重要贡献。

线虫也为基因功能研究技术做出了重要发现。法尔和梅洛在线虫中建立的 RNAi 技术不仅推动了线虫遗传学的发展，也被用于从植物到人的各种生物，因而获得 2006 年诺贝尔生理学或医学奖。目前，RNAi 干扰已获批用于遗传性转甲状腺素蛋白淀粉样变性（hereditary transthyretin amyloidosis）的治疗。线虫也是最早在研究中用绿色荧光蛋白进行细胞标记的模式生物，马丁·查尔菲（Marin L. Chalfie）因此共享了 2008 年诺贝尔化学奖。液体培养技术、多孔板体系、移液机器人、流式分选技术、自动图像识别系统与转基因 GFP 细胞标记技术和 RNAi 相结合，使研究人员可用线虫筛选数以万计化合物的生物学效应，在 1 h 内完成鉴定多达十万条线虫的表型变化。

三、果蝇

黑腹果蝇（*Drosophila melanogaster*，曾用名 *Drosophila ampelophila*，以下简称果蝇）最早于 1905 年被弗雷德里克·卡彭特（Frederic W. Carpenter, 1875—1925）用于生物学研究。一年后，卡彭特发现近交对果蝇繁殖力没有影响。这是果蝇适于作为遗传学研究材料的原因之一。1907 年，哥伦比亚大学动物学教授摩尔根开始在实验室饲养果蝇，并于 1910 年发现了第一个表型异常（白眼）的果蝇。摩尔根、斯特蒂文特、穆勒和布里奇斯于 1915 年总结果蝇研究成果撰写了《孟德尔遗传机理》（*Mechanisms of Mendelian Inheritance*）一书，确定遗传的染色体理论基础和果蝇作为模式生物的地位。

1. 果蝇生物学

果蝇是完全变态昆虫，一生经历卵、幼虫、蛹、成虫四阶段（图 7-7）。果蝇幼

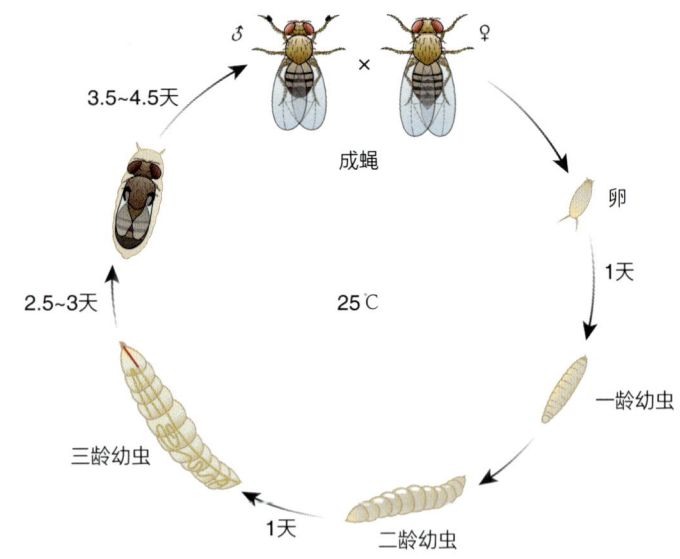

图 7-7　黑腹果蝇生活史

虫共三龄，成虫体长约 3 mm，25℃下 10 天即可完成一个世代周期。实验室条件下，果蝇可用含玉米粉、糖和酵母等成分的琼脂培养基饲养。由于不耐寒冷，果蝇品系需定期转移到新鲜培养基上以维持种群。

果蝇有三对常染色体和一对性染色体，雌蝇携带两条 X 染色体，雄蝇携带 X 和 Y 染色体各一条。与哺乳动物不同的是，果蝇性别由 X 染色体和常染色体组的比例决定，只有一条 X 染色体而没有 Y 染色体的果蝇仍是雄性。同时，雄蝇生殖细胞减数分裂时也不发生同源染色体联会和重组。雌蝇羽化后需要 8～12 h 才能进行交配，一次交配可以产卵达 400 枚。果蝇幼虫唾液腺具有巨大的多线染色体，便于染色体畸变观察和基因染色体定位。

果蝇基因组约 180 Mb，于 2000 年完成测序。果蝇基因组与人类基因组有约 60% 同源，具有近 14 000 个蛋白质编码基因。75% 的人类疾病基因在果蝇基因组中有同源基因。

2. 果蝇遗传学研究

果蝇个体小、后代多、世代短、饲养容易，是遗传学研究的好材料，对遗传学发展做出了重要贡献。遗传的染色体理论、染色体畸变、基因的连锁与交换、等位基因相互作用方式等知识都是最先通过对果蝇的研究而明确的。在一百多年的发展历史中，果蝇领域诞生了大量重要的模式生物学遗传学研究方法，使果蝇成为目前遗传学操作最方便的模式生物系统之一。

在进行正向遗传筛选时，化学诱变、辐射诱变、P 和 piggyBac 转座子插入诱变都适用于果蝇。目前，果蝇基因诱变计划（Gene Disruption Project，GDP）已经培育并收集了 18 000 余个 P 和 piggyBac 等转座子插入突变品系供研究人员选用。

穆勒等发明的果蝇平衡染色体携带一个或多个倒位，能有效抑制相应区域的同源染色体重组。平衡染色体还携带显性标记，以及隐性不育或致死突变。前者方便识别具有平衡染色体的个体，后者用以控制群体中平衡染色体频率（图 7-8）。用平衡染色体和致死突变形成杂合子，其后代可不经人工选择而一直以杂合子保存致死突变。用平衡染色体也可以防止同一染色体上的两个突变因发生交换而丢失，从而有效保存双突变。在正向遗传筛选时，用

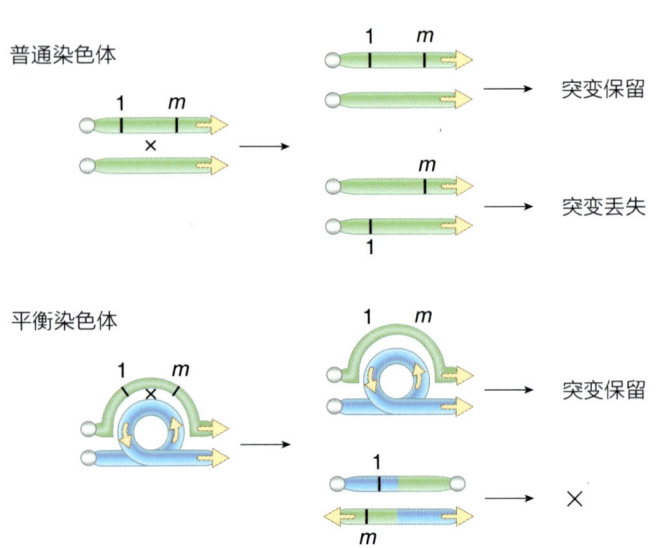

图 7-8　平衡染色体的作用原理

平衡染色体不仅可保存新突变并进行基因组初步定位，也能帮助识别突变纯合子以分析表型，与常规方法相比可以提高效率近 300 倍。

在进行反向遗传学研究时，果蝇可以方便地进行转基因和靶向基因诱变。利用 P 因子载体培育的转基因果蝇中，外源 DNA 绝大多数以单拷贝整合于染色体上。维也纳果蝇品系中心（VDRC）、转基因 RNAi 计划（TRiP）、Bloomington 果蝇品系中心（BDSC）和日本遗传学研究所（NIG）都有规模过万的果蝇 RNAi 品系资源。利用 I-Sce1 内切酶和源自酵母的位点专一重组酶 FLP 可以实现果蝇基因靶向诱变。TALEN 核酸酶和 CRISPR/Cas9 系统也被成功用于类似用途。果蝇还发展出了 GAL4/UAS/GAL80 等多个二元转基因表达系统，进一步提高了研究效率。GAL4 和 GAL80 是源于酵母的转录因子，对果蝇细胞无不良影响。UAS 序列（upstream activation sequence，UAS）是 GAL4 识别的启动子序列，只有 GAL4 存在时才表达下游的目标基因，GAL80 则抑制 GAL4 的激活效应。因此，只要培育一个 UAS 转基因品系，将其和不同时空表达的 GAL4 品系交配，就可以实现目标基因在多个发育时段和组织的过表达或异位表达。即使目标基因表达后致死，也可通过不断交配 UAS 品系和 GAL4 品系稳定重现实验结果。目前，BDSC 已保存 9 000 余种 GAL4 和 80 余种 GAL80 品系。

3. 果蝇对当代生命科学的贡献

果蝇基因组冗余程度低，适于进行遗传筛选和信号通路分析，对生命科学研究具有重要价值。尼斯莱因 - 福尔哈德和维绍斯对果蝇胚胎发育进行遗传筛选和刘易斯发现的果蝇同源异形基因一起帮助他们入选 1995 年诺贝尔生理学或医学奖。朱尔斯·霍夫曼（Jules A. Hoffmann）对尼斯莱因 - 福尔哈德和维绍斯筛选发现的 Toll 基因进行研究，发现 Toll 信号通路对果蝇感知感染并启动免疫反应的重要作用，因而获得了 2011 年诺贝尔生理学或医学奖。杰弗里·霍尔（Jeffrey C. Hall）、迈克尔·罗斯巴什（Michael Rosbash）和迈克尔·扬（Michael W. Young）等则因为在果蝇中克隆了调控昼夜节律的基因 period（per）并发现其作用机制而获得了 2017 年诺贝尔生理学或医学奖。现在知道，动植物均使用类似的机制调控各自的昼夜节律。

培育与人保守的信号通路基因突变品系，或直接转基因表达人类疾病基因都可培育疾病果蝇模型。脑癌、肺癌、结直肠癌等多种人类肿瘤模型已在果蝇建立，并验证或筛选出了多个化合物的抗肿瘤活性。果蝇还可用于替代人源肿瘤异种移植小鼠进行个体化治疗药效学检测。根据肿瘤测序发现的有害突变培育同源基因 RNAi 果蝇被用于寻找抗癌药物组合，最终成功用于患者。神经退行性疾病、肥胖、睡眠障碍等多种疾病果蝇模型也已用于小分子先导化合物筛选。

四、斑马鱼

斑马鱼（Danio rerio，曾用名 Brachydaniorerio）不晚于 20 世纪 30 年代被查尔斯·克里瑟（Charles W. Creaser）用于实验教学。20 世纪 60 年代末，乔治·斯特赖辛格（George Stresinger，1927—1984）开始利用斑马鱼进行系统遗传学研究，试图了解脊椎动物神经系统发育调控的奥秘。此后，愈来愈多的研究人员利用斑马鱼进行研究。诺贝尔奖得主尼斯莱因－福尔哈德与学生沃尔夫冈·德赖弗（Wolfgang Driever）合作利用斑马鱼进行大规模正向遗传筛选，于 1996 年发表了包含 1 100 多个突变体的系列研究成果。这一"大筛选"使斑马鱼成为被全世界研究人员关注的模式脊椎动物。

1. 斑马鱼生物学

斑马鱼是一种原产东南亚的小型热带淡水鱼，自然界常生活在稻田周围 24～38℃的温水里，以昆虫和线虫为食。成年斑马鱼体长 2.5～4 cm，常在黎明时交配。作为脊椎动物，斑马鱼的肌肉、血管、肾脏和眼等器官结构均与人有一定相似性，心电等生理活动也类似。

实验室条件下，斑马鱼可置于有水过滤装置和固定光照周期的 28.5℃水箱内，以干鱼食和新孵化的卤虫饲养。每升水最多可以饲养 9 条成年斑马鱼。此时，母鱼每周可产卵二三百枚。斑马鱼受精卵和胚胎透明，胚胎血管等结构和发育过程清晰可辨。28.5℃时，卵受精 45 min 后即开始不完全卵裂，2 到 3 天内完成胚胎发育。胚胎以被动扩散从水中获得氧气，利用卵黄提供营养，即使有严重心脏缺陷也可存活。幼鱼孵化约 4 周成为亚成体，约 90 天性成熟（图 7-9）。斑马鱼精子可以冷冻保存，性别决定受遗传和环境共同影响。水温、鱼群拥挤程度会改变性别比例。

斑马鱼基因组约 1 400 Mb，含 25 对染色体逾 26 000 个蛋白质编码基因，于 2013 年完成测序。由于斑马鱼基因组 2.7 亿年前经历的全基因组复制，人类基因 47% 有单拷贝的斑马鱼直系同源基因，24% 有多于一个的斑马鱼同源基因。

2. 斑马鱼遗传学研究

斑马鱼有成熟的正向遗传学研究技术。向水中投放乙基亚硝基脲（N–ethyl–N–nitrosourea，ENU）可进行化学诱变，向受精卵注射 *Sleeping Beauty* 转座子或向 1 000 个细胞左右的胚胎注射反转录病毒可以进行插入诱变。插入诱变效率显著低于 ENU 诱变，但可以使用反向 PCR 等方法获得插入位点相邻的基因组序列，突变定位方便。紫外线照射的精子可以刺激孤雌单倍体胚胎发育，用热休克、冷休克或水压处理还可以从单倍体胚胎获得孤雌二倍体成体，这些技术都可用于提高特定筛选的效率。

显微注射受精卵可以获得转基因斑马鱼。*Tol2* 和 *Sleeping Beauty* 转座子都可作为转基因载体，将转基因 DNA 整合入斑马鱼染色体。这种方法还可以培育表达荧光蛋白、Cre 重组酶等的工具品系，或用于基因捕获。用磷酸被吗啉基替换的核苷酸可以合成 25 碱基长的吗啉基寡核苷酸（morpholino），它可以与序列互补的 mRNA 结合阻断基因表达。阻断效应持续 2～3 天后会因细胞分裂稀释 Morpholino

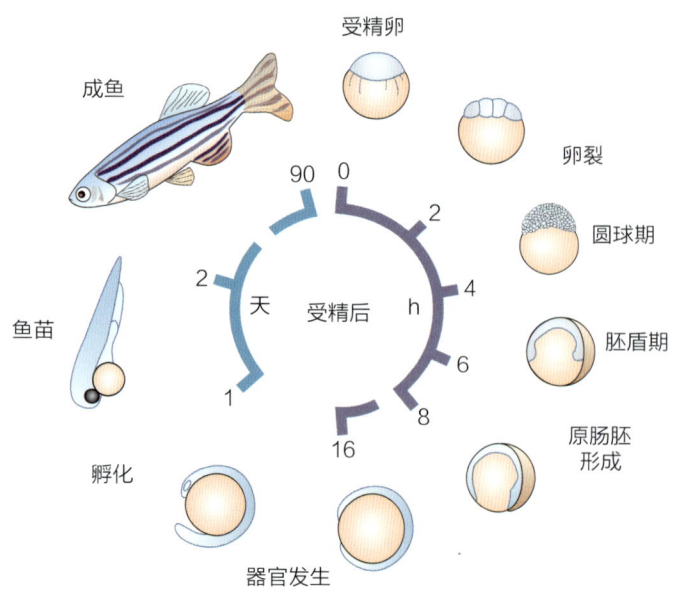

图 7-9 斑马鱼生活史

而终止，且有不可忽视的脱靶效应。为实现基因靶向诱变，斑马鱼研究者常用 ZFN、TALEN 和 CRISPR/Cas9 等工具。CRISPR/Cas9 系统还被用于细胞谱系标记，进行发育过程分析。此外，GAL4/UAS 和 Cre/loxP 系统也可用于斑马鱼遗传操作。

3. 斑马鱼对当代生命科学的贡献

斑马鱼造血系统与人类似，是研究血液发育的好材料，利用斑马鱼已经发现了数十个造血系统异常的基因突变。斑马鱼心脏和肾脏虽然与哺乳动物存在结构差异，但各关键发育环节的细胞和分子信号通路保守，适于胚胎期观察与研究。对斑马鱼体节发育突变体的研究阐明了体细胞生物节律调控的机制。斑马鱼的鳍、心脏、中枢神经系统和视网膜神经元都可再生，对这些过程的研究促进了再生生物学和干细胞研究的发展。

斑马鱼也是重要的疾病模型。它个体不大，可以开展全组织、全器官或全个体的转录组、蛋白质组分析，被广泛用于造血系统、心血管、肾脏、衰老、代谢、肿瘤、神经精神疾病和传染性疾病的模拟与研究。正向遗传筛选发现的 *ALAS2* 突变斑马鱼是首个先天性铁幼粒细胞性贫血动物模型；*Gridlock* 突变则与人一样发生心脏流出道狭窄。甲福明等糖尿病药物对斑马鱼同样有效，显示两种生物代谢机制的相似性。此外，斑马鱼可以被结核杆菌和甲型流感病毒等病原体感染，并对相应药物有良好反应。

斑马鱼生命周期的第一周躯体透明，可不用喂食而存活，适用于自动化筛选药用化合物和环境毒理学研究。用斑马鱼幼鱼筛选发现的丙酮酸羧激酶激动剂可以在小鼠中同样诱导肝糖原异生，抑制肥胖导致的脂肪肝。对人胚胎发育具有致畸作用的反应停同样导致斑马鱼胚胎发育缺陷，但不影响小鼠。利用斑马鱼系统进行的研究帮助确认了药物反应停作用的靶蛋白。斑马鱼还被用于高通量筛选改变趋光、睡眠、学习记忆等行为的基因突变或药物。

五、小鼠

小家鼠（*Mus musculus*，以下简称小鼠）是最常用的哺乳类模式生物，具有与人非常类似的解剖结构、发育过程、生理活动和基因功能。小鼠约一万年前就和人类的祖先生活在一起。《汉书》收录的儒家经典《尔雅》中就有关于小鼠的记载。18 世纪时，饲养不同毛色的宠物小鼠成为日本社会时尚。19 世纪时这种时尚传到了欧洲，维多利亚时代的英国甚至成立了为培育不同毛色宠物鼠制定标准的专门机构。从这一时期开始，宠物鼠的毛色变化得到了生物学家的关注。遗传学奠基人孟德尔曾试图研究小鼠白化毛色的遗传，被修道院禁止后才转而使用豌豆（Paigen et al.，2003）。1902年，吕西安·居埃诺（Lucien C. M. J. Cuénot，1866—1951）首次证明小鼠毛色分布符合孟德尔遗传规律。1909 年，克拉伦斯·利特尔（Clarence C. Little，1888—1971）为了研究移植肿瘤如何能在受体小鼠中存活，培育了世界上第一种近交系小鼠 DBA。此后，小鼠逐渐被广泛用于哺乳动物生理学、生物化学和病理学研究。

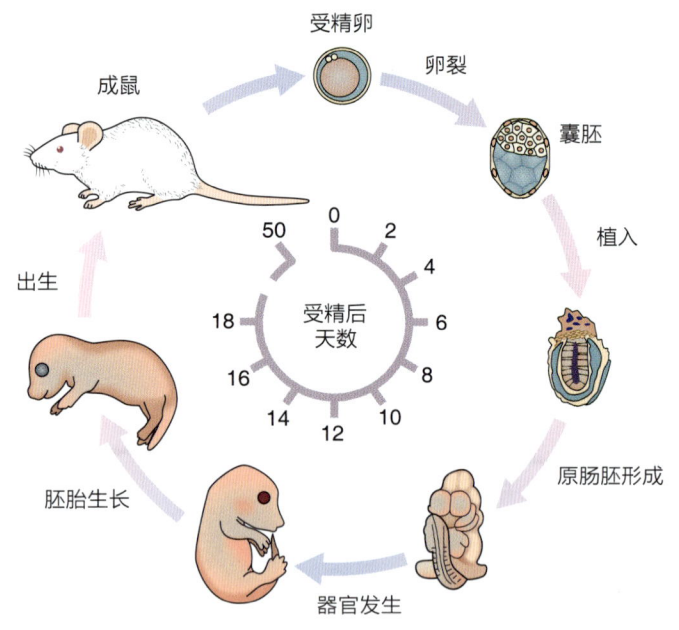

受精卵

卵裂

囊胚

植入

受精后天数

原肠胚形成

器官发生

胚胎生长

出生

成鼠

图 7-10　小鼠生活史

1. 小鼠生物学

小鼠是啮齿目哺乳动物，有 1 对终身生长的门齿和 3 对臼齿，前、后足各 5 趾，没有阑尾。成年小鼠体重 20～40 g，按每 100 g 体重计每天摄食 12～18 g，饮水约 15 mL。实验小鼠攻击性不强，感觉危险时常选择逃避。小鼠是一种社会性动物，最好使其处于一个适合的群体内生活。

新生仔鼠体重约 1 g，哺乳期 21～28 天，通常生长到 7～8 周龄时达到性成熟（图 7-10）。母鼠性成熟后每 4～5 天会规律性地发情。作为夜行性动物，小鼠通常在晚间交配，交配后雄鼠的囊泡腺分泌物会在母鼠体内凝固形成阴道栓并留存数小时。母鼠怀孕期约 21 天，一胎产仔鼠数随品系不同有较大差异，常在 6～12 只之间。母鼠分娩后不久即可发情，此时如没有交配则要等到仔鼠断奶后才能怀孕。小鼠精子和发育早期的胚胎均可冷冻保存。

小鼠有 20 对染色体，母鼠携带两条 X 染色体，雄鼠携带 X 和 Y 染色体各一条。小鼠基因组约 2 500 Mb，于 2002 年完成测序。小鼠基因组具有约 24 000 个蛋白质编码基因，99% 具有人类同源基因。

现代实验室多使用无特定病原体（specific pathogen free，SPF）级小鼠开展研究，有的工作还需要使用无菌小鼠。SPF 级小鼠必须不携带标准所列的微生物和寄生虫等病原体，但相关标准因国家和地区而异。为达到 SPF 要求，小鼠通常使用屏障式系统（barrier system）饲养，进出屏障的人员，物资（笼盒、饲料、水等）和小鼠都必须按特定程序消毒、灭菌或检疫，屏障内的温度、湿度、通风、光照和噪声也必须符合相关标准要求。

2. 小鼠遗传学研究

许多实验小鼠品系都是由艾比·莱斯罗普（Abbie E. C. Lathrop，1868—1918）在 1900—1918 年间培育的。她不仅是宠物供应商，也是遗传学家威廉·卡斯尔（WIlliam E. Castle，1867—1962）和利特尔的科研合作者。1929 年，时任密歇根大学校长的利特尔在汽车业巨子埃德塞尔·福特（Edsel B. Ford，1893—1943）和罗斯科·杰克逊（Roscoe B. Jackson，1895—1929）资助下于美国缅因州创建了杰克逊实验室（The Jackson Laboratory），以癌症及免疫排斥作为主要研究方向。在经济大萧条的20 世纪 30 年代，实验室开始出售育种及繁殖的实验小鼠以获取收入，逐渐发展为全球最重要的实验小鼠养殖供应中心之一。

描述小鼠遗传背景常用近交系、重组近交系、同源近交系、同源导入系等概念。近交系是至少连续 20 代同窝兄弟姐妹交配得到的各位点高度纯合的品系，重组近交系是两个不同的近交系交配得到的第一代杂交小鼠连续 20 代同窝兄弟姐妹交配得到的品系；同源近交系是与某一近交系因自发突变或人工诱变而存在单基因差异的品系；同源导入近交系是由单基因突变小鼠近交系小鼠交配，并让后代与同一近交系连续交配（回交）至少 10 代获得的品系。小鼠众多的近交系资源还可被用于构建多重重组近交系（collaborative cross，CC）和染色体替换近交系（chromosome substitution strain，CSS），它们与遗传异质品系（heterogeneous stock，HS）、差异远交品系（diversity outbred stock，DO）、杂交小鼠多样性组合（hybrid mouse diversity panel，HMDP）等杂交和驯化小鼠资源均可用于数量性状遗传定位。

在进行正向遗传学诱变筛选时，ENU 能高效诱导小鼠基因变异，平均每 1 000 个接受诱变的精子就能产生一个靶位点突变。诱变产生的后代可以与亲代回交，以尽快得到供表型分析用的突变纯合个体。覆盖单条染色体全长或部分区域的小鼠平衡染色体已经出现。新一代全基因组测序技术可以加快突变定位，利用复旦大学发明的 *piggyBac*（*PB*）转座子系统也可快速获得基因组定位明确的基因突变小鼠（Ding et al.，2005）。

小鼠反向遗传学技术较为发达，是最早实现转基因操作的模式动物系统之一，也是首个实现基因靶向诱变的模式动物。基于胚胎干细胞 DNA 同源重组的基因打靶技术，不仅可以去除部分内源基因序列，实现基因敲除（knock out）；也可以往内源基因引入点突变，实现基因敲入（knock in）；还可以在内源基因外显子两侧引入源于 P1 噬菌体的 loxP 或源于酵母的 FRT 等重组位点，分别与时空特异表达 Cre 或 FLPe 重组酶品系交配以实现基因的组织或发育时段"条件性敲除"（conditional knock out）。卡佩基、埃文斯和史密斯因对这一技术的开创性贡献获得了 2007 年诺贝尔生理学或医学奖。近年来，CRISPR/Cas9 系统也被用于小鼠基因靶向诱变（详见第十章）。

小鼠发达的反向遗传学研究技术一定程度上弥补了它后代数量较少、世代时间较长的弱点。国际小鼠表型分析联盟（International Mouse Phenotyping Consortium，IMPC）正在大规模诱变小鼠基因，并试图对基因突变小鼠进行系统表型分析，以获得对哺乳动物基因功能的深入认识。此外，柳泽隆造等于 1998 年通过向去核卵细胞移植体细胞核，成功培育了体细胞克隆小鼠。李劲松和周琪等于 2012 年分别利用单倍体胚胎干细胞注射卵子，获得了基因靶向诱变和转基因小鼠。这些技术与 CRISPR/Cas9 等方法的结合，将有望进一步提高小鼠基因功能分析效率。

3. 小鼠对当代生命科学的贡献

小鼠和人同属哺乳类，是研究人类生物学和疾病机制，寻找药物靶标的常用动物模型。利特尔等用小鼠开展的移植肿瘤研究，启发乔治·斯内尔（George D. Snell，1903—1996）培育同源导入近交系，发现了决定移植组织能否生长的主要组织相容性复合物（MHC）位点。斯内尔因此分享了 1980 年诺贝尔生理学或医学奖。小鼠 Toll 样受体的克隆则开启了哺乳动物先天性免疫领域研究的大门，帮助博伊特勒分享了 2011 年诺贝尔生理学或医学奖。目前，已经有数以百计的小鼠模型被用于自身免疫性疾病研究。拥有"人源化"免疫功能的遗传工程小鼠也被用于建立人源肿瘤异种移植模型，进行肿瘤生物学研究和个体化治疗药效学检测。

小鼠为代谢相关疾病研究做出了重要贡献。对小鼠 *ob* 和 *db* 基因的研究发现了哺乳动物调控能量代谢的瘦素信号系统。对小鼠 *Agouti* 毛色突变的分析则发现了黑皮素受体 MC4R，该基因也是肥胖人群中最常见的突变位点之一。小鼠也是哺乳动物表观遗传学研究的重要模式系统。对小鼠 X 染色体连锁性状的研究为哺乳动物 X 染色体随机失活提供了线索。对基因组印迹的研究已经培育出了孤雌或孤雄来源的小鼠。此外，小鼠还被广泛用于研究神经、骨骼、肌肉、消化、泌尿等系统发育与疾病。

六、拟南芥

拟南芥（*Arabidopsis thaliana*）原产于欧亚大陆与非洲，早在 16 世纪就为植物学家所知。第一种被记载的拟南芥突变（重瓣花）出现于 1873 年。20 世纪中叶，植物学家弗里德里希·莱巴赫（Friedrich J. Laibach，1885—1967）将拟南芥用于遗传学研究，并首先使用 X 射线诱变拟南芥。20 世纪 80 年代，拟南芥乙醇脱氢酶得到克隆，农杆菌 T-DNA 介导转化技术也被发明。从那时起，拟南芥作为遗传学模式生物的地位得到广泛认可。

1. 拟南芥生物学

拟南芥是一年生的小型十字花科植物，株高 25～30 cm。它生长迅速、栽培容易。在实验室条件下每天提供 12～16 h 光照，保持室温 20～25℃和适当湿度，每 6 周即可完成一个世代周期，还可顺利生长于土壤或配方培养基上（图 7-11）。拟南芥繁殖时可通过自花授粉方便地保存突变品系，也可通过人工授粉杂交。它繁殖力强，每棵植株可以产生多达 5 000～10 000 颗种子，并可长期保存。

拟南芥具有已知植物最小的基因组，重复序列也较少，便于遗传定位和基因克隆。拟南芥基因组测序于 2000 年完成，全长约 125 Mb，含 5 对染色体逾 25 000 个蛋白质编码基因。在 1001 基因组计划的推动下，已有 1 000 多种野生拟南芥自交系的基因组完成测序。

2. 拟南芥遗传学研究

拟南芥有成熟的正向遗传学研究技术。可以用甲基磺酸乙酯或者快中子辐射诱变，也可以用农杆菌 T-DNA 携带 *Ds* 转座子进行插入诱变。进行插入诱变时，携带 *Ds* 转座子和 *Ac* 转座酶的 T-DNA 载体被用于转化植株。传代时 *Ds* 转座子发生转座，新旧位点因 T-DNA 携带的 IAHH 负筛选标记和转座子携带的抗生素抗性筛选标记而分离，在筛选后得到只有转座子插入的个体。

拟南芥的反向遗传学操作也较为齐全，可以用 T-DNA 作为载体培育转基因植株，也可以用 CRISPR/Cas9 系统实现基因的靶向诱变。农杆菌 T-DNA 转基因常出现多拷贝串联体整合，并可能携带部分农杆菌质粒序列，给转基因的染色体定位带来麻烦。

3. 拟南芥对当代生命科学的贡献

拟南芥遗传学研究回答了许多长期悬而未决的生物学问题。例如，对拟南芥乙烯信号通路的研究发现了第一个植物激素受体。李建明等人对油菜素甾醇合成缺陷

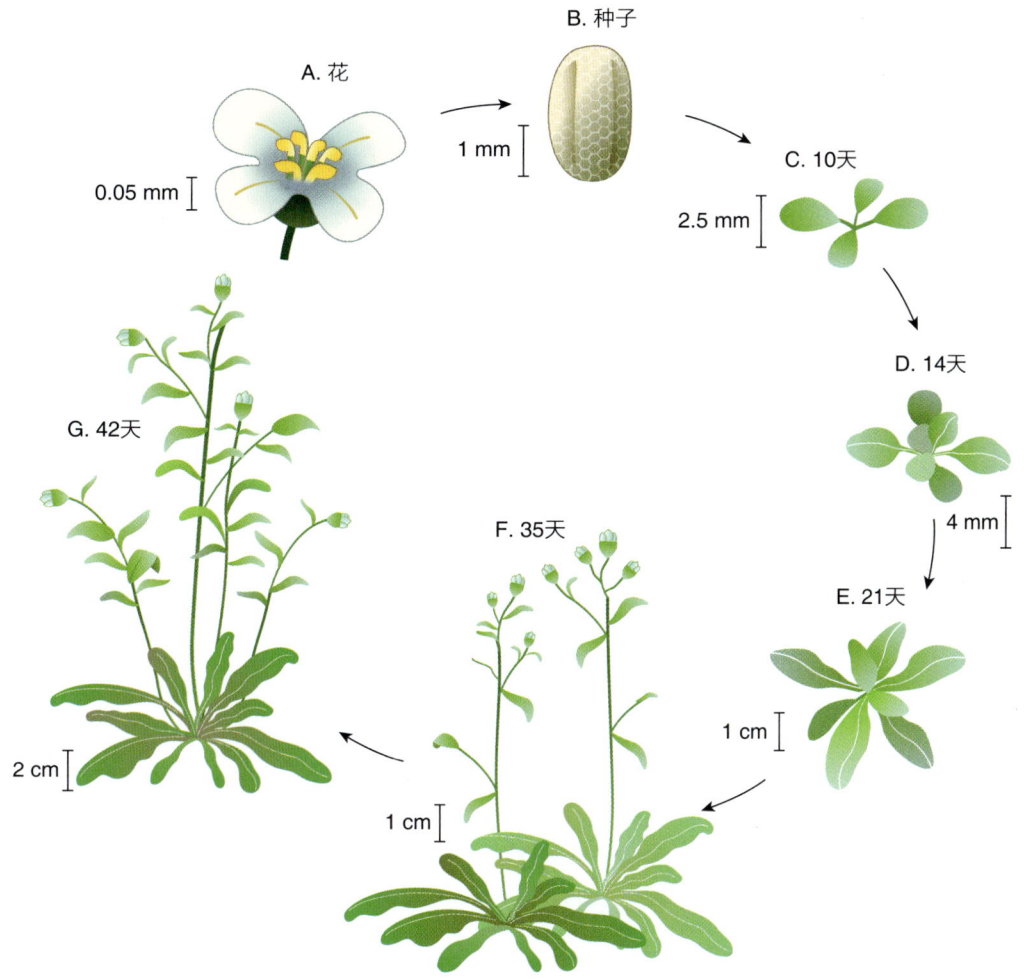

图 7-11　拟南芥生活史

A. 花　0.05 mm

B. 种子　1 mm

C. 10天　2.5 mm

D. 14天　4 mm

E. 21天　1 cm

F. 35天　1 cm

G. 42天　2 cm

突变体研究发现了这一激素对植物发育的重要作用（Li et al.，1996；Szekeres et al.，1996）。拟南芥突变体帮助发现了决定植物向光性的光受体和信号通路。此外，拟南芥对植物营养、代谢、抗逆等方面的遗传调控和信号转导研究也做出了巨大贡献。通过对拟南芥的研究，科学家们深入了解了植物的基本生物学过程，为农业生产、环境保护和食品安全等领域提供了重要的科学依据。

※ 复习思考题

1. 随机诱变和靶向诱变哪一种更适合用于遗传筛选？简述你的判断理由。
2. 你更喜欢使用单倍体生物还是二倍体生物开展遗传筛选？请简述理由。
3. 哪一种模式生物更适合研究社会行为的遗传调控？为什么？

※ 推荐阅读

1. NÜSSLEIN-VOLHARD C, WIESCHAUS E. Mutations affecting segment number

and polarity in *Drosophila* [J]. Nature, 1980, 287(5785): 795-801.

2. LEWIS E B. A gene complex controlling segmentation in *Drosophila* [J]. Nature, 1978, 276(5688): 565-70.

3. NÜSSLEIN-VOLHARD C, WIESCHAUS E, KLUDING H., Mutations affecting the pattern of the larval cuticle in *Drosophila melanogaster*. I. Zygotic loci on the second chromosome [J]. Wilehm Roux Arch Dev Biol, 1984, 193(5): 267-282.

4. NÜSSLEIN-VOLHARD C. The identification of genes controlling development in flies and fishes(Nobel lecture)[J]. Angewandte Chemie-International Edition, 1996, 35(19): 2177-2188.

5. GREIG D, LEU J Y. Natural history of budding yeast [J]. Curr Biol, 2009, 19(19): R886-90.

6. SHAO Y, LU N, WU Z, et al. Creating a functional single-chromosome yeast [J]. Nature, 2018, 560(7718): 331-335.

7. BRENNER S. The genetics of *Caenorhabditis elegans* [J]. Genetics, 1974, 77(1): 71-94.

8. STERNBERG P W, HAN M. Genetics of RAS signaling in *C. elegans*[J]. Trends Genet, 1998, 14(11): 466-472.

9. Paigen K. One hundred years of mouse genetics: an intellectual history. I. The classical period(1902-1980)[J]. Genetics, 2003, 163(1): 1-7.

10. DING S, WU X, LI G, et al. Efficient transposition of the piggyBac(PB)transposon in mammalian cells and mice[J]. Cell, 2005, 122(3): 473-483.

11. LI J, NAGPAL P, VITART V, et al. A role for brassinosteroids in light-dependent development of *Arabidopsis*[J]. Science, 1996, 272(5260): 398-401.

12. SZEKERES M, NEMETH K, KONCZ-KALMAN Z, et al. Brassinosteroids rescue the deficiency of CYP90, a cytochrome P450, controlling cell elongation and de-etiolation in *Arabidopsis*[J]. Cell, 1996, 85(2): 171-182.

（编写：吴晓晖、许田；审读：唐鸿云）

第八章

突变分析和表型分析

鉴定基因突变个体的表型，将其与正常个体的表型进行比较，以明确基因突变与表型变化的关系，进而推测正常基因的作用，是遗传学研究中确定基因功能的基本方法。本书第七章介绍了遗传筛选的基本策略，通过遗传筛选可以获得大量影响特定生命活动过程的基因突变。本章将进一步介绍如何定位这些突变所对应的基因，如何分析这些突变导致的表型变化，如何确定这些突变对基因功能的影响。对未知基因的突变分析有助于了解基因功能，研究已知基因的新突变也可以加深对基因功能的认识。虽然本章以遗传筛选发现的突变为对象进行介绍，但相关原理和策略同样适用于对自发变异和靶向突变的分析研究。

第一节　寻找突变的基因

全基因组随机诱变产生的突变数量总是多于相应的基因数量。为了方便后续基因功能和作用机制研究，首先需要明确突变对应的基因。完成这项任务的常用方法是对突变引起的基因功能变化进行互补测验和对突变进行基因组定位。

一、互补测验

常见的互补测验（complementation test）并不复杂：当两个隐性突变具有相同表型时，将两种突变体交配产生下一代。下一代双突变体因为两个同源染色体各携带一个不同来源的基因突变，也被称为突变的反式杂合子（*trans*-heterozygote）。如果反式杂合子突变体产生与两种亲代突变体相同的表型，则两个突变不能互补。这时，两个突变被认为属于同一个互补群（complementation group），很可能影响同一个基因。如果反式杂合子突变体表型回复正常，则两个突变可以互补，被认为属于不同互补群，很可能影响不同基因。这一方法早在 20 世纪 40 年代就被刘易斯用于系统分析果蝇双胸复合物突变，目前已经成为遗传学研究的基本手段之一。

两个隐性突变具有相同表型是进行互补测验的前提。一方面，隐性遗传方式表明，只要存在一份正常基因拷贝就可以完成相应的生物学功能，而两份拷贝都受影响才会出现功能异常，导致表型变化。因此，如果下一代个体中基因的两个拷贝分别被不同突变所破坏，应该产生表型变化。另一方面，两个隐性突变的表型相同，表明它们对基因功能的影响方式相同，由它们构成反式杂合子突变体的表型也应该产生相同变化。

从上述分析不难看出，互补测验不适用于显性突变，因为显性突变造成的表型改变会屏蔽或干扰反式杂合子突变体中另一个突变对表型的可能影响。同时，互补测验应该使用两种突变体交配产生的反式杂合子，而不是它们继续繁殖的后代进行表型分析。因为即使两种突变都影响同一个基因，突变仍有可能在后续繁殖时发生重组，产生携带正常染色体的后代。此外，互补测验的出发点是根据表型将突变进行组合测试。对于一个有功能多效性的基因，如果突变影响了不同的基因功能，这些突变会因产生的表型不同而被认为属于不同基因，在初始分析中不被用于同一组互补测验。在表型类似的突变很多时，进行互补测验的工作量还会呈指数级增加，显著降低工作效率（图 8-1）。

互补测验最广为所知的例外是基因内互补（intragenic complementation）和基因间不互补（intergenic noncomplementation）。基因内互补又称等位基因互补（allelic complementation），指同一基因的两个不同突变在体内功能互补。导致基因内互补的生物学机制各有不同。例如，酵母 *His4* 基因编码的蛋白质具有磷酸核糖 -AMP- 环化水解酶、磷酸核糖 -ATP- 焦磷酸水解酶、组氨醇脱氢酶三个可以独立作用的活性结构域，分别催化组氨酸生物合成的三步反应。影响这些结构域的突变形成三个互补群

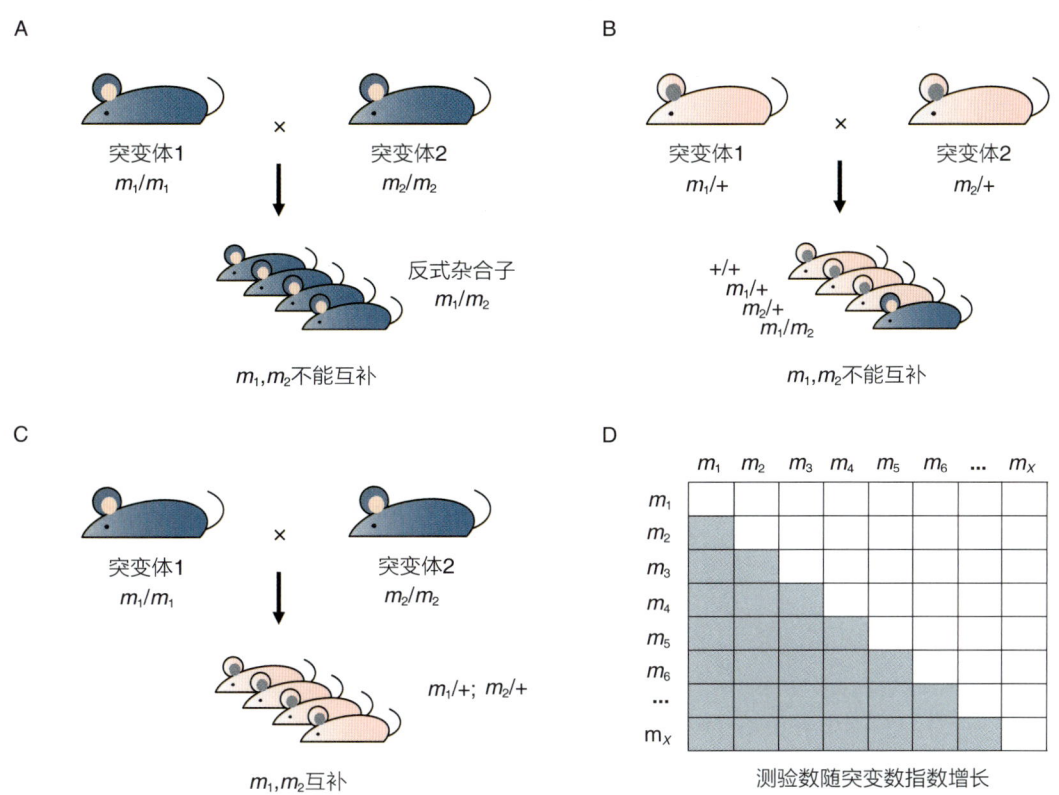

图 8-1 互补测验原理
红色显示正常表型个体，蓝色显示异常表型个体。

（*His4A*、*His4B* 和 *His4C*），相互之间可以互补（图 8-2）。又如，刘易斯曾经发现果蝇双胸复合物的某些突变存在基因内互补，但互补仅在两个突变都位于染色体原位时才能发生。被他称为平延（transveciton）的这种现象与同源染色体相互作用有关，存在于多个基因座（Fukaya et al., 2017）。

基因间不互补是指分属两个基因的突变同时存在于同一个体内时仍产生突变表型的现象。不能互补的两个突变可能位于有功能关联的两个基因。当突变同时存在时，

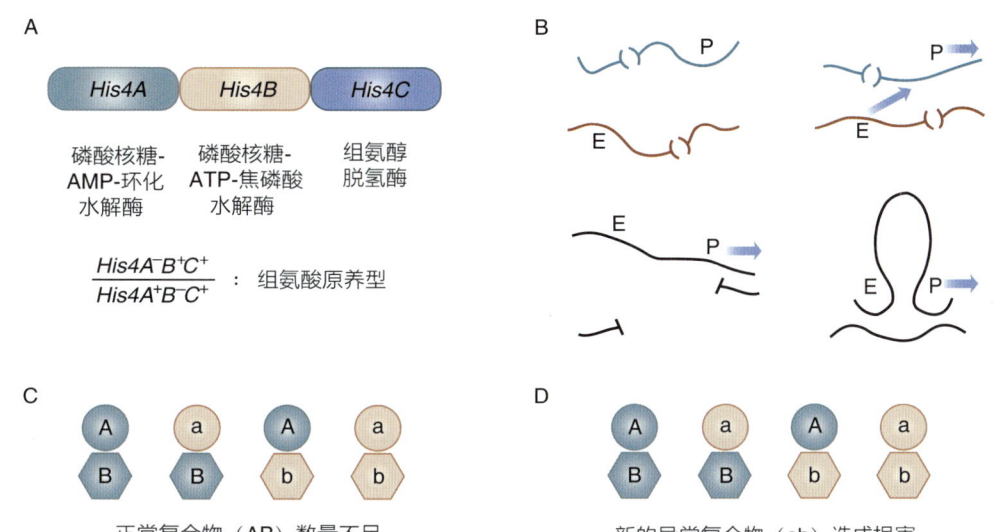

图 8-2 互补测验原理
（**A**）酵母 *His4* 基因编码具有三个独立酶活结构域的蛋白质。（**B**）解释平延现象的两种模型，染色体构象变化改变增强子 E 和启动子 P 互作，影响基因表达。（**C**）正常基因剂量不足可导致基因间不互补。（**D**）有毒复合物的产生也可导致基因间不互补。

基因所在的信号转导途径或基因产物形成的复合物功能降到必需水平以下，从而产生突变表型。另一种可能是两个突变基因的产物形成毒性复合物，造成损害。此外，许多导致非等位基因增强作用的机制都可以促进基因间不互补的发生（详见第九章）。基因间不互补存在于各种生物。人视网膜色素变性就可因同时携带视杆细胞外节蛋白 1（ROM1）和外周蛋白 -2（peripherin-2）突变而发生（Kajiwara et al.，1994）。这两个蛋白质正常时形成异源二聚体，在维持视杆细胞外节形态中发挥作用。

二、基因定位

互补测验遇到的大多数困难都可以用基因定位来帮助解决。基因定位可以有效减少互补测验的工作量，因为位于染色体不同区域的突变虽然有相同表型，也必然属于不同基因。基因定位相同的突变，即使是显性突变或是表型不一致的突变，也可能属于同一个基因。

传统的基因定位基本依靠连锁作图，根据不同基因座之间连锁与交换可能性确定基因（或突变）在染色体上的位置。连锁现象最早由遗传学家威廉·贝特森（William Bateson，1861—1926）、伊迪丝·桑德斯（Edith R. Saunders，1865—1945）和雷金纳德·庞尼特（Reginald C. Punnett，1875—1967）在植物遗传学研究中发现（Bateson et al.，1904）。此后，摩尔根和斯特蒂文特等用果蝇深入研究了连锁与交换（详见第三章），相关成果成为证明遗传的染色体理论的关键证据之一。这些研究指出，减数分裂产生配子时，如果两个基因或突变相距较远，它们之间发生重组的机会就较高；如果两个基因或突变相距较近，它们之间就不容易发生重组。因此，可以利用突变与已知染色体位置的遗传标记间发生重组的频率来指征两者的遗传距离。当时还在读大学的斯特蒂文特据此绘制了世界上第一张连锁图，标识了果蝇 X 染色体 5 个基因突变的位置。这一策略此后被广泛用于确定基因在各种生物基因组中的位置。尼斯莱因 - 福尔哈德和维绍斯筛选发现的果蝇胚胎发育调控基因几乎都是用连锁作图完成的基因定位。

在进行连锁作图时，需要使用已知染色体位置的遗传标记作为参照。遗传标记可以是能够方便追踪表型的形态变异，也可以是能够通过分子生物学手段快速鉴定 DNA 序列特征。另一方面，待定位的突变本身一般缺乏合适的 DNA 序列特征，需要根据突变表型判断其是否存在。对隐性突变而言，这一目的是通过与确定携带突变的个体进行测交（test cross）达到的。连锁作图确定的突变与遗传标记间的相对距离。在基因呈线性排列的染色体上，只使用一个遗传标记会导致定位结果的不确定性。实际研究时，往往同时使用多个标记进行基因定位（图 8-3）。

连锁作图依赖于重组的发生。用连锁作图进行基因定位必须繁殖一定数量的后代以保证定位精度。随着定位区间的缩小，突变与遗传标记的重组可能性也迅速下降。因此，在世代周期较长的生物中开展连锁作图，需要消耗大量的时间与资源。随着 DNA 测序技术的发展和各个物种基因组序列的公布，人们越来越多地通过测序追踪某

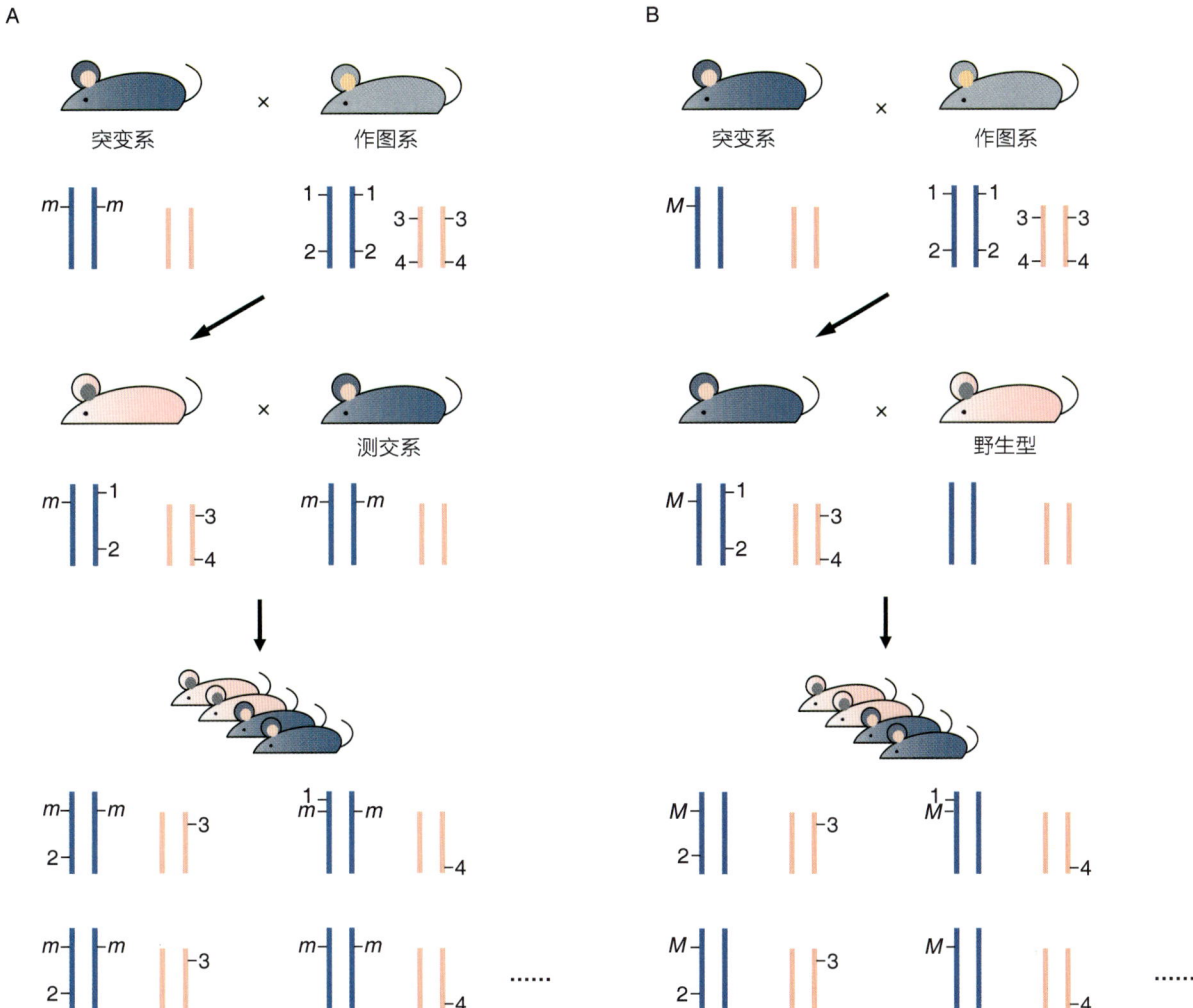

个突变在基因组中的位置。通过全外显子组测序寻找突变个体或疾病患者共享的基因突变，可能快速发现与某个表型变异关联的基因突变。但是，连锁作图仍然是在序列多态性较丰富的基因组中确定突变位置的重要方法。

第二节　表型分析

　　对表型的充分鉴定是明确基因功能的关键之一。基因突变会引起表型变化，但研究突变表型时，首先要明确什么是正常的表型，然后才能比较突变表型与正常表型的差异。正常的表型常被称为野生型（wild type），但野生型一词也可被用于形容基因型。从字面上看，野生型是存在于野生群体的表型或基因型。但是，同一物种的野生群体中，每个基因都往往存在多种序列变异，每个个体的表型也因此存在差异。同时，许多常用的模式生物经过长期驯化，已不能适应野外生活环境，也不存在基因组

图 8-3　连锁作图原理

携带隐性突变 m 或显性突变 M 的品系与携带遗传标记（1~4）的作图品系交配后，将子代与携带 m 的测交品系或野生型交配。随后，检验下一代突变个体中携带各个遗传标记的比例，计算突变与遗传标记的重组频率（遗传距离）。与突变相距较远或不处于同一染色体上的遗传标记的重组频率预期 50%，与突变相距较近的遗传标记则可能检测不到重组后代。

结构完全相同的野生群体。因此，在实验室研究中所说的野生型，指的是作为研究对象的种群中最常见的基因型或表型。

一、遗传背景对表型分析的影响

野生型概念的这一变化反映了遗传背景对基因功能研究的重要影响。基因功能的发挥与个体的遗传背景关系密切。本泽研究果蝇行为时就发现，实验室保存的 6 个果蝇群体只有 C-S 这一种对光刺激反应较为均一（Benzer，1967）。为提高研究效率，研究人员往往选择使用多代近亲交配培育的近交系（inbred line），以获得大量遗传背景一致的个体。然而，近交本身会带来繁殖力减弱和多种生命活动异常，对研究造成干扰。例如，C57BL/6J 品系小鼠容易发生肥胖和小眼畸形，而 BALB/cJ 品系小鼠则多间心脏钙质沉着（Percy et al.，2016）。同时，近交会导致同一物种不同品系的遗传背景差异，影响基因突变造成的表型变化。例如，瘦素基因缺陷会造成小鼠近交系 C57BL/6J 严重肥胖。同样的基因缺陷在近交系 BALB/cJ 中造成的肥胖程度明显减轻，但会进一步提高血液中甘油三酯的浓度（Qiu et al.，2001）。与变化频繁的野外相比，实验室环境常为提高模式生物存活率和繁殖率而优化，一些应对环境压力所需的基因即使发生突变也不容易被察觉，另一些则可能因驯化和繁育过程中的人工选择而改变。此外，不少模式生物不能用冷冻胚胎或种子的方法降低繁殖速度，在实验室或供应商处长期传代后容易积累自发突变，对研究带来影响。因此，研究基因突变对模式生物带来的表型变化时，经常要仔细考察遗传背景的影响。尼斯莱因 - 福尔哈德和维绍斯在系统筛选调控果蝇模式形成的基因前，就对被诱变的染色体进行了等基因化（isogenize）处理，以建立携带同一条染色体的果蝇种群，减少背景突变的干扰（Nüsslein-Volhard et al.，1984）。在比较同一基因不同突变的表型差异时，也可通过多代回交（back cross）将突变导入同一遗传背景后再进行比较分析。

遗传背景的影响还体现在诱变筛选过程中。诱变筛选时一般采用促使个体产生多个突变的诱变剂量。这样一方面获得了更多影响特定生命活动的基因突变个体，另一方面不可避免地在所有个体中引入了背景突变。当根据表型变化筛得相应的基因突变个体时，它们携带的背景突变不仅会保留，有的还会与靶突变一起在后续繁殖中纯合化。因此，背景突变不仅可能影响靶基因突变的表型变化，有时还会成为异常表型的原因。为克服背景突变的影响，通常需要将携带靶基因突变的个体连续多代与野生型交配，使背景突变逐渐稀释乃至丢失。也可以培育靶基因突变的反式杂合子，在破坏靶基因的同时尽可能避免背景突变纯合（图 8-4）。这两种方法都被普遍用于尼斯莱因 - 福尔哈德和维绍斯对果蝇模式形成调控基因的系统筛选（Nüsslein-Volhard et al.，1984）。

背景突变的存在还会干扰人类遗传学研究。人类基因组序列多态性强，各个位点杂合度高。在根据疾病表型定位突变基因时，邻近区域存在的多个突变会使致病基因确定变得困难。此时，除了与其他人类遗传学或疾病生物学研究结果相印证外，往往

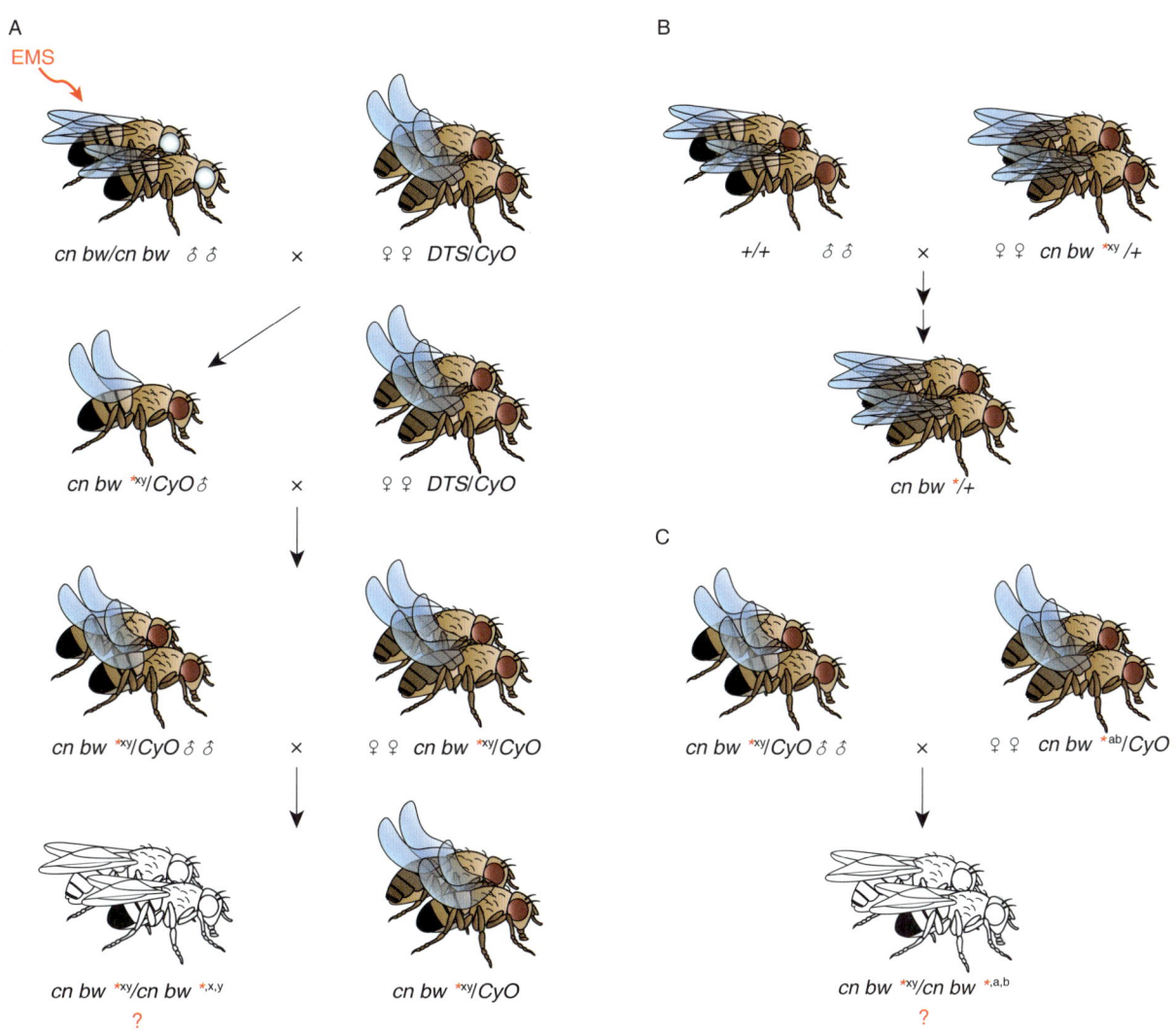

需要培育相应基因突变模式动物，根据动物表型的变化做出结论（相关内容可详见第六章）。

二、基因多效性对表型分析的影响

　　基因的多效性（pleiotropy）也会影响表型分析。多效性指一个基因可以参与多个生命活动过程，对多种遗传性状产生影响。生物进化倾向于赋予既有基因新的用途，而不是为新任务从头发明一套基因。进化对基因改良的这种偏好，导致基因多效性成为普遍现象。例如，尼斯莱因－福尔哈德和维绍斯发现的果蝇模式形成调控基因许多是后续肢体和器官发育的调控者。又如，哺乳动物毛色基因突变往往对视觉和听觉产生影响（Reissmannd et al.，2013）。有时，一个多效基因的不同突变可以分别改变基因的不同功能，而与靶基因突变连锁的背景突变也可能在各种分析中产生类似效果，这使得通过表型分析了解基因功能更为复杂。广义的基因功能多效性还包括由原发表

图 8-4 避免背景突变对诱变筛选的干扰
（A）随机诱变果蝇基因组时，会在各染色体造成多个背景突变（x，y…）。如背景突变与筛选获得的突变位于同一染色体，将可能在纯合化以后干扰表型筛选。（B）将具有背景突变的个体与野生型多代交配，可以稀释背景突变。（C）培育靶基因突变的反式杂合子验证突变表型，可以尽量避免背景突变（a，b，x，y…）的影响。

型导致继发表型的情形。例如，影响低密度脂蛋白胆固醇浓度的基因突变会改变冠心病发生率，因为较高的低密度脂蛋白胆固醇水平是导致冠心病的原因之一（Cohen et al.，2006）。

组织特异性基因敲除等方法可以只在个别组织、器官或部分细胞内诱导基因纯合突变。这一策略能部分克服基因多效性对表型分析和基因功能研究的影响，对研究个体早期发育必需的基因尤其有用。对突变体表型变化的各个方面分别进行基因组定位，也可以帮助澄清基因多效性和背景突变干扰的区别。更多情况下，要深入了解基因的功能，需要仔细分析该基因的各种突变，并对相关生命活动过程有深入理解。

第三节　突变对基因功能的改变

诺贝尔奖得主穆勒于 1932 年首先提出，可以从突变对基因功能影响的角度，将突变分为 5 类（图 8-5）。他把造成基因功能完全丧失的突变被称为无效突变（amorph，amorphic allele，null mutation），把造成基因功能部分丧失的突变被称为亚效突变（hypomorph，hypomorphic allele，partial loss-of-function mutation）。同时，他将导致基因获得超额正常活性的突变称为超效突变（hypermorph，hypermorphic allele），将导致基因正常功能被抑制的突变称为反效突变（antimorph，antimorphic allele），将导致基因获得原来没有的新功能的突变称为新效突变（neomorph，neomorphic allele）。

这一分类体系中的无效突变和亚效突变也常被统称为功能丧失型突变（loss-of-funcation mutation）。对应地，另外 3 种突变被统称为功能获得型突变（gain-of-function mutation）。

了解穆勒的这些概念对通过突变表型推断基因功能至关重要。下面，我们用 Ras 信号对线虫阴门发育的调控为例进行说明。

一、Ras 信号对线虫阴门发育的调控

如第七章所述，线虫有雄性和雌雄同体两种性别，后者在正常群体中占绝大多数。雌雄同体线虫共有 1 031 个体细胞，其中 22 个细胞最终构成了阴门（Schindler et al.，2013）。阴门与子宫相连，为将初步发育的胚胎产出体外提供通道。构成阴门的 22 个细胞最早起源于幼虫腹侧的表皮前体细胞。二龄幼虫（L2）时，表皮前体细胞中的 6 个特化为阴门前体细胞（vulval precursor cell，VPC）。三龄幼虫（L3）时，在来

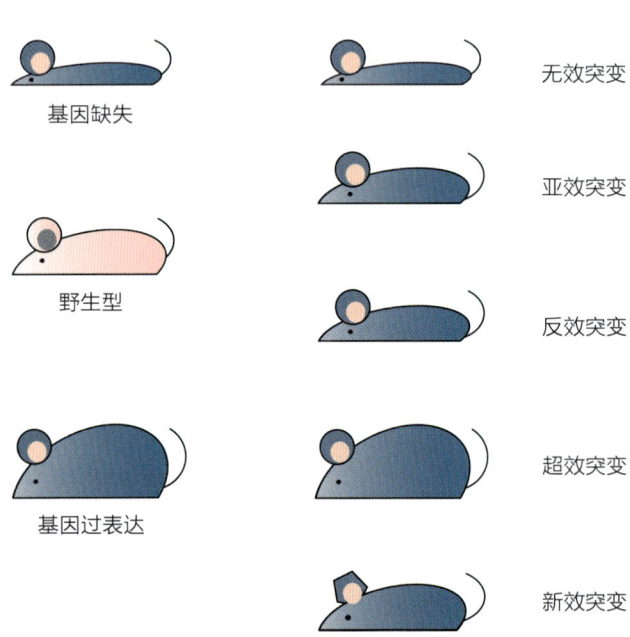

图 8-5　突变对基因功能的改变
无效突变：基因完全失活；亚效突变：基因部分失活；反效突变：突变拮抗正常基因功能；超效突变：突变增加正常基因功能；新效突变：突变获得正常基因不具备的功能。

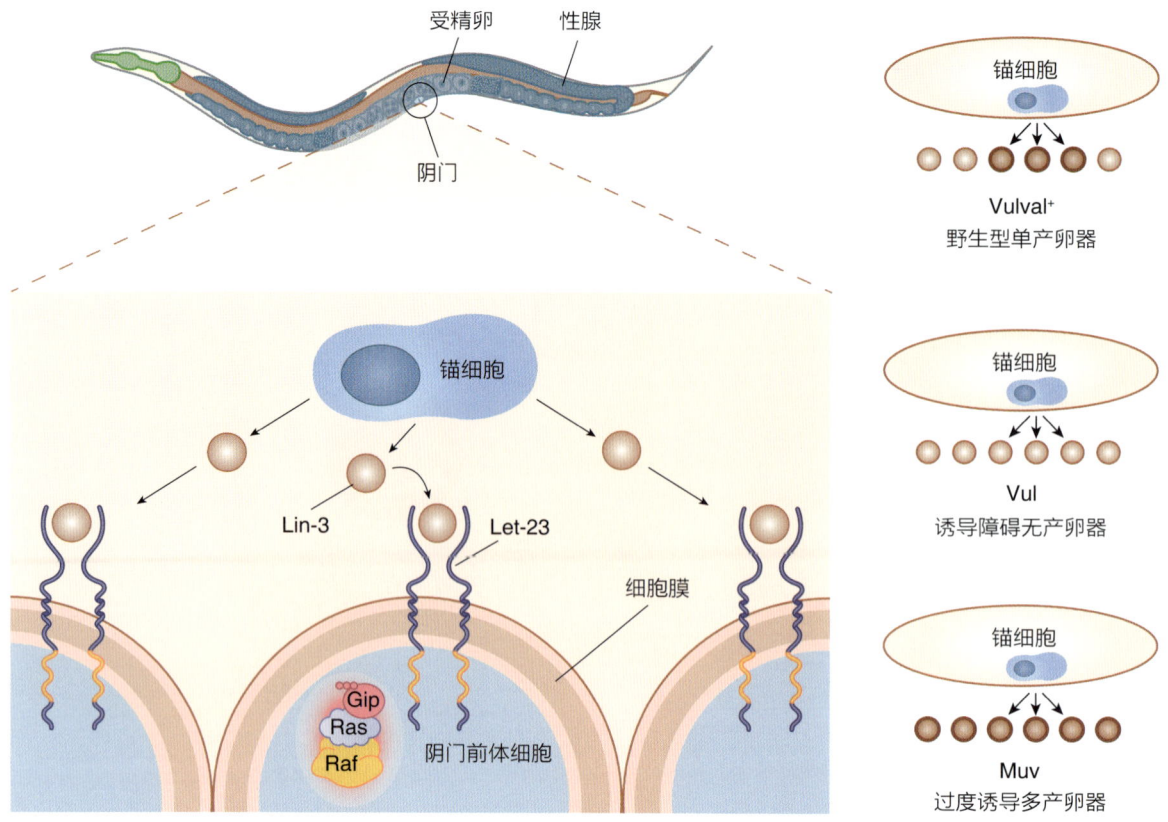

图 8-6 线虫阴门发育

自于性腺锚细胞（anchor cell）的诱导信号和来自于 VPC 的旁侧抑制信号共同作用下，3 个 VPC 被诱导向阴门细胞发育，其余 VPC 则转而发育为表皮细胞（图 8-6）。如果来自锚细胞的诱导过强，所有 VPC 都可转向阴门发育，导致成虫具有多个阴门样结构（multivulva，Muv）。如果锚细胞被激光照射去除，或诱导信号因基因突变被削弱，VPC 将发育为表皮，导致成虫缺乏阴门（vulvaless，Vul）。

锚细胞发出的主要诱导信号分子是 lin-3 基因编码的表皮生长因子（epidermal growth factor，EGF）。它与由 let-23 基因编码、分布于 VPC 表面的受体酪氨酸激酶相结合，促进受体分子二聚化和磷酸化。Let-23 随后招募衔接蛋白和鸟嘌呤核苷酸交换因子（guanine nucleotide-exchange factor，GEF），由 GEF 将小 GTP 酶 Ras 从与 GDP 结合的非活化形式转变为与 GTP 结合的活化形式，进而激活蛋白激酶 Raf，通过激酶级联反应依次激活 MEK、MPK 等下游分子，调控转录因子等靶蛋白活性。活化的 Ras-GTP 又可以在 GTP 酶激活蛋白（GTPase-activating protein，GAP）作用下转变为非活化的 Ras-GDP。因此，Ras-GDP 和 Ras-GTP 的互相转化起到了传递锚细胞诱导信号的开关作用（图 8-7）。需要指出的是，发现于 60 年前的 Ras 早在 1982 年就成为第一个得到确认的人类癌基因，但相关信号转导途径却主要通过研究线虫阴门发育的遗传调控才得以阐明（Fernandez-Medarde et al.，2021）。事实上，Ras 信号转导途径的许多核心调控因子都是首先在线虫遗传筛选中发现的，韩珉等华人学者为此做出了重要贡献（Sundaram，2006）。

图 8-7　Ras 信号转导途径

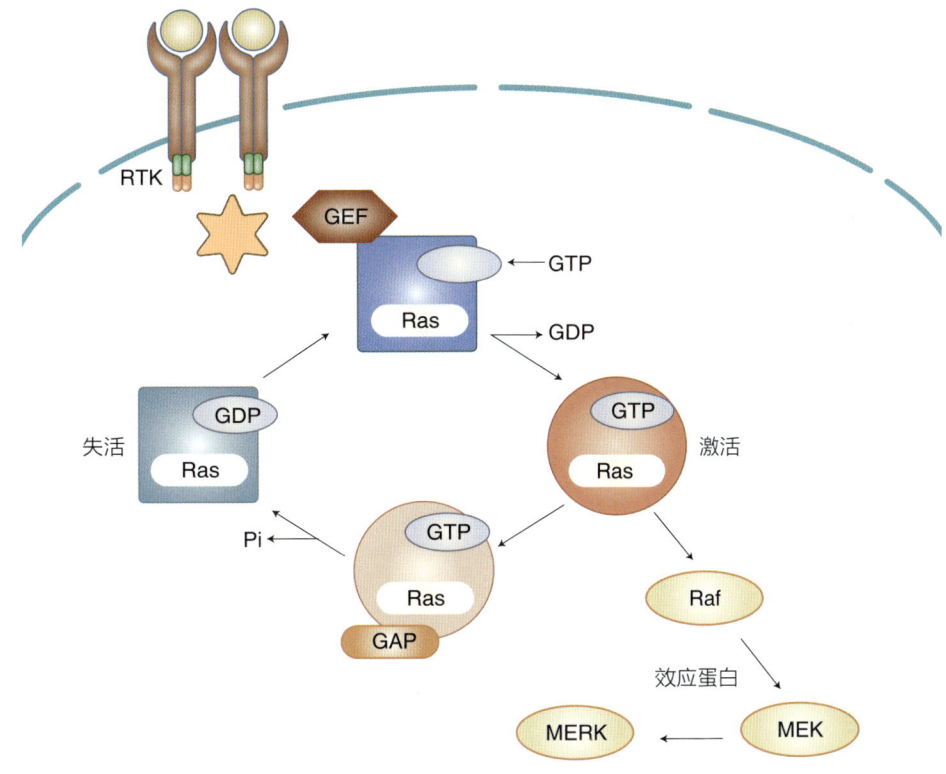

编码线虫 Ras 蛋白的基因是 *let-60*（Han et al., 1990）。正如基因名称所提示的，造成 *let-60* 活性缺失的无效突变使线虫死于 L2 期。只造成基因活性部分丧失的 *let-60* 亚效突变不影响线虫存活，但会导致成虫出现不同程度的阴门缺失。这些结果表明，*let-60* 是一个多效性基因，其活性同时为线虫生存和正常阴门发育所必需。与亚效突变表型类似，*let-60* 的反效突变也导致线虫缺失阴门。但 *let-60* 亚效突变与反效突变的差异在于：前者是隐性的，只有突变纯合时才能观察到表型；后者是显性的，在突变杂合时就能观察到变化。因此，反效突变也常被称为显性负效突变（dominant negative mutation）。使 *let-60* 过度激活的超效突变会导致成年线虫具有多个阴门，显示 *let-60* 的活性不仅为阴门发育所必需，也控制着这一结构的成长（Riddle, 1997）。超效突变不少也是显性的，常被称为显性激活突变（dominant active mutation）。从 *let-60* 的例子不难看出，只有明确突变对基因功能的改变方式，才能从表型变化有效推测基因功能。第九章还会提到，分辨使基因完全失活的无效突变和使基因部分失活的亚效突变，对研究基因相互作用也具有重要意义。

二、正确区分不同类型的基因突变

在二倍体生物中，大多数突变基因对野生型基因而言是隐性的（Lindsley et al., 1972；Orr, 1991）。只要同一个基因的两份拷贝有一个功能正常，个体就能正常存活。当基因功能被突变削弱到再也无法维持正常生命活动时，个体会出现表型异常。

如果基因功能被继续削弱，表型异常会随之加剧，甚至可能致死。同理，如果突变异常增强基因功能超过一定限度，个体也会因正常生命活动难以维持而出现表型异常。这类异常同样会随着基因功能的不断增强而加剧，严重时也可能致死。因此，遗传学研究中常用突变表型随基因剂量的变化来帮助判断突变种类（表 8-1）。

表 8-1　不同种类突变对野生型基因剂量变化的响应

突变种类	野生型基因剂量增加	野生型基因剂量减少
无效突变	减弱	不变
亚效突变	减弱	增强
超效突变	增强	减弱
新效突变	不变	不变
反效突变	减弱	增强

衡量突变表型强弱的标准通常有三种。一是外显率（penetrance），即给定条件下同一基因型个体出现预期表型变化的比例。外显率越高，表明突变对基因功能的改变越强。二是表现度（expressivity），即相同基因型的个体间预期表型变化的差异。综合比较两种基因型各自的表型变化差异范围，可以判断突变对基因功能的影响强弱。三是多效性，突变个体出现的异常表型越丰富，突变对基因功能的影响越大。

此外，不论是随机诱变还是自发突变，发现功能丧失型突变的可能性都较高，发现功能获得型突变都较为困难。这是因为功能获得型突变往往需要以一些特定方式改变基因，才能赋予基因产物特定功能。相比之下，破坏基因功能的途径就多得多。因此，诱变时分离到某类突变的比例也常被用于帮助判断突变种类。

1. 无效突变和亚效突变

无效突变导致基因功能的完全丧失。基因或所在染色体区域的缺失（deficiency，Df）是无效突变，能早期终止转录或翻译的突变不少也是无效突变。理论上，无效突变会导致最强的表型变化。事实上，基因多效性的存在使无效突变的表型往往指向一生中基因首次发挥作用的时间窗口或组织器官。与无效突变相比，亚效突变对基因功能的影响较小。不少引起基因表达水平下降、基因表达产物半衰期缩短、或者编码蛋白质功能减弱的突变都可能是亚效突变。亚效突变也因其残存的野生型基因活性而被称为渗漏突变（leaky mutation）。它们有可能使个体度过需要基因功能才能生存的时间窗口，帮助研究者了解基因在后续生命活动中的作用。

绝大多数无效突变和亚效突变都是隐性的，但也存在例外。有些基因只要一份拷贝失活就不足以维持正常生命活动，导致出现显性表型。这种现象被称为单倍剂量不足（haploinsufficiency）。例如，果蝇 *Notch* 基因的无效突变纯合致死，但杂合状态时仍会在成虫翅膀边缘产生缺刻。这也是该基因被命名为 *Notch*（缺刻）的原因。在人类基因组中，被描述具有单倍剂量不足效应的基因已有约 300 种（Dang et al., 2008）。另外，肿瘤抑制基因失活突变的携带者随着年龄增长，体细胞内正常的肿瘤抑制基因拷贝可遭遇新发突变，使细胞成为肿瘤抑制基因失活突变纯合子，导致肿瘤的发生。阿尔弗雷德·克努森（Alfred G. Knudson，1922—2016）在研究视网膜母细胞瘤时提出的这一"双击假说"（two-hit hypothesis），解释了肿瘤抑制基因突变携带者家系肿瘤高发，易被误认为是显性遗传的原因（Knudson，1971）。

将无效突变纯合子的一份突变拷贝替换为缺失不会改变纯合子的表型，替换为野生型则会使突变表型消失或减弱。将亚效突变纯合子的一份突变拷贝替换为缺失或无效突变，将增强突变表型，替换为野生型则会使突变表型消失或变弱。类似地，用染色体重复（duplication，Dp）或转基因在无效突变或亚效突变的纯合个体中增加野生型基因表达，也会导致突变表型消失或减弱。需要指出的是，判断突变表型变化受表型选择和分析灵敏度的限制。有时，基因活性仍有残余的突变可以在分析中出现与完全失活突变一致的表型变化。因此，确切区分无效突变和亚效突变需要结合多方面证据。

2. 超效突变

超效突变使得基因获得超额的正常活性。因此，引起基因表达水平上升或基因表达产物半衰期延长、导致编码蛋白质功能增强或不受抑制的突变都可能是超效突变，转基因过表达也可以起到超效突变的效果。超效突变一般是显性的。在野生型背景上的超效突变比无效突变或亚效突变背景上的超效突变表型更强。用染色体重复在超效突变杂合个体中增加野生型基因，也会导致突变表型增强。超效突变造成的表型变化与功能丧失型突变相反，两者对照可以印证对基因功能的推测。

许多癌基因的致癌突变是超效突变。例如，人 *Ras* 基因编码第 12 位或 13 位氨基酸的序列发生点突变可以分别破坏 Ras–GTP 与 GAP 的结合或促进 Ras–GDP 与 GEF 的结合，使更多 Ras 蛋白处于活化状态，导致肿瘤的发生（Scheffzek et al.，1997；Johnson et al.，2019）。

3. 反效突变

反效突变抑制基因的正常功能。许多时候，反效突变影响的基因编码以二聚体或多聚体形式行使功能的蛋白质。在反效突变杂合子体内，野生型基因编码的正常蛋白质单体会与反效突变基因编码的异常蛋白质单体随机组合，产生大量不能正常发挥作用的二聚体或多聚体，从而导致表型异常。另一些时候，受反效突变影响的基因产物与正常基因产物一起竞争有限的上游激活因子或下游底物，从而干扰正常基因的功能。例如，线虫 *let-60* 基因的多个反效突变都改变了 Ras 蛋白与 GTP/GDP 结合部位的氨基酸。突变蛋白能与 GEF 蛋白结合，但不能如正常 Ras 蛋白一样被 GEF 激活为 Ras–GDP。这样，突变蛋白消耗了 Ras 信号转导通路中的限速分子 GEF，导致正常 Ras 蛋白不能被有效激活（Han et al.，1991）。

反效突变对正常基因功能的干扰是显性的，会随着正常基因产物的增加而减弱。用染色体重复或转基因在反效突变杂合个体中提高野生型基因表达，会导致反效突变表型消失或减弱。将反效突变杂合个体中的野生型基因改变为无效突变或亚效突变，则可能加剧反效突变的异常表型。反效突变的表型与基因失去功能突变类似，可以用于探索研究基因功能。利用反效突变的显性遗传方式，更能简化基因功能和作用机制的遗传分析。

4. 新效突变

新效突变导致基因获得原来没有的新功能。这一定义既适用于基因表达产物的生化活性，也适用于基因表达产物的时空分布。例如，果蝇触角足（antennapedia，*Antp*）基因的一些功能获得型突变会让基因在不应表达的头部表达，改触角的发育命运为足（Talbert et al.，1994）。用转基因技术诱导 *Antp* 基因在头部外源表达也能起到类似效果（Schneuwlyd et al.，1987）。人 8 号染色体长臂的一些异位会导致癌基因 *Myc* 在免疫球蛋白基因启动子调控下持续高表达，引起伯基特淋巴瘤。人染色体异位还经常造成癌基因或肿瘤抑制基因与其他基因融合，表达功能异常的融合蛋白（Knott et al.，2019）。不少癌基因或肿瘤抑制基因的点突变也会给它们带来与正常功能无关的新功能（Takiar et al.，2017）。因此，认识新效突变对生物学和医学研究有重要意义。

新效突变造成的表型变化与野生型基因功能无关，在新效突变个体中增加或减少野生型基因剂量并不能改变突变表型。已经发现的新效突变绝大多数是显性的，但隐性的新效突变也有报道。例如，人载脂蛋白 L1 基因（*APOL1*）存在两种变异 G1 和 G2。与野生型 G0 相比，G1 和 G2 能帮助杂合个体抵御更多种类锥虫感染，但也会让纯合个体更容易罹患肾病。研究表明，G1 和 G2 型蛋白具有细胞毒性，其表达量决定了转基因小鼠肾损伤表型，而与小鼠是否表达 G0 型蛋白无关（McCarthy et al.，2021）。

从突变对基因功能的影响进行突变分类，是从突变表型变化出发分析基因正常功能的必要条件。作为由众多基因携带遗传信息指导形成的复杂系统，每种生物体都具有内在的稳健性，可以在一定程度上抵御突变对单基因及其产物造成的影响。当突变的影响超过个体所能容忍的限度，个体就会出现表型的异常改变，甚至可能危及生命（图 8-8）。另一方面，突变对个体的影响总会存在波动。利用外显率和表现度两个概念描述群体水平的表型变化，可以帮助我们更客观地比较突变对基因功能的影响。

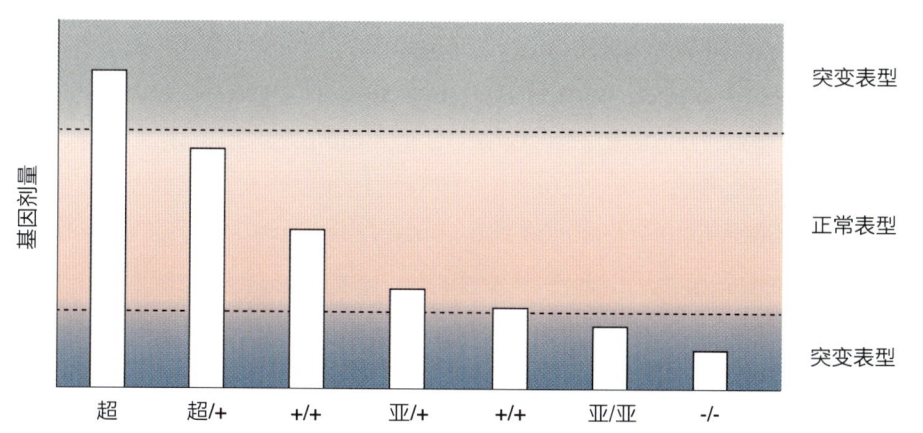

图 8-8　不同种类突变对基因功能的影响

超：超效突变；亚：亚效突变；−：无效突变；＋：野生型；虚线：维持正常表型的阈值。

※ 复习思考题

1. 显性突变和隐性突变各自有哪些类型，如何快速甄别？

2. 进化过程中不少基因发生过复制，在基因组里留下不止一个拷贝。对涉及这些基因的突变进行基因组定位时，连锁作图或测序各有什么优缺点？

3. 如何研究新效突变对应的野生型基因功能？

※ 推荐阅读

1. BATESON W, et al. Experimental studies in the physiology of heredity[J]. Reports to the Evolution Committee of the Royal Society, 1904: 1-154.

2. BENZER S. Behavioral mutants of *Drosophila* isolated by countercurrent distribution[J]. Proc Natl Acad Sci U S A, 1967, 58(3): 1112-1119.

3. COHEN J C, et al. Sequence variations in PCSK9, low LDL, and protection against coronary heart disease[J]. N Engl J Med, 2006, 354(12): 1264-1272.

4. DANG V T, et al. Identification of human haploinsufficient genes and their genomic proximity to segmental duplications[J]. Eur J Hum Genet, 2008, 16(11): 1350-1357.

5. FERNANDEZ-MEDARDE A, et al. 40 Years of RAS-A Historic Overview[J]. Genes (Basel), 2021, 12(5).

6. FUKAYA T, LEVINE M. Transvection[J]. Curr Biol, 2017, 27(19): R1047-R1049.

7. HAN M, STERNBERG P W. let-60, a gene that specifies cell fates during *C. elegans* vulval induction, encodes a ras protein[J]. Cell, 1990, 63(5): 921-931.

8. HAN M, STERNBERG P W. Analysis of dominant-negative mutations of the *Caenorhabditis elegans* let-60 ras gene[J]. Genes Dev, 1991, 5(12A): 2188-2198.

9. JOHNSON C W, et al. Isoform-specific destabilization of the active site reveals a molecular mechanism of intrinsic activation of KRas G13D[J]. Cell Rep, 2019, 28(6): 1538-1550 e1537.

10. KAJIWARA K, et al. Digenic retinitis pigmentosa due to mutations at the unlinked peripherin/RDS and ROM1 loci[J]. Science, 1994, 264(5165): 1604-1608.

11. KNOTT M M L, et al. Targeting the undruggable: exploiting neomorphic features of fusion oncoproteins in childhood sarcomas for innovative therapies[J]. Cancer Metastasis Rev, 2019, 38(4): 625-642.

12. KNUDSON A G, JR. Mutation and cancer: statistical study of retinoblastoma[J]. Proc Natl Acad Sci U S A, 1971, 68(4): 820-823.

13. LINDSLEY D L, et al. Segmental aneuploidy and the genetic gross structure of the *Drosophila* genome[J]. Genetics, 1972, 71(1): 157-184.

14. MCCARTHY G M, et al. Recessive, gain-of-function toxicity in an APOL1 BAC

transgenic mouse model mirrors human APOL1 kidney disease[J]. Dis Model Mech, 2021, 14(8).

15. NÜSSLEIN-VOLHARD C, et al. Mutations affecting the pattern of the larval cuticle in *Drosophila melanogaster* : I. Zygotic loci on the second chromosome[J]. Wilehm Roux Arch Dev Biol, 1984, 193(5): 267-282.

16. ORR H A. A test of Fisher's theory of dominance[J]. Proc Natl Acad Sci U S A, 。 1991, 88(24): 11413-11415.

17. PERCY D H, et al. Pathology of Laboratory Rodents and Rabbits[M]. Ames：John Wiley & Sons, Inc., 2016.

18. QIU J, et al. Leptin-deficient mice backcrossed to the BALB/cJ genetic background have reduced adiposity, enhanced fertility, normal body temperature, and severe diabetes[J]. Endocrinology, 2001, 142(8): 3421-3425.

19. REISSMANN M, LUDWIG A. Pleiotropic effects of coat colour-associated mutations in humans, mice and other mammals[J]. Semin Cell Dev Biol, 2013, 24(6-7): 576-586.

20. RIDDLE D L. *C. elegans* II[M]. New York：Cold Spring Harbor Laboratory Press, 1997.

21. SCHEFFZEK K, et al. The Ras-RasGAP complex: structural basis for GTPase activation and its loss in oncogenic Ras mutants[J]. Science, 1997, 277(5324): 333-338.

22. SCHINDLER A J, SHERWOOD D R. Morphogenesis of the *Caenorhabditis elegans* vulva[J]. Wiley Interdiscip Rev Dev Biol, 2013, 2(1): 75-95.

23. SCHNEUWLY S, et al. Redesigning the body plan of *Drosophila* by ectopic expression of the homoeotic gene Antennapedia[J]. Nature, 1987, 325(6107): 816-818.

24. SUNDARAM M V. RTK/Ras/MAPK signaling[J]. WormBook, 2006: 1-19.

25. TAKIAR V, et al. Neomorphic mutations create therapeutic challenges in cancer[J]. Oncogene, 2017, 36(12): 1607-1618.

26. TALBERT P B, GARBER R L. The *Drosophila* homeotic mutation Nasobemia (AntpNs) and its revertants: an analysis of mutational reversion[J]. Genetics, 1994, 138(3): 709-720.

（编写：吴晓晖、许田；审读：唐鸿云）

第九章

修饰基因和双突变分析

　　研究基因在其所处的基因组环境中如何发挥作用，是在分子层面上理解生命过程的核心内容。基因并非独立发挥作用，而是在复杂的调控网络中与其他基因互作，影响彼此的表型特征。例如，一个遗传突变是否导致疾病，往往与个体的特定遗传背景紧密相关。其遗传背景中是否含有其他基因突变，可影响该基因突变引发疾病与否以及疾病严重程度。因此，解析基因间的遗传相互作用，即一个基因的功能如何依赖于另一个基因的状态，对于理解基因如何共同协作继而产生特定表型至关重要，为阐释生命活动过程和疾病的发生、发展提供机制性见解。构建双突变体进行表型互作分析，是解析基因之间如何相互作用的重要策略。当多个基因作用于同一生命活动过程，一个基因的突变可能影响通路中其他基因的功能，导致表型改变。研究不同基因突变间的表型相互作用，即一个基因突变如何抵消、缓解或者增强另一个基因突变的表型，能够帮助研究者推断基因之间的功能关联和相互依赖性。此外，通过大量的双突变分析，揭示功能上互相关联的基因群体及其相互作用，可进一步从系统和网络的角度来理解复杂的生命活动过程，有助于更全面地理解基因间的复杂相互作用，揭示生物系统的稳健性和适应性。因此，解析遗传相互作用，理解基因如何相互合作、补偿或抵消彼此的功能，对于开发治疗疾病的新方法、提高农作物产量，以及解析基本生命活动的遗传基础具有重要意义。本章将介绍"修饰基因"这一概念，解释一个基因如何依赖另一个基因的状态来影响生物体的表型，继而探讨如何通过双突变分析来明确基因间的相互作用性质，以及它们在生物通路中的上、下游关系，并且通过丰富的研究案例来说明遗传相互作用在理解疾病机制、发现潜在治疗靶点以及发展个性化医学策略中的应用和重要性。

第一节　修饰基因

一、修饰基因的概念

修饰基因（modifier gene）是一类影响其他基因表型的基因。例如，当基因 *A* 的突变影响基因 *B* 的突变表型时，基因 *A* 就被称为基因 *B* 的修饰基因（图 9-1）。

修饰基因的概念由约翰·霍尔丹（John. B. S. Haldane，1892—1964）在 1941 年提出（Haldane，1941），它们可直接或间接地影响被修饰基因的功能，因而影响这些基因突变产生的表型变化。例如，家族性结直肠癌研究中被广泛使用的 *Min* 突变小鼠产生结直肠肿瘤数量受到遗传背景的强烈影响（图 9-2）。*Mom-1* 被鉴定到作为一个主要的修饰基因显著抑制 *Min* 突变导致的结直肠肿瘤表型（Gould，1996）。修饰基因在人类的遗传疾病中同样扮演重要角色，影响疾病的发生和发展。*DFNB26* 基因突变可引发家族性聋哑症，但研究发现某些含有该基因突变的人具有正常听力。通过遗传分析，斋玛·里亚祖丁（Saima Riazuddin）和他的同事确定了 *DFNM1* 突变作为修饰基因能抑制 *DFNB26* 突变导致的聋哑症状（Riazuddin et al.，2000）。在人类疾病中，修饰基因本身并不是导致疾病的直接原因，却可以增强或抑制疾病症状。人类中已识别出大约 7 000 种罕见疾病，其中 80% 可能有遗传因素（Rahit et al.，2020）。尽管这些疾病各自的发病率不高，预计全球却有大约 4 亿人受到不同罕见疾病的影响。在许多遗传性罕见疾病中，即便是携带相同致病基因突变的患者，他们展现出的临床症状也可能存在差异，暗示修饰基因在其中的关键作用。揭示修饰基因和疾病之间的关系，有助于根据患者独特的遗传组成将修饰基因作为潜在的靶标来定制治疗方案，为疾病发生的机理及开发治疗策略提供关键理解，也为个性化治疗疾病提供重要思路（Haldane，1941；Genin et al.，2008）。此外，遗传分析时，通过向突变个体引入修饰基因突变，可以根据表型变化判断两个基因间的功能关系，例如它们是否在同一生命活动过程中发挥作用，二者间的相互作用性质及次序等（见图 9-1）。综上所述，寻找修饰基因并理解其与目标基因的功能关系，有助于揭示复杂的基因调控网络，并为理解目标基因发挥

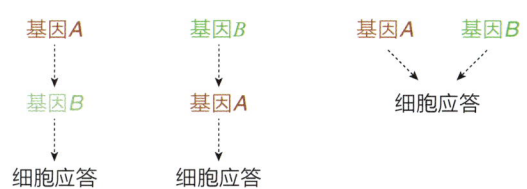

图 9-1　修饰基因与目标基因的功能关系示意图
修饰基因 *A* 可以位于目标基因 *B* 的上游、下游或以平行作用的方式影响基因 *B* 的功能和表型。

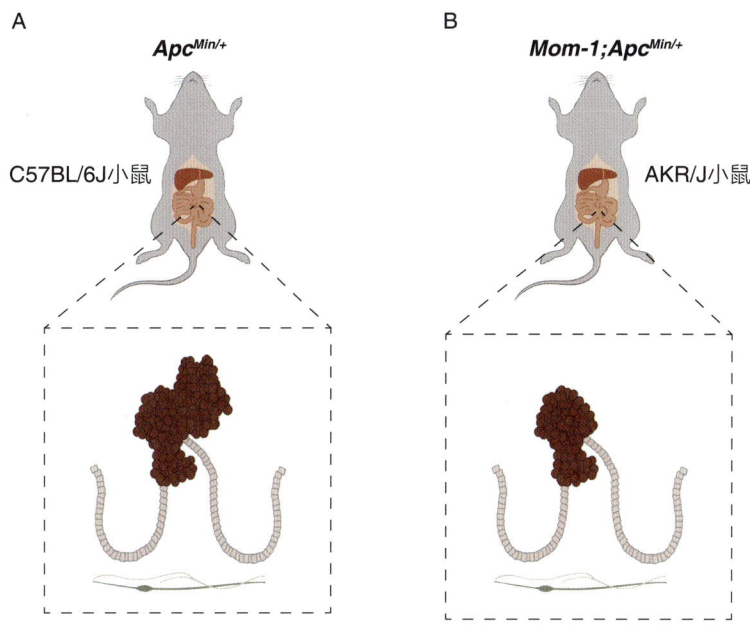

图 9-2　修饰基因对 *Min* 突变小鼠的结直肠肿瘤数量影响
（**A**）C57BL/6J 遗传背景中无修饰基因 *Mom-1*；*Apc*^*Min/+*^ 小鼠结直肠肿瘤数量多；
（**B**）AKR/J 遗传背景中，存在修饰基因 *Mom-1*；*Apc*^*Min/+*^ 小鼠结直肠肿瘤数量少。

功能的潜在机制和疾病机理提供关键线索。

二、双突变分析

　　双突变分析是通过比较双基因突变体与单基因突变体的表型差异，解析两个不同基因之间功能关系的遗传分析方法。通过统计个体表型变化展现的程度（表现度，expressivity）和展现表型变化个体的比例（外显率，penetrance），可以比较双突变体和单突变体的表型差异。根据双突变体表型呈现的累加效应（additive effect）、上位效应（epistasis）、抑制效应（suppression）或增强效应（enhancement），可以初步判断这些基因间的遗传相互作用、是否在同一生命活动过程中发挥作用，以及它们间的调控关系和依赖性。

三、累加效应

　　累加效应指的是双基因突变的表型结果是两个单基因突变各自表型的累加（图 9-3），说明每个基因独立地对表型作出贡献，没有明显的互作或协同作用。缺乏这种互作和协同意味着两个突变基因的联合效应并不比单个突变基因的性状相加后更严重，提示这两个基因很可能在平行或独立的通路中发挥作用。例如，假设植物高度由多个基因共同决定，它们对高度的贡献是累加的，那么可观察到：每增加一个"促高"基因突变会使植物高度增加，而每增加一个"抑高"基因突变则会使高度降低，植物的最终高度是这些基因突变效应的简单加和（图 9-4）。需要注意的是，累加效应不一定意味着这两个基因在功能上无关，它们可能仍参与相关的过程或通路，但在突变时对表型具有独立的贡献。因此，通常需要辅助生化分析和进一步的遗传研究才能确定具有累加效应的基因之间相互关系的准确机制。

图 9-3　累加效应示意图
基因 A 突变呈现表型 A，基因 B 突变呈现表型 B，基因 A 和 B 双突变呈现表型 A 和表型 B 叠加的表型，这种效应称为基因的累加效应。

	AB	Ab	aB	ab
AB	AABB	AABb	AaBB	AaBb
Ab	AABb	AAbb	AaBb	Aabb
aB	AaBB	AaBb	aaBB	aaBb
ab	AaBb	Aabb	aaBb	aabb

植株高度

低　　　　　　　　　　　　　　　　高

图 9-4　植株高度相关基因的累加效应示意图
基因 a 和 b 的等位基因 A 和 B 为植株"促高"基因，每增加一份基因 A 或者基因 B 的拷贝，植株高度呈现相应的累加。

四、上位效应

　　上位效应指的是双突变体只显示其中一个单突变体表型的现象。换句话说，一个基因的突变遮盖了另一个基因突变的表型，具有遮盖作用的基因突变称为上位（epistatic）突变，被遮盖表型的基因突变被称为下位（hypostatic）突变（图 9-5）。基于对双突变基因杂交和分离过程产生的单基因突变体表型偏离孟德尔分离的观察，上位效应最早由贝特森在 1908 年用于描述一个基因突变的表型对另一个基因突变的表型呈现的"显性"（Phillips，1998）。

以调控线虫阴门（vulva）细胞命运决定的 *let-60/Ras* 信号通路为例，*let-60/Ras* 功能获得型突变导致 LET-60/RAS 蛋白的组成性激活，引发下游信号通路的过度活化，诱发多阴门（Muv）表型（Sternberg et al.，1998）。*let-23* 编码 EGFR 受体，其功能部分缺失突变阻断了胞外信号对 Ras 信号的激活，阴门前体细胞无法分化，导致无阴门（Vul）表型。同时携带 *let-60* 功能获得型突变和 *let-23* 功能丧失型突变的线虫呈现多阴门表型，该结果显示 *let-60* 功能获得型突变引起的 Ras 信号过度活化，可绕过对 LET-23/EGFR 介导的胞外诱发信号的需求（图 9-6）。因此，*let-23* 失活突变无法抑制组成性激活形式 Ras 的活性，双突变体呈现与 *let-60/Ras* 组成性激活突变体相同的多阴门表型，所以 *let-60* 组成性激活突变对 *let-23* 功能丧失型突变表现出上位效应，表明前者的存在遮盖了后者产生的表型。

上位效应的存在提示两个被检测基因具有功能关联，它们可能在共同通路或过程中发挥作用且功能上可能相互依赖，这为解析遗传通路的构成提供重要信息。如上所述，*let-60* 组成性激活突变可以绕过对 LET-23 介导的胞外信号的需求，表明 *let-23* 在调节阴门细胞分化的信号通路中可能处于 *let-60* 的上游。需要注意的是单独遗传分析不足以揭示上位效应背后的具体机制，研究中需要结合进一步的生化分析和更多的遗传实验进行解析。

五、抑制效应

一个基因的突变减轻另一个突变基因表型的现象被称为抑制效应（图 9-7）。抑制效应也被称为正向上位效应（positive epistasis），因第 2 个基因突变的存在可以改善初始基因导致的表型缺陷。线虫 LET-60/RAS 通路调控阴门发育，*mpk-1/ERK* 功能部分丧失突

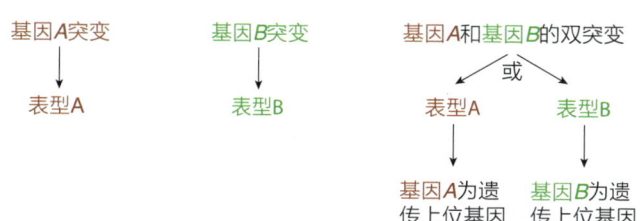

图 9-5 上位效应示意图

基因 *A* 突变呈现表型 A，基因 *B* 突变呈现表型 B，基因 *A* 和 *B* 双突变呈现表型 A 或者表型 B，这种效应称为基因的上位效应。

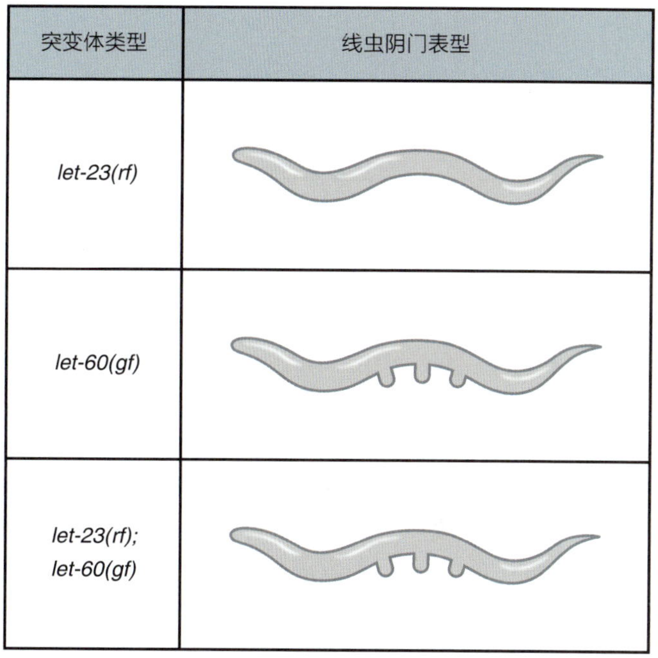

突变体类型	线虫阴门表型
let-23(rf)	
let-60(gf)	
let-23(rf); let-60(gf)	

图 9-6 线虫阴门发育相关基因的遗传上位分析

let-23（rf，reduction of function，功能部分丧失）突变体线虫呈现无阴门表型，*let-60*（gf，gain of function，功能获得型）突变体线虫呈现多阴门表型，*let-23* (rf); *let-60* (gf) 双突变体线虫呈现与 *let-60* (gf) 单突变体线虫相同的多阴门表型。

图 9-7 抑制效应示意图

基因 *A* 突变呈现表型 A，基因 *B* 突变呈现表型 B，基因 *A* 和 *B* 双突变呈现表型 A，或者表型 B，或者比 A 和 B 都更弱的表型，这种效应称为基因的抑制效应。

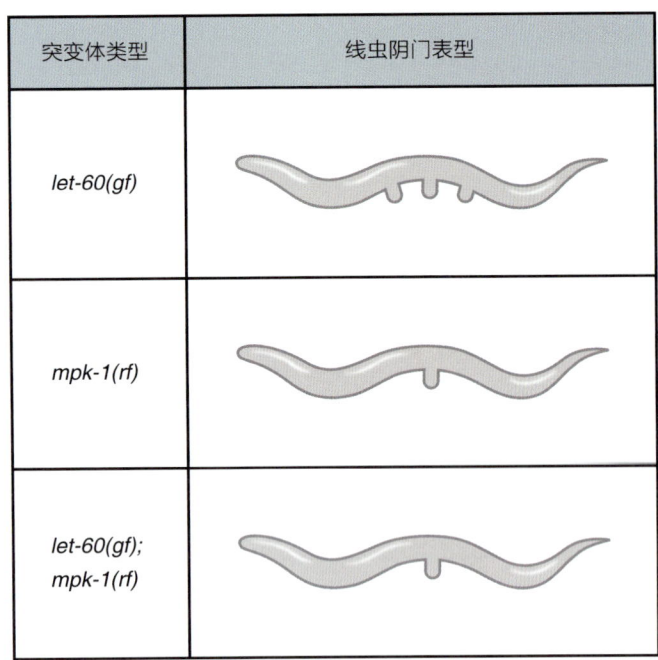

突变体类型	线虫阴门表型
let-60(gf)	
mpk-1(rf)	
let-60(gf); mpk-1(rf)	

图 9-8　线虫阴门发育相关基因的抑制效应分析
大部分 *mpk-1(rf)* 功能部分丧失突变体线虫的阴门发育正常，*let-60(gf)* 功能获得型突变体线虫呈现多阴门表型，*let-60(gf); mpk-1(rf)* 双突变体的大部分线虫则呈现与 *mpk-1(rf)* 单突变体线虫相同的正常阴门发育表型。

变体中大部分个体的阴门发育正常。韩珉等发现该 *mpk-1/ERK* 突变可缓解 LET-60 过度激活引发的多阴门表型，该双突变体中大部分个体呈现正常阴门发育（图 9-8）。因此 *mpk-1/ERK* 基因突变对 *let-60* 基因功能获得型突变的多阴门表型呈现抑制效应。抑制效应提示两个相互作用的基因很可能调控相同的生命活动过程，表现为一个基因的突变可以弥补或抵消另一个基因突变引起的表型改变，其中前者称为后者的抑制基因或抑制子。

抑制子的突变可发生在原始突变基因中的另一位点或者另一独立基因中，本章主要探讨后一类抑制子，其可提供基因间相互作用的关键信息。这一类抑制子突变可以通过重新恢复原有通路活性、激活替代通路或改变相关基因的表达和活性等补偿初始突变引起的功能异常。对抑制子突变的研究可帮助揭示同一通路内不同基因间的相互作用顺序及不同通路间遗传相互作用的属性。抑制子缓解相应突变基因的表型存在以下多种机制。

（1）抑制子通过改变初始突变基因所在通路的活性，弥补初始突变引起的通路活性异常，促成表型的抑制。通常这类抑制效果是基于抑制子突变对初始突变基因的上位效应所实现的。这里以线虫生殖腺性别决定通路中 *tra-2* 和 *fem-3* 基因之间的遗传相互作用为例阐释通过上位效应实现抑制效果的抑制子突变（Goodwin et al., 2002）。*tra-2* 功能获得型突变诱导生殖腺雌性化，*fem-3* 功能获得型突变导致生殖腺的雄性化，而同时携带这两个突变的线虫呈现生殖腺雄性化的表型（图 9-9）。因此，*fem-3* 功能获得型突变可以抑制 *tra-2* 功能获得型突变引起的生殖腺雌性化表型。进一步生化研究表明，*fem-3* 功能获得型突变促进 *fem-3* 过表达从而逆转在 *tra-2* 功能获得型突变体中下游促雄性化基因受抑制的情况，因此该 *fem-3* 突变通过遗传上位效应抑制 *tra-2* 突变的表型。恢复突变通路活性的上位遗传抑制类型有助于解析同一通路不同基因之间的作用顺序。

（2）抑制子基因突变产物与初始突变基因产物直接相互作用，恢复突变蛋白的活性，达到抑制效应。在酵母中，*act1* 编码肌动蛋白，其正常聚合对维持细胞正常形态和功能至关重要。*act1-1* 是编码该肌动蛋白基因的温度敏感型突变，其编码的蛋白质在高温下无法正常聚合，进而导致细胞生长和形态的缺陷。酵母 *sac6* 编码一种与肌动蛋白结合并调节其结构的蛋白质。艾立森·亚当（Alison E. M. Adams）在 *sac6* 基因中鉴定到一个抑制突变，其编码的蛋白质稳定了 ACT1-1 突变肌动蛋白丝的结构，促进了肌动蛋白的正确组装，弥补 *act1-1* 突变引起的肌动蛋白聚合缺陷，即使在高温下也能恢复正常的细胞生长和形态（Adams et al., 1989）。该类型的抑制效应暗示抑制

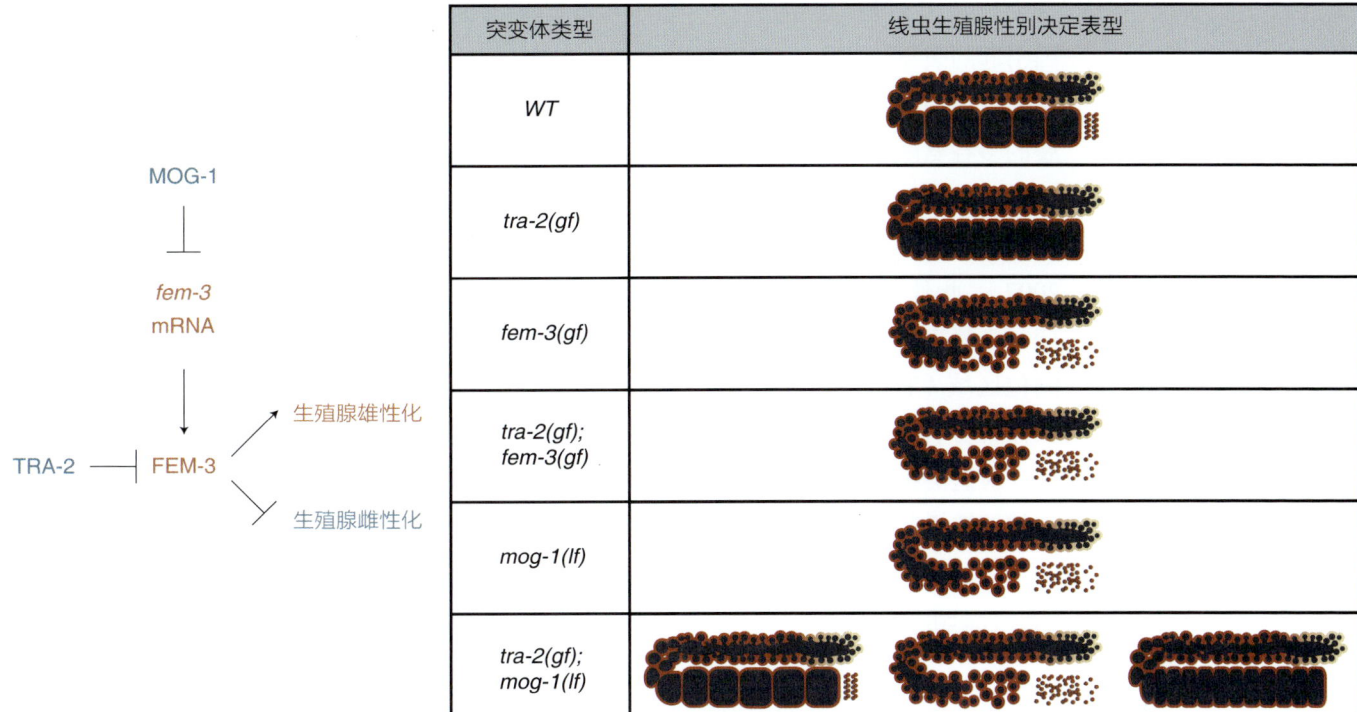

图 9-9　线虫生殖腺性别决定相关基因的功能相互作用分析
左图为线虫生殖腺性别决定调控通路的简图，右图为不同性别决定相关基因突变体线虫的表型图表。野生型（WT）雌雄同体线虫生殖腺可以同时产生精子和卵细胞，tra-2(gf) 功能获得型突变体线虫的生殖腺只产生卵细胞（即生殖腺雌性化表型），fem-3(gf) 功能获得型突变体线虫的生殖腺持续产生精子且无卵细胞产生（即生殖腺雄性化表型），tra-2(gf); fem-3(gf) 双突变体线虫生殖腺呈现和 fem-3(gf) 单突变体一样的生殖腺雄性化表型；mog-1(lf) 失活突变体线虫的生殖腺呈现雄性化表型，而 tra-2(gf); mog-1(lf) 双突变体线虫不再呈现出 tra-2(gf) 单突变体的生殖腺雌性化表型，而是大部分生殖腺呈现出雄性化或者正常分化。进一步生化分析显示，mog-1 转录后抑制 fem-3 基因表达，TRA-2 蛋白则通过结合 FEM-3 蛋白抑制其功能，因此 mog-1 和 tra-2 分别在两个平行通路中发挥作用调控 fem-3 的功能。

子直接与突变蛋白相互作用，通过改变其活性、稳定性或定位，减轻初始突变引起的表型缺陷。因此，直接相互作用介导的抑制效应为理解初始突变基因发挥功能的分子机制提供重要信息。

（3）激活替代通路抑制初始突变基因的表型。抑制子突变激活了一条平行或补偿途径，以纠正由于初始基因的突变所引起的通路异常，抑制原发突变的表型。例如，线虫性别决定通路中，TRA-2 与 FEM-3 结合相互抑制对方功能，因此二者间的相对比例决定了性别分化的方向。当 tra-2 发生功能获得型突变后，会导致 tra-2 过量表达从而抑制 FEM-3 的促雄性化作用诱发性腺雌性化。MOG-1 参与转录后负调控 fem-3 的表达，因此 mog-1 失活突变导致 fem-3 的过表达。此处，MOG-1 抑制性调控 fem-3 表达的通路平行于 TRA-2 抑制 FEM-3 活性的通路（Goodwin et al.，2002），当 mog-1 失活突变后激活该平行通路促进 fem-3 表达可抑制 tra-2 功能获得型突变的性腺雌性化表型（见图 9-9）。鉴定该类型的抑制子有助于发现平行通路，揭示基因功能的补偿机制。

（4）抑制子改变突变蛋白的数量，对后者的表型进行抑制。抑制子可通过调节原发突变基因编码产物的表达、稳定性或降解改变突变蛋白的水平，减轻原发突变基因引起的表型。例如，某些抑制子基因突变可以增强蛋白酶体对突变蛋白的降解，降低突变蛋白的水平，从而抑制其表型。以亨廷顿舞蹈病为例，变异的亨廷顿蛋白中扩展的多谷氨酸重复序列容易聚集引起细胞毒性，进而可能引发亨廷顿舞蹈症神经退行性疾病的发生。研究人员发现某些编码泛素蛋白连接酶复合体成分的基因突变可以增强对突变型亨廷顿蛋白的降解，减少该蛋白质的积累并减轻疾病症状（Bennett et al., 2007）。此外，抑制子可以影响原发突变基因的表达，导致这些突变蛋白水平发生改变，恢复表型。在某些 β 地中海贫血的病例中，抑制子基因突变发生在 HBS1L-MYB 隔位区域（Thein et al., 2007），其可在成人中激活胚胎和 / 或胎儿珠蛋白基因表达，从而部分补偿成人中珠蛋白的减少，缓解由成人珠蛋白基因突变引起的相关贫血症状。对这类抑制子的研究，可以帮助理解目的基因在蛋白质稳态、折叠及降解等过程中的调控机制。

六、增强效应

增强效应指的是两个基因突变的联合效应大于各自单突变效应之和的现象（图 9-10）。假设基因 A 的单突变引起轻微的表型，基因 B 的单突变也引起轻微的表型，但同时携带基因 A 和基因 B 突变的双突变体表现出比两个单突变相加更严重的表型，包括出现新的表型，则说明这两个基因突变间存在增强效应。在遗传分析中，增强效应可以提供两个不同基因之间功能关系的重要见解，提示相比较的两个基因可能在平行或同一通路中调节相同生命活动过程。因此，基因间的增强效应信息可以为研究两个基因之间功能关系的分子机制，以及它们可能参与调控的生命活动过程提供重要线索。基因间的增强效应可能存在以下多种机制。

（1）同一通路中另一基因的突变增强原发突变基因的表型。一个功能降低 / 增强型突变基因与同一通路不同步骤中发挥作用的另一功能降低 / 增强型突变基因结合时，可能会表现出增强效应。具体来说，同一通路中两个不同基因，其功能降低型双突变或者功能获得型双突变可能会导致整个通路的活性比单独突变时更加异常，从而出现比单突变体更严重的表型。该类增强效应可以帮助鉴定同一通路中其他基因，进一步揭示遗传通路的构成。例如，在线虫中，Ras 信号通路的适度激活对于线虫的生存是必需的，因此 *let-60/Ras* 完全失活突变体呈现致死表型（Sternberg et al., 1998）。*let-60* 功能部分丧失型突变或该通路中其他基因的功能部分丧失不会导致线虫生存缺陷，因为整个通路仍然能维持部分活性，可有效满足相应生命活动过程的需求。但是，当 *let-60* 功能降低型突变与该通路中某个其他基因如 *mpk-1* 的功能部分丧失突变杂交后，则会导致整个线虫中 Ras 通路活性进一步降低，导致个体死亡（图 9-11）。值得注意的是，同一通路的突变

图 9-10　增强效应示意图
基因 A 突变呈现表型 A，基因 B 突变呈现表型 B，基因 A 和 B 双突变呈现比表型 A 和表型 B 相加更严重的表型，包括可能出现新的表型 C，这种效应称为基因的增强效应。

基因间是否表现出增强效应与具体的遗传背景、突变性质及所研究通路的组成相关。同一通路不同步骤中基因突变间的增强效应提供了判断基因间功能关系，以及这些基因在维持通路完整性方面的重要信息。进一步确定呈现该类型增强效应的基因是否在同一通路中，通常需结合进一步的生化实验及更深入的遗传分析揭示其潜在分子机制进行判断。

（2）与初始突变基因直接互作基因发生突变，引发增强效应。当两个基因的编码产物会发生相互作用时，一个基因的单独突变部分破坏相互作用，而双突变导致相互作用进一步被破坏，因此引发增强效应。在酵母中，*sac6* 编码蛋白与 *act1* 编码的肌动蛋白发生物理互作，调节细胞内的肌动蛋白动态和组织。在分别含有 *act1* 另一突变（*act1-4*）和 *sac6* 单突变的酵母细胞内，虽然突变的基因编码产物与其对应的野生型互作蛋白间的相互作用在一定程度上被破坏，但仍能维持细胞的生长。但是，当 *sac6* 和 *act1-4* 同时突变后，这两个突变蛋白间无法形成有功能的相互作用，完全破坏了肌动蛋白丝的稳定性和功能，导致酵母细胞存活缺陷。因此，该遗传增强效应可以帮助鉴定具有直接相互作用的基因。

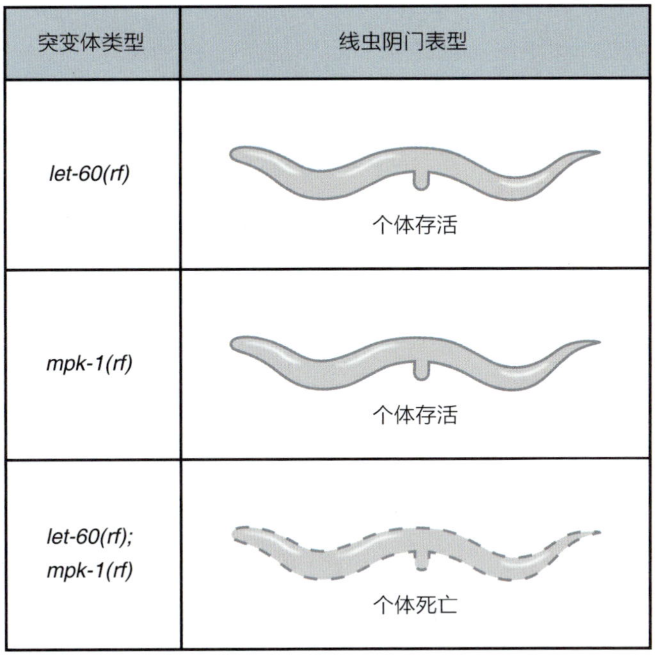

突变体类型	线虫阴门表型
let-60(rf)	个体存活
mpk-1(rf)	个体存活
let-60(rf); mpk-1(rf)	个体死亡

图 9-11　线虫 Ras 信号通路基因的功能部分丧失突变体的增强效应分析

let-60(rf) 功能部分丧失突变体线虫可以正常存活，*mpk-1(rf)* 功能部分丧失突变体线虫也可以正常存活，而 *let-60* 和 *mpk-1* 基因的功能同时部分失活 [*let-60(rf); mpk-1(rf)*] 则使线虫致死。

（3）与初始突变基因所在通路的平行途径失活，引发增强效应。该类增强效应提示存在补偿初始突变基因所在调控通路的机制。例如，在线虫中，*ire-1* 和 *pek-1/PERK* 基因所参与的通路分别是两条不同的内质网未折叠蛋白质反应（ER unfolding protein response，UPR[ER]）通路，共同协调处理内质网应激和维持蛋白质稳态（Shen et al.，2005）。*ire-1* 或 *pek-1* 的单基因突变会导致部分 UPR[ER] 信号转导失活，但线虫仍能正常发育（图 9-12）。然而，当同时突变 *ire-1* 和 *pek-1*，UPR[ER] 信号被进一步阻断，导致线虫发育缺陷。该增强效应是由于 *ire-1* 和 *pek-1* 所代表的两条平行通路同时被抑制，导致原本存在的功能补偿机制丧失所引起的，凸显了多条平行通路的存在对蛋白折叠和质量控制的调节有重要作用。因此，失活平行途径产生的增强效应有助于发现相应基因 / 通路的补偿机制，解析冗余功能。

图 9-12 IRE-1、PEK-1/PERK 和 ATF-6 通路冗余调控内质网未折叠蛋白质反应相关基因，维持细胞活力
ire-1 或 *pek-1* 的单基因突变导致部分 UPR^ER 信号转导失活，但线虫仍呈现正常发育表型；同时突变 *ire-1* 和 *pek-1* 基因，UPR^ER 信号转导被严重阻断，线虫则呈现发育缺陷表型。

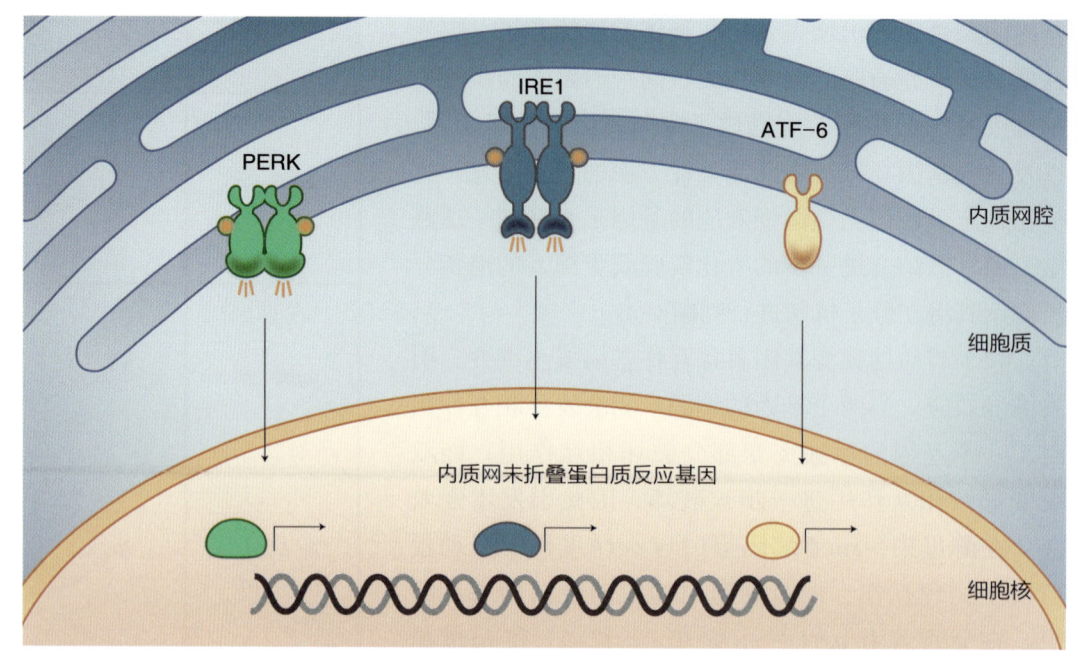

第二节　上位分析

一、上位分析的概念

　　上位分析（epistasis analysis）是基于一个基因突变对另一个基因突变表型的遮盖作用，判断基因间功能关系的一种遗传分析方法。在遗传分析中，利用基因间的上位效应，即一个基因的突变抑制或遮盖另一个基因突变表型的现象，可用来解析不同基因如何互作，从而决定它们的最终表型结果。上位分析可以在不清楚基因之间是否存在直接相互作用的情况下，帮助确定这些基因是否在同一生命活动过程中发挥作用，也有助于揭示同一通路中两个基因间的功能顺序，从而为理解这些基因参与相应生命活动过程的潜在分子机制提供线索。因此，上位分析通过研究不同基因突变的表型，揭示基因间的功能依赖关系及潜在的代偿机制，鉴定基因所在的通路和网络，阐释复杂表型背后的遗传基础。

　　进行遗传上位分析时，首先对目标基因构建相应的遗传修饰细胞或个体；然后，将这些不同的遗传突变进行组合，生成不同的双突变体；最后，通过比较单一突变体和双突变体的表型，如形态、生理、行为特征或者相关的分子特征如基因表达等，评估突变基因间的相互作用效应。上位分析对解析在同一生命活动过程中发挥作用的基因功能关系最为有效，因此合理利用各种已知的遗传或生化信息，预判这些基因发挥作用的过程，有助于利用上位分析更准确地构建遗传通路。

　　细胞通路属性可影响对上位分析结果的阐释，因此在进行遗传分析前，有必要对目标突变基因进行深入的表型分析，以帮助确定这些基因参与的通路类型。细胞内调

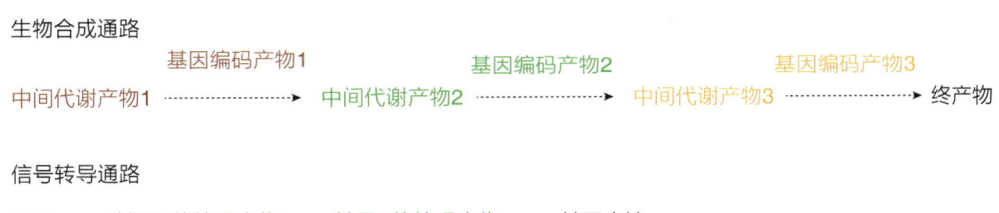

生物合成通路

基因编码产物1　　　　　　　基因编码产物2　　　　　　　基因编码产物3

中间代谢产物1　　　→　　中间代谢产物2　　→　　中间代谢产物3　　┈┈→　终产物

信号转导通路

信号　──→　基因*A*的编码产物　──→　基因*B*的编码产物　──→　基因表达

图9-13　调控生命活动过程的两种通路类型

图中箭头指示正调控作用，顿头代表负调控作用。

控生命活动过程的通路通常可分为两种类型：生物合成通路（biosynthesis pathway）和信号转导通路（signal transduction pathway）（图9-13）。生物合成通路，比如各种代谢途径，最终发挥功能需要依赖于一系列底物转化成为最终的效应分子或结构，因此也被称为底物依赖型通路（substrate-dependent pathway）（Huang et al., 2006）。信号转导通路则是基因/基因产物以分子开关的形式发挥作用，一旦打开基因/基因产物后，可绕过对上游基因的需求去推进下游通路，不涉及对前面步骤中相关底物的依赖（见图9-13）。

二、生物合成通路的上位分析

下面以酵母腺嘌呤合成途径为例，阐述上位分析如何帮助确定生物合成通路中不同基因间的作用顺序及相互关系。*ade-2* 和 *ade-3* 是酵母腺嘌呤生物合成途径中的两个关键基因（图9-14）。氨基咪唑核苷酸是腺嘌呤合成过程中的一个中间代谢产物，其过量积累会导致酵母细胞内形成红色色素，因此呈现红色菌落（Dorfman, 1969）。为了进行上位分析帮助明确 *ade-2* 和 *ade-3* 遗传互作和功能关系，研究人员构建了双缺失突变体（*ade-2Δade-3Δ*），并与 *ade-2Δ* 和 *ade-3Δ* 单突变体的表型进行比较。结果显示：*ade-2Δ* 显示红色菌落表型，表明失去功能性 Ade-2 蛋白导致氨基咪唑核苷酸的积累。具体而言，Ade-2 蛋白可能在将氨基咪唑核苷酸转化为下游产物过程中发挥作用，缺乏这种代谢转化导致红色色素的形成。另一方面，*ade-3Δ* 单突变酵母显示白色菌

图9-14　酵母腺嘌呤生物合成途径

酵母腺嘌呤生物合成途径示意图（上）以及野生型和各突变体酵母所对应的菌落颜色示意图（下）。

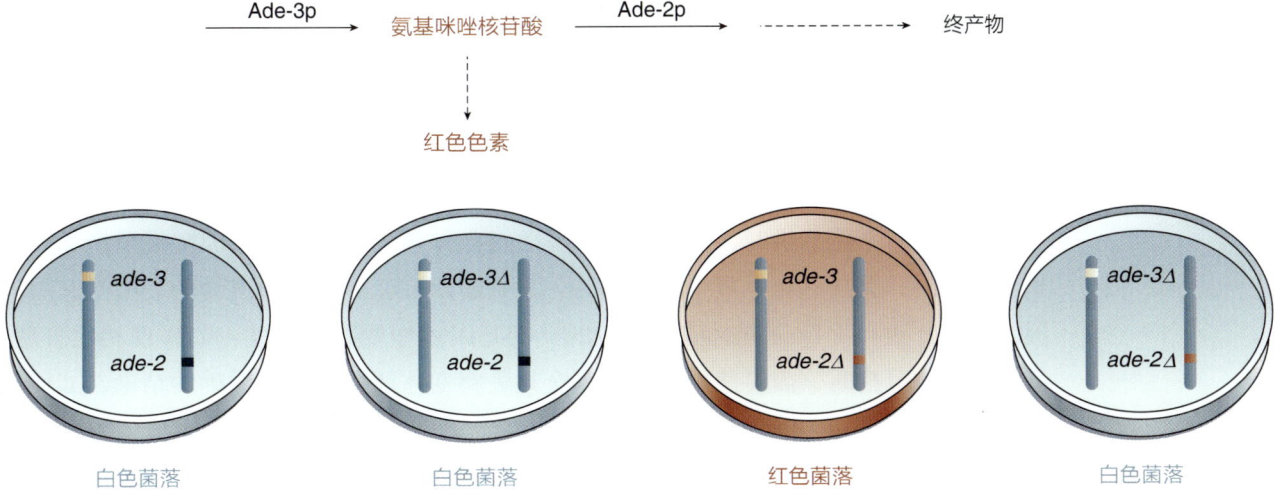

落表型，表明无氨基咪唑核苷酸的积累，提示 Ade-3 蛋白位于 Ade-2 蛋白的上游，可能对于产生氨基咪唑核苷酸是必需的。反之，如果 Ade-3 蛋白位于 Ade-2 蛋白的下游，*ade-3Δ* 单突变酵母也应当显示红色菌落。双突变分析发现，*ade-2Δade-3Δ* 双突变体也显示白色菌落表型，所以 *ade-3Δ* 突变位于 *ade-2Δ* 突变的遗传上位，这一结果表明 *ade-3* 的缺失抑制了 *ade-2* 失活突变所导致的氨基咪唑核苷酸的积累，进一步支持 Ade-3 蛋白位于 Ade-2 蛋白的上游，可能对于氨基咪唑核苷酸的合成是必需的（图 9-14）。因此，在生物合成通路中，处于遗传上位的基因在通路相对上游的位置。生化研究进一步支持该上位分析结果，研究人员发现：*ade-2* 基因编码产物将中间代谢产物氨基咪唑核苷酸进行羧化，继而进入腺嘌呤生物合成途径；而 *ade-3* 基因编码产物则位于整个合成通路的相对上游，对生成氨基咪唑核苷酸是必需的。为保证遗传上位分析的准确性，研究人员通常会将目标基因与同一通路中其他不同基因进行尽可能多的双突变分析，并同时辅助生化分析，如检查代谢物的水平及酶活分析等，进一步在分子水平上确认遗传互作的机制。

三、信号转导通路的上位分析

Ras 信号通路是生物体中较早鉴定的一个典型信号转导通路（Wassarman et al., 1995；Sternberg et al., 1998），为理解生物体信号如何被感知、转导和传递提供了重要的框架性理解（图 9-15）。在线虫中 Ras 信号调控阴门前体细胞（vulva precursor cell）的分化，下面以线虫 Ras 信号通路中部分基因为例，阐述上位分析如何确定信号转导通路中不同基因间的作用顺序，从而帮助构建遗传通路。在线虫 Ras 信号通路中，*lin-1* 基因负调控阴门的形成，因此 *lin-1* 功能丧失单突变体表现出多阴门表型。而 *let-60/Ras* 对于阴门的形成则是必需的，*let-60* 基因功能丧失突变体表现出无阴门表型。这些相反的表型提示这两个基因调控同一生命活动过程，为解析它们在整个信号通路中作用的顺序和功能关系，对它们的双突变体的表型进行分析。结果发现：*let-60* 和 *lin-1* 双基因缺失突变体呈现多阴门表型，因此 *lin-1* 突变位于 *let-60* 突变的上位；由于 *lin-1* 缺失所诱导的多阴门表型不依赖于 *let-60* 的信号，表明 *lin-1* 可以绕过对 *let-60* 信号的需求来调控阴门形成，据此，*let-60* 应该作用于 *lin-1* 的上游。因此，在一个信号转导通路中，处于遗传上位的基因通常位于通路的相对下游，但确切的结论仍需要结合更多遗传和生化分析进行明确，尤其需要注意判断是否存在上位基因在平行通路中发挥作用的可能性。

进行遗传上位分析时，需要注意以下关键点。首先，当两个基因突变呈现相同或相似表型时，无法进行上位分析，因为无法判断双突变体中各单突变的表型受遮盖情况。因此，进行上位分析时需要比较的突变基因表型要有区分度，如呈现相反表型。其次，上位分析时，需要使用基因的完全缺失突变才能得到相对明确的结论，如使用部分失活突变或者功能获得型突变则需要结合更多分析方法进一步明确，防止得出错误结论。再次，通常需结合生化实验及分子和细胞生物学分析，进一步明确上位分

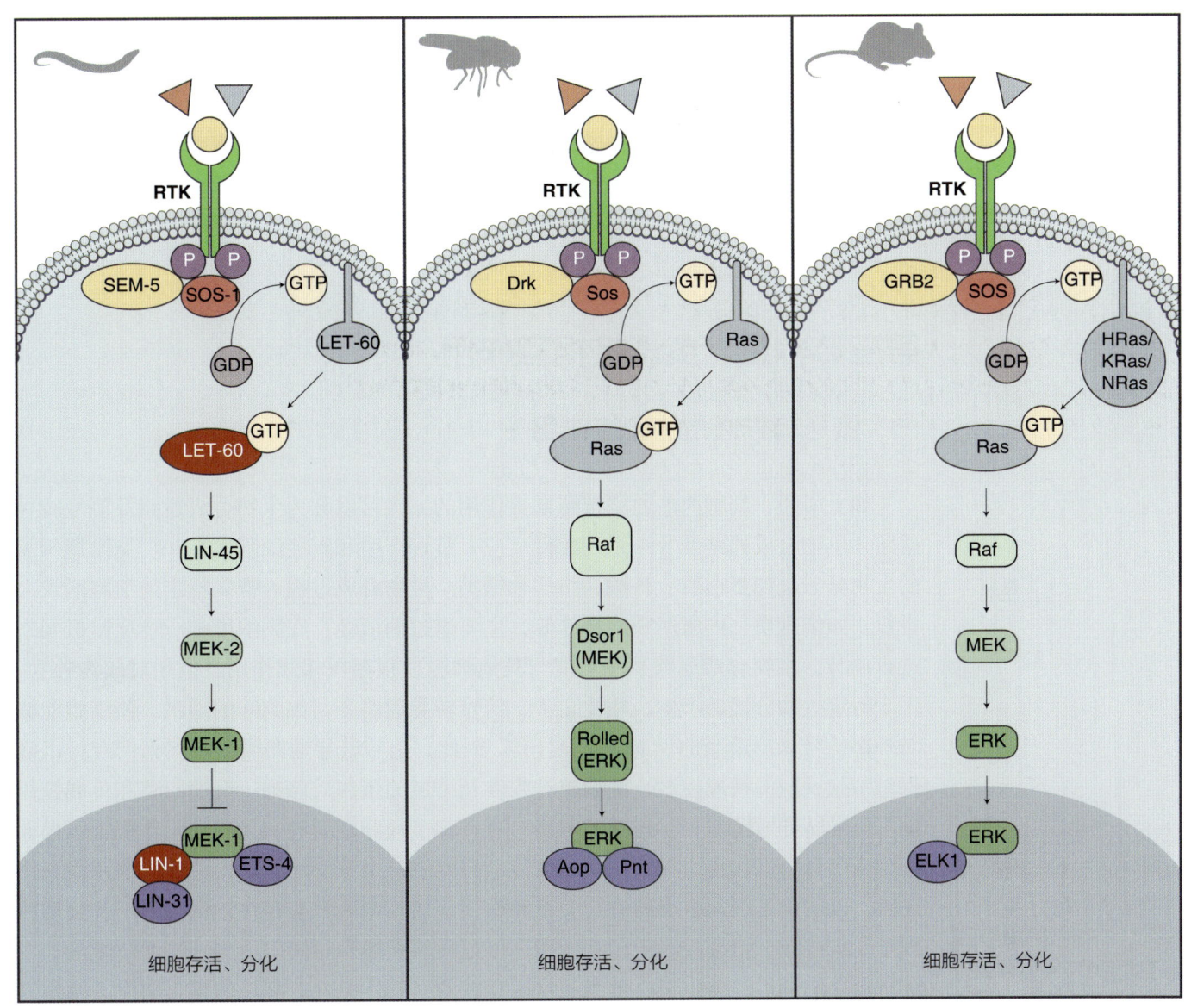

图 9-15 线虫、果蝇和小鼠的 Ras 信号通路示意图

左、中、右分别呈现线虫、果蝇以及小鼠的 Ras 信号通路中的关键基因，调控细胞存活与分化。其中箭头表示正调控，顿头表示负调控。

析中确定的基因间功能关系的具体机制。第四，上位分析对于在同一生命活动过程中发挥作用的基因间关系判断最有效，因此表型鉴定的准确性对于遗传上位分析非常关键，如能在分子和细胞水平上确定性状特征可以增加上位分析的可靠性。最后，基因间的上位关系只适用于被检测的突变基因及对应的表型，如换成这些突变基因的其他表型或更换等位基因突变，上位关系可能发生改变。

遗传上位分析是一种有效的工具，可以帮助确定通路中基因的上、下游相互作用关系，但它仅提供了一个需要进一步深入的细胞过程分析和分子机制研究的遗传模型（Huang et al.，2006）。上位分析的一个局限性在于它假设一个通路中不同基因间的作用是线性的，然而这并不适用于大多数基因。事实上，基因所处的通路是一个网络，往往存在多个平行的分支通路及多个输入信号，这会导致上位分析的复杂性和结果的不确定性。此外，同一通路中某些基因会体现出组织特异性调控的特点，这些特异调控的基因与通路中其他基因相比可能还会呈现额外的组织特异性表型，这也会导致在上位分析时，表型分析可能会出现复杂的情况。因此，仔细分析通路中基因的表型及组织调控特点，可帮助提高上位分析的准确性和可靠性。总之，遗传上位分析是解析基因如何发挥作用的起点，通常需要结合其他实验如生化分析等来确认和细化观察到的相互作用，进一步研究策略的选择取决于具体的研究问题、所研究系统的复杂性以及可用的技术和方法。

第三节   正、负调控相互作用

一、信号转导通路的调控作用

如上所述，细胞内的通路按照发挥作用的方式可以分为生物合成通路及信号转导通路。生物合成通路涉及一系列酶促反应，负责产生和组装细胞生长和功能维持所需的生物分子，如蛋白质、核酸、脂质和糖类。生物合成过程通常在特定的细胞区域内进行，如细胞质、内质网和线粒体等，主要通过酶活性、底物浓度和产物反馈机制来进行调节。生物合成通路虽然可能与其他细胞过程存在相互作用，但相对较为独立，用于特定生物分子的产生。相比之下，信号转导通路参与细胞间的通讯，使细胞能够对外部信号做出适当的反应（图 9–16）。因此，信号转导通路需要被严格调控，以确保对细胞反应的精确控制，其调控过程涉及可逆的蛋白质修饰、反馈回路和负调控机制。信号转导通路是相互连接的网络，存在多个通路之间的交叉和相互作用，以保证细胞或个体可以作出全局性响应。遗传学研究中一个重要问题是构建完整的基因互作通路，以明确基因间全面的调控关系和作用。通路中通常会存在正调控因子及负调控因子，这些正、负调控因子相互作用，保证通路在适当时间以适当的强度被激活。本节重点介绍调控通路中正、负调控作用存在的必要性，并以酵母信息素响应通路作为示例解释信号传递和正、负调控如何进行，以及如何利用正、负调控帮助构建通路。

图 9–16   以胰岛 β 细胞为例的信号转导通路的调控作用示意图
胰岛 β 细胞分泌胰岛素，其作为信号触发受体细胞的胰岛素信号转导通路，促进葡萄糖吸收，调节血糖水平。

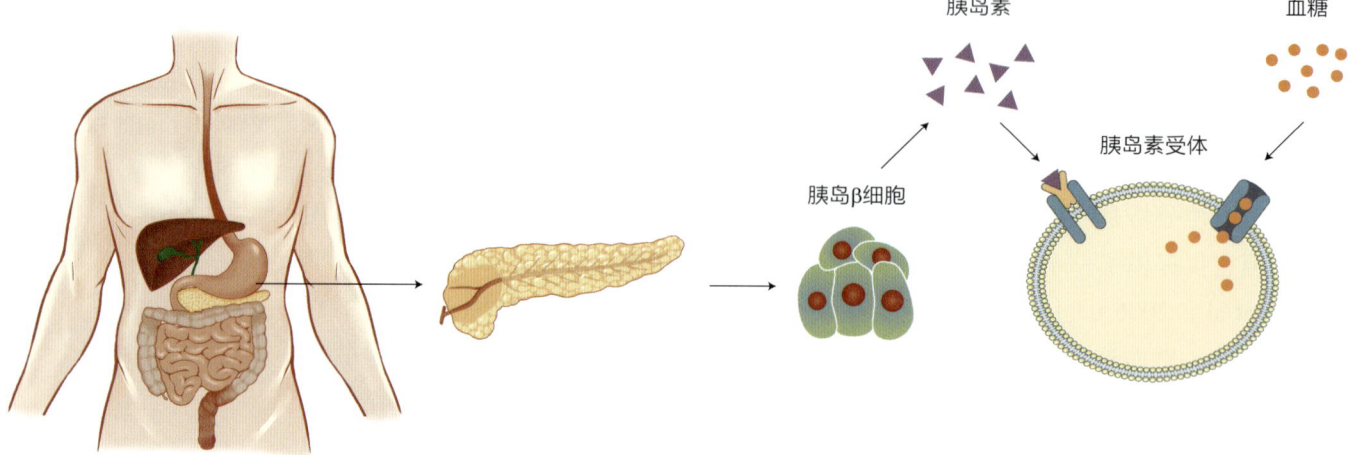

信号转导通路在细胞内和细胞间通讯中起着关键作用，使细胞能够感知并响应各种胞内、外刺激。信号转导通路在细胞和生物体中具有非常重要的作用，具体如下：①参与细胞间的通讯和协调。信号转导通路使得细胞可以相互通讯并协调应答。它们使细胞能够对外部信号（如激素、生长因子或应激因子）作出响应，并传递信息以触发适当的细胞应答（见图 9-16）。这种通讯对于组织、器官和生物个体正常功能的实现都至关重要。②参与对各种细胞过程的调控。信号转导通路在调节细胞生长、增殖、分化、迁移和凋亡等基本细胞过程中起着核心作用，确保这些过程受到严格调控，在个体发育和稳态维持中发挥关键作用。③调控发育过程和器官形成。信号转导通路在胚胎发育和器官形成过程中至关重要。胚胎发育由适当的信号触发，缺乏适当的信号转导，将无法形成正确的组织和器官。④参与对环境变化的响应。信号转导通路使细胞能够对外界环境变化，如营养水平和温度等，作出响应以维持稳态，确保细胞的存活和正常功能（见图 9-16）。此外，信号转导通路失调与多种疾病的发生都有关系，如 Ras 信号通路的过度激活与约 30% 的肿瘤发生密切相关，解析信号转导通路的构成及调控机制可以帮助揭示疾病原因，为治疗干预提供潜在靶点。因此，理解信号转导通路的构成及调控过程非常重要。

二、正调控作用

信号转导通过一系列受调控的分子事件，将胞外信号传递到细胞内，从而引发特定的细胞响应。酵母信息素响应通路是较早研究的信号转导系统，它介导了酵母细胞对交配信息素的反应，经过精确调控的信号转导系统，控制酵母交配所需的细胞过程。对该通路组分及调控机制的理解，为酵母和其他真核生物的信号转导研究提供了重要思路（Fields，1990）。

下面以酵母信息素响应通路为示例，阐述信号转导的重要过程（图 9-17）。①信号感知：信号通路开始于细胞表面或细胞内受体对胞内、外信号的识别。受体在与信号结合时经历构象变化，从而将配体水平的信号进行转导。在酵母信息素响应通路中，该通路的启动是由配子信息素与细胞表面 G 蛋白偶联受体 Ste2 和 Ste3 结合而触发的。②信号转导：一旦受体结合配体，它会通过一系列分子的相互作用来传递，通常涉及蛋白质修饰（如磷酸化、泛素化）和信号分子的激活或失活。在酵母信息素反应通路中，当与信息素结合后，信息素受体激活由 Gα 和 Gβγ 亚基组成的异源三聚体 G 蛋白，导致 Gα 从 Gβγ 中解离，并

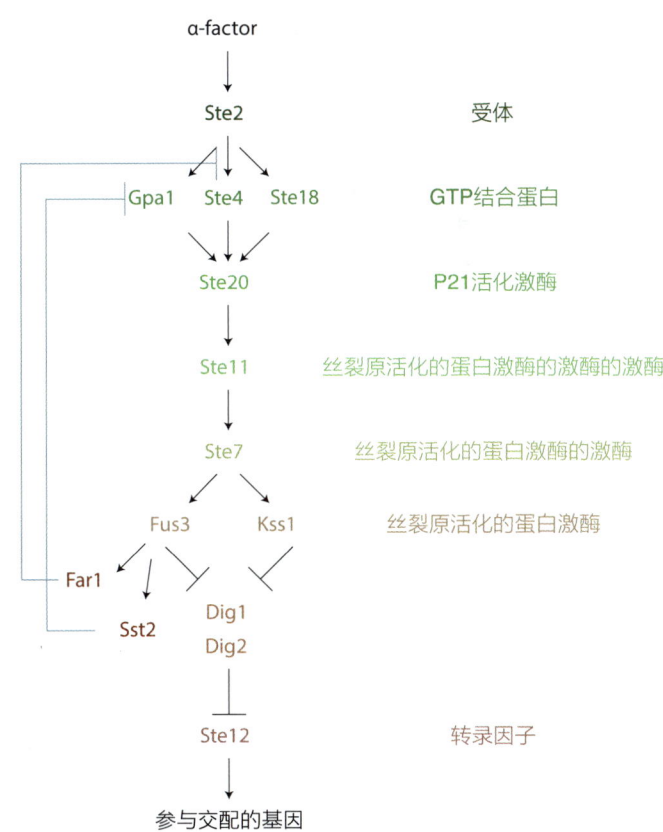

图 9-17 酵母信息素响应通路
酵母信息素响应通路通过丝裂原活化的激酶级联反应介导信号放大，其中箭头指示正调控，顿头代表负调控。

进一步激活下游的信号转导组分。③信号放大：信号通路通常包含级联放大步骤，从而产生足够强的信号激发细胞响应。在酵母信息素响应通路中，信号放大由促分裂原活化的蛋白激酶（mitogen-activated protein kinase，MAPK）级联反应介导，具体如下：Gβγ 亚基激活了丝裂原激活蛋白激酶（MAPK）级联反应，该级联依次包括三个激酶 Ste11（MAPKKK）、Ste7（MAPKK）和 Fus3/Kss1（MAPK）。MAPK 级联激活导致下游效应蛋白的磷酸化和活化。④细胞响应：信号转导通路的激活或抑制最终导致特定的细胞响应，如基因表达的改变、蛋白质活性的改变、细胞骨架的重组、细胞分裂、分化、迁移或凋亡。细胞如何响应取决于多种因素，如信号的性质、信号激活的强度及细胞类型。在信息素响应通路中，活化的 MAPKs，即 Fus3 和 Kss1，转位进入细胞核，并磷酸化转录因子，包括 Ste12、Tec1 和 Dig1/Dig2。这些转录因子调控参与交配相关基因的表达，诱发相应的细胞变化。此外，当细胞同时接收多个信号后，还存在信号整合过程，通过整合这些不同的信号以协调细胞响应。值得注意的是，单一信号的输入也可能转化为多个不同信号通路的活性，从而形成细胞或个体的整体性反应，作出全局响应。酵母信息素响应通路可与细胞中其他信号转导途径相互作用，例如高渗甘油（high osmolarity glycerol，HOG）响应途径和应激诱导的 MAP 激酶途径，这些不同途径之间的交互作用为细胞反应增加了另一层次的调控和协调。

三、负调控作用

除了包含信号触发和级联放大的正调控作用，信号转导通路中通常还具有负调控因子。Far1 和 Sst2 是酵母信息素响应通路中的两个负调控因子，在通路活性的精确调控和防止通路过度激活中发挥关键作用。Far1 可被激活的 MAPK（如 Fus3）诱导表达，继而阻断 Gβγ（Ste4）与信息素受体 Ste2 之间的相互作用，从而防止连续信号转导。Far1 作为负反馈调节因子，有助于限制信号转导通路的过度活化及终止信息应素反应。far1 失活突变导致酵母对信息素的反应变得异常敏感。sst2 是信息素响应通路中另一个负调控基因，其编码 GTP 酶激活蛋白（GAP），通过增强 Gα 的 GTP 酶活性使其进入与 GDP 结合的失活状态，导致 G 蛋白信号的终止。这种 G 蛋白信号的减弱有助于帮助信息素响应恢复到基础状态。同样的，sst2 基因的失活也会导致细胞对信息素产生过度反应。Far1 和 Sst2 通过在信号级联反应中的不同层面发挥抑制作用，在酵母信息素响应通路中作为关键的负反馈机制，防止通路的过度或持续激活，确保通路信号强度的适当调控以及适时终止响应。

四、正、负调控作用的功能

在一个通路中，负向和正向调控都至关重要，它们的有序协调确保细胞过程受到精确调控和动态响应。正、负协同调控在信号通路中的重要性，体现在如下几个方面：①保证信号强度的精准调节。正向调控可以放大信号，确保对刺激作出充分反应。负向调控则有助于减弱信号，防止通路被过度激活，保持信号稳态。正、负调控协同作用保证信号的激活处于最佳水平，避免过度活化或强度不足。②确保信号的活化在正确的时间发生，保证时间控制的准确性。正向调控可以实现信号通路的快速激活并启动下游事件，而负向调控提供反馈抑制机制，有助于在达到预期响应后或去除刺激后，终止或减弱信号级联。这种准确的时间控制对于各种细胞过程的正确协调至关重要。③实现信号的整合和交叉。在体内，细胞会同时接收多个信号，不同通路之间会发生相互交叉。正向调控使不同来源的信号进行整合，产生协同效应。而负向调控则有助于维持特异性，防止通路之间的不必要交叉反应，确保响应的特异性。④保证细胞对信号的适应性和敏感性。负向调控机制可以防止通路过度激活，维持细胞对信号的敏感性，确保通路对后续信号仍能保持响应。⑤负向调控可作为纠正异常活化信号的机制。负调控作用通过最小化背景信号和潜在的背景波动所造成的影响，确保在不同条件下准确可靠地进行信号传递。因此，负向和正向调控在信号通路中相互协调，精准控制通路活性，完成信号整合，确保细胞做出适当强度的反应，避免不利后果。正、负调控机制之间的平衡对于维持细胞稳态和确保生命活动过程的正常功能至关重要。

　　遗传上位分析时，呈现相反信号状态的突变基因可提供有效信息，帮助揭示基因间的功能关系。在负调控相互作用中，两个基因的失活突变会导致出现相反的信号状态。用这些突变基因进行遗传分析时，与双突变体呈现相同表型的单突变基因处于遗传上位，其在信号通路中位于相对下游的位置。在正调控通路中，由于相关基因的功能丧失突变体呈现相同或类似表型，因此无法用来确定这些基因间相互作用的顺序。此时，可结合分析一个基因的功能丧失型突变与另一个基因的功能获得型突变，由于它们赋予相反的信号状态和表型，因此可进行遗传上位分析。在正调控的信号通路中，处于遗传上位的基因，位于相对下游的位置。总之，分析通路的正、负调控机制对于理解细胞过程如何响应信号及不同通路间如何协调发挥作用非常重要，遗传分析时也需要关注相关调控作用的属性，以选择合适的突变体进行上位分析。

第四节　合成致死

一、合成致死的概念

　　合成致死（synthetic lethality）是指单独破坏其中任意一个基因不引发致死，但同时破坏两个或多个基因会导致细胞 / 个体丧失生存能力的现象。

　　假设基因 A 单突变体和基因 B 单突变体均可存活，但当基因 A 和 B 同时突变出现致死表型，则说明这两个基因突变具有合成致死效应（图 9-18）。合成

图 9-18　合成致死效应示意图
基因 A 或基因 B 突变时，生物体能够存活，但基因 A 和 B 同时突变引发致死表型，该效应称为基因的合成致死。

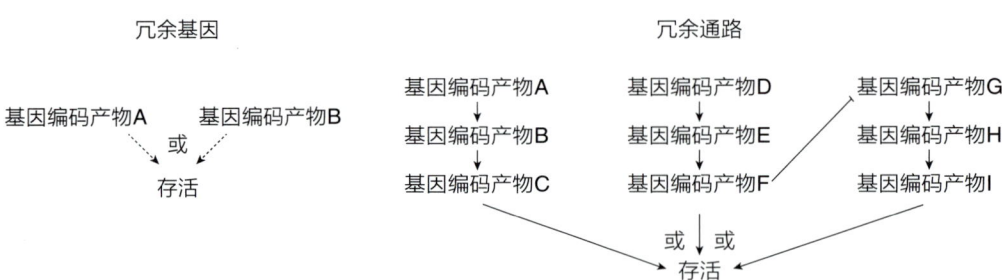

图 9-19 遗传冗余示意图
左图为冗余基因示意图，基因编码产物 A 和基因编码产物 B 发挥相同或类似功能，其中任一基因突变时，另一基因可补偿相应的功能缺失，则基因 A 和基因 B 为冗余基因。右图为冗余通路模式图，冗余通路是指执行类似或重叠功能的通路，单独抑制任一通路，另一通路可补偿相应的功能缺失，如 A-B-C 通路与 D-E-F 通路的关系；或者抑制其中一条通路（如：D-E-F）可激活具有类似功能的反馈通路（如：G-H-I）。

致死表明存在遗传冗余（genetic redundancy），其潜在机制可能是生物体具有两个或多个能够执行类似或相同功能的冗余基因或冗余通路（图 9-19），以确保生命活动过程的稳健性和可靠性。因此，一个基因的缺失可以被冗余的基因或信号通路所补偿，但冗余基因或通路的同时丧失会导致补偿机制的缺失或不足，从而引发合成致死。

二、遗传冗余

基因复制是遗传冗余发生在基因水平上的一种主要机制，其可产生具有相似序列和功能的同源基因，为基因的功能缺失提供了补偿机制（图 9-19）。在酵母中，*cyc1* 和 *cyc7* 互为同源基因，编码细胞色素 c，对于线粒体电子传递和细胞呼吸至关重要。当它们中一个基因发生功能缺失时，另一个基因的存在仍可保持酵母细胞中电子传递功能和支持线粒体呼吸，而当两个基因同时突变后，线粒体呼吸无法完成，导致细胞死亡（图 9-20）。酵母 Cyc1 蛋白和 Cyc7 蛋白之间的冗余归因于它们编码的蛋白质具有类似功能，可以互相补偿。酵母 *hta1* 和 *hta2* 基因是基因冗余的另一个示例，这两个基因高度相似，它们编码的核心组蛋白 H2A，用于染色质组装并调控基因表达。*hta1* 突变体表现出一定程度的生长缓慢但仍然可以存活，而 *hta2* 突变体没有明显缺陷。但 *hta1* 和 *hta2* 双突变体则表现出严重的生长缺陷，呈现合成致死表型，凸显了这两个基因之间的冗余功能（图 9-21）。

此外，基因冗余也可通过表型缓冲来实现，即由具有相似功能的其他基因表达上调来补偿另一基因的缺失。表型缓冲机制可以在遗传扰动的情况下，帮助保持细胞或机体的正常表型。例如，线虫 *hsp-3* 和 *hsp-4* 同时编码内质网分子伴侣 BiP。当 *hsp-3* 突变时，*hsp-4* 的表达上调可以帮助缓冲由于 *hsp-3* 的缺失导致的 BiP 总体含量下降。冗余基因的存在是生物系统稳定性的重要保证，并为生物体提供了抵御遗传变异或环境压力的能力。

冗余通路指的是生物系统中可执行类似或重叠功能的通路，其中一个通路发生功能障碍时，另外通路会发挥补偿作用，确保细胞过程的稳定性和可靠性（图 9-19）。并行通路是实现通路冗余的重要方式，它指多条执行相同或类似功能的通路可以并行存在，这些通路可能具有不同的组成蛋白及调控机制，但最终会汇合调控相同或类似功能。如果一个通路被破坏或抑制，冗余的并行通路仍然可以执行必要的功能。例如，丝裂原活化的蛋白激酶（MAPK）途径和磷脂酰肌醇 3- 激酶（PI3K）/Akt 途径是

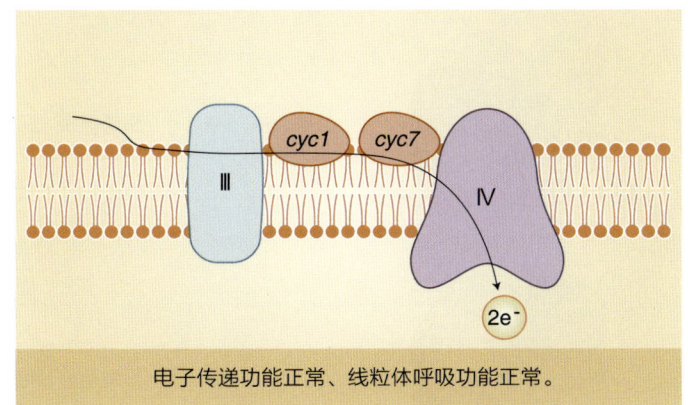

电子传递功能正常、线粒体呼吸功能正常。

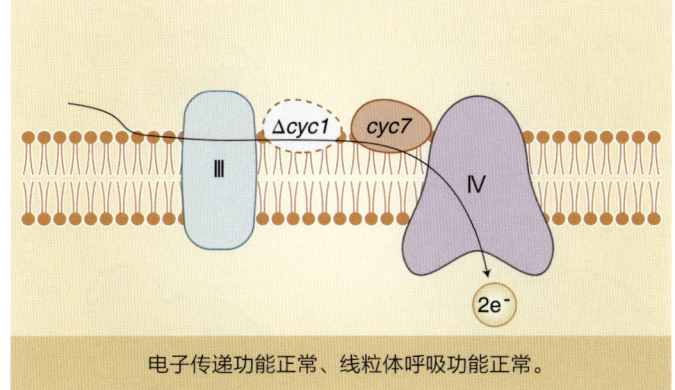

电子传递功能正常、线粒体呼吸功能正常。

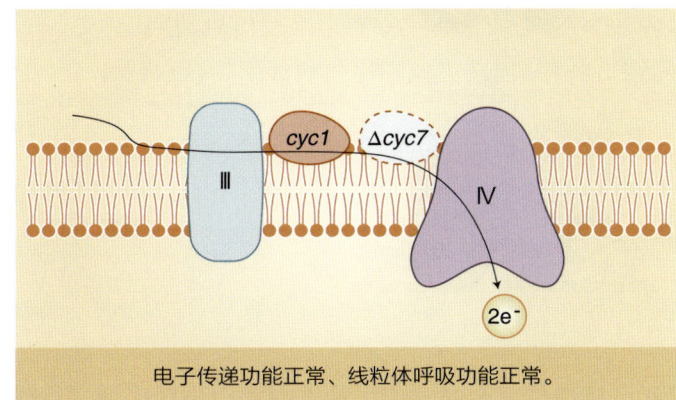

电子传递功能正常、线粒体呼吸功能正常。

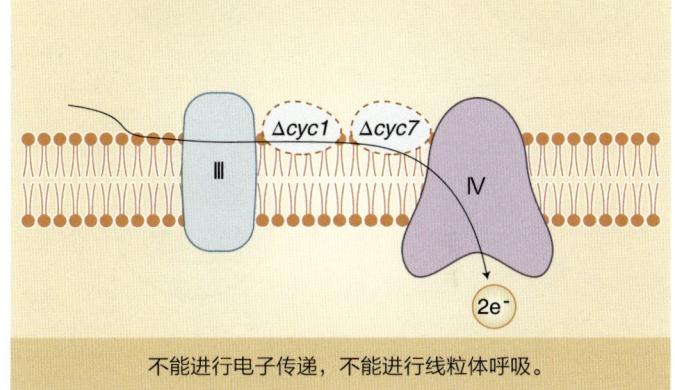

不能进行电子传递，不能进行线粒体呼吸。

两条平行的信号传导途径，可以被表皮生长因子（EGF）等配体激活（图 9-22）。这两条途径在细胞存活、增殖和分化中扮演重要角色。当 EGF 与其受体结合时，它能同时激活 MAPK 途径和 PI3K/Akt 途径。MAPK 途径通过一系列磷酸化事件，导致转录因子激活，进而调控基因表达并促进细胞增殖。另一方面，PI3K/Akt 途径则会通过磷酸化下游靶点，最终也发挥促进细胞存活和生长并抑制凋亡的作用。尽管 MAPK 途径和 PI3K/Akt 途径具有不同的组成，但它们可以平行作用，在 EGF 刺激下做出类似的细胞响应，如促进细胞生长和存活。在特定生理情况下，激活其中一个通路可以补偿另一通路的缺失，维持细胞的存活和生长。这个示例展示了平行途径如何对特定刺激作出具有相似功能的响应以确保冗余性。内质网未折叠蛋白质反应是另一个典型的具有多条平行通路发挥遗传冗余功能的生命活动过程。在线虫中，IRE-1、PEK-1/PERK 和 ATF-6 代表三条平行的内质网未折叠蛋白质响应通路，帮助维持内质网稳态，保证个体和细胞存活（见图 9-12）。研究发现，这三条通路的单独缺失都不影响线虫存活，但同时敲除 ire-1 和 atf-6 或同时敲除 ire-1 和 pek-1 则会导致线虫发育停滞在二龄幼虫阶段。因此，atf-6 所在通路及 pek-1 所在通路与 ire-1 通路呈现遗传冗余（见图 9-12）。此外，通路冗余也可通过信号转导通路的交叉通讯形成反馈环路来实现（见图 9-19）。交叉通讯可保证不同通路之间的协调通讯和反馈调控，实现功能补偿。例如，反馈环路可以在一个通路受扰动时通过反馈机制激活冗余通路，恢复稳态。

图 9-20 酵母细胞中线粒体 Cyc1 和 Cyc7 呈现遗传冗余

图中呈现野生型酵母、cyc1 功能缺失单突变体、cyc7 功能缺失单突变体以及 cyc1 和 cyc7 同时缺失的双突变体的线粒体呼吸能力表型。虚线轮廓和 Δ 表示该基因缺失。

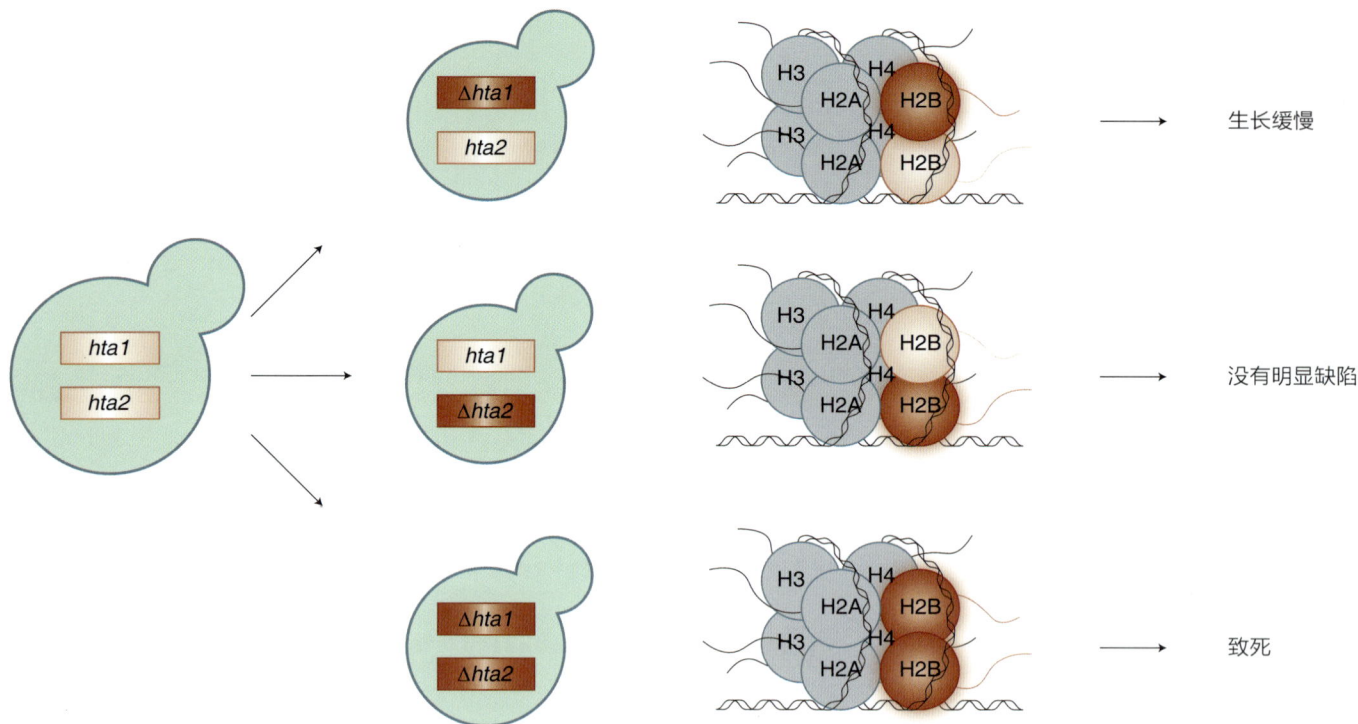

生长缓慢

没有明显缺陷

致死

图 9-21 酵母细胞中 *hta1*
和 *hta2* 基因遗传冗余
酵母 *hta1*、*hta2* 单突变体以
及双突变体所对应的核小体
组成与生长发育情况，红色
长框和 Δ 表示该基因缺失
（中），红色圆球（右）表示
其编码的组蛋白缺失。

需要注意的是：利用合成致死分析遗传冗余时，应尽量选择完全失活突变进行研究。同一通路两个基因的功能同时下降也可能出现合成致死的情况，因此使用功能部分缺失突变基因进行合成致死分析时可能无法判断两个基因是否来自于不同的冗余通路。

冗余通路的存在使生物系统能够抵御遗传扰动，增强细胞过程的可靠性，并确保系统的稳态。遗传冗余在进化上可能具有重要意义。首先，遗传冗余提供了备用系统或替代途径，可以在特定基因或途径的功能失调时进行补偿。这种冗余保证了即使存在遗传变异或环境压力，关键生命活动过程仍可进行。其次，遗传冗余使得基因变异并不一定会导致生命活动过程终止，因此它提供了对基因变异的缓冲，使生物体能够保留新的遗传突变从而适应不断变化的环境。此外，在进化过程中，冗余基因或通路的存在为基因在特定条件或组织中发挥特化作用提供了原材料和条件，从而增强某些生命活动过程的效率或特异性，实现基因功能的多样化，达到生物系统整体功能的优化。最后，遗传冗余在发育过程中起着关键作用，是发育过程稳健性（robustness）的重要机制，确保器官形成和组织分化的正常进行。通过将遗传扰动的负荷分布到冗余基因或途径上，遗传冗余机制为发育过程中应对可能发生的遗传变异或环境刺激提供稳健性。当一个基因或途径受到干扰，另一个可以进行补偿，以维持正常发育，防止缺陷。总之，遗传冗余是生物系统的一种基本特性，通过功能重叠和补偿机制使生物体稳健维持必需的功能，适应不断变化的环境，并抵御遗传变异的影响。

三、合成致死基因解析遗传冗余机制

鉴定合成致死基因是发现遗传冗余基因和通路的重要手段。设计合成致死遗传筛选策略的关键点在于：能在携带初始突变的细胞/个体进行随机突变诱导后，获得可产生双突变体的株系，并将其与单突变体区分，确定合成致死的存在。此处以酵母白色和红色菌落筛选作为示例，展示遗传筛选合成致死基因的策略（图 9-23）（Ugolini et al.，1996）。首先，确定需要研究的细胞通路和基因，之后在 ade-2 和 ade-3 双突变酵母中引入要研究的基因 x 突变，接着在这个三基因突变酵母中转化同时含有野生型 ade-3 和 x 基因的质粒。这些酵母细胞在扩增时，会随机丢失转化质粒，产生的单克隆菌落同时含有红色酵母（ade-2 突变体中有红色色素的积累）和白色酵母（ade-2 和 ade-3 双突变株系无红色色素的积累）。红色酵母显示 ade-2 单突变表型，因此含有转化质粒，所以该酵母细胞中 x 基因为野生型；而白色细胞显示 ade-2 和 ade-3 双突变表型，提示其为丢失了转化质粒的酵母细胞，因此 x 基因为突变型。其次，诱导随机突变，挑选完全红色的菌落进行分析。菌落中只有红色酵母而没有白色酵母表明含有基因 x 突变的白色酵母在携带另一基因突变后出现了生存缺陷，因此存在合成致死。最后，对挑选菌落进行遗传突变位点分析并结合独立突变品系重现合成致死表型，确定冗余机制。在该筛选策略中，酵母的白色和红色菌落提供了一个可视化和可选择标记系统，用于识别特定途径中的合成致死相互作用关系。通过将 ade-2/ade-3 突变与目标通路内基因突变相结合，在细胞扩增过程中丢失质粒及由此产生的完全红色菌落的表型提示存在合成致死。总之，合成致死筛选设计的核心是利用可视化和可选择的标记系统同时区分单突变和双突变细胞/个体，从而鉴定引发合成致死的遗传相互作用。

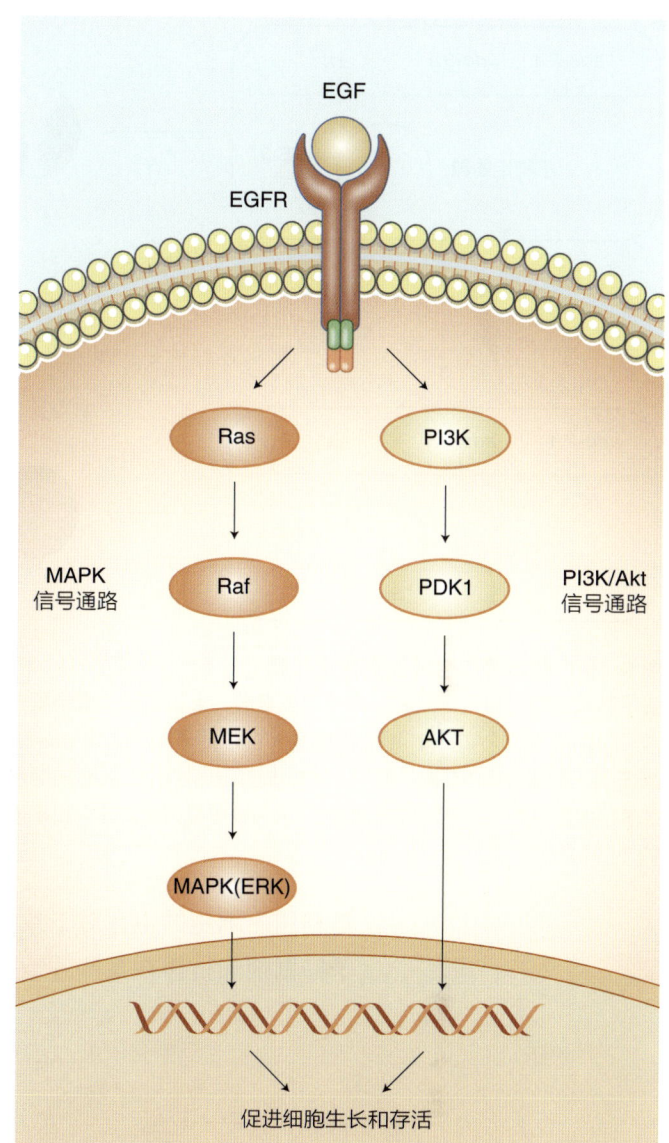

图 9-22 MAPK 和 PI3K/Akt 冗余调控细胞存活
图中显示 MAPK 和 PI3K/Akt 信号通路冗余调控细胞存活，其中箭头表示正调控，顿头表示负调控。

四、合成致死在理解癌症机制及治疗中的应用

合成致死在包括癌症在内的许多疾病机制的理解和治疗中也被广泛应用（O'Neil et al.，2017）。目前，基于基因进行癌症治疗的主要靶标大都选择致癌基因，其原理

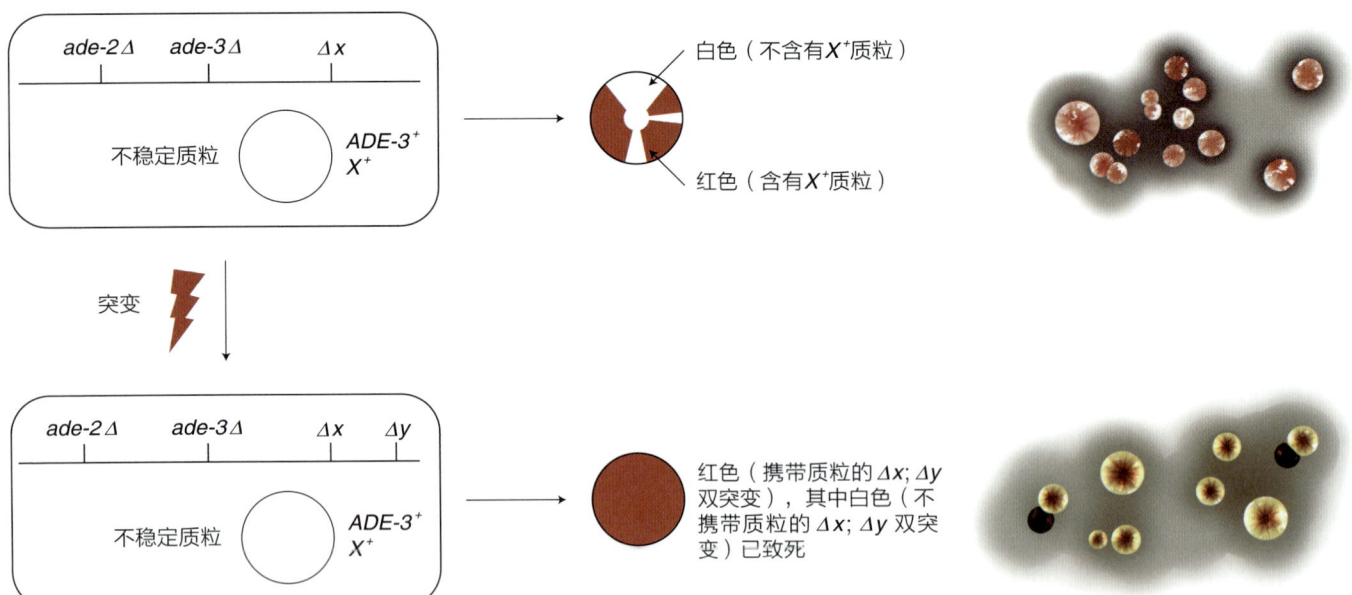

图 9-23 酵母遗传合成致死筛选策略

图示筛选策略为鉴定 x 突变的合成致死基因。上图显示：携带质粒 [野生型 ADE-3（ADE-3⁺）和野生型 X（X⁺）] 的 ade-2Δ; ade3Δ; Δx 三基因突变酵母单克隆扩增后，随着质粒随机丢失，出现红白混合菌落，即含有携带质粒的红色菌落（ade-2Δ 单基因突变体）和不携带质粒的白色菌落（ade-2Δ; ade3Δ; Δx 三基因突变体）；下图显示：诱导随机突变后，如果出现了同时缺失基因 x 和 y 的合成致死表型，那么携带质粒（ADE-3⁺ 和 X⁺）的 ade-2Δ; ade3Δ; Δx; Δy 四基因突变酵母（ade-2; ade3; Δx; Δy）扩增后只呈现红色，由于不携带质粒的酵母同时缺失基因 x 和 y 呈现致死。

是利用癌细胞的生存对于致癌基因或致癌信号通路的依赖。虽然针对致癌基因的小分子抑制剂和抗体在某些肿瘤上表现出良好疗效，但并非所有肿瘤都有可靶向的致癌基因。癌细胞通常携带特定的遗传突变，使得其存活特别依赖于某些基因或通路的存在，因此癌细胞会在某些基因缺失后呈现出易感性。针对这些特性，可以诱导合成致死，选择性地杀死具有特定遗传突变的癌细胞，同时不影响缺乏这些突变的正常细胞（图 9-24）。基于合成致死的功能基因组筛选为癌症新靶点的发现提供了强大的方法，通过使用基于 CRISPR/Cas9 等基因编辑技术在癌细胞中系统地筛选合成致死基因，可以在无法用药物靶向的致癌基因或肿瘤抑制基因等癌症中找到潜在药物靶点，推动新遗传靶点的发现和有

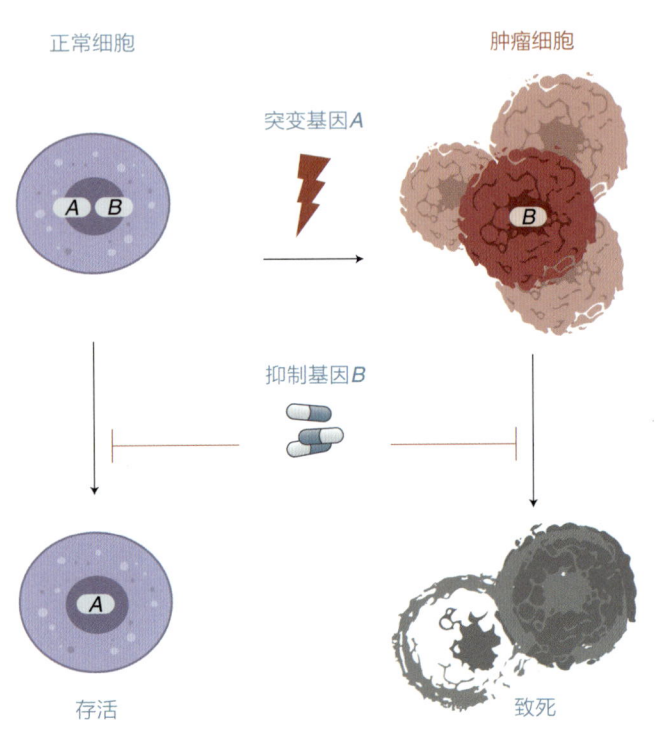

图 9-24 基于合成致死现象的癌症药物开发策略

正常细胞同时含有基因 A 和 B，含有基因 A 突变的肿瘤细胞高度依赖基因 B 才能存活，但抑制基因 B 的功能不影响正常细胞的功能。使用抑制基因 B 的靶向药物可以特异性杀死肿瘤细胞（基因 A 失活）而无法杀死正常细胞。箭头表示促进作用，顿头表示抑制作用。

效癌症药物的开发。

通过鉴定与致癌基因呈现合成致死的基因或途径，理解肿瘤中的合成致死机制，设计相应干预方法以选择性地靶向具有特定基因变异的癌细胞，同时保护正常细胞，可以为利用次级靶点来开发相关药物创造机会。例如，*MYC* 原癌基因其编码产物很难作为靶标设计药物，一种替代方案是找到高 MYC 水平的癌细胞所需要但低 MYC 水平的正常细胞不需要的基因作为靶标设计药物，通过诱导合成致死，抑制肿瘤生长（图 9-25）。再如，DNA 修复基因 *BRCA1* 或 *BRCA2* 突变的肿瘤高度依赖其他 DNA 修复通路。PARP 抑制剂在这类肿瘤中对其补偿修复通路进行抑制可导致合成致死，从而选择性地诱导癌细胞死亡，而具有完整 DNA 修复通路的正常细胞受该抑制剂的影响较小。

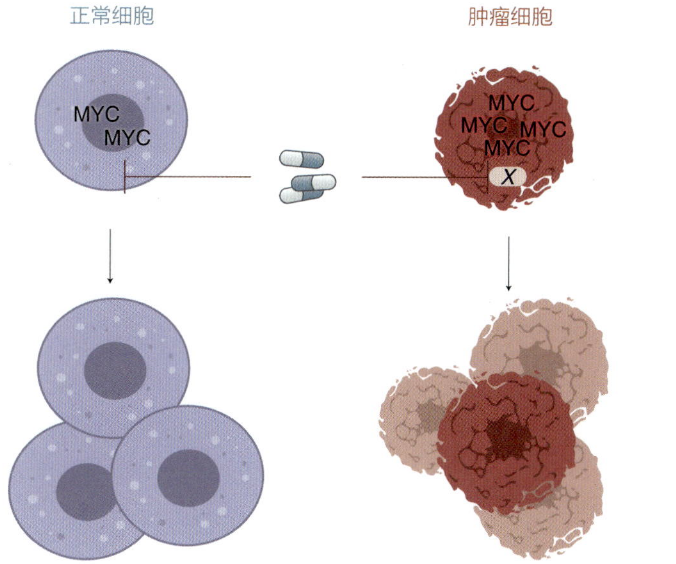

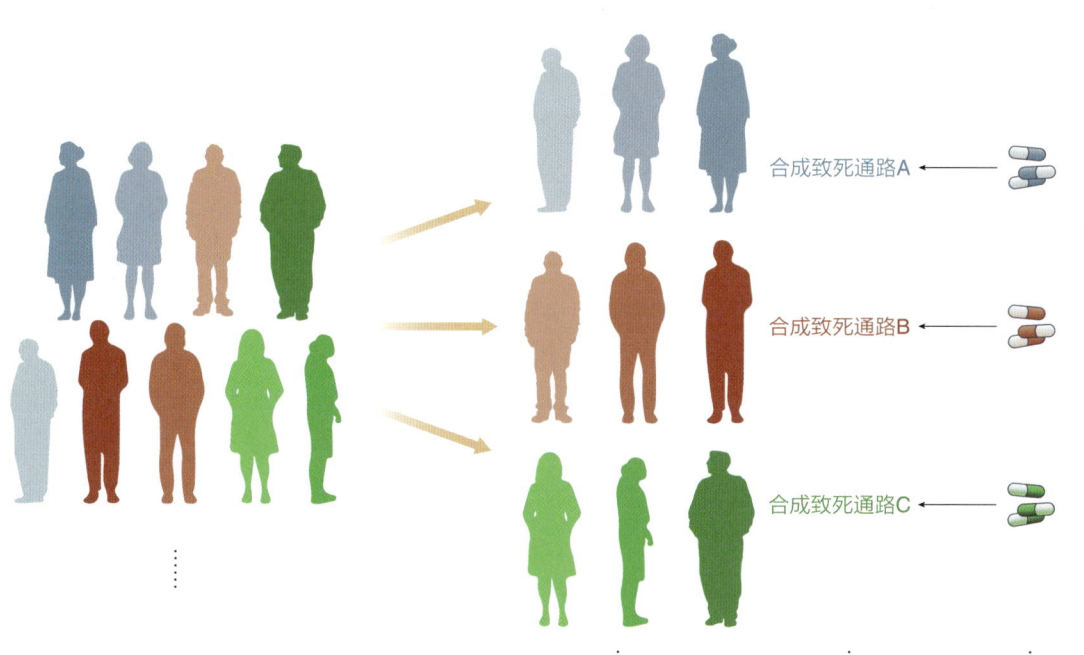

图 9-25　基于表达高水平 MYC 的肿瘤细胞对其他通路的依赖性开发靶标药物
图中显示针对表达高水平 MYC 的肿瘤细胞依赖于 *X* 基因所属通路功能的特点，开发靶向药物。箭头表示促进作用，顿头表示抑制作用。

此外，合成致死还为个性化的癌症治疗提供了可能性。通过鉴定每个患者肿瘤中特异的合成致死相互作用，设计个性化治疗策略，选择性清除癌细胞，提高对每个单独患者的治疗效果（图 9-26）。因此，在癌症研究中，理解合成致死机制可以为无法用药物靶向的致癌基因、克服抗药机制、发现新的药物靶点和实现个性化癌症治疗提供有价值的线索。总之，合成致死是发现和解析遗传冗余机制的重要策略，并有助于揭示特定疾病的易感性，从而为开发相应治疗

合成致死通路A

合成致死通路B

合成致死通路C

图 9-26　基于遗传组成开发癌症个性化治疗方案示意图
相近颜色指示肿瘤患者具有相似遗传组成，可采用相近的治疗方案；而遗传背景不同的个体需要使用不同的治疗方案。

方案提供重要逻辑和思路。

※ 复习思考题

1. 双基因突变体分析为何有助于理解发育过程中的基因功能？

2. 双突变分析如何帮助理解疾病发生机制和治疗策略？

3. 如果两个基因在调控相同的生物活性过程中都具有正向作用，与单基因突变情况相比，双突变体的表型情况是怎样的？

4. 设计一个假设性实验，使用双突变分析来研究两个基因在特定生物过程中的功能关系，列出相应的对照，并阐释双突变体可能的表型情况。

5. 如果双基因突变体的表型比其对应的单基因突变体表型更严重，这两个基因之间可能的功能关系是什么？

※ 推荐阅读

1. HARTWELL L H, SZANKASI P, ROBERTS C J, et al. Integrating genetic approaches into the discovery of anticancer drugs [J]. Science, 1997, 278: 1064-1068.

2. HUANG L S, STERNBERG P W. Chapter 5 Genetic Dissection of Developmental Pathways//EPSTEIN H F, SHAKES D C. Methods in Cell Biology [M]. New York: Academic Press, 1995: 97-122.

3. KAELIN W G. The concept of synthetic lethality in the context of anticancer therapy [J]. Nature Reviews Cancer, 2005, 5: 689-698.

4. KOLCH W, HALASZ M, GRANOVSKAYA M, et al. The dynamic control of signal transduction networks in cancer cells [J]. Nature Reviews Cancer, 2015, 15: 515-527.

5. LAMAR K M, MCNALLY E M. Genetic modifiers for neuromuscular diseases [J]. J Neuromuscul Dis, 2014, 1: 3-13.

6. NADEAU J H. Modifier genes in mice and humans [J]. Nature Reviews Genetics, 2001, 2: 165-174.

7. NIJMAN S M. Synthetic lethality: general principles, utility and detection using genetic screens in human cewlls [J]. FEBS Lett, 2011, 585: 1-6.

8. PHILLIPS P C. Epistasis—the essential role of gene interactions in the structure and evolution of genetic systems [J]. Nat Rev Genet, 2008, 9: 855-867.

9. THOMAS J H. Thinking about genetic redundancy [J]. Trends in Genetics, 1993, 9: 395-399.

（编写：唐鸿云；审读：吴晓晖）

第十章

反向遗传学

经典遗传学源于对表型变化的观察与分析。通过对豌豆花、叶、植株形态的分析，孟德尔提出了遗传因子传递的分离和自由组合定律，开创了遗传学研究的先河。通过对果蝇眼、翅等器官形态结构的变化和传递规律的研究，摩尔根提出了遗传的染色体理论。在生命科学发展的历史上，人们正是先从生物性状和表型观察开始，在寻找性状和表型的决定因素及其代代相传规律的过程中发现了遗传规律、找到了遗传物质。这种从生物表型变化开始，确定调控表型的基因，进而剖析相应生命活动机制的研究策略，一般被称为正向遗传学（forward genetics）。

与正向遗传学研究策略相反，反向遗传学（reverse genetics）是通过研究确定的基因变异导致的表型变化，明确基因的功能和作用机制。反向遗传学研究策略的实施，依赖于明确的靶基因 DNA 序列，也依赖于能有效改变体内靶基因 DNA 序列的实验技术。人类基因组计划实施以来，人和各种模式生物的基因组测序都已完成，转基因、靶向基因诱变、基因和染色体编辑的新技术、新策略层出不穷。反向遗传学研究策略正以前所未有的速度改变着遗传学和发育生物学研究面貌。

本章将主要介绍转基因、靶向诱变等反向遗传学技术，以及这些技术对遗传学和基因功能研究的重要意义。

第一节　转基因技术

转基因既可以指向细胞、组织或生物体中导入的外源核酸（transgene），也可以指导入上述核酸的过程（transgenesis）。转基因过程可以是自然发生的，也可以是人工的。噬菌体侵染、病毒感染、细菌接合等过程都存在自然发生的转基因过程。本节重点介绍人工开发的转基因技术，也被称为基因递送（gene delivery）技术。这些技术的基本目标是导入具有特定功能的外源核酸，最好能实现稳定传代。

一、转化和转染

许多细菌在一定生存条件下，具有从环境中摄入游离 DNA，进而获得相关性状的能力，这一过程被称为转化（transformation，详见第二章第一节）。细菌可被转化的状态被称为感受态（competence）。大肠杆菌的感受态出现于对数生长后期。用冷的低渗 $CaCl_2$ 溶液处理菌体，继之以短暂热击可以有效提高转化效率。研究表明 Ca^{2+} 可以中和 DNA 分子的负电荷，有助 DNA 被稳定吸附于大肠杆菌表面。在体外培养动物细胞时，Ca^{2+} 和 DNA 分子形成的 DNA–磷酸钙细小沉淀可以被细胞内吞摄入。利用阳离子脂质分子形成的囊泡，也能与细胞膜融合后将外源核酸引入细胞。这些技术常被称为转染（transfection）。进入真核细胞的 DNA 一般在细胞分裂时因核膜解体和重建而进入细胞核，但也有在蛋白质携带下经核孔进入细胞核的报道。使用阳离子脂质或可电离脂质，还可以与其他多种脂质一起组装成脂质纳米颗粒（lipid nanoparticle，LNP），携带 mRNA 分子进入体内细胞表达。这一技术已经被用于商业化疫苗生产。

二、电穿孔

电穿孔（electroporation）是将细胞置于电场内，通过改变电场强度提高细胞膜通透性，从而将 DNA 导入细胞的方法。一般认为，构成细胞膜的磷脂双分子层在合适的电场强度和变化频率下会首先形成跨膜孔洞，进而发展为更稳定的亲水孔洞，提供物质进入细胞的通道。亲水孔洞可在电场撤除后消失，使细胞得以继续生存。显然，跨膜孔洞的出现和维持取决于细胞膜脂质、蛋白质的构成及其与电场的相互作用，并会影响细胞后续存活。因此，不同种类的细胞需要不同的电场条件以提高实验后携带外源核酸的存活细胞数量。即使如此，电穿孔技术仍因其适用范围广、转基因效率高而受到欢迎，经常被用于从细菌、酵母到动物细胞的转基因操作。

三、基因枪

基因枪（gene gun）技术也称粒子轰击（particle bombardment），是利用核酸包被的金或钨粒子高速轰击细胞，将核酸导入细胞内的过程。这一技术最早用于植物细胞的转基因，因能有效用于各品种植物的各种组织细胞转基因而受到欢迎。作为一种物理方法，基因枪技术可同时导入多种转基因，也可用于将蛋白质等其他分子导入细胞。基因枪不能精确控制金属粒子的轰击靶标，不仅能输送转基因进入被轰击细胞的细胞质，也能将转基因运送到细胞核、线粒体、叶绿体等其他细胞内结构。目前，基因枪技术也被用于哺乳动物培养细胞和组织的转基因。

四、显微注射

显微注射（microinjection）是一类常见的转基因操作技术，适用于几乎所有多细胞模式生物。显微注射的基本做法是用玻璃毛细管拉制成注射针，将 DNA 溶液注射入细胞内。常见的转基因显微注射以注射细胞核为主，小鼠转基因采取的就是将 DNA 注射入受精卵单倍体原核的技术路线方案。线虫转基因注射的则是成虫性腺合胞体区域，以使 DNA 同时接触多个将要分裂的卵细胞核。显微注射需要逐个处置细胞、受精卵或个体，转基因成功率也较低。为减少鉴定转基因阳性个体的工作量，可以在注射目标转基因的同时共注射编码绿色荧光蛋白（green fluorescent protein，GFP）或其他易识别标记的转基因，通过识别标记转基因表达的信号遴选目标转基因的阳性候选个体。显微注射的另一个缺点是转基因 DNA 往往以头尾相连的多联体（concatemer）形式整合到染色体上，导致阳性个体转基因表达剂量不易精确调控。

五、病毒感染

利用改造的病毒可以携带转基因片段进入宿主细胞实现转基因。传统上，噬菌体介导的转基因也被称为转导（transduction）。常见的转基因病毒载体包括噬菌体、反转录病毒、腺病毒、单纯疱疹病毒等。它们将 DNA 包装在病毒颗粒中侵染细胞，在实际使用中存在包装容量的限制。例如，反转录病毒载体的包装容量一般不超过 6 kb，腺病毒载体的包装容量不超过 30 kb，单纯疱疹病毒可达 40～150 kb。此外，使用病毒载体转基因还受到病毒所能感染细胞差异的影响。例如，反转录病毒只能感染分裂期的细胞，它的近亲慢病毒可以感染静息期的细胞，单纯疱疹病毒、狂犬病病毒和伪狂犬病病毒则对神经细胞更为偏好。狂犬病病毒和伪狂犬病病毒因而被大量用于神经回路分析。

六、转座因子

转座因子是一段可以在基因组内跳跃的 DNA，最早由麦克林托克研究玉米时发现，她也因此获得了 1983 年诺贝尔生理学或医学奖。转座因子在基因组中跳跃改变位置的过程称为转座（transposition）。因不同转座机制可将转座因子分为反转录转座子

（retrotransposon）和 DNA 转座子（DNA transposon）两类。反转录转座子也称 I 型转座子，以"拷贝－粘贴"方式转座，即从原始拷贝转录一份 RNA，再反转录成 DNA 整合到基因组的新位点。DNA 转座子也称 II 型转座子，以"切离－粘贴"方式转座，即直接从原位切离并整合到新位点。DNA 转座子的两端是特征性的重复序列，它们被转座子编码的转座酶所识别，在转座酶的作用下带动转座子片段跳跃。如果将 DNA 转座子内的转座酶序列替换为转基因片段，即可在转座酶存在时实现转基因操作。

七、农杆菌介导转基因

农杆菌是土壤中广泛分布的根瘤菌科革兰氏阴性细菌，可分为根癌农杆菌（*Agrobacterium tumefaciens*）和发根农杆菌（*Agrobacterium rhizogenes*）。它们具有鞭毛，能通过侵染植物伤口进入细胞，将携带的 Ti 或 Ri 质粒上一段 T-DNA 序列整合到宿主基因组，引发植物冠瘿或无定形根。T-DNA 长约 24 kb，由两侧各 25 bp 长的正向重复序列（边界序列）和中间携带的基因组成。将野生型 T-DNA 中的基因片段替换成转基因，即可进行植物转基因。在转基因操作时，通常用携带转基因的农杆菌与植物的根、叶或愈伤组织一起培养，农杆菌就会把外源 DNA 传递进植物细胞。

知识窗 10-1

哺乳动物转基因技术

根据实验对象、实验方法的不同，在小鼠等哺乳动物中目前有四种方案来实施转基因技术。

第一种是受精卵原核注射（pronuclei injection）转基因。通过显微注射把转基因 DNA 导入受精卵原核内，外源 DNA 就可能整合到染色体上。接受注射后的受精卵会被移植到代孕母体内完成胚胎发育（图 10-1）。一般的，代孕母体需经激素处理以达到受孕状态，植入受精卵后有些动物也需要激素处理保障受精卵的正常发育。原核注射的转基因 DNA 可能迅速整合入基因组，也可能在后续几次细胞分裂过程中整合进染色体而形成遗传嵌合体。遗传嵌合体诞生以后，只有携带转基因 DNA 的细胞发育来的生殖细胞才能将转基因传递到下一代。因此，所有原核注射产生的个体都必须接受转基因检测，阳性的个体还必须和野生型交配，产生的下一代转基因阳性个体才能放心用于建立转基因品系。

第二种技术路线是胚胎干细胞（embryonic stem cell，ESC）介导转基因，这也是实现基因靶向诱变的经典方法。胚胎干细胞介导转基因首先通过转染、电穿孔、病毒感染等方式把转基因 DNA 导入体外培养的胚胎干细胞，根据转基因 DNA 携带的标记基因进行相应筛选后，将基因阳性胚胎干细胞注射进入动物囊胚，将囊胚移植到代孕母体的子宫内。在后续发育过程中，胚胎干细胞将与囊胚内细胞团细胞一起发育为下一代个体（图 10-2）。这一技术路线获得的下一代个体全是嵌合体，且部分个体只含有胚胎干细胞来源的体细胞。因此，需将嵌合体后代与野生型个体交配，培育转基因阳

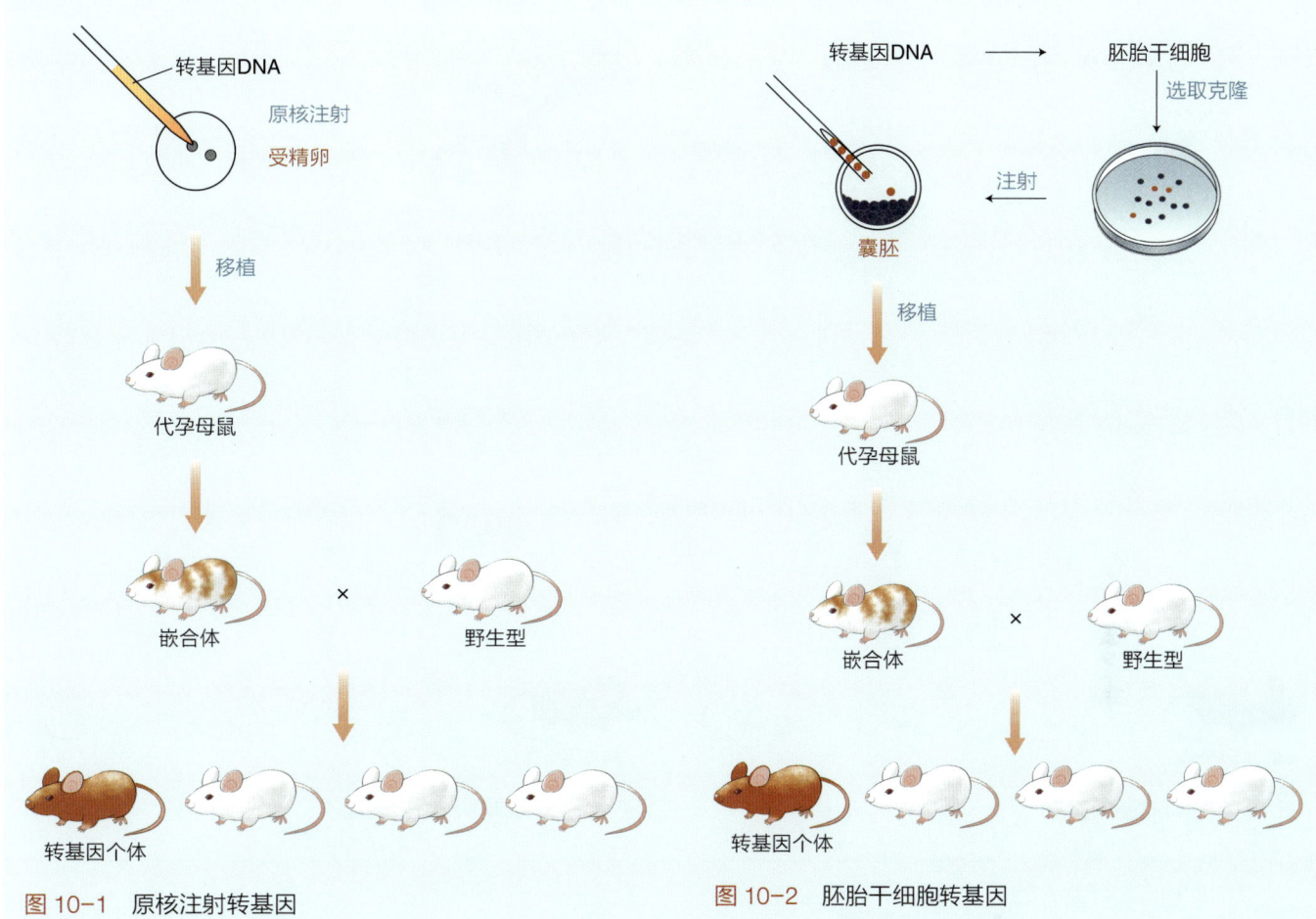

图 10-1 原核注射转基因

图 10-2 胚胎干细胞转基因

性品系。

第三种技术路线是细胞核移植（nuclear transfer）（图 10-3）。这种技术常用体细胞的细胞核植入去除了细胞核的卵母细胞，再激活获得二倍体细胞核的卵母细胞，使其发育为下一代个体。下一代个体所有细胞的核基因组均来自于细胞核供体，线粒体基因组则主要来自于卵母细胞，遗传性状与细胞核供体往往高度相似。细胞核移植是动物克隆技术的核心，最早被伊恩·维尔穆特（Ian Wilmut，1944—2023）等人用于培育克隆羊"多莉"，此后在小鼠等实验动物和家畜、宠物中也获得成功

应用。2018 年，我国科研工作者孙强等首次报道了通过细胞核移植培育的克隆猴"中中"和"华华"。

第四种技术路线是卵周隙注射（perivitelline injection）转基因（图 10-4）。卵周隙是透明带与卵母细胞膜之间的液态间隙，是受精和胚胎发育早期的重要信号传递区域。通过显微注射将携带转基因的慢病毒载体注射到卵周隙，病毒会感染受精卵或由其分裂产生的新细胞。因此，由受感染细胞发育形成的下一代个体可能是遗传嵌合体，需要与野生型交配再获得转基因阳性个体建立品系。

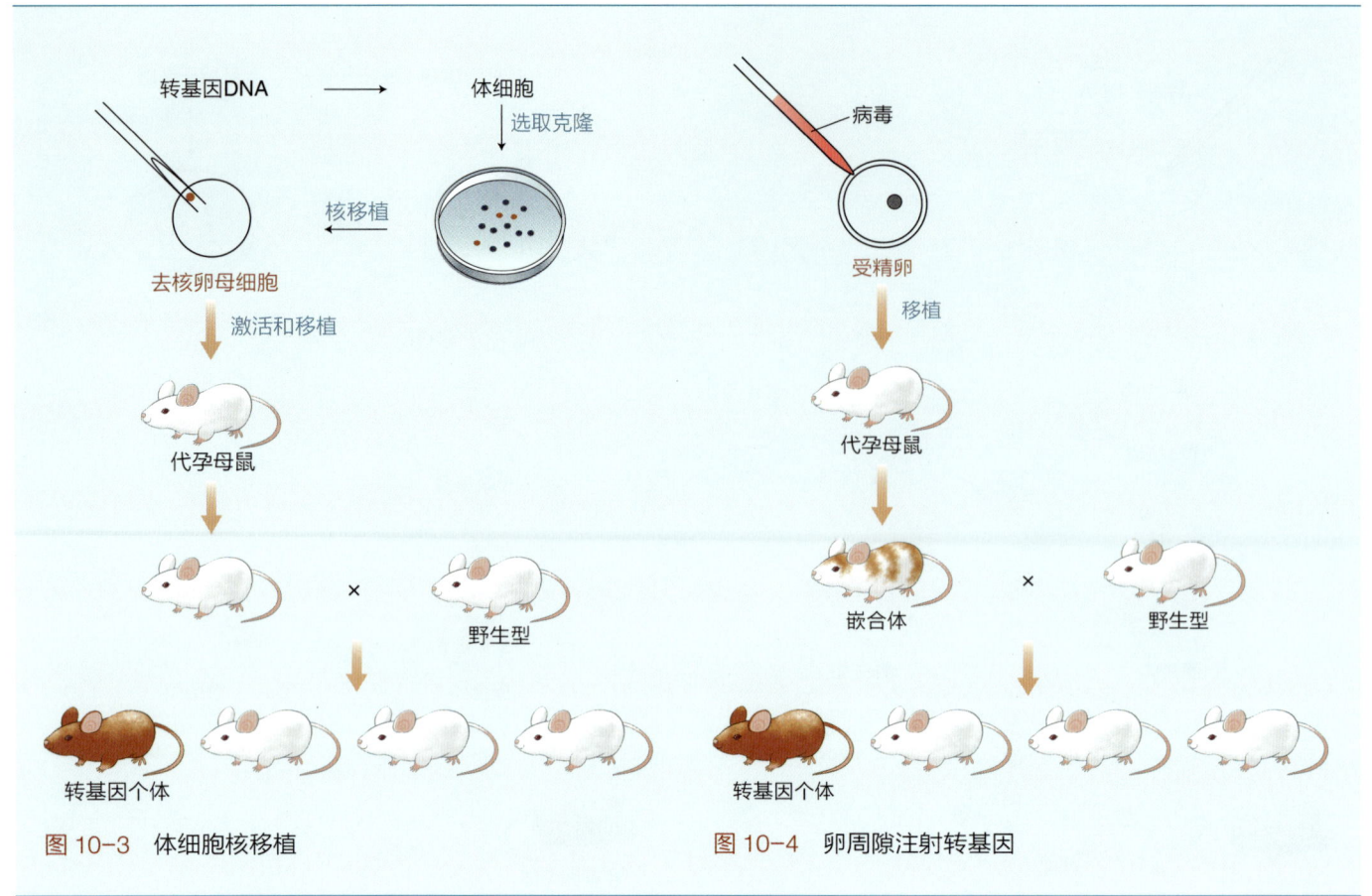

图 10-3　体细胞核移植

图 10-4　卵周隙注射转基因

表 10-1　常用的全身性表达启动子

生物	全身性表达启动子
酵母	PGK1（phosphorglycerate kinase-1）启动子 ADH1（alcohol dehydrogenase）启动子
果蝇	热激（heat shock，HS）启动子 ubiquitin 启动子 actin 5C 启动子
线虫	热激启动子
哺乳动物	actin 5C 启动子 CMV 启动子 pgk 启动子 SV40 启动子
植物	CaMV 35S 启动子 热激启动子

第二节　转基因表达

外源核酸片段导入个体或细胞后往往需要通过表达发挥作用。本节将讲述常见的外源基因表达系统及外源基因表达检测方法。

一、全身性表达系统

转基因载体通常携带的是 cDNA，需要在合适的启动子驱动下有效表达。不同模式生物常见的全身性表达启动子总结如表 10-1。这些启动子帮助转基因表达于各细胞，有的在个体发育和衰老各时期都能让转基因表达，有的只在热激等条件下驱动转基因表达。

二、组织特异性表达系统

不少基因全身性表达会显著影响健康或繁殖，严重时甚至导致死亡。因此，用全身性表达启动子驱动转基因很可能会给转基因品系建立和维持带来困难。组织特异性表达可以在一定程度上克服这些障碍。在一些实验室条件下生存或繁殖不必需的器官（如果蝇的复眼）中表达转基因，可以为基因功能研究带来更多便利。表 10-2 中列出了一些常用的果蝇组织特异性表达启动子。Jackson 实验室网站可以找到小鼠组织特异性启动子的汇总列表。

表 10-2 常用的果蝇组织特异性启动子

细胞	启动子
眼原基分裂相细胞	eyeless（ey）启动子
眼原基形态发生沟后侧的分化相细胞	pGMR 启动子
发育中的神经元	Elav 启动子
发育中的部分光受体神经元	Sev 启动子
迁移中的卵巢边界细胞	slbo 启动子

三、诱导表达系统

持续表达转基因可能对细胞造成伤害，严重时危及细胞生存。基因诱导表达系统能更清晰地显示基因表达与否对细胞的影响，提高基因功能分析的可靠性。同时，基因诱导表达对分析基因在细胞或个体不同时期的不同功能也有重要意义。表 10-3 列出了一些模式生物常见的诱导表达启动子。

表 10-3 常用的诱导表达启动子

生物	诱导表达启动子	诱导方式
酵母	Gal 启动子	培养基添加半乳糖
线虫	热激启动子	35℃或 37℃热激
果蝇	热激启动子	37℃热激
	金属硫蛋白（MT）启动子	细胞培养基存在铜离子
	UAS/GAL 系统	UAS 启动子携带的转基因受 GAL4 蛋白驱动表达，被 GAL80 蛋白沉默
果蝇、哺乳动物	四环素调控表达系统	Tet 启动子携带的转基因在四环素存在时受 rTA 蛋白驱动表达，在四环素消失时受 tTA 蛋白驱动表达
植物	糖皮质激素诱导启动子	培养基添加地塞米松
	植物光开关元件 PULSE	红光照射
	热激启动子	37℃热激

　　许多诱导表达系统都是二元型的，需特定转录因子及其调控的启动子同时存在，才能打开或关闭转基因表达。例如，最早的四环素调控表达系统包括两个部分，其一表达由四环素阻遏蛋白 DNA 结合域和 HSV 病毒 VP16 蛋白转录激活域组成的反向激活因子 tTA，其二为 tTA 识别的启动子 tetO 驱动的转基因。tTA 可结合 tetO 以激活转基因表达，但会因结合四环素而无法再与 tetO 作用导致基因表达关闭。与 tTA 相反，对四环素阻遏蛋白诱变筛选发现的 rtTA 只有结合了四环素后才能让 tetO 序列驱动的转基因表达。

　　二元型的诱导表达系统不仅允许基因的诱导表达，还可以通过为转录因子添加组织特异性的启动子，实现组织特异的基因诱导表达。使用不同组织特异性表达的转录因子品系与同一启动子驱动的转基因交配，能快速培育不同组织器官中诱导表达转基因的品系，高效分析基因在不同组织器官中的不同功能。

四、转基因表达检测

　　转基因表达检测对基因功能研究具有重要意义。一方面，转基因携带的蛋白质编码序列在体内是否按预期表达、表达量有多高，是结合表型变化推断基因功能的必要条件。另一方面，显示转基因表达的时空图景，能有效帮助基因产物在发育和疾病中的作用分析。反转录 PCR、Northern 和 Western 印迹等常见的分子生物学技术可以定量检测基因表达，但通常不能显示转基因在器官、组织、细胞内表达的空间信息。因此，研究人员也常使用抗原表位标记和报告基因融合两种方法检测转基因在体内的时空表达。

　　抗原表位是蛋白质分子决定抗原特异性的特殊化学基团。将已有商业化抗体的抗原表位序列加入转基因蛋白序列形成融合蛋白，就可以用抗体检测转基因的表达，这一方法称为抗原表位标记（epitope tagging）。一般将抗原表位融合于转基因蛋白的末端，以尽可能减少对转基因蛋白功能和细胞内定位的影响。也可以将多个抗原表位序列串联提高检测灵敏度。有的抗原表位还可以用于转基因蛋白纯化（表 10–4）。需要注意的是，融合了抗原表位的蛋白质并非总能如愿发挥作用。最可靠的验证需要用抗原表位标记转基因拯救基因失活突变的表型变化（详见本章第四节）。

表 10-4　常用的抗原表位标记

抗原表位	多肽序列	用途	备注
Myc	EQKLISEEDL	多用于检测（纯化需低 pH 条件洗脱，影响蛋白质活性）	源自原癌基因 *cMyc*
HA	YPYDVPDYA	检测、纯化	源自流感病毒血凝素
Flag	DYKDDDDK	检测、纯化	C 端残基可被肠激酶去除
His	HHHHHH	检测、纯化	
V5	GKPIPNPLLGLDST	检测、纯化	源自副黏液病毒 P/V 蛋白

报告基因融合是将报告基因与转基因制成融合蛋白序列，或者单独将报告基因置于待检验的启动子之后，根据报告基因表达的信号检测转基因（或启动子）表达的时空分布。常见的报告基因有荧光蛋白和 β- 半乳糖苷酶。从维多利亚多管水母中分离得到的绿色荧光蛋白（GFP）含 238 个氨基酸残基，可在蓝光或紫外光照射下产生绿色荧光。此后，由 GFP 改进或从其他海洋生物分离到的一系列荧光蛋白不仅具有不同颜色，还增强了对特定波长光的响应。这些荧光蛋白通常没有毒性，可用于活细胞或动物体内的实时检测。大肠杆菌 *lacZ* 基因编码的 β- 半乳糖苷酶（β-gal）是同源四聚体蛋白，每个单体含 1 023 个氨基酸残基。β-gal 能水解无色底物 X-Gal（5- 溴 -4- 氯 -3- 吲哚 -β-D- 半乳糖苷），释放出的吲哚基团随即二聚化形成蓝色沉淀。β-gal 可被戊二醛固定在细胞和组织中而不损失活性，因而可用 X-Gal 高分辨率检出表达位置。β-gal 也能水解无色底物 ONPG（邻硝基酚 -β-D- 半乳糖苷）产生有色的邻硝基苯酚，这一显色反应可用于定量检测培养细胞中的转基因表达。需要注意的是，报告基因分子越大，对融合蛋白结构、功能和细胞内定位的干扰可能性就越高。因此，需要根据不同研究目标审慎选择报告基因融合的具体技术路线。

第三节　转基因技术在遗传学研究中的应用

转基因技术可以将外源核酸片段导入细胞、组织或生物体并表达。随外源核酸来源的差异，转基因可分为同种转基因和异种转基因。同种转基因使用动植物本身的基因序列，主要用于目的基因的功能分析。异种转基因使用其他物种的基因序列，可用于基因功能的进化保守性研究。随目的基因进入体内表达部位的差异，转基因也可分为原位表达转基因和异位表达转基因。原位表达转基因常用于基因功能和作用机制分析。异位表达转基因可以用于标记细胞谱系，并可用于发现目的基因新的功能线索。除研究意义外，转基因技术在生产生活中也有重要应用价值。

一、通过转基因分析基因功能

许多遗传学研究都能发现表型变化和某一基因变异共存的个体。然而，即使是随机诱变筛选获得的表型突变个体，也可能携带不止一个基因突变。表型变化和某一基因变异，可能是因为该基因变异导致表型变化，也可能只是两者凑巧发生于同一个体。要确定基因突变与表型变化的因果关系，方法之一是将相应的野生型基因重新表达于基因突变的个体。如果野生型基因表达以后表型变化消失（即表型变化被转基因"拯救"），可以认为该基因变异的确是引起表型变化的原因。如果野生型基因表达以后表型变化依旧存在，那么这组基因变异和表型变化的共存只是巧合。在确认了基因变异与表型变化的因果关系之后，还可以进一步表达缺失某一结构域或突变某一位点的转基因，观察能否拯救表型变化，以明确该结构域或位点对基因功能的意义。

除了研究正常生理状态下的基因功能以外，转基因还可以用于传统正向遗传学较难进行探索的领域，获得新的基因功能知识。例如，过表达（overexpress）野生型转基因可以研究基因活性增加对生命活动的影响，帮助发现了超氧化物歧化酶基因 *SOD* 对果蝇寿命的促进作用（Orr and Sohal，1994）。又如，异位表达（ectopically express）野生型转基因可以探索基因对发育的调控作用，奠定了果蝇无眼（*eyeless*，*ey*）基因作为复眼发育主控基因（master control gene）的地位（知识窗 10-2）（Halder et al.，1995）。再如，在一个物种表达另一个物种的同源转基因，可以比较不同生物同源基因的功能相似性。果蝇和哺乳类的 *Sod* 和 *Pax6* 同源基因都是通过这一策略被证实功能高度保守。

知识窗 10-2

转基因研究发现眼形成的主控基因

转基因在基因功能研究中有特殊的价值。对难以通过自发突变或者遗传筛选发现的基因，通过基因序列分析、分子生物学操作，再用转基因技术导入体内开展研究，可以获得出乎正向遗传学研究意料的研究结果。眼发育主控基因的发现就是一个很有代表性的例子。

小鼠和人等哺乳动物的眼是单眼，每个眼球只有一套屈光和感光系统。研究人员早在 20 世纪 30 年代就报道过人类存在名为无虹膜症（aniridia，AN）的常染色体显性遗传病，患者眼球虹膜缺失、中央凹发育不良。60 年代，半显性的小鼠小眼（small eye，Sey）突变被发现。Sey 杂合子导致小鼠眼球晶状体等缩小变小、发育不良，纯合子造成小鼠眼球缺失（图 10-5）。1991 年，

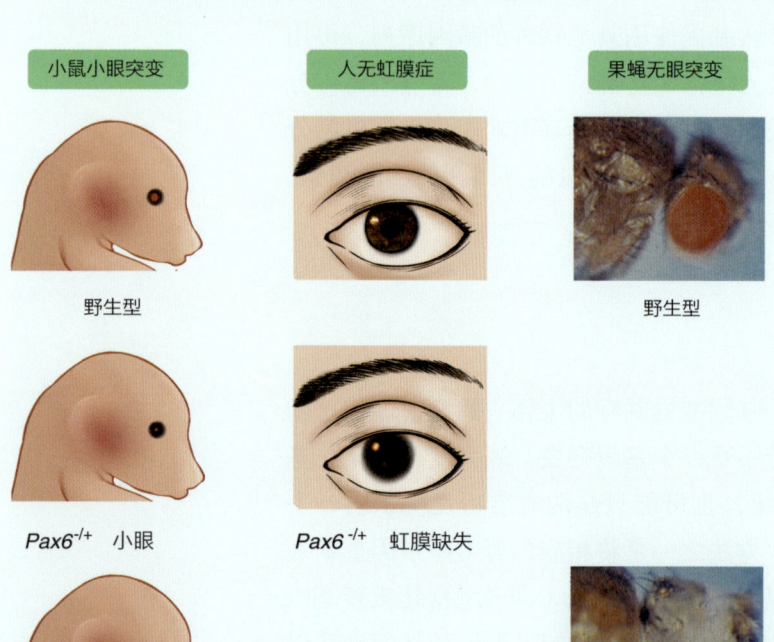

图 10-5　人、小鼠和果蝇的 *Pax6* 同源基因突变影响眼球发育

小鼠小眼突变　　　　人无虹膜症　　　　果蝇无眼突变

野生型　　　　　　　　　　　　　　　　　野生型

Pax6⁻ᐟ⁺ 小眼　　　　*Pax6*⁻ᐟ⁺ 虹膜缺失

Pax6⁻ᐟ⁻ 无眼　　　　　　　　*ey*⁻ᐟ⁻ 无眼

小鼠 *Sey* 和人 *AN* 基因得到克隆。研究人员发现它们都编码属于 Pax 转录因子家族的蛋白质 PAX6。

　　果蝇的一个复眼具有 750～800 个小眼，每个小眼都有一套独立的光通道和感光神经元。1915 年，研究人员报道了果蝇的无眼突变，该突变可以导致果蝇复眼缺失（图 10-5）。1994 年，格林实验室克隆了果蝇 *ey* 基因，发现它也编码 PAX6 同源蛋白。这一结果提示从昆虫到哺乳类，不同物种的眼发育存在相似的遗传调控机制。同时，这些工作也表明 Pax6 基因是眼发育所必需的。

　　为进一步分析 *Pax6* 基因对眼发育的作用，格林设计了一系列大胆的实验。他鼓励学生将 *ey* 的编码序列置于表达于其他器官（触角、腿、翅）的启动子控制之下，再培育转基因果蝇进行表达（Halder et al.，1995）。结果，*ey* 基因表达的器官都长出了类似复眼的结构，并出现色素细胞、神经细胞等正常复眼的细胞类群。进一步，他们将小鼠 *Pax6* 也表达于这些器官，同样导致复眼在这些器官异位发育（图 10-6）。这些事实说明，*Pax6* 是眼发育的主控基因，它在不同组织器官表达，可以诱导这些部位启动眼发育。而且，*Pax6* 对眼发育的控制作用是物种间高度保守的。

　　格林的发现源自于早年对果蝇器官发育的研究积累。那时还没有分子生物学和转基因技术，他只能花许多时间切割发育中的果蝇器官原基（primordium）移植到另一果蝇体内，试图了解器官发育的命运决定。他当时发现，绝大多数移植后的腿原基还会发育成腿，但也有少量会发育成翅或眼。他在《胚胎学和实验形态学杂志》（*Journal of Embryology and Experimental Morphology*）上报道了这些工作，称改变发育命运的现象其为反式决

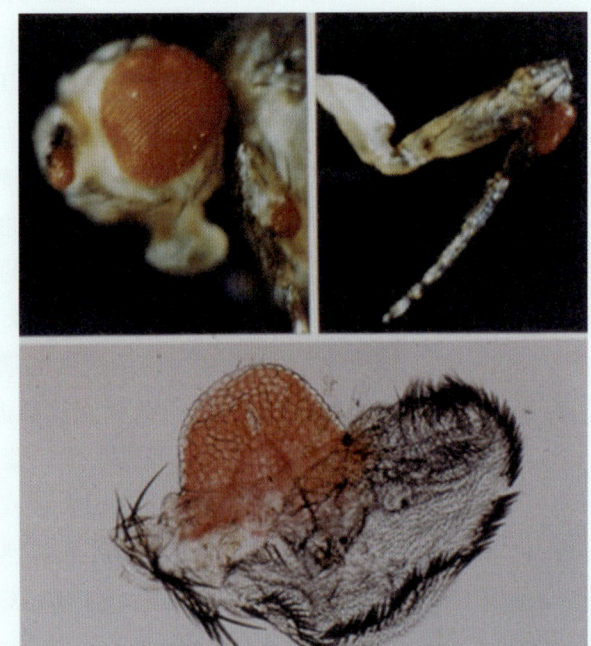

图 10-6　*Pax6* 是眼发育的主控基因
在触角、翅和腿上表达果蝇 *Pax6* 同源基因 *ey*，可以诱导复眼异位发育。

定（*trans*-determination），但对其背后的原因一无所知。后来，基因逐渐成为生物学家关注的宠儿，格林也不例外。他猜想，可能存在控制器官原基发育命运的关键基因，它们的表达在移植前后发生了变化，使器官原基选择了不同的发育命运。他认为，这样的基因应该至少符合两个标准：一是如果基因失活，相应的器官就不会发育；二是基因可能编码转录因子，调控许多其他基因表达。PAX6 基本符合这两条标准，它为眼发育所必需，又是一个转录因子，可能调控其他眼发育关键基因。最终，格林用转基因实验提供了关键证据，证明是 PAX6 打开了眼的发育命运。

二、利用转基因探索作用机制

　　修饰基因筛选（详见第九章）是探查基因所在信号转导途径，研究基因作用机制的重要手段。修饰基因筛选需要在基因突变背景上进行，人工诱变可以获得基因突变

用于修饰基因筛选，但突变基因的活性变化难以预测。转基因则大大加快了这一进程。例如，可以通过遗传工程方法制造一个基因的显性失活突变，再利用转基因在体内表达这一显性失活突变以抑制野生型基因功能，从而迅速获得该基因失活的遗传背景开展筛选。制造显性失活突变可以通过点突变失活催化活性位点，使得突变的酶可以结合底物但不能催化其转变，以竞争性抑制野生型酶蛋白的活性。类似地，可以制造一个只包含互作结构域的截短蛋白，使其结合互作分子后无法发挥其他活性，从而起到抑制野生型蛋白功能的结果。另一方面，可以通过去除蛋白质的负调控结构域或抑制性位点、或者通过点突变模拟磷酸化激活等方法提高转基因编码蛋白质的生化活性，获得基因持续激活的遗传背景开展筛选。相应的例子包括在 *c-Src* 基因编码序列中引入 Y527A 突变使其不再受抑制（Cooper et al., 1986），在 Neu 受体跨膜域序列引入突变使受体更易形成二聚体而激活（Weiner et al., 1989），等等。

除高效获得基因失活或持续激活的遗传背景外，转基因还可以用于改变基因的染色体位置，或在研究人员熟悉的组织器官中表达野生型或突变型基因，用于提高遗传分析的研究效率。例如，杰拉尔德·鲁宾（Gerald Mayer Rubin）实验室曾将果蝇 X 染色体上的 *sevenless* 基因（*sev*）温度敏感突变通过转基因置于常染色体，方便开展大规模修饰基因筛选，发现了一批果蝇 Ras 信号通路的关键基因。此后，他们用克隆的 *sev* 启动子驱动持续激活突变的 *Ras1* 基因表达，在眼中大规模筛选 Ras 信号下游分子，描绘了果蝇 Ras 信号通路的框架（Karim et al., 1996）。

三、转基因研究的局限

一般认为，伴随转基因产生的表型变化是转基因表达的结果，结合表型变化和转基因对野生型基因活性的影响，可以判断基因功能。但是，这一观点在实际研究中并非总是正确。例如，大多数转基因是让外源 DNA 整合到染色体上，而外源 DNA 的随机插入可能会影响内源基因的正常功能。据估计，有近 10% 的小鼠转基因对内源基因功能造成破坏（Palmiter and Brinster, 1986）。又如，转基因表达往往受整合位点周围染色体序列，这常被称为转基因表达的"位置效应"。同一次转基因操作产生的不同后代中，转基因的表达量、表达区域和表达时间都可能有差异。有的转基因品系在传代过程中也会出现转基因表达的个体差异。因此，对转基因表型的分析不能仅依赖于少数个体或单个品系，而需要对多个品系进行综合判断。有时，转基因过表达强度过高也会造成有害影响，导致表型异常变化。转基因异位表达造成的表型变化，则可能与正常生理状态下的生物学过程无关。

第四节 基因靶向诱变

基因靶向诱变从基因序列出发，定点、定向改变基因功能。这既可以通过改变基因表达，也可以通过改变基因序列实现。例如，RNA 干扰（RNAi）通过双链 RNA 引发细胞的抗病毒反应，从而降解具有相应序列的 mRNA 以抑制基因表达。又如，通过 DNA 同源重组可以将基因的正常序列置换为变异序列，从而改变基因功能。与转基因类似，基因靶向诱变也可以在生殖细胞或体细胞中进行。在部分体细胞中靶向诱变基因不仅适于分析突变致死的基因功能，也可以用于研究肿瘤等疾病的发生发展。基因靶向诱变技术近年发展迅速，本节将着重介绍被广泛使用的基因打靶（gene targeting）和基因编辑（gene editing）技术。

一、基因打靶

利用 DNA 同源重组实现基因片段代换或改造的基因打靶，长期占据反向遗传学研究主导地位。同源重组是由同源 DNA 序列引发的重组，多见于减数分裂和 DNA 修复。在常用的遗传学模式生物中，酵母细胞的同源重组功能最为发达。人类基因组 1% 重组率（1 cM）约合 1Mb，而在酿酒酵母和裂殖酵母基因组中仅分别相当于 2 500 bp 和 6 250 bp。酿酒酵母和裂殖酵母仅分别需要 DNA 片段两端各存在 40 bp 或 60 bp 的同源序列，即足以引发同源重组。因此，可以根据酵母目的基因序列设计同源序列，在同源序列间加入药物抗性或耐营养缺陷的标记基因，将其导入酵母细胞。在细胞完成同源重组后，酵母染色体上同源序列间的目的基因片段即被标记基因代换（图 10-7）。此时，用相应的药物或营养缺陷环境进行筛选，可以方便地获得酵母基因被敲除（knock out）的细胞。据此原理，2002 年完成的酵母基因组缺失计划（Saccharomyces Genome Deletion Project）培育了各基因失活的酵母品系，使酿酒酵母成为首个完成单基因系统敲除的真核生物。在敲除酵母基因时，该计划还在代换片段里加入了区分各菌株的序列"条形码"，使利用液体培养基筛选群体表型成为可能。

小鼠是首个实现基因打靶的模式动物。小鼠基因打靶技术使用 ES 细胞作为中介，将携带基因突变的 DNA 导入小鼠 ES 细胞，待同源重组发生后选择携带突变的 ES 细胞注射入小鼠囊胚，在植入代孕母鼠体内发育为部分细胞携带突变的嵌合体小鼠。嵌合体小鼠与野生型小鼠交配后即可获得携带基因突变的小鼠品系（见图 10-2）。

小鼠 ES 细胞的同源重组功能远不及酵母细胞发达。外源 DNA 导入小鼠 ES 细胞后，以多联体形式随

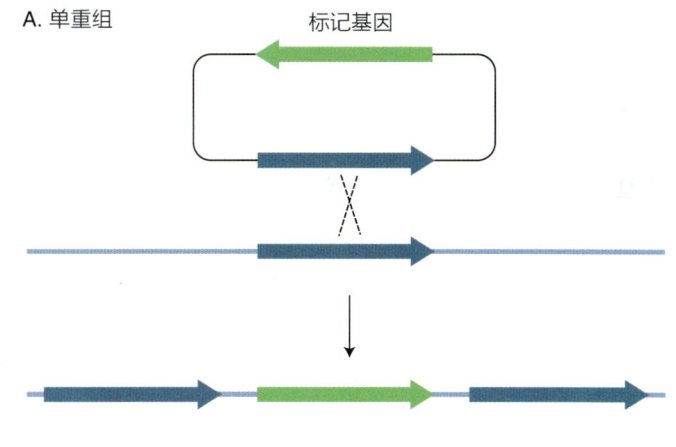

A. 单重组

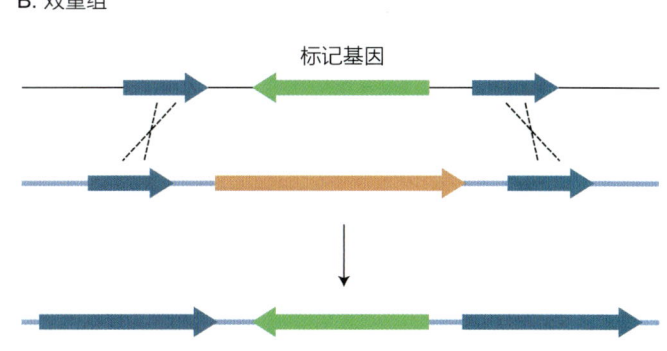

B. 双重组

图 10-7   同源重组导致插入或代换

机插入染色体的可能性较高。因此，小鼠基因打靶时一方面加长两侧的同源序列以提高重组效率，另一方面采用了正、负两套筛选标记帮助识别发生同源重组的细胞。两侧同源序列根据各自长度分别被称为长臂和短臂，长臂 4～10 kb，以促进同源重组发生；短臂 0.8～2 kb，在维持重组效率的同时方便 PCR 检测重组事件。正筛选标记常使用新霉素（neomycin）、嘌呤霉素（puromycin）、潮霉素（hygromycin）等药物抗性基因。这样，在 DNA 转染完成后可以通过培养基中添加相应种类的抗生素，筛选获得染色体上整合了外源 DNA 的细胞。负筛选标记常使用单纯疱疹病毒的胸苷激酶（HSV-Tk）基因或白喉毒素 A 链（DTA）基因。前者可以将添加在培养基中的核苷酸类似物更昔洛韦（GANC）或非阿尿苷（FIAU）转变为细胞毒性衍生物，后者可以阻断细胞蛋白质合成而导致细胞死亡。因此，外源 DNA 通过随机插入整合到染色体上后，就会因携带负筛选标记而杀死细胞（图 10-8）。

　　基于 ES 细胞 DNA 同源重组的小鼠基因打靶技术，可以在两侧同源序列内放置各种序列组合以达到不同目的。只放置正筛选标记时，可以实现内源基因序列的敲除。除正筛选标记外再放入携带突变的内源基因序列，可以实现内源序列的突变敲入（knockin）。还可以放入两侧携带 loxP 或 FRT 重组位点的野生型基因，这样培育的小鼠可与组织特异表达 Cre 或 FLPe 重组酶的转基因小鼠交配，实现特定组织器官或发育时段的基因"条件性敲除"（conditional knock out）。首先分离培养小鼠 ES 细胞的

图 10-8　用负筛选标记去除随机插入事件

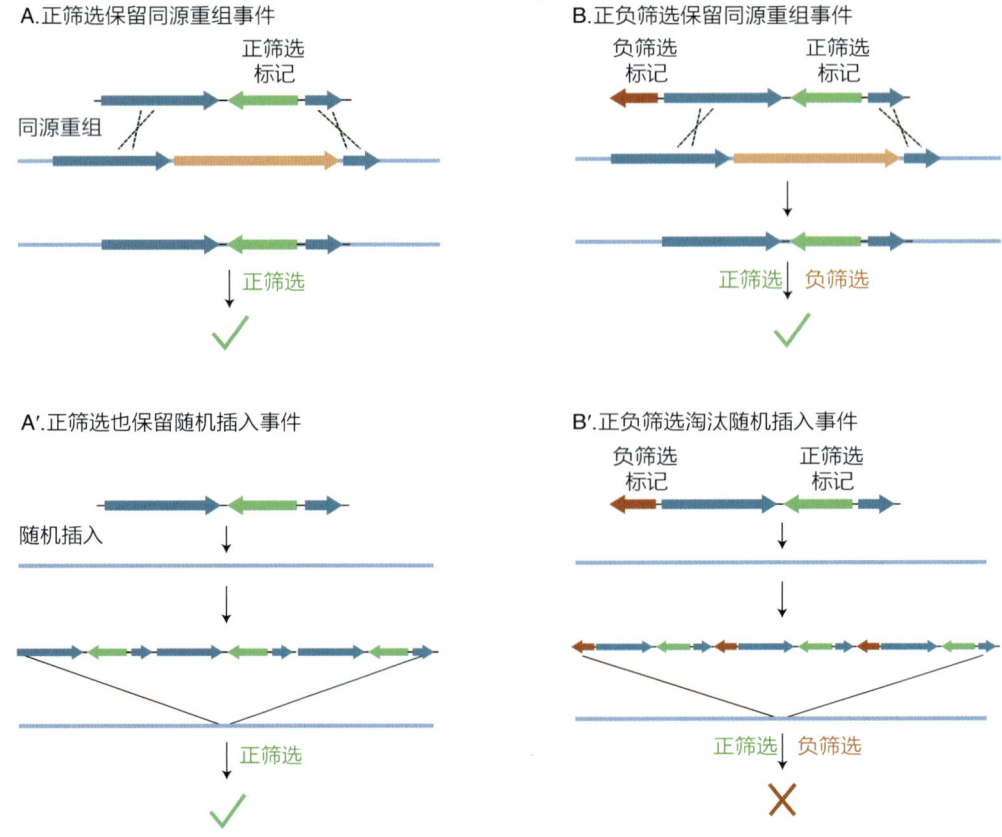

马丁·埃文斯（Martin J. Evans）与在 ES 细胞里实现基因同源重组的奥利弗·史密斯（Oliver Smithies，1925—2017）和马里奥·卡佩奇（Mario R. Capecchi）因此分获 2007 年诺贝尔生理学或医学奖。

二、基因编辑

下文所述基因编辑，是指利用核酸酶定点切开染色体 DNA，进而实现序列损毁或突变导入的技术方法。基因编辑常用的核酸酶包括锌指核酸酶（zinc-finger nuclease，ZFN）、转录激活子样效应因子核酸酶（transcription activator-like effector nuclease，TALEN）和 Cas9 核酸酶等。

ZFN 是一组人工构建的融合蛋白，具有来自于转录因子的锌指结构域和来自于限制性核酸内切酶 *Fok* I 的 DNA 剪切结构域，以异源二聚体行使功能（图 10-9）。每个 ZFN 单体具有 3 个锌指结构域，每种锌指结构域能特异识别 3 个碱基。因此，一个二聚体可以在基因组中识别包含 18 个碱基的特定序列，并在相应位置导入 DNA 双链断裂。TALEN 原理上与 ZFN 类似，也是由转录激活子样效应因子（transcription activator-like effector，TALE）结构域和 *Fok* I 的 DNA 剪切结构域组成的融合蛋白，以异源二聚体行使功能（图 10-9）。TALE 源自黄单胞菌（*Xanthomonas. spp*）的转录激活子样效应因子，可包含不同数目的氨基酸重复序列。每个重复包含 33~35 个氨基酸，可识别 1 个碱基。不同重复串联可以将 TALEN 导向基因组特定位置，切割形成 DNA 双链断裂。

ZFN 或 TALEN 作用下形成的 DNA 双链断裂，可以被细胞通过需要同源序列模板的同源重组（homologous recombination，HR）、或通过不需要同源序列模板的非同源

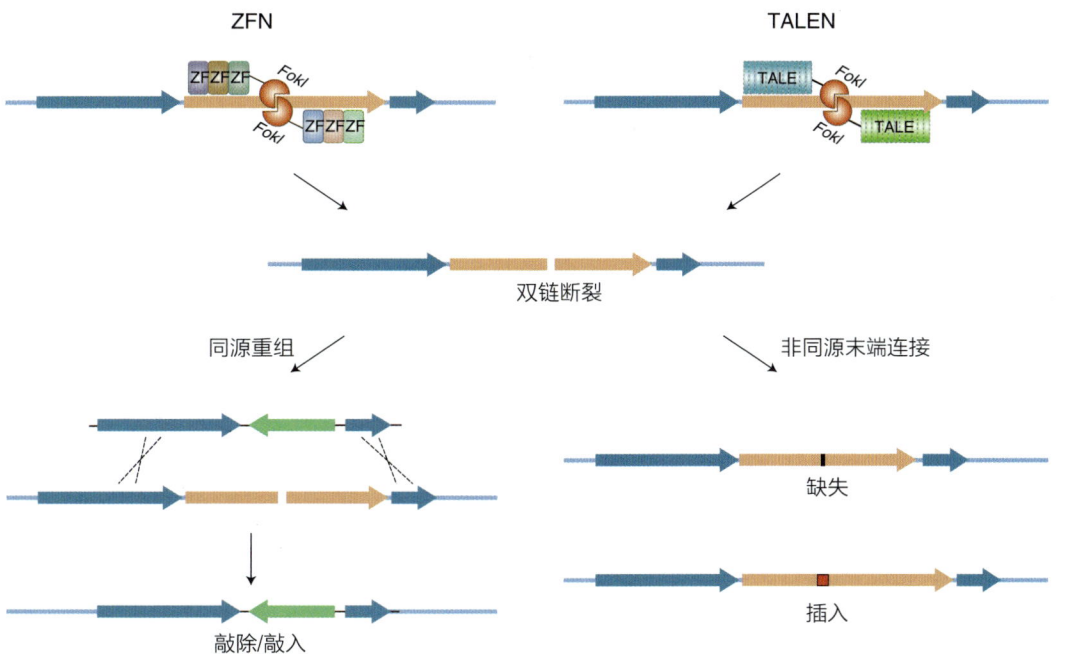

图 10-9 ZFN 和 TALEN 系统基因编辑原理

末端连接（non-homologous end joining，NHEJ）两种方式修复。同源重组修复将模板 DNA 序列导入原位，可用于基因敲除、敲入，或条件性敲除研究。非同源末端连接修复往往在断裂处留下数个碱基的缺失、插入、重复或突变，可用于获得各种突变基因（图 10-9）。

　　Cas9 核酸酶发现于微生物获得性免疫研究。细菌和古菌基因组中存在由长度相似的间隔序列分隔的重复序列，被称为"成簇规则分散短回文序列"（clustered regulatory interspaced short palindromic repeat，CRISPR）。当细菌或古菌细胞内出现噬菌体等外源 DNA 时，宿主细胞会将外源 DNA 切成间隔序列大小的片段掺入 CRISPR 重复序列间，由此转录剪接形成名为 CRISPR RNA（crRNA）的小 RNA。crRNA 能够与 CRISPR 相关（CRISPR-associated，cas）基因编码的 Cas 核酸酶等形成复合物，破坏相应序列的外源核酸，保护宿主细胞不受影响。

　　CRISPR/Cas 系统分为三型，其中 I 型和 III 型需要多个 Cas 蛋白形成的复合物以切割外源核酸，II 型则只需 Cas9 一个核酸酶即可切割 DNA。珍妮弗·杜德纳（Jennifer A. Doudna）和埃马纽埃尔·沙尔庞捷（Emmanuelle M. Charpentier）发现，Cas9 核酸酶结合 crRNA 与反式激活 crRNA（trans-activating CRISPR RNA，tracrRNA）形成的双链 RNA，受其引导切割与 crRNA 序列互补的 DNA。她们还证明，能模拟 crRNA 与 tracrRNA 双链构象的单分子 RNA 也能引导 Cas9 核酸酶定点切割 DNA（图 10-10）。张锋（Feng Zhang）随后证明 CRISPR/Cas9 系统在小鼠和人细胞内也能发挥相同作用。Cas9 切割 DNA 形成的双链断裂与 ZFN 或 TALEN 形成的双链断裂一样，可以被同源重组或非同源末端连接修复以实现各种基因靶向诱变操作。目前，CRISPR/Cas9 系统已被用于酵母、线虫、果蝇、斑马鱼、小鼠、灵长类和拟南芥、烟草、高粱、水稻等动植物的遗传操作，基于该系统的基因编辑治疗产品已获批有条件上市。杜德纳和沙尔庞捷因发现该系统的贡献，分获 2020 年诺贝尔化学奖。

　　基因编辑技术面临的一大挑战是核酸酶的脱靶效应。它会导致预定位点以外的基因组 DNA 受到破坏。脱靶的可能性与核酸酶的表达量和作用时间正相关，使用 mRNA 短暂表达核酸酶或直接使用核酸酶蛋白，可以有效减少脱靶。脱靶效应在 ZFN、TALEN 和 Cas9

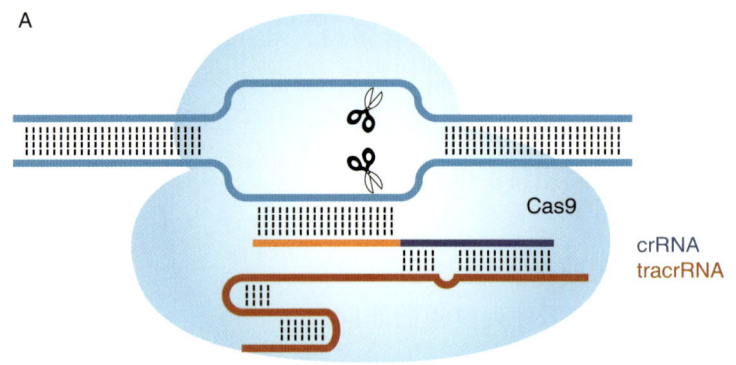

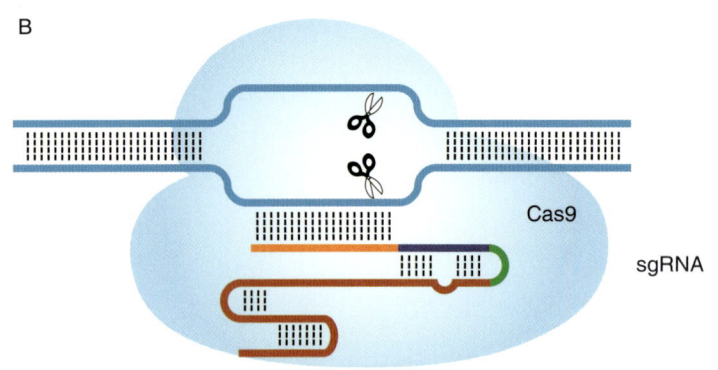

图 10-10　CRISPR/Cas9 系统基因编辑原理
细菌或古菌细胞内出现噬菌体等外源 DNA 时，会表达含相应序列的 crRNA。crRNA 与宿主 tracrRNA 形成双链，引导 Cas9 识别并切割与 crRNA 所含间隔序列对应的双链 DNA（**A**）。人工合成模拟这一双链构象的单分子引导 RNA（single-guide RNA，sgRNA）可以起到相同效果（**B**）。

中都有报道，一般认为 TALEN 的脱靶效应相对最弱。

三、基因靶向诱变的局限

基因靶向诱变能在基因组预定位点按要求产生突变，可以用于在模式生物中失活基因、导入点突变或者导入抗原表位等外源序列以标记基因表达产物，也可以用于突变序列的纠正，对基因功能研究和人类疾病的基因治疗具有重要意义。但是，基因靶向诱变技术存在效率低、费用高的限制，用于全基因组范围的基因诱变筛选较为困难。传统基因打靶要在培养条件苛刻的 ES 细胞中进行，虽然使用了正负筛选技术，获得同源重组细胞克隆的概率也常徘徊于 10% 左右。通过囊胚注射 ES 细胞获得的是嵌合体小鼠，还需要与野生型小鼠交配以繁殖基因突变个体。基因编辑技术绕开了 ES 细胞，但该技术失活基因依赖于非同源末端连接修复，需要对修复产生的缺失、插入、重复或点突变个体进行筛选鉴定，以获得合适的失活突变。同时，基因编辑的脱靶效应也是将该技术用于疾病基因治疗时必须回答的问题。

第五节　插入诱变

使用转基因载体将外源 DNA 序列组件插入基因组，不仅可以破坏或干扰内源基因功能，也可以用于培育时空特异表达标记基因、转录因子、重组酶或转座酶的工具品系。在合适的转基因载体帮助下，全基因组高效插入诱变已被广泛用于各种模式生物的遗传学研究。

一、用于插入诱变的载体

反转录病毒、慢病毒或转座因子是常用的插入诱变载体。但是，野生型反转录病毒、慢病毒和反转录转座子能自我复制并整合到新的位点，从而不断增加插入突变的数量；野生型 DNA 转座子则能通过"剪切－粘贴"方式改变自己在染色体上的位置，导致插入位点的变化。为得到稳定遗传的插入突变，这些分子在作为插入诱变载体时都进行了相应改造：反转录病毒和慢病毒载体将病毒复制和包装所需的蛋白质编码序列移入辅助质粒，DNA 转座子载体则将转座酶编码序列与载体分开。这样，携带外源DNA 的病毒或转座子载体在整合到染色体上后，会因为缺乏辅助蛋白质或转座酶而稳定传代（图 10–11）。

反转录病毒和慢病毒的长末端重复（long terminal repeat，LTR）序列和转座子的反向末端重复（inverted terminal repeat，ITR）序列对于它们插入染色体是必需的。利用这些末端重复序列和相邻载体序列，可以通过 PCR 和测序快速确定插入突变在染色体上的位置（图 10–12）。因此，利用系统插入诱变所培育的突变体资源，不仅可

图 10-11 用于插入诱变的反转录病毒和 DNA 转座子载体

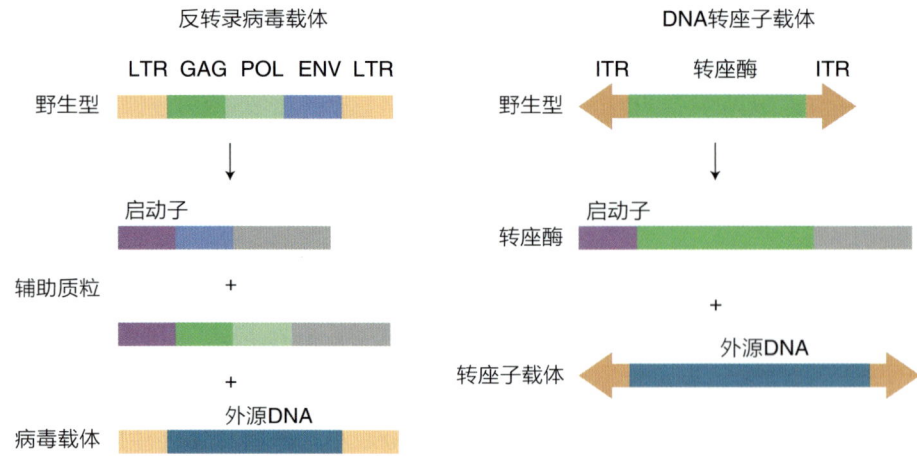

图 10-12 从载体序列定位插入突变的两种方案

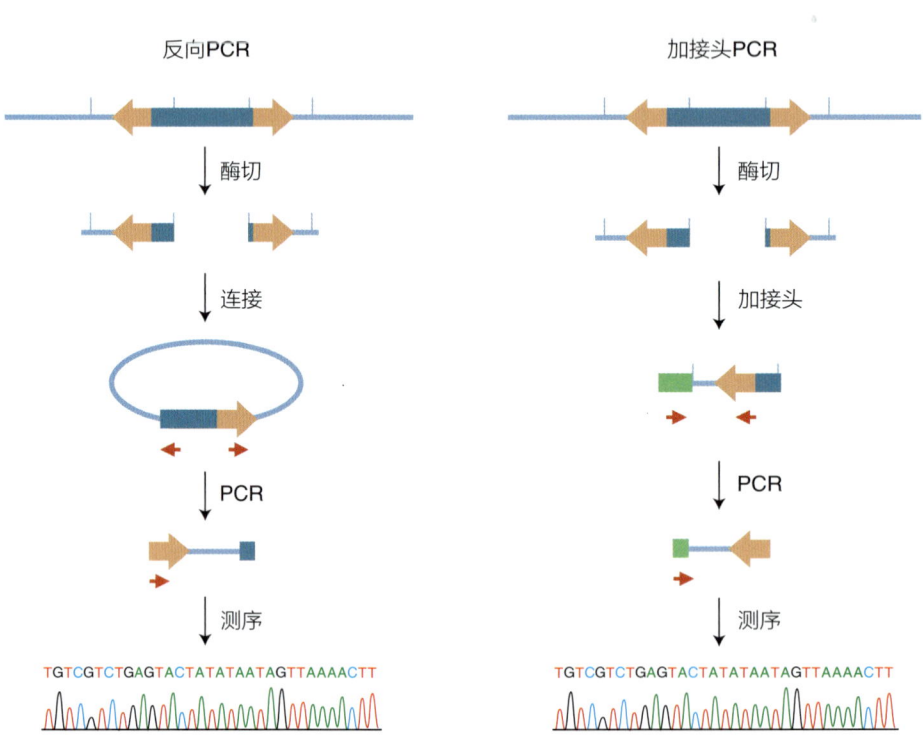

以从突变表型出发筛选相应基因，也可以从突变基因出发研究其功能。能同时适应正向遗传学和反向遗传学研究的需要，使各种模式生物的插入诱变体库成为研究基因功能和生命机制的宝贵资源。

二、用于插入诱变的序列组件

插入诱变载体所携带的外源 DNA 序列组件，通常带有报告基因、选择标记基因、启动子、剪接信号、转录终止信号等功能序列，可以与基因组序列相作用，指示内源基因或转录调控序列的存在。这一策略也被称为基因捕获（gene trap）。

基因捕获兴起于 20 世纪 80 年代后期。当时，格林提出可以在真核生物基因组中插入弱启动子驱动的报告基因，如果插入位点附近存在表达调控序列，报告基因的表达将被增强而呈现特定样式。他将大肠杆菌 *lacZ* 基因置于果蝇 *P* 因子启动子控制之下，用携带 *lacZ* 的 *P* 因子培育转基因果蝇，发现高达 70% 的转基因品系在胚胎期出现各自不同的 *lacZ* 基因表达。这一策略后来被称为增强子捕获（enhancer trap）。经过多年发展，基因捕获已经形成增强子 / 启动子捕获、外显子捕获和多腺苷酸捕获等三

知识窗 10-3

PB 转座子系统

哺乳动物基因组超过 40% 的序列由转座因子组成（Osmanski et al., 2023）。自然界中，转座因子与从小鼠毛色发育（A^y）到人肌营养不良（DMD）等多种发育和疾病过程有关。DNA 转座子是遗传学研究的有用工具，它可以作为转基因载体携带基因整合到基因组，也可以用于插入基因导致突变。用转座子插入诱变基因具有诱变效率高、突变定位简单等许多优点。20 世纪 70 年代，细菌转座子的应用推动了微生物遗传学的发展。80 年代，鲁宾和艾伦·斯普拉丁（Allan C. Spradling）率先将 *P* 因子用于果蝇转基因和诱变筛选，推动了果蝇分子遗传学的迅猛发展。此后 20 多年间，研究人员一直在寻找能高效作用于哺乳动物的 DNA 转座子。

2005 年，复旦大学许田、吴晓晖等人首次报道了一种在哺乳动物中高效作用的 DNA 转座子——*piggyBac*（Ding et al., 2005）。他们受果蝇遗传学研究启发，将来自飞蛾的 *piggyBac* 转座子改造后用于小鼠和人细胞，成功实现转基因和基因诱变。野生型的 *piggyBac* 转座子全长约 2.5 kb，两侧为序列略有差异的 ITR，中间的转录区域包含 1.8 kb 长的转座酶编码序列。改造后的 *piggyBac* 转座子（*PB*）不表达转座酶（PBase），只在 PBase 存在时进行转座，撤除 PBase 后则稳定存在于整合位点。

PB 在哺乳动物细胞中转座效率高，载体容量大，是理想的转基因工具。*PB* 可以携带长达 200 kb 的 DNA 片段单拷贝整合到染色体上，这一远高于其他转基因载体的容量使研究人员可以培育携带完整基因座的转基因个体，克服整合位点周围染色体序列对转基因表达的影响。单拷贝整合也比传统显微注射导致的多联体插入更好模拟内源基因的整合状态。因此，*PB* 转基因载体特别适合哺乳动物转基因和基因组结构与功能研究。

PB 在哺乳动物细胞中以"切离－粘贴"方式高效转座，在 TTAA 靶序列处形成单拷贝插入。这一特性便于研究人员从单拷贝插入品系出发培育新的单基因突变品系。*PB* 插入后在转座子两侧形成 TTAA 重复，切离后又精确回复成原始序列，是目前已知唯一能在切离后真正形成回复突变体（revertant）的转座子系统，特别适合突变基因的功能验证研究（图 10-13）。因此，*PB* 可以充当高效便捷的插入诱变工具。复旦大学团队曾使用这一系统 5 年内成功培育单基因突变小鼠品系数千种。

PB 的转座特性也使其成为有吸引力的基因治疗载体选择。一方面，高转座容量允许 *PB* 携带野生型基因座插入患者基因组，准确失活基因的正常表达与功能。另一方面，*PB* 的精确切离又保证转基因导入时可能发生的多次插入和切离不造成背景突变，必要时还可以从染色体上无痕切除转基因，这些都提高了基因治疗操作的安全性。目前，已有多个以该系统为载体的基因治疗方法进入临床试验。

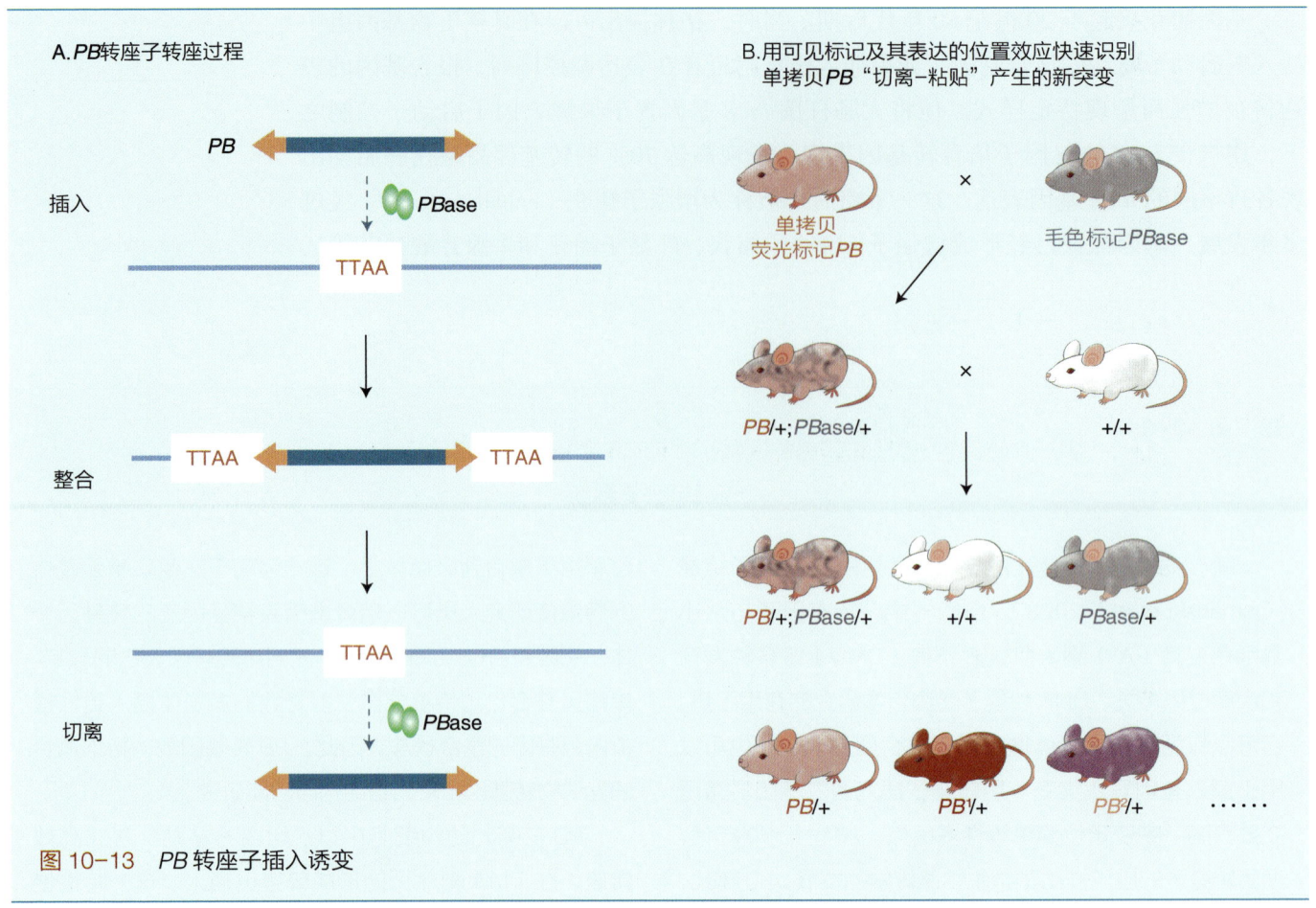

A. *PB*转座子转座过程

插入

整合

切离

B. 用可见标记及其表达的位置效应快速识别
单拷贝*PB*"切离-粘贴"产生的新突变

单拷贝
荧光标记*PB*   ×   毛色标记*PBase*

PB/+;*PBase*/+   ×   +/+

PB/+;*PBase*/+   +/+   *PBase*/+

PB/+   *PB*¹/+   *PB*²/+   ......

图 10-13   *PB* 转座子插入诱变

种基本策略，以及由它们交汇发展出的多种捕获组件设计（图 10-14）。

增强子捕获组件主要包括携带弱启动子的报告基因和转录终止序列。当这一组件插入基因组的增强子附近时，报告基因的表达就会增强。如果组件中去除了弱启动子，报告基因需要插入内源启动子附近才能有效表达，这种作用方式被称为启动子捕获（promoter trap）。增强子／启动子捕获表达的报告基因可用于标记特定细胞和组织，可依据报告基因的表达样式鉴定重要基因。例如，可以通过鉴定特定脑区表达的增强子／启动子捕获品系，在捕获组件插入位点附近搜寻该脑区功能相关的候选基因，即使它们失活影响个体存活。如果将报告基因替换成 GAL4 等转录因子或 Cre 等重组酶，还可以实现组织或细胞特异表达或敲除基因，方便其功能和作用机制研究。

如果将报告基因序列前的启动子替换为 mRNA 剪接受体（splicing acceptor, SA）信号，就形成了外显子捕获（exon trap）组件。外显子捕获时，报告基因可插入内源基因的内含子，在内源基因转录时与上游外显子一起表达融合的 mRNA 分子。如上游外显子的读码框与报告基因一致，表达出含报告基因的融合蛋白。此时，可以通过检测报告基因确认表达内源基因的细胞，发现内源基因产物的细胞内定位线索。

如果在报告基因序列后加上 mRNA 剪接供体（splicing donor, SD）信号，用外源

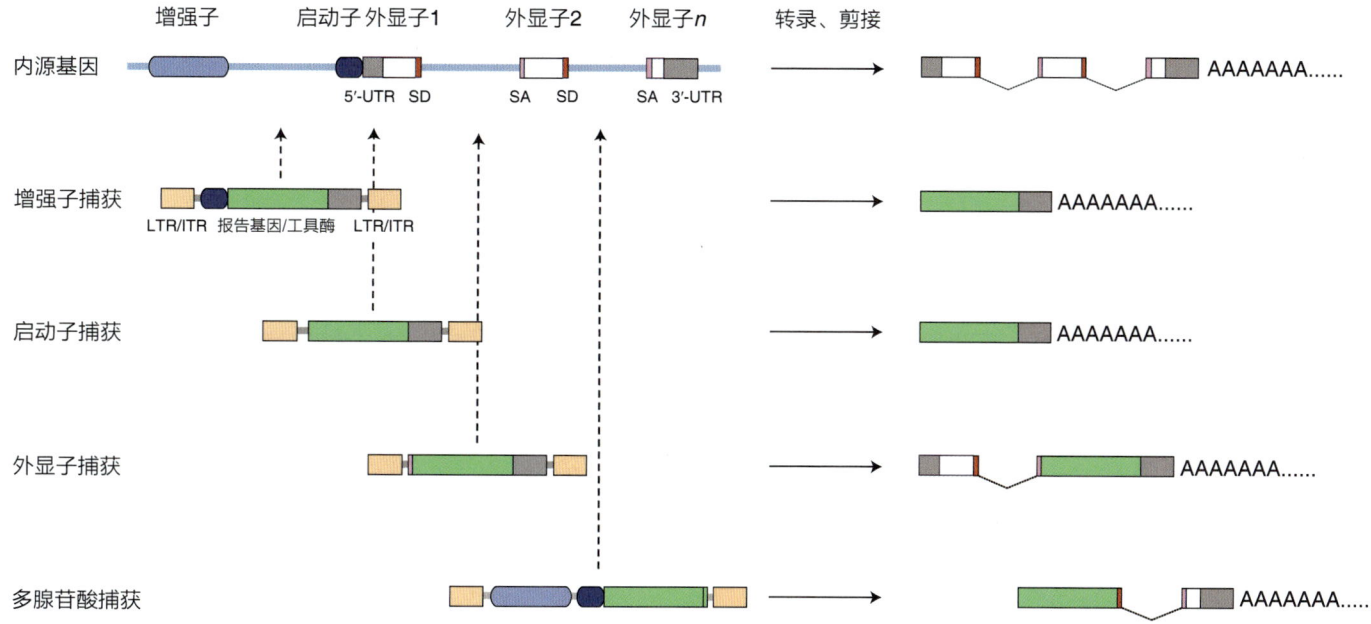

图 10-14　基因捕获组件作用原理

增强子和启动子驱动报告基因表达，就形成了多腺苷酸捕获（polyA trap）组件。这个组件可以在插入到内源基因的内含子后，与下游外显子一起表达携带内源基因多腺苷酸尾的融合 mRNA 分子。这种捕获组件多采用持续表达调控序列驱动报告基因表达，哪怕内源基因只在个别细胞表达也能被检测到，能用于研究内源基因相关的显性表型。

基因捕获组件插入可以获得基因失活突变，也可以实现基因过表达或异位表达，还可以用于培育工具品系进行细胞标记或组织特异性遗传操作。在插入诱变载体容量允许的情况下，组合使用多种基因捕获组件，可以更高效地实现复杂研究目标。例如，可以将外显子捕获和多腺苷酸捕获联用，在各组件两端分别设置不同的位点专一重组序列。这样，可以先用携带正筛选标记的多腺苷酸捕获在胚胎干细胞中筛选获得插入基因内部的克隆，再通过翻转外显子捕获组件获得基因功能突变（图 10-15）。又如，诺伯特·佩里蒙（Norbert Perrimon）用增强子捕获组件携带酵母 Gal4 转录因子随机插入果蝇基因组，产生了大量在不同组织、器官和发育时段特异表达的 Gal4 品系，为果蝇基因过表达功能筛选准备了丰富资源（Brand and Perrimon, 1993）。

当然，基因捕获使用时也面临一些限制。例如：没有内含子或内含子过短的基因不容易被外显子捕获或多腺苷酸捕获发现；与基因有类似序列结构的假基因也能被捕获；增强子或外显子捕获与内源基因表达和读框相关；有时增强子捕获组件会受远处基因调控序列的影响，在插入位置附近找不到内源

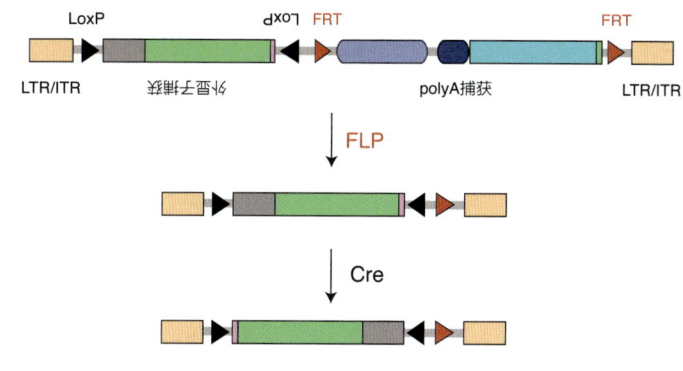

图 10-15　基因捕获组件作用原理

基因序列，等等。即便如此，兼有随机诱变对现有知识依赖小以及反向遗传学确定、操作基因突变序列容易优点的基因捕获仍成为全基因组高效插入诱变的主流，被广泛用于各种模式生物的遗传学和基因功能研究。

第六节　反向遗传学研究的价值

反向遗传学能以自发突变或传统诱变难以成功的方式改变基因功能，解答经典遗传学和传统遗传筛选无法回答的科学问题。通过改变基因的表达部位，能够证明基因对器官发育命运的决定性作用。通过在特定时间或组织"条件性"破坏基因表达，能够发现突变致死基因在后续生命活动中的功能。通过在基因组中导入特定功能的核酸序列，获得高精度的组织、器官和细胞标记，等等。

反向遗传学能更高效地开展特定生物学问题的研究。例如，对全基因组测序发现的大量未知功能基因，反向遗传学允许研究人员根据自己感兴趣的序列特征，培育一组基因的突变并开展功能研究。这不仅可以获得对基因家族功能的认识，也可以更高效地培育多个同源基因同时突变的个体，克服冗余（详见第七章第一节）对基因功能研究的影响。通过对特定位点的靶向诱变，研究人员不仅可以快速确定对基因功能有关键意义的结构域或氨基酸残基，也可以在模式动物中快速精准重现人类疾病基因突变，培育疾病动物模型。

最后，反向遗传学还是许多生物医学和生物技术研发的关键手段。灵长类和大型动物因为费用、伦理等的限制，不可能开展全基因组规模的遗传诱变筛选。如果需要使用灵长类检验人类疾病的治疗干预手段效果，将不得不依赖反向遗传学获得疾病基因突变的动物。同样，如果需要使用牲畜验证对经济性状有重要影响的基因功能，或者探索其作为器官移植供体的价值，反向遗传学策略也是开展这些工作的唯一选择。

※ 复习思考题

1. 什么是反向遗传学？它和正向遗传学的异同是什么？反向遗传学对生物学最重要的贡献在哪个或者哪些方面？

2. 什么是总控基因？举例说明。

3. 哺乳动物中目前有哪几种方案来实施转基因技术及其优缺点？

4. 外源基因表达系统有哪些？

5. 如何获得有用的突变基因？

6. 转基因表达检测有哪些方法？

※ 推荐阅读

1. BRAND A H, PERRIMON N. Targeted gene expression as a means of altering cell fates and generating dominant phenotypes [J]. Development, 1993, 118: 401-415.

2. COOPER J A, GOULD K L, CARTWRIGHT C A, et al.Tyr527 is phosphorylated in pp60c-src: implications for regulation [J]. Science, 1986, 231: 1431-1434.

3. DING S, WU X, LI G, et al. Efficient transposition of the piggyBac(PB) transposon in mammalian cells and mice [J]. Cell, 2005, 122: 473-483.

4. HALDER G, CALLAERTS P, GEHRINGT W J. Induction of ectopic eyes by targeted expression of the eyeless gene in *Drosophila* [J]. Science, 1995, 267: 1788-1792.

5. KARIM F D, CHANG H C, THERRIEN M, et al. A screen for genes that function downstream of Ras1 during *Drosophila* eye development [J]. Genetics, 1996, 143: 315-329.

6. ORR W, SOHAL R. Extension of life-span by overexpression of superoxide dismutase and catalase in *Drosophila melanogaster* [J]. Science, 1994, 263: 1128-1130.

7. OSMANSKI A B, PAULAT N S, KORSTIAN J, et al. Insights into mammalian TE diversity through the curation of 248 genome assemblies [J]. Science, 2023, 380: eabn1430.

8. PALMITER R D, BRINSTER R L. Germ-line transformation of mice [J]. Annu Rev Genet, 1986, 20: 465-499.

9. WEINER D B, LIU J, GREENE M I.A point mutation in the neu oncogene mimics ligand induction of receptor aggregation [J]. Nature, 1989, 339: 230-231.

（编写：吴晓晖、孙璘、许田；审读：唐鸿云）

第十一章

动物胚胎早期发育及其遗传调控

对于有性繁殖的动物，受精卵是一个新的生命体的开始。受精卵的第一要务是通过快速的有丝分裂以产生多细胞组成的囊胚，然后再通过原肠作用在不同的空间形成外胚层、中胚层、外胚层，每个胚层特定区域的细胞将发育形成特定的组织器官。本章将介绍经典的模式动物（如果蝇、斑马鱼、爪蛙、鸡、小鼠）从受精卵到原肠作用的早期发育，对人类胚胎的早期发育也做简要介绍。胚胎的早期发育涉及未来三条体轴（即头尾轴、背腹轴、左右轴）的确定以及细胞命运的分化，这些事件由内在遗传程序控制，自动运行。因此，本章第三节还将介绍早期发育的关键事件的遗传调控机制。

第一节 发育生物学概述

一个生命体的组织结构是如何形成的，一直是人们好奇的问题。早在公元前三百多年，希腊哲学家亚里士多德就此提出了两种假设。一是先成论（preformation），假定生命体一开始就有各种组织结构，之后它们再逐渐生长、长大。二是后成论（epigenesis），假定生命体开始时并没有成年后的组织结构，这些组织结构是从无到有逐渐形成的。亚里士多德当时就认为后成论是更可能的，但到了 17 世纪后半叶，一些人利用新出现的显微镜观察动物胚胎的发育，认为生命体的组织结构是预先形成的，认同先成论。随着 19 世纪细胞学说的出现和发展，后成论逐渐得到科学界的普遍认可。

自 19 世纪 20 年代以后，对胚胎发育的研究越来越多，诞生了胚胎学（embryology），重点是描述不同物种的胚胎及胎儿的发育过程。20 世纪 50 年代，在胚胎学的基础上发展出发育生物学（developmental biology）学科。近年来，学界越来越认识到，生命个体内的细胞增殖和分化行为并不限于胚胎发育和个体生长阶段，成年个体的组织器官仍然存在可增殖的多潜能细胞和前体细胞，它们参与组织器官的细胞更新换代、损伤修复等过程，在稳态维持方面发挥了不可替代的作用。因此，发育生物学是一门研究生命体从精子和卵子发生、受精、胚胎发育、个体生长到稳态维持和衰老的规律及分子调控机制的科学。

发育生物学已成为生命科学领域的基础性核心学科，与遗传学、细胞生物学、分子生物学等学科关系密切、互相渗透、互相促进。但与这些学科相比，发育生物学关注个体和组织器官结构形成的细胞机制和分子调控机制，强调细胞和分子机制在时间和空间上的变化，力求从个体系统水平理解组织器官之间、细胞类型之间的协同调控。发育生物学与医学的关系也日趋紧密。例如，配子的有无或功能是否正常关系着是否能够生育，胚胎发育异常将导致个体夭折或出生缺陷，近年来还认识到许多成年疾病源于配子或胚胎发育异常，因此发育生物学研究成果可以为人类不孕不育、出生缺陷，以及疾病的预防、诊断和治疗提供理论基础与新的技术手段。

动物，特别是脊椎动物，成年个体的组织结构在物种间有很大差异，但胚胎发育经历很多相似过程。一般来说，动物发育经历卵裂、囊胚形成、胚层形成、形态发生、组织器官形成等过程；组织器官稳态涉及结构和组分（包括细胞）的正常更新替换、损伤后修复甚至再生。发育生物学研究常常借助模式动物系统，经典的模式动物包括线虫、果蝇、斑马鱼、爪蟾、小鼠，其共同特点是遗传背景清楚、生活周期较短、繁殖力较强、易于饲养和实验操作。此外，不同的模式动物有不同的特点和特性，研究者往往根据要解答的科学问题，选用最合适的模式动物。利用不同的模式动物获得的研究结果，可帮助我们了解发育的一般规律，还可揭示一些物种特异性的发育规律。随着 CRISPR/Cas9 技术的出现，对经典模式动物以外的其他动物（如野生动物）进行遗传操作成为可能，增加了研究对象的选择范围，必将促进对发育进化规律的研究。

发育生物学研究已从早期的形态观察描述性研究，进入到当前的分子调控机制研究阶段。新兴生物学技术，如基因编辑技术、全基因组测序技术、单细胞组学技术、超高分辨显微成像技术、表观遗传分析技术等，均迅速应用于发育生物学研究。

第二节 胚胎的早期发育

一、卵裂与囊胚形成

1. 基本概念和规律

动物一个精子的头部与一个卵子的质膜结合后，其细胞核进入卵子的胞质中成为雄原核（male pronucleus），由此诱导卵子的雌核完成第二次减数分裂，雌核中两套染色体的一套和极少量的胞质形成第二极体（second polar body）并被排出到卵子外，雌核中剩下的一套染色体组成雌原核（female pronucleus）。含有卵子的绝大部分胞质和细胞器及雌原核和雄原核的部分称为合子（zygote）或受精卵（fertilized egg）。第二极体排出的位置是受精卵的动物极（animal pole），其对面端为营养极（也称植物极）（vegetal pole）。

受精卵的出现代表一个新的生命体的开始。多细胞生命体的受精卵的第一要务是进行有丝分裂以快速增加细胞数量，形成由数十个，或由上百个较小的细胞构成的无腔胚体，即早期囊胚（early blastula），该发育阶段称为卵裂期（cleavage period）。卵裂期的有丝分裂在习惯上称为卵裂（cleavage），产生的子代细胞称为卵裂球（blastomere）。卵裂沟与动物极 – 营养极轴平行的卵裂通常称为经线裂（meridional cleavage），而卵裂沟与之垂直的卵裂称为纬线裂（equatorial cleavage），受精卵的第一次卵裂一般都为经线裂。

不同物种的卵裂有一些共同特点。第一，卵裂速度一般较快，且无细胞周期的间期（G 期）。第二，卵裂期胚胎的整体大小变化不大，而单个卵裂球的胞质容积缩小，细胞核体积基本不变，从而导致质核比下降。例如，海胆胚胎的质 / 核比由受精卵的 550∶1 降至囊胚时 6∶1。第三，胚胎早期卵裂产生大小相近的子卵裂球，但之后可产生大小不同的子卵裂球。例如，海胆 8 细胞期胚胎的营养极的 4 个卵裂球，发生第 4 次卵裂后产生 4 个大卵裂球（macromeres）和 4 个微小卵裂球（micromeres）。第四，卵裂球之间很少穿梭运动。第五，早期卵裂球的基因组处于转录沉默状态。胚胎进入囊胚期后，细胞间的黏附更紧密，细胞周期延长，细胞增殖速度减缓，细胞增殖的非同步性增加。到晚期囊胚时，不同区域的细胞发育命运已确定。一些物种的囊胚含有囊胚腔，而有些物种的囊胚没有囊胚腔。第六，受精卵、甚至多细胞期的每个卵裂球均具有全能性（totipotency），即分开的单个卵裂球可以发育成一个包含各种组织器官和细胞类型的完整个体。通常，随着卵裂次数的增加，子细胞的发育潜能逐渐变窄。

2. 代表性动物的卵裂与囊胚形成

果蝇是无脊椎动物的经典模式动物，其受精卵在母体外发育。受精卵含有大量的卵黄，位于卵子的中间区域，主要提供营养物质，而不含卵黄的胞质位于卵黄与卵质膜之间的一个狭窄的区域内，细胞核处于卵黄中（图 11-1A）。其受精卵的前 13 次有丝分裂只发生细胞核的分裂，这期间的胚胎称为多核胚（syncytial blastoderm），第 10 次卵裂后，所有细胞核都已迁入胞质区（图 11-1B）。第 14 次卵裂时，细胞核分裂后，两个核之间的质膜内陷形成单个的完整细胞，此时的胚胎中间为卵黄，其外侧被细胞包围，无囊胚腔（图 11-1C）。实际上，第 9 次卵裂时，位于胚胎尾端的几个细胞核首先细胞化，形成极细胞（pole cell），这些细胞是原始生殖细胞（primordial germ cell），将迁移到生殖器官中用于形成配子。约发育 3 h 时，果蝇晚期囊胚表面为分布有约 6 000 个上皮细胞的单层，内部为卵黄，中胚层（mesoderm）命运细胞位于腹部中间区（约占外周的 20% 和体长的 70%）（图 11-1D）。紧邻中胚层区的腹侧区为腹部外胚层（ventral ectoderm），又称神经外胚层（neuroectoderm），将分化出成神经细胞和表皮细胞；背部方向紧邻腹部外胚层的是侧翼外胚层（lateral ectoderm），其主要分化为表皮；最背部区域为背部外胚层（dorsal ectoderm），发育为羊浆膜（amnioserosa）。头端腹侧为前部中肠区（anterior midgut），其尾端紧邻的一狭窄的外胚层区为前肠区（foregut）；尾部靠近极细胞群的区域为后部中肠区（posterior midgut），其头端紧邻的一狭窄的外胚层区为后肠区（hindgut）。

斑马鱼是硬骨鱼的模式动物，其受精卵也在母体外发育。卵含有大量卵黄，受精后，卵黄间的胞质开始流向动物极，形成透明的凸起部，细胞核位于胞质中（图 11-2A）。第一次卵裂在受精后 40 min 完成，第 2～10 次卵裂每 20 min 发生一次，卵裂只发生在不含卵黄的动物极胞质区，形成的较透明的胚盘与不透明的卵黄是隔离的。前

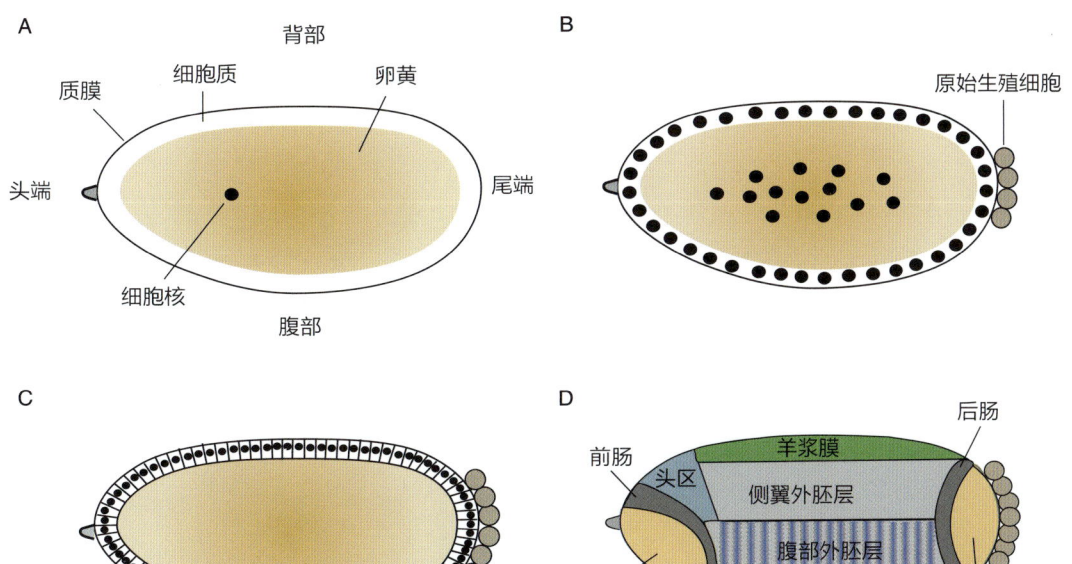

图 11-1　果蝇受精卵的卵裂与囊胚形成示意图（A）受精卵；（B）9 次卵裂后的多核胚，原始生殖细胞（极细胞）已出现在后端；（C）14 次卵裂时已细胞化的胚胎；（D）晚囊胚，不同区域的细胞有不同的发育命运。

5 次卵裂均为经线裂（卵裂沟与动物极 – 营养极轴平行），产生的 32 个卵裂球呈单层分布于卵黄的动物极一面上；各卵裂球与卵黄接触处并不形成质膜，可允许生物活性分子在卵裂球与卵黄之间，以及卵裂球与卵裂球之间交流。随后，各卵裂球的分裂方向不一致，离卵黄较远的卵裂球有完整的质膜。随着细胞不断增多，胚盘逐渐增厚，受精后 4 h 的胚胎为球形期（sphere stage），整体呈圆形，胚盘约占 30%，其与卵黄的接触面平坦，此时进入晚囊胚阶段（图 11–2B）。随后，胚盘中部下方的卵黄向动物极凸起，胚盘细胞向营养极方向下包，使胚盘中部变薄（细胞层数减少）。约 5.3 h 时（50% 外包期），胚盘边缘细胞位于球形胚胎的中部（类似赤道上），胚胎发育即将进入原肠作用（gastrulation）阶段。50% 外包期时，胚盘由三层细胞组成，最外层为包被层（enveloping layer），起保护作用，将在 2 周后脱落；与卵黄接触的细胞已破裂，释放的细胞核贴在卵黄上成为卵黄多核层（yolk syncytial layer），它们主要提供营养和一些信号分子，可能也协助了胚盘边缘的包被层细胞向营养极的移动；介于以上两层之间的细胞为深层细胞（deep cell），它们将用于形成胚体组织（图 11–2C）。斑马鱼囊胚没有囊胚腔。通过标记单个细胞，然后追踪其后代细胞的发育命运，已知晚期囊胚不同区域的细胞的发育命运不同（图 11–2D）。胚盘边缘的几行细胞具有发育为中胚层和内胚层（endoderm）命运双潜能，因而称为中内胚层（mesendoderm），其沿背腹轴不同位置有不同的命运。中内胚层以外的区域为外胚层，靠近背部的区域为神经外胚层，将分化形成神经系统；而其余部分为表皮外胚层（epidermis ectoderm），分化形成表皮。

爪蛙是两栖动物的代表，卵母细胞动物极半球分布着色素，其受精卵在母体外发育。爪蛙受精时，受精卵中的皮质将向未来的背部方向逆时针转动 30°，称为皮质旋转

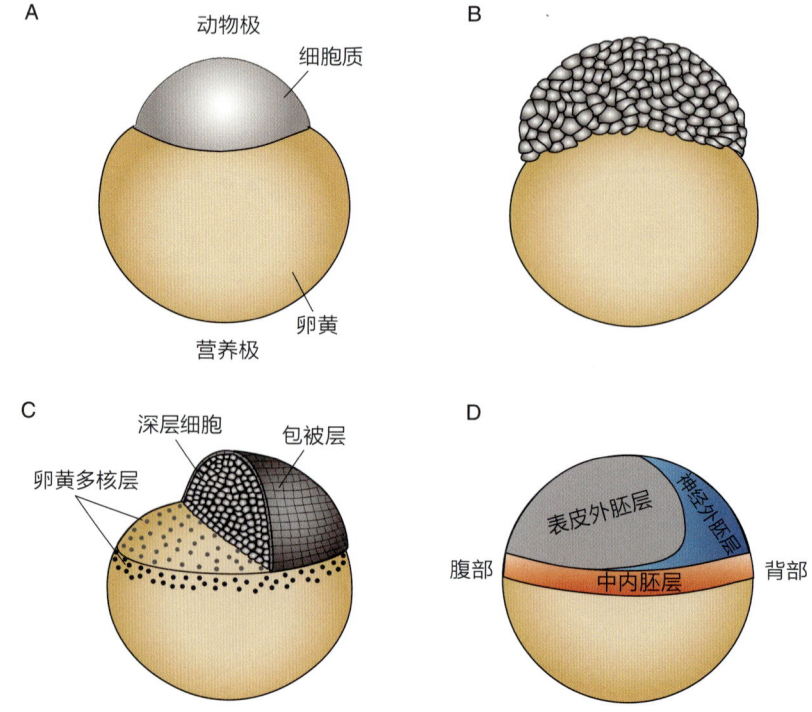

图 11–2 斑马鱼受精卵的卵裂与囊胚形成示意图
（**A**）受精卵，约受精后 30 min；
（**B**）球形期，约受精后 4 h；
（**C**）50% 外包期，约受精后 5.3 h；（**D**）晚囊胚，约受精后 6 h，即将开始原肠作用，不同区域的细胞获得不同的发育命运。

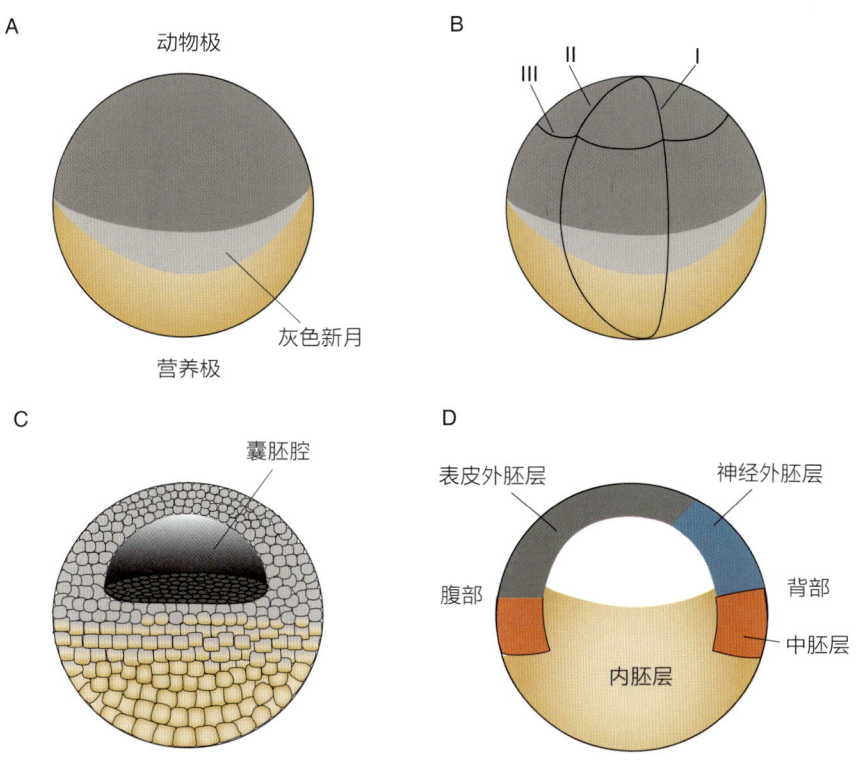

图 11-3 爪蛙受精卵的卵裂与囊胚形成示意图
（**A**）受精卵，已发生皮质旋转，露出的灰色新月区代表未来的背部方向；（**B**）前 3 次（Ⅰ ～ Ⅲ）卵裂，第 3 次卵裂（经线裂）更靠近动物极；（**C**）已形成囊胚腔的胚胎，含 100 多个细胞；（**D**）中囊胚的细胞命运图。

（cortical rotation），因色素层的偏移而露出一月牙形的灰色区域，称为灰色新月（gray crescent）（图 11-3A），其代表未来的背部方向。位于受精卵营养极的皮质颗粒中含有背部决定因子，因而皮质旋转后背部决定因子将不对称分布。蛙卵中的卵黄密度沿动物极 – 营养极轴由低到高分布，影响卵裂沟形成的速度和位置。第 1 次卵裂发生在受精后 1.5 h，产生的两个卵裂球因背部决定因子的不对称分布而获得不同的发育命运。以后每 30 min 一次。第一、二次卵裂为经线裂，第三次为纬线裂（图 11-3B），之后卵裂方向交替进行。由于卵黄的存在和沿动物极 – 植物极轴的卵黄密度差异，经线裂时卵裂沟从动物极开始向营养极延伸得越来越慢，纬线裂时卵裂沟更偏向动物极一侧，因而各时期卵裂球的大小沿动物极 – 营养极轴由小变大。到 128 细胞期时，囊胚在动物极半球靠近动物极的位置形成一个囊胚腔（图 11-3C）。像斑马鱼晚期囊胚一样，爪蛙晚期囊胚不同区域的发育命运已确定。位于囊胚腔下方的营养极半球为内胚层，赤道区为中胚层，剩余的动物极区域为外胚层（图 11-3D）。

　　鸡是鸟类的代表，刚排出的卵子含有大量的卵黄，尚未被清蛋白和壳包裹，抵达输卵管喇叭口时发生受精。受精卵动物极有一直径 2 ~ 3 mm 的胞质区，卵裂只发生在该区内（图 11-4A）。受精后约 5 h 开始第一次卵裂，前 3 次卵裂均为经线裂，形成单层细胞的胚盘，但细胞基部质膜尚未形成（图 11-4B），细胞与卵黄仍直接连通。其后会发生不同角度的卵裂，细胞会形成完整的质膜，细胞层增多。到受精后 15 ~ 16 h 时，已完成 12 ~ 14 次卵裂，胚盘中央有 5 ~ 6 层细胞，细胞从清蛋白吸取液体后导致中央细胞与卵黄分离，在卵黄表面形成了一个腔体，称为胚盘下腔（subgerminal cavity）。胚盘下腔使胚盘的中央区域有更高的透光性，看上去明亮一些，

图 11-4　鸡受精卵的卵裂与囊胚形成示意图
（**A**）受精卵，圆圈内为将发生卵裂的区域；（**B**）已发生 3 次卵裂的胚胎，动物极观；（**C**）和（**D**）受精后 15~16 h 囊胚：（**C**）为动物极观，（**D**）为（**C**）的切面图。

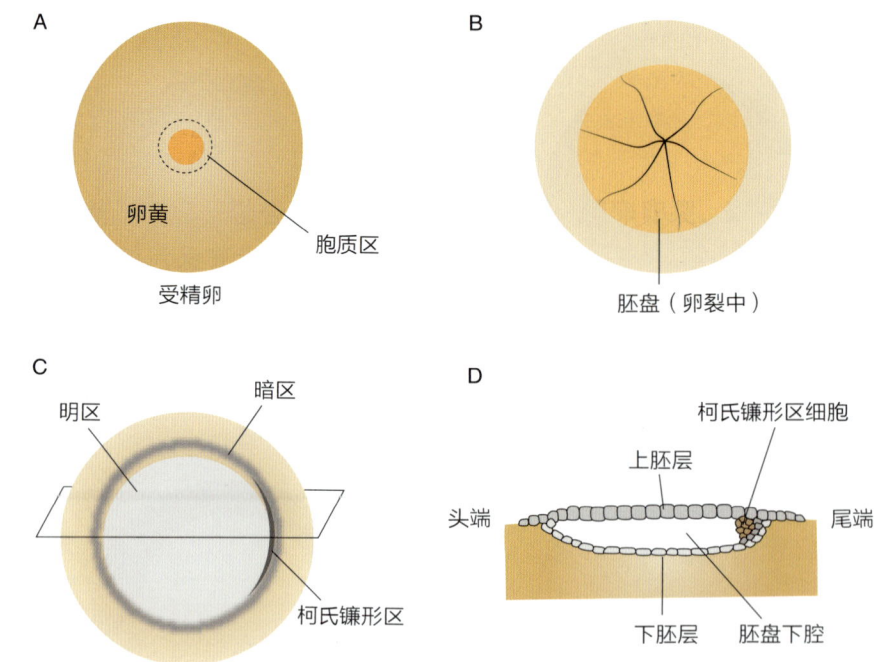

因而称为明区（area pellucida）；而边缘区的细胞仍与卵黄接触而不透明，称为暗区（area opaca）（图 11-4C）。到受精后 25 h 左右，卵（俗称"蛋"）排出母体，此时的胚胎已完成 15~16 次细胞分裂，细胞数达 5 万~6 万个，留在胚盘表面、位于胚盘下腔上方的一层细胞称为上胚层（epiblast），将用于形成胚体组织（图 11-4D）。明区边缘某处有多层细胞聚集，它的出现指示胚胎的后部，又称柯氏镰形区（Koller's sickle），紧邻该区后侧的相邻区将形成原条（primitive streak）。上胚层中的少量细胞掉入胚盘下腔，成为下胚层（hypoblast），它们仅用于形成部分胚外膜，产生胚外结构如卵黄囊柄和卵黄团与内胚层消化管的连接柄。

　　小鼠是常用的哺乳动物模式。刚排出的小鼠成熟卵子（M Ⅱ）外围有一厚层的透明带（zona pellucida），其作用包括防止多精入卵以及防止胚胎细胞与母体其他组织的过早接触。受精发生在输卵管壶腹部，受精卵（图 11-5A）在向子宫腔移动过程中发生卵裂。约在受精后 24 h 完成第一次卵裂，之后每次卵裂约需 12 h。第一次卵裂为经线裂，但卵裂沟与动物极－营养极轴不完全平行，而有可变的角度。2 细胞期的两个卵裂球的第二次卵裂不同步，其中一个卵裂球的分裂早于另一个卵裂球，两个卵裂球的卵裂面互为垂直。刚完成 3 次卵裂的 8 细胞期胚胎，卵裂球之间的接触面很小，呈多卵裂球松散排布状态（图 11-5B）。随即卵裂球的侧翼相接处形成紧密连接（tight junction），胚胎最外侧卵裂球的缝隙消失，该过程称为致密化（compaction）。8 细胞期后期（受精后第 3 天），完成致密化的胚胎外观类似桑葚（图 11-5C），因此称为桑葚胚（morula），每个细胞具有极性（polarity），外侧为顶面，膜上分布大量微绒毛（microvilli）和顶面极性蛋白（如 Pard6b），内侧为底面。随着细胞的继续增殖，部分细胞位于细胞内部。到第 3 天 32~64 细胞期，胚胎内部一侧出现一个充满液体的囊胚腔（blastocoel），此时的胚胎称为胚泡（blastocyst）。胚泡外围的单层细胞称为

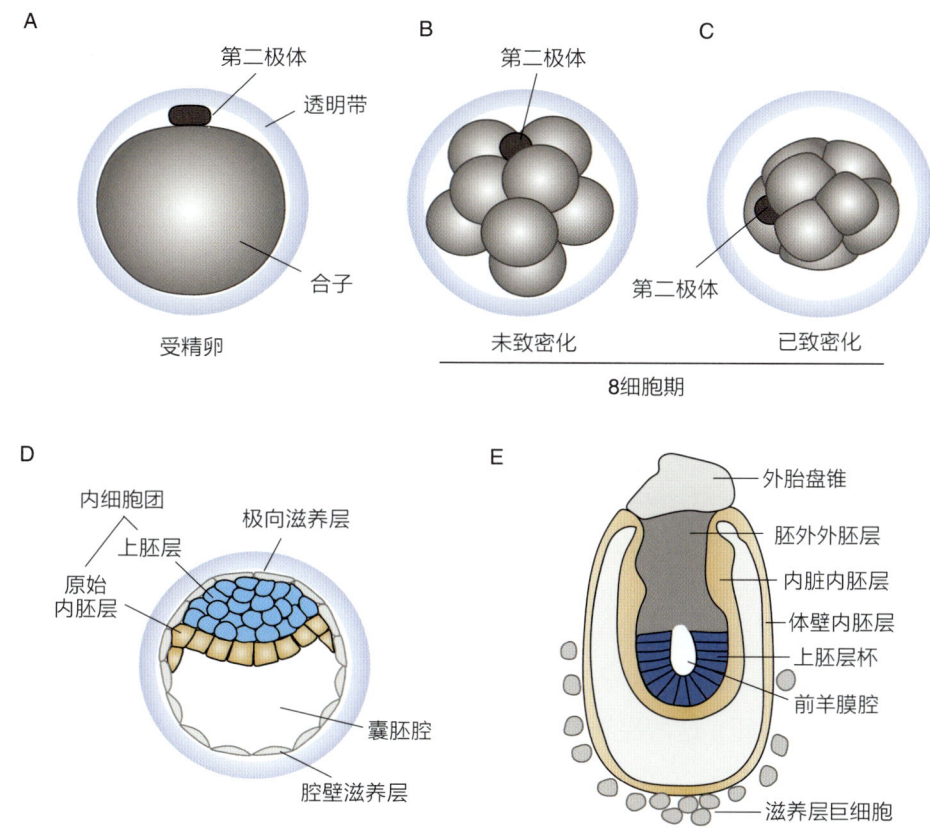

滋养外胚层（trophectoderm）或滋养层（trophoblast），在囊胚腔一端与滋养外胚层接触的一团细胞叫内细胞团（inner cell mass，ICM）（图 11-5D）。与内细胞团接触的滋养外胚层称为极向滋养外胚层（polar trophectoderm），囊胚腔部分的滋养外胚层称为腔壁滋养外胚层（mural trophectoderm）。到 64～128 细胞期时，胚泡的囊胚腔已扩大，内细胞团中的部分细胞向囊胚腔移动到内细胞团边缘，形成单层细胞的原始内胚层（primitive endoderm），而内细胞团的其他细胞组成上胚层（epiblast）。原始内胚层细胞继续增殖、迁移，将铺盖在囊胚腔的滋养外胚层上，部分原始内胚层细胞将插入到上胚层和滋养外胚层之间。上胚层将用于发育出胚体，而滋养外胚层和原始内胚层将用于形成胚外组织。在第 4.5 天左右，胚泡腔壁滋养外胚层端的透明带被消化，胚泡从此处外迁侵入母体子宫壁，该过程叫做胚胎着床或植入（implantation）。侵入子宫壁的腔壁滋养外胚层细胞分化为滋养层巨细胞（trophoblast giant cells），它们将与一些子宫内膜细胞一起形成胎盘；极向滋养外胚层细胞增殖，形成外胎盘锥（ectoplacental cone）。上胚层细胞增殖，其靠近外胎盘锥的细胞形成胚外外胚层（extraembryonic ectoderm），用于形成胎盘；其余的上胚层细胞向囊胚腔扩增，中间产生一个腔体，成为前羊膜腔（proamniotic cavity），含前羊膜腔的上胚层细胞群看似悬挂在囊胚腔中的一个杯状体，因而也称为上胚层杯（epiblast cup）。原始内胚层细胞扩增，从内覆盖囊胚腔，覆盖在上胚层杯和胚外外胚层上的原始内胚层成为内脏内胚层（visceral endoderm），其余的原始内胚层细胞覆盖在囊胚腔滋养外胚层上，成为体壁内胚层

（Parietal endoderm）（图 11-5E）。

　　人类受精卵（图 11-6A）也在输卵管中开始卵裂，前 3 次卵裂方式与小鼠胚胎类似，但各卵裂球的卵裂时间和致密化的不同步性更加明显，因此在一些时间点可以观察到大小不一的卵裂球（图 11-6B）。8 细胞期胚胎的个别卵裂球开始致密化，到 16 细胞期时（受精后第 4 天）才完成。人类第 5 天的胚胎已到达子宫，已形成囊胚腔，成为胚泡，其形态与小鼠胚泡类似（图 11-6C）。第 6～7 天，胚泡的极向滋养外胚层端的透明带开孔，胚泡侵入母体子宫壁着床。极向滋养外胚层细胞分化为细胞滋养层（cytotrophoblast），进一步产生合体滋养层（cytotrophoblast），用于形成胎盘。第 8 天左右内细胞团开始分化，与囊胚腔接触的一层细胞分化为下胚层，它类似小鼠胚泡内细胞团的原始内胚层；胚胎靠近极向滋养外胚层的两层内细胞团细胞间出现缝隙，该缝隙逐渐扩大成为羊膜腔，与下胚层接触的单层细胞为上胚层，将用于产生胚胎组织（图 11-6D）。第 10 天左右下胚层细胞已覆盖整个囊胚腔壁（滋养层），此时的囊胚腔称为初级卵黄囊（primary yolk sac）（图 11-6E），这些下胚层细胞将分化出胚外中胚层和内胚层细胞。原肠作用即将开始时（14～15 天），初级卵黄囊与滋养层分开而成为次级卵黄囊（secondary yolk sac），胚胎看似两层细胞（上胚层和下胚层）的圆盘将卵黄囊和羊膜腔分隔开，这两层细胞的胚盘类似鸟类胚胎。

二、原肠作用与形态发生

1. 基本概念与普遍规律
　　顾名思义，原肠作用是指原始肠管的形成过程。原肠作用过程中，最突出的细

图 11-6　人类受精卵的卵裂与囊胚形成示意图
（A）受精卵；（B）3 细胞期胚胎，2 细胞胚胎的两个卵裂球中的一个先开始卵裂；（C）胚泡，约受精后 5 天）；（D）正在植入母体子宫壁的胚胎；（E）在子宫壁中发育的胚胎，受精后 10～11 天。

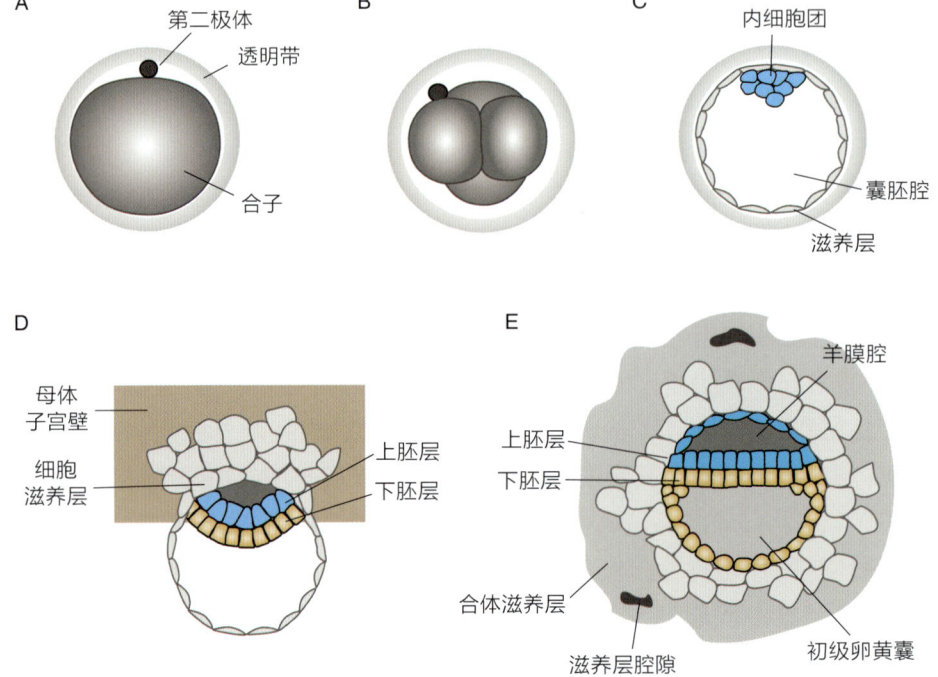

胞行为是细胞有规律的移动，使细胞重新排列，用来形成内胚层和中胚层器官的细胞迁入胚胎内部，而要形成外胚层的细胞铺展在胚胎表面。原肠期胚胎称为原肠胚（gastrula）。经历原肠作用后，胚胎的整体形态将发生显著的变化，躯体轮廓变得明显，更接近成体形态，组织器官原基已开始出现。

基于细胞的形态结构和运动特性，原肠期的细胞可以分为两类。一类是上皮细胞（epithelial cell），细胞与细胞间紧密连接成管状或片层状结构，局部或整个结构一起移动或行为，如哺乳动物胚泡的滋养层细胞和内细胞团的原始内胚层细胞；另一类是间质细胞（mesenchymal cell），细胞与细胞间无连接或松散相连，每个细胞为一个独立的行为（如移动或增殖）单元，如哺乳动物胚泡内细胞团的上皮细胞。原肠期细胞的运动通常涉及上皮细胞转变为间质细胞，而器官形成阶段通常涉及间质细胞转变为上皮细胞。

原肠期细胞移动的方式有多种。下包（epiboly）：表皮层作为一个整体向某一方向扩展，使胚胎的内层或卵黄被覆盖，如鱼类的外胚层命运细胞。内卷（involution）：指正在扩展（如下包）的外层细胞向内卷折，反向从内铺盖原来的外层细胞，如鱼类原肠胚胚盘边缘的中内胚层前体细胞、两栖类原肠胚赤道的中胚层命运细胞。汇聚伸展（convergent extension）：指细胞间相互插入，使所在组织变窄、变薄，并推动组织向某一轴线拉长，该运动方式是导致头尾体轴成形的主要驱动因素。内陷（invagination）：指胚胎的局部区域向内凹陷，进入胚胎内部，如海胆胚胎启动原肠作用时位于营养极的内胚层命运细胞向囊胚腔内折。内移（ingression）：指表层的单个细胞离开原来所在的区域，迁入胚胎的内部，如果蝇腹部外胚层中的神经命运细胞的向内移出。分层（delamination）：指一个细胞层分成两层或多或少平行的细胞层，如人类胚胎胚泡阶段下胚层的形成。

原肠期细胞的移动涉及细胞骨架的重排、胞外基质的降解与重构、细胞变形、细胞膜突出（如伪足）的产生和作用、细胞间的黏连与排斥、微环境信号梯度、定向机械力作用等等，其调控机制非常复杂。

2. 代表性动物胚胎的原肠运动

果蝇胚胎在25℃培养条件下，受精后约3 h开始原肠作用，持续约2 h。原肠作用始于腹部的中胚层内陷（图11-7A），在腹部中线产生一条沟，称为腹沟（ventral furrow）（图11-7B）。内陷的中胚层形成管状结构，两侧的腹部外胚层向腹部中线合拢，然后中胚层细胞间质化迁移铺展在腹侧外胚层上。随后，前部中肠区和后部中肠区（以及黏附的极细胞）内陷，同时羊浆膜的收缩带动腹部中胚层和外胚层细胞从后部向背部头端迁移（图11-7C，D），这些一起迁移的胚胎区域称为胚带（germ band），其在迁移过程中不断加长，使躯体变长；当前肠外胚层内陷后，胚带前端已迁移到离头端较近的位置，这时胚带再后退。当后肠外胚层退回到尾端时，其后前部中肠和后部中肠汇合，头部区域内卷进入内部，躯干部位的神经表皮外胚层中的神经祖细胞迁移出外胚层进入胚胎内部（图11-7E）。

斑马鱼胚胎在28.5℃培养条件下约受精后5.3 h开始原肠作用，这时胚盘继续向

图 11-7　果蝇胚胎的原肠作用
（A）（C）（E）胚胎纵向剖面图；（B）和（D）为分别对应于（A）和（C）的胚胎中部横切面图；箭头所指为所在区域的细胞的运动方向。

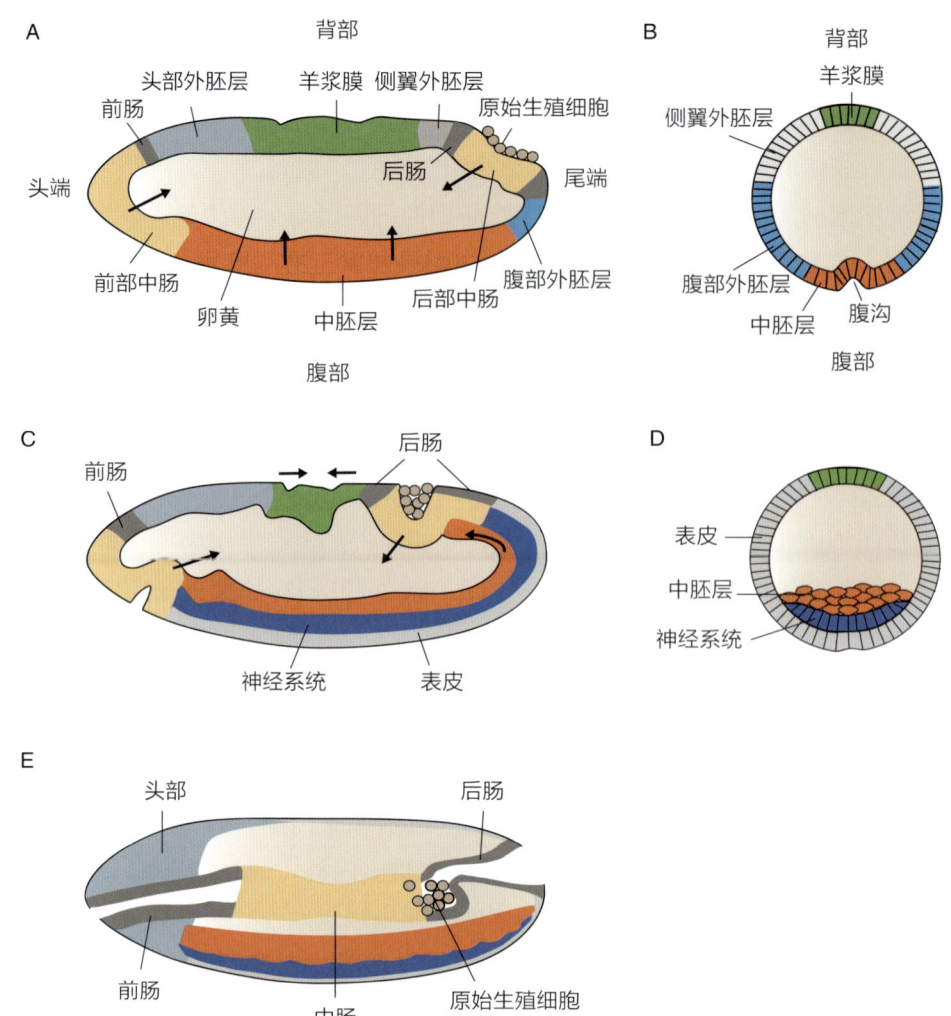

营养极下包，边缘的中内胚层细胞内卷，使胚盘边缘出现明显可见的隆起，称为胚环（germ ring）。背部中内胚层细胞内卷后直接向动物极迁移，而两侧和腹部的中内胚层细胞内卷后则向动物极－背部中线方向迁移（即汇聚）（图 11-8A，B，C）。最背部处中内胚层细胞的内卷和邻近内卷的中内胚层细胞向其汇聚，使该处形成一个较大的加厚区，称为胚盾（embryonic shield），它是背部组织者（dorsal organizer）（图 11-8B），其动物极方向为体轴的头端，它向营养极下包成为体轴的后端。随着包括胚盾在内的胚盘继续下包、中内胚层细胞内卷和向背部的汇聚、汇聚细胞的相互穿插、以及细胞的增殖，背部中线区隆起和加长，成为躯干；相应地，腹部和侧翼的胚盘变薄。当胚盘下包到营养极时（100% 外包期），胚环细胞聚集在一起成为尾芽（tailbud），它是后部躯干形成的组织者，这时的胚胎完成了原肠作用，处于尾芽期（图 11-8D）。整个原肠作用持续约 5 h。随后胚胎开始形成前脊索板、脊索、体节等组织。原肠作用过程中，从腹部到背部不同位置的中内胚层细胞离背部中线的距离由远到近，它们汇聚到背部所需时间也就由长到短，因此，原肠作用开始时位于腹部的细胞（如肾祖细胞）到躯干形成时处于躯干的腹部以形成腹部组织（如肾管）。

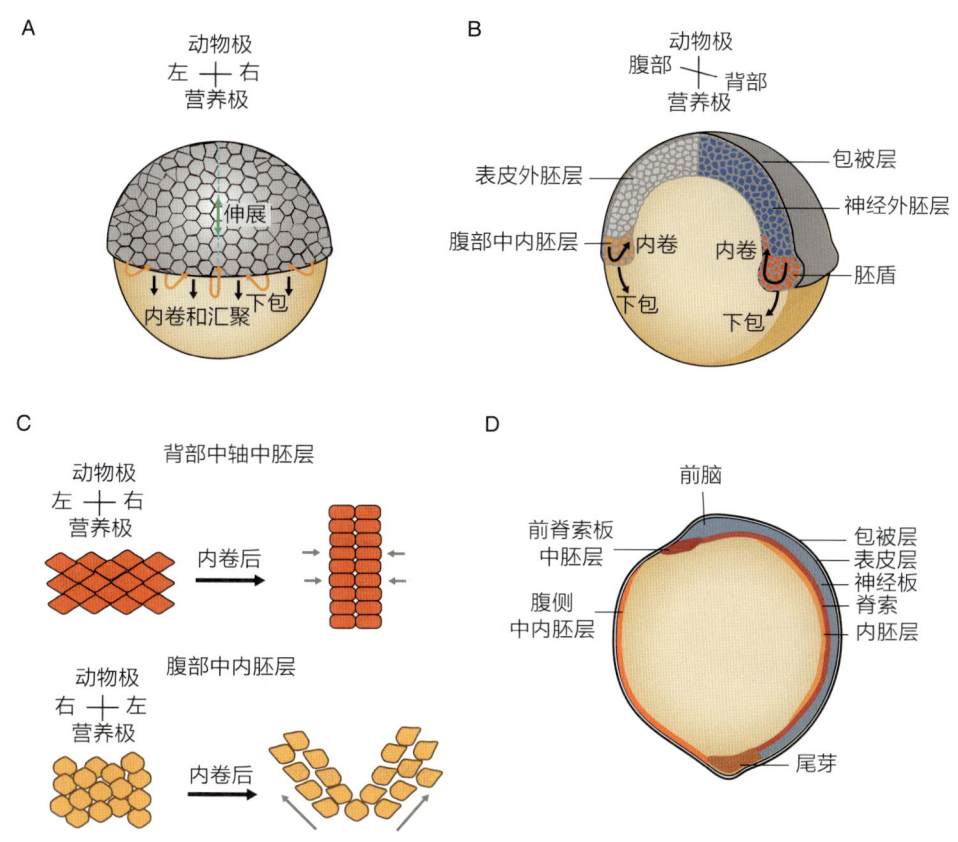

图 11-8 斑马鱼胚胎的原肠作用
（A~C）原肠期初期阶段细胞的运动；（A）背面观，前头指示几种细胞的运动方向，浅蓝色虚线指示胚盘背部中线；（B）沿背部中线切面观；（C）背部中内胚层细胞（上）和腹部中内胚层细胞（下）内卷后的运动方向；（D）原肠期末胚胎剖面观。

　　非洲爪蛙胚胎在 23℃培养条件下约受精后 9 h 左右开始原肠作用，最背部中胚层营养极侧的内胚层细胞变形为瓶状细胞（bottle cell）并内陷，使表面出现一个小沟，称为胚孔（blastopore）（图 11-9A，B），囊胚腔下方背部内胚层命运细胞向动物极移动。胚孔的动物极侧的区域称为胚孔背唇（dorsal lip of blastopore），胚孔背唇是爪蛙胚胎的背部组织者，即施佩曼 - 曼戈尔德组织者（见图 11-16）。同斑马鱼一样，该组织者的动物极方向为未来体轴的头端，其向营养极下包成为尾端。瓶状细胞将带动背部中胚层细胞内卷，内卷的中胚层和内胚层细胞沿囊胚腔壁向动物极迁移，内卷的单层内胚层细胞与未内卷的内胚层细胞之间存在缝隙并逐渐扩大，成为原肠（archenteron）。胚孔出现后，两侧和腹部的中胚层细胞也开始内卷，使胚孔看似向两侧扩展。这些内卷后的中胚层细胞向动物极 - 背部方向汇聚，类似于斑马鱼胚胎胚环内卷细胞的运动，使胚胎的形态发生改变（图 11-9C，D）。另一方面，原肠作用开始后，外胚层细胞不断向营养极下包，直至将未内卷的内胚层细胞完全覆盖在内部。整个原肠作用大约需要 5 h。

　　小鼠胚胎的原肠作用开始于受精后 6.25 ~ 6.5 天。原肠作用开始前，上胚层杯由单层上皮细胞构成。原肠作用开始时，与胚外外胚层接触的"杯"口一侧的几个上胚层上皮细胞发生间质细胞化，通过细胞重排和增殖形成一个加厚区（图 11-10A），该区域的位置指示了胚胎的近端和尾端，其相反方向则分别为远端（"杯"底）和头端（"杯"的另一侧）。随后，该区相邻的上胚层上皮细胞沿近 - 远轴逐渐间质细胞化并

图 11-9 爪蛙胚胎的原肠作用

（A）（B）原肠作用启动，出现胚孔；（C）原肠作用中后期，营养极观，卵黄塞明显可见；（D）原肠作用中后期胚胎剖面图，黑色箭头指示外包运动，绿色箭头指示内卷运动，红色双向箭头指示伸展运动。

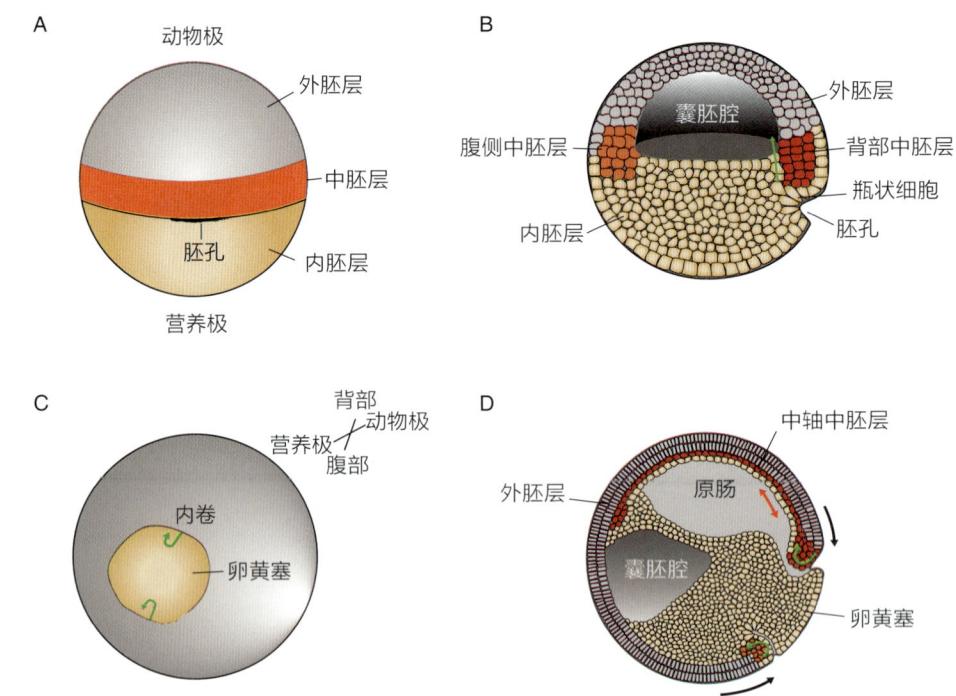

增殖，成为原条，位于胚胎的尾部，但原条内不形成原沟。小鼠胚胎原条两侧的上胚层上皮细胞间质细胞化，穿过原条贴着内脏内胚层向两侧和头端移动，在上胚层与内脏内胚层之间形成中胚层；某些迁移的上胚层细胞将尾端内脏内胚层细胞挤开，成为永生胚胎内胚层（definitive embryonic endoderm）（图 11-10B）。约 7.5 天时，原条的最前端已到达杯底（远端），这里的细胞浓缩形成原结（node），类似于鸡胚的亨氏结。之后穿过原结的细胞在杯底中心向头端迁移，形成前脊索板中胚层；在原结头端方向的上胚层细胞快速扩增形成头部神经板（图 11-10C）。其后，原结后退，在中线形成脊索，两侧形成体节。如果将小鼠上胚层杯及覆盖在其外侧的内脏内胚层从原条对面切开、平展开，这样看上去就与鸡胚类似，内脏内胚层类似于鸡胚的下胚层。

鸡蛋在 37.8℃条件下孵化 13～15 h，其内的胚胎开始原肠作用。原肠作用前，上胚层是单层的上皮细胞层，原肠作用过程中要迁移的上皮细胞将转变为间质细胞。原肠作用开始时，胚盘后部边缘区的上胚层细胞聚集加厚形成原条（图 11-11A），其指向明区中央的一端代表未来体轴的头端。原条内会形成一个凹陷，称为原沟（primitive groove），是原肠作用过程中上胚层细胞进入囊胚腔的门户（图 11-11B）。原条的头部末端是一个加厚层，称为亨氏结（Hensen's node）。最早从亨氏结内卷的细胞进入胚盘下腔，向头端迁移，将迁移路径中的下胚层细胞挤至明区头部方向形成生殖新月区（germinal crescent）（其含有原始生殖细胞），它们自身抵达头端成为前肠内胚层。随着原条向头部方向延伸，之后从亨氏结卷入囊胚腔的细胞在上胚层和内胚层之间向头部移动，形成头部中胚层和脊索中胚层。原条两侧的上胚层细胞将在原沟处内卷，一部分内卷的细胞在中线处与下胚层细胞接触后，将后者推向两侧，自身形成

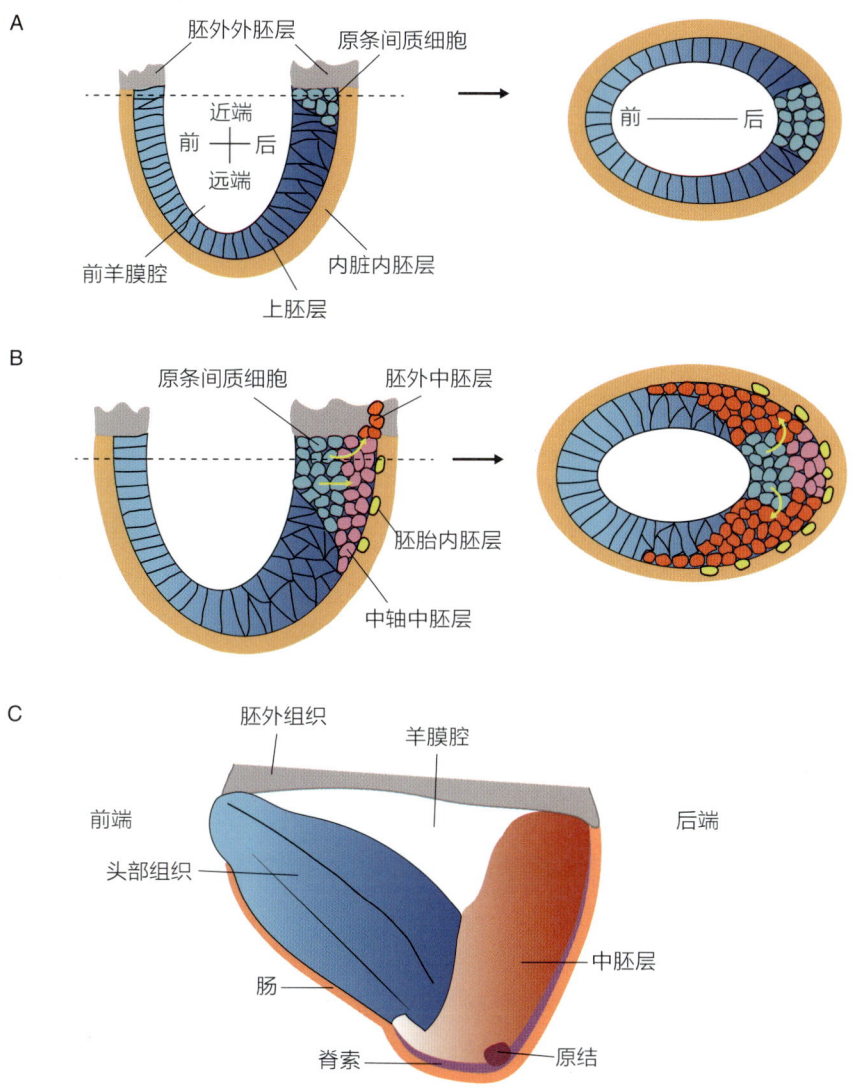

图 11-10 小鼠胚胎的原肠作用

（**A**）原肠作用开始，上胚层近端杯口的上皮细胞转变为间质细胞，右侧为上胚层杯口（虚线所指）的平面图；（**B**）原条中的上皮细胞继续间质细胞化并迁移和分化，右侧为上胚层杯口附近（虚线所指）的平面图，箭头指示细胞的运动方向；（**C**）约7.5 天的胚胎，头部组织已开始形成。

内胚层，用于生成内胚层器官和大部分胚外膜；其余内卷细胞在上胚层和新形成的内胚层之间向侧翼–头端方向移动，将形成中胚层组织和少量的胚外膜（图 11-11C）；未进入原条的上胚层细胞增殖并进行下包运动。当亨氏结移至明区中央时（图 11-11B），亨氏结和原条开始后退，位于亨氏结前端的中胚层开始形成脊索，轴旁中胚层形成体节（图 11-11D）。当亨氏结退回到最尾端时，原肠作用即完成，整个过程持续约 20 h。

　　人类胚胎由上胚层和下胚层构成的二胚层胚盘与鸡的盘状胚盘相似，因此人类胚胎的原肠作用也与鸡胚类似，也形成原条、原沟和原结（图 11-11E）。上胚层细胞的迁移方式也与鸡胚类似。人类胚胎原肠作用一般从受精后第 14 天开始，到第 21 天结束。

图 11-11　鸡和人类胚胎
的原肠作用
（A～D）鸡胚的原肠作用，
箭头指示原条中的细胞的运
动方向；（E）人类胚胎的原
肠作用，箭头指示原条中的
细胞的运动方向，其与鸡胚
的类似（C）。

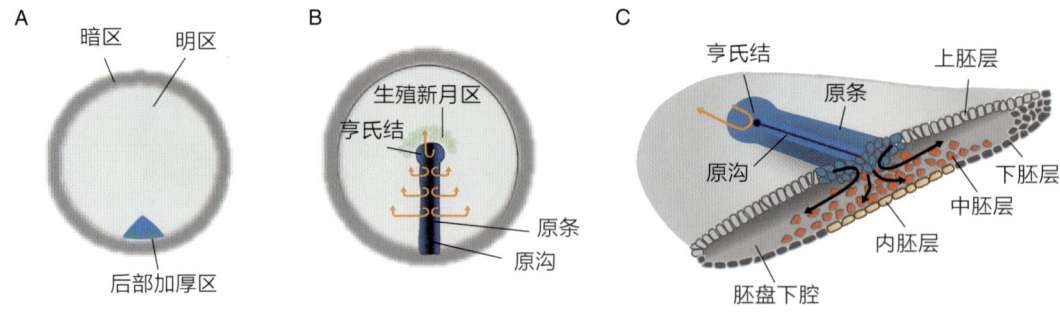

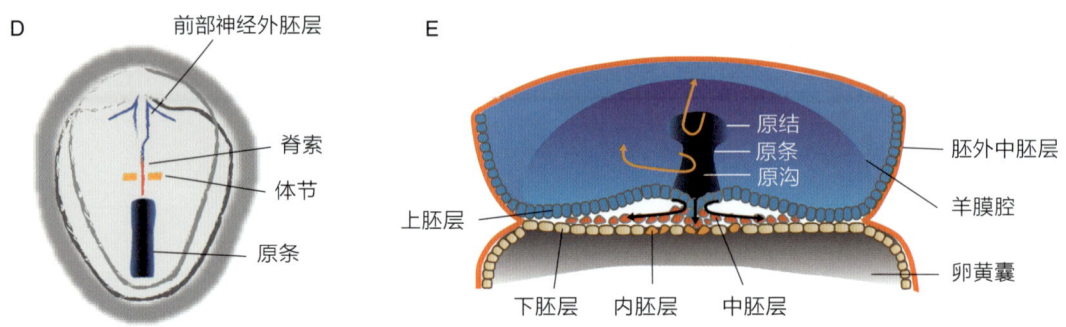

第三节　胚胎早期发育的遗传调控机制

胚胎早期发育是通过内在遗传程序的自我运行而实现的。基因表达产物和活性状态决定了细胞的微环境、细胞间的对话、细胞的运动、细胞的命运，从而调节胚胎的发育。表观遗传修饰、环境因素和机械力等也会影响胚胎的发育，下面将主要介绍一些重要发育事件的遗传调控机制。

一、母源因子决定果蝇体轴

动物个体的组织器官基本上按三条轴线有序排列，即头尾轴（anteroposterior axis）、背腹轴（dorsoventral axis）和左右轴（left-right axis）。在发育过程中，这些轴的方向性（即极性）是何时、如何确定的呢？

果蝇的头尾轴和背腹轴极性决定于卵子中的母源因子（maternal factor）。母源因子是指在卵子中储存的生物活性因子，主要是 mRNA 和蛋白质，其编码基因通常称为母源基因（maternal gene）。如果母体是纯合突变基因型，其与纯合正常基因型的雄性个体配种后产生的胚胎称为母源突变体（maternal mutant）。母源突变体的表型异常就完全是因为卵子中缺少对应的母源因子。果蝇上的重要母源因子都是通过观察母源突变体的表型而发现的。大部分母源因子是由卵母细胞自身基因的表达产物，而某些母源因子可由卵母细胞相邻的体细胞表达的基因产物转运而来，如果蝇卵母细胞中的

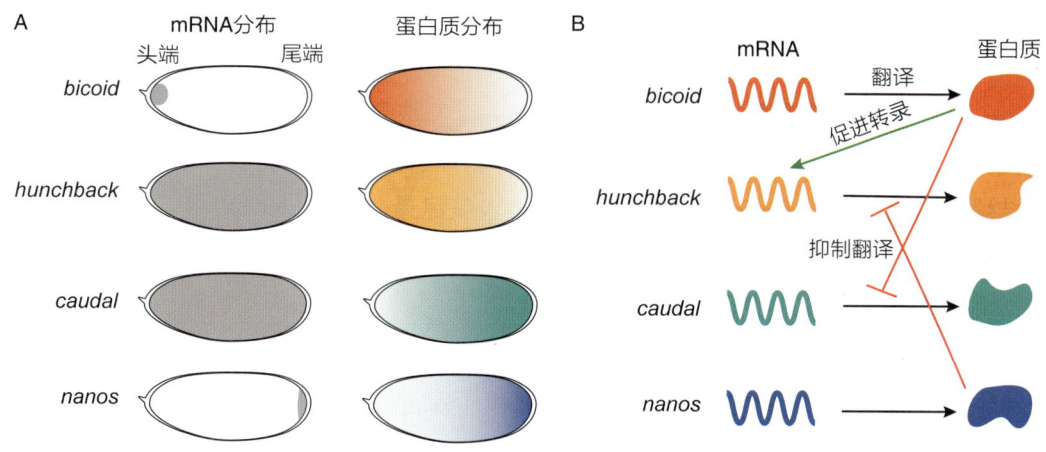

图 11-12 果蝇母源因子决定头尾轴的分子机制（A）几个母源基因的 mRNA 和蛋白质产物的分布，这些蛋白质沿头尾轴呈浓度梯度分布；（B）几种母源基因产物之间的调控关系。

bicoid mRNA 是由附近的滋养细胞（nurse cell）表达产生的。果蝇产出的卵子的头端储存了 *bicoid* mRNA，尾端储存了 *nanos* mRNA，而 *hunchback* 和 *caudal* mRNA 均沿头尾轴均匀分布（图 11-12A）。受精后，*bicoid* mRNA 翻译出蛋白质，形成从头端向尾端由高到低的浓度梯度。受精后 *nanos* mRNA 翻译出的蛋白质形成从尾端向头端由高到低的浓度梯度。尾区的 Nanos 蛋白与母源 *hunchback* mRNA 结合抑制其翻译，而头区 *hunchback* mRNA 可翻译出蛋白质，因而 Hunchback 蛋白形成从头端向尾端由高到低的浓度梯度；此外，头区的 Bicoid 蛋白可以作为转录因子激活合子 *hunchback* 基因的转录，其翻译出的蛋白质也帮助形成 Hunchback 蛋白浓度梯度（图 11-12A，B）。Bicoid 蛋白还可作为 RNA 结合蛋白与头区的母源 *caudal* mRNA 结合，抑制其翻译，在尾端区域翻译出的 Caudal 蛋白形成类似于 Nanos 的浓度梯度。这 4 种蛋白质的浓度梯度将协同调控头尾轴上不同区域表达不同的其他合子基因，决定不同位置上的细胞获得不同命运，在胚胎和幼虫期形成不同分子特征的节段，最终在成年个体头尾轴不同位置形成不同的组织器官。

决定果蝇背腹轴极性的关键母源因子是 Spätzle。在卵母细胞成熟过程中腹侧的滤泡细胞（follicle cell）表达出 Spätzle 蛋白，排卵后存储在卵子腹侧卵质膜与卵膜之间的腔隙中。Spätzle 的受体蛋白是 Toll，Toll 在卵子质膜上均匀分布；其胞内效应因子是转录因子 Dorsal，它被 Cactus 蛋白结合而均匀分布在卵质中。在胚胎发育过程中，腹侧 Spätzle 结合到腹侧的 Toll 上，将信号转导到腹侧卵质中，导致腹侧卵质中的 Cactus 蛋白降解，释放出的 Dorsal 蛋白就可转运到细胞核中，它沿背腹轴细胞核中形成由高到低的浓度梯度分布（图 11-13），在不同浓度下激活下游靶基因的表达，从而从背部到腹部依次形成羊浆膜、背部外胚层（仅分化为皮外胚层细胞）、腹部外胚层（部分细胞分化为神经外胚层细胞，其余细胞分化为表皮外胚层细胞）和中胚层。

果蝇刚孵化出的幼虫的头端和尾端分别形成特殊的结构，称为原头（acron）和尾节（telson）。这两个末端也是由母源因子决定的。受精前，酪氨酸激酶类受体 Torso 蛋白均匀地分布在卵的质膜上，而其配体 Trunk 蛋白锚定在卵外膜（vitelline

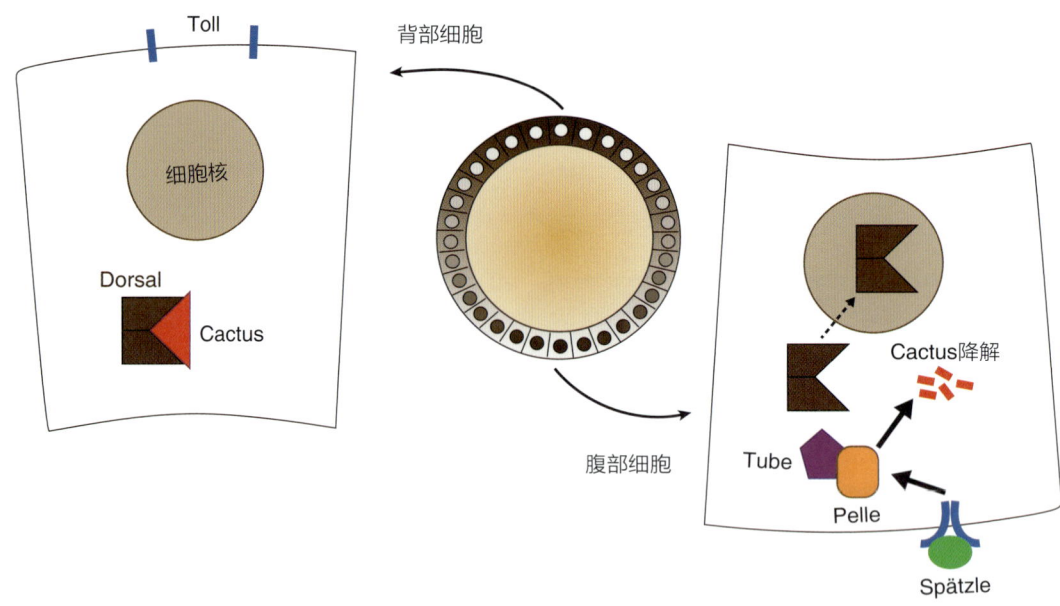

图 11-13 果蝇母源 Dorsal 蛋白决定腹部命运的机制
Toll 受体在腹部区激活后，使释放的 Dorsal 蛋白进入细胞核，形成沿腹背轴由高到低的浓度分布，从而控制背腹轴不同区域的细胞命运。

membrane）的两端区域，两者无法结合（图 11-14）。受精时，Trunk 蛋白从卵外膜释放而进入卵外膜与卵质膜之间的腔隙中，可与附近卵质膜上的 Torso 受体结合，从而将信号转导到细胞内，使靶基因只在端区表达，控制原头和尾节形成。Trunk 蛋白的存在量很低，受精后释放的 Trunk 蛋白难以扩散到胚胎的其他区域与 Torso 受体结合。

二、合子基因组激活与母源 mRNA 降解的遗传调控机制

动物卵子中储存的 DNA 聚合酶、RNA 聚合酶、核糖体等比幼年期体细胞高数万倍，以满足受精后胚胎的快速发育所需。受精卵中的合子基因组处于沉默状态，因而早期卵裂期完全依赖母源因子，包括由母源 mRNA 翻译产生的蛋白质。一般经历数次卵裂后，胚胎细胞基因组的许多基因才开始转录并翻译，这些基因称为合子基因（zygotic gene），此后发育就过渡到依赖合子基因产物的阶段，此种转换称为母源向合子转换（maternal-to-zygotic transition，MZT）。MZT 涉及两个重要事件：母源 mRNA 的大量降解和大量合子基因的表达，习惯上将后者称为合子基因组激活（zygotic genome activation，ZGA）。MZT 刚开始时，仅有少量合子基因转录，称为小 ZGA（minor ZGA）；而随后大量合子基因开始转录，称为主 ZGA（major ZGA）。

胚胎中 ZGA 发生的时间因物种而异。果蝇的主 ZGA 发生在胚胎细胞化时，即第 14 次卵裂时。斑马鱼胚胎的主 ZGA 发生在第 10 次卵裂时，爪蛙胚胎的

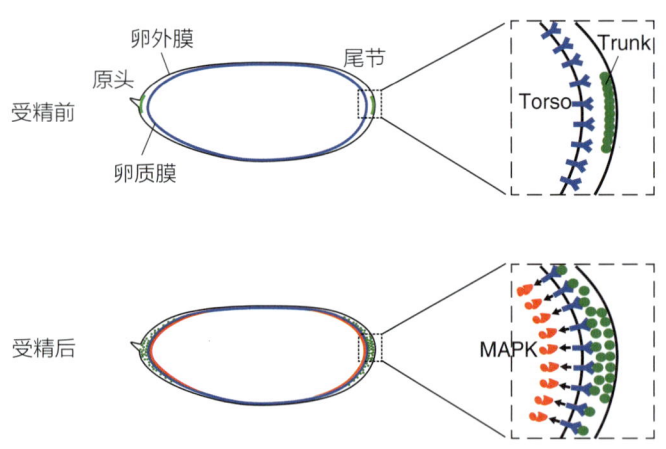

图 11-14 果蝇母源因子 Trunk 控制胚胎端点的命运
Torso 蛋白（蓝色）是 Trunk（绿色）的受体，均匀地分布在卵质膜上，Trunk 蛋白定位在卵的两端卵外膜上，受精后释放的 Trunk 局部扩散并与附近的 Torso 结合，从而在卵质中激活 MAPK 信号（红色）。

主 ZGA 发生在第 13 次卵裂时。小鼠胚胎的小 ZGA 在受精后约 10 h 启动，主 ZGA 在第一次卵裂完成时，受精后 22～24 h 发生。人类胚胎的主 ZGA 发生在 8～10 细胞期，在受精后 4～5 天。

ZGA 发生时间如何受到精准控制是发育生物学领域中的一个重要科学问题，科学家为此提出了多种调控机制。总体而言，目前认为胚胎发育早期合子基因组的转录沉默是因为转录机器的某些关键因子（转录因子）的缺少、量不足、修饰不合适、或不能结合到染色质上。调控 ZGA 的主要分子机制有以下几种。

（1）转录激活因子积累。该机制认为，受精卵中转录激活因子的量很低，随着发育的推进，转录激活因子的浓度逐渐增加，到某个时间点其浓度就增加到足以有效激活其合子靶基因转录的水平（图 11-15A）。例如，在非洲爪蟾胚胎中，卵子来源的通用转录因子 TBP 的 mRNA 不断翻译，TBP 蛋白量逐渐增加，到 ZGA 时达到高峰；将外源 TBP mRNA 和非特异性 DNA 共注射，可使基因的转录提早。在斑马鱼上，母源 *nanog*、*sox19b*、*sox2*、*pou5f1* mRNA 在早期胚胎中大量翻译，同时降低它们的翻译会导致超过 75% 的合子基因不能启动转录、胚胎发育在原肠作用前即停止。

（2）转录抑制因子下降。该机制认为，受精卵中存在某些转录抑制因子，随着细胞增殖，细胞内的抑制因子的浓度逐渐下降，当其下降到不足以有效抑制基因组转录的浓度时，合子基因组就可以开始转录（图 11-15B）。例如，由核心组蛋白 H3、H4、H2A、H2B 形成的核小体在 DNA 上的富集不利于转录机器的组分结合到 DNA 上，因而对基因转录起抑制作用。斑马鱼胚胎从 8 细胞期到 1000 细胞期（ZGA 开始），胚胎中组蛋白 H3、H4、H2A、H2B 的总量大致相同，因而单个细胞中这些组蛋白的量随细胞增多而减少。将外源的这 4 种组蛋白注射到单细胞受精卵中，胚胎的 ZGA 和发育延迟；如果抑制 H3 和 H4，基因的转录提前和加强。在果蝇、斑马鱼和非洲爪蟾胚胎中注射外源 DNA，也可以导致 ZGA 提前。这些观察说明，转录抑制因子与染色质的比例的滴定可能控制了总体的 ZGA 发生时间。在果蝇上的研究发现，母体来源的转录抑制因子 TTK 抑制类体节基因 *ftz* 的转录，降低胚胎中 TTK 量或减少 *ftz* 基因调控区上 TTK 的结合位点均可以提前 *ftz* 基因的转录。

（3）染色质重塑。研究表明，在早期胚胎中，染色质的结构总体上比较松散，而接近 ZGA 时，染色质总体变得更致密，但局部松散，这种变化受到组蛋白修饰的调控（图 11-15C）。在果蝇中，ZGA 发生时待转录基因启动子上富集了组蛋白 4 乙酰基化的第 8 位赖氨酸（H4K8ac）、组蛋白 3 乙酰基化的第 18 位赖氨酸（H3K18ac）、组蛋白 3 乙酰基化的第 27 位赖氨酸（H3K27ac）；斑马鱼和小鼠 ZGA 发生前，待转录基因启动子附近的组蛋白 3 第 4 位赖氨酸三甲基化（H3K4me3）和第 27 位赖氨酸三甲基化（H3K27me3）也增加。

（4）细胞周期延长。果蝇、斑马鱼、非洲爪蟾在卵裂期细胞的卵裂很快，细胞周期只包括 DNA 合成期（S 期）和分裂期（M 期），DNA 的快速复制一般会干扰基因的转录；到某个阶段，细胞增殖减慢，细胞周期除 S 期和 M 期外，还有间歇期（G），这时基因的转录增强（图 11-15D）。在非洲爪蟾胚胎中，人为地延长早期胚胎的细胞

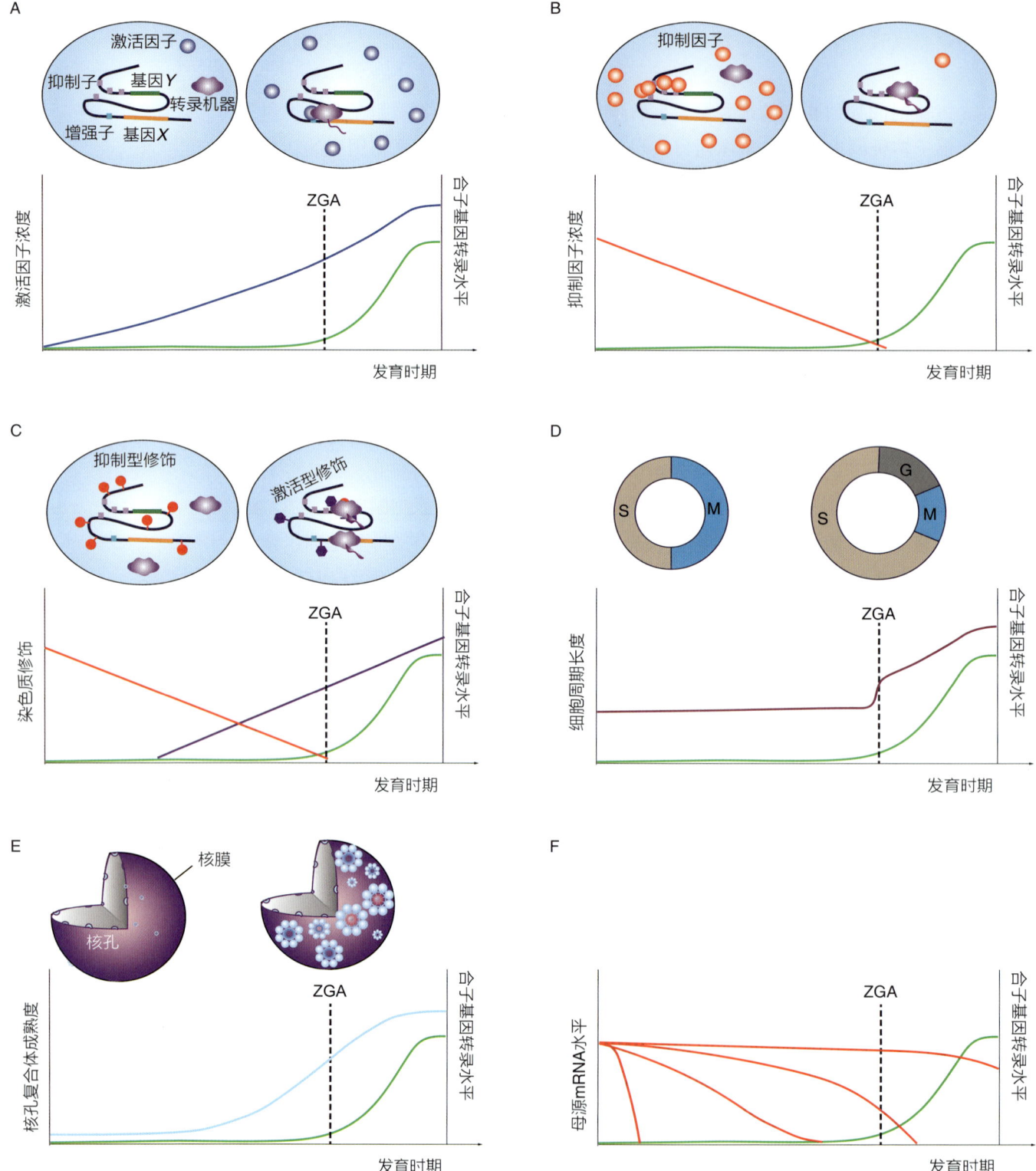

图 11-15　合子基因组激活和母源 mRNA 降解
（A～E）几种调控合子基因组激活的机制，虚线指示合子基因组激活（ZGA）的发育时间，绿线代表合子基因转录水平，DNA 上的抑制子和增强子分别用浅紫色和天青色方块代表；（A）蓝线代表激活因子浓度；（B）红线代表抑制因子浓度；（C）红线代表抑制型修饰，紫线代表激活型修饰；（D）紫线代表细胞周期长度；（E）蓝线代表核孔复合体成熟度；（F）红线代表母源 mRNA 水平，不同类母源 mRNA 的降解时间不同。

周期，可以使 ZGA 提前。但是，人为地延长果蝇和斑马鱼早期胚胎的细胞周期并不能提早 ZGA，因而细胞周期延长是否是调控 ZGA 的时间仍不能确定。

（5）核孔复合体成熟度。动物细胞的细胞核核膜上嵌入了数以万计的核孔复合体（nuclear pore complex），脊椎动物核孔复合体有 30 种蛋白成分，每种蛋白有数十个分子。绝大部分转录因子含有入核和出核信号，主要通过核孔复合体进出细胞核。在斑马鱼胚胎中的研究发现，卵子中储存的转录因子在前几个卵裂期进入细胞核的量都很少，到第 6 次卵裂后才开始逐渐增加，这种趋势与初始蛋白的浓度无关，说明转录因子的入核量可能受到核孔复合体的运输活性的调控。对发育过程中核孔蛋白的组分、结构的研究表明，在胚胎合子基因组激活前核孔复合体逐渐组装，单个细胞核核膜上有功能的核孔复合体的占比逐渐增加。在核孔蛋白 Nup133 和 Elys 编码基因的母源突变体中，核孔复合体的组装异常，导致合子基因组的激活延迟，胚胎发育变慢或停滞。因此认为，当核膜上有功能的核孔复合体的占比达到一个关键阈值时，母源转录因子在单位时间内就可转移到细胞核内达到一个阈值而激活合子靶基因转录（图 11-15E）。由此，核孔复合体的成熟度可能扮演了一个时钟角色，进而控制合子基因组的激活时间。

（6）母源 mRNA 降解的调控机制。受精卵中含有数千个基因的 mRNA，它们的降解并不同步，某些基因的母源 mRNA 在受精后即开始降解，某些在 ZGA 前的某个时间点开始降解，另一些在 ZGA 时快速降解，某些母源 mRNA 可稳定存在更长时间（图 11-15F）。mRNA 的降解通常是从降解 mRNA 的 3′ 端的多聚腺苷酸尾开始，由 PAN3 核酸酶和 CCR4-NOT 复合体所介导；然后，DCP1 和 DCP2 复合体去除 mRNA 的 5′ 端 7- 甲基鸟苷酸帽，最后，5′ 到 3′ 核酸外切酶 XRN1 和 3′ 到 5′ 核酸外切酶 XRN2 发挥作用。核酸内切酶也可将 mRNA 从其中间切断，产生的 RNA 片段再由 XRN1 或 XRNA2 以及具有核酸酶活性的 RNA 外酶体（RNA exosome）降解。母源 mRNA 降解的时间如何受到精准调控，似乎没有普遍适用的机制，可能存在物种特异性和 mRNA 种类特异性。相当一部分母源 mRNA 的降解发生在 ZGA 开始后，其降解的时间是由 ZGA 的时间所决定的。例如，在斑马鱼中，转录因子 Nanog、Sox19b、Sox2 和 Pou5f1 在 ZGA 时激活 miR-430 的基因转录，miR-430 生成后，结合到数百种母源 mRNA 上，促进它们的快速降解。在非洲爪蛙中，ZGA 时表达的 miR-427 类似斑马鱼的 miR-430，促进了一些母源 mRNA 的降解。但在哺乳动物中，目前未发现合子基因表达的小 RNA 促进母源 mRNA 降解的现象。

三、脊椎动物背部组织者与背腹轴和头尾轴形成的遗传调控机制

脊椎动物的体轴是什么发育阶段、由什么因素决定，一直是令人感兴趣的科学问题。20 世纪 20 年代，德国生物学家施佩曼和他的博士后希尔德·曼戈尔德（Hilde Mangold，1898—1924）利用蝾螈胚胎进行移植实验，即在色素有差别的两种蝾螈胚胎进行部位区域的置换。他们发现，当把蝾螈胚胎背侧的一部分组织（即后来定义的

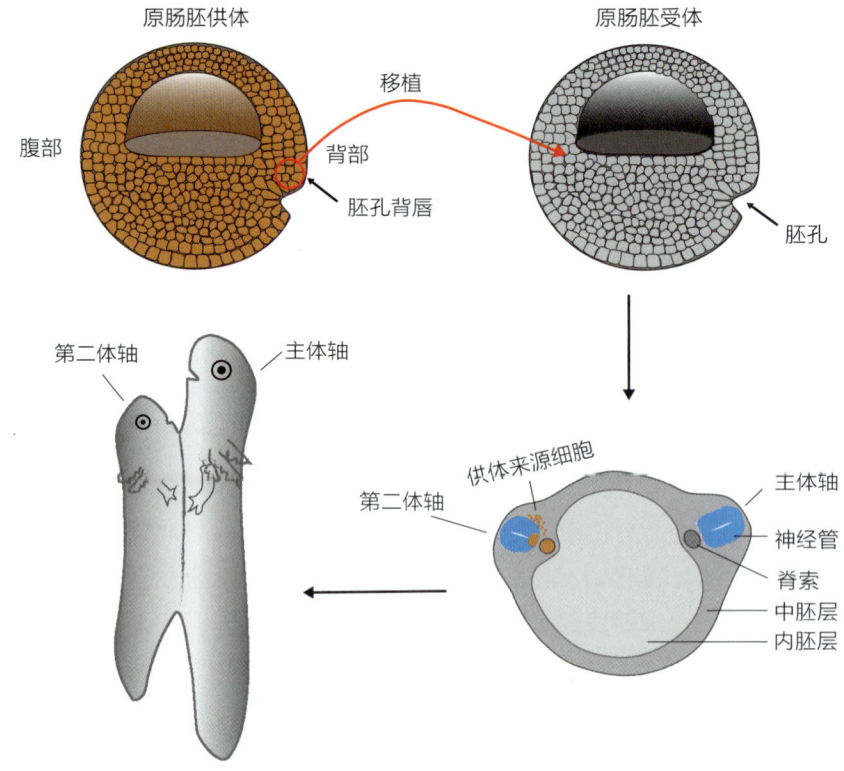

图 11-16　两栖类背部组织者的发现
移植实验在两种不同蝾螈中的胚胎之间进行，受体胚胎形成的主体轴各组织细胞来源于受体胚胎，而形成的第二体轴中的脊索、神经管基板和部分体节细胞来源于供体细胞。

胚孔背唇）移植到另一枚胚胎的腹侧时，受体蝾螈胚胎被诱导出了第二个体轴（包括神经管和其他中内胚层组织），并且第二个体轴的神经管和体节不仅含有供体细胞，也含有受体细胞（图 11-16），而用其他部位的组织做移植不能诱导出第二体轴，因此他们将这部分组织称为"背部组织者"（dorsal organizer）。背部组织者内的细胞自身可以产生中轴组织如头部和前部内胚层、前脊索中胚层、脊索、神经基板，同时，背部组织者还组织和协调各胚层沿背腹轴和头尾轴的分化。背部组织者这一发现的重大意义在于首次认识到胚胎中一群细胞可以产生信号，并以此影响周边细胞的发育命运。因此，施佩曼因该发现而获得 1935 年的诺贝尔生理学或医学奖，该背部组织者被称为施佩曼－曼戈尔德组织者（Spemann-Mangold organizer）或施佩曼组织者（Spemann organizer）。20 世纪 30 年代，通过类似的胚胎细胞移植实验，科学家确认硬骨鱼胚胎的胚盾、鸟类胚胎的亨氏节是背部组织者，可以诱导第二体轴的形成；20 世纪 90 年代，确认小鼠的原结是背部组织者。因此，在脊椎动物进化上背部组织者是一个保守的结构。

　　自背部组织者被发现后，人们一直想知道背部组织者的关键信号是什么。直到 20 世纪 90 年代初，科学家发现在非洲爪蛙胚胎中过表达 Wnt 基因的 mRNA 可以诱导第二体轴，过表达细胞黏附蛋白 β-catenin 也能诱导第二体轴。随着爪蛙受精卵的皮质旋转的发现、经典 Wnt 信号转导通路的揭示以及 β-catenin 靶基因的不断发现，到 21 世纪初基本建立了爪蛙背部组织者形成的遗传调控模式。精子从动物极半球进入卵子后，诱导皮质向逆时针方向旋转 30°，使原来定位在营养极的含背部决定因子的皮质颗粒转动到未来的背侧（精子入口的对侧，位于营养极半球），释放出背部决定因子，

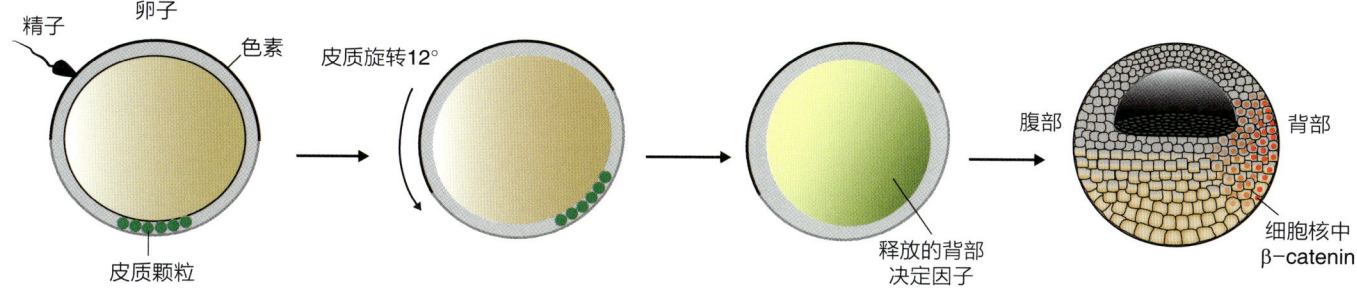

后者使背部细胞的胞质中的 β-catenin 不被降解，从而进入细胞核中激活组织者特异基因的表达，形成背部组织者（图 11-17）。背部组织者形成后，即启动原肠作用和指导背腹轴和头尾轴的图式。其他区域细胞的胞质中的 β-catenin 被降解，因而不能形成组织者。人们怀疑背部决定因子很可能是 Wnt 配体（可能是 Wnt11）和 Wnt 信号的关键介导因子 Dishevelled（Dsh）。通常 Wnt 配体与受体结合，后者结合 Dsh，Dsh 将 Axin 招募到质膜上，使在胞质中由 Axin、Gsk3b、APC、Ck1a、β-catenin 形成的 β-catenin 降解复合体解体，释放出的 β-catenin 得以稳定。

　　然而，有研究发现，抑制受精后早期胚胎中由 Wnt 配体 - 受体介导的经典 Wnt 信号通路并不能阻止背部组织者的形成，说明未来组织者中 β-catenin 的激活可能存在其他机制。后来的研究发现，在斑马鱼和非洲爪蛙早期胚胎中激活 β-catenin 信号通路的关键因子是母源基因 huluwa（葫芦娃）。缺失 huluwa mRNA 的斑马鱼卵子受精后，胚胎不能形成胚盾，原肠期腹侧和侧翼中内胚层细胞不能向背部汇聚。发育到 20 ~ 24 h，胚胎无头部、躯干神经、脊索和前部体节（图 11-18A）；向卵裂期胚胎的单个卵裂球中注射外源的 huluwa mRNA 可以诱导一个额外的完整体轴。非洲爪蛙中，敲降母源 huluwa 同样会导致背部组织者的缺失和缺失体轴，其过表达也能诱导第二体轴。在分子机制上，Huluwa 是一个膜蛋白，在早期囊胚中只存在于未来背部的数个细胞中，它将 β-catenin 降解复合体中的 Axin 蛋白招募到质膜上，同时招募并结合多腺苷二磷酸多聚酶 Tnks，后者将多腺苷二磷酸（ADP）添加到 Axin 上，然后引起 Axin 被泛素化后将降解；由此，胞质中的 β-catenin 得到保护，然后进入细胞核中，与 Tcf（或 Lef）等转录因子结合，启动 Nodal、Fgf、goosecoid（gsc）、chordin 等背部组织者特异性基因的转录，进而引导背部组织者形成（图 11-18B）。在斑马鱼早期胚胎中，母源 huluwa mRNA 分布在所有细胞中，但表达的蛋白只在未来的背部区域检测到，预示 huluwa mRNA 的翻译或蛋白稳定性受到区域特异性调控，相应的分子机制在未来值得深入研究。

四、脊椎动物胚层诱导与分化的遗传调控机制

　　双侧对称动物（bilaterians）早期发育中的一个中心事件是三个胚层的形成，即内胚层、中胚层、外胚层。可以设想，胚层明显分化前，胚胎整体上属于外胚层，而

图 11-17　爪蛙受精卵的皮质旋转和 β-catenin 在背部区域细胞中的激活 营养极皮质颗粒中含有背部决定因子，皮质旋转后释放出的背部决定因子在背部细胞中保护胞质中的 β-catenin，后者进入细胞核激活背部组织者特异基因的表达。

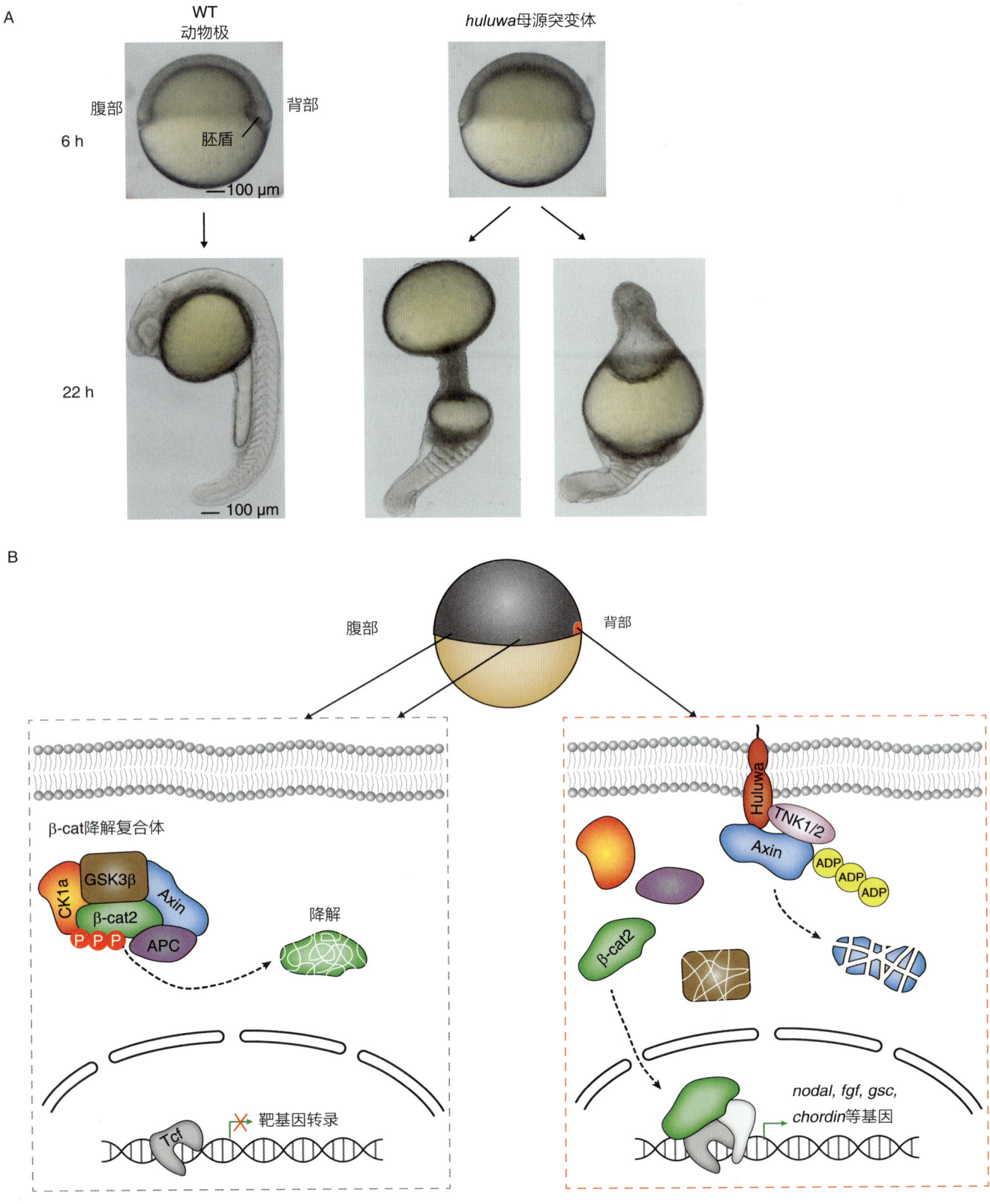

图 11-18　斑马鱼背部组织者的调控

（A）*huluwa* 基因的母源突变体的表型，突变体缺失胚盾、不能形成体轴（引自 Yan et al., Science, 2018）；（B）腹部胚盘细胞中因无 Huluwa 而形成 β-catenin2（β-cat2）降解复合体、导致 β-cat2 降解，背部组织者细胞中 Huluwa 通过降解的 Axin 而保护胞质中的 β-cat2 不被降解。

内胚层和中胚层命运是被诱导出来的，Nodal 是其不可或缺的诱导信号。Nodal 属于 TGFβ 超家族成员，它以同源或异源二聚体的形式与受体结合，使受体磷酸化，磷酸化的受体再招募并磷酸化胞质中的效应因子 Smad2 或 Smad3，后者进入细胞核发挥转录因子的作用，促进靶基因的转录。

斑马鱼胚胎表达的 *ndr1*（又称 *squint*）和 *ndr2*（*cyclops*）这两个 *Nodal* 基因是中内胚层诱导必不可少的，其同时突变将导致发育到 24 h 时的胚胎缺失头部和躯干的中胚层和内胚层衍生的组织器官，但神经系统是相对完整的。*ndr1* 和 *ndr2* 在 ZGA 发生时开始表达，表达区域为胚盘边缘（图 11-19A 上图）。母源 Huluwa 在未来背部激活 β-catenin2，诱导 *ndr1* 在背部胚盘边缘表达，其在胚盘边缘的其他区域的表达由母源转录因子 Eomesodermin a（Eomesa）激活，Nodal 信号转导的正反馈可使 *ndr1* 的转录区域向腹部方向扩展。*ndr2* 在整个胚盘边缘的表达主要由 Eomesa 诱导，β-catenin 和 Nodal 信号正反馈仅对其在背部边缘区的表达有少量贡献。母源 Gdf3 也正调控 *Nodal* 基因的表达。中内胚层 Nodal 信号转导将诱导其拮抗因子 *lefty1*、*lefty2* 在 *ndr1*/*ndr2* 表达区域中表达，Lefty1、Lefty2 蛋白可扩散到动物极外胚层中，阻断外胚层中 Nodal 信号转导。到晚囊胚时，Nodal 蛋白很可能形成了从胚盘边缘向动物极方向由高到低的浓度梯度分布，高浓度下使与卵黄相邻的胚盘边缘细胞获得内胚层命运；离卵黄稍远的胚盘边缘细胞具有中胚层和内胚层双重命运，因而称为中内胚层（图 11-19A 下图）。晚囊胚腹侧细胞表达高水平的合子 Bmp 和 Wnt 信号，它们也参与中内胚层的诱导和背腹分化，从而使背腹轴线上不同区域的细胞有不同的发育命运（图 11-19A 下图）。

斑马鱼胚胎原肠作用开始后，外胚层将沿背腹轴线分化为表皮外胚层和神经外胚层，前期主要涉及 Bmp 信号与其拮抗因子的互作（图 11-19B，C）。母源因子 Pou5f3 和 Gdf6a 诱导腹侧细胞表达 Bmp2b、Bmp7、Pinhead 等 Bmp 家族成员，它们向背部扩散，它们与受体结合后磷酸化胞质中的 Smad1/5/8，磷酸化的 Smad1/5/8（即 p-Smad1/5/8）进入细胞核中激活靶基因的转录。在背部，胚盾激活的 β-catenin2 诱导高水平 Nodal 表达，β-catenin2 和 Nodal 共同诱导胚盾表达 Fgf8 和 Fgf17b 等 Fgf 家族成员，β-catenin2、Nodal 和 Fgf 信号协同诱导胚盾中轴中胚层（前脊索板和脊索）命运细胞表达 Bmp 拮抗因子 Chordin 和 Noggin1，这些拮抗因子向腹部扩散，形成从背部到腹部由高到低的浓度梯度分布。腹侧来源的 Bmp 蛋白与背侧来源的 Bmp 拮抗因子相互抑制，使胞内效应因子 p-Smad1/5/9 形成从腹部到背部由高到低的浓度梯度分布（图 11-19C），高浓度的 p-Smad1/5/9 使腹侧外胚层获得表皮外胚层（epidermal ectoderm）命运，胚盾附近缺少 p-Smad1/5/9 的外胚层获得神经外胚层命运（neuroectoderm）。此外，胚盾中也表达一定量的 Bmp 家族成员 Bmp2b 和 Admp，它们在胚盾及附近区域拮抗 Chordin 和 Noggin，以适当平衡后者对腹侧来源的 Bmp 信号的拮抗作用。在原肠作用开始后，胚盾的中轴中胚层细胞内卷后在外胚层下方向动物级迁移，其释放的高浓度 Bmp 拮抗因子使附近的外胚层获得前部神经外胚层（anterior neuroectoderm）命运（将形成前脑），接近胚盘边缘位置的外胚层细胞因 Bmp 拮抗因

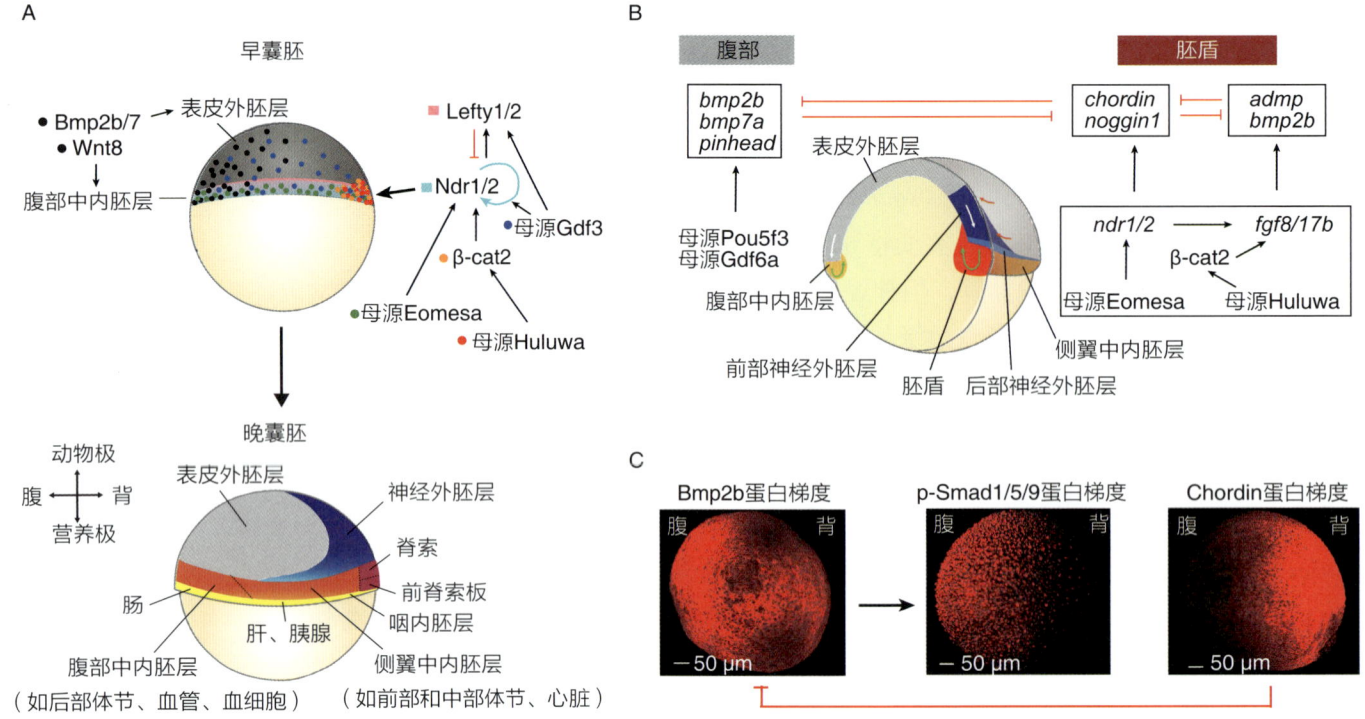

图 11-19 斑马鱼胚层的
诱导和分化的调控
（A）中内胚层和外胚层的
诱导与分化；（B）背腹分化的
主要调控因子的作用；（C）用
特异性抗体免疫染色显示
的 Bmp2b、Bmp 拮抗因子
Chordin 及 Bmp 信号胞内
效应因子 p-Smad1/5/9 的
浓度梯度，胚盾期从动物极
观（引自 Xue et al., Nat.
Commun., 2014）。

子浓度变低而获得后部神经外胚层（posterior neuroectoderm）命运（将形成中脑、后脑和脊髓）。

在非洲爪蟾胚胎由母源向合子转换时，分布在营养极区域的母源转录因子 VegT 和 TGFβ 家族成员 Vg1 信号共同诱导 *Xnr1*、*Xnr2*、*Xnr4*、*Xnr5*、*Xnr6* 等 *Nodal* 基因和 TGFβ 家族另一个成员 Derriere 的转录；另一方面，在营养极背部区域（未来的背部组织者形成区）Huluwa 激活的 β-catenin 可以进一步增强这些基因在该区域的转录。此外，Nodal 信号诱导 Nodal 拮抗因子 *Lefty1* 基因的转录（图 11-20A）。这些基因的 mRNA 翻译出的蛋白分泌到胞外向动物极方向扩散，可沿营养极 - 动物极轴和背腹轴形成由高到低的两个 Nodal 浓度梯度。营养极区域高浓度的 Nodal 蛋白将该区域的细胞转化为内胚层命运，赤道区域较低浓度的 Nodal 蛋白诱导出中胚层命运。Lefty1 蛋白扩散距离比 Nodal 蛋白远，它可能在动物极区域与 Nodal 结合而阻止 Nodal 信号转导，保障了赤道上方区域的外胚层命运。在背 - 腹轴上，Nodal 浓度梯度由高到低依次决定了中轴中胚层（将衍生前脊索中胚层和脊索组织）、轴旁中胚层（将衍生骨和骨骼肌等）、中间中胚层（将衍生肾脏）、侧板中胚层（将衍生心脏、血液、血管等）命运（图 11-20B）。腹部区域表达 TGFβ 超家族中 Bmp 亚家族成员 Bmp4、Bmp7、Bmp2，形成从腹部到背部由高到低的 Bmp 浓度梯度。Bmp 配体形成的同型或异型二聚体与受体结合后，使后者磷酸化，磷酸化的受体招募并磷酸化胞内效应因子 Smad1、Smad5，产生的 p-Smad1/5/9 转运到细胞核中，结合在靶基因启动子或增强子上，启动其表达。Bmp 配体的浓度梯度以及背部组织者 Bmp 拮抗因子的相反方向浓度梯度的双重作用，导致细胞核中 p-Smad1/5/9 形成更明显的从腹部到背

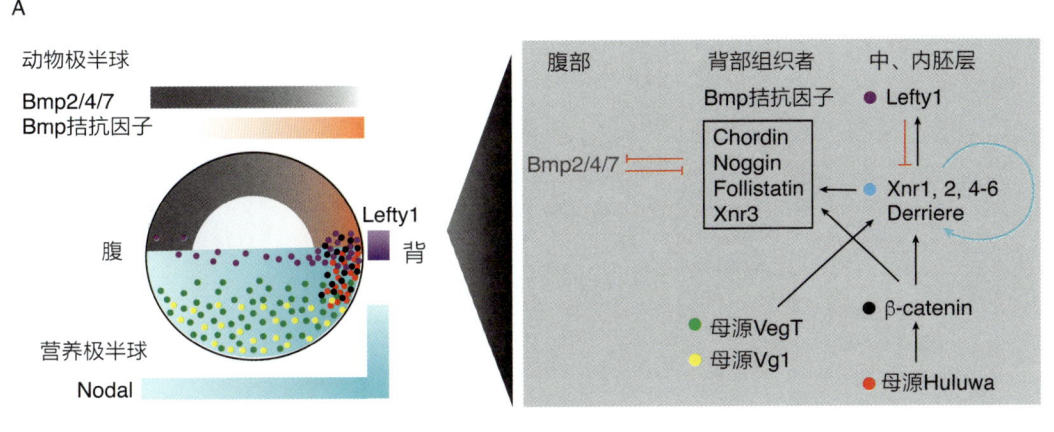

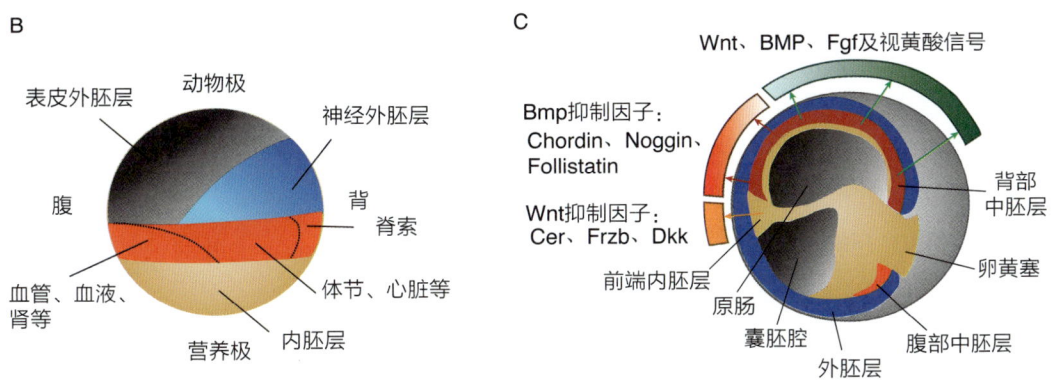

图 11-20　爪蛙胚层诱导和分化的调控

（A）中内胚层的诱导与分化的调控；（B）原肠胚细胞命运图，显示中胚层和外胚层沿背腹轴的分化；（C）原肠作用后期来自前端内胚层及中胚层信号对神经外胚层沿头尾轴分化的调控作用，Wnt和 Bmp 抑制因子保障前部神经外胚层命运（前脑）。

部由高到低的浓度梯度，其促使腹部外胚层获得表皮外胚层命运，也参与腹部中胚层命运的诱导。在背部组织者中激活的 β-catenin 和高浓度的 Nodal 信号还诱导了 *Xnr3*、*Chordin*、*Noggin*、*Follistatin* 等基因的表达。Xnr3 不具有中胚层诱导活性，可抑制其他 Nodal 和 Bmp 蛋白的信号转导。Chordin、Noggin、Follistatin 与 Bmp 结合而抑制其信号转导，从而使背部外胚层获得神经外胚层（neuroectoderm）命运。随着原肠作用开始，表达 Bmp 拮抗因子的背部组织者细胞内卷后向动物极方向移动，它们将形成头部和前部内胚层、前脊索中胚层，继续表达 Bmp 拮抗因子，还表达 Wnt 信号拮抗因子 *Cerberus*（*Cer*）、*Frzb*、*Dkk* 等，使其上方的神经外胚层获得前部神经外胚层命运，将形成前脑；在后部的神经外胚层因较高浓度的 Wnt、Bmp、Fgf、视黄酸信号等而获得后部神经外胚层命运，将形成中脑、后脑及脊髓（图 11-20C）。

　　Nodal 基因最早是在小鼠的一个反转录病毒插入产生的一个突变品系 413-d 中鉴定出来的突变致死基因，该突变体胚胎没有原条和原结。原肠作用前，小鼠 *Nodal* 基因在整个上胚层表达，产生的 Nodal 信号诱导邻近的、杯状胚杯口的胚外外胚层表达 Bmp4，然后 Bmp4 信号诱导上胚层近端区域和旁侧的内脏内胚层细胞表达 Wnt3a，Wnt3a/β-catenin 信号维持 Nodal 在近端的表达（图 11-21）。Nodal 信号诱导 Nodal 拮抗因子 Lefty1 和 Cer1 在远端内脏内胚层（distal visceral endoderm，DVE）表达，后者抑制 *Nodal* 基因继续在上胚层远端区表达。随着原肠作用的开始，DVE 向前端移动成

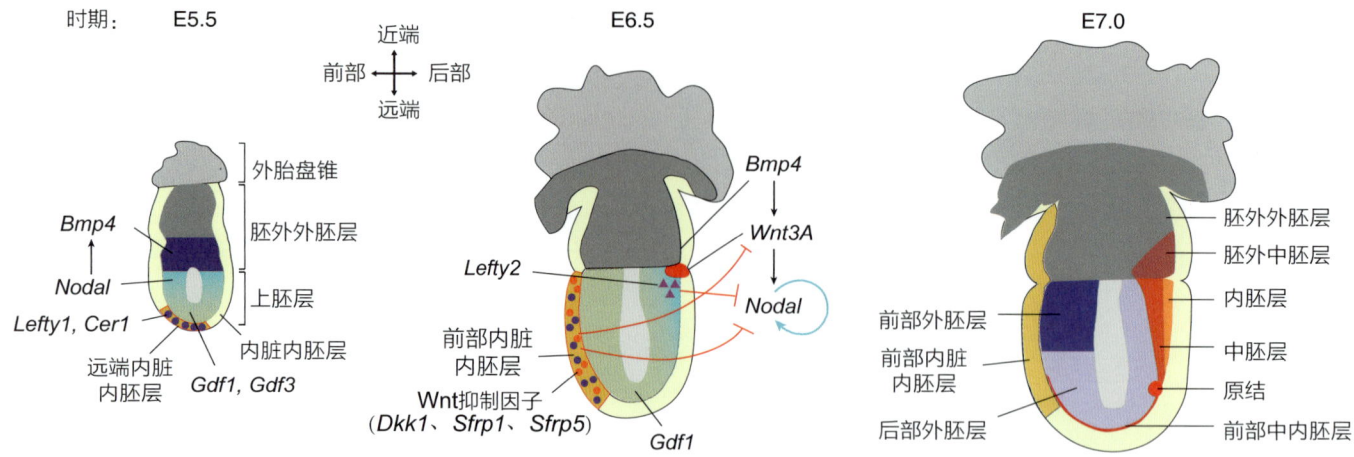

图 11-21　小鼠上胚层的分化的调控
Nodal 信号在中内胚层诱导中发挥关键作用，前部内脏内胚层产生的 Wnt 和 Nodal 抑制因子保障前部神经外胚层命运；远端内脏内胚层在原肠作用过程中向前部方向移动成为前部内脏内胚层（改自 Jia and Meng，Development，2021）。

为前部内脏内胚层（anterior visceral endoderm，AVE），导致 Lefty1 和 Cer1 在前端抑制 *Nodal* 基因在上胚层前部的表达，这时 Nodal 信号就局限在上胚层近端区的原条中，诱导附近上胚层细胞的中内胚层命运。此外，在上胚层中普遍表达的另外两个 TGFβ 家族成员 GDF1 和 GDF3（均为爪蛙 Vg1 的同源蛋白）也可能参与了中胚层和内胚层的诱导。AVE 还表达 Wnt 信号的抑制因子 Dkk1、Sfrp1、Sfrp5，上胚层前端区因 Wnt 和 Nodal 信号受到抑制而获得神经外胚层命运。

五、脊椎动物左右不对称性的遗传调控机制

　　双侧动物包括人在外观上基本上是左右对称的，但一些内脏器官的位置或分布是不对称的。比如，人的心脏、胃、胰腺和脾的大部都在左边，肝和胆囊的大部分都在右边，肺的左边的肺叶数比右边的少，小肠是逆时针盘绕。在动物胚胎发育过程中，一旦背腹轴确定，左右轴（left-right axis）也可确定，即与背部中线垂直、向两边延伸的轴就是左右轴，从背部看位于中线左边的部分为左侧、另一边为右侧。在原肠作用结束前，胚胎一般是左右对称的。脊椎动物左右不对称性（LR asymmetry）发育的关键信号是 Nodal 信号，其在左右两侧的不对称分布，即只存在于左侧侧板中胚层（lateral plate mesoderm）中，中线上的 Nodal 拮抗因子 Lefty 成为阻止 Nodal 信号扩散到右侧的分子屏障。下一步，左侧侧板中胚层中的 Nodal 信号诱导左侧附近的细胞表达转录因子 Pitx2，后者再调控与组织器官形态发生相关的基因表达，进而控制组织器官的不对称性发育（图 11-22A）。

　　在脊椎动物胚胎中普遍存在一个调控 Nodal 蛋白不对称性表达或释放的组织结构，统称为左右组织者（left-right organizer，LRO），某些物种，如爬行类、鸟类和猪的 LRO 细胞无纤毛，而鱼类、爪蛙和小鼠的 LRO 细胞则长有单根纤毛。鸡胚的 LRO 是原肠作用结束时的亨氏结，其内有一部分表达 Fgf8 和 Shh 的细胞，它们向亨氏结的左边移动，可能引起 Fgf8 和 Shh 向左侧中胚层扩散，从而只在左侧侧板中胚层激活 Nodal 的表达。

　　在斑马鱼胚胎原肠作用起始时，位于背部胚盘（胚盾）下包前沿约 20 个间质细胞为背部先驱细胞（dorsal forerunner cell，DFCs），它们随原肠下包运动而向营养极迁移和增殖，到原肠运动结束时位于尾芽位置，它们上皮细胞化形成枯否泡（kupffer's vesicle，简称 KV）（图 11-22B，C）。之后随着体节开始出现，KV 扩大，腔内出现液体，每个 KV 细胞从顶面长出一根纤毛。在 4~6 体节期，KV 细胞沿头尾轴发生不对称性形变，前部细胞比后部细胞更细长，因而 KV 前部的细胞更多、分布的纤毛也就更多。纤毛的摆动使 KV 腔中的液体逆时针转动（图 11-22D），引发未知信号（可能包括钙离子信号）向左侧释放，导致 KV 侧邻细胞不对称表达 Nodal 基因 *ndr3*（又称 *southpaw*）（图 11-22E，黑色箭头）和 Nodal 拮抗因子 *charon*（图 11-22F），前者在 KV 左侧相邻细胞表达水平高于右侧相邻细胞，而后者刚好相反。到 10 体节期左右，*ndr3* 在左侧侧板中胚层表达，而不在右侧表达（图 11-22E，红色箭头），从而启动左侧心脏等器官的不对称发育。

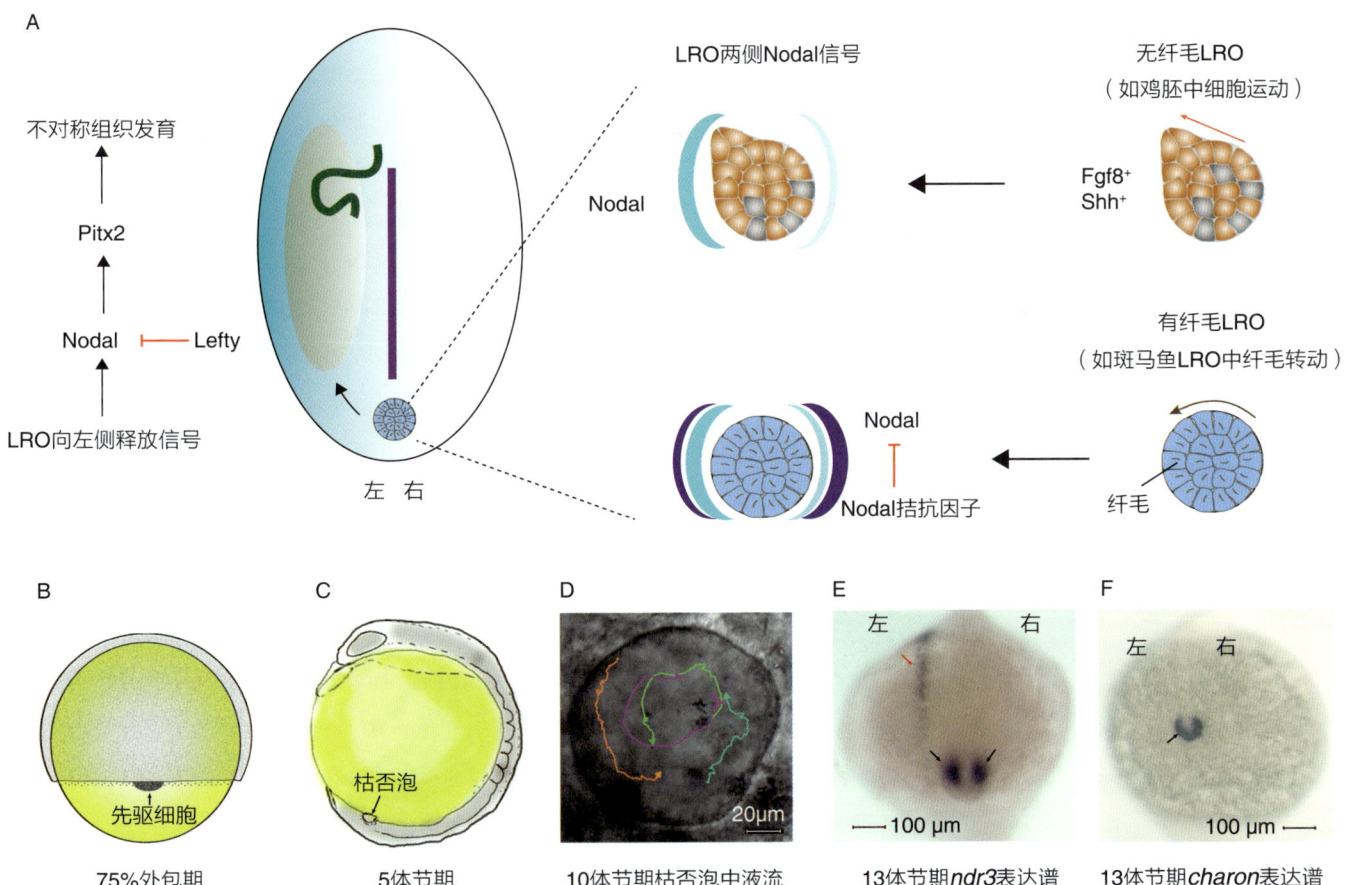

图 11-22　脊椎动物胚胎左右不对称发育的调控
（**A**）左右组织者（LRO）调控脊椎动物胚胎左右不对称发育的一般方式（改自 Jia and Meng，Development，2021）；（**B~F**）斑马鱼 LRO 调控左右不对称发育（改自 Zhang et al.，Development，2012）：（**B**）背部观；（**C**）侧面观；（**D**）将微珠注射到枯否泡中观测到的几个微珠的运动方向；（**E**）原位杂交结果显示 *ndr3* 基因在侧板中胚层（红色箭头所指）和枯否泡周边的表达；（**F**）原位杂交结果显示 *charon* 在枯否泡周边的表达。

※ 复习思考题

1. 发育生物学与生命科学领域其他学科的区别与联系是什么？

2. 脊椎动物（如斑马鱼）和无脊椎动物（如果蝇）胚胎的同源基因在背腹轴上表达的区域有何差异？

3. 小鼠胚胎中的原条与鸡胚中的原条有何异同？

4. 脊椎动物背部组织者的作用是什么？

5. 原肠期各胚层的细胞是多能性细胞吗？

6. 人类胎儿胎盘中有起源于胚泡的内细胞团的细胞吗？

7. 成年个体才发生的疾病，有可能与早期胚胎发育异常有关吗？

※ 推荐阅读

1. JIA S, MENG A. TGFbeta family signaling and development [J]. Development, 2021, 148(5): 188490.

2. JONES W D, MULLINS M C. Cell signaling pathways controlling an axis organizing center in the zebrafish [J]. Current Topics in Developmental Biology, 2022, 150: 149-209.

3. KELLER R, SUTHERLAND A. Convergent extension in the amphibian, *Xenopus laevis* [J]. Current Topics in Developmental Biology, 2020, 136: 271-317.

4. RIECHMANN V, EPHRUSSI A. Axis formation during *Drosophila* oogenesis [J]. Current Opinion in Genetics & Development, 2001, 11(4): 374-383.

5. ROSSANT J, TAM P P. Blastocyst lineage formation, early embryonic asymmetries and axis patterning in the mouse [J]. Development, 2009, 136(5): 701-713.

6. SCHULZ K N, HARRISON M M. Mechanisms regulating zygotic genome activation [J]. Nature Reviews Genetics, 2019, 20(4): 221-234.

7. STATHOPOULOS A, NEWCOMB S. Setting up for gastrulation: *D. melanogaster* [J]. Current Topics in Developmental Biology, 2020, 136: 3-32.

8. XUE Y, ZHENG X, HUANG L, et al. Organizer-derived Bmp2 is required for the formation of a correct Bmp activity gradient during embryonic development [J]. Nature Communications, 2014, 5: 3766.

9. YAN L, CHEN J, ZHU X, et al. Maternal Huluwa dictates the embryonic body axis through beta-catenin in vertebrates [J]. Science, 2018, 362(6417): eaat1045.

10. ZHANG M, ZHANG J, LIN S C, MENG A. β-Catenin 1 and β-catenin 2 play similar and distinct roles in left-right asymmetric development of zebrafish embryos [J]. Development, 2012, 139(11): 2009-2019.

（编写：孟安明；审读：雷凯）

第十二章

器官发育

动物器官发育（organ development），也称为器官发生（organogenesis），是一个高度复杂且受到多层次精密调控的生物学过程。该过程始于原肠胚形成（gastrulation）阶段之后，来自外胚层、中胚层与内胚层的未分化细胞，通过时空特异性的表观遗传重编程与信号通路级联反应，逐步分化为神经元、心肌细胞、肾细胞等高度特化的细胞。例如，外胚层细胞在 Notch-Delta 信号介导的侧向抑制下分化为神经元与表皮细胞，中胚层细胞通过 BMP/Wnt 梯度信号迁移并分化为心脏祖细胞，而内胚层则在 Hedgehog 与 FGF10 的协同作用下形成胰腺原基。在此过程中，同类型细胞通过钙黏蛋白（cadherin）等黏附分子的介导聚集在一起形成组织，而不同组织（如上皮组织与间充质）则通过 Wnt、BMP 等信号通路的对话（cross-talk），整合为具有完整生理功能的器官。器官发育涉及一系列复杂的生物学事件，包括细胞增殖、细胞迁移、细胞分化、细胞凋亡以及组织重塑等，最终形成具有复杂三维结构的器官，执行对机体生存和健康至关重要的功能。对器官发育机制的解析不仅揭示了先天性畸形（如 Shh 信号缺陷导致全前脑畸形、TBX5 突变引发房室隔缺损）的分子病因，更推动了类器官、3D 生物打印及细胞重编程（诱导多能干细胞分化为功能性胰岛 β 细胞）等技术的突破，为组织工程、器官移植及再生医学提供了从基础研究到临床转化的系统性解决方案。

第一节 器官发育概要

一、器官发育的来源

受精后，精子和卵子融合形成受精卵。随后，受精卵卵裂，形成一个称为囊胚的细胞球。囊胚随后发育为原肠胚，产生 3 个胚层——外胚层（ectoderm）、内胚层（endoderm）和中胚层（mesoderm）。随着发育的进行，这 3 个胚层经历多个步骤，分别生成构成身体各器官和组织的特定细胞（图 12-1）。

1. 外胚层

外胚层是最外层的胚层，它发展成中枢神经系统、皮肤、头发、指甲和各种腺体。此外，它也生成神经嵴细胞，通过迁移和分化形成外周神经系统、色素细胞和软骨等多种组织与细胞。

2. 内胚层

内胚层是最内层的胚层，产生胃肠道、呼吸系统、肝脏、胰腺和其他内部器官。

图 12-1　3 个胚层分别生成属于不同器官和组织的特定细胞

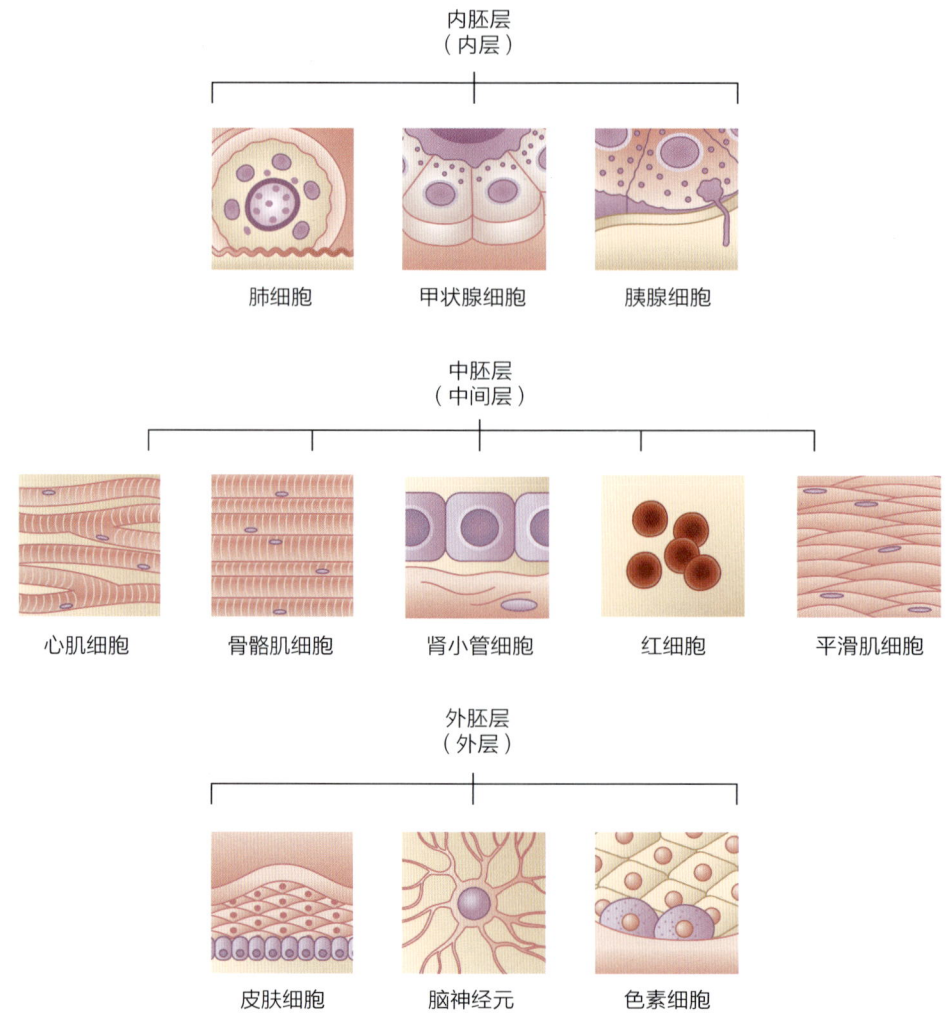

内胚层通过胚胎原肠胚形成过程中的内陷和细胞迁移而形成。

3. 中胚层

中胚层位于外胚层和内胚层之间，最终分化为肌肉、骨骼、心血管系统、泌尿系统和其他器官。中胚层分化为体壁中胚层和内脏中胚层，发育为不同的器官系统。

二、器官发育的关键阶段

器官发育是一个受到精密调控的动态过程，通常分为以下几个关键阶段。

1. 器官发育的启动（initiation of organogenesis）

原肠胚形成后，在特定器官的指定区域内，未分化的细胞开始发生特化（specification），即细胞的命运（fate）或谱系（lineage）被决定。这些细胞将来会分化为特定类型、特定功能或特定组织的细胞。细胞特化受到多种因素影响，如信号转导通路、转录因子和细胞间相互作用等。

2. 模式建成（patterning）

在胚层内，细胞被组织成特定的三维空间模式，决定了器官的未来结构和布局。遗传因子和信号转导通路在此过程中发挥关键作用。信号分子，如 Wnt、Hh 或 BMP 等，通常以浓度梯度的方式为细胞提供位置信息，指导细胞接受不同的身份并组织成特定的空间模式，从而为器官的结构奠定基础。

3. 细胞分化（cell differentiation）

根据其所处的空间位置、接收的胞外信号以及内在遗传信息，细胞逐渐获得特定的形态、特征和功能，转变为特定的细胞类型。细胞分化涉及细胞形态、基因表达和生理功能等多方面的变化，并受到信号通路、转录因子和表观遗传修饰等机制的严格调控。

4. 器官原基（organ primordium）的形成

在这一阶段，开始形成器官原基或芽（bud），是即将发展成特定器官的小细胞团。

5. 器官生长（organ growth）

器官原基通过细胞增殖（cell proliferation）增加细胞数量，从而扩大器官的体积，最终确保器官达到合适的大小。生长因子、激素和细胞周期等因素在器官生长过程中发挥着关键作用，通过严格调控细胞增殖，确保器官的正常生长。

6. 形态发生（morphogenesis）

将细胞和组织塑造成最终器官的三维结构，这一过程涉及细胞迁移（cell migration）、细胞凋亡（apoptosis）、细胞黏附（cell adhesion）和形态变化，最终形成具有特定功能的器官结构。

7. 器官成熟（organ maturation）

器官经历进一步的发育和特化，逐渐获得最终的三维结构。在此过程中，血管、神经和其他支持组织融入发展中的器官，以实现其最终的完整功能。

第二节　器官发育的遗传控制

一、器官发育遗传控制概述

器官发育过程的每一步，包括细胞的增殖、分化、生长、迁移和凋亡等，都受到遗传程序的严格调控，涉及转录因子、信号转导通路和表观遗传修饰等多方面的复杂调节和协同控制。

1. 转录因子

转录因子是一种能够结合特定 DNA 序列并调控目的基因转录的蛋白质。它们起开关的作用，控制着参与不同器官发育的各种基因的表达。在器官发育中，转录因子在控制细胞的命运决定和分化等方面发挥关键作用。分化特异性转录因子能够引导细胞朝着特定的谱系发展，并有助于形成不同的器官结构。

例如，MyoD 属于成肌调节因子（myogenic regulatory factors，MRF）家族，该家族还包括 Myf5、肌生成素（myogenin）和 MRF4。这些因子是包含碱性螺旋－环－螺旋（basic helix-loop-helix，bHLH）结构的转录因子，在肌肉生成中起着关键作用。MyoD 在肌肉发育的早期阶段被激活，既能诱导肌肉特异性基因的表达，如肌球蛋白重链（myosin heavy chain，MHC）、肌生成素、结蛋白（desmin）等，同时又能抑制参与其他细胞命运（如骨骼、脂肪等）的基因的表达。*MyoD* 和 *Myf5* 在正常发育中具有功能冗余性，同时敲除 *MyoD* 和 *Myf5* 的小鼠完全缺失骨骼肌。在成纤维细胞（一种结缔组织细胞）中表达 MyoD，足以诱导其转化为肌肉细胞，证明 MyoD 是一个决定肌肉细胞命运的转录因子。

2. 信号转导通路

信号转导通路负责将细胞外的信号传递到细胞核内，以调控基因表达。在器官发育过程中，诸如 Notch、Wnt、Hedgehog 和 BMP 等信号通路在细胞命运、形态、增殖和分化等方面发挥着重要作用。这些信号转导通路的异常可能导致发育障碍和器官畸形。

例如，在果蝇早期胚胎中，神经细胞从表皮细胞分化而来，这个分化过程需要 Notch 信号通路。在神经外胚层中，细胞最初都是等同的，具有潜在的神经或表皮细胞命运。随后，某些细胞开始表达 Delta 或 Serrate 配体，这些配体与相邻细胞的 Notch 受体结合，激活 Notch 信号通路。激活的 Notch 信号通路抑制神经细胞命运相关基因的表达，如神经母细胞特异性基因。最终，Notch 信号较强的细胞会抑制其神经命运，分化为表皮细胞。而 Notch 信号较弱或没有的细胞，则会脱离表皮细胞命运，分化为神经母细胞，进一步发育成神经元。通过上述相邻细胞间的侧抑制（lateral inhibition），Notch 信号通路有效地控制了神经细胞和表皮细胞的分化比例，确保果蝇胚胎的正常发育。哺乳动物的 Notch 信号通路以类似的机制调控神经和表皮细胞的分化，证明了 Notch 信号通路在进化中的功能保守性。

3. 基因调控元件

基因表达调控中的 DNA 调控元件，包括增强子、启动子和沉默子等，一般位于

DNA 的非编码区域，参与调节基因的表达。特别是增强子，在器官发育过程中能够激活或增强基因的表达。这些元件的精确时空调控对器官的准确发育至关重要，它们的突变或失调可导致器官的异常发育。

例如，*Sonic Hedgehog*（*Shh*）基因编码一个在多种发育过程中起关键作用的信号分子，如脊椎动物的肢体发育。*Shh* 在肢芽后部表达，从后往前形成 SHH 蛋白的浓度梯度，对于肢体的前后模式化非常重要。暴露于不同浓度 SHH 蛋白的细胞将分化成不同的结构，如手指和骨骼。极化活动区调节序列（zone of polarizing activity regulatory sequence，ZRS）是一个研究的比较透彻的 *Shh* 的增强子，位于 *Shh* 基因上游约 100 万碱基对的位置。ZRS 增强子包含在肢芽后部表达的各种转录因子的结合位点。这些转录因子与 ZRS 增强子结合，招募共激活因子和染色质重塑复合物，形成增强子–启动子的染色质环状结构，促进 *Shh* 在肢芽后部的特异性时空表达。ZRS 增强子的重复或突变可以通过改变 *Shh* 的空间表达导致多指症（额外的手指或脚趾）。因此，像 ZRS 这样的增强子在调控关键发育基因的表达中起着重要作用，确保基因在正确的时间、位置和水平表达，指导组织和器官的形成。

4. 表观遗传修饰

表观遗传修饰能够在不改变 DNA 序列的情况下改变基因表达。常见的表观遗传调控机制包括 DNA 甲基化、组蛋白修饰和非编码 RNA 等。在器官发育过程中，这些表观遗传修饰对于细胞的命运决定和分化，以及特异性基因表达模式至关重要。

例如，DNA 甲基化是最常见的表观遗传修饰之一，主要发生在基因的启动子区域。DNA 甲基化主要由 DNA 甲基化转移酶（DNMT）催化，包括 DNMT1、DNMT3A 和 DNMT3B。DNMT1 通常被称为"维持甲基化酶"，在 DNA 复制过程中保持甲基化模式的传递；而 DNMT3A 和 DNMT3B 则在新合成 DNA 的甲基化中起作用。因为甲基化可以阻碍转录因子与 DNA 的结合，从而抑制基因转录，所以甲基化通常与基因沉默相关联，即甲基化水平越高，基因的表达越受抑制。*p53* 是最重要的抑癌基因之一，其失活与多种肿瘤相关。在癌症中，*p53* 的启动子区域经常发生高甲基化，导致 *p53* 的表达被抑制，从而促进肿瘤的发展。

细胞选择一种命运主要出于内因，如转录因子的表达具有发育阶段、胚胎位置和表达水平（时、空、量）的特异性，还有表观遗传学层面的组蛋白修饰、染色质开放状态、非编码 RNA 功能等。此外，细胞命运也受到与内因相互作用的外因影响，如细胞所处环境中胞外信号分子的浓度、梯度、方向，胞外基质的物理化学性质，相邻细胞与其相互作用的模式和强度等。这些内因和外因共同作用决定了发育过程中细胞的命运，以及各个器官形成的方式。

二、器官发育的主控基因

1. 同源异形基因

同源异形基因编码一类转录因子，其突变往往会导致生物的一个身体形态结构转

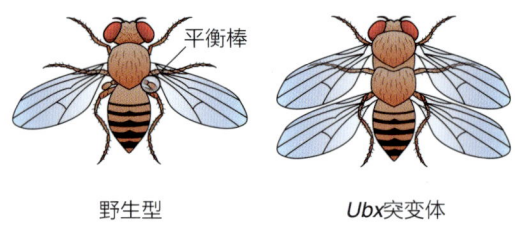

野生型　　　　　　　　*Ubx*突变体

图 12-2　野生型果蝇与 *Ubx* 突变体果蝇

变为另一个形态结构。同源异形基因的名称源于英国科学家贝特森。他在 1894 年用同源异形变化（homeosis）来描述一个身体形态结构转变为另一个的现象，例如蜜蜂的腿（运动器官）转变为触角（嗅觉器官）。第一个被发现导致同源异形变化的果蝇突变体是 *Ultrabithorax*（*Ubx*），由摩尔根的学生布里奇斯在 1915 年发现。在正常的果蝇中，第二胸节（T2）有一对翅膀，第三胸节（T3）长有一对平衡棒（haltere）。在 *Ubx* 突变体中，T3 转变为 T2，原来的平衡棒变成了翅膀，导致突变果蝇长出了两对翅膀（图 12-2）。这个发现提示了 T3 可能是由 T2 复制演变而来的，而 Ubx 对于 T3 的属性决定是必需的。

随后，刘易斯等研究人员发现了更多类似突变，并将这些突变都归为同源异形突变（homeotic mutation），相应的基因则被称为同源异形基因（homeotic gene）。果蝇共有 8 个同源异形基因，分布于染色体上的两个位置，即 Antennapedia 复合体（ANT-C）和 Bithorax 复合体（BX-C）。ANT-C 由 5 个基因组成，根据它们在染色体上的排列位置，分别是 *labial*（*lab*）、*proboscipedia*（*pb*）、*deformed*（*dfd*）、*sex combs reduced*（*scr*）和 *Antennapedia*（*Antp*）。这些基因参与胚胎前部的发育，形成头部和胸部的节段。而 BX-C 由 3 个基因组成，从前往后分别为 *Ultrabithorax*（*Ubx*）、*abdominal-A*（*abd-A*）和 *Abdominal-B*（*Abd-B*）。这些基因参与胚胎后部的发育，产生胸部的后段和腹部结构。有趣的是，同源异形基因在染色体上的排列顺序与它们在胚胎前后轴上的表达顺序，以及对应成体结构的前后位置呈现出一致性，展现出相互对应的关系（图 12-3）。

1983 年，美国印第安纳大学的托马斯·考夫曼（Thomas Kaufman）实验室和瑞士巴塞尔大学的格林实验室分别克隆了 ANT-C 的基因。1984 年，格林实验室的威廉·麦金尼斯（William McGinnis）等人最先报道了同源异形基因中存在一个高度保守的 DNA 序列，将其命名为同源异形框（homeobox，Hox）。它编码了一个包含约 60 个氨基酸的同源异形域（homeodomain，HD），是一个具有螺旋-转折-螺旋（helix-turn-helix）结构的 DNA 结合域（DNA binding domain）。同源异形基因的蛋白质产物是转录因子，通过调控特定基因的转录来影响体节的属性和器官的发育。

同源异形基因在生物界广泛存在，涵盖了真菌、植物和动物等。然而，这些物种在同源异形基因的数量上存在较大差异（图 12-4）。在动物界，海绵只有 1 个同源异形基因，水螅通过复制产生了 2 个相邻的基因，而线虫则通过进一步复制产生 5 个串联的基因，构成一个复合体（complex）。在果蝇中，这个复合体分裂成两个部分——ANT-C 和 BX-C。而在哺乳动物和鸟类中，整个复合体重复复制，形成了 4 个复合体——HoxA、HoxB、HoxC 和 HoxD，分别位于不同的染色体上。每个复合体中的单基

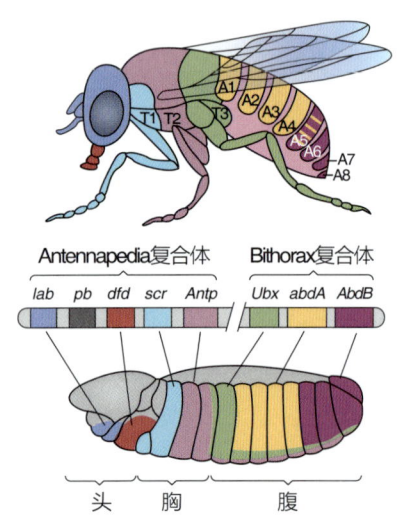

图 12-3　同源异形基因在果蝇中的表达
上为同源异形基因在成体果蝇中对应的结构，中为这些基因在染色体上的分布位置，下为这些基因在胚胎中的表达图谱。

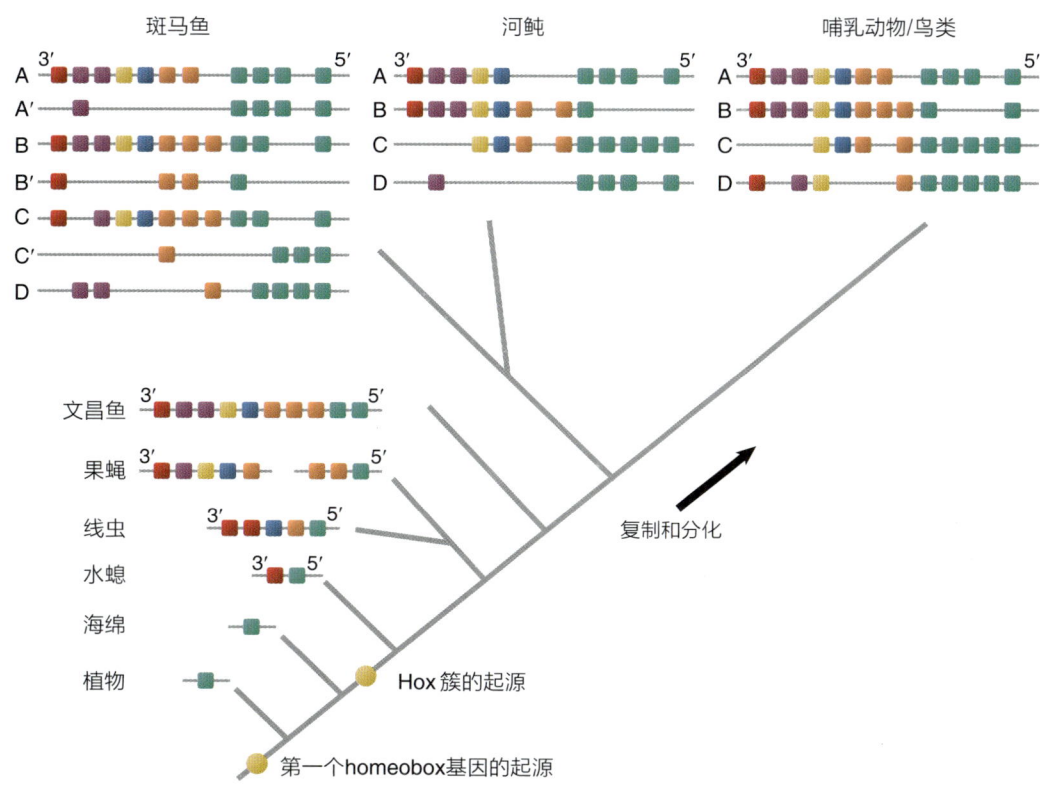

图 12-4　同源异形基因及其复合体进化的代表性树状图

因在果蝇复合体中都有大致对应，而且果蝇同源异形基因突变体的表型可以通过引入哺乳动物对应基因得到挽救，证明同源异形基因的功能在进化过程中具有一定的保守性。

1987 年，格林实验室利用热激法在果蝇全身表达 *Antp*，观察到成虫的触角被转化为第二对腿（图 12-5）。因为 *Antp* 的功能缺失会导致第二对腿变为触角，而其功能获得则将触角转变为第二对腿，证明 *Antp* 对第二对腿的形成是必要且充分的。基于这些发现，格林认为 *Antp* 是形成第二对腿的主控基因（master control gene）。但是，除了在原来的 T2，*Antp* 只能在头部诱导第二对腿的形成，提示 *Antp* 对特定器官（第二对腿）发育命运的控制能力是有限的。

2. *eyeless*/*Pax6* 基因

在福尔哈德和维绍斯筛选出的控制果蝇早期胚胎发育的大批基因中，瑞士苏黎世大学的马库斯·诺尔（Markus Noll）实验室在 20 世纪 80 年代陆续克隆了 *paired*（*prd*）、*gooseberry*（*gsb*）和 *gooseberry neuron*（*gsbn*）等基因。他们发现这些基因都包含一段保守的 DNA 序列，遂将其命名为配对盒（paired box，Pax）。与配对盒对应的 128 个氨基酸基序被称为配对域（paired domain，PD），内含两个独立的 DNA 结合域。随后，诺尔实验室

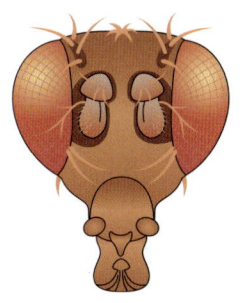
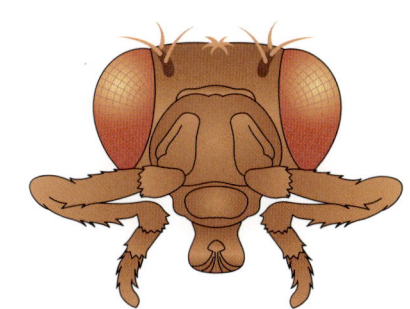

图 12-5　野生型果蝇（左，头部长触角）和过表达 *Antp* 的果蝇（右，过表达 *Antp* 导致触角转变成腿）

克隆了更多含有配对盒的基因，包括 *pox neuro*（*poxn*），*pox meso*（*poxm*）和 *sparking*（*spa*）等，并将它们统称为 *Pax* 基因。*Pax* 基因在进化过程中表现出高度保守性，哺乳动物至少有 9 个成员（*Pax1 ~ Pax9*）。在这些成员中，有些如 *Pax1* 和 *Pax9* 仅含配对盒，而另一些如 *Pax3*、*Pax4*、*Pax6* 和 *Pax7* 则同时具备配对盒和同源异形框。一个合理的解释是，最早的 *Pax* 基因只包含配对盒，在进化过程中通过复制产生了新的 *Pax* 基因。有些 *Pax* 基因发生了与 *Hox* 基因的交换或融合，从而同时拥有了配对盒和同源异形框。这种多样化且复杂的方式使得 *Pax* 基因编码的蛋白质产物具备多种结合 DNA 的方式，可以独立运用配对域或同源异形域，也可以通过这两者的协同作用来调控下游基因。这种多样性不仅拓展了 *Pax* 基因的调控范围（广度），还提高了调控的精确性（精度）。

1915 年，摩尔根的学生米尔德里德·霍奇（Mildred Hoge，1885—1968）首次报告了位于果蝇第四号染色体的小眼突变。随后，摩尔根实验室获得了更多的小眼突变体，其中最严重的表型是眼完全缺失，故将该突变体命名为无眼（*eyeless*）。1994 年，格林实验室成功克隆了 *eyeless* 基因，并发现它是哺乳动物 *Pax6* 的同源基因。有趣的是，*eyeless/Pax6* 在果蝇和哺乳动物眼发育中的表达模式和功能均具有高度保守性。首先，*eyeless/Pax6* 在各自物种的眼和神经系统中表达。其次，一个带有 *eyeless* 调控区的 *lacZ* 报告基因在小鼠中也能模拟 *Pax6* 在眼和神经系统的表达模式，说明调控 *eyeless/Pax6* 表达的转录因子是保守的。第三，*Pax6* 的缺失会导致小鼠出现小眼表型，而在人类中则会导致眼中虹膜的缺失。最后，将 *Pax6* 引入果蝇中可以完全挽救 *eyeless* 的无眼表型，证明两者在功能上的保守性。

尽管果蝇的复眼和哺乳动物的单眼在形态和发育模式上存在显著差异，但上述研究结果证明了不同动物的眼或感光器官具有共同的遗传调控机制和进化途径，揭示了它们可能并非独立进化的结果。

1995 年，格林实验室利用 Gal4/UAS 技术将 *eyeless* 或小鼠的 *Pax6* 表达到果蝇身体的其他部位，如触角、翅膀或腿，惊讶地发现这些部位都能形成眼（图 12-6）。而且，这些异位的眼不仅具有正常的形态，还包含感光细胞、晶状体、视锥细胞和色素细胞，并且能记录到视网膜电流。研究团队随后发现，来自其他物种，如鱿鱼或小鼠的 *Pax6* 也能在果蝇的多个部位诱导眼的形成。已知果蝇眼的发育需要至少 2 500 个基因的参与，而单独表达一个 *eyeless* 就足以诱导整个眼的形成，表明 *eyeless* 可能在调控所有参与眼发育的基因中扮演着极为重要的角色，类似于一个位于最上游的关键开关，决定眼的整个发育过程。这项研究不仅证明了 *eyeless* 是果蝇眼睛这个器官的主控基因，也为人工制造或再生哺乳动物的器官提供了宝贵的启示。

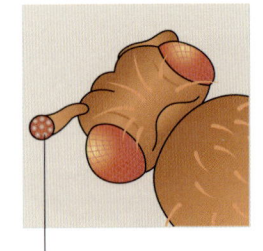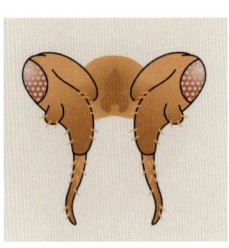

触角上的异位小眼

图 12-6　在果蝇的触角（左）、翅膀（中）或腿（右）表达 *eyeless* 能诱导眼的形成

第三节　心脏的发育

心脏是哺乳动物生长发育过程中最先形成的功能性器官，承担着为胚胎提供必要氧气和营养的重要任务。随着胚胎的不断发育，通过简单的扩散方式已无法满足其日益增长的物质需求，此时，心血管系统的出现成为了必然。心血管系统通过心脏收缩泵送的方式，将这些生命所必需的物质输送到胚胎的各个部位，为其持续发育提供了至关重要的保障，同时也为成年后的个体生存提供了必要支持。

相比之下，节肢动物如苍蝇等的心血管系统相对简单，其主要由一个心管构成，能够在没有血管系统的辅助下完成体液的泵送。然而，哺乳动物的心血管系统则更为复杂，其拥有4个独立的心室，并通过肺循环和体循环完成氧气和二氧化碳的交换，从而为全身的营养物质、代谢物、激素以及免疫细胞的循环提供动力。尽管成年心脏在不同物种之间存在巨大差异，但其发育过程在动物界中却是高度保守的。

心脏中的绝大部分细胞，尤其是其中的最重要的功能性细胞——心肌细胞，是从原肠运动产生的中胚层衍生而来的。除了心脏之外，中胚层也会发育成骨骼肌、骨骼、血液以及其他组织。哪些中胚层细胞最终会形成心脏，它们的发育命运是在何时、何处决定的，心脏中不同位置细胞的命运又是在何时、何处，以及通过何种方式决定的，这些问题都是心脏发育学研究领域所关注的重点。本节将介绍心脏发育的基本知识，对其研究的历史，以及那些可以帮助我们理解其中关键问题的重要实验。

一、心脏的形态学发育

在探讨心脏发育过程中细胞命运决定的机制之前，让我们首先以小鼠的心脏发育为例，从形态学的角度简要介绍心脏发育所经历的过程。

在原肠运动的过程中，一部分细胞离开原条，形成了中胚层。其中分布于胚胎左右两侧的侧板中胚层中的一部分细胞从胚胎的后端向前端迁移，并在胚胎前端形成生心中胚层，在小鼠中，这个区域呈新月形或马蹄形，并以胚胎前后中线为轴呈基本左右对称分布。而在斑马鱼或爪蛙中，在胚胎左右两侧迁移形成的生心中胚层是互相分开的。

无论在小鼠还是斑马鱼中，生心中胚层由两侧向中间靠拢，并融合形成一条具有空腔的原始心管。最先形成心管的生心中胚层被称为第一心区，而在之后迁移进入心管的生心中胚层则被称为第二心区（图 12-7）。此时心管内为一层心内膜前体细胞，而外层则是早期的心肌细胞。

随着时间的推移，生心中胚层中的心脏前体细胞不断从心管的两端向心管中迁移并产生更多心肌细胞，这使得心管相对于胚胎迅速变长，并如同过长的软管一样开始扭转，这个过程称为心管的环化。环化过程伴随着心管不同部位的膨胀、缩窄和扭曲，形成了动脉干、心球、原始心室、原始心房和静脉窦等连续的结构。

动脉干和心球形成心脏的流出道，并在内部产生螺旋状分隔，从而形成了之后的

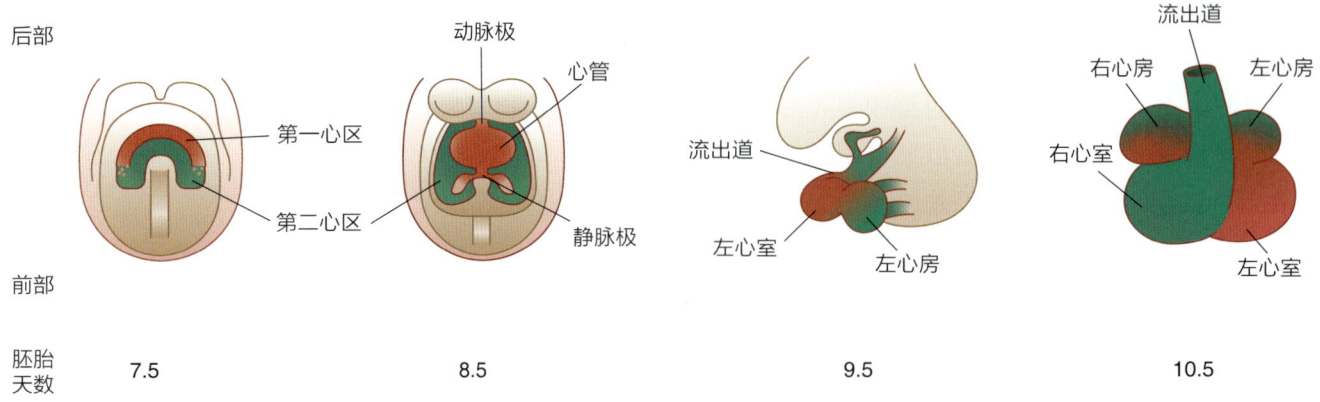

后部

前部

动脉极

心管

第一心区

第二心区

流出道

左心室

静脉极

流出道

右心房

左心房

右心室

左心房

流出道

右心房

左心房

右心室

左心室

胚胎天数　　　7.5　　　　　　　　　　8.5　　　　　　　　　　9.5　　　　　　　　　　10.5

图 12-7　小鼠心脏的形态发育
红色：第一心区及其衍生组织；绿色：第二心区及其衍生组织。

升主动脉和肺动脉干。与此同时，原始心室的厚度增加，逐渐由一层心肌细胞变为多层，并在心尖处向内形成一个包含心肌细胞的隆起，并不断生长，最终将心室区隔为两个部分——左心室和右心室。类似的区隔也发生在心房。

而在心室与流出道的连接处，心内膜与心肌细胞之间出现细胞外基质丰富的心内膜垫。它们逐渐形变重塑，与流出道的内部分隔对应，形成主动脉瓣和肺动脉瓣。而在心房心室之间的房室瓣膜也是以类似方式产生的。

二、细胞外信号诱导心脏前体细胞特化

由于心脏在心管开始环化的阶段就已经具备功能性的心肌细胞，并开始收缩，因此早期研究中确定早期心脏的位置及其形态变化相对简单。然而，中胚层的哪些细胞最终会成为心脏中的细胞，它们的命运是在哪个阶段决定的，又是通过哪些因素决定的，这些问题一直是发育生物学家关注的焦点。

在先进的遗传学工具被广泛用于研究心脏发育之前，科学家们主要通过在体外发育的胚胎中，如爪蟾、斑马鱼等，通过注射染料标记细胞以及细胞的移植来研究心脏发育。在通过标记确定了会形成心脏的中胚层细胞之后，Nascone 等人发现如果去除前部内胚层，心脏便无法形成，而把前部内胚层移植到非生心中胚层附近，则会使这些本来不会成为心脏的中胚层细胞分化成心肌细胞。这表明与侧板中胚层邻近的前部内胚层细胞对生心中胚层的特化具有重要的作用。

随后，Schneider 等的研究发现，抑制 Wnt 信号也可以诱导非生心中胚层分化为心肌，而 Wnt 信号本身则抑制正常生心中胚层的特化。这从分子层面鉴定出了诱导生心中胚层特化的信号。之后的研究进一步发现，前部内胚层的确通过分泌多种 Wnt 信号抑制蛋白，如 Dkk1 和 Cerberus 等，确保其附近的侧板中胚层细胞可以特化为生心中胚层，而不会进入其他的分化命运。

与来自前部内胚层的 Wnt 抑制信号类似，来自脊索的 BMP 抑制信号则阻断了其周围的后端侧板中胚层选择心脏命运，而分化为体节。同时，中胚层自身分泌的 BMP 信号则对心脏前体细胞的特化是必需的。这些关键的实验结果表明，原肠运动后产生

的各个部位的不同胚层细胞都是通过近距离的细胞外信号调控来影响自身和周围细胞的命运。细胞间相对空间位置关系和细胞特异性信号转导因子的表达、分泌与接收协调一致，确保各类细胞正常分化为特定的组织器官。

三、转录因子调控心脏前体细胞命运

通过注射染料标记细胞和细胞群体的移植无法对发育过程中各个不同类群的边界进行精确定义，而细胞类型和发育阶段特异性表达的转录因子，以及以它们为基础开发的各种遗传实验手段，则使我们能够更加精确地研究前体细胞的位置和命运变化。

第一个心肌特异性的转录因子是在果蝇中被发现的。随机突变筛选发现这个基因的功能缺失导致果蝇无法发育出心管，因此它被命名为"tinman"，意为铁皮人（童话小说《绿野仙踪》中没有心脏的角色）（图 12-8）。果蝇的 *tinman* 基因特异性表达在心管的心肌细胞中，而它的表达和对心脏发育的重要性在动物中是高度保守的。在哺乳动物中，*tinman* 的同源基因 *Nkx2-5* 在心脏前体细胞的特化过程和心脏早期发育中也起到了至关重要的作用。*Nkx2-5* 的突变会导致心脏发育在心管阶段停滞。而激活心脏前体细胞特化的 BMP 信号则是激活 *Nkx2-5* 表达的重要信号。

A	B	C
tinman	野生型	*tinman*突变

图 12-8　*tinman* 对果蝇心脏发育是必需的
（A）*tinman* 在发育 7.5 h 果蝇胚胎的心肌细胞中特异性表达；（B）发育 14 h 野生型果蝇胚胎，框中为心肌细胞形成的心管；（C）*tinman* 突变导致心管整体缺失。

另一个比 Nkx2-5 表达稍早的侧板中胚层转录因子是 Mesp1。它在中胚层中被 Wnt 和 BMP 共同激活，和 Nkx2-5 共同促进一系列心脏前体细胞的基因表达，并形成共调控网络，稳定这些细胞向心肌方向分化（图 12-9）。然而，在已经特化的生心中胚层中，Mesp1 的表达则被 Wnt 的抑制信号迅速下调。因此，Mesp1 只短暂存在于从原肠运动后期到侧板中胚层的中胚层细胞中。Mesp1 对心脏的发育也是至关重要的，Mesp1 敲除的小鼠胚胎甚至无法形成新月形的生心中胚层。这些研究揭示了心脏发育过程中关键转录因子和信号通路的作用，为更深入地理解心脏发育机制提供了重要线索。

四、心脏前体细胞对心脏的贡献

随着技术的进步，基于 Cre 同源重组酶的遗传示踪技术在心脏发育领域被广泛使用。它可以通过同源重组的方式永久标记表达过一个特定基因的细胞及其所有后代，既其谱系，使我们可以看到这些细胞对器官的具体贡献，以及它们在发育过程中的命运决定。

图 12-9　BMP 激活 Nkx 2-5 和 Mesp1，共同调控心脏前体细胞的转录网络

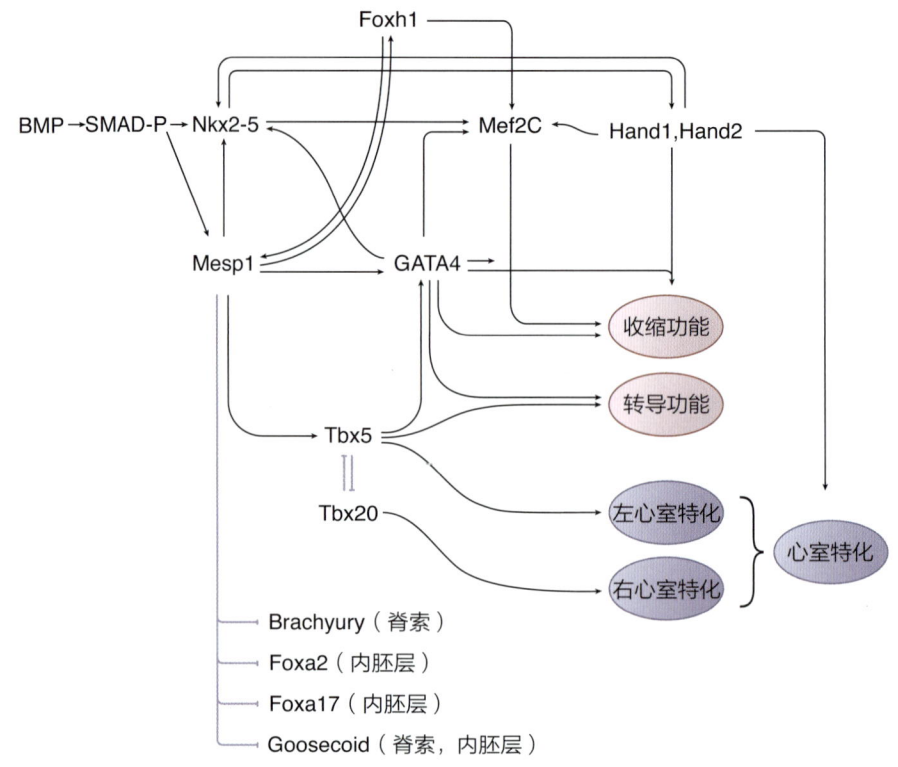

例如，虽然 Mesp1 的表达非常短暂，但基于 Cre 系统的遗传示踪工具发现，用调控 *Mesp1* 表达的元件控制的 Cre 标记所有曾经表达过 *Mesp1* 的中胚层细胞，胚胎后期心脏中的所有细胞都能够被标记上。这说明心脏中的细胞，尤其是心肌细胞，在发育过程中都曾经表达过 *Mesp1*（图 12-10）。

上述 Mesp1、Nkx2-5，以及其他转录因子如 Gata4 等一起形成了心脏前体细胞基因表达的调控网络，这些前体细胞还会继续由于其自身和环境的区别进行差异化的命运选择。Mesp1 阳性细胞是从胚胎的左右两侧从胚胎后端向前端移动的，在到达前端后它们会在胚胎中线融合形成生心中胚层的心区。而这个迁移和融合的过程依赖于邻近的内胚层和相关的信号分子。多种内胚层的基因突变，可能通过影响内胚层 - 中胚层相互作用的形式，阻碍了生心中胚层在中线的融合。例如，在生心中胚层迁移路径上的内胚层早期前肠细胞中表达 *Foxp4* 基因，其突变会导致生心中胚层在胚胎左右两侧独立发育出两个心脏（图 12-11）。这不仅说明内胚层对心脏发育的重要性，也说明部分心脏发育的内在程序不受中线融合的影响。多种突变会造成心脏前体细胞的融合缺陷，这一表型被称为心二分支（cardiac bifida）。

生心中胚层在中线融合并形成心管后，其环化的

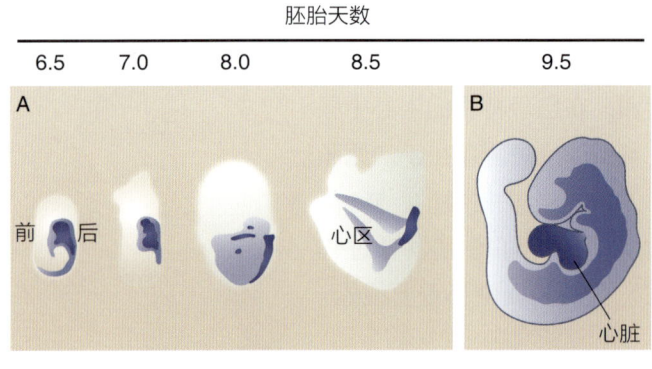

图 12-10　Mesp1 标记早期的心脏前体细胞

Mesp1 在小鼠胚胎第 6.5 到 9.5 天的表达。Mesp1 在胚胎后端的中胚层中表达，在其迁移到前端后迅速下调，而在形成生心中胚层心区的区域中没有表达（A）。但通过 Mesp1-Cre 和 loxp 介导的 *lacZ* 报告系统标记表达过 Mesp1 的细胞及其后代细胞，显示 Mesp1 谱系标记了所有心脏中的细胞（B）。

方向是固定的，即流出道向右下膨出，心室移向左侧，而心房则向后上方移动，进入心室左侧背上方。这一固定的环化方式是受胚胎的左右不对称信号引导的。在脊椎动物发育的原肠运动后期，左侧的侧板中胚层表达 Nodal 蛋白，激活转录因子 Ptix2 在左侧的特异性表达，决定了胚胎左侧与右侧细胞的区别。而最早决定 Nodal 左右不对称表达的因素，即胚胎左右对称性的破除，在不同的动物中机制不尽相同。在原条尾端原结结构中纤毛的定向转动可能是如 Nodal 等信号蛋白不对称分布的原因，而更低等的动物可能在合子阶段就已经建立了左右不对称。

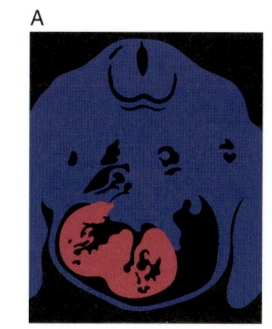
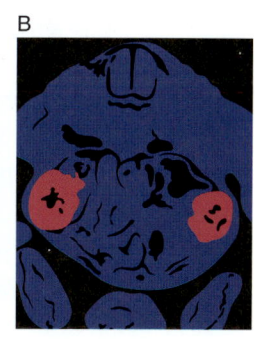

图 12-11　*Foxp4* 突变小鼠胚胎的心二分支表型
用心室肌球蛋白反义 RNA 探针染色小鼠胚胎心脏，显示第 13.5 天野生型胚胎在中间偏左有一个心脏（**A**）。而缺失 Foxp4 的小鼠在左右两侧各发育出了独立的心脏（**B**）。

　　奇妙的是，某些产生左右不对称缺陷的突变完全不影响心脏的整体发育，心脏环化和后续的发育除了方向与正常心脏相反，并没有别的功能性缺陷，而发育形成了右位心（dextrocardia）。这表明左右不对称的建立对心脏发育不是必需的。但是其他一些影响左右不对称的突变则导致了心脏环化和后续发育的缺陷，以及多种先天性心脏病。这说明心脏发育与左右不对称之间有一些共同的分子和细胞机制，如细胞骨架和细胞的迁移等，它们的缺陷会同时影响心脏发育和左右不对称两种表型。

五、生心中胚层的不同心区

　　在前面提到的原始心管形成过程中，最先形成心管的生心中胚层被称为第一心区，而在之后迁移进入心管的生心中胚层被称为第二心区。这个形态上的区分也得到了分子生物学的验证。转录因子 Isl1 被发现特异性的表达在第二心区中，而其表达随着细胞迁移进入心管而消失。有趣的是，用调控 *Isl1* 表达的元件控制的 Cre 标记所有曾经表达过 *Isl1* 的中胚层细胞，发现第二心区的细胞在进入心管后，主要贡献给了右心室和流出道以及大部分的心房。相对而言，没有表达 *Isl1* 的第一心区细胞则主要贡献给了左心室和少部分的心房（见图 12-7）。Isl1 的敲除导致整个第二心区的缺失和心脏发育的早期停滞，表明它对第二心区细胞的命运是决定性的。

　　虽然整个第二心区都被 Isl1 标记，但从前部和后部进入心管的第二心区细胞命运也是不同的。从心管前端进入的细胞会分化为右心室和流出道，而从心管后端进入的细胞则会分化为心房。这一差异被认为主要是由胚胎后部中胚层产生的视黄酸引起的。接触到高浓度视黄酸的后部第二心区的命运特化为心房和静脉窦，而前部第二心区和第一心区细胞接触到视黄酸信号较弱，则分化为心室。

　　除了心区中的细胞分化为心房心室的心肌细胞，静脉窦位置的一部分细胞会迁移到发育中的心脏表面，逐渐形成覆盖整个心脏的单层上皮心外膜。部分心外膜细胞会经过上皮间充质转化（epithelial mesenchymal transformation，EMT）迁移至心肌细胞之间，并分化为心脏成纤维细胞和冠状动脉平滑肌细胞（图 12-12）。还有另外一部分相对更远的细胞也参与了心脏发育：从背侧神经管形成过程中产生的迁移性神经嵴细

图 12-12 心外膜的发育及其对心脏的贡献

（**A**）心外膜祖细胞（黄色）在静脉窦附近发生。（**B**）心外膜细胞移动到发育中的心脏（红色）表面。（**C**）心外膜细胞逐渐包裹整个心脏，形成心外膜，部分细胞开始通过 EMT 进入心肌层。（**D，E**）进入心肌层的心外膜来源细胞分化为成纤维细胞、冠状动脉平滑肌细胞等非心肌细胞。

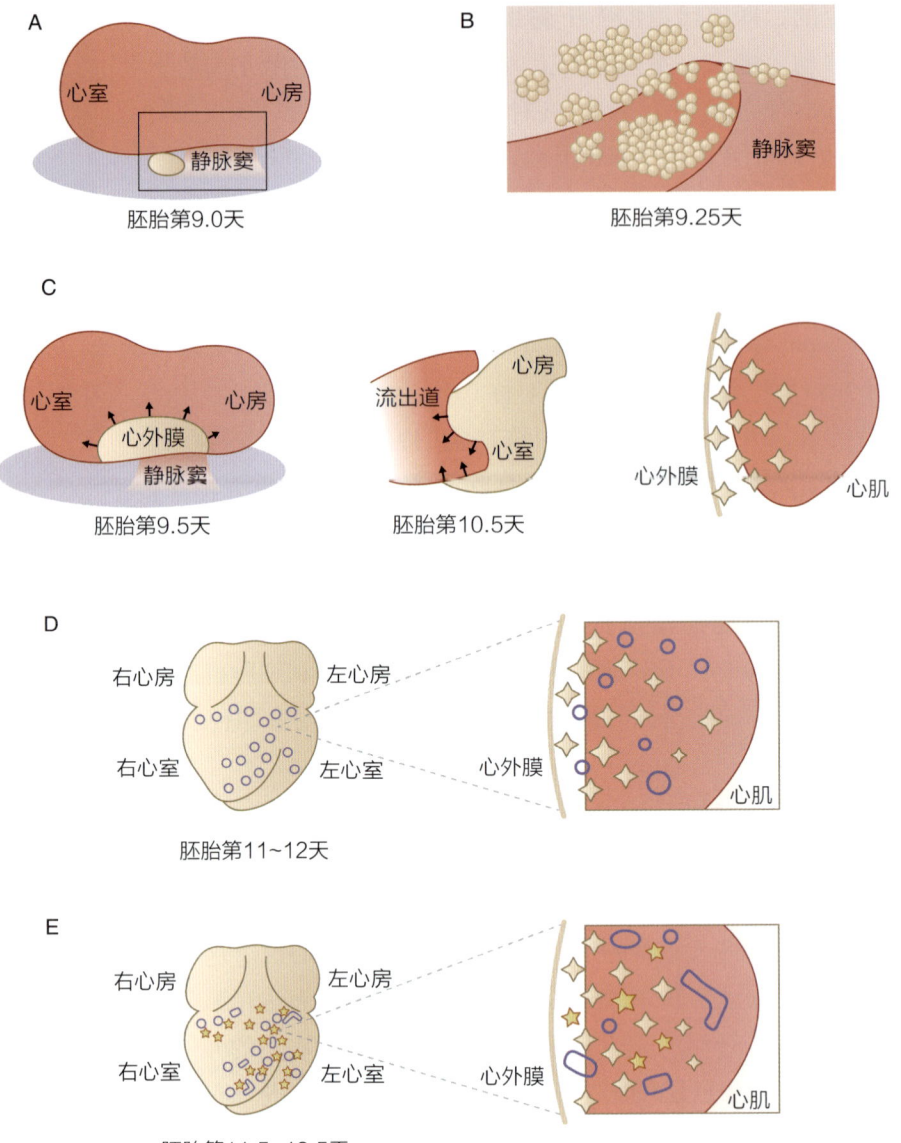

胞，一部分会迁移至发育中的心管前部，融合入第二心区产生的流出道，分化为升主动脉的平滑肌细胞。

从原肠运动到心管形成阶段的哺乳动物胚胎非常小，其中与心脏相关的细胞数量并不多，以往的谱系示踪等技术最终还是需要通过染色成像等手段进行鉴定，分辨率不高。近年来，随着单细胞测序技术、高分辨率成像技术等先进实验手段的发展，我们可以在单个细胞的分辨率下检验发育过程中的细胞命运改变路径，从而可以在以往的较笼统的框架下添加更多细节。

如过去第一第二心区的划分依赖于数个特异性基因比如 *Isl1* 的表达。然而，通过单细胞测序对标志物基因的差异表达分析和对细胞命运的追踪，一群在新月形心区边缘，位于胚胎和胚外中胚层的交汇处，被称为心周区（juxta-cardiac field，JCF）的祖细胞，被发现可以分化为心肌细胞和心外膜。这群细胞的出现要早于经典的第一、第二心区，是已知最早的心外膜祖细胞。

六、心室的发育

心脏中主要行使泵血功能的是提供体循环动力的左心室和提供肺循环动力的右心室。当第一心区分化而来的左心室与第二心区分化而来的右心室还在一个心管内的时候，它们之间的边界就十分清晰。左心室的命运主要由转录因子 Tbx5 决定，它的缺失或全心脏的表达都会形成一个没有分隔的心室，而失去左右心室的区分。而 Tbx5 的这一功能十分保守，即使在基本没有分隔左右心室的爬行动物中，它也在心室的左侧表达。

在哺乳动物中，左右心室的边界处产生肌性突起，并向上通过增殖产生完全隔开左右心室的心室间隔。心肌细胞增殖的缺陷，可能导致心室间隔的生长不足以完全隔开左右心室，造成室间隔缺损（ventricular septal defect，VSD），使出生后体循环和肺循环的混合降低供血效率。而左右心房的分隔有更多细胞类型的参与，也更容易受到遗传和环境因素的影响造成心房间隔缺损（atrial septal defect，ASD）。

在心室形成过程中，靠内接近心内膜的心肌细胞形成短束状肌小梁，被心内膜细胞包裹，而靠外的心肌细胞则互相紧密连接，形成心室的致密层。肌小梁和致密层的心肌细胞也有不同的转录因子标志物。比如，转录因子 Hey2 特异性地表达在致密层，其敲除导致致密层表达肌小梁标志基因，并使心室壁变薄。Hey2 的特异性表达和其他转录程序导致致密区心肌细胞增殖比肌小梁心肌细胞快，使心室壁逐渐增厚。而在胚胎发育晚期，部分肌小梁会与心室致密层融合，形成更厚的心室壁。这一过程如果受到影响，会导致心室致密化不全，出生后心脏残留过多肌小梁，阻碍心脏功能。

七、出生后心脏的成熟

哺乳动物与非哺乳动物很重要的一个区别是每个个体都需要经过出生的过程，虽然出生后的个体仍然可以继续发育。而心脏在出生后经历的发育，或者称为成熟的过程，包括各种与胚胎时期不同的巨大变化。这主要是由于肺循环在出生后才出现，而心脏需要在出生后迅速隔离体循环和肺循环，因此它在出生前后的功能和面对的环境存在巨大的差异，不亚于在出生后才行使功能的肺。

在小鼠中，绝大部分心肌细胞在一周内永久退出细胞周期，主要代谢方式由糖酵解转变为脂肪酸的氧化磷酸化，并进行多倍体化（在啮齿类中大部分心肌细胞有两个双倍体细胞核，在人类中则多为一个多倍体细胞核）。更大的变化是，出生后整个心脏的生长主要依赖心肌细胞的肥大性生长，即每个细胞变大而其数量并不变多。这一变化也伴随着行使收缩功能的肌节结构的高度组织化并充斥整个心肌细胞。而使心肌细胞快速感受电信号进行收缩的特殊结构——横管也在出生后逐渐形成。横管是心肌细胞质膜的规律性内陷，与肌节平行排列。它们通过拉近质膜与肌节的距离，使细膜的去极化可以在心肌细胞内的各处激活收缩需要的钙信号，使得巨大的心肌细胞可以同步高效收缩。

这些变化被认为受到出生后氧气浓度变化、身体对供氧和心脏泵血能力的需求改变、甲状腺素水平等因素的共同调控。这些外部变化通过体内的分泌因子、激素、机械力等方式影响了心肌细胞内的信号通路，并最终通过转录因子改变了心肌细胞的基因表达和随后的蛋白质翻译以及最终的细胞表型。例如，心肌细胞的代谢转变就是由母乳通过消化道进入新生动物血液的脂肪酸所激活的。介导脂肪酸激活脂肪酸氧化磷酸化的转录因子包括多种核受体以及激活线粒体生成的 PPAR 和 PGC1α 等。

八、心脏发育研究的新技术

单细胞测序技术可以以单细胞分辨率检验心脏发育过程中各种细胞的命运改变。而在单细胞测序的基础上，具有高空间分辨率的空间转录组测序加深了我们对发育中各种细胞的理解。与空间位置对应的单个细胞转录图谱不仅验证了过去几十年来发育生物学逐渐积累起来的知识，包括各种位置特异性和发育阶段特异性的基因表达，也揭示了更多之前未被发现的细胞类群特异性或位置特异性的基因。

遗传示踪工具如 Cre/loxp 系统，是发育生物学研究的重要工具。它们给我们展示了早期前体细胞的位置和特异性的基因表达，这决定了其在之后形成器官里的细胞位置和类型，对理解发育过程中细胞的命运决定是至关重要的。而这类系统非常依赖调控 Cre 表达的元件的特异性，而发育生物学的发展也依赖时空特异性更加完善的谱系示踪系统。更加先进的遗传示踪工具，如基于双同源重组酶系统的遗传谱系示踪技术等，可以同时检验不同细胞的谱系及其相互关系，可更加清晰地解析心脏发育过程中和其他发育系统中各种谱系的相互关系和细胞命运的决定性因素。

在遗传谱系示踪之外，哺乳动物胚胎的体外培养技术使得对其发育过程进行实时成像追踪成为可能，而先进的全胚胎活体荧光成像技术及图像数据分析技术使我们可以以前所未有的精确度观察心脏发育过程中每个细胞的行为，并发现之前未曾发现的现象。例如，心肌细胞增殖的方向在心脏不同位置完全不同，可能导致了致密层和肌小梁的命运差异。

综上，心脏的发育经历了从中胚层到生心中胚层、从心脏前体细胞到心肌细胞、从增殖的胚胎心肌细胞到多倍体成熟心肌细胞等变化过程，这些发育过程中细胞的命运由细胞的外因和内因（如细胞所处位置及其感受胞外信号的强度以及细胞特异性的转录程序）共同决定。虽然很多经典的信号、转录因子已经被发现，但是随着技术进步，如从胚层的切割移植到遗传示踪到单细胞组学，更多细节将被发现，我们将更清晰地解析心脏发育的分子机制和关键命运决定事件。而这些知识不仅可以帮助我们深入认识心脏的发育过程，也将帮助我们理解先天性心脏病以及部分成年心脏疾病的发病机制，以及寻找可能的治疗方法。

第四节　肾脏的发育

一、肾脏的基本结构

肾脏是动物个体维持水、离子平衡和酸碱平衡的核心器官，起着排出代谢废物和调节血压的功能。

肾脏由收集管（collecting duct）和肾单位（nephron）两部分组成，这两部分都是由中间中胚层发育而来的。其中肾单位是肾脏的基本功能单元，分为肾小球和肾小管。肾单位由后肾间充质发育而来。小鼠每个肾脏约有 10 万个肾单位，人类约 100 万个。肾单位主要位于肾脏皮质区，由肾小球和肾小管组成。

肾小球位于肾单位的最前端，是血液过滤的主要部位。肾小球中央是疏松多孔的毛细管丛，血液从血管依次经过肾小球基底膜、足细胞进入鲍曼囊和肾小管。肾小球基底膜结构非常致密，起屏障作用，保留高分子量的蛋白质和血细胞在血液中，同时允许水、糖和电解质等小分子进入肾单位。肾小管负责重吸收肾小球滤过液中的无机质、有机质和水。根据其形态可以进一步细分为不同的节段包括近曲小管、近直小管（髓袢降支粗段）、Henle 环（髓袢细段）、远直小管（髓袢升支粗段）和远曲小管（图 12-13）。肾小管不同的节段由不同形态的细胞组成，表达不同的离子转运蛋白，行使不同的功能。近端小管（包括近曲小管、近直小管）的主要功能是重吸收各种重要的无机盐和有机质如糖、氨基酸等。Henle 环是重吸收水的主要节段，起浓缩滤过液的作用，这对于陆生动物非常重要。远端小管则调控钠、钙离子的重吸收。

二、后肾的发育

在羊膜动物（鸟类、爬行类和哺乳类）中，根据肾脏形成的位置和时间，可以分为前肾、中肾和后肾。在鱼类和两栖类胚胎中，前肾形成且发挥功能。而在哺乳动物中，前肾很快凋亡，并不发挥肾脏的滤过功能。中肾和后肾都是由中间中胚层分化而来的肾管（nephric duct）诱导附近的生肾间充质（nephric mesenchyme）生成。中肾并不是一个独立的、有完整包膜结构的器官，而是呈弥散的组织状。中肾在鱼类和两栖类中发挥着肾的功能，但在哺乳动物中可能并没有作为肾发挥功能，而是在胚胎期间作为造血干细胞的主要来源。后肾是羊膜动物的永久肾，是一个独立的、有完整包膜结构的器官。

后肾的形成来源于中间中胚层上皮细胞（肾管）和间充质细胞（生肾索）之间的一系列相互诱导。在小鼠中，肾管原基在胚胎发育第 8.5 天（E8.5）于躯体前部形成，并开始向尾部延伸。E10.5 时，位于尾部靠近泄殖腔的肾管在后肾间充质的诱导作用下，形成输尿管芽并以萌芽形式向管外生长，进入后肾间充质。进入后肾间充质的输尿管芽在间充质细胞的诱导下不断形成分支，并诱导后肾间充质细胞发生间充质向上皮转化，分化形成肾单位。最终，在输尿管芽上皮细胞和后肾间充质细胞的相互诱导

图 12-13 哺乳动物肾脏及肾单元示意图
（A）肾脏示意图；（B）肾单位、收集管和血管示意图；（C）肾小球示意图。

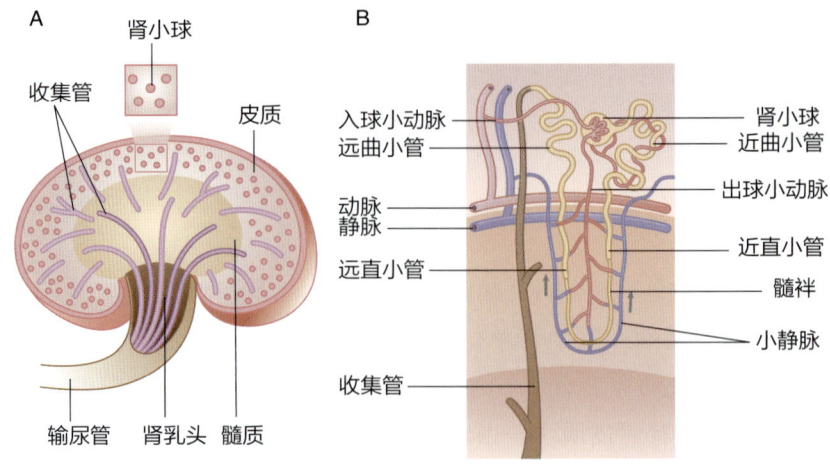

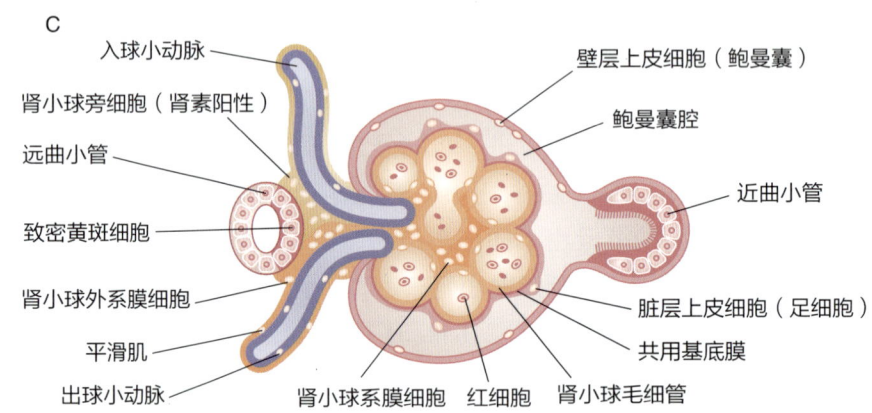

下，形成了后肾。

　　位于输尿管芽下方的肾管进一步向尾部延伸，并插入到由内胚层分化而来的膀胱中。由此，输尿管形成，将肾脏滤过形成的尿液输送到膀胱。随着胚胎的发育，躯干伸长，后肾在腹部发生旋转并上升。在人类胚胎中，后肾在第一至第二骶椎的位置形成，最终上升到第十二胸椎至第三腰椎处，完成肾脏的发育。

1. 中间中胚层的分化

　　在羊膜动物胚胎发育过程中，原肠胚期的胚胎发育分化为 3 个胚层，分别为外胚层、内胚层和处于两者之间的中胚层。外胚层进一步分化为皮肤和神经系统，内胚层则分化为呼吸系统和消化系统，而其他器官或者组织，包括血液循环系统、泌尿生殖系统以及肌肉骨骼，则都由中胚层分化而来。在发育过程中，中胚层并不是直接分化成这些组织器官，而是按照由背部到腹部或中间到两侧的位置先分化成中轴中胚层、轴旁中胚层、中间中胚层和侧板中胚层（图 12-14）。

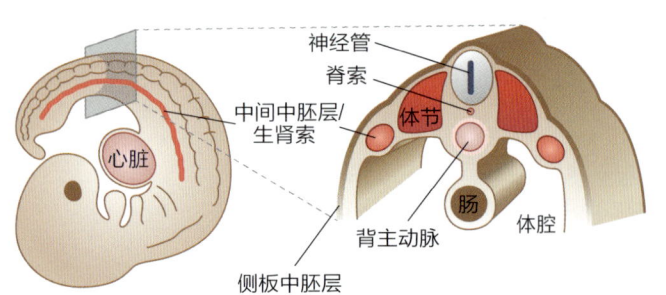

图 12-14　肾脏来源于中间中胚层
左：小鼠胚胎侧面示意图，浅红色代表中间中胚层/生肾索；右：小鼠胚胎横截面示意图。

肾脏就是由中间中胚层进一步分化形成的。

在骨形态发生蛋白 4（Bone morphogeneis protein4,
BMP4）梯度浓度作用下，中胚层沿着背腹轴进一步
分化。分化出的中间中胚层，进一步向生肾索和肾管
分化，这一过程需要轴旁中胚层的作用。在鸡胚中胚
层分化之后，将轴旁中胚层和中间中胚层切割使其隔
离，会导致中间中胚层不能表达肾的标记基因 *Pax2*,
表明不能分化成肾。而在没有切割的另一侧，中间中
胚层能够正常的分化成肾（图 12-15）。

同源异形框因子 Lim1（或称为 Lhx1）、Pax2 和
Pax8 对于中间中胚层向肾管的分化是非常重要的。
Pax2 或 Pax8 对于肾管形成是必需的，而 Lim1 则对
于肾管向后端延伸是必需的。在鸡胚中，*Pax2* 表达在位于躯干部位的中间中胚层
（即在前端不表达）。如果在轴旁中胚层的前体节板中过表达 *Pax2*，则会诱导该部分
细胞转变为中间中胚层，表达 *Lim1* 并形成肾管，说明 Pax2 对于中间中胚层向肾管
的分化是充分的。此外，如果在小鼠胚胎中敲除 *Pax2*，中间中胚层向肾管的转化就
无法形成。因而，Pax2 对于中间中胚层向肾管的分化既是充分的也是必要的。

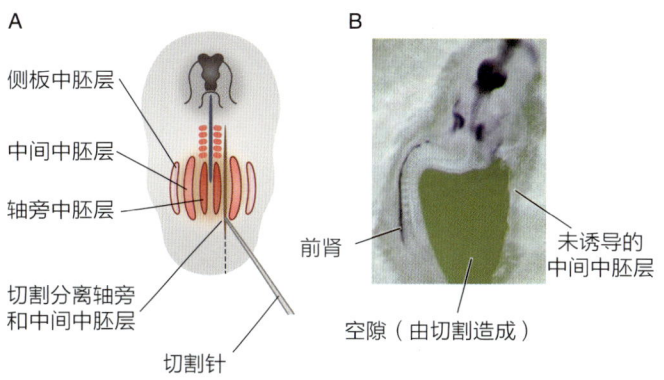

图 12-15　轴旁中胚层诱导中间中胚层向肾分化
（**A**）将鸡胚右侧轴旁中胚层和中间中胚层手术分开示意图；（**B**）Pax2
阳性的前肾组织只在左侧形成，在右侧缺失。

2. 收集管的形成

收集管不仅连通远曲小管和输尿管，将经过肾单位过滤和重吸收的血液滤过液输
送到输尿管，而且进一步重吸收水和钠（陆生生物的重要特点）。收集管主要包含两
类细胞——主细胞（principal cell）和闰细胞（intercalated cell）。数量较多的主细胞负
责水的重吸收，而数量较少的闰细胞负责钠的重吸收。

收集管由来源于肾管的输尿管芽发育而来。在小鼠中，肾管在胚胎期 E8.75 时出
现在前端体节处，并向尾部延伸。在 E10.5，在后肢水平位置输尿管芽从肾管向两侧
的后肾间充质萌出，并进入肾间充质。在 E11.5，输尿管芽形成两个分支，呈 T 字形。
之后，输尿管芽主要以一分为二的形式进行分支，形成复杂的二叉树结构。至小鼠出
生后两天，其肾脏约包含 3 400 个分支。

输尿管芽的萌出是胶质细胞源性神经营养因子（glial cell-derived neurotrophic
factor，GDNF）和 Ret 受体共同作用的结果。其中，GDNF 来自于后肾间充质，而 Ret
来自于肾管。Ret 由周围细胞分泌的视黄酸（retinoic acid，RA）诱导。GDNF 或 Ret
基因敲除的小鼠在出生后不久就死于肾缺如。输尿管芽的萌出是一个受到严格调控
的过程。正常情况下，一根肾管只萌出一个输尿管芽。输尿管芽无法萌出会导致肾缺
如，而输尿管芽萌出多个也会导致形成的肾没有正常的功能。为了保证只萌出一个输
尿管芽，GDNF 和 Ret 受到很多因子的负调控。在肾间充质中，GDNF 的表达受到转
录因子 Foxc1/Foxc2 以及信号分子 Slit2/Robo2 的负调控；而在输尿管芽中，Ret 的表
达受到酪氨酸激酶受体 Spry1 和骨骼形态发生素 BMP4 的负调控。

输尿管芽的分支是多个信号通路共同作用的结果，包括 Ret、Fgf、经典 Wnt、RA

图 12-16 输尿管芽萌出和
分支及其分子机制示意图
蓝色为输尿管和输尿管芽，粉
色为生肾间充质，红色为发育
中的肾单位。

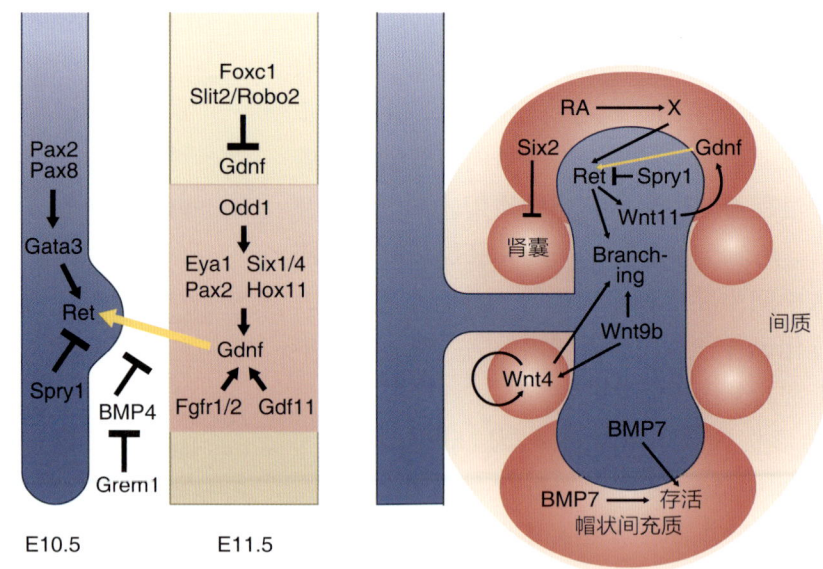

等信号通路（图 12-16）。输尿管芽顶端是一群干细胞，保持输尿管芽分支的能力。RTK、Wnt 和 RA 的下游基因在输尿管芽顶端中持续表达，也提示了这些信号通路在该过程中的重要作用。Ret 是输尿管芽顶端干细胞所必需的。Ret 和 Fgf 受体都属于 RTK，共同调控两个包含 EST 功能域的转录因子 Etv4 和 Etv5 在输尿管芽顶端表达。而 Etv4 和 Etv5 对于输尿管芽的分支都是必需的。Wnt11 也在输尿管芽顶端表达，它与后肾间充质细胞中分泌的 GDNF 相互诱导，共同保持输尿管芽的分支。

3. 肾单位的形成

与收集管不同，肾单位来源于肾间充质。如前所述，肾单位主要分为负责滤过血液的肾小球和负责重吸收的肾小管。肾小管包含不同形态和功能的节段。所有肾单位细胞都来源于 Six2+ 的前体细胞。在输尿管芽的顶端，Six2+ 的间充质细胞聚集在一起，形成帽状结构，因而这些间充质细胞也称为帽状间充质细胞（cap mesenchyme，CM）。帽状间充质细胞是肾单位前体细胞。来自输尿管芽顶端的 Wnt9b，通过经典 Wnt 信号通路，促进这些前体细胞的增殖和向肾上皮转化的潜能。再通过 Wnt9b 下游的 Fgf8 和 Wnt4 信号，这些前体细胞在输尿管芽的下方进一步分化成前小管聚集细胞（pre-tubular aggregate）以及肾囊（renal vesicle），完成了间充质到上皮细胞的转变。肾泡继续生长成为一个逗号形继而 S 形的管状结构，并与中空的输尿管芽连接。这个 S 形的中空结构继续发育，最后形成完整的肾单位，包括肾小球和肾小管各节段（图 12-17）。

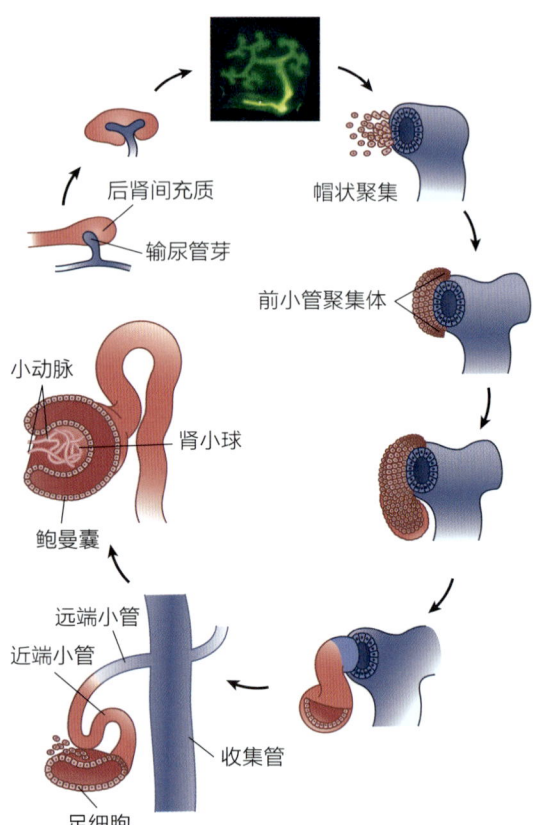

图 12-17 肾单位形成示意图

4. 血管脉络丛的形成

后肾肾小球中的血管脉络丛分化自后肾间充质细胞。类似于帽状间充质,这类间充质细胞也分布在输尿管芽附近。这些间充质细胞向血管内皮细胞分化依赖足细胞。一方面,足细胞分泌的血管内皮生长因子 Vegfa 诱导这些细胞向血管内皮细胞分化。另一方面,足细胞与分化趋化因子 Cxcl12a 结合,并活化这些内皮细胞表达的趋化因子受体 Cxcr4。更详细的血管脉络丛形成机制还有待进一步研究。

三、肾脏类器官

虽然肾脏发育过程还存在各种未解决的问题,但是利用已有的肾脏发育知识可以培养肾脏类器官。通过胚胎组织、多能干细胞或者体细胞培养得到的肾脏类器官与胚胎肾脏具有类似的结构和细胞组成(图 12-18),这为肾病的治疗提供了新的可能。

在器官发育过程中,许多重要的调控基因(*Hox*、*Pax*)和信号通路(Wnt、Notch、Hedgehog)在不同物种中的表达模式、分子功能和调控机制具有高度保守性,进一步证明了不同物种之间的进化关系,为进化论提供了有力的证据。

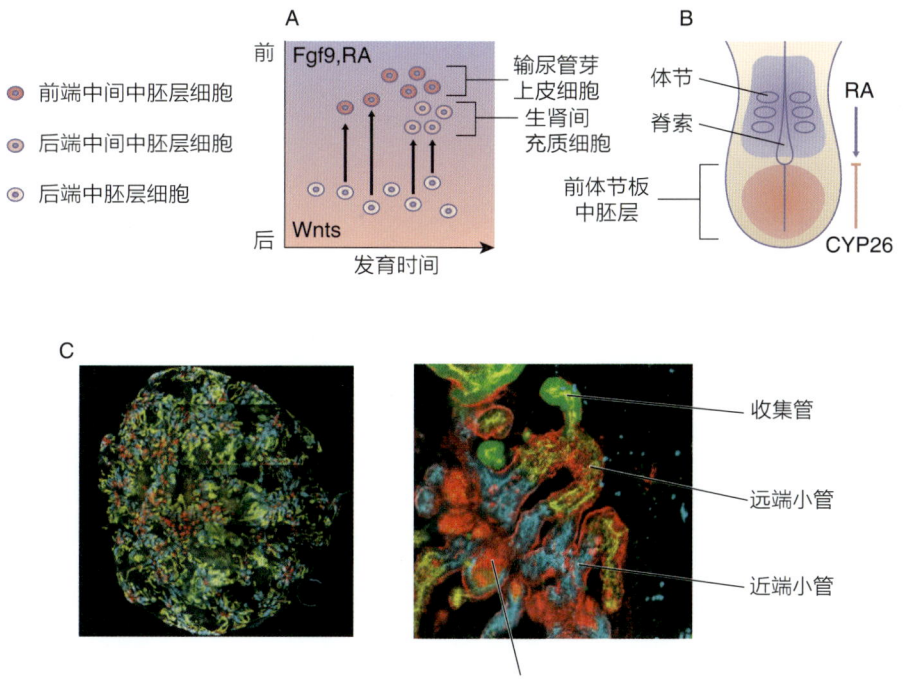

图 12-18　利用诱导多能性干细胞产生肾脏类器官(A)中间中胚层前体细胞分化成输尿管芽上皮细胞和生肾间充质细胞的分子机制示意图。前体细胞从高 Wnts 表达的区域迁移到高 Fgf9、RA 表达的区域,分别先后分化成输尿管芽上皮细胞和生肾间充质细胞。(B)原条后期的 RA 信号。RA 降解酶 CYP26 表达在躯干尾端前体节板区域,保护该区域前体细胞不受 RA 信号影响。(C)肾脏类器官免疫荧光显微照片。右侧图是左侧的放大图,显示分化出的肾脏类器官,包括肾小球、近端小管、远端小管和收集管。

第五节   器官再生

再生（regeneration），这一自然界中某些生物能够修复或重建身体受损或失去部分的能力，令人叹为观止，是生物界最为迷人的奥秘之一。从水螅、涡虫、蝾螈，到人类的肝脏，自然界中存在着众多令人惊叹的再生实例。探究这些动物再生现象的分子机制，不仅有助于推动再生医学的进步，实现人类组织器官的修复与重建，还为各类致残性疾病和损伤提供了新的治疗策略。

一、水螅的再生——无与伦比的生命力

水螅是一种小型淡水生物，属于刺胞动物门，以其超凡的再生能力和不朽的生命著称。水螅是一种双胚层动物，只有外胚层和内胚层，其中包含多种细胞类型，如上皮细胞、分泌细胞、配子、刺细胞、神经元和间质干细胞。水螅的独特之处在于，即便被切成许多片段，每一段都能重新组织并再生出一个完整的水螅，包括头、足、躯体和触手（图 12-19）。这种令人难以置信的能力，源于内胚层和外胚层的上皮细胞，它们是不断分裂的单能祖细胞，能产生再生所需的上皮细胞，以及间质干细胞，它们可以分化为其他类型的细胞。

图 12-19   水螅的再生
在水螅的正常发育和再生过程中，头-足体轴的决定受控于形态素梯度，其中 Wnt3 是决定头部命运的形态素。在正常发育中，Wnt3 在头部表达。在再生过程中，靠近头部的一端上调 Wnt3 的表达，指导头部的再生。

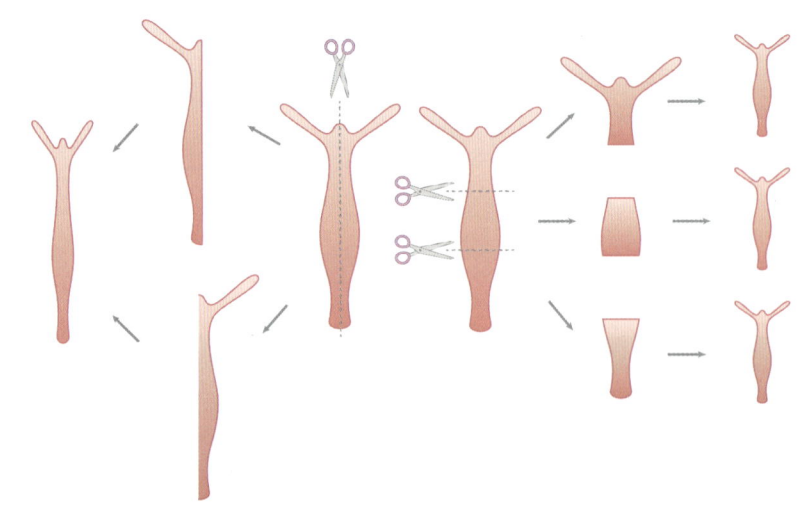

二、涡虫的再生——扁形动物的神奇能力

涡虫是一种属于涡虫纲的扁形动物，以其惊人的再生能力而闻名。类似于水螅，即便涡虫被切成多个片段，每个片段依然能够再生出完整的个体。例如，当涡虫被切割成三段时，头部那段会从后部伤口处再生出尾部，而尾部那段则会再生出新的头部。至于中间那段，则会在前端长出头部，在后端长出尾部（图 12-20）。这种强大的再生能力归功于一种特殊类型的干细胞，称为成体多能干细胞，分布在涡虫全身。

当涡虫遭受切割，成体多能干细胞便会迁移至伤口处，启动增殖过程，形成一个未分化细胞的团块，称为芽基。随着时间的推移，芽基内的细胞将分化为构成缺失组织所需的各种细胞类型。

有趣的是，在涡虫的正常发育和再生过程中，Wnt 形态素也参与了头–尾极性的决定。然而，Wnt 信号在涡虫的尾部表达，以尾部至头部的梯度形式，促进尾部发育，同时抑制头部的发育或再生。

三、蝾螈肢的再生——脊椎动物的再生典范

在脊椎动物中，蝾螈以其卓越的再生能力而著称。当蝾螈遭受截肢，伤口处会迅速被一层伤口表皮覆盖，随后形成一个芽基。这个芽基类似于涡虫的芽基，由未分化的细胞组成，将来会形成新的肢体。与涡虫利用成体多能干

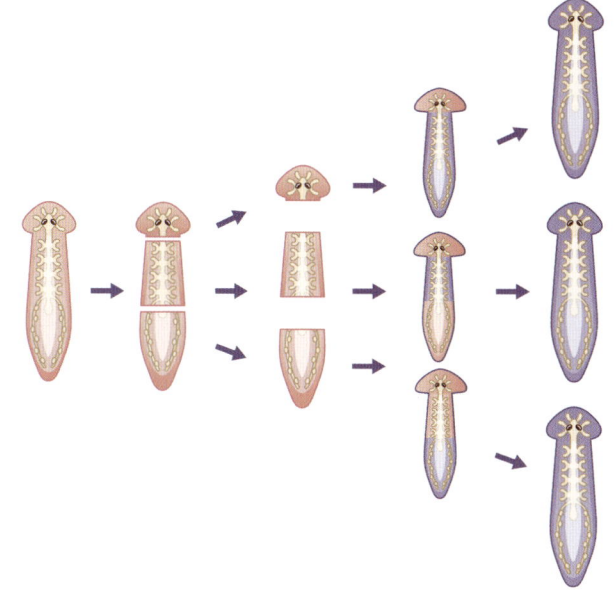

图 12-20 涡虫的再生

细胞形成再生芽基不同，蝾螈断肢的再生芽基来源于去分化的成体细胞。不过，这些细胞并非均质且完全去分化，而是由伤口下方的骨细胞、软骨细胞、成纤维细胞和肌细胞共同参与形成。在芽基中，不同类型的细胞首先去分化，转变为更原始的、类似干细胞的祖细胞。随后，这些祖细胞通过增殖和再分化，重新变回其原本的细胞类型（图 12-21）。因此，在蝾螈的再生肢中，新生成的肌细胞仅来源于原有的肌细胞，而新生的真皮细胞则来自原有的真皮细胞。这一精确的细胞再生过程展示了蝾螈再生能力的惊人之处。

当蝾螈被截肢后，它只能再生出截断处远端的组织，恢复缺失的结构，不会产生额外的部分。例如，当肢体在腕部被截断时，蝾螈会形成一个新的腕部和足部，但不会长出新的肘部。这表明，蝾螈的肢体能够"识别"近远轴上被截断的位置，并从该位置开始再生。在蝾螈肢体再生过程中，许多信号分子参与其中，包括 Wnt、

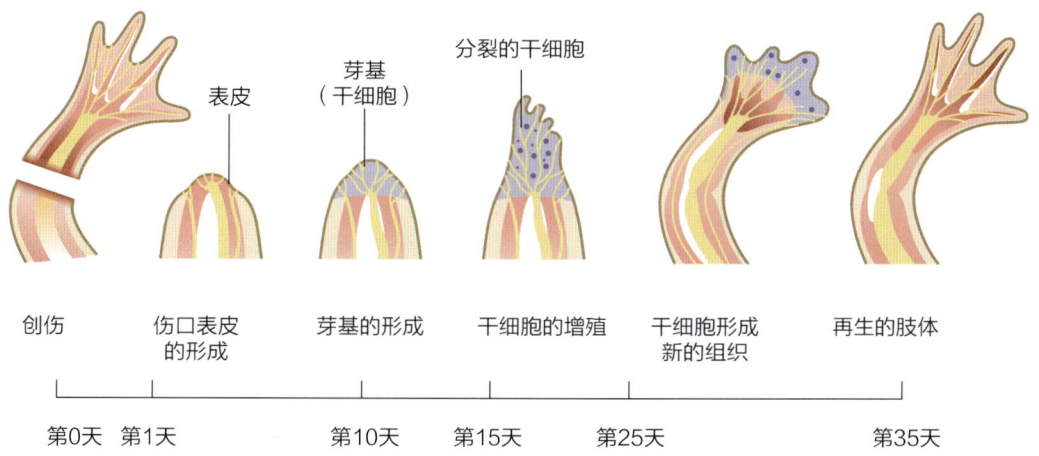

图 12-21 蝾螈肢的再生

表皮　芽基（干细胞）　分裂的干细胞

创伤　伤口表皮的形成　芽基的形成　干细胞的增殖　干细胞形成新的组织　再生的肢体

第0天　第1天　第10天　第15天　第25天　第35天

BMP、Hedgehog 和 Notch 等。理解蝾螈肢体再生的分子和细胞机制，有望带来再生医学的革命性变化，为治疗人类严重损伤和退行性疾病提供潜在的解决方案。研究者特别感兴趣的是蝾螈避免瘢痕组织形成的能力，这是人类组织再生中的一个主要障碍。

四、哺乳动物肝脏的补偿性再生——生命的奇迹

在哺乳动物中，肝脏具有显著的再生能力，即使失去大量组织后，仍能通过剩余细胞的补偿性增殖实现自我修复。这一特性对于肝脏在解毒、代谢和消化中的功能至关重要。

肝脏的再生过程主要涉及现有肝细胞的增殖能力。成体肝脏中的主要细胞包括肝细胞、导管细胞、储脂细胞、内皮细胞和 Kupffer 巨噬细胞，这些细胞在正常情况下不会进行分裂。然而，一旦肝脏受到损伤，Wnt、Hippo 以及肝细胞生长因子（HGF）等信号通路会在各类肝细胞中被激活，促使它们重新进入细胞周期，通过不断增殖来填补损失的部分。在遭受严重损伤时，原本处于休眠状态的肝脏祖细胞（也称卵圆细胞）会被激活，通过分化为肝细胞和胆管细胞来促进肝脏的再生。肝脏的这种再生能力对于治疗肝病和损伤具有重要意义。

五、对再生医学的启示——自然的礼物与未来的希望

虽然人类具有有限的再生能力，如肝脏再生和伤口愈合，但对复杂结构（如肢体或器官）的再生却无能为力。然而，对水螅、涡虫和蝾螈等模型生物再生能力的研究，为人类再生医学的进步提供了宝贵的启示。科学家们正通过识别和操作再生关键基因和信号通路，致力于开发能促进人类组织再生和修复的治疗方法，以期在器官损伤、退行性疾病和衰老相关疾病的治疗上取得重大突破。目前，干细胞治疗已成为再生医学领域发展最为迅速的方向之一。

干细胞是具有自我复制能力和分化潜能的未分化细胞，在器官再生中发挥着关键作用，因为它们可以增殖并替代受损的细胞。在再生医学中，主要有以下几类干细胞被广泛应用。

（1）胚胎干细胞（embryonic stem cells，ESCs）：源自早期胚胎，具有分化为任何细胞类型的能力。尽管其具有巨大的治疗潜力，但由于伦理问题，其应用受到严格的限制。

（2）成体干细胞（adult stem cells，ASCs）：存在于体内多种组织中，具有维持组织稳态和修复受损组织的能力。ASCs 通常局限于它们所在的组织，且分化潜力有限。常见的例子包括造血干细胞、肠道干细胞和皮肤干细胞等。

（3）诱导多能性干细胞（inducing pluripotent stem cells，iPSCs）：通过表达特定的转录因子（如 Oct4、Sox2、Klf4 和 cMyc 等）对成体细胞进行重编程，使其成为类似

ESCs 的多能干细胞。

2014 年，哈佛大学的道格拉斯·梅尔顿（Douglas Melton）团队成功利用人类 ESCs 和 iPSCs，在体外制造出能分泌胰岛素的功能性胰岛细胞。2023 年 6 月发布的临床试验结果更令人振奋：两名输入了这些胰岛细胞的 1 型糖尿病患者，基本恢复了正常的胰岛素分泌功能和血糖控制能力，从而摆脱了对注射胰岛素的依赖。在不久的将来，通过干细胞培养制造各种功能齐全的人体器官将有望成为现实。

※ 复习思考题

1. 举例说明信号转导通路在器官发育中的功能。
2. 举例说明器官发育的调控机制在进化中的保守性。
3. 评估干细胞技术在器官发育与再生医学中的应用潜力及潜在风险。
4. 讨论基因编辑技术在器官发育与再生领域的实际应用和面临的挑战。
5. 概述器官发育与再生领域近年来的重要研究进展、发现和突破。

※ 推荐阅读

1. GEHRING W J, KLOTER U, SUGA H. Evolution of the Hox gene complex from an evolutionary ground state [J]. Curr Top Dev Biol, 2009, 88: 35–61.

2. NOLL M. Evolution and role of Paxgenes [J]. CurrOpin Genet Dev, 1993, 3: 595–605.

3. GEHRING W J. The master control gene for morphogenesis and evolution of the eye [J]. Genes Cells, 1996, 1: 11–5.

4. HELMAN A, MELTON D A. A stem cell approach to cure type 1 diabetes [J]. Cold Spring Harb Perspect Biol, 2021, 13: a035741.

5. BARRESI M, GILBERT S. Developmental Biology [M]. 13th ed. Massachusetts: Sinauer Associates, 2023.

（编写：薛雷、魏珂、曹莹；审读：景乃禾）

第十三章

神经系统发育

　　神经系统是生物体感知、传递和响应刺激的复杂结构网络，主要分为中枢神经系统（包括脑和脊髓）和周围神经系统（包括所有的神经和神经节）。中枢神经系统负责处理和整合来自身体各部分的信息，并生成适当的响应。周围神经系统负责将信息从感觉器官传递到中枢神经系统，并将中枢神经系统发出的指令传递到身体的各个部分。

　　神经发育是指神经系统从胚胎发育到系统功能成熟的过程。成熟的神经系统由神经元和胶质细胞两类细胞组成，两者之间相互作用紧密。神经元利用轴突（axon）传送电信号，通过突触（synapse）与其他细胞通信。树突（dendrite）是神经元的一部分，主要负责接收来自其他神经元的信号和信息。神经元类型众多，各有特殊的形态和功能，其胞体（soma）直径从几微米到一百多微米不等，轴突最长能达到一米多，最短的只有几微米。胶质细胞同样具有多种不同类型。神经元和胶质细胞之间的相互作用非常精确，使神经系统有效运作。

　　早期胚胎细胞数量很少。随着胚胎发育，细胞数量越来越多，新的细胞与先前存在的细胞相互作用，以特定的方式分化，从而增加生物体的复杂性。在细胞分化过程中，神经元和胶质细胞同样有组织地获得其分子、结构和功能的多样性。神经系统具有丰富的细胞多样性和高度有序的组织结构，在生物体中发挥着重要的生理功能。在本章中，我们将对神经系统发育的过程进行阐述，包括：①神经干细胞和早期神经系统结构如何产生；②神经系统的区域性结构如何形成；③神经元和胶质细胞如何产生、迁移和成熟；④神经元之间如何形成神经网络。

　　本章阐述的重点是神经系统从发育成熟到行使功能的具体过程，尤其是控制神经细胞以正确的类型、数目和连接出现在正确的位置并发挥其正确功能的细胞和分子机制。

第一节　神经系统的解剖结构和神经发育研究的模式生物

神经系统的组织结构通常是基于三个轴来描述的。首先是背腹轴（dorsal-ventral axis），它从动物的背部到腹部延伸。然后是 A/P 轴（anterior-posterior axis），它描述了从动物的头部到尾部的位置。最后是内外轴（medial-lateral axis），它用于描述结构相对于主体的位置。这些轴将用于详细描述不同神经系统结构的位置和功能，从而为神经发育的深入研究提供基础。理解这些轴对于描述神经系统不同解剖结构的位置和定位至关重要（图 13-1）。

神经系统的发育在各种生物中都有共通之处，学术界常用线虫、果蝇等非脊椎动物和爪蛙、斑马鱼、鸡、小鼠等脊椎动物为模型研究神经发育。这些动物在神经发育研究中各具独特优势。

线虫是一种小型透明生物，仅有约 1 000 个细胞，其中包括 302 个神经元和 56 个胶质细胞。这些神经元组成了神经索（nerve cord），分布在动物的背部、腹部以及一些侧面。线虫因其迅速的发育、简单的结构和可重复的细胞分裂模式而成为理想的神经发育研究对象。科学家容易追踪神经元的发育和功能，从而深入研究神经环路的形成和神经信号传导的机制。此外，线虫的基因组已被完全解析，使得研究特定基因对神经发育的影响变得更加容易。

果蝇在昆虫研究中具有代表性，它的神经系统主要来自细胞在胚胎表皮的腹侧部分。神经发育始于成神经细胞（neuroblast）的分化和细胞迁移，最终形成完整的神经系统。果蝇的遗传工具和遗传多样性使得科学家能够研究特定基因对神经发育的影响，同时其相对简单的神经系统结构有助于解析神经环路的功能。

爪蛙和斑马鱼卵大型、外部受精以及胚胎透明等特点，使得实验操作和神经发育过程中对神经元迁移、突触形成等细胞行为的观察变得非常便捷。

鸡的卵非常易于获得和储存，孵化周期短，并且神经系统可在短时间内发育完善，还可以通过在蛋壳上开窗口相对容易地观察和操作。

小鼠与人类在神经结构和 DNA 层面存在高度相似性，为研究人员提供了一个理想的模型，以了解人类神经结构的发育。

通过比较不同物种的神经发育过程，我们能够识别出共同的分子机制和关键信号

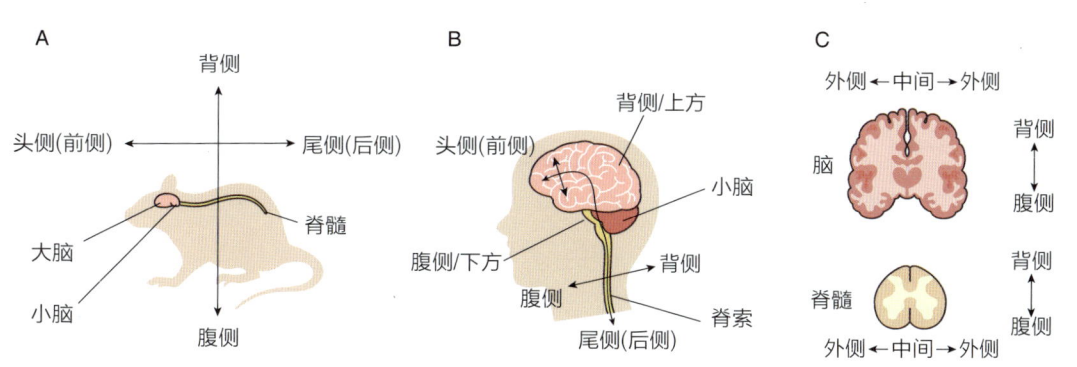

图 13-1　神经系统不同解剖结构的位置和定位（A）成年小鼠中枢神经系统基本结构；（B）成年人神经系统基本结构；（C）成年人脑冠状切片及脊髓冠状切片。

通路，这有助于揭示神经系统如何在不同生物中形成和发育。这些模式动物在神经科学领域的研究中起到了关键作用，为我们揭示了神经系统发育的奥秘，并为神经疾病治疗提供了有力的依据。

第二节　神经诱导

神经系统高度有序地存在于生物体中。关于生物体如何系统构建神经系统一直以来都是十分重要的问题。尽管不同物种间的神经系统结构和功能存在多样性，但所遵循的基本发育规律是保守的。神经系统发育的第一步就是囊胚中某些细胞如何确定其神经发育走向。这一过程被称为神经诱导（neural induction）。囊胚发育中处于特定位置的部分干细胞会在特定的时间段获得神经干细胞特性，开始神经系统发育。那么，神经干细胞是如何产生的？早期神经系统的结构是怎样的？调控此过程的分子机制是什么？不同物种神经系统发育的过程差异是如何的？我们将主要对脊椎动物的神经诱导过程提供一个简明的、有内在联系的阐述，与此同时，也有选择地对其他物种的神经诱导进行扼要介绍。

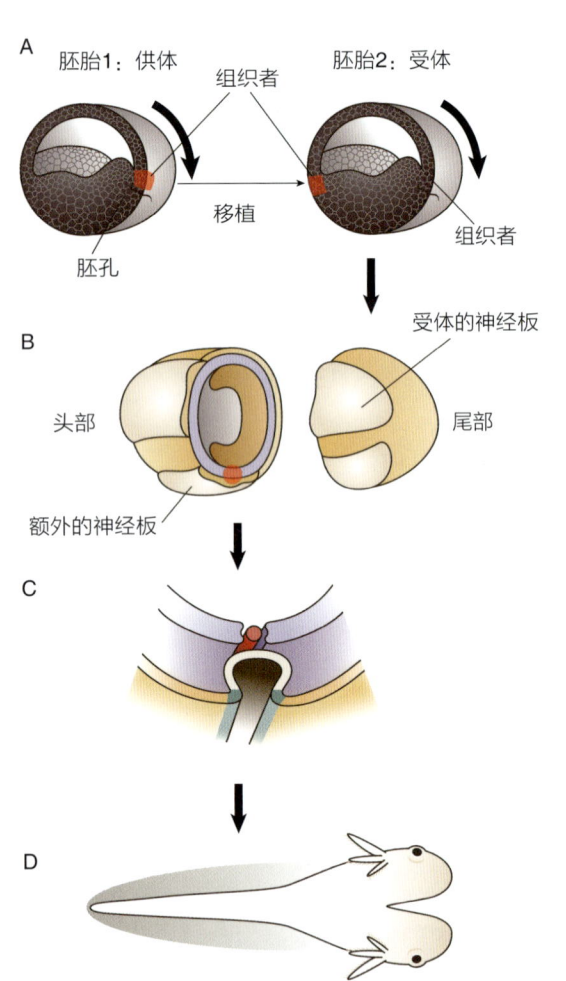

图 13-2　移植实验表明两栖动物的胚孔背唇能够诱导神经组织的形成
施佩曼和曼戈尔德将有色素的 dorsal blastopore lip 细胞（红色）移植到无色素宿主胚胎的胚孔（**A**）。第二个身体轴在发育中产生，包括眼、脑、脊柱等（**B~D**）。

一、神经诱导的发现

德国科学家施佩曼和曼戈尔德最早发现囊胚中存在特定的细胞负责神经系统的发育。他们将蝾螈囊胚中某一特定细胞群移植到另一个囊胚上，胚胎随后就会发育出两套神经系统，重要的是，第二套神经系统中存在由受试胚胎发育出来的组织，这就表明这些特定细胞群可以诱导受试胚胎本来不具备神经发育特性的细胞具备神经发育特性。由于此细胞群在早期神经系统发育起重要的塑造作用，因此被称为"组织者"（organizer）。科学家们进一步将脊椎动物囊胚中的"组织者"称为施佩曼组织者（Spemann organizer），其他动物如鸟类、鱼类和哺乳类囊胚中也发现了类似的细胞群并被统称为原结或亨氏结（Hensen's node）（图 13-2）。

二、神经诱导的具体过程

胚胎初期呈平圆盘状，由 3 层截然不同的细胞层组成，分别为内胚层、中胚层和外胚层。内胚层主要发育为内脏组织器官，中胚层发育为骨骼和肌肉，神经系统和表皮全部由外胚层发育而来。胚胎早期外胚层还只有一层薄薄的细胞。在外胚层特定位置具备神经系统初始发育特性的一群细胞被称神经干细胞（neural stem cell），它们组成的结构为神经板（neural plate），将发育成神经系统。神经板边缘增厚，形成神经褶（neural fold）。神经褶在中线融合，形成中空的神经管（neural tube）。神经管将发育为中枢神经系统（central nervous system），神经管唇的融合失败会在脊椎动物中导致脊柱裂和无脑畸形。神经褶唇部的部分细胞平行迁移到神经管和表皮外胚层的下方之间形成神经嵴（neural crest），以后将发育为周围神经系统（peripheral nervous system）（图 13-3）。

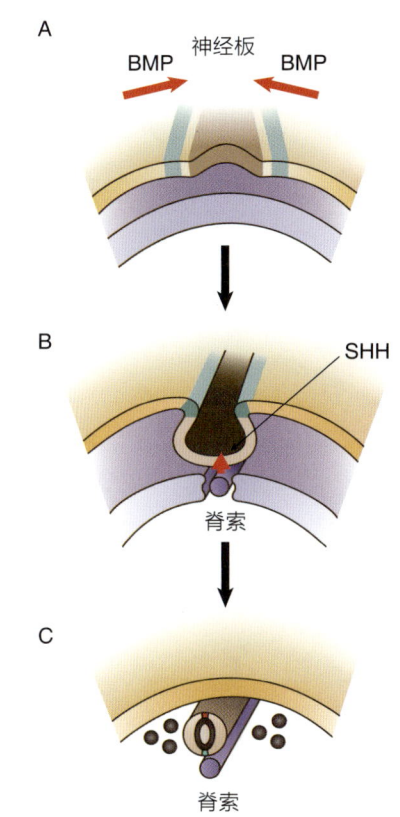

图 13-3　神经管的形成

神经板在神经嵴（浅红色）处闭合卷成一根神经管。与此同时，神经嵴细胞（亮红色）迁移融合到神经管下方，开始周围神经系统发育。

三、BMP 分子调控神经诱导

骨形态发生蛋白（bone morphogenetic protein，BMP）在神经诱导中起着重要作用。正常的外胚层细胞具有 BMP 受体，这些受体对 BMP 做出反应并引导细胞发育成表皮。如果降低外胚层细胞的 BMP 受体数量或活性，或者通过将外胚层进行解离培养进而人为降低细胞周围的 BMP 浓度，外胚层细胞将发育成神经元而不是表皮。外胚层中的组织者会产生抑制 BMP 信号的分子来促进神经诱导，从而阻止其细胞命运向着表皮发育。那么，组织者产生的诱导神经组织发育的分子是什么呢？noggin 是最早发现的可以诱导神经发生的活性分子。此后，chordin、follistatin 和 cerberus 等组织者特有的神经发生诱导分子被相继发现。实验表明它们都能和 BMP 受体结合并抑制其活性，在非洲爪蛙胚胎中降低这些蛋白质的表达会使动物出现严重的神经板缺失（图 13-4）。

四、调控神经诱导的信号通路及转录因子

除上文介绍的经典 BMP 分子可以调控神经诱导，还有其他信号分子参与了神经诱导。例如，在脊椎动物中，大量的证据表明，成纤维细胞生长因子（fibroblast growth factor，FGF）和 Wnt 信号通路可以调控神经诱导。有实验证实抑制 Wnt 信号或激活 FGF 信号可以在外胚层中产生神经诱导分子。另外，神经诱导分子 cerberus 不仅能拮抗 BMP，也可以拮抗 Wnt。有证据表明，FGF 不是直接的神经诱导因子，但是 BMP 拮抗剂产生的神经诱导需要 FGF 表达，通过调控 FGF 的表达可以改变细胞内 BMP 的水平而产生与 BMP 自身拮抗剂相似的效果。

转录因子在神经诱导的过程中起着重要的调控作用。例如，在进化上高度保守的转录因子 Zic 和 Sox 家族对脊椎动物和无脊椎动物胚胎的神经外胚层发育尤其重要。

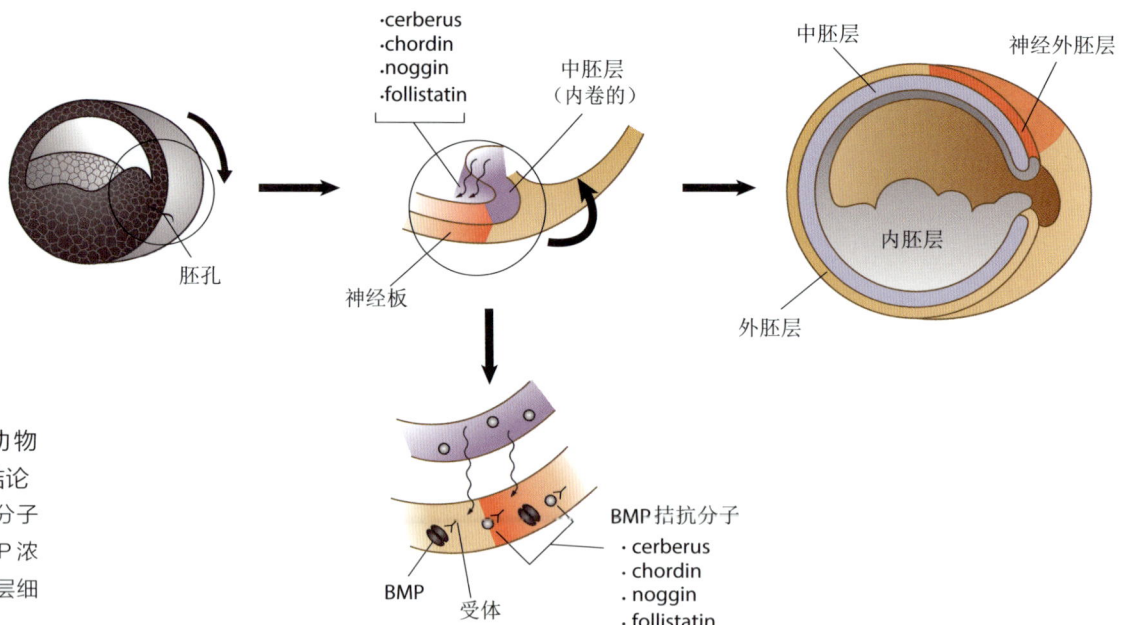

图 13-4　基于两栖动物研究产生的神经诱导结论　胚孔背部中胚层分泌的分子抑制部分外胚层中的 BMP 浓度，低浓度位置的外胚层细胞转化为神经干细胞。

我们可以观察到 *Zic* 和 *Sox* 基因在早期神经外胚层中高表达，而且能发育为神经细胞的外胚层细胞表达了许多 *Sox* 基因家族成员。*Zic* 基因也在神经诱导早期激活表达。阻断 BMP 信号，就会诱导 *Zic* 基因的表达，显示 *Zic* 基因对神经诱导的促进作用。如果将 *Zic* 基因的功能阻断，将会抑制神经板中 *Sox2* 基因的表达，进而造成神经板发育的巨大缺陷。转录因子 Churchill 对鸡的神经诱导十分重要，它是神经板特化所必需的。研究发现对 FGF 产生应答的神经组织会表达 Churchill，Churchill 对于合成一些抑制中胚层基因表达的因子是必需的。

五、神经诱导过程的物种间保守性

在脊椎动物和无脊椎动物之间，神经诱导过程及相关因子可能都通过一种相似的机制起作用。BMP 拮抗因子 chordin 在黑腹果蝇中的同源基因 *Sog*（short gastrulation）表达在果蝇胚胎腹侧，将 Sog 显微注射到胚胎的非神经发生区域会导致该区域转变为神经发生，Sog 的敲除则会导致成虫表皮扩张和神经来源性组织减少。之后的研究进一步发现，Sog 可以直接拮抗果蝇具有 BMP 相似功能的转化生长因子 β 样蛋白质 Dpp（decapentaplegic）。Dpp 的功能缺失突变与 Sog 功能缺失结果相反，会导致果蝇神经源性组织的扩张和表皮系统的减少（图 13-5）。这些证据表明无脊椎动物神经诱导的分子调控过程与脊椎动物调控机制类似。

脊椎动物神经系统的发育开始于早期胚胎背侧外胚层中神经板的形成。神经板通过卷曲形成神经管和神经嵴。随后，神经管发育成中枢神经系统，神经嵴发育成周围神经系统。神经板是外胚层特定区域细胞受到胞外因子影响产生，胞内信号通路与转录因子亦作用于此过程。BMP 信号对神经板产生的抑制作用是最经典的神经诱导分

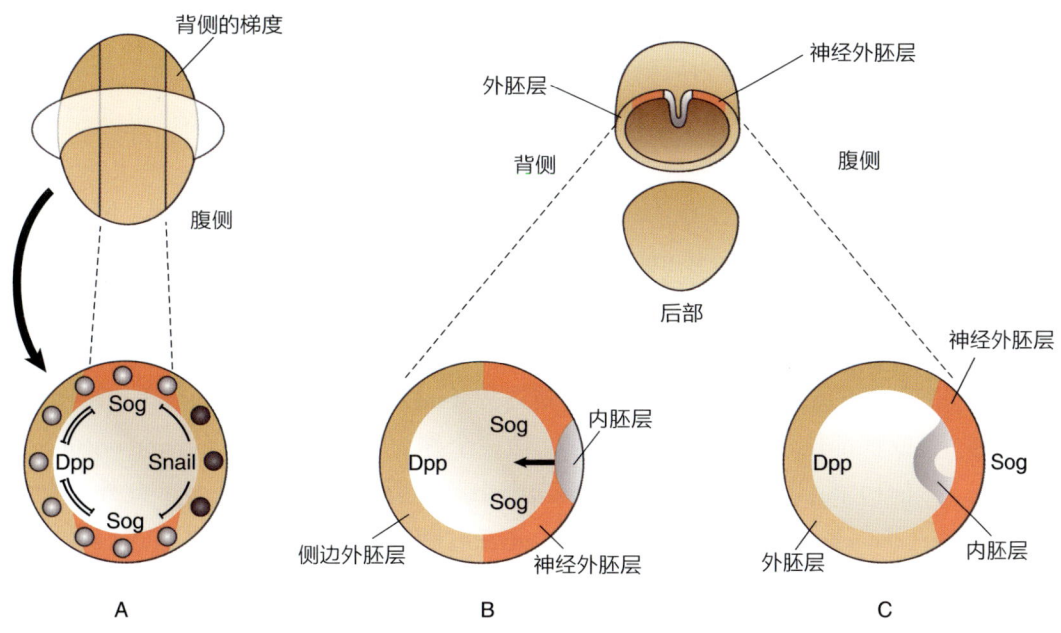

图 13-5　果蝇中的神经诱导

Dpp 表达在果蝇胚胎的外胚层背侧，*Sog* 表达在果蝇胚胎的外胚层腹侧，神经外胚层的 Sog 会拮抗 Dpp 的表达从而保证该区域顺利发育为果蝇神经系统。

子过程，FGF、Wnt 信号通路和 Zic、Sox 等转录因子也共同参与了神经诱导的具体过程。脊椎动物与非脊椎动物的神经诱导遵循相似的分子调控机制。

第三节　神经外胚层的模式化

　　成熟的神经系统由不同的结构和功能组成。其中最显著的区别是它们沿着前后轴的分布，即大脑位于前端，而脊髓（脊椎动物）或神经索（无脊椎动物）位于后端。这些结构的胚胎起源可以追溯到神经外胚层的前后轴分化过程。这种分化始于早期的神经外胚层（脊椎动物中为神经板），并在随后的发育阶段中进一步细化。最初，分化的区域在外观上非常相似，只能通过基因表达差异来区分。随着时间推移和神经系统的发育，每个区域的细胞行为和形态差异逐渐显现和细化。总之，一旦神经外胚层建立起来，下一步就是将其分割成多个区域，为成熟神经系统结构的区域专门化奠定基础。这一过程被称为神经外胚层模式化。许多信号分子已被发现参与调控脊椎动物神经管沿其前后轴的闭合。这些信号分子相互作用，以确保只有在适当的发育时期特定区域的信号才是活跃的。

一、神经系统的区域性结构

　　随着细胞在神经管形成过程中的持续增殖，神经管不断向后延伸，并在特定区域收缩、扩张和弯曲，为未来的中枢神经系统建立早期的解剖结构和细胞边界。这些形态变化在神经管闭合后不久就会出现，并很快被确定为前脑、中脑和后脑。随着发育

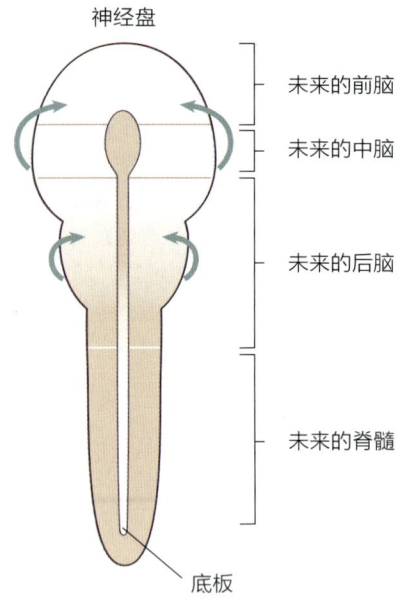

神经盘

未来的前脑

未来的中脑

未来的后脑

未来的脊髓

底板

图 13-6 神经管分节成脑泡

的进行，这三个主要脑区域进一步分化为五个次级脑区域。前脑分为端脑和间脑，后脑分为后脑和末脑。与脑发育中观察到的情况相比，脊髓区域在发育过程中的外观变化相对保持一致（图 13-6）。脊髓水平上的差异更容易在背腹轴上观察到。

脊椎动物神经系统的前后轴信号中心位于相邻的节段区域。例如，前神经脊（anterior neural ridge，ANR）位于最前部的信号中心，对前脑部分的发育产生影响。更靠后的是位于前脊索区和脊索区交界处的丘脑极性组织者（zone limitans intrathalamica，ZLI），被认为是调节前脑、间脑部分发育的信号中心。中脑 – 后脑边界（midbrain–hindbrain boundary，MHB）或峡部位于中脑和后脑之间，是一个称为峡部组织者（isthmic organizer，IsO）的信号中心位置，影响未来中脑、桥脑和小脑的发育。此外，脊索（notochord）沿着神经轴延伸，并在后脑和脊髓区域中提供模式信号的重要来源。脊索向中脑前方延伸，但被前脊索板（prechordal plate）所阻止，前脊索板是外胚层和中胚层紧密相连的区域（图 13-7）。这些信号中心可以通过使用特定分子标记来进行识别，这些分子在不同的信号中心中具有特定的表达模式，从而帮助研究人员了解神经系统的发育和功能。

二、A/P 轴模式的建立需要依赖形态发生素

对 A/P 轴模式的研究表明，建立前脑、中脑和后脑区域所必需的激活、转化和拮抗信号之间存在复杂而精细的平衡。在很大程度上，模式的形成向细胞提供关于其在神经上皮内位置的长距离信号，即位置信息，涉及具有非常特殊性质的信号分子。据

图 13-7 沿前后轴的早期边界形成

（A）沿前后（A/P）轴形成的扩张区域称为神经板；（B）提供局部发育线索的信号中心（箭头）位于 A/P 轴沿线。

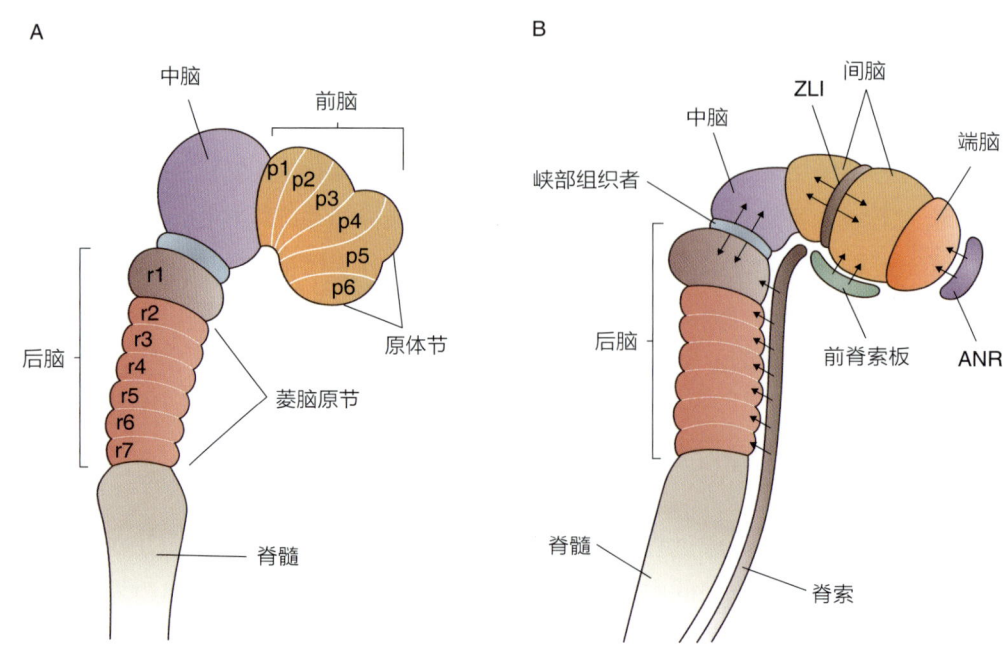

A

中脑

前脑

p1 p2 p3 p4 p5 p6

r1 r2 r3 r4 r5 r6 r7

后脑

菱脑原节

原体节

脊髓

B

ZLI

间脑

中脑

端脑

峡部组织者

后脑

前脊索板

ANR

脊髓

脊索

现有观察，神经诱导因子首先促进神经板中主要前组织样结构的形成，随后产生区域特异性信号，通过神经管的 A/P 轴对每个区域进行精细调节。某些信号能够将之前诱导的区域转变为新的区域，而其他信号则通过抑制（拮抗）这些信号来阻止转变。这些信号通常通过形态发生素建立的浓度梯度进行重叠和相互作用。形态发生素（morphogen）是一种可扩散的分子，其作用范围限定在一定距离内的细胞上。A/P 轴上不同区域内的细胞对特定浓度的信号表现出最佳反应。正是这些信号与其他区域特异性线索的相互作用，使沿着神经系统的 A/P 轴建立了解剖结构上的特殊化。

20 世纪 60 年代，刘易斯·沃尔珀特（Lewis Wolpert）用法国国旗类比了形态发生素在形态发生（morphogenesis）中的作用方式（图 13-8）。在一群假定的上皮细胞中，形态发生素信号由细胞群体一侧的一组细胞（组织者）产生，扩散形成浓度梯度。细胞对这一信号水平做出反应，成为"蓝、浅蓝或白"细胞类型。靠近信号源，细胞接收到高于最高阈值（黄线）的信号，并做出反应，成为"蓝色"细胞。除此之外，细胞对低剂量做出反应，变成"浅蓝色"细胞。此外，细胞没有接收到足够的信号来响应，默认变成了"白色"细胞。在没有任何信号的情况下（例如在突变体中），所有的细胞都会变成默认的"白色"细胞。

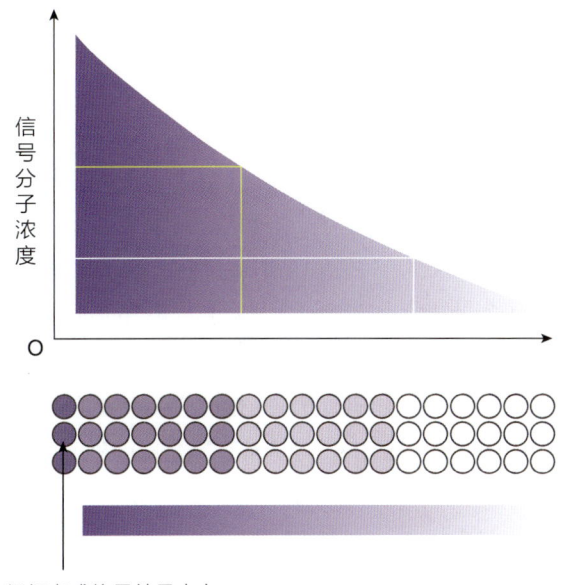

图 13-8 形态发生素和位置信息的国旗模型

细胞对形态发生素的反应并不直接决定细胞命运。直接的反应是上皮内特定转录因子的表达。这些转录因子的表达作为形态发生梯度的一种解读，随后它们通过影响其他基因的表达来影响细胞的行为或命运。

接收形态发生素信号的细胞会根据各自此前的发育历史，对形态发生素梯度做出适当反应。因此，在发育中胚胎的另一部分，细胞可能会通过激活另一组基因响应同一形态发生的梯度。细胞对信号反应的环境依赖性是解释微小的信号变化是如何在神经发育过程中被反复使用并产生各种各样结果的关键。

三、A/P 轴模式中的基因和信号转导通路

A/P 轴模式涉及许多基因和信号转导通路，这些通路在不同的动物中大体保守。尽管已经观察到一些信号机制的差异，这可能部分反映了大脑解剖结构的差异。此外，同一基因家族的不同成员可能在不同物种的特定 A/P 区域控制模式中发挥作用。以下，我们将重点讨论与脊椎动物神经轴特定区域模式相关的基因家族，而不是特定某个物种的家族成员。

前脑的发育是一个高度分区化过程，从毗邻中脑的前体 1（p1）开始，向前延伸到端脑的前体 6（p6）。这些前脑段的边界内已经确定了区域基因表达，其中包括 Otx（颅侧同源框）、Pax（配对同源框）和 Six（正弦同源框）家族的成员（图 13-9）。这

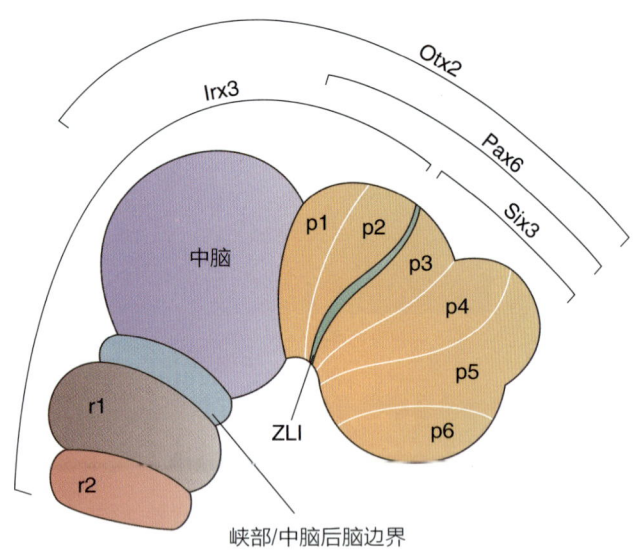

图 13-9　基因表达的限制模式调控着前脑区域的发育

些分子在前脑模式中扮演直接作用的角色，是果蝇基因的同源物，果蝇同源基因通常在果蝇的发育过程中具有相似的模式功能。

Pax 家族的基因在发育过程中在神经管中广泛表达，其中 Pax6 对前脑发育至关重要。Pax6 在间脑区域表达，这对于正常的眼和耳形成至关重要。*Pax* 基因缺失，会导致小鼠和人类胚胎眼球缩小或缺失。

从神经板阶段开始，ZLI 表达区域前部与 Six3 区域紧密相邻，而后部与 Irx3 区域相邻，Irx3 是 Iroquois 同源框基因家族的成员。与 Pax6 类似，Six3 也在指导前脑区域的发育中发挥作用（图 13-9）。Six3 和 Pax6 的作用受到限制，部分原因是受到来自中脑的抑制信号，如 Irx3 和 Wnt 的调控。

在许多 Wnt 信号通路中，已经鉴定出了一些 Wnt 抑制分子，包括 Cerberus、可溶性 Frizzled 家族成员和 Dickkopf。这些分子最初在组织者中表达，后来在 AVE 中被发现，这两个信号中心对神经轴前部区域的模式形成非常重要。

限制神经管前部区域 Wnt 活动的重要信号分子还包括在发育中的前脑中表达的同源异形框转录因子家族的成员。在正常胚胎中，平衡 Six3 在间脑后部和中脑中表达的 Irx 转录因子家族起着关键作用（图 13-9）。Six 和 Irx 家族成员的表达域受到彼此之间相互抑制的调控。此外，Irx3 的表达受到 Wnt 信号的调节。当 Wnt 信号缺失时，Irx3 的表达也会受到影响；而当 Wnt 水平增加时，Irx3 的表达会扩展到更多的前部区域。因此，Wnt 和 Irx 需要协调表达，以标记间脑后部区域，并将其与前脑中更多表达 Six3 的区域区分开来。

总之，从神经发育的早期阶段开始，神经管的前后轴就可以被观察到。从前脑到后脑区域，存在许多明显的结构标志。沿着神经管，有几个突起和收缩的区域，它们建立了早期的边界，限制了细胞的迁移，并提供局部信号，诱导特定区域的神经系统形成。通过多个信号通路的作用，首先诱导轴的形成，然后勾勒出各个区域，最终形成每个区域的特化。前脑、中脑和后脑区域产生了信号梯度，并且这些信号分子及其拮抗剂相互作用，沿着前后轴形成了特定的结构，称之为 A/P 轴模式化。关于 A/P 轴模式的形成，仍有许多有待发现的地方，揭示其复杂机制仍然是一个活跃的研究领域。

四、神经管背腹轴的形成

在发育的早期阶段，神经管背腹轴看起来相当均匀，但在成熟的脑和脊髓中，不同类型的神经元都处于特定的位置。例如，在脊髓中，运动神经元聚集在腹角，而感

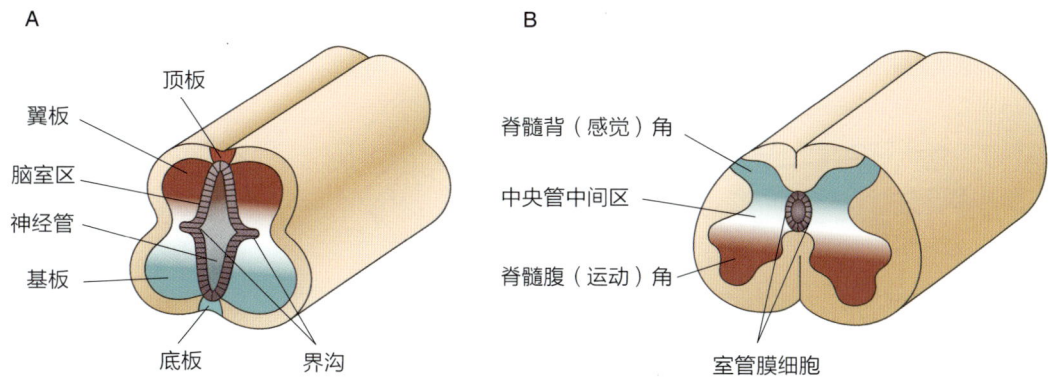

图 13-10 界沟是发育中神经系统感觉神经元和运动神经元的分界线
（**A**）在胚胎神经系统的后部（尾部），沿神经管内表面很容易观察到一条纵沟，即界沟。（**B**）在成年的脊髓中，感觉和运动神经元之间的分界仍然存在，感觉中间神经元位于背角，运动神经元和相关中间神经元位于腹角。

觉神经元则集中在背角。那么，在发育过程中，神经管的背腹差异是如何产生的呢？

在神经管的早期发育阶段，我们可以观察到一系列关键事件决定了神经管的整体组织和背腹分化。这些事件包括神经管的背腹极性的形成，标志性事件是神经顶板（roofplate）、底板（floor plate）和界沟（sulcus limitans）的形成。首先，神经管的最腹部逐渐扁平化，形成了位于神经管腹部表面的底板。底板的形成是一个高度有序的过程，与后续的神经元分化密切相关。与此同时，神经管的最背部逐渐发育成为神经顶板。顶板在整个神经管背腹分化中起着关键作用，对不同类型的神经元分布和特化起到调节作用。此外，界沟沿着神经管的大部分长度分隔了背部和腹部。界沟的形成进一步加强了神经管的背腹极性，有助于将不同的神经元类型分隔开来（图 13-10）。

总的来说，这些早期事件共同促使了神经管背腹极性的形成，为后续的神经元分化和整体神经管结构的形成奠定了基础。其中，神经顶板和底板在神经管的发育过程中扮演关键角色，通过释放信号分子来调控基因表达模式，从而诱导不同区域祖细胞分化出不同类型的神经细胞。

首先，让我们聚焦于神经管腹部模式化建成的过程。底板受到来自脊索的信号的影响。脊索最终会在大多数脊椎动物中融入脊柱中，但在此之前，它在胚胎发育中具有多重重要功能，包括产生诱导底板形成所需的蛋白质。同时底板也会释放信号分子，调控腹侧神经管中细胞的特化。几十年来，通过使用各种实验方法，人们已经证明了脊索对于底板和随后的运动神经元诱导的重要性。例如，1939 年，两栖动物领域的经典研究由 Johannes Holtfreter 进行，他演示了手术切除脊索导致腹部结构（包括底板）的缺失。随后的研究表明，手术抑制或破坏脊索的形成导致腹侧神经管的细胞表达背侧神经管相关的基因。接下来，让我们聚焦于神经顶板的作用。神经顶板位于神经管的背部，并与表皮外胚层（epidermal ectoderm）之间建立联系。在胚胎发育的早期阶段，神经顶板的细胞会伸展并与表皮外胚层相互接触。随后，表皮外胚层会分离出神经管，同时神经嵴细胞（neural crest cell）也会从神经褶皱中分离出来。这些神经嵴细胞会按照特定的迁移路线分布到发育中的胚胎中，形成特定的外周神经元，其中包括位于脊髓背侧的感觉神经元。这些感觉神经元负责接收和处理来自身体的感觉信息，并与其他神经系统中的运动神经元相连接（图 13-11）。

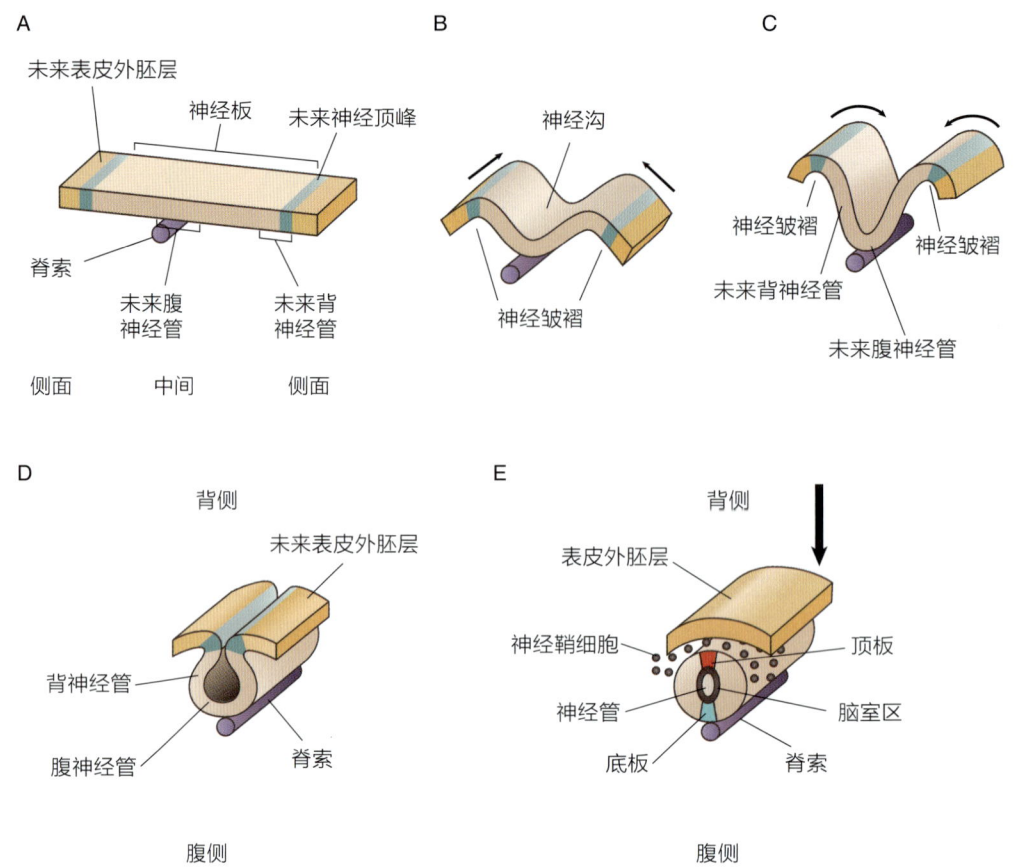

图 13-11　神经管的形成导致沿背腹轴的特化

（A）在神经板阶段，外侧边缘标志着与神经管背侧表面相关的结构将在此处出现。（B）神经板的侧缘开始向上弯曲，形成神经褶皱。（C，D）随着神经管开始成形，侧缘继续向上弯曲并相互靠近，从而形成明显的神经管背侧和腹侧区域。（E）当神经管的边缘向背侧靠拢时，一个特化细胞带——顶板清晰形成。

虽然神经顶板和底板等早期神经管结构相对容易识别，但是神经管背腹轴上各神经元的形态非常相似，难以区分不同细胞类型。20 世纪末以来，研究人员通过识别和定位 mRNA 和蛋白质等分子标志物，在体内和体外有效区分了背部和腹部前体细胞的各种类型。例如，表达在背部神经管前体细胞中的分子标志物有 Lxm1a、Gdf7、Pax3 和 Pax7 等，而在腹部前体细胞中表达的分子标志物有 Olig2、Nkx2.2、Nkx6.1、Nkx6.2 和 HNF3β/FoxA2 等。此外，还有一些分子标志物位于中间区域，跨越腹背侧段，如 Pax6、Dbx1、Dbx2 和 Irx3，它们标记了部分腹背侧段的细胞。对成熟神经元而言，背部区域的分子标志物包括 Lbx1、Lhx1、Lhx2 和 Lhx9，而 Isl-1 和 Isl-2 则作为腹部区域的成熟神经元分子标志物（图 13-12）。需要强调的是，这些不同神经元标志物的表达对于确定细胞的最终功能至关重要。神经管的背部和腹部信号中心通过调控每种细胞类型中特定转录因子的表达来影响基因的表达或抑制，进而有助于神经管背腹轴上神经细胞命运的特化。

五、神经管模式化的分子机制

脊索通过 Shh（sonic hedgehog）信号通路诱导不同类型神经元的形成。Shh 是一种信号分子，最早在脊索中表达，然后在底板中继续表达。为了确保不同类型的神经

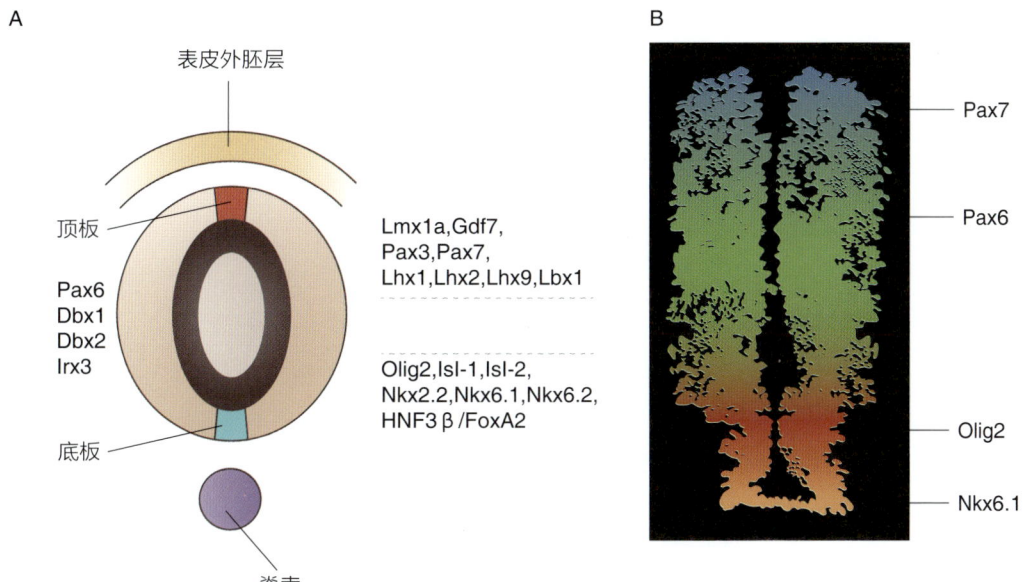

A

表皮外胚层

顶板

Pax6
Dbx1
Dbx2
Irx3

底板

脊索

Lmx1a,Gdf7,
Pax3,Pax7,
Lhx1,Lhx2,Lhx9,Lbx1

Olig2,Isl-1,Isl-2,
Nkx2.2,Nkx6.1,Nkx6.2,
HNF3β/FoxA2

B

Pax7

Pax6

Olig2

Nkx6.1

图 13-12 神经管背侧和腹侧部分分子标志物的分布
（**A**）背侧祖细胞和成熟中间神经元的标志性转录因子包括 Lmx1a、Gdf7、Pax3、Pax7、Lbx1、Lhx1、Lhx2 和 Lhx9。腹侧分子标志物包括 Olig2、Isl-1、Isl-2、Nkx2.2、Nkx6.1、Nkx6.2 和 HNF3β/FoxA2。一些转录因子（如 Pax6、Dbx1、Dbx2 和 Irx3）横跨背侧和腹侧区域。（**B**）小鼠神经管中特定细胞标志物的表达提供了一个例证，说明不同的祖细胞群沿着背腹轴产生。

元在神经管内的正确分化和定位，Shh 信号通过浓度梯度调控基因表达。Shh 的浓度会激活或抑制在神经管腹侧部分运动神经元和中间神经元前体细胞内表达的基因。其中，包括编码 Class Ⅰ 和 Class Ⅱ 转录因子的基因，包括 Dbx、Nkx、Irx 和 Pax 家族的同源异形域蛋白质以及碱性螺旋-环-螺旋（bHLH）蛋白 Olig2。Class Ⅰ 转录因子，如 Dbx1、Dbx2、Irx3 和 Pax6，在脊索的部分腹侧段表达，但会受到 Shh 信号的梯度依赖性抑制。例如，在 V1 和 V0 中间神经元区域，即最腹侧的中间神经元区域，低水平的 Shh 足以抑制这些基因。相反，在接近底板腹侧区域，需要更高浓度的 Shh 来抑制 Class Ⅰ 转录因子。与 Class Ⅰ 转录因子不同，Class Ⅱ 转录因子是由神经管腹侧区域中更高浓度的 Shh 激活的。比如，Nkx2.2、Nkx6.1、Nkx6.2 和 Olig2 是受到靠近底板处更高 Shh 浓度激活的 Class Ⅱ 转录因子（图 13-13）。

Shh 信号的浓度梯度是通过 Shh 蛋白的特殊加工来实现的。Shh 蛋白分解成两个片段，其中 Shh-N 片段负责调控底板的形成。这个 Shh-N 片段通过附着在脊索细胞表面的胆固醇分子，提供了高浓度的 Shh 信号。剩余的 Shh-N 片段可以扩散到远离产生地的地方，提供较低浓度的 Shh 信号，用于诱导不同类型的脊索神经元的形成。

在背侧模式化的过程中，BMP 家族成员发挥着关键作用。早期研究发现，在神经诱导过程中，BMP 家族成员通过抑制神经组织的形成来促进非神经的表皮外胚层的形成。然而，随着发育的进行，BMP 家族成员被用于表征不同类型的神经细胞，包括神经嵴细胞、背侧神经管的顶板细胞以及六个亚型的背侧中间神经元。

实验证明，在神经管上方的表皮外胚层中表达 BMP-4 和 BMP-7 会诱导顶板的形成，这些表皮 BMP 家族成员诱导了 LIM 同源异形域转录因子 Lmx1a 在顶板细胞中的表达，因此 Lmx1a 被用作顶板的标志物。

图 13-13　Shh 水平对 Class I 和 Class II 转录因子有不同的调节作用

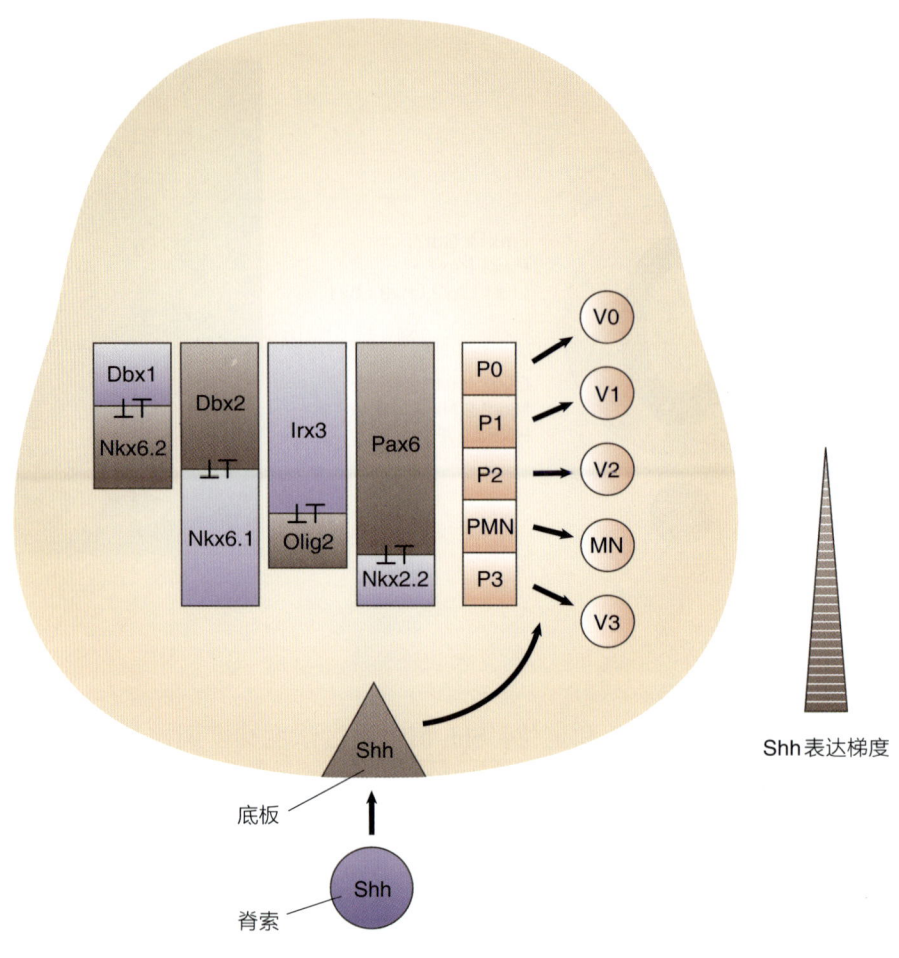

知识窗 13-1

眼　发　育

　　脊椎动物的眼发育起始于原肠胚形成（gastrulation）时期的胚胎眼区（eye field）。该区域位于前神经板（anterior neural plate）的间脑（diencephalon）边缘（图 13-14A）。随后该区域两侧凸出生成左、右两个视泡（optic vesicle）（图 13-14B）。与此同时，体表外胚层在视泡的诱导下增厚，形成晶状体板（lens placode）。

　　视泡远端膨大，贴近体表外胚层，慢慢凹陷形成双层杯状结构，称视杯（optic cup）（图 13-15）。视泡近端变细，称视柄（optic stalk），与前脑中的间脑相连。随后晶状体板凹陷入视杯内，它逐渐开始与体表外

胚层分离，发育成晶状体泡（lens vesicle）。间充质填充在视杯与晶状体泡之间，视杯周围及其与体表外胚层之间。眼的各部分就是由视杯与视柄、晶状体泡及它们周围的间充质进一步发育形成的。凸出的视泡沿其近远（proximal-distal，P/D）轴进一步分化。与表面外胚层接触的视泡远端区域分化为神经视网膜（neural retina，NR），而近端区域分化为视网膜色素上皮（retinal pigment epithelium，RPE），两者之间的近端区域将形成视柄的背侧和腹侧部分。神经视网膜和视网膜色素上皮之间的边界称为睫状边缘区（ciliary marginal zone，

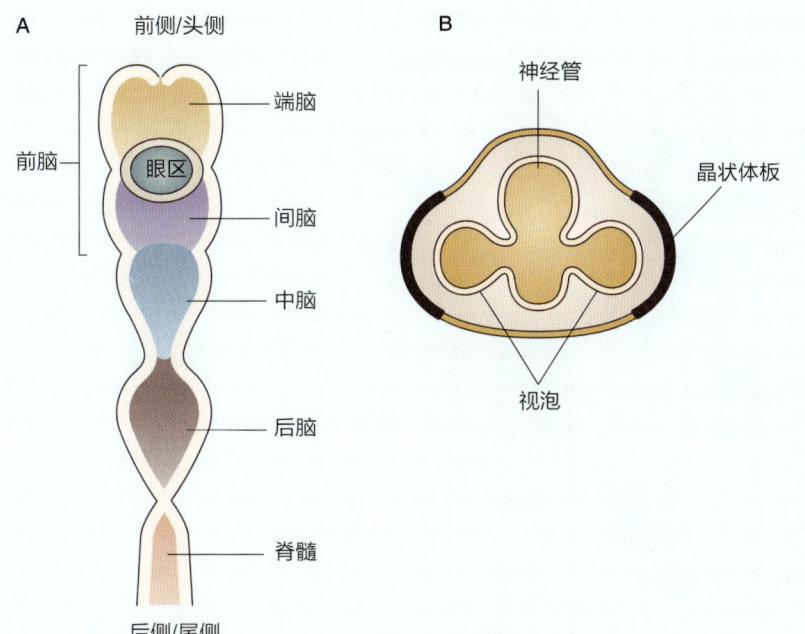

图 13-14 脊椎动物视泡示意图
（**A**）胚胎眼区位于前脑的间脑边缘区域。
（**B**）视泡从间脑的胚胎眼区起始发育，向两侧突出形成。

CMZ），该区域表达 Meis1、Meis2、Msx1 等转录因子，被认为是视网膜细胞终生更新的来源。

1. 视泡的近端－远端分化

在视泡发育过程中，近端细胞发育为视柄，而远端细胞则分化为神经视网膜和视网膜色素上皮。视柄的腹侧细胞受到来自腹侧中线 Shh 信号分子的影响（图 13-16）。*Shh* 基因突变会导致严重的眼发育缺陷，包括形成单一中线眼，或者缺乏视柄等。Shh 可以调控 Pax6 和 Pax2 的空间表达来决定视泡的远－近轴发育。Pax2 和 Pax6 在转录水平上相互抑制，Shh 的过表达导

致 Pax2（视柄分子标志物）表达区域增大，Pax6（视网膜分子标志物）阳性细胞数量减少，而没有 Shh 的情况则相反。*Pax6* 基因对于形成远端晶状体组织也是必要的。*Pax6* 基因的突变会影响晶状体和视泡的形成，最终导致无眼症。

2. 视杯的背腹分化

背侧的 BMP 信号和腹侧 Shh 的信号梯度共同决定视杯的背腹分化。在视杯的腹侧部分过度表达 BMP4 会抑制 Pax2 和 Vax1 的表达，并激活 Tbx5 的表达，Tbx5 是一种 T-box 类转录因子，通常只在视杯的背侧部分表

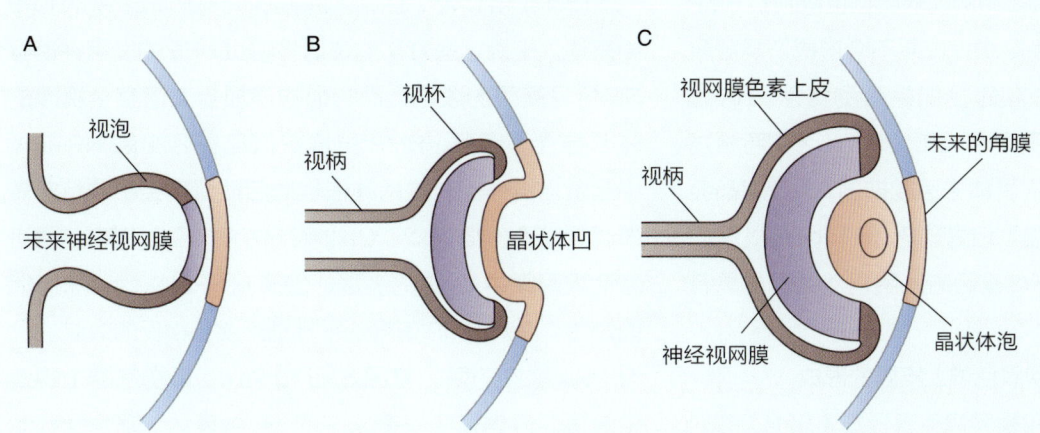

图 13-15 脊椎动物眼发育示意图
（**A**）视泡的形成。（**B**）视泡远端凹陷成为视杯，近端变细成为视柄。（**C**）视杯分为内、外两层，其中外层分化为视网膜色素上皮（RPE），内层则增厚分化为视网膜。

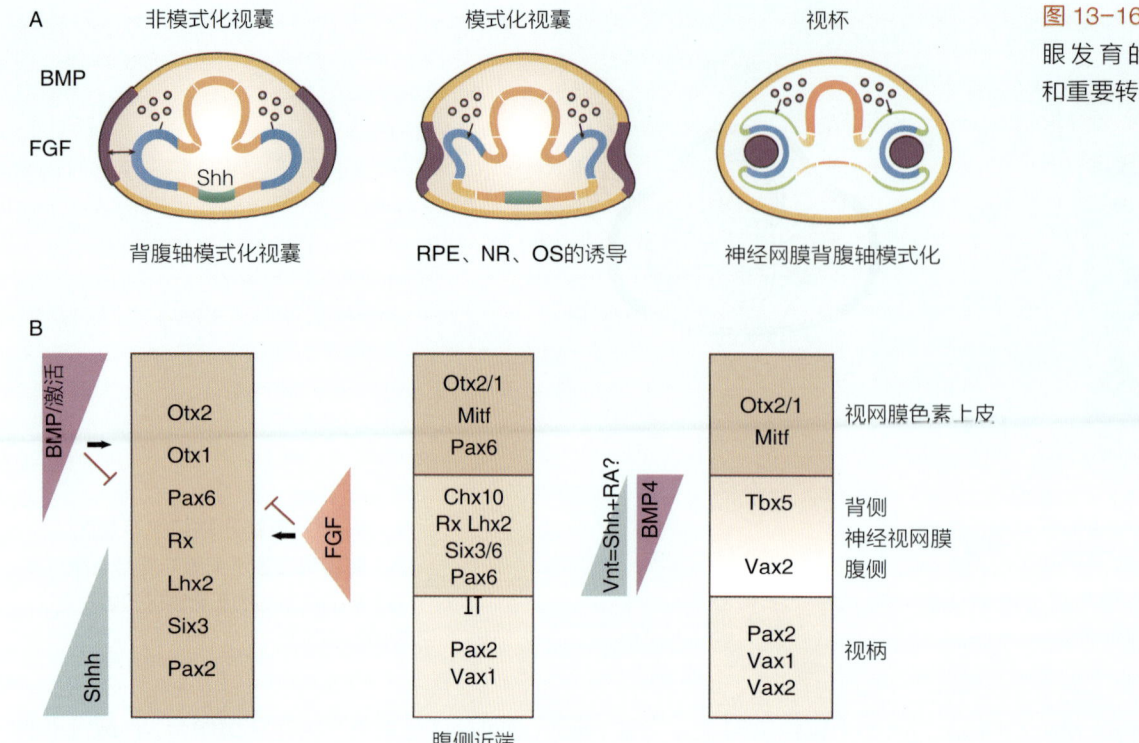

图 13-16　调控脊椎动物眼发育的信号通路（A）和重要转录因子（B）

达。视杯的背腹极化的转录调控在很大程度上依赖于位于视杯背侧的 Tbx5 的活性和位于视杯腹侧的 *Vax* 基因的活性。Tbx5 的过度表达会导致视杯的背腹化，而 Vax 的过度表达会导致其腹侧化。ventroptin 是一种 BMP 信号拮抗因子，主要在视杯腹侧中表达。在视杯的背侧强制表达 ventroptin 会降低 BMP4 的表达并扩展 *Vax* 基因的表达。

　　一些典型的属于视杯腹侧的结构，如视裂（optic fissure）、玻璃体动脉和鸟类中的视网膜盘也依赖于 BMP 信号。在 BMP7 缺失的小鼠中，视裂不会形成。视黄酸（retinoic acid，RA）也参与建立视杯腹侧特性。RA 处理可以上调斑马鱼胚胎眼中 Pax2 的表达，而在胚胎发育期间缺乏维生素 A、RA 受体失活或抑制 RA 合成都会导致胚胎腹侧视网膜缺陷。但是缺乏编码 RA 合成酶的 *Raldh1*、*Raldh2* 和 *Raldh3* 基因的胚胎仍然会形成具有正常背腹分化的视杯。

3. 神经视网膜和视网膜色素上皮质的形成

　　神经视网膜（NR）和视网膜色素上皮（RPE）的形成是由多种信号分子协同调控的。如果分离眼的表面外胚层，未来的 NR 细胞将获得 RPE 细胞的特性。这是因为外胚层分泌了 FGF 家族中的信号分子 FGF1 和 FGF2，而未来视网膜表达 FGFR1。相反，将未来的 RPE 暴露于 FGF 会赋予细胞 NR 特性。因此，FGF 信号通常激活 NR 的形成，抑制 RPE 的形成。未来视网膜本身也表达其他 FGF，如 FGF3、FGF8、FGF9 和 FGF15，这些可能有助于维持视网膜的特性。

　　BMP4 和 BMP7 在周围的眼周间充质和未来的 RPE 中表达。干扰这些分子的表达将阻止 RPE 的发展并诱导 NR 特异基因的表达，而它们的添加会激活整个视泡的 RPE 特性。因此，BMP 和 FGF 信号在 RPE 和 NR 前体中起着拮抗作用。这两种信号的活性似乎会影响特定转录调节因子，如 Vsx2、Otx2 和 Mitf 的表达。FGF 信号可激活视网膜中 Vsx2 的表达，但抑制 RPE 中 Otx2 和 Mitf 的表达，而对 BMP 信号的干扰则观察到相反的效应。

　　Six 家族的两个基因 *Six3* 和 *Six6*，最初在整个视泡中表达，但也很快只在未来的 NR 中表达。在鱼类胚胎中，这两个因子的过度表达会导致视网膜增大和视网膜样组织的异常形成。在小鼠中，*Six3*基因的缺失会导致前脑的完全丧失，而*Six6*基因缺失会影响视网膜的增殖和分化。将它们中的任何一个过度表达于 RPE 细胞会导致获得 NR 的表型。与*Six3*类似，*Lhx2*基本表达在未来的神经视网膜。*Lhx2*缺失的小鼠表现为无眼，类似于*Pax6*基因突变小鼠。

RPE 的形成至少与 4 种转录因子紧密相关，它们是 Otx1、Otx2、Mitf 和 Pax6，这些因子构成了建立 RPE 特性的转录网络核心。*Mitf*、*Otx1* 和 *Otx2* 基因失活会阻碍 RPE 的分化。相反，将这些基因转染到视网膜细胞中会使它们获得 RPE 表型并积累色素颗粒。尽管 Pax6 在未来 RPE 中的表达是短暂的，但它的功能（可能与 Pax2 的功能一起）似乎对于启动 *Mitf* 的表达至关重要。事实上，Pax6 能够直接结合到 *Mitf* 启动子上，而在同时缺乏 Pax2 和 Pax6 的胚胎中，视泡变得较小，由 Mitf 阴性细胞组成，这些细胞反而共表达 Otx2 和 NR 标记 Vax2。

第四节　神经发生

随着神经系统的发育，大量的神经元和胶质细胞必须由神经上皮细胞转化成的神经祖细胞（neural progenitor cell）产生。上述产生神经元的过程被称为神经发生。从胚胎的神经外胚层初始形成一直到胚胎出生之后，神经发生可以持续相当长的一段时间。一般来说，神经祖细胞会经历反复的细胞分裂（增殖）。这个过程中，一些子代细胞仍然保持着祖细胞的身份，可以继续进行分裂；而另一些则获得神经元或胶质细胞的身份。后者也被称为神经前体细胞，它们不再分裂并且最终分化为成熟的神经元或胶质细胞。

一、果蝇中的神经发生

在果蝇中，中枢神经系统和周围神经系统分别由成神经细胞和感觉器官前体细胞发育而来。外胚层细胞具有发育为神经细胞的潜力，但只有一小部分会成为成神经细胞或感觉器官前体细胞。前神经基因（proneuralgene）在已经具有神经特性的细胞中表达，这是启动神经发生的充分必要条件。

外胚层中表达前神经基因的细胞团被称为神经前簇。随着发育进程，前神经基因的表达只保留在神经前簇中的单个细胞内，该细胞会发育为成神经细胞或感觉器官前体细胞。一旦这个细胞获得了成神经细胞或感觉器官前体细胞的身份，便会通过抑制性的细胞内信号通路阻止其周围的细胞发育为成神经细胞或感觉器官前体细胞。具体而言，该细胞会在膜表面表达 Notch 信号通路的配体 Delta，随后通过 Delta 结合神经前簇中存在于其他细胞表面的受体 Notch。受体 Notch 的激活导致下游转录因子 HES 蛋白的升高表达，进而抑制了前神经基因的表达，使细胞丧失了成为神经细胞的潜力转而获得表皮细胞的命运。这种细胞命运决定的机制被称为侧向抑制（lateral

图 13-17 相互抑制转变为侧向抑制

最初，神经前簇中所有细胞之间的 Notch 信号通路导致相互抑制，前神经基因和抑制它的 HES 基因在这一阶段共同表达，使得所有细胞均保持神经特性。随后，侧向抑制发生。单个细胞逃离相互抑制，持续表达前神经基因成为 SOP，同时激活周围细胞 Notch 信号通路，抑制周围细胞表达前神经基因。

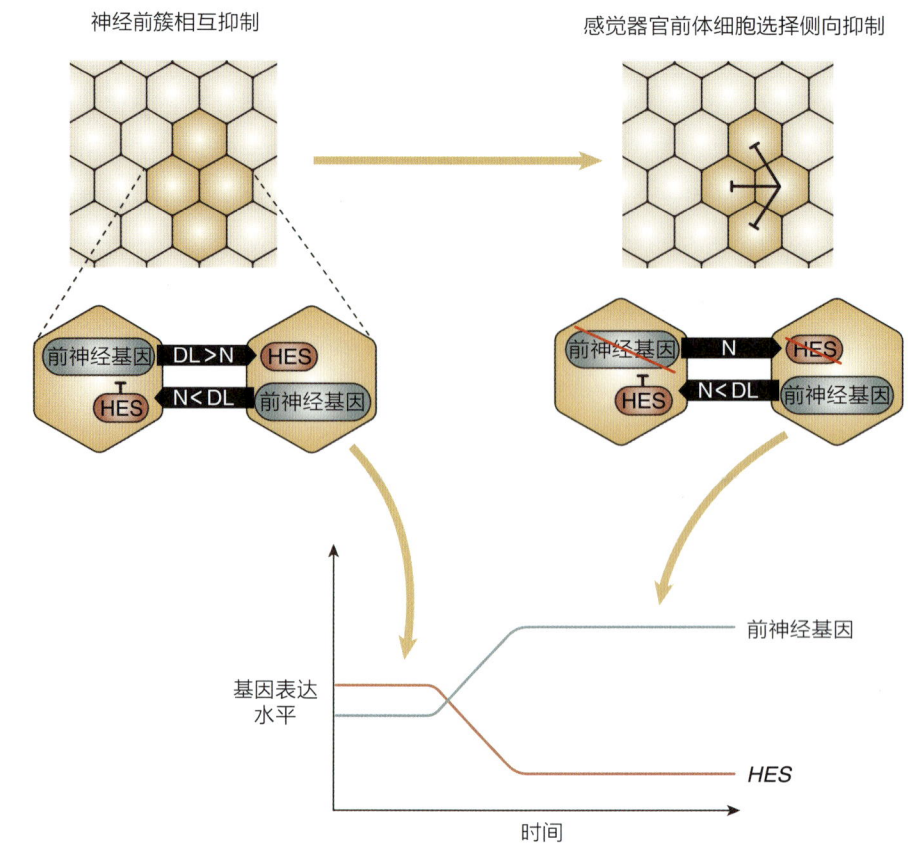

inhibition）。在神经前簇中，单一细胞确定成为神经祖细胞之前，所有细胞都会表达 Delta，同时也被周围的细胞抑制。这种互相抑制（mutual inhibition）使得每个细胞都保持着成为神经细胞的潜力。随后，某个细胞率先逃脱该抑制状态，神经前簇中的互相抑制即转变为前述的侧向抑制（图 13-17）。

二、脊椎动物中的神经发生

脊椎动物中枢神经系统的神经元发生过程与果蝇差异较大，可能更有利于其产生更多的神经元。脊椎动物的神经管由单层神经上皮细胞构成。神经上皮细胞发育形成的神经祖细胞也被称为放射状胶质细胞（radial neuroglia cell）。放射状胶质细胞位于神经管上皮的管腔内表面，一般被称为脑室区（ventricular zone）。放射状胶质细胞是神经干细胞，具有两个特征：①多能性。它们产生的子代细胞可以分化成一系列神经元和胶质细胞；②自我更新能力。尽管一些子代会退出细胞周期进行分化，但一部分子代细胞会保持神经干性，通过大量自我更新扩增神经祖细胞的数量。

在脊椎动物中，前神经基因通过调节 Notch 介导的侧向抑制和启动下游分化基因的表达来控制神经发生。但和果蝇不同之处在于，脊椎动物神经管中的 Notch 抑制并不会导致被抑制的细胞呈现出不同的非神经命运。相反，它们只是暂时被抑制，并保留了它们作为神经祖细胞的能力。因此，通过 Notch 抑制，维持了祖细胞的数量，以促进进一步的神经发生。

放射状胶质细胞中前神经基因和 Notch 相互作用的机制会导致基因表达的振荡，这由相互抑制的循环往复导致（图 13-18）。在脊椎动物的神经发生中，前神经基因随时间的动态表达对于协调祖细胞激活 Notch 信号极为重要。在确定神经前体细胞的命运后，前神经基因会触发细胞退出细胞周期，促进细胞分化和细胞迁移过程。

三、神经祖细胞的增殖及分裂方式

为了产生足够数量的神经元，神经祖细胞细胞周期的进入和退出过程受到了严格调控。这种调控的一个关键方面则是细胞分裂。在神经祖细胞增殖过程中，一个细胞通过对称分裂产生两个相同的子代细胞，或是通过不对称分裂产生

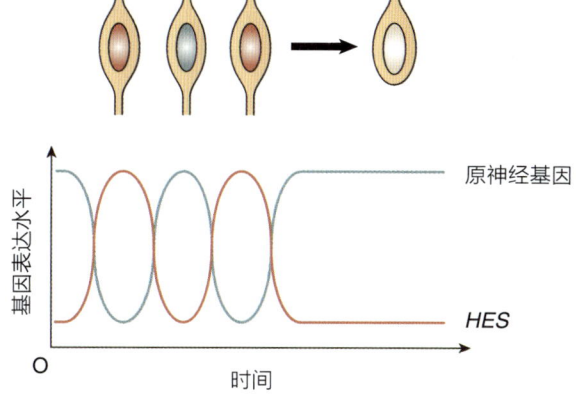

图 13-18 放射状胶质细胞转变为神经前体细胞
放射状胶质细胞振荡表达前神经基因或 HES，处于相互抑制状态。随着发育进程，一些细胞停止振荡，并持续性高表达前神经基因，从而成为神经前体细胞，退出细胞周期。

知识窗 13-2

Notch 信号通路

受体 Notch 在所有的胚胎细胞中表达。Notch 是根据它的一种表型命名的，即编码该受体的基因突变时，果蝇会出现锯齿状翅膀。与其他信号通路不同，Notch 配体不是扩散性信号分子，而是信号细胞表面的跨膜蛋白质。因此，Notch 信号通路是一个通过细胞接触介导的信号通路。在定型的神经细胞中（信号细胞，如图 13-19），前神经基因的表达触发了 Notch 配体 Delta 的表达。Delta 出现在细胞膜表面与相邻细胞的 Notch 结合，通过早老素触发 Notch 分解。随后 Notch 的细胞内结构域移动到细胞核与称为 SU（H）（无毛抑制基因）的转录因子结合成复合体，该复合体激活 split 基因（HES 家族成员）的增强子，这个基因编码 bHLH 转录抑制因子，抑制前神经基因在感受细胞中表达，使该细胞丧失发育为神经组织的潜力。

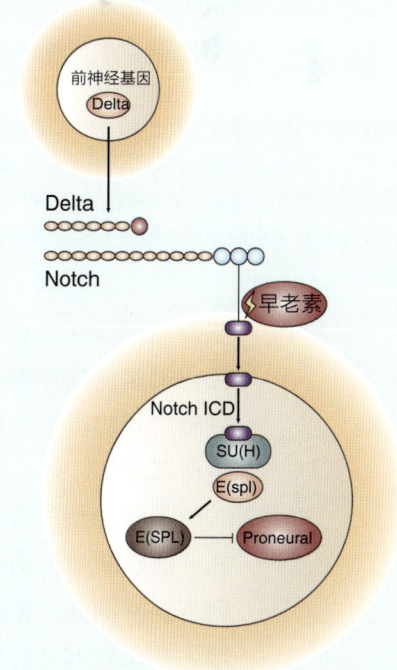

图 13-19 Notch 信号通路

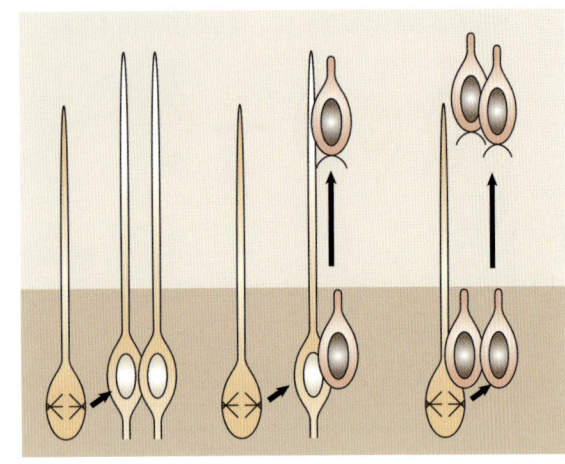

对称增殖　　非对称增殖　　对称增殖

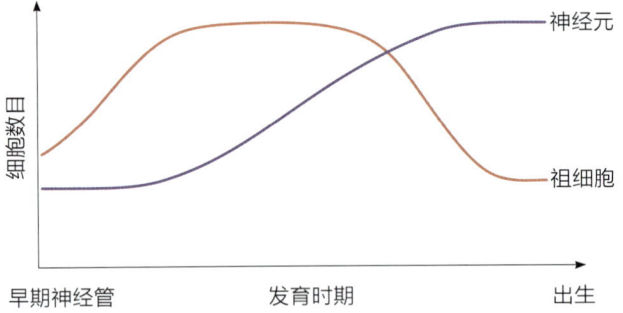

图 13-20　神经元的产生速率与神经祖细胞随时间变化的分裂方式有关

在神经管中，神经元的产生速率与神经祖细胞随时间变化的分裂方式有关。首先是通过对称的增殖分裂来扩张神经祖细胞数量；其次，多数祖细胞进行不对称分裂，使得神经元稳定产生；最后，对称分裂的方式导致所有子代细胞成为神经元或胶质细胞，从而消耗祖细胞数量。

两个发育潜能不同的子代细胞。不对称分裂存在两种不同的形式。第一种形式里，两个子代细胞不具有增殖能力，朝着不同方向分化。例如，果蝇的感觉器官前体细胞经过不对称分裂产生感觉神经元和三种不同的支持细胞。而第二种形式里，一个子代细胞会分化为神经元，另一个子代细胞则保留了亲代细胞的增殖能力。

在脊椎动物大脑皮质中，神经祖细胞形成初期会以对称分裂的方式扩充祖细胞群体的数量，随后越来越多的神经祖细胞转而进行多轮不对称分裂来产生神经前体细胞。在神经发生晚期，神经祖细胞被认为会进一步转为对称分裂，产生两个有丝分裂后的神经前体细胞。这种对称分裂会消耗部分神经祖细胞（图 13-20）。

处于分裂的放射状胶质细胞中，包括 PAR 和 Numb 在内的蛋白质复合物会定位于细胞顶端室侧的一个小的膜位点。该顶端复合物一定程度决定了细胞分裂的方向。大多数对称增殖分裂的神经祖细胞，其分裂面垂直于脑室表面，使得顶端复合物一分为二地被两个子代细胞继承。相反，进行不对称增殖分裂的神经祖细胞具有非垂直的分裂面，仅使得其中一个子代细胞继承顶端复合物。

四、神经发生的时序调控

神经发生的整个阶段中，神经管不同区域的神经祖细胞产生不同类型的神经元。例如，位于背侧端脑的祖细胞产生端脑的兴奋性神经元，而腹侧端脑的中间和后端神经隆起则产生皮质所有的抑制性神经元。同时，神经祖细胞所产生的神经细胞类型也随着时间推移而变化。例如，在脊椎动物中枢神经系统发育阶段中，神经元逐渐停止产生之时，胶质细胞随之开始产生。神经发生的时序调控是神经祖细胞的内在机制，同时可以被外部环境所调节。

不同类型的神经细胞按照时间顺序产生会使得这些细胞具有特定的空间分布模式。成熟的哺乳动物大脑皮质具有 6 层结构，每层神经元具备特有的神经元形态和投射方式。例如，在处理感觉信息的皮质区域，第 4 层神经元接收来自丘脑的感觉信息输入并在局部投射轴突，而第 5 层和第 6 层的神经元将轴突投射至大脑其他区域。放射状胶质细胞通过不对称分裂产生神经前体细胞，这些细胞通过径向迁移远离脑室区。早期产生的神经元分布于皮质最深处，而随后产生的神经元迁移经过早期产生的神经元，形成新的、更浅的神经元层。因此，皮质的神经元随着时间推移以"由内而外"的方式分布（图 13-21）。

第五节　神经元的迁移

　　神经发生会产生大量神经元，不同类型的神经元产生于神经系统的不同区域。许多神经元需要从出生地迁移到特定的区域行使功能。神经功能环路的正确组装依赖神经元在正确的时间迁移到正确的位置。我们可以通过观察活体胚胎中神经元的迁移和组织培养中神经元的迁移等方法直接或间接地记录、追踪神经元的迁移轨迹。一般来说，迁移是脊椎动物比无脊椎动物神经发育更显著的特征，主要涉及大量细胞的远距离迁移。但是，一些神经元迁移也是无脊椎动物中必不可少的。总之，为确保适当数目的细胞在适当的时间到达神经系统适当的区域，神经元的迁移受到严格的调控，即必须全方位地控制迁移的时间、方向、迁移距离和终点。

一、主要迁移模式

　　神经元迁移主要有三种模式。一些细胞在其他细胞提供的支架（scaffold）上迁移，大脑皮质中的许多放射状迁移神经元在放射状胶质细胞介导下移向软脑膜（pial），由于大脑皮质近似于一个半球，这种迁移方式被称为放射状迁移（radial migration）。另外一些细胞在被称为链迁移（chain migration）的过程中集体迁移，以这种方式迁移的神经元中，研究最多的是在嗅球中发现的嗅觉中间神经元（olfactory interneuron），嗅觉中间神经元来自腹侧端脑中的祖细胞，这些神经元从那里迁移到嗅球，在那里分化成神经元，并在功能上融入神经环路。第三类细胞明显独立于与其他细胞紧密接触的单独迁移，通常被称为个体迁移（individual migration），即细胞单独迁移或协同迁移细胞来帮助其迁移，神经嵴细胞采用这种方式进行迁移。神经嵴细胞产生于神经管的背侧，这些神经嵴细胞从那里开始各自迁移到胚胎的各个不同区域。

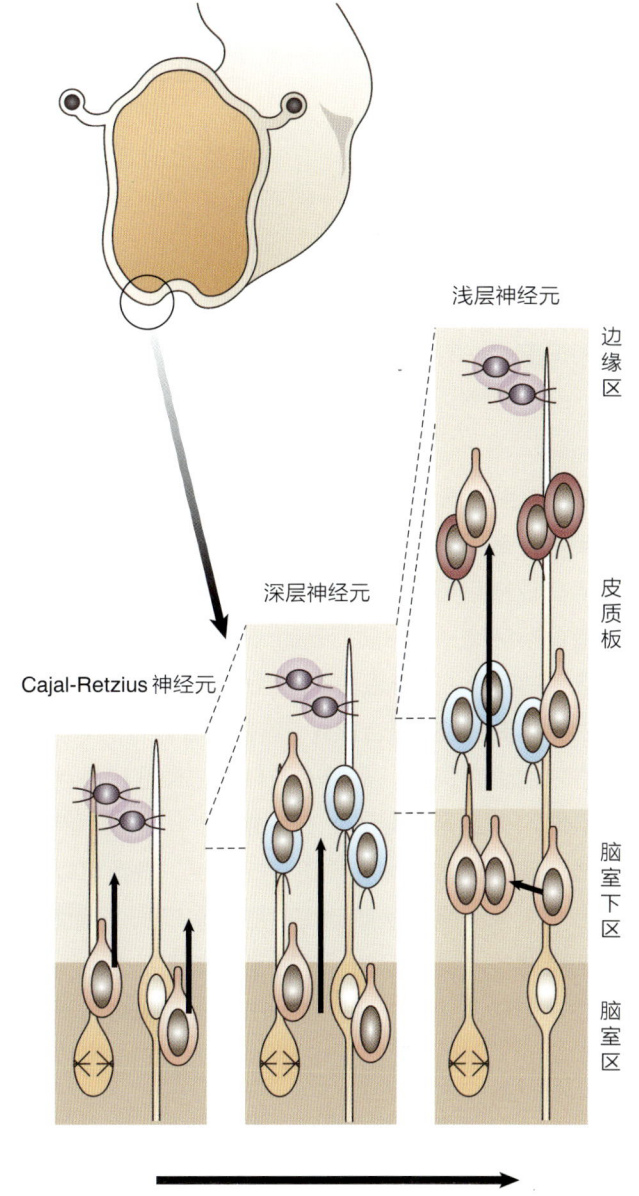

图 13-21　端脑的神经发生形成了大脑皮质的神经元
在大脑皮质神经发生过程中，形成的第一层细胞（Cajal-Retzius 神经元）从其他位置迁移而来。VZ 区的神经祖细胞分裂产生一系列神经前体细胞，这些细胞向外迁移，形成连续的神经元层。迁移的细胞首先分布在深层。在后期阶段，迁移的细胞分布形成浅层。

二、细胞迁移过程

神经元的迁移主要包括四个步骤。首先，细胞必须开始移动；其次，细胞必须受到适当的导向；再次，细胞通过局部移动来迁移；最后，细胞到达目的地后

知识窗 13-3

细胞骨架的组成分子

由蛋白质纤维构成的亚细胞网状结构组成细胞骨架，并在所有细胞形态的维持中起重要作用。细胞骨架在轴突和树突的形成和功能行使中也同样重要。细胞骨架纤维是蛋白质亚基的线型聚合物。微管由 α-微管蛋白和 β-微管蛋白亚基组成。微丝（F-肌动蛋白）由肌动蛋白亚基聚合形成。这些聚合物的一个重要特征是它们具有极性。在某些条件下，微管和微丝能通过组装额外亚基来延长。在微管中，α-微管蛋白和 β-微管蛋白异二聚体在"正"端组装。微丝可以通过在任一末端组装球状肌动蛋白亚基来延长，但优先结合到所谓的"倒钩"端。不论是微管还是微丝，游离的亚基和聚合状态的亚基都处于动态平衡中，而聚合状

态稳定与否是控制神经突向外生长或回缩的主要机制（图 13-22）。

脊椎动物大脑皮质最为显著的特性是高度有序的六层板层结构，要形成如此特异的层状结构，大脑发育过程中神经元的正确迁移至关重要。神经元通过"由内到外"（inside-out）的模式进行迁移。早期产生的神经元形成大脑皮质的内层，晚期产生的神经元跨过早期的神经元迁移到大脑皮质的外层。由于不断地产生神经元以及新生神经元迁移至外皮质，最终形成大脑皮质。兴奋性神经元主要沿着放射状胶质细胞进行放射状迁移，而抑制性的中间神经元主要进行切向迁移（tangential migration）。

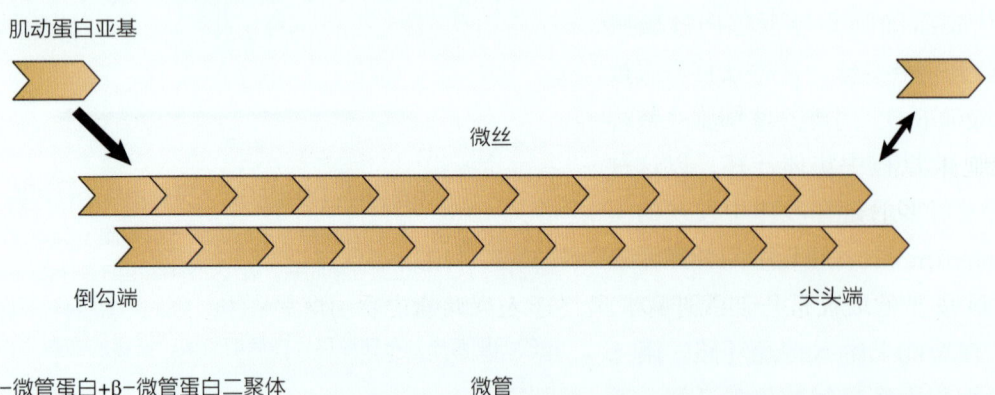

肌动蛋白亚基

微丝

倒勾端　　　　　　　　　　　　　　尖头端

α-微管蛋白+β-微管蛋白二聚体　　　微管

+　　　　　　　　　　　　　　　−

图 13-22　微丝和微管的组成分子

终止迁移。到目前为止，已经揭示的引导神经元迁移方向的机制主要有两种，即趋化性（chemotaxis）和胶质支架引导。在趋化作用中，细胞的运动由化学信号引导。细胞向信号移动，称为化学吸引（chemoattraction），或远离信号，称为化学排斥（chemorepulsion）。细胞运动或移动对于理解神经细胞迁移过程至关重要。在控制迁移神经元运动的细胞生物学过程方面，由放射状胶质细胞引导的皮质神经元的运动了解得最为清楚。细胞运动在很大程度上是由细胞骨架（cytoskeleton）的变化驱动的，细胞骨架是一种灵活且高度动态的细胞内网络结构，它控制细胞的形状和运动。微管（microtubule）组分是神经元迁移过程中细胞骨架最重要的部分。微管产生的一种称为中心体（centrosome）或微管组织中心的特殊结构，是控制细胞运动的关键因素。细胞运动过程可以分解为一系列的重复步骤。首先，前导突起（leading process）向迁移方向延伸；然后中心体向前移动，进入前导突起；之后，细胞核在被称为核运动（nucleokinesis）的过程中由连接微管向前牵引并向中心体移动；最后，尾突起重构，使其更接近细胞体。前导突起再次延伸，重新开始循环。神经元在到达目的地后需要终止迁移。尽管放射状迁移对发育中的大脑皮质有很大贡献，但是并非所有的皮质细胞都遵循这一路径。

三、放射迁移和切向迁移

放射状迁移是指神经元的胞体自室管膜区向脑膜方向自内而外的运动，这也是皮质神经元层状结构形成的主要方式。以这种方式迁移的神经细胞通常为简单的双极细胞，它们中大多数由放射状胶质细胞引导迁移至其目的地。放射状胶质细胞有着特殊的长突起，它们的胞体位于近脑室处，其长突起则向外延伸附着于脑膜，放射胶质细胞最后成为星状胶质细胞。根据具体的迁移特点，神经元的放射状迁移可以分为两种模式：胞体易位（somal translocation）和胶质细胞引导的迁移（glia-guided locomotion）。对于单个神经细胞来说，迁移模式并不是固定不变的，有些神经细胞以整体运动方式迁移至邻近大脑表层后会转换成胞体位移的方式进行迁移。

切线迁移是指神经元胞体沿脑膜切线方向进行迁移，这种迁移模式可以使大部分 GABA（γ-氨基丁酸）源性的抑制性中间神经元穿越大脑皮质不同的区域进行长距离迁移。切线迁移的细胞主要有两条经典途径：①从内侧神经节隆起（MGE）分裂生成的中间神经元，平行于大脑皮质的表面进行切线迁移，最终迁入到大脑皮质和海马；②从外侧神经节隆起（LGE）产生的中间神经元通过切线迁移侵入嗅球，并持续到成年，这条通路被称为喙侧迁移流（rostral migratory stream）（图 13-23）。

放射迁移和切线迁移对于单个神经元来说并不是绝对的，某些神经元可以通过这两种迁移方式到达目的地。例如，有 40% 的抑制性神经元先从 MGE 或 LGE 迁入脑室周围后再通过放射迁移迁入大脑皮质。在细胞迁移领域仍有许多悬而未决的问题。目前，在该领域，研究人员面临的一个主要挑战是使用培养的细胞和组织获得的分子机制有多大程度上适用于在体条件。

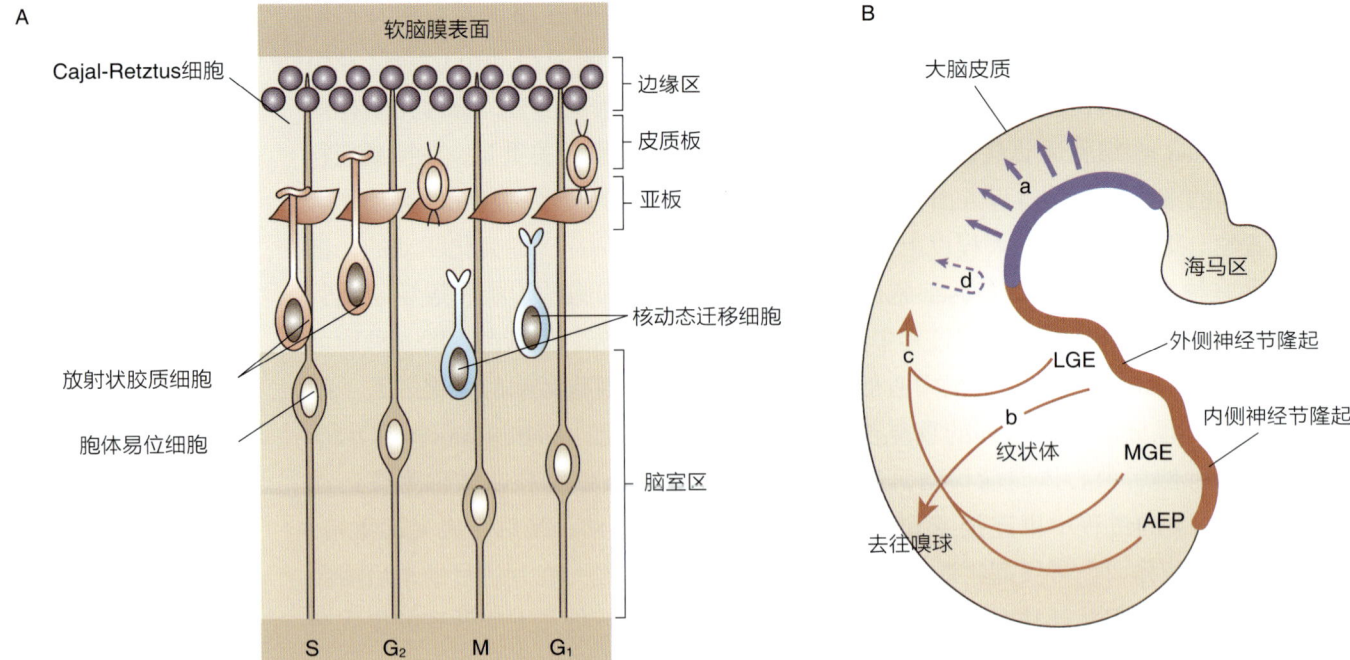

图 13-23　大脑皮质神经元的迁移

（A）投射神经元由脑室区（VZ）的放射状胶质细胞产生，并沿着放射状胶质细胞的引导纤维迁移到软脑膜，VZ产生的第一批迁移神经元组成前板层（preplate），随后陆续迁出的神经元将前板层分为两层：靠近软脑膜的边缘区（marginal zone）和深层的亚板层（subplate），边缘区主要由 Cajal-Retzius 细胞组成。投射神经元以胞体位移和细胞整体运动两种方式迁移到它们在皮质的最终位置。（B）主要的切线迁移路线。投射神经元从室管膜区放射状迁移到大脑皮质（a）；表达 GABA 源性的中间神经元从 LGE、MGE 和前脚内核区（AEP）切线状迁移到嗅球（b）和大脑皮质（c 和 d），神经元到达大脑皮质后一部分直接到达 VZ，然后再以放射状方式迁移到皮质板。

第六节　神经元分化与轴突导向

　　当神经元迁移到目的地后，它们的细胞形态会进一步分化：轴突会从胞体伸展出去，在细胞和细胞外基质间穿行，最终与目标神经元分化出的树突连接在一起，由此神经信号便可顺着轴突投射的方向在神经元间传播、汇集。

　　当千万个神经元的轴突和树突以如此简单、精细的原理相互连接，它们就形成了神经环路，而神经环路在脑区间彼此交织又产生了神经网络，从此生命可以感知、运动、记忆。神经元和神经元的连接有时跨越脑区，外观上层峦叠嶂，但在发育过程中，神经元向远方投射的轴突却总能相对精准地从"迷宫"中走到目标神经元上，这意味着轴突可以像迁移中的胞体一样感知周围的环境。在本节中，你将了解到发育中的轴突和树突在脑内导向的机制。

一、神经元的极化

　　在成熟的神经元中，信号在树突中被接收并传输到胞体，然后在轴丘（axon

hillock）进行整合。经过处理的信息以动作电位（action potential）的形式沿着轴突流向下一个神经元。神经元的整个分子结构，都反映了这种信息流向，这就是神经元的极性。神经元在开始分化时却既没有轴突也没有树突，而轴突和树突的形成即是神经元的极化。在发育过程中，极化诱因可以是内部产生的。在没有暴露在任何不对称外部环境的情况下，神经元仍能基于内部的不对称——如中心体相对于细胞核的不对称或黏附受体分布的不对称而定向，并成功极化。一种常见的假设是，在极化过程中，微管会在细胞中肌动蛋白丝（actin filament）最薄弱分布的地方穿透到神经突（neurite）的远端区域，导致该神经突生长得更快、更稳定，最后那个神经突就变成了轴突。

而极化诱因也可以来自环境。在神经上皮基底的表面，有一层厚厚的细胞外基质，称为基底层（basal lamina）。基底层由几种互锁的分子组成，其中一个称为层粘连蛋白（laminin），是促进轴突生长的因子。例如，在视网膜神经节细胞的极化中，即使中心体在细胞的另一侧，轴突也会从细胞的基底面出现，生长方向朝向层粘连蛋白分子。这表明来自外部的诱因可以覆盖细胞内部的诱因。在皮质中，基底层与发育中的神经元相距甚远，层粘连蛋白分子不足以在长距离上提供极化诱因，所以如 TGF-β 和 BDNF 在顶基方向上的梯度促进了锥体神经元的顶侧有方向的轴突出现（图 13-24）。

二、导航工具（上）：生长锥

在轴突和树突出现之后，轴突中的先行者——先锋轴突（pioneer axon）率先在大脑中爬行并开辟出道路，随行轴突（follower axon）则顺着先锋轴突铺设的道路朝着它们的目标前进，所以先锋轴突需要一个兼具移动和感知能力的头部，即生长锥（growth cone）。

生长锥是拉蒙·伊·卡哈尔（Ramón Y Cajal）最激动人心的发现之一。它的边缘突起具长而薄的丝状伪足（filopodia），上面布有大量的受体，用以接收来自环境的导航诱因。这些结构都是动态的，比如在当生长锥带领轴突来到这些关键的岔路口，它

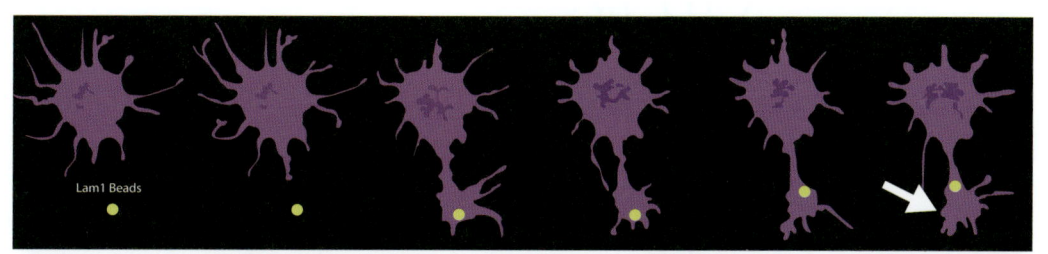

图 13-24 离体斑马鱼视网膜神经节细胞
上图显示的是一个离体斑马鱼视网膜神经节细胞在几个小时内的连续图像，它接触到一个层膜包裹的 bead，其中有一个新出现的神经突，然后成为轴突并发育出一个大的生长锥体；下图显示视网膜内层粘连蛋白被敲除的视网膜神经节细胞。在这些动物中，视网膜神经节细胞不能有效地极化。在这种情况下，层粘连蛋白包覆的珠状物帮助细胞长出轴突，然后轴突发育成生长锥。白色箭头指向轴突。

会变得更复杂，反之亦然；同样的诱因分子在不同的时间背景下，也会因为生长锥的动态产生截然不同的导向效果。跟随在先锋轴突后的轴突生长锥也会变得简单。先锋轴突的生长锥有几个活跃的丝状伪足和板状伪足（lamellipodia）。而跟随轴突的生长锥则倾向于呈子弹形，上面只有少量的突丝。

此外，生长锥向前爬行时，新材料被不断地装载到生长的轴突中以提供支撑。那些新材料是在头部——靠近生长锥处装配的——而非尾部的胞体。细胞骨架成分（如肌动蛋白丝和微管）的添加也发生在生长中的轴突的头部。在生长锥中，微管沿着轴突延伸到生长锥的中心区域，肌动蛋白丝则主要存在于生长锥的外围区域。在移动时，丝状伪足中的肌动蛋白丝束被蛋白质向后推动，同时它的末端会有新的肌动蛋白单位被加进来，从而驱动丝状伪足向远处延伸。生长锥在基质上的快速前进依赖于可以与黏附分子交互的跨膜受体。当受体抓住基质时，其下的运动信号通路会影响丝状伪足底部的肌球蛋白向后拖动生长中的肌动蛋白束。借此，单只丝状伪足能够通过缩短自身结构来引导整个生长锥。

除了微管和肌动蛋白丝之外，在生长锥中还存在许多与细胞骨架相关的蛋白质，它们执行各种任务，如将肌动蛋白和微管锚定到细胞膜或彼此之上，帮助组装或解组肌动蛋白和微管、或通过分子马达产生推力等（图 13-25）。

图 13-25   生长锥的结构

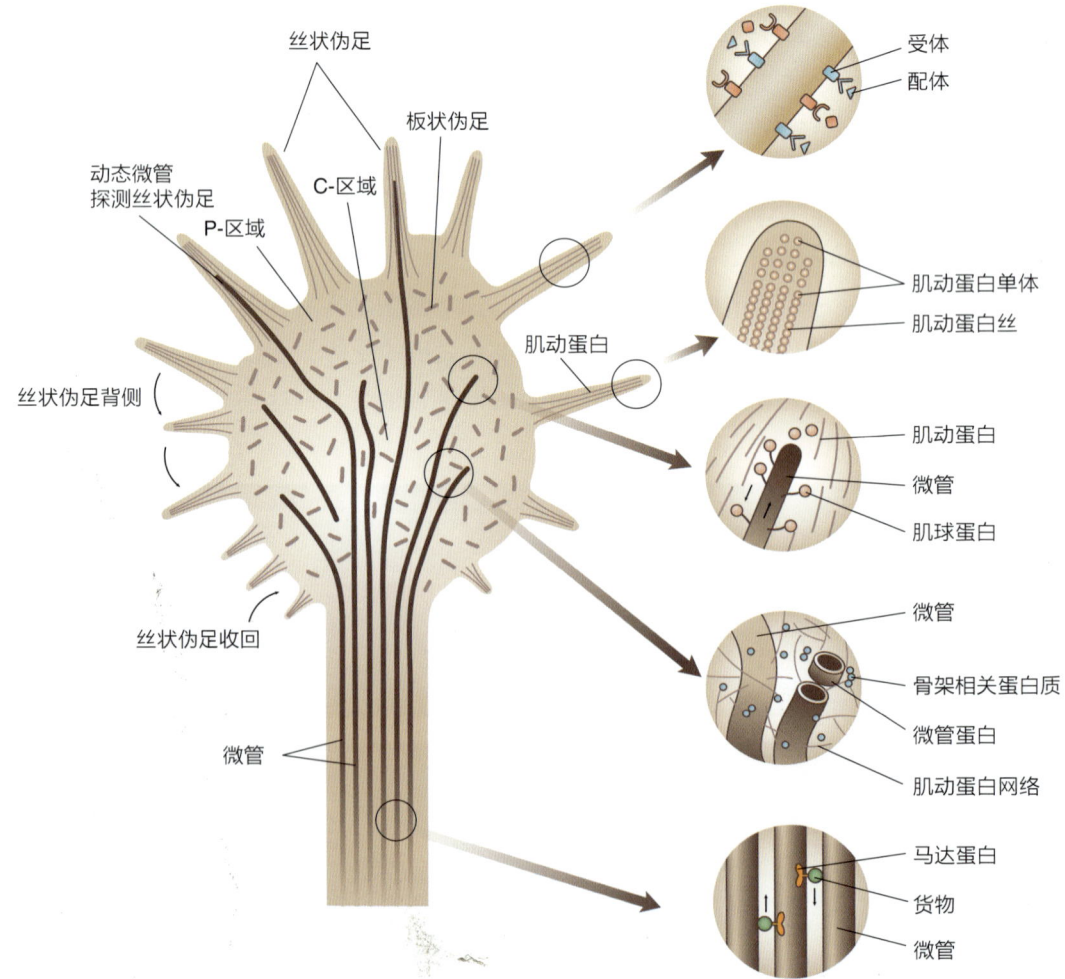

三、导航工具（下）：外部诱因

轴突的生长环境在机械上的异质性（heterogeneity）会影响生长锥的导航。比如宏观上，生长锥无法穿过的神经鞘（nerve sheath）和可以穿过的胼胝体，就构成了一座布满高墙的迷宫，轴突只能在高墙间穿行。而轴突在迷宫中的道路选择和目标定位，则需要借助众多分子机制——比如促使轴突生长的黏附分子和细胞外基质分子（如netrin），以及一些抑制或排斥轴突的因子（如 semaphorin 和 Slit）。

知识窗 13-4

细胞外基质

细胞外基质（extracellular matrix，ECM）在许多组织和器官中提供细胞间的结构支撑。细胞外基质由细胞分泌的纤维蛋白和多糖（polysaccharide）组成。重要的细胞外基质蛋白质包括胶原蛋白（collagen）、纤连蛋白（fibronectin）和层粘连蛋白。胶原蛋白形成了结构框架。层粘连蛋白是一种由 3 条单链组成的大型多聚糖蛋白。层粘连蛋白和纤连蛋白同时与胶原蛋白和细胞膜受体结合，这种细胞膜受体称为整联蛋白（integrin），从而使生长锥黏附并通过 ECM。蛋白聚糖（proteoglycan）是被附着的多糖链修饰的蛋白质，它们使 ECM 呈凝胶状，

并通过与多种细胞膜蛋白质结合而影响细胞。参与神经元发育的有两大类分子，包括硫酸乙酰肝素蛋白聚糖（heparan sulphate proteoglycan，HSPG）和硫酸软骨素蛋白聚糖（chondroitin sulfate proteoglycan，CSPG）。

这些分子往往作为一种扩散性诱因（diffusible cue）驱使生长锥通过趋化性和负趋化性的方式沿着扩散性诱因的浓度梯度前进或折返。扩散性诱因往往不会在长距离上引导轴突，他们并不依赖长距离扩散的诱因进行导向。相反，轴突倾向于在前往遥远目的地的过程中使用中间目标（intermediate target）和局部诱因（local

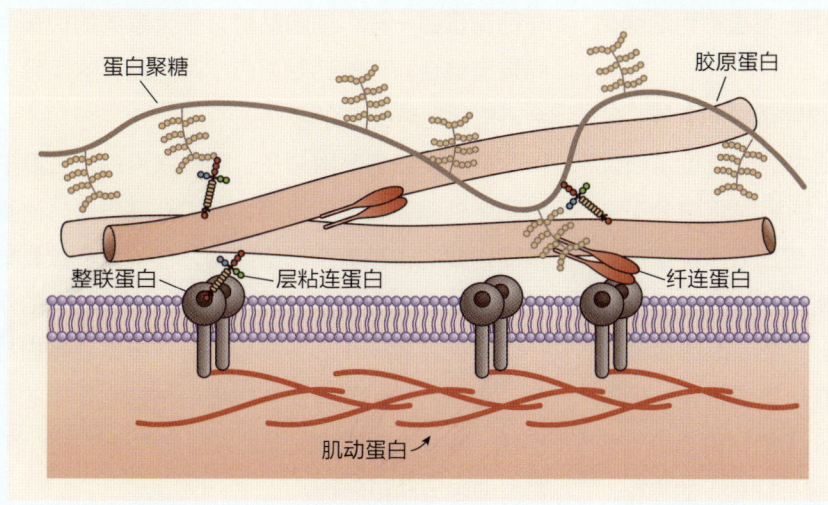

图 13-26　细胞外基质

cue）。下文将会提到的中线基板层（midline floorplate）是中间目标的代表。局部诱因则是一些吸引先锋轴突的细胞，先锋轴突可以沿着他们爬行。甚至当轴突和树突需要彼此连接时，也会有一个共同的局部诱因来同时引导它们来到未来突触形成的位置上。

吸引轴突生长的黏附是由基质黏附分子（SAM）和细胞黏附分子（CAM）调控的。层粘连蛋白就是 SAM 之一。它的多个结构域可以结合 ECM 中的组分和生长锥上的受体，再借助细胞内分子机制，将 ECM 连接到细胞内的肌动蛋白上，从而为生长锥细胞骨架推动生长锥前提供一个施力点。而随着时间推移，越来越多的神经元完成分化并将它们的轴突投射进神经系统。在越发复杂的大脑中，神经元胞体、轴突和胶质细胞表面上的多种 CAM 不仅为生长锥提供了生长基质，也是后续神经元的引导诱因。许多 CAM 都有的一个属性是同源结合（bind homophilically）。这使目标相同的轴突会因为相同的 CAM 互相黏附，这样就捆绑成了神经根（nerve root）。而之前提到的随行轴突的生长锥在先锋轴突上攀爬、导航的能力，也是 CAM 赋予的。为了在蜿蜒曲折的脑迷宫中前进，轴突需要变向能力，所以在旅途的不同阶段，相同的诱因必须起到不同的作用。这是轴突通过改变其表面的 CAM 来达成的。

而排斥轴突生长的排斥性引导（repulsive guidance）也需要受体和排斥性分子（repellent molecule）结合后生长锥才能转向。在排斥性分子激活细胞内的分子机制后，生长锥和细胞外蛋白质会通过将受体 – 配体的复合物进行胞吞（endocytosis）等方式断开生长锥和排斥性分子等的连接，从而使生长锥得以转向。

知识窗 13-5

细胞黏附分子

多细胞生物体中的绝大多数细胞与其邻近细胞相互作用。这种细胞间的相互作用有助于组织形成和维持生物体内结构的完整性，并且在细胞通信过程中起重要作用。当细胞迁移时，必须经常改变与邻近细胞相互作用的方式。许多细胞间的相互作用是由一类被称为细胞黏附分子介导的。

钙黏蛋白（cadherin）是一类跨膜蛋白质家族，能跨越细胞质膜并通过细胞外结构域中的结合位点彼此结合。钙黏蛋白与邻近细胞表面上的钙黏蛋白分子形成同亲型（homophilic）结合。钙黏蛋白分子的细胞质结构域通过一定数目的细胞内衔接蛋白与肌动蛋白细胞骨架相互作用。通过这种方式，一个细胞的肌动蛋白细胞骨架与其邻近的肌动蛋白细胞骨架相连。钙黏蛋白是黏着连接（adhering junction）的黏附部分，细胞之间的连接对上皮结构（包括神经外胚层）的完整性具有重要作用。

神经细胞黏附分子（neural cell adhesion molecule, N-CAM）在神经系统中广泛表达。基于结构相似性，N-CAM 是细胞表面蛋白质中免疫球蛋白超家族的成员。与钙黏蛋白一样，细胞黏附分子大家族的成员通常形成同亲型结合。但与钙黏蛋白不同的是，这类分子间的结合不需要钙离子来介导。

第三类细胞黏附分子，即整联蛋白，主要形成细胞和细胞外基质之间的连接，细胞外基质是分泌蛋白质和多糖构成的一种复杂网络结构，位于大多数真核细胞之间。整联蛋白类似异二聚体（heterodimer）的作用，由一个 α 亚基和一个 β 亚基组成。许多整联蛋白与细胞质肌动蛋白连接，而其他整联蛋白与细胞骨架的不同组分相连。整联蛋白还可以介导来自细胞外基质的信号传递，影响细胞运动和形状。

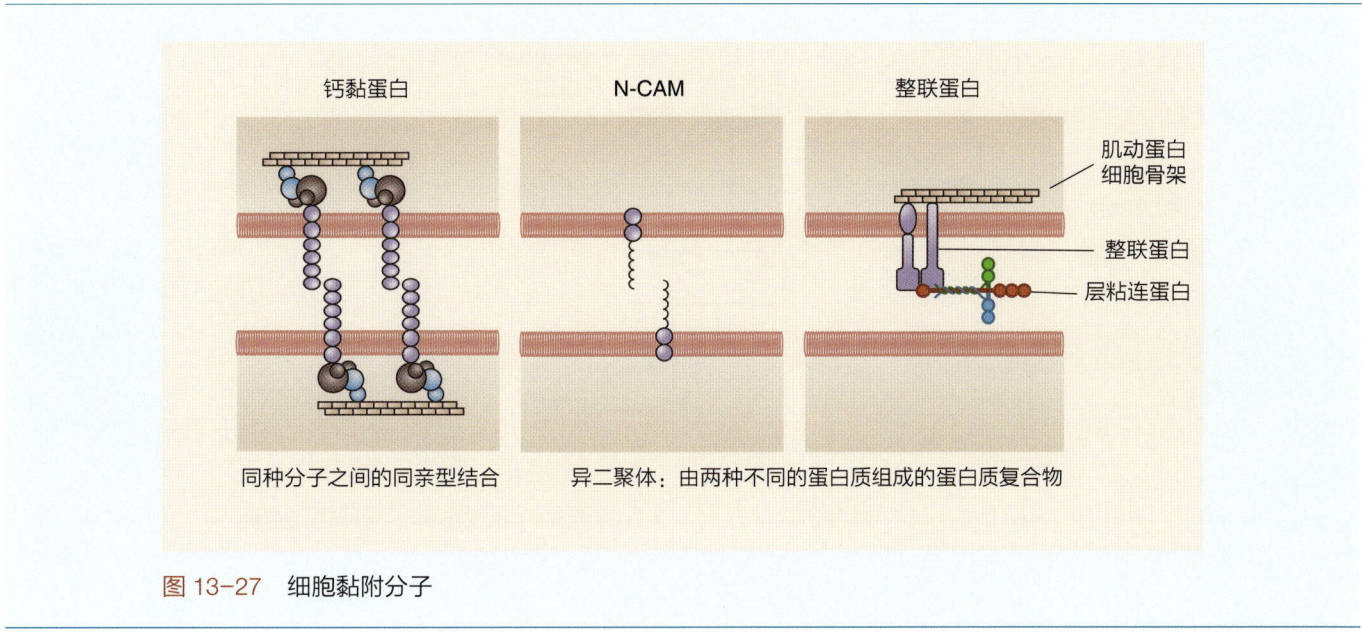

图 13-27 细胞黏附分子

四、导航图的建立

为生长锥提供位置信息的诱因分子是如何确立自己的空间位置的呢？为胚胎模式形成提供区域身份（regional identity）的同源异形基因（homeobox gene）也指导了各种轴突导向诱因在大脑不同区域的表达。而许多参与脑形态发生的可扩散性形态发生素也会被用作导航诱因。例如，我们已经看到 Shh 在背腹轴上帮助塑造神经管，以及吸引交叉神经元的生长锥。

知识窗 13-6

Hedgehog（HH）信号通路

HH 的受体是跨膜蛋白质 Patched。缺乏 HH 时，Patched 抑制另一个跨膜蛋白质 Smoothened 接触细胞表面。结合 HH 后，Patched 受体被下调，从而使 Smoothened 可以运动到细胞表面。在这里，它抑制分解 GL1 转录因子的蛋白酶复合体功能（图 13-28）。GL1 蛋白被分解后是一个转录抑制因子，然而它在未被切割状态下是一个转录激活因子。因此，HH 结合到细胞的受体后，GL1 从一个抑制因子转变为激活因子，从而激活靶基因的表达。

HH 的发现是由于其突变时胚胎表面覆盖着多刺的髓石，表皮形成遭到破坏。之后在几种脊椎动物中又发现了 HH 的同源基因，其中一个基因是 *Sonic hedgehog*（*Shh*），它在脊椎动物神经形成中十分重要。HH 信号通路相当保守，唯一的区别是在脊椎动物中，Smoothened 蛋白对 Shh 信号产生应答而到达细胞表面时，便进入细胞内的初级纤毛中行使功能。

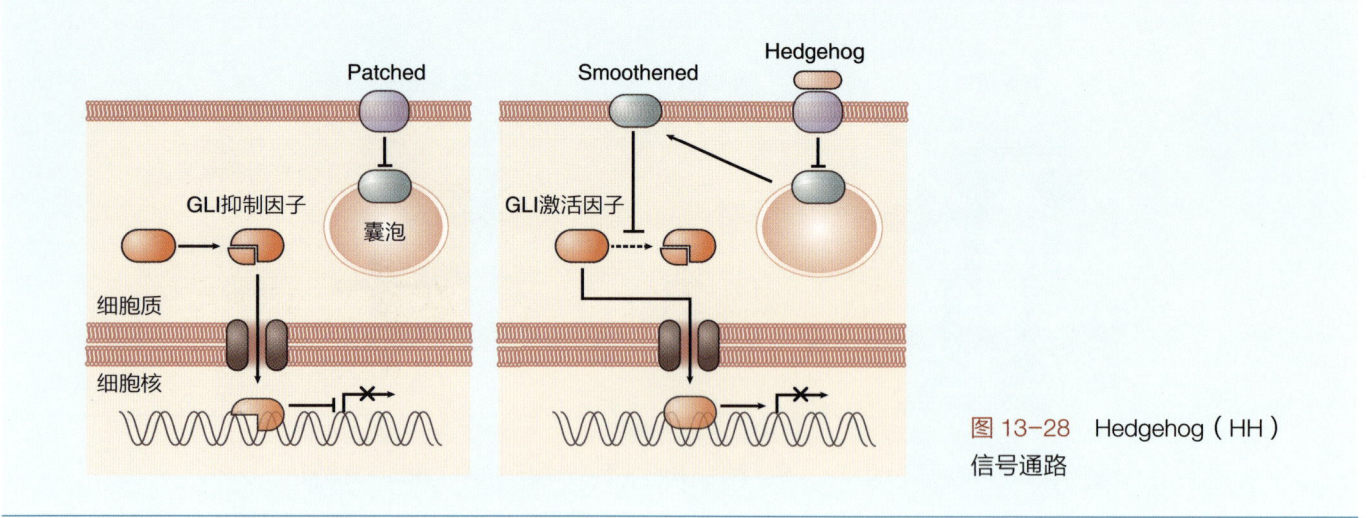

图 13-28　Hedgehog（HH）信号通路

五、同样的诱因，不同的受体

如之前提到的，轴突在抵达最终目标前会穿过许多中间目标。但是，轴突既然被中间目标吸引前来，那它们又为什么会离开中间目标，向着下一个目标前进呢？

例如，在跨越中线前被吸引连合轴突（commissural axon）的诱因，在轴突跨越后可能产生排斥作用。比如，像 netrin 这样的"吸引性诱因"并不总是具有吸引力，而排斥性诱因也不总是排斥的。这些生长锥对诱因反应的改变是由细胞内第二信使（如 cAMP 或钙离子）介导的。在中线跨越的例子中，当生长锥内的 cAMP 水平较高时，对 netrin 的反应是吸引。但是生长锥内 cAMP 水平会被基板层中的一种成型素 Shh 降低，而在 cAMP 降低时，同样的轴突则对 netrin 产生了排斥。

知识窗 13-7

netrin 的功能

马克·泰西耶 – 拉维涅（Marc Tessier-Lavigne）实验室通过一系列生化实验，对脊椎动物引导连合轴突到脊髓底板的化学诱导分子进行了纯化，该实验使用了数千个小鸡胚胎大脑。这种新型蛋白质被命名为 netrin，源自梵语中的"向导"。脊椎动物中有两个 netrin 家族成员，即 netrin-1 和 netrin-2。在缺乏 netrin-1 的突变小鼠中，连合投射完全缺失（图 13-29）。netrin 是进化上高度保守的分子，在鉴定参与协调线虫运动的基因筛选中发现了该基因的同源物。线虫 netrin 蛋白由 Unc-6 基因编码，其中"unc"是"uncoordinated"的缩写。在线虫 Unc-6 突变体中，运动失调是轴突导向缺陷的结果，这证明 netrin 的轴突导向作用在进化过程中是保守的。线虫中的遗传筛选还鉴定出了两种类型的 netrin 受体分子，分别由 Unc-40 和 Unc-5 基因编码，这两者

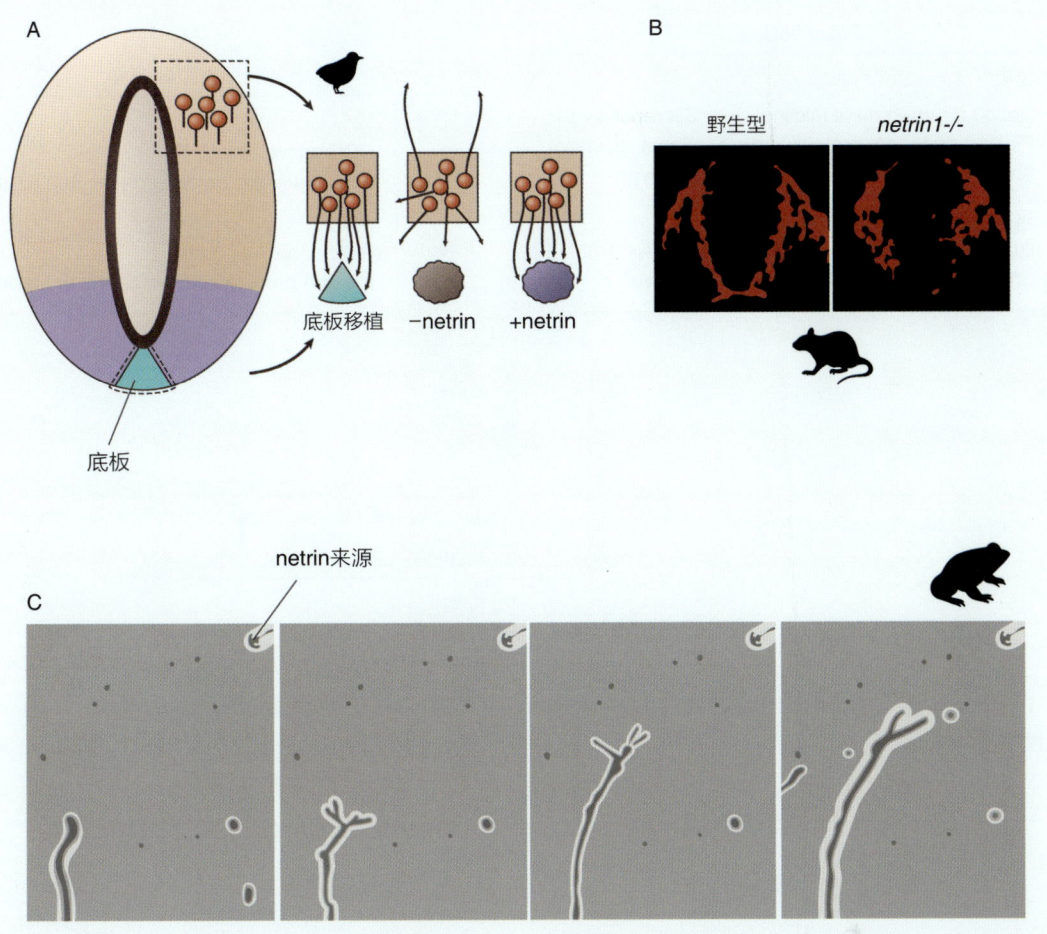

图 13-29　netrin 的功能

（A）神经干细胞的胞体位于神经管的背侧区域。在 netrin-1 的吸引下，它们的轴突向腹侧延伸，朝向底板。当把它们放在一起培养时，轴突会从背侧神经管的外植体向底板的外植体生长。背神经管轴突不会被不表达 netrin-1 的非神经细胞吸引，但如果对这类细胞进行基因改造，使其产生高水平的 netrin-1，轴突就会被强烈吸引。（B）在野生型小鼠的脊髓中，可以看到神经轴突向底板延伸并穿过底板到达另一侧。然而，在缺乏 netrin-1 的突变小鼠中，轴突不会向底板投射，也不会在底板处交叉。（C）在培养基中生长的孤立轴突被吸引向内切蛋白源。四幅图显示的是在涂有细胞黏附分子的玻璃载玻片上生长的异种视网膜轴突的延时研究帧。

都是进化上保守的跨膜蛋白质。果蝇中 Unc-40 的同源基因被命名为 Frazzled。哺乳动物中有两种 Unc-40 同源蛋白质，名为 DCC（deleted in colon cancer）和 neogenin，以及 4 种 Unc-5 同源物，名为 Unc5h1-4。人们认为，Unc-40/DCC 介导对 netrin 的化学吸引，而 Unc-5 介导 netrin 的排斥反应。因此，尽管最初将 netrin 描述为化学引诱剂，但 netrin实际上既可以吸引轴突也能够排斥轴突，这依赖于它们表达的受体类型。

具体来说，从吸引到排斥的转变来自生长锥上此诱因受体的安装和卸载。得益于生长锥可以根据需求在本地制造新蛋白质，许多吸引性和排斥性的诱因分子都会在结合受体后的几分钟内激活生长锥的本地蛋白质合成，或是激活蛋白质降解通路（protein degradation pathway）这赋予了生长锥在移动过程中较为快速地改变其表面受体的能力（图 13-30）。

当下，我们对轴突导向的了解仍然是极为基础的，甚至未能了解任何一种神经元轴突导向的全貌。但对这些问题的进一步理解将使我们更接近于知晓怎样使成年神经元恢复活力，以达到我们的最终目标——使轴突能够再生。

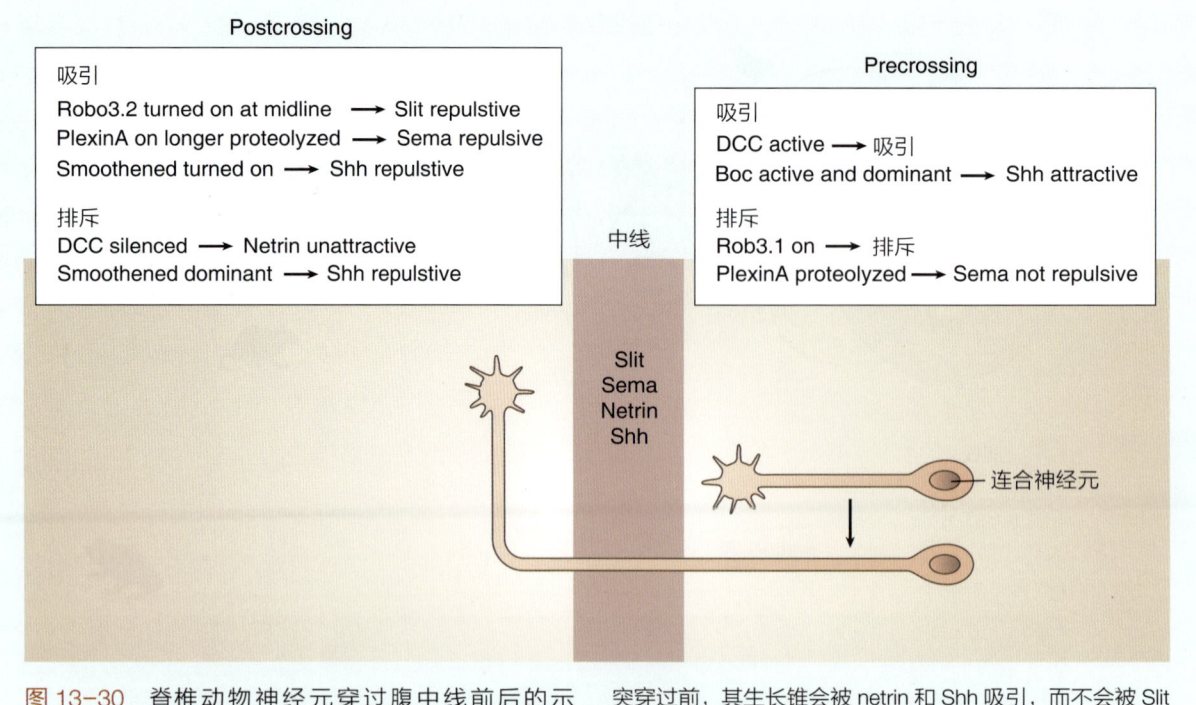

图 13-30　脊椎动物神经元穿过腹中线前后的示意图

神经元表达 Slit、semaphorin（Sema）、Netrin 和 Shh。轴突穿过前，其生长锥会被 netrin 和 Shh 吸引，而不会被 Slit 和 Sema 排斥。交叉后，同样的生长锥被 Slit、Sema 和 Shh 排斥，而不再被 netrin 吸引。

第七节　神经突触的结构

　　神经系统是脊椎动物中至关重要的系统之一，它由两个主要部分组成：中枢神经系统（central nervous system，CNS）和周围神经系统（peripheral nervous system，PNS）。CNS 包括脑和脊髓，而 PNS 包括位于 CNS 之外的神经元集合体，被称为神经节（ganglion）。

　　在神经系统中，两个核心细胞类型是神经元和胶质细胞。神经元是神经系统的信息传递单元，通常由胞体、轴突和树突组成。每个神经元通常只有一个轴突，但可以有多个树突。轴突通常比其他神经突起更长，具有均匀的直径，然后在特殊区域称为轴突末端（axon terminal）结束。神经元之间的主要通信是通过电信号（动作电位）进行的，这些信号沿着轴突传导，以促使从突触囊泡（synaptic vesicle）中释放的神经递质（neurotransmitter）在突触间隙（synaptic cleft）中传播，然后结合到突触后细胞（postsynaptic cell）上的受体。这个过程定义了神经元之间的通信（图 13-31）。

　　胶质细胞在神经系统中也发挥着重要作用。在脊椎动物的 CNS 中，有四种主要类型的胶质细胞，分别是少突胶质细胞（oligodendrocyte）、星形胶质细胞（astrocyte）、

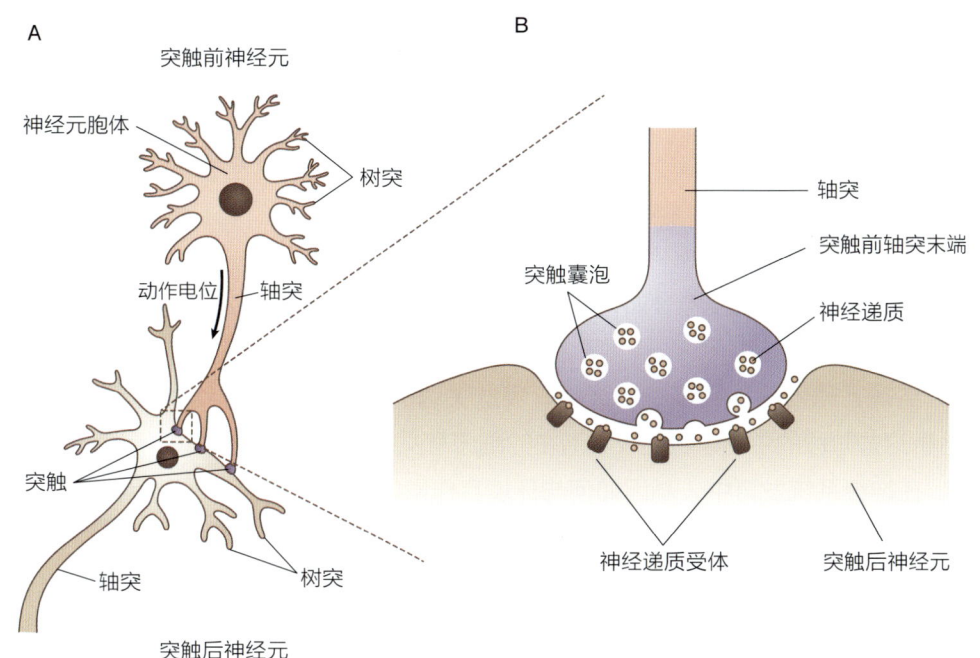

A

突触前神经元

神经元胞体

树突

动作电位

轴突

突触

轴突

树突

突触后神经元

B

轴突

突触前轴突末端

突触囊泡

神经递质

神经递质受体

突触后神经元

图 13-31 神经元释放神经递质与其他细胞交流（A）脊椎动物的神经元由胞体、轴突和树突组成。（B）神经递质从突触囊泡中释放，然后扩散穿过突触间隙，与突触后细胞上的特定受体结合。

小胶质细胞（microglia）和室管膜细胞（ependymal cell）。少突胶质细胞负责在 CNS 中包裹轴突，形成髓鞘（myelin），提供一种绝缘层，以加速动作电位的传播速度。星形胶质细胞呈星形，在 CNS 中执行多种功能，包括维持神经元周围细胞外液中离子的平衡，与构成血－脑屏障（blood-brain barrier）的细胞互动，以及与神经元进行通信。小胶质细胞是 CNS 中最小的胶质细胞类型，通常充当大脑的免疫细胞，清除 CNS 中的碎片和病原体。室管膜细胞则覆盖在 CNS 的脑室（ventricle）中，产生脑脊液（cerebrospinal fluid）。在脊椎动物的 PNS 中，胶质细胞主要包括施旺细胞（Schwann cell）和卫星细胞（satellite cell）。大多数施旺细胞功能类似于少突胶质细胞，但每个施旺细胞包裹在一个轴突上，不会向附近的轴突延伸细胞过程。卫星细胞则包围神经元的胞体，类似于星形胶质细胞的功能（图 13-32）。

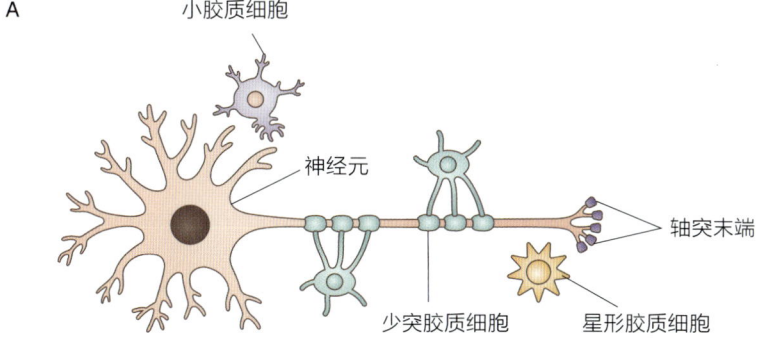

A

小胶质细胞

神经元

轴突末端

少突胶质细胞

星形胶质细胞

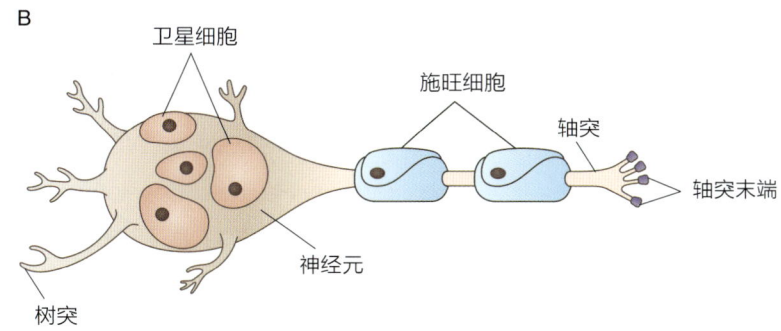

B

卫星细胞

施旺细胞

轴突

神经元

轴突末端

树突

图 13-32 脊椎动物的神经系统由神经元和神经胶质细胞组成（A）中枢神经系统（CNS）中的神经元被大量胶质细胞包围，包括星形胶质细胞、小胶质细胞和包裹轴突的髓鞘化少突胶质细胞。（B）在周围神经系统（PNS）中，神经元的胞体被卫星细胞包围，而轴突则被髓鞘化的施旺细胞包裹。

近年来，人们还发现脊椎动物 CNS 和 PNS 中的胶质细胞可以释放信号，以调节神经发育的各个方面，并且开始确定无脊椎动物特定类型的胶质功能。这些细胞之间的复杂相互作用让人们更深入地理解神经系统的发育和功能。

※ 复习思考题

1. 神经元在发育过程中是如何受到外部环境影响的？举例说明环境因素如何影响神经元的分化过程。

2. 在哺乳动物的神经系统发育中，哪些关键的发育阶段对最终的神经功能至关重要？分析这些阶段的生物学机制及其潜在的临床意义。

3. 在神经系统发育中，基因如何与环境互作影响行为表现？举例说明特定基因或基因组的变异如何与发育障碍相关联。

※ 推荐阅读

1. BAKER J C, BEDDINGTON R S P, HARLAND R M. Wnt signaling in *Xenopus* embryos inhibits BMP4 expression and activates neural development [J]. Genes & Development, 1999, 13: 3149-3159.

2. BALEMANS W, VAN HUL W. Extracellular regulation of BMP signaling in vertebrates: a cocktail of modulators [J]. Developmental Biology, 2002, 250(2): 231-250.

3. BOUWMEESTER T, KIM S, SASAI Y, et al. Cerberus is a head inducing secreted factor expressed in the anterior endoderm of Spemann's organizer [J]. Nature, 1996, 382: 595-601.

4. FOSSAT N, JONES V, GARCIA-GARCIA M J, TAM P P L. Modulation of WNT signaling activity is key to the formation of the embryonic head [J]. Cell Cycle, 2012, 11(1): 26-32.

5. BRAY S J. Notch signalling: a simple pathway becomes complex [J]. Nature Reviews Molecular Cell Biology, 2006, 7(9): 678-689.

6. HARTENSTEIN V, WODARZ A. Initial neurogenesis in *Drosophila* [J]. Wiley Interdisciplinary Reviews: Developmental Biology, 2013, 2(5): 701-721.

7. AYALA R, SHU T, TSAI L H. Trekking across the brain: the journey of neuronal migration [J]. Cell, 2007, 128: 29-43.

8. FORESTI M L, ARISI G M, SHAPIRO L A. Role of glia in epilepsy-associated neuropathology, neuroinflammation and neurogenesis [J]. Brain Research Reviews, 2011, 66: 115-122.

9. AUGSBURGER A, SCHUCHARDT A, HOSKINS S, et al. BMPs as mediators of

roof plate repulsion of commissural neurons [J]. Neuron, 1999, 24: 127-141.

10. BAK M, FRASER S E. Axon fasciculation and differences in midline kinetics between pioneer and follower axons within commissural fascicles [J]. Development, 2003, 130: 4999-5008.

（编写：米达、薛天；审读：马秋富）

第十四章

生殖细胞与性发育

　　物种是如何通过生殖细胞的发育来保证染色体数量的稳定呢？"一母生九子，九子各不同"，物种又是如何在保持染色体数量稳定的前提下，增加配子的遗传多样性，从而保证群体的多样性呢？此外，物种的性别分化又是由什么遗传基础决定的呢？减数分裂是有性生殖过程中产生具有功能性配子的特殊细胞分裂方式，产生染色体数量减半的精子和卵子。通过受精，精子与卵子结合形成受精卵，染色体数量恢复为二倍体状态，从而维持受精后物种的染色体整倍性。此外，减数分裂过程中会发生基因重组、非同源染色体之间自由组合以及非姐妹染色单体自由组合，这些都增加配子遗传物质多样性，使得后代对环境的适应性增强，这也是物种适应环境变化不断进化的机制。性别是伴随有性生殖的出现而在生物界同种个体之间普遍存在的一种形态和生理上的差异现象，生物的性别是生物通过长期的进化所获得的最重要的表型之一。正常的性别分化发育分为性别确定和性别分化，是一个复杂而有序的过程。决定性别的根本因素是性染色体，随后的性腺分化过程及表型受到各种遗传调控和环境因素的影响。本章将介绍"生殖细胞与性发育"的概念和过程，解释减数分裂、精子和卵子发生、性腺发育与性别决定以及性发育异常的相关疾病与遗传的关系。

第一节　生殖细胞发育与遗传

一、生殖细胞的减数分裂

减数分裂（meiosis）是有性生殖过程中产生功能性配子的特殊细胞分裂方式。与有丝分裂不同，减数分裂过程中 DNA 只复制一次，而细胞连续分裂两次，因此产生染色体数量比亲代细胞减少一半的单倍体配子，即精子和卵子。通过受精，精子和卵子细胞核融合，受精卵中染色体数量恢复为二倍体状态，从而保证亲代与子代之间染色体数量的恒定。此外，减数分裂过程中会发生基因的重组，导致配子遗传物质多样化，增强了后代对环境的适应性。

（一）减数分裂间期

减数分裂周期分为两个阶段，间期和减数分裂期。减数分裂间期可以细分为 3 个阶段，分别为 G_1 期、合成期（S 期）、G_2 期。G_1 期是 DNA 复制的准备期，细胞体积显著增大，进行着活跃的 RNA 及蛋白质合成，并伴随着多种蛋白质的磷酸化。此外，细胞膜对物质的转运能力增强。S 期主要进行大量的 DNA 复制，在多种酶的参与下完成。S 期也是组蛋白合成的主要时期，组蛋白合成与 DNA 复制同步进行且相互依存。新合成的组蛋白与复制后的 DNA 结合并组装成核小体，最后完成染色体的复制。复制后的每条染色体由两条姐妹染色单体构成，由黏连蛋白（cohesin）复合体构成的环状结构将姐妹染色单体固定在一起，此时染色体呈丝状。G_2 期主要进行 RNA、ATP、蛋白质的大量合成，储存物质和能量，为分裂期做准备。纺锤体组装所需的微管蛋白、减数分裂所需成熟促进因子等都是在 G_2 期合成。

（二）减数分裂期

1. 减数分裂 I

（1）前期 I

减数分裂期由两个连续分裂的过程组成，分别为减数分裂 I（meiosis I，M I）和减数分裂 II（meiosis II，M II）。减数分裂 I 分为四个时期，分别为前期 I（prophase I）、中期 I（metaphase I）、后期 I（anaphase I）和末期 I（telophase I）。根据染色体的形态变化特点，前期 I 可细分为五个时期（图 14-1），

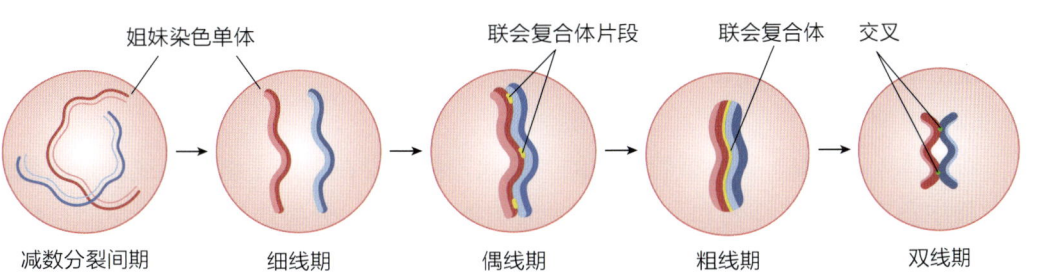

姐妹染色单体　　　　联会复合体片段　　联会复合体　　交叉

减数分裂间期　　　细线期　　　偶线期　　　粗线期　　　双线期

图 14-1　减数分裂间期和前期 I 进程

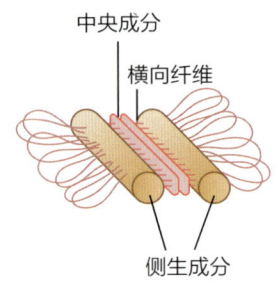

中央成分

横向纤维

侧生成分

图 14-2　联会复合体的结构

分别为细线期（leptotene stage）、偶线期（zygotene stage）、粗线期（pachytene stage）、双线期（diplotene stage）和终变期（diakinesis stage）。

在细线期，细胞核及核仁体积增大，丝状染色体开始凝集，同源染色体开始配对。

在偶线期，染色质进一步凝集，分别来自父母的、形态及大小相同的同源染色体相互靠近、配对，称为联会（synapsis）。同源染色体完全配对后形成的复合结构即为二价体，由于配对后的同源染色体含有四条姐妹染色单体，因此也称作四分体（tetrad）。在联会的同源染色体之间，沿纵轴方向形成了一种特殊的结构，称为联会复合体（synaptonemal complex，SC）。联会复合体由三个平行的纵向部分组成，分别是两侧的侧生成分和中间的中央成分，由横向纤维相连（图 14-2）。联会复合体组装开始于细线期，在同源染色体尚未配对之前，在姐妹染色单体之间形成一条侧生成分的轴心，沿染色体全长分布。在偶线期，随着同源染色体配对，两条侧生成分的轴心相互靠近，并各自向其垂直方向产生横向纤维，横向纤维构成了联会复合体的中央成分，联会复合体形成。联会复合体的形成使两条同源染色体的连接变得紧密，促进配对。

在粗线期，染色体进一步凝聚、缩短、变粗，同源染色体非姐妹染色单体之间出现染色体片段的互换及重组。重组是由高度保守的核酸内切酶（SPO11）激活启动的。SPO11 在减数分裂前期 I 开始时在基因组中诱导数百个 DNA 双链断裂（double-strand breakage，DSB）来启动减数分裂重组。随后这些 DSB 招募相关修复蛋白，形成重组位点，并招募一系列因子，进行交叉或非交叉互换。联会复合体为 DSB 修复提供了所需的稳定性，是非姐妹染色单体之间交叉重组的先决条件。交叉重组导致同源染色体非姐妹染色单体之间 DNA 片段交换，产生基因重组，增加了物种的遗传多样性。

在双线期，联会复合体发生去组装，紧密连接的同源染色体相互分离，只有在非姐妹染色单体之间发生交叉重组的位置还存在一些接触点，称为交叉（chiasma）。黏连蛋白形成稳定交叉的结构。交叉提供将同源染色体保持在一起的物理连接，对于染色体的正确分离非常重要，因为它们允许在纺锤体相对两极建立起对染色体的张力附着。每对同源染色体之间的重组至少形成一个交叉，才能保证同源染色体在中期 I 均等分离。如果没有交叉，两条同源染色体会随机分离，或者姐妹染色单体过早分离。随着双线期的进行，交叉向染色体臂的末端推移，数量也由此减少，该过程称为交叉端化（chiasma terminalization）。此时，四分体常呈现出 V、X、O、8 等形态，因此可作为双线期的判断标志。在某些生物中，双线期会持续很长的一段时间。例如，在小鼠卵母细胞中可持续数月，在人卵母细胞中可持续数十年。

在终变期，染色体高度凝集并向核的周围靠近，核膜、核仁消失，开始组装纺锤体，退出减数分裂前期 I。

（2）中期 I

纺锤体（spindle）是由微管构成的"桶状"结构，在中期 I 组装完成，是减数分裂过程中负责染色体排列和分离的主要细胞器。与有丝分裂纺锤体组装类似，精子减数分裂纺锤体的组装依赖于微管成核机制，而中心体是介导微管成核的主要结构，每个中心体由一对正交的中心粒和周围的云状物质组成。中心体在减数分裂间期复制后分离，分布到细胞核两侧，在核膜破裂后，中心体微管成核活性增强，发出微管，启动纺锤体组装。从中心体发出的微管不断生长和收缩，并与染色体着丝粒两侧的动粒（kinetochore）随机相互作用，最终形成独特的"桶状"纺锤体结构，两侧的中心体分别成为纺锤体两极的极点。与精子减数分裂纺锤体组装不同，大多数动物卵母细胞缺乏典型的中心体，以不依赖中心体的方式组装纺锤体。例如，小鼠卵母细胞纺锤体由无中心粒的微管组织中

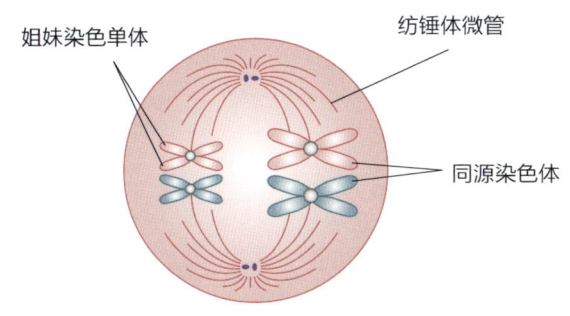

图 14-3 减数分裂 I 中期示意图

心（acentriolar microtubule organizing center，aMTOC）介导形成。人卵母细胞减数分裂时则缺乏显著的 aMTOC，而是由被命名为人类卵母细胞微管组织中心（human oocyte microtubule organizing center，huoMTOC）负责纺锤体组装。huoMTOC 形成于卵母细胞皮质区下方，并迁移到核膜附近。核膜破裂后，huoMTOC 开始片段化并逐渐定位于动粒，以启动微管成核和纺锤体组装。卵母细胞中心体的退化在平衡中心体数量中起着重要作用，以保证受精卵拥有正确数量的中心体。在中期 I，染色体与纺锤体微管相互作用，逐渐形成动粒 – 微管连接（kinetochore-microtubule attachment，K–MT），转移并整齐排列在纺锤体中央，同源染色体分别与相反纺锤体极发出的微管连接，姐妹染色单体上的两个动粒附着在同一纺锤体极发出的微管上（图 14–3）。K–MT 的建立是一个随机的过程，容易发生错误。错误的 K–MT 稳定性降低，会经历不断解聚并重新建立的过程，只有当所有染色体都与纺锤体微管形成正确连接时，同源染色体才会分离。

（3）后期 I

纺锤体组装检验点（spindle assembly checkpoint，SAC）是一种细胞周期监视机制，核心成分包括 MAD1、MAD2、Bub1、BubR1、Bub3、CDC20 等蛋白，负责监视动粒与微管是否正确连接，并通过延迟进入后期 I，直到动粒和微管建立稳定连接来防止染色体错误分离。后期促进复合物（anaphase promoting complex，APC）在减数分裂染色体的分离中发挥重要作用，其活性取决于 CDC20。为了阻止中期 I 向后期 I 的转变，纺锤体组装检验点通过 CDC20 抑制 APC 靶向两种关键蛋白：分离酶抑制蛋白（securin）和细胞周期蛋白 B（cyclin B）。分离酶（separase）是切割黏连蛋白复合体所必需的蛋白酶，而分离酶抑制蛋白能够抑制分离酶活性。当所有染色体都与微管形成正确附着时，纺锤体组装检验失去活性，抑制作用消失，后期促进复合物激活引起分离酶抑制蛋白降解，进而激活分离酶。激活的分离酶裂解黏连蛋白复合物成分，破坏黏连蛋白结构，使同源染色体分开。cyclin B 是细胞周期依赖性蛋白激酶 1（cyclin dependent kinase，Cdk1）的激活剂，激活的后期促进复合物靶向降解 cyclin B，使 Cdk1 活性丧失，进而降低成熟促进因子活性，允许细胞进入后期 I。在纺锤体微管的作用下，同源染色体彼此分裂，非同源染色体随机组合，移向细胞的两极（图 14–4）。此时，每极含有染色体的数量为细胞原有染色体数的一半。

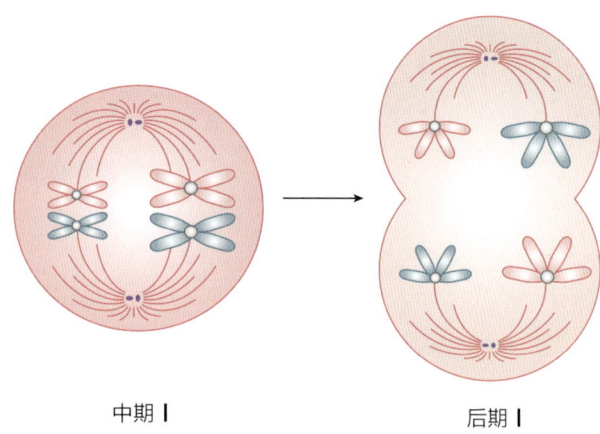

中期 I → 后期 I

图 14-4   减数分裂后期 I 示意图

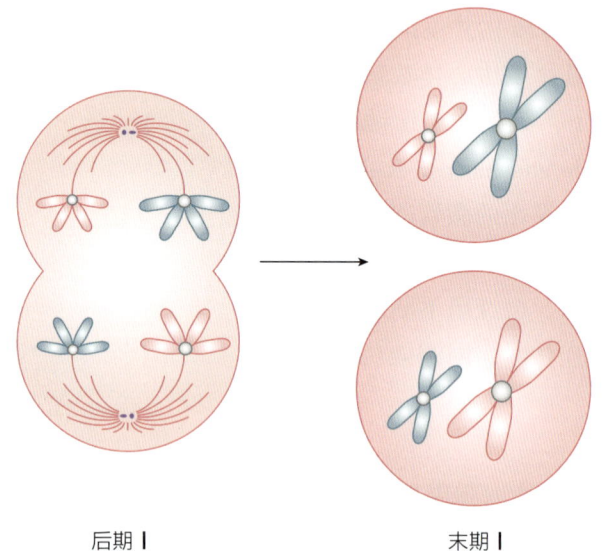

后期 I → 末期 I

图 14-5   减数分裂末期 I 示意图

（4）末期 I

在末期 I，到达纺锤体两极附近的染色体解聚，逐渐成为细长的染色质纤维，核仁和核膜重新形成，核孔在核膜上重新组装，核分裂完成，形成两个子代细胞的核。收缩环是由肌动蛋白和肌球蛋白形成的环状结构，在末期 I 负责胞质分裂，形成两个子代细胞（图 14-5）。值得注意的是，某些生物的染色体在此阶段不发生解聚，仍然保持高度凝集的状态。

2. 减数分裂 I 后的间期

减数分裂 I 和减数分裂 II 之间通常没有间期，或者间期的持续时间很短，不再进行 DNA 合成和染色体复制，也没有中心体复制。

3. 减数分裂 II

减数分裂 II 与有丝分裂过程类似，分为四个时期，分别为前期 II、中期 II、后期 II 和末期 II。在前期 II，丝状染色体再次高度凝集，每条染色体由两条姐妹染色单体构成。随着核仁、核膜的消失，纺锤体开始组装，两条姐妹染色单体上的两个动粒分别与相反纺锤体极发出的微管连接，并逐渐移向纺锤体内部。在中期 II，染色体动粒与纺锤体微管建立稳定连接，并整齐排列在纺锤体中央。大多数哺乳动物卵母细胞减数分裂会在此时期停滞，直到与精子结合受精后，才会继续进行减数分裂。在后期 II，染色体着丝粒分裂，姐妹染色单体分离，非姐妹染色单体自由组合并移向细胞的两极。在末期 II，到达两极附近的姐妹染色单体解聚，成为细长的染色质纤维，核仁和核膜重新形成，胞质分裂，形成两个子代细胞。此时，子细胞是染色体数量减半的单倍体细胞（图 14-6）。

减数分裂的目标是产生染色体数量减半的单倍体配子。尽管雌雄配子的产生都经历减数分裂过程，但大多数哺乳动物中两个过程最终形成成熟配子的数量有所不同。精子发生的减数分裂中，纺锤体位于细胞中央，是一个均等分裂的过程，产生四个相同的精细胞，精细胞经过复杂的变形后，成为精子。然而卵子发生的减数分裂是一种独特的不对称细胞分裂，纺锤体位于细胞的一侧，初级卵母细胞内大部分母源成分被保留在次级卵母细胞内，最终只产生一枚高度极化的成熟卵子（图 14-7）。

4. 减数分裂染色体的逐级分离

黏连蛋白复合体在染色体臂和着丝粒周围形成环状结构，将同源染色体或姐妹染色单体连接在一起。减数分裂 I 中同源染色体和减数分裂 II 中姐妹染色单体的逐步分离取决于黏连蛋白复合体的逐步去除。黏连蛋白复合体由两种结构维持蛋白（SMC）、

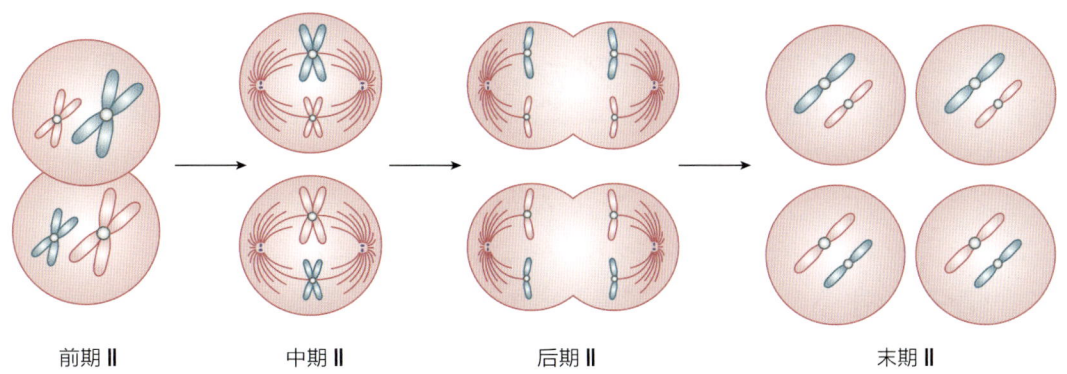

图 14-6　减数分裂 II 进程

前期 II　　　　　中期 II　　　　　后期 II　　　　　末期 II

kleisin 等亚基组成，并通过分离酶从减数分裂 I 的染色体臂和减数分裂 II 的着丝粒周围去除。Rec8 是减数分裂黏连蛋白复合体的亚基之一，分离酶可以通过裂解 Rec8 去除黏连蛋白复合体。为了实现黏连蛋白复合体的逐步去除，Rec8 裂解在空间和时间上的精确调节对于两次减数分裂中遗传物质的正确分离至关重要。在减数分裂中，分离酶必须被激活两次：第一次是减数分裂 I 被激活，以去除染色体臂上的黏连蛋白复合体；第二次是在减数分裂 II 被激活，去除姐妹染色单体着丝粒周围的黏连蛋白复合体。如何防止分离酶在减数分裂 I 着丝粒区域裂解这一小部分 Rec8，在高等真核生物中仍不清楚。目前已知的是，着丝粒处的 Sgo2 是保护 Rec8 免受分离酶裂解所必需的，它通过将 PP2A-B56 定位到着丝粒区域，使着丝粒区域中的部分 Rec8 去磷酸化，因此在减数分裂 I 中不能被分离酶切割。减数分裂 I 阶段，着丝粒处的黏连蛋白复合体被保护，不被分离酶切割，而染色体臂上的黏连蛋白复合体被解离，允许同源染色体向纺锤体的相对两极分离，但不能分离姐妹染色单体，染色体数量减少一半。减数

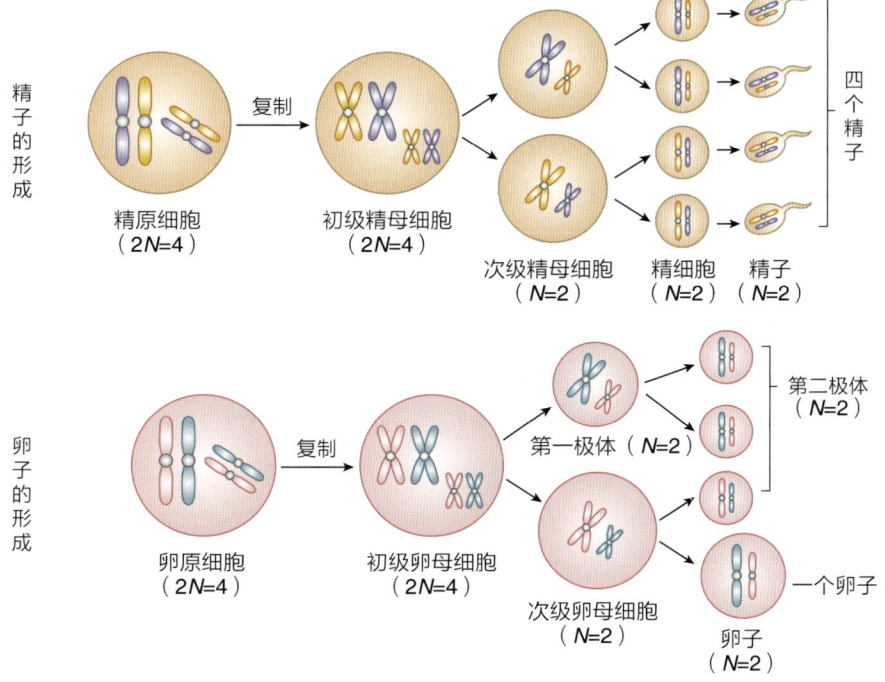

图 14-7　雄性和雌性减数分裂的异同

精子的形成

精原细胞
（2N=4）　　复制　　初级精母细胞
（2N=4）　　　　次级精母细胞
（N=2）　　　精细胞
（N=2）　　精子
（N=2）　　四个精子

卵子的形成

卵原细胞
（2N=4）　　复制　　初级卵母细胞
（2N=4）　　第一极体（N=2）　　第二极体
（N=2）　　次级卵母细胞
（N=2）　　卵子
（N=2）　　一个卵子

分裂Ⅱ阶段，分离酶才会对着丝粒周围的 Rec8 进行切割，破坏黏连蛋白复合体，完成姐妹染色单体的分离。错误的染色体分离会诱导配子以及胚胎染色体数量异常，进而导致不孕不育、出生缺陷等疾病。唐氏综合征（21 三体综合征）、X 三体综合征等遗传疾病就是染色体数量异常所导致的。因此，正确的染色体分离对于生殖健康十分重要。

二、精子发生

在青春期，紧贴在曲细精管基膜上的精原细胞依次经历初级精母细胞、次级精母细胞、精子细胞各个不同发育阶段，最终发育为成熟精子，这一过程称为精子发生（spermatogenesis）。

1. 揭示精子发生的漫长研究历史

中国古代最早出现有关"精子"内容的医学史料是 2 000 多年前春秋战国时期的医学著作《黄帝内经》："男子二八，肾气盛，天癸至，精气溢泻，阴阳合，故能有子，天癸竭，精少，肾气衰，形体皆极"。《黄帝内经·素问·上古天真论》中明确提到"两精相合，构成胎孕"的论断。公元前 2 世纪开始，古希腊的相关著作中对男性生殖器官的解剖结构和生理功能进行了初步描述，这是人类对自身生育繁衍机制的初步探索。

17—18 世纪，科学家们利用当时最先进的显微镜展开了对精子的研究。但早期研究精子的科学家所面临的最基本问题是：精子是活的动物么？它们是一种寄生虫么？每个精子里是否都有未成型的微型成年人蜷缩在里面呢？荷兰学者安东尼·范·列文虎克（Antonie van Leeuwenhoek，1632—1723）很可能是第一位观察并研究精子的科学家。1677 年，列文虎克在显微镜下观察自己的精液，立刻被其中扭在一起的"微生物"震惊了，他看到"数以千计沙粒般大小的活体'微型动物'正在游动，长着比自己身体长五六倍的细尾巴，它们蜿蜒前行，靠尾巴的摆动来推进"。列文虎克最终给伦敦皇家学会写了一封踌躇不决的信，信中所描述的关于精子的微观发现发表在了 1678 年的《自然科学会报》上。从此，精子的研究从宏观进入了微观，进入了一个崭新的历史阶段。

然而，当时的科学技术并不能支持各国的生物学家对精子的深入研究，科学界认为精细胞是一些与性或生殖毫无关系的微型动物。1830 年，权威医学期刊《柳叶刀》（The Lancet）仍将精子归类为肠道蠕虫"精液中常能发现微型生物，显然，这里是它们天然的寄居地"。此后的数百年间，生物学家对精子的发生以及受精过程的认识逐渐有了质的提升，从最初"精子头部自带着新生儿"的荒诞想法，到后来确定"精子携带了一半遗传物质并且会与卵子结合"，再到如今确定"动力蛋白能够给精子尾巴提供动力，激素能影响精子活动性等"各种分子机制。随着技术手段的不断提升，人类逐步探索到越来越多关于精子发生和成熟的秘密。

2. 精子发生的功能结构

男性的主性器官是睾丸，附属性器官包括附睾、输精管、精囊腺、前列腺和尿道球腺等。睾丸由被膜和实质两部分组成，睾丸实质主要由 100 ~ 200 个睾丸小叶组成，睾丸小叶内有生精小管与间质细胞，前者是生成精子的部位，后者则具有内分泌功能，可分泌雄性激素。

（1）生精小管

精子在睾丸的生精小管（seminiferous tubule）中产生。生精小管共占睾丸总体积的 60% ~ 80%，包括生精细胞（spermatogenic cell）及管周细胞和支持细胞（sertoli cell）。生精小管被特殊的固有层包绕，其中包括胶原层构成的基底膜和管周细胞。支持细胞是位于生精上皮的壁细胞。该细胞位于管壁基底膜并延伸至生精小管管腔。从广义而言，它可被认为是生精上皮的支持结构。支持细胞延伸到生精上皮的全层，沿着支持细胞胞体，精原细胞发育至成熟精子的所有形态、生理变化过程都在此发生。支持细胞影响精子发生的过程，可以决定睾丸的最终体积和成人的精子生成数量。

（2）睾丸间质

睾丸间质组织中最重要的体细胞是间质细胞（leydig cell），其在下丘脑 – 垂体的调节下合成雄性激素——睾酮（testosterone）。人类睾丸每天合成 6 ~ 7 mg 睾酮，占血浆睾酮的 95%。除此之外，睾丸间质中还有免疫细胞、血管、淋巴管、神经、纤维组织和疏松连接组织。睾丸间质还包含巨噬细胞和淋巴细胞等重要免疫细胞。巨噬细胞可能通过分泌某些细胞因子而影响间质细胞的功能，尤其是间质细胞的增殖、分化和类固醇合成过程。巨噬细胞分泌还影响类固醇合成的刺激因子和抑制因子。

精子发生过程起始于生精干细胞的分化，终止于成熟的精子形成。不同的生精细胞在生精小管中按照特殊的细胞联系排列，形成所谓的精子发生过程（图 14-8）。

（3）血 – 睾屏障

血 – 睾屏障（blood-testis barrier）是位于间质毛细血管腔和生精小管腔之间的一层屏障结构，包括有毛细血管、淋巴管的内皮细胞和基底膜、肌样细胞、生精小管基底膜和支持细胞间的紧密连接。血 – 睾屏障可能具有两个重要的功能：隔离精子使其避免免疫系统的识别；提供减数分裂和精子发生的特殊环境。

3. 精子发生的过程

精子发生过程可以被分为精原细胞的更新分化、精母细胞的成熟分裂和精子细胞变态 3 个过程，如图 14-9 所示。

（1）精原细胞的更新分化

精原细胞位于生精上皮的基底部，分为 A、B 两种类型。A 型精原细胞进一步分为 Ad 型和 Ap 型。在正常情况下，Ad 型精原细胞不发生任何有丝分裂，被视为精子发生的精原干细胞；Ap 型精原细胞则通常分化增殖为两个 B 型精原细胞。B 型精原

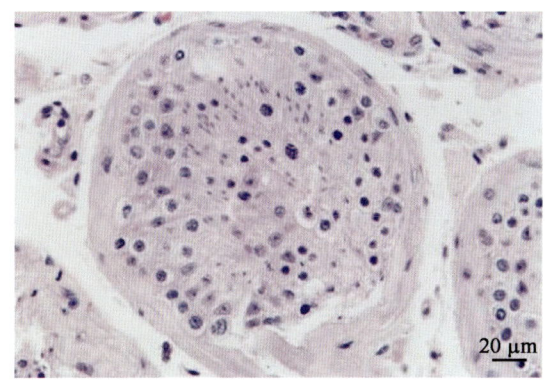

图 14-8　人类睾丸组织学切片示生精小管与成熟精子（苏木精 – 伊红染色，李关健供图）

细胞经过数次增殖，体积增大并分化为初级精母细胞，随后，初级精母细胞开始减数
分裂进程。

（2）精母细胞的成熟分裂

精母细胞经历了减数分裂的不同阶段，最终产生单倍体生精细胞，又称精子细
胞。在精子发生过程中，减数分裂非常关键，在这个阶段，遗传物质相互重组且只复
制一次，细胞连续分裂两次，最终形成染色体数量减少一半的精子细胞。次级精母细
胞产生于第一次减数分裂后，含有双份单倍体染色体。在第二次减数分裂中，精母细
胞演变为单倍体的精子细胞。第一次减数分裂前期大概持续 1~3 星期，而除此之外

图 14-9　人类精子发生的
过程

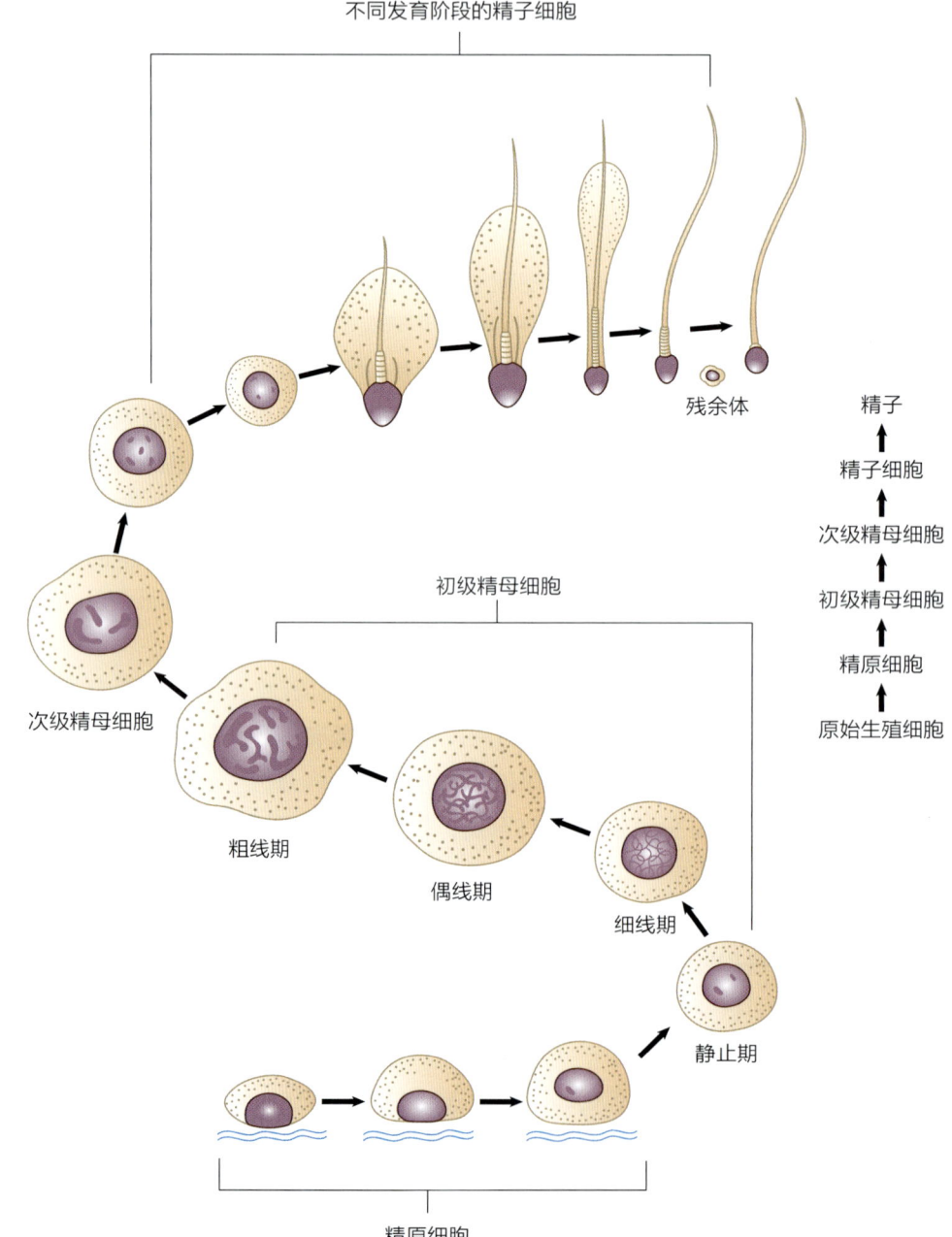

的第一次减数分裂的其他阶段和第二次减数分裂在 1~2 天之内完成。

（3）精子细胞变态

第二次减数分裂后形成的精子细胞是没有分裂活性的圆形细胞。圆形的精子细胞经过复杂的形态变化转变为不同长度的精子细胞和精子。在第二次减数分裂中，细胞核发生聚缩和塑性，同时鞭毛形成，胞质明显扩张，丢失了大部分细胞器，如核糖体、粗面内质网及高尔基体。全部精子细胞变形的过程称为精子形成。在显微镜下精子形如蝌蚪，全长 60 μm，分头、尾两部分，头部主要由核、顶体及后顶体鞘组成，尾部又称鞭毛。

4. 精子发生的动力学及精子释放

精子生成过程在时间和空间上有严格的顺序性（图 14-9）。曲细精管中不同成熟阶段的生精细胞在管腔中连续、依次排列，提示精子生成过程按照顺序依次从第一阶段一直到第四阶段。在人类以及某些猴的部分睾丸组织中，生精小管的同一转化部位也可以同时存在多个精子成熟阶段。生精小管同一局部的精子生成过程呈螺旋样相互联系。生精细胞的增殖和分化过程都遵循一个严格的模式，所有生精细胞的发育和分化都经过几个独立而又紧密联系的过程。生精上皮按照程序成功完成每一个发育阶段称为生精上皮周期，每个周期需要 16 天，人类的精子发育到成熟必须经过四个周期，可以推测最少需要 64 天。从青春期到老年期，睾丸都有生精能力，但在 45 岁以后，随着生精小管的萎缩，其生精能力将逐渐减弱。精子发育成熟释放到生精小管管腔的过程称为精子释放，此过程受到多种因素的影响，包括血纤维蛋白溶酶原、激素、温度、毒性物质等。未释放的精子将被支持细胞吞噬。新生成的精子自身没有运动能力，需被输送至附睾进一步成熟。

5. 精子发生的激素调控及睾丸局部调节

睾丸的生精作用和内分泌功能均受到下丘脑 - 腺垂体的调节，下丘脑、腺垂体、睾丸在功能上联系紧密，构成下丘脑 - 腺垂体 - 睾丸轴（hypothalamic-adenohypophysial-testicular axis）。睾丸分泌的激素又对下丘脑 - 腺垂体进行反馈调节，从而维持生精过程和各种激素水平的稳态。此外，在睾丸内生精细胞、支持细胞和间质细胞之间还存在复杂的局部调节机制。

三、卵子发生

卵子发生（oogenesis）开始于胎儿卵巢中的原始生殖细胞分化为卵原细胞。卵原细胞通过有丝分裂迅速增殖，且卵原细胞体积不断增大，进一步发育成为初级卵母细胞，开始进行第一次减数分裂。在间期，DNA 进行复制，形成两个姐妹染色单体，并通过黏连蛋白复合体保持在一起。进入第一次减数分裂前期 I 的细线期后，卵母细胞通过诱导 DNA 双链断裂来启动减数分裂重组，招募相关修复蛋白形成重组位点，在偶线期诱导同源染色体配对和联会。在偶线期和粗线期，重组位点不断发展，并招募一系列的因子，进行交叉或非交叉互换，DSB 也被交叉或非交叉途径修复。此后，卵母细胞停留在第一次减数分裂的双线期，并被一层体细胞包裹形成原始卵泡（primordial follicle）。

1. 卵泡发育过程

原始卵泡由初级卵母细胞和周围单层扁平状的卵泡细胞组成，位于卵巢浅层皮质，体积小、数量多。原始卵泡的数量在出生后不再增加，构成了卵巢的原始储备池，并在整个生殖寿命中不断被消耗。当雌性性成熟时，在促卵泡激素（follicle stimulating hormone，FSH）和促黄体生成素（luteinizing hormone，LH）的作用下，小部分原始卵泡被激活并开始逐渐生长，成为初级卵泡（primary follicle）。此时的初级卵母细胞体积增大，卵泡细胞由单层扁平状变为立方体状或柱状，卵泡细胞和卵母细胞之间出现透明带。初级卵泡继续生长，体积增大，由单层变为多层，成为次级卵泡（secondary follicle）。次级卵泡继续发育，出现卵泡腔，腔内充满卵泡液，含有卵子发生所需的营养成分和微环境。随着卵泡液的增多及卵泡腔的扩大，卵母细胞偏向卵泡一侧，并与周围的卵泡细胞一起向卵泡腔突起，形成卵丘（cumulus oophorus）。当卵泡继续增大并向卵巢表面突出，即成为窦状卵泡（antral follicle）。卵泡发育的过程中，伴随着卵母细胞自身体积的不断增加和胞内蛋白质、mRNA、脂质等的积累，当卵泡发育到排卵前的成熟卵泡以及卵母细胞自身体积增加到一定程度时，"生长"的初级卵母细胞才被赋予恢复减数分裂的资格，成为"成熟"的初级卵母细胞（图 14-10）。性成熟时，在激素的刺激下，初级卵母细胞恢复减数分裂。

2. 减数分裂 I 双线期阻滞

在卵泡发育早期阶段，虽然卵母细胞体积不断增大，mRNA、蛋白质等物质不断积累，但卵泡发育不会引起卵母细胞减数分裂状态的任何变化，发育中的卵母细胞仍然处于双线期停滞阶段，标志为有一个较大的生发泡（germinal vesicle，GV），在动物中这种阻滞可持续数月，在人类中可长达数十年。环磷酸腺苷（cAMP）和颗粒细胞中的 C 利钠肽前体（NPPC）/ 利钠肽受体 2（NPR2）途径在长时间维持卵母细胞双线期停滞方面发挥着关键作用。卵母细胞拥有所有必要的蛋白质，包括腺苷酸环化酶（AC）、Gs 蛋白和 G 蛋白偶联受体 3（GPR3），用于自身产生 cAMP，只有当生成的 cAMP 达到一定浓度时，这种阻滞才能够维持。然而，仅由卵母细胞产生的内在 cAMP 不足以维持阻滞状态，它需要与卵巢颗粒细胞协调来维持细胞内高水平的 cAMP。卵巢颗粒细胞主要分为壁颗粒细胞（MGC）和卵丘颗粒细胞（CGC），MGC 分泌的 NPPC 激活其位于 CGC 上的受体 NPR2，进而促进 CGC 中 cGMP 的产生，并转运到卵母细胞中。卵母细胞中的磷酸二酯酶 3A（PDE3A）负责 cAMP 的降解，颗粒细胞产生的 cGMP 能够抑制 PDE3A 的活性来保持高水平的 cAMP，维持双线期阻滞。

3. 减数分裂恢复

LH 激素通过正反馈调节卵母细胞减数分裂恢复。性成熟时，LH 激素激增，并激活位于 MGC 上的 LH 受体（LHR）。激活的 LHR 抑制 NPPC/NPR2 途径，破坏 CGC 和卵母细胞之间的间隙连接，导致卵母细胞中的 cGMP 含量降低，PDE3A 解除抑制状

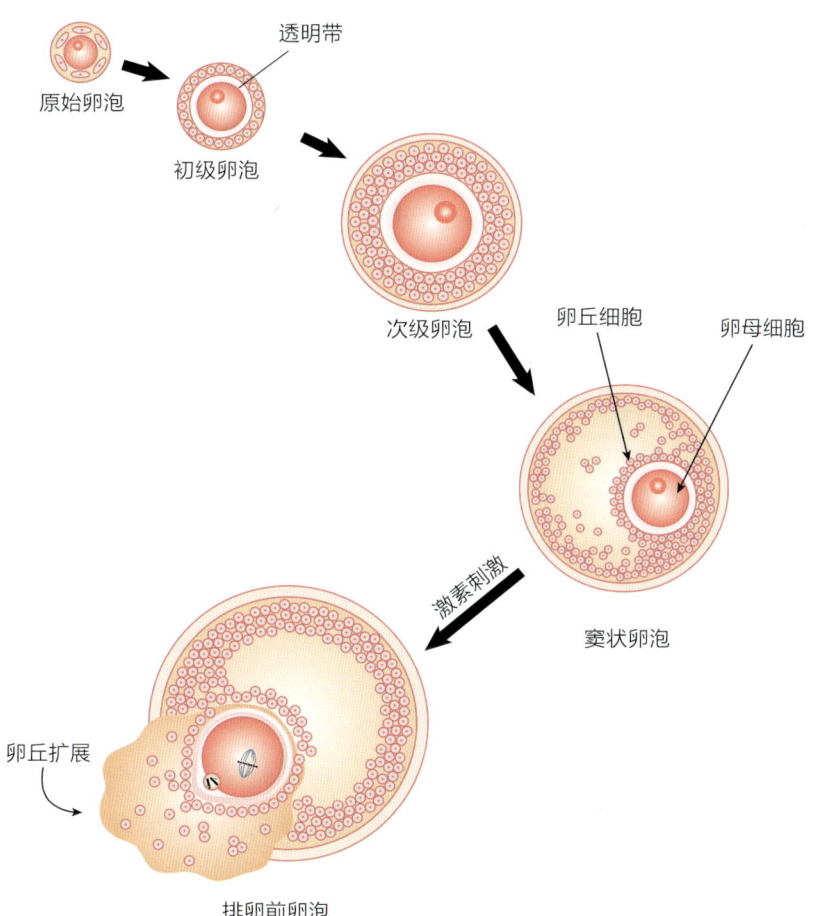

图 14-10 哺乳动物卵泡发育过程

态，导致 cAMP 降解，促成熟因子（maturation promoting factor，MPF）被激活。MPF 是由细胞周期蛋白依赖性激酶 1（cyclin dependent kinase，Cdk1）和细胞周期蛋白 B（cyclin B）组成的复合物，对于卵母细胞减数分裂成熟至关重要。Cdk1 在特定丝氨酸和苏氨酸残基上磷酸化靶蛋白的能力取决于其活性以及其与 cyclin B 的结合，这也是 MPF 被激活的先决条件。在恢复减数分裂前，cyclin B 需要从细胞质易位到细胞核。启动卵母细胞减数分裂恢复的关键点之一在于 Cdk1 何时被激活。在双线期阻滞的卵母细胞中，持续高水平的 cAMP 激活 PKA，PKA 进而激活 WEE1。cAMP 降低后，WEE1 失活，诱导 Cdc25 分别通过 Cdk1 Thr14 残基的磷酸化或 Tyr15 残基的去磷酸化来激活 Cdk1。此外，表皮生长因子、钙信号等也参与了卵母细胞双线期的阻滞与恢复。减数分裂恢复的标志是生发泡破裂（germinal vesicle breakdown，GVBD）。

4. 减数分裂 II 中期阻滞

生发泡破裂后，微管在原核位置组织形成纺锤体，纺锤体大致沿其长轴向皮质移动，在前期 I 结束时到达卵母细胞皮质。纺锤体从细胞中央迁移、定位到卵母细胞皮质，对于不均等分裂十分重要。微丝在纺锤体迁移过程中，扮演着非常重要的角色。随着减数分裂纺锤体在细胞中央附近形成，微丝聚集到纺锤体外围并形成肌动蛋白流，将纺锤体从卵母细胞的中心转移到皮质。肌动蛋白丝原本均匀分布在卵母细胞皮质，在纺锤体迁移过程中，卵母细胞皮质变得极化，在靠近纺锤体的区域形成肌动蛋白帽，覆盖在纺锤体上方。纺锤体定位到皮质后，当染色体与纺锤体微管稳定附着并整齐排列在赤道板上，纺锤体组装检验点沉默，后期促进复合物被激活，同源染色体发生分离，离开中期进入减数分裂 I 后期和末期。在收缩环的帮助下，细胞质进行不对称分裂，产生一个小的极体（即第一极体）和一个大的次级卵母细胞（图 14-11）。此时，次级卵母细胞的染色体数量减半，并且每个染色体仍然由两个姐妹单体构成。在大多数哺乳动物中，第一次减数分裂后没有间期或间期很短，次级卵母细胞在没有重新形成细胞核、染色体也没有去紧密的情况下，紧接着进入第二次减数分裂，并阻滞在中期。促成熟因子在卵母细胞 M II 中期阻滞中发挥着重要作用。在 LH 激素的刺激下，Cdk1 被激活，阻滞在双线期的卵母细胞恢复减数分裂。在 M I 中期，Cdk1 活性减弱，减数分裂从中期进入后期。与有丝分裂不同的是，Cdk1 的活性只是部分减弱，在胞质分裂后其活性又升高。在一类被称为细胞静止因子（cytostatic factor，CSF）的蛋白作用下，Cdk1/cyclin B 在 M II 中期保持着高活性，从而维持 M II 中期阻滞。

5. 减数分裂完成

随着排卵过程的发生，成熟卵泡发生破裂，卵丘卵母细胞复合体排出，进入输卵管并与精子结合。受精后，次级卵母细胞恢复减数分裂。后期促进复合物被 Ca^{2+} 依赖的磷酸化作用和抑制蛋白的降解激活，cyclin B 降解，姐妹染色单体分离，并通过不对称的胞质分裂排出一个小的第二极体，完成减数分裂过程。因为卵子发生过程中，两次胞质分裂均为不对称分裂，使卵母细胞保持了较大体积，因此最终只能形成一个具有功能性的卵子和三个退化的极体。

图 14-11 卵母细胞减数分裂过程

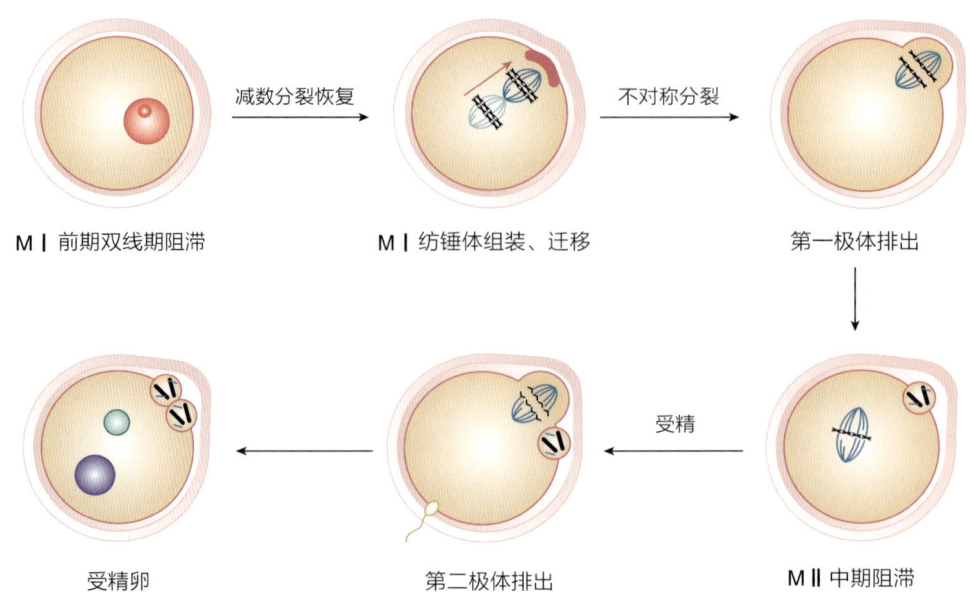

M I 前期双线期阻滞   M I 纺锤体组装、迁移   第一极体排出

受精卵   第二极体排出   M II 中期阻滞

减数分裂恢复   不对称分裂   受精

四、精子、卵子发生的遗传学意义

染色体数量异常与人类疾病的发生密切相关。在配子发生或早期胚胎发育过程中出现的染色体异常，能够影响全部或大部分体细胞的染色体整倍性，导致严重的健康问题。减数分裂发生的各种错误，如姐妹染色单体未发生交叉重组、纺锤体组装失败，会导致染色体不能分离，减数分裂阻滞，无法获得功能性配子。临床上，男性无精子症的一个重要原因就是减数分裂异常无法获得圆形精子。然而，并不是所有减数分裂异常都会导致减数分裂阻滞，部分异常的减数分裂会导致染色体错误分离，产生染色体数量错误的非整倍性配子。减数分裂过程中染色体错误分离产生于两步过程，包括具有错误分离倾向染色体的出现和随后的纺锤体组装检验点未能对这种情况作出反应。相对于雄性配子的产生过程，雌性减数分裂过程更容易出现配子非整倍性。卵子非整倍性导致广泛的临床不孕表型，包括原发性卵巢功能不全、卵子受精失败、胚胎发育停滞、复发性流产等。此外，配子非整倍性会导致严重的出生缺陷。帕套综合征（13 三体）、爱德华兹综合征（18 三体）、唐氏综合征（21 三体），就是因为多了 1 条常染色体。X 三体综合征是由母亲在减数分裂形成配子过程中发生异常引起 X 染色体数量异常所致，而 XYY 综合征则是父亲精子形成过程中减数第二次分裂时 Y 染色体姐妹染色单体不分离的结果。其他疾病，如克兰费尔特综合征（47，XXY）、特纳综合征（45，XO）等，也与配子形成过程中性染色体分配异常有关。因此，减数分裂对于染色体的精准分离十分重要，异常的减数分裂将导致严重的生殖健康问题。

减数分裂是配子形成的必经过程。减数分裂时 DNA 只复制一次，细胞连续分裂两次，产生染色体数量减半的单倍体配子（精子和卵子）。通过受精，精子与卵子结合形成受精卵，随着雄原核与雌原核融合，从精子来的染色体与从卵子来的染色体又会合在一起，染色体数量恢复为二倍体状态，从而维持受精后物种的染色体整倍性。因此，减数分裂是维护染色体数量世代稳定的重要机制。

"一母生九子，九子各不同"，虽然单倍体配子拥有同源染色体的一个拷贝，但配子之间遗传物质存在差异，导致后代具有丰富的遗传表型。减数分裂 I 时，同源染色体分离，非同源染色体之间自由组合，随机分配到两个子代细胞。此外，在减数分裂 II 时，姐妹染色单体分离，非姐妹染色单体自由组合，随机分配到配子中。正常的人类染色体组由 46 条染色体构成，包括 22 对同源常染色体和一对性染色体，这意味着非同源染色体之间和非姐妹染色单体之间的自由组合存在着多种可能性。在减数分裂 I 前期，同源染色体联会时，非姐妹染色单体会通过交叉重组的方式交换相应的染色体片段，导致父源和母源染色体之间发生遗传物质的交换，但每条染色单体上仍都具有完全相同的基因，进一步增加了配子的遗传多样性。配子的遗传基础多样化，增加了群体的遗传多样性，使后代群体对环境条件的变化有更强的适应性。因此，减数分裂不仅是保证物种染色体数量世代恒定、维持遗传稳定性的重要机制，也是物种适应环境变化不断进化的机制。

五、生殖细胞发育的表观遗传调控

生殖细胞是维持生命延续的一类高度特化的细胞群体，其种系传递特性一直是遗传学、胚胎学、细胞生物学和发育生物学的重点研究对象之一。大量研究表明，表观遗传学在正常生殖细胞的发育分化过程中发挥重要作用。

1. 表观遗传学的定义

经典遗传学认为，基因是遗传信息的基本单位，一个基因对应着生命活动所需要的一种蛋白质。但是，随着研究的深入，科学界发现同一基因可以编码多种蛋白质，而且还发现大量隐藏在 DNA 序列之中或之外其他层次的遗传信息，包括了许多经典遗传学无法解释的遗传现象。例如，1930 年著名的果蝇遗传学家穆勒通过 X 射线诱变发现一种花斑眼表型的果蝇，即果蝇眼的局部区域呈红色，其余区域呈白色。这种表型不是因为 DNA 序列改变，而是染色体倒位或重排，造成活跃表达的基因在部分细胞中沉默，沉默是由报告基因凝聚成异染色质引起的。

目前对表观遗传学的通行定义为："研究在有丝分裂及减数分裂过程中无法用 DNA 序列改变来解释的基因功能的可继承性改变的科学"。从分子角度，表观遗传学的定义则为："在同一基因组上建立，并将不同基因表达模式和基因沉默传递下去的染色质模板变化的总和"。总体来说，表观遗传有三个特点，即可遗传性、可逆性的基因表达调节、不涉及 DNA 序列的变化。

2. 表观遗传调控的主要类型

表观遗传学是指除 DNA 序列改变以外的其他机制引导的细胞表型的变化。表观遗传过程主要包括：①基因启动子 CpG 岛的脱氧胞嘧啶残基的甲基化；②组蛋白的修饰，如氨基酸末端的特异性氨基酸残基的甲基化、乙酰化、磷酸化和泛素化等；③非编码 RNA 介导的基因沉默现象。广义上讲，DNA 甲基化、基因沉默、基因组印记、染色质重塑、RNA 剪接、RNA 编辑、RNA 干扰、X 染色体失活、组蛋白乙酰化等都可以归入表观遗传学范畴，而其中任何一个过程的异常都将影响基因的结构以及表达，从而导致某些疾病的发生。

生殖细胞发育的产物，即卵母细胞和精子通过受精过程融合，形成具有全能性的受精卵，其可以发育成一个全新的生物体，而受精卵只有经过大量的表观遗传重编程才能获得这种全能性。

3. 生殖细胞发育中的 DNA 甲基化

DNA 甲基化（DNA methylation）是指在 DNA 分子的 CpG 位点上添加甲基基团，阻止 DNA 结构调控蛋白的结合，从而导致某些区域的基因沉默。生殖细胞特异性基因的甲基化异常，通常与不育症的发生密切相关。

对生殖细胞发育分化过程中甲基化修饰的研究显示，该过程包括两个主要阶段：第一阶段的表观遗传修饰出现在原始生殖细胞中，其内在的印记基因被清除，主要表现为甲基化的缺失及组蛋白的替代。第二阶段发生在受精之后，主要是印记基因重新获得甲基化，而其他非印记基因则会逐渐去除甲基化。胚胎到达囊胚期后，随着卵裂的进行，内细胞团和滋养层细胞的 DNA 甲基化程度逐渐降低，这种降低依赖于 DNA 的复制，同时会导致姐妹染色单体具有不同的甲基化水平。但是在这一时期，印记基因具有特异性功能识别区，而导致其甲基化水平不会有明显变化。这一时期组蛋白的特殊印记（如磷酸化和精氨酸的甲基化）似乎与基因的重编程关系不密切，而更可能与 DNA 的复制有关，其确切关系尚需进一步研究。

4. 生殖细胞发育中的组蛋白修饰

组蛋白修饰是指在染色质上相关区域的蛋白质上附着不同的化学基团（如乙酰基、甲基、泛素等），以及不同的酶对这些基团的结构进行调整，从而影响基因的启动和沉默。组蛋白修饰的重要作用主要源自以下两类酶：一类是组蛋白修饰酶（histone modification enzyme，HME），能够添加、删除和识别组蛋白上的化学修饰基团，从而改变核小体的三维构型和染色质的可及性。染色质的可及性是指染色质在复制和转录时需要暴露出 DNA 序列，致密的核小体结构被破坏后，启动子、增强子、绝缘子、沉默子等顺式作用元件和反式作用因子可以接近的特性；另一类是染色质重塑酶（chromatin-remodeling enzyme，CRE），能够解构并重构核小体，增强某些基因的可及性，或者降低某些基因的可及性。

组蛋白通过乙酰化、甲基化、磷酸化和泛素化修饰及各种修饰方式的相互作用，共同调控减数分裂并维持这种调控的精确性。组蛋白的去乙酰化有利于减数分裂过程中着丝粒异染色质区与染色体修饰蛋白的结合，同时乙酰化的组蛋白对于配子细胞的分化和染色体的分离过程是必需的。

5. 生殖细胞发育与印记基因

基因印记是指通过 DNA 甲基化、组蛋白修饰等方式使不同亲本来源的等位基因带上亲本特异的标志，其中带有印记的等位基因失活，而非印记等位基因表达，具有这种特征的基因被称为印记基因。

印记基因对生殖细胞发育分化有重要影响，在哺乳动物中，印记建立于配子形成期，并持续到出生后。在子代自身配子发生时，亲代的印记会被清除，重新形成自身的印记标记，其中任何一个环节出现错误都可能导致胚胎发育异常。当生殖细胞经历减数分裂和受精之后，原有的基因印记必须被移除或重设，从而使带有性别特征的基因能正确地传递给下一代。目前，对由早期生殖细胞供核发育来的胚胎的研究发现，印记的"擦除"开始于受精后的第 10.5～11.5 天。如果印记基因没有被正确地移除或重设，子代将会获得错误的亲本印记，导致子代发育异常。

6. 生殖细胞发育与非编码 RNA

非编码 RNA 包括 lncRNA、miRNA 和 siRNA 等。非编码 RNA 能够作为信号分子或调控因子，集中或分散某些基因群的表达。非编码 RNA 曾一度被认为是与基因表达无关的"垃圾"。然而，后续研究逐渐发现，人类基因组中的大部分实际上都转录成了各种非编码 RNA。这些非编码 RNA 通过与蛋白质或其他分子相结合来开启或关闭基因，从而在控制基因表达中发挥关键作用。

非编码 RNA 调控着某些基因在生殖细胞中的表达和沉默。研究显示，如果敲除小鼠的核酸内切酶——Dicer 酶，会使卵母细胞的减数分裂停留在 I 期，出现染色体分离紊乱以及多个纺锤体的形成，而且会使卵母细胞大量表达转座子基因，同时会使精原细胞的增殖能力明显降低。对小鼠着床前胚胎 miRNA 表达的研究显示，小鼠卵母细胞、2 细胞胚胎、4～8 细胞胚胎和囊胚中分别表达 55、53、62 和 72 种 miRNA，可能对卵母细胞及早期胚胎发育具有重要的调控作用。

7. 各种表观遗传修饰的协调作用

在调控生殖细胞发育分化过程中，各种表观遗传修饰过程既相互独立，又互相作用、相互协调，从而保证了生殖细胞的正常发育分化。DNA 的甲基化既可以激活组蛋白的乙酰化过程，又在一定程度上受乙酰化的抑制。在生殖细胞发育过程中，小分子 RNA 通过一种高效的动态调控过程来调节基因表达的分子网络。实际上，印记基因的活化与抑制正是通过甲基化、乙酰化及小分子 RNA 的共同作用来完成的。

总之，表观遗传修饰对基因表达具有至关重要的调控作用，尤其是在对配子发生和受精以及受精卵的发育等过程中的基因表达调控方面，如果错误的表观遗传修饰发生在配子发生和胚胎植入前阶段，会导致早期胚胎流产及胚胎发育和出生后遗传表型异常等。因此，生殖细胞发育分化的表观遗传学研究对于遗传疾病的预防和治疗具有重要意义。

第二节　性发育与遗传

一、性别决定

1. 性别与性别决定

性别是伴随有性生殖的出现而在生物界同种个体之间普遍出现的一种形态和生理上的差异现象。在人类历史文化长河中，性别这一主题占据了核心的地位，生物的性别是生物通过长期的进化所获得的最重要的表型之一，男性和女性，雌性和雄性之间的区别通常是人类认识生物世界的最主要的视角之一。性别决定是指其在有性繁殖过程中形成了性别分化，并在其种群内形成了有差异的雌、雄个体。

性别决定机制大致分为遗传决定性别和环境决定性别。前者一般指位于性染色体上的性别决定基因参与启动的一系列的分子信号通路，从而诱导性腺发育成不同性别生殖腺过程的机制。而后者则是指温度、光照和营养等因素对性别决定相关影响的机制。

2. 性别决定的研究历史

人类不断地对性别进行了探讨，从远古哲学启蒙到清楚地认识到决定性别基因的过程共经历约 2 500 年。

公元前 530 年，古希腊哲学家毕达格拉斯（Pythagoras，约公元前 580—前 500

年）提出精源论，认为人类的性别与精子有关，17 世纪荷兰数学家和物理学家尼古拉斯·哈特索克（Nicolaas Hartsoeker，1656—1725）首次在显微镜下观察到精子，并画出 "精子内的侏儒" 图，都强调了精子是触发生命的关键以及精子在胎儿性别决定中的核心作用。到 19 世纪的欧洲，人们广泛相信营养决定性别，营养差的父母生男孩，营养好的生女孩。近代细胞生物学的发展使得性别决定机制的研究逐渐深入，遗传学说奠基人孟德尔于 1856—1864 年间提出并初步验证著名的孟德尔遗传定律：决定生物遗传性状的一对等位基因在配子形成时彼此分开，随即进入一个配子中。孟德尔遗传定律揭示了等位基因的遗传规律，成为遗传学史和生命科学史上划时代的一页，为后续的遗传因子理论奠定了框架基础。

1891 年，德国细胞生物学家亨金（Hermann Henking，1858—1942）在雄性红蝽生殖细胞第一次减数分裂过程中观察到一条没有与其配对的单条染色体，称之为 "X 染色体"。这是人类首次发现性染色体的存在。

1905 年，内蒂·史蒂文斯（Nettie Maria Stevens，1861—1912）在研究黄粉虫减数分裂过程时发现了两种完全不同的染色体组合，一种为 20 条大小相近的染色体，另一种为 19 条正常大小的染色体和一条较小的染色体。她还发现携带前者的黄粉虫全都是雌性，携带后者的黄粉虫全为雄性，因此她认为携带较小染色体的精子进入卵细胞发育来的后代必然会发育为雄性。这条小染色体就是现在人们已知的 Y 染色体。这向世人宣告了性染色体的存在，并认定性染色体是性别的决定性因素，揭示了 2 000 多年来的性别决定之谜。

3. 性别存在的原因

性别的出现离不开有性生殖，自然界中之所以存在有性生殖，是自然选择的结果。有性生殖通过染色体重组，将有益基因重组到同一个体的基因组中，提供了基因层面的多态性，摆脱了 "希尔－罗伯特森干扰效应"，即在有限的种群中连锁的基因位点之间相互影响，使得自然选择过程无法有效地进行无性生殖。无性生殖不存在染色体重组的现象，虽然增殖速度快，但是无法将有益突变结合到子代的基因序列中，无法产生对环境更为适应的个体。正是由于有性生殖和性别的存在，生物的表型才具有如此的多样性，地球上的生物才进化得如此丰富。

4. 性别决定机制

性别受遗传和环境等多方面的影响。人类对性别决定机制的理解最早开始于 20 世纪 40 年代，科学家在早期胚胎发育时期，通过移除兔胚胎的生殖嵴，再将胚胎放回母体中发育，发现雌性表型的发育不需要性腺的存在，而雄性表型需要。因此提出了性腺在哺乳动物中是决定雄性表型的关键器官，而哺乳动物的默认性别为雌性。此后 *SRY* 基因的发现似乎也证实了这一观点，含有 *SRY* 基因的个体能够发育为雄性，看似改写了默认的雌性性别的决定通路。然而，后续发现 X 染色体上的 *WNT4*、*FOXL2* 等基因的缺失可使雌性反转为雄性，说明性别决定不仅仅依赖 *SRY* 基因，而是多基因、多信号通路共同作用的结果。

总的来说，性别决定的机制主要分为遗传决定性别和环境决定性别。前者主要由染色体上的遗传物质决定，后者没有性别特异染色体的存在，其主要由各种不同的环境因素所决定。

（1）遗传决定性别

目前公认的性别决定机制就是遗传决定性别，染色体是细胞内具有遗传性质的物质，人类染色体有 23 对，其中 22 对常染色体，1 对决定性别的性染色体，女性通常由两条相同的染色体组成性染色体，称为 XX，男性性染色体由一条 X 染色体和一条 Y 染色体组成，称为 XY。通常女性提供一条 X 染色体，而男性随机提供 X 或者 Y 染色体来决定后代的性别。性别决定机制不是简单的 XY 染色体配对，而是一个连续且复杂的生理过程，涉及多种基因和转录因子，涉及的基因主要有 SRY 基因、SOX9 基因、WT1 基因和 DMRT 基因等。

SRY 基因是位于 Y 染色体短臂上的特异性性别决定基因。人的 SRY 基因位于 Yp11.3，只含有一个外显子，不含内含子，编码一种长 204 个氨基酸的蛋白质，这种蛋白是目前公认的睾丸决定因子，是哺乳动物性别决定的总开关。

SRY 基因表达的蛋白质中有一个典型的结构域，即高泳动类非组蛋白盒基序（high mobility group，HMG），它是 SRY 基因的主要功能区，能启动性腺发育成睾丸。有研究发现，SRY 基因仅在生殖嵴中一小部分细胞中表达并影响性腺发育，在 SRY 基因的调控下，体细胞分化为睾丸支持细胞，缺乏 SRY 基因则会分化为前颗粒细胞。

研究发现，将 SRY 基因导入小鼠基因组内，染色体为 XX 的小鼠会出现雄性表型，与 WT 雌鼠相比，其体重、大小、毛发以及交配方式没有明显差异，然而小鼠丧失生育能力，无法产生后代。将小鼠基因组中的 SRY 基因敲除后，基因型为 XY 的小鼠就会性反转为雌性，同样，小鼠丧失生育能力。这表明 SRY 基因在性别决定过程中具有重要作用，基因的敲入和敲除可以实现性别的转换，然而个体的生殖力会受到影响，无法产生后代。

SOX9 基因位于 Y 染色体 17q24.3～25.1 区段内，长约 3 934 bp，含有两个内含子，其编码产物有 509 个氨基酸多肽，SOX9 基因与 SRY 基因都属于 SOX 家族，同样含有高保守序列，是继 SRY 基因之后发现的又一个重要的性别决定基因。

SOX9 基因在哺乳动物胚胎发育时期的性别分化过程中起着重要作用，如睾丸的发育、雄性支持细胞和间质细胞的分化、抑制胚胎向雌性分化等多个过程。研究证明，SOX9 基因是 SRY 基因的主要靶向目标，SRY 基因主要在性腺未分化阶段短暂表达，一旦性腺开始发育就停止表达，然而下游被激活的 SOX9 基因却可以持续表达，进一步激活相关信号通路来调控性腺的发育。另外，在上游 SRY 基因缺失的情况下，SOX9 基因仍然可以诱导小鼠的睾丸发育，也说明体内存在其他信号通路调节 SOX9 基因的表达。近年来，随着对性别决定基因的深入研究，发现 SOX9 基因作为一个重要的转录调控因子，除了参与胚胎分化、精子发生等一系列生殖活动外，还调控如软骨细胞分化、胰腺发育等生理或病理过程。

DMRT 基因是一类具有 DM 结构域的基因家族，是 SRY 基因和 SOX9 基因之后发现的又一个重要的性别决定相关基因，是控制性腺分化的必需基因之一。在小鼠早期胚胎发育过程中，*DMRT* 基因在雌雄个体中均有表达，随着性腺的发育，*DMRT* 基因在睾丸中表达量逐渐增加，卵巢中表达量逐渐减少。与 *SOX9* 基因类似，*DMRT* 基因主要参与性别决定与分化的相关过程和组织器官的发育，在性别决定、分化以及早期胚胎发育中具有重要作用，在哺乳动物精原干细胞的维持过程也具有重要作用。

WT1 基因，即威尔氏瘤抑制基因 1，位于人类染色体 11p13，编码含 4 个锌指结构域的 DNA 结合蛋白。可以抑制细胞的分裂分化，在哺乳动物早期性腺发育过程起重要作用。*WT1* 基因在雄性小鼠的睾丸内表达，在雌性小鼠的卵巢颗粒细胞中表达。在性别未分化之前，*WT1* 基因就已经表达，研究表明在性别分化之前敲除小鼠的 *WT1* 基因，小鼠性别分化不能完成，睾丸支持细胞和卵巢颗粒细胞都不能正常形成，前体细胞大多发育为激素合成细胞。相关机制研究表明 *WT1* 基因通过直接与 *SF1* 启动子区域结合抑制其转录，抑制 *WT1* 基因后，*SF1* 表达增加，因此才使前体细胞分化为激素合成细胞。*WT1* 基因缺失会导致体细胞分化成为甾体类激素合成细胞，无法合成支持细胞和颗粒细胞，影响性腺的分化和性别形成。

除了上述所提到的性别决定基因外，还有很多基因参与性别调控，如 *SF1*、*GATA4*、*AMH* 基因等。性别决定由多个基因相互协作的过程，其中任何一个性别决定基因的突变或者缺失都将对性别分化造成很大影响，最终导致性别决定出现障碍。尽管目前的研究对性别决定的分子机制和相关信号通路有一定的认识，但是得到的研究结果都是不全面的。相信随着科学研究的不断深入，借助新的分子生物学技术，在不久的将来，性别决定机制这个谜题终将完全解开。

（2）环境决定性别

生物界部分植物和动物的主要性别决定方式是温度、光照、营养和 pH 等环境因素，其中最典型的当属温度因素。某些动物如红耳龟、美洲鳄胚胎的性别在发育过程中受到温度的影响，而影响温度范围狭窄，被称为温度敏感时期。动物们会在此时期的不同温度下分化出不同性别。然而，当环境温度和气候剧烈变化时，种群的性别比例会大幅度地偏离 1∶1，影响种群的繁殖率，甚至很可能导致种群灭绝。

除温度外还有很多其他因素与性别决定有关，如锦龟巢穴的湿度可能影响性腺的发育方向，日照会影响扬子鳄的性别分化。不同物种的性别决定机制不同，目前人们对生物性别决定的分子机制尚不完全清楚，对相关基因的研究有待深入。

性别决定是一个复杂而又精密的时序性调控过程，它涉及多个基因、不同信号通路的参与。科学家在不断地探索性别的具体调控机制，所取得成果也丰富着人们对新的性别决定系统的认识。

二、性腺发育的遗传学特征

1. 性腺及其发育

个体的遗传物质通过性腺中的生殖细胞传递给后代，生殖系统的发育与遗传适应性直接相关。生殖器官由性腺、内管系统和外生殖器组成，起源于相同的原始性腺。

原始性腺由上皮细胞、中肾嵴下层间充质和原始生殖细胞组成。性腺包括雄性的睾丸和雌性的卵巢。睾丸实质由支持细胞和各级生精细胞形成的生精小管和结缔组织间质组成，生精小管上皮可生成精子，间质可合成和分泌雄激素。卵巢的基本结构是卵泡，可产生卵子并且具有内分泌功能。睾丸产生精子和卵巢生成卵子是人类生殖的基本过程之一。

（1）性别分化发育

性别分化发育主要包括两个过程，一是性别决定，二是性别分化。性别决定是指将未分化的胚胎引导成两性异形个体的发育决定，表现为具有两性潜能的未分化性腺发育成睾丸或卵巢。性别分化是由性腺产生的因素决定表型性别的发展，即是发育中的性腺发挥正常功能、产生激素的过程。

（2）性腺发育与成熟

人类胚胎发育早期，两性生殖系统发生相同，生殖腺、生殖管道和外生殖器均经历早期性未分化阶段和后期性分化阶段。两性未分化性腺在形态上没有区别，主要由增殖的纤维细胞上皮和位于泌尿生殖嵴的间充质细胞团组成，其中包含中肾成分和原始生殖细胞。

（3）生殖腺发育

原始性腺在胚胎中发育，中肾内侧上皮增厚并与相连的间充质增生形成生殖腺嵴，原始生殖细胞起源于泌尿生殖嵴外的卵黄囊背侧内胚层，经背侧系膜向生殖腺嵴迁移，生殖细胞在迁移过程中通过有丝分裂进行增殖，生殖嵴表面上皮细胞向下方间充质增生形成上皮细胞索，即初级性索。在 Y 染色体上有性别决定区 *SRY*，*SRY* 编码的蛋白质称为睾丸决定因子（testis-determining factor，TDF），当未分化性腺合成 TDF 时，男性生殖系统发育启动，若 *SRY* 和 TDF 缺失，则向女性表型方向发生。睾丸分化包括生殖索的形成以及睾丸网的合并，卵巢发生包括初级性索退化消失、皮质索形成以及原始生殖细胞进入皮质索。

（4）生殖管道的发育

未分化期，男性和女性胚胎均有两套生殖管道，即中肾管（也称沃尔夫管，Wolffian tumor）和中肾旁管（paramesonephric duct，也称米勒管，Müllerian duct）。XY 性染色体胚胎的中肾旁管在抗中肾旁管作用下发生退化。在雄激素刺激下，中肾逐渐退化，部分靠近睾丸的中肾小管发育为输出小管，中肾管头段发育为附睾管上部，中段发育为附睾管和输精管，尾段发育为射精管和精囊。XX 性染色体胚胎因缺乏睾丸合成的雄激素和抗中肾旁管激素，中肾管发生退化，中肾旁管发育为大部分女性生殖管道，中肾管上段和中段未融合部分发育为输卵管，尾段子宫阴道原基，进而形成子宫和阴道穹隆部（图 14-12）。

（5）外生殖器的发育

未分化期的外生殖器无法分辨性别，包括生殖结节、尿生殖褶和尿道沟。在无雄激素存在的情况下，外生殖器向女性发育，生殖结节形成阴蒂，尿生殖褶形成大、小阴唇，上端汇合成阴阜，下端汇合成阴唇后联合，尿道沟与尿生殖窦共同形成阴道前

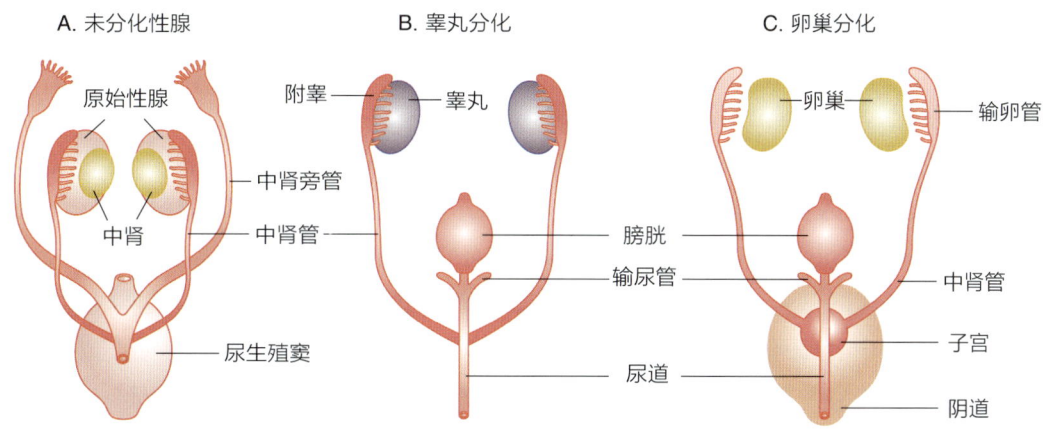

A. 未分化性腺　　B. 睾丸分化　　C. 卵巢分化

图 14-12　生殖腺及内生殖管道早期发育

庭。睾丸分泌的雄激素促使外生殖器向男性发育，生殖结节伸长形成阴茎，两侧尿生殖褶在阴茎腹侧合并形成尿道海绵体部，两侧阴囊向尾侧合拢，于中线处愈合形成阴囊（图 14-13）。

2. 性腺发育的决定和影响因素

大多数情况下可以通过外生殖器判断个体的性别。但在某些个体性别发育障碍的情况下，比如，XY 性染色体患者睾丸发育不全，外生殖器表现为女性，又或者 XX 性染色体患者由于分泌过多雄激素，外生殖器表现男性化，导致遗传物质与外在表现并不一致，这就不能单独凭借外生殖器的表现来区分性别。

正常的性别分化发育分为性别决定和性别分化，是一个复杂而有序的过程。内外生殖器的分化与发育由多种因素决定。决定性别的根本因素是性染色体，正常情况下，胚胎性染色体为 XX 则决定性腺分化为卵巢，性染色体为 XY 的分化为睾丸。卵巢分化比睾丸晚，若缺失 Y 染色体，如 45，X 个体未分化性腺将分化为卵巢。在人类中，生物性别由性染色体决定，性染色体给未分化胚胎的性腺发育提供指导，早期仅能通过染色体核型来区分性别。随后的性腺分化过程及表型受到各种遗传调控和环境因素的影响，且性别决定后特异性性细胞系分化并非不可逆，早有案例发现在老年大鼠卵巢中含有类似睾丸素的结构，而年轻大鼠中并不存在，在这之后也有发现减数分裂生殖细胞丧失后卵巢出现睾丸样结构。在人类中也有报道性腺癌病例中性腺细胞转分化，但不能排除这种细胞转分化只是肿瘤细胞遗传程序发生巨大改变产生的次要结果。关于性腺细胞命运可塑性研究主要是基于转基因小鼠。性别分化中诱发 XX 和

图 14-13　外生殖器发育

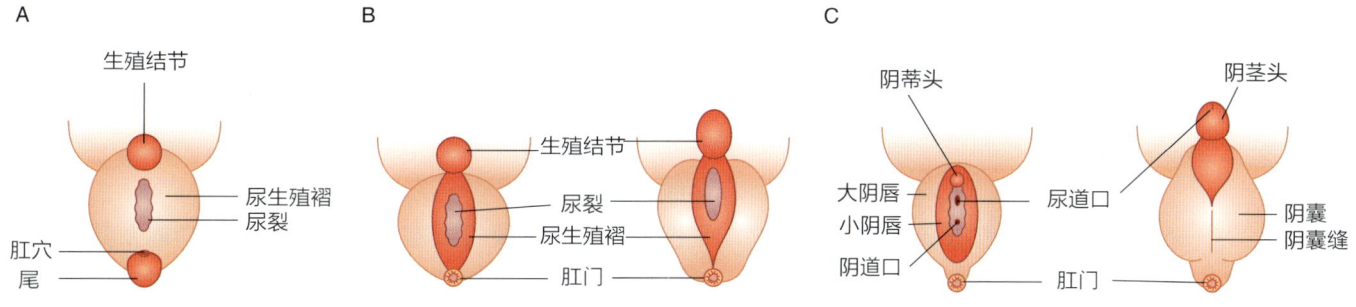

XY 性别逆转的病例与许多性别特异性基因和途径相关，这表明性别支持也受到特异性基因调控。

3. 性腺性别决定与性别分化遗传机制

（1）遗传的分子机制

自 1990 年在人和小鼠中发现了 *SRY* 基因后，科学家们对性腺发育过程进行更加深入的研究，并不断完善性腺发育遗传机制方面的理论知识。

在既往研究的基础上，研究者们认为 *SRY* 转录因子在性腺中表达最早触发睾丸或卵巢形成。中肾细胞进入雄性性腺后会被 *SRY* 表达的支持细胞包围发育成睾丸，而 *WNT4* 基因也会影响睾丸或卵巢的发育。成纤维细胞生长因子 9（fibroblast growth factor 9，*FGF9*）和 *WNT4* 两种拮抗基因在性腺最初发育时期处于相对平衡状态，若平衡倾向于 *WNT4* 可致性腺分化为卵巢，平衡倾向于 *FGF9* 或 *WNT 4* 基因缺陷会使性腺分化为睾丸。*SOX9* 可活化 *FGF 9* 基因，二者之间能彼此加强信号，共同抑制 *WNT4* 基因的表达并维持雄性性腺发育，在缺失 *SRY* 的情况下，一定剂量的 *SOX9* 可替代 *SRY* 的功能。*SOX9* 在早期未分化性腺中以低阈值水平表达，随后在 *SRY* 基因影响下快速上调，并在 *SRY* 停止后维持自身表达。

此外，R 脊椎蛋白 1（R-spondin1，RSPO1）和叉头蛋白盒 l2（forkhead box l2，FOXL2）参与女性卵巢发育的起始阶段，*RSPO1* 在未分化性腺中表达可拮抗 *SOX9* 在女性卵巢发育中的作用，抑制雄性性别决定通路，而 *FOXL2* 与 *SOX9* 可在性别决定中相互抑制对方的表达。

在 XX 性腺中，卵巢发育主要由 WNT4/RSPO1/β 连环蛋白通路调节，抑制 *SOX9/FGF9* 反馈通路，主导关闭睾丸发育路径，打开雌性发育路径。若 WNT4 缺失，*SOX9* 与 *FGF9* 相对上调，可在 *SRY* 基因缺失的状况下激活雄性发育路径。在 XY 性腺中，睾丸发育主要靠 *SRY* 基因激活 *SOX9* 基因来参与调控通路，*SRY* 触发 *SOX9* 基因表达，使 *SOX9* 与 *FGF9* 之间各自信号加强，抑制 *WNT4* 基因表达，平衡偏向 *FGF9*，阻止卵巢发育路径，促使性腺向睾丸发育，*FGF9* 缺失可激活卵巢基因，可致 XY 雄性性腺向卵巢分化，但是如果只是缺乏活性 *SRY* 基因并不能导致卵巢分化，而是出现不同程度的性腺发育不全。

在性别维持方面，研究发现参与维持雌性细胞命运的因子主要有转化生长因子 β 家族（transforming growth factor β，TGFβ）、激活素、FOXL2、WNT4、FOXOL / FOXO3 和 DMRT1 等，而这些调控过程的具体机制尚未被确定。在维持睾丸支持细胞方面，*SOX9/SOX8-DMRT1* 轴发挥着重要作用，且 *SOX9/SOX8-DMRT1* 轴的激活对于维持 *FOXL2* 抑制有重要意义。卵巢发育是同时抑制男性特异性基因表达和促进女性特异性基因表达的结果，且卵巢和睾丸的发育并不随出生而终止，从性别决定到性腺分化、发育和维持，都需要多种基因协调发挥作用（图 14-14）。

（2）内、外生殖器官的发育

性腺分化为卵巢或睾丸是性别决定的重要组成部分，因为性腺的功能及其产生的激素影响着个体内生殖器、外生殖器和第二性征的发育和分化。睾丸确定后可分泌副

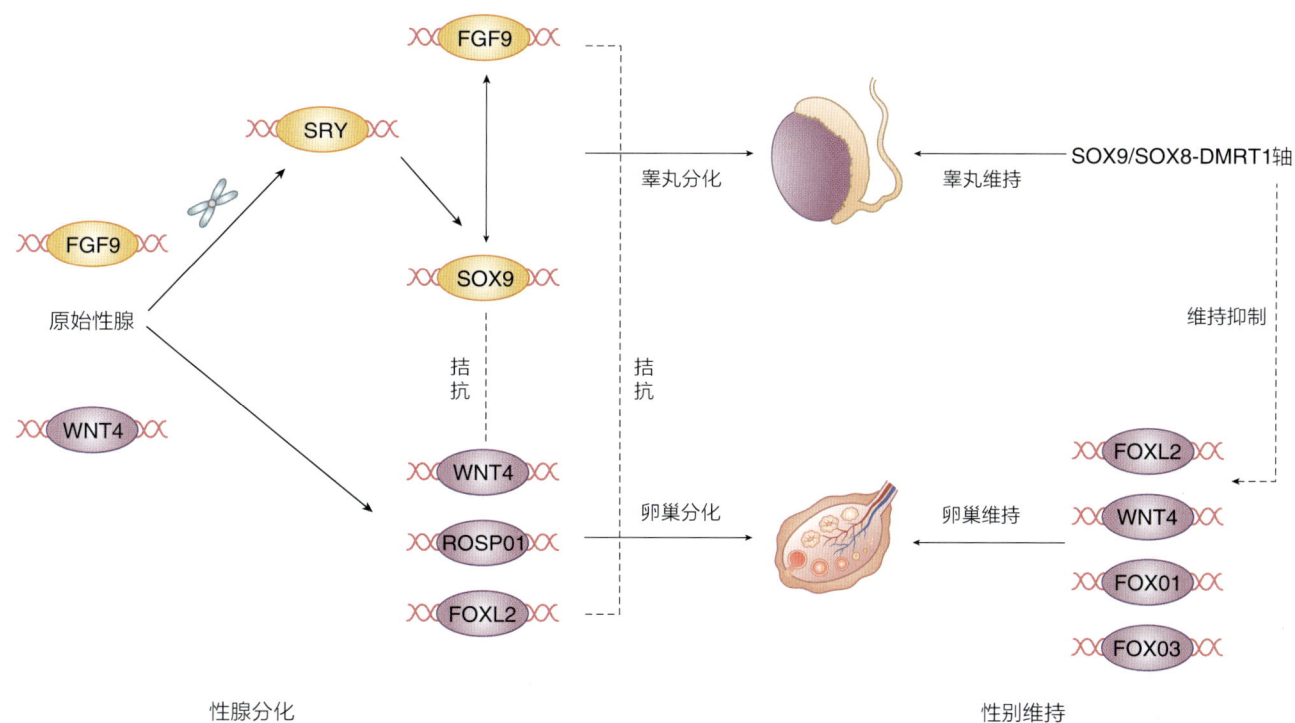

图 14-14 性别分化与性别维持的基因调节

中肾管抑制因子和睾酮来决定内生殖器官的分化。此外，睾丸在控制胚胎的内生殖性别确立方面起作用，而女性生殖器官发育却并不需要性腺或其他激素决定，因为即使在没有性腺的情况下，生殖器官也将发育表现为女性。

男性外生殖器分化在约妊娠 70 天开始，至 18～20 周时分化已完成，而男性外生殖和前列腺的分化发育主要依赖于局部的双氢睾酮（dihydrotestosterone，DHT）的作用。女性没有 DHT，外生殖器将发育为女性，妊娠 20 周后完成分化。青春期后第二性征由性激素所决定，在青春期，性激素可影响体型发育，最终可呈现不同的表型，且性激素或外源性药物均可使表型发生改变。

性腺发育受各种遗传和环境因素调节，是一个复杂的动态变化过程。性别决定和早期性腺分化的分子机制均有广泛研究，我们对于这些基因的作用也有了更深入的认识。然而在性别维持方面，尽管对参与维持两性细胞命运的相关基因已有许多研究成果，但在控制这些性别促进基因之间的功能关系方面，大多分子机制仍有很大的探索空间。

三、性发育异常

1. 概念

性发育异常（disorder of sex development，DSD）又称为两性畸形，是指先天性染色体核型、性腺表型和性腺解剖结构不一致的一类遗传异质性疾病。

20 世纪 50 年代超声波技术还未出现时，人们无法根据生殖器外观来辨别新生

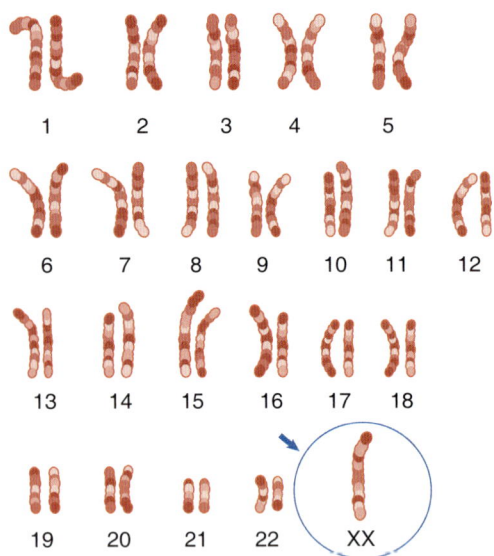

图 14-15　特纳综合征常见染色体核型图

除特纳综合征以外，还有典型的克兰费尔特综合征（47, XXY）、45, X / 46, XY 嵌合体（又称混合性性腺发育不全）和 46, XX / 46, XY 嵌合体。其中，45, X / 46, XY 嵌合体临床表现与特纳综合征大多相似，而 46, XX / 46, XY 嵌合体则同时具有两性的性腺特征，内外生殖器也可两性兼有。

儿 DSD 的发生，著名的性学家约翰·曼尼（John Money，1921—2006）认为婴儿出生时性别是中立的，性别认同主要由从幼儿时期的社会学习中产生，并且可以通过适当的干预来改变，后被实验证实是错误的。直到 2006 年"芝加哥共识"的出现才将两性畸形用 DSD 替代，并将其做出新的分类。

2. 分型

性发育异常的临床表现形式多样，不同类型的性发育异常表现各异。目前国际公认的分类方法是从遗传学和分子生物学方面将性发育异常分为三大类，分别为染色体异常型 DSD、46, XX 型 DSD 和 46, XY 型 DSD。

（1）染色体异常型 DSD

特纳综合征（图 14-15）是较常见的一类染色体异常型 DSD，它是由于全部或部分体细胞中的一条 X 染色体完全或部分缺失或结构异常引起的一类综合征，又称为先天性卵巢发育不全。1938 年，内分泌学家亨利·特纳（Henry Turner，1867—1923）首次描述了特纳综合征。特纳综合征的典型表现为身材矮小、生殖器和第二性征不发育及躯体发育异常，患者通常身高低于 150 cm，且外阴发育幼稚，子宫小或缺如，常伴有躯体的异常：多痣、眼睑下垂、耳大位低、后发际线低、颈短而宽、有颈蹼，肾发育畸形，主动脉弓狭窄等。患者的智力发育程度不一，寿命与正常人相同，而其骨密度显著低于正常同龄女性。

（2）46, XX 型 DSD

芝加哥共识中将 46, XX 型 DSD 分为三类。第一类是与雄激素分泌过多有关的疾病，如最常见的先天性肾上腺增生，这类患者常表现为男性化和失盐表现，如低血钠、高血钾。第二类是较为罕见的其他原因的疾病，如米勒管发育不全综合征，这类患者女性第二性征发育正常，但常因米勒管发育不全导致子宫的缺失或闭锁而表现为原发性闭经，常合并泌尿或骨骼系统的畸形。第三类是卵巢发育障碍，又可分为单睾丸型、卵睾丸型和卵巢发育不良型。46, XX 睾丸 DSD 大多表现为 46, XX 核型，男性外生殖器，此类性发育不良患者大多在青春期后出现睾丸小、男性乳房发育和无精子症，由于缺乏 Y 染色体，该类患者常常表现为不育。46, XX 卵睾型 DSD 患者同时存在睾丸和卵巢结构，这种患者通常卵泡生长和雌二醇分泌正常，有排卵，有些患者会因雌二醇的分泌抑制精原细胞的发育，从而使睾丸部分逐渐退化，但性腺活检常可见睾丸间质细胞的增生。46, XX 卵巢发育不良患者为女性表型，但会出现青春期延迟，从而出现原发性或继发性闭经。

（3）46, XY 型 DSD

根据发病原因可以将 46, XY 型 DSD 分为睾丸发育不良、雄激素合成障碍和雄激素作用异常三种。睾丸发育不良型患者常表现为女性表型或外生殖器模糊，缺乏第二性征，伴有颈蹼，或为卵巢与睾丸并存的卵睾型。雄激素合成障碍型则表现多样，重者表现为完全的性发育不良。雄激素作用异常型可分为完全性和部分性作用异常，如完全型雄激素不敏感综合征（complete androgen insensitivity syndrome，CAIS），这类患者通常有女性的外生殖器和男性的内生殖器，常常表现为原发性闭经，毛发稀疏甚至缺如。

3. 从基因的角度解读性发育异常

性发育异常的本质是基因异常，在此，重点探讨基因与性发育异常的关系。

（1）*SRY* 基因

SRY 基因作为性别决定基因在妊娠第 7 周时首次表达并持续至成年，这使得雄性特异性性腺形成。当 *SRY* 基因发生突变，如 HMG 结构域发生突变时，则会出现睾丸的发育异常，例如 46，XX 型 DSD 患者是由于 *SRY* 基因的易位使女性向男性表型转化，表现为女性伴有模糊的生殖器或男性生殖器。

（2）*SOX9* 基因

SOX9 基因具有与 *SRY* 基因相似的 HMG 结构域，可在人类的许多组织器官中表达，如软骨、睾丸、结肠、小肠、颅面部、肾等。在男性中，*SOX9* 的表达与睾丸发育有关，而在女性中，*SOX9* 的表达被抑制，当 *SOX9* 基因发生突变时，可使女性向男性转化，表现为男性的外生殖器，也可使 XY 性逆转，从而出现女性表型。

（3）*NR5A1* 基因

NR5A1 基因是一类下丘脑 – 垂体 – 类固醇轴的调节因子，可编码核受体、调节与睾丸发育和功能的基因，从而影响睾丸的发育和功能。*NR5A1* 基因最早在妊娠第 32 ~ 33 天的胚胎中表达，它可以协同 *SRY* 基因激活 *SOX9* 基因的表达，从而促进睾丸发育。妊娠第 7 周时，*NR5A1* 基因可以促进抗米勒管因子的表达，促进米勒管的退化，也可以促进雄激素的合成，从而促进男性外生殖器的发育。在双向分化潜能性腺向卵巢分化时，*NR5A1* 基因处于低水平表达状态。*NR5A1* 基因的突变会导致 46，XY 型 DSD 表型的出现，即出现睾丸发育不良，阴茎阴囊尿道下裂，*NR5A1* 的突变也可能导致女性卵巢功能的异常。

（4）*DMRT1* 基因

DMRT1 基因与 *SOX9* 基因协同作用，它的表达可以维持睾丸的发育及雄激素合成与功能，在哺乳动物的分化中有着重要作用。DMRT1 蛋白在哺乳动物性腺的生殖细胞和体细胞中表达。在成年精子生成过程中，*DMRT1* 基因在有丝分裂细胞中表达，而妊娠 20 周前在卵原细胞和卵母细胞中的表达会在减数分裂后下降。*DMRT1* 基因突变的患者会表现为外生殖器的模糊、性腺发育不全等。

此外，与性发育异常有关的基因，如 *AMH* 基因和 *WNT4* 基因的突变均会影响性别分化的过程，从而导致性发育异常。

4. 性发育异常患者的治疗

（1）性别选择

性发育异常患者的治疗首选手术治疗，但在治疗之前首先需要面对性别选择的问题。患儿的最终性别是在病因诊断、生殖器外观、生育能力、家庭宗教和原来的社会性别等综合因素的考量下共同决定的，但少数患者在成年后会出现性别选择反转的情况，因此也有人呼吁等待患者有自我选择的权利及意识后再共同决定。总之，性别选择应该是一个多方面综合考虑后的结果。

（2）性发育异常患者生育力的保存

某些 DSD 患者不仅面临不孕不育问题，还面临着遗传物质突变带来的肿瘤发生率提高的风险，辅助生殖技术在保存这类患者的生育力中具有举足轻重的作用。例如女性 DSD 患者生育力的保存主要有两种技术：卵子冷冻和卵巢组织冷冻。但由于大多数女性 DSD 患者性腺发育不全，生育力的保存目前只在核型为 46，XX 的先天性肾上腺增生患者及卵巢功能存在的特纳综合征患者有实现的可能。此外，由于部分 DSD 患者卵巢功能衰老过早，对于未成年人生育力的保存是否符合伦理也是需要关注和探讨的。

※ 复习思考题

1. 生殖细胞的减数分裂分为哪几个时期？
2. 精子、卵子发生有哪些遗传学意义？
3. 性别发育的决定因素有哪些？

※ 推荐阅读

1. SUN S, KIM N. Spindle assembly checkpoint and its regulators in meiosis [J]. Hum Reprod Update, 2012, 18(1): 60-72.

2. HANDEL M A, SCHIMENTI J C. Genetics of mammalian meiosis: regulation, dynamics and impact on fertility [J]. Nat Rev Genet, 2010, 11(2): 124-136.

3. COTICCHIO G, CANTO M D, RENZINI M M. Oocyte maturation: gamete-somatic cells interactions, meiotic resumption, cytoskeletal dynamics and cytoplasmic reorganization [J]. Hum Reprod Update, 2015, 21(4): 427-454.

4. NETO F T, BACH P V, NAJARI B B, et al. Spermatogenesis in humans and its affecting factors [J]. Semin Cell Dev Biol, 2016, 59: 10-26.

5. MIYASO H, OGAWA Y, ITOH M. Microenvironment for spermatogenesis and sperm maturation [J]. Histochem Cell Biol, 2022, 157(3): 273-285.

6. RAJENDER S, AVERY K, AGARWAL A. Epigenetics, spermatogenesis and male infertility [J]. Mutat Res, 2011, 727(3): 62-71.

7. CARRELL D T, HAMMOUD S S. The human sperm epigenome and its potential role in embryonic development [J]. Mol Hum Reprod, 2010, 16(1): 37-47.

8. DU L, CHEN W, CHENG Z, et al. Novel gene regulation in normal and abnormal spermatogenesis [J]. Cell, 2021, 10(3): 666.

（编写：曹云霞、向卉芬、丁志明、李关健、陈大蔚、邹薇薇；审读：张锋）

第十五章

植物发育

　　作为最具代表性的植物，被子植物固着生长，通过包含独立遗传物质的叶绿体完成光合自养，通过双受精过程产生具有二倍体胚和三倍体胚乳的种子。这些特点使植物具有丰富的遗传方式，为遗传学研究提供了优良体系，推动了多个遗传学定律的发现。植物发育与动物有显著不同。动物在胚胎期形成所有器官，而植物在胚后发育中不断形成新的器官。因而，我们能够看到秋叶凋落后，春天又会萌发新叶，也能看到枝条不断抽发。植物器官发生的源头是茎尖和根尖的分生组织。理解分生组织的维持和有序分化的机制，是理解植物发育的核心。器官如何获得三维形态是发育生物学的核心问题之一，但目前仍是认知的空白领域。以叶片为例，不同物种的叶片形态有相似之处；不同物种的叶片却又各具特色。器官形态如何稳定建立？又如何在物种间产生丰富的变化？回答这些问题是了解植物形态建成的基础。通过突变体筛选和图位克隆等分子遗传学技术，我们已经鉴定出一批调控基因。这些基因如何决定器官形态将成为未来研究的前沿。固着生长的植物只能通过及时准确地感受周围生活环境的变化，并及时调整生物学过程来增强适应性。在多变的环境中，植物体内特定的生物大分子作为环境信号的受体，会发生特异性的活性变化，从而将外部环境信号转变为植物内源信号。植物受体通过由蛋白质或其他生物分子组成的一系列信号通路最终将这种变化转导至细胞核，调控植物基因表达，提高植物在新环境中的适应性。通过探索植物感知与应答环境的信号通路，可以改造其中的信号组分，从而提高植物在特定生境中的适应性。

　　本章将介绍植物遗传的特点和植物复杂的胚后发育，并以光照、温度和机械压力为例，介绍植物生长发育的环境可塑性，还将讨论这些过程对农业生产的影响和意义。

第一节   植物遗传发育体系的特点

陆地上绝大多数植物是固着生长，且光合自养的被子植物，其通过双受精（double fertilization）过程产生具有二倍体胚和三倍体胚乳（endosperm）的多数种子。双受精指的是花粉粒中的两个精细胞，一个精细胞与胚囊中的卵细胞融合形成受精卵；另一个精细胞与中央细胞的极核融合形成三倍体的初生胚乳核。除了被子植物，少数裸子植物也具有这一独特的受精过程。这种遗传特点使植物成为研究遗传学的优良体系，极大地推动了遗传学定律的发现。而植物复杂的胚后发育和极强的生长发育环境可塑性，又使得遗传学成为研究植物生命进程的有力工具。同时，植物遗传学理论的发展与其在农业中的实践相辅相成，推动了作物品种选育和农业发展。

一、被子植物的世代交替

1. 被子植物世代交替的一般过程

被子植物的生活史经历两个阶段或世代，即孢子体阶段（无性世代）和配子体阶段（有性世代）。孢子体（sporophyte）是常见的二倍体植物，具有根、茎、叶等器官分化，在生活史中占绝大部分时间。配子体（gametophyte）是植物在世代交替过程中，产生的具有单倍体配子、用于完成有性生殖的结构。配子体阶段从孢子母细胞分裂开始，最终形成花粉粒（雄配体子）或胚囊（雌配子体）。孢子体阶段从胚囊中的卵细胞受精形成合子开始，直到合子发育为成熟植株，再次完成世代交替（图 15–1）。

2. 受精作用

雄配子体和雌配子体分别发育成熟后，必须融合到一起才能产生下一轮孢子体世代，这就是受精作用。在被子植物中，受精需要花粉和雌性组织之间的信号交流，包括花粉粒与雌蕊柱头相互识别与萌发、花粉管穿过引导组织的极性生长、花粉管的珠孔导向、花粉管中精细胞的释放，以及被雌配子体接受等过程。在这一系列过程中，花粉管与雌方组织之间存在复杂的物质和信号交流。

肽信号与细胞膜定位的类受体激酶（receptor-like kinase）对花粉管的完整生长至关重要。遗传分析发现，花粉管质膜上的类受体激酶 ANXUR1/2 参与调控花粉管完整性和精细胞释放，缺失这两个受体的花粉管萌发后提前发生细胞质爆炸，使精细胞无法正常送至胚囊。后续研究发现花粉管质膜上另两个受体 BUPS1/2，以及花粉管分泌的两个小肽 RALF4 和 RALF19 的基因突变也导致相似后果。BUPS1/2 与 ANXUR1/2 形成一个大的异源受体复合物，而 BUPS1/2 以及 ANXUR1/2 均可特异结合 RALF4/19。因此，花粉管分泌的小肽信号 RALF4/19 被花粉管质膜上的受体复合物感受，构成一个花粉管在生长过程中保持自身完整性的信号识别机制。那么，维持花粉管完整性的机制又是如何被解除、使花粉管在正确的时间和地点发生破裂而释放精细胞呢？研

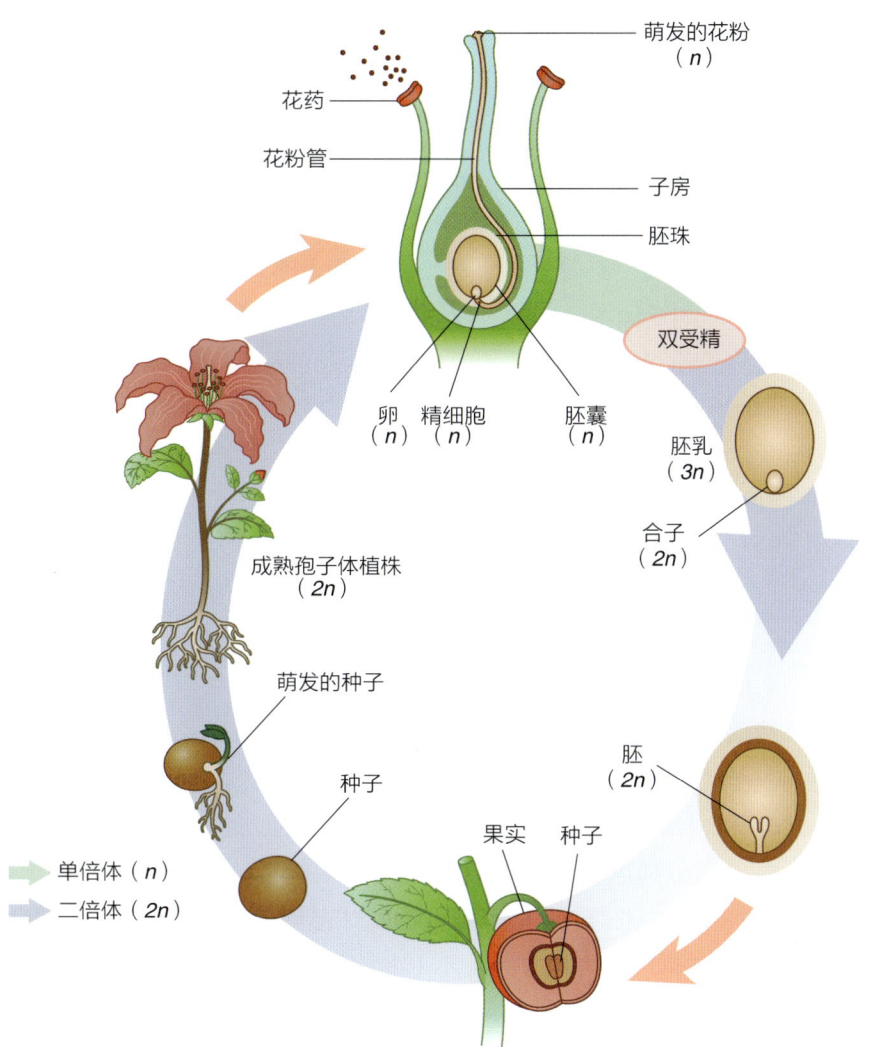

图 15-1　被子植物生活史

究人员鉴定出只在胚囊中表达的小肽信号分子 RALF34，在体外将 RALF34 施加到花粉管上，花粉管会迅速破裂。RALF34 可以竞争性取代 RALF4/19，与 BUPS1/2 以及 ANXUR1/2 受体互作。这些发现表明在花粉管抵达胚囊后，雌方分泌的 RALF34 取代原先结合在受体复合物上的 RALF4/19，促使花粉管发生破裂、释放出精细胞，为受精做好准备。

3. 早期胚胎发生

起源于受精卵（合子）的胚胎发生（embryogenesis）是植物个体发育的起点，经历合子激活和极性建立、顶－基轴模式建成、表皮原形成和辐射对称模式建成、茎顶端分生组织和胚根原的分化，以及维管束原和基本组织原的分化等重要生物学事件。以双子叶模式植物拟南芥为例，其卵细胞与精细胞融合形成二倍体合子后，进行一次不对称分裂，形成一个较小的顶细胞和一个较大的基细胞（图 15-2）。基细胞经数次横向分裂形成由几个细胞组成的胚柄，其最上层的一个细胞参与胚根的发育，其他细胞随胚胎成熟而逐渐退化。与此同时，顶细胞先进行两次纵向分裂，形成四个相等

图 15-2　拟南芥早期胚发育中的细胞分裂示意图

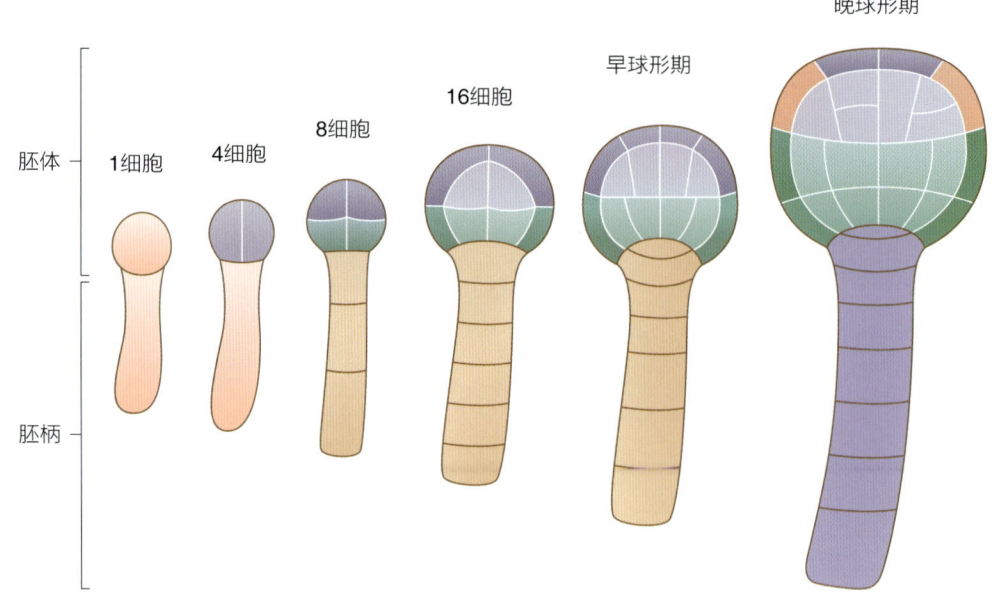

大小的细胞，然后进行一次横向分裂而发育为八细胞原胚。之后所有细胞以辐射对称的模式进行一次切向分裂，产生八个外层细胞和八个内层细胞，分别称作表皮原（protoderm）和内部组织。进入早球形期，表皮原细胞进行垂周分裂使外层进一步扩大，而内层细胞则进行纵向分裂形成维管束原（vascular primordia）和基本组织原（ground tissue primordia）。在早球形期向晚球形期转化过程中，胚柄最上层细胞分化为胚根原（hypophysis），通过一次不对称分裂形成一个较小的棱镜状细胞和一个较大的基部细胞。这两个细胞随后分别发育为静止中心（quiescent center）和中柱干细胞（stele stem cell）。在晚球形期结束时，胚胎产生子叶原基和茎顶端分生组织（shoot apical meristem），其形态从辐射对称转变为两侧对称。随后胚胎发育依次经历心形期、鱼雷期和弯曲子叶期，最终发育为成熟胚胎。胚胎发育过程中的细胞命运决定和模式建成决定了组织和器官的形成，从而奠定了胚后发育及植株产生的基础。

4. 胚乳发育

与动物不同的是，被子植物具有独特的双受精过程。花粉中的两个精子，除了一个与卵细胞融合形成合子外，另一个与中央细胞的极核融合，形成三倍体的初生胚乳核。多数植物具有核型胚乳发育，即胚乳受精后最初的核分裂发生在合胞体（coenocyte）中。在核型胚乳发育中，受精的中央细胞核在没有胞质分离的情况下进行分裂。中央细胞核的分裂优先于合子的第一次分裂，并随后快速分裂形成多核的合胞体胚乳。胚乳细胞核分裂最初是同步的，以后的分裂速率随细胞核在胚乳中的位置不同而出现差异，形成相应的珠孔端、合点端及外周等区域。游离核分裂完成后开始胚乳的细胞化。双子叶植物如拟南芥中，合胞体胚乳开始从近珠孔端向外周细胞化。用活细胞成像系统可以看到拟南芥合胞体胚乳发育时，所有核分裂在受精后持续约 5

天。在这期间，肌动蛋白微丝形成特殊的星形结构，在分裂后并不立即拉动子核，而是限制子核进一步的运动，并控制了它们在外周胚乳中的等距定位。如果在胚乳中过表达微丝，使各核上肌动蛋白束数量明显增加，就会显著扩大核间距离。在有丝分裂期间，合胞体胚乳微管群从每个核向外辐射，这样的母丝可能是星形肌动蛋白微丝形成的基础。因此，在胚乳发育过程中，依靠微管形成的星形肌动蛋白微丝限制核运动并控制核等距，最终影响胚乳和种子的大小。

拟南芥中，胚乳细胞化发生在胚发育的心形期，起始于珠孔端，朝着合点端推进。在单子叶的禾本科植物（如玉米）中，合胞体细胞化从外围开始朝着种子的中央进行，直到胚乳腔被填满。在细胞化过程中，胚乳逐渐分化出比双子叶植物更为复杂的组织，包括胚胎周围区域（embryo surrounding region）、中央的淀粉质胚乳、包围胚乳的糊粉层（aleurone），以及基底胚乳转移层（basal endosperm transfer layer）（图 15-3）。淀粉质胚乳和糊粉层主要用于积累营养物质，淀粉质胚乳中合成和储存大量淀粉，而糊粉层则积累种子萌发所需要的蛋白质和脂类物质。胚胎周围区域和基底胚乳转移层则分别在胚与胚乳互作和糖分装载（sugar loading）中发挥作用。

在拟南芥和豆类等很多双子叶植物中，胚乳只在种子形成的早期进行增殖分化，随后在种子生长过程中因细胞凋亡而被吸收，为发育中的胚胎提供营养。但在单子叶植物中，尤其是水稻、小麦和玉米等禾本科植物中，胚乳一直存在到种子成熟。禾本科植物胚乳对种子质量的贡献高达 80%，不仅为幼苗形成之前的种子萌发和生存提供所需的糖类和蛋白质，也在工农业生产中成为食物、饲料、生物能源的主要能量来源。

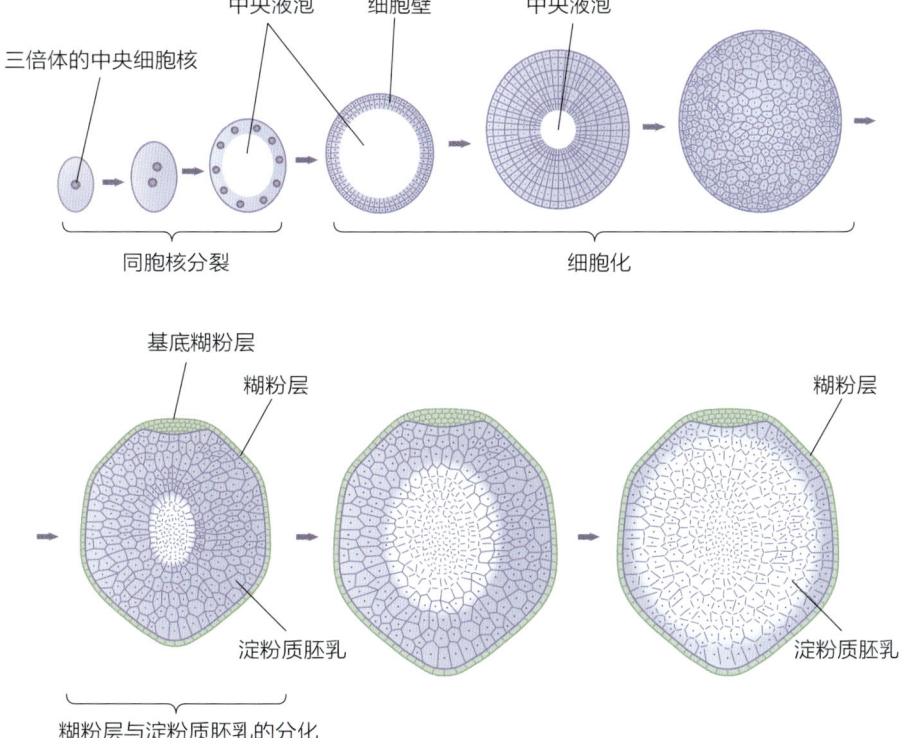

图 15-3　禾本科植物胚乳发育进程示意图

二、玉米胚乳是研究遗传规律的有力工具

1. 玉米胚乳颜色的遗传基础

发育成熟的玉米籽粒主要由果皮（含种皮）、胚乳和胚三部分组成。一般情况下，玉米籽粒的果皮是无色透明的，而胚的体积只占种子体积的15%，因此籽粒颜色主要由胚乳决定。胚乳中央的淀粉质胚乳细胞主要合成类胡萝卜素，在没有其他色素干扰时胚乳呈橙黄色。常见的黄色或白色玉米粒主要由胚乳中类胡萝卜素的差异导致。中、南美洲起源的一些玉米品种里，胚乳外周的糊粉层能够合成花青素而部分遮蔽胚乳类胡萝卜素的颜色，导致籽粒呈现红色和紫色等不同颜色。

胚乳的产生是一个能量大量转移的过程，并与胚发育高度协调。因此，胚乳发育受到多种遗传机制的严格调控。除了雌雄异花之外，玉米种子聚集在果实中，一个玉米穗上含有一次杂交产生的上百颗籽粒，可以非常直观地观察到杂交后代的性状分离。此外，玉米籽粒颜色性状直观，染色体易于观察，增加了遗传学研究的便利性。在早期的植物遗传学研究中，玉米是最重要的遗传研究体系之一。

植物学家从20世纪初就对玉米籽粒颜色的遗传基础产生了浓厚兴趣，陆续发现了4个调控颜色的经典基因，包括 *Y1*、*Pr1*、*C1* 和 *R1*。利用这些基因的等位基因开展的遗传试验，在其杂交种的果穗上就可能会产生籽粒颜色分离，在一个果穗上面呈现出不同籽粒具有不同颜色的所谓彩色玉米，很快就证实了孟德尔遗传规律。需要注意的是，由于胚乳是三倍体，相同母本与父本的组合杂交后会产生两种不同基因型的胚乳：如果母本提供了显性等位基因，子代胚乳就具备两个显性等位基因；而如果母本提供了隐性等位基因，子代胚乳就具备两个隐性等位基因。这个独特的现象帮助遗传学家发现了新的遗传规律。例如，在用 *Y1* 和 *y1* 等位基因杂交时，胚乳中可能出现 *Y1Y1Y1*、*Y1Y1y1*、*y1y1Y1*、*y1y1y1* 4 种基因型，其 *Y1* 等位基因的拷贝数依次降低。有趣的是，淀粉质胚乳的黄色也依次变浅，遗传学家由此发现了基因的剂量效应（gene dosage effect）。

2. 转座子的发现与应用

玉米籽粒颜色变化的遗传基础，也吸引了美国遗传学家麦克林托克从事细胞遗传学的研究，为她成功发现转座子（transposon）的遗传规律奠定了坚实基础。在20世纪30年代，麦克林托克开发了利用胭脂红染色显微观察玉米染色体的技术，首次清晰观察到玉米的10对染色体。她还将玉米的特定性状与染色体位置相关联，极大推动了细胞遗传学的研究，也对玉米遗传育种产生了重要影响。她借助X射线对玉米的诱变，不仅发现了基因突变现象，还发现了染色体断裂现象，观察到有些断裂染色体两端相连形成环状染色体。基于这些发现，她提出假说：正常情况下染色体之所以保持线性而避免成环是源于染色体末端存在帽子样的特殊结构，这种结构后来被更深入研究后发现是染色体端粒（telomere）。

在一些玉米突变中存在"嵌合体"，即单个玉米籽粒里面呈现出不同的颜色，如

黄色背景里散布着紫色的色线或斑点。麦克林托克敏锐地意识到这些与众不同的玉米粒颜色变化可以用来探寻基因活动的秘密，而后进行的一系列研究最终提出了具有里程碑意义的"转座子"概念（见第十章）。在 20 世纪 80 年代初，科学家先后克隆了第一个 *Ds* 转座子和第一个 *Ac* 转座子，证实了这个转座子系统在调控玉米籽粒色斑不稳定遗传中的作用。随后在玉米中又发现了不同于 *Ac/Ds* 的另一类转座子——反转录转座子。通过把来自玉米的 *Ac/Ds* 通过转基因方法整合到烟草基因组中并观察到转座活性，将转座子的研究拓展到了异源宿主中。在 90 年代，发现水稻中通常不表达的反转录转座子 *Tos17* 在组织培养过程中能够被激活，从而插入到水稻基因组的其他位点，使得插入位点的基因失效。以上在植物中取得的研究成果，为转座子的理论和应用研究奠定了坚实基础。

植物转座子的发现，对于遗传学的发展有着深远意义。除了研究内源转座子的发掘、结构和转座机制，利用基因的转座原理还可以研究基因的调控模式，为细胞的分化和发育提供遗传依据。例如，在孟德尔经典实验中用到的豌豆圆粒与皱粒表型，就是由于在一个编码淀粉分支酶（starch-branching enzyme）的基因前插入了一个转座子而导致了该基因表达多态性的出现。因此，转座子在理论上可以用作基因标记，通过关联转座子影响到的基因和转座导致的表型，以发现特定基因的功能。20 世纪 80 年代，就用转座子标签法在植物中分离了玉米花青素合成相关的 *bronze* 基因。目前在植物遗传学研究中常用的转座子标签主要有玉米的 *Ac*、*Ds*、*Mutator*，水稻的 *Tos17* 等。利用转座子标签可以在不了解基因功能的情况下，将一段特定的转座子 DNA 序列插入到基因组中目的基因的内部或相邻位点，便可能诱发该基因发生改变，例如编码区突变或表达模式异常。如果一个插入事件最终导致了表型变化，形成了突变体植株，就可以据此分析目的基因的功能。这种方法不要求了解目的基因的序列或基因组位置，因为转座子的插入序列是已知的，那么它便可用作 DNA 分子探针，通过 PCR 扩增、筛选突变体植株的基因组 DNA 文库，或者基因组测序等方法，克隆突变基因。因此，插入的转座子 DNA 序列相当于在植物基因上贴了一张"标签"，从而实现了从基因到表型的反向遗传学操作（详见第十章）。

3. 遗传印记

在 20 世纪 60 年代开展的 *r1* 和 *R1* 基因型杂交试验中，遗传学家注意到籽粒颜色分离打破了常规现象。根据母本提供了 *R1* 或 *r1*，子代胚乳具有 *r1r1R1* 和 *R1R1r1* 两种基因型。然而 *r1r1R1* 胚乳表现出不规则的紫色斑点，而 *R1R1r1* 胚乳却是均匀的紫色。后续试验表明，只有当 *r1* 等位基因来自母本时才出现紫色斑点的胚乳。这是因为来自母本的等位基因在所有糊粉层细胞中均可表达，而来自父本的等位基因在大部分糊粉层细胞中被沉默，因而糊粉层色素沉积不完整而出现斑点。这种由于亲本起源而导致一个亲本间没有序列差异、而且存在于一个细胞核中的等位基因差异表达的现象，后来被称作遗传印记（genetic imprinting）。目前，印记基因仅在哺乳动物和被子植物中被发现。基于控制玉米糊粉层花青素沉积的 *R1* 位点的研究，首次证明了单个植物基因而非整条染色体的亲本依赖行为。在分子机制方面，当受到印记机制调控的等位基因分离时，需要根据亲本来源建立不同的标记。在植物中，这必须发生在雌雄生殖器官谱系分离之后和受精之前。

植物遗传印记机制与哺乳动物有一些相似之处，尤其是在 DNA 甲基化和基于 PRC2（polycomb repression complex 2）的表达抑制方面。胚乳基因组最显著的特征，就是与胚和营养组织相比的低甲基化，而且低甲基化主要发生在母源基因组上。DNA 甲基化水平是甲基化和去甲基化的平衡作用，目前的证据表明胚乳 DNA 的低甲基化主要由 DNA 去甲基化驱动。在拟南芥中，DNA 去甲基酶 DEMETER 主要在雌配子体的中央细胞表达，去除母源基因组特定区域的 DNA 甲基化，使之低甲基化。玉米胚乳中，父源基因组相对于胚胎或营养组织而言呈现高甲基化，而母源基因组低甲基化，这也是由 DEMETER 介导的中央细胞 DNA 去甲基化形成的。这些发现表明 DNA 甲基化调控印记基因的潜在作用，可能是导致一些胚乳基因表达具有亲本起源效应的原因。此外，对拟南芥和玉米的基因组分析显示，父源印记基因的表达与 PRC2 介导的组蛋白修饰相关。PRC2 介导的组蛋白修饰倾向于发生在 DEMETER 靶向的区域，表明 DNA 甲基化和组蛋白修饰在调控胚乳印记基因表达中共同发挥重要作用。

在几种模式植物中，通过全基因组分析已经鉴定出数百个胚乳印记基因，其中大部分是母源表达基因，只有一些是父源表达基因。但迄今仅有极少数印记基因的功能得到了确认，而绝大部分印记基因似乎在植物发育中没有明显功能。有些遗传学研究显示，印记基因可能与不依赖受精作用的自发胚乳形成有关。也有观点认为，母源基因在进化过程中的出现，有助于确保营养平均分配到母本产生的所有种子间。例如，玉米中母源表达的印记基因 *MEG1* 编码一个富含半胱氨酸的小肽，参与基底胚乳转移层的建立和分化。然而，许多母源基因并不涉及营养分配，因此这一假设的证据还很有限。另有观点提出，印记基因表达是胚乳中 DNA 去甲基化的副产品，旨在建立营养积累相关基因的高效表达。因此，植物中印记基因的功能与作用，还需要更多的研究来解答。

三、植物的反向遗传学与水平基因转移

1. 植物反向遗传学

进入后基因组学时代，数以百计的植物基因组测序完成，加上遗传转化技术的不断提高，使得反向遗传学在植物中的大规模应用成为可能。将转座子（如 *Ac/Ds* 和 *Tos17* 等）或者来自农杆菌的 T-DNA（transfer DNA）等已知序列的片段，通过遗传转化导入受体基因组，使其高效插入在基因附近，导致插入位点基因功能缺失或获得从而造成突变。如果插入事件足够随机并足够丰富，就可能覆盖到基因组中绝大多数的基因。而且插入片段还可作为克隆内源基因的标签，从而高通量地分离和鉴定突变体相关的基因。反向遗传学在模式植物拟南芥、水稻中的高效应用，为解析基因功能和阐明发育进程提供了有力工具，极大促进了对植物基因功能的研究。

转座子在体细胞中的活动也可能导致基因组突变。这种突变被称作体细胞突变

（somatic mutation），由于不会通过有性生殖传递到下一代而只能影响到一个世代中数目有限的细胞，在多数情况下并不重要（详见第十一章）。然而，在高度依赖无性繁殖的园艺作物和一些水果蔬菜中，体细胞突变就有更加重要的意义。例如，在依靠扦插和嫁接扩繁的葡萄中，由于转座子插入导致一个控制花序分枝的基因表达改变，从而产生了葡萄株型的体细胞突变。需要注意的是，植物细胞的全能性决定了体细胞突变向有性突变转化的可能性。如果一个体细胞突变影响到的植物部分产生了分枝，随着植物枝条的生长和无性繁殖，变异细胞可能最终影响一个腋芽，然后影响一朵花及其有性生殖细胞。所以植物中的体细胞突变，是可能转变为可遗传的有性突变的。

2. 植物中的水平基因转移

遗传物质除了由亲代到子代的垂直传递，在具有生殖隔离的不同物种之间，或单细胞内部的细胞器之间，以及细胞器和细胞核之间，也可以进行流动。这种遗传物质的传递方式称作水平基因转移（horizontal gene transfer or lateral gene transfer），也是生物进化的主要动力之一。虽然植物间的基因交换现象早在1970年就在蓝藻中有所发现，不过植物中关于水平基因转移的机制尚未完全阐明。目前关于基因转移主要有以下三种假说：错位授粉、载体介导及植物间相互接触介导。错位授粉假说认为，在亲缘关系较近的物种间，作为基因供体的花粉粒在生殖隔离的另一种物种的柱头萌发、授粉后，一些外源基因可能通过同源重组整合到另一套染色体中，然后通过种内杂交和自然选择而在该种群中得以保留。载体介导转移假说认为供体可以通过其他载体媒介将外源DNA转移到受体中。介导植物与其他基因组基因转移的可能载体有病毒、细菌、共生真菌、昆虫、植物寄生物以及转座元件等。有植物学家研究了291个甘薯品种，在其中都发现了来自农杆菌的T-DNA序列，而且甘薯中有4个基因与农杆菌的基因同源。这个研究结果表明，在农杆菌和甘薯祖先之间发生了T-DNA介导的水平基因转移，而且这些基因在后续的自然选择中得到保留。基因供体与受体之间的物理接触理论上可促进基因转移的发生，有嫁接或寄生关系的植物间都发现过水平基因转移事件，而且这些植物相互之间都既可以是供体也可是受体。

与动物细胞一样，高等植物的一些细胞器也起源于内共生。完成内共生的需氧细菌逐渐转变成为线粒体，而具有光合作用功能的蓝细菌则转变成为叶绿体。在植物细胞中，存在3种不同的基因组——细胞核基因组、叶绿体基因组和线粒体基因组。叶绿体基因组和线粒体基因组相较于细菌基因组显著缩小，而核基因组中则包含了许多线粒体和叶绿体起源的序列。因此，叶绿体和线粒体基因组虽然还保留着原核生物的特点，但来自藻类的古老水平转移已经普遍存在于植物基因组中。有些研究发现，细胞器基因转移到细胞核中可能增强了对这些基因表达的调控能力。例如，拟南芥和水稻叶绿体的基因转移到核基因组后，增强了植物对胁迫信号的应答。相比叶绿体向核基因组的转移，植物线粒体基因组和核基因组间的水平转移更加频繁。大多数转移的核苷酸片段都没有功能，有些序列转移后则成为假基因，但也有一些研究表明有些基因转移后可能仍具有功能。此外，叶绿体基因也能转移到线粒体基因组中，而且可能仍具有功能。

四、植物遗传发育与作物育种

1. 细胞质雄性不育

除了遗传物质的直接交流，植物细胞中细胞核与叶绿体和线粒体的互相作用，深刻影响了植物的遗传和发育，如叶绿体或线粒体的缺陷导致植物雄性败育。在大多数被子植物中，叶绿体和线粒体通过卵细胞的细胞质遗传。因此，这类突变会导致细胞质雄性不育（cytoplasmic male sterility，CMS），表现出完全的母性遗传，不遵循孟德尔分离定律。细胞质雄性不育在野生植物类群中较为普遍，在包括玉米、水稻和菜豆等150多种植物中都已有过对这种现象的报道。从细胞质雄性不育现象发现以来，就和杂种优势（heterosis）联系起来。杂种优势是生物界中普遍存在的一种遗传现象，指种内或种间遗传背景具有差异的亲本杂交产生的子一代，可能在生长势、生物量、产量以及对环境的适应性等方面优于亲本。该现象被广泛应用于农业生产中，对于各种农作物产量的提高和品质的改良发挥了重要推动作用。由于绝大多数农作物是雌雄同花或雌雄同株，如果用来生产子一代杂交种的母本是天然雄性不育的，就可以免去人工去雄的繁重劳动。这使得细胞质雄性不育的植物在杂交种生产中具有很重要的商业价值。

因为其独特的遗传特性，细胞质雄性不育母本的后代也都是雄性不育的，需要在子一代杂交种中抑制雄性不育。巧妙的是，在特殊的父本材料中存在核基因组编码的育性恢复基因。几乎所有自然发生的细胞质雄性不育现象都可归因于线粒体中异常蛋白质的产生。当然，不同物种中具体起作用的变异蛋白质有所不同。尽管植物所有细胞中携带基因型相同的线粒体，但是细胞质雄性不育往往仅在花药或花粉发育过程中造成缺陷。而育性恢复基因恰恰降低了异常线粒体蛋白质的产生，因此能够恢复育性。

细胞质雄性不育和育性恢复基因的配套，首先在玉米中完成。细胞质雄性不育的植株CMS-T，其线粒体产生特异的异常蛋白URF13由线粒体基因组重排而产生的一个嵌合基因所编码。CMS-T的育性恢复需要两个基因——$Rf1$ 和 $Rf2$。$Rf1$ 可以显著减少URF13编码基因的转录物，$Rf2$ 编码的乙醛脱氢酶可发挥降低URF13引发的细胞毒性作用。两者配合，即可恢复CMS-T植株的育性。基于CMS-T的杂交玉米从1950年开始用于生产，很快取得巨大的商业成功。到了1970年，美国85%的玉米杂交种都采用了CMS-T。然而，能够引发玉米叶枯病的真菌，在大规模单一种植CMS-T玉米的情况下进化出了T小种，专门识别URF13并导致极为严重的叶枯病。该病害在20世纪70年代初大规模暴发，导致玉米大幅度减产，此后CMS-T不再用于杂交种的生产。这一事件说明了农业中依赖少数种类基因型的潜在危害，也提醒我们农业遗传技术的应用需持续创新和调整。

2. 作物育种的发展

事实上，遗传学的理论发展和农业实践是相辅相成的。可以说一部世界农业发展历史，就是一部利用遗传学改变农作物遗传组成、从而选育良种的历史。育种是通过创造和选择遗传变异、改良遗传特性，以培育适合农业生产的优良动植物新品种的技术。随着自然物种的进化与人类科技的进步，农业育种先后经历了驯化育种、杂交育种、分子育种等阶段，如今正在迈入分子设计育种的新阶段。

从文明出现以来，人类就对种子进行了有目的的培育，这个阶段叫做驯化（domestication）。现今的农作物，其祖先都是自然生长的野生植物。为了获得更好的品质和更高的产量，人类开始有意识地改造和驯化农作物的祖先，最终一步一步将这些野生植物变成了可以为人类稳定生产食物的栽培作物，而且具备了更多适应人类生产力的优良性状，例如，更短的生长周期、更大的果实或种子、更丰富的营养等。对不同作物的原始驯化选育可以追溯到数千年乃至上万年前。约1万年前，中国的先民就已经开始种植水稻了，为水稻驯化作出了巨大贡献。根据栽培水稻的需要，反复选择在自然界中偶然巧合地发生并造成了性状改变的不同突变，将倾向于匍匐生长、穗型松散、具有易脱粒、长芒褐色谷粒的普通野生稻，驯化和培育成为直立生长、穗型紧凑、具有不易脱粒、短或无芒浅色谷粒的栽培水稻，从而提高了产量，并便于水稻种子的收获、贮藏和加工（图15-4）。起源于北美洲墨西哥的玉米，也经过了类似的遗传驯化。祖先玉米和现代玉米的性状差异与6个主要基因有关。例如，控制分蘖的主要基因 *Tb1* 因为突变而活性上调，少分蘖是玉米区别于其野生种的重要性状之一。另外，祖先玉米籽粒外有个很硬的壳，由硬壳到无壳的演变是由一个基因 *tga1* 的变化导致的。

真正意义上的科学育种并由此发展起来的农业产业，始于孟德尔遗传定律的发现。这种育种技术主要是由遗传学理论指导，通过选择不同亲本，利用杂交而获得性状更好的子代。以杂交育种和诱变育种为代表的第二代育种技术，也被称作常规育种，在过去近百年对农业发展起到了巨大的推动作用。最早关于常规育种的研究，可以追溯到1904年诞生的生产用春小麦杂交品种"马奎斯"。在20世纪30年代，在玉米中率先系统发展了常规育种工作，第一个商业杂交种玉米双交种在1943年获得极大成功，带动了商业制种产业的发展。到了50年代，农作物育种的进步带来了影响深远的"绿色革命"。在这场农业科技革命中，美国著名育种家诺曼·布劳格（Norman Borlaug，1914—2009）起到了关键作用。他在1953年培育出了耐肥、抗倒伏与高产的半矮秆小麦品种。相比于当时高茎秆的小麦，这种新品种可以使植株把更多营养用在结籽上，茎秆高度降低也不易发生倒伏，从而大大提高了产量，成为常规育种的里程碑。随后，国际

图15-4　栽培水稻由普通野生稻驯化而来

水稻研究所也进行了矮秆水稻的培育和种植。这些矮秆作物被逐渐推广后，从根本上扭转了全球因为人口激增而可能面临饥荒的局面。这个过程因此被称为"绿色革命"，布劳格也被称为"绿色革命之父"，于 1970 年获得诺贝尔和平奖。从 70 年代开始，通过获得天然或诱变产生的雄性不育作物，育种家利用杂交子一代在环境适应性、产量、抗性等方面均优于双亲的杂种优势生物学现象，培育了大量杂交水稻、杂交玉米品种，为世界粮食增产与食品安全做出了重大贡献。

常规育种技术本质上是以染色体重组交换为基础，通过相关基因优化组合来创造优良品种，存在重组交换频率低、重组位点分布不均、有害等位基因连锁等弊端。同时，常规育种对农艺性状的选择主要依赖于育种专家的经验，需要通过大规模的田间试验进行筛选，存在育种周期长、实践效率偏低的技术缺陷，一般培育一个新品种的整个育种周期需要 8~10 年。1953 年，DNA 双螺旋结构的解析标志着生命科学研究进入分子水平。到了 20 世纪 90 年代初，得益于 DNA 分子标记技术和转基因生物育种技术的发展，作物育种开始进入到基于分子生物学理论的分子育种时代，其中的代表技术之一就是分子标记辅助育种。这种育种方法，通过开发和检测适合的分子标记，筛选与决定目标性状的基因紧密连锁的分子标记，快速检测育种材料中目的基因的分布，达到选择目标性状的目的，具有快速、准确、不受环境条件干扰的优点。分子标记的开发，可以包括抗病虫害、抗旱、高产、品质改良等各个方面，可以用于鉴别亲本亲缘关系、回交育种中数量性状和隐性性状转移、杂种后代选择、杂种优势预测，以及品种纯度鉴定等各个育种环节的辅助手段。分子育种的发展，使得作物育种成为以遗传学为理论基础，综合分子生物学、生理生化、病理学和生物统计学等多种学科知识的交叉学科。特别是以功能分子模块和可遗传操作为特征的分子模块育种，增强了育种目标性，显著缩短了育种周期，克服了很多常规育种方法中固有的困难，大幅度提升了品种培育效率。

进入后基因组时代，以新一代测序、基因组编辑、单倍体制种等为代表的新型技术不断出现，全面改写了作物育种的遗传理论与方法策略。在这种情况下，第四代育种技术，即分子设计育种或精准育种，就应运而生了。分子设计育种（molecular design breeding）将生物遗传学理论与杂交育种相结合，基于对控制作物重要性状的关键基因及其调控网络的深入认识，利用基因组学、表型组学等多组学数据进行生物信息学的解析、整合、筛选、优化，从而获取育种目标的最佳基因型。随着高通量组学技术的发展和应用，优异种质资源形成规律、新基因挖掘与功能解析、产量品质和抗性等重要性状形成的分子机制研究取得了重大进展，分子设计育种的理论体系正在不断完善。近年来出现的以 CRISPR/Cas9 系统为代表的基因组编辑技术，极大地拓宽了育种的方式方法，揭开了"无重组育种"的新篇章。理论上，可以根据育种家的设计蓝图，运用基因组编辑技术在作物基因组的特定位点上改变、添加或者删除 DNA 序列。因此，整合了基因组编辑技术的分子设计育种，具有比传统杂交育种更为突出的优越性，不仅可以快速优化组合天然变异，还可以引入人工合成的新变异，实现对基因型进行精确改变或大规模聚合选择，从而系统化、智能化拓宽作物的表型变异，最终高效精准地培育出目标新品种。展望未来，基于遗传学，结合合成生物学、大数据科学等多学科交叉的科学研究，必将极大推动对植物生长发育的理解，带领作物遗传育种进入一个崭新的时代。

第二节　植物发育的特点

一、植物以胚后发育为主

1. 胚后发育的特点

植物与动物独立多细胞化，沿着不同的进化路径发展至今。植物与动物也具有诸多差异。例如，植物细胞具有细胞壁，既能保护细胞，也会约束细胞的形变和运动。植物细胞具有叶绿体，植物大多以自养为生。对应于植物细胞的特征，植物均固着生长，不能移动。植物的发育与动物具有显著不同，特别是植物一生中均维持了器官发生的能力。这一特点使植物的地上部分茎叶和地下部分根系均不断形成分枝，以类似分型的方式无限生长。无限生长（infinite growth）不仅可以形成百余米的参天大树，还可以由一粒种子形成一片森林或竹林。例如，帕尔梅栎（*Quercus palmeri*）通过不断分枝形成看似独立的个体，成为地下相连的树林，从而维持近乎无限的寿命。加利福尼亚州南部发现的一片帕尔梅栎据测定已有约 13 000 岁，可能是迄今为止最长寿的生物。

2. 分生组织的概念、基本结构和功能。

植物的生长主要可以分为两个阶段，营养生长期和生殖生长期。被子植物在营养生长期产生叶片；在转换到生殖生长期后，产生花序和花。在营养生长期，胚后器官发生起源于特定的组织，称为分生组织（meristem）。植物在胚胎期形成茎尖分生组织，被子叶包被；同时形成根尖分生组织（root apical meristem），位于胚根顶端根冠之下。茎尖分生组织形成所有地上部分的组织和器官，包括茎、叶、花和果实。根尖分生组织形成整个根系。双子叶植物具有维管形成层，属于在植物发育后期启动的次生分生组织。通过径向分裂，原形成层前细胞产生木质部和韧皮部，使茎加粗生长。茎和根系均可以形成分枝。分枝来源于新的茎尖或根尖分生组织。在种子植物中，地上部分在胚后发育中形成侧生分生组织，与胚胎来源的茎尖分生组织具有类似的发育潜能。地下部分形成侧根，侧根根尖也有与胚根类似的根尖分生组织。植物不断产生分枝，有助于植物快速占据空间，地上部分增加捕获阳光的面积，地下部分吸收更多水分和离子。分枝的产生决定了植物的形态，对于作物是影响产量的要素（图 15-5）。

茎尖分生组织位于植物茎顶部（图 15-6A），通常呈圆顶形（图 15-6B）。在营养阶段，茎尖分生组织周边周而复始地形成叶原基（leaf primordium），发育为成熟叶片。在植物诱导开花，进入生殖生长之后，茎尖分生组织以类似的模式在周围产生花原基

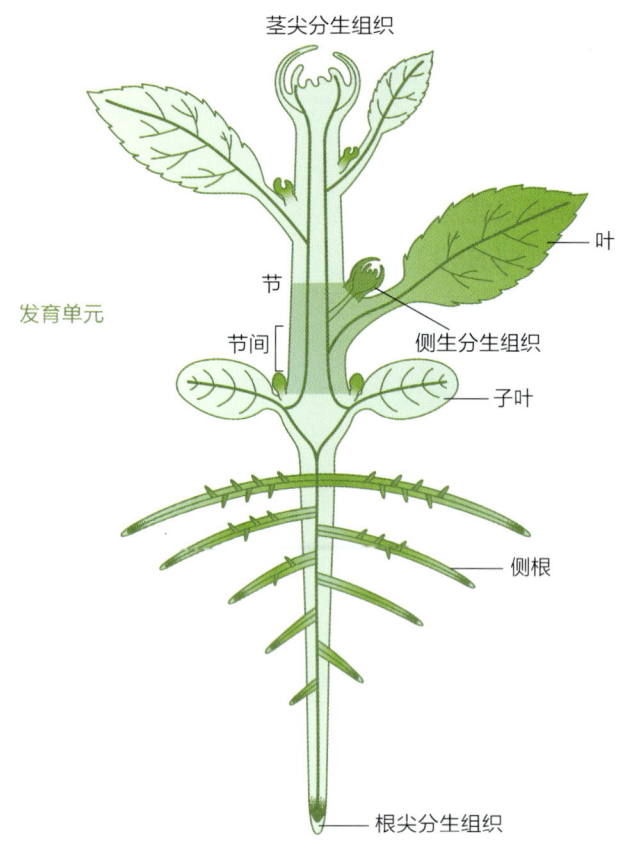

茎尖分生组织

叶

发育单元

节

节间

侧生分生组织

子叶

侧根

根尖分生组织

图 15-5　模块化植物发育

（flower primordium）或花序原基。茎尖分生组织向下形成节间，推动茎尖分生组织向上生长。根据细胞形态和细胞分裂活性，茎尖分生组织可以分为三个功能区——中央区、外周区和肋状分生组织（图 15-6B）。中央区包含分裂速率较低的干细胞，它们的后代从中心移出并进入外周区。外周区细胞分裂加快，部分外周区细胞被招募到叶原基或花原基中，进而形成叶和花。同时，肋状分生组织内的细胞也不断分裂，它们的部分后代向下推出分生组织区，进而形成植物的茎和维管束系统，最终发育为连续的茎干。

　　茎尖分生组织也可以根据细胞谱系由三个细胞来源上独立的层组成（图 15-6C）。最外层由称为 L1 和 L2 的两层细胞组成，而剩余的茎尖分生组织细胞构成 L3 层，也称为本体。L1 层细胞和部分植物物种的 L2 层细胞只进行横向分裂，新形成的细胞壁与茎尖分生组织表面垂直。因此，L1 和 L2 细胞的增殖产生表皮和亚表皮组织。与之不同，L3 层中的细胞分裂不固定，在多个方向均可能形成新的细胞壁。这种分裂模式增加了细胞层数，形成内部组织。因此，L3 层在形成植物的维管束和内部结构中发挥主要作用。

　　相比于茎叶，根的结构相对简单。根系可以分为三个不同但又相互重叠的区域，即分生区、伸长区和分化区。分生区与伸长区之间细胞分裂的边界称为过渡区。根尖分生组织位于胚根或侧根尖端的分生区，在模式植物拟南芥中约为 300 μm。与茎尖分生组织类似，根尖分生组织由干细胞（stem cell）和未分化的子代细胞组成，这些细胞分裂并产生各种根细胞。根尖分生组织末端是根干细胞龛（stem cell niche），由静止中心细胞和围绕在静止中心周围的干细胞组成。静止中心细胞很少分裂并抑制周

图 15-6　茎尖分生组织

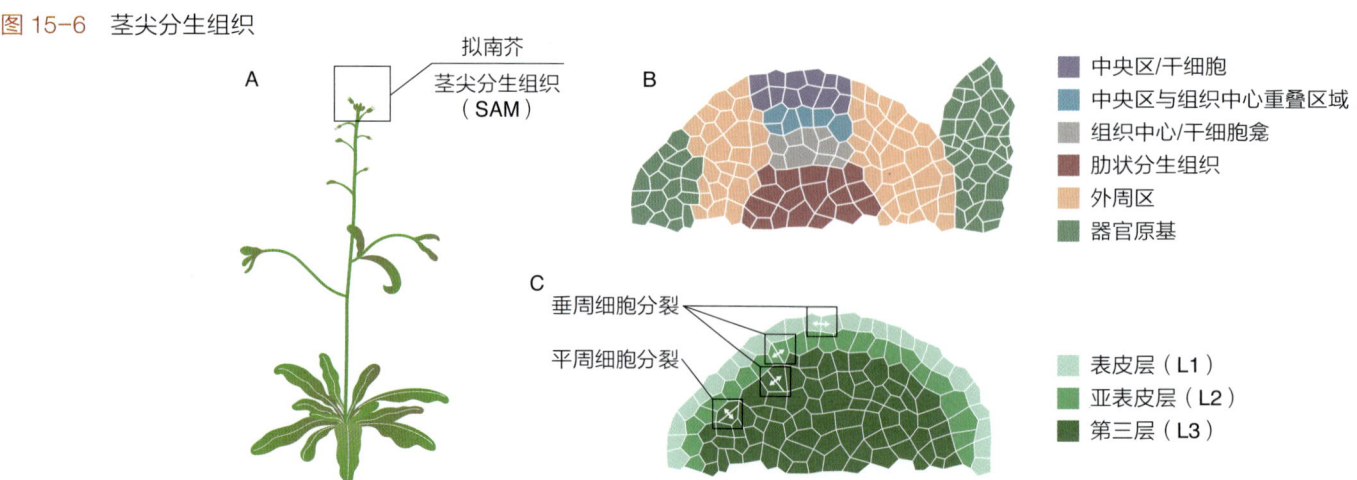

拟南芥
茎尖分生组织
（SAM）

A

B

中央区/干细胞
中央区与组织中心重叠区域
组织中心/干细胞龛
肋状分生组织
外周区
器官原基

C

垂周细胞分裂
平周细胞分裂

表皮层（L1）
亚表皮层（L2）
第三层（L3）

围干细胞的分化。周围的干细胞进行不对称分裂，子细胞进一步分裂并产生根的不同细胞类型。静止中心之下的子代细胞形成根冠，之上的子代细胞形成表皮、外皮层、内皮层、维管束和柱状细胞等多种细胞类型。以上这些细胞类型自外而内形成根的各层结构，向上进入伸长区，最终进入分化区。根尖分生组织不断分裂，形成的子代细胞向上积累，促进根的伸长和向下生长。

植物的分生组织具有干细胞，具备干细胞的特征，能够自我维持，并能够产生分化细胞。植物的分生组织还能够产生新的组织和器官，类似于哺乳动物胚胎期的内细胞团。分生组织自身维持和分化形成器官的平衡受到精密调控。对于调控的分子机制，已有一些了解。茎尖和根尖分生组织的活性均受到包括同源框转录因子、小肽信号和膜定位受体激酶为核心的保守分子回路的调节。KNOX1 类同源框转录因子广泛表达在茎尖分生组织，在叶原基中停止表达。茎尖分生组织中的干细胞稳态受到表达更为特异的 WUSCHEL（WUS）和 CLAVATA（CLV）反馈环路的调节。WUS 仅在中央区与肋状分生组织之间的组织中心表达（图 15–6A），WUS 蛋白扩散进入上层的中央区激活编码小肽 CLV3 表达。CLV3 小肽被 CLV1 受体激酶在内的蛋白质复合物感知，抑制 *WUS* 基因的表达。WUS–CLV3 构成的环路中，WUS 激活 CLV3 表达，表达 WUS 的组织中心具有干细胞龛的作用，维持表达 CLV3 的干细胞活性。另一方面，CLV3 抑制 WUS 的进一步激活，维持茎尖分生组织的稳态。类似机制在根尖分生组织中也发挥作用。与 WUS 高度同源的转录因子 WOX5 在静止中心中起作用，以维持周围细胞的干性。根静止中心与表达 WUS 的茎尖分生组织的组织中心具有类似的干细胞龛功能。WOX5 的表达也受到与 CLV3 同源的 CLE40 小肽的调节。CLE40 通过受体激酶抑制 WOX5 的表达。

二、地上部分器官发生的特点

1. 叶片等器官原基的建立

植物的地上部分形态通常称为"株型"。株型由多个发育过程的结果加和而成，株高和分枝是其中两个重要方面。从发育角度看，植物的地上部分呈现模块化的发育特点，由多个重复的发育单位组成，称为植物体节（phytomer）。一个植物体节包括节、一片或多片叶、芽及一段节间。叶片均在节处着生，腋芽在叶片基部叶腋处着生。植物体节的各个部分均来自于茎尖分生组织，正是植物体节的重复出现构成了植物的典型结构。尽管和动物体节一样规律性重复分布，但植物体节并非在胚胎期同时形成，而是逐步发育形成的。

叶片是典型的植物器官，通常是有限生长的，即生长到一定大小后停止。叶片通常只在有限时间行使功能：落叶树每年产生和丢弃叶片，规律性、可重复地更新叶片。如前所述，叶原基发生于茎尖分生组织的外周区，由一部分细胞获得特定的细胞命运，产生原基。在模式植物拟南芥中，约 30 个细胞构成一个叶原基。叶原基在外周区周期性发生，发生的位置高度有序。例如，在很多植物中，两个叶片之间的夹角约为 137.5°，形成螺旋叶序。螺旋叶序不只是视觉美观，更重要的是形成叶片之间相互遮挡最少的优势。此外，还有植物形成先后两片叶相对的互生叶序，每个节同时相对形成两片叶的对生叶序，每个节同时形成辐射排列多枚叶片的轮生叶序。数百年来，叶序模式一直让学者们感到好奇，催生了数列等概念。

根据对叶序形态的观察，很早就有学者提出已有叶片抑制新的叶片在周边形成。20 世纪 50 年代初，植物学家伊恩·萨塞克斯（Ian Sussex，1927—2015）通过显微手术实验证明了新叶原基形成的位置受到已经存在的叶原基的影响，特别是新近形成的叶原基。长期以来，这种抑制背后的分子机制尚不清楚。对叶序遗传突变体的分析表明分生组织大小能够影响叶序，但并未能解释叶序如何形成。近年来的研究发现植物激素生长素（auxin）在叶原基形成中起决定性作用，生长素信号响应高点在茎尖分生组织外周区的周期性出现决定了叶序。由于生长素的化学性质，它能够自由进入细胞，但不能穿过细胞膜出细胞。生长素向细胞外的运输依赖于生长素外运蛋白 PIN1。生长素在茎尖分生组织之外大量合成，通过 PIN1 向茎尖极性运输形成生长素流。茎尖分生组织中央区对生长素不敏感，而外周区对生长素敏感，能够形成原基。新形成的原基扰动了生长素的运输，通过 PIN1 介导的正反馈回路向原基汇聚生长素。计算模拟显示，只有在远离已有原基处能够产生新的生长素汇聚点，从而产生下一个原基。以上原基发生过程周而复始，形成了规则的叶序。

2. 叶片形态的建立

叶原基发生后，原基两侧生长速率不同，远离茎尖一侧快速生长（图 15-7A）。叶原基两侧即未来的叶缘也快速生长，共同形成了两侧对称的叶原基初始形态。生长素富集促进了叶缘的快速生长。萨塞克斯的经典显微手术实验同时发现与茎尖切开的原基无法建立两侧对称，形成棒状叶。PIN1 成像和对生长素运输的扰动实验表明，从茎尖和原基两侧指向原基的生长素极性运输促成了叶缘的生长素汇聚和叶片扁平化发育。

叶片在进一步发育中加厚非常有限，通常细胞层数没有增加，但在另外两个维度快速生长，形成扁平叶片（图 15-7B）。膨压驱动了植物细胞的生长，而细胞壁约束的差异导致细胞的极性生长。叶原基细胞中由于初始建立的两侧对称形态，细胞内各个方向受力不同。微管受应力影响垂直于叶片表面排布，指导纤维素沿同样的方向合成。细胞的生长方向主要垂直于纤维素方向，使叶片增大。叶原基的进一步扁平化增大了细胞内的应力差，形成正反馈继续放大极性生长，最终形成宽大扁平的叶片。

与分生组织不同，叶原基细胞在分裂多次后停止分裂，大多彻底分化。不同植物的叶片形态各异，很大程度上取决于各自的细胞分裂停止时间和停止模式。在拟南芥等很多物种中，叶片顶端的细胞先停止分裂，并逐步向叶片基部蔓延，逐步停止细胞分裂。如果细胞分裂时间过长，会过度积累细胞，形成皱叶，如皱叶品种的莴苣、欧芹。细胞在停止分裂后仍会扩张。叶片的最终大小取决于细胞的数目，同时也在很大程度上取决于细胞的扩张程度。

叶片内部的细胞还可能出现局域化的分裂和扩张差异。茎尖调控原基形成的回

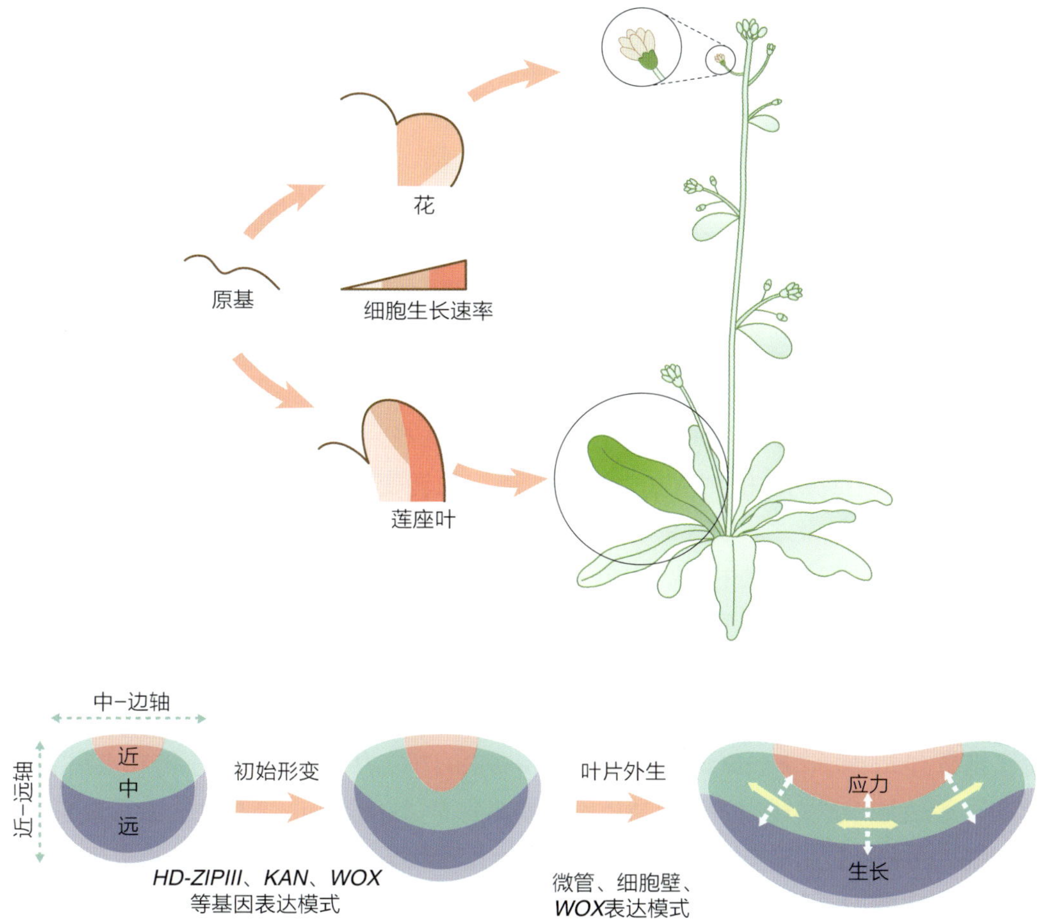

图 15-7　叶片和花原基三维形态的获得

路有时在叶片发育过程中被再次激活，调控叶缘的形态。PIN1 介导的生长素汇聚在叶缘周期性产生，汇聚点形成叶齿凸起。这个形态发生过程在不同物种中程度差异很大。有的物种缺少这个形态建成过程，形成平滑叶缘；有的物种通过短暂的形态建成形成或浅或深的叶缘；有的物种具有更长的形态建成期，形成深裂、掌状叶，甚至复叶。

　　侧芽是植物体节的另一个要素。侧芽位于叶片基部叶腋处，由侧生分生组织形成。在一些物种中，侧生分生组织被其形成的小叶片包被，构成侧芽。侧生分生组织具备和茎尖分生组织类似的发育潜能，也能够形成叶原基、花原基。侧生分生组织具有和茎尖分生组织类似的组织结构和基因表达。侧生分生组织来源于叶原基基部未完全分化的干细胞。叶腋处细胞分裂缓慢，维持了 KNOX1 同源框转录因子的表达。这些维持 KNOX1 表达的干细胞构成了未分化的细胞谱系。在叶片发育后期被激活，建立 WUS–CLV3 环路，形成新的茎尖分生组织。

　　侧芽形成后经常处于休眠状态。休眠的分生组织保留其生长和分化的潜力，但只有在特定条件下才能被激活，例如，当植物达到某个发育阶段（如开花）或受损后。继续发育的侧芽形成侧枝，侧枝的数目和角度是决定植物形态的要素。侧芽的生长通常受到茎尖的抑制，这种现象称为顶端优势（apical dominance）。生长素是抑制侧芽生长的关键因素。茎尖向根大量运输生长素，抑制了侧芽的生长素外运，使侧芽积累了过高的生长素，抑制侧芽生长。这一机制类似于高速路上大量的车流阻挡了入口处车辆驶入。糖和其他激素也参与了侧芽生长的抑制或激活。光照时长、光质和温度等环境信号及营养状态等内源信号均可影响芽的休眠，它们的综合结果决定了芽是否维持休眠。分枝模式具有重要的生理和生态后果。一年生植物的分枝数量往往较少，而多年生植物分枝通常很多并且反复发生，即在分枝上再形成分枝。植物在垂直生长和侧向生长之间平衡，以更好适应特定生境。分枝的程度和分枝的角度决定了侧向生长，节间长度和节的数目决定了垂直生长。在作物中，分枝数目影响了花等繁殖结构的个数，是决定作物产量的要素。

节间的长度调控了植物的垂直生长，决定了株高。垂直方向的生长可以追溯到 4 亿年前的泥盆纪晚期，植物从水生到陆生环境的转变伴随着垂直生长。垂直生长不仅可以增加孢子以及之后出现的花粉和种子的传播范围，还避免了植物被附近物体遮蔽，获得更多光照。较矮的株高避免了过度营养生长并防止作物倒伏，显著增加了产量。作物矮化由此一直吸引着人们的兴趣。孟德尔在豌豆研究中使用的 7 个性状之一就是高度，他所用的豌豆分为高、矮两类表型。20 世纪 60 年代的绿色革命选择和推广了半矮化的小麦和水稻品种。遗传育种专家布劳格和黄耀祥（1916—2004）分别选育了携带有 *Reduced height 1*（*Rht1*）和 *semidwarf1*（*sd1*）的半矮秆小麦和水稻品种。后续研究发现，这些矮化品种均与植物激素赤霉素（gibberellin）相关。赤霉素通过影响细胞扩展和分裂影响节间的伸长。孟德尔的矮豌豆隐性突变体中，赤霉素生物合成中 GA3 氧化酶编码基因活性降低，不能生产有活性的赤霉素。绿色革命的水稻 *sd1* 位点也是位于赤霉素合成通路中的基因突变，影响了正常的赤霉素合成。而半矮秆小麦的 *Rht1* 是一个显性功能获得型突变，阻碍了赤霉素信号的正常传递，同样造成节间生长受阻。

3. 营养生长向生殖生长的转换——开花

植物会整合环境信号和内源信号，进行营养生长期和生殖生长期的转换。在很多物种中，光照时长是决定性的开花信号。根据对每日周期中光照时数的敏感度，植物被分类为：如果开花不受光照日数的影响，则为日中性植物；如果在昼长夜短的季节（例如夏季）开花，则为长日照植物；如果在昼短夜长的季节（例如秋季）开花，则为短日照植物。在接收到开花信号后，植物的茎尖分生组织由形成叶原基转变为形成花原基或花序原基。

1936 年，苏联植物生理学家柴拉克彦（Михаи́л Христофо́рович Чайлахя́н，1902—1991）基于嫁接实验提出了成花素假说（florigen theory），猜测在生殖生长期的植物叶片中产生了成花素（florigen），这种开花诱导物质可能通过韧皮部运输到茎顶端分生组织，促进开花。自 20 世纪 80 年代以来，植物学家利用模式植物拟南芥通过突变体筛选和分析找到了成花素。感应开花信号后，FLOWERING LOCUS T（FT）蛋白质编码基因在叶片中转录，通过维管束中的长距离运输到达茎尖分生组织，促进茎尖分生组织向开花的转变。类似的成花素分子也在番茄、水稻等作物中被证实，是一种保守的开花调控方式。FT 是一个小蛋白质，与茎尖分生组织中表达的 bZIP 转录因子 FD 结合，形成多蛋白质复合物，触发大量下游基因的表达，包括多个能够促进向开花转变的转录因子编码基因。茎尖还表达与 FT 序列类似但功能相反的 TERMINAL FLOWER 1（TFL1）等蛋白质。TFL1 也与 FD 结合形成复合物，但抑制 FD 对下游基因的激活，从而抑制向开花的转变。FD 的关键靶基因包括编码转录因子的 *LEAFY*（*LFY*）和 *CAULIFLOWER*（*CAL*），它们能够调控花原基的形成和发育。在花椰菜中，*CAL* 及其同源基因缺失，花原基不能继续发育，形成了大量未分化的花原基。

4. 花形态的建立

花原基与叶原基最初形态接近，但靠近茎尖一侧生长更快，呈现为辐射对称（而非两侧对称）的半球形。花原基中央为花分生组织，和侧生分生组织具有相似性。花分生组织形成后，会形成四轮或更多轮花器官，之后终止器官发生。因此，可以认为花分生组织是有限发育的特化侧生分生组织。花器官从外向内依次为萼片、花瓣、雄蕊和雌蕊。根据对拟南芥和金鱼草花发育突变体的分析，美国植物学家梅耶洛维奇（Elliot Meyerowitz）和英国植物学家科恩（Enrico Coen）提出了花发育的 ABC 模型。ABC 模型对包括水稻和玉米等禾本科在内的其他物种同样适用。水稻等禾本科单子叶植物的花结构有很严重的特化，含有内轮雄蕊和雌蕊以及外轮的外稃、内稃和浆片。在水稻中 A 和 B 基因指定浆片的发育，B 和 C 基因指定雄蕊的发育，C 基因指定雌蕊的发育。A 功能指定外稃和内稃的发育。

在 ABC 模型中，四轮花器官是由三种类型基因的不同重叠组合来界定的：最外轮的萼片由 A 基因单独界定；第二轮花瓣由 A 和 B 基因共同界定；第三轮雄蕊由 B 和 C 基因共同界定；第四轮雌蕊由 C 基因单独界定。根据 ABC 基因表达的变化可以预测花器官特性的变化。例如，当 B 基因缺失时，花具有两轮萼片和两轮雌蕊。C 基因还终止花分生组织，缺乏 C 基因的植物会产生额外的器官轮，表明花分生组织转为无限生长。在拟南芥中，C 基因 *AGAMOUS* 抑制干细胞基因 *WUS* 的表达。后来的研究进一步揭示，除了 ABC 类基因，另一类 E 基因在花原基各轮中均表达，在花的四个轮状器官发育中均发挥作用。当植物中所有的 E 基因缺失时，各轮花器官均消失，转为形成类似叶的结构。该发现支持了花由叶演变而来的假说，并暗示 ABCE 基因产物的功能是抑制叶基因和激活花的器官特性促进基因。此外，还有一类决定胚珠发育的基因被称为 D 基因，在花发育后期表达并发挥作用。ABCDE 蛋白质大多为 MADS 类转录因子，形成异源四聚体调控下游基因表达（图 15-8）。在不同轮的花器官中，由于表达的基因不同，形成的异源四聚体组分不同，其中 E 类蛋白质存在于各类复合物中。

三、根发育的特点

1. 根的基本结构

陆地植物的根系具有两个主要功能——固定植株并获取土壤中的水和养分。根系

图 15-8　花发育的 ABC
模型

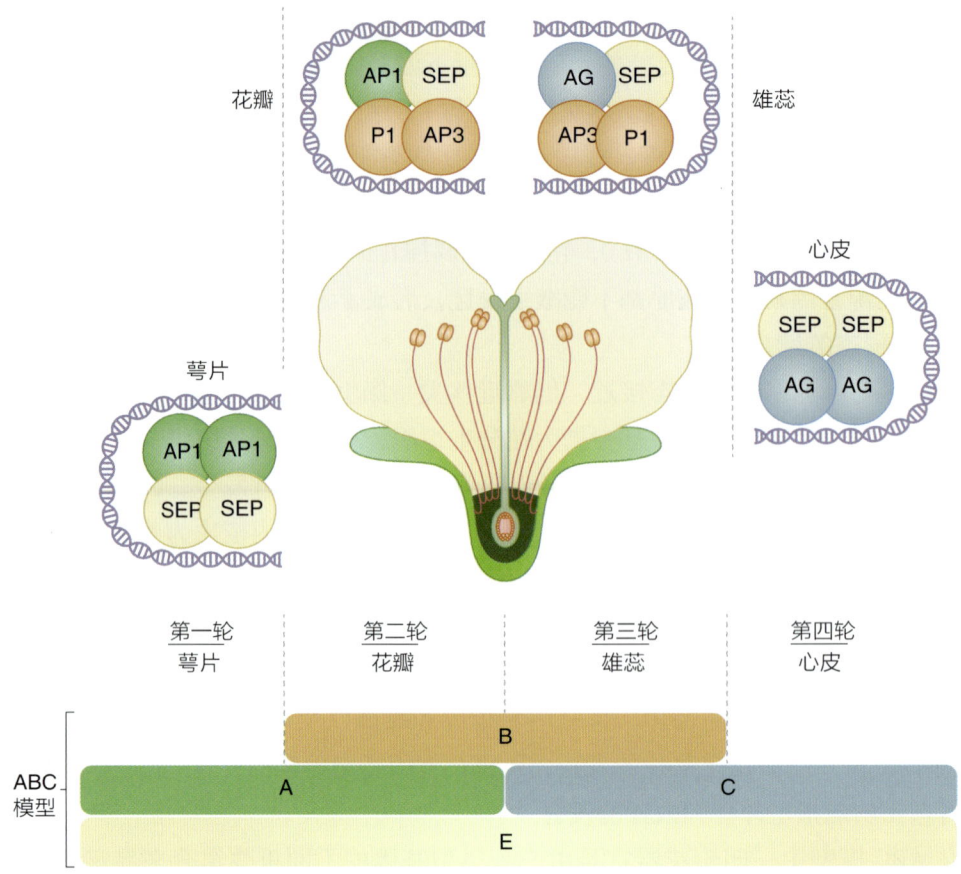

也进化出了存储、生长调节物质的合成、繁殖和传播等其他功能。根系发育是一个反复进行的迭代过程，产生后生长并形成分支，分支产生后同样生长并产生分支。由此可见，根系发育类似于茎叶发育但更为简单。从种子中首先出现的是胚根，又称初生根（primary root）或主根。初生根在土壤中生长一段时间后形成分支，称为侧根或次生根（secondary root）；次生根继续分支产生三级根。侧根从它们的母根上以固定的时间间隔出现，两个侧根之间的距离是时间间隔和母根生长速率的函数。新形成的侧根相对于它们的母根以一定角度出现，侧根延伸到土壤中并具有改变方向的能力。侧根也可以形成高阶分支，通常与它们的母根相比具有不同的密度，形成复杂的树状结构，称为根系。整个根系由大量不同年龄、类型和发育阶段的根组成。不同物种间的根系差异远小于茎、叶的差异，可能是由于地下环境的变异范围有限。

　　单子叶植物和双子叶植物具有不同的根系结构。在双子叶植物根系中，初生根和一级侧根通常形成结构的主干。此外，一些双子叶植物物种下胚轴形成基根，成为根系的一部分。单子叶植物也可以形成基根。除了初生根和种子根外，单子叶植物通常从茎基部的节上生成不定根（adventitious root），又称茎生根。随着单子叶植物的生长，茎生根从主茎和分蘖（即分枝茎）的分枝节点中出现，构成第一级轴向根的大部分。双子叶物种中虽然也会有不定根，但对根系贡献通常较少。茎生根和种子根大致遵循与初生根相同的发育程序。此外，单子叶植物的根系不发生次生生长，不能加厚。单子叶植物通过产生新的不定根来运输更多水分、支撑长大的植株。我们对根发育的了解大多来自于对模式植物拟南芥的研究。下文的介绍大多基于拟南芥根。但需要指出的是，拟南芥根结构相对简单。其他物种根的结构可能和拟南芥有很大差异，例如根中各层的细胞类型及其排布。

在胚胎发生早期，胚胎的顶 – 基极性就已经建立，与顶端的茎尖分生组织相对，胚胎底端为胚根。胚胎最下方的胚根原细胞不等分裂产生一个上部的透镜状细胞，将来成为静止中心。另一个较小的下部基底细胞发育为小柱干细胞和小柱细胞。胚胎期还形成了根中的维管束、根基本组织和表皮组织的干细胞。生长素调节胚根的形成，生长素合成、运输、感知和信号转导的扰乱都影响胚根的形成。在胚根发生过程中建立的根尖分生组织为根的生长提供新细胞。在根尖分生组织中，干细胞围绕着表达WOX5 的静止中心。静止中心细胞分裂活性较低，形成了干细胞壁龛。位于静止中心上方的干细胞产生维管束、内皮层、外皮层、表皮和侧根冠细胞，而位于静止中心下方的干细胞产生小柱根冠细胞。干细胞的子细胞产生单细胞层，这些细胞层沿纵向根轴延伸并形成不同的组织层。尽管成熟的组织类型来源于独立的细胞谱系，由单个初始细胞衍生而来，但细胞位置而不是谱系决定根尖细胞身份。

在拟南芥根中，维管束被组织成一个中央圆筒称为中柱（stele），其中包含木质部（xylem）和韧皮部（phloem），以及分散的未分化的形成层细胞和周围的中柱鞘细胞层（图 15–9）。这些组织来自靠近静止中心的原中柱鞘 / 维管束细胞。维管束在初级生长过程中纵向生长，在次生生长过程中横向生长。虽然根的外层组织表现出辐射对称性，但中柱是两侧对称的。拟南芥根中木质部细胞排列成一排。在木质部轴垂直的两极是两个韧皮部束。根基本组织包括外皮层和内皮层，均起源于共同的初始细胞。初始细胞先进行横向分裂以自我更新并产生子代细胞，子代细胞再进行纵向分裂以产生外皮层和内皮层。侧根冠和小柱细胞形成一层保护性细胞层，随着根尖生长，这层细胞会持续脱落。与表皮一起，这些组织构成了根的外部表面。中柱细胞在重力感知中发挥作用，而表皮形成的根毛则在水分和营养吸收中发挥重要作用。位于静止中心下侧的原中柱细胞形成中柱细胞，而位于静止中心外侧的原表皮 / 侧根冠细胞形成表皮和侧根冠。根冠位于根系最外端的尖端，从初生根到分支根的尖端均具有根冠。

2. 根瘤的形成

菌根（mycorrhiza）是普遍存在于植物根系和土壤真菌之间的互惠共生体。通过这两个共生伙伴之间亲密的细胞接触，菌根真菌从进行光合作用的寄主处获得固定的碳，以交换磷和氮等营养，对植物生长有积极影响。共生还提高了寄主植物对生物和非生物胁迫的耐受性。植物根系与微生物存在多种共生类型。超过 80% 的陆生植物可以与丛枝菌根真菌形成共生关系，豆科植物还可以与固氮细菌根瘤菌形成共生固氮关系。丛枝菌根共生与根瘤（root nodule）共生可通过提高植物对磷和氮的获取能力，从而协同促进植物生长。植物根系与微生物建立共生是长期共进化的过程。丛枝菌根共生形成于植物登陆早期，其共生信号通路被豆科植物进一步利用，参与建立

图 15-9　拟南芥的根尖
细胞结构

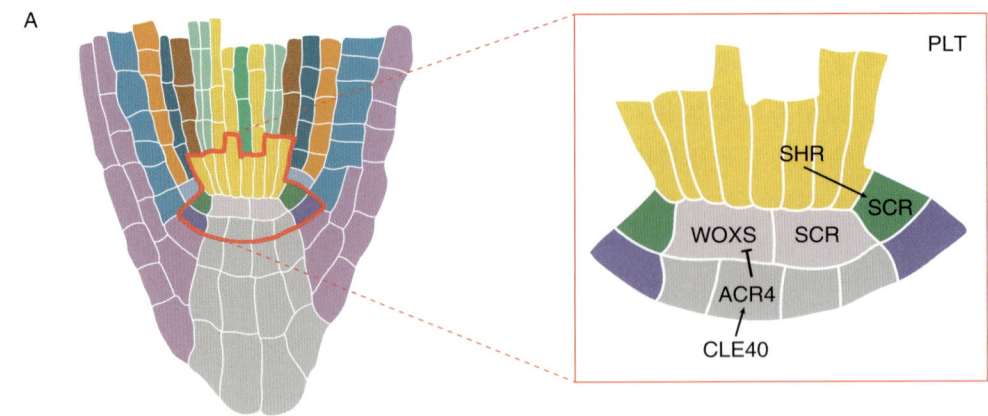

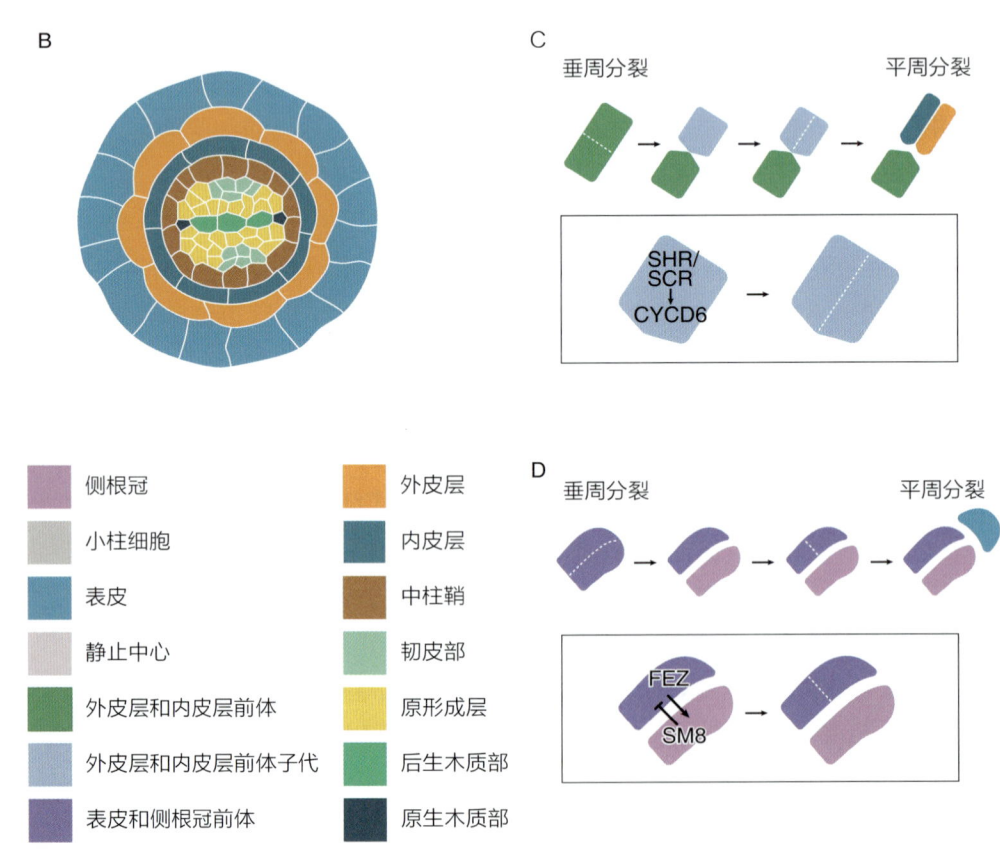

🟪 侧根冠	🟧 外皮层
⬜ 小柱细胞	🟦 内皮层
🟦 表皮	🟫 中柱鞘
⬜ 静止中心	🟩 韧皮部
🟩 外皮层和内皮层前体	🟨 原形成层
🟦 外皮层和内皮层前体子代	🟩 后生木质部
🟪 表皮和侧根冠前体	🟦 原生木质部

豆科植物与固氮根瘤菌的共生。豆类与固氮细菌根瘤菌形成共生根瘤。固氮根瘤的
形成需要根表皮上的固氮细菌侵染和皮层细胞分裂相互协调。根瘤内含有称为类菌体
（bacteroid）的类似细胞器结构，其中包含固氮细菌，可进行固氮作用。类菌体同时促
进寄主和共生菌之间的代谢物交换。

名词窗 15-1

无限生长（infinite growth）：植物顶端分生组织保持其活性，并不断产生新的侧生器官，导致无限生长。

分生组织（meristem）：植物体的一类组织，是产生和分化其他各种组织的基础。分生组织是具有持续或周期性分裂能力的细胞群。分裂所产生的细胞排列紧密，无细胞间隙；细胞壁薄，细胞质浓厚，细胞体积较小，一般呈等径多面体，细胞核大，无明显的液泡。

芽休眠（bud dormancy）：植物生活史中芽生长的停顿现象。多数温带木本植物，包括松柏类植物和双子叶植物在年生长周期中明显地出现芽休眠现象。芽休眠可能被打破，形成枝。

生长素（auxin）：植物激素，植物体内普遍存在的天然生长素是吲哚乙酸，其前体是色氨酸。生长素参与几乎所有的植物发育过程。

成花诱导（floral induction）：被子植物从营养生长期向生殖生长期的转换，常受到环境因素、植物激素及营养物质的影响。

菌根（mycorrhiza）：菌根为植物根与土壤中真菌形成的共生结构，菌根主要有两种类型——外生菌根和内生菌根。外生菌根的菌丝不能进入根的细胞中，可以在根表面形成菌丝体包在幼根表面，或穿入皮层细胞的细胞间隙中，以菌丝体代替了根毛的功能。内生菌根的菌丝通过细胞壁，进入表皮和皮层细胞内形成丛枝状分支，加强吸收机能，促进根内物质运输。

根瘤（root nodule）：植物根上的瘤状突起，是土壤中的根瘤菌侵入根内而产生的共生结构，在豆科植物中发现较多。

第三节　可变环境下的植物发育可塑性

除少数藻类外，绝大多数植物都是固着生活的，固定的生存地点决定了植物无法像动物一样通过迁徙的方式选择更加合适的生活环境，只能通过改变自身的生长发育来更好地适应所处的环境，能够对生活环境做出最合适反应的个体，才能获得竞争优势并产生更多后代。在植物生活史中，很多环境因素都能够影响植物生长发育，比如光照、温度和机械压力，这三种环境变化因为其对植物生长发育的重要调控作用，对应的研究分别提出了光形态建成（photomorphogenesis）、温度形态建成（thermomorphogenesis）和接触形态建成（thigmomorphogenesis）三个概念。植物中由环境变化的感受到最终生长发育发生变化的调控过程称为信号转导通路（signal transduction pathway），在其中直接感受环境变化，将外界环境变化转化为植物内部信号变化的组分称为受体（receptor），受体经过各种方式将信号传入细胞核内的转录因子并调控植物转录组发生变化，最终调控植物的生长发育，使其适应环境的变化。本节将以光、温度和机械压力三个环境因素对植物形态发育的调控为例，介绍相对应的信号转导通路和形态建成的调控方式。

一、植物光形态建成

1. 植物光信号通路的组分

光是植物整个生活史中最重要的环境因素之一。一方面光是光合作用的能量来源，更是整个地球生物圈的能量来源，是维持植物生长繁殖的基本要素，另一方面光的强度、光质、光照时间等也是调控植物生长发育的重要环境因子。

作为固着生活的光合自养生物，为了能够及时接收光信号的强弱、光质和入射角等变化并迅速做出生长发育的调整以适应环境变化，高等植物在进化过程中产生了多个光受体家族，并进一步特化，使得植物能够感知从紫外光到远红光，波长为280~750 nm。以模式植物拟南芥为例，波长为600~700 nm的红光和700~750 nm的远红光是由一类光敏色素（phytochrome）家族感知的，包括phyA、phyB、phyC、phyD和phyE五个成员，主要调控植物种子萌发、幼苗变绿、避荫反应、开花、生物钟等生物学过程；有三类蛋白质可以感知波长在320~500 nm的蓝光，包括隐花色素（cryptochromes，CRY1和CRY2）、向光素（phototropins，PHOT1和PHOT2）以及Zeitlupe蛋白家族（ZTL、FKF1和LKP2），其中隐花色素可以调控植物的开花和生物节律，向光素主要调控植物向光性和气孔打开等过程，Zeitlupe蛋白主要参与植物开花和生物节律等过程；波长在280~320 nm的紫外光是由UVR8蛋白感知的，在紫外光下的光氧化修复和气孔开闭等方面发挥作用（图 15-10）。

各种光受体接受光照后，进一步将光信号向下转导给一类光信号的抑制因子COP/DET/FUS（CONSTITUTIVE PHOTOMORPHOGENIC/ DE-ETIOLATED/ FUSCA），这类抑制因子的突变体幼苗在暗环境下就表现出光下生长的幼苗特征。其中COP1蛋白在整个植物生活史中都发挥着重要作用，是泛素-蛋白酶体信号通路中一类非常保守的蛋白质，在整个真核生物系统中都有同源蛋白质，并且蛋白质序列和功能都很保守。在光信号通路当中，COP1被认为是整个光反应的核心开关，主要以通过抑制

图 15-10　光受体种类和功能

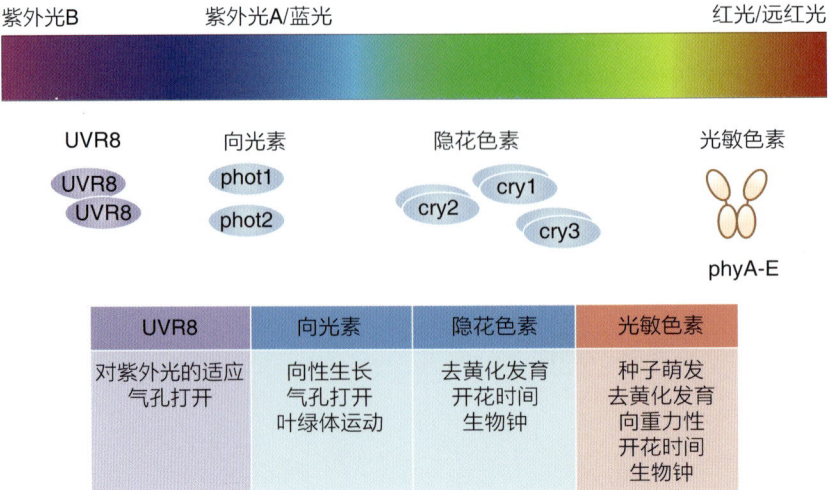

下游光信号通路中的正调控因子，比如 HY5（ELONGATED HYPOCOTYL 5）等。光受体感受到光照信号后，能够解除 COP1 蛋白对下游信号通路的抑制，从而将光信号继续向下游传递。另一类抑制因子 DET1 在种子萌发、幼苗变绿、形态发育等过程中也发挥着非常重要的调控作用，但由于 DET1 蛋白的序列中没有发现已知的蛋白质功能结构域，所以对 DET1 的功能研究相对较少。目前发现 DET1 与另外两个蛋白质 COP10 和 DDB1 组成 COP10–DET1–DDB1 复合物（CDD 复合物）发挥作用，一方面可以通过泛素化（ubiquitination）调控下游蛋白质的稳定性，也可能通过调控染色质来调节下游基因的表达。

外界光信号的变化最终需要转化为植物内源基因表达的变化，从而对植物的生长发育产生影响。有多种转录因子受到光受体直接或者间接的调控，进而对植物基因组的转录水平进行调节。比如拟南芥中红光受体 phyB 在暗环境下定位在细胞质中，见光激活后促进细胞质内 Ca^{2+} 浓度迅速上升，激活了钙依赖激酶 CPKs（calcium–dependent protein kinases），对 phyB 进行磷酸化（phosphorylation）后使得 phyB 进入细胞核内与各种转录因子相互作用并进行调控，最终激活光形态建成相关基因的表达（图 15–11）。

其中光敏色素结合蛋白 PIFs（phytochrome interacting factors）是一类 bHLH（basic helix–loop–helix）转录因子，可以与 DNA 序列上的 G-box（CACGTG）或者 E-box（CACATG/CATGTG）结合，进而调控下游基因的转录。大多数 PIFs 转录因子在见光后与光敏色素直接相互作用，进而被磷酸化并泛素化，最终被 26S 蛋白酶体降解。PIFs 转录因子在多种生物学过程中发挥重要作用，比如 PIF1 调控植物种子在光下的萌发过程，PIF3 调控幼苗出土过程中的变绿过程、PIF4 和 PIF5 调控生物节律和避荫

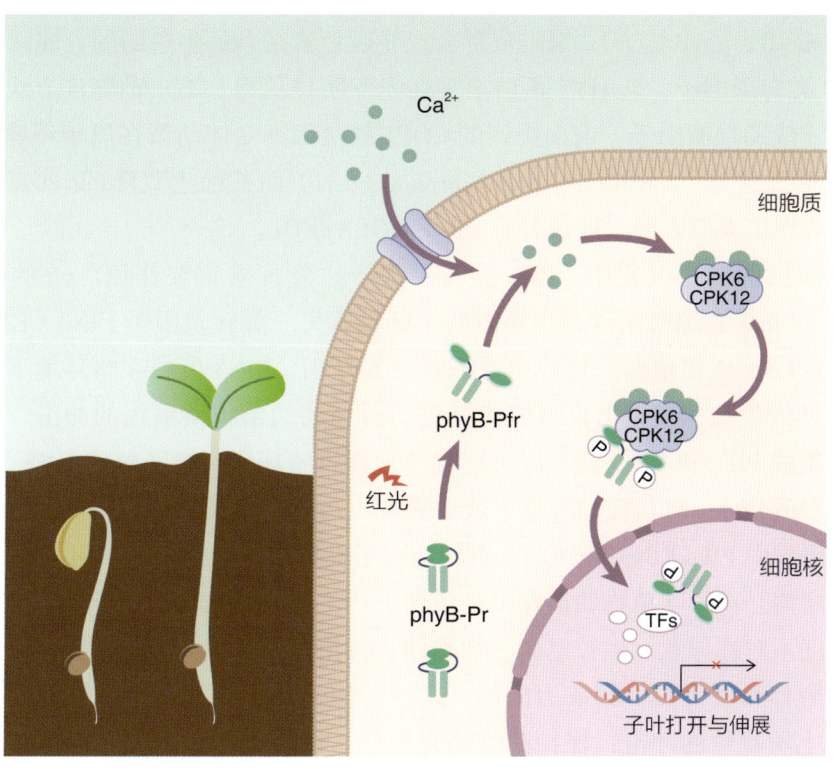

图 15–11 红光刺激细胞质 Ca^{2+} 浓度上升并介导 phyB 转运进入细胞核

反应等。另一类转录因子 HY5 是光信号通路的正调控因子，属于 bZIP 类转录因子，在暗环境下 HY5 在 COP1 的调控下被泛素化最终降解，而光照下 COP1 功能被抑制，HY5 蛋白大量积累，积累水平与光照强度正相关，在植物幼苗下胚轴生长中起到重要作用。光照过强时，HY5 可以直接促进花青素合成酶相关基因的表达，增加花青素的合成，保护植物免受强光的伤害。另外有研究表明 HY5 对于植物地下部分的生长发育也有着重要的调控作用，光照下植物光合作用增强，需要更多的水分和矿物质吸收，而光照下积累的 HY5 蛋白可以由地上部分转移到地下部分，并促进根部的生长，从而平衡植物地上、地下部分的生长。

2. 植物的光形态建成与遮荫反应

种子植物的生活史开始于种子萌发，种子在土壤中萌发后，幼苗在土壤的覆盖下处于无光的暗环境下。以拟南芥幼苗为例，幼苗的形态会表现出伸长的下胚轴、明显的顶端弯钩以及闭合、收缩的子叶，这些特征统称为暗形态建成（skotomorphogenesis），这些结构特征能够保护幼嫩的子叶和顶端分生组织在出土过程中免受机械压力的结构性损伤；幼苗出土后受到光照，表现出下胚轴生长减慢、顶端弯钩打开以及子叶变绿、伸展等结构特征，统称为光形态建成，这些特征能够保证子叶可以尽可能伸展在空气中，充分接受光照，快速适应光合自养生长。

在研究植物暗形态建成调控机制的过程中，最初是利用遗传筛选寻找在光照环境生长时表现出暗形态建成特征的突变体，以及在暗环境生长时表现出光形态建成特征的突变体。第一种筛选最容易观察的表型就是下胚轴伸长状态。研究人员通过寻找在光照下伸长下胚轴表型的突变体，得到了一系列命名为 ELONGATED HYPOCOTYL（HY）的突变体。进一步研究发现，这群突变基因中 *HY3* 编码红光受体光敏色素 B（phytochrome B，phyB），*HY2* 编码负责合成光敏色素结合的生色团的合成酶，HY5 则编码 bZIP 类转录因子，且 HY5 蛋白水平在光下明显积累。第二种筛选方法得到了很多光形态建成的抑制因子。前面提到的 COP1 就是因突变体幼苗在黑暗环境下表现出组成型光形态建成（constitutive photomorphogenesis）而被筛选克隆的。*DET1* 基因的突变体也表现出类似表型，被命名为 DE-ETIOLATED1。

在下胚轴的发育过程中，PIFs 类转录因子也发挥着重要作用。*pif* 的四突变体 *pif1 pif3 pif4 pif5* 在黑暗中表现出缩短的下胚轴，另一类转录因子 EIN3（ETHYLENE INSENSITIVE3）也在暗形态建成中发挥着重要作用，EIN3 蛋白在暗环境下积累，并减慢下胚轴的生长速度，可以减轻机械压力对植物幼苗顶端组织的冲击。如果将暗环境下积累的 PIFs 和 EIN3 转录因子突变掉，而将暗环境下被降解的 HY5 积累起来，得到的 *HY5ox/pifqee* 材料在暗环境下就会表现出与光下生长幼苗几乎一致的表型，说明暗形态建成中 PIFs/EIN3/HY5 这三类转录因子发挥着非常核心的作用（图 15-12）。

顶端弯钩是双子叶植物幼苗在黑暗条件下产生的特殊结构，由子叶下方下胚轴两侧生长速度不对称导致。生长迅速、细胞伸长较快的一侧成为顶端弯钩的外侧，生长缓慢、细胞伸长较慢的一侧成为内侧。这种结构避免了顶端分生组织和幼嫩的子叶直接受到土壤颗粒的冲击，保护其结构完整性。这种不对称生长是由生长素的不对

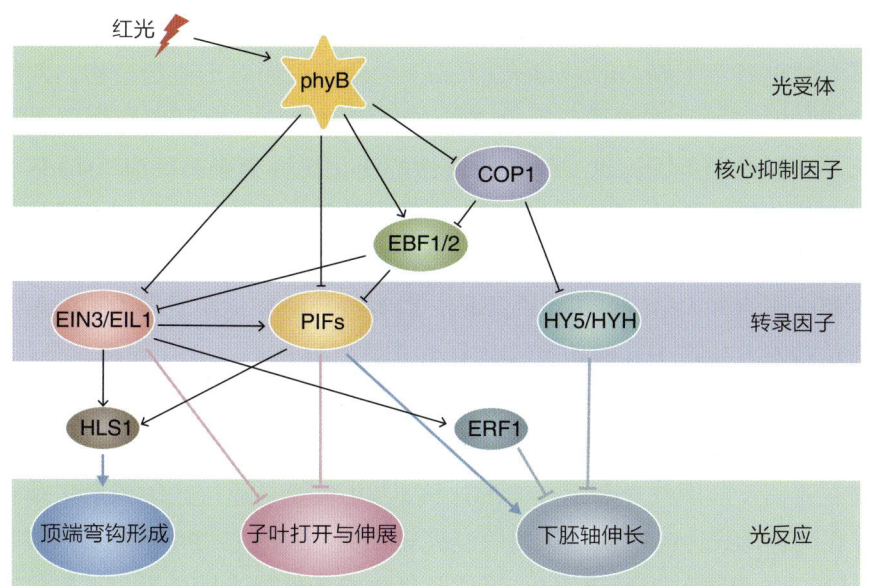

图 15-12 PIFs、EIN3/
EIL1 和 HY5 介导的光形
态建成的转录调控

称分布来调控的。顶端弯钩内侧生长素浓度很高，达到了抑制生长的浓度，从而抑制了内侧细胞的伸长，而外侧生长素浓度较低，促进细胞的伸长，最终形成了顶端弯钩结构。在筛选顶端弯钩缺陷的突变体中，发现了一个基因被命名为 *HOOKLESS1*（*HLS1*），其突变体在暗下表现出顶端弯钩完全缺失的表型。*HLS1* 的转录水平在暗环境下受到 PIFs 和 EIN3 两类转录因子的激活，蛋白质形成多聚体发挥功能，在暗环境下促进顶端弯钩的发育；而见光后一方面 PIFs 和 EIN3 受到降解，*HLS1* 基因转录水平降低，另一方面光受体 phyB 可以与 HLS1 相互作用抑制多聚体的形成，抑制 HLS1 蛋白的功能，最终使得顶端弯钩在见光后逐渐打开，使得子叶充分接受光照。

植物野外生长的环境中，拥挤的冠层叶片互相遮挡，低层植物只能接受高层叶片吸收后的光照。在农作物密集种植的时候，植物会受到周围植株的遮挡，接受日照也受影响。这种由周边光源竞争者所造成的光环境变化称为遮荫（shade）。遮荫的效果并不仅是总体光照强度的下降，还包括入射光在某些特定波长范围内的明显变化（图 15-13）。在遮荫条件下，蓝光和红光下降更加明显，远红光波段下降较少，造成的结果是红光与远红光的比例（R/FR）出现了大幅下降。

对于遮荫环境的适应，植物进化出了两种应对策略，分别是耐荫型（shade tolerance）和避荫型（shade avoidance）。对于耐荫植物，主要是通过调整叶片的结构和叶绿素的合成来充分利用避荫条件下的光照，比如厚度增加、叶

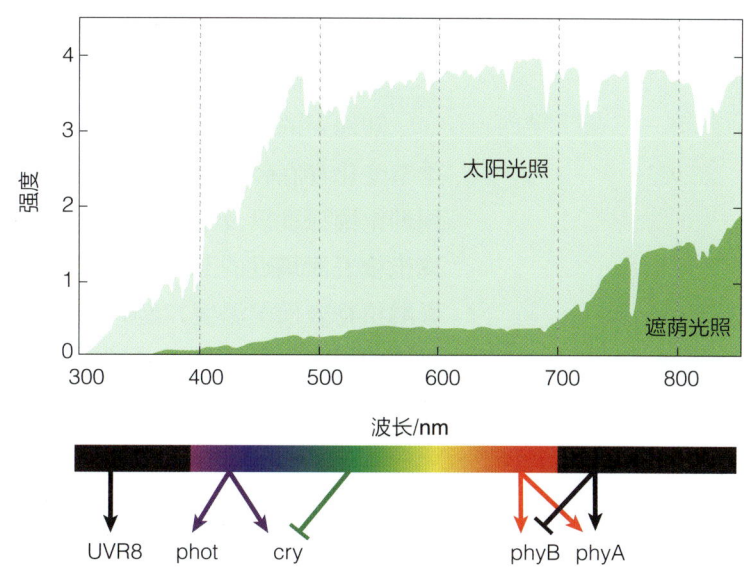

图 15-13 遮荫条件下植物接受到的光照波长变化

绿素增多、表皮细胞透明化等，通过优化自身结构来提高光合效率的应对手段，以多年生草本植物海芋（*Alocasia macrorrhiza*）为代表；而对于避荫植物，入射光中远红光比例增加时，通过将能量分配给茎秆和叶柄的伸长，使得光合作用器官叶片尽可能生长并离开避荫范围，这一系列躲避性的变化统称为避荫反应（shade avoidance response）。以拟南芥为例，最显著的变化就是下胚轴的伸长和叶片的上翘生长。如果通过加速生长还不能摆脱持续的遮荫环境，植物会选择改变策略，通过提前开花和加速种子发育成熟的方式尽快结束生命周期，以等待环境变化在适合生长的条件下重启生命周期。在农业生产中，避荫反应会导致作物茎秆瘦弱、叶片细长、分枝数量少、种子收获率降低等不利表型，所以研究避荫反应的调控机制以合理密植对于农业生产有着重要的意义。

植物在避荫反应下红光和远红光的比例 R/FR 主要是通过光敏色素来被感受。光敏色素存在两种形式，Pr 形式可以吸收红光转变为 Pfr 形式，Pfr 形式可以吸收远红光转变为 Pr 形式，其中红光激活的 Pfr 形式是体内有活性的光敏色素，可以将光信号传递给下游的光信号通路组分。R/FR 的比例可以调控植物体内光敏色素两种形式的比例（Pfr/Pr），Pfr 比例越低表示环境中远红光强度越高，活性的光敏色素越少，植物的光形态建成特征减弱，下胚轴等组织会伸长，表现出避荫反应的特征。在模式植物拟南芥中，光敏色素下游的 PIFs 类转录因子中的 PIF4、PIF5 和 PIF7 在避荫反应中发挥着核心作用。光敏色素 phyB 在激活的 Pfr 状态下可以直接磷酸化 PIF4/5/7 并使其泛素化最终被 26S 蛋白酶体降解，从而抑制 PIFs 的功能；在遮阴条件下光敏色素的 Pfr 比例降低，对 PIF4/5/7 转录因子的抑制解除，而 PIF4/5/7 下游可以通过直接结合生长素合成相关通路的限速酶基因 *YUCCA* 等的启动子，促进其表达水平的上升，增加生长素的合成，最终促进下胚轴和叶柄等组织的伸长。

二、植物温度形态建成

1. 植物对环境温度具有感知与响应

陆地上的植物生长在一个昼夜交替、季节更替的环境中，其环境温度随着昼夜和季节变化存在较大幅度的波动，也会受到天气、气候变化的扰动。植物组织存在于不同的土壤深度以及距离土壤表面不同高度的空气中，其温度变化也存在差异，其中距离土壤表面最近的部分在一天之内经历的温度波动幅度最大。遮荫或直射的状态也会影响植物表面的温度，受到遮荫的植物一天内感受到的最高温度会降低，而最低温度受到的影响很小。

与动物不同，陆地生长的植物在自身生长过程中很难进行移动。而温度变化往往影响着植物各个阶段的生长发育进程，因此，植物对环境温度感知的敏感性对于其生存和发育至关重要。温度形态建成指的是植物应对环境温度变化而发生的相关形态改变。这个概念在 1983 年由斯托勒（Stoller）和伍利（Woolley）提出，用于描述温度因素诱导植物生长和发育在形态上发生特定变化的过程。

对于拟南芥来说，突然且剧烈的高温（高于 40℃）可能会导致植物的死亡；然而，预先适应较为温和的中等强度高温（低于 37℃）可以提高拟南芥的存活率。并且，略微升高的环境温度（一般为 27℃ 左右，不高于 32℃）可以诱导拟南芥在植物体结构上发生许多重大变化、完成重要生长发育阶段的过渡，而不会导致拟南芥死亡。植物这一对略微升高的环境温度做出的响应过程，被不同的分子机制精确感知和调控，这一调控机制与植物对极端高温的反应有很大不同。

在拟南芥中，高温诱导的形态建成发生在其生长发育的不同阶段，并体现在多个不同的组织器官中（图 15-14）。在适宜的温度条件下发芽对于提高幼苗的生存率和适应程度非常重要，高温对于拟南芥种子萌发有抑制作用，被称为热抑制（thermoinhibition）。在种子萌发后，随着土壤或空气的环境温度升高，拟南芥下胚轴的变化尤其明显，28℃ 环境下生长的拟南芥幼苗相较于 21℃ 环境中下胚轴明显伸长；对于成苗来说，高温环境下生长的拟南芥茎也会明显增长。

除此之外，拟南芥的叶柄在高温下会发生明显伸长，并且叶柄近地侧和远地侧的生长速度会发生差异，使得叶片被抬离地面。除了地上部分，地下部分的根也会受到土壤温度的影响，发生形态的改变，高温可以诱导拟南芥主根的伸长生长。除了植物的营养生长，植物成苗的生殖生长也受到高温的影响。在非诱导开花的短日照条件下，环境温度的升高可以诱导拟南芥向成花的过程发生转变。在拟南芥等十字花科植物中，环境温度的升高会使得其果荚裂开的过程提早发生。

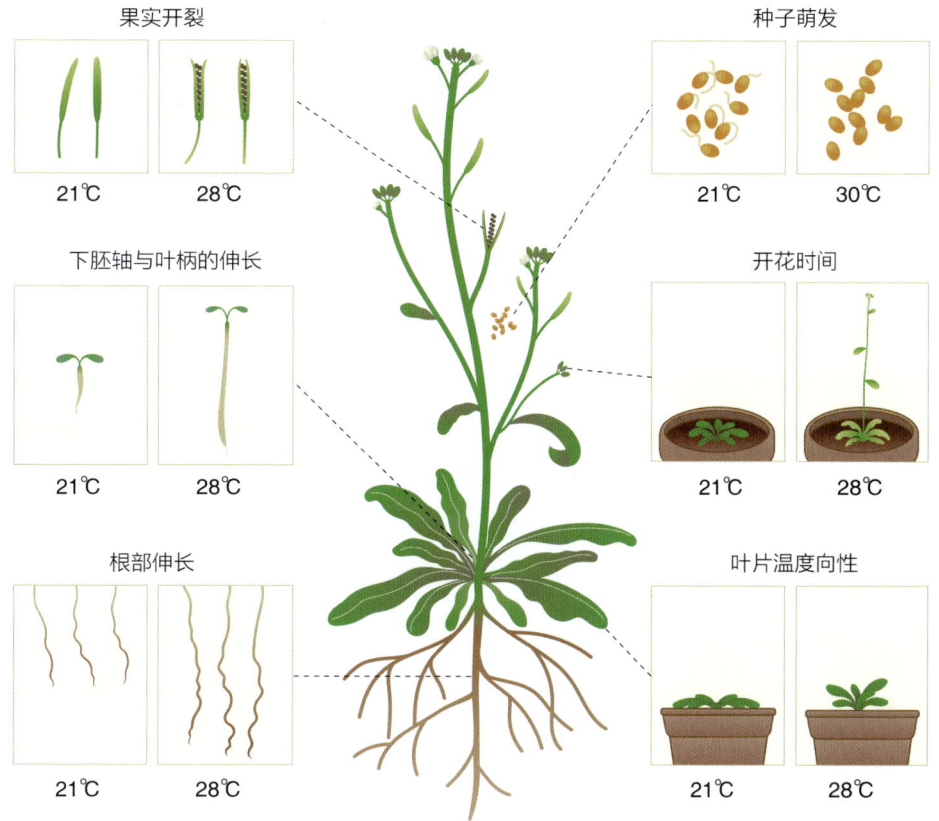

图 15-14　环境高温对植物结构与发育的影响

低温对于植物的影响可以被分为冰点以上的低温和冰点以下的低温。冰点以上的低温影响植物体内的分子运动和各种代谢反应的活性，并且可能导致细胞内的结构改变；冰点以下的低温还可以进一步通过结冰直接对植物造成机械性的细胞结构破坏。与高温相似，一定程度的低温也可以在不导致植物死亡的前提下，诱导植物生长和发育进程的改变或过渡。温带的各类植物在不同生长发育阶段对低温的适应性变化包括种子和芽的休眠、春化作用、温度导致的光周期敏感性变化等。

2. 植物的温度响应元件

植物温度形态建成的相关研究发现了多类对温度有所响应的元件，共同构成了植物的温度响应网络。根据植物受温度影响后内部作用方式的变化，温度形态建成中的细胞与分子响应可以分成 10 类，包括染色质重塑、RNA 的可变剪接、分子的异构化、分子的二聚化、基因表达调控、非编码 RNA、蛋白质的降解、亚细胞定位变化、转录因子与 DNA 的相互作用、激素的累积等。

转录因子 PIF4（phytochrome-interacting factor 4）在温度形态建成和调控网络中发挥核心作用。PIF4 整合了上游多种不同信号，将对温度的响应传递到下游，调控了多种生物学过程。温度升高诱导的幼苗下胚轴伸长、叶柄生长以及叶片的热感性生长都依赖于 PIF4。PIF4 通过调控自身结合生长素合成相关等下游基因启动子的能力，调控拟南芥茎干的生长。高温对于植物免疫的抑制也依赖于 PIF4，PIF4 在高温环境下生长与免疫反应的平衡中发挥关键作用。PIF4 可以结合成花过程的整合因子 *FT* 的启动子，与 22℃或 12℃相比，27℃时的 PIF4 与 *FT* 启动子的结合增加，从而促进了成花过程的转变，并且这一促进过程是通过温度升高诱导的 H2A.Z 类型核小体占有率的减少而达成的。在拟南芥中，高温可以通过减少表达 *SPCH*（*Speechless*）的细胞数量，从而抑制表皮细胞的气孔分化，从而减少叶片的气孔指数（单位面积上气孔数量占表皮细胞总数的比例）。高温可以促使 PIF4 积累在气孔前体细胞中 *SPCH* 的启动子上，从而抑制 *SPCH* 的表达。

PIF4 自身受温度诱导的调控发生在不同层面（图 15-15）。其上游的多种转录因子在不同温度下的蛋白质稳定性和活性变化，导致其结合及对 *PIF4* 的调控发生改变，影响了 *PIF4* 的转录；组蛋白质的去乙酰化过程也被发现可能在 *PIF4* 的表达调控中发挥作用。PIF4 的蛋白质稳定性同样受到温度调控，phyB 可以促进 PIF4 的磷酸化和降解，在遮荫反应或升高温度时，phyB 活性的降低导致 PIF4 的稳定性提高。除此之外，PIF4 作为转录因子的转录调控活性也受到温度的调控。DELLA 蛋白可以直接与 PIF4 蛋白的 DNA 结合区域相互作用从而抑制其转录调控的活性，高温可以减少 DELLA 从而解除其对 PIF4 活性的抑制。HFR1（long hypocotyl in far red 1）等蛋白质可以与 PIF4 蛋白形成异源二聚体，形成的二聚体使得 PIF4 无法结合 DNA，高温可以进一步增加 HFR1 的含量。转录因子 SEU（SEUSS）与 PIF4 可以发生直接相互作用并增强 PIF4 与靶基因的结合，这一过程在高温下被增强。

植物温度形态建成以及相应过程中参与的元件众多，涉及染色质的乙酰化以及甲基化、*FLM*（*flowering locus M*）的 mRNA 可变剪接、phyB 的分子构象转变、UVR8

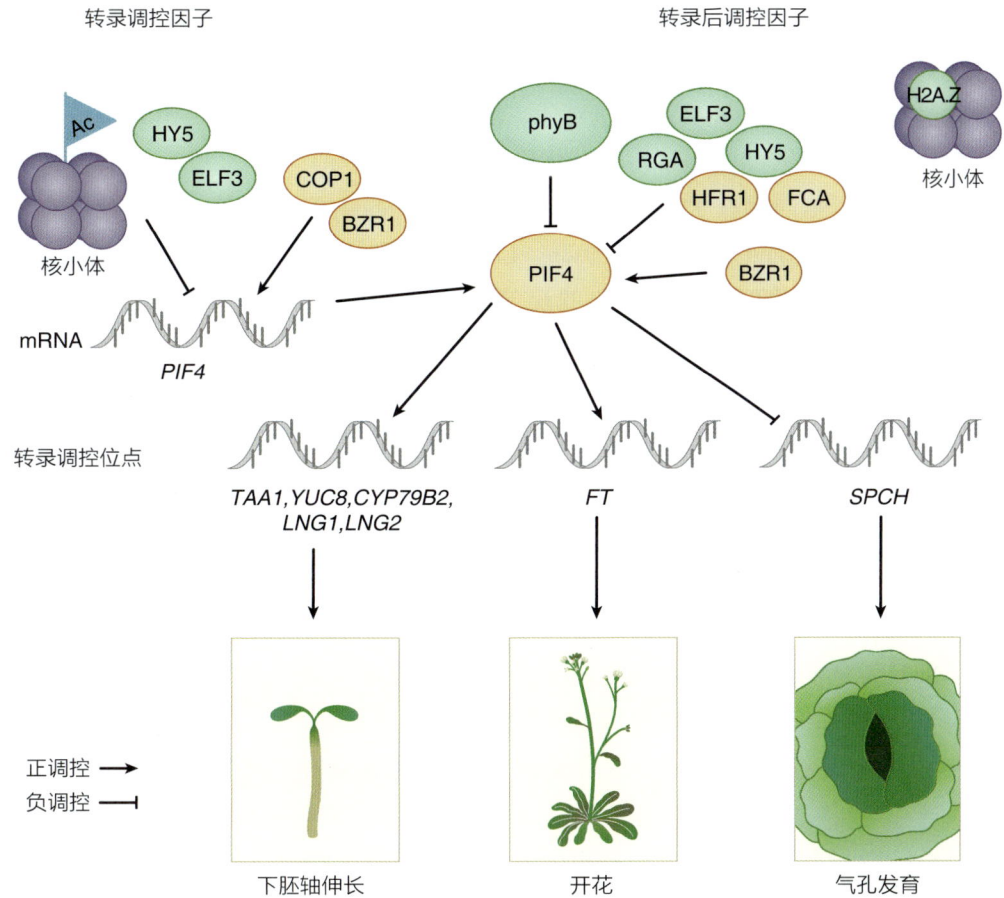

转录调控因子　　　　　　　　　转录后调控因子

图 15-15　温度形态建成的核心转录因子 PIF4

核小体

mRNA

PIF4

转录调控位点

TAA1,YUC8,CYP79B2,
LNG1,LNG2

FT

SPCH

正调控 ➝
负调控 —|

下胚轴伸长　　　　　　开花　　　　　　气孔发育

的二聚化、*PIF4* 等基因的表达、*FLINC*（*flowering long intergenic noncoding RNA*）等的基因表达调控、PIF4 等转录因子的降解、COP1（constitutive photomorphogenesis protein 1）等蛋白质的亚细胞定位、ELF3（early flowering 3）等与 DNA 的结合与解离以及生长素的累积。尽管涉及的元件众多，涵盖多个生物学反应过程，逐渐构成了整个热响应网络，但温度的直接感知机制尚还需进一步明确。近年来，植物中温度的受体被逐渐发现和报道，在植物的温度感知研究中取得了重要突破。

3. 植物中的温度感知受体

phyB 是重要的光受体之一，研究发现它也作为热响应元件参与植物对温度的响应。与野生型相比，*phyB* 突变体在 22～27℃ 几乎未出现下胚轴的伸长。这一结果显示缺失 phyB 会导致植物体在该区间的温度形态建成功能缺失。通过模型构建，卡萨尔（Casal）等人发现温度会影响 phyB 在活化状态 Pfr 构象和非活化状态 Pr 构象之间的转化。全长的 phyB 蛋白以二聚体形式存在，由于其活化状态的不同存在 Pfr-Pfr、Pfr-Pr 和 Pr-Pr 三种二聚体形式；温度的升高会促使 phyB 从 Pfr-Pfr 先转化为 Pfr-Pr，再从 Pfr-Pr 转化为 Pr-Pr。Pfr 构象和 Pr 构象可通过红光和远红光调控转化，该过程被称为光逆转。构象转化也可以不依赖于光发生，该过程被称为暗逆转或热逆转（dark reversion/thermal reversion）。高温会促使 phyB 从 Pfr 构象转化为 Pr 构象并进一步驱动植物的温度形态建成，热逆转从 Pfr-Pfr 状态转化为 Pfr-Pr 状态的速率以及从 Pfr-Pr 状态转化为 Pr-Pr 状态的速率是不同的，后者几乎是前者的 100 倍。而光对 phyB 分子状态的影响取决于光质和光强，使得这两步转化的速率是相同的。这也从侧面说明温度和光调控的 phyB 构象转化机制存在差异。

真核生物细胞内存在大量类似于光小体（photobody）的无膜结构，近年来液 - 液相分离（liquid-liquid phase separation，LLPS）概念的引入使得研究人员对该类无膜结构有了更深入的理解。2022 年的最新研究表明，phyB 光小体的形成过程属于液 - 液相分离，并进一步明确了光小体的组装原则（图 15-16A）。phyB 的 N 端 NTE（N-terminal extension）是一段固有无序序列，其 C 端 OPM（output module）具有极强的寡聚化能力，可以进行自我聚集，这两段区域促使活化的 phyB 分子通过液 - 液相分离过程形成光小体。当 phyB 处于 Pr 构象时，NTE 的一部分被包埋于 GAF（cGMP phosphodiesterase，adenylate cyclase and FhlA）区域。由于构象折叠，整个 N 端对 C 端的寡聚能力产生抑制，此时无法形成光小体。而当光活化时 phyB 会发生构象的改变，NTE 从 GAF 区域被释放出来，由于 NTE 具有固有无序序列的特性，可以与其他 phyB 分子的 NTE 发生弱多价相互作用，进一步解除 N 端对 C 端的抑制，使得 C 端暴露出来并进一步寡聚化，形成光小体。

光和温度均能影响 phyB 光小体的形成与解离，但其机制存在区别。被锁定为 Pfr 形式的 phyB 形成光小体的过程不再受光调控，但温度仍会影响其形成与解离；而去除 NTE 后 phyB 仍具有形成凝集体的能力，但无法对温度变化做出响应。因此，NTE 是 phyB 感受温度的特异序列，并且 NTE 对温度的特异性感知建立在形成光小体的基础上。此外，在植物开花的过程中，一个由 ELF3/ELF4/LUX 蛋白组成的复合体称为夜间复合体（evening complex），在温度调控开花的过程中也是通过液 - 液相分离机制感受温度变化来调控开花时间（图 15-16B）。

水稻是我国重要的粮食作物，起源于热带和亚热带地区。温度是影响水稻品种形成和地域分布的主要环境因子，亚洲栽培稻主要分为粳稻和籼稻，粳稻低温耐受性较强，主要分布于我国北部和东北部，而籼稻低温耐受性较弱，主要分布于我国华南和淮河以南的热带 / 亚热带地区。粳稻的较强耐寒性是由一个重要基因 COLD1 决定的，其驯化选择的 SNP2 等位基因来自于中国野生稻。粳稻特异的 SNP2 影响了 COLD1 活性从而得以赋予粳稻耐寒性。包含粳稻 COLD1 基因的籼稻近等基因系以及过表达 COLD1 的粳稻材料都显著增强了耐寒性，而功能缺失突变体 cold1-1 或反义基因株系却对寒冷非常敏

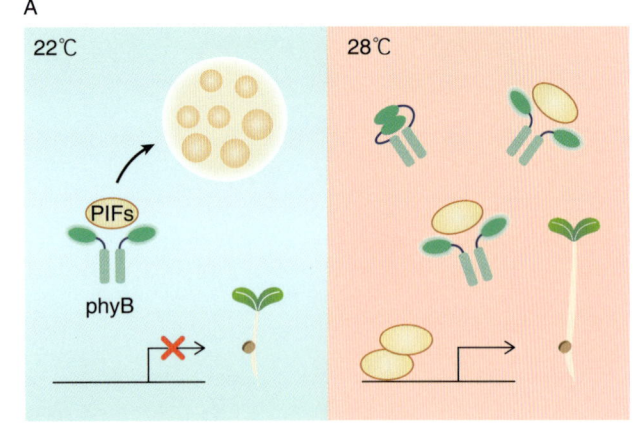

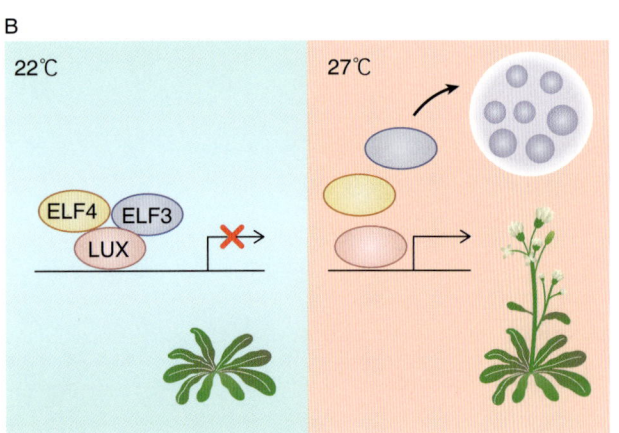

图 15-16　植物通过液 - 液相分离机制整合植物对光与温度的感知

感。*COLD1* 编码一个 G 蛋白的信号调节因子，具有 9 次跨膜结构域，定位于细胞膜和内质网上，可能作为离子通道或者离子通道的一部分调控细胞中 Ca^{2+} 浓度。低温处理时，COLD1 与 G 蛋白 α 亚基 RGA 互作，参与依赖于 G 蛋白的信号转导，激活 Ca^{2+} 通道，触发下游耐寒防御反应，而后提高 G 蛋白的 GTP 酶活性以平衡 G 蛋白的动态活性，从而应对低温胁迫。

三、植物机械压力接触形态建成

1. 植物对机械压力的感知与响应

机械压力在植物的生长周期中广泛存在，例如土壤中的障碍物、昆虫啃食、攀缘生长、风吹雨打等，那么基于固着生长这一特征，植物能否对如此常见的机械刺激做出反应成为值得思考的问题。早在 19 世纪，达尔文便已发现植物的根系能够自发绕过障碍物，且攀缘生长的植物在感知到固体之后才会确定生长方向等。不仅如此，在植物中也同样存在较为敏感的类型，如含羞草、捕蝇草，这类在触碰反应下能够快速移动叶片的植物，被称为敏感植物。

以捕蝇草为例，在感知到"猎物"存在后，捕蝇夹快速关闭，进而分泌消化液分解"猎物"，那么在这个过程中，捕蝇草通过捕蝇夹内特化的"触摸毛"感知来自昆虫等的触碰，每当触摸毛被触碰一次，便会产生一个动作电位，而此时的捕蝇夹并不会立即关闭，当动作电位的数量达到两个及以上时，该信号便会介导茉莉酸（jasmonic acid）合成，在捕蝇夹关闭的同时产生消化酶。除此之外，在昆虫挣扎时，便会反复触碰触摸毛，刺激多个动作电位的产生，这也给捕蝇草一个"猎物"大小与种类的提示，使其能够根据动作电位的数量，产生相应量级的消化酶（图 15-17）。捕蝇草的"捕猎"说明植物能够敏锐地感知触碰等机械压力刺激，并做出相应的反应。

而除了含羞草、捕蝇草等敏感植物外，大部分植物并不会表现出明显的即时触摸反应，在动物中，细胞之间的黏附作用造成的机械应力与早期胚胎发育过程中的形态发生密切相关。而早在 20 世纪 80 年代，人们便在植物中发现机械压力能够影响其生长发育。在自然界中风、雨等持续环境信号的刺激下，高等植物会逐渐发生一系列形态变化，这些变化不像含羞草与捕蝇草等敏感植物一样显著且迅速，但这些变化是累积增加的。如图 15-18 所示，当每天固定给予两次机械压力刺激后，拟南芥会出现非常明显的晚花与矮蔓表现。这种机械压力刺激影响植物生长发育的现象，被称为接触形态建成。

为了深入了解植物的接触形态建成机制，人们从受体/感受器、植物激素、下游效应因子等多个方面进行探究，下文分别进行详细介绍。

2. 机械敏感的离子通道在受体层面发挥重要功能

捕蝇草的触碰反应机制提供了一个重要启示，电信号可在植物胁迫响应的早期阶段发挥重要功能。离子通道作为电信号产生的重要元件，在植物机械压力响应中同样

图 15-17　捕 蝇 草 捕 获
"猎物"反应示意图

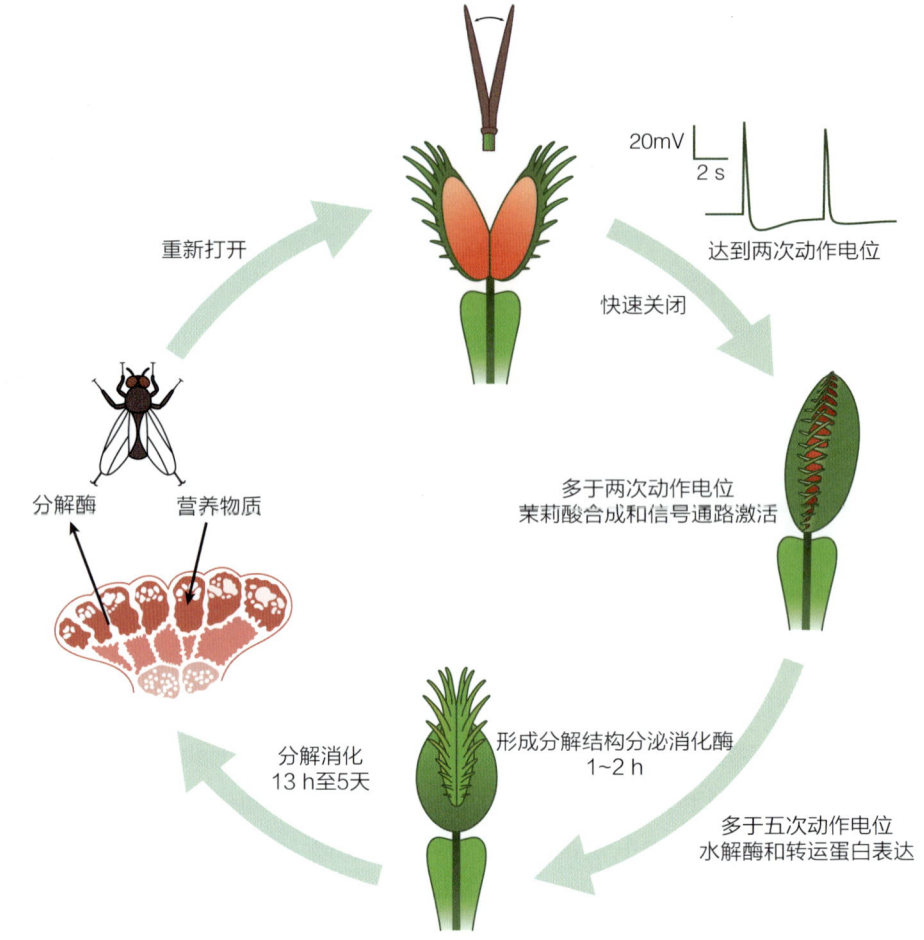

20mV
2 s

达到两次动作电位

快速关闭

重新打开

分解酶　营养物质

多于两次动作电位
茉莉酸合成和信号通路激活

分解消化
13 h至5天

形成分解结构分泌消化酶
1~2 h

多于五次动作电位
水解酶和转运蛋白表达

具有重要作用。含羞草触摸反应便与叶柄细胞的钾离子、氯离子及水通道的开放密切相关。而目前多个机械敏感离子通道（mechanosensitive ion channel）被解析，它们在机械压力响应的受体层面发挥重要功能。

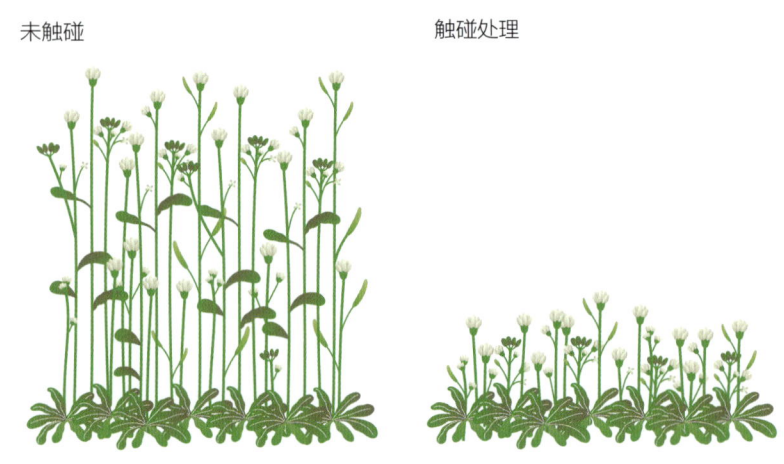

未触碰　　　　　　　触碰处理

图 15-18　拟南芥接触形态建成示意图

在细菌中存在一类感知渗透变化的机械敏感离子通道 MscS（mechanosensitive channel of small conductance），水稻存在 6 个 MscS 的同源基因 MSL（MscS-Like），拟南芥中同样发现了 MSL 蛋白家族。拟南芥 MSL 家族共有 10 个成员，其中 AtMSL2、AtMSL3 与绿藻中 MscS 家族的 MSC1 同源关系较近，也具有与 MSC1 类似的器官发生调控功能。为检验拟南芥 MSL 能否与 MscS 一样作为机械敏感的离子通道，研究人员对主要表达在根尖质膜上的 AtMSL9 与 AtMSL10 进行研究。根尖是植物感受机械压力较为敏感的组织，通过制备根部细胞的原生质体进行膜片钳检测，证实 *At*MSL9/10 在机械压力刺激下能够通透钙离子，是机械敏感的钙离子通道，两者的双缺突变体会出现钙电流异常。这也是首次在植物中发现的机械敏感离子通道。

酵母 MID1 具有钙离子通道活性，其基因突变体 *mid1* 对拉伸不敏感。MID1 因此被认为是机械敏感的钙离子通道。在 *mid1* 酵母细胞中异源表达一个拟南芥基因能够回补其缺陷，该基因因此被命名为 *MCA1*（*MID1-complementing activity1*）。拟南芥 *mca1* 突变体根部穿透能力减弱，难以从低浓度琼脂培养基穿透到高浓度琼脂培养基中，说明了 MCA1 可能参与拟南芥根部对于机械压力的感知。后续膜片钳实验证实 MCA1 是质膜上可以被细胞拉伸形变激活的钙离子通道。通过基因组序列比对，具有高度相似的序列与结构特征，以及类似生理功能和突变表型的拟南芥 MCA2 也被发现（图 15-19）。

2021 年阿德姆·帕塔普蒂安（Ardem Patapoutian）教授因发现机械敏感的离子通道 Piezo 获得诺贝尔生理学或医学奖。Piezo 在希腊语中意为"压力"，研究表明 Piezo1 参与血管发育、骨骼生长与修复、呼吸过程等，而 Piezo2 则帮助我们"触摸世界"，与触觉感知密切相关。值得一提的是，Piezo1 在结构上具有三个"螺旋桨片"，未受力情况下弯曲成碗状，当细胞受到机械压力刺激时，"螺旋桨片"利用杠杆支撑原理延展成片状，带动中心孔道的打开。植物中同样存在 Piezo 同源蛋白，该蛋白质定位在液泡膜而非质膜上，能因液泡膜本身更大的运动自由度而更好地发挥功能。拟南芥 AtPiezo1 主要表达在根部及花粉粒中，作为阳离子通道在机械压力感知中发挥重要作用。此外，拟南芥中还发现了哺乳动物 TMEM16 同源的 OSCA 蛋白等更多机械敏感离

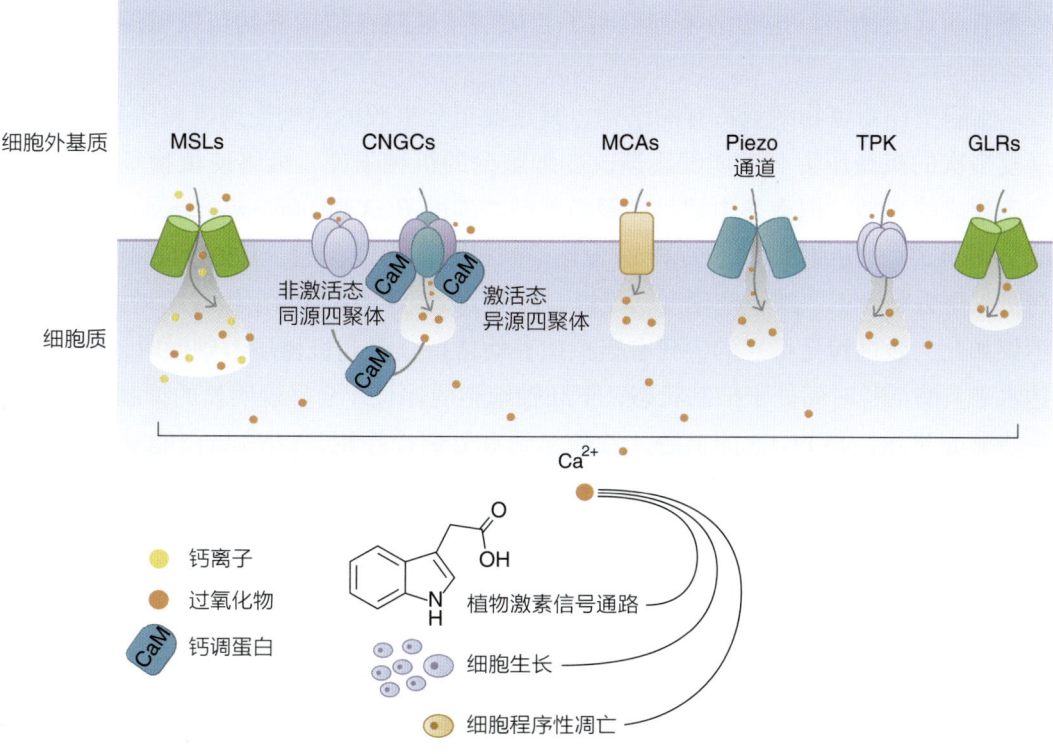

图 15-19　拟南芥潜在的机械敏感离子通道示意图

子通道。这些研究逐渐揭开植物对于机械压力感知的面纱，为更好地了解植物自身发育及环境适应性提供更多线索。

3. 植物接触形态建成响应因子

前文提到，高等植物在受到风、雨等持续环境刺激下，会发生逐渐的形态变化，该变化随着机械压力刺激时间而逐渐积累，那么植物是如何通过体内信号转导将机械压力刺激转化为最终的形态学变化，是解析接触形态建成的重要内容。除却上文对植物机械压力感知层面进行的简要介绍，下游的响应因子同样发挥重要功能。

乙烯（ethylene）作为唯一已知的植物气体激素，在果实成熟、叶片以及下胚轴发育中发挥重要功能，而乙烯易于扩散的特征也提示其对于植物抗逆响应中的重要作用。当拟南芥幼苗受到乙烯处理时，会呈现十分典型的"三重反应"（triple response），分别是下胚轴与根的伸长受到抑制，下胚轴变粗以及顶端弯钩加剧，这些反应能够使植物在遇到刺激时合理地承受及规避伤害。

早期研究表明，豌豆幼苗在遭受机械压力刺激时，会产生乙烯，导致下胚轴变短变粗，以应对机械压力对植株造成的损伤，且机械压力刺激越强，该反应越明显。除此之外，植物根系的机械压力响应同样与乙烯信号密切相关。当拟南芥根部在穿透不同浓度的琼脂培养基时，若下层硬度增加，根部穿透过程中乙烯合成量明显增加。除此之外，当乙烯的合成量增多时，根部能够穿透上下层交界面进入下层培养基，而当乙烯合成量减少时，拟南芥根部倾向于在上下层交界面上弯曲打圈，无法向下穿透。在拟南芥中，EIN3（ethylene insensitive 3）是乙烯信号通路中重要的转录因子，当使用砂土模拟自然界的出土环境时，EIN3 蛋白的表达水平随着覆土厚度的增加明显升高，该过程同样伴随着乙烯含量的升高，相应的，*ein3 eil1* 突变体出土能力相较野生型有明显的减弱。这些结果都说明了乙烯信号通路在拟南芥幼苗机械压力响应上的作用。

细胞壁作为植物细胞特有的结构，其重要组分果胶的结构受到机械压力的调节，反复多次的机械压力刺激能够逐渐改变细胞壁的机械强度，最终使植物呈现出接触形态建成的表型。拟南芥中编码多聚半乳糖醛酸的 *PGX3*（ploygalacturonase involved expansion 3）介导此过程，*PGX3* 的表达受到机械压力的抑制，且野生型拟南芥幼苗在机械压力刺激下，细胞壁硬度明显提高，而 *pgx3* 突变体显示出组成型增强的表型，不仅如此，该过程是可逆的，只有当拟南芥幼苗持续受到机械压力刺激时，*PGX3* 表达水平及酶活长时间处于抑制状态，下胚轴细胞的伸长才会呈现明显的抑制反应。进一步研究显示，在 PGX3 的上游，乙烯起到重要调控作用，EIN3 蛋白能够直接结合 *PGX3* 的启动子区域，抑制 *PGX3* 转录。该机制揭示了植物在机械压力刺激下，如何进行细胞可塑性的调整，确保幼苗在生长和出土期间的适应性，实现幼苗出土存活（图 15-20）。

除了乙烯信号对于拟南芥幼苗接触形态建成中的重要作用外，茉莉酸、赤霉素、生长素等植物激素在植物成苗接触形态建成反应中均发挥重要功能。植物激素茉莉酸在抗逆反应中常常被提及，在茉莉酸介导的损伤响应中，受到调控的标志基因与机械

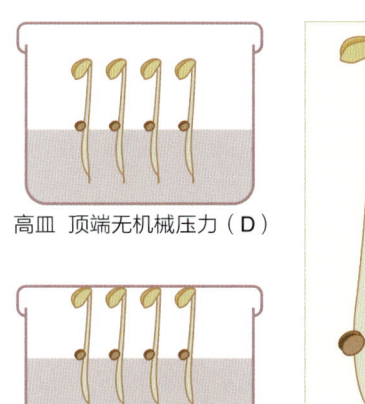
高皿 顶端无机械压力（D）

矮皿 顶端有机械压力（S）

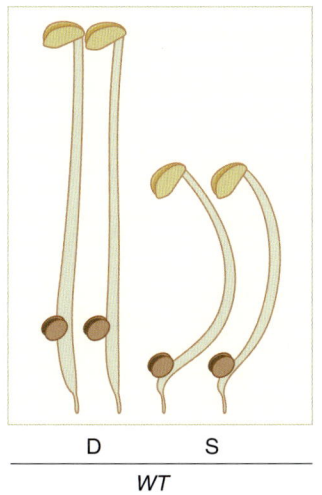
D   S
WT

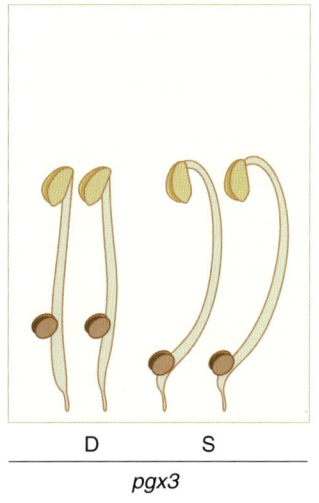
D   S
pgx3

图 15-20 暗环境下生长的拟南芥幼苗的接触形态建成

压力响应中的标志基因具有较大的重合，因而人们认为茉莉酸同样参与调控植物接触形态建成。其中机械压力响应标志基因 *TCH2/4*（*touch 2/4*）同样在茉莉酸信号通路的下游，CAMTA1/2/3（calmodulin–binding transcriptional activator 1/2/3）作为茉莉酸介导的机械压力响应过程中的核心转录因子，能够直接结合在 *TCH2/4* 的启动子区域，调控其表达，而 camta3 突变体基本缺失接触形态建成的表型，且在持续机械压力刺激下，未表现出明显的晚花。同样的，拟南芥茉莉酸合成相关酶 AOS（allene oxide synthase）突变体 aos 在受到持续机械压力刺激后，并未呈现出如野生型 *gl-1* 类似的晚花与矮蔓表现，而过表达茉莉酸合成酶 OPR3（oxophytodienoate reductase 3）时，拟南芥成苗呈现出组成型激活的接触形态建成表型。以上内容均能够说明茉莉酸在拟南芥成苗的接触形态建成过程中发挥重要作用。此外，赤霉素与生长素含量在成苗接触形态建成过程中的分枝增加及腋芽活性增加也具有一定作用。因此，拟南芥等植物的确能够通过一系列反应对机械压力刺激作出响应，调整其生长发育，适应复杂多变的外界环境。

名词窗 15-2

光形态建成（photomorphogenesis）：植物对光的最初反应，茎和根分生组织被激活，通过细胞分裂和扩张等一系列变化导致植物细胞的分化、结构和功能改变，最终表现为组织和器官的建成。

泛素（ubiquitin）：一种广泛存在于真核生物中的小蛋白质，由 76 个氨基酸组成，标记需要分解掉的蛋白质，最终被泛素标记的蛋白质会被 26S 蛋白酶体降解。

26S 蛋白酶体（26S proteasome）：真核细胞中负责调控蛋白质降解的主要蛋白质降解机器，因整个复合物的沉降系数是 26S 而得名，特异性地降解被泛素化标记的蛋白质。

受体（receptor）：能够直接感受外界环境变化并通过改变自身性质将外界变化传递给生物体内部其他组分的物质。

温度形态建成（thermomorphogenesis）：植物应对环境温度变化，在生长和发育方面发生特定形态改变的过程。

热抑制（thermoinhibition）：高温对拟南芥等植物种子萌发的抑制作用。

温度感受器/温度感知受体（thermosensor）：生物体内能够接收特定温度或温度变化的刺激，并将其转换为可识别分子信号的分子。

液-液相分离（liquid-liquid phase separation，LLPS）：二元或多元混合物在一定条件下可以分离为不同的相，这种物理化学现象被称为相分离（phase separation）；当互相分离的两种或多种相都是液体时，这种现象被称为液-液相分离。相分离是一种高度动态的现象，生物大分子的液-液相分离对于生物体中多种无膜结构等功能组分的组织形成与生理功能具有重要作用。

光转换（photoconversion）：光敏色素（phytochrome）存在活化状态的 Pfr 构象（远红光吸收型，far-red light-absorbing form）和非活化状态的 Pr 构象（红光吸收型，red light-absorbing form）两种构象，两种构象之间可以通过红光和远红光的调控发生转换。

暗逆转/热逆转（dark reversion/thermal reversion）：区别于依赖于光的光转换，光敏色素可以通过不依赖于光的过程从活化状态的 Pfr 构象失活为非活化状态的 Pr 构象。光敏色素的 Pfr 构象在黑暗中仍然可以缓慢逆转失活为 Pr 构象，这个过程不依赖于光，因此被称为"暗逆转"，这一术语被广泛使用；而"热逆转"更准确地描述了不依赖于光但受温度调控的 Pfr 失活（或称松弛，relation）的过程，这种松弛过程不仅发生在黑暗中，也可以发生在光中。

光小体（photobody）：光敏色素从 Pr 状态活化为 Pfr 状态后，会发生从细胞质向细胞核的转移，并在细胞核内形成点状结构，这种点状结构的形成一般依赖于光，被称为光小体。

接触形态建成（thigmomorphogenesis）：机械刺激影响植物生长发育的现象。

机械敏感离子通道（mechanosensitive ion channel）：一类由膜整合蛋白组成的门控离子通道，能够将细胞外的牵张、压力、重力、渗透压变化、病原体入侵和细胞自身因细胞分裂和生长产生的机械力等信息转化为电化学信号。

乙烯（ethylene）：植物激素，由甲硫氨酸在供氧充足的条件下转化而成的有机化合物。

三重反应（triple response）：乙烯诱导的植物生物学效应，分别是下胚轴与根的伸长受到抑制，下胚轴变粗以及顶端弯钩加剧。

茉莉酸（jasmonic acid）：植物激素，脂肪酸衍生物，高等植物体内的内源生长调节物质。

※ 复习思考题

1. 植物的双受精有怎样的生物学意义？
2. 植物发育和动物发育有哪些差异？
3. 以叶片发育为例，思考基因表达如何改变细胞和器官形态？
4. 光敏色素 B 作为植物光照和温度的共受体，如何区分感知两种环境信号？
5. 如何利用遗传学的方法筛选鉴定植物机械压力信号通路的功能组分？

※ 推荐阅读

1. GE Z, BERGONCI T, ZHAO Y, et al. *Arabidopsis* pollen tube integrity and sperm release are regulated by RALF-mediated signaling [J]. Science, 2017(358): 1596-1600.

2. LIU J, WU M, LIU C. Cereal endosperms: development and storage product accumulation [J]. Annu. Rev. Plant Biol., 2022(73): 255-291.

3. REINHARDT D, MANDEL T, KUHLEMEIER C. Auxin regulates the initiation and radial position of plant lateral organs [J]. Plant Cell, 2000(12): 507-518.

4. COEN E, MEYEROWITZ E. The war of the whorls: genetic interactions controlling flower development [J]. Nature, 1991(353): 31-37.

5. KOINI M A, ALVEY L, ALLEN T, et al. High temperature-medated adaptations in plant architecture require the bHLH transcription factor PIF4 [J]. Curr. Biol., 2009(19): 408-413.

6. SHI H, LYU M, LUO Y, et al. Genome-wide regulation of light-controlled seedling morphogenesis by three families of transcription factors [J]. Proc Natl Acad Sci U S A, 2018(115): 6482-6487.

7. WU Q, LI Y, LYU M, et al. Touch-induced seedling morphological changes are determined by ethylene-regulated pectin degradation [J]. Sci. Adv., 2020, 6: eabc9294.

8. WANG Z, WANG W, ZHAO D, et al. Light-induced remodeling of phytochrome B enables signal transduction by phytochrome-interacting factor [J]. Cell, 2024(187): 1-16.

（编写：邓兴旺、李磊、焦雨铃、钟上威、何光明；审读：王学路）

第十六章

细胞死亡的分子机制

　　细胞凋亡、程序性坏死和焦亡是 3 种由基因编程和调控的细胞死亡形式。这些分子机制的激活会导致不同形式的细胞死亡。半胱天冬酶（caspase）在调节 3 种细胞死亡形式中发挥着核心作用。在细胞凋亡中，半胱天冬酶家族的级联式激活介导了细胞自杀的全过程，包括信号转导、细胞损毁和凋亡小体的清除。在炎症情况下，半胱天冬酶剪切 GSDM 家族蛋白质，从而导致膜孔的形成以释放成熟的 IL-1β。在某些外来病原入侵的情况下，这些 GSDM 家族蛋白质剪切后造成的大量膜孔可以介导细胞焦亡（一种坏死性细胞死亡）。此外，caspase-8 可以直接剪切 RIPK1 来促进细胞凋亡并抑制程序性坏死。在半胱天冬酶缺乏的条件下，RIPK1 的活化会促进和下游 RIPK3 的结合以及坏死小体的形成，RIPK3 进而导致 MLKL 活化来介导细胞程序性坏死。除了激活细胞凋亡、程序性坏死或者焦亡而导致的细胞自杀之外，破坏细胞稳态可以直接造成细胞非自主死亡——"它杀"。细胞内存在着多种调控机制来维持细胞稳态，例如离子和氧化还原平衡、各种细胞膜和细胞器的完整性、溶酶体和蛋白酶体的稳定等。当细胞稳态受到破坏时可以直接导致细胞死亡，例如兴奋性毒性、铁死亡和溶酶体细胞死亡。因此，细胞也可以在存活机制被破坏时死亡，而无需调用基因编程和控制的细胞主动死亡机制。

细胞凋亡和坏死是两种形态学特征截然不同的细胞死亡类型。细胞凋亡的形态学特征是细胞膜保持完整性，同时细胞质和细胞核发生浓缩；而细胞坏死的形态学特征则是细胞膜的破坏和由于细胞膜破坏后造成的细胞质稀释。

细胞凋亡受进化中高度保守的遗传程序所调控。细胞凋亡的核心调控因子是在秀丽隐杆线虫 *C. elegans* 的研究中首先被发现，其中包括 Egl-1、Ced-9、Ced-3 和 Ced-4 等。这些细胞凋亡的核心调控因子在从无脊椎动物到脊椎动物的基因组中都是高度进化保守的。Ced-3 是 *C. elegans* 中激活程序性细胞死亡所需的唯一半胱天冬酶，而高等生物的基因组编码了多种半胱天冬酶。例如哺乳动物小鼠基因组编码了 11 种半胱天冬酶，而人类基因组编码了 13 种半胱天冬酶（图 16-1）。哺乳动物基因组编码的 Bcl-2 是秀丽隐杆线虫 Ced-9 的同源基因产物。Bcl-2 的高表达可以通过促进细胞存活而不是细胞增殖来导致癌症的发生。

细胞坏死传统上被认为是一种被动且不受调控的细胞死亡形式。然而 2005 年以来的突破性发现表明，哺乳动物和高等脊椎动物基因组编码的一些关键基因产物，包括 ripk1（receptor interacting protein kinase 1）、ripk3（receptor interacting protein kinase 3）和 mlkl（mixed lineage kinase domain like pseudokinase），介导了一种称为程序性坏死（necroptosis）的细胞死亡。此外，研究还发现 caspase 不仅可以介导细胞凋亡，还可以介导一种称为焦亡（pyroptosis）的细胞坏死。

细胞凋亡、程序性坏死和焦亡是由细胞主动调控的死亡形式，因为其细胞死亡过

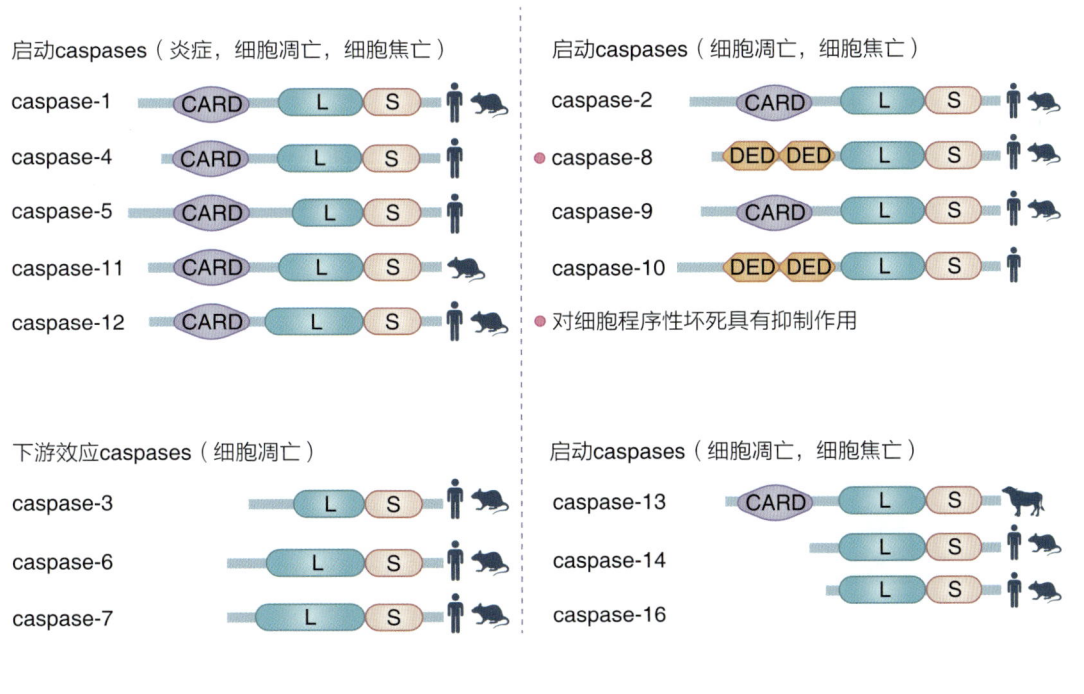

图 16-1 caspase 家族蛋白质

caspase 是根据其前结构域长度（短或长）和序列特征、caspase 募集结构域（CARD）或死亡效应结构域（DED）以及功能（起动 caspase 或下游 caspase）进行分类的。caspase-8 对抑制细胞程序性坏死的发生具有重要作用。

程都需要激活特定的死亡基因及其调控的细胞死亡程序。此外，细胞也可以由于破坏关键存活机制而被动地死亡。这些关键存活机制的主要功能是调节细胞稳态，而不是调控细胞死亡。细胞质膜完整性的破坏、兴奋毒性、错误折叠蛋白质的累积、过度的氧化应激反应和细胞抗脂质过氧化机制失活而导致的铁死亡等，都是由于细胞稳态被破坏造成的细胞被动性死亡。因此，哺乳动物细胞死亡的发生可以通过激活基因编辑的程序性细胞死亡机制，包括细胞凋亡、程序性坏死和焦亡，或者由破坏细胞稳态和存活机制而导致的被动性死亡。

在本章中，我们将首先概述 3 种由死亡基因编程调控的细胞程序性死亡形式，包括 caspase 介导的细胞凋亡和焦亡，以及由 RIPK1、RIPK3 和 MLKL 介导的程序性坏死。然后我们将介绍由于破坏细胞稳态而导致的细胞被动性死亡的例子（如兴奋性毒性、铁死亡和溶酶体破裂造成的细胞死亡），以及这些细胞被动死亡形式与基因编程的细胞程序性死亡机制之间的联系。最后，我们将简要介绍不同细胞死亡模式在人类疾病中的作用。

第一节　基因编程的细胞死亡机制

在本节中，我们将描述 3 种不同类型的细胞程序性死亡形式：细胞凋亡、程序性坏死和焦亡。这 3 种死亡形式都是通过活化基因编程的细胞死亡机制来介导的细胞自杀。

一、细胞凋亡

哺乳动物的细胞凋亡（apoptosis）受 caspase 家族和 Bcl-2 家族蛋白质的调控。细胞凋亡可分为内源性细胞凋亡和外源性细胞凋亡，其不同之处在于细胞凋亡触发的方式。外源性细胞凋亡的触发是由位于细胞质膜上的死亡受体（TNFR1 死亡受体家族）的激活，而内源性细胞凋亡是在没有死亡受体参与的情况下触发的（图 16-2）。

1. 内源性细胞凋亡

内源性细胞凋亡（intrinsic apoptosis）可以在细胞损伤和某些应激条件下被激活，如 DNA 损伤、生长因子缺失或线粒体损伤等（图 16-2）。Bcl-2 蛋白家族是内源性细胞凋亡的关键上游调节因子。Bcl-2 蛋白家族（包括促凋亡和抗凋亡家族成员）的显著性特征是含有 1~4 个 Bcl-2 同源结构域（BH 结构域）（图 16-3）。Bcl-2 抗凋亡蛋白的高表达会抑制内源性细胞凋亡通路的激活。抗凋亡蛋白 Bcl-2、Bcl-xL 或 Mcl-1 的基因敲除小鼠具有致病或致死的表型，提示内源性细胞凋亡途径在机体发育中的重要性。当细胞受到 DNA 损伤、氧化应激、营养剥夺等情况时，BH3-only 蛋白（如 BIM、BID 和 PUMA）会在转录和翻译水平上被激活，将上游促凋亡信号转导到线粒体上，并驱动线粒体外膜通透性（mitochondrial outer membrane permeability，MOMP）的改变（图 16-2）。在这个过程中，BH3-only 蛋白利用其 BH3 结构域来抑制抗凋亡

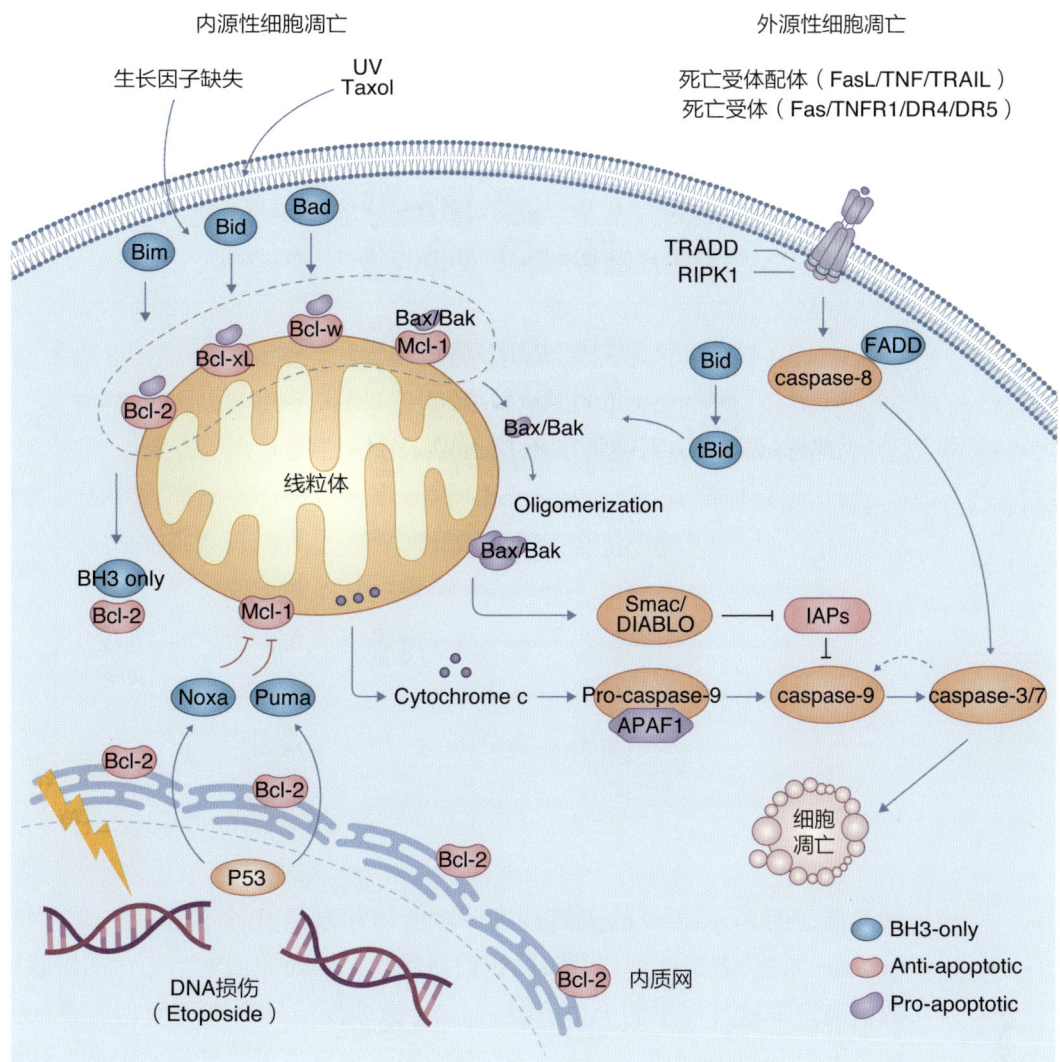

图 16-2 内源性和外源性细胞凋亡

外源性细胞凋亡是通过配体（如 TNFα、FasL 和 TRAIL）激活其对应的、定位于细胞质膜上的死亡受体（如 TNFR1、Fas 及 TRAIL 的受体 DR4 和 DR5）来介导的。内源性细胞凋亡则是由于生长因子缺失、线粒体损伤和 DNA 损伤而被激活的。Bcl-2 家族中 BH3-only 蛋白的激活，例如 Noxa 和 Puma 的转录诱导、Bad 和 Bim 的翻译后修饰以及 Bid 的剪切；通过灭活促生存的 Bcl-2 家族成员，例如 Bcl-2、Bcl-xL 和 Mcl-1，以及激活促凋亡 Bcl-2 家族成员，例如 Bax 和 Bak 来促进线粒体损伤。线粒体损伤导致细胞色素 c 和 SMAC/DIABLO 的释放，从而促进 APAF1 介导的 caspase-9 激活。激活的 caspase-9 依次剪切下游的 caspase（caspase-3 和 caspase-7）以介导内源性细胞凋亡的执行。激活的 caspase-3 和 caspase-7 可以反馈激活上游 caspase 进行，从而放大 caspase 级联反应。

TNFR1（TNF receptor 1）：TNF 受体蛋白 1；Fas（CD95）：肿瘤坏死因子家族的 I 型跨膜受体，可与其配体 FasL（CD95L）结合；TRAIL：肿瘤坏死因子（TNF）相关的凋亡诱导配体，可与其受体 DR4（死亡受体 4）和 DR5（死亡受体 5）结合；BH3：Bcl-2 homology 3；Bcl-2：B-cell lymphoma 2；Mcl-1：myeloid leukemia 1；Noxa：latin for damage；Puma：p53 upregulated modulator of apoptosis；Bad：Bcl-2 associated agonist of cell death；Bak：Bcl-2 antagonist/killer 1；smac：second mitochondria-derived activator of caspase；DIABLO：direct inhibitor of apoptosis-binding protein with low pI。

的 Bcl-2 蛋白，并直接激活促凋亡的 Bax 和 Bak 蛋白，从而驱动线粒体外膜上寡聚孔的形成。线粒体外膜的破裂导致细胞色素 c 和 Smac/DIABLO 蛋白的释放，而 Smac/DIABLO 蛋白可以进一步促进 caspase 的活化。APAF1 是线虫 Ced-4 的哺乳动物同源蛋白，也是 NOD 家族的成员。APAF1 可以形成七聚的凋亡复合体来促进 caspase-9

图 16-3 Bcl-2 蛋白家族
Bcl-2 家族蛋白质根据其结构域（单个或多个 BH3 结构域）和功能（促凋亡或抗凋亡作用）进行分类。
BH3：Bcl-2 homology 3；
TM：transmembrane。

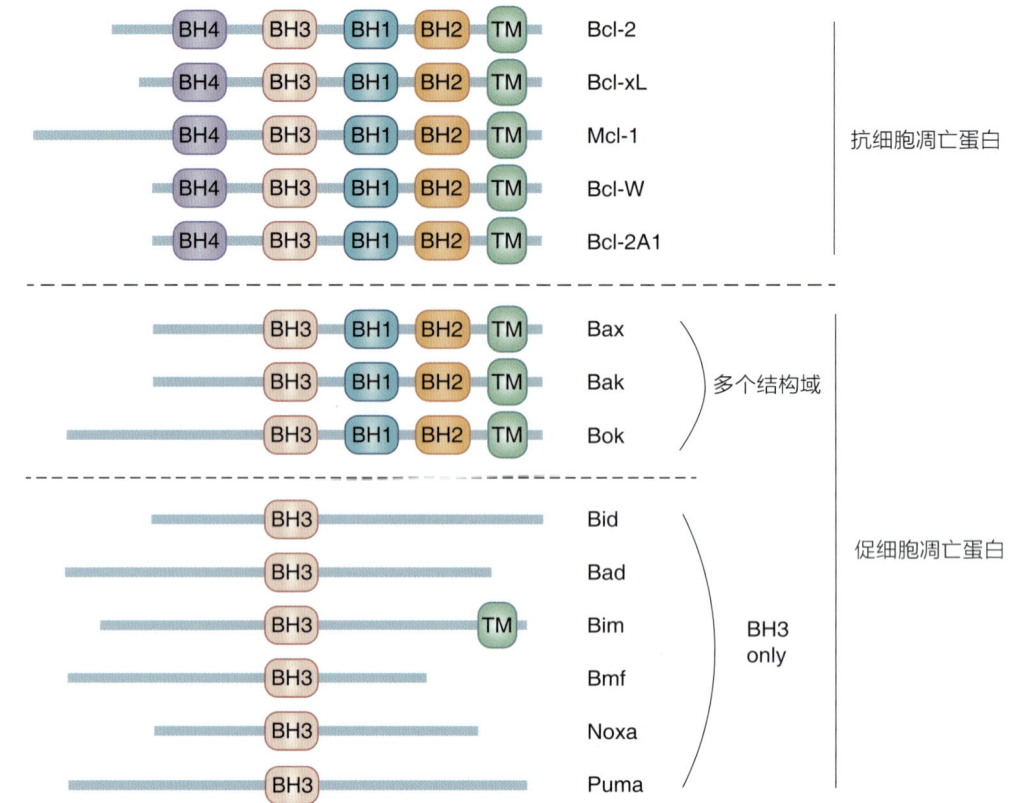

的激活，而 caspase-9 的激活会进一步剪切和激活其他下游 caspase，如 caspase-3 和 caspase-7，后者进而剪切数百种蛋白质底物，从而完成细胞死亡的级联反应过程。新的研究发现这种简单的上、下游 caspase 级联反应导致细胞死亡的观点也许是不完整的，因为 caspase-3 和 caspase-7 双基因敲除小鼠也可以延迟"上游"线粒体损伤和细胞死亡。因此，细胞凋亡是一种具有自我扩增能力的循环级联反应。

电离辐射或化疗药物（如依托泊苷 Etoposide）处理造成 DNA 损伤进而激活内源性细胞凋亡，是传统癌症放射治疗和化学治疗的基础。然而，过去 10 年的研究揭示了哺乳动物细胞中细胞死亡存在代偿机制。虽然细胞和小鼠中 Bax 和 Bak 的双基因敲除产生至今为止已知最强的细胞凋亡抵抗条件，但仍有一小部分 Bax/Bak 双突变小鼠可以出生并存活数月，这表明机体发育过程中当内源性细胞凋亡机能丧失之后，代偿性的细胞死亡机制可以被激活从而消除不需要的细胞。此外，DNA 损伤可以通过促进线粒体损伤和激活下游 caspase 来诱导细胞凋亡，但是 DNA 损伤诱导的细胞凋亡可能仅占细胞对 DNA 损伤的死亡反应的一部分，因为严重的 DNA 损伤还可以导致有丝分裂错乱诱导的细胞灾变性死亡（见下述章节）。因此，当哺乳动物细胞中由死亡基因编程的细胞死亡机制被阻断时，细胞死亡可能通过破坏某些细胞稳态机制来完成。

脱落性凋亡（anoikis）也是一种内源性凋亡。在很多细胞中，整合素（integrin）介导的细胞与细胞外基质的黏附作用对细胞的存活很重要，这种黏附作用的缺失会触发脱落性凋亡。

2. 外源性细胞凋亡

外源性细胞凋亡（extrinsic apoptosis）是由细胞表面死亡受体介导的细胞凋亡。死亡受体定位于细胞质膜上，其主要特征是位于胞质内的信号转导结构域，称为死亡结构域（DD）。死亡受体家族包括 Fas（CD95）、TNFR1、TRAIL（DR4）和 TRAIL-R2（DR5）。这些受体与它们对应的配体结合导致受体激活，从而诱导外源性细胞凋亡（见图 16-2 和图 16-4）。这些外源性细胞凋亡途径具有重要的病理学意义。Fas 和 FasL 的遗传缺陷导致一种罕见的自身免疫性疾病，称为 ALPS（自身免疫性淋巴增生综合征）。该疾病的表型可以在 Fas 和 FasL 突变小鼠模型中被复制。活化的 T 细胞可表达 Fas 配体，并通过与靶细胞中的 Fas 结合来募集 FADD 和 caspase-8 来诱导细胞凋亡。而 Fas 死亡结构域中与 ALPS 相关的突变导致 FADD 募集失败，从而抑制了 caspase-8 的激活。这些发现显示了 caspase-8 激活在 Fas 介导的细胞凋亡中的重要作用。

另一个研究较为清楚而且具有显著性病理学意义的、死亡受体介导的外源性细胞凋亡例子是 TNFα 介导的 TNFR1 激活。TNFα 激活 TNFR1 导致细胞内快速形成一个瞬时的信号复合物（称为 Complex I）。该复合物通过 TNFR1 的胞内 DD，募集两种含有胞内 DD 的衔接蛋白 TRADD 和 RIPK1（图 16-4）。TRADD 的主要功能是介导 TRAF2/TRAF5 和 cIAP1/2 的募集，继而在 RIPK1 上进行 K63、K48 和 K11 不同连接形式的多聚泛素化。由 cIAP1/2 产生的多聚泛素化链对于 Complex I 其他组分的招募至关重要，包括由 HOIP（RNF31）、HOIL-1 和 SHARPIN 组成的 LUBAC 复合物。LUBAC 复合物可以对 Complex I 的组分进行 M1 连接的泛素化，包括 RIPK1、NEMO、A20、TRADD 和 TNFR1。Complex I 上的多聚泛素化链又反过来募集一些关键激酶，包括 TAK1/TAB1/TAB2/3 和 NEMO/IKKα/IKKβ 激酶复合物，并用于 NF-κB 的激活。因此，复合物 Complex I 中形成适当的多聚泛素化链对于介导经典 NF-κB 的激活至关重要。这是一种促生存和促炎症的转录途径，用以控制细胞凋亡和炎症的关键调节因子的表达（例如 Cflar 和 Tnfaip3）。Tnfaip3 编码的 A20 是一种关键的泛素编辑酶，可改变 RIPK1 的泛素化修饰模式；而 Cflar 编码多种 c-FLIP 亚型蛋白，其氨基酸序列与 caspase-8 相似但缺乏酶活性，可以直接与 caspase-8 结合并调节其活性。RIPK1 泛素化的破坏，例如 cIAP1/2、LUBAC 或 NEMO 的缺失、TAK1 或 IKK 的抑制或 RIPK1（K377R）中关键 Ub 受体位点的突变都会导致 RIPK1 激酶活性的过度激活。激活的 RIPK1 反过来促进形成新的细胞质复合物（称为 Complex Ⅱa）。该复合物包括 RIPK1/FADD/caspase-8，其主要功能是介导 caspase-8 的激活和促进 RIPK1 依赖性细胞凋亡（RDA）。因此，这些 NF-κB 激活的，包括 TAK1、IKKs、NEMO、cIAP1/2 和 LUBAC 在内的关键介质，也在抑制和调节 RDA 中发挥着重要作用。由于 RIPK1 的激酶活性可以激活 caspase-8 并影响细胞凋亡的关键检查点复合物 Complex Ⅱa 的形成，因此抑制 RIPK1 的激酶活性可以有效地阻断 RDA 的发生。

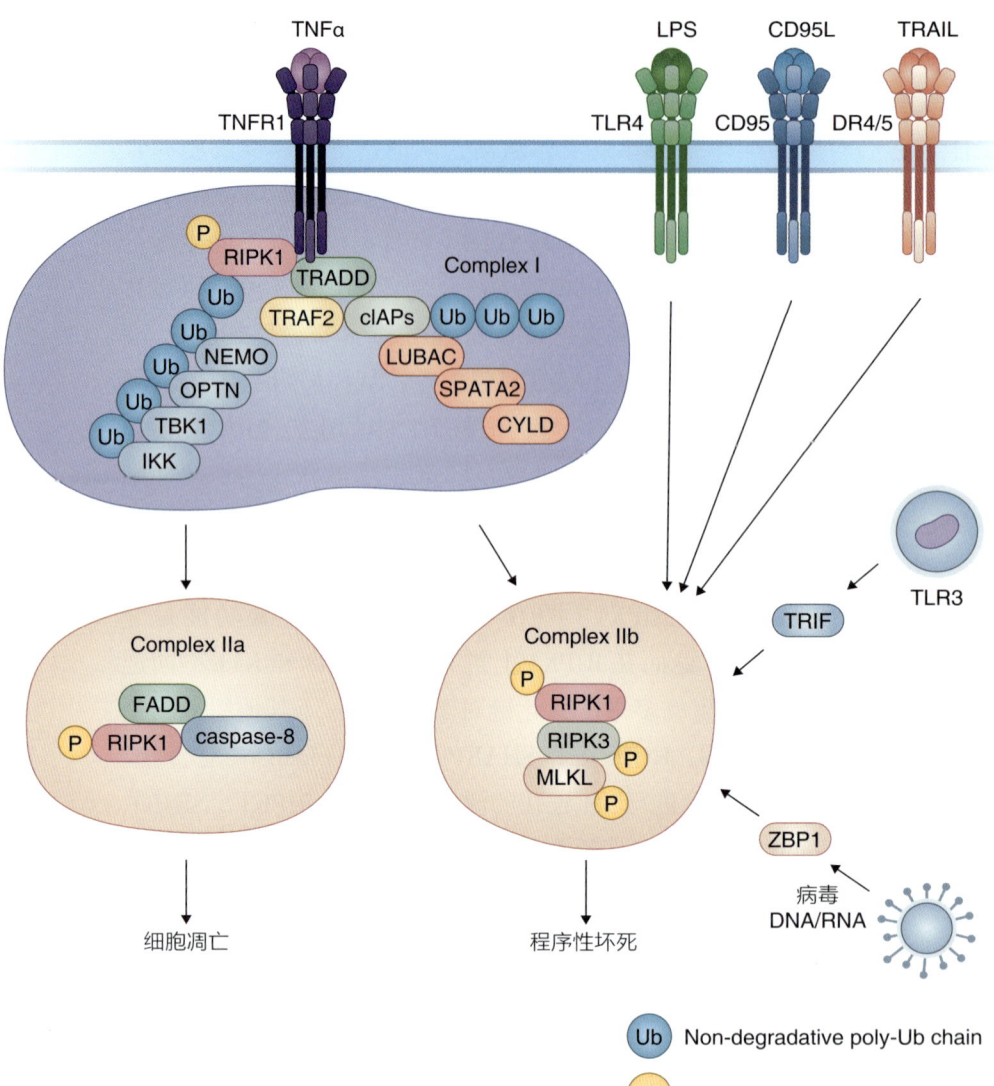

图 16-4   含死亡结构域的受体（TNFR1、CD95 和 DR4/5）
与模式识别受体（PRR）（TLR3 和 TLR4）介导的细胞程序性
坏死

被 TNFα 刺激激活后，TNF 受体 1（TNFR1）膜内部分的死亡结构域
介导了一个瞬时的细胞内复合物的形成，称为 Complex I。该复合
物继而招募接头蛋白 TRADD（与 TNFR1 结合的死亡结构域蛋白）、
RIPK1（蛋白激酶受体相互作用死亡结构域蛋白 1）和多种泛素 E3 连
接酶，包括 TRAF2（与 TNFR 结合的因子 2）、cIAP1/2（细胞凋亡抑
制蛋白 1/2）、LUBAC（线性泛素链组装复合物）、泛素编辑酶 A20 和
去泛素化酶复合物（CYLD 和 SPATA2），以及多种泛素结合蛋白（包
括 NEMO、ABIN-1 和 OPTN）。在 Complex I 中，RIPK1 被 Lys63 连
接的和线性 Met1 连接的泛素链快速多泛素化，从而介导 TAK1（TGFβ
激活的激酶 1）、TBK1 和 IKK（IκB 激酶）复合物的募集和激活。IκB
（κB 抑制剂）的磷酸化和随后的 UPS（泛素 - 蛋白酶体系统）介导的

降解导致 NF-κB（核因子 -κB）的激活。Complex I 的失调会促进
RIPK1（p-S166 RIPK1）的激活，从而导致两种下游的胞内复合物的
形 成——Complex II a 或 Complex II b。Complex II a 包 括 FADD（接
头蛋白 FAS 结合的死亡结构域蛋白）、caspase-8 和 RIPK1，以促进
caspase-8 的激活，进而剪切下游 caspase 如 caspase-3，最终导
致细胞凋亡。当 caspase-8 的激活被抑制时，活化的 RIPK1 激酶与
RIPK3 结合形成 Complex II b。活化的 RIPK3 继而磷酸化 MLKL，再
通过破坏质膜的完整性来介导程序性坏死的执行。在 caspase 缺失
的情况下，被其对应的配体，病毒核酸和 LPS，分别激活的 TLR3 和
TLR4 可促进 TRIF 和 RIPK3 的结合，从而介导程序性坏死。同样在
caspase 缺失的条件下，由其各自的 RHIM（受体相互作用蛋白质同
型相互作用基序）介导的 Z-DNA 结合蛋白 -1（ZBP1）/Dai 和 RIPK3
的结合也可以促进程序性坏死。

二、程序性坏死

细胞坏死（necrosis）的特征之一是早期细胞质膜完整性的破坏。细胞坏死传统上被认为是一种被动的、不受细胞机制主动调控的细胞死亡。而 2005 年袁钧瑛实验室的研究发现，在凋亡通路受阻的情况下，配体激活的死亡受体（包括 Fas/CD95 和TNFR1）可导致激活细胞主动调控的坏死，并命名为程序性坏死。程序性坏死可以被Necrostatin-1（Nec-1）的小分子化合物所抑制。随后的研究发现 Nec-1 及其改进的类似物如 Nec-1s 是 RIPK1 激酶活性的抑制剂。TNFα 结合受体 TNFR1 后，Complex I 中RIPK1 的翻译后修饰，包括泛素化和磷酸化，在控制 RIPK1 激酶的活化和持续时间方面起着关键性作用（图 16-4）。Complex I 组分的遗传缺陷，如 cIAP1/2 和 LUBAC 介导的泛素化修饰的缺失，泛素结合蛋白 ABIN-1、NEMO 和 OPTN 的缺失，泛素化编辑酶 A20 的缺失，以及 TAK1 和 IKKs 介导的抑制性磷酸化的缺失，都会促进 RIPK1的激活。

如上所述，在 caspase 正常的情况下激活 RIPK1 可促进 RDA；而在 caspase 缺陷的情况下，RIPK1 的激活则促进包括 RIPK3 和 MLKL 在内的复合物 Complex Ⅱb（necrosome）的形成来介导程序性坏死。caspase-8 对 RIPK1 的中部结构域的剪切（切在鼠源 RIPK1 中的氨基酸 D325 和人源 RIPK1 中的氨基酸 D324 之后）是程序性坏死的关键检查点。激活的 RIPK1 与 RIPK3 的相互作用则促进了鼠源 RIPK3 中 Thr231/Ser232 的磷酸化和人源 RIPK3 中 Ser227 的磷酸化。RIPK1 和 RIPK3 的结合是由各自的 RIP 同型相互作用基序（RHIM）介导的。该基序可形成 RHIM 介导的淀粉样蛋白质类似结构，提示了淀粉样蛋白质信号在程序性坏死中的重要作用。活化的 RIPK3 继而介导人源假激酶 MLKL（mixed lineage kinase domain like）中 Ser358 或鼠源 MLKL 中Ser345 的磷酸化，从而导致其寡聚化。MLKL 的 N 端四螺旋束（4HB）结构域 L 中的带电氨基酸会与质膜上的磷脂酰肌醇磷酸酯（PIPs）产生相互作用而形成寡聚体，并插入细胞膜来导致细胞破裂。多个抑制 RIPK1 激酶活性的点突变基因敲入小鼠，包括D138N、K45A、K584R、S166A 和 S25D，在发育期和成年期是正常的，但对 TNFα 注射所诱导的、可导致野生型小鼠快速死亡的全身性炎症反应综合征具有高度抵抗性。RIPK3 或 MLKL 基因敲除小鼠也表现出对 TNFα 注射的全身性炎症反应综合征的抵抗性。因此，细胞程序性坏死对 TNFα 介导的炎症反应有至关重要的作用。

与 Fas 和 TNFR1 类似，在 caspase 缺陷情况下，DD 受体 DR4/5 通过其对应配体TRAIL 的激活也可以诱发程序性坏死。此外，模式识别受体（PRR），如 Toll 样受体3（TLR3）、Toll 样受体 4（TLR4）和 ZBP1（zDNA 结合蛋白 -1）的激活，也可以诱导 caspase 缺陷条件下的程序性坏死（图 16-4）。TLR3 和 TLR4 介导的程序性坏死主要依赖 RIPK3 和 TRIF 蛋白（也称为 TICAM1）的 RHIM 序列的参与。病毒的 zRNA或 zDNA 在干扰素处理下激活 ZBP1 也可以促进程序性坏死。该作用是宿主防御反应的一部分，但与 RIPK1 和 TNFR1 无关。ZBP1 是细胞质核酸的传感器，可以与病毒的

zDNA/zRNA 结合，通过其两个 RHIM 结构域与 RIPK3 结合形成坏死小体，从而激活响应病毒感染的程序性坏死。这些 RHIM 接头蛋白的激活也可以导致程序性坏死效应蛋白 MLKL 的磷酸化、寡聚化和膜靶向。RIPK1 通过其支架功能抑制 ZBP1 与 RIPK3 的 RHIM 依赖性结合。因此，RIPK1 和 ZBP1 之间可能存在与 RIPK3 结合的竞争关系。敲除 ZBP1 或 IFN 信号转导的核心组分可延长 $Ripk1^{-/-}$ 小鼠的存活时间，表明 RIPK1 的缺失激活了 ZBP1 依赖性的 IFN 介导的反应。

代谢应激和缺氧也可以促进 RIPK1 的激活，从而介导 TNF/TNFR1 非依赖性的程序性坏死。能量应激介导的腺苷单磷酸激活蛋白激酶（AMPK）的激活起到了代谢检查点的功能。激活的 AMPK 可以直接介导人源 RIPK1 的 S416 和鼠源 RIPK1 的 S415 的抑制性磷酸化，但持续的葡萄糖剥夺可以促进 RIPK1、RIPK3 和 MLKL 的激活来介导细胞死亡。此外，在常氧条件下，RIPK1 的激活受多个主要由 EGLN 介导的脯氨酸残基（例如 Pro195）上的脯氨酰羟基化控制。这导致 pVHL（von Hippel Lindau 肿瘤抑制蛋白）识别并抑制 RIPK1 激活。pVHL 是一种 E3 泛素连接酶，可靶向转录因子缺氧诱导因子 -1α（HIF-1α），促其进行蛋白酶体降解。而 HIF-1α 是细胞对氧浓度反应的关键调节因子。长时间缺氧会使 EGLN 失活，减少 RIPK1 上脯氨酸羟基化并抑制 RIPK1 与 pVHL1 的结合，从而促进 RIPK1 的激活而不影响其降解。这些机制研究强调了 RIPK1 在介导大脑、心脏和肾脏等多个器官缺血性损伤中的关键作用。

三、细胞焦亡

caspase-1 亚家族蛋白质的激活，包括鼠源的 caspase-11 和人源相应的 caspase-1 和 caspase-4/5，可以通过剪切前白细胞介素 1 诱导炎症反应，产生成熟的 IL-1β 以激活下游炎症反应和细胞凋亡（图 16-5）。沙门氏菌感染巨噬细胞引发 caspase-1 介导的细胞死亡，这种可能帮助去除被感染巨噬细胞的死亡形式被命名为细胞焦亡（pyroptosis）。研究表明，细胞焦亡是通过 caspase 介导的 GasderminD 剪切来进行的。GasderminD 是一种独特的 caspase 剪切底物。caspase 介导的 GasderminD 剪切去除了其自抑制性的 C 端结构域，从而允许剪切后的 Gasdermin-N 端结构域在细胞膜上形成孔洞，导致细胞坏死。GasderminD 的剪切可以由 caspase-1 亚家族蛋白质中的促炎性 caspase 以及其他凋亡性 caspase 如 caspase-8 和 caspase-3 来介导。剪切后的 Gasdermin-N 端结构域形成十六聚体，内径为 10～14 nm 的孔洞，来介导成熟 IL-1β 的释放。在大量 Gasdermin-N 孔形成的条件下会导致细胞焦亡。细胞焦亡主要发生在各种吞噬细胞中，包括巨噬细胞、单核细胞和树突状细胞（DC）等。这些细胞可以在细菌或病毒等病原体的刺激下，由脂多糖（LPS）和病毒 DNA 等病原体衍生物诱导发生焦亡。

细胞膜中的 Gasdermin-N 孔可以通过电荷作用释放与细胞死亡无关的、成熟的 IL-1β 等促炎症因子。细胞因子，如成熟的 IL-1β，在没有信号肽的情况下如何被细胞释放一直是该研究领域的难题。炎症反应和细胞死亡对于严重炎症生物体的生存

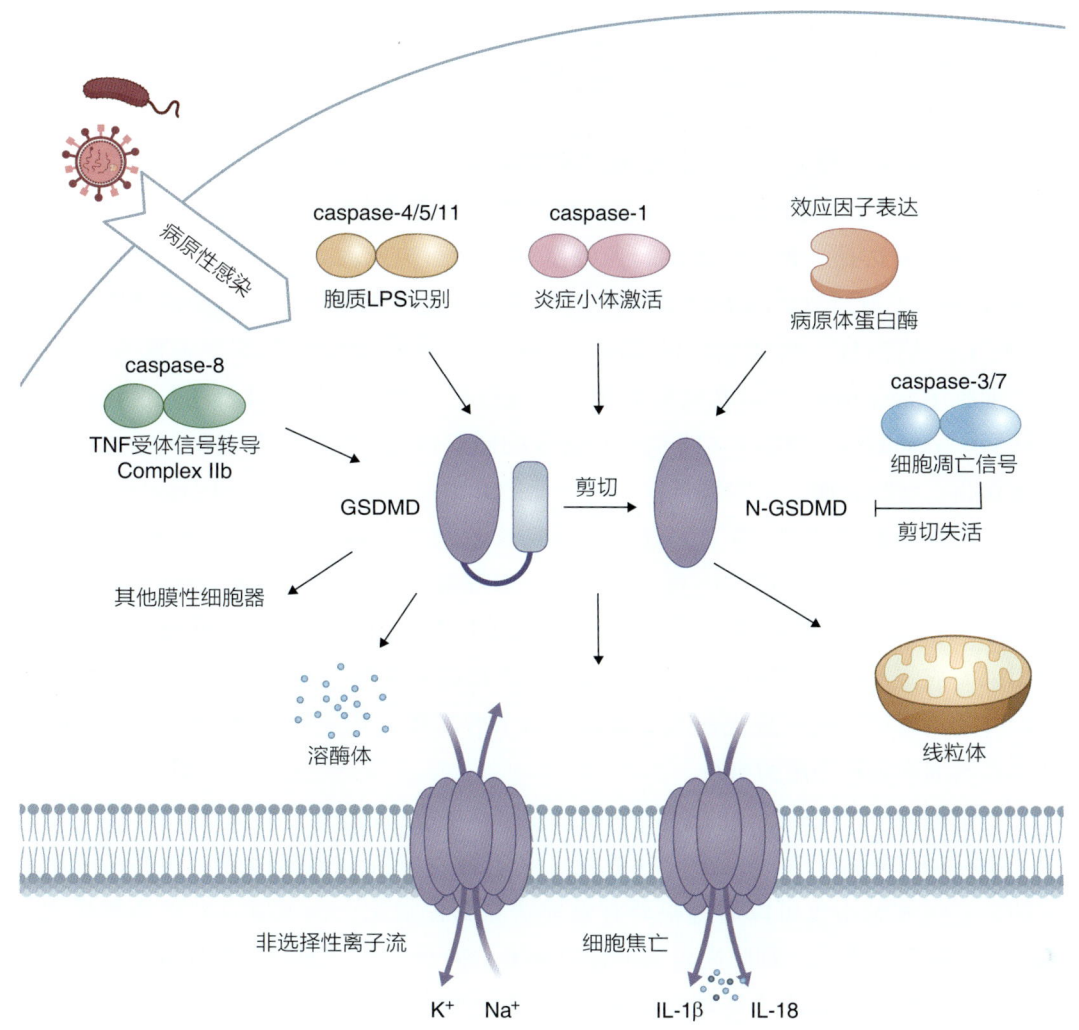

图 16-5 细胞焦亡与成熟 IL-1β 的释放
细菌和病毒的病原性感染可促进小鼠体内 caspase-1 和 caspase-11 的激活，以及 caspase-1、caspase-4 和 caspase-5 介导 GSDMD 的剪切，从而将 GSDMD 的成孔 N 端结构域从其抑制性 C 端结构域中释放出来。活化的 caspase-8、caspase-3 和 caspase-7 以及致病性蛋白酶也可以介导 GSDMD 的剪切。N-GSDMD 形成的孔可以介导炎症条件下活细胞中成熟 IL-1β 和 IL-18 的分泌，并通过细胞裂解导致细胞焦亡。

都至关重要。例如，caspase-11⁻/⁻ 小鼠可以抵抗 LPS 诱导的死亡。这种抵抗可能归因于对 Gasdermin-N 孔介导的促炎细胞因子（如成熟 IL-1β 和 IL-18）释放的抑制，或对细胞焦亡的抑制或两者兼而有之。未来的生物标志物研究需要进一步区分这些可能性。

Gasdermin 家族的其他成员，即人类基因组编码的 GSDMA 到 GSDME 和 Pejvakin，也可以被细菌蛋白酶或哺乳动物 granzymeA 剪切。在 A 组链球菌（group A Streptococcus，GAS）感染的角质形成细胞中，细菌 SpeB 介导的 GasderminA（GSDMA）剪切促进细胞焦亡的发生。人源 GSDMA 三个同源物的三重基因敲除小鼠对高毒性 GAS 菌株的入侵异常敏感，表明细胞焦亡作为宿主防御机制的作用。GranzymeA 介导的 GSDMB 激活是自然杀伤细胞（natural killer cell）杀菌活性的重要部分。志贺氏菌中的 IpaH7.8 可靶向该细胞。有趣的是，细菌同样可以编码 Gasdermin 同源蛋白，同样具有孔形成活性，可用于防御噬菌体。这表明 Gasdermin 可能是进化上一种古老的宿主防御机制。

四、胞葬对清除死亡细胞的重要作用

尽快清除死亡细胞对于避免细胞内容物释放从而造成炎症和自身免疫反应至关重要。被释放的细胞内物质可能作为损伤相关的分子模式来激活炎症反应甚至诱导自身免疫。细胞凋亡是一种"干净的、免疫沉默"的细胞死亡方式，其关键原因是胞葬（efferocytosis）可以有效地吞噬和清除凋亡细胞。在活细胞中，翻转酶的活力（包括ATP11A 和 ATP11C）将磷脂酰丝氨酸（PtdSer）不对称地保持在细胞质膜的内层中。凋亡细胞中 caspase-3 对翻转酶的剪切造成这些翻转酶的失活，以及同时活化磷脂促翻转酶（scramblase）XKR8（线虫中 Ced-8 的同源蛋白）使得磷脂酰丝氨酸（PtdSer）暴露在凋亡细胞表面。这些暴露在细胞表面的 PtdSer 是胞葬作用的识别信号，从而引导具有吞噬功能的细胞（例如巨噬细胞和树突状细胞）通过胞葬来清除凋亡细胞体，所以细胞表面的 PtdSer 是"吃我"信号。巨噬细胞通过 PtdSer 受体 TIM4 对凋亡细胞的识别和 TAM 酪氨酸激酶受体、MFG-E8（也称为 DEL1）和 GAS6/Protein S 的促进作用来完成胞葬作用。除此之外，与线虫中观察到的情况类似，Rho 和 Rab 家族的小G 蛋白及其鸟嘌呤核苷酸交换因子则通过调节吞噬体的形成和成熟来降解凋亡小体，从而参与细胞胞葬作用的执行。

与细胞焦亡中 caspase 的激活一致，发生焦亡的细胞也会在其细胞外膜上暴露出 PtdSer 的"吃我"信号，由此导致死亡细胞被吞噬细胞迅速清除。这些研究结果表明，吞噬细胞不仅可以通过胞葬有效地清除凋亡细胞，也可以有效地清除焦亡细胞，从而避免或者减少细胞内容物的释放和 DAMP 的产生。而程序性坏死因为不涉及caspase 的激活，目前尚不清楚机体是如何去除程序性坏死细胞的。

五、细胞凋亡和坏死中的细胞膜破裂

当死细胞的清除被延迟时，细胞质膜会发生有膜蛋白 NINJ1 参与的破裂。NINJ1在细胞死亡过程中会形成由紧密堆积的栅栏状跨膜 α 螺旋组成的丝状复合物。NINJ1抗体可以减轻肝损伤动物模型中的组织损伤，表明靶向膜损伤可以改善疾病的病理学进程。有研究报道，NINJ1 蛋白与周边神经系统 PNS 和中枢神经系统 CNS 损伤后的细胞–细胞黏附有关。神经轴突损伤后 DRG 神经元中 NINJ1 的水平增加，并顺行转运至损伤点。在多发性硬化症和中风模型中，NINJ1 也可能通过促进免疫细胞的活化和促进免疫细胞穿过 BBB 来参与炎症反应。需要进一步的研究来了解 NINJ1 在调节这些过程中的作用是否涉及细胞膜的破坏。由于死亡细胞在体内生理条件下往往通过胞葬作用被有效清除，因此需要确定体内存在有细胞膜破裂过程的疾病范式，比如急性神经系统和组织损伤导致的大量细胞死亡。这种大量的细胞死亡可能会超出机体清除机制的能力而导致细胞膜破裂后还不能被有效清除；其他可能的例子如吞噬作用相关基因的遗传缺陷可能会降低机体胞葬的效率，从而导致细胞膜的破裂和细胞内容物的漏出。

六、三种基因编程调控的细胞死亡通路异同之处

虽然细胞凋亡、焦亡和程序性坏死都是由特定基因编程的细胞死亡机制执行的，但它们在生命中的进化起源和功能上却截然不同。控制细胞凋亡的基因存在于线虫和果蝇等原始生物中，而介导程序性坏死的基因，包括 *RIPK1*、*RIPK3* 和 *MLKL*，仅在部分高度进化的脊椎动物和哺乳动物中存在（如小鼠和人类）。apaf-1 基因敲除、caspase-9 基因敲除以及 caspase-3 和 caspase-7 双敲除小鼠的胚胎发育缺陷证明了细胞凋亡在机体发育中非常重要。相比之下，caspase-1 基因敲除和 caspase-11 基因敲除对小鼠的发育和存活没有明显影响，但对炎症性细胞凋亡、细胞焦亡以及 IL-1β 和 IL-18 的释放有严重抵抗作用。此外，虽然 RIPK1 基因敲除的小鼠会在围产期死亡，但激酶活性失活的多种 RIPK1 位点突变小鼠都发育正常，并且对 TNFα 诱导的炎性死亡具有高度抵抗性。RIPK3 基因敲除小鼠和 MLKL 基因敲除小鼠也发育正常，也同样抵抗 TNFα 诱导的死亡。此外，阻断 RIPK1 激酶和程序性坏死可以抑制 *casp8*$^{-/-}$ 小鼠、*Fadd*$^{-/-}$ 小鼠、*Abin1*$^{-/-}$ 小鼠和 *Tbk1*$^{-/-}$ 小鼠的早期胚胎致死，表明程序性坏死可能参与了发育缺陷胚胎的清除。因此，细胞凋亡直接参与了机体的正常发育过程，而程序性坏死可能是高等脊椎动物进化出的一种通过终止有缺陷的胚胎来保证正常胚胎发育的质量检验机制。

细胞凋亡和程序性坏死在癌症中具有不同的作用：一方面，FADD 的扩增和表达增加与多种癌症的进展有关，包括乳腺癌、卵巢癌、肺癌等。另一方面，在许多癌症和癌细胞系中都发现 RIPK3 的表达被抑制，以及由此而导致的癌细胞坏死能力的丧失。这些发现显示了 caspase 和细胞凋亡在机体发育中的独特作用，以及当 caspase 在胚胎发育和成年个体中失调时，程序性坏死作为终止非正常发育状态的检查点作用。尤其是 RIPK3 表达在癌细胞中的普遍缺失表明了程序性坏死在癌症发展中的重要的检查点作用。

尽管 caspase 依赖性的细胞焦亡和 caspase 非依赖性的程序性坏死介导了不同形式的坏死和炎症，它们之间可能通过相互作用和合作来调节炎症。例如 RIPK1 的激活可以诱导 IL-1β 的转录，而 IL-1β 的成熟和释放是由 caspase-1/11 介导的剪切和 GSDMD 形成的孔控制的。因此，非致死性激活的 RIPK1 和 caspase-1/11 之间的合作可以促进成熟 IL-1β 的转录和释放，从而调节炎症。程序性坏死是在 caspase 缺失的情况下被激活，而细胞凋亡和细胞焦亡是由 caspase 介导的。因此，激活程序性坏死和细胞凋亡/焦亡所需的条件可能互相排斥。此外，凋亡细胞在细胞膜上会迅速呈现出"吃我"的信号，所以体内可以导致在继发性坏死和细胞内容物释放之前被特定的吞噬细胞迅速吞噬消化。在有限的炎症情况下和由细胞控制的炎症反应过程中，髓室中特定促炎细胞因子的释放以及与它们的特异性受体和信号转导分子的相互作用，仍然是促进炎症的关键驱动因素。因此，细胞焦亡期间非特异性细胞内容物如 DAMP 的

释放可能仅限于造成大量细胞死亡的、严重的病理状况。

第二节　破坏细胞稳态而导致的被动性细胞死亡

除了激活特定基因编程的细胞死亡程序外，细胞还可能由于促存活机制被破坏而死亡。本节将重点介绍由于失去细胞稳态促存活机制而导致细胞死亡的几个典型例子。

细胞凋亡和程序性坏死是由于激活了由基因编程来执行细胞死亡功能的特定蛋白质而发生的。与细胞凋亡和程序性坏死这样由基因主动调控的细胞死亡不同，破坏细胞稳态也足以诱导细胞死亡，并不需要活化基因编程的细胞死亡机制。值得注意的是，因特定细胞稳态破坏而死亡的细胞也能表现出凋亡或坏死的某些特征。然而，在这种情况下由于细胞失去了关键的存活机制，单独抑制细胞凋亡或坏死可能不足以挽救这类细胞死亡。

一、自噬和溶酶体细胞死亡

自噬（autophagy）是一种重要的细胞促存活机制。细胞在正常稳态条件下通过溶酶体途径促进细胞内物质的更新和再循环，并在应激状态下促进细胞的存活。"自噬性细胞死亡"术语最早是用于描述一种在胚胎组织中发现的、形态上不同于细胞凋亡的细胞死亡形式。然而，自噬的抑制可以促进细胞死亡。此外，自噬激活的形态学证据虽然在细胞死亡过程（如细胞程序性坏死）中发现，但是阻断自噬对细胞死亡的影响不大，只是可以增加与程序性坏死相关的细胞碎片的积累。这表明程序性坏死过程中自噬的激活会促进细胞碎片的降解，但不促进细胞死亡。在神经系统中，自噬可通过促进功能丧失的蛋白质（例如聚集的蛋白质）和细胞器（例如受损的线粒体）的降解和周转来维持细胞稳态。自噬或溶酶体功能缺陷与衰老相关的神经退行性疾病有关。

溶酶体是重要的细胞内循环中心，其中充满了如溶酶体酶 cathepsins 等不同的水解酶。这些酶可以降解大多数细胞内大分子来回收可用的氨基酸和其他代谢产物，因此对细胞存活至关重要。然而溶酶体也被称为"自杀袋"，因为溶酶体膜的破裂会导致溶酶体酶的泄漏，进而引发溶酶体细胞死亡（图 16-6）。溶酶体细胞死亡是通过溶酶体酶介导的关键凋亡蛋白的剪切和激活，如 caspases 和 Bcl-2 家族成员，以及由溶酶体酶对关键生存机制的直接破坏作用来实现的。戈谢病（Gaucher disease）是由葡萄糖脑苷脂酶（GBA）基因突变引起的最常见的溶酶体储存疾病。条件突变小鼠中 GBA 在神经元中的缺失导致 RIPK1/RIPK3 水平升高和细胞程序性坏死，而 RIPK3 敲除可以抑制这种死亡。此外，脊髓损伤诱导的溶酶体损伤可介导 RIPK1 被招募到溶酶体上并促进 RIPK1 和 RIPK3 的激活。由视网膜色素上皮细胞中脂褐素积聚引起的溶酶体通透性增加（这是 Stargardt 病和干性年龄相关性黄斑变性的原因）可以激活

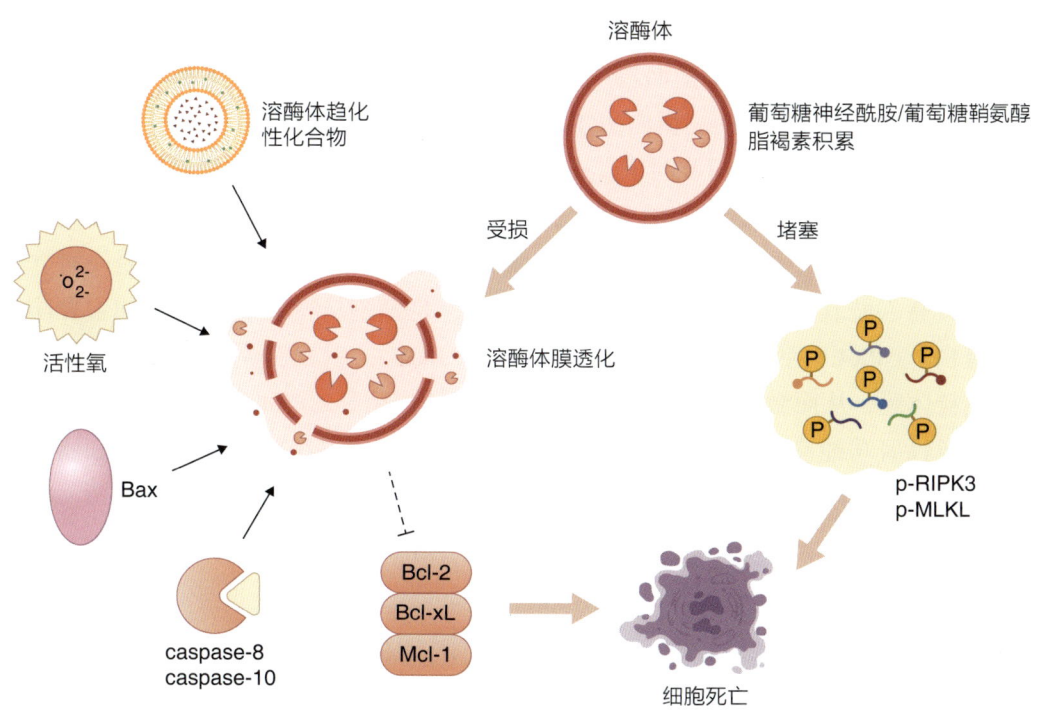

图 16-6 由溶酶体功能破坏介导的细胞死亡

活性氧、溶酶体趋向性化合物以及活化的 Bax 和 caspase 可诱导溶酶体膜透化（LMP），从而导致组织蛋白酶和其他水解酶从溶酶体腔释放到细胞质。戈谢病中葡萄糖神经酰胺和葡萄糖鞘氨醇的积累、Stargardt 病中的脂褐素以及萎缩性增龄性黄斑变性引起的溶酶体堵塞导致 RIPK3 和 MLKL 的激活。

MLKL，导致非典型性程序性坏死。此外，还有一大类溶酶体储存疾病，这些疾病改变了溶酶体功能并导致多个器官尤其是中枢神经系统出现严重疾病。溶酶体内环境稳态生存机制的缺失可能是导致这些患者细胞死亡的驱动因素。

二、细胞侵入式死亡

细胞侵入式死亡（entosis）是指一个细胞直接吞噬和消化另一个活细胞的现象和过程，可以被认为是细胞同类相食的一种形式。吞噬过程由细胞脱离基质而触发，与肌动蛋白（actin）、肌凝蛋白Ⅱ（myosin Ⅱ）、Rho-GTP 酶（Rho-GTPase）和 Rho 相关蛋白激酶（ROCK）产生的细胞收缩活动有关。被内吞的细胞最终通过溶酶体被降解。这个过程与被内吞的病原体如李斯特菌、A 组链球菌和志贺氏菌的降解过程相似。在葡萄糖饥饿条件下 AMPK 的激活可以增强内吞的频率，提示代谢应激在调节内吞中有作用。此外，TRAIL 激活的 DR4 和 DR5 也可以刺激由 caspase-8 的支架功能而不是其蛋白质剪切活性驱动的内吞。在人类癌症中虽然也发现有细胞内吞的现象，但其在癌症中的功能和作用仍需进一步研究。

三、铁死亡和脂质过氧化

铁死亡（ferroptosis）是一种由于脂质过氧化而造成的被动性细胞死亡形式。铁死亡可被 Erastin（交换转运蛋白 xCT 的不可逆抑制剂）和 RSL3（GPX4 的抑制剂）等外源小分子激活。铁死亡在形态学上与细胞凋亡或坏死不同，也不涉及介导细胞凋亡或程序性坏死的细胞死亡机制。维持细胞膜的脂质稳态对于细胞和动物的存活至关重要，打破细胞氧化还原平衡而造成不可逆的脂质过氧化会诱导铁死亡（图 16-7）。*SLC7A11* 基因编码的交换转运蛋白 xCT 和谷胱甘肽过氧化物酶 4（GPX4）蛋白是细胞氧化还原机制的两个关键调节因子。xCT 是一种异二聚体的氨基酸交换转运蛋白，用于输出谷氨酸以换取胱氨酸的输入。胱氨酸的还原会产生半胱氨酸。半胱氨酸是谷胱甘肽（GSH）合成中的限速前体，用以保护细胞免受氧化应激。GPX4 是一种含硒蛋白，具有谷胱甘肽依赖性的过氧化物酶活性，是细胞抵抗脂质过氧化的主要防御机制蛋白。GPX4 失活会导致产生过量活性氧（ROS），引发脂质过氧化和破坏细胞膜和线粒体膜，从而激活细胞死亡程序。在小鼠体内诱导 GPX4 失活会导致脂质氧化诱导的急性肾功能衰竭和动物死亡。细胞内 ROS 增加的一个结果是多不饱和脂肪酸（PUFA）的脂质过氧化，继而产生活性醛类物质如 4- 羟基壬烯醛（4-HNE）。4- 羟

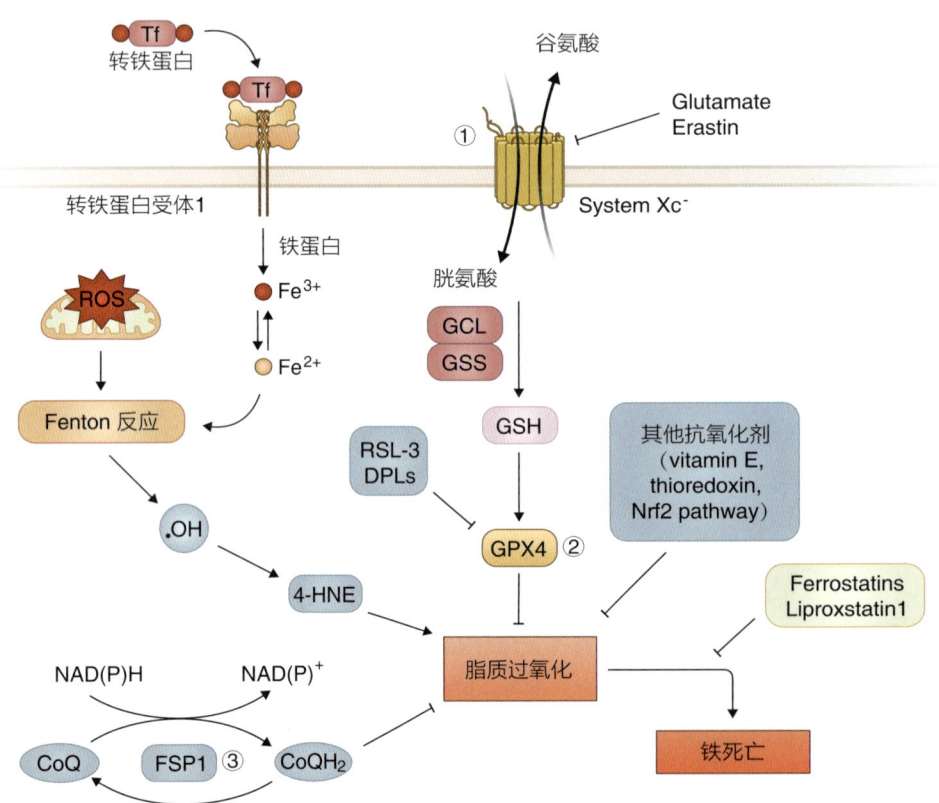

图 16-7　脂质过氧化和铁死亡

防止脂质过氧化的细胞机制包括：① xCT（由基因 *SLC7A11* 编码）。它是一种异二聚体氨基酸逆向转运蛋白，专门用于输入胱氨酸（半胱氨酸的氧化形式），同时以 1∶1 的比例交换输出谷氨酸。胱氨酸的还原产生半胱氨酸。半胱氨酸是谷胱甘肽合成中的限速前体，可保护细胞免受氧化应激。②谷胱甘肽过氧化物酶 4（GPX4）。它通过将脂质氢过氧化物转化为脂质醇来防止脂质过氧化。③ FSP1（质膜铁死亡抑制蛋白 1，以前称为凋亡诱导因子线粒体 2，AIFM2）。它作为氧化还原酶，通过还原 CoQ10（辅酶 Q10）来生成 RTA（亲脂性自由基捕获

抗氧化剂），用于阻断脂质过氧化物。PUFA（多不饱和脂肪酸）的脂质过氧化产生活性醛，例如 4-HNE（4- 羟基壬烯醛）。它可以与蛋白质、脂质和 DNA 形成相对稳定的加合物。电子可能从细胞氧化还原反应中逸出并被氧捕获形成过氧化物（H_2O_2）。Fenton 反应介导 Fe^{2+} 和 H_2O_2 的氧化，提供羟基自由基与脂质反应形成脂质自由基，引发脂质过氧化。RSL3 和 DPI 对 GPX4 的化学抑制或 Erastin 对 xCT 的抑制可诱导铁死亡。Erastin 会破坏针对脂质过氧化的细胞防御机制来诱导通过大量铁依赖性脂质过氧化的细胞死亡。Ferrostatins 和 Liproxstatin1 通过其自由基捕获抗氧化剂（RTA）的功能来抑制脂质过氧化。

基壬烯醛会与蛋白质、脂质和 DNA 形成细胞类型和浓度依赖性的加合物。

当氧化剂攻击脂质，特别是攻击多不饱和脂肪酸（PUFA）时，脂质过氧化就会发生。这是正常细胞代谢的一个自然结果，可以通过细胞氧化还原机制对其进行调节。在炎症和疾病条件下，细胞中可以发现过量的脂质过氧化。衰老可能导致氧化产物的增加，以致超过生物系统的解毒能力。与年轻小鼠相比，衰老小鼠不同器官的活细胞中 HNE-1 阳性水平明显增加，提示衰老与脂质过氧化增加有关。长期以来，氧化应激和脂质过氧化一直被认为与各种衰老相关的人类疾病有关，包括糖尿病和神经退行性疾病。

脂质过氧化水平是通过细胞氧化还原机制来进行调节的（图 16-7）。增加的 HNE 水平可以通过增加 Nrf2 调控的 HNE 消除活性而减少。比如在 *Fraatin* 基因突变导致的弗莱德里希共济失调（Friedreich ataxia，FRDA）患者中，线粒体内铁处理的改变和线粒体呼吸的损害可以用 NRF2 激活剂来进行治疗。细胞中捕获自由基的抗氧化剂，包括维生素 E 和维生素 K，可以抵御脂质过氧化和铁死亡。除了 GPX4 外，脂质过氧化还受到辅酶 Q 氧化还原酶 FSP1 的调节。该酶可催化还原形式的、具有捕获自由基抗氧化活性的泛醌和泛醌醇的再生。FSP1 可以还原维生素 K 成为具有捕获自由基抗氧化活性的氢醌。此外，性激素受体，即雌激素受体（ER）和雄激素受体（AR）诱导的磷脂修饰酶 MBOAT1 和 MBOAT2 也可以调节脂质过氧化。

除了诱发铁死亡，过量的脂质过氧化也可能促进与细胞死亡无关的炎症反应。铁离子参与线粒体呼吸，是细胞稳态和生存的关键调节因子。转铁蛋白受体 1（transferrin receptor1）在脑的铁摄取中起重要作用。它的缺失导致神经元铁缺乏以及多巴胺能神经元的进行性丢失。而铁蛋白轻链（FTL）在铁存储中起着重要作用，它的基因突变导致罕见的帕金森样疾病，即脑部铁过载引起的神经铁蛋白病。小胶质细胞中铁积累引起的炎症反应则与铁死亡相关。因此，细胞内关键的氧化还原促生存机制失活的结果可能也包括炎症的激活。

四、兴奋性毒性

离子通道过度激活后造成的细胞内离子平衡被破坏可导致称为兴奋性毒性（excitotoxicity）的细胞死亡（图 16-8）。线虫机械敏感性的遗传学研究提供了一个由离子通道的过度激活而造成的兴奋性毒性的范例。线虫 *mec-4* 和 *deg-1* 基因编码了两个和脊椎动物上皮细胞中 amiloride 敏感的 Na^+ 通道相似的蛋白质。这两个基因的错义突变导致线虫中离子失衡、触觉受体神经元肿胀和坏死退变。突变型 *mec-4* 和 *deg-1* 介导的细胞死亡不依赖 *ced-3*，但部分由可被细胞内 Ca^{2+} 所激活的天冬氨酰蛋白酶和钙蛋白酶介导。

谷氨酸是哺乳动物神经系统中的一种重要的兴奋性神经递质。它的功能是根据幅度、持续时间和位置来驱动 Ca^{2+} 进入神经元（图 16-8）。在病理状态下，Ca^{2+} 信号的改变会导致第二信使水平过高，从而导致离子失衡而引发兴奋性毒性。细胞不能在细

图 16-8 离子平衡稳态破坏引起的兴奋性毒性

在线虫中，*mec-4* 和 *deg-1*（脊椎动物 amiloride 敏感的上皮细胞 Na⁺ 通道的同源蛋白）过度激活后，细胞内离子平衡被破坏，导致接触感受器神经元坏死变性。这种细胞死亡不依赖于 *ced-3*，但部分由被细胞内 Ca²⁺ 增加所激活的天冬氨酰蛋白酶和钙蛋白酶介导。哺乳动物神经系统在病理条件下的谷氨酸水平升高也会导致细胞 Ca²⁺ 超载和离子失衡而使细胞丧失存活能力。兴奋性毒性的下游细胞死亡效应可能同时包括细胞凋亡和程序性坏死过程，这可能取决于稳态破坏的程度。

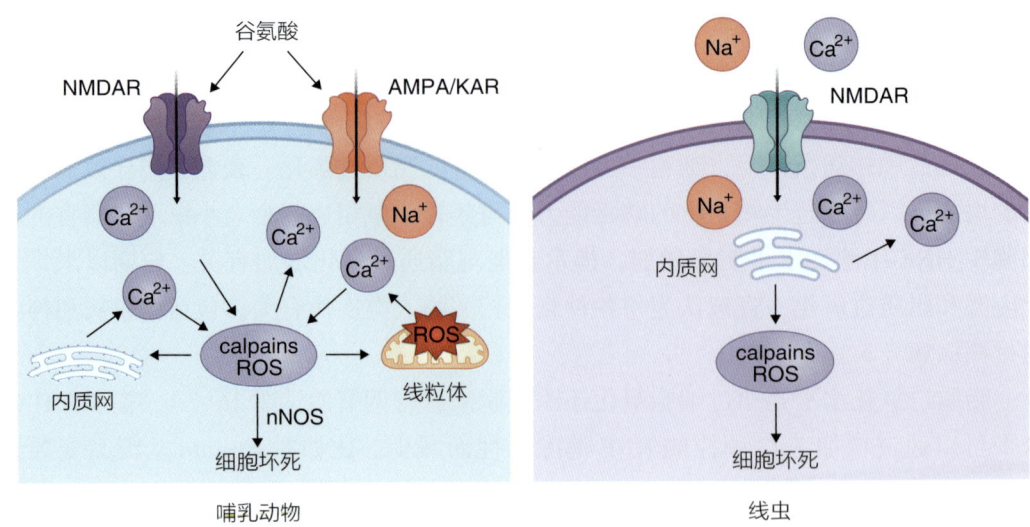

胞 Ca²⁺ 超载的情况下存活。兴奋性毒性的下游细胞死亡效应可能同时包括凋亡和坏死过程。星形胶质细胞对谷氨酸的清除和再循环可能也决定了谷氨酸作为神经递质的可用性。急性神经损伤（如脑缺血、持续性癫痫、创伤性中枢神经系统损伤和低血糖）后，谷氨酸门控离子通道（如 NMDA 受体）的过度或持久激活被认为与神经坏死性死亡有关。谷氨酸的细胞毒性可能是 Ca²⁺ 大量涌入所介导的神经型一氧化氮合酶（nNOS）的激活。该酶也参与多种生理功能，如突触可塑性、学习和记忆以及神经再生。神经元中的兴奋性毒性也可以改变氧化状态，而氧化状态已被证明可以导致蛋白质的 S- 亚硝基化。

五、有丝分裂灾变

细胞有丝分裂灾变（mitotic catastrophe）是一种由于细胞受到化学或物理压力，错误地进入有丝分裂而导致的细胞死亡形式。从生物化学角度来看，细胞有丝分裂灾变的特征为复制不完全的或受损的、在着丝粒（centromere）位置双链 DNA 发生断裂的染色体的过早凝缩。用微管的靶向药物（如紫杉烷类、长春碱类和秋水仙碱等）以及 DNA 损伤剂处理具有 G₂ 期检查点基因遗传缺陷（例如：ATM、ATR、Chk1、Chk2 和 Polo 样激酶家族，如 Plk1、Plk2、Plk3）的癌细胞，可诱导细胞发生有丝分裂灾变。经历有丝分裂灾变的癌细胞可能表现出 caspase 激活的特征，但抑制 caspase 并不能阻止有缺陷的染色体分离，从而导致细胞分裂异常和异倍性染色体的产生。

第三节   细胞死亡和人类疾病

本节将简要讨论细胞死亡和细胞稳态破坏在人类疾病中的作用。

一、抗凋亡 Bcl-2 家族蛋白质和癌症

Bcl-2 是抗凋亡 Bcl-2 家族蛋白质中的一员。在人类滤泡性淋巴瘤中，Bcl-2 的转录由于 t（14；18）染色体易位而被激活。Bcl-2 家族成员的过度表达在多种癌细胞中普遍存在。抗凋亡的 Bcl-2 家族蛋白质通常是通过促进癌细胞在应激条件下的生存来实现其促癌功能，而不是促进细胞增殖。用于治疗白血病和淋巴瘤的 Venetoclax（Bcl-2 特异性抑制剂）和 Navitoclax（Bcl-2、Bcl-xL 和 Bcl-W 抑制剂）的成功开发，突显了该家族蛋白质在调节死亡和生存平衡中的关键作用。

二、RIPK1 调节的细胞死亡和神经退行性疾病

程序性坏死在介导多种以细胞死亡和炎症为特征的人类疾病机制中发挥重要作用。这些疾病包括缺血性脑损伤、缺血性心脏损伤、缺血性肾脏损伤、青光眼、多发性硬化（MS）和肌萎缩性侧索硬化症（ALS）等。在肌萎缩性侧索硬化症（ALS）、多发性硬化（MS）和阿尔茨海默病（AD）死亡患者的病理样本中，都发现有显示 RIPK1、RIPK3 和 MLKL 激活的生物标志物，包括 p-RIPK1、p-RIPK3 和 p-MLKL。由于 RIPK1 是通过 DD 介导的相互作用被特异性地招募到 TNFR1，RIPK1 激酶的激活特异性地介导了 TNFR1 信号转导。因此，抑制 RIPK1 激酶可选择性抑制由 TNFR1 介导的有害反应而不影响 TNFR2 信号通路。

三、人类疾病中 RIPK1 和 caspase 介导的促炎症机制

体内有两种主要的促炎症通路。一个是 RIPK1 介导的 TNFR1 下游促炎细胞因子的产生通路，另一个是炎症小体介导的 caspase-1 激活通路。虽然这两种途径的上游激活剂可能有刺激和细胞特异性，但下游细胞因子的产生和释放通常是一组共同的促炎因子，如 TNFα、IL-1β、IL-6 和 IFNγ。而这些因子释放的水平、时间和组织特异性可能会对机体产生不同的影响。抑制 caspase-8 介导的 RIPK1 剪切导致人类自身炎症性疾病。在程序性坏死和炎症情况下，如在 ALS 中，细胞核中可以检测到活化的 RIPK1。核内的 RIPK1 与一系列的转录激活剂和协同激活剂相互作用 [如 p65（RELA）、SP1 和 JUNB，以及几乎所有 BAF 染色质重塑复合物的组分]，通过调节染色质动态变化来诱导和促进促炎因子的转录。

caspase-1、caspase-11 及相关 caspase 的激活是由多种分子复合物介导的。这些复合物被称为炎症小体，其中包括不同的模式识别受体（PRR）如 NLRP3、NLRP1、NAIPs（NLR 家族凋亡抑制蛋白）、NLRC4、AIM2（黑色素瘤缺失蛋白 -2）、Pyrin 和接头蛋白如 ASC（凋亡相关 Speck 样蛋白）等。这些复合物的下游信号通路是由 PRR 和刺激类型所决定的。最近有研究表明 NLRP3 炎症小体在神经退行性疾病中会被激

活，导致炎症和神经退行性变化。GSDMD 的剪切调节成熟 IL-1β 和 IL-18 的释放以促进炎症反应，是人类炎症疾病条件下促进炎症反应的关键调控机制。

四、破坏细胞稳态和人类疾病

细胞稳态的破坏，包括蛋白质合成与降解之间平衡的破坏，会导致神经退行性疾病中错误折叠和聚集的蛋白质积累。细胞内稳态的恢复是治疗人类疾病的一种重要策略。TRADD 蛋白是 TNFR1 信号通路中的重要接头蛋白。靶向 TRADD 一方面可以抑制 RIPK1 依赖性凋亡，同时也激活了自噬来促进错误折叠蛋白质的降解，从而恢复细胞稳态。

氧化还原稳态的破坏会导致活性氧（ROS）的积累，这在慢性炎症性疾病患者中很常见。此外，脂质过氧化的积累可以导致以 4-HNE 的存在为标志的细胞损伤和铁死亡。由于大脑消耗氧气的比例很高（约 20%），而重量只占身体约 2%，因此大脑对氧化损伤非常敏感。脂质过氧化是遗忘性轻度认知障碍和早期阿尔茨海默病患者大脑中淀粉样斑块形成的早期病理事件。在阿尔茨海默病动物模型中，氧化应激和脂质过氧化可能促进了淀粉样蛋白质斑块的形成。

秀丽隐杆线虫程序性细胞死亡的遗传学研究首次揭示了由 Ced-3、Ced-4 和 Ced-9 介导的控制发育中细胞凋亡的分子机制。这种在进化上保守的程序性细胞死亡机制在哺乳动物细胞中发生了明显的扩展，其中包括可能由于基因复制产生的编码 Ced-3（caspase 家族）和 Ced-9（Bcl-2 家族）蛋白质的多个同源基因。这些基因不仅参与调控发育过程中的细胞死亡，还参与调控疾病中的病理事件，包括细胞死亡和炎症。而 RIPK1、RIPK3、MLKL 和 ZBP1 介导的程序性坏死可能是在进化后期过程中出现的，用以满足复杂的多细胞生物中对清除带病细胞和防御病原体的额外需求。此外，caspase-11、caspase-1、caspase-3 和 caspase-8 等 caspase 对 GSDMD 的剪切导致细胞焦亡，同时也可以在病理状态下介导没有信号肽的细胞因子释放，如成熟 IL-1β，从而导致炎症发生。

激活体内特定细胞死亡通路和炎症的结果可能会因细胞种类而异，具体结果将取决于这些通路中不同介质的表达水平。例如，小胶质细胞中 RIPK1 的激活与促炎细胞因子的产生增加有关，而不是导致细胞死亡；而少突胶质细胞中 RIPK1 的激活则可能会导致由于成熟少突胶质细胞的损失和新少突胶质细胞的补偿性再生而产生的细胞死亡和髓鞘脱失。此外，caspase-1 和 caspase-11 的激活可以驱动下游 caspase（caspase-3 和 caspase-7）激活，因为它们的特异性与其他长前体 caspase（例如 caspase-9）相似。因此，不仅 caspase-1 和 caspase-11，而且 caspase-8 和 caspase-3 的激活都可以介导细胞凋亡底物和焦亡底物的剪切。然而，在细胞凋亡情况下，数百种细胞凋亡底物的剪切决定了细胞死亡的形式和这种自杀样事件的结果。

细胞正常存活需要多种调控细胞稳态机制的参与，打破任何一个重要的细胞稳态机制都可能造成细胞死亡，这解释了为什么我们会发现越来越多的细胞死亡形式。这些与细胞程序性死亡不同的细胞死亡形式告诉了我们哪些是可以用化学或者基因手段来影响细胞存活的关键点。研究细胞稳态机制的失活可能为选择性地诱导癌细胞死亡提供多种可能，因此靶向癌症特异的细胞生存机制可能为治疗癌症提供新策略。此外，许多目前治疗神经退行性疾病的干预策略都集中在阻断被激活的促死亡途径，而通过增强特异性的细胞生存机制来治疗神经退行性疾病的概念和策略还没有被充分探索。发现和确定特定细胞生存信号丢失的关键标志，并开发针对性的靶向疗法，可能使细胞（如神经元或胰腺 β 细胞）在有害环境中也能存活。因此，了解连接细胞稳态和细胞死亡的信号通路交汇点将提供不仅可以抑制细胞死亡，还可以恢复细胞稳态和存活的新治疗策略。

※ 复习思考题

1. 细胞凋亡、程序性坏死和焦亡是 3 种由死亡基因编程调控的细胞程序性死亡形式，它们各有哪些特征性标记蛋白和特异性小分子抑制剂？描述在你的实验中如何区分这 3 种细胞死亡形式。

2. 在细胞水平上如何激活细胞凋亡、程序性坏死和焦亡？设计 3 个细胞水平的实验来分别激活和验证细胞凋亡、程序性坏死和焦亡。

3. 设计 2 个通过破坏细胞稳态来诱导细胞死亡的实验。

4. 细胞凋亡、程序性坏死和焦亡与发育和疾病有什么关系？

5. 细胞凋亡、程序性坏死和焦亡的共同调控分子是什么？3 种不同形式的细胞程序性死亡形式有何关联之处？

※ 推荐阅读

1. YUAN J, SHAHAM S, LEDOUX S, et al. The *C. elegans* cell death gene ced-3 encodes a protein similar to mammalian interleukin-1beta-converting enzyme [J]. Cell, 1993, 75(4): 641-652.

2. MIURA M, ZHU H, ROTELLO R, et al. Induction of apoptosis in fibroblasts by IL-1 beta-converting enzyme, a mammalian homolog of the *C. elegans* cell death gene ced-3 [J]. Cell, 1993, 75(4): 653-660.

3. DEGTEREV A, HITOMI J, GERMSCHEID M, et al. Identification of RIP1 kinase as a specific cellular target of necrostatins [J]. Nat Chem Biol, 2008, 4: 313-321.

4. DEGTEREV A, HUANG Z, BOYCE M, et al. Chemical inhibitor of nonapoptotic cell death with therapeutic potential for ischemic brain injury [J]. Nat Chem Biol, 2005, 1: 112-119.

5. CHO Y S, CHALLA S, MOQUIN D, et al. Phosphorylation-driven assembly of the RIP1-RIP3 complex regulates programmed necrosis and virus-induced inflammation [J].

Cell, 2009, 137: 1112-1123.

6. HE S, WANG L, MIAO L, et al. Receptor interacting protein kinase-3 determines cellular necrotic response to TNF-alpha [J]. Cell, 2009, 137: 1100-1111.

7. ZHANG D W, SHAO J, LIN J, et al. RIP3, an energy metabolism regulator that switches TNF-induced cell death from apoptosis to necrosis [J]. Science, 2009, 325: 332-336.

8. SUN L, WANG H, WANG Z, et al. Mixed lineage kinase domain-like protein mediates necrosis signaling downstream of RIP3 kinase [J]. Cell, 2012, 148: 213-227.

9. WANG S, MIURA M, JUNG Y K, et al. Murine caspase-11, an ICE-interacting protease, is essential for the activation of ICE [J]. Cell, 1998, 92(4): 501-509.

10. KAYAGAKI N, STOWE I B, LEE B L, et al. Caspase-11 cleaves gasdermin D for non-canonical inflammasome signalling [J]. Nature, 2015, 526: 666-671.

11. SHI J, ZHAO Y, WANG K, et al. Cleavage of GSDMD by inflammatory caspases determines pyroptotic cell death [J]. Nature, 2015, 526: 660-665.

12. DING J, WANG K, LIU W, et al. Pore-forming activity and structural autoinhibition of the gasdermin family [J]. Nature, 2016, 535: 111-116.

13. LIU X, ZHANG Z, RUAN J, et al. Inflammasome-activated gasdermin D causes pyroptosis by forming membrane pores [J]. Nature, 2016, 535: 153-158.

14. SUZUKI J, DENNING D P, IMANISHI E, et al. Xk-related protein 8 and CED-8 promote phosphatidylserine exposure in apoptotic cells [J]. Science, 2013, 341: 403-406.

15. SEGAWA K, KURATA S, YANAGIHASHI Y, et al. Caspase-mediated cleavage of phospholipid flippase for apoptotic phosphatidylserine exposure [J]. Science, 2014, 344: 1164-1168.

16. DIXON S J, LEMBERG K M, LAMPRECHT M R, et al. Ferroptosis: an iron-dependent form of nonapoptotic cell death [J]. Cell, 2012, 149: 1060-1072.

（编写：袁钧瑛、俞强、潘鹤龄；审读：朱洁滢、王波）

第十七章

生物个体及器官尺寸大小调控

数学是许多学科的根基,因此我们很小就开始学习数学。而在生物界量化则是许多生物过程的基石。那么量化对于生物体有着怎样的影响? 为什么婴儿的脸看起来特别令人愉悦? 那是因为他们的眼睛和头部相对成人而言占身体的比例更大,而迪士尼的艺术家们也利用这一点,将各种卡通角色都设计为"大头"和"大眼",从而让人觉得这些角色都很有吸引力。即便是负面角色,艺术家们也会让他们的眼睛大一些。又比如,中国的国宝大熊猫为什么会受到全世界人民的喜爱? 是否与它黑黑的、可爱的大眼圈相关? 倘若熊猫没有了那黑黑的、可爱的大眼圈,你是否依然会觉得它憨态可掬? 这些现象背后有着怎样的生物学基础呢?

地球上已知的动物种类约 120 万种,小到蚂蚁、苍蝇,大到大象、鲸鱼,当然也包括已经灭绝但曾经称霸地球的恐龙。尽管我们已经习惯并接受了这些事实,但有一个我们每天都看到但却没有想到的有趣问题——为什么不同动物会有不同的体型? 为什么即使蚂蚁一直吃东西,也不可能变成像恐龙一样大。很多有意思的科学发现都是基于有趣的问题,多年来科学发展的经验已告诉我们,绝大部分的生物学现象背后都有着生物学机制做支撑。虽然恐龙已经灭绝,但如果我们反其道而行之,是否能够通过研究为什么蚂蚁这么小,进而窥探恐龙体型巨大的奥秘?

第一节　大脑尺寸与身体比例

生物学的量化包含很多方面，第一个则是为什么我们的身体会长到相对特定的尺寸，并且每个器官是成比例的。对我们人类而言，大脑作为最重要的器官，其相对较大的尺寸使得我们成为地球上的主导物种，人类在所有灵长类动物中拥有最大的大脑，无论是绝对大小还是相对于身体大小。有意思的是，约350万年前我们祖先的大脑相对较小，在之后的数百万年里我们大脑容量显著增加。大脑的绝对尺寸固然重要，但更为重要的是大脑的相对体积。以大象和抹香鲸为例，很显然它们的大脑体积和身体尺寸均比人类更大，但这并不意味它们比人类聪明。通过计算脑化指数（encephalization quotient，EQ）这一表征动物体重与脑重关系的常数，我们发现几乎地球上所有动物都遵循一个规律——大脑与身体大小成比例。这个不难理解，毕竟拥有更庞大的身躯则意味动物体需要更多的神经元来控制身体的各个部分。但值得注意的是，有些动物的脑化指数并不是贴近这条曲线，它们有着相对较高的脑重，如海豚、乌鸦及人类。研究表明乌鸦是最聪明的鸟类之一，它们机敏、聪明，可以做很多事情，甚至包括工具使用和交易。如果你将现代人类与巧人这种生活在约200万年前的旧人类相比，你会发现两者在脑化指数上存在很大差异。

为什么人类在进化过程中脑相对容积产生了如此大的改变呢？从解剖结构来看，人类牙齿的构造和消化道长度介于肉食动物与草食动物之间，与草食动物有着更高的相似性（图17-1）。我们有着平坦的牙齿，适合咀嚼，因而我们的灵长类祖先选择较易获取的水果和蔬菜作为能量的主要来源。

而植物含有较少的能量，因此我们需要强大的消化系统来充分地汲取养分。数据显示，一个成人的肠道全长 8～9 m，完全伸展后总共有 400 m^2，接近一个标准篮球场的面积。相反的，肉食动物有着相对较短的小肠，因为以肉类作为食物可以提供丰富的能量（图17-2）。因为天气、环境等多种因素的变化，大约于200多万年前人类的祖先们走出非洲，扩散到亚洲和欧洲，并进化成为早期智人和晚期智人。由于寒冷的高纬度地区相对缺乏植蔬，为了生存，他们开始狩猎动物。为了能够成功捕获大型动物，他们需要制作相应工具并开展团队合作。在合作的过程中，为了更好地沟通和交流，人类从简单手势到复杂的语言系统，进化出了丰富的交流方式。这些复杂行为的出现使人类脑容量迅速增加，以便协调身体各个器官。也正是因为开始吃肉，人类获

图 17-1　不同生物体牙齿的形态差异

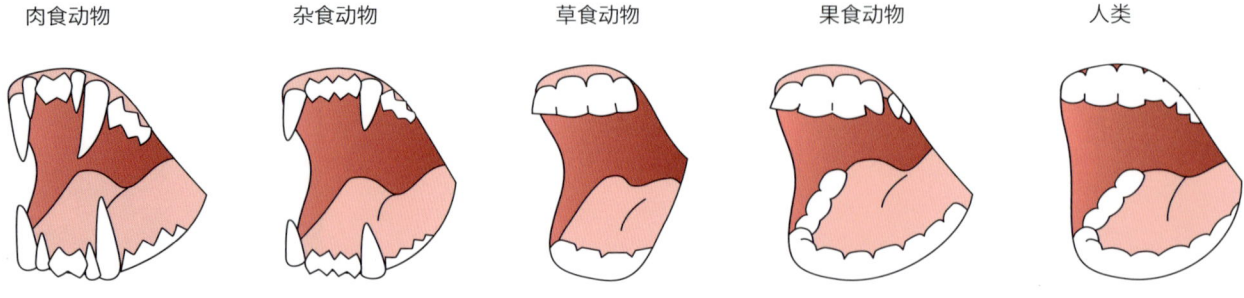

| 肉食动物 | 杂食动物 | 草食动物 | 果食动物 | 人类 |

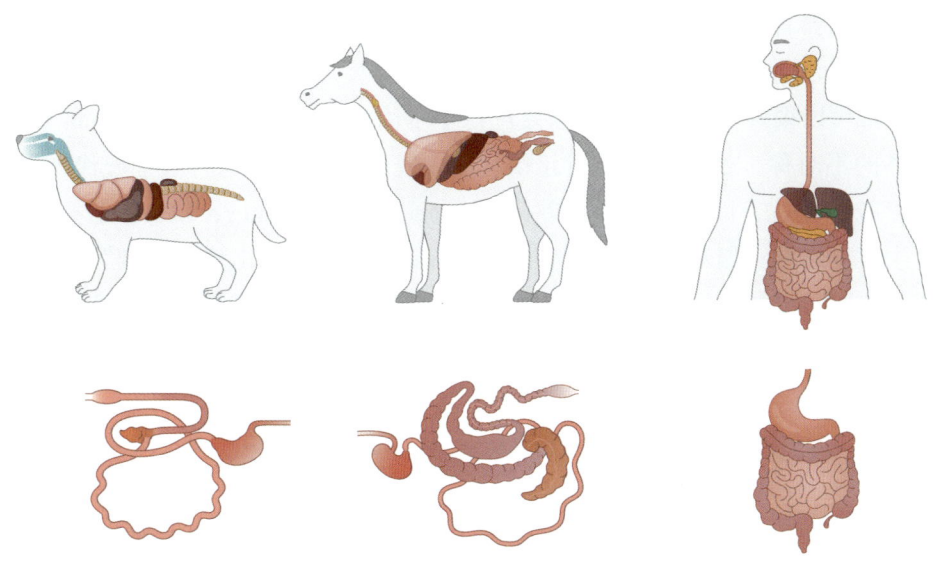

图 17-2 不同物种消化道的示意图
从左到右依次为犬、马以及人的消化系统。

得了更多的能量，足以支持一个更为强大的大脑。研究表明，大脑是我们身体中最耗能的器官，约占人体总重量的 2%，但却消耗身体能量的 20%。

第二节 个体尺寸调控的机制

一、身体尺寸调控机制

1926 年，霍尔丹在《保持合适的尺寸》（*On Being the Right Size*）一文中写道："不同动物之间最明显的区别是大小的不同，但由于某种原因，动物学家对它们的关注很少。"

我们生活的世界有着各种各样的动物，其体型大小的差异令人惊叹。那么，动物身体尺寸（body size）大小调控的生物学机制是什么？简单地讲，动物尺寸大小是由遗传和环境因素共同决定的。其中环境因素包括温度、营养和食物供应等，它们共同影响着动物的生长发育和代谢。动物发育中器官的生长速率和最终大小很大程度上取决于营养状况，并受到生长激素、胰岛素和胰岛素样生长因子等体内循环因子的调控。而遗传因素主要指基因，它调控了包括细胞分裂、增殖及分化等生物学过程，从而决定了不同器官的形态和功能，并最终影响动物的整体尺寸。关于双胞胎研究则有力地支持了以上观点，双胞胎分同卵双胞胎和异卵双胞胎。前者指的是一个精子与一个卵子结合产生的受精卵一分为二形成的两个胚胎；而后者则指受孕时由两个卵子同时各自受精后所形成的两个受精卵分别发育成的两个独立胚胎。由于同卵双胞胎中的基因组几乎完全相同，因此所以同卵孪生的外观几乎一模一样；而异卵双胞胎所含的遗传基因信息只是部分相同，因此在身高、外貌等特征上往往存在着很大不同。

研究表明，生物体超过 80% 的器官大小和形状改变是由基因控制。那为何生物体需要对不同器官的尺寸进行精准调控呢？昆虫的翅膀会对称地长在身体两侧，如果存在大小差异，则不能保证稳定飞行。同样的，以人类的双腿为例，小于 10 mm 的腿长差异通常可以很好地耐受，很少需要进行手术治疗。倘若腿长相差 10 mm 或更大会造成身体的不对称，长期则可能引起腰背痛、髋痛和其他问题。对于现代人类而言，因为医疗技术发达，即使存在腿长差异（leg length discrepancy，LLD）也不会对日常生活产生过度影响。但对于我们祖先而言，当捕猎者试图袭击你时，因为存在腿长差异你就不能跑得更快，所以你被捕获的概率可能就会增加，最终的结果则是导致这些人的基因无法传递下去。

二、器官尺寸调控的机制

合适的器官尺寸（organ size）不但对于维持个体的正常生理功能至关重要，还与多种疾病的发生和发展密切相关。早在 20 世纪 20 年代起，科学家们便开始了对于"器官是如何感知自身大小"这一科学问题的探究，包括经典的"蝾螈前肢移植实验"。动物学家维克多·特威蒂（Victor C. Twitty，1901—1967）和约瑟夫·施文德（Joseph L. Schwind）在蝾螈身上进行了一系列经典实验，他们交叉移植了两种亲缘关系很近但体型不同的蝾螈的肢芽，这两种蝾螈分别是体型较小的斑点钝口螈（*Ambystoma punctatum*）以及体型更大的虎纹钝口螈（*Ambystoma tigrinum*）。有意思的是，从小蝾螈身上取下的肢芽即便移植到大蝾螈身上后也不会变大，同样的将大蝾螈的一个肢芽移植到小蝾螈身上会继续发育形成大的前肢（图 17-3），这个实验表明源于器官内部的某些因素决定了最终器官的形状和大小（Twitty，1931）。

在 20 世纪 60 年代的另一个著名实验中，唐纳德·梅特卡夫（Donald Metcalf，1929—2014）切除了成年小鼠的脾脏，随后将 6 或 12 只胎鼠的脾脏移植到其体内。结果发现每个被移植的脾脏都不能长成正常尺寸，但所有脾脏加在一起的总重量几乎等同于一个正常的脾脏（图 17-4）。这个实验表明，脾脏组织能够感知所处环境和身体，通过非自主性的方式维持正常的身体机能。

以上研究表明器官尺寸是由生物体内源基因预先编程所调控的。

那么接下来的问题是，为何受到损伤后器官或组织能够长到特定的大小，但不会发生过度增生？自然界所有动物都有一定的治愈伤口的能力，但是再生能力会因物种、发育阶段和涉及的组织不同而有所差异。几种无脊椎动物，比如棘皮动物、涡虫、水螅和海鞘，具有较好的再生潜力，能够从小的身体碎片中再生出完整的生物

图 17-3　不同体型的蝾螈芽肢移植试验
大蝾螈的芽肢移植到小蝾螈身体上会长成大的前肢（A）；反之，将小蝾螈的芽肢移植到大蝾螈身体上则会长成小的前肢（B）。

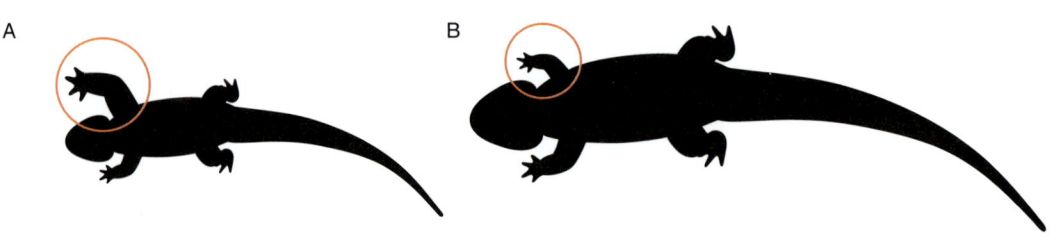

图 17-4　梅特卡夫小鼠脾
脏移植试验
图中左边小鼠有正常大小的
脾脏，而右边小鼠则被移植
了 6 块脾脏组织，这 6 块加
起来的总重量与一个正常脾
脏相近。

正常脾脏：80~160 mg　　　　　　6个21 mg的脾脏：共126 mg

体，或者再生截肢的肢体或尾巴。在昆虫中，黑腹果蝇作为最常用的模式生物，不但对遗传学、细胞生物学和分子生物学研究均做出了重要贡献，同样也可被用于再生生物学的研究。早年果蝇伤口愈合和再生研究显示，将损伤后的幼虫器官胚芽——成虫盘移植到雌性果蝇腹部能够再生和分化。虽然成年哺乳动物的大多数组织器官都缺乏再生出完整器官的能力，但肝脏是个例外。即使 70% 的肝被切除，剩余的组织仍可以在几个月内再生出原始大小的肝脏。有意思的是，当肝再生结束时，肝小叶的大小显著增大，肝细胞板块的厚度几乎是正常细胞厚度的两倍。在大鼠和小鼠中，再生结束时会出现一小波肝细胞凋亡以恢复到正常大小与比例，表明生物体可能通过一种途径监管的方式以纠正细胞数量的不适当增加。

以上研究表明生物体内不仅仅存在预先编程的机制，同样存在着一种系统性的积极监管机制以确保器官的正确大小。

第三节　影响器官大小的重要信号通路

一、Hippo 信号通路

工欲善其事，必先利其器。为了找寻并鉴定出生物体内在的器官大小调控基因，需要合适的遗传学工具。传统的 EMS（甲基磺酸乙酯）诱变剂介导的遗传学筛选有较大的局限性，尤其难以对纯合致死基因进行有效的功能研究及表型分析。即便你知道一个基因突变后能够调控器官大小，也很难开展后续研究，因为无法获得存活的个体，毕竟这些基因很大概率上对组织、器官的正常发育都至关重要。为了解决这一瓶颈，许田（Tian Xu）等人利用果蝇开创性地发明了位点特异的 FLP/FRT 重组系统（FLP/FRT site-specific recombination system）（Xu and Rubin，1993），实现了在杂合突变的背景下高效诱导体细胞中纯合突变克隆的产生（图 17-5A）。该技术不仅在一定程度上模拟了人类肿瘤的发生情况，即带有特定基因杂合突变的个体更易发展为纯合突变的体细胞克隆并诱导肿瘤发生；还可用于大规模遗传筛选，寻找影响器官大小及肿瘤发生的调控基因。

FLP（flippase）是来源于酵母的一种重组酶，它可以识别两个 700 bp 的 FRT 位点

图 17-5　利用果蝇镶嵌模型来找寻器官大小调控基因

（**A**）虽然携带致命纯合突变的动物可能会在早期发育阶段死亡，但携带相同突变镶嵌纯合体细胞克隆的果蝇可以存活。人们可以通过在镶嵌动物模型中诱导产生突变克隆，观察其是否能引起过度增殖来找寻潜在的肿瘤抑制因子。这些镶嵌果蝇的遗传结构与肿瘤患者的嵌合体结构相似。（**B**）FLP/FRT 介导的纯合突变克隆诱导的遗传学原理示意图。

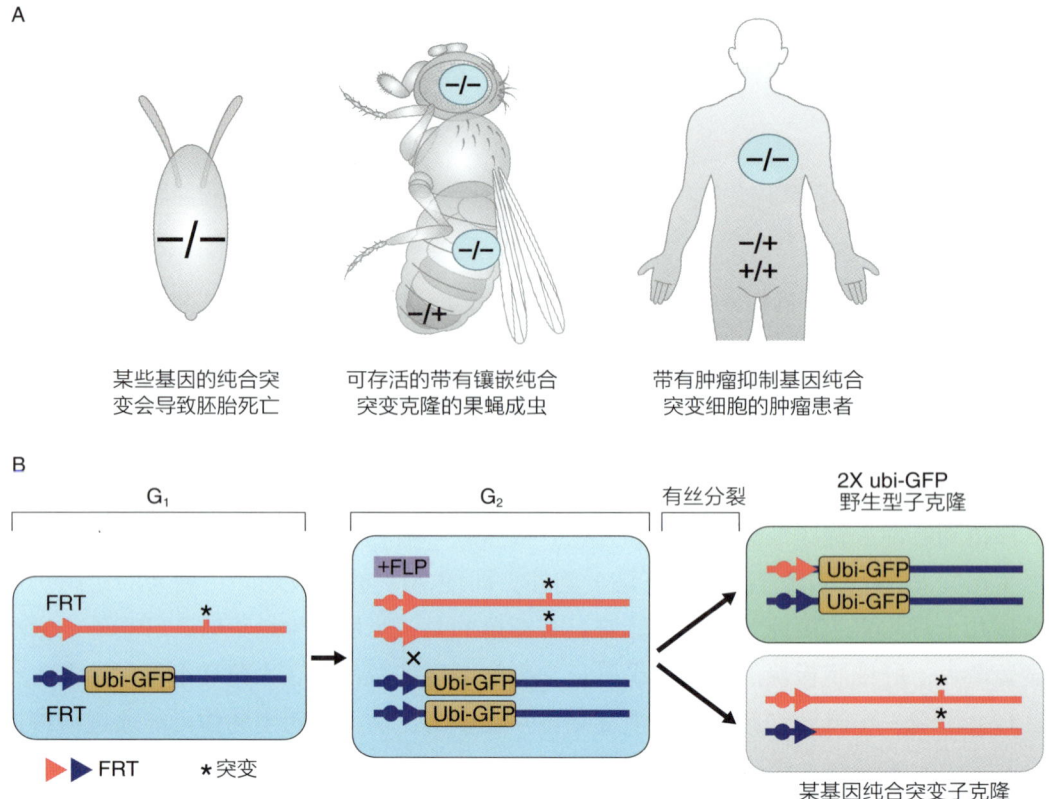

某些基因的纯合突变会导致胚胎死亡　　可存活的带有镶嵌纯合突变克隆的果蝇成虫　　带有肿瘤抑制基因纯合突变细胞的肿瘤患者

（FLP recognition targets，FRTs），使位于同源染色体相同位置的 FRT 发生高效率的有丝分裂重组，进而使一个体细胞在经过一次有丝分裂后长成两个不同基因型的亚细胞克隆：一个是缺乏标记（如 GFP 阴性）的纯合突变体子克隆；另一个则是相邻的野生型子克隆。将 FLP/FRT 技术与 EMS 诱变剂诱导产生的随机突变结合，科学家们可以高效快速地针对果蝇不同的染色体臂进行大规模遗传筛选，找寻突变后能影响器官及细胞大小的基因（图 17-5B）。

　　1995 年，许田课题组及彼特·布莱恩特（Peter J. Bryant）课题组率先利用该技术在果蝇中发现了一个新的肿瘤抑制基因，并分别命名为 *lats*（*large tumor suppressor gene*）和 *wts*（*warts*）（Xu et al., 1995）。在果蝇翅膀、腿和眼等多个器官的上皮组织中突变 *lats/wts* 都能诱导细胞自主性的过度增生（图 17-6A，B），但并不影响细胞

图 17-6　*lats/wts* 突变可诱导过度增殖

（**A**，**B**）果蝇成虫眼部（A）及背部（B）带有 *lats/wts* 纯合突变克隆表型的示意图。（**C**）4.5 个月大 *lats* 纯合突变小鼠的典型软组织肉瘤表型的示意图。

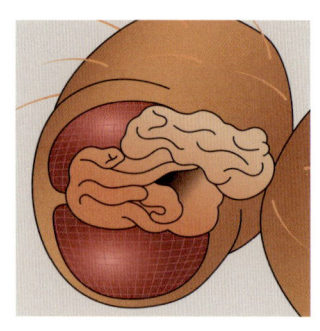

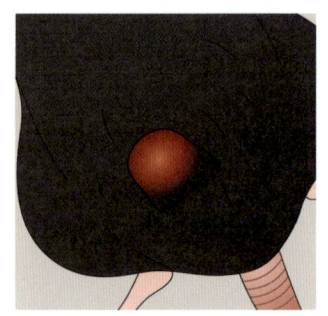

A　　　　　　　　　　B　　　　　　　　　　C

分化。有意思的是，当时人们并没意识到这个发现即将开启器官大小调控研究的新篇章。

　　尽管果蝇在外形上与人类千差万别，但约70%人类疾病相关基因在果蝇中都有对应的同源基因，这也是为什么果蝇被世界各地的科学家用来研究多种人类重大疾病的发生发展机制，包括肿瘤、神经退行性疾病等。随后许田课题组发现过表达人类 *lats1* 基因能够挽救果蝇 *lats/wts* 突变引起的肿瘤样表型，进一步发现在小鼠中突变 *lats1* 能够引起过度增殖并诱发软组织肉瘤（图 17-6C，详见本章推荐阅读）。这些发现充分证明了 *lats* 在不同物种中功能的保守性。

　　Lats/Wts 属于核 Dbf-2 相关家族（nuclear Dbf-2 related family，NDR）的丝氨酸/苏氨酸激酶，虽被证明是抑癌基因，但对于其上、下游的调控因子以及调控细胞数量改变的分子机制仍不清楚。直到 2002 年，艾斯沃尔·哈里哈兰（Iswar K. Hariharan）以及乔治·哈尔德（Georg Halder）课题组利用果蝇进行遗传筛选，鉴定出能与 Lats/Wts 相互作用的蛋白质编码基因 *salvador*（*sav*）。与 *lats/wts* 突变引起的表型类似，*sav* 缺失也能诱发细胞自主性增殖。分子机制方面，研究人员进一步证明 *sav* 能与 *wts* 协同调控细胞增殖与凋亡，*sav* 突变一方面能上调细胞死亡抑制因子 Diap1 的表达，另一方面又能够激活细胞周期调控因子 CyclinE（CycE），从而影响了细胞数量，导致器官大小的改变。

　　用果蝇找寻器官大小调控因子的热潮在 2003 年到达了前所未有的高度，Hippo（Hpo）这个核心蛋白被 5 个独立的课题组同时发现并报道，也标记 Hippo 信号通路（Hippo signaling pathway）研究时代的正式来临。通过在果蝇眼部诱导嵌合体突变克隆后发现该基因突变会导致组织过度生长，使果蝇成虫出现类似"河马"的大脑袋表型，鉴于果蝇遗传学家习惯根据突变体的表型对基因进行命名，因此该基因被命名为 *hpo*（*hippo*）（图 17-7）。进一步的研究表明 *hpo* 编码一个 Ste-20 家族蛋白激酶，它可通过激酶级联反应磷酸化并激活 Sav 及 Wts，而 Sav 与 Hpo 结合后也能促进 Hpo 对 Wts 的磷酸化。虽然之前科学家已经鉴定出 *sav* 和 *wts* 两个器官大小调控基因，但因缺乏清晰的遗传学上、下游关系，它们都只能算是"孤儿蛋白"，直至 *hpo* 被发现，人们开始称之为 Hippo 信号通路。

　　既然 Hippo 信号通路失活能够上调 *diap1* 的表达，那必然存在这样一个能够入核的因子作为 Lats/Wts 磷酸酶的底物，同时它又能调控基因转录。2005 年，潘多加（Duojia Pan）课题组利用酵母双杂交技术揭开了这个谜团，鉴定出 Hippo 通路下游关键的转录辅因子（Huang et al., 2005）。因为该基因在眼部突变后会使得果蝇成虫眼部变得很小，因此将其命名为 *yorkie*（*yki*），取自约克夏梗（Yorkshire terriers，Yorkie）——世界上最小的宠物狗品种之一。相反的，在果蝇中过表达 Yki 将

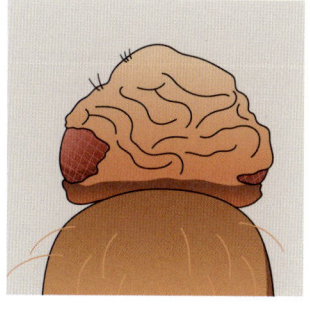

| A | B |

图 17-7　*hpo* 的缺失导致组织过度生长

野生型果蝇头部（**A**）及主要由 *hpo* 突变克隆组成的果蝇头部（**B**）的示意图。

基因型：（A）*y w ey-flp; FRT42D/FRT42D w⁺l(2)c1– R11*；
（B）*y w ey-flp; FRT42D hpo⁴²⁻⁴⁷/FRT42D w⁺ l(2)c1–R11*。

图 17-8 过表达 *yki* 导致组织过度生长
（**A**）约克夏梗与正常尺寸罐装可乐对比示意图。（**B**）示意图显示过表达 *yki* 导致果蝇幼虫 3 龄翅成虫盘过度生长，左下角显示了一个无 *yki* 过表达的对照翅成虫盘。

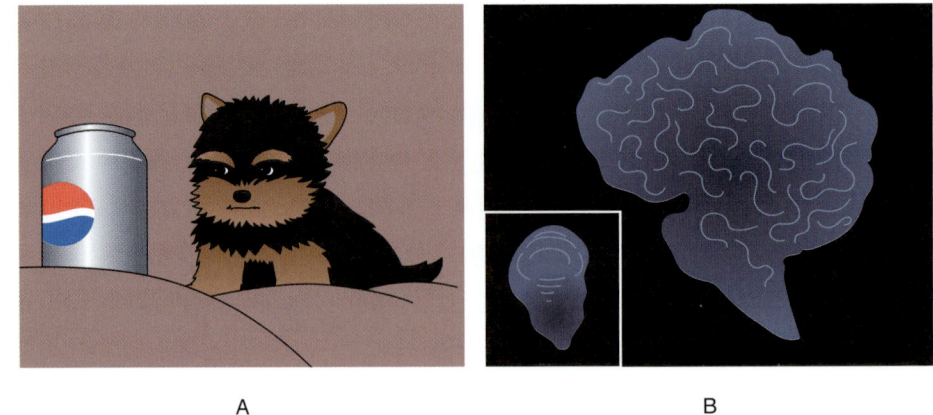

A B

导致组织过度增生（图 17-8），进一步的遗传学上位实验证明 Yki 位于 Wts 的下游。潘多加课题组随后的研究表明 Wts 能够对 Yki 蛋白第 168 位的丝氨酸进行磷酸化从而抑制其活性，使得 Yki 停留在细胞质中。而当 Hippo 通路上游成员发生突变时，Yki 得以进入细胞核，参与生长与凋亡相关基因的转录。

截至 2008 年，随着包括 Merlin（Mer）、Expanded（Ex）、Fat（Ft）等上游调控因子及 Scalloped（Sd）这一下游转录因子被先后发现，较为清晰完善的 Hippo 信号通路调控网络已经形成（图 17-9）。

前文提到，*lats/wts* 的功能从果蝇到人类高度保守，因而科学家们进一步解析了 Hippo 通路在不同动物门中的生理功能和分子调控的机制。哺乳动物中 Hippo 通路

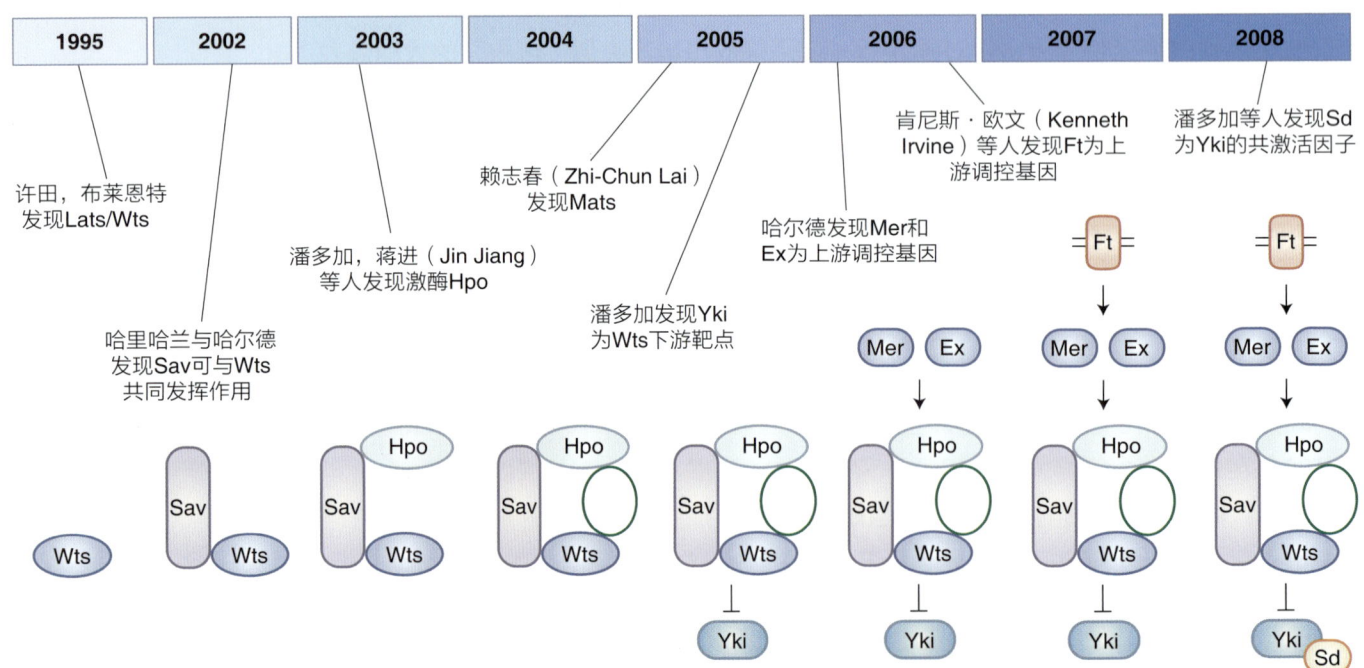

图 17-9 果蝇 Hippo 信号通路核心成员发现的时间轴
时间轴展示了 Hippo 通路的关键组成部分，这些部分汇聚成我们目前对通路的理解。时间轴下方的示意图展示了 Hippo 通路的成长模型，

即从发现核心组件到理解信号如何从上游步骤转导到下游转录输出的过程。注：此简化示意图并不详尽，也不能反映这段时间内信号通路的所有发现。

上游组分发生突变时，也会导致 YAP（Yes-associated protein，也称 YAP1）和 TAZ（transcriptional co-activator with PDZ-binding motif，也称 WWTR1）这两个哺乳动物中 Yki 的同源物入核，与转录因子 TEAD1-4（TEA domain transcription factor 1-4）一同参与增殖及凋亡相关基因转录调控。利用转基因小鼠，科学家们发现过表达 YAP 或 TAZ 或者肝特异性地敲除 *Mst1/2* 或 *Sav1* 也会导致肝脏变大，并最终诱发肝细胞癌，表明 Hippo 通路在哺乳动物器官大小调控中的保守作用。

作为最早研究哺乳动物中 Hippo 信号通路的科学家之一，管坤良（Kun-Liang Guan）与团队鉴定了一系列 Hippo 通路关键分子，包括 MST1/2、LATS1/2 激酶、YAP/TAZ 等，阐明了多种上游信号如何影响 Hippo 信号通路的激活机制，如细胞应激、机械信号和细胞间接触抑制。管坤良的团队还揭示了 Hippo 信号通路与 Wnt、Notch、mTOR 等其他信号通路之间的相互作用，及其在调控细胞命运和组织稳态中起到的重要作用。过去十多年里，包括管坤良在内的世界各地科学家通过大量研究，将 Hippo 通路扩展成一个极其复杂的信号网络。Hippo 信号通路核心激酶成员受到包括细胞黏附、细胞极性、机械力、渗透压以及多种外界压力信号的调控，不仅调控器官大小，还影响着包括肿瘤发生、干细胞调控、免疫应答、心血管疾病及神经退行性疾病等重大疾病的发生发展。

二、mTOR 信号通路

除了细胞数量的改变能够影响器官大小，细胞大小的改变同样也能影响最终的器官大小。每个细胞必须感知自身的代谢物水平，并利用这些数据评估自身是否具备了制造更多蛋白质、细胞膜脂质和基因组 DNA 所需的原材料，然后才能诱导细胞生长或有丝分裂，而调控细胞大小的最为重要的细胞内感知装置则是 mTOR（mammalian target of rapamycin）信号通路。

1964 年，一支加拿大探险队前往南太平洋拉帕努伊岛（也叫复活节岛）找寻新型抗菌剂，在一种革兰氏阳性土壤厌氧细菌中鉴定出一种抗生素并以波利尼西亚语中的名字雷帕岛（Rapa Nui）将其命名为雷帕霉素（rapamycin）。后续研究发现雷帕霉素具有强烈的免疫抑制及抗增殖作用，随后瑞士巴塞尔大学的迈克尔·霍尔（Michael N. Hall）课题组利用酿酒酵母通过开展雷帕霉素耐药的遗传机制研究，鉴定出了两个有关雷帕霉素抑制作用的基因，分别为 *TOR1*（target of rapamycin，也称 *mTORC1*）和 *TOR2*（也称 *mTORC2*）（Heitman et al., 1991）。霍尔也因 mTOR 的相关研究获得了 2017 年的拉斯克奖（Lasker Award）。1994 年，几个课题组同时克隆出了哺乳动物中的同源基因 *mTOR* 并逐渐阐明了雷帕霉素的完整作用机制：雷帕霉素与胞质中的胞浆蛋白 FK506 结合蛋白 12（FKBP12）结合，形成雷帕霉素-FKBP12 复合物，随后该复合物再结合并抑制 *mTORC1*。后续的一系列研究证明 mTOR 通路是细胞内营养水平影响细胞自主生长的主要枢纽，调控包括基因表达、蛋白质合成和营养物代谢在内的多种过程。

图 17-10 *chico* 基因自主控制细胞大小和器官大小

（**A**）果蝇成虫眼部切片示意图，结果显示在 *chico* 纯合突变克隆（缺乏色素）中，所有感光细胞（photoreceptor, PR）的大小与野生型 PR 细胞（有色素标记）相比减小了约 50%，表明 *chico* 基因可自主控制细胞大小。（**B，C**）果蝇成虫头部示意图，与对照相比（**B**），选择性地在眼成虫盘细胞中突变 *chico* 会产生头部和眼明显变小的果蝇（**C**）。

基因型：*y w ey-Flp; chico¹ FRT40/CyO*（**B**）；*y w ey-Flp; chico¹ FRT40/P(w+)l(2)2L-3.1 FRT40*（**C**）。

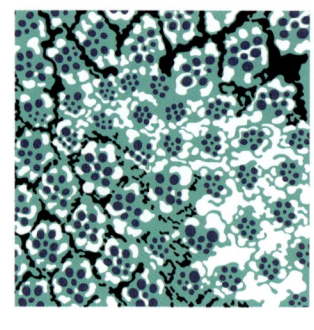  

A	B	C

　　mTOR 是一种大型非典型的丝氨酸/苏氨酸激酶，是进化上保守的在真核生物中调控细胞生长的关键因子，属于磷脂酰肌醇激酶相关激酶（phosphatidy-linositol kinase-related kinase，PIKK）蛋白家族成员。果蝇遗传学的优势使得 mTOR 通路调控细胞大小的能力得到了很好的证实。在 2000 年前后，来自世界各地的多个实验室用果蝇为研究对象鉴定出多个可通过自主性方式正向调控细胞大小的基因，包括胰岛素样生长因子受体 InR（insulin-like receptor，也称 dInR）、胰岛素受体底物 chico（insulin receptor substrate，也称 IRS 或 dIRS）、磷脂酰肌醇 3- 激酶 Pi3K92E（phosphatidylinositol 3-kinase 92E，也称 PI3K 或 Dp110）、激酶 Akt（Akt kinase）、激酶 mTor（mechanistic Target of rapamycin，也称 Tor、dTOR）和激酶 S6k（ribosomal protein S6 kinase，也称 dS6K）（详见本章推荐阅读）。比如恩斯特·哈芬（Ernst Hafen）课题组通过遗传筛选鉴定出一个身体显著变小的突变体果蝇品系，并将导致该表型的基因命名为 *chico*，在西班牙语中意为 "小男孩"。利用果蝇嵌合体技术在幼虫成虫盘诱导 *chico* 纯合突变克隆，发现其与周围的野生型对照相比体积明显变小，并产生成虫果蝇眼部变小的表型（图 17-10）。

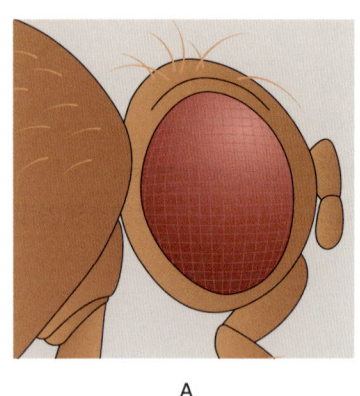 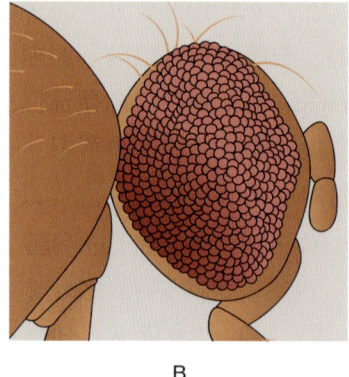

A	B

图 17-11 *Tsc1* 突变增加细胞和器官的大小

示意图展示野生型成虫果蝇眼部（**A**）及带有 *Tsc1* 纯合突变克隆的成虫果蝇眼部（**B**）。

基因型：*w¹¹¹⁸*（**A**）；*y w eyFLP1/y w; FRT82B Tsc1^{Q600X}/FRT82B P[mini-w⁺]88C*（**B**）。

　　此外，包括许田、潘多加、哈里哈兰及鲁宾在内的多个课题组在果蝇中鉴定出若干个突变后能引起眼部变大但又不会形成恶性肿瘤样增生的突变体，其中最为重要的包括 phosphatase and tensin homolog（PTEN，也称 dPTEN）、tuberous sclerosis complex 1（Tsc1，也称 TSC 或 dTsc1）（图 17-11）和 gigas（gig，也称 TSC2 或 dTsc2）。

　　尽管 PTEN 在哺乳动物中的生化分子机制已经确定，但通过果蝇遗传学上位分析，科学家们发现果蝇胰岛素样生长因子受体 InR 过表达引起的细胞变大表型可以被 TSC1 和 TSC2 的同时过表达所抑制；反之，*InR* 突变、*Akt* 突变以及 PTEN 过表达引起的小眼表型则可被同时突变 *Tsc1* 所挽救（rescue）。这些遗传学证据表明在果蝇眼部，TSC1 和 TSC2 在 InR-mTOR 信号通路中调控器官和组织大小变化，它们的功能与 InR、PTEN 和 Akt 具有遗传上位性，也即 TSC1 和 TSC2 的遗传学定位是位于 InR、PTEN 和 Akt 的下游。

有意思的是，mTOR 通路不仅能自主调控生长，皮埃尔·利奥波德（Pierre Léopold）课题组的一项发现表明，在果蝇的脂肪体（相当于哺乳动物的肝脏和脂肪组织）中抑制 mTOR 通路会导致幼虫生长发育缺陷。这项研究还显示，mTOR 信号除了控制细胞自主生长外，还可能通过器官间通讯影响发育过程中远处细胞和器官的生长（详见本章推荐阅读）。

作为 mTOR 通路研究的先驱者，在过去的 20 年里，管坤良与团队在建立哺乳动物 mTORC1 信号转导网络及机制研究方面做出了重要贡献，包括在生长因子、营养和能量应答中鉴定了 TSC1/2-Rheb、Rag 和 AMPK 作为 mTORC1 的上游调控因子，以及阐明 ULK1 和 VPS34 作为 mTORC1 在自噬中的下游效应分子。利用生物化学等方法，他们发现当 TSC1/2 活跃时，它能促进小 GTP 酶 Rheb 上 GTP 的水解，从而抑制 mTORC1。相反，当 TSC1/2 被抑制时，Rheb 保持 GTP 结合的活性状态，导致 mTORC1 的激活（Inoki et al.，2003a）。另一项研究中，管坤良团队发现 TSC2 受细胞能量水平的调节，在细胞能量反应通路中发挥重要作用（Inoki et al.，2003b）。腺苷酸激活蛋白激酶（AMP-activated protein kinase，AMPK）是细胞中关键的能量传感器，在能量限制条件下，AMPK 可在 T1227 和 S1345 位点对 TSC2 直接磷酸化并增强其活性，进而抑制 mTOCR1，从而保护细胞免受葡萄糖缺乏诱导的凋亡、节省能量并防止不必要的细胞生长。这种机制不仅对维持细胞稳态至关重要，对癌症等疾病发展同样也有重要影响。

鉴于 mTOR 信号通路与细胞生长密切相关，因此不难理解临床医生开始靶向 mTOR 来治疗包括癌症在内的相关疾病。与此相符的是，mTOR 信号通路的成员在多种人类癌症中均存在较为频繁的突变。临床试验已用雷帕霉素（西罗莫司，Wyeth）及其衍生物替西罗莫司（CCI-779，Wyeth）、依维莫司（RAD-001，Novartis Pharma AG）和 AP-23573（Ariad Pharmaceuticals）作为癌症治疗药物。一项针对乙肝病毒相关的肝细胞癌（hepatocellular carcinoma，HCC）患者的研究发现：16.2% 的患者（n=18/111）带有 TSC1 或 TSC2 的突变，用雷帕霉素处理能够显著抑制肝癌细胞患者来源的肿瘤异种移植（patient-derived tumor xenograft，PDX）模型诱导的肿瘤发生（详见本章推荐阅读）。

三、Hippo 信号通路与 mTOR 信号通路之间的交叉通讯

前文讲到 Hippo 和 mTOR 信号通路是公认的器官大小重要调节者：mTOR 通过刺激细胞生长来增加细胞大小；而 Hippo 则通过抑制细胞增殖和诱导细胞死亡来限制细胞数量，两者共同作用从而实现组织稳态和器官大小的精准调控（图 17-12）。因此这两条信号通路必须被精确地调控和整合，以确保生理状态下细胞行为的正常进行。

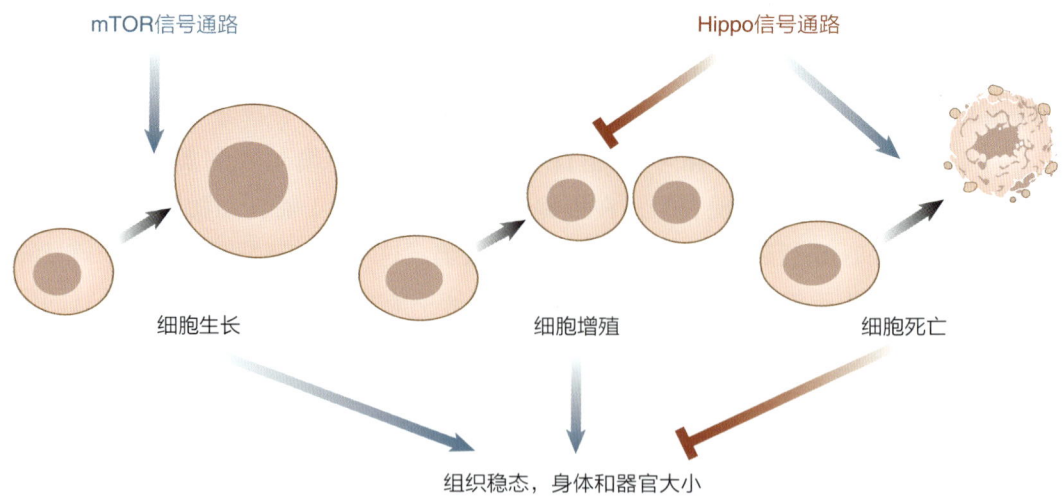

图 17-12 mTOR 信号通路与 Hippo 信号通路共同调控组织稳态与器官大小

而最近的研究表明 mTOR 和 Hippo 这两条信号通路的成分之间也存在相互作用。比如管坤良课题组发现 Hippo-YAP 通路是 mTOR 的上游调节因子，并提供了这两种通路协同驱动细胞大小和生长的有力证据。利用 MCF10A 乳腺癌细胞系，他们发现微小 RNA（microRNA）miR-29 作为桥梁连接了 Hippo 与 mTOR 通路，证明 YAP 激活能够上调 miR-29 水平的表达，后者进一步抑制 PTEN 从而调控了 mTOR 通路（详见本章推荐阅读）。

在过去的几十年间，科学家们已利用果蝇鉴定出多个不同类型的器官大小调控基因，这些基因中有的能改变细胞的数目，有的可改变细胞的大小，那生物体内是否存在特定的基因能整合多个器官大小调控信号从而实现器官尺寸的精准调控呢？马仙珏团队利用黑腹果蝇为研究对象，揭示了酪氨酸磷酸酶 Ptp61F 在生理及病理状态下通过同时调控细胞数量、细胞大小及细胞高度，从而在三维层面对器官大小进行调控的分子机制。利用遗传及生化手段，揭示了 Ptp61F 通过同时影响 Hippo 通路、mTOR 通路和机械力来调控肿瘤发生与三维器官大小的机制（详见本章推荐阅读）。

第四节　细胞间通讯调控生长与增殖

前文讲到细胞可通过自主性的方式调控大小或者数量从而影响器官大小，但是在有组织的上皮细胞中，如果一部分细胞发生了生长和分裂的改变，而与其相邻细胞又由于某些基因的突变也发生了生长调控的改变，那么这些相邻的不同细胞之间能否在协调自身的同时感知周围变化，从而以细胞间通讯（intercellular communication）的方式影响彼此？尽管这个假说听起来很有意思，但在现实中是否存在这种现象呢？有意思的是，伯特·沃格尔斯坦（Bert Vogelstein）曾提出假说，认为恶性结直肠癌的形成需要 4 个以上的体细胞基因突变才发生。因此关于肿瘤发展及进化的过程，大家比较认可的一个观点是：一个肿瘤细胞不断地积累新的致癌突变，使其变得更加"恶性"。

但考虑到单细胞产生自发性基因突变的概率约为 10^{-8}，那么同一个细胞中独立发生两次随机基因突变的概率就是 10^{-16}；进一步，假如一个细胞内能发生 4 次相互独立的基因突变，那其概率约为 10^{-32}，而这是个极低的概率（图 17–13）。

考虑到人类患肿瘤的概率如此之高，那是否存在其他更为合理的解释呢？尽管测序仪的发明让我们知道肿瘤中带有多种不同基因的突变，但是这一定意味着它们在同一个细胞内么？答案是否定的，因为当的技术并不足以让我们精准地对肿瘤进行单细胞层面的剖析，来确突变是否都发生在同一细胞中。假如 2 个不同的基因突变发生在不同细胞里，那么这种事件发生的概率在数量级上还是约为 10^{-8}，因此相对前面提到的理论相比反而更有可能发生（图 17–13）。但问题是，这种情况在生物体内会发生吗？如何诱导不同的细胞发生不同的突变进而观察其对生长和增殖的影响？

为了验证上述猜想，就需要合适的体内遗传学工具，而这就要提到骆利群（Liqun Luo）课题组基于 FLP/FRT 和 Gal4/UAS/Gal80 这两项已有技术所发明的 MARCM（Mosaic Analysis with a Repressible Cell Marker）系统（Lee and Luo，1999）。FLP/FRT 前文已经讲到，而 Gal4/UAS 是果蝇研究中最常用到且简单、高效的二元表达遗传操作工具。Gal4 是来源于酵母的转录因子，UAS（upstream activating sequence）则是其结合的 DNA 序列。科学家们将不同基因的增强子区域连上 Gal4，构建了一系列可在特定组织或细胞诱导 Gal4 表达的果蝇品系（X–Gal4）。同时对想要研究的基因 Y 科学家又构建了 UAS–Y 品系，当 X–Gal4 果蝇与 UAS–Y 果蝇杂交后，产生的后代基因组中同时含有 Gal4 和 UAS 元件，这样就实现了组织特异性的 Y 基因过表达，从而研究 Y 基因改变对生物体产生的影响。Gal80 同样也是来源于酵母的一个蛋白质，它可以特异性地抑制 Gal4 的活性。MARCM 技术的原理是：在没有发生分裂的正常细胞中，Gal80 的存在使得细胞不表达 GFP；当 FLP 重组酶发挥作用，使体细胞在有丝

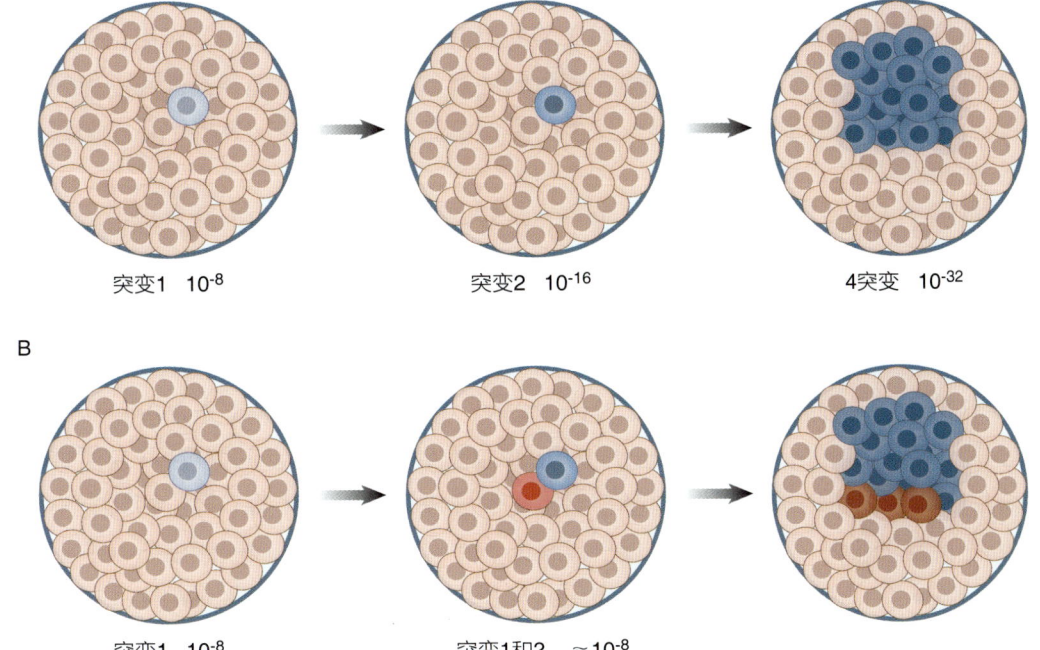

A

突变1　10^{-8}　　　　突变2　10^{-16}　　　　4突变　10^{-32}

B

突变1　10^{-8}　　　　突变1和2　$\approx 10^{-8}$

图 17–13　突变致癌的不同模式
同一细胞内累积多种致癌突变形成恶性肿瘤的概率相对较低（**A**）；在不同细胞间产生各自的致癌突变并通过细胞间通讯的方式协同诱导恶性肿瘤发生有着相对较高的概率（**B**）。

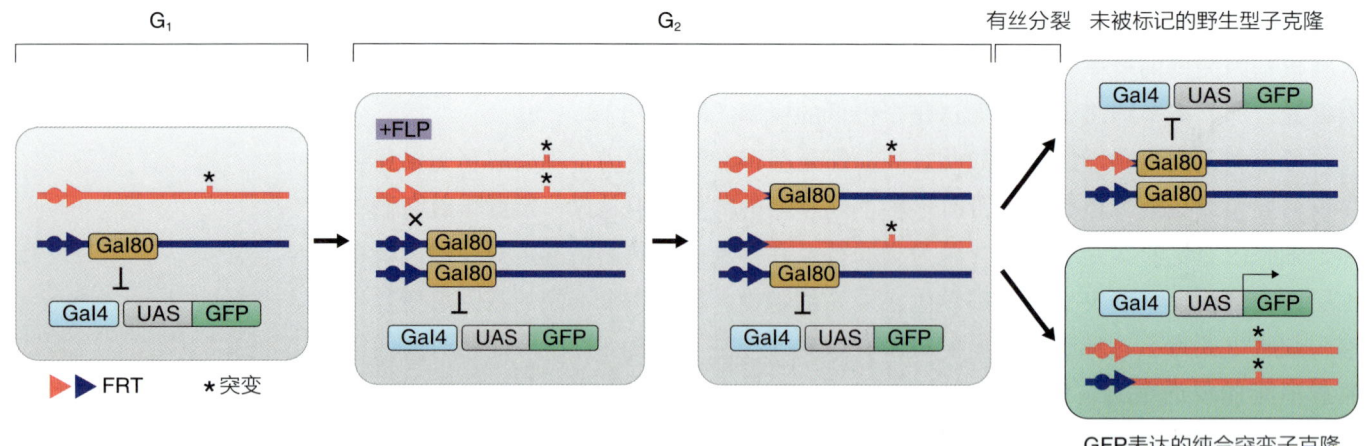

图中标注：

G₁　　G₂　　有丝分裂　未被标记的野生型子克隆

Gal4 | UAS | GFP

▶ FRT　　* 突变

+FLP

GFP表达的纯合突变子克隆

图 17-14 MARCM 系统诱导嵌合突变克隆的遗传学机制示意图

有丝分裂发生前（G₁ 和 G₂），因为母细胞都带有 Gal80 这一抑制因子，使得 Gal4 的活性被抑制，因而无法激活 UAS。在 FLP 介导的同源重组作用下，细胞在分裂后会产生一个可能不带有 Gal80 的纯合突变克隆，因此其可表达 GFP 而被正向标记。

分裂后产生嵌合体细胞时，因为发生了同源重组，一个子代细胞中含有两份 Gal80，也不会表达 GFP；另一个是某基因的纯合突变克隆，同时由于缺少 Gal80，因此能够表达 GFP 从而被正向标记（图 17-14）。

为了探究带有不同突变的细胞之间的相互作用能否促进肿瘤发生，许田课题组基于 MARCM 系统在果蝇眼 – 触角成虫盘中，诱导产生了一部分过表达原癌基因 Ras^{V12} 的克隆，同时在其相邻细胞中诱导产生了肿瘤抑制基因 scribble（scrib）的纯合突变克隆。结果发现这两类带有不同突变的细胞克隆可以协同，从而促进果蝇肿瘤的生长和侵袭（图 17-15）（Wu et al.，2010）。此外，他们初步揭示了潜在的分子机制：scrib 突变的克隆中会显著地激活 c-Jun 氨基末端激酶（c-Jun N-terminal kinase，JNK）信号通路，并进一步传递到相邻的 Ras^{V12} 克隆中，进而激活 Janus 激酶 / 信号转导和转录激活因子（Janus kinase/signal transducers and activators of transcription，JAK/STAT）信号通路，诱导增殖和生长。这项研究利用果蝇遗传学的优势，首次探究了不同细胞之间的癌基因协同促进肿瘤的生长和侵袭的机制，强调了细胞间相互作用在癌基因协同和肿瘤发展中的重要性。鉴于绝大多数的肿瘤调控基因从果蝇到人类高度保守，这项研究也提示克隆间合作调控肿瘤发生的类似机制在人类癌症的发展中可能同样发挥重要作用。

值得一提的是，尽管许田等人当时并没有在哺乳动物中验证这些果蝇机制的潜在保守性，但几年后发表在《新英格兰医学杂志》上的一项极具开创性的研究表明肿瘤内异质性（intratumoral heterogeneity）可能促进肿瘤的进化和适应（Gerlinger et al.，2012）。查尔斯·斯万顿（Charles Swanton）课题组对 4 个患者来源的原发性肾癌和相关转移部位的多个空间分离样本进行了外显子组测序、染色体畸变分析和倍体谱分析，并利用免疫组化分析、突变功能分析和 mRNA 表达谱来表征肿瘤内异质性带来的影响。结果显示每个肿瘤样本内都存在很高的异质性，同一肿瘤不同位置带有不同的体细胞突变和染色体失衡，并表现出很强的表型多样性。多区域测序中所检测到的所有体细胞突变中，他们发现 63% ~ 69% 是异质的，因此并不能在每个测序区域都检测到突变。

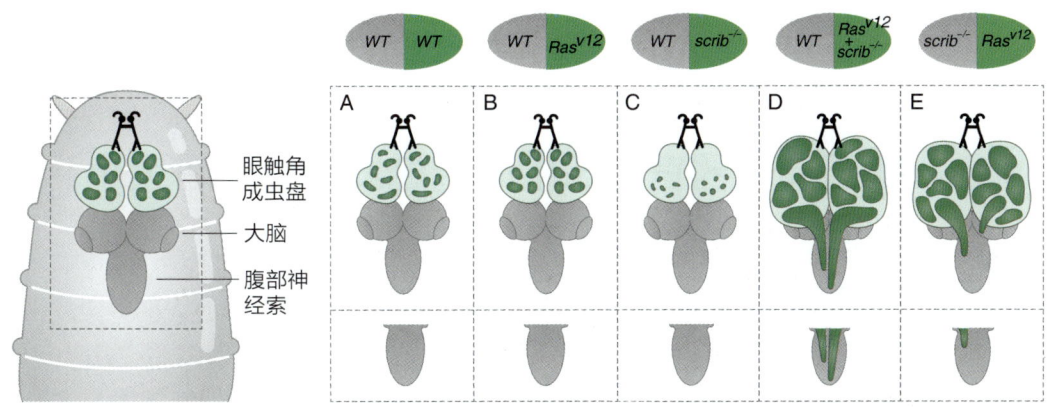

眼触角成虫盘

大脑

腹部神经索

图 17-15 *Ras^{V12}* 和 *scrib* 突变克隆之间的合作导致肿瘤
三龄幼虫眼 – 触角成虫盘中标记有绿色荧光蛋白的细胞克隆。上
图显示头侧复合体（cephalic complex，CC），包括眼 – 触角成虫
盘（eye-antennal disc，EA）、脑（brain，B）和腹部神经节（ventral
nerve cord，VNC）。下图显示解剖的腹部神经节。与野生型克隆

（**A**）相比，过表达 *Ras^{V12}* 克隆产生良性的过度增殖（**B**）。*scrib* 突
变克隆由于细胞竞争（cell competition）从组织中被消除（**C**）。双突
变 *Ras^{V12}*，*scrib^{-/-}* 克隆（**D**，细胞内合作），以及当 *scrib^{-/-}* 克隆与
Ras^{V12} 克隆相邻（**E**，细胞间合作）时，都导致肿瘤过度生长并侵犯腹
部神经节。

　　异质性作为肿瘤重要且普遍存在的特征，不但对肿瘤形成及复发至关重要，更是
因为其产生的耐药性阻碍了肿瘤治疗。鉴于肿瘤内部存在的带有不同突变的亚克隆细
胞群可能对治疗药物的敏感性和反应各不相同，因此即便用某些靶向药物特异性地杀
死了很大部分的肿瘤细胞，那些因为具有耐药性而存活下来的特定亚克隆细胞则可以
进一步增殖甚至转移，因此异质性的存在使得肿瘤更具有进化和适应性，可能导致治
疗失败、复发和转移。

　　在过去的十几年里，科学家们发现了多种调控肿瘤发生发展的细胞间通讯机制：

　　（1）细胞信号转导：细胞间通讯可通过细胞信号转导的方式，在肿瘤发生发展过
程中发挥关键作用。细胞信号转导包括多种分子信号传递机制，如细胞因子、蛋白质
激酶、细胞外基质等，它们参与调节肿瘤细胞的增殖、凋亡、分化、迁移和侵袭等重
要生物学过程。

　　（2）细胞外囊泡和外泌体：肿瘤细胞与其周围环境的细胞进行长距离的细胞间通
讯。其中，细胞外囊泡和外泌体是近期关注的热点。它们是细胞内部的囊泡结构，可
以从细胞内部释放出来，并携带各种生物分子，如 RNA、蛋白质和代谢产物。这些囊
泡通过与周围细胞进行交互，影响肿瘤细胞的增殖、转移和侵袭等特征。

　　（3）细胞外基质调节：细胞外基质是细胞外的结构支持物质，它通过与肿瘤细胞
的相互作用，参与调节肿瘤的发生和发展。细胞外基质的成分和机械性质可以影响肿
瘤细胞的增殖、迁移和侵袭能力，并与肿瘤的恶性程度和预后密切相关。

　　（4）免疫细胞和炎症反应：细胞间通讯还涉及免疫细胞和炎症反应。肿瘤细胞可
以通过激活免疫细胞和炎症反应，影响肿瘤的免疫监测和抗肿瘤免疫反应。这些细胞
间通讯的异常和失调可能导致免疫逃逸和肿瘤免疫耐药。

　　综上所述，细胞间通讯在调控肿瘤的发生发展中具有重要作用。深入研究细胞间
通讯的分子机制和调控网络，将有助于阐明肿瘤异质性发生的分子机制，并为相关肿

瘤的治疗及诊断提供新的靶点和策略。

第五节　器官组织中心调控发育及器官大小

　　1924 年，德国生物学家施佩曼和曼戈尔德在研究两栖动物胚胎发育的过程中发现一组独特的细胞群，当把它们移植到另一只受体胚胎时，能够引导周围的细胞形成脑和脊髓的雏形并最终形成"连体蝾螈"，基于此他们提出了"组织中心"（organizer）的概念，施佩曼也因此获得了 1935 年的诺贝尔生理学或医学奖。这些组织中心的细胞一方面可自主性地作用于轴向和旁轴向中胚层，包括头突和脊索，同时也能通过非自主性的方式诱导邻近细胞的神经命运改变。这一发现从根本上改变了对早期发育的理解，随后科学家们陆续在鱼类、禽类、青蛙和啮齿类的胚胎中，甚至在人的干细胞中找到了类似的"组织中心细胞"。

　　随着动物生长，不同组织和器官会产生多种不同类型的控制器官大小的信号。生物体内是否也存在类似的"器官组织中心"，通过分泌生长因子、细胞因子和趋化因子等信号分子，影响邻近细胞的增殖、分化和凋亡，从而在器官形成和大小调控中发挥关键作用？如果存在，当这个器官组织中心有较少的信号时，器官是否会变小，反之则会变大？前文提到，JNK 信号通路的激活能够诱导肿瘤发生，此外，JNK 通路也能在受到外界刺激时加速细胞修复及组织再生，但其在动物发育过程中是否调节器官大小尚不清楚。许田课题组利用果蝇翅膀模型检测是否存在内源性激活的 JNK 信号，发现发育中的翅成虫盘 JNK 特异性地沿着前后轴（anterior–posterior boundary）表达，调控成虫翅膀的大小，但不会影响翅膀表面纹理的形成。进一步研究发现，Hedgehog（Hh）信号通路的配体在遗传学定位上位于 JNK 上游，调控果蝇翅膀大小。令人意外的是，JNK 激活后并不是通过其经典下游基因，而是通过 Hippo 信号通路来调控翅膀发育过程中的大小。虽然这项研究提示，位于发育阶段幼虫翅泡（wing pouch）区域 JNK 激活的这群细胞，可能作为"器官组织中心"来决定最终成虫翅膀的大小，但还需要更多研究来支持这一观点。当然，还存在很多亟待解决的问题：在其他动物的发育器官中是否也存在类似的 JNK 活化区域？如果有，它们是否可以帮助解释本章提到的不同物种之间的大小差异性？器官发育与肿瘤发生密切相关，我们能否利用这些知识来指导肿瘤的治疗与诊断？

　　果蝇的翅膀是除了作为研究器官大小的重要工具，还常被用来研究形态发生素在翅模式形成和生长中的作用。Wingless（Wg）和 Decapentaplegic（Dpp）这两个熟知的形态发生素蛋白分别特异性地表达在翅成虫盘的背腹轴（dorsal–ventral boundary）和前后轴，形成一定的浓度梯度，调控各自特定靶基因的表达进而影响翅膀形态。一项研究表明在果蝇翅膀发育过程中，这两种形态发生素以不可互换（non-interchangeable）的方式沿着翅成虫盘中心的两个正交信号轴调控成虫翅膀的大小（详见本章推荐阅读）。机制上，研究人员发现 Dpp 通过维持转录抑制因子 Brinker（Brk）

名词窗 17-1

Hippo 信号通路（Hippo signaling pathway）：从果蝇到人类高度保守的信号转导通路，主要负责调控细胞增殖、器官大小、组织稳态和细胞命运决定等多种生理和病理活动。值得一提的是，许多 Hippo 通路成员均是首先在果蝇中被发现，然后在哺乳动物中得到验证。Hippo 通路的核心是一个激酶级联反应，在哺乳动物中，MST1/2 磷酸化 LATS1/2，后者进一步磷酸化下游转录共激活因子 YAP/TAZ，限制其进入细胞核，调控基因表达。当通路失活时，YAP/TAZ 促进细胞增殖并抑制凋亡，导致器官过度生长。

mTOR 信号通路（mammalian target of rapamycin signaling pathway）：细胞内的一条重要信号转导通路，主要负责调控细胞生长、增殖、代谢、蛋白质合成和自噬等多种生物学过程。mTOR 是一种丝氨酸/苏氨酸蛋白激酶（serine/threonine protein kinase），在进化上高度保守，广泛存在于从酵母到人类的细胞中。mTOR 通路的异常激活与癌症、糖尿病、肥胖及多种神经退行性疾病发生发展相关。

雷帕霉素（rapamycin）：一种大环内酯类抗生素，最初发现于土壤细菌吸水链霉菌（*Streptomyces hygroscopicus*）的代谢产物中。它因其独特的免疫抑制和抗增殖作用被广泛用于医学及生物学研究，同时也是调控细胞生长的核心分子工具。

细胞竞争（cell competition）：多细胞生物中一种细胞间"优胜劣汰"的生物学现象，即细胞通过相互比较"适合度"（适应能力），主动筛选出更健康的细胞，淘汰功能较弱或异常的细胞，从而维持组织稳态或优化发育过程。

FLP/FRT 系统：遗传学研究中广泛使用的位点特异性重组技术，通过 FLP 重组酶（flipase）和其靶向的 frt 位点（Flp recognition target），实现 DNA 片段的精准切割与重组。该系统最初来源于酵母的 2μ 质粒，后被改造为模式生物如果蝇、小鼠等基因操作的核心工具。

MARCM（mosaic analysis with a repressible cell marker）系统：果蝇遗传学研究中用于追踪单细胞及其后代的经典技术，通过诱导特定细胞的基因型与周围细胞不同（基因嵌合体），结合可调控的标记表达，实现细胞谱系分析和基因功能的细胞自主性研究。

肿瘤内异质性（intratumoral heterogeneity）：指同一肿瘤内部不同细胞之间在基因型、表型、功能或微环境适应性上的多样性。这种异质性是癌症进化、治疗抵抗和复发的重要驱动因素，体现了肿瘤细胞在克隆进化过程中的动态复杂性。

水平低于生长抑制阈值来调节前后轴上翅的生长，而 Wg 则通过抵消 pangolin（pan）作为转录抑制因子的活性来调节近远轴（proximal–distal axis）上翅的生长。这项研究证明了具有不同表达模式的形态发生素可以相互协同来实现器官大小的最终调节。

※ 复习思考题

1. 如何利用果蝇作为研究对象并利用遗传学手段筛选调控器官大小的基因？

2. 细胞数量如何影响器官的最终尺寸？请举例说明细胞增殖调控在器官大小调控中的具体机制。

3. 细胞大小如何影响器官的最终尺寸？请解释细胞大小调控的分子机制，并举例说明其在器官发育中的作用。

4. 细胞间通讯如何调控器官的生长与增殖？请举例说明几种主要的细胞间通讯机制及其在器官大小调控中的作用。

5. 器官组织中心在器官大小调控中起到什么作用？请举例说明器官组织中心的功能及其调控机制。

※ 推荐阅读

1. GERLINGER M, ROWAN A J, HORSWELL S, et al. Intratumor heterogeneity and branched evolution revealed by multiregion sequencing [J]. N Engl J Med, 2012, 366: 883-892.

2. HEITMAN J, MOVVA N R, HALL M N. Targets for cell cycle arrest by the immunosuppressant rapamycin in yeast[J]. Science, 1991, 253: 905-909.

3. HUANG J, WU S, BARRERA J, et al. The Hippo signaling pathway coordinately regulates cell proliferation and apoptosis by inactivating Yorkie, the *Drosophila* homolog of YAP [J]. Cell, 2005, 122: 421-434.

4. INOKI K, LI Y, XU T, et al. Rheb GTPase is a direct target of TSC2 GAP activity and regulates mTOR signaling [J]. Genes Dev, 2003, 17: 1829-1834.

5. INOKI K, ZHU T, GUAN K L. TSC2 mediates cellular energy response to control cell growth and survival [J]. Cell, 2003, 115: 577-590.

6. LEE T, LUO L. Mosaic analysis with a repressible cell marker for studies of gene function in neuronal morphogenesis [J]. Neuron, 1999, 22: 451-461.

7. TWITTY V C S, SCHWIND J L. The growth of eyes and limbs transplanted hetero-plastically between two species of *Amblystoma* [J]. Jour. Exp. Zool., 1931, 59: 61-86.

8. WU M, PASTOR-PAREJA J C, XU T. Interaction between Ras (V12) and scribbled clones induces tumour growth and invasion [J]. Nature, 2010, 463: 545-548.

9. XU T, RUBIN G M. Analysis of genetic mosaics in developing and adult *Drosophila* tissues [J]. Development, 1993, 117: 1223-1237.

10. XU T, WANG W, ZHANG S, et al. Identifying tumor suppressors in genetic mosaics: the *Drosophila* lats gene encodes a putative protein kinase [J]. Development, 1995, 121: 1053-1063.

（编写：马仙珏、许田；审读：薛雷）

第十八章

干细胞

　　生命是这个宇宙中的奇迹。从受精卵到胎儿，从婴儿到成年人，再到衰老和死亡，每一个生命都经历了复杂而精妙的发展过程。在这个过程中，干细胞扮演着至关重要的角色。它们就像一个生命的"种子"，可以不断分裂产生新的细胞，并分化成各种不同类型的细胞，最终形成组织和器官。干细胞的这种特性使得它们成为生物体生长、发育和修复损伤的关键因素。

　　干细胞研究的核心在于探索细胞分化的遗传和发育机制。其中基因是细胞功能的蓝图，控制着细胞分化的过程。表观遗传调控则在不改变基因序列的情况下，通过修饰基因或染色质，来影响基因的表达。染色质并非简单的线状结构，而是呈现出复杂的三维结构。三维基因组结构影响着基因的表达，并参与细胞分化和发育的过程。而信号通路是细胞内、外的信息传递系统，通过调节细胞内的信号分子，影响细胞分化和发育。

　　干细胞研究不仅有助于我们理解生命的起源和发育机制，也为治疗多种疾病和开发新型药物提供了新的思路和方法；再生医学可以利用干细胞分化成特定类型的细胞，修复受损的组织和器官；利用干细胞构建疾病模型，可以研究疾病的发生机制和开发新型药物；还可以用干细胞进行药物筛选，提高药物研发的效率和安全性。

　　本章重点介绍了胚胎干细胞（包括全能性和全能性干细胞）、诱导多能性干细胞和成体干细胞的定义、特性、来源、遗传特性、表观遗传特性以及应用价值等。希望读者可以通过本章的学习深入理解干细胞在遗传与发育研究中的重要地位，并展望干细胞研究在生物医药领域的广阔应用前景。

干细胞是一个非常广泛的概念，动物、植物和昆虫中都存在干细胞，在这里我们主要讨论哺乳动物的干细胞。

干细胞（哺乳动物）是一类能够自我更新（self-renewal）并有能力分化（differentiation）为其他细胞类型的细胞。干细胞是胚胎正常生长发育的关键，在成年生物体中也不可或缺的组成，可以为几乎每一种成熟、分化的细胞类型提供细胞补充来源。干细胞存在于多细胞生物中，是生长和再生的最终驱动因素。

所有干细胞都来源于受精卵（fertilized egg），受精卵本身就是一种干细胞。在胚胎发育（development）的过程中，不同发育阶段可以产生各种具有不同谱系（lineage）特性的干细胞类型，这些干细胞可以产生不同分化程度的细胞类型，最终发育成特定谱系的组织和器官。随着胚胎发育的过程，这些干细胞的干性（stemness）逐渐减弱，多能性（pluripotency）的程度也逐渐降低。当胚胎成熟，还有一些不同发育阶段的干细胞会继续存在于机体内，成为成体干细胞（adult stem cell），它们在一定条件下可以继续分化，补充机体所需或者修复受损组织。干细胞在胚胎发育和成人组织维持中发挥着至关重要的作用。

在机体的生长发育过程中，随着遗传因素的积累，有一些细胞也会发生异化，成为肿瘤干细胞（cancer stem cell）。肿瘤干细胞是肿瘤中具有自我更新能力并能产生异质性肿瘤细胞的细胞。

值得注意的是，机体内干细胞的出现、转化和消失是一个动态过程，从机体中分离出来或者体外诱导出来的干细胞要么具有很强的异质性，要么只能反映出机体内相应干细胞的部分时段或部分特征，并不能与机体内的干细胞完全对等。

第一节　胚胎干细胞

一、胚胎干细胞概述

胚胎干细胞（embryonic stem cell）是从早期胚胎的囊胚（blastocyst）中分离出来的一类干细胞，在合适的培养条件下具有无限增殖、自我更新和多向分化的特性。一般认为它们可以被诱导分化为除了胚外组织以外所有的细胞类型。

在胚胎发育的最早期，细胞先是呈放射状极化形成桑葚胚（morula），然后空化形成囊胚。此时（小鼠胚胎3.5天）卵裂球的分化潜力逐渐受限，形成不同的细胞谱系：上胚层（epiblast，EPI）、原始内胚层（primitive endoderm，PrE）和滋养外胚层（trophectoderm，TE）。其中上胚层位于囊胚内部细胞团（inner cell mass，ICM），实验室中常用的多能性干细胞即胚胎干细胞就是从这里分离出来的；滋养外胚层可以形成胎盘（placenta）；原始内胚层则形成卵黄囊（yolk sac）。植入（implantation）后，上胚层的细胞通过形态发生运动通过原始条纹（primitive streak）重新排列，形成三个胚层——外胚层（ectoderm）、中胚层（mesoderm）和定性内胚层（definitive endoderm）（图 18-1）。

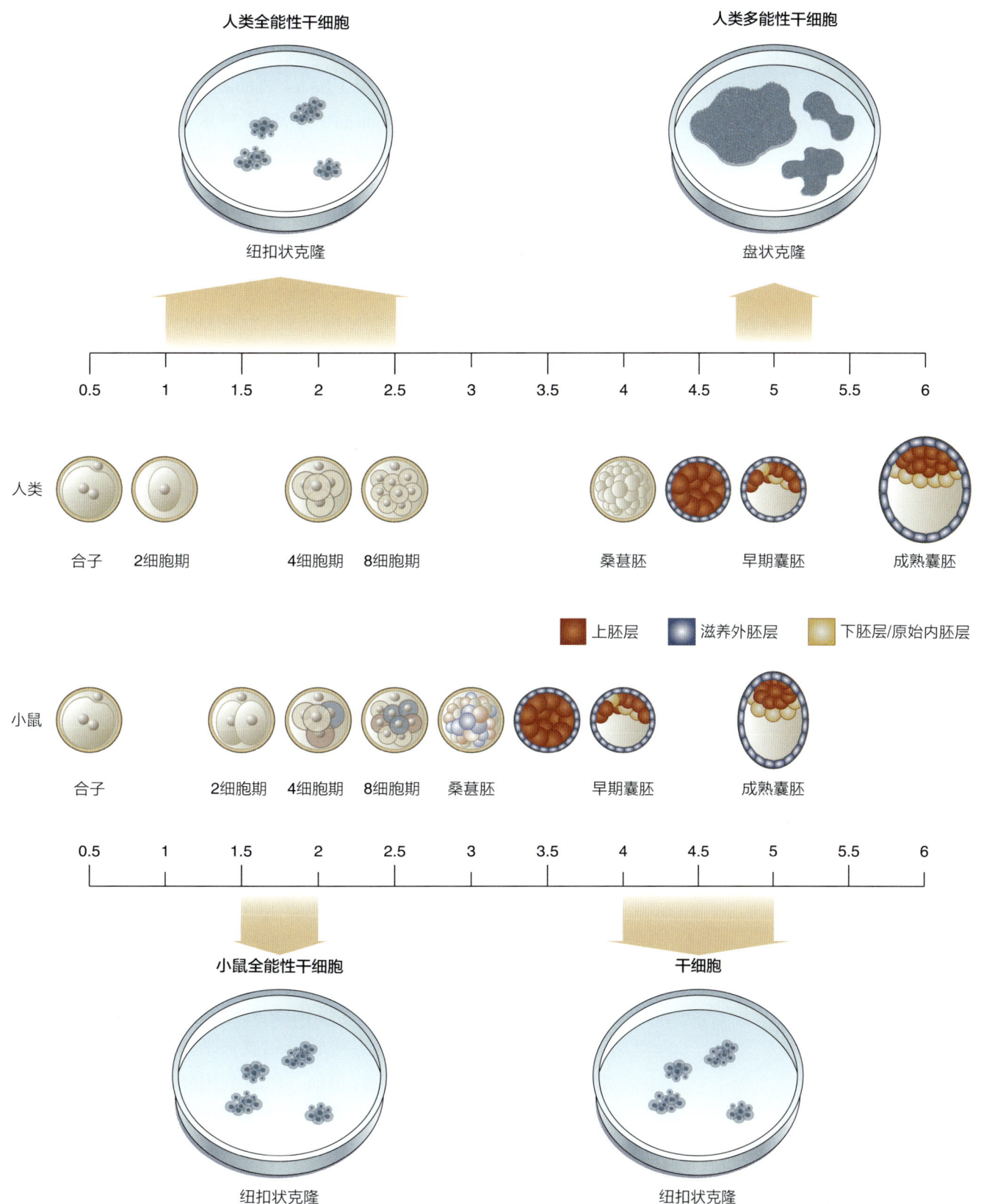

图 18-1 人与鼠的早期胚胎发育，从受精卵到三胚层，以及分离全能性胚胎干细胞和多能性胚胎干细胞的时段

最早的真正意义上的胚胎干细胞是小鼠胚胎干细胞，它是从小鼠囊胚的内细胞团中分离出来的，具有体外分化以及在裸鼠中形成胚胎体和畸胎瘤的能力（Evans，1981；Martin，1981）。1995年詹姆斯·汤姆森（James Thomson）等人第一次分离出了灵长类生物（恒河猴）的胚胎干细胞（Thomson，1995），1998年他们用类似的方法又分离出了人类的胚胎干细胞（Thomson，1998）。除此之外，还有多种其他动物的胚胎干细胞也被分离出来，如：大鼠、猪、牛、羊、水貂和雪豹等。

除了胚胎干细胞，还有两类细胞也具有自我更新和多向分化的能力，它们就是胚胎癌细胞（embryonic carcinoma cell）和生殖系干细胞（germline stem cell）。胚胎癌是一类发生于原始生殖细胞的未分化癌，由于它的特殊生物学特点，人们认为它的形成在一定程度上可以反映早期的胚胎发育。胚胎癌细胞与胚胎早期未分化的干细胞类似，具有自我更新和多向分化的特性。生殖系干细胞是一类来源于胚胎（小鼠胚胎8～10天时）原始生殖脊的原始生殖细胞的干细胞，也具有自我更新能力，并且可以分化成三个胚层的细胞。

1981年，英国剑桥的埃文斯带领着他的团队，探索胚胎发育最早期的细胞培养（图18-2）。他们利用丝裂霉素C抑制滋养层细胞的增殖，然后通过胰蛋白酶处理，将滋养层细胞与内细胞团细胞分离。经过反复筛选和培养，他们终于从小鼠胚胎中分离出了第一株胚胎干细胞。这些细胞拥有无限增殖和分化成各种细胞类型的潜力，为医学研究带来了无限可能。与此同时在加州大学，盖尔·马丁（Gail Martin）同样在使用免疫外科技术分离小鼠胚胎干细胞。

但一开始只有细胞生物学家们对此欢欣鼓舞，直到遗传学家们注意到了这个工作。他们发现，胚胎干细胞的成功分离不仅仅是为发育学研究提供了强大的工具，而且人们还可以通过观察胚胎干细胞向不同细胞类型的分化过程，研究基因表达调控和细胞命运决定的机制，从而深入了解胚胎发育的奥秘。人们进一步还可以将遗传物质导入胚胎干细胞中，研究基因功能，探索基因突变与疾病之间的关系，为遗传疾病的诊断和治疗提供新的思路。

到了1995年，汤姆森带领他的团队在美国加州大学也取得了突破。他使用免疫外科技术，分离出了一批猕猴的胚胎干细胞。之后在1998年，他们又用同样的方法成功分离出了一批人类的胚胎干细胞。

随着胚胎干细胞研究的深入，人们发现，这些细胞不仅仅是发育生物学和遗传学研究的工具，它们还具有重要的治疗价值。可以利用胚胎干细胞分化成特定类型的细胞，用于治疗各种疾病，例如帕金森病、糖尿病等。

2007年，因为他们在基因打靶和胚胎干细胞技术方面的卓越贡献，埃文斯、卡佩奇和史密斯三位科学家共同获得了诺贝尔生理学或医学奖。埃文斯被英国

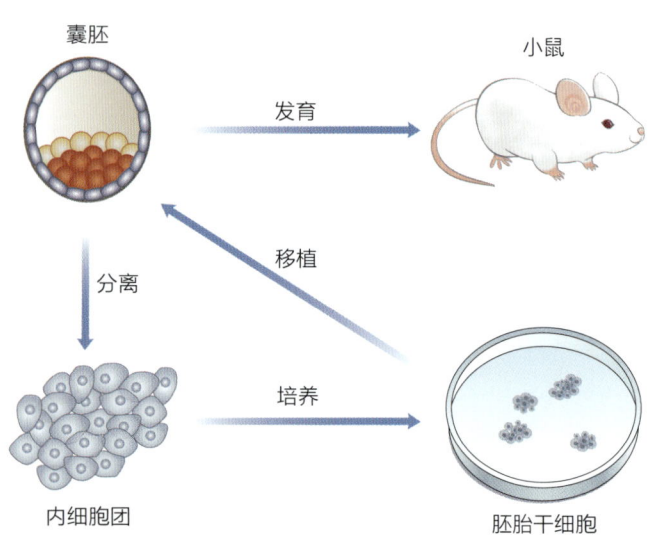

图 18-2　胚胎干细胞的分离

女王封爵，成为了马丁·埃文斯爵士。

二、胚胎干细胞的特性

1. 形态学

胚胎干细胞与早期胚胎细胞相似，细胞核较大，核内有较明显且比较大的核仁，细胞质内胞浆较少，结构比较简单，胞质内有较多折光性强的脂滴。在生长过程中细胞排列比较紧密，并呈集落状生长，细胞集落（克隆）与周围存在明显界限，但克隆之间彼此界限不清。细胞克隆的形态多种多样，多数呈岛状或圆盘状，但不同物种之间差异很大，同一株细胞在不同培养条件下也会有所变化。不同物种之间细胞大小的差异也很大，基于异时性（heterochrony）原理，一般与动物体型有关，体型大的动物细胞也较大（图 18-3）。

2. 表面标志物

表面标志物是覆盖在细胞表面一类专门的蛋白质，是可以在不破坏细胞膜的情况下识别胚胎干细胞的重要标记类型。从胚胎干细胞诞生以来，鉴别出了很多表面标志物，其中最重要的是 SSEA-3、SSEA-4、TRA-1-60 和 TRA-1-81。其中 SSEA-3 和 SSEA-4 都是碳水化合物相关分子（carbohydrate-associated molecules），TRA-1-60 和 TRA-1-81 则是表面抗原（surface antigen）。SSEA-3 和 SSEA-4 是在卵子发生过程中合成的，存在于卵母细胞、受精卵和早期卵裂期胚胎的膜中，是人类胚胎干细胞的标志物，但不是小鼠的。TRA-1-60 和 TRA-1-81 则人、鼠都有。

除此之外还有分化抗原簇（cluster of differentiation antigens），如 E-Cadherin、Thy-1、CD326、CD9、β1 integrin、HAS、Protectin、PECAM-1 和 Integrin α6 等。表面标志如：Frizzled5、SCF 和 TDGF-1 等，也都是实验室常用的表面标志物。

3. 胚胎干细胞的遗传特性

（1）转录因子（transcription factors，TF）

在小鼠和人类的胚胎干细胞中，有一组关键的转录因子，其中包括 Oct4、Sox2 和 Nanog，它们构成了维持干细胞多能性的核心调控网络。Oct4，又称作 Pou5f1，是由

图 18-3 各种不同类型的细胞
图片由中国科学院广州生物医药与健康研究院郭琳提供。

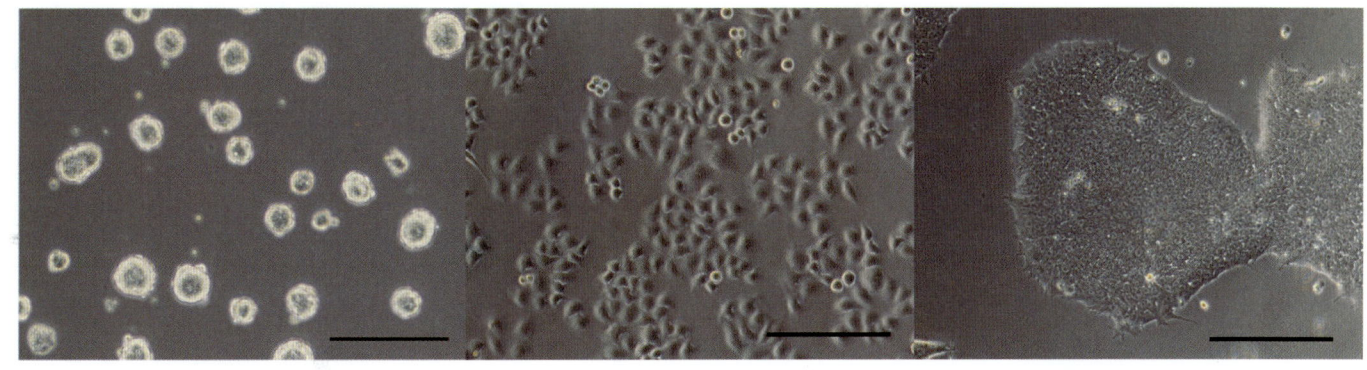

小鼠胚胎干细胞（OG2-mESC）　　　　海拉（HeLa）细胞　　　　人类胚胎干细胞（H1）

Pou5f1 基因编码的一种转录因子，它在胚胎干细胞和原始生殖细胞中表达，并在细胞分化过程中逐渐减少。Oct4 不仅作为一个"多能性守门员"，控制着干细胞的多能性状态，而且它的表达水平需要精确调控，以确保干细胞不会过早地向特定方向分化（Smith，1998）。

Sox2 是另一个重要的转录因子，属于 Sox 家族，它含有高迁移率族（HMG）DNA 结合结构域，并且在胚胎发育的多个阶段都有表达。Sox2 对于维持胚胎干细胞的自我更新能力和多能性是不可或缺的，它与 Oct4 协同工作，通过形成复合物来调节基因表达（Yuan，1995）。

Nanog 是一种同源框转录因子，虽然在某些研究中发现并非绝对必要，但它对于维持干细胞的多能性和自我更新仍然非常重要。Nanog 可以直接作用于一系列多能性相关的基因，并通过与其他转录因子的相互作用来稳定干细胞的状态（Chambers，2003；Yamanaka，2003）。

除了这三种核心转录因子之外，还有许多其他转录因子也在胚胎干细胞的功能中发挥重要作用。例如，Klf4、SFRP2、WLS、SIP1、c-JUN、c-Myc、Tbx3、GCNF、Klf17、Klf5 和 STAT3 等都参与了干细胞状态的维持和分化过程的调控。这些转录因子通过各种机制相互协作，包括直接的蛋白质 – 蛋白质相互作用、间接的信号通路调控以及染色质的修饰，共同构建了一个复杂而精细的调控网络，确保了胚胎干细胞能够在适当的时间和地点执行正确的生物学功能。

总的来说，转录因子在胚胎干细胞的生命周期中起到了"指挥官"的作用，它们通过精确调控基因表达，决定了干细胞如何保持其多能性、何时开始分化以及分化为何种类型的细胞。这一系列复杂的调控过程对于我们理解生命的发生和发展，以及开发新的治疗方法具有重要的科学意义和应用价值。

（2）信号通路（signaling pathway）

识别参与胚胎干细胞命运决定的信号通路及其下游效应物具有重要的意义，通过应用不同的培养条件来控制胚胎干细胞的自我更新和分化，就可以操纵它们的命运，使其应用于各种生物学和医学领域。现在已被报道的多能性相关的信号通路，包括 LIF/STAT3、Wnt/β-catenin、FGF/ERK、TGF/SMAD 和 PKC 信号通路。

① LIF/JAK/STAT3 信号通路

白血病抑制因子（leukemia inhibitory factor，LIF）是一种重要的细胞因子，它对于维持小鼠胚胎干细胞的自我更新和多能性具有重要作用。当小鼠 ESCs 缺乏 LIF 时，它们会迅速分化为包括中胚层和内胚层在内的多种细胞类型。然而，值得注意的是，LIF 并非仅限于胚胎干细胞特异的信号分子，它实际上属于白细胞介素 -6（interleukin-6，IL-6）细胞因子家族的一部分。

在小鼠胚胎干细胞中，LIF 能够激活多条信号转导途径（图 18-4），其中包括：

JAK/STAT3 通路：LIF 通过与 LIF 受体（LIF receptor，LIFR）和 gp130 组成的异源二聚体相互作用，进而激活 Janus 激酶（Janus kinases，JAKs），后者进一步招募并磷酸化信号转导子和转录活化子 3（signal transducer and activator of transcription 3，

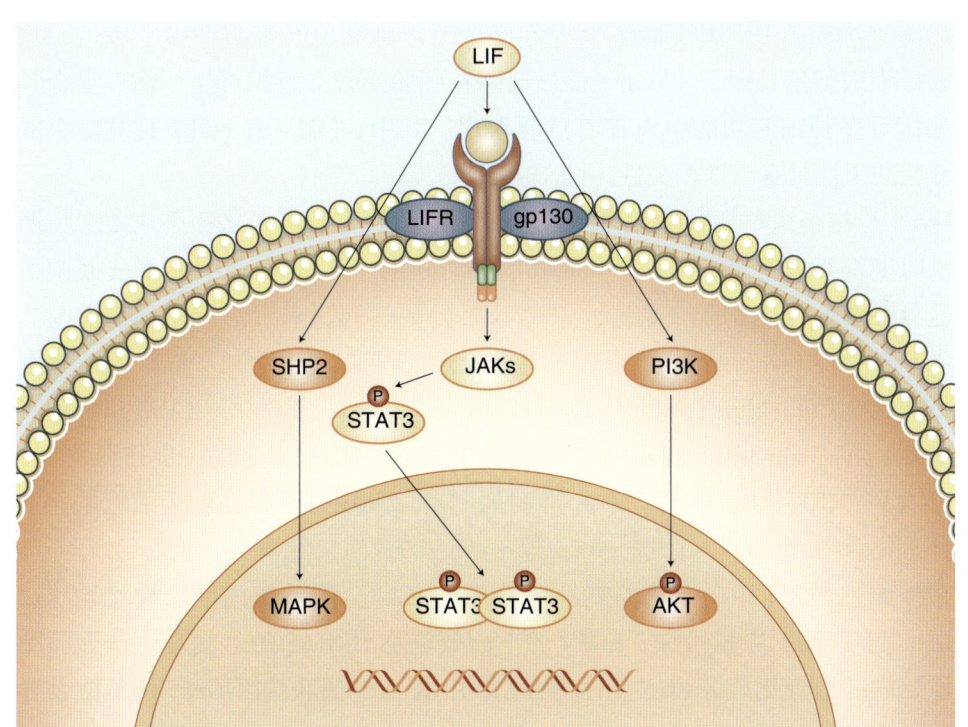

图 18-4　LIF/JAK/STAT3
信号通路

STAT3）。磷酸化的 STAT3 形成二聚体进入细胞核，从而激活特定基因的表达。特别是，STAT3 的 Tyr705 位点的磷酸化对于维持 ESCs 的自我更新过程至关重要，而其 Ser727 位点的磷酸化则有助于提高 STAT3 的转录活性，促进细胞增殖和保持最佳的细胞多能性。

PI3K/AKT 途径：这一途径涉及磷脂酰肌醇 3- 激酶（phosphoinositide 3-kinase，PI3K）及其下游效应器 AKT 的激活，虽然关于其在 ESCs 中的具体作用尚不完全清楚，但它可能参与调节细胞存活和生长等生物学功能。

SHP2/MAPK 途径：在这一途径中，含 SH2 结构域的酪氨酸磷酸酶 2（SH2 domain-containing tyrosine phosphatase 2，SHP2）与丝裂原活化蛋白激酶（mitogen-activated protein kinase，MAPK）级联反应有关，尽管它在 ESCs 中的作用也尚未完全阐明。

此外，需要指出的是，LIF/STAT3 信号似乎不足以支持人类胚胎干细胞的自我更新能力。这种差异可能与小鼠和人类胚胎干细胞所处的不同发育阶段有关。小鼠 ESCs 通常被认为是处于一种"原始"（naive）状态，而人类胚胎干细胞则更多地表现出"启动"（primed）状态，这与小鼠的内胚层来源干细胞（epiblast-derived stem cells，EpiSCs）更为相似。有趣的是，即使在原始状态下的人类胚胎干细胞中也观察到较高的 LIF/STAT3 表达水平。

综上所述，LIF 作为一种关键的细胞因子，通过复杂的信号网络调控着小鼠 ESCs 的自我更新和多能性。然而，在不同物种间，这些信号的精确机制和效果可能存在显著差异，尤其是在人类胚胎干细胞的研究和应用中。

② FGF/MEK/ERK 信号通路

成纤维细胞生长因子（FGF）信号通路在胚胎发育、组织再生、伤口愈合和新陈代谢平衡等多种细胞功能中发挥着重要作用。其中，FGF4 和 FGF2 对维持小鼠和人类干细胞的干性具有高度相关性（图 18-5）。

FGF4 是在小鼠早期胚胎发育过程中表达的重要生长因子之一，从 1 细胞期到原始条纹时期都有表达，可调节小鼠囊胚的早期分化。FGF4 也是从 E3.5 囊胚中衍生和维持滋养层细胞所必需的。

FGF 与受体 FGFR 结合后，FGFR 磷酸化激活下游胞内途径：成纤维细胞生长因子受体底物 2（fibroblast growth factor receptor substrate 2，FRS2）、Grb2 和磷脂酰肌醇磷脂酶 C（phosphoinositide phospholipase C，PLC-γ），前二者又进一步分别激活 PI3K-AKT 和 RAS-MEK-ERK 途径。MEK 抑制剂 PD0325901 是小鼠胚胎干细胞培养中重要的小分子化合物。

在外源性 FGF4 存在下培养囊胚或分离的 ICM 会导致壁内胚层样细胞（parietal endoderm-like cell）数量增加。FGF4 的下游效应物 H-RAS 的过度表达诱导胚胎干细胞向原始内胚层分化。将 FGF 受体与 MEK-ERK 途径偶联基因 *Grb2* 的消融会导致囊胚缺乏低成纤维细胞（原始内胚层）。在缺乏 FGF/MEK/ERK 的情况下，整个 ICM 可以获得多能性。MEK 活性的阻断导致小鼠 ESCs 中许多多能性相关基因的表达增加，如 *Nanog*、*Tfcp2l1* 和 *Klf4*。

人胚胎干细胞在培养条件下与小鼠胚胎干细胞的不同之处在于，人胚胎干细胞需要 FGF2 来支持自我更新。

FGF2 在人类胚胎干细胞（hESCs）的维持和生长中发挥着复杂的多层次作用。基于不同的选择性剪切，FGF-2 被分为内源性和分泌型两种，内源性 FGF2 分子量较大，可维持 hESCs 的多能性基因表达，并且定位于细胞核，影响细胞命运决定。分

图 18-5　FGF/MEK/ERK信号通路

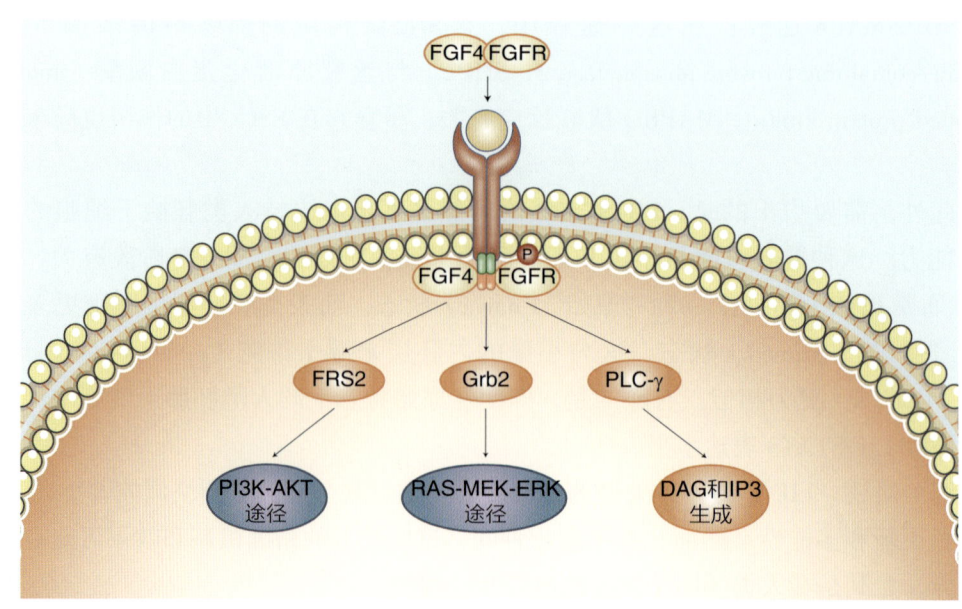

泌型 FGF2 则可以通过促进细胞黏附和生存来维持 hESCs 的多能性，还可刺激细胞黏附，帮助 hESCs 形成紧密且形状规则的集落，减少边缘分化，并促进细胞存活，增强 hESCs 在冷冻保存后的存活率。

FGF 已被证明与激活素 /SMAD2/3 信号合作，在人类胚胎干细胞中维持高水平的 Nanog 表达，同时激活 PI3K/AKT 信号通路，以增强人类胚胎干细胞的繁殖和存活。MEK 抑制剂 PD98059 和 U0126 可以严重损害人类胚胎干细胞的自我更新能力。PI3K/AKT 抑制剂 LY294002 则会增加凋亡和减少细胞增殖。

③ Wnt/β–catenin 信号通路

β–catenin（β– 连环素）是果蝇 armadilo（arm）蛋白的同源物，可通过 α–catenin 将 E–cadheri 转移到肌动蛋白骨架上，参与细胞的黏着连接。

β–catenin 是经典 Wnt 信号通路的重要组成部分（图 18–6），如果未被磷酸化而降解，细胞质中的 β–catenin 可以入核，与转录因子的 T 细胞因子（T cell factor）/淋巴增强因子（lymphoid enhancer factor）（TCF/LEF）家族成员相互作用，并与共有基序 AGATCAAGG 结合，以激活靶基因如 *Axin2*、*Cdx1* 和 *T* 等谱系特异性基因的转录。稳定的 β–catenin 通过刺激 TCF3 降解直接消除 TCF3 介导的转录抑制，TCF3 是多能干因子高表达的限制因子，包括 Oct4、Nanog、Tfcp2l1 和 Esrrb。β–catenin/TCF3 还直接激活孤儿核受体 Lrh-1/Nr5a2 转录，并以 Nr5a2 依赖的方式稳定 Oct4、Nanog 和 Tbx3 的表达。

FGF/ERK 的小分子抑制剂 SU5402 和 PD184352，或单独的 PD0325901 可以在 LIF 退出后的几个世代中维持小鼠胚胎干细胞的自我更新，抑制分化。糖原合成酶激酶 –3（glycogen synthase kinase–3，GSK3）抑制剂 CHIR99021 通过稳定细胞质 β–catenin，增强代谢和生物合成能力，从而增强小鼠胚胎干细胞的整体生存能力来巩

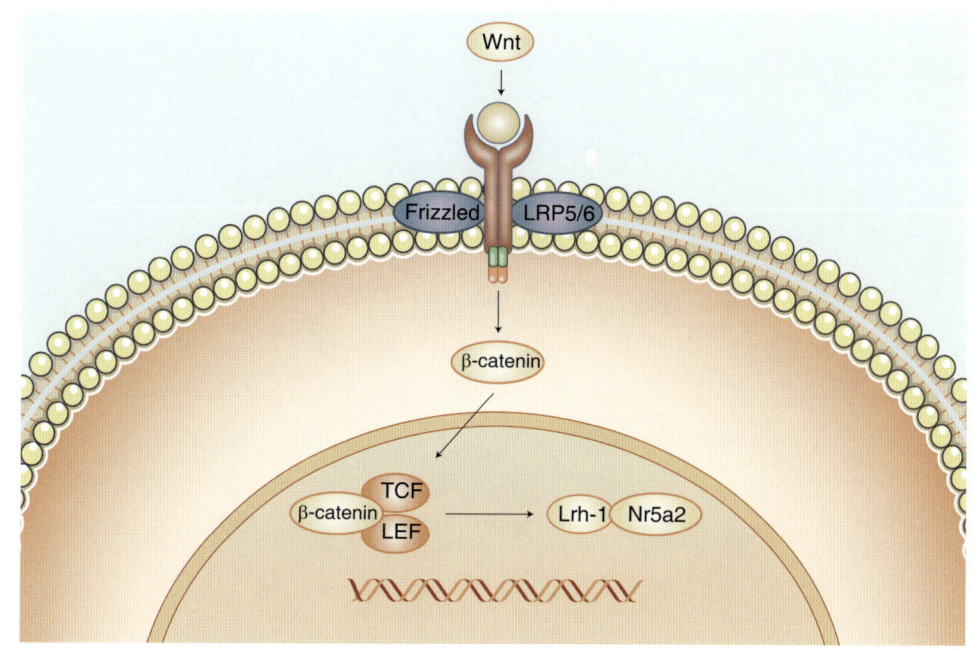

图 18–6 Wnt/β–catenin 信号通路

固多能性。CHIR10021 和 PD0325901 共同构成了胚胎干细胞培养中著名的 2i（Smith，2008）。

经典 Wnt/β-catenin 通路在人 ESCs 中的确切功能尚不清楚。Wnt3A 或 GSK3 抑制剂 BIO 激活 Wnt/β-catenin 途径，可以短暂维持人类 ESC 的自我更新；抑制 Porcupine 以抑制 Wnt 配体分泌或稳定 Axin1/2 来阻止 β-连环素核转位，也可以改善人类胚胎干细胞的自我更新和繁殖。似乎 Wnt/β-catenin/TCF 轴在啮齿类动物和人类胚胎干细胞的自我更新调节中起着相反的作用：在小鼠 / 大鼠胚胎干细胞中，β-catenin/TCF 结合和转录激活是维持多能性所必需的；在人类胚胎干细胞中，只有当转录活性被阻断时，才能实现自我更新作用，尽管机制细节尚不清楚。

④ TGF-β/SMAD 信号通路

生长因子 TGF-β 超家族分为两个亚组：TGF-β/Activin/Nodal 途径和骨形成蛋白（bone morphogenetic protein）BMP/GDF/MIS 途径。在两种途径中 TGF-β 都会与细胞表面的跨膜 I 型和 II 型受体的配体结合，I 型受体（ALK1-7）细胞内结构域的丝氨酸 / 苏氨酸激酶活性磷酸化 SMAD 蛋白（SMAD1、2、3、5 和 8），磷酸化的 SMAD 进行三聚（homo-trimerization），并与共调节的 SMAD 分子 SMAD4 形成杂聚复合物，复合物转运到细胞核中，在那里它们以序列特异性的方式与 DNA 结合，以控制靶基因的转录。SMAD1 与核心多能因子 Oct4、Sox2 和 Nanog 有许多共同的靶点（图 18-7）。

BMP 作为抗神经因子通过 SMAD1/5/8 激活诱导分化抑制剂（Id）家族成员的表达，通过抑制前神经碱性螺旋 - 环 - 螺旋（bHLH）因子来抑制神经分化，阻止小鼠

图 18-7 TGF-β/SMAD 信号通路

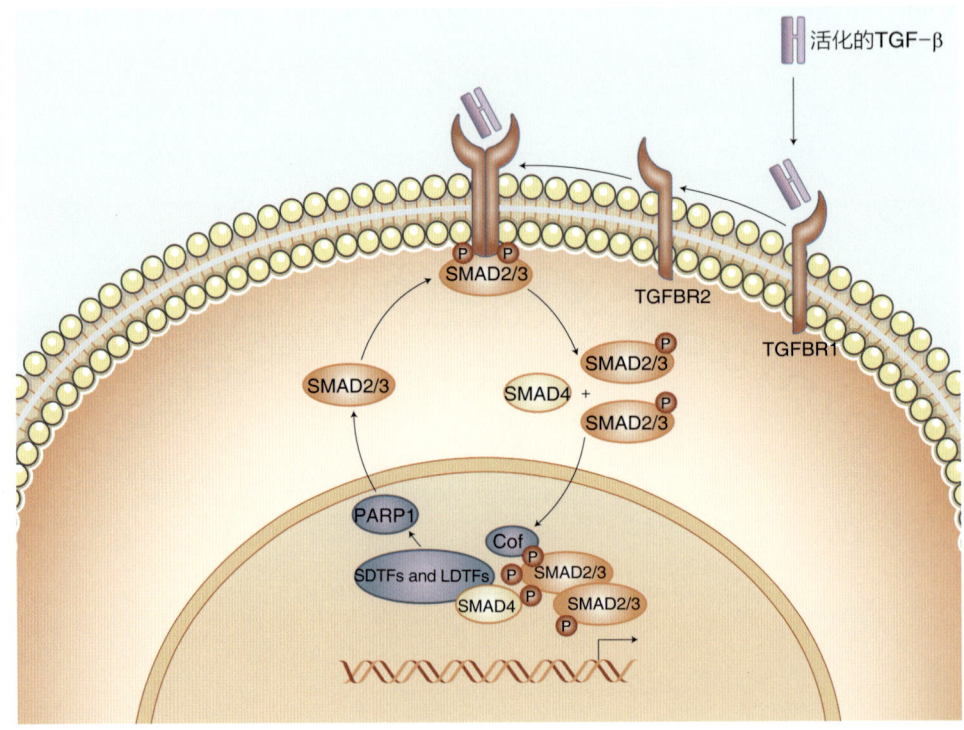

胚胎干细胞的神经分化。MEF 饲养细胞产生的 BMP4，通过抑制 ERK 和 p38 丝裂原活化蛋白维持小鼠胚胎干细胞的多能性。BMP4 定位于 *DUSP9* 基因的启动子区，并通过 SMAD1/5 激活上调其表达，进而导致 ERK 磷酸化降低。*DUSP9* 的强制表达提高了 BMP 抑制早期神经分化的作用，并可取代 BMP4 促进 ESC 的自我更新。

人类胚胎干细胞依赖 Activin /Nodal/SMAD2/3 信号通路进行自我更新，使用激活素受体抑制剂 SB431542 抑制 SMAD2/3 的信号会导致多能性和快速分化的丧失。SMAD2/3 与 *Nanog* 的近端启动子区结合，并直接上调其在人胚胎干细胞中的表达。反过来，Nanog 阻止 SMAD2/3 诱导的内胚层分化，以增强多能性。ChIP-seq 分析显示，SMAD2/3 参与了包括 Oct4 和 Myc 在内的许多多能性因子的控制。在人类胚胎干细胞中，BMP 导致中胚层和滋养层诱导，BMP 拮抗剂 Noggin 可使人类胚胎干细胞保持未分化状态。SMAD7 被发现也与胚胎干细胞多能性的维持相关。

⑤ 蛋白激酶 C（protein kinase c，PKC）信号通路

在胚胎干细胞中，早期研究表明，PKC 通路的激活与 PI3K/AKT 和 MAPK 信号一起促进细胞增殖。一些研究表明可以通过 FGF 激活的 PKC 信号转导促进胚胎干细胞分化。非典型 PKC 亚型 PKCζ 磷酸化 NFκB，并在 ESC 分化中发挥重要作用，而选择性 PKC 抑制剂 Go6983 可以消除 NFκB 活性，并能够缓解血清条件下胚胎干细胞的 LIF 依赖性或 N2B27 培养基中的 2i 依赖性。在人类胚胎干细胞中，PKCδ 激活导致上皮间充质转化，从而导致胚胎外内胚层分化，而 PKC 抑制与 FGF2 协同作用，促进自我更新（图 18-8）。

PKC 的抑制剂（PKCi）可以通过 H3K27me3 和 H3K9me3 修饰调节基因表达，从而维持干细胞的自我更新能力。在小鼠中抑制 PKCζ 可以使 DNA 甲基转移酶 3B（DNMT3B）及其磷酸化水平可逆性丧失，可以帮助多能性连续体（DiSCo）处于发育

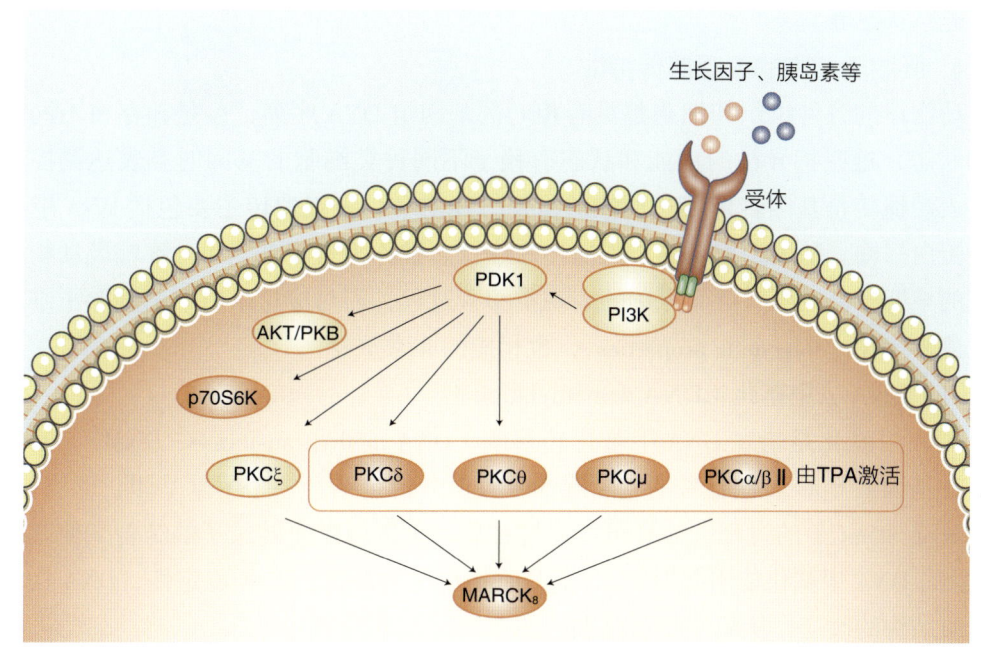

图 18-8 蛋白激酶 C 信号通路

中的不同时期。PKC 的抑制剂 Go6983 抑制了从头甲基转移酶（Dnmt3a 和 Dnmt3b）及其调节因子 Dnmt3l 的表达，导致小鼠胚胎干细胞中 DNA 的整体低甲基化。导致 Prdm14 启动子处 H3K9 的二甲基化和三甲基化富集减少，RNA 聚合酶 II 结合亲和力增加，促进胚胎干细胞的自我更新。

这些信号通路并非完全独立，它们之间存在交叉或相互关系，共同维持胚胎干细胞的命运。

LIF 可以通过激活 JAK/STAT3 信号通路间接影响 FGF 受体的表达和活性，从而间接影响 MEK/ERK 通路。FGF 受体与 MEK 激酶存在相互作用，两者可以共同激活下游信号通路。LIF 还可以激活 PI3K/AKT 信号通路，而 AKT 可以抑制 GSK3，进而稳定 β-catenin。β-catenin 可以与 TCF/LEF 转录因子结合，影响下游基因的表达，间接影响 LIF/STAT3 通路相关基因的表达。LIF 可以激活 STAT3，而 STAT3 可以与 SMAD 蛋白相互作用，影响下游基因的表达，例如 *Oct4* 和 *Nanog*。

FGF 受体与 β-catenin 存在相互作用，影响 β-catenin 的稳定性和活性。FGF 受体还可以激活 MAPK 信号通路，而 MAPK 可以影响 β-catenin 的活性，MAPK 还可以与 SMAD 蛋白相互作用，或影响 PKC 的活性，影响下游基因的表达。FGF 受体可以激活 PI3K，而 PI3K 可以激活 PKC。

β-catenin 可以与 SMAD 蛋白相互作用，影响下游基因的表达。Wnt 信号通路可以影响 BMP 信号通路，而 BMP 信号通路可以与 SMAD 蛋白相互作用。β-catenin 可以激活 PKC，Wnt 信号通路也可以影响 PKC 的活性。

TGF-β 可以激活 SMAD 蛋白，使 SMAD 蛋白与 PKC 相互作用。PKC 可以影响 MAPK 和 β-catenin 的活性。

需要注意的是，这些交叉或相互关系并非简单的线性关系，而是复杂的网络结构。不同信号通路之间的相互作用受到多种因素的影响，例如细胞类型、细胞环境、信号通路状态等。

4. 胚胎干细胞的表观遗传特性

动物体的各种组织和细胞都具有相同的基因组 DNA 序列，但是却存在不同的功能和状态，这些特异性的功能和状态有赖于不同种类细胞的基因时空表达调控。其中，表观遗传是基因转录表达调控的重要方式之一。表观遗传主要包括 DNA 甲基化和组蛋白修饰。基因组水平的表观遗传修饰状态被称为表观基因组。在哺乳动物胚胎发育的早期，会经历广泛而深刻的表观重编程过程，而对应这个时期的胚胎干细胞的表观遗传特性（epigenetic properties），也相应的非常重要。

（1）DNA 去甲基化（DNA demethylation）

DNA 甲基化是指在 DNA 甲基化转移酶（DNA methyltransferase，DNMT）的作用下，在基因组 CpG 二核苷酸的胞嘧啶 5 号碳位共价键结合一个甲基基团，形成 5- 甲基胞嘧啶（5mC）的过程。5mC 可以通过在启动子区域阻止转录子的结合来使基因表达沉默。DNA 甲基化能引起 DNA 与蛋白质相互作用方式、DNA 稳定性、DNA 构象及染色质结构的改变，从而控制基因表达。

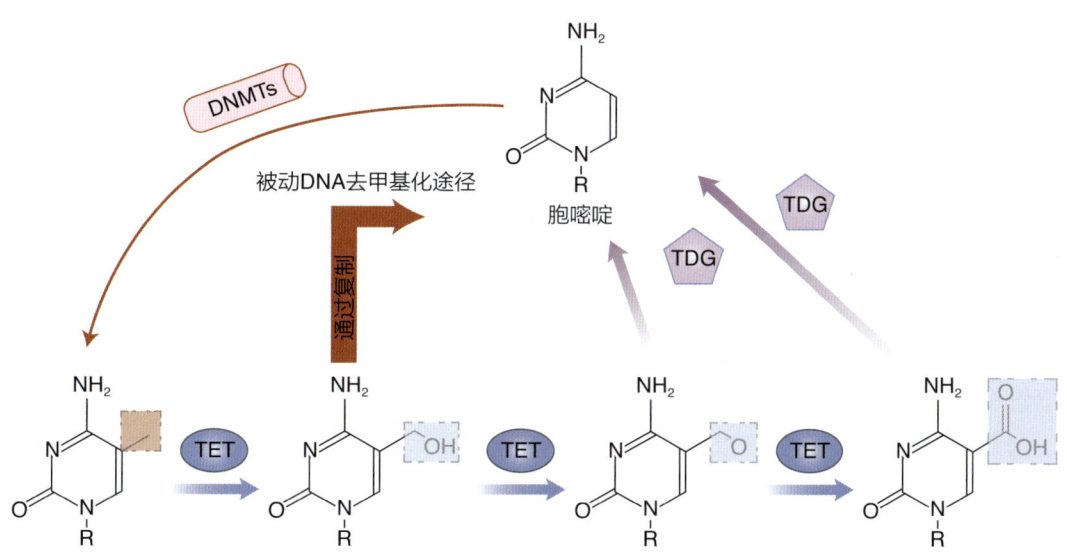

图 18-9　被动去甲基化过程

DNA 去甲基化（DNA demethylation）有两种模式，一种是被动去甲基化，通过 DNMT 家族成员的含量下降或活性降低来减少甲基化的位点（图 18-9）；另一种是主动去甲基化，通过 TET 家族一步一步催化完成，从 5- 羟基胞嘧啶（5hmC）到 5- 醛基胞嘧啶（5-formylcytosine，5fC）再到 5- 羧基胞嘧啶（5-carboxylcytosine，5caC）。此后要么通过由胸腺嘧啶 -DNA 糖基化酶（thymine-DNA glycosylase，TDG）介导的碱基切除修复机制（base excision repair，BER）切除碱基，产生无碱基位点，最终修复成正常胞嘧啶；要么通过活化诱导脱氨酶（activation-induced deaminase，AID）将 5hmC 去氨基化，生成 5- 羟甲基尿嘧啶（5-hydroxymethyluracil，5hmU），然后经过 BER 机制复原为未修饰胞嘧啶（图 18-10）。TETs 催化 α- 酮戊二酸氧化脱羧酶，将 5- 甲基胞嘧啶转化为 5- 羟基甲基胞嘧啶，从而触发 DNA 中去甲基化 GpC 位点。人体必需的营养物质维生素 C 作为 TETs 和含有 Jumonji C 结构域的组蛋白赖氨酸脱甲基酶的辅酶，参与表观遗传去甲基化的调控。Tet1 则可以作用于 *Oct4* 基因座，促进 5mC 到 5hmC 的转化。

DNA 去甲基化主要发生在胚胎发育的过程中，在受精卵中父系基因组在第一次 DNA 复制之前经历了快速的去甲基化，而母系基因组的去甲基化则发生于随后的卵裂期。父系 DNA 可以直接招募 TET3 并介导其去甲基化，而母系基因组则通过其特有的组蛋白双甲基化 H3K9me2 招募 Dppa3，从而阻止 DNMT1 的募集。

（2）RNA 修饰

目前已经发现了超过 100 种 RNA 修饰（RNA modification），其中 m6A 的修饰可以由甲基化酶来

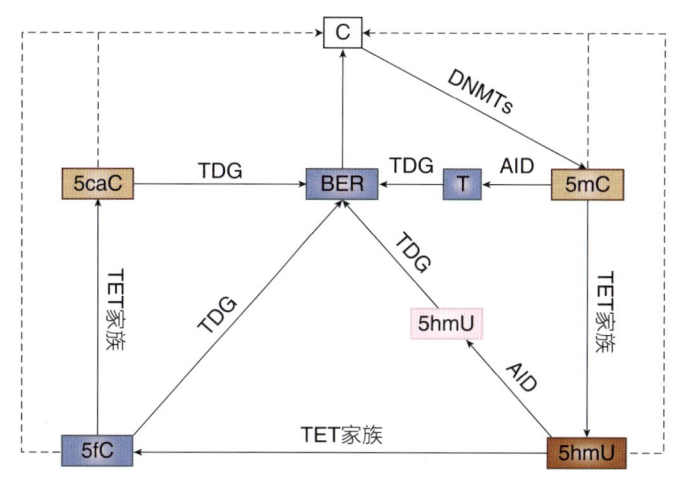

图 18-10　主动去甲基化过程

"写"，去甲基化酶去"擦"而由甲基识别蛋白来"读"，形成一个可逆的闭环过程，介导 RNA 的翻译、降解、剪接等代谢活动。m6A 修饰可影响 RNA 的代谢，如 pre-RNA 的可变剪接、RNA 的结构、RNA 的降解、mRNA 的出核、miRNA 的成熟以及 X 染色体的失活（图 18-11）。

在胚胎发育的早期直到 4~8 细胞期，受精卵的基因组转录沉默，这个阶段的胚胎发育完全依赖卵母细胞生长阶段所积累的母源 mRNA 及蛋白质产物。此后母源 mRNA 逐渐降解，合子基因组激活（zygotic genome activation，ZGA），这一转变被称为母源到合子的过渡（maternal-to-zygotic transition，MZT）。卵母细胞中异常的 m6A 修饰会以表观转录组调节的形式影响早期胚胎发育。而父系 m6A 修饰的异常也有可能与胚胎发育不良有关。

m6A 修饰对胚胎干细胞（ESC）的影响取决于 ESC 的状态（幼稚或启动）和 m6A 修饰所处的位置。m6A 修饰在维持 ESC 多能性和促进 ESC 分化中都发挥着重要作用。一些研究表明，m6A 修饰在维持 ESC 的多能性状态中起着关键作用。敲除 METTL3 或 METTL14 会导致 ESC 中一些发育调控基因，如 *c-MYC*、*BCL2* 和 *PTEN* 等的稳定性降低，进而影响 ESC 的自我更新能力，并导致 ESC 分化受到抑制。RBM15 和 RBM15B 可以结合到 mRNA 转录物上，并通过 m6A 甲基化修饰来调节其稳定性。在哺乳动物雌性发育过程中，*Xist* 基因会被转录并沉默 X 染色体。RBM15 和 RBM15B

图 18-11　RNA 修饰

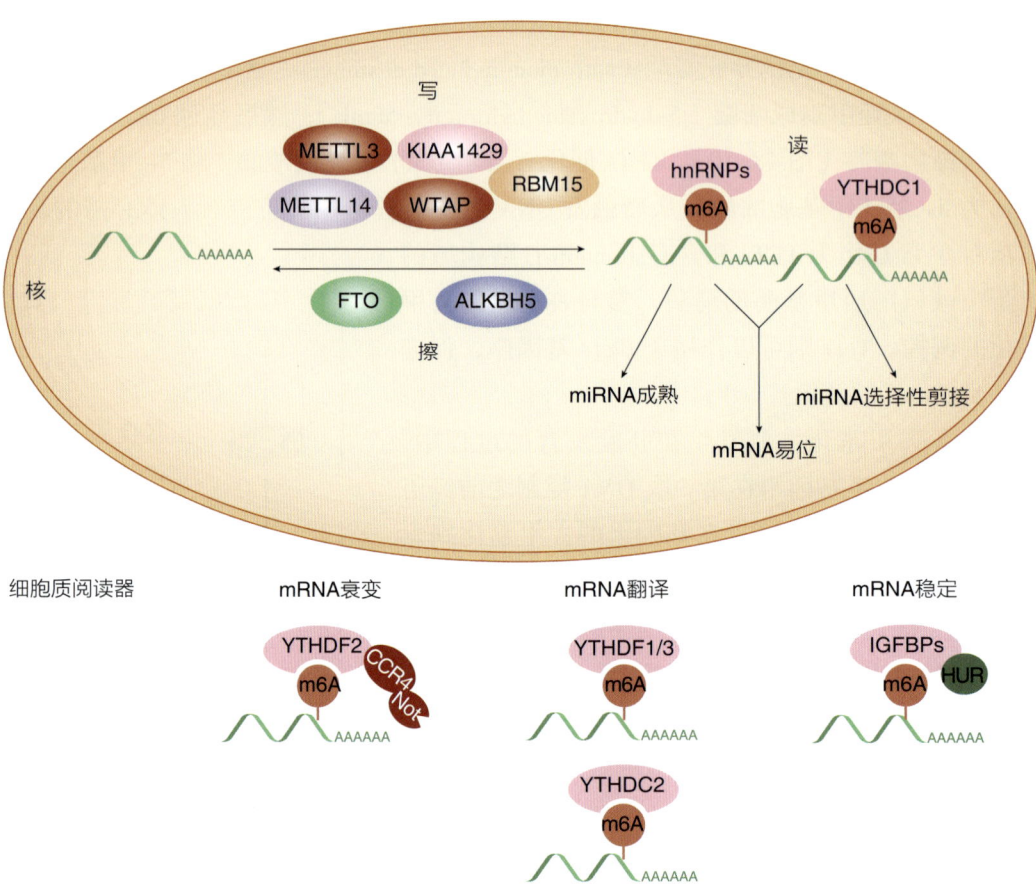

可以与 *Xist* 结合，并通过 m6A 甲基化修饰来促进 *Xist* 基因的沉默。METTL16 作为 METTL3 的同源物，通过调控编码 SAM 合成酶的 *Mat2a* mRNA 发挥作用，对胚胎发育至关重要。METTL14 可以影响 ESC 中组蛋白的修饰状态，例如 H3K4me3 和 H3K27me3。

在幼稚的 ESC 中，m6A 修饰的缺失会导致其分化受阻；而在启动态的 ESC 中，m6A 修饰的缺失则会促进分化。ZFP217 蛋白通过将 METTL3 捕集到无活性复合物中，限制了 m6A 修饰在多能性转录物上的沉积，从而防止了这些 mRNA 的异常 m6A 修饰和快速降解，由此促进 ESC 的自我更新。*linc1281* 的最后一个外显子上的 m6A 标记使得 *linc1281* 能够与 *let-7* miRNA 结合，从而抑制 Lin28 的表达，并维持 ESC 的身份。缺乏 m6A 标记会导致 ESC 分化受损。TGF-β 信号通路与 m6A 修饰的协调作用允许 ESC 及时从多能性状态过渡到分化状态，SMAD2/3 复合物促进 METTL3-METTL14-WTAP 复合物在新生多能性相关 mRNA 上的募集，而 m6A 修饰则将这些转录物标记为快速降解，从而降低其表达水平。

m6A 作为一种重要的 RNA 修饰，在胚胎干细胞的多能性维持、细胞命运决定和分化过程中发挥着关键作用。

（3）组蛋白修饰

组蛋白修饰（histone modification）是指在组蛋白的特定氨基酸侧链上添加或移除小分子，从而改变组蛋白的结构和功能。组蛋白修饰主要通过影响染色质的结构和基因的转录活性来调控胚胎干细胞的分化。组蛋白修饰是染色质重塑的重要组成部分，它对基因表达、细胞功能和发育至关重要（图 18-12）。

组蛋白修饰之间可以相互影响，共同调控基因表达，维持胚胎干细胞的自我更新和多能性状态。在小鼠胚胎干细胞中发现了与激活（H3K4me3）和抑制（H3K27me3）标记相关的启动子子集，被称为染色体的二价修饰（Bernstein，2006），是指在特定基因启动子上同时存在激活和抑制的组蛋白修饰，例如 H3K4me3 激活而 H3K27me3 抑制。当一个基因启动子上同时存在这两种标记时，我们称其为二价修饰。二价修饰的

图 18-12　组蛋白修饰

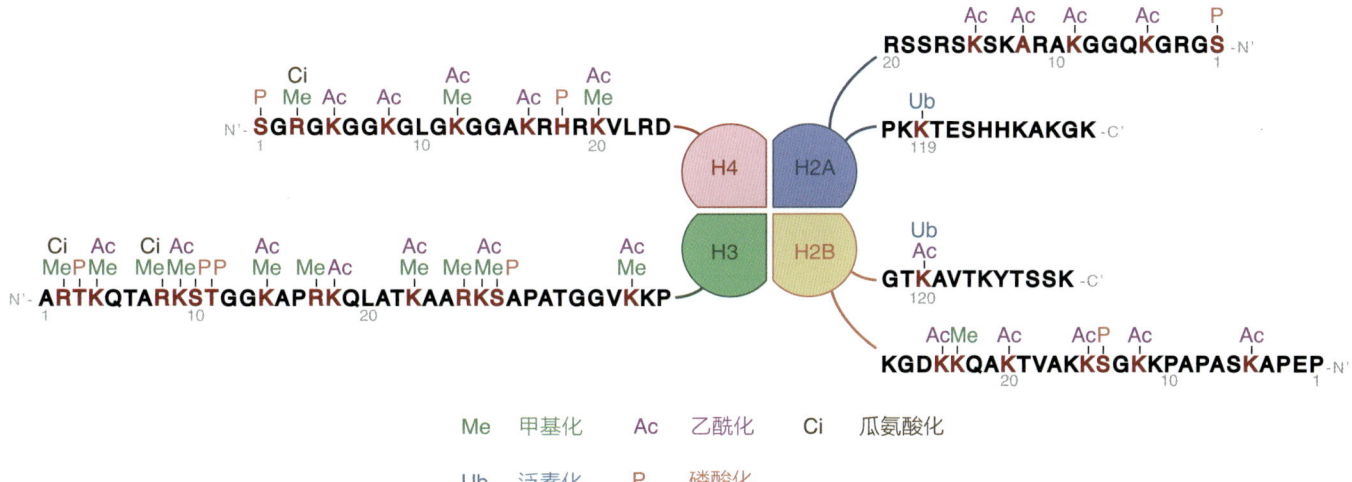

基因在多能性状态下保持沉默，但在分化过程中可以快速激活，从而快速响应发育信号。可以帮助细胞在分化过程中精细地调控基因表达的动态平衡，避免基因表达状态的急剧变化。胚胎干细胞中常见的二价修饰的基因如 *Nanog* 和 *Oct4*，小鼠胚胎干细胞中的 *MyoD* 和 *Hox* 基因家族，人类胚胎干细胞中的 *Sox2* 和 *Meis1*。

H3K4me3 的沉积主要由 Trithorax 组（TrxG）蛋白复合物催化，如 SETD1A/B 和 MLL 复合物。H3K27me3 的沉积主要由多梳组（PcG）蛋白复合物催化，如 PRC2 复合物。越来越多的研究表明，ATP 依赖性染色质重塑蛋白在调控二价修饰中发挥着重要作用。例如：Tip60-p400 蛋白可以与 H3K4me3 共定位，并抑制基因表达；BRG1 和 SMARCD1 等蛋白质可以与 H3K27me3 共定位，并调节其水平和分布；CHD3/4 等蛋白质可以调节 H3K27 的乙酰化和甲基化，从而影响二价修饰的稳定性和基因表达。

组蛋白乙酰化是另一种重要的表观遗传修饰，在胚胎干细胞中存在多种类型，如 H3K9ac、H3K14ac、H3K27ac、H4K5ac 和 H4K8ac 等。这些位点通常分布在基因的启动子区域和转录起始位点附近。多数与基因激活相关，促进染色质结构的开放，并招募转录激活因子。组蛋白乙酰化水平的变化可以导致 ESCs 中基因表达的异质性。H3K4me3 和 H3K9ac 可标记活跃的转录区域和增强子，促进基因转录。H3K27ac 则由 CBP/p300 复合物添加，与增强子活性和基因转录相关。

此外，其他种类的组蛋白修饰在胚胎干细胞也有着重要的意义。如 H3R26 瓜氨酸化（H3R26Cit）有助于维持 mESCs 的幼稚状态。小鼠胚胎干细胞核仁内存在高密度的磷酸化 H1 组蛋白。H1ph 在前期和前期很丰富，而在后期和末期则不存在。PRC1 催化的组蛋白 H2A 的单泛素化（H2AK119u1）以 Ring1 依赖的方式沉积在 H3K27me3 富集一个独特子集，该子集是维持 ESC 身份所需的 Polycomb 沉默的核心靶标，介导了对维持 ESC 身份至关重要基因的 PRC1 依赖性抑制。SUMO 修饰是 Sumoylation 在赖氨酸残基的 ε- 氨基上添加了一个小的泛素样修饰物（SUMO）多肽，由 Ubc9 介导，Ubc9 对胚胎干细胞的存活至关重要。这些组蛋白修饰的研究还不是很多，它们之间的关系也不是很清楚，未来应该会有更多的发现。

组蛋白修饰在胚胎干细胞中发挥着至关重要的作用，它们通过影响染色质的结构和基因的转录活性，调控着细胞的命运和分化，是胚胎干细胞调控网络中不可或缺的一部分。

（4）染色体重塑因子

在真核生物中，DNA 包裹在组蛋白八聚体上，该八聚体由一对核心组蛋白 H2A、H2B、H3 和 H4 组成，它们共同形成核小体。核小体是染色质的基本重复单元，通过连接组蛋白 H1 蛋白在相邻核小体之间的结合，它们排列在更高阶的染色质结构中。复杂多细胞生物的基因组复杂性并不只是由于编码蛋白质基因的数量，更重要的是基因组非编码区的基因调控元件。在多种染色质重塑因子（chromosome remodeling factor）的调控下，通过染色质的重排过程改变了核小体结构，以暴露或隐藏 DNA 区域进行转录调控，以细胞特异性的方式产生不同的基因表达模式。这些染色质重塑因子有很多类别和亚类，有的在维持胚胎干细胞的多能性上发挥重要作用（图 18-13）。

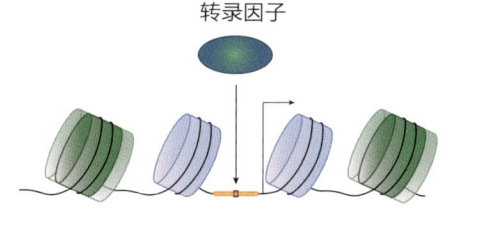

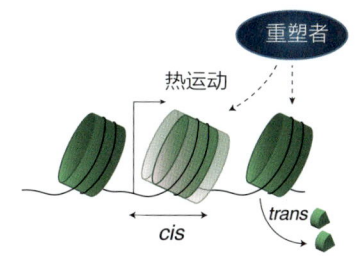

活性基因

核小体运动：热运动和ATP依赖性重塑

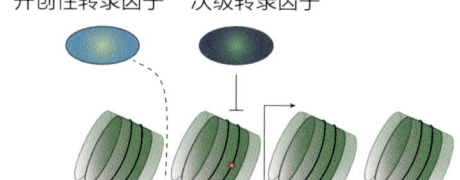

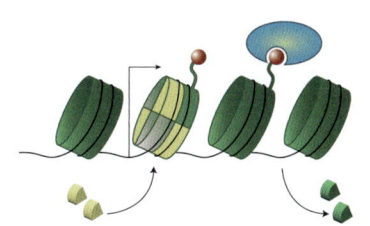

诱导基因

核小体修饰：组蛋白变体和化学修饰

图 18-13 染色体的重塑

① NuRD 复合物

核小体重构和脱乙酰酶（nucleosome remodelling and deacetylase，NuRD）是一组具有 ATP 依赖性染色质重塑和组蛋白脱乙酰酶活性的多酶复合物。

NuRD 复合物在胚胎干细胞的自我更新和多能性调控中发挥着至关重要的作用。NuRD 通过其组蛋白脱乙酰酶和染色质重塑功能，与组蛋白乙酰转移酶、PRC2 复合物和 LSD1 等表观遗传调节因子相互作用，共同调控多能性基因和发育相关基因的表达。NuRD 在 ESC 中维持基因表达的动态平衡，使其能够在自我更新和分化之间灵活切换。

NuRD 复合物中的 HDAC 亚基能够将组蛋白上的乙酰基去除，导致染色质结构变得更加紧密，阻碍转录因子和转录酶的进入，从而抑制与多能性相关的基因，如 *Zfp42*、*Tbx3*、*Klf4* 和 *Klf5* 等的转录和表达。

在正常生长条件下，NuRD 抑制部分多能性基因的表达，而 LIF/STAT3 信号通路激活这些基因的表达。两者相互作用，维持基因表达的动态平衡。NuRD 的抑制作用与 LIF/STAT3 信号通路产生的激活信号相平衡，从而维持 ESC 的多能性，防止其过早分化。

NuRD 的组蛋白脱乙酰化作用为 PRC2 复合物的结合提供了便利，共同维持基因的沉默状态。NuRD 与 PRC2 复合物协同作用，将组蛋白 H3K27me3 修饰沉积在染色体上，导致染色质结构更加紧密，抑制与早期胚胎发育相关的基因转录和表达。

NuRD 的组蛋白脱乙酰化作用还降低了 LSD1 对组蛋白 H3K4me1 的亲和力，从而抑制 LSD1 的去甲基化活性，导致增强子功能被抑制。NuRD 与 LSD1 的协同作用，在多能性基因如 *Nanog* 和 *Sox2* 的增强子区域发挥作用，抑制其功能，使其无法激活下游基因的表达。

NuRD 还可与 esBAF 复合物中的 ATP 酶亚基分别调节核小体的构象，竞争性地占据启动子区域。调节核小体在基因启动子区域的占用情况，影响 RNA 聚合酶Ⅱ的招募，从而进一步调控基因表达。

NuRD 复合物作为一组重要的表观遗传调控分子，在胚胎干细胞的多能性和自我更新过程中扮演着关键角色。它通过与多种表观遗传调节因子的相互作用，精细地调控基因表达，确保了细胞在不同状态下所需的基因表达模式。

② 多梳阻遏物复合物 2

多梳阻遏物复合物 2（polycomb repressor complex 2，PRC2）是两类多梳群蛋白或 PcG 之一。PRC2 具有组蛋白甲基转移酶活性，主要催化 H3K27me3 的甲基化。H3K27me3 是转录沉默染色质的标志。PRC2 是沉默基因组区域（PRC 反应元件或 PRE）的初始靶向所必需的，而 PRC1 是稳定这种沉默所必需的并且是细胞分化后沉默区域的细胞记忆的基础。PRC1 还在赖氨酸 119 上单泛素化组蛋白 H2A（H2AK119Ub1）。这些蛋白质是染色质长期表观遗传沉默所必需的，在干细胞分化和早期胚胎发育中起着重要作用。

小鼠 PRC2 有 4 个亚基：SUZ12（锌指）、EED、EZH1（或 EZH2，具有组蛋白甲基转移酶活性的 SET 结构域）和 Rbbp4（组蛋白结合结构域）。PRC2 可以结合 H3K27me3 并抑制邻近的核小体，并传播抑制。PRC2 在 X 染色体失活、维持干细胞命运和印记中起着重要作用。

在哺乳动物中，PRC2 包含 Zeste1/2 的催化酶增强子（EZH1/EZS2）及其结合伙伴胚胎外胚层发育（EED）和 Zeste12 蛋白同源物的抑制剂（SUZ12）。EZH2/EED/SUZ12 是 PRC2 的核心组成，EZH2 具有组蛋白甲基转移酶活性，EED 和 SUZ12 则参与复合物的稳定和功能。其他辅助蛋白如 JARID2、MTF2 等，可以增强 PRC2 的功能，并参与其募集和定位。在小鼠胚胎干细胞中 PRC2 还包含 Jumonji 和富含 AT 的相互作用域 2（JARID2）、金属反应元件结合转录因子 2（MTF2）和 esPRC2p48。

PRC2 的主要功能是催化组蛋白 H3 的第 27 位赖氨酸（H3K27）的三甲基化（H3K27me3）。H3K27me3 是一种抑制性组蛋白修饰，可以导致染色质变得更加紧密，从而抑制基因表达。通过沉积 H3K27me3 来维持基因表达的沉默状态，对于维持细胞命运和发育过程至关重要。PRC2 通过调节与细胞命运相关的基因的表达来影响细胞的命运决定。

PRC2 缺乏似乎在 ESC 自我更新中是可有可无的，因为它改变了整体 H3K27me3 模式，而不改变多能性相关基因的表达水平。然而，EZH2 敲除的 ESCs 已准备好自发分化，导致 PRC2 靶向基因表达增加，偏向分化和谱系承诺。PRC2 负责通过将几个调控亚基与核心复合物结合，来建立细胞类型特异性基因表达程序。这些辅助蛋白也是适当酶活性所必需的，或者能够增加与特定的 RNA 结合的亲和力，可以直接影响和修饰 PRC2 和染色质之间的相互作用，并调节驱动干细胞分化的选定基因的转录。

金属反应元件结合转录因子 2（MTF2）和 JARID2 是新发现的与 ESCs 中 PRC2 相

互作用的调控亚基。MTF2 耗竭伴随着核心多能基因表达的增加，这些基因将 ESCs 维持在未分化状态，从而阻止分化。JARID2 是组蛋白去甲基化酶 Jumonji 蛋白家族的成员，但没有催化活性，在发育的早期阶段起着至关重要的作用，与 PRC2 活性相互作用并调节其活性，促进其募集到靶位点的启动子。JARID2 的表达受 OCT4 的调节，OCT4 与 NANOG 和 SOX2 一起构成了对 ESC 自我更新和多能性至关重要的 TFs 三联体，并且在暴露于适当的分化信号后迅速下调。缺乏 JARID2 的 ESCs 易于分化，使细胞能够对分化信号作出反应。在二价染色体区，正、负组蛋白修饰之间的平衡决定了 RNA 聚合酶Ⅱ是暂停还是从暂停中释放，RNA 聚合酶Ⅱ在二价区 C 端结构域的丝氨酸 5 处预加载和磷酸化，从而促进正转录延长因子（P–TEFb）的募集，并为快速激活制备基因。

新发现表明，抑制性 H3K27me3 标记仅由 PRC2 沉积，并通过 JARID2 相互作用稳定，这也保护它免受 H3K27 去甲基化酶的活性影响，对于建立稳定的 RNA 聚合酶Ⅱ至关重要。在终末分化时，二价染色质结构域可以分别通过 H3K27 或 H3K4 脱甲基酶的作用转化为稳定的活性（H3K4me3）或稳定的抑制（H3K27me3）状态。

PRC2 是一种重要的染色质重塑复合物，它在维持基因表达的沉默状态和调节细胞命运中发挥着关键作用。PRC2 通过催化组蛋白 H3K27 的甲基化来抑制基因表达，并参与维持细胞的多能性和指导细胞的分化方向。

③ Brg/Brahma 相关因子（Brg/Brahma–associated factors，BAF）复合物

BAF 复合物是哺乳动物 SWI/SNF 家族成员，属于 ATP 依赖性染色质重塑复合物。可通过水解 ATP 获得能量，改变染色质结构，从而调节基因表达和细胞命运。是哺乳动物中已知的 4 个 ATP 依赖性染色质重塑复合物家族之一。根据其不同的亚基组成，已经鉴定出 4 种哺乳动物 BAF 复合物。cBAF（典型 BAF 复合物）、pBAF（多溴相关 BAF 复合物）和 ncBAF（非规范 BAF 复合物）或称 GBAF（以其独特的亚基 GLTSCR1/1L 命名）。此外，还有 esBAF（胚胎干细胞特异性 BAF 复合物），特异性存在于 ESC 中，对维持 ESC 的多能性和自我更新至关重要。

esBAF 复合物在维持 ESCs 的功能和身份方面发挥着至关重要的作用，它通过多种机制调节基因表达，从而控制 ESCs 的自我更新和多能性以及分化。a. BRG1 和 BAF155 位于核心多能性因子 Oct4、Nanog 和 Sox2 的转录起始位点（TSS）附近，参与它们表达调控。b. esBAF 可优先与增强子结合调节 H3K27ac 沉积，从而影响目的基因的表达。c. 能与核心转录因子协同作用，共同调节多能性基因的表达，维持 ESCs 的自我更新和多能性。d. 通过稳定 STAT3 的结合，增强 LIF/STAT3 信号通路，从而维持 ESCs 的自我更新和多能性。e. 通过调节多能性基因的表达来间接影响 ESCs 的分化。f. DPF2 参与调节 Tbx3 的表达。g. BAF47 通过调节 Oct4 的表达来控制 ESCs 的分化。h. 与 PRC2 复合物在某些基因的表达调控上存在对立关系，例如 Tbx3 的表达。i. 也与 PRC2 复合物协同作用，共同维持 ESCs 的多能性。

在对 esBAF 的研究中，发现了不少亚基的缺失表型，这些表型揭示了不同亚基在调节 ESC 命运中的独特贡献，具有重要的意义。a. BRG1（SMARCA4）缺失：细胞周

期异常，增殖率降低。缺乏未分化 ESC 的自我更新能力，过表达分化基因并表现出分化细胞的某些表型。b. DPF2（BAF45d）缺失：中内胚层分化受损，神经外胚层分化被促进。c. Srg3（BAF155）（SMARCC1）缺失：胚胎囊胚孵化、黏附并形成一层滋养层巨细胞，内细胞团在长期培养后退化。促进 ESC 分化；细胞增殖减少；ES 细胞调亡增加。d. BAF47（SNF5）（SMARCB1）缺失：预植入期死亡。内细胞团分化受损，滋养层形成失败或无法扩大。敲低 Baf47 阻止分化；过表达 Baf47 增强 mES 细胞的分化。e. BAF53a 缺失：细胞生长受抑制，诱导细胞死亡，并降低小鼠 ES 细胞的活力。Baf53b 可挽救 Baf53a 缺乏的 mES 细胞的细胞死亡。f. 其他亚基如 BAF170 等也对 ESC 的自我更新和多能性维持有一定作用，但具体功能有待进一步研究。不同 esBAF 亚基的功能和缺失表型为我们提供了宝贵的洞见，帮助我们更全面地理解 ESC 的生物学特性。

　　ncBAF 在胚胎干细胞（ESC）的调节中发挥着重要作用。ncBAF 中 BRD9 的抑制会导致 ESC 形态改变，降低集落形成能力，同时下调 *Nanog* 和 *Klf4* 的表达，通过调节基因表达来维持 ESC 的幼稚多能性状态；ncBAF 主要结合 H3K4 三甲基化的启动子区域，并与 Klf4 等转录因子相关联；ncBAF 可以结合拓扑相关结构域（topologically associating domains，TADs）边界和 CTCF 位点，有助于调节基因组拓扑结构，通过影响染色质结构和基因位置来调节基因表达和细胞命运；ncBAF 的缺失会影响 ESC 的分化，导致某些谱系的分化缺陷；ncBAF 中的 DPF2 与 PRC2 复合物中的 EED 亚基竞争性调节 TBX3 的表达，从而影响 ESC 的分化。

　　pBAF 复合物在维持 ESCs 的自我更新和调节其分化命运中发挥着重要作用。它通过与核心多能性转录因子、增强子和 PRC2 复合物等相互作用，调节中胚层谱系和神经外胚层谱系分化共同维持 ESCs 的多能性和分化平衡。

　　cBAF 复合物也是 ESCs 多能性和分化的重要调节因子。它通过与核心多能性转录因子相互作用，维持这些基因的表达，从而维持 ESCs 的多能性；通过与分化和发育相关的基因相互作用，调节这些基因的表达（如 BAF47 的敲除和过表达）影响 ESCs 的分化命运；通过与 PRC2 复合物的相互作用维持 ESCs 的自我更新，与其他表观遗传调控因子协同作用，共同维持 ESCs 的多能性和分化平衡；cBAF 复合物还可以调控染色质重塑、转录调控和染色质拓扑结构等机制，影响 ESCs 的命运决定和发育过程。cBAF 复合物与其他表观遗传调控因子协同作用，共同维持 ESCs 的多能性和分化平衡。

　　BAF 复合体是维持 ESCs 多能性和分化平衡的关键调节因子。它通过染色质重塑、转录调控和染色质拓扑结构等机制，影响 ESCs 的命运决定和发育过程。BAF 复合体的研究对于理解 ESCs 的生物学特性、发育机制以及疾病发生发展具有重要意义。

　　染色质重塑因子是重要的表观遗传调控因子，它们通过改变染色质结构，影响基因表达和细胞功能。染色质重塑因子在维持细胞身份、调控发育过程和参与疾病发生发展中发挥着重要作用。研究染色质重塑因子对于理解细胞生物学、发育生物学和疾病发生发展具有重要意义。

（5）染色质开放性

染色质状态及其分子动态在早期发育中发挥着至关重要的作用，它们影响着基因表达、细胞命运决定、表观遗传重编程、发育可塑性和早期发育异常等方面。深入研究染色质状态及其分子动态的机制，有助于我们更好地理解胚胎发育过程，并为发育相关疾病的诊断和治疗提供新的思路。

对于 ESCs 来说，ESCs 的染色质处于高度可及状态，可以促进基因表达，对于维持 ESCs 的多能性和自我更新能力至关重要（图 18-14）。ESCs 中存在广泛的开放染色质区域，通常与活跃表达的基因相关，并参与调控 ESCs 的基因表达网络。ESCs 中存在特定的组蛋白修饰模式，例如 H3K4me3 和 H3K27ac，H3K4me3 通常富集于基因启动子区域，而 H3K27ac 则富集于增强子区域。ESCs 的染色质状态可以动态变化，以响应不同的发育信号和环境因素。当 ESCs 分化成特定细胞类型时，染色质可及性（openness of chromatin）会发生改变，导致特定基因的表达开启或关闭。ESCs 的染色质可及性与其发育阶段相关。幼稚 ESCs（naive ESCs）的染色质可及性模式与囊胚内细胞团（ICM）相似，而起始 ESCs（primed ESCs）的染色质可及性则会发生改变。

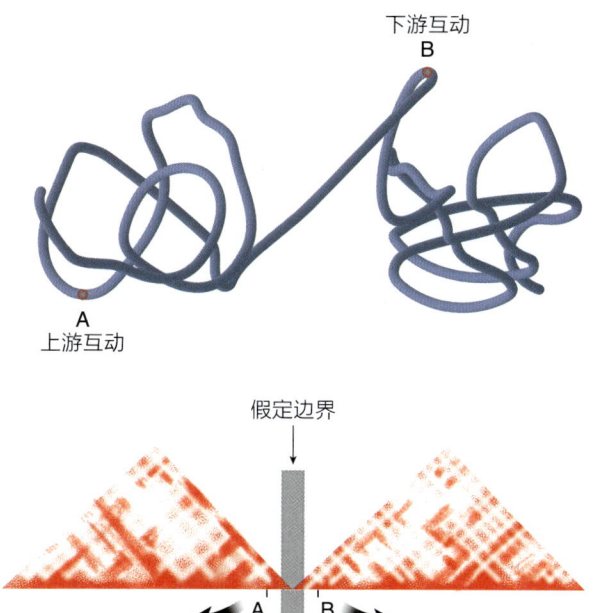

图 18-14　染色质开放性

ESCs 的染色质可及性是一个复杂且动态的过程，对维持其多能性和分化能力至关重要。研究 ESCs 染色质可及性有助于我们更好地理解细胞命运决定和发育过程，并为再生医学和治疗遗传性疾病提供新的思路。

（6）三维染色质

染色质的压缩和三维组织使得庞大的基因组能够在有限的细胞核空间内存储和传递。这种高度有序的结构确保了基因组的稳定性，并防止了 DNA 损伤和断裂。

理解 ESC 中染色质组织的动态变化，对于揭示细胞多能性和分化机制至关重要。ESC 的染色质结构可以作为发育障碍和疾病发生发展的重要参考指标。

胚胎干细胞的三维染色质（three-dimensional chromatin）组织具有高度的动态性，处于高度动态变化的状态，能够快速响应外部信号和内部发育程序的变化。ESC 的染色质结构相对开放，允许转录因子和染色质重塑复合物更容易地访问基因启动子区域，从而促进基因表达。ESC 中也存在拓扑相关结构域（TADs）结构，但与成熟细胞相比，TAD 边界可能不那么清晰，且 TAD 内部的互作可能更加频繁。ESC 的染色质状态是动态变化的，从初始的全基因组激活到逐渐形成特定的 TAD 结构和染色质状态。

研究 ESC 的三维染色体组结构具有重要的理论和应用价值，对于深入理解早期胚胎发育、基因调控、细胞分化以及再生医学等领域具有重要意义。

三维染色体的研究方法主要有以下 4 个：① Hi-C，基于高通量测序的染色质构象捕获技术。② Micro-C，更高分辨率的 Hi-C 技术。③ Hi-M，基于显微镜的染色质构象捕获技术，可以可视化单个细胞中的染色质互作情况，并识别 TAD 结构。④ ATAC-seq：一种基于高通量测序的染色质可接近性检测技术，可以揭示染色质开放区域，并帮助理解染色质结构和基因表达之间的关系。

（7）microRNA

microRNA 可以在转录后水平对基因表达起调控作用，参与多种重要的生理过程，如细胞分化、增殖、凋亡和代谢（图 18-15）。植入前胚胎发育以及胚胎干细胞的自我更新和多能性上也起着重要的作用。

在小鼠早期胚胎中经典的 microRNA 通路 Drosha、Dger8、Exportin5、Dicer、Agol、Ago2、Ago3、Ago4 和 Ago5 从卵裂到植入前都是下降的，miR-292-3 和 miR-292-5P 等 microRNA 可能来自于库存。

在小鼠胚胎干细胞中 RNA 诱导沉默复合物（RISC）可以介导 microRNA 对特定染色质调节因子集的抑制从而保持胚胎干细胞的多能性，miRNA 调节的对翻译的严格控制对于维持多能性非常重要。microRNA 的生成和成熟受损可导致胚胎干细胞的多能性被破坏。小鼠胚胎干细胞中存在幼稚特异性 microRNA 如 miR 142-3p、miR 294、miR 200 和 miR 672，EpiSCs 的也有自己的特异性 microRNA 如 miR 34c、miR 302a/b/c、miR367 和 let7e，miR-541-5p、miR-410-3p、miR-381-3p 和 miR-495-3p 则在小鼠和人类的胚胎干细胞中都高表达。

在胚胎干细胞中，幼稚胚胎干细胞的线粒体呼吸比启动态（primited）的人类和小鼠胚胎干细胞高很多。幼稚胚胎干细胞中较高水平的 miR-615-3p 会导致 ATP13A2

图 18-15　microRNA

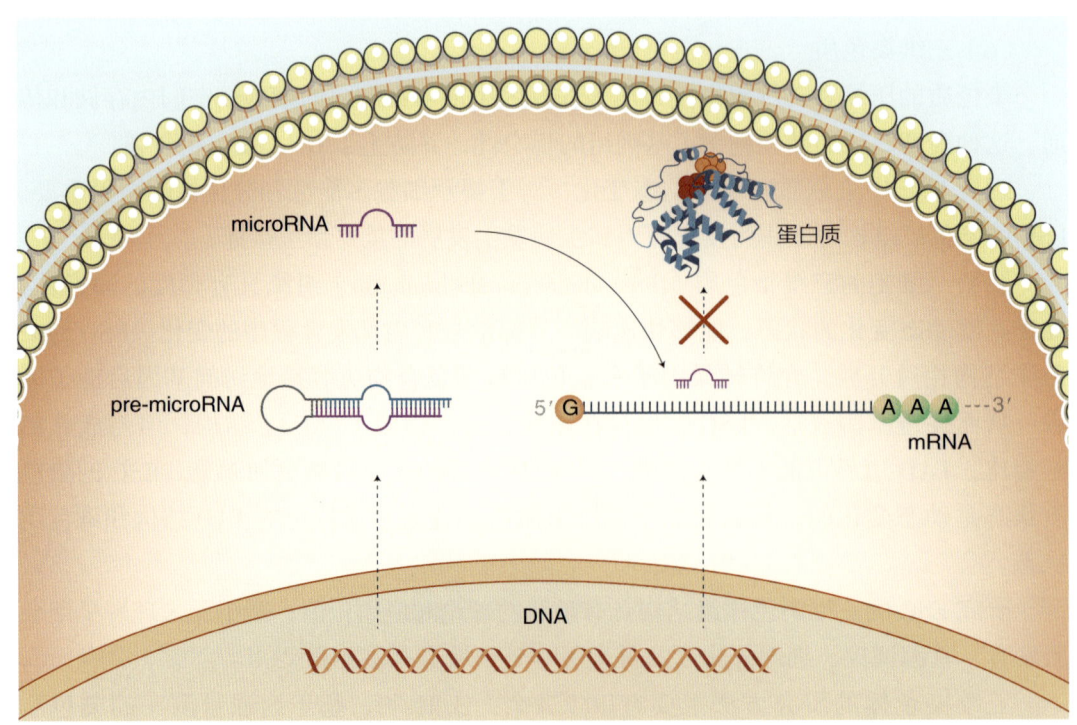

蛋白表达降低，从而导致耗氧量增加。在人类胚胎干细胞中，靶向脂肪酸活化（ACSL1）、合成（FASN）、延伸（ELOVL7）和去饱和（SCD）的 miR-10a 在幼稚的胚胎干细胞中下调，抑制其脂肪酸的合成。

（8）长链非编码 RNA

长链非编码 RNA（lncRNA）是一类大小不小于 200 个核苷酸，是一些具有特定功能但一般缺乏蛋白质编码功能（图 18-16）。

lncRNA 在早期胚胎发育中起着重要作用，如 Dlk-Dio3 印迹区域的 lnc-Gtl2，仅在桑葚胚表达并逐渐聚集于内细胞团，lnc-Gtl2 的表达与 H3K4me3 有关，也与多能性核心因子 Oct4、Sox2 和 Nanog 有关。Repeat A（Rep A）可以与多梳蛋白 PRC2 相互作用，调控 *Xist* 对雌性 X 染色体的转录沉默。

多能性核心转录因子往往与 lncRNA 有多种相互调节，例如：NANOG 负向调节 AK141205；OCT4 正向调节 AK028326；AK028326 正向调节 OCT4 和 NANOG；敲低 AK028326 导致 Nanog、Sox2、Klf4、Gdf3、Fgf4 和 Dppa3/Stella 等多个多能性标记的下调。

此外还有 Trincr1 抑制 ERK 信号通路，有助于维持小鼠胚胎干细胞的自我更新。Lncenc1 控制幼稚细胞的高能代谢，有助于维持小鼠胚胎干细胞的幼稚多能干状态。

图 18-16　长链非编码 RNA

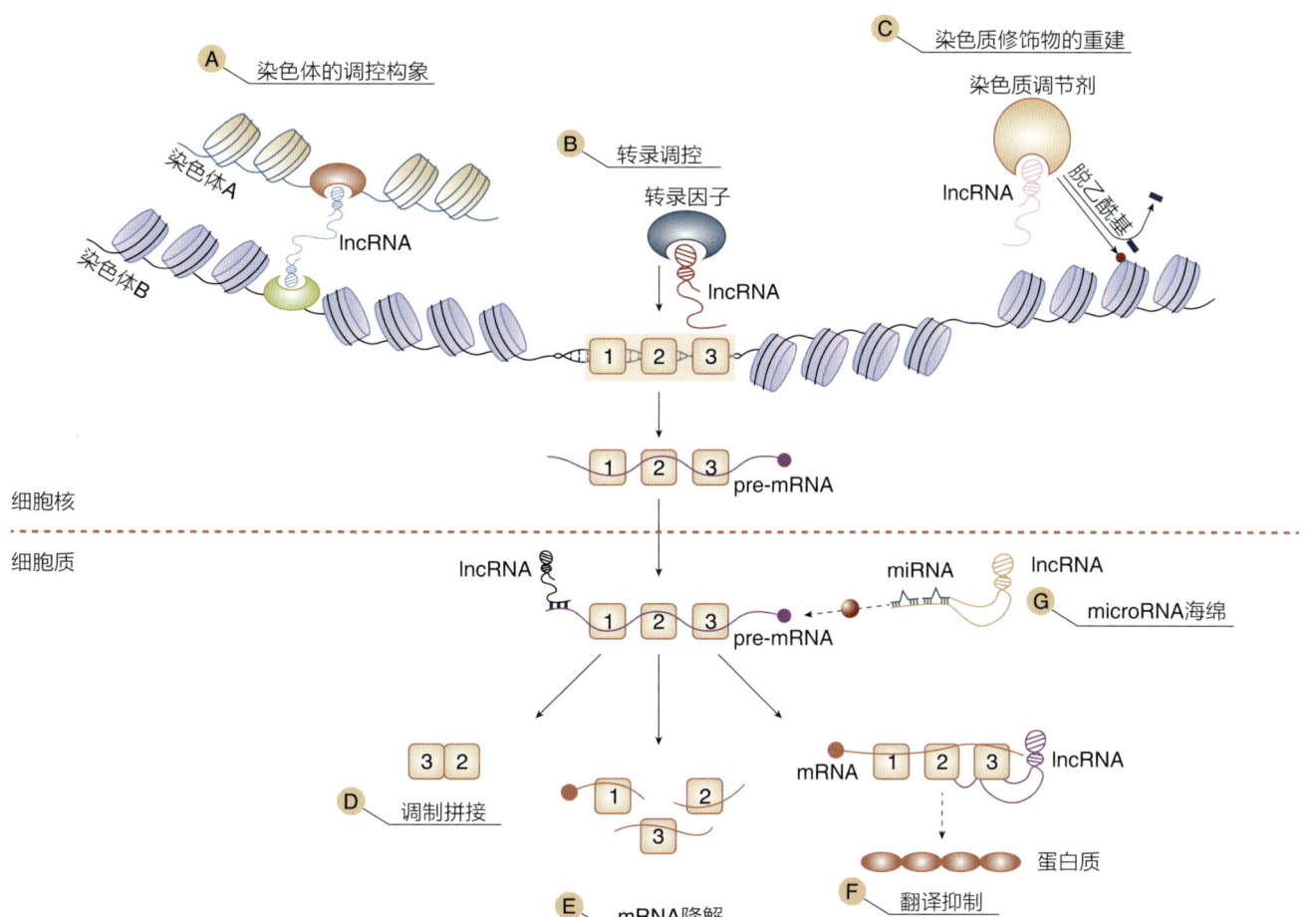

Linc1281 或 ephemeron（Eprn）促进 Lin28a 在小鼠胚胎干细胞中的表达，在退出幼稚状态中发挥着至关重要的作用。人内源性反转录病毒 –H（HERV–H）也可在人类胚胎干细胞中维持幼稚状态。HERV–K、HERV–H、HPAT2、HPAT3 和 HPAT5 等都在人类内细胞团中表达，与多能性的维持相关。卷曲螺旋结构域包含 ing144 家族，N 端样反义 RNA 1，CCDC144NL–AS1（coiled–coil domain containing 144 family，N–terminal like antisense RNA 1）则是反向调节人类胚胎干细胞幼稚状态的 lncRNA。

第二节　全能性干细胞

一、全能性

全能性（totipotency）是指能够产生整个可育生物体的细胞的发育潜力。

在哺乳动物胚胎中，全能性发生在合子基因组激活期附近，即小鼠胚胎的 2 细胞期或人类胚胎的 4 至 8 细胞期。通过证明从 2 细胞（2C）期胚胎中分离的单个卵裂球能够产生完整的成年小鼠，可以证明哺乳动物胚胎中存在全能细胞（Tarkowski，1959）。

二、全能性干细胞研究

由于早期胚胎和细胞的各种政策伦理限制，对全能性和合子基因组激活（zygotic genome activation，ZGA）调节的综合研究受到限制。然而，体外全能性干细胞（totipotent stem cell）培养系统的鉴定和建立极大地促进了全能性调控的深入研究。建立稳定的体外全能性干细胞培养系统一直是干细胞和早期发育生物学领域的长期目标。已经鉴定或建立了多种体外培养系统。与体内全能状态相比，不同的体外全能模型有相似之处，但也有显著差异。

近年来，人们对早期胚胎发育的细胞状态和机制进行了深入研究，取得了许多突破性进展。这里我们总结了几个代表性的工作，由此探讨早期胚胎细胞状态的发现、特征和意义。

首先，塞缪尔·普法夫（Samuel L. Pfaff）团队发现小鼠 ES 细胞和 iPSCs 细胞中存在一种罕见的、短暂的细胞亚群，称为"2C-like ES"。这些细胞表达与二细胞胚胎相似的基因，缺乏多能性蛋白，但能够分化为胚胎和胚外组织。研究发现，几乎所有 ES 细胞都会周期性地进入和退出这种状态，并受组蛋白修饰酶和内源性反转录病毒的调控。这项研究揭示了早期胚胎发育中一个新的细胞状态，并为了解多能性调控和进化生物学提供了新的线索（Pfaff，2012）。

然后，香港大学刘澎涛团队建立了一种体外培养条件，可以从早期胚胎的细胞团中培养出具有扩展开能的干细胞（EPSC）。EPSC 能够分化为胚胎所有细胞类型，包括滋养层细胞和胎盘细胞，以及胚外内胚层细胞和胚外中胚层细胞。分子分析表明，EPSC 具有类似早期胚胎细胞的表观遗传特征和转录组特征。EPSC 的发现为体外培养其他哺乳动物物种的干细胞提供了新思路，并可用于研究早期胚胎发育和细胞命运决定的机制，以及构建疾病模型和治疗人类疾病（Liu，2017）。

之后，剑桥大学沃尔夫·雷克（Wolf Reik）团队在人类胚胎干细胞中发现了一种名为"8CLC"的独特细胞状态，其转录组特征与人类 8 细胞胚胎高度相似。8CLC 细胞表达 ZGA 标记基因，包括 ZSCAN4 和 LEUTX，以及转座元件，如 HERVL 和 MLT2A1。这些细胞可以通过 TPRX1 和 H3.Y 蛋白质标记物在体外进行识别。8CLC 细胞为体外研究人类 ZGA 样转录提供了独特的机会，并可能为理解人类胚胎发育早期事件提供重要见解（Reik，2022）。

几乎同时，中国科学院米格尔·埃斯特班（Miguel A. Esteban）团队通过特定的培养基和抑制剂 iPSCs 转化为类似 8 细胞胚胎的细胞（8CLCs）（图 18-17）。8CLCs 具有更强的多能性，能够分化成胚胎和胚外谱系。8CLCs 的形成涉及基因表达模式的显著变化，其中 TPRX1 基因是 8CLCs 基因调控网络中的关键转录因子。8CLCs 产生过程中伴随着 DNA 甲基化水平的降低，DPPA3 基因在 8CLCs 转化过程中发挥重要作用。8CLCs 可以用于研究人类胚胎干细胞和早期胚胎谱系的分化机制，用于开发更接近人类胚胎发育过程的体外模型，生成功能分化的细胞和组织，用于再生医学和治疗研究（Esteban，2022）。

再之后，北京大学丁胜团队介绍了一种使用特定化学组合物将小鼠多能干细胞（PSCs）诱导和维持为全能性干细胞（TotiSCs）的方法。这种方法利用了三种小分子——TTNPB、1-azakenpaullone 和 WS6。诱导得到的化学诱导全能性干细胞（ciTotiSCs）在转录组、表观组和代谢组水平上与小鼠全能 2 细胞胚胎相似。此外，

图 18-17　人类全能性干细胞的诱导（Esteban，2022）

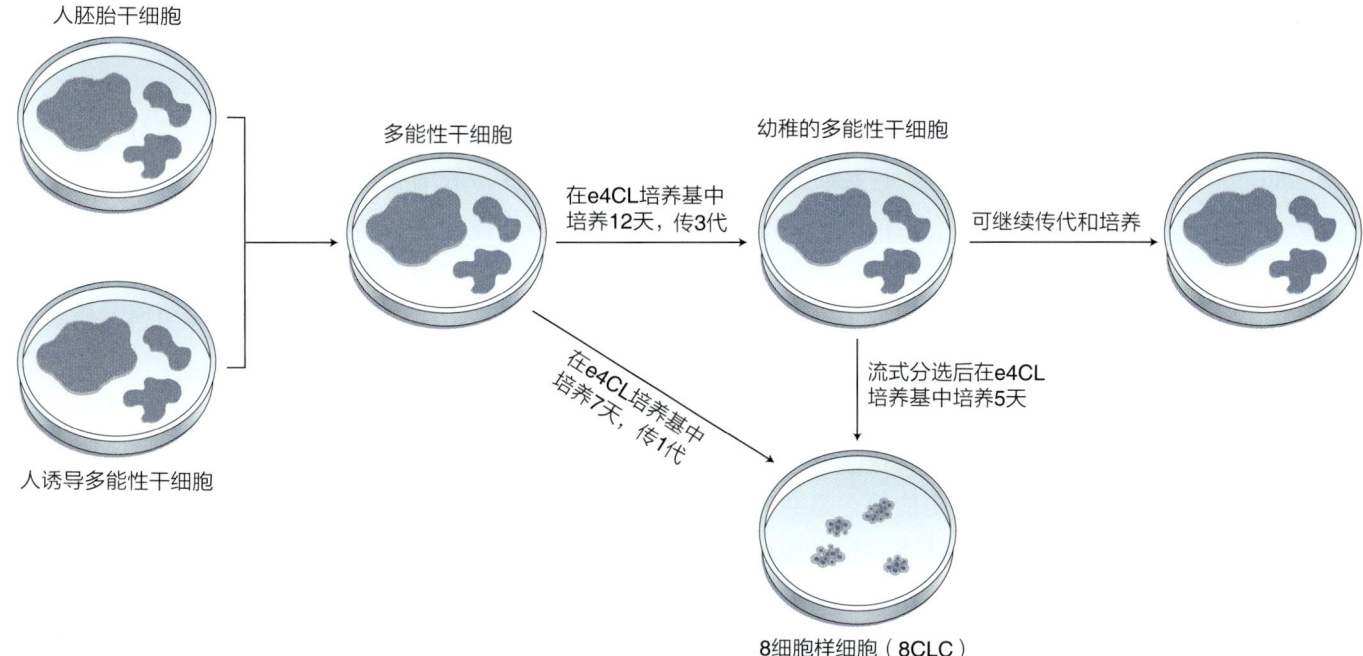

人胚胎干细胞

人诱导多能性干细胞

多能性干细胞

幼稚的多能性干细胞

在e4CL培养基中培养12天，传3代

可继续传代和培养

在e4CL培养基中培养7天，传1代

流式分选后在e4CL培养基中培养5天

8细胞样细胞（8CLC）

ciTotiSCs 表现出双向发育潜力，能够在体外和体内产生胚胎和胚外细胞。这项化学方法为全能性干细胞的诱导和维持提供了一个明确的体外系统，用于操控和开发对全能状态的理解，以及从非生殖细胞发育的多细胞生物（Ding，2023）。

关于这 5 种细胞，2C-like ES 存在于小鼠 ES 细胞和 iPSCs 细胞中，是 ES 细胞群体中的一部分，可以周期性地进入和退出这种状态。EPSC 从早期胚胎的细胞团中培养获得，可以是滋养层细胞或内细胞团细胞，也可以从 ES 细胞或 iPSCs 细胞中诱导获得。TotiSCs 从小鼠多能性干细胞中诱导和维持获得，是一种特殊的细胞状态，具有全能性。沃尔夫·雷克团队的 8CLC 存在于人类 naive ESCs 中，是 ESCs 的一种独特细胞亚群。米格尔·埃斯特班团队的 8CLCs 是通过特定的培养基和抑制剂从人类多能性干细胞诱导获得。

2C-like ES 和雷克团队的 8CLC 表达与早期胚胎相似的基因，如 *Zscan4* 家族基因和 *ZGA* 基因。EPSC 则表达卵裂球特征基因和 DNA 甲基化和去甲基化相关基因。TotiSCs 表达的是 *Zscan4* 家族基因、*MERVL* 重复序列和 *ZGA* 基因，并沉默多能性基因。埃斯特班团队的 8CLCs 表达 *ZGA* 标记基因、转座元件和 8CLC 特异性基因。

在表观遗传上，2C-like ES 和雷克团队的 8CLC 具有与早期胚胎相似的组蛋白修饰模式和 DNA 甲基化水平。EPSC 则具有类似早期胚胎细胞的表观遗传特征，包括 DNA 甲基化和组蛋白修饰。TotiSCs 具有更高的染色质开放性和 DNA 甲基化水平，表明基因组处于活跃状态。埃斯特班团队的 8CLCs 则总体 DNA 甲基化水平降低，全能性基因和胚外谱系特异性基因位点的染色质可及性增加。

在功能上，2C-like ES 缺乏内细胞团多能性蛋白质，但能够分化为胚胎和胚外组织。EPSC 能够分化为胚胎所有细胞类型，包括滋养层细胞和胎盘细胞，以及胚外内胚层细胞和胚外中胚层细胞。TotiSCs 具有双向发育潜力，能够在体外和体内产生胚胎和胚外细胞。雷克团队的 8CLC 可能参与 *ZGA* 阶段的基因表达调控。埃斯特班团队的 8CLCs 则具有全能性，能够分化成胚胎和胚外谱系。

这 5 种细胞状态都与早期胚胎发育密切相关，并具有与早期胚胎相似的基因表达和表观遗传特征。它们都具有比传统多能性干细胞更强的发育潜能，能够分化为胚胎和胚外组织。这些研究为我们理解早期胚胎发育的细胞状态和机制提供了重要的工具和模型。它们揭示了早期胚胎细胞状态的多样性和复杂性，并为了解多能性和全能性的调控、基因组激活和细胞命运决定提供了新的视角。未来，人们将继续深入研究早期胚胎发育的分子机制，并探索这些研究成果在再生医学、疾病治疗和生殖健康等领域的应用潜力。

一般来说，所有这些体外全能类模型都具有与全能性胚胎细胞相似的嵌合体形成、转录和表观遗传特征。然而，它们发育全能性的更有力功能证明仍有待评估。

体外全能状态是一种动态状态，被诱导重新编程 2C 样细胞被发现自发地回滚到原始多能状态。转录组的动态变化可能是根本原因。2C 样细胞转录调控网络中存在负反馈调控。2C 样状态的进入和退出遵循不同的转录途径。体外 2C 样状态的退出也模拟了从 2C 到桑葚胚和囊胚阶段的发育过程。

值得一提的是，在这一领域有许多中国科学家或者在中国工作的外籍科学家的重要贡献，香港大学刘澎涛和北京大学丁胜都是这一领域重要的领军人物，埃斯特班则是第一位非华裔的 973 首席科学家，也是胚胎干细胞领域重要的科学家。

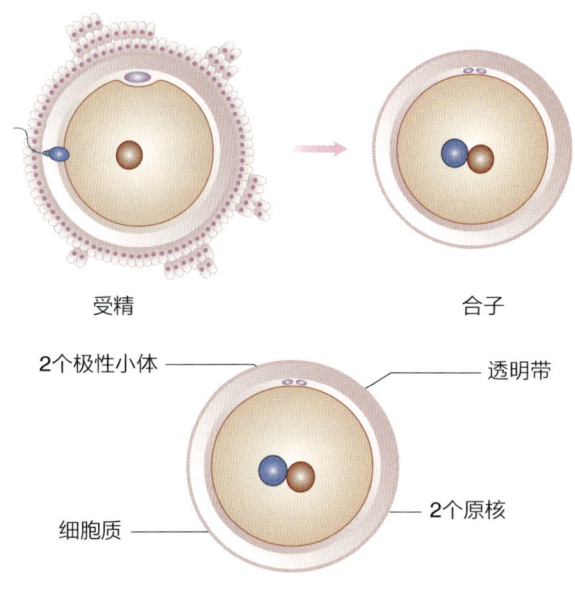

受精　　　　　　合子

2个极性小体　　　　透明带

细胞质　　　　　　2个原核

图 18-18　受精卵与早期胚胎发育

三、早期胚胎发育的遗传学过程

在胚胎发育的早期，母系和父系基因组在调节胚胎发育方面发挥着不平等的作用（图 18-18）。父系基因组是单倍体，大部分由精蛋白包裹。相反，母体基因组因为受精时停止在减数分裂中期Ⅱ，所以是二倍体，母体基因组由组蛋白包裹。受精后，父系的基因组被去浓缩，精蛋白被去除，并在没有 DNA 复制的情况下用自身储存的组蛋白重新包装。同时，母体基因组完成减数分裂，提供匹配的单倍体基因。

在卵子发生过程中，卵母细胞的体积显著增加，以适应建立全能性和 ZGA 所需的母体因子（RNA、蛋白质）的储存，例如：核纤溶酶（NPM）；皮质下母体复合体（SCMC，包括 Mater、Tle6、Floped、Padi6、Filia）；作为母体 mRNA 的储存室的皮质下核糖核蛋白（RNP）颗粒结构域（SCRD）；在合子基因组激活中起关键作用的 Yes 相关蛋白（YAP）等。

沉积在卵子的母体 RNA 在胚胎发育的早期驱动发育，并在胚胎发生的不同阶段被降解。胚胎基因组在发育早期并不活跃，直到母体合子转换（maternal-to-zygotic，MZT），合子基因才开始转录。在动物胚胎中，母体合子转换的一个重要过程是消除在卵子发生过程中积累的母体转录物子集。在合子基因组激活（ZGA）之前起作用的是母体编码的 mRNA 衰变途径称 M- 衰变（M-decay），而合子转录后清除额外的 mRNA 则被称为 Z- 衰变（Z-decay）。

受精后，母体 mRNA 迅速降解。合子中的父系基因组 5- 甲基胞嘧啶（5mC）迅速降低，同时母体的 5mC 水平也在植入前发育过程中逐渐降低。在 2C 阶段卵母细胞中的 H3K4me3 结构域被启动子区的 H3K4me3 所替代。H3K27ac 水平也在 2C 阶段增加。启动子区的 H3K27me3 在受精后迅速消失，而远端区的 H3K27me3 从 2C 阶段开始逐渐减少。启动子区的 H3K9me3 在植入前发育过程中也逐渐减少。母体的 H3K36me3 在受精后减弱，并在 8C 阶段丢失，合子 H3K36me3 则从 2C 阶段开始建立，并在 8C 阶段变得更强。染色质可及性从 2C 阶段开始增加，并在植入前发育过程中进一步增强。由隔室和拓扑相关结构域（TADs）表示的高级染色质结构在 MⅡ 卵母细胞和受精卵中是无序的，并从 2C 阶段晚期开始建立。多梳缔合结构域（PAD）在 2C 阶段至 8C 阶段期间瞬时存在。

ZGA 是指受精卵中父母双方的染色体在生物体有性生殖过程中相互结合并激活

的过程。它是生命开始时的第一个转录事件，也是启动胚胎发育过程的关键事件。精子的父系衍生染色质和卵母细胞的母体衍生染色质经历了戏剧性的表观遗传修饰重编程，最终达到了相似的模式。ZGA 的转录爆发在小鼠的单细胞晚期开始，在双细胞期达到峰值；在人类中，这一过程一直持续到 8 细胞阶段。最近的研究表明，人类 ZGA 是由父系基因组启动的。在受精卵的第一个细胞周期中，母体 H3.3 蛋白通过 HIRA 沉积在父系染色质上。H3.3 与伴侣蛋白 HIRA 和 Daxx/ATRX 相互作用，并在转录活性区富集，形成具有独特生物物理特征的核小体。

综上所述，胚胎发育早期的基因组调控涉及复杂的分子机制，其中母系和父系基因组在功能上表现出明显的不对称性。这种不对称性体现在基因组的结构和组成差异，以及它们在不同阶段的表达模式。特别是 ZGA 过程中的表观遗传修饰重编程，对于确保胚胎正常发育至关重要。这些发现不仅揭示了胚胎发育初期的重要生物学现象，也为理解遗传信息的传递和调控提供了新的视角。未来研究将继续深入探讨这些过程的详细机制及其对个体发育的影响，以期更全面地揭示生命的奥秘。

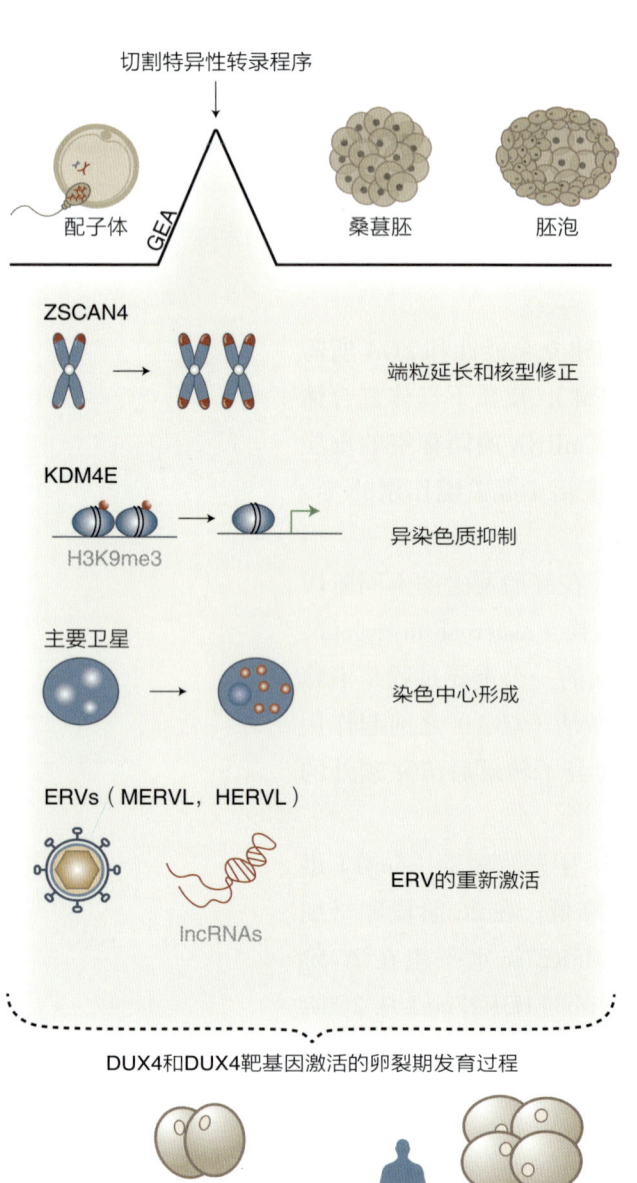

图 18-19 Dux 调控哺乳动物的全能性

四、全能性的特征

哺乳动物全能性的研究对于理解早期胚胎发育、干细胞生物学以及再生医学等领域至关重要。全能性细胞具有分化为任何细胞类型的潜力，揭示了生命起源和发育的奥秘。近年来，人们通过对转录因子、转座子、DNA 甲基化、组蛋白修饰、代谢、3D 基因组、细胞周期、RNA 代谢和信号通路等方面的深入研究，揭示了全能性建立和维持的复杂机制。这些研究成果不仅加深了我们对全能性的理解，还为再生医学和组织工程等领域提供了新的细胞来源和应用价值。下文将综述哺乳动物全能性研究的最新进展，并探讨其潜在的应用前景。

1. 转录因子

Dux 是最重要的全能性相关转录因子，在 Dux 诱导后，2C 相关基因，包括 *Zscan4* 家族、*Zfp352* 和 2C 特异性转座子（*TE*）被转录激活。染色质景观也被重组为类似于小鼠 2C 胚胎的染色质景观。Dux 同源物 DUX4 在人胚胎干细胞中的过度表达也可以推动全能样状态（图 18-19）。

还有一些与 Dux 相关的转录因子如：旁系母系因子 Dppa2 和 Dppa4 可以结合 Dux 的启动子并激活 Dux 表达；另一种母体因子，暂停释放因子 Nelfa，可以通过与 DNA 拓扑异构酶 2a（Top2a）的相互作用激活 Dux，Dux 也可反向激活 Nelfa；P53 和 DNA 损伤反应（DDR）途径据报道也可激活 Dux 并促进全能性转录。

另外还有一些与全能性相关的其他转录因子：核受体 Nr5a2 通过促进染色质性是主要 ZGA 的关键先驱激活剂，并且是 2C 期以上进展所必需的。Zscan4c 通过 SCAN 结构域与 2C 特异性转座元件 MT2（MERVL 的 LTR）相互作用，后者与 GBAF 染色质重塑复合物相互作用以促进 MT2 的增强子活性。Ythdc1 的缺失通过激活 Dux 促进 mESCs 逆转到 2C 样状态。

对于正确的早期胚胎发育，Dux 的精确定量和时间调节可能至关重要。多个机制可以冗余地确保 ZGA 的精确定时和调节以及全能性的建立。Dux 在体外和体内全能状态之间有一个复杂的转录反馈回路。

Dux 作为最重要的全能性相关转录因子，在早期胚胎发育过程中扮演着关键角色。它不仅能够激活一系列 2C 相关基因的表达，还能影响染色质景观的重塑，从而推动细胞进入全能样状态。此外，与其他转录因子的相互作用进一步增强了其调控能力。然而，为了实现精确的全能性建立和早期胚胎发育的正确进行，需要精细地控制 Dux 的表达水平和时机。未来研究应继续深入探讨这些复杂机制之间的相互作用，以期更全面地理解全能性建立的分子基础。

2. 转座子

在全能性中最重要的转座子是 MERVL 和 HERVL：MERVL（具有亮氨酸 tRNA 引物结合位点的小鼠内源性反转录病毒，murine endogenous retrovirus with a leucine tRNA primer binding site）、mESCs 中 *MERVL* 基因座的异位激活开启了 2C 相关基因表达。MERVL 和 HERVL 都可以通过 Dux 或 DUX4 结合（图 18-20）。

与 MERVL 相关的转座子调节对全能性也很重要。Dppa3 可以结合到 MERVL 上并激活它。miR-34a 对激活 MERVL 和通过激活 GATA2 表达促进 2C 全能状态非常重要。Dux 激活的 miR-344 可以在转录后通过抑制转录抑制复合体 ZMYM2-LSD1 而导致 MERVL 激活。FACT 复合物可以通过调节 Nsd2 的表达来抑制 MERVL 和 ERV 嵌合转录物。锌指蛋白 ZFP809 可以通过锌指结构域与 MERVL 结合，并通过募集 TRIM28、NURD（组蛋白脱乙酰酶）和 SETDB1（组蛋白甲基转移酶）通过其 KRAB 结构域沉默 MERVL。

MERVL 作为一类重要的转座子在维持细胞全能性方面发挥着关键作用。它们通过与多种调控因子相互作用，如 Dppa3、miR-34a、Dux 等，影响基因表达模式，进而调控细胞的发育潜能。此外，MERVL 还受到多种表观遗传修饰的影响，包括组

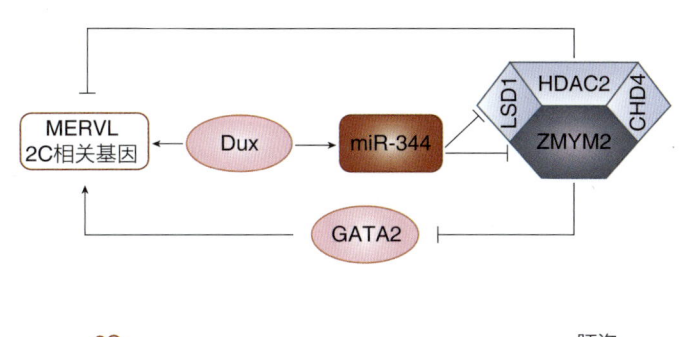

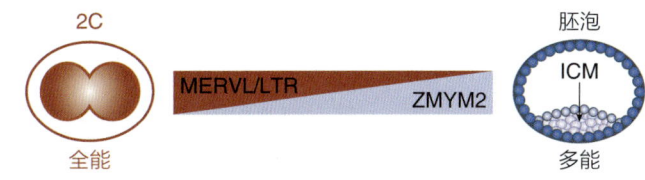

图 18-20 Dux 激活的 miR-344 调控全能性

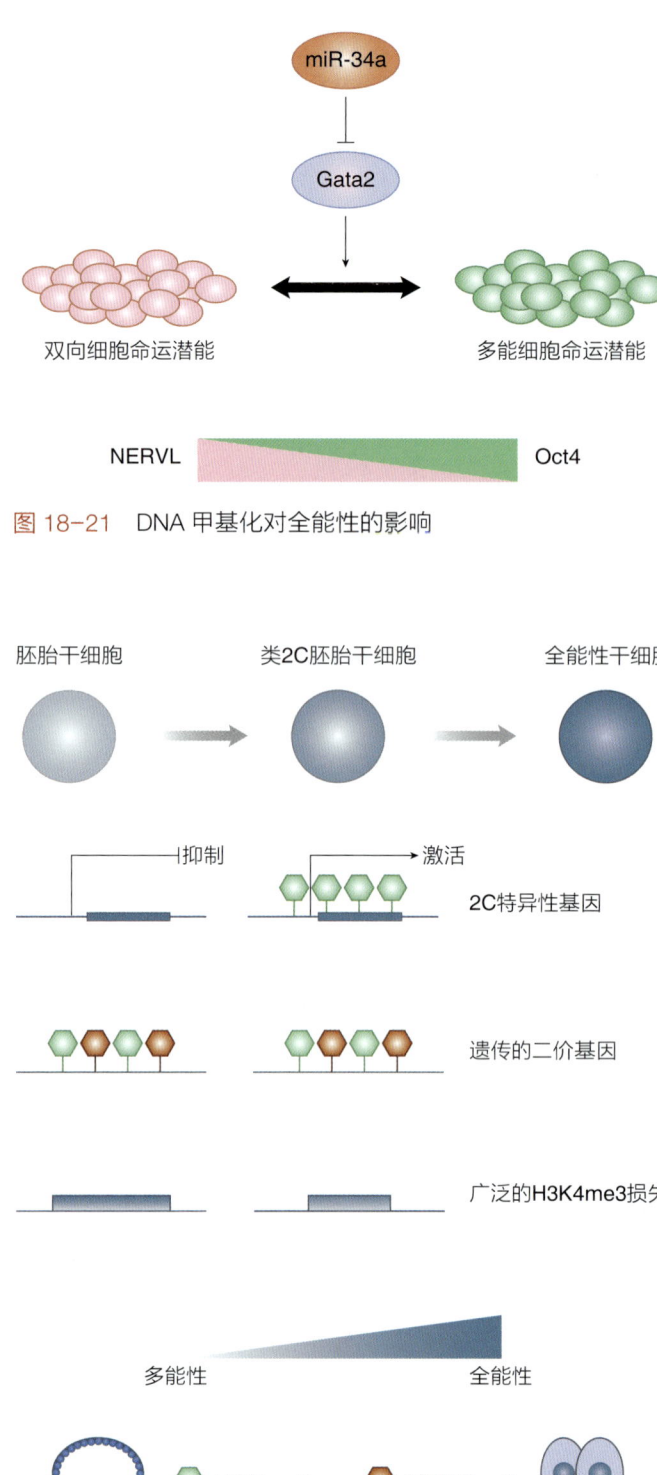

图 18-21　DNA 甲基化对全能性的影响

图 18-22　组蛋白修饰对全能性的影响

蛋白修饰和 DNA 甲基化等，这些修饰共同决定了 MERVL 的活性状态。因此，深入理解 MERVL 及其相关调控机制对于揭示细胞全能性的分子基础具有重要意义。

3. DNA 甲基化

DNA 去甲基化可以激活转录因子，导致 MERVL 的上调和染色质的失活。DNMT 的缺失会导致全基因组 DNA 去甲基化，这又会触发多能性胚胎干细胞重编程为 MERVL+Zscan4+ 全能性状态。相反，DNMT 蛋白水平的恢复导致全基因组 DNA 甲基化的建立，细胞将退出全能性状态（图 18-21）。

Tet 在向 2C 阶段过渡的调节中发挥着双重作用：Tet1/2/3 三重敲除细胞（TKO）更容易过渡到 2C 样状态。Gadd45 和 Smchd1 靶向 Tets，通过去甲基化和对从头甲基化的保护来促进 2C 转化。Gadd45 促进了类 2C 状态的转变。Gadd45a/b/g TKO 表现出 DNA 超甲基化，并受损地转变为 2C 样状态。Gadd45a/b 双敲除小鼠胚胎显示出胚胎致死性、ZGA 消除和发育停滞。TET 可以通过促进 KAP1 募集，作为从多能状态过渡到中间状态和 2C 样状态的表观遗传学屏障。LINE1 通过 KAP1/TRIM28/NCL 复合物的抑制导致 Dux 的沉默。Tet 的负调控因子 Smchd1 也可以抑制 2C 转录程序。

全能胚胎和全能样细胞都是低甲基化的；囊胚和幼稚多能性干细胞也拥有低甲基化的基因组。因此，低甲基化可能是早期胚胎发育的一般表观遗传学特征，但也有可能对全能性调节没有特异性。

4. 组蛋白修饰

总体而言，从组蛋白修饰的角度来看，体外全能样细胞与全能性的胚胎表现出一些相似性，包括 H3K27me3 和 H3K4me3 的水平普遍降低，H3K27ac 的水平增加（图 18-22）。

ESCs 中 SUMO 化的缺失导致 H3K9me3 依赖性异染色质的全基因组下降，并通过从 Dux 基因座释放 PRC1.6 和 KAP1/SETDB1 复合物将 ESCs 转化为 2C 样状态。尽管 SUMO 化在哺乳动物发育和 2CLC 重编程过程中很重要，但其在体内全能胚胎中的功能仍有待进一步阐明（图 18-23）。

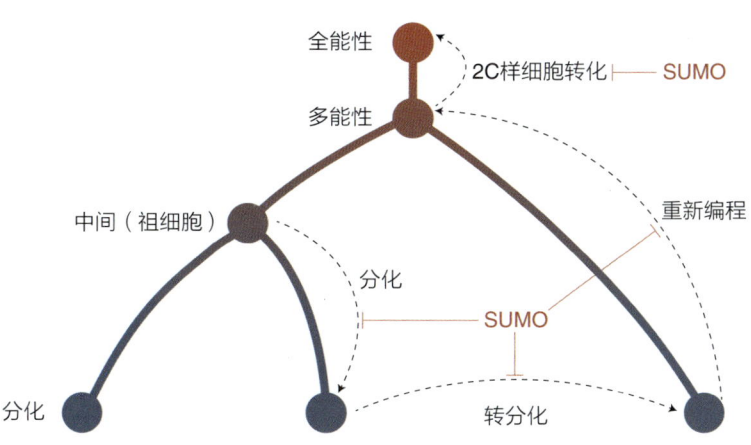

图 18-23 SUMO 化对全能性的影响

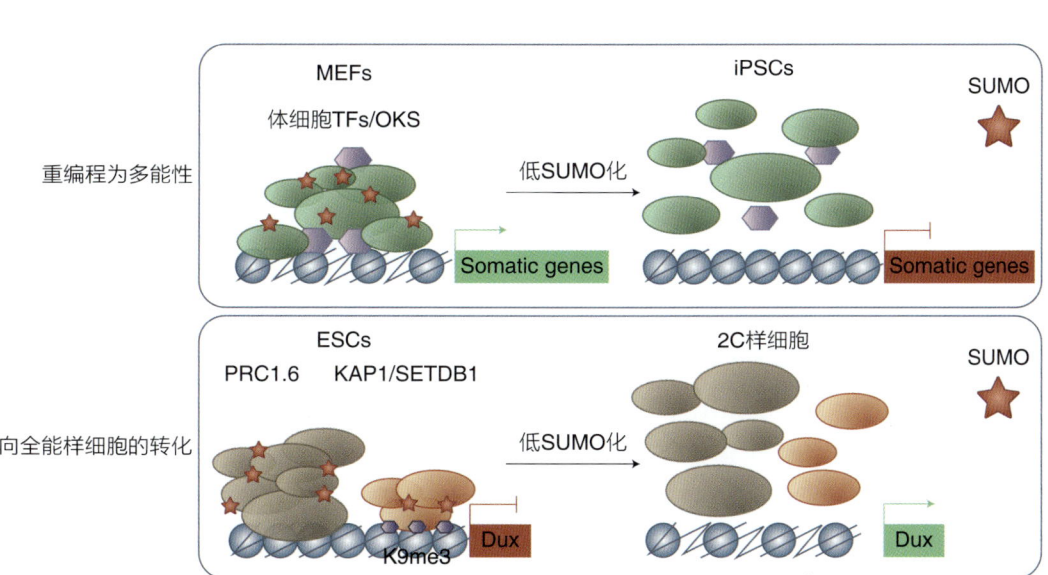

　　基因启动子区的相反标记组蛋白 H3 赖氨酸 4 三甲基化（H3K4me3）和组蛋白 H3- 赖氨酸 27 三甲基化）分别与活性基因和抑制基因相关。受精后，父系基因组中的 H3K4me3 和 H4 乙酰化是次要 ZGA 的原因。它们在受精卵晚期被耗尽，但在两细胞晚期的主要 ZGA 期间在启动子区重新建立。在母体基因组中，H3K4me3 的一种非经典形式（nc）广泛存在于卵母细胞和受精卵中，并且几乎完全与部分甲基化的 DNA 结构域重叠。ncH3K4me3 在晚期两个细胞胚胎中被擦除。通过赖氨酸去甲基酶 KDM5A 和 KDM5B 主动去除广泛的 H3K4me3 结构域是 ZGA 所必需的，并且对于早期胚胎发育是必需的。

　　组蛋白去乙酰化酶（HDAC）抑制剂对 mESCs 的处理可导致 MERVL 和 / 或 Zscan4 的激活，并诱导 2CLCs。敲除染色质重塑因子 Chd5、Hnrnpk 或抑制性染色质复合物如 Kap-1、Kdm1a、G9a、Hp1 或 Rybp 中的成员类似地导致 2C 样转变。CAF-1 的 p150 亚基缺失导致多能干 ESCs 中的染色体中心缺失并转变为 2CLCs。H3.3 与 Dux 基因座直接相关，并抑制 Dux 表达。H3.3 也在 2CLC 和 2C 胚胎中的 MERVL

周围富集，与 MERVL 表达的开始一致。最近发现，在 ERV 上 H3K9me3 修饰的正确建立取决于 Dux。在人类 8C 阶段，H3K9me3 在 SVA 的同源特异性反转录转座子（SINE-VNTR-Alu 元件）上被重新编程，重塑 SVA 的增强子功能以促进全能基因表达。Setdb1 缺陷以 Dux 依赖的方式启动 2C 样转变。Kdm5b，一种 H3K4 去甲基酶，可以募集 SETDB1 来抑制 ERV，如 MMVL30。Kdm5b 的抑制促进了广泛的 H3K4me3 区域重塑，这促进了全能性转录的稳定。组蛋白脱乙酰酶抑制剂 TSA 可提高 SCNT 中 Dux 簇基因激活的效率。

组蛋白修饰在调控细胞全能性和胚胎发育过程中起着关键作用，多种机制影响组蛋白修饰，从而调节基因表达和细胞命运决定。值得注意的是，组蛋白修饰的变化不仅限于单个位点，而是涉及整个基因组范围的动态调整。这种全局性的调控网络对于维持细胞的正常功能和响应外部信号至关重要。未来研究需要更深入地探索这些复杂相互作用的具体分子机制，以及它们如何在不同的生理和病理条件下发挥作用。

5. 表观遗传学的代谢影响

在胚胎早期发育过程中，代谢、转录和表观遗传网络存在动态且相互关联的重塑。代谢产物如 L-乳酸钠、D-核糖和乙酸钠可以作为 2CLC 诱导剂。糖酵解的化学抑制足以促进命运向 2CLC 的转化。

代谢对细胞命运决定的潜在影响在很大程度上取决于代谢产物在表观基因组重塑中的作用，比如胚胎早期组蛋白去甲基化所需的 l-2-羟基戊二酸就会减少。2C 胚胎和 2CLC 与多能干 mESCs 相比表现出显著差异，并且通常表现出低代谢水平，糖酵解和呼吸链活性降低，活性氧（ROS）水平降低，但葡萄糖摄取增加。

然而，2CLC 与 2C 胚胎极为不同，2CLC 非常接近 ESCs。也许，我们可以通过改变 ESCs 的代谢组，建立一个更接近 2C 胚胎的独特全能性干细胞模型。

代谢产物在调节细胞命运决定中的关键作用，尤其是在表观基因组重塑方面的潜在影响。通过改变 ESCs 的代谢组，有可能建立一个更接近 2C 胚胎的全能干细胞模型。这一模型的建立将为研究胚胎早期发育过程中的细胞命运决定机制提供重要的实验平台。

6. 3D 基因组

3D 基因组与染色质组织密切相关，也影响转录网络的重组。在受精后合子和少数分裂过程中，染色质的三维结构发生了巨大变化，这是一个影响从全能性向多能性转变的动态过程。

基因组中的拓扑结构由 CTCF（CCCTC 结合因子）和黏着蛋白介导。CTCF 或黏着蛋白的耗竭可以促进染色质松弛和 *Dux* 基因座的激活，使得 ESCs 转变为 2CLCs。与 ESCs 相比，自发转化的 2CLCs 表现出更松弛的染色质结构，包括增强子-启动子相互作用和 TAD 绝缘的整体减弱。CTCF 还通过与模拟开关染色质重塑因子 Smarca5 一起充当绝缘体来调节 3D 基因组以实现多能性重编程。

小鼠胚胎从 2C 晚期开始建立高级染色质结构和 TAD，而在人类胚胎发育过程中，TAD 结构是在受精后逐渐建立的。值得注意的是，阻断 ZGA 可以抑制人类胚胎中

TAD 的建立，但不能抑制小鼠的。抑制 Dot1l 可以诱导染色体中心塌陷和 H3K79me3 减少的 2C 样转录状态，结果使 MERVL 基因座从异染色质环境中释放并被激活。当通过阻断 RNA 聚合酶 I 活性或阻止核仁相分离来破坏核仁时，*Dux* 基因座可以从核仁表面解离并被激活，促进向 2CLCs 的转变。在小鼠胚胎中，rRNA 的生物发生和核仁缺陷阻止了核仁成熟，可以导致 2C-4C 阶段的发育停滞。

3D 染色质结构的变化是全能状态的原因还是结果仍然值得继续探索。

7. 细胞周期与 DNA 损伤反应

与其他发育阶段的细胞相比，全能性干细胞可能具有不同的细胞周期模式。例如，2CLC 和 2C 胚胎细胞已被证明可以减缓 DNA 复制叉的速度。缓慢的复制分叉速度使富含 MERVL 的特定基因组区域的复制时间向早期 S 期重塑，从而导致其激活。

在哺乳动物植入前胚胎中，DNA 复制应激使基因贫乏区域易发生染色质不稳定，从而损害细胞的发育潜力。但在 Dux 诱导的 2CLC 中，可以观察到 DNA 损伤和细胞死亡增加。DNA 损伤触发 ATM/ATR 和 CHKs 的激活，从而激活 Grsf1 以稳定 Dux 的 mRNA 并诱导 2C 样状态。p53 是 DDR 的下游效应子，在受精后被迅速激活，并促进 Dux 功能和 ZGA 基因表达。重要的是，p53 表达可以挽救 Dppa2/4 双敲除 mESCs 中的 Dux 激活。DNA 损伤和 CHK1 激活可以诱导 2CLCs。

全能状态通常与延长的 G_2/M 期有关。在 Dux 过表达诱导的 2CLCs 中，具有较高 MERVL 表达的细胞表现出延长的 G_1 期，而具有较低 MERVL 的细胞显示出延长的 G_2/M 期。在 2CLC 和 2C 胚胎中发现未成熟的核仁结构和 rRNA 合成减少。LIN28 可以与 TRIM28/NCL 复合物相互作用，介导 mESCs 和植入前胚胎中 Dux 的抑制。当 rRNA 生物发生受到抑制时，TRIM28/NCL/LIN28 复合物从核仁周围异染色质（PNH）中解离，这导致从 PNH 释放 Dux 基因座并激活 MERVL 和 2C 基因。

通过研究这些细胞周期的调控机制，以及它们如何影响基因表达和染色体稳定性，我们可以更深入地理解全能性干细胞的生物学特性。

8. RNA 代谢

RNA 代谢，包括 RNA 合成、修饰和降解，可以促进基因表达动力学。随着越来越多的证据表明 RNA 代谢对全能性转录网络和全能性重编程的影响，还需要更多的效果来阐明早期发育和全能性背景下 RNA 代谢的分子基础。m6A RNA 甲基化作为限制 ERV 的一种方式。*IAP* mRNA 和蛋白质丰度与 m6A 催化作用呈动态负相关。m6A 甲基化主要通过降低 *IAP* mRNA 的半衰期起作用，这是通过 m6A 阅读蛋白 5 的 YTHDF 家族的募集发生的。Zrsr1 和 Zrsr2 是次要的剪接因子，被发现对 ZGA 和从 mESCs 向 2CLCs 的转变是必不可少的。Zrsr1/2mu2- 细胞胚胎的 RNA-seq 分析显示，数千个基因的基因和异构体表达发生了改变，这些基因在基因本体论术语和与核糖体、RNA 转运、剪接体和重要合子基因激活步骤相关的生物途径中富集。广谱剪接体抑制剂 plaB 可以将 mESCs 逆转为全能转录网络，并促进 2C 样状态的转化。

RNA 代谢在早期发育和全能性背景下的调控机制对于理解生命起源和进化具有重要意义。这些发现不仅有助于我们更深入地了解 RNA 代谢在早期发育过程中的重要性，还为研究全能性重编程提供了新的视角。

9. 信号通路

在胚胎发育过程中，关键信号通路的平衡对于维持正确的细胞命运和发育进程至关重要。例如，高水平的 BMP4 和低活性的激活素 / 淋巴结信号有助于扩展 EPSCs 的发育潜力。同时，通过对 Hippo、TGF-β 和 ERK 通路进行三重抑制，可以提高人类卵裂球的存活率。

AKT 作为一种关键的信号分子，其磷酸化形式 p-Ser473-AKT 可能在 2 细胞小鼠胚胎的主宰性 ZGA（第一次有丝分裂后基因组激活）中发挥作用。使用 AKT 特异性抑制剂 API-2 和 MK2206 可以诱导 2C 阻滞，表明 AKT 在这一过程中可能扮演重要角色。

维甲酸则可以通过激活 Dux 和 Duxbl1 以及 Prame 家族成员 Gm12794c 来促进 NELFA 介导的 2C 样状态的建立。然而，这种状态下无法维持稳定的全能性。胚胎发育过程中各种信号通路之间的精细调控对于确保正常发育至关重要。

总之，哺乳动物全能性干细胞的研究近年来取得了显著进展，但仍有许多挑战和未知领域需要探索。例如，如何精确控制全能性细胞的生成、增殖和体外的稳定培养，如何利用全能性干细胞研究极早期胚胎发育的问题，如何通过对全能性干细胞的研究探索生命的奥秘，理解生命的本质。未来，随着对遗传学、表观遗传学、计算生物学以及系统生物学等方面的不断发展，我们将更深入地解析全能性的奥秘，理解极早期生命的产生，并开发出更多用于研究的技术和平台。

第三节 诱导多能性干细胞

一、概述

诱导多能性干细胞（induced pluripotent stem cells，iPSCs）的诞生，为再生医学和疾病治疗带来了革命性的突破。它通过将成体细胞重编程为多能性干细胞，克服了胚胎干细胞来源受限、伦理争议等问题，为患者提供了个性化治疗的可能性。然而，iPSCs 的临床应用也面临着诸多挑战，例如遗传稳定性、安全性、有效性和伦理法律等问题。

iPSCs 的重编程机制是一个复杂而精密的过程，涉及基因表达调控、表观遗传修饰和三维基因组结构的动态变化。研究发现，山中伸弥因子（Oct4、Sox2、c-Myc 和 Klf4）在重编程过程中发挥着关键作用，通过激活或抑制相关基因，推动细胞从分化的状态转变为多能性状态。此外，表观遗传调控机制，如 DNA 甲基化、组蛋白修饰和染色质重塑，在 iPSCs 重编程中也发挥着重要作用，它们共同作用于染色质结构，解除对多能性基因的抑制，并促进其表达，最终实现体细胞向多能性状态的转变。

　　iPSCs 在再生医学中的应用前景广阔。iPSCs 可以分化为多种细胞类型，如心肌细胞、神经细胞、肝细胞等，用于替代受损或病变的细胞，修复组织功能，治疗各种疾病。此外，iPSCs 还可以用于构建疾病模型和研究疾病机制，为开发新的治疗方法提供重要工具。iPSCs 技术在药物筛选方面也展现出巨大潜力，它可以根据患者的具体基因型制备 iPSCs，为罕见病和遗传性疾病的研究提供理想模型，并可以针对特定细胞类型进行药物筛选，提高筛选效率和准确性。

　　未来的研究方向主要包括提高 iPSCs 的安全性、有效性和分化效率，建立标准化的 iPSCs 细胞生产和应用流程，以及探索新的治疗方法和技术。例如，研究人员正在开发新的重编程方法和分化策略，以提高 iPSCs 的质量和分化效率。同时，他们也致力于建立更加完善的 iPSCs 细胞库和质量控制体系，以确保治疗的安全性和可靠性。

　　iPSCs 技术作为一种新兴的医疗技术，具有广阔的应用前景。随着研究的深入和技术的发展，我们有理由相信，iPSCs 技术将在未来成为治疗多种疾病的重要手段之一，为改善人类健康做出巨大贡献。

二、什么是重编程

　　重编程（reprogramming）是通过改变生物体遗传信息的运行来改变其生理特征或行为表现的过程。如果我们把生物体遗传物质的运作视为计算机程序中运行的代码，那么对于一个生物个体而言，每种类型的细胞，甚至每个细胞，都会基于同一套蓝图运行自己独特的代码，以进行自己的生命活动。如果通过人工或自然的方式改变这些代码的运行，基因的表达和细胞的特征可以发生改变，使细胞的命运发生转变，这就是重编程。

　　重编程主要有 4 种类型：体细胞核移植（somatic cell nuclear transplantation，SCNT）、细胞融合（cell fusion）、转分化（transdifferentiation 又称直接重编程 direct reprogramming）和诱导多能性干细胞。

　　1962 年，约翰·戈登（John Gurdon）爵士进行了第一次体细胞核移植，将蝌蚪小肠上皮细胞的细胞核移植到一个去核受精卵中。2001 年，多田隆志（Takashi Tada）等人将成年胸腺细胞与胚胎干细胞融合，在体外复制体细胞的核重编程。1987 年，罗伯特·戴维斯（Robert L. Davis）等人将 MyoD 引入 C3H10T1/2 小鼠成纤维细胞并获得稳定的肌源性细胞。2006 年，山中伸弥（Shinya Yamanaka）等人使用 4 种因子 Oct4、Sox2、c-Myc 和 Klf4 的过表达将小鼠胚胎成纤维细胞诱导成类似于小鼠胚胎干细胞的多能性干细胞（图 18-24）。

　　值得一提的是，在脊椎动物核移植的研究中，童第周等人开创了中国"克隆"技术之先河，童第周院士被誉为"中国克隆之父"。在 1963 年首次完成鱼类的核移植研究，为之后国内完成鱼类异种间克隆和成年鲫鱼体细胞克隆打下基础，处于世界先进水平。

图 18-24 什么是重编程

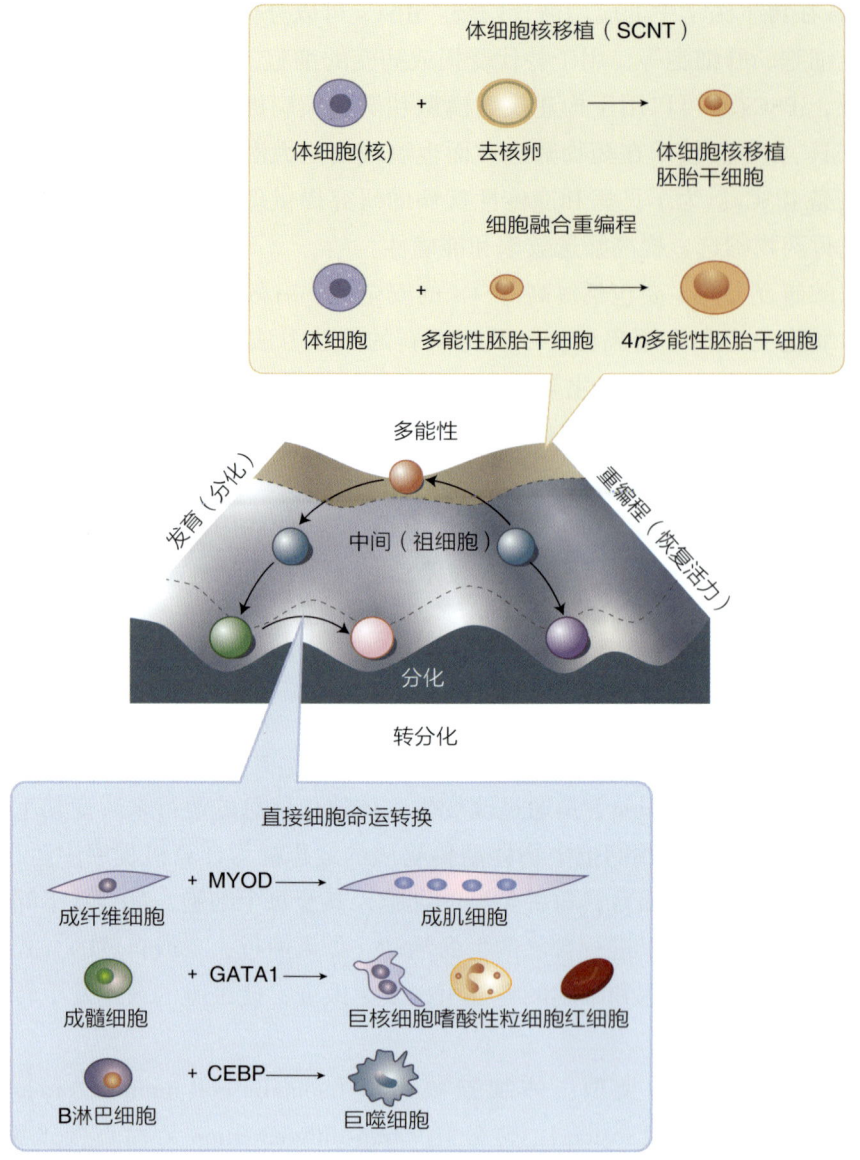

三、什么是诱导多能性干细胞

如何让终末分化的体细胞回复成为胚胎干细胞曾经是胚胎干细胞研究领域的一个重要问题，2006 年，山中伸弥等人通过引入 4 个转录因子 Oct4、Sox2、Klf4 和 c-Myc 成功地使小鼠成纤维细胞重新恢复了多能性，表达胚胎干细胞经典的标志物、具有分化成三个胚层的能力并具有类似胚胎干细胞的形态特征（Yamanaka，2006）。此后山中伸弥等人和俞君英等人又先后将人的体细胞重编程为多能性干细胞，开创了人诱导多能性干细胞（hiPSCs）的研究（Yamanaka，2007；Yu，2007）。

此后 iPSCs 的研究呈爆发式增长，多种不同物种、不同组织来源的 iPSCs 被诱导出来；引入的基因也从最早的山中伸弥因子扩展到了多种非山中伸弥因子；诱导方法除了多种病毒，还有脂质体、质粒、RNA、蛋白质及小分子化合物等。

iPSCs 来源广泛、免疫原性低并规避了伦理问题，是理想的自体移植干细胞来源，还可用于疾病模型和药物测试，在精准医学、再生医学、细胞治疗等领域尤其具有非常好的前景。比如，将 iPSCs 诱导分化为视网膜细胞用作移植治疗的患者特异性供体细胞。由 hiPSCs 产生的人类诱导唾液腺表现出与胚胎唾液腺相似的特性，可以感染严重急性呼吸系统综合征冠状病毒 2 型，可能是研究唾液腺作为病毒库的一个有前景的模型。

iPSCs 细胞技术是一项革命性的技术，它为干细胞研究和再生医学的发展开辟了新的道路，并为解决人类健康问题提供了新的希望。这是胚胎干细胞研究史上的经典案例，并于 2012 年获得了诺贝尔奖。

在这个实验中，他们先构建了一个报告系统，将在胚胎干细胞和早期胚胎中特异性表达、但其表达对于维持多能性并非必需的 *Fbx15* 基因与报告基因（如 β-galactosidase 和 neomycin 抗性基因）融合，并通过同源重组将其插入小鼠基因组，这样重组小鼠体内的细胞就可在多能状态下表达报告基因（图 18-25）。

然后他们选择 24 个候选基因，包括多能性维持因子和肿瘤相关基因。多能性维持因子如 Oct3/4、Sox2、Nanog 等在维持胚胎干细胞和早期胚胎的多能性中起重要作用。而肿瘤相关基因如 *c-Myc*、*Klf4* 等，则可以促进胚胎干细胞的长期维持和快速增殖。他们利用反转录病毒载体将候选基因导入 *Fbx15* 敲入小鼠成纤维细胞。并在含有 G418 的胚胎干细胞培养基中培养细胞，筛选能够抵抗 G418 的细胞克隆。发现单独的候选基因无法激活 *Fbx15* 基因的表达，而 24 个候选基因的组合可以生成 G418 抗性克隆。为了筛选哪些基因对重编程至关重要，他们逐个移除候选基因，发现 *Oct3/4*、*Sox2*、*c-Myc* 和 *Klf4* 是重编程成纤维细胞为 iPSCs 的关键基因。单独移除这 4 个基因中的任何一个都会导致 iPSCs 无法生成（图 18-25）。

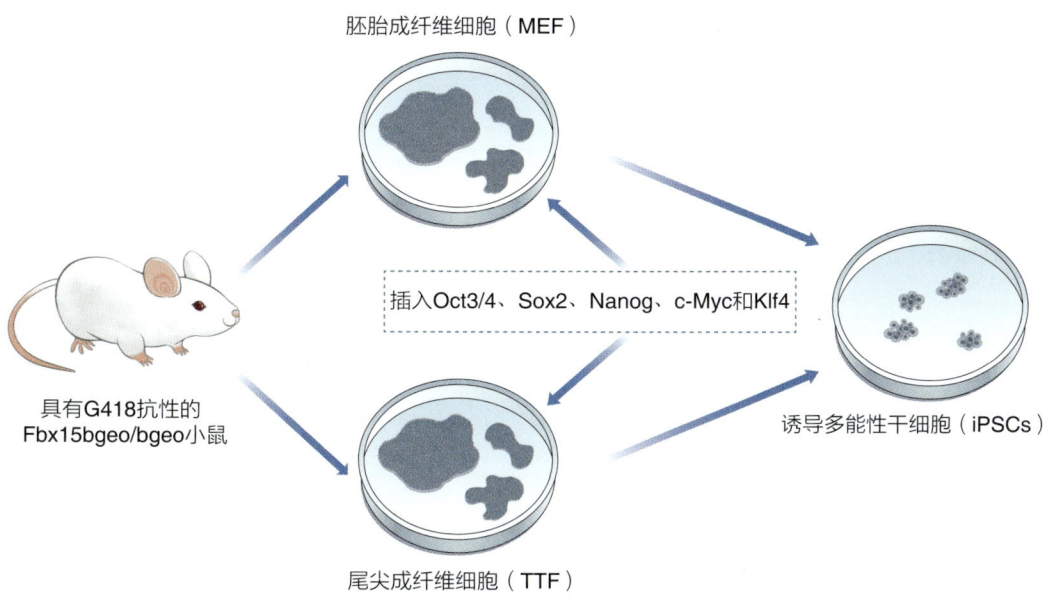

胚胎成纤维细胞（MEF）

插入 Oct3/4、Sox2、Nanog、c-Myc 和 Klf4

具有 G418 抗性的 Fbx15bgeo/bgeo 小鼠

诱导多能性干细胞（iPSCs）

尾尖成纤维细胞（TTF）

图 18-25 体细胞重编程为 iPSCs 的经典案例（Yamanaka，2006）

通过检测 iPSCs 的形态、生长特性、基因表达谱、全能性等指标，发现 iPSCs 具有与胚胎干细胞相似的形态、生长特性、基因表达谱和全能性。可以在体内形成畸胎瘤，并在囊胚注射实验中参与胚胎发育。

但是对 iPSCs 进行进一步的生化分析和基因分析，发现他们首次诱导成功的 iPSCs 具有独特的基因表达谱和 DNA 甲基化状态，与胚胎干细胞存在差异。这些 iPSCs 无法在没有饲养层细胞的培养条件下保持未分化状态，需要持续表达重编程因子。

四、化学重编程

在诱导多能性干细胞的研究中，最重要的研究是化学重编程，在这个领域北京大学邓宏魁团队作出了较大的贡献。

化学重编程方法具有许多优势，例如细胞渗透性强、非免疫原性、成本低、易于合成和标准化。这使得化学重编程在再生医学中具有巨大的潜力，可以用于生成功能性的细胞类型，用于治疗各种疾病。与此同时，由于化学重编程是通过调节特定的分子通路激活细胞内源性多能性程序，而无需外源基因，为理解细胞身份的建立提供了新的视角。通过分析化学重编程过程中基因表达和表观遗传学的变化，可以深入了解多能性建立的分子机制。

首先是利用小分子化合物将小鼠体细胞重编程为多能性干细胞（CiPSCs），邓宏魁团队利用 *Oct4* 启动子驱动的绿色荧光蛋白（GFP）表达小鼠胚胎成纤维细胞（MEFs），并通过筛选上万种小分子化合物，发现了能够替代 *Oct4* 基因功能的小分子化合物，如 Forskolin（FSK）、2- 甲基 -5- 羟基色胺（2-Me-5HT）和 D4476。然后进一步筛选了能够促进后期重编程的小分子化合物，如 DZNep、5-Azacytidine 和钠丁酸盐。通过优化小分子化合物的剂量和诱导时间，他们成功地将小鼠体细胞重编程为 CiPSCs，效率达到 0.2%。CiPSCs 在形态、基因表达谱、表观遗传状态和分化潜能方面与 ESCs 相似，表明其具有多能性。同时还发现，Sall4 和 Sox2 在化学重编程的早期阶段发挥着重要作用，并揭示了 Sall4 介导的分子通路在早期重编程过程中的作用机制（图 18-26）（Deng，2013）。

图 18-26　小鼠诱导多能性干细胞的化学重编程（Deng，2013）

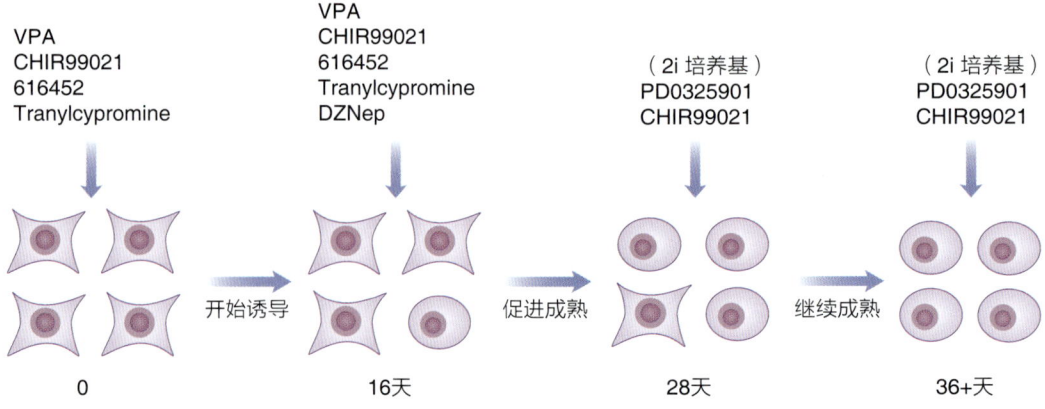

VPA CHIR99021 616452 Tranylcypromine	VPA CHIR99021 616452 Tranylcypromine DZNep	（2i 培养基）PD0325901 CHIR99021	（2i 培养基）PD0325901 CHIR99021
0	开始诱导　16天	促进成熟　28天	继续成熟　36+天

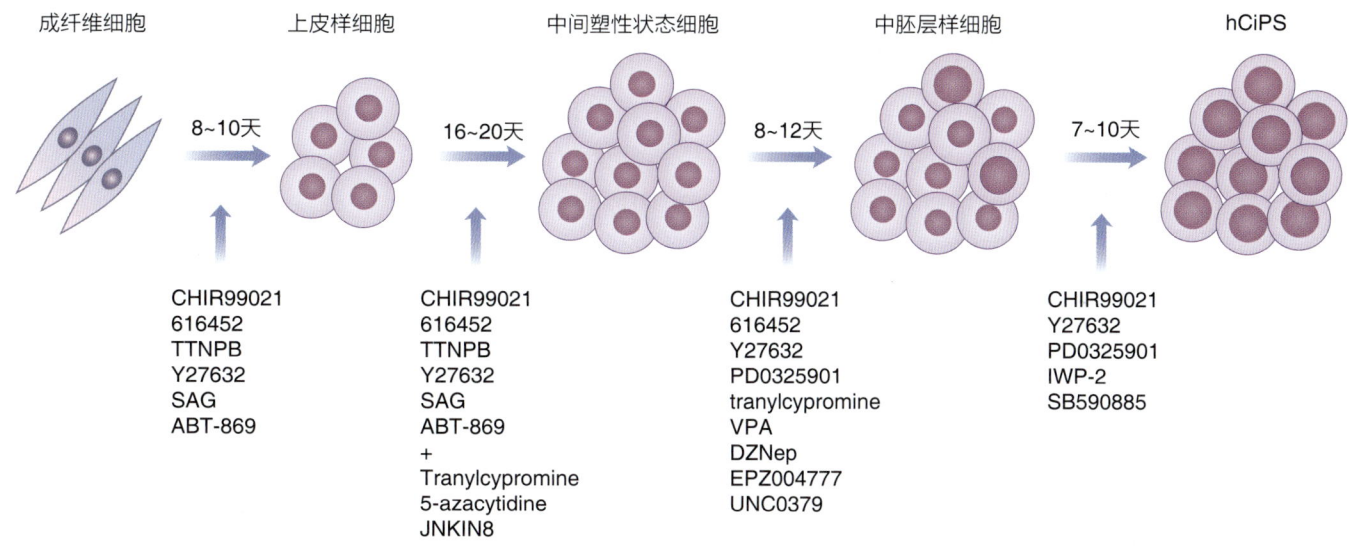

成纤维细胞　　8~10天→　上皮样细胞　　16~20天→　中间塑性状态细胞　　8~12天→　中胚层样细胞　　7~10天→　hCiPS

CHIR99021	CHIR99021	CHIR99021	CHIR99021
616452	616452	616452	Y27632
TTNPB	TTNPB	Y27632	PD0325901
Y27632	Y27632	PD0325901	IWP-2
SAG	SAG	tranylcypromine	SB590885
ABT-869	ABT-869	VPA	
	+	DZNep	
	Tranylcypromine	EPZ004777	
	5-azacytidine	UNC0379	
	JNKIN8		

然后，经过多年的努力，邓宏魁团队又报道了通过化学重编程将人成体细胞转化为人多能性干细胞（hCiPS）的突破性进展。研究人员通过筛选小分子药物，成功激活了 *Oct4* 基因的表达，并建立了人多能性干细胞网络。hCiPS 细胞具有与人类胚胎干细胞相似的形态、基因表达、表观遗传特征和分化能力，证明了其功能上的多能性。研究发现，化学重编程早期阶段，细胞会经历一个中间塑性状态，其特征是成体细胞程序的下调、胚胎发育相关基因的上调、细胞增殖和表观遗传状态的改变。这种中间塑性状态类似于低等动物再生过程中出现的细胞去分化状态，具有开放的染色质结构和可及性，有利于新细胞命运的诱导。中间塑性状态是化学重编程成功的关键，其中 JNK 信号通路和促炎途径的抑制对于细胞塑性的获得至关重要（图 18-27）（Deng，2022）。

图 18-27　人诱导多能性干细胞的化学重编程（Deng，2022）

最近，邓宏魁团队又与南开大学医学院合作，首次将化学诱导的多能性干细胞（CiPSC）来源的胰岛移植到一位 1 型糖尿病患者的腹部前直肌鞘，并取得了令人鼓舞的成果。患者在接受移植后 75 天就实现了胰岛素独立，并在一年随访期间保持了稳定的血糖控制（图 18-28）（Deng，2024）。

图 18-28　化学重编程的人诱导多能性干细胞被用于治疗 1 型糖尿病（Deng，2024）

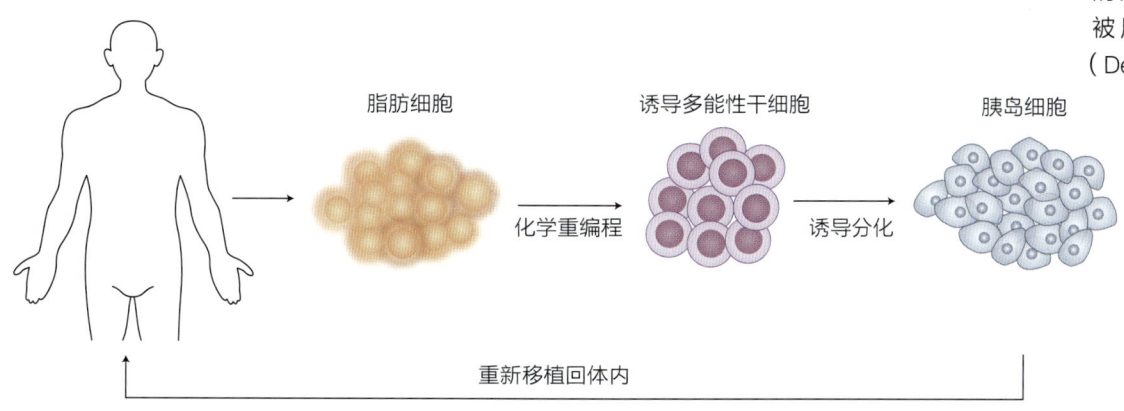

脂肪细胞　　化学重编程→　诱导多能性干细胞　　诱导分化→　胰岛细胞

重新移植回体内

化学重编程作为一种新兴的技术，在科学研究中具有极其重要的意义。化学重编程揭示了细胞命运转变过程中表观遗传调控机制的作用，例如 DNA 甲基化、组蛋白修饰和非编码 RNA 等。这有助于深入理解细胞命运调控的分子机制。还揭示了细胞命运转变过程中信号通路调控机制的作用，例如 Wnt、Notch、Shh 和 JNK 信号通路等。这有助于深入理解细胞命运调控的信号转导机制。化学重编程细胞命运转变过程中不同基因和信号通路之间的相互作用，构建了细胞命运调控网络。这有助于深入理解细胞命运调控的复杂性和系统性。化学重编程可以用于研究细胞命运的动态调控过程，例如细胞命运转变的起始、维持和逆转。这有助于深入理解细胞命运的复杂性和可塑性。

在再生医学中，化学重编程可以用于定制化细胞治疗、药物筛选和疾病建模以及组织工程和再生医学研究。在发育生物学、癌症研究和进化生物学中都可以有很好的应用。

五、诱导多能性干细胞的遗传稳定性

iPSCs 的遗传稳定性问题一直是其临床应用和基础研究的瓶颈。拷贝数变异、染色体畸变、单碱基突变、端粒长度和线粒体 DNA 突变等遗传学异常，都可能影响 iPSCs 的质量和功能，甚至引发肿瘤风险。

1. 拷贝数变异

无论组织来源和衍生方法如何，人类 iPSCs 都有独特的拷贝数变异（CNVs）。代数较早的人类 iPSCs 中存在的拷贝数变异明显多于代数较晚的人类 iPSCs、成纤维细胞或人胚胎干细胞。代数较早的人类 iPSCs 中存在不同拷贝数变异的嵌合体，新的拷贝数变异多数会使受影响的细胞处于竞争劣势，从而在不断的传代中很快只有拷贝数变异比较稳定且趋向于与胚胎干细胞类似的细胞株留存了下来。通过对多个细胞系全基因组和转录组分析发现，人类 iPSCs 系中存在两种拷贝数变异，发现至少一半的拷贝数变异以低频体细胞基因组变体的形式存在于亲代成纤维细胞中，在人体中就广泛地存在着拷贝数变异的体细胞嵌合体，这些变异也被带到了 iPSCs 中。

2. 染色体畸变

人类 iPSCs 和胚胎干细胞的染色体畸变发生率没有显著差异，染色体异常在频率和类型上彼此相似，主要是第 8 和第 12 染色体的三体综合征（trisomies）。这些畸变有的可能是在培养中引起的，另一些则可能来源于亲本体细胞。染色体的非整倍体可能限制人类 iPSCs 的分化能力并增加其致瘤性。但是对小鼠和猕猴 iPSCs 和胚胎干细胞的核型进行检测，发现小鼠和猕猴 iPSCs 的染色体畸变热点并不完全相同。

3. 单碱基突变

实验室培养的人类 iPSCs 中存在较多单碱基突变，19% 的突变在亲本细胞中作为罕见突变存在，74% 的突变是在细胞重编程过程中获得的，还有 7% 的突变是在体外传代中获得的，由转录因子诱导的重编程应激在 iPSCs 的突变负荷中占相当大的比例。在无整合的 iPSCs 诱导过程中，突变率要比整合的低很多。

4. 端粒长度

端粒是染色体末端的 DNA 重复序列，在正常体细胞中端粒长度随着细胞分裂而逐渐缩短。由终末分化的细胞诱导而来的 iPSCs 理论上应该使端粒变长，以便维持自我更新。山中伸弥等人的实验结果表明，体细胞重编程为多能态的过程伴随着端粒酶激活和端粒长度延长。但是也有文章表明在人类 iPSCs 中存在着端粒老化和缩短的现象。针对这种异质性，有人认为端粒酶的催化成分、端粒酶反转录酶（Tert）和端粒酶 RNA 成分（Terc）都是端粒酶功能所必需的。端粒酶依赖性和非依赖性端粒替代延长机制在 iPSCs 的端粒长度维持中都起着关键作用。端粒和亚端粒区域的表观遗传特征在调节端粒长度方面非常重要。在重编程过程中端粒发生了从头甲基化和去甲基化过程，含有端粒重复序列的 RNA（telomeric-repeat-containing RNA，TERRA）升高，在人类 iPSCs 的端粒功能和长度方面都发挥作用。

5. 线粒体 DNA 突变

人类 iPSCs 的衍生与线粒体重塑和糖酵解的代谢转换有关。人类 iPSCs 系可能携带有多种线粒体 DNA 突变，但却与胚胎干细胞有着相似的能量代谢，人类 iPSCs 内的线粒体 DNA 突变可能不一定会损害多能性的正确建立和相关的代谢重编程。具有严重线粒体 DNA 突变的体细胞能够重编程为 iPSCs，这些细胞表现出延迟的增殖动力学，并存在广泛的分化缺陷。它们在分化的过程中会发生 ATP 产生的急剧减少和过度活跃的糖酵解。iPSCs 的线粒体比体细胞少且不成熟，主要依靠糖酵解作为能量来源。在体细胞重编程过程中，体细胞线粒体和其他细胞器一样发生了重塑。线粒体自噬在重编程中起着重要的作用。

iPSCs 的遗传稳定性是影响其应用的关键因素。尽管 iPSCs 存在一些遗传学异常，但通过深入了解其机制和影响因素，我们可以采取措施降低其风险。

六、诱导多能性干细胞的基因调控

重编程 iPSCs 的方法众多，但多数漫长而低效，一般只有少数细胞可以最终完成了重编程，相应的机制就非常复杂，很难研究。山中伸弥因子重编程的方法是其中研究最多也最经典的，所以我们在这里主要介绍这一方法的重编程机制。

当重编程因子表达后，一般会先发生体细胞特异性基因的表达减少，如成纤维细胞的标志 Thy1。此后过表达重编程因子的细胞会经历两次基因激活的浪潮：第一次浪潮发生在小鼠细胞重编程的 0~3 天，大部分细胞都会发生过表达山中伸弥因子的常见反应，一些与增殖、代谢和细胞骨架组织相关的基因被激活；第二次则在重编程后期出现，在那些注定会重编程成功的细胞中，那些核心多能性基因，如 *Nanog*、*Sall4*、*Esrrb* 和内源性 *Oct4* 会被激活，以建立稳定的多能性状态。可能是因为可以促进细胞周期，原癌基因 *c-Myc* 是初始重编程事件的主要诱导因子，细胞周期调控基因 *Ccnb1*、*Cdk1* 和 *Aurka*，都会在重编程初期强烈上调。最终随着内源性 *Sox2* 表达为标志的多能性转录网络的形成，重编程的细胞进入了稳定期。

如果在早期没有 Thy1 的下调，则很难继续重编程的过程。这主要是因为在重编程过程中必须经过一个间充质上皮转换（mesenchymal epithelial transition，MET）的过程。在这个过程中细胞获得间充质特征并失去上皮特征，在重编程过程中非常重要。Sox2/Oct4 抑制 Snail，c-Myc 下调 TGF-β1 和 TGF-β 受体 2，Klf4 诱导包括 E- 钙黏蛋白在内的上皮基因。此外，Klf4 作用于重编程的初始阶段，可以启动 MET，而 BMP4 在重编程中有类似的作用。间充质上皮转换是重编程过程中最重要的分子机制。

此外，p53/p21 或 Ink4a/A 的沉默可提高 iPSCs 的效率，抑制 p53/p21 途径能提高细胞增殖，加速 iPSCs 的形成。c-Jun 在重编程过程中激活间充质相关基因，广泛抑制多能干基因，并在重编程过程中破坏必需的间充质到上皮的转变。c-Jun 是体细胞命运的守护者，对它的抑制可以打开多能性的大门。

重编程 iPSCs 的过程是一个复杂且多步骤的过程，涉及基因表达调控、细胞周期变化以及细胞命运的改变。山中伸弥因子在这个过程中起着关键作用，通过激活或抑制相关基因，推动细胞从分化的状态转变为多能性状态。MET 是重编程过程中至关重要的步骤，它使细胞失去上皮特征并获得间充质特征，为多能性状态的建立奠定基础。此外，抑制 p53/p21 和 c-Jun 信号通路也有助于提高重编程效率。深入研究重编程的分子机制，有助于开发更高效、更安全的 iPSCs 技术，为再生医学和疾病治疗提供新的途径。

七、诱导多能性干细胞的表观遗传

体细胞与胚胎干细胞处于细胞谱系的不同阶段，所以要想改变一个体细胞的命运，使其重编程成为胚胎干细胞样的细胞，必然会经历大规模的表观遗传推倒和重建。胚胎干细胞在分化过程中建立的表观遗传景观在重编程过程中成为了阻碍重编程的障碍。越是在谱系上接近胚胎干细胞的体细胞越是容易被重编程，可能就是因为需要较少的表观遗传重塑。

控制多能性的转录调控体系本身就受到多种表观遗传现象的调节，表观遗传在诱导和 / 或维持多能状态中发挥着关键作用。一些表观遗传因子可以在不同水平上影响体细胞重编程。如核受体 Nr5a2 或 Nr5a1 能够提高 iPSCs 衍生的效率、加速重编程过程，并替代 Oct4。敲除与组蛋白 H3K4me1/2 去甲基酶赖氨酸特异性去甲基酶 1（LSD1）形成复合物的 RCOR2 则会严重降低 iPSCs 的生成。miR-302/367 簇可以取代 c-Myc、抑制 TGF-b 信号转导、促进 E- 钙黏蛋白表达并加速 MET，从而促进重编程等。

表观遗传在体细胞重编程过程中起着非常重要的作用，这里我们主要讨论经典的山中伸弥因子诱导的重编程过程中的各种表观遗传现象。

1. DNA 甲基化与羟甲基化

在小鼠成纤维细胞重编程过程中，DNA 甲基化模式的变化主要发生在重编程结束时，表现为关键多能性基因启动子去甲基化，与分化相关的基因，如 *HoxA10* 和 *Gja8* 等的启动子从头甲基化。甲基转移酶 Dnmt3a 和 Dnmt3b 在胚胎干细胞中高表达，缺乏 Dnmt3a 和 Dnmt3b 的胚胎干细胞可以保持自我更新，但却失去了分化能力。但是 Dnmt3a 和 Dnmt3b 缺失的成纤维细胞仍可以重编程，说明 Dnmt3a 和 Dnmt3b 的从头 DNA 甲基化对于体细胞重编程似乎并不重要。

TETs 家族基因是启动 DNA 去甲基化过程最重要的酶，TETs 催化 AKG 氧化脱羧酶，将 5mC 转化为 5hmC，从而触发 DNA 中去甲基化 GpC 位点，5hmC 具有作为不同于 5mC 的表观遗传学标记的作用。Tet1 通过促进 5mC 到 5hmC 的转化在经典的山中伸弥因子诱导过程中促进 DNA 去甲基化和转录再激活，表明 5mC 到 5hmC 的转化是表观遗传重构和转录组重设的关键步骤。Tet1 还能通过促进 Oct4 去甲基化和再激活在重编程过程中替换 Oct4，促进多能性干细胞的诱导。Tet2 则在重编程过程中被募集到标志多能性基因 *Nanog* 和 *Esrrb* 的位置，是早期建立代表多能性基因座的活化染色质状态的组蛋白修饰所必需的。任意一个 *Tet* 基因未敲除都不会对重编程造成影响，但 3 个 TETs 基因都敲除的小鼠成纤维细胞是无法成功重编程的，这可能是 TETs 的三敲除会对间充质向上皮转化至关重要的 miRNA（如 miR-200c）的表观遗传活化造成障碍。

2. 组蛋白修饰

组蛋白修饰（histone modification）在细胞重编程过程中发挥着至关重要的作用。重编程需要体细胞染色质从高度浓缩状态（异染色质）到更分散的构象（常染色质）的整体重塑。异染色质重组发生在重编程早期，而常染色质特征的建立则是一个相对较晚的事件。

重编程过程中，不同的染色质修饰标记发挥着不同的作用，共同调控着基因表达和细胞命运转变。H3K9me3、H3K27me3 和 H2AK119ub 属于抑制性标志，而 H3K4me3、H3K9ac 和 H3K14ac 属于促进性标志。

H3K9me3 与异染色质形成相关，H3K27me3 由 Polycomb 复合物催化，二者都与基因沉默相关，可以抑制多能性基因的表达。抑制 H3K9me3 和 H3K27me3 都可以促进重编程（Chen，2013）。H2AK119ub 也由 Polycomb 复合物催化，也与基因沉默相关，抑制 H2AK119ub 也可以促进重编程。去甲基化酶（如 LSD1 和 KDM5A）可去除 H3K4me3，抑制多能性基因的表达，抑制 LSD1 和 KDM5A 可以促进重编程。HDACs 可去除 H3K9ac 和 H3K14ac，抑制基因表达，抑制 HDACs 可以促进重编程。

从作用机制上来讲，通过 SUV39H1/2 等蛋白质催化 H3K9 位点甲基化，可以形成异染色质，抑制基因表达。抑制 H3K9 甲基化可以促进重编程，例如使用 BIX-01294 等药物。由 PRC2 复合物催化 H3K27 位点甲基化，使用 EZH2 抑制剂或 KDM6A/UTX 可抑制 PRC2 复合物或 H3K27 甲基化从而促进重编程。通过 HDAC 蛋白移除组蛋白上的乙酰基，使用 TSA 等药物可以抑制 HDAC 促进重编程。通过 LSD1 或 KDM5A 等蛋白质移除 H3K4 位点甲基化，使用 tranylcypromine 等药物 H3K4 脱甲基化可以促进重编程。H3K4 甲基化在重编程早期事件中发挥重要作用，通过 MLL 蛋白质复合物催化 H3K4 位点甲基化，可促进重编程。H3K36 甲基化可能是重编程的障碍，通过 SETD2 蛋白催化 H3K36 位点甲基化，激活基因表达。使用维生素 C 等药物可以抑制 H3K36 甲基化，促进重编程。DOT1L 在维持细胞特异性基因表达程序中发挥作用，通过 DOT1L 蛋白催化 H3K79 位点甲基化，激活基因表达。抑制 DOT1L 可以促进重编程。FACT 作为组蛋白伴侣，促进转录延伸，维持基因表达。抑制 FACT 可以促进重编程。RPAP1 可以促进 RNA 聚合酶Ⅱ和 Mediator 的相互作用，促进基因表达。抑制 RPAP1 可以促进重编程。组蛋白变体如 macroH2A.1 和 H3.3，也可以影响基因表达和重编程。通过 SUMO 修饰蛋白，则可以稳定蛋白质，抑制重编程。NuRD 复合物染色质重塑因子，可以影响染色质结构，抑制重编程。

值得注意的是，组蛋白修饰在重编程过程中发挥着复杂的作用，既可以作为阻碍，也可以作为促进因素。重编程过程中，组蛋白修饰会发生动态变化，以适应细胞命运的改变。组蛋白修饰的变化是一个复杂的过程，涉及多种组蛋白修饰酶的动态调控。这些变化共同作用于染色质结构，解除对多能性基因的抑制，并促进其表达，最终实现体细胞向多能性状态的转变。组蛋白修饰是细胞重编程的关键调控因素，通过改变染色质结构来影响基因表达，从而影响细胞命运的决定。

3. 三维基因组和染色质可及性

在重编程过程中细胞命运的转变需要打开新的基因表达区域并关闭旧的基因表达区域，而染色质重塑正是这一过程的执行者。通过改变染色质的结构，细胞可以控制基因的表达，从而实现从一种细胞类型向另一种细胞类型的转变（图 18-29）。

当重编程因子（如 Oct4、Sox2 和 Klf4）被引入细胞，细胞命运的齿轮开始转动：特定的转录因子组合会被激活，并结合到新的基因表达区域。染色质重塑因子和表观遗传修饰酶会被招募到这些区域，打开染色质结构，并启动基因表达。同时，它们也会结合到旧的基因表达区域（如成体组织的特异性基因），关闭染色质结构，并抑制基因表达。细胞命运转变过程中转录因子、染色质重塑因子和表观遗传修饰酶会不断协调作用，维持新的基因表达模式，并抑制旧的基因表达模式（Li，2017）。

在体细胞重编程为多能性干细胞的过程中，3D 染色质经历了显著的重组。首先，是染色质域（compartment）的转换。重编程后产生的 iPSCs 在染色质域方面与 ESC 几乎完全相同，这表明重编程过程确保了 3D 染色质拓扑结构的准确重组。其次，是染色质结构域（TAD）的重组，在重编程过程中，TAD 的边界会发生变化，例如出现新的 / 更强的边界或创建新的接触。同时，TAD 内部的相互作用频率也会改变，这与转录变化相关。第三，是长距离染色质环的重组，重编程过程中，长距离染色质环也会发生动态重组，例如涉及关键干细胞基因（如 *Nanog* 或 *Oct4*）的染色质相互作用。第四，是染色质可及性的动态变化，重编程过程中，染色质可及性也会发生动态变化。体细胞中的开放增强子会在早期重编程阶段关闭，而与多能性相关的关闭增强子会逐渐打开（Li，2017）。第五，转录因子是 3D 染色质组织变化的驱动因素，OSKM 重编程因子通过结合体细胞中的特定基因组区域，可以引发一系列分子事件，从表观遗传重塑到转录变化。在细胞命运转换中的拓扑重组和枢纽形成中发挥作用。①介导

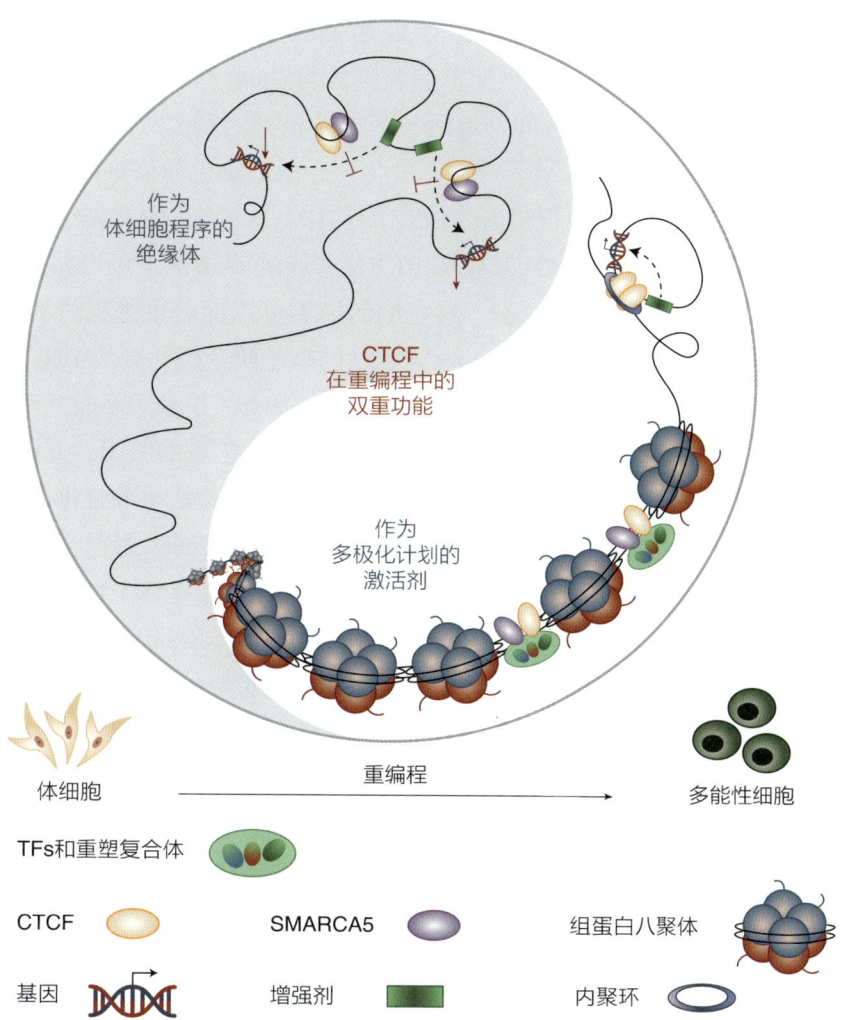

图 18-29　三维基因组和染色质可及性

增强子 – 启动子相互作用，KLF4 在维持多能干细胞中的 3D 增强子网络中发挥关键作用，KLF4 可以与 CTCF 相互作用，并参与增强子 – 启动子相互作用。Nanog 则可以通过与 CTCF 相互作用，影响染色质结构和增强子 – 启动子相互作用。②重塑染色质结构域（TAD），Sox2 可以通过改变染色质可及性，促进基因表达。③形成染色质枢纽、增强子枢纽（3D enhancer hubs），多个基因在重编程过程中以协调的方式被激活，并与 iPSCs 特异性增强子枢纽相互作用。这些枢纽是多能性细胞身份的重要结构支柱，并在重编程和细胞命运决定中发挥关键作用。④改变染色质可及性，Sox2 和 Oct4 在重编程过程中调节染色质可及性，但它们的作用部位有所不同。Sox2 主要促进染色质可及性的增加，而 Oct4 可以在与其他 TF 协同作用时增强染色质可及性。⑤参与染色质重塑，Oct4 可以招募染色质重塑因子，例如组蛋白修饰酶和 DNA 甲基转移酶，从而改变染色质的结构和功能。

其中，Oct4 是最关键的转录因子之一，它能够结合到紧密的异染色质上并促进其开放，从而激活多能性基因的表达。Oct4 还可以激活与多能性网络相关的基因，并在重编程过程中发挥关键作用。Sox2 与 Oct4 一起，在早期重编程阶段促进染色质的开放，并促进 MET 过程。Sox2 的靶基因比 Oct4 和 Klf4 的靶基因更富含核小体，表明 Sox2 具有更强的先锋功能。Klf4 在早期重编程阶段与 Oct4 和 Sox2 协同作用，促进染色质的开放和 MET 过程。Klf4 还可以激活与多能性相关的基因，并在重编程过程中发挥重要作用。c-Myc 可以促进组蛋白去乙酰化，并激活染色质修饰酶的表达，从而增强重编程过程。c-Myc 还可以促进 NCoR/SMRT–HDAC3 复合物的结合，并促进染色质结构的重建。AP–1 家族、TEAD 家族和 RUNX 家族的转录因子可以结合到开放的体细胞增强子上，并维持体细胞身份。对它们的抑制可以促进重编程过程。Esrrb 可以招募核心多能性因子 Oct4/Sox2 和 Nanog 到紧密的染色质上，并激活 ESC 超增强子，从而促进重编程过程。Sall4 可以调节染色质的开放和关闭，并激活多能性基因。Glis1 促进染色质的开放，并激活多能性基因。Jdp2 可以促进染色质的关闭，并激活多能性基因。Nanog 可以与 Esrrb、Jdp2、Glis1 和 Sall4 协同作用，激活多能性基因。

组蛋白修饰酶：H3K9me3 去甲基化酶（Kdm4）、H3K27me3 去甲基化酶（Kdm6 和 Kdm7）、组蛋白乙酰转移酶（HATs）、DNA 甲基转移酶（DNMT）和 DNA 去甲基化酶（TET 家族）；染色质重塑复合物：SIN3A 复合物和 NCoR/SMRT–HDAC3 复合物；核小体结合蛋白 CAF–1 和 HMGN，在这个过程中都起着重要的作用（Li，2017）。

三维基因组和染色质可及性在重编程过程中起着重要的作用，但这一方向的研究还不是很深入，因此也是目前研究的热点。

iPSCs 的表观遗传调控是一个复杂而精密的过程，涉及 DNA 甲基化、组蛋白修饰和三维基因组结构的动态变化。重编程过程中，表观遗传机制协同作用，解除对多能性基因的抑制，并促进其表达，最终实现体细胞向多能性状态的转变。这些研究揭示了表观遗传在细胞命运决定中的重要作用，并为开发新的重编程方法和应用 iPSCs 治疗疾病提供了理论基础。然而，表观遗传调控在 iPSCs 重编程中的应用仍面临许多挑战。未来，我们需要进一步深入研究表观遗传调控的分子机制，并开发更精确、高效、安全的重编程方法。

4. 基因印记

重编程遗传记忆的擦除（erasing reprogramming genetic memory）是指消除细胞在分化过程中获得的表观遗传修饰，使其恢复到多能性或全能性状态。这些表观遗传修饰包括 DNA 甲基化、组蛋白修饰和染色质结构的变化，它们共同构成了细胞的"表观遗传记忆"，决定了细胞的特定功能和命运。多能性细胞类型（如 PGCs、ESCs 和 iPSCs）普遍缺乏表观遗传记忆，这确保了未来的分化决策不会受到过去事件的影响。

在体细胞重编程过程中，通过过表达特定的转录因子（如 OSKM）可以改变细胞的转录网络，使其表达多能性基因。然而，仅靠转录因子的过表达并不能完全擦除细胞的遗传记忆，因为现有的表观遗传修饰会构成一个屏障，阻碍重编程过程。为了实现高效的体细胞重编程，需要同时进行遗传记忆的擦除和新表观遗传状态的建立。

在重编程遗传记忆的擦除过程中，染色质重塑发挥着至关重要的作用。它通过改变染色质的结构和可及性，为重编程因子与其目的基因的结合创造条件，并促进新的表观遗传状态的建立。

5. X 染色体复活

为了平衡 X 染色体和常染色体之间的基因剂量，哺乳动物雌性细胞会随机失活其中一条 X 染色体，使其基因沉默。*Xist* 是 X 染色体失活的关键调节因子，它形成 RNA 云并招募一系列蛋白质，导致染色质重塑和基因沉默。X 染色体失活一旦建立，就非常稳定，并能持续数十年。这依赖于多种机制，包括 *Xist* RNA、DNA 甲基化、组蛋白去乙酰化和 Polycomb 复合物。在胚胎发育和细胞重编程中失活的 X 染色体基因被激活，是 X 染色体复活（resurrection of X chromosome）。X 染色体复活与多能性诱导密切相关。在哺乳动物胚胎发育中，幼稚状态的 ESC 和 PGC 中存在两条活跃的 X 染色体（Xa）。一旦离开幼稚状态会导致随机的 X 染色体复活。

在将体细胞重编程为 iPSCs 的过程中，X 染色体的失活和复活扮演着至关重要的角色。

X 染色体上富集了抑制性组蛋白标记，如 H3K27me3 和 H2AK119ub1，以及 DNA 甲基化，以维持基因沉默。

在重编程过程中 X 染色体复活更为重要：首先是重编程可诱导 *Xist* 的沉默，这是 X 染色体复活的关键步骤。*Xist* 的沉默可导致 X 染色体上的抑制性标记被去除。然后一些多能性转录因子，如 NANOG、PRDM14 和 ESRRB 被激活，它们通过直接结合 X 染色体上的靶标和招募染色质重塑因子来促进 X 染色体复活。这期间，X 染色体上的 DNA 甲基化模式发生改变，从抑制性转变为活性状态。组蛋白发生乙酰化和其他修饰，使染色质结构变得更加开放，有利于基因表达。X 染色体上的 TAD 和染色质结构域发生改变，可能会有助于 X 染色体复活的进行。人类 iPSCs 中的 X 染色体复活通常被称为对 X 染色体失活的侵蚀，只有部分细胞会发生 *Xist* 的重新激活和 X 染色体基因的激活。

在 iPSCs 中 X 染色体复活会导致 XX 的 iPSCs 中 X 连接基因的剂量增加，这会影响 iPSCs 的分子和细胞特性，例如 DNA 甲基化模式、染色质开放性和分化潜能。

XX 的 iPSCs 与 XY 的 iPSCs 相比，会表现出一些性别特异性差异，例如更稳定的多能性和分化时多能性的延迟退出。XX 的 iPSCs 中 X 染色体的非整倍性发生迅速，这会影响 iPSCs 的特性和分化潜能。

X 染色体复活在 iPSCs 重编程中起着关键作用，它涉及 *Xist* 的沉默、多能性转录因子的激活、染色质重塑和 DNA 甲基化模式的改变。X 染色体复活会导致 XX 的 iPSCs 中 X 连接基因的剂量增加，影响 iPSCs 的分子和细胞特性。

6. 体细胞重编程和早期胚胎发育之间存在着相似机制

体细胞重编程和早期胚胎发育之间存在许多相似机制，这为理解早期胚胎发育的机制提供了新的思路。iPSCs 作为一种理想的研究模型，可以帮助我们深入探索这些机制，理解生命的起源。

体细胞重编程和早期胚胎发育虽然过程不同，但其背后的表观遗传重编程机制存在许多相似之处，这揭示了细胞命运转变的普遍规律。

　　例如表观遗传修饰，在体细胞重编程和早期胚胎发育两种过程中，DNA 甲基化水平都会经历显著变化。体细胞中 DNA 甲基化程度较高，而早期胚胎发育过程中会发生大规模 DNA 去甲基化，以获得多能性。Tet 家族蛋白（Tet1、Tet2、Tet3）在两种过程中都发挥着重要作用，催化 DNA 去甲基化，并调节多能性基因的表达。组蛋白修饰（如乙酰化、甲基化和磷酸化）影响染色质的结构和可及性，进而影响基因表达。在两种过程中，组蛋白修饰模式都会发生改变。例如，H3K4me3 在两种过程中都是基因激活的标志，而 H3K27me3 则与基因沉默相关。

　　再如 X 染色体失活，在雌性动物体细胞中，两条 X 染色体中只有一条是活跃的，以平衡雌雄基因产物的剂量。这种现象被称为 X 染色体失活。随机的 X 染色体失活在早期胚胎发育中起着重要作用，并可能在体细胞重编程中发挥作用。例如，*Xist* 基因的表达与 X 染色体失活相关，其沉默可能与 iPSCs 重编程过程中 X 染色体的激活有关。

　　再如，细胞增殖是重编程过程中的一个重要特征，但具体作用可能不同。例如，Obox1 可以降低细胞增殖率，而 c-Myc 可以增加细胞增殖效率。一些生物信号通路在早期胚胎发育中起着重要作用，但在体细胞重编程中可能被抑制。例如，TGF-β 信号通路在体细胞重编程过程中被抑制，但可以促进 Nanog 的转录等。

　　体细胞重编程和早期胚胎发育的相似机制表明，表观遗传重编程是细胞命运转变的关键步骤，而 DNA 甲基化、组蛋白修饰和 X 染色体失活等机制在其中发挥着重要作用。这些相似机制为我们理解细胞命运转变的普遍规律提供了新的思路，并为研究早期胚胎发育和体细胞重编程提供了新的方向。

八、诱导多能性干细胞与再生医学

　　iPSCs 的发现是干细胞研究领域的重大突破，它为再生医学和疾病治疗带来了新的希望。胚胎干细胞是从早期胚胎中提取的，其来源涉及伦理争议，例如胚胎的破坏和克隆问题。iPSCs 则可以通过将成体细胞重编程为多能性干细胞的方式获得，避免了使用胚胎细胞带来的伦理问题，使其在伦理上更具可接受性。iPSCs 可以从患者自身获得，并将其重编程为多能性干细胞，从而产生患者特异性的细胞，用于疾病模型的建立和治疗。对于一些遗传性疾病，例如囊性纤维化、血友病等，iPSCs 可以用于体外修复患者的基因缺陷，并最终用于细胞治疗或基因治疗。iPSCs 可以用于体外培养出与人类疾病高度相似的细胞模型，例如神经元、心肌细胞等，用于研究疾病的发病机制和开发新的治疗方法。iPSCs 也可以用于开发新的药物筛选平台，例如使用 iPSCs 来源的神经元进行帕金森病药物的筛选。

1. iPSCs 细胞治疗

　　iPSCs 细胞治疗是一种新兴的医疗技术，它利用 iPSCs 的特性，将患者自身的体细胞重新编程为多能性干细胞，再分化为特定类型的细胞，用于治疗各种疾病。这种技术的核心在于 iPSCs 的获取、筛选、质检和扩增，以及后续的定向分化。

　　iPSCs 的获取可以通过皮肤活检、抽取血液或提取尿细胞等方式实现。这些体细胞随后通过各种方法（通常是基因组非插入法）被重编程为 iPSCs。接着，对这些 iPSCs 进行筛选、质检和扩增，以确保它们的纯度和数量满足治疗需求。

接下来，iPSCs 被定向分化为特定类型的细胞，如心肌细胞、神经细胞、肝细胞等。这一过程通常涉及添加特定的生长因子和信号分子，以引导 iPSCs 分化形成所需的细胞类型。经过进一步的筛选、质检和非生物源性培养后，这些分化后的细胞可以被移植到患者体内，替代受损或病变的细胞，修复组织功能，从而达到治疗疾病的目的。

目前的研究热点是 iPSCs 细胞源性的 CAR-T 和 CAR-NK 细胞疗法。这两个细胞疗法都属于过继性细胞疗法（adoptive cell therapy，ACT）的一种，通过基因工程技术改造免疫细胞，使其能够识别并杀伤癌细胞。

CAR-T 细胞疗法，是从患者体内提取 T 细胞，通过基因工程技术在 T 细胞表面表达嵌合抗原受体（cell surface expression of chimeric antigen receptor，CAR）。CAR 可以识别并结合癌细胞表面特定的抗原，从而激活 T 细胞的杀伤功能。CAR-NK 细胞疗法与 CAR-T 细胞类似，CAR-NK 细胞也通过基因工程技术表达 CAR，使其能够识别并结合癌细胞表面的抗原。CAR-T 细胞存在引起移植物抗宿主病（graft-versus-host disease，GVHD）和细胞因子释放综合征（cytokine release syndrome，CRS）的风险，而 CAR-NK 细胞安全性更高。CAR-T 细胞在血液肿瘤治疗中取得了显著疗效，而 CAR-NK 细胞在实体瘤治疗中也展现出良好的应用前景。CAR-T 细胞的作用比较长久，而 CAR-NK 细胞则较为短暂。目前，CAR-T 和 CAR-NK 的细胞都可以来源于体外培养的 iPSCs。

总而言之，CAR-T 和 CAR-NK 细胞疗法都是很有潜力的癌症免疫治疗方法，各自具有不同的优势和局限性。除了肿瘤，CAR-T 和 CAR-NK 细胞疗法在自身免疫病的治疗上也颇有建树。

iPSCs 细胞治疗的优势主要体现在以下几个方面：首先，它可以实现个性化治疗，根据患者的具体疾病和基因型定制 iPSCs；其次，iPSCs 的来源广泛，提取供体的细胞往往对供体损伤很小或无损伤，易于获得；第三，iPSCs 具有多能性，可以大量增殖，也可以分化为多种类型的细胞，用于治疗各种疾病；最后，由于 iPSCs 来自患者自身的体细胞，因此免疫原性较弱，降低了免疫排斥的风险。

然而，iPSCs 细胞治疗也面临一些挑战。首先，重编程过程中可能引入突变，导致 iPSCs 发生癌变；其次，分化后的细胞可能存在异质性，影响治疗效果；再次，分化后的细胞可能被患者的免疫系统识别为异物，导致免疫排斥；最后，分化后的细胞可能无法达到完全成熟的水平，影响治疗效果。

为了克服这些挑战，未来的研究方向主要包括提高 iPSCs 的安全性、有效性和分化效率，建立标准化的 iPSCs 细胞生产和应用流程，以及探索新的治疗方法和技术。例如，研究人员正在开发新的重编程方法和分化策略，以提高 iPSCs 的质量和分化效率。同时，他们也致力于建立更加完善的 iPSCs 细胞库和质量控制体系，以确保治疗的安全性和可靠性。

总的来说，iPSCs 细胞治疗作为一种新型的医疗技术，具有广阔的应用前景。随着研究的深入和技术的发展，我们有理由相信，iPSCs 细胞治疗将在未来成为治疗多种疾病的重要手段之一。

2. 诱导多能性干细胞与药物筛选

iPSCs 技术在药物筛选方面展现出了巨大潜力。首先，iPSCs 可以从患者的皮肤活检或其他细胞样本中产生，保留患者的遗传信息，用于构建疾病模型和研究疾病机制。其次，iPSCs 可分化为多种细胞类型，如心肌细胞、神经元、肝细胞等，可用于评估药物对不同细胞类型的毒性和疗效。最后，iPSC 可根据患者特定的遗传背景进行制备，为研究罕见病或特定基因突变相关的疾病提供理想模型，有助于实现精准医疗。

iPSCs 药物筛选的优势在于高度个体化和针对性强。它可以根据患者的具体基因型制备 iPSCs，为罕见病和遗传性疾病的研究提供理想模型；同时，可以针对特定细胞类型进行药物筛选，提高筛选效率和准确性。此外，iPSCs 还可以在体外进行药物毒性评估，降低药物研发风险。

举例而言，斯坦福大学的研究团队利用 iPSCs 衍生的内皮细胞（iPSC-ECs）模拟肺动脉高压（PAH）患者的疾病状态，并通过高通量药物筛选和生物信息学分析找到了一种具有逆转 PAH 潜力的药物 AG1296，并阐明了其作用机制。这一研究表明，利用特异性的 iPSCs 平台，结合表型筛选和计算分析可以加速 PAH 药物的发现。

总之，iPSCs 技术为药物筛选提供了新工具和平台，有望推动药物研发和精准医疗的发展。

3. 诱导多能性干细胞与疾病建模

iPSCs 作为一种强大的工具，在疾病建模方面具有巨大潜力。通过将几个关键基因转移到成人细胞中，将其重编程为类似胚胎干细胞的细胞。这些细胞具有自我更新能力和多能性，可以分化成多种细胞类型。通过对 iPSCs 进行基因编辑或药物处理，可以模拟特定疾病的遗传缺陷或病理过程。例如，可以删除或替换特定基因，或者引入导致疾病的突变，从而模拟疾病状态。iPSCs 可以用于研究疾病的发生发展机制，例如细胞信号通路、基因表达调控等。通过比较正常细胞和疾病细胞的差异，可以深入了解疾病的发生机制。

传统的动物模型，如小鼠和猕猴，在模拟人类疾病方面存在诸多局限性。例如，人类和动物在基因组、细胞组成和器官结构上存在差异，导致动物模型无法完全重现人类疾病的病理生理特征。此外，动物模型难以反映疾病的个体差异和环境因素影响。iPSCs 疾病模型可以更精确地模拟人类疾病的病理生理特征，包括基因突变、蛋白质聚集、细胞变性、炎症反应等。iPSCs 模型可以来自不同患者，因此可以反映疾病的个体差异和环境因素影响，为研究疾病的发病机制和个体化治疗提供重要工具。

iPSCs 疾病模型可以用于研究疾病的发病机制，例如蛋白质聚集、细胞变性、炎症反应等。例如，利用 iPSCs 模型，研究人员可以研究 α- 突触核蛋白在帕金森病中的作用机制，以及 tau 蛋白在阿尔茨海默病中的作用机制。如山口等人用具有 Parkin 或 PINK1 突变的家族性帕金森病患者的 iPSCs 研究线粒体功能障碍的发病机制。这些突变表现出异常的线粒体稳态。所提出的系统概括了这些家族性 PD 衍生神经元线粒体清除、ROS 积累和凋亡增加的不足。并且筛选了 320 种化合物改善多种表型的能力，还确定了 4 种候选药物。研究结果表明，以 iPSCs 为基础的高通量系统有可能鉴定出治疗家族性和特发性帕金森病的有效药物。拉佩尔等人用健康对照和患者的 iPSCs 研究年轻发病的帕金森病（Young-onset Parkinson's disease，YOPD），在分化为含有多巴胺神经元的培养物的过程中，YOPD 患者的 iPSCs 显示可溶性 α- 突触核蛋白和磷酸化蛋白激酶 Cα 的积累增加，溶酶体膜蛋白如 LAMP1 的丰度减少。溶酶体功能激活剂的测试表明，特定的佛波酯，如 PEP005，降低了 α- 突触核蛋白和磷酸化蛋白激酶 Cα 的水平，同时增加了 LAMP1 的丰度。这表明该种疾病可能还有其他遗传因素。这种特征被特定的佛波酯标准化，使其成为有前景的治疗候选者。iPSCs 有助于研究特异性疾病的特殊病理机制。

iPSCs 疾病模型可以用于临床试验前的药物评估，提高临床试验的成功率。例如，利用 iPSCs 模型，研究人员可以个性化地评估药物对疾病相关表型的治疗效果，为临床试验提供重要的参考数据。并且个性化地筛选药物，精准选择更适合单个患者基因型的药物组合。

4. 诱导多能性干细胞与伦理和法律

iPSCs 技术在带来巨大潜力的同时，也引发了一系列伦理和法律问题。

在伦理上，首先 iPSCs 技术与基因编辑技术相结合，可能会带来新的伦理风险，例如基因编辑的长期影响和潜在的滥用问题。

胚胎的道德地位：ESC 的获取需要破坏早期胚胎，这引发了关于胚胎的道德地位和生命神圣性的伦理争议。其次是来自患者自身的 iPSCs 的所有权和控制权存在争议，例如患者是否有权决定如何使用自己的细胞。而且患者和公众对 iPSCs 疗法的期望往往过高，而实际效果可能有限或无法实现，从而导致失望和不满而引起伦理争议。

从法律上来讲，首先是临床试验的监管，如何对 iPSCs 的临床试验进行监管，如何确保患者的安全和研究的有效性，这需要细致有效的法律法规进行约束。其次是所有权的归属问题，来自患者的 iPSCs 所有权和控制权存在法律争议，例如患者是否有权决定如何使用自己的细胞，以及研究者和研究单位对细胞的使用有什么限制。还有研究的数据共享和透明度的问题，既要确保科学研究的进展也要满足公众对研究的信任。

要解决这些问题，需要建立专门的伦理委员会，对 iPSCs 研究进行伦理评估和监督。制定针对 iPSCs 研究的伦理指南，明确伦理标准和规范。加强国际合作，制订全球统一的 iPSCs 研究伦理和法律标准。加强公众对 iPSCs 研究的知情权和参与权，以提高公众对研究的理解和支持。加强对 iPSCs 临床试验的监管，确保患者的安全和研究的有效性。促进 iPSCs 研究的数据共享和透明度，以提高公众对研究的信任。

图 18-30　重编程技术的发展史

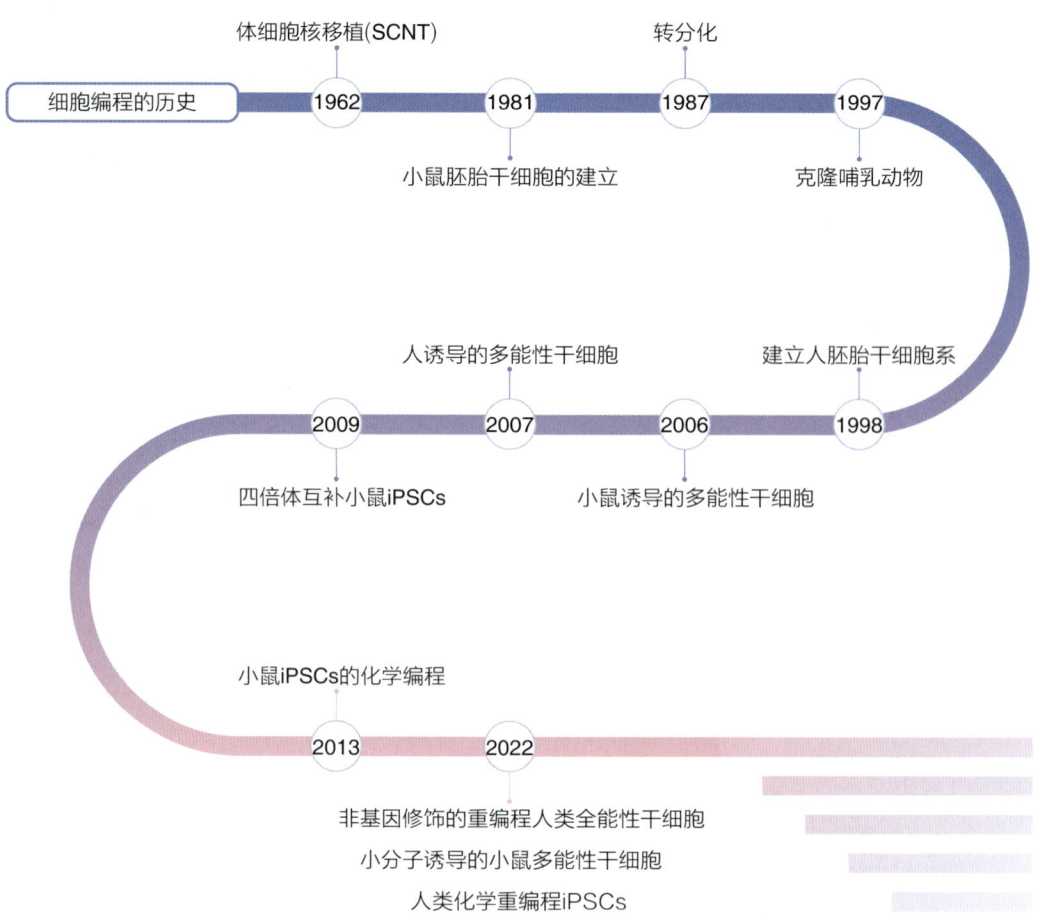

iPSCs 技术的伦理和法律问题是一个复杂的挑战，需要科学家、伦理学家、法律专家和公众共同参与，才能找到合理的解决方案，推动 iPSCs 技术的健康发展，造福人类社会。

第四节　成体干细胞

一、概述

1. 成体干细胞的定义

成体干细胞（adult stem cells）是指存在于发育后的身体中，能够通过细胞分裂更新死亡细胞和修复受损组织的一类细胞。这类细胞处于未分化状态，具有自我更新能力，能够通过细胞分裂产生新的干细胞。它们存在于特定的组织或器官中，能够分化为多种细胞类型，但通常局限于其起源组织的细胞类型（图 18-31）。

这个定义是以细胞的功能为基础，认为成体干细胞是在成体组织中从它自身至少可以产生出一种细胞类型的一类细胞。这个定义强调，成体干细胞是一个细胞群体，群体中的细胞可以表现出不同的寿命、分裂和分化行为。其功能是维持组织稳态，通过产生新的细胞来替换丢失或受损的细胞。成体干细胞是一群动态变化的细胞群，随着细胞谱系的持续时间、细胞分裂和分化的时间等会有不断的变化。其核心是来源于成人体内的特定组织和再生 / 修复能力。

与胚胎干细胞不同，胚胎干细胞由其起源（囊胚的内细胞团）来定义，成体干细胞没有这种明确的表征方法。虽然可以通过谱系研究的方法研究某些时间段成体干细胞的衍化，但成熟组织中成体干细胞很难确定其起源。成体干细胞往往存在于相应特定组织的特定位置，可以被称为干细胞龛（stem cell niche）的地方。在这个地方，成体干细胞可能长时间保持静止（不分裂），直到它们被正常需要更多细胞来维持组织，或被疾病或组织损伤激活。通常，组织中的成体干细胞数量会很少，一旦从体内取出，它们的分裂能力就会受到限制，从而难以产生大量的干细胞。

2. 成体干细胞的特性

成体干细胞具有能够进行多次细胞分裂，同时保持其未分化状态的能力。这就是干细胞自我更新的能力，是干细胞的核心特征之一，也是它们能够不断补充和修复身体组织的关键。

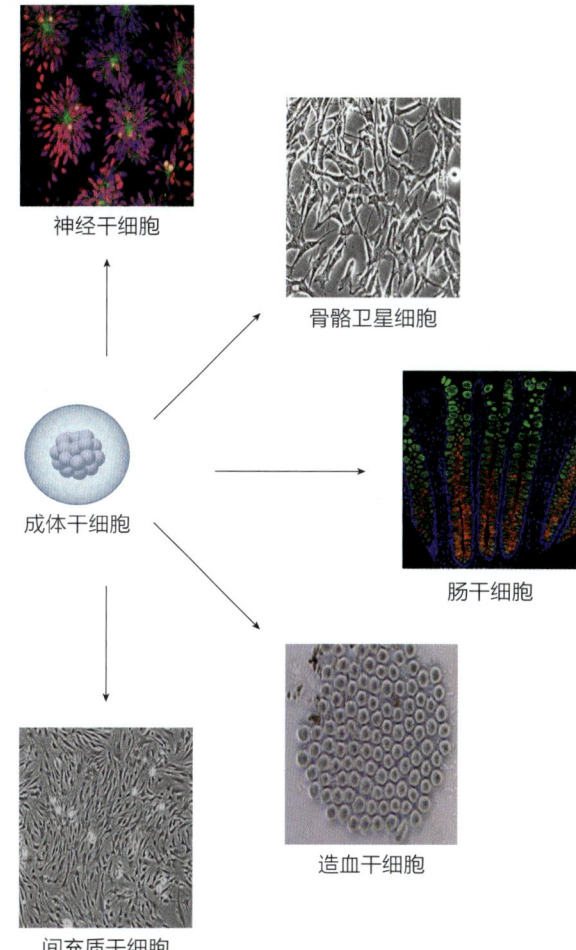

图 18-31 成体干细胞

干细胞具有两种类型的细胞分裂方式——对称分裂和不对称分裂。前者可以产生两个相同的子干细胞，维持干细胞群体的数量；后者产生一个和原干细胞一样的子干细胞，和比原干细胞分化能力差一个档次的干细胞 / 祖细胞，这样的分裂分化程序可以进行很多次，直到分化成为成熟的功能细胞。

成体干细胞通常分裂缓慢且不频繁，表现出静止或可逆生长停滞的迹象。只有在组织受损或需要修复时才会活跃分裂。当它所处的龛受到扰动时才会积极分裂。在这个过程中细胞周期调控机制可以帮助干细胞维持静止状态，避免过度消耗或发生 DNA 损伤。干细胞周围的微环境，包括细胞因子、生长因子和细胞外基质等，会影响干细胞的自我更新能力。同时随着年龄的增长，干细胞的自我更新能力会逐渐下降。

成体干细胞的另一个特性是它的多能性。一些研究人员认为成体干细胞只具有有限的多能性，即只能分化成与其来源组织相关的细胞类型。其他研究人员则认为成体干细胞具有更大的多能性，可以分化成不同胚层的细胞类型，例如神经干细胞可以分化成肌肉细胞或肝细胞。这种多能性的程度和范围仍然是一个研究热点，目前没有定论。

多能性（multipotency）指干细胞能够分化成多种不同的细胞类型，例如神经干细胞可以分化成神经元和胶质细胞。单能性（unipotency）指细胞只能分化成一种类型的细胞。细胞培养环境、移植部位和生长因子等都可以影响成体干细胞的多能性。

成体干细胞的多能性是一个复杂且充满争议的话题。目前的研究表明，成体干细胞可能具有不同程度的多能性，这取决于多种因素。了解成体干细胞的多能性对于开发新的再生治疗方法和癌症治疗方法具有重要意义。

3. 成体干细胞的种类

成体干细胞种类繁多，分布在不同组织中，具有不同的分化潜能和治疗应用前景。随着研究的深入，未来可能会有更多类型的成体干细胞被发现和利用。常见的成体干细胞如：造血干细胞（hematopoietic stem cells）、间充质干细胞（mesenchymal stem cells）、内皮干细胞（endothelial stem cells）、神经干细胞（neural stem cells）、神经嵴干细胞（neural crest stem cells）、嗅觉成体干细胞（olfactory adult stem cells）、乳腺干细胞（mammary stem cells）、肠道干细胞（intestinal stem cells）和睾丸细胞（germ cell and spermatogonial stem cell）等。

4. 成体干细胞的应用

成体干细胞在医疗和科研领域展现出巨大的应用潜力。

比如治疗血液病，通过骨髓移植，造血干细胞可以重建患者的免疫系统，并用于治疗白血病和骨髓癌等血液疾病。CD34+ 的血液干细胞，可以被用于治疗脊髓损伤，并有一定的效果。成体干细胞还可能用于治疗肝病、血管病等。在组织修复和再生上，将间充质干细胞直接注射到受损的关节软骨中，可以促进软骨再生，缓解骨关节炎的症状。成体干细胞可以促进心脏组织的修复和再生，用于治疗心脏病。成体干细胞可以用于修复皮肤损伤，并可能用于治疗烧伤和溃疡等。成体干细胞还可以用于治疗神经系统疾病，如分化成神经元用于治疗帕金森病等神经系统疾病，或促进神经细胞的再生，用于治疗阿尔茨海默病等。

此外，成体干细胞可以用于研究癌症的发生和发展机制，并开发新的治疗方法。或者用于药物筛选，评估药物的安全性和有效性。

成体干细胞的应用前景广阔，但仍面临一些挑战：一方面细胞分化能力有限，成体干细胞通常只能分化成与其来源组织相关的细胞类型，限制了其应用范围。另一方面是细胞数量不足，从患者体内提取的成体干细胞数量有限，难以满足临床治疗的需求，而且成体干细胞移植后可能存在免疫排斥和肿瘤风险。

尽管存在挑战，但随着科技的不断进步，成体干细胞的应用将会越来越广泛，为人类健康带来更多福祉。

5. 成体干细胞的研究方向

成体干细胞研究领域充满了机遇和挑战，将为人类健康带来革命性的变化，并推动再生医学和生物技术的发展。

首先是提高成体干细胞的分化能力，开发新的诱导分化技术：利用基因编辑、小分子药物等方法，诱导成体干细胞分化成更多类型的细胞，扩大其应用范围。探究成体干细胞在不同微环境下的分化潜能，并利用其可塑性实现跨谱系分化。

其次是增加成体干细胞的数量。开发高效的扩增技术，利用生物反应器等技术，实现成体干细胞的规模化扩增，满足临床治疗的需求。研究成体干细胞的自我更新机制，阐明成体干细胞自我更新的分子机制，并开发促进其自我更新的方法。

还要降低成体干细胞移植的风险。提高成体干细胞的免疫兼容性，通过基因编辑等技术，改造成体干细胞的表面抗原，降低免疫排斥风险。研究成体干细胞移植的安全性，探究成体干细胞移植后的致瘤风险，并开发降低致瘤风险的方法。

探究成体干细胞在疾病发生发展中的作用也是一个重要的研究方向。比如研究成体干细胞与癌症的关系，探究成体干细胞在癌症发生发展中的作用，并开发针对癌症干细胞的靶向治疗方法。研究成体干细胞与衰老的关系，探究成体干细胞在衰老过程中的变化，并开发延缓衰老的方法。

还要开发新的成体干细胞应用。研究成体干细胞在组织工程中的应用，利用成体干细胞构建组织工程支架，用于修复和重建受损组织。研究成体干细胞在再生医学中的应用，利用成体干细胞促进组织再生，实现器官再生和功能恢复。

6. 成体干细胞的优势和局限性

成体干细胞作为一种重要的细胞类型，在医疗和科研领域展现出巨大的潜力，但也存在一些局限性。

成体干细胞的优势在于：来源广泛、免疫排斥风险低、伦理争议小和有一定的分化潜能。其局限性在于：分化能力有限、细胞数量不足、肿瘤风险和细胞衰老（成体干细胞会随着机体衰老而逐渐丧失其功能）。

总而言之，成体干细胞具有独特的优势，但也存在一些局限性。随着科技的不断进步，相信未来可以克服这些局限性，充分发挥成体干细胞的应用潜力，为人类健康带来更多福祉。

二、神经干细胞

1. 概述

神经干细胞（neural stem cells，NSCs）是一类具有自我更新能力和多能性的细胞，在神经系统中发挥着至关重要的作用。它们能够分化成神经元、星形胶质细胞和少突胶质细胞，构建起复杂的中枢神经系统（图 18-32）。

1965 年约瑟夫·奥特曼（Joseph Altman）等人使用 [³H]– 胸苷标记技术，首次发现成年哺乳动物大脑中存在神经发生现象。这项研究在幼年大鼠的海马体中观察到神经元的产生，颠覆了当时认为成年大脑无法再生的传统观念（Altman，1965）。1989 年萨利·坦普尔（Sally Temple）等人发现小鼠大脑脑室下区（SVZ）中的具有多能性和自我更新特性的祖细胞和干细胞。这些细胞后

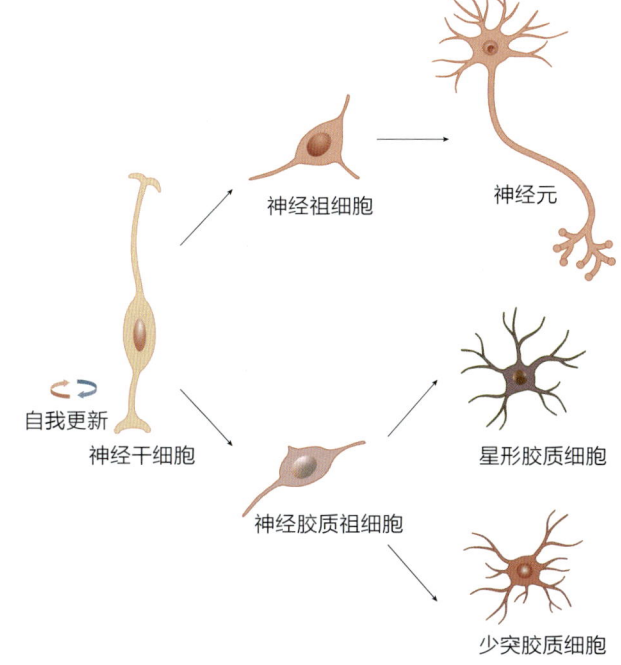

图 18-32　神经干细胞

来被证实是神经干细胞，并且是成年大脑中神经发生的主要来源（Temple，1989）。1992 年布伦特·雷诺兹（Brent Reynolds）等人首次从成年小鼠的纹状体组织中分离出神经祖细胞和干细胞。这项研究标志着神经干细胞研究的突破，并为后续研究奠定了基础（Reynolds，1992）。

成体 NSCs 存在于成体哺乳动物大脑的三个区域：海马体下颗粒层（SGZ）、侧脑室下室（SVZ）和下丘脑室管膜区（HVZ）。存在于 SGZ 的成体 NSCs 通常被称为Type-1 细胞，来源于海马体神经上皮；存在 SVZ 的成体 NSCs 通常被称为 B1 细胞，来源于室管膜区的放射状胶质细胞；存在于 HVZ 的成体 NSCs 通常被称为伸长细胞（tanycytes），来源于胚胎底板的 Sonic Hedgehog（Shh）表达祖细胞。它们在自我更新能力、产生的神经元类型和基因表达谱上存在着一定的差异，反映了它们的异质性。

根据表达物的不同存在多种不同的成体 NSCs，如 Ascl1、Gli1、Nestin、GLAST和 Hopx 靶向的成体 NSCs。Ascl1 表达的成体 NSCs 通常只表达低水平的 Ascl1，主要存在于 SGZ 和 SVZ；主要产生神经元，很少产生星形胶质细胞；可以进行短期自我更新，最终可能被耗尽；在衰老过程中，Ascl1 表达逐渐降低，最终导致成体 NSCs 进入静止状态。Gli1 表达的成体 NSCs 通常表达高水平 Ascl1 和 Gli1；主要存在于 SGZ 和HVZ。既可以产生神经元，也可以产生星形胶质细胞；进行长期自我更新，维持神经发生；在衰老过程中，Gli1 的表达可以保持稳定，成体 NSCs 仍然保持活跃状态。二者可能是不同的细胞群体，也可能是同一细胞群体在不同阶段的表达状态。Ascl1 表达的成体 NSCs 可能随着衰老逐渐转化为 Gli1 表达的成体 NSCs。Ascl1 和 Gli1 表达的成体 NSCs 可能共同维持成体神经发生。

Nestin 靶向的成体 NSCs 主要来源于胚胎发育过程中的神经元上皮，并且可能由静息状态的成体 NSCs 被激活并分化而来。在 SVZ 和 HVZ 中，Nestin 靶向的成体 NSCs 来源于胚胎发育过程中的神经元上皮。在 SVZ 中，静息状态的成体 NSCs 每3～5 个月分裂一次，类似于造血干细胞中的休眠状态。Nestin 靶向的成体 NSCs 具有长期自我更新能力，能够产生神经元和星形胶质细胞，并可能在维持神经发生储备方面发挥作用。GLAST 靶向的成体 NSCs 存在于 SGZ 和 SVZ，是成年大脑中活跃的神经发生细胞，具有短期自我更新能力，主要负责产生神经元，并且可能参与神经发生的快速补充。它们与其他 aNSCs 亚群之间存在一定的联系，并可能存在动态变化。Hopx靶向的成体 NSCs 存在于 SGZ。表现出静止的神经祖细胞特征，自我更新能力有限，随着时间的推移会逐渐下降。随着时间的推移，Hopx 表达水平上升，神经元的分化能力逐渐下降而星形胶质细胞的分化能力逐渐增加。

2. 神经干细胞的基因表达调控

（1）神经干细胞的静止与激活

NSCs 的静止与激活是神经发生过程中两个重要的状态，它们之间的动态平衡决定了神经组织的发育和功能。

静止状态（quiescence）是指 NSCs 处于休眠状态，不进行细胞分裂，对外界信号反应迟钝。此时 NSCs 的代谢活动降低，以维持其能量平衡；染色质发生特定的甲基化和组蛋白修饰，抑制基因表达；REST/NRSF 等转录因子抑制神经元特异性基因的表达。静止状态允许 NSCs 在需要时快速响应环境变化，进行神经发生。

激活状态（activation）是指 NSCs 从静止状态中被唤醒，进入细胞周期，进行有丝分裂，产生新的 NSCs 和神经元前体细胞（neuronal precursor cells，NPCs）。此时 NSCs 的代谢活动增加，以支持细胞分裂和分化；染色质发生特定的去甲基化和组蛋白修饰，激活基因表达，促进 NSCs 的增殖和分化；Mash1/Ascl1 等转录因子促进 NSCs 向神经元分化，而 REST/NRSF 等转录因子抑制神经元分化。激活状态允许 NSCs 分化为新的神经元，补充神经组织，并参与学习和记忆等认知功能。

NSCs 的静止与激活是一个动态平衡过程，受到多种因素的调控。外部信号如 GABA 和 GABAB 等神经递质；BMP、Wnt、Notch 等信号通路；年龄、炎症、损伤和药物等环境因素都可以影响 NSCs 的休眠和激活状态。内部因素如 TLX、Mash1、Mll1 和 PTEN 等转录因子，以及 cyclin 和 CDKs 等细胞周期蛋白。此外，还有 Nestin、GFAP、Ascl1 和 LPAR1 等细胞类型特异性靶点。

NSCs 的静止与激活是神经发生的基础。平衡的破坏会导致神经发生不足或过度，从而影响神经组织的结构和功能；还会降低神经组织的可塑性，使其难以适应环境变化。许多神经退行性疾病和神经损伤都与 NSCs 静止与激活平衡失调有关。维持 NSCs 静止与激活的平衡，可以保护 NSCs 池，避免过度激活导致其耗尽，保护神经组织的再生能力。过度或不足的神经发生都会对神经组织的功能产生负面影响。

成人 NSCs 静止和激活状态之间的动态平衡对神经组织的功能至关重要。维持这种平衡需要精确地调节外部信号和内部因素。

（2）转录因子

在 NSCs 中，许多转录因子参与调控细胞状态的变化和神经发生，这些转录因子在 NSCs 的自我更新、增殖、分化和神经发生中发挥重要作用。它们或者直接结合到靶基因的启动子上，促进或抑制基因表达；或者与染色质结合，改变染色质的结构，从而影响基因的活性；或者与其他转录因子相互作用，形成转录因子复合物，调控基因表达；或者调节细胞外信号通路，影响 NSCs 的功能。

影响 NSCs 的转录因子非常之多，这里仅重点介绍几个：① Notch1 是 Notch 信号通路的关键转录因子，它可以激活或抑制其他转录因子的表达，从而影响 NSCs 的增殖和分化。Notch1 还可以激活 Hes 家族的表达，抑制 NSCs 的增殖和分化，并促进其自我更新，或者抑制 NeuroD1 促进 NSCs 分化为神经元。② Smad1/2 是 BMP 信号通路的关键转录因子，它们可以促进 NSCs 的增殖，或通过激活 c-Myc 的表达来促进 NSCs 的增殖。③ TLX 是一个核受体，它可以维持 NSCs 的自我更新，或通过抑制 REST 的表达来维持 NSCs 的自我更新能力。④ ApoE4 是一种脂蛋白，它具有神经毒性，可以诱导 NSCs 分化成胶质细胞，并抑制神经发生；或通过激活 BMP 信号通路来诱导 NSCs 分化成胶质细胞。⑤ Sox2 可以促进 NSCs 的自我更新和增殖，或通过激活 c-Myc 的表达来促进 NSCs 的增殖。⑥ REST 可以抑制 NSCs 分化成神经元，或通过结合到神经元特异性基因的启动子上来抑制其表达。

3. NSCs 的表观遗传调控

（1）组蛋白修饰与脑发育

Polycomb 家族成员 Ezh2 和 Setdb1 在脑发育早期表达，并催化组蛋白 H3K27 和 H3K9 的三甲基化。这种甲基化状态与基因沉默相关，并抑制神经元分化，促进胶质细胞分化。Ezh2 的缺失导致 NSCs 过度增殖并产生过多的早期神经元，而 Setdb1 的缺失则导致神经元生成受损并促进胶质细胞生成。LSD1 相关去甲基酶和 PRDM16 蛋白在脑发育早期表达，并催化组蛋白 H3K4 和 H3K9 的去甲基化。这种去甲基化状态与基因激活相关，并促进神经元分化 LSD1 的缺失导致 NSCs 增殖减少，而 PRDM16 的缺失则影响 NSCs 的增殖和神经元迁移。

组蛋白脱乙酰酶 HDAC2 和 HDAC5 在脑发育早期表达，并催化组蛋白 H3 和 H4 的脱乙酰化。这种脱乙酰化状态与基因沉默相关，并抑制 NSCs 增殖和神经元分化。HDAC2 的缺失导致 NSCs 增殖和神经元分化增加，而 HDAC5 的缺失则影响神经元成熟。Polycomb 家族成员 PRC1 的一部分 Bmi1 在脑发育中表达，并维持 NSCs 的细胞周期和增殖。Trithorax 家族成员 Mll1 在脑发育中表达，并促进 NSCs 分化为神经元。组蛋白 H3K27me3 的去甲基酶 Jmjd3 在神经元分化中表达，并促进神经元分化。

（2）NSCs 与 DNA 甲基化

DNMT1 可以在成年海马神经发生中维持新生神经元的存活。DNMT3a 在非启动子区域对神经发生基因进行甲基化，并与 PRC2 介导的基因沉默相反，促进神经发生基因的表达。TET 可以促进成神经细胞增殖和神经发生相关的基因 *Galamin*、*Ng2* 和 *Neirglobin* 的表达，促进 NSCs 增殖和神经元分化。TET2 的表达和 5- 羟甲基胞嘧啶水平随衰老而下降，TET2 表达抑制会导致成神经细胞分化减少和学习记忆功能下降。MBD1 缺失会导致成年海马中神经发生减少和空间学习记忆障碍。MBD1 通过结合 miR-184 的甲基化启动子，并抑制其表达，进而影响成神经细胞的增殖和分化。miR-184 可以抑制 Numbl 的表达，而 Numbl 是 Notch 信号通路的抑制因子。MBD1/Numbl 信号通路失衡会导致成神经细胞增殖和分化失衡。MeCP2 缺乏会导致神经元分化、突触形成和神经元存活障碍。MeCP2 的表达水平与神经元成熟程度呈正相关。

（3）m6A 修饰在 NSCs 中的作用

m6A 修饰缺失会导致 NSCs 中与细胞周期和增殖相关基因的表达延迟，从而影响 NSCs 的增殖能力。这与 YTHDF2 的功能相关，YTHDF2 是一种 m6A 识别蛋白，可以促进 m6A 修饰的降解，从而促进 NSCs 的增殖。m6A 修饰可以影响 NSCs 中与神经元特异性基因的表达，以及与神经元和胶质细胞分化相关基因的表达，从而促进神经细胞的分化。MeCP2 作为 m6A 修饰的 reader 蛋白，可以促进 m6A 标记的 mRNA 降解。神经元活动引起的 Ca^{2+} 内流会导致 MeCP2 蛋白磷酸化，这会降低 MeCP2 对 *BDNF* 基因启动子的亲和力，从而解除 MeCP2 对 *BDNF* 基因表达的抑制，促进 *BDNF* 的转录。*BDNF* 在神经元的生长、存活和发育中发挥着重要作用。MeCP2 蛋白在 NSCs 中表达，并参与调节神经细胞分化的基因表达。

NSCs 研究为我们打开了通往神经系统再生和修复的大门。从成年哺乳动物大脑中神经发生现象的发现，到 NSCs 类型、功能和调控机制的深入探究，科学家们已经取得了令人瞩目的成果。

然而，NSCs 研究仍面临着许多挑战：不同类型 NSCs 的功能差异、相互作用和转化机制尚待进一步阐明。多种信号通路和转录因子参与 NSCs 的调控，其相互作用和调控机制需要更精确的解析。组蛋白修饰、DNA 甲基化和 RNA 修饰等表观遗传调控机制在 NSCs 中的作用需要更深入的研究。

NSCs 研究的未来充满机遇和挑战。随着技术的进步和研究的深入，我们有望揭开 NSCs 的更多奥秘，为神经系统疾病的治疗提供新的思路和方法。

三、造血干细胞

1. 概述

造血干细胞（hematopoietic stem cells，HSC）是一类具有独特功能的细胞，它们能够通过分裂产生新的 HSC，从而维持其数量和功能。还能够分化成多种类型的血细胞，包括红细胞、白细胞和血小板等（图 18–33）。

HSC 是维持正常血液系统功能的关键，它们负责不断产生新的血细胞来替代衰老和死亡的细胞。研究进展表明，HSC 不是一个单一细胞群体，而是由具有不同特性细胞组成的异质群体。HSC 的自我更新、分化和存活受到多种因素的影响，包括细胞内和细胞外的因素。HSC 在某些条件下可以分化成非造血组织，例如脂肪细胞、心肌细胞、内皮细胞和胰腺细胞。

HSC 研究的起源可以追溯到 20 世纪 50 年代，当时科学家们发现，将正常成年小鼠的骨髓细胞静脉注射到受照射小鼠体内，可以挽救它们的生命，并重建其血液细胞生成系统。这表明骨髓中存在具有长期造血重建能力的细胞（Jacobson，1951；Ford，1956）。之后在受照射小鼠的脾表面，发现存在由单细胞衍生而来的肉眼可见的混合谱系克隆。这些克隆的形成被称为克隆形成单位（colony forming unit，CFU），并被认为是 HSC 的指标。一些脾脏克隆能够产生与原始

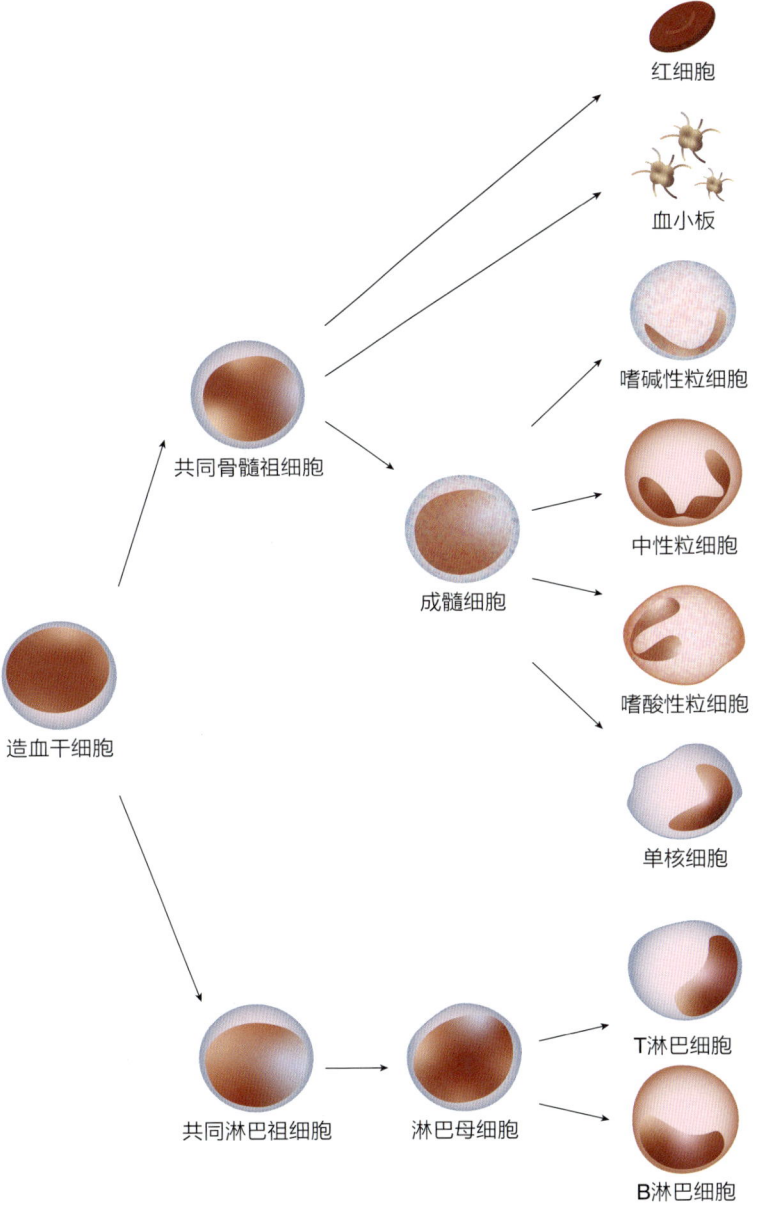

红细胞

血小板

嗜碱性粒细胞

共同骨髓祖细胞

中性粒细胞

成髓细胞

嗜酸性粒细胞

造血干细胞

单核细胞

T淋巴细胞

共同淋巴祖细胞　　淋巴母细胞

B淋巴细胞

图 18-33　造血干细胞

细胞相似的克隆，这表明 HSC 具有自我更新的能力。此外，CFU 中存在来自淋巴系和髓系的成熟细胞，表明 HSC 具有多能性。单个脾脏克隆中成熟和幼稚细胞的数量和类型存在很大差异，说明 HSC 的自我更新和分化行为存在随机性。这些发现导致了 HS 概念的诞生，即骨髓中存在一种稀有、静止的细胞，它起源于具有淋巴系潜能的细胞，并能够在活化后增殖并重建所有已知的髓系谱系。

HSC 的独特特性和潜在应用使其成为治疗多种疾病的有力工具。其中造血干细胞移植（haematopoietic cell transplantation，HCT）是目前 HSC 最广泛的应用之一，可以用于治疗多种疾病，包括白血病、淋巴瘤、骨髓瘤等恶性肿瘤，HSC 可以通过重建患者的造血系统并攻击残留的癌细胞；可用于治疗遗传性或获得性造血系统或免疫系统疾病，例如地中海贫血、免疫缺陷症等；通过提供健康的基因并替换受损的基因产物，还可用于治疗某些遗传性疾病，例如血红蛋白病、代谢性疾病等。HSC 移植除了重建造血系统外，还可以产生移植物抗肿瘤效应（graft-versus-tumor effect，GVT），即移植物中的免疫细胞攻击肿瘤细胞，从而治疗某些恶性肿瘤，例如肾癌、结肠癌、卵巢癌、乳腺癌等。HSC 移植还可以诱导免疫耐受，从而减少或消除器官移植后的免疫排斥反应，提高移植成功率。HSC 也是基因治疗的重要靶细胞，通过将正常基因转移到 HSC 中，可以治疗多种遗传性疾病，例如免疫缺陷症、血红蛋白病、代谢性疾病等。HSC 具有分化成多种细胞类型的潜力，例如心肌细胞、神经细胞、肝细胞等，因此可以用于再生医学领域，修复受损的组织和器官。

HSC 在临床应用中具有巨大潜力，将为治疗多种疾病提供新的希望。随着科技的不断发展，HSC 将在未来发挥越来越重要的作用，为人类健康事业做出更大的贡献。

2. 造血的发育、维持与衰老

（1）胚胎期的造血发育

在哺乳动物和人类的胚胎中，造血发育经历了三个阶段，称为"波"。前两个波发生在胚胎外的卵黄囊中，形成过渡性造血细胞群（巨幼细胞性造血）。第三个波在胚胎内部的主动脉 - 生殖腺 - 中肾（AGM）区域出现，形成成年造血（正常细胞性造血），导致形成造血干细胞（HSCs）和间充质干细胞（MSCs），它们为机体提供持续的血细胞生成。

卵黄囊是胚胎早期造血的主要场所，在卵黄囊中，造血发生的第一波产生了三种类型的血细胞，即表达胚胎性球蛋白的原始红细胞、巨核细胞和巨噬细胞。造血发生的第一波和第二波形成了定型的多能细胞，即在卵黄囊中形成红细胞 - 髓样祖细胞（EMP），在背主动脉中形成造血干细胞 / 祖细胞（HSPC）。

在 AGM 区域，血管内皮细胞通过内皮 - 造血转变（EHT）过程形成 HSCs 和祖细胞。转录因子 Runx1 和核心结合因子 b（CBFb）是 HSCs 形成的必要因子。HSCs 与胚胎肝中的祖细胞来自不同的内皮细胞群体，其中 Ly6a 表达特异性地标记 HSCs 生成的造血内皮细胞。肝白血病因子（Hlf）是发育中 HSCs 的特异性标记物，在胚胎发育的 E12.5 阶段后，在胚胎肝和胎肝 HSCs 中表达，而在胚胎发育 9.5 天前形成的 EMP 和卵黄囊造血簇中不表达 Hlf。在胚胎发育过程中，LIF 也在 AGM 区域表达，并参与

HSCs 的分化。HSCs 和祖细胞随后迁移到胎肝，分化形成成熟的血细胞。

从胚胎发育早期开始，MSCs 在 AGM 区域出现，并随着发育而增加，达到成年骨髓中的水平。MSCs 形成骨髓微环境，为 HSCs 提供支持和调节。细胞间相互作用：MSCs 与 HSCs 之间以及与其他骨髓细胞之间存在复杂的细胞间相互作用，共同维持正常的造血功能。

胚胎期造血发育是一个复杂的过程，涉及多种细胞类型、转录因子和细胞间相互作用。HSCs 和祖细胞来自不同的内皮细胞群体，并最终在胎肝中分化形成成熟的血细胞。

（2）成年期的造血维持

成年期的造血维持主要依赖于骨髓中的 HSCs 和 MSCs 协同作用。HSCs 是血细胞生成的主要来源，而 MSCs 则可以构建和维护 HSCs 的微环境，并调节造血过程。

成年人体内存在大量 HSCs，它们以克隆的形式存在，每个克隆都有独特的遗传特征。这些克隆在维持正常造血中发挥重要作用，并通过不断的更新和替换来保证造血的稳定。大多数 HSCs 处于休眠状态，它们不进行细胞分裂，但可以在受到刺激时恢复活力并产生新的血细胞。随着年龄的增长，HSCs 的增殖能力和自我更新能力逐渐下降，导致造血功能衰退。衰老的 HSCs 更倾向于分化为髓系细胞，而淋巴系细胞的生成则受到抑制，导致免疫系统功能下降。

MSCs 在骨髓中形成微环境，为 HSCs 提供必要的支持和调节。MSCs 可以分化为成骨细胞、脂肪细胞和软骨细胞，参与骨髓微环境的重塑。衰老的 MSCs 会产生更多的促炎细胞因子，并降低对 HSCs 的支持能力，从而影响造血功能。

有许多因素会影响成年期的造血维持，如氧化应激和 DNA 损伤，随着年龄的增长，HSCs 和 MSCs 中的氧化应激和 DNA 损伤水平增加，导致细胞功能下降和衰老。线粒体功能障碍会影响 HSCs 的能量代谢和增殖能力，从而导致造血功能衰退。蛋白质稳态缺陷会导致细胞内聚集损伤或错误折叠的蛋白质，从而影响细胞功能。HSCs 细胞分裂的极性丢失会导致其功能和衰老。表观遗传机制失调也会影响 HSCs 的自我更新能力和分化命运，从而导致造血功能衰退。

（3）造血衰老

随着个体的生长，衰老也必将来临，造血的衰老会对人体造成多方面的影响，比如免疫和造血功能下降、血液系统疾病风险增加和血栓性疾病和炎性疾病的发生等。

随着年龄增长，多克隆造血逐渐转变为寡克隆造血，最终可能发展为克隆性造血。克隆性造血是指造血系统中出现大量来自单个突变干细胞的血细胞，这些细胞可能携带致病基因，导致血液系统疾病，如白血病和淋巴瘤。造血衰老导致骨髓微环境功能下降，增加骨髓衰竭的风险，表现为造血功能减退，导致贫血、中性粒细胞减少症等。随着年龄增长，免疫系统功能逐渐下降，导致对病原体的抵抗力减弱，更容易感染疾病。造血干细胞随着年龄增长，其自我更新和再生能力逐渐下降，导致血液细胞数量减少，引发贫血、免疫力下降等问题。克隆性造血导致的血细胞异常增多，以及骨髓衰老引起的骨髓脂肪化，都会增加血栓形成的风险，引发血栓性疾病。造血衰老与还与骨骼和软骨组织的衰老密切相关，导致骨质疏松和骨关节炎等疾病的风险增加。骨髓衰老导致的炎症因子水平升高，可能引发炎症性疾病，如类风湿性关节炎和系统性红斑狼疮等。

随着年龄增长，HSC 的增殖潜能逐渐下降，导致其自我更新和再生能力减弱。可能是由于 HSC 生物学特性改变或微环境改变所致，老年小鼠的 HSPCs 的归巢效率比年轻小鼠低。老年小鼠的 HSCs 向髓系分化的倾向增加，导致淋巴细胞生成减少，最终可能导致成年白血病。老年 HSCs 中氧化应激水平显著升高，导致 DNA 损伤和功能障碍。老年 HSCs 中 DNA 损伤和双链断裂水平升高，导致应激反应能力下降、增殖潜能降低、HSCs 耗竭，以及骨髓移植受者造血恢复潜力受限。随着年龄增长，HSCs 中积累越来越多的体细胞突变，这些突变可能通过基因漂变导致克隆性造血，并增加患疾病的风险。

骨髓中 MSCs 的老化会影响其行为，并直接影响造血。老年 MSCs 表现出衰老特征，包括细胞周期停滞、DNA 损伤、细胞增大、凋亡抵抗、自噬减少、炎症因子分泌增加以及表观遗传修饰改变。FGF21 可以通过 AMPK 信号通路介导线粒体动力学来调节 MSC 的衰老。衰老的间充质细胞增加分泌的 IL-6 会破坏造血干细胞和祖细胞的稳态。早期衰老的间充质基质细胞可激活促炎程序导致造血干细胞和祖细胞克隆形成障碍。在 MSCs 和分化细胞中，DNA 甲基化的个体间变异性在衰老过程中增加，低甲基化的 CpG 位点在干细胞和分化细胞中的活性染色质标记 H3K4me1 中高度富集，这是衰老过程中 DNA 低甲基化的细胞类型独立染色质特征。Tet1 和 Tet2 通过 P2rX7 去甲基化来控制外泌体和 miRNA 释放，在维持骨髓 MSC 和骨稳态方面发挥着关键作用。Asxl1 的缺失会解除 RNAPII 转录功能的调控，并改变对 HSC/HPC 维持至关重要的基因的表达。骨髓微环境在老化过程中会发生重塑，导致 HSC 功能下降。老年骨髓微环境中血管密度和通透性增加，动脉和毛细血管的数量和长度减少，CXCL12、Jagged 1 和 SCF 的表达降低。老年骨髓中脂肪生成增加，导致脂肪细胞数量增加，骨吸收增强，从而减少 HSC 埋藏处的数量。

其他因素，如骨髓移植、慢性炎症、化疗和老化在内的慢性应激会导致 HSCs 持续增殖，从而加速其耗竭。老年人类 HSCs 中的端粒比其他组织细胞短，这可能是由于 HSCs 在早期发育过程中创建的数量有限，无法维持老人的造血功能。老年 HSCs 中 p53/p21 和 p16/pRB 通路参与细胞周期停滞。骨髓微环境中肾上腺素能神经系统的退化。这些因素相互作用，共同影响了造血干细胞的衰老（表 18-1）。

胚胎期、成人期和衰老期造血在造血器官、HSCs、MSCs 和造血微环境等方面存在显著差异。衰老期造血功能下降，克隆性造血和寡克隆造血成为主要特征，导致血液系统疾病风险增加。

（4）造血系统复兴的策略

造血系统随着年龄增长而逐渐衰退，但可以寻找一些策略来延缓或逆转这一过程，实现造血系统的复兴（rejuvenation）。

① 消除衰老细胞：p16 和 p21 是衰老细胞的标记物，可以用来识别和清除这些细

表 18-1　造血的发育、维持与衰老各期的特性

	胚胎期	成人期	衰老期
造血器官	造血主要发生在胚胎的卵黄囊、肝和主动脉–性腺–中肾（AGM）区，涉及多种过渡性造血细胞。	造血主要发生在骨髓，由造血干细胞（HSCs）和间充质干细胞（MSCs）共同调控。	造血器官功能逐渐下降，骨髓脂肪化，HSCs 数量和功能减少，MSCs 老化，造血微环境功能受损。
造血干细胞	HSCs 在 AGM 区形成，但数量较少，功能不成熟。	HSCs 数量较少，但功能成熟，大部分处于休眠状态，负责维持血液细胞的平衡生产。	HSCs 数量减少，功能下降，增殖和分化能力减弱，更容易发生 DNA 损伤和突变，导致克隆性造血和血液系统疾病。
间充质干细胞	MSCs 与 HSCs 共同存在于 AGM 区，数量较少，功能不成熟。	MSCs 主要存在于骨髓微环境中，数量较多，功能成熟，负责维护 HSCs 功能和造血微环境。	MSCs 数量减少，功能下降，更容易发生衰老和凋亡，导致骨髓微环境功能受损，影响 HSCs 功能。
造血微环境	造血微环境主要由血管内皮细胞和间充质细胞组成，为 HSCs 提供支持和调控。	造血微环境更加复杂，包含多种细胞类型，如 MSCs、脂肪细胞、成骨细胞、破骨细胞、巨核细胞和神经细胞等，共同调控 HSCs 功能。	造血微环境功能受损，MSCs 老化，血管密度和通透性降低，巨核细胞数量增加，导致 HSCs 功能下降和克隆性造血。
造血过程	造血过程主要通过血管内皮细胞向造血细胞转变（EHT）实现。	造血过程主要通过 HSCs 的自我更新和分化实现。	造血过程效率下降，克隆性造血和寡克隆造血成为主要特征。

胞。使用衰老清除剂（senolytics）如一种潜在的衰老清除剂 ABT26，可以延缓小鼠的造血系统衰老，选择性地杀死衰老细胞，从而清除其对造血系统的负面影响。

② 抑制 Cdc42 活性：Cdc42 是一种小 GTPase，其活性过高会导致 HSCs 极性丧失和衰老。因此，抑制 Cdc42 的活性可能是恢复 HSCs 功能的一种策略。体外实验已经证明，短期使用 Cdc42 抑制剂可以延长老年小鼠的寿命，这表明抑制 Cdc42 可能部分恢复了微环境的功能。

③ 激活 CMA：CMA 是一种自噬途径，其活性下降会导致衰老。激活 CMA 可以帮助清除受损的细胞器和蛋白质，恢复衰老造血干细胞的活力，从而延缓衰老。自噬是维持 HSCs 功能的重要机制之一。

④ 激活 SIRT1：SIRT1 是一种去乙酰化酶，其活性下降会导致衰老。激活 SIRT1 可以改善线粒体功能，从而延缓衰老。SIRT1 的激活剂如 SRT1720 和白藜芦醇，可以改善衰老造血干细胞的活力。SIRT1 可以保护 MSC 免受衰老，并维持其分化潜能。

⑤ 供体细胞移植：将年轻的 HSCs 或 MSCs 移植到老年人体内，可能有助于恢复造血系统的活力。研究表明，年轻的 HSCs 在移植到年轻小鼠体内后，其归巢效率并没有降低，这表明它们可能具有恢复衰老造血系统活力的潜力。

⑥ 靶向 JAK2 激酶：JAK2 激酶突变与某些血液疾病有关，如 JAK2 激酶 V671F 突变与真性红细胞增多症相关。抑制 JAK2 激酶可以减少血液细胞的增殖，从而改善造血功能。JAK2 抑制剂，如芦可替尼和费达替尼，已被用于治疗真性红细胞增多症，并取得了良好的效果。

⑦ 调节 DNA 甲基化和组蛋白修饰：DNA 甲基化和组蛋白修饰是调控基因表达的

重要机制，它们在 HSCs 的功能和衰老中起着重要作用。通过靶向 DNA 甲基化酶或组蛋白修饰酶，可以调节 HSCs 的基因表达，从而延缓衰老。DNA 甲基化在 HSCs 分化过程中起着重要作用，并且 DNA 甲基化酶和组蛋白修饰酶的突变与克隆性造血有关。

⑧ 优化微环境：骨髓微环境对 HSCs 的功能至关重要。优化微环境，例如增加 MSC 数量和活性，可以改善 HSCs 的活力。MSC 在维持 HSCs 功能中起着重要作用。

需要注意的是，以上策略仍处于研究阶段，其有效性和安全性仍需进一步验证。造血系统复兴是一个充满挑战但也充满希望的领域。随着研究的不断深入，未来可能会有更多有效的策略来延缓或逆转造血系统的衰老，从而改善老年人的健康状况。

3. 造血干细胞的代谢体系

HSCs 具有特殊的代谢体系，其特点主要体现在其静止期和分化期的不同代谢模式上。代谢是维持 HSCs 稳态的最重要的因素。

在 HSCs 的静止期，HSC 主要依赖厌氧糖酵解来产生能量。这是因为 HSC 定居于骨髓微环境，该环境缺氧，限制了氧化磷酸化（oxidative phosphorylation，OXPHOS）的进行。HSC 表达高水平的丙酮酸脱氢酶激酶（pyruvate dehydrogenase kinase，PDK），抑制丙酮酸脱氢酶（pyruvate dehydrogenase，PDH）的活性，从而阻止糖酵解代谢物进入线粒体进行氧化磷酸化。HSC 通过抑制氧化磷酸化和表达抗氧化酶来维持低活性氧（ROS）水平，避免活性氧损伤 DNA 和蛋白质，维持其干细胞特性，从而保证其自我更新和多能分化能力。HSC 维持低代谢状态，避免过早耗竭，保证其长期维持，从而能够持续地产生新的血细胞，维持血液系统的稳态。

尽管 HSCs 主要依赖糖酵解，但它们仍维持一定水平的线粒体活性。HSCs 具有较高的线粒体膜电位（$\Delta\Psi$m），这支持干细胞功能的维持。线粒体呼吸链（electron transport chain，ETC）在 HSC 维持中发挥重要作用，ETC 复合体 Ⅱ 的表达和活性高于 ETC 复合体 Ⅴ，这有助于维持较高的线粒体膜电位。RISP 和 SdhD 等蛋白质对于 HSC 静止和维持至关重要。线粒体形态和数量通过线粒体融合、分裂和自噬等过程进行动态调节。这些过程对于维持 HSC 的代谢稳态和功能至关重要。

当造血干细胞分化时，糖酵解降低，转向线粒体氧化磷酸化产生更多能量，满足细胞增殖和分化需求。糖酵解产生的丙酮酸进入线粒体参与三羧酸循环和氧化磷酸化，产生大量 ATP 以满足分化过程中对能量的需求。此时氧化应激增加，氧化磷酸化产生大量活性氧，这些活性氧可能会损害细胞并导致干细胞功能丧失。降低活性氧水平需要抗氧化酶，例如超氧化物歧化酶（SOD2）和谷胱甘肽转移酶 1（Mgst1），以及调节代谢途径，例如将葡萄糖代谢物引导进入磷酸戊糖途径（PPP），以减少活性氧的产生。

在 HSCs 中还有一些其他代谢途径，如氨基酸代谢，谷氨酰胺和支链氨基酸（branched-chain amino acid，BCAA）等氨基酸代谢产物为三羧酸循环提供燃料，影响 HSC 自我更新和分化。脂肪酸代谢如脂肪酸氧化（fatty acid oxidation，FAO）为三羧酸循环提供燃料，维持 HSC 功能。维生素 C、A 和 B$_3$ 等维生素参与 HSC 的表观遗传调控和转录调控，影响 HSC 功能。

HSC 具有代谢适应性，可以根据微环境中的营养物质和氧气水平调节其代谢模式，例如在缺氧环境中增加糖酵解，在富含氨基酸的环境中增加氨基酸代谢。线粒体不仅是能量生产中心，也是细胞信号转导中心，参与活性氧产生、钙信号转导、细胞凋亡、蛋白质稳态和血红素合成等细胞信号转导过程，这些信号转导过程影响 HSC 的命运决定。HSC 在损伤和压力条件下，可以发生代谢重编程，例如增加糖酵解或脂肪酸氧化来满足能量需求，从而增强其再生能力。线粒体还可以自噬清除受损线粒体，维持线粒体功能，从而增强 HSC 对损伤和压力的抵抗力。

4. 造血干细胞的基因调控

HSCs 是血液系统发育和维持的关键，其产生和功能受到多种转录因子和信号通路的精密调控。深入了解这些调控机制对于理解血液系统疾病的发生机制，并开发新的治疗方法至关重要。

在 HSCs 的调控中有一些转录因子起着重要的作用。Scl（TAL1）和 Runx1（AML1）是 HSCs 产生的早期关键因子。Scl 在成血管细胞中表达，对主动脉和 HSCs 的发育至关重要。Runx1 在所有胚胎 HSCs 中表达，并保证造血特性的获得。Gata2 在主动脉和 HSCs 簇中表达，对 HSCs 的生存和维持非常重要。Gata2a 和 Gata2b 通过调控 Runx1 表达，促进生血内皮特化 Gata2b 受 Gata2a 调控。

在 HSCs 的发育中更为重要的是信号通路的作用。BMP 信号通路在 HSCs 产生的早期阶段发挥重要作用，BMP4 诱导腹侧中胚层形成，为 HSCs 的产生提供环境。Smad1/5 调控 ERK 信号通路，Smad4 在内皮细胞中抑制造血，BMP 信号通路可能直接调控造血基因表达。

ERK 信号通路在动脉分化过程中是必需的，动脉分化完成后需要下调以保证 HSCs 产生。BMP 信号通路通过 Smad1/5 下调 ERK 信号，内皮细胞 BMP4 可非 Smad 依赖性激活 ERK 信号。

Notch 信号通路在 HSCs 发育过程中发挥重要作用，Notch 信号缺失导致动脉血管分化异常，影响 HSCs 产生。Notch 信号对 HSCs 产生发挥细胞自主性调控作用，不同 Notch 配体介导不同强度的信号，Jagged1 和 Dll4 分别维持低强度和高强度 Notch 信号，调控 HSCs 和动脉分化。Notch 信号通路需要精确调控，以保证动脉内皮的分化及 HSCs 的产生。多种因素可以激活 Notch 信号，包括脊索分泌的 Hedgehog 信号、炎性信号以及内皮细胞内的初级纤毛发生。同时，Notch 信号的下降也受到严密调控，包括转录水平上的 NcoR2 和 m6A 修饰，以及蛋白质水平上的 Gpr183 和 Rab5c 等。

Wnt 信号通路在胚胎早期发育和干细胞自我更新中发挥重要作用。Wnt 信号通路可以和 BMP 信号通路共同激活 Cdx-Hox，进而调控造血过程。Wnt 信号通路对 HSCs 产生的作用也是动态变化的，在内皮 - 造血转化发生之前，β-catenin 在内皮细胞中的激活可以促进 HSCs 的产生，一旦造血的命运决定完成之后 β-catenin 的活性就会下调。Wnt 信号通路还可以通过非 β-catenin 依赖性方式调控造血发育，例如 Wnt16 促进 Notch 配体表达，Notch3 信号促进生骨节和 HSCs 特化。

mTOR 信号通路在调节 HSCs 的三个关键功能方面发挥着重要作用。

当 HSC 静止时，mTORC1 作为负调节因子，激活 mTORC1 会诱导静止的 HSC 退出静止状态，进入细胞周期，开始自我更新和分化。DEK 蛋白和 TSC1 等蛋白质通过抑制 mTORC1 活化来维持 HSC 的静止状态。在 HSC 的自我更新中，mTORC1 作为负调节因子，与静止状态类似，激活 mTORC1 会抑制 HSC 的自我更新。Rheb1 缺失会导致 HSC 体外和体内扩增，说明 mTORC1 活化抑制 HSC 的自我更新。当 HSC 分化时，mTORC1 作为正调节因子，mTORC1 活化会促进 HSC 的分化。Raptor 缺失会导致 HSC 分化受损，说明 mTORC1 在 HSC 分化中起着重要作用。

HSCs 发育受到多种转录因子和信号通路的精密调控，这些因子和通路之间存在着复杂的相互作用。Scl 和 Runx1 是 HSCs 产生的早期关键因子，GATA2 对 HSCs 的生存和维持非常重要。BMP、ERK、Notch 和 Wnt 信号通路在 HSCs 发育的不同阶段发挥着重要作用。mTOR 信号通路在调节 HSCs 静止、自我更新和分化方面发挥着重要作用。深入了解这些调控机制将为血液系统疾病的诊断、治疗和预防提供重要的理论基础。

5. 造血干细胞的表观遗传

（1）造血干细胞的异质性

HSCs 在单细胞水平上存在异质性，单个 HSC 在功能和行为上的差异表现为不同的谱系偏倚，不同的 HSCs 倾向于产生不同的谱系，例如髓系细胞或淋巴系细胞。谱系偏倚可以是稳定的、可遗传的，并且可以影响 HSCs 的再生能力和免疫反应。不同的 HSCs 在自我更新能力和分化潜能方面存在差异（Jacobsen，2013）。一些 HSCs 具有较高的自我更新能力，可以长期维持 HSCs 池；而另一些 HSCs 则更倾向于分化成成熟的血细胞。不同的 HSCs 在染色质结构、DNA 甲基化和组蛋白修饰等方面存在差异。这些表观遗传差异可以影响 HSCs 的基因表达和功能。不同的生理状态也会影响 HSCs 的衰老、炎症和感染等生理状态会影响 HSCs 的异质性。

HSC 异质性是造血系统正常功能的基础，它确保了血细胞的持续产生和更新。HSC 异质性也可能与某些疾病的发生和发展有关，例如白血病和克隆性造血。研究 HSC 异质性的机制对于开发新的治疗方法具有重要意义。

（2）HSCs 的表观遗传调控

HSCs 的表观遗传调控首先是 DNA 甲基化，DNMT3A 和 DNMT3B 执行从头甲基化，对 HSC 命运有至关重要的影响，二者的功能既重叠又有不同。DNMT1 可以维持现有 DNA 甲基化模式，在 DNA 复制过程中发挥作用。缺失 DNMT1 功能会导致 HSC 向髓系 - 红系谱系分化，随后淋巴细胞减少。TET 酶可以将 5mC 氧化成 5hmC，导致 DNA 去甲基化。Tet2 缺失的 HSC 会偏向于单核细胞分化。

组蛋白修饰在 HSCs 的表观遗传调控中也起着重要作用，组蛋白乙酰化和组蛋白磷酸化与转录激活相关，组蛋白甲基化则具有不同的影响，例如 H3K4me3 与转录激活相关，而 H3K27me3 与基因抑制相关。过度的乙酰化或去乙酰化都会导致 HSC 功能异常。组蛋白甲基转移酶和去甲基化酶的活性可以影响特定基因的表达，进而影响 HSC 向不同谱系细胞分化。随着年龄增长，HSC 中某些组蛋白修饰的水平会发生改变，导致 HSC 的自我更新和多能性下降，以及谱系分化能力的改变。染色质重塑可以通过重新定位、去除或重构核小体来改变染色质结构，从而调节基因表达。

此外还有表观遗传记忆，免疫挑战可以导致 HSCs 群体发生稳定的变化，从而增强对类似病原体的后续免疫反应。免疫挑战可以诱导 HSCs 发生稳定的表观遗传改变，从而增强对类似病原体的免疫反应，也称为训练免疫。诸如 BCG、β- 葡聚糖和 LPS 等微生物抗原可以诱导 HSCs 中的训练免疫，促进髓系细胞生成并抑制淋巴系细胞生成。训练免疫的形成依赖于 C/EBPβ 等转录因子调控的表观遗传标记。

人类造血系统中，衰老常伴随着 HSC 克隆的选择性扩张，称为克隆性造血。克隆性造血与 DNMT3A 和 TET2 的基因突变密切相关，这些突变增强了 HSC 的适应性，使其在衰老环境中更具竞争优势。克隆性造血与感染和败血症风险增加相关，表明 CH 衍生的免疫细胞功能可能受损。而年龄相关的克隆性造血与 DNMT3A 和 TET2 突变高度相关，导致 HSC 增殖能力和对炎症信号的抗凋亡能力增强。

染色质可及性可以识别 HSC 的谱系特异性顺式调控元件，这些元件在相应目标启动子启动基因表达之前就获得了可及性。与染色质可及性增加和 Runx 家族转录因子（尤其是 Runx3）的占位增加相关。

6. HSC 非依赖性造血

过去认为 HSC 是胚胎和成年期造血的唯一来源，但 HSC 非依赖性造血的存在表明，造血系统发育是一个更加复杂和动态的过程。HSC 非依赖性造血揭示了造血细胞发育的早期阶段，为体外诱导 HSC 提供了新的靶点。研究 HSC 非依赖性造血机制，有助于开发更加高效和安全的 HSC 诱导方法。

哺乳动物胚胎发育过程中，造血过程呈现出多波次的特点，并非单一依赖 HSCs。①原始波次：发生在卵黄囊中，不依赖 HSCs。可以为胚胎早期提供氧气和营养。可以产生去核红细胞。如果缺失会导致胚胎早期死亡。②红髓系祖细胞（erythro-myeloid progenitors，EMPs）波次：发生在卵黄囊中，不依赖 HSCs。可以产生红细胞、巨核细胞和髓系细胞。当 EMPs 迁移到胎儿肝并分化为多种细胞类型，包括巨噬细胞和粒细胞。一些 EMP 衍生的组织驻留巨噬细胞在成年后仍存在。缺失会导致胚胎中期死亡。③淋髓系祖细胞（lympho-myeloid progenitors，LMPs）波次：发生在卵黄囊中，不依赖 HSCs。可以产生淋巴细胞和髓系细胞，为胚胎提供 B 细胞和 T 细胞。如果缺失会导致淋巴细胞发育障碍。④ HSCs 波次：这个波次主要发生在胚胎主动脉 - 性腺 - 中肾区（AGM），然后迁移到胎儿肝。可以产生所有类型的血细胞。使得 HSCs 得以在胎儿肝中增殖并逐渐取代 EMPs 和 EMP 衍生的细胞。HSCs 在成年后仍存在并维持血细胞的生成。⑤其他 HSCs 独立祖细胞波次：比如产生多能祖细胞（multipotent progenitor，MPP）、通用髓系祖细胞（common myeloid progenitor，CMP）和粒细胞 / 单核细胞祖细胞（granulocyte/monocyte progenitor，GMP）的通路，这些祖细胞直接来源于内皮细胞，而不是 HSCs。它们在成年后仍存在并参与血细胞的生成。

EMPs 和 LMPs 是胚胎期特有的造血祖细胞，它们在造血系统的建立和发展中发挥着重要作用。二者都是在内皮到造血转变中由胚胎卵黄囊的血管内皮细胞产生的，

EMPs 表达 c-Kit、CD41、CD16/32 等细胞表面标记，产生早期血小板和单核细胞，在胚胎期后期能够分化成红细胞和巨噬细胞。这些巨噬细胞可以长期存在于成体组织中，如皮肤、肺、肝、肾、睾丸和心脏等。LMPs 表达 Lin-Kit+Flt3+IL7Rα+ 等细胞表面标记。产生 B 细胞、T 细胞、巨噬细胞、粒细胞和单核细胞等。在胚胎期后期，LMPs 衍生的细胞可以长期存在于成体骨髓中，并参与成年后的造血。随着 HSCs 的产生和发育，EMPs 和 LMPs 的作用逐渐减弱，最终由 HSCs 及其后代祖细胞接管造血功能。

在哺乳细胞体内存在一些长期的 HSC 非依赖性祖细胞，主要有胚胎期来源的多能祖细胞（MPPs）和短寿命 HSCs（ST-HSCs）。MPPs 是通过谱系追踪技术发现胚胎期来源的 MPPs 可以在成体骨髓中存活至少 2 年，并参与成年后的造血。在标记的胎肝中的 HSCs 会在出生后会消失，但把这些 HSCs 移植到辐照成体小鼠中时，则可在体内存活较长时间，这些 HSCs 后来被发现是 ST-HSCs。

MPPs 缺乏重建成体造血系统的能力，在成体骨髓中可以存活至少 2 年，并参与成年后的造血。在成年后，MPPs 可以参与维持成体造血系统的稳定，并响应各种应激刺激，产生下游祖细胞。ST-HSCs 能够重建成体造血系统，但寿命较短，在成体骨髓中可以存活较长时间。在需要时，ST-HSCs 可以分化成长期 HSCs（LT-HSCs），以维持成体造血系统的长期功能。

长期存在的 HSC 非依赖性祖细胞的发现挑战了传统上认为 HSCs 是成体造血系统唯一来源的观点。这些祖细胞在胚胎期和成年后都发挥着重要作用，参与维持成体造血系统的稳定和功能（表 18-2）。

HSC 非依赖性造血揭示了造血系统发育的复杂性，表明并非所有造血细胞都来源于 HSC。胚胎期存在多个波次的造血过程，包括不依赖 HSC 的原始波次、EMPs 波次和 LMPs 波次，它们为胚胎早期发育提供了必要的血细胞。此外，哺乳动物体内还存在一些长期存在的 HSC 非依赖性祖细胞，如 MPPs 和 ST-HSCs，它们在成年后仍参与维持造血系统的稳定和功能。HSC 非依赖性造血的存在挑战了传统观点，并为造血系统发育和疾病治疗提供了新的思路。

表 18-2　HSC 依赖性和 HSC 非依赖性祖细胞比较

	HSC 依赖性祖细胞	HSC 非依赖性祖细胞
产生	主要由 HSC 通过自我更新和分化产生，在胚胎期主要产生于主动脉 - 生殖腺 - 中肾区。在成年后，HSC 主要产生于骨髓。	主要由血管内皮细胞通过内皮 - 造血转变直接产生，而不需要 HSC 的参与。在胚胎期主要产生于卵黄囊和胚胎内血管。在成年后主要存在于成体组织中的组织驻留巨噬细胞。
特征	具有自我更新能力，可以维持造血系统的长期功能。具有多向分化能力，可以分化成红细胞、白细胞和血小板等所有类型的血细胞。	缺乏自我更新能力，但可以分化成特定类型的血细胞。在胚胎期主要分化成红细胞、巨噬细胞、中性粒细胞和血小板等。在成年后，主要分化成组织驻留巨噬细胞。
功能	负责维持成体造血系统的长期功能和稳定性。在需要时，可以响应各种应激刺激，产生更多类型的血细胞。	为胚胎期提供各种血细胞，维持胚胎的发育和存活。在成年后，主要参与维持组织稳态和免疫防御。

HSCs 作为血液系统发育和维持的关键，一直是科学研究的热点。我们从 HSC 的发育、维持、衰老和复兴策略等多方面进行了深入的探讨，揭示了 HSC 在血液系统中的重要作用及其与多种疾病的关系。

HSC 的异质性、代谢调控、基因表达调控和表观遗传调控等研究进展，不仅加深了我们对 HSC 本身的认识，也为治疗血液系统疾病和其他疾病提供了新的思路和策略。例如，通过靶向 HSC 的异质性，可以开发针对特定亚群的个性化治疗策略；通过调节 HSC 的代谢途径，可以延缓其衰老并改善其功能；通过靶向 HSC 的基因调控机制，可以开发新的治疗方法；通过靶向 HSC 的表观遗传调控因子，可以调节 HSC 的基因表达和功能。

HSC 非依赖性造血的发现更是颠覆了传统观点，揭示了造血系统发育的复杂性。这为治疗血液系统疾病和其他疾病提供了新思路，例如可以利用 HSC 非依赖性祖细胞进行细胞治疗，或开发针对 HSC 非依赖性造血的靶向治疗药物。

科学研究的道路永无止境。未来，随着 HSC 研究的不断发展，我们将更加深入地了解 HSC 的功能和调控机制，并将其应用于临床实践，为治疗血液系统疾病和其他疾病提供更加有效和安全的治疗方案。例如，HSC 的再生医学应用可以用于修复受损的组织和器官；HSC 的基因治疗可以治疗多种遗传性疾病；HSC 的个性化治疗可以针对特定亚群提高治疗效果。

经过本章的深入探讨，我们对于干细胞的发育与遗传有了更为全面的认识。从胚胎干细胞、全能性干细胞到诱导多能性干细胞、成体干细胞，各种干细胞在基因表达调控和表观遗传调控方面的机制逐渐清晰。在此，我们对本章内容进行简要总结，并对未来的研究方向进行展望。

首先，胚胎干细胞作为早期胚胎发育过程中的关键细胞类型，具有极高的研究和应用价值。通过深入了解胚胎干细胞的遗传特性，我们得以揭示生命起源的奥秘，为再生医学、胚胎工程等领域提供了理论基础。此外，全能性干细胞的研究使我们进一步认识到生命过程中细胞分化的复杂性，为揭示细胞命运决定机制提供了重要线索。

诱导多能性干细胞技术的出现，为干细胞研究与应用带来了革命性的变革。通过基因重编程，我们可以在一定程度上逆转细胞命运，实现成熟细胞向干细胞状态的转变。这一技术不仅为疾病模型构建、药物筛选等领域提供了新方法，还为实现个体化医疗提供了可能。

成体干细胞作为机体稳态维持和损伤修复的关键因素，其遗传特性及调控机制的研究具有重要意义。本章对成体干细胞的来源、特点、产生过程进行了详细描述，为深入探究成体干细胞在组织再生、疾病治疗等方面的应用奠定了基础。

干细胞研究仍面临诸多挑战。尽管我们对干细胞基因表达调控和表观遗传调控有了初步了解，但调控网络的具体机制尚不完全清楚。未来研究应着重解析干细胞调控网络的关键节点和信号通路，为干细胞定向分化提供理论依据。不同个体、不同组织来源的干细胞具有独特的遗传特性。深入研究干细胞来源的多样性，有助于我们更好地理解干细胞在生长发育、疾病发生中的作用。干细胞治疗在临床应用中取得了显著成果，但安全性问题不容忽视。如何确保干细胞治疗的安全性和有效性，是未来研究的重要方向。

※ 复习思考题

1. 为什么在进化上越高级的动物其再生能力越低？如何通过干细胞的遗传机制研究进化？

2. "一花一世界，一叶一菩提"，严格的说每一个细胞都是不同的，我们需要如何去定义每一种干细胞，又如何去发现新的干细胞种类？

3. 实验室中培养的各种干细胞往往与体内对应的细胞存在各种各样的不同，如何解决这个问题？

※ 推荐阅读

1. EVANS M J, KAUFMAN M H. Establishment in culture of pluripotential cells from mouse embryos [J]. Nature, 1981, 292(5819): 154-156.

2. THOMSON J A, ITSKOVITZ-ELDOR J, SHAPIRO S S, et al. Embryonic stem cell lines derived from human blastocysts [J]. Science, 1998, 282(5391): 1145-1147.

3. TARKOWSKI A K. Experiments on the development of isolated blastomers of mouse eggs [J]. Nature, 1959, 184: 1286-1287.

4. ABDUL MAZID M, WARD C, LUO Z W, et al. Rolling back human pluripotent stem cells to an eight-cell embryo-like stage [J]. Nature, 2022, 605(7909): 315-324.

5. TAKAHASHI K, YAMANAKA S. Induction of pluripotent stem cells from mouse embryonic and adult fibroblast cultures by defined factors [J]. Cell, 2006, 126(4): 663-676.

6. TAKAHASHI K, TANABE K, OHNUKI M, et al. Induction of pluripotent stem cells from adult human fibroblasts by defined factors [J]. Cell, 2007, 131(5): 861-872.

7. YU J Y, VODYANIK M A, SMUGA-OTTO K, et al. Induced pluripotent stem cell lines derived from human somatic cells [J]. Science, 2007, 318(5858): 1917-1920.

8. HOU P P, LI Y Q, ZHANG X, et al. Pluripotent stem cells induced from mouse somatic cells by small-molecule compounds [J]. Science, 2013, 341(6146): 651-654.

9. GUAN J Y, WANG G, WANG J L, et al. Chemical reprogramming of human somatic cells to pluripotent stem cells [J]. Nature, 2022, 605(7909): 325-331.

10. REYNOLDS B A, WEISS S. Generation of neurons and astrocytes from isolated

cells of the adult mammalian central nervous system [J]. Science, 1992, 255(5052): 1707-1710.

11. JACOBSON L O, SIMMONS E L, MARKS E K, et al. Recovery from radiation injury [J]. Science, 1951, 113(2940): 510-511.

12. FORD C E, HAMERTON J L, BARNES D W, et al. Cytological identification of radiation-chimaeras [J]. Nature, 1956, 177(4506): 452-454.

（编写：裴端卿、朱洁滢；审读：潘鹤龄）

第十九章

衰老

随着科技进步和社会发展，人类平均寿命持续延长，全球正逐步迈入老龄化社会。近 20 年来，我国老龄人口的数量与占比均呈现显著上升趋势。深入理解衰老机制，探索健康长寿的奥秘，对于增进人类健康福祉具有深远而重要的意义。人类对于衰老的研究有着悠久历史，早在 1300 多年前的隋唐时期，中国著名医药学家孙思邈在《备急千金要方》中专设〈养老大例〉篇，并在其中论述了〈养老食疗〉，系统总结了老年人养生与饮食调摄的原则。到了明代，《本草纲目》更是收录了多种据称能够延年益寿的药物，显示了自古以来人类对长寿追求的不懈努力。当今社会，随着医学和生物技术的发展，人们对"寿命"（lifespan）这一概念有了更为深刻的认识。尽管人类平均寿命不断延长，如何在有限的生命中保持长久的健康状态依然是一项挑战。衰老，作为个体成年后随时间推移而发生的自然现象，导致各组织器官的功能衰退，机体对环境的适应力下降，罹患多种慢性疾病的风险增加。因此，开展衰老的基础和转化研究至关重要，这不仅能够助力提高老年人的生活质量，还能为全社会的健康和可持续发展做出贡献。

近年来，衰老研究领域取得了诸多重要突破。人类基因组计划等项目的实施，深化了对基因组与衰老之间关联的认识。与此同时，生命组学技术的广泛应用，使得不同组织与器官在衰老过程中的全景图谱得以系统绘制，揭示了各组织器官在衰老响应上的异质性。此外，比较生物老年学通过研究多种生物的衰老过程，揭示了衰老的生物学本质，为促进人类健康长寿提供了新的研究思路和潜在干预途径。本章旨在探讨"衰老"的基本概念、研究进展及其对未来医学发展的启示。通过对衰老机制的深入了解，我们或许能够找到延缓衰老和防治衰老相关疾病的新方法，进而延长人类的健康寿命，并提升其生命质量。

第一节　衰老研究的历史与遗传学模型

一、衰老研究的历史

随着生活水平与医疗条件的跃升，中国人均寿命显著延长，老龄化日益凸显。衰老研究随之升温，成为公众与学界共同关注的焦点。然而，这一领域并非新生事物，而是历经百年的深厚学科。回溯其历程，诸多里程碑式发现层层揭开衰老的奥秘，为今日之热潮奠定基石（图 19-1）。

1939 年，热量限制首次在小鼠（*Mus musculus*）与大鼠（*Rattus norvegicus*）中被证实可延寿并遏制老年病，为"衰老的可塑性"奠定实验根基。1952 年，彼得·梅达瓦（Peter B. Medawar，1915—1987）提出衰老的"突变累积理论"（mutation accumulation theory）。该理论认为，自然选择的强度在生物达到繁殖年龄后会逐渐减弱，因此那些在生命晚期才表现出有害影响的突变不会被淘汰，反而会在种群中逐渐累积。这种现象被称为"选择阴影"（selection shadow），即自然选择对晚年特征的"忽视"导致了衰老的发生。聚焦更微观的细胞层面，1961 年，伦纳德·海弗里克（Leonard Hayflick，1928—2024）发现：胚胎成纤维细胞传代约 50 次即步入衰退和死亡，成体来源的成纤维细胞则 15~30 代便告终结，且物种寿数越长、其细胞可分裂次数越多，年龄越大、分裂潜能越低——"Hayflick 极限"由此成为细胞衰老的经典坐标。

随着分子生物学技术的进步，衰老研究逐渐从现象观察和理论推演走向基因与信号通路的精细解析。自 20 世纪 80 年代起，一系列关键基因的发现进一步揭示了衰老在遗传与表观遗传层面的复杂调控机制。1988 年，科学家在模式生物秀丽隐杆线虫中首次鉴定出 *age-1* 基因。该基因发生单碱基突变即可显著延长线虫寿命达 40%~60%，这一发现具有里程碑意义。研究首次证明，寿命的长短可能由单基因参与调控，从而为衰老的分子机制研究提供了关键实验依据，也开启了通过遗传途径干预衰老过程的科学探索。1993 年，曼努埃尔·塞拉诺·马鲁甘（Manuel Serrano Marugán）等人利用酵母双杂交系统（yeast two-hybrid system）筛选与 CDK4 相互作用的蛋白质，从而克隆出了一个与细胞周期调控相关的基因，该基因编码的蛋白质即被命名为 $p16^{INK4a}$。随后的研究中，其在细胞衰老中的关键作用被逐步揭示：2001 年，研究发现衰老的成纤维细胞中其编码基因启动子区的调控元件表现出过度活化，从而导致 $p16^{INK4a}$ 表达升高；至 2011 年，$p16^{INK4a}$ 被确认为细胞衰老的重要生物标志物之一。值得一提的是，我国科学家童坦君（1934—2022）自 20 世纪 80 年代起便致力于衰老机制研究，其团队较早阐述了 $p16^{INK4a}$ 与端粒及细胞寿命之间的调控关系，为理解细胞衰老的分子机制作出了重要贡献。

在衰老相关基因研究的另一脉络中，一系列关键发现逐步揭示了遗传与表观遗传机制对寿命的精密调控。1993 年，辛西娅·肯扬（Cynthia Kenyon）等人在线虫模型中发现 *daf-2* 基因可通过延长幼年期显著延长寿命。1995 年，一项系统性基因筛查鉴

图 19-1　衰老研究的历史

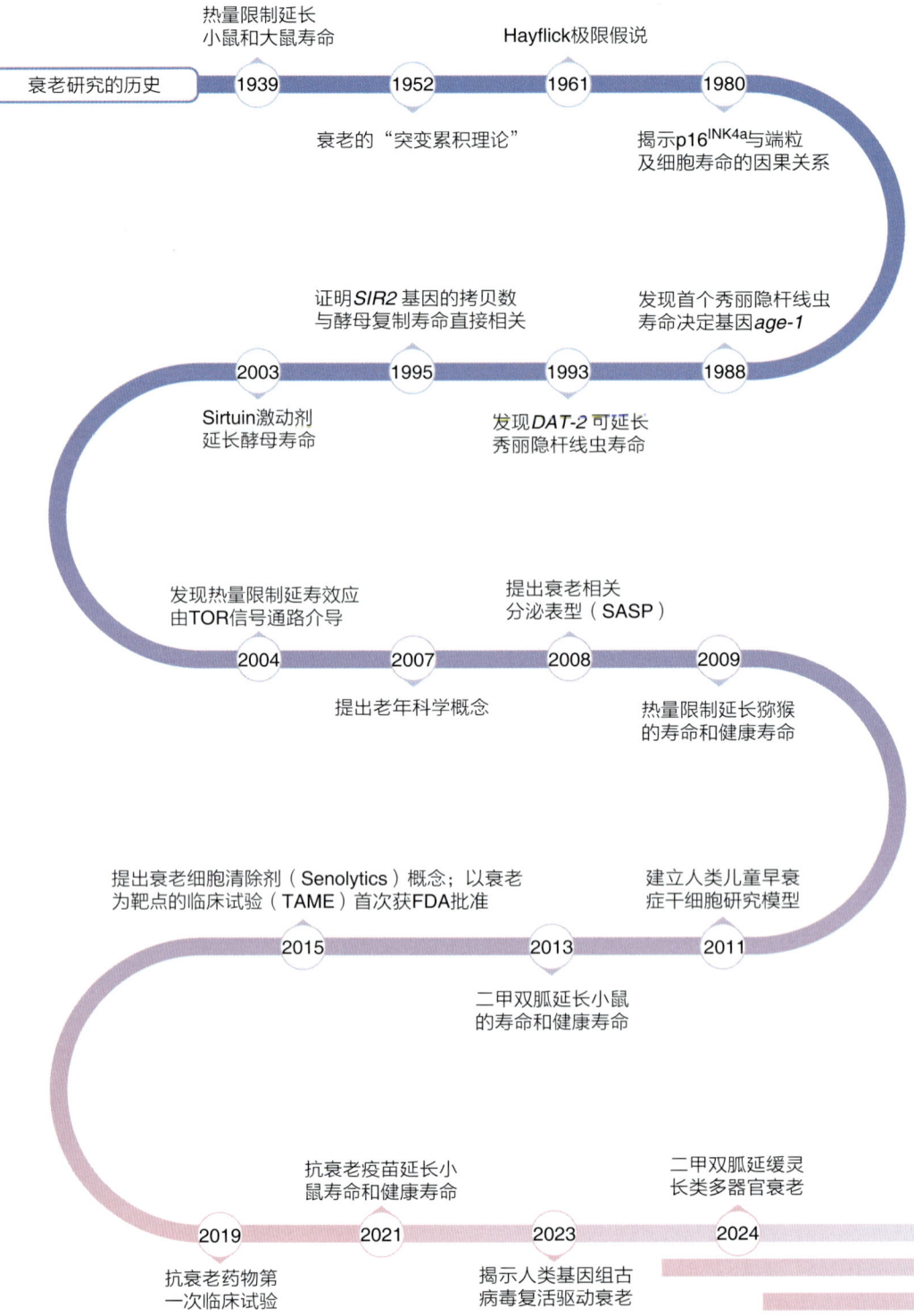

定出一类表观遗传"沉默"因子（如某些组蛋白去乙酰化酶 HDACs）为长寿相关基因。这类因子通过调控染色质结构、抑制异常基因表达及维持基因组稳定性，从而促进寿命延长。该进展深化了对衰老机制的理解，表明寿命不仅由 DNA 序列决定，还

受到表观遗传水平的动态调控，为针对表观遗传过程的抗衰老干预策略奠定了理论基础。此外，作为 Sirtuin 家族最早被发现的成员，Sir2 不仅参与异染色质区域的转录沉默调控，还被证实直接调节酿酒酵母的复制寿命。1999 年，Sir2 被鉴定为在酵母中调控寿命的保守因子，进一步从进化角度强调了表观遗传机制在衰老过程中的核心作用与广泛重要性。

进入 21 世纪，衰老研究从机制探索逐步转向主动干预，多项突破性进展为延长健康寿命提供了新策略。2002 年，美国国家衰老研究所（National Institute on Aging，NIA）启动干预测试项目（interventions testing program，ITP），系统筛选可延缓小鼠衰老的化合物，标志着衰老干预研究进入规模化阶段。2003 年，研究发现激活 Sirtuin 蛋白可延长酵母寿命。该类蛋白质作为细胞能量与代谢调控的"中枢"，在热量限制条件下被激活，显著增强细胞应激能力，从而将饮食、代谢与衰老机制联系起来。

在此背景下，衰老干预研究的路径日趋多元。2004 年，潘凯·卡帕西（Pankaj Kapahi）等发现热量限制能通过抑制 TOR 信号通路延长果蝇的寿命，进一步揭示了营养感应通路在衰老中的核心地位。随着机制不断累积，理论框架也逐步完善：2007 年，"老年科学"（geroscience）概念被提出，强调衰老通路是多种年龄相关疾病的共同基础；次年，朱迪思·坎皮西（Judith Campisi，1948—2024）团队提出"衰老相关分泌表型"（senescence-associated secretory phenotype，SASP），阐明衰老细胞通过分泌炎性因子破坏组织稳态的机制。同年，*FOXO3* 基因被证实与百岁老人长寿显著相关，该基因调控抗氧化、DNA 修复和凋亡等过程，扮演细胞"生存指挥官"的角色。2009 年，针对非人灵长类动物的系统性热量限制研究取得了重要成果，为热量限制能够延缓哺乳动物衰老的观点进一步提供了有力的证据。

2011 年，刘光慧等人构建了首个人类儿童早衰症的干细胞模型，为机制研究和药物筛选提供了重要平台。2015 年，研究揭示异染色质结构性失序是驱动人类干细胞衰老的关键机制之一。随着机制研究的深入，药物干预成果也不断涌现：2013 年，二甲双胍被证明可增强小鼠抗氧化能力并延长健康寿命；2024 年，二甲双胍又在灵长类模型中显示出多器官保护与认知改善作用，提示其跨物种抗衰老潜力。

与此同时，新型衰老干预策略迅速发展。2015 年，詹姆斯·柯克兰（James Kirkland）团队联合使用达沙替尼（Dasatinib，D）和槲皮素（Quercetin，Q）选择性清除衰老细胞，开创"衰老细胞清除法"（Senolytics）。2019 年，梅奥诊所首次通过临床试验证实抗衰老药物可有效清除人体衰老细胞，实现从动物模型向人类应用的关键转化。2021 年，研究者开发出靶向衰老细胞表面蛋白 GPNMB 的抗衰老疫苗，成功在小鼠中改善机能退化并延长寿命。2023 年，刘光慧等人发现内源性反转录病毒（endogenous retrovirus，ERV）在衰老过程中被激活，提出衰老具有"程序性与传染性"的新概念，并据此开发出相应干预策略，为衰老生物学研究开辟了新的方向。

尽管生命科学研究已有 400 余年历史，但对衰老的系统性探索仅始于过去七八十年。在这短暂而高效的进程中，科学家逐步揭示了衰老在基因、表观遗传、细胞和系统层面的调控机制，开发出包括药物干预、基因治疗、衰老疫苗、主动健康等多维策略。从长寿基因发现到衰老程序理论提出，从单一通路解析到整体机体调控，人类正以前所未有的精度迈向衰老干预的新时代，为实现健康老龄化开辟了新的科学路径。

二、衰老研究的遗传学模型

寿命是一种具有显著遗传特性的复杂性状，不同物种之间寿命差异巨大，从数天到数十年不等。这一现象引发了生物学家对衰老遗传机制的深入探索。从进化视角看，英国科学家梅达瓦于 1952 年提出的"突变积累假说"为理解衰老的起源提供了关键理论框架。该假说认为，自然选择的作用随个体年龄增长而减弱，特别是在繁殖期后，晚期表达的有害突变难以被有效清除，逐渐在群体中积累，最终导致机体功能衰退和衰老。

在理论推演的基础上，科学家通过果蝇人工选育实验为自然选择与寿命的关系提供了实验证据。该实验设置"早育组"与"晚育组"果蝇，经过多代选育后，晚育组果蝇不仅寿命显著延长，还表现出更优的生理维持能力和抗逆性。这一结果明确显示，延迟繁殖可增强自然选择对晚期表达性状的筛选效率，从而间接促进长寿相关基因型的富集。

基因层面的衰老机制研究最早在模式生物线虫中取得重大突破。1988 年，*Age-1* 基因突变的发现首次证明单基因可显著延长寿命，开创了衰老遗传学研究的新纪元。至今，已有超过 800 个基因被确认参与调控线虫寿命，它们通过胰岛素信号通路、自噬、应激响应和代谢调控等多种机制发挥作用。这些基因构成一个高度复杂的遗传网络，体现了寿命调控的可塑性和多层次性。

当前，衰老研究仍主要依赖于细胞和模式生物模型系统。细胞模型包括原代细胞、永生化细胞系和诱导多能干细胞及衍生细胞模型，可用于模拟人类早衰症等疾病及探索衰老相关分子事件。模式生物则覆盖从低等到高等的多个物种：线虫生命周期短、遗传操作简便，适于大规模遗传筛选；果蝇具备丰富的遗传工具和完整的基因组数据，常用于基因功能解析；啮齿类动物（小鼠、大鼠）在生理结构、代谢和遗传背景上与人类高度相似，是开展机制研究和干预验证的核心模型；非人灵长类则因与人类极高的进化亲缘关系，成为研究复杂衰老过程及干预手段的重要平台。

尽管人体样本和临床数据在验证关键发现中具有重要作用，但这些研究往往受限于伦理规范、样本可获得性与实验可控性。目前，绝大多数机制研究仍建立在细胞和模式生物基础之上。这些模型系统共同构成一个从基因到表型、从简单到复杂的衰老研究体系，为系统揭示衰老的生物学机制和开发延缓衰老的策略提供了不可或缺的科学基础。

知识窗 19-1

儿童早衰症与成人早衰症

儿童早衰症（哈钦森-吉尔福德早衰综合征，Hutchinson-Gilford progeria syndrome，HGPS），亦称"早年衰老综合征"，是一种极其罕见的常染色体显性遗传病（图 19-2）。该病由乔纳森·赫钦森（Jonathan Hutchinson，1828—1913）于 1886 年首次报道，发病率约为 1/800 万。患儿在婴儿期即可出现发育迟缓及退行性表现，机体衰老过程显著加速。HGPS 与 LMNA 基因突变密切相关：2003 年研究发现，在 20 例典型患者中，18 例携带同一新生突变 c.1824C>T（p.G608G）。该突变激活一个隐匿剪接位点，导致核纤层蛋白 A 羧基端缺失 50 个氨基酸。免疫荧光实验进一步显示，HGPS 患者的成纤维细胞存在明显核膜异常。

成人早衰症（Werner syndrome，WS）是一种常染色体隐性遗传病，由德国学者奥托·维尔纳（Otto Werner，1860—1939）于 1904 年首次描述。患者通常在青春期前发育正常，之后出现多系统加速老化表现。早期常见青春期发育迟缓；至 20~30 岁逐渐出现皮肤萎缩、肌肉减少、头发灰白及脱发等衰老体征；40 岁左右可发生双侧白内障、糖脂代谢异常、性腺功能减退、皮肤溃疡、骨骼畸形，以及脂肪肝、骨质疏松和跟腱钙化等并发症。WS 患者易患多种恶性肿瘤，尤其是软组织肉瘤和骨肉瘤，主要死因常为癌症与心肌梗死，平均死亡年龄约 47 岁。该病病因是位于 8 号染色体短臂的 WRN 基因（又称 RECQL2）发生突变。WRN 基因编码一种属于 RecQ 解旋酶家族的核蛋白，参与 DNA 复制、修复、端粒维持及转录调控。其失活突变（如无义突变、剪接位点突变或移码突变）会导致 DNA 解旋酶功能丧失，引起基因组稳定性下降，构成 WS 全身性加速衰老和肿瘤易感性的分子基础。

研究早衰症具有重要的科学意义。HGPS 和 WS 均显著增加衰老相关疾病的风险，因而被广泛视为研究人类生理性衰老的关键疾病模型。尽管二者分子起源不同，但他们最终汇聚于相似的衰老生物学通路。对其临床表型与分子机制的深入研究，为揭示衰老的共同生物学规律提供了宝贵视角。

图 19-2 儿童早衰症患者

名词窗 19-1

衰老相关分泌表型（senescence-associated secretory phenotype，SASP）是指衰老细胞所表现出的分泌功能异常增强的现象。该表型主要表现为大量分泌包括细胞因子、趋化因子、生长因子和蛋白酶等多种生物活性分子，这些因子可通过旁分泌作用机制对周围细胞的存活、增殖、分化和免疫功能起到重要调节作用。

第二节　遗传与衰老

《淮南子》有云："鹤寿千岁，以极其游；蜉蝣朝生而暮死，而尽其乐。"自然界中物种寿命的差异令人惊叹——弓头鲸（bowhead whale）可以存活 200 余年，而蜉蝣（mayfly）的最长寿命则不足 48 小时。值得注意的是，同一物种在稳定环境条件下的衰老速率呈现高度遗传保守性，这表明寿命是一种可遗传的性状，暗示了遗传因素在衰老调控中具有关键作用。那么，衰老是否受遗传程序调控？遗传调控衰老的分子机制是什么？为揭示这些关键的科学问题，生物学家在遗传与衰老领域展开了一系列深入研究。

1952 年，梅达瓦提出，衰老是繁殖后自然选择力下降的结果。随后，越来越多的研究揭示了遗传因素在衰老调控中扮演重要角色。研究发现，较晚繁殖的果蝇的寿命几乎是较早繁殖的果蝇的两倍，并且这些差异是可遗传的。该研究阐明了遗传因素在衰老调控中的重要作用。1988 年，研究人员首次发现了 *age-1* 基因能够影响秀丽隐杆线虫的平均寿命。实验表明，*age-1* 突变线虫的寿命增加了 40%～60%。*age-1* 基因的发现是遗传因素能够调控机体衰老的有力证据。此后科研人员进一步鉴定出一系列生物体衰老的关键调控因子，它们之间往往通过相互作用形成复杂且有序的信号转导（signal transduction）网络，共同参与机体的衰老调控。目前，已有多种衰老调控的关键通路被鉴定出来，包括胰岛素/胰岛素样生长因子 1 信号通路、mTOR 信号通路和 Sirtuins 等（图 19-3）。这些信号转导途径通过感测营养物质或代谢产物浓度变化，介导了胞内信号通路的级联传递，进而共同构建了衰老相关的复杂调控网络。

一、胰岛素/胰岛素样生长因子 1 信号通路

胰岛素/胰岛素样生长因子 1 信号（insulin/insulin-like growth factor-1 signaling，IIS）通路的发现是衰老遗传研究的重要里程碑。1993 年，研究人员发现秀丽隐杆线虫的 *daf-2* 基因突变体的平均寿命几乎是野生型线虫寿命的两倍。该实验揭示了 *daf-2* 基因在衰老调控方面的重要作用。现在我们知道，*daf-2* 基因编码的蛋白质是一种胰岛素/胰岛素样生长因子 1（IGF-1）受体，在哺乳动物中的同源蛋白为 IGF1R。进一步研究发现，AGE-1（同源于哺乳动物 PI3K）是 DAF-2 信号通路下游的关键组分，在衰老调控中发挥关键作用。具体来说，DAF-2 蛋白与多种胰岛素样肽（ILPs）结合后被激活，招募并激活 AGE-1 蛋白，进而启动下游激酶级联反应（signaling cascade），并通过抑制转录因子 DAF-16

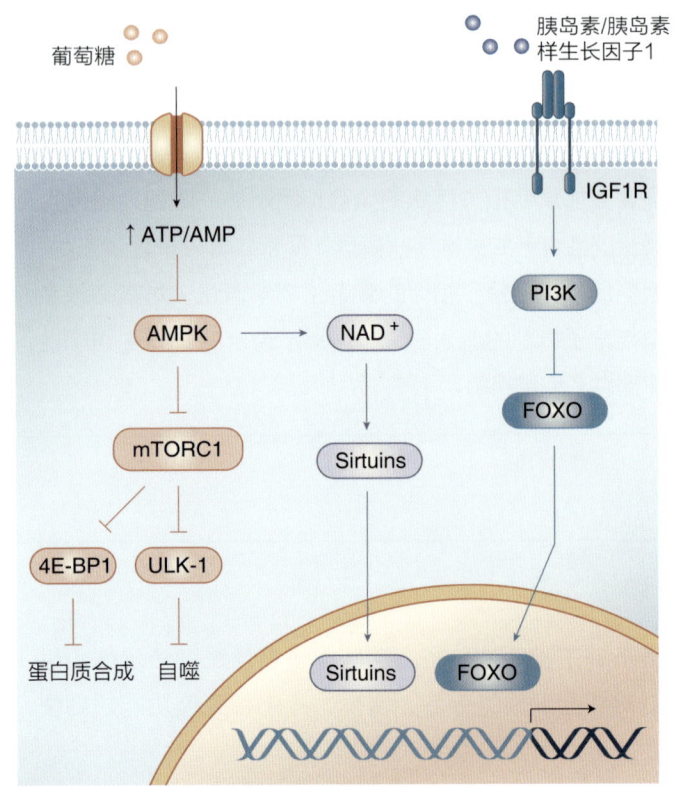

图 19-3　衰老相关的信号通路

的核定位转移调控衰老相关基因的表达。其中，DAF-16 是叉头框 O（forkhead box O，FOXO）转录因子蛋白家族的成员。该家族蛋白是一类重要的"长寿蛋白"。作为 IIS 通路下游的重要效应蛋白，FOXO 蛋白通过调控增殖、凋亡及代谢等基因的表达，在延缓衰老方面具有关键作用。FOXO 的长寿效应具有进化保守性，在包括哺乳动物在内的多种生物模型中均与寿命调控相关。

二、mTOR 信号通路

TOR（target of rapamycin）蛋白最早于雷帕霉素的相关研究中被发现，并由此得名。其中，哺乳动物的 TOR 蛋白被命名为 mTOR（mammalian target of rapamycin）。mTOR 是一种高度保守的丝氨酸－苏氨酸蛋白激酶，其蛋白质产物包含两种蛋白质复合体——mTOR 复合体 1（mTORC1）和 mTOR 复合体 2（mTORC2）。mTORC1 的核心调控亚基 Raptor 赋予其营养感知特性，而 mTORC2 特有的 Rictor 亚基则决定其参与细胞骨架重构等过程。这种结构差异使得两个复合体在衰老调控中发挥不同作用：mTORC1 的抑制可显著延长寿命，而 mTORC2 的功能受损对于寿命的影响则大多是负面的。

mTORC1 主要介导了多种营养物质和激素信号的胞内传递途径，是延缓衰老的重要分子靶点。在营养充足的条件下，mTORC1 可磷酸化 4E-BP1 与 ULK1 蛋白。4E-BP1 是一类翻译抑制因子，其磷酸化后失去对于翻译的抑制作用，从而促进蛋白质合成；而 ULK1 的磷酸化则抑制其活性，从而抑制自噬启动。两者共同促进细胞生长与增殖。越来越多的研究结果表明，抑制 mTORC1 及其信号通路的激活能够显著延长生物体寿命。迄今为止，研究人员已经在酵母、线虫和果蝇等模式动物中发现了抑制 mTORC1 或 mTORC1 下游信号通路可以延长寿命。

与 mTORC1 不同的是，mTORC2 的抑制通常对寿命产生负面影响。mTORC2 主要通过磷酸化 PKC、SGK-1 以及 AKT-1 等蛋白质介导了下游通路的信号转导。mTORC2 所介导的信号通路在维持细胞骨架结构、应激胁迫响应等生命过程中具有重要作用，这可能是 mTORC2 抑制剂导致寿命减损的重要原因之一。同时，有研究指出 mTOR 抑制剂的副作用可能与其对 mTORC2 的非特异抑制有关。开发新型的对 mTORC2 具有更强选择性的靶向抑制剂可能是降低药物副作用的潜在策略。

三、Sirtuin 信号通路

Sirtuins 是一类依赖 NAD$^+$ 的去酰基酶或 ADP 核糖基转移酶，其主要通过表观遗传修饰调控机体衰老进程。这类酶的独特之处在于其催化活性严格依赖 NAD$^+$ 的浓度，这种特性使其成为连接细胞代谢状态与表观遗传调控的关键桥梁。

真核生物染色质具有复杂且精细的三维结构，其对于基因表达调控及基因组损伤修复等过程具有重要的调控作用。组蛋白乙酰化作为一种重要的表观遗传修饰，能够通过改变染色质电荷促进 DNA 与组蛋白解聚，进而增强基因表达活性。2000 年，研究人员首次在酵母中鉴定出 SIR2 在调控酵母的增殖方面具有重要作用，进一步的研究表明 SIR2 蛋白通过催化 NAD^+ 依赖的去酰基反应进而参与衰老调控。这一发现将 NAD^+ 代谢、表观遗传修饰与衰老调控联系起来。

SIR2 是一种高度保守的蛋白质，其同源蛋白在其他生物中广泛存在，表明其在细胞生命活动中的重要作用。一般地，将 SIR2 同源蛋白统称为 Sirtuins。在哺乳动物中，Sirtuins 家族蛋白质是长寿的关键分子节点，哺乳动物的 Sirtuins 蛋白家族包含 7 个成员，它们具有不同的亚细胞定位并发挥相应功能，其通过维持活性氧稳态、稳定异染色质结构以及调控 DNA 损伤后修复等多种途径参与衰老调控。

四、长寿物种的遗传学特征

进化生物学指出，自然选择对生殖期后性状的选择压力显著降低，这为不同物种寿命的多样化演变提供了可能。自 age-1 被首次发现以来，研究人员通过遗传学研究，鉴定出众多与寿命调控相关的基因及其信号通路。然而，这些研究工作多以线虫、果蝇等生命周期较短的模式生物作为研究对象，长寿物种的衰老调控机制尚未完全阐明。近年来，随着多组学技术的兴起与成熟，研究人员能够基于跨物种比较基因组、转录组等数据，对寿命相关基因及其表达模式进行整合分析，从而逐步揭示衰老遗传调控的跨物种共性与物种特异性特征。

长寿哺乳动物普遍展现出独特的代谢特征，包括更低的能量代谢速率与炎症水平等。较低的能量代谢水平能够通过调控营养感测相关信号通路延缓机体衰老，如 Sirtuins、胰岛素 / 胰岛素样生长因子 1 信号通路。较低的能量代谢水平还能够有效降低细胞的氧化应激压力，从而延缓衰老相关损伤的发生；慢性炎症既是衰老的标志特征之一，也是衰老的重要诱因。这些变化特征最终在系统层面赋予长寿物种更强的稳态维持能力。

研究人员还发现了一系列在长寿哺乳动物中差异表达的基因。这些基因主要参与了 DNA 损伤修复、微管组装以及 RNA 转运与定位等关键生物学过程。DNA 损伤修复主要通过及时修复基因组损伤、防止突变积累，在维持基因组稳定性方面发挥重要作用；微管组装调控细胞分裂和结构稳定，确保细胞分裂的精确性和细胞内物质运输的高效性；RNA 转运与定位则通过精准调控蛋白质合成的时空特异性，支持细胞代谢和信号传递的效率。这些差异表达基因使得长寿哺乳动物能够更有效地应对内源性和外源性压力，减缓衰老相关损伤的积累，从而延长健康寿命和整体寿命。

衰老的遗传学研究表明，衰老不仅仅是熵增驱动的被动过程，同时也是在复杂信号通路网络和转录因子调控下进行的生命过程。对衰老遗传机制的探索不仅有助于在分子和系统层面理解衰老的本质，也为开发靶向衰老干预药物提供了关键的分子靶标，具有重要的理论价值与应用前景。

知识窗 19-2

遗传筛选解析衰老调控网络

遗传筛选（genetic screening）是一种通过系统性扰动基因功能（如化学诱变、RNAi 或 CRISPR 基因编辑等），从而鉴定出与特定表型相关的关键基因或等位基因的研究策略。在衰老研究中，该研究方法通过"从表型到基因"或"从基因到表型"的双向搜寻过程，在揭示衰老调控分子网络中发挥重要作用。

正向遗传筛选技术采用"从表型到基因"的研究思路，在衰老遗传学的早期研究中得以广泛应用。20 世纪 80 年代末，研究人员在秀丽隐杆线虫的突变体中鉴定出首个衰老相关基因 age-1，其突变可显著延长线虫寿命。该研究成果表明，单基因突变足以影响寿命。随后，daf-2 等关键基因的发现逐步完善了胰岛素 / 胰岛素样生长因子 1 信号通路，并揭示了其在衰老调控中的重要作用。这些研究成果奠定了现代衰老遗传学的基础。

随着 RNAi 与 CRISPR/Cas9 基因编辑等现代生物学技术的发展与成熟，反向遗传筛选成为解析衰老调控网络的重要工具。2003 年，研究人员利用 RNA 干扰（RNAi）技术，对线虫的 5690 个基因进行了沉默，发现多个与线粒体功能相关的基因与寿命延长密切相关。该研究在基因组水平筛选并鉴定了多个衰老调控因子，对理解衰老的分子机制具有重要意义。此后，CRISPR 技术的不断完善推动了全基因组 CRISPR 筛选成为遗传筛选的主流研究技术。2021 年，研究人员利用全基因组 CRISPR/Cas9 筛选技术及人早衰症间充质干细胞研究体系，筛选并鉴定出组蛋白乙酰转移酶的编码基因 KAT7 是衰老的负调控因子。进一步研究发现，靶向敲低 KAT7 能够改善小鼠的健康状态，延长生理性衰老小鼠的寿命。

当前，遗传筛选研究正逐渐从单基因功能鉴定转向系统水平的多基因互作与调控网络的构建，并整合转录组、蛋白质组等多组学数据，在更高层次上理解衰老的系统性、动态性及异质性。遗传筛选的相关研究正逐渐深化我们对于衰老复杂性的认识，并为针对多靶点、多通路的干预策略奠定了理论基础。

名词窗 19-2

信号转导（signal transduction）：细胞通过胞膜或胞内受体感受外界信号分子，并通过胞内信使将外界信号转化为细胞内信号，进而影响细胞生物学功能的过程。

信号级联反应（signaling cascade）：细胞表面受体接受外界信号后将信号逐级在细胞内传递、放大和增强的过程。主要由具有催化作用的酶或蛋白质、胞内第二信使等参与。

第三节　衰老的特征

随着衰老相关研究的不断深入以及更多新技术的发展，人们对衰老这一领域有了更加深入的认识，挖掘出了大量衰老相关机制。研究人员发现这些机制虽然各不相同，但它们之间存在大量相互作用，且在调控衰老进程中表现出一些共性特征。卡洛

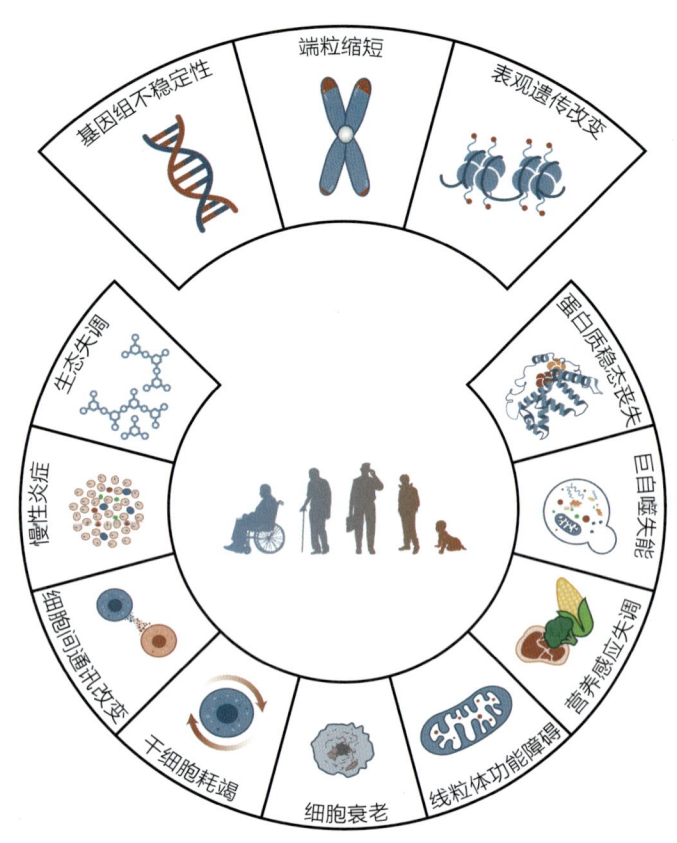

图 19-4　衰老的特征

斯·洛佩斯-奥丁（Carlos López Otín）和圭多·克勒莫（Guido Kroemer）等学者对这些衰老特征进行了系统总结，并提出了三项标准来界定它们：①这些特征应当随着年龄增长而发生变化；②实验证据表明，诱导这些特征可以加速衰老进程；③通过干预这些特征，可以减缓、阻止甚至逆转衰老过程。

基于上述标准，研究人员总结出了以下 12 个衰老的特征（图 19-4）：基因组不稳定性、端粒缩短、表观遗传改变、蛋白质稳态丧失、巨自噬失能、营养感应失调、线粒体功能障碍、细胞衰老、干细胞耗竭、细胞间通讯改变、慢性炎症和生态失调。这些衰老特征之间相互关联，共同调控着机体的衰老过程。通过深入研究这些特征，或许可以帮助我们更好地理解和解码衰老。

一、衰老的遗传学特征

衰老在遗传学上具有三大特征，目前已经有大量研究揭示了遗传学对衰老的调控作用，正是依赖于对遗传学特征的挖掘，使得我们逐渐发现更多长寿相关的信号通路以及对早衰疾病进行改善和治疗的方法。

1. 基因组不稳定性

基因组的稳定性和完整性受到来自内部和外部多种因素的影响，这些损伤因素可以引发各种基因损伤，例如点突变、缺失、易位、单链和双链断裂、染色体重排和核结构缺陷等，从而导致生理或病理性衰老的发生。为了应对这些基因损伤，生物体进化出了一套成熟的基因组损伤修复（damage and repair）机制，以维持基因组的稳定性。然而，随着年龄增长，这套修复网络的效率逐渐下降，导致基因组损伤的积累。

基因组的稳定性包括核 DNA、线粒体 DNA（mtDNA）以及细胞核结构的稳定性。在衰老个体中，体细胞核 DNA 的突变逐渐积累，虽然机体拥有损伤修复机制，但这个过程需要消耗大量能量。因此，相比于修复每一个损伤，细胞通常会选择更"经济"的方式，容忍部分突变的存在，直到突变积累到一定程度，基因表达受到影响，导致细胞失去原有的功能和稳态。mtDNA 并没有高效的修复机制，也没有组蛋白的保护，因此在高频率的复制下更容易累积 DNA 损伤，使得 mtDNA 的不稳定性成为导致衰老的重要因素之一。

细胞核纤层（nuclear lamina）作为细胞核的重要组成部分，构成了锚定染色质和蛋白质复合体的支架。核纤层完整结构的缺失同样会影响基因组稳定性，进而引发衰老。例如，早衰症（HGPS）是由于编码核纤层蛋白的基因 *LMNA* 突变引起的。不论是核 DNA、mtDNA 还是核纤层蛋白，通过干预其损伤可以在一定程度上延长寿命，延缓衰老进程。

2. 端粒缩短

1961 年，海弗里克的研究揭示了人类胎儿细胞并非具有永生属性，而是在一定的传代次数后会进入衰老状态，进一步的研究揭示了端粒（telomere）在这个过程中扮演着至关重要的角色。端粒酶在大多数哺乳动物体细胞中不常被表达，仅在需要维持高度遗传信息保真度的细胞中表达，如干细胞和生殖细胞。这导致了在多数衰老的细胞中，端粒损伤会逐渐积累，从而引发衰老过程。激活端粒酶活性能够在多种动物模型中改善早衰疾病和其他增龄相关疾病的病理特征。因此，通过控制端粒酶的激活，可以调节衰老进程。

值得注意的是，端粒的缩短所带来并非全部是负面效应。有研究显示，端粒缩短在一定程度上能够限制癌细胞发生癌变的进程。与基因组不稳定性引发癌症的机制相反，端粒缩短可能具有拮抗肿瘤形成的作用。因此，端粒缩短被看作是一种独立于基因组不稳定性的衰老特征（知识窗 19-3）。

知识窗 19-3

端粒的研究历史与诺贝尔奖

20 世纪 30 年代，穆勒尝试利用 X 射线诱导果蝇染色体突变，发现果蝇染色体末端结构非常稳定，从未发生任何缺失或倒位，他认为这个结构可能是防止染色体末端融合的关键，并将其命名为端粒（telomere）。1961 年，海弗里克的研究揭示了人类胎儿细胞并非具有永生属性，只能复制 50～60 次，细胞便会衰老而陷入生长停滞状态，颠覆了世人对细胞能无限增殖的认知，被称为 Hayflick limit（海弗里克极限）。直到 70 年代初，沃森和奥洛温尼科夫（Alexey Matveyevich Olovnikov，1936—2022）先后提出 DNA 复制的不对称性问题，引入了末端复制问题：DNA 的复制分别以两条链为模板（前导链和后随链），以前导链为模板的复制是连续的，能够利用一条 RNA 引物完成后续整个复制过程；而后随链却需要多条引物来进行复制，当最后一个冈崎片段复制完成后，没有酶能补全由于 RNA 引物被降解后留下的空缺，导致了 DNA 的缩短，且这种缩短会发生在每一次复制之后。1978 年，布莱克本和

约瑟夫·高尔（Joseph G. Gall）两位学者通过对四膜虫 rDNA 进行测序，共同揭示了四膜虫的端粒序列。随后，布莱克本又与卡罗·格莱德（Carol W. Greider）合作发现了一种能够延长端粒长度的酶，被称作端粒酶（telomerase），通过在人类成纤维细胞中过表达端粒酶，细胞成功越过海弗利克极限。至此，端粒和寿命才真正被正式联系起来，通过延长端粒实现长寿成为了生物学的一大研究热点。然而，端粒的延长并非带来的全是正面的影响，1999 年的一项研究表明端粒酶的激活对细胞癌变存在一定的促进作用。因此，端粒是否能成为人类长寿的关键还需要更多研究去进一步探索。

2009 年，诺贝尔生理学或医学奖颁发给布莱克本、格莱德以及绍斯塔克三位科学家，以表彰他们在"发现端粒和端粒酶是如何保护染色体"这一领域的突出贡献，诺贝尔奖评委会也给予端粒"有望揭开衰老和癌症奥秘"的高度评价。

3. 表观遗传改变

表观遗传学与机体的绝大多数生命活动密切相关，导致衰老的各种表观遗传改变包括了甲基化修饰的变化、组蛋白修饰异常、异染色质重塑和非编码 RNA 的失调等。这些变化通过影响基因表达来影响细胞的功能，从而促使多种与衰老相关疾病的发展。

随着衰老的发生，甲基化修饰会发生多种不同的变化，这一现象在早衰综合征患者和小鼠中也得到了验证。然而，由于表观遗传突变位点通常位于内含子或基因间区域，因此我们不能确定这些突变导致了何种功能性变化。因此，表观遗传学研究通常会聚焦在特定部位。基于特定部位 DNA 甲基化水平的时钟已经被广泛应用于预测实际年龄和死亡风险，以及评估可能延长寿命的干预措施。尽管 DNA 甲基化的变化与衰老之间的相关性已经被确定，但仍然需要进一步研究来证明它们会导致衰老，以及确定维持 DNA 甲基化的"年轻化模式"是否能够延缓衰老。

组蛋白修饰的变化也与衰老密切相关，如在老年人及早衰症患者体内，成纤维细胞的组蛋白 H4K16ac 或 H3K4me3 水平升高，而 H3K9me3 或 H3K27me3 水平下降。这些组蛋白修饰改变了细胞的转录模式，导致细胞稳态随着年龄增加逐渐丧失，与衰老相关的代谢水平逐渐下降。

除了 DNA 和组蛋白的修饰，异染色质重塑和非编码 RNA 的表达变化也是影响衰老的表观遗传因素。在衰老细胞中，整个基因组的染色质重塑和重新分配都很常见，多项研究已经表明，异染色质松弛会导致衰老和与之相关的疾病，而维持异染色质的结构则可能延长寿命。此外，大量非编码 RNA 通过调控转录后的衰老相关网络成分或调节干细胞行为来影响健康寿命。

在衰老的调控中，参与表观遗传的酶系统发挥着至关重要的作用，例如被广泛研究的 SIRT 家族蛋白。通过干预表观遗传修饰相关的酶，可以达到延缓甚至逆转衰老的效果。

二、衰老的其他特征

衰老本身是一个非常复杂的过程，几乎和机体所有活动息息相关，除了 3 种遗传学特征之外，还有 9 种特征参与调控衰老过程，共同塑造衰老进程。由于氧化损伤和蛋白质折叠错误等因素的存在，蛋白质稳态在衰老细胞中逐渐被破坏，引发一系列衰老相关疾病；巨自噬参与了蛋白质稳态、非蛋白质大分子降解以及细胞器更新等相关生物学过程，在衰老过程中，巨自噬逐渐丧失其原本的功能并加速了衰老的发展进程。蛋白质稳态丧失、巨自噬失能以及 3 种遗传学特征构成了衰老的五大基本特征，它们随着时间推移而逐渐累积，加速了衰老的进程。

营养感应网络参与了细胞中各种活动的调控，在年轻的时候，健康的营养感应网络为机体提供了良好的合成以及代谢功能，然而在成年后发生的营养感应失调却加速了衰老进程；线粒体为细胞活动提供能量，随着年龄增长，其功能会受到内源和外源多种因素的损伤，成为诱发炎症和细胞死亡的因素；细胞衰老被认为是衰老的根本

名词窗 19-3

DNA 损伤修复（DNA damage and repair）：指在多种酶的作用下，生物细胞内的 DNA 分子受到损伤以后恢复结构的现象。DNA 修复的这些机制可分为两大类：①直接逆转造成 DNA 损伤的化学反应；②去除受损碱基，然后用新合成的 DNA 替换它们。当 DNA 修复失败时，就会进化出额外的机制来使细胞能够应对损伤。

核纤层（nuclear lamina）：旧称"核周层""核衬层"或"核层"，是位于细胞核内染色质与核膜之间的高电子密度网络片层结构，主要由被称为核纤层蛋白（lamin）的 V 型中间纤维蛋白交织形成，普遍存在于真核细胞细胞核中。

端粒（telomere）：是真核生物染色体末端的 DNA 重复序列，作用是保持染色体的完整性和控制细胞分裂周期。由于末端复制问题的存在，每次染色体复制后末端的端粒均会被损耗，一旦端粒消耗殆尽，细胞便会启动凋亡程序。

触发因素和基础，细胞周期停滞致使细胞进入永久的增殖抑制状态并在衰老过程中累积，通过清除衰老细胞能够有效延长机体寿命。

上述 8 种特征（基因组不稳定性、端粒缩短、表观遗传改变、蛋白质稳态丧失、巨自噬失能、营养感应失调、线粒体功能障碍、细胞衰老）随着时间的推移会逐渐累积，对机体造成损伤，进而引发机体干细胞耗竭、细胞间通讯改变、慢性炎症，以及肠道菌群失调。干细胞衰竭发生后，机体各组织器官的损伤修复受到抑制，再生能力显著下降，造成了机体机能下降；慢性炎症在衰老过程中发生，多种炎症因子分泌增加，随血浆循环到全身各处，加速衰老进程；衰老过程中的细胞间通讯同样会改变，多条信号通路在年龄增长过程中出现异常，导致包括神经、内分泌等在内的多个系统出现紊乱；肠道菌群组成在年龄增长的过程中逐渐特异化，和其他系统共同组成机体的免疫和代谢等网络，在衰老过程中肠道菌群组分逐渐紊乱，导致机体对营养消化吸收、抵御外来病原体等功能出现障碍，引发多种衰老相关疾病。

这 12 个衰老特征彼此密切相关，在功能上有很强的联系。如降低胰岛素 /IGF-1 信号和抑制 TORC1 复合物活性等能有效延缓衰老的干预措施存在一个显著特点——其机制的多样性。这些措施能够针对于各个组织的不同衰老特征发挥作用，以维持整个机体的健康寿命。通过对 12 个特征进行整理和归纳，能够帮助科研工作者更好地理解衰老的发生过程和机制，为延缓衰老以及治疗衰老相关疾病提供更多线索和帮助。

第四节　器官衰老的特征

器官衰老（organ aging）是当今生物医学研究的热点领域之一。在个体的生命周期发展过程中，组织和器官逐渐受到内、外环境各种因素的影响，呈现衰老的生理特征。从细胞分裂的减缓到 DNA 损伤的累积，器官衰老涉及多种生物化学和分子生物学过程。这种衰老对机体健康的重要性不言而喻。从大脑的认知功能到心脏的循环功

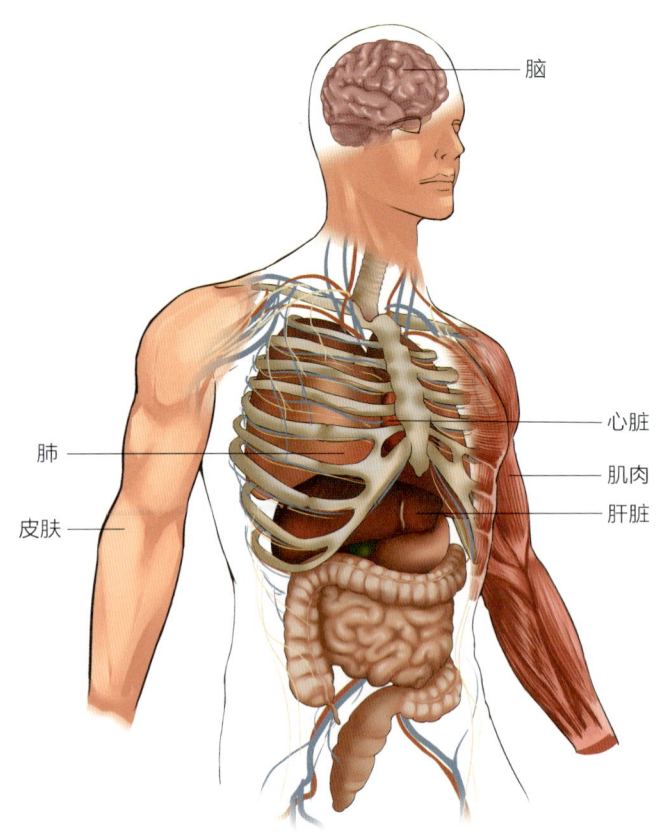

图 19-5　人体部分器官示意图

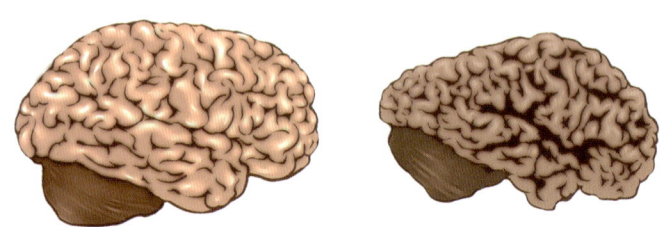

图 19-6　年轻脑组织（左）与衰老的脑组织（右）

能，再到肺、肝、肾参与的各种生理过程，生殖器官的生殖能力，再到皮肤的屏障作用以及肌肉的运动机能，每一个器官的衰老都对整体健康产生深远的影响（图 19-5）。当机体的器官逐渐失去其原有功能时，罹患多种疾病的风险也随之提高。因此，深入研究器官衰老的机制，以及如何有效预防和治疗，对于提高人类健康水平和生活质量具有至关重要的意义。

一、脑衰老与认知功能受损

1. 神经元凋亡与大脑体积减小

神经元凋亡（neuronal apoptosis）是指神经细胞的程序性死亡，它是大脑和神经系统健康的一个关键组成部分。在胚胎发育期间，这种凋亡有助于塑造和调整神经回路。然而，在衰老过程中过度或非正常的神经元凋亡会导致大脑的某些区域出现萎缩，从而导致大脑体积减少。这种萎缩尤其在与记忆、学习和决策相关的区域更为明显。随着大脑体积的减小，认知功能如注意力、记忆和思维速度可能会逐渐受损。长期而言，这种持续的神经元损伤和大脑萎缩可能增加罹患阿尔茨海默病（图 19-6）和其他认知障碍的风险（知识窗 19-4）。

2. 神经传导速度减缓

神经传导速度描述的是神经脉冲在神经纤维中传播的速度。随着年龄增长，神经传导速度往往会出现减缓。这种减缓可能与髓鞘退化、细胞结构改变等因素有关。当神经传导速度降低时，大脑中的信息处理速度也会受到影响。这不仅会导致反应时间变慢，还会进一步影响脑的认知能力。长时间的神经传导速度减缓可能加速脑衰老，增加认知功能受损和其他神经退行性疾病的风险。

3. 神经递质不平衡

神经递质（neurotransmitter）是在神经系统中传递信号的化学物质。当神经递质出现不平衡时，可能会对大脑功能产生深远的影响。例如，多巴胺、血清素或乙酰胆碱的失衡可能与注意力缺陷、抑郁和记忆困难有关。随着年龄增长，神经递质的不平衡可能加剧，导致在认知功能的各个方面，如记忆力、专注度和判断力，都出现逐渐下降。此外，长期的神经递质不平衡也可能促进脑衰老过程，使大脑更易受到其他神经退行性疾病的侵袭。

知识窗 19-4

阿尔茨海默病的研究进展

2023 年 9 月 28 日，*Cell* 期刊同期发表了 5 篇阿尔茨海默病（Alzheimer's disease，AD）研究论文，这些研究从单细胞角度深入挖掘阿尔茨海默病的进展机制，构建了迄今最全面的转录组学和表观基因组学图谱，让人们对阿尔茨海默病的进展有了新认知。因此，它们也被 *Cell* 誉为当年阿尔茨海默病领域的"史诗级"研究。在这些研究中，研究人员发现 AD 患者前额叶皮层中部分抑制性神经元表现出更脆弱、更易死亡的特征。同时还发现，AD 患者前额叶皮层中神经元的 DNA 双链断裂对基因组稳定性及其三维结构组织的破坏是神经退行性疾病进展过程中的病理步骤。通过关注小胶质细胞在 AD 过程中的作用，研究人员发现随着 AD 的进展，更多的小胶质细胞逐渐进入了炎症状态。大脑中不断加重的炎症会导致血脑屏障功能出现退化，神经元之间的交流变得更加困难。通过对构建健康样本和 AD 患者的表观基因组和转录组图谱，研究人员发现随着阿尔茨海默病的进展，在晚期病患的大脑中出现了全局性的表观基因组调节障碍，各类细胞都会遭遇表观遗传组侵蚀现象，以及细胞身份的丧失。

二、心脏衰老与循环功能下降

1. 心脏组织形态的重塑

随着年龄增长，心脏可能经历肥大、纤维化或细胞数量的减少等结构性变化（图 19-7）。这些结构重塑会影响心脏的收缩和舒张能力，进一步导致心脏的泵血功能减弱。当心脏的泵血功能下降，全身的血液循环可能受到影响，导致组织和器官供血不足。长期的心脏结构重塑和循环功能下降可能加速心脏衰老的过程，并增加心血管疾病的风险。

2. 心肌功能下降

心肌（cardiac muscle）是心脏的重要功能组成部分，其功能下降会导致心脏的收缩和舒张能力减弱。这种功能减退直接导致心脏的泵血效率降低，进而对身体各器官的血液供给产生负面影响。当血液循环受阻，各器官和组织可能因供氧不足而受损。此外，衰老过程中心肌功能的持续下降会伴随心脏工作负荷的增加以维持基本的循环功能，这可能导致心脏结构的重塑和功能性损伤。长期来看，心肌功能下降不仅加速心脏衰老，还可能增加心血管事件的风险，对整体健康构成威胁。

3. 电传导功能障碍

电传导在心脏节律（heart rhythm）的稳定性和同步性发挥

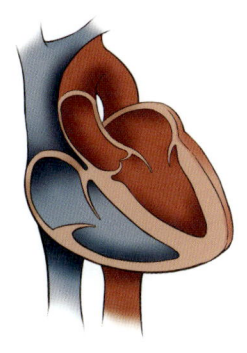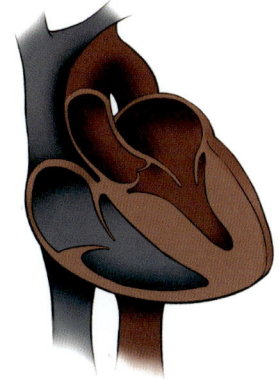

图 19-7 年轻心脏（左）与衰老的心脏（右）

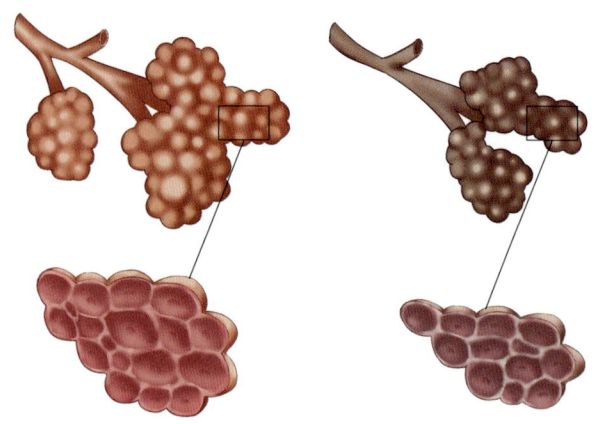

图 19-8　年轻肺泡（左）与衰老的肺泡（右）

重要作用。其功能障碍会导致心脏的电活动异常，心跳可能变得不规律或过快、过慢，进一步影响心脏的泵血效率。一个不稳定或非同步的心跳可能无法有效地将血液输送到身体各部分，导致血液循环减少。随着时间推移，持续的电传导功能障碍可能会加速心脏的衰老过程，并增加心血管疾病的风险。

三、肺衰老与呼吸效率减退

1. 肺泡结构的变化

肺泡（alveolus）是肺的基本呼吸单位，负责氧气与二氧化碳的交换。随着年龄增长，肺泡可能会经历结构性的变化，如肺泡壁变薄或肺泡数量减少（图 19-8）。这种结构变化会降低肺部的总体表面积，进而减弱气体交换的效率。随着肺泡结构的改变，肺的弹性也可能降低，导致呼吸困难和氧气摄取不足。

2. 呼吸肌功能衰退

呼吸肌主要包括膈肌和肋间肌，是支持正常呼吸运动的关键肌肉。在衰老进程中，它们的力量和耐力会逐渐减少，从而导致肺呼吸功能减弱。当呼吸肌的能力下降时，每次吸气的深度和范围可能会受到影响，导致每次呼吸吸入的氧气减少。随着呼吸肌能力的逐渐下降，肺部的气体交换效率也可能下降，从而影响全身的氧供应。这不仅可能使人在日常活动中感到呼吸困难，还可能加速肺衰老并增加患呼吸系统疾病的风险。

3. 血 – 气屏障增厚

血 – 气屏障（blood-air barrier）是肺的一个关键结构，它允许氧气从呼吸空气中进入血液，同时让二氧化碳从血液排出。衰老过程中，肺部结缔组织增多导致的血 – 气屏障增厚会使气体交换效率受到影响。长期的气体交换效率下降可能导致身体各部位的氧供应不足，引发各种不良生理反应，如疲劳和呼吸困难。此外，血 – 气屏障增厚也可能是肺衰老的一个标志，因为它反映了肺组织的结构性改变。

四、肝脏衰老与代谢紊乱

1. 肝脏结构和功能受损

肝脏是体内最大的代谢器官，负责多种物质的合成、分解和代谢。衰老会导致肝脏的结构受到损伤，进一步影响它的代谢能力。衰老过程中的肝脏结构损伤包括肝细胞的炎症或纤维化（fibrosis）及脂肪化（steatosis）等，这种损伤不仅妨碍蛋白质合成、激素平衡和毒素的排泄，而且随着时间推移，可能导致各种代谢紊乱，包括脂肪代谢异常和血糖调节障碍（图 19-9）。

2. 肝脏脂质积累

肝脏脂质积累，通常被称为脂肪肝，已成为不容忽视的健康问题。长期的脂质积累可能导致肝脏炎症和细胞损伤，进一步加速肝脏的衰老过程。随着炎症的持续和纤维化的形成，肝脏的代谢功能可能会逐渐受损。这种损伤不仅影响肝脏对毒素、药物和其他物质的处理能力，还可能扰乱脂肪、糖和蛋白质的代谢。持续的脂质积累与肝脏的代谢紊乱相互加强，可能导致一系列肝脏疾病，如非酒精性脂肪肝炎和肝硬化，甚至发展为肝癌。

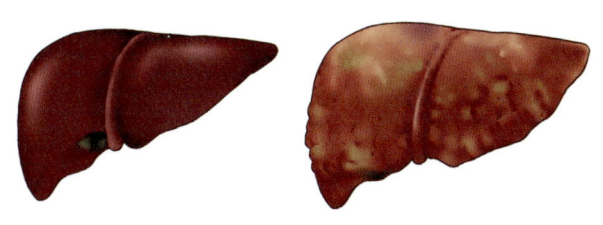

图 19-9　年轻肝脏（左）与衰老的肝脏（右）

3. 肝细胞再生能力下降

肝细胞再生能力是肝脏修复和维持功能的核心机制。但随着年龄增长，这一再生能力可能会下降，使肝脏对各种损伤的恢复变得不如以往。当肝细胞的再生能力减弱时，肝脏可能更难以有效地处理和中和体内的毒素、药物和其他化学物质，从而导致代谢功能的紊乱。此外，肝细胞再生能力的降低也可能使肝脏更易受到长期伤害，如持续的炎症或纤维化，这都可能进一步加速肝脏衰老。

五、肾脏衰老与肾功能衰退

1. 肾组织纤维化与结构硬化

肾组织纤维化（renal fibrosis）与结构硬化是肾脏衰老的显著标志。纤维化是指健康的肾细胞被增生的结缔组织所替代，导致肾脏组织结构的改变。这种结构的硬化降低了肾脏的弹性和调节能力。随着纤维化和硬化的进展，肾脏的血流可能会受到限制，进而影响到肾小球的滤过功能。此外，肾小管的回收和分泌能力也可能受损。长期的结构变化和功能下降可能导致肾功能不全，增加尿毒症和高血压等疾病的风险（图 19-10）。

2. 肾小球硬化与选择性滤过功能受损

肾小球是肾脏的基本滤过单位，负责对血浆进行选择性滤过并生成原尿。随着年龄增长，肾小球可能会受到损伤或硬化，导致其功能减弱。随着年龄增长或长期损伤累积，肾小球会出现膜样结构增厚、系膜区物质沉积增多、支持细胞受损以及毛细血管袢变窄等改变，导致滤过表面积和通透性下降。长期的滤过效率下降可能导致尿毒症和其他肾功能障碍。此外，肾小球功能的持续下降是肾脏衰老的明显标志，可能进一步影响体内的电解质平衡和血压调节。

3. 肾小管萎缩与重吸收能力下降

衰老伴随的肾小管萎缩（renal tubular atrophy）会导致肾小管功能性细胞数量减少、管腔变窄并常伴间质纤维化

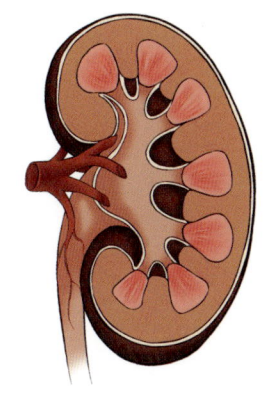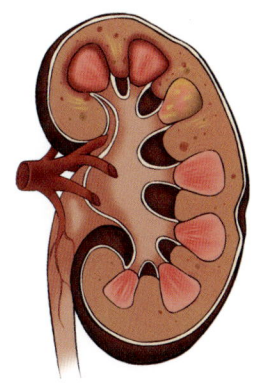

图 19-10　年轻肾脏（左）与衰老的肾脏（右）

与毛细血管稀疏，进而导致肾脏的重吸收下降。这使得部分原本应被回收的溶质可能出现在尿中（在受损明显时可见尿糖或少量氨基酸尿）；同时，对电解质的精细调控减弱，易出现钠水平衡紊乱或高钾倾向等问题。随着肾小管的持续萎缩，肾脏的排泄功能逐渐衰退，进一步加速肾脏的衰老过程。

六、生殖器官衰老与生殖能力消退

1. 组织萎缩

随年龄增长，生殖器官的萎缩会对生殖功能产生深远影响（图19-11）。对于女性，卵巢组织萎缩（ovarian atrophy）可能导致雌激素水平下降，进而影响月经周期，最终导致更年期的出现。对于男性，睾丸组织萎缩（testicular atrophy）可能导致睾酮水平下降，影响性欲和勃起功能。除了激素的变化，生殖器官的结构萎缩也可能降低生育能力，例如，卵巢组织萎缩可能减少有效的卵子数量。

2. 性激素水平变化

性激素在维持生殖系统健康和功能中起到了核心作用。随着年龄增长，性激素水平，如雌激素和睾酮，可能出现波动或下降。对于女性，雌激素水平的下降与月经不规律、更年期症状和卵巢储备功能下降密切相关。对于男性，睾酮水平的下降可能会影响精子的质量和数量，也与男性肌肉质量减少、脂肪存储增加相关。此外，性激素的变化不仅影响生育能力，还与生殖器官的衰老过程关联，如阴道干涩或前列腺增生。

3. 生殖细胞遗传变异增加

生殖细胞中的遗传变异是随着年龄增长而逐渐累积的。当这些变异发生在精子或卵子的DNA中时，可能会影响受精卵的健康和发育。对于女性，随着年龄增长，卵子中的染色体异常风险增加，可能导致流产率上升或生育出存在染色体疾病的后代。对于男性，虽然可以在整个生命周期中产生精子，但老年男性的精子中表观遗传学的随机变异会逐渐积累，这可能与某些遗传疾病的风险增加有关。

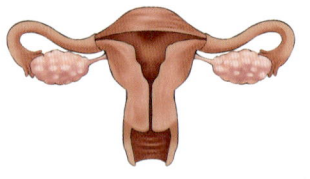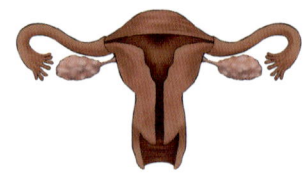

图19-11　年轻雌性生殖系统（左）与衰老的雌性生殖系统（右）

七、皮肤衰老与屏障功能减弱

1. 皮肤弹性降低，结构变薄和油脂分泌减少

皮肤（skin）随着年龄增长经历多种变化，其中弹性降低、结构变薄和油脂分泌减少是最明显的特征（图19-12）。皮肤弹性降低导致皱纹的形成和皮肤松弛。结构变薄意味着皮肤对外界刺激和有害物质的防护能力减弱。油脂分泌减少则导致皮肤干燥、

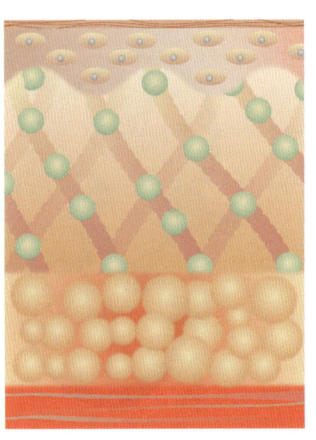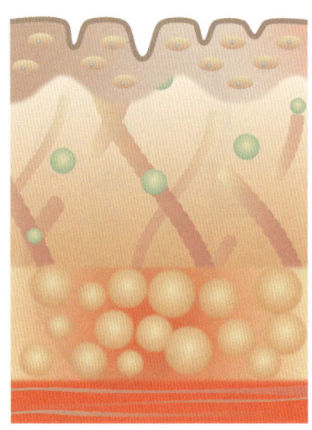

图19-12　年轻皮肤组织（左）与衰老的皮肤组织（右）

失去光泽并容易出现裂纹。这些变化共同减弱了皮肤的屏障功能，使皮肤更容易受到紫外线、污染物和其他有害因素的伤害，同时也加速了皮肤衰老的过程。

2. 色素沉积

随着年龄增长，皮肤的色素沉积可能变得更为明显。这些沉积主要是由于皮肤对紫外线暴露的反应，以及皮肤对损伤的自然修复过程中色素细胞活性的增加。过多的色素沉积可能导致皮肤出现不均匀的色调，如雀斑、老年斑等。此外，色素沉积可能削弱皮肤的屏障功能，使其对外部环境的刺激更为敏感。长期的色素沉积不仅是皮肤衰老的标志，还可能进一步影响皮肤健康和外观。

3. 皮肤再生能力下降

皮肤再生能力是维持其健康和外观的关键。随着年龄增长，皮肤细胞更新速度和再生能力往往减弱。再生能力下降也可能导致皮肤表面的细胞层变薄，从而减弱了其天然的屏障功能，使皮肤更易受到外部刺激和有害物质的侵害。此外，皮肤再生能力下降还会影响到胶原蛋白和弹性蛋白的生成，这两者是维持皮肤弹性和紧实度的关键成分。因此，皮肤再生能力下降不仅加速皮肤衰老，还增加了对外界威胁的敏感性。

八、肌肉衰老与运动能力失调

1. 肌肉质量和体积减少

肌肉质量和体积减少是随年龄增长而出现的一种常见现象（图 19-13）。随着肌肉细胞的减少和肌纤维的变薄，肌肉的总体力量和耐力可能会下降。这种衰退不仅影响日常活动的完成，而且可能增加平衡丧失和跌倒的风险。肌肉的萎缩也会降低新陈代谢，进一步影响身体的能量平衡和体重管理。

2. 肌肉纤维类型转变

随着年龄增长，肌肉纤维（muscle fiber）经常发生从快收缩的 II 型纤维转变为慢收缩的 I 型纤维。这种转变导致肌肉的爆发力和短时高强度运动能力下降。当 II 型纤维数量减少时，会导致机体在进行高强度运动时更容易感到疲劳。长期的纤维类型转变与肌肉的衰老紧密相关，并可能导致运动能力的失调。

3. 肌肉再生能力下降

肌肉再生能力是修复损伤和恢复功能的关键。随着年龄增长，肌肉干细胞活性的降低会导致肌肉再生能力下降。这意味着在受伤或经历高强度运动后，肌肉恢复所需的时间延长，同时修复的完整性减少。此外，降低的再生能力可能导致肌肉质量和强度的逐渐丧失，进一步影响到运动机能。肌肉衰老和再生能力下降并行发展，这会使个体在运动中更容易受伤，同时降低日常活动和运动的效率。

图 19-13 年轻肌肉组织（左）与衰老的肌肉组织（右）

器官衰老是一个无可避免的生理过程，涉及多种分子和细胞机制。从大脑的认知功能减退、心脏的循环功能下降，到皮肤、肌肉的生理功能下行等，这些衰老的迹象都在提醒我们生命的脆弱和时效性。更为重要的是，器官衰老不仅影响特定器官的功能，还对整体健康构成挑战，增加了多种疾病的风险。因此，对这一过程的深入理解和研究，特别是其背后的机制，对于开发新的治疗方法和提高人类的健康与寿命具有重大意义。在未来，随着科学研究的深入，我们或许能够找到更有效的方法，以延缓甚至逆转部分衰老过程，为人类健康带来更多的希望和可能性。

名词窗 19-4

器官衰老（organ aging）：随着生物个体生命周期的发展，其组织和器官因为受到多种内、外因素的影响而展现的生理特性衰退。这种衰退过程受到多种因子的影响，包括基因、环境和生活方式等。器官衰老可能导致功能下降、疾病发生率增加和生命期缩短。

神经元凋亡（neuronal apoptosis）：是神经细胞启动的自身死亡程序，通常是由于内部或外部的伤害性刺激。在生物发育过程中，它有助于神经系统的形成和整合。然而，在成年后，因各种原因（如缺氧、毒性损伤或神经退行性疾病）导致的过度神经元凋亡可能会导致功能障碍和神经系统疾病。与其他细胞类型相比，失去的神经元往往更难被替代，因此其死亡对神经功能可能有持久的影响。

神经递质（neurotransmitter）：是神经系统中的化学信使，它在神经元之间或神经元与效应器之间传递或调制信息。当电信号沿神经元的轴突传播至末梢时，递质从突触小泡中释放，进而与接收细胞的受体结合，触发特定的生物响应。根据其功能和化学结构，神经递质可被分类为多种，如乙酰胆碱、多巴胺、5-羟色胺和 γ-氨基丁酸（GABA）等。这些递质在学习、记忆、情绪及其他神经功能中扮演关键角色。不同的递质对于维持大脑健康、心理健康及其他生理功能具有至关重要的作用。

心肌（cardiac muscle）：是心脏的主要组织，负责使心脏进行有力且有节奏的收缩。每一个心肌细胞都由丰富的线粒体、浓缩的细胞核、特化的细胞间连结（称为间隙连接）以及组织化的骨架网络构成。间隙连接允许快速电信号传递，确保心脏同步收缩。心肌的特点是存在交叉条纹，与骨骼肌相似，但其结构和功能有所不同。心肌纤维之间也含有丰富的毛细血管，确保充足的氧气和营养供应。此外，由于心脏的不间断工作，心肌细胞具有很高的耐受性和再生能力有限的特性。

心脏节律（heart rhythm）：指心脏自发产生和传导电活动的固有顺序和频率，驱动心脏有规律地收缩与舒张。心脏节律起源于右心房上部的窦房结，这里的细胞能自动地产生电冲激并定期地传送给心脏的其他部分，导致整个心脏同步收缩。正常的心脏节律称为窦性节律。然而，心脏的电生理异常可能导致心律失常，如心动过速、心动过缓或心室颤动等。这些心律失常可能会影响心脏有效泵血，从而影响身体的其他器官和系统。

肺泡（alveolus）：是肺部的微小空腔，负责氧气和二氧化碳的交换，是呼吸过程的关键部分。每个肺泡都被一层非常薄的上皮细胞所覆盖，并被丰富的毛细血管网络所包围。这种结构增加了肺泡与血液之间的接触面积，使得气体交换更为高效。肺泡的内壁具有肺泡表面活性物质，这种物质可以降低肺泡的表面张力，防止其塌陷，并确保肺泡保持开放状态。随着年龄增长或某些疾病的影响，肺泡可能会损伤或丧失功能，导致呼吸困难或其他呼吸系统疾病的发展。

血-气屏障（blood-air barrier）：是位于肺泡和肺毛细血管之间极薄的结构，它允许氧气和二氧化碳在肺部和血液之间快速、高效地交换。这个屏障由三部分组成——肺泡上皮细胞、基底膜和毛细血管内皮细胞。血-气屏障的薄度是其功能的关键，因为它必须足够薄以快速进行气体交换，但同时足够结实，不被破坏。当人们吸气时，氧从肺泡通过这个屏障进入血液，同时二氧化碳从血液中排出，通过这个屏障进入肺泡，并随着呼气被排出体外。这一重要的屏障确保了我们体内细胞得到充足的氧气供应，同时排出代谢产物。

肝脏纤维化（liver fibrosis）：指肝脏内部形成过多的瘢痕组织，导致肝脏的正常结构和功能受损。这种情况是由于长时间的肝脏炎症或损伤导致的，常见原因包括慢性酒精中毒、慢性病毒性肝炎（如乙型或丙型肝炎）和非酒精性脂肪性肝病。随着时间的推移，这些损伤使得正常的肝细胞被纤维组织所取代，使得肝脏变硬且功能降低。未经治疗的肝脏纤维化可能进展为肝硬化，这是一种严重的疾病，可能导致肝功能衰竭或肝癌。

肝脏脂肪化（hepatic steatosis）：又称为脂肪性肝病或非酒精性脂肪性肝病，是指在没有过度饮酒的情况下，肝脏内蓄积过多的脂肪（见图19-9）。这种情况可能与肥胖、糖尿病、高脂血症等代谢性疾病有关。轻微的脂肪肝可能不会引起任何症状，但如果脂肪的积累过多，可能导致肝炎，从而引发肝脏纤维化或肝硬化。长期的肝脏脂肪化可能增加肝癌的风险。随着现代生活方式和饮食习惯的改变，肝脏脂肪化已成为许多国家和地区的常见健康问题。

肾组织纤维化（renal fibrosis）：指肾组织长期受到各种病因刺激后，正常的肾小球和肾小管被异常增生的结缔组织所替代，导致肾功能逐渐丧失。这种病理变化通常与慢性肾炎（见图19-10）、高血压、糖尿病等慢性病有关。随着纤维化的进行，肾脏的排泄、调节和内分泌功能会受到严重影响，可能导致尿毒症等严重后果。肾组织纤维化的发生不仅与基础疾病有关，还与各种炎症介质、生长因子等多种分子机制有关。

肾小管萎缩（renal tubular atrophy）：指肾脏中的肾小管结构因多种原因受损，导致其结构和功能退化、缩小或消失。肾小管是肾脏的重要组成部分，负责尿液的形成、浓缩和电解质的调节。当肾小管发生萎缩，会影响到肾脏的正常排泄和调节功能，可能引起各种肾功能异常症状。

卵巢组织萎缩（ovarian atrophy）：卵巢是由多层结构组成的复杂器官。在结构层面上，卵巢主要包括皮质和髓质两大部分。皮质包含大量的初级卵泡。随着女性年龄增长，卵泡的数量会逐渐减少。卵巢组织萎缩时，皮质厚度减薄，卵泡数量显著下降，直至几乎完全消失。因此，卵巢无法继续产生健康的卵子和必要的雌激素。髓质位于卵巢内部，包含血管和连接组织。在卵巢组织萎缩的情况下，髓质的血供可能会受到影响，导致组织缺血和缺氧。

睾丸组织萎缩（testicular atrophy）：睾丸是男性的主要生殖腺，负责产生精子和男性激素。从结构上看，睾丸主要由生精小管和间质细胞组成。生精小管构成了睾丸的大部分，是精子形成的地方。在睾丸组织萎缩时，生精小管的厚度会变薄，其内部的生精细胞数量减少，导致精子生成受阻。间质细胞位于生精小管之间，主要负责产生男性激素如睾酮。萎缩时，这些细胞的数量和功能都可能受到影响，进而影响睾丸的生殖和激素分泌功能。

皮肤结构（skin structure）：皮肤是人体最大的器官，其复杂的结构主要分为三个层次——表皮、真皮和皮下组织。表皮是皮肤的最外层，主要由角质细胞构成，这些细胞不断地更新并向表面移动，形成了一个防护和防水的屏障。真皮位于表皮之下，它由纤维组织、血管、神经末梢、汗腺和毛囊组成，赋予皮肤弹性、韧性，并提供主要的支持。皮下组织，也被称为皮下脂肪层，由脂肪细胞和结缔组织构成，主要负责缓冲和保温。这三层紧密相连，共同为皮肤提供保护、调节体温、防止水分流失，以及对外界刺激的感知等多种功能。

肌肉纤维（muscle fiber）：是构成骨骼肌的基本单位，主要分为两大类——Ⅰ型（慢收缩）纤维和Ⅱ型（快收缩）纤维。Ⅰ型纤维有较多的线粒体、丰富的血供和更高的脂肪含量，使其具有较好的耐力和氧气使用效率，但它们的收缩速度相对较慢，主要参与长时间的有氧活动。而Ⅱ型纤维则能够快速收缩，为短时、高强度的无氧活动提供动力，但它们的耐力较差。人体内的纤维类型分布因个体差异和锻炼习惯而异，对运动表现和身体适应性有重要影响。

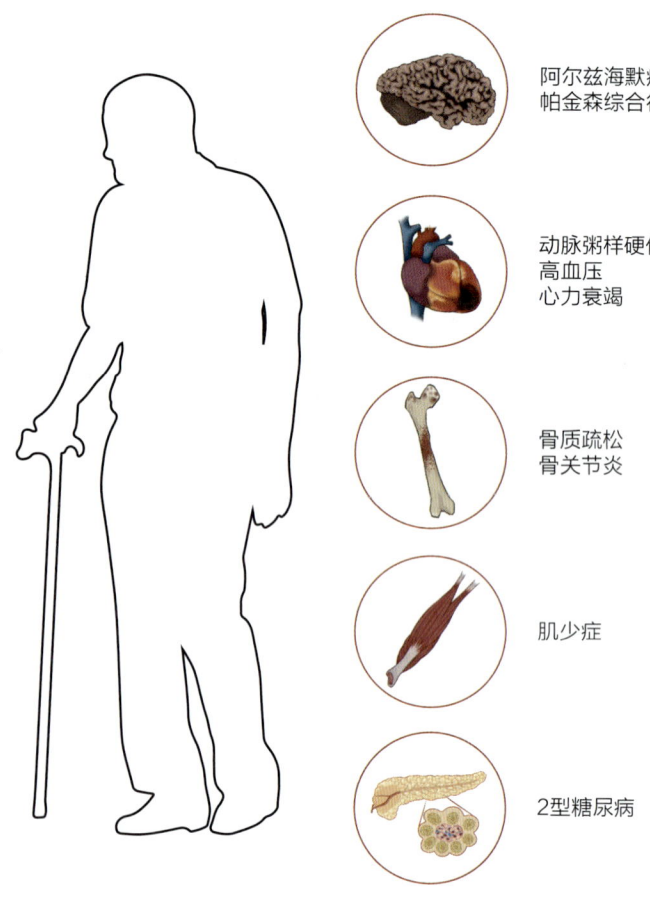

阿尔兹海默症
帕金森综合征

动脉粥样硬化
高血压
心力衰竭

骨质疏松
骨关节炎

肌少症

2型糖尿病

图 19-14　常见的衰老相关疾病

第五节　衰老相关疾病

随着现代医学的发展，人类的平均寿命及预期寿命在不断延长，老龄人口比例在不断增加。衰老过程中由于各组织器官生理机能的退变，往往导致各种疾病的发生，如神经退行性疾病、心血管疾病、代谢相关疾病、癌症等。这些疾病会严重影响人们的生活质量，甚至导致死亡。本节主要介绍一些与衰老相关的常见疾病，包括神经退行性疾病中的阿尔茨海默症和帕金森综合征，心血管疾病中的动脉粥样硬化、高血压和心力衰竭，骨骼疾病中的骨质疏松和骨关节炎，以及肌少症与代谢相关疾病 2 型糖尿病（图 19-14）。

一、神经退行性疾病

随着年龄增长，认知功能下降，往往会导致神经退行性疾病的发生，其表现为学习能力、记忆能力、注意力、决策速度、感官知觉（视觉、听觉、触觉、嗅觉和味觉）以及运动协调性的衰退。常见的神经退行性疾病包括阿尔茨海默症、帕金森综合征、多发性硬化症、肌萎缩侧索硬化和亨廷顿病等。

这里我们主要介绍阿尔茨海默症（知识窗 19-5）和帕金森综合征（知识窗 19-6），它们都是典型的神经退行性疾病，共同特征是由于神经元和突触连接的进行性丧失而引起功能丧失。

知识窗 19-5

阿尔茨海默症

阿尔茨海默症是最常见的神经退行性疾病，一般 10 个老年人（≥ 65 岁）中就会有 1 个阿尔茨海默症患者。阿尔茨海默症的主要临床特征是晚年记忆以及学习能力的严重下降，也存在迷失方向、情绪波动和一些行为问题。异常的淀粉样前体蛋白（amyloid precursor protein，APP）、presenilin 1 和 presenilin 2 已被确定为是阿尔茨海默症的风险因子。阿尔茨海默症的突出分子特征是 Aβ（amyloid-β，Aβ）斑块和神经纤维缠结的产生。Aβ 是一种短的异常蛋白水解片段，由 β- 分泌酶和 γ- 分泌酶顺序切割 APP 产生，神经纤维缠结则是由过度磷酸化的微管相关蛋白 tau 聚集形成。阿尔茨海默症的主要致病因素包括胆碱能系统功能障碍、Aβ 斑块、tau 聚集、炎症、DNA 损伤和线粒体功能障碍。

知识窗 19-6

帕金森综合征

帕金森综合征的临床特征表现为强直性震颤、静止性震颤，以及由于神经肌肉功能障碍而导致的运动幅度和速度变化。在帕金森综合征中，黑质中的神经元丢失往往导致纹状体多巴胺减少，同时黑质中残存的神经元胞质内会出现含有 α- 突触核蛋白聚集物的包涵体。所有的帕金森综合征患者体内均可检测到 α- 突触核蛋白。在帕金森综合征患者中，可溶性 α- 突触核蛋白单体首先形成低聚物，随后这些低聚物再结合形成不溶性的 α- 突触核蛋白纤维，这些纤维与具有神经毒性的细胞质包涵体路易小体有关。路易小体是帕金森综合征的主要病理学特征之一。帕金森综合征的分子发病机制涉及多种途径和机制，包括 α- 突触核蛋白平衡、氧化应激、线粒体功能、钙稳态、轴突运输和神经炎症等多个方面。

二、心血管疾病

年龄与心血管健康息息相关。预计到 2030 年，中国 65 岁及以上的人口将占总人口的 20% 左右，心血管疾病预期将占老年人死亡因素的 40%，居于老年人死亡原因之首。随着年龄增长，心血管系统稳态逐渐失衡，出现血管硬化和纤维化，以及左心室壁厚度增加，这将导致组织适应性增强和应激耐受能力降低。其病理表现为心肌肥厚，左心室的舒张功能和收缩能力均有所减退，同时伴随动脉僵硬度增加和内皮功能障碍。临床上，这些变化将导致收缩压升高，并成为动脉粥样硬化（知识窗 19-7）、高血压（知识窗 19-8）和心力衰竭（知识窗 19-9）的主要危险因素。心血管疾病过程中主要涉及过度的氧化应激和慢性炎症，同时也与细胞衰老、应激抵抗力降低、基因组不稳定性、端粒损耗等相关。

知识窗 19-7

动脉粥样硬化

动脉粥样硬化是血管内炎症、脂质氧化和斑块共同作用的结果。动脉粥样硬化起始于内皮细胞的损伤，导致含胆固醇的低密度脂蛋白在动脉壁内堆积。随后，这些脂蛋白容易被氧化，并激发持续的炎症反应。先天性和适应性免疫的激活也在动脉粥样硬化的发生发展中发挥重要作用。单核细胞进入动脉内膜并转化为巨噬细胞，最终在脂质坏死核心中形成泡沫细胞。泡沫细胞是一种充满脂肪的细胞，它是动脉粥样硬化形成的关键，并可能诱发心脏疾病和脑梗。在硬化的环境中，胆固醇以及其他损伤性分子刺激巨噬细胞，激活其内部的炎症小体，从而释放 IL-1β、IL-18 等促炎性细胞因子。这些因子对其他炎症相关细胞（如 T 细胞和 B 细胞）具有趋化作用，共同推动了动脉粥样硬化的进程。晚期动脉粥样硬化的特征是大量细胞凋亡和具有衰老特征的细胞聚集，这导致促炎状态和坏死核心的形成，最终引发斑块硬化和破裂、血栓形成和急性血管阻塞。

知识窗 19-8

高 血 压

高血压是与衰老密切相关的疾病，50% 的老年人都会患有高血压，其是导致脑卒中、冠心病、心力衰竭等疾病的重要危险因素。血管老化与血压水平直接相关，一般当收缩压≥140 mmHg，或舒张压≥90 mmHg 时，即为高血压。炎症、氧化应激等都与高血压的发生相关。

知识窗 19-9

心 力 衰 竭

心力衰竭患病率在老年人中急剧上升。心力衰竭的总患病率为 2.2%，其中在 45～54 岁的人群中患病率为 0.7%，而在 75 岁及以上的人群中高达 8.4%。心力衰竭往往是由心脏结构功能性异常引起，同时伴随利钠肽水平升高，以及出现肺源性心脏病或淤血。心力衰竭的临床症状为胸闷、乏力、活动耐量下降、端坐呼吸、阵发性夜间呼吸困难、下肢浮肿等。

三、骨骼疾病

随着年龄增长，全身骨骼会出现不同程度的骨量减少而导致骨质疏松（知识窗 19-10）。骨关节炎主要特征是关节软骨的退化和异常骨重塑，会导致产生疼痛，其发生局限于关节部位（知识窗 19-11）。年龄是骨质疏松和骨关节炎的重要诱因之一。骨质疏松也可能会促进骨关节炎的发生。因为骨质疏松会影响骨关节周围骨的结构或者引起骨的质量下降，再加上关节本身受到长期磨损、退变等因素的影响，因此更容易发生骨关节炎。

知识窗 19-10

骨 质 疏 松

骨质疏松一种慢性骨骼疾病，其特征是骨量低，骨组织微结构衰退，导致骨脆性和骨折风险增加。骨质疏松会导致椎体和髋部骨折，以及慢性疼痛和残疾。骨质疏松主要归因于衰老和性甾体缺乏，这在细胞水平上导致破骨细胞骨吸收增加，成骨细胞骨形成减少。骨质疏松潜在致病机制包括衰老细胞的积累、DNA 损伤等。

知识窗 19-11

骨 关 节 炎

骨关节炎作为最常见的关节炎类型，也是导致 65 岁以上一半人口产生严重疼痛和残疾的主要原因。骨关节炎是一种以软骨退化和骨质增生、软骨下骨增厚为特征的软骨退化疾病，其包括关节软骨、软骨下骨、韧带、关节囊、滑膜和关节周围肌肉的结构改变，疼痛是主要

症状。骨关节炎的进行性发展，最终导致衰弱性疼痛和活动能力的丧失。骨关节炎的复杂发病机制涉及细胞衰老、炎症和代谢因素等，最终会导致滑膜关节的结构破坏和功能衰竭。

四、肌少症

随着年龄增长，肌肉质量往往由于运动神经元的逐渐丧失而减少，这与肌肉纤维数量和大小的减少有关。同时肌肉功能也逐渐下降，因为随着运动神经元的进行性丧失，剩余神经元对肌纤维的侧枝再神经支配终将耗尽代偿潜力，最终无法弥补功能缺失。肌肉功能和质量的下降会导致肌少症的发生，严重影响人们的生活质量。

衰老过程中肌肉质量和功能下降的过程被称为肌少症。肌少症患者常因肌肉力量的衰退和行动受限，导致其生活质量降低。这使患者更易遭受跌倒、骨折和新陈代谢相关疾病，从而增加了发病和死亡的风险。肌少症的发生与激素（如 IGF-1 和胰岛素）功能变化、肌纤维的组成变化和神经肌肉功能衰退、骨骼肌卫星细胞分化能力和增殖潜能受损、炎症发生以及蛋白质抑制和线粒体功能有关。

五、代谢相关疾病

衰老会引起身体不同组成部分发生许多生理变化，最终导致代谢相关疾病的发生，如内脏脂肪和非脂肪组织（包括肝和骨骼肌）中过量脂肪的积累是肥胖相关代谢疾病发病的重要因素。代谢相关疾病症状包括高血糖、肥胖、血脂异常等，并且会增加 2 型糖尿病的发生风险。2 型糖尿病与衰老之间存在很强的相关性，目前全球每 11 人中就有 1 人被诊断患有糖尿病，而 65 岁以上的老年人占现在所有诊断为糖尿病的成年人的近一半，其中约 90% 是 2 型糖尿病。2 型糖尿病的特点是血糖水平高、胰岛素抵抗和胰岛素分泌不足，而年龄增长是胰岛素抵抗和葡萄糖耐受不良的重要影响因素（知识窗 19-12）。

知识窗 19-12

2 型糖尿病

2 型糖尿病的特征是高血糖，这是胰岛 β 细胞功能逐渐恶化的结果，同时常常伴有不同程度的胰岛素抵抗。胰岛素抵抗本身不足以引发 2 型糖尿病，因为胰腺最初可以通过增加胰岛素分泌来补偿。但长期高胰岛素血症会对 β 细胞产生压力，破坏其对血糖刺激的急性胰岛素分泌反应，并最终损害后期胰岛素反应。因此，胰岛素分泌不足是大多数 2 型糖尿病患者的主要致病因素。衰老会促进 2 型糖尿病的发病机制，可以通过直接影响 β 细胞功能而抑制胰岛素分泌，或间接通过肥胖和其他危险因素增加胰岛素抵抗。例如 β 细胞衰老和衰老期间 β 细胞对葡萄糖的敏感性降低，将导致胰岛素抵抗补偿增加不足而增加 2 型糖尿病的易感性。2 型糖尿病的发生发展与氧化应激、炎症和内质网应激等有关。

第六节　衰老与长寿

寿命是一种受多因素影响的复杂生活史性状，在人群中存在诸多差异。翻开人类历史，自有文字记载以来，人类从未停止对拥有更长久、健康寿命的向往。随着科技发展、现代医学进步以及社会福利体系的建立，古人"人生七十"的愿景已悄然实现。据国家卫生健康委 2025 年最新发布的数据显示，我国人均预期寿命已经达到 79 岁，百岁以上长寿老人的比例持续增长，这为社会保障和公共卫生体系带来了诸多挑战，也为衰老科学的研究带来了前所未有的机遇，揭示健康衰老乃至长寿背后影响因素的研究势在必行且刻不容缓。本节主要从遗传因素和非遗传因素两个角度分别阐述目前衰老领域内对寿命影响因素的认识以及最新的研究进展（图 19-15）。

图 19-15　寿命的影响因素

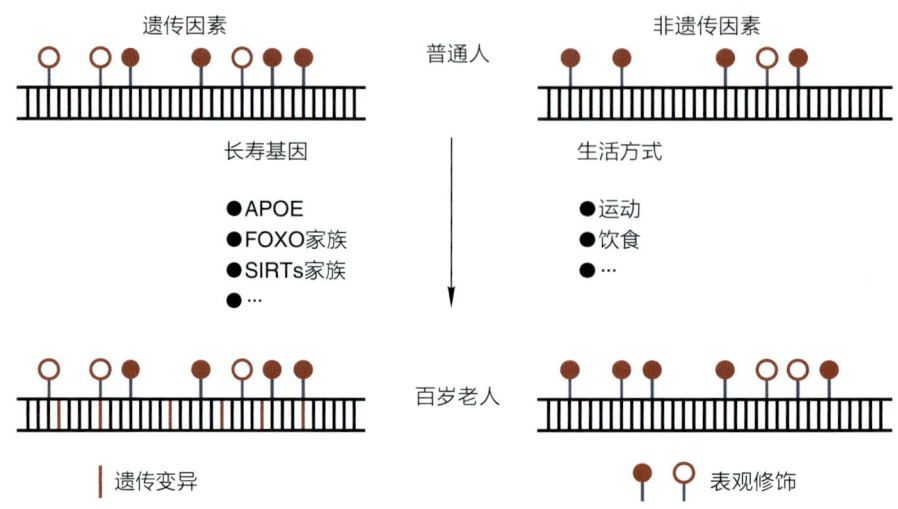

一、影响寿命的遗传因素

生物学家们很早就认识到寿命具有可遗传特性，"朝菌不知晦朔，蟪蛄不知春秋"，不同物种的寿命从几天到几十年不等，跨度极大。最早对寿命遗传基础的研究起源于 20 世纪以模式生物为对象的观测，21 世纪以来基于人群队列的遗传学研究规模逐渐扩大。

1. 基于模式生物的遗传学研究

托马斯·约翰逊（Tom Johnson）是利用模式生物研究寿命遗传因素的先驱，他将秀丽隐杆线虫中寿命长短不同的个体区分成不同组别，并在实验室可控的环境条件下进行杂交培养。对杂交后代的分析发现线虫寿命的变异是可遗传的，遗传率（heritability）为 20%~50%。后续研究发现携带 *age-1* 基因突变的线虫平均寿命可增加 50% 左右。

这一里程碑式的发现极大地激发了生物学家在模式生物上进行长寿遗传因素研究的热情。目前已经在酵母、线虫、小鼠乃至非人灵长类等模式生物上发现了多个可能会影响寿命的关键生物学通路，如胰岛素 / 胰岛素样生长因子 1 信号通路、mTOR 信号通路等，以及通路中的关键蛋白质编码基因，如 FOXO 蛋白家族、Sirtuins 蛋白家族等。这部分内容已在"遗传与衰老"部分详细描述，本节不再赘述。

2. 基于人群队列的遗传学研究

由于模式生物在遗传背景上的局限性，在人群队列中进行寿命遗传基础的研究显得尤为重要。为了确定遗传因素对人群中寿命变异产生的影响，在人群队列的研究中往往会采用三种常见的试验设计。第一种方法是构建长寿人群的兄弟姐妹生存曲线，并将其生存曲线与出生在同一地域人群的生存曲线进行比较，对荷兰、意大利等地长寿人群的研究表明与普通人群相比，长寿人群的兄弟姐妹在任何年龄阶段都具有明显的生存优势。第二种方法进一步排除了家庭因素的影响，即比较长寿家族中血缘亲属与非血缘亲属的生存曲线，意大利的一项研究发现长寿人群的兄弟姐妹的生存优势并不被他们没有血缘关系的亲属所共享。第三种方法是比较同卵双胞胎和异卵双胞胎的死亡年龄来分析人类寿命中遗传因素所占的比重，对丹麦、荷兰等地双胞胎人群的研究已估算出寿命在个体间的差异约有 25% 可归因于遗传因素，并提示这一比重随年龄的增长而增长，且在男性中比在女性中更为重要。

随着近些年高通量测序技术和计算模型的发展，在人群队列中进行高通量、大规模的全基因组测序，并通过全基因组关联分析（GWAS）寻找调节人类寿命的遗传变异已成为现实。

GWAS 研究已经确定了许多与寿命呈正相关的遗传变异和蛋白质编码基因，如对欧洲长寿人群进行的 GWAS 研究证明了 *FOXO3* 和 *APOE* 的基因多态性与人类长寿密切相关，并在近年来面向不同地域人群队列的多个独立 GWAS 研究中多次重复。但需要注意的是，人群中的每一种遗传变异只能解释寿命变异的一小部分，而且只有极少数的基因（如 *FOXO3* 和 *APOE*）可以在不同研究和不同人群队列中反复证明与寿命相关。

二、影响寿命的非遗传因素

在过去的一个世纪里，大多数国家的平均预期寿命大幅增加，从 50 岁左右增加到 75～80 岁。在进化的时间尺度上观测，预期寿命的增加显得过于迅速，而事实上，人类的极限寿命自有据可查的历史以来并没有明显的变化，一直保持在 120 岁左右。这些数据表明非遗传因素在预期寿命的增长中起到了重要作用。影响寿命的非遗传因素具体可以包括个人的生活方式和社会因素两个层次。

1. 影响寿命的生活方式

来自中国、美国等地基于大规模人群的长期随访研究（follow-up study）均发现，采取健康生活方式可大幅降低死亡风险，并延长寿命。影响寿命的生活方式包括且不限于运动、饮食、睡眠、社交等多个方面，但这些生活方式调控寿命的分子机制，还有待进一步的揭示。

就目前的研究结果而言，运动大概率是一种真正有效的长寿生活方式。坎皮西等人认为对于缺乏适当治疗手段的老年功能障碍，运动是唯一具有显著效果的干预手段，它可以降低衰老相关疾病的发生率，提高生活质量，延长寿命。在美国加州，对于不同运动频率人群进行了长达 21 年的随访研究，通过问卷调查评估了受试人群的身体状况和健康水平，发现即使是少量运动也可对健康寿命的延长产生有益影响，有运动习惯的中老年人群会获得明显的生存优势。目前对于运动影响寿命作用机制的研究较少，且多集中在模式生物（如小鼠）上，但这些研究提示了维持氧化还原平衡，以及保证节律基因调控网络稳态可能是运动在分子层次产生的主要影响。

饮食可能是对健康和寿命影响最大的生活方式之一，也是衰老领域的热门研究方向之一。长寿饮食方案包括：①热量限制，即减少总热量摄入，一般为正常水平的 70%；②禁食，即在固定时间段停止食物摄入，包括间歇性禁食、周期性禁食和禁食模拟饮食等不同的禁食方案；③选择性减少或提高特定营养成分的摄入，包括生酮饮食、蛋氨酸限制等特定饮食方案。长寿饮食方案对衰老进程的延缓与代谢物循环增加、自噬和翻译过程减少、蛋白质周转以及抗氧化和其他应激反应通路相关的修复增强有关，影响的通路主要是胰岛素/胰岛素样生长因子 1 信号通路和 mTOR 信号通路，而且这些机制具有物种保守性。2022 年，一些研究者提出了具有普适性的长寿饮食方案，即糖类摄入量中等到高，蛋白质摄入量较低但足够满足日常所需，且多食入植物性和鱼类来源的蛋白质。这是日本冲绳、意大利撒丁岛和美国洛马林达等地区的传统饮食习惯，这些地区的百岁老人比例和平均寿命明显高于其他地区。

需要注意的是，生活方式并不会直接导致遗传信息的改变，而是主要通过影响表观遗传的方式参与寿命调节的过程，这也是未来研究的重点方向。

2. 影响寿命的社会因素

影响寿命的社会因素包括现代医疗卫生条件的进步和社会福利体系的建立等。以

名词窗 19-5

遗传率（heritability）：群体中某一性状的变异程度受遗传调控的比例。

全基因组关联分析（genome-wide association study，gwas）：利用统计学手段对不同个体间、全基因组范围内的遗传变异进行观测，在群体水平确定是否存在任何变异与目标性状相关。研究寿命影响因素的 GWAS 研究多采用"病例－对照"方法，通过比较长寿人群和普通人群对照组中多态性的频率，寻找长寿人群中高频出现的、有利于生存的等位基因。

随访研究（follow-up study）：在不同时间对同一人群的生活方式、健康状况和其他卫生事件进行调查，观测该人群的某种特征（如死亡率）随时间的动态变化情况。

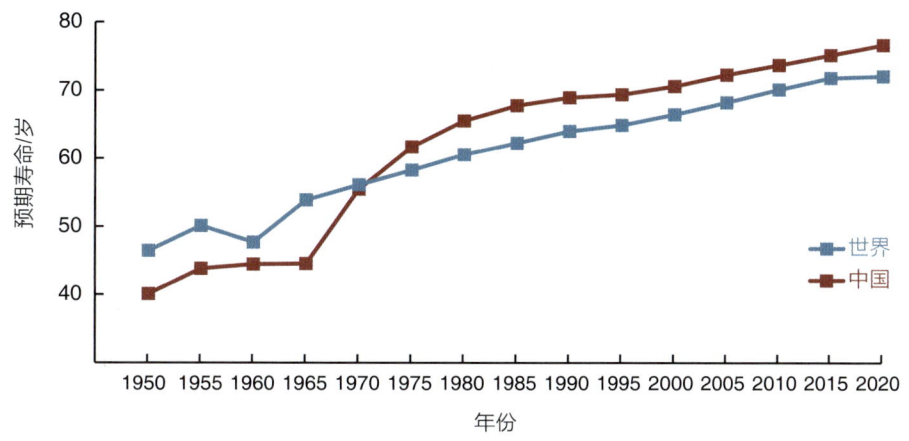

图 19-16　中国历年人均预期寿命的变化

我国为例，新中国成立以来我国的人均预期寿命从 1949 年的 35 岁上升到 2021 年的 78 岁（图 19-16）。同样，长寿人群也在不断增加，百岁老人的数量从 1951 年的 3 384 人增加到 2022 年的 118 866 人。在近几十年中，由于社会因素趋于稳定，预期寿命的延长也逐渐放缓。过去 20 年间人均预期寿命增加了 6.6 年，过去 10 年增加了 3.4 年，这可能要主要归功于对衰老相关疾病，特别是心血管疾病和癌症治疗策略的发展。

第七节　衰老的度量

衰老相关疾病的治疗与健康寿命的延长离不开针对衰老过程本身进行深入研究，但衰老并非一个匀速、同步的进程，时序年龄相同个体的生理功能和组织器官的老化程度可能存在一定差异，因此，时序年龄并不能准确反映人体的衰老程度。在衰老的过程中有大量随衰老变化的生物标志物，这些标志物大到明显的外表特征如变白的头发，小到细微的分子变化如细胞端粒长度，可用于了解和度量衰老过程。得益于高通量组学技术的发展，借助表观基因组、转录组、蛋白质组和代谢组等多组学方法定量数千种表观遗传标记、转录物、蛋白质和代谢物，在分子水平上测量生物年龄和衰老

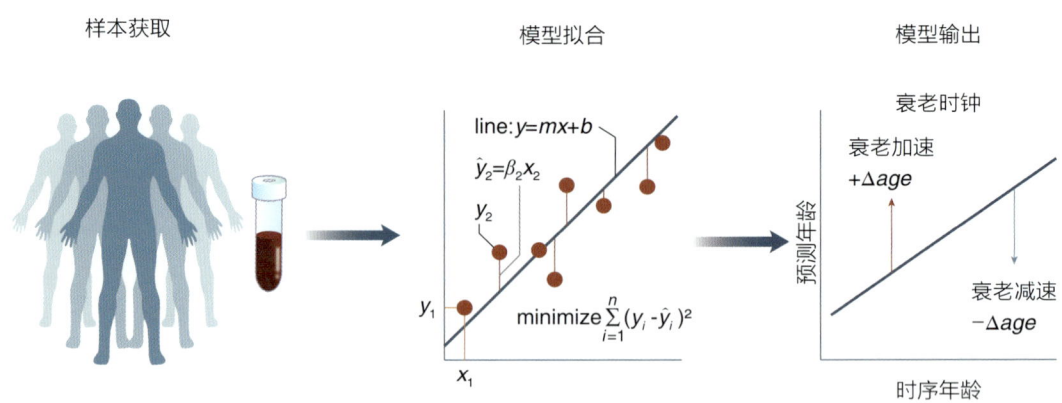

图 19-17 衰老时钟（aging clock）的基本概念

学习分子特征（例如蛋白质的表达水平）与因变量（年龄）之间的关系，构建模型来预测年龄，实际年龄和预测年龄之间的残差可以与特定表型关联。

速度，从而准确度量衰老，已成为可能（图 19-17）。

一、使用衰老时钟度量衰老

1. 甲基化时钟

甲基化时钟（DNA methylation clock）这一概念首先由格雷格·汉纳姆（Gregory Hannum）等人提出，史蒂夫·霍瓦斯（Steve Horvath）团队在此基础上构建了能准确预测不同组织年龄的时钟。将模型与生物衰老的重要特征直接联系起来，能够识别衰老中功能更相关的分子变化，PhenoAge 时钟能够预测基于实际年龄和与死亡风险相关的 9 个临床参数构建的复合生物学年龄，但甲基化变化和衰老变化的因果关系难以阐述，仍是发挥这些模型潜力的障碍。

2. 转录组时钟

首个转录组时钟基于多个大型队列的外周血单核细胞基因表达构建而成。在后续的研究中，研究人员应用神经网络限制输入数据与已知生物途径关联，从而提高转录组时钟（transcriptomic clock）模型的可解释性。转录组时钟与衰老相关的多种因素相关，如死亡风险、心脏病、身体机能和认知，但仍需进一步实验验证。

3. 蛋白质组时钟

蛋白质组时钟可基于不同来源的生物样本（如脑脊液或血浆）构建。托尼·威斯－科雷（Tony Wyss–Coray）团队基于血浆蛋白组构建了衰老时钟，该时钟模型在后续研究中被证实与衰老疾病及健康寿命存在关联。随着蛋白质组学技术的进步，对蛋白质组学衰老的更多和更大规模研究可能会促进蛋白质组时钟（proteomics clock）进一步发展。

4. 代谢组时钟

基于血浆中 56 种代谢物构建的代谢组时钟研究表明，代谢组学年龄与实际年龄的差异值与心血管危险因素、心血管疾病风险及全因死亡风险显著有关。虽然代谢组学技术限制了代谢组时钟（metabolomics clock）的应用，但代谢与衰老间的紧密联系仍然是代谢组时钟的一大优势。

5. 影像学时钟

影像学时钟可基于人工智能技术构建，北京大学韩敬东团队构建通过识别面部特征实现了准确的年龄预测；亦有研究利用 CT 影像（如脑部 CT）预测器官年龄。随着人工智能技术的发展，未来可能会有更精准、更便捷的影像学时钟（imaging clock）出现。

6. 复合时钟

中国科学院动物研究所刘光慧团队利用多组学结合人工智能方法，系统挖掘多个维度的衰老生物标志物，并构建复合时钟（composite clock）（图 19-18），利用该时钟揭示衰老的动态变化规律以及激素替代疗法对于女性衰老的潜在干预效果。也有研究报道，通过机器学习方法，利用甲基化和转录组生物标志物构建了多模态衰老时钟，可能对药物靶标的发现具有一定帮助。

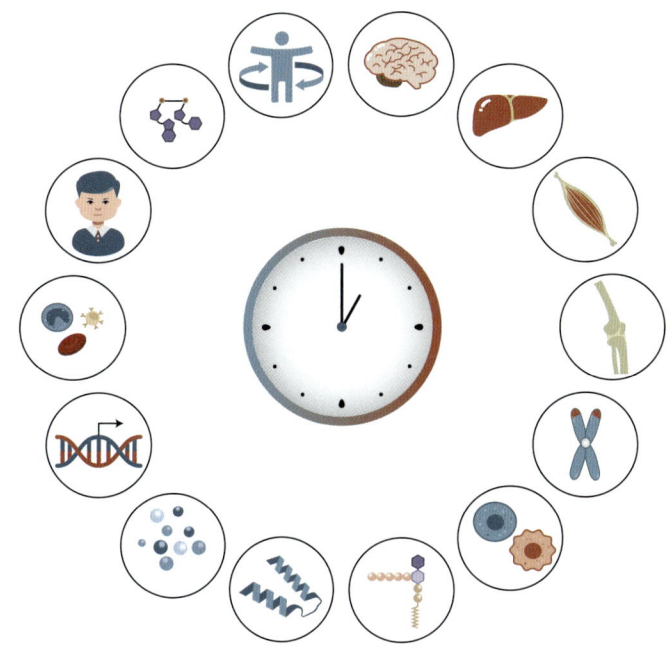

图 19-18 衰老的复合时钟

二、衰老时钟与衰老的特征

衰老时钟预测年龄与实际年龄的差距与个体表型之间存在一定相关性。不同类型的衰老时钟对不同衰老表型敏感，如甲基化时钟对死亡率敏感，转录组、代谢组和蛋白组时钟则对衰老相关疾病敏感。此外，通过将额外的特定老化表型或衰老生物学特征纳入模型，可以将实际年龄与对应生物学特征相结合，提高其对特定表型的预测能力。

三、衰老时钟的未来发展

衰老时钟有望成为深入了解衰老背后的生物过程，指导未来衰老治疗应用的潜在临床工具。面对衰老的复杂性，衰老时钟需要更具针对性，根据它们要测量的内容（细胞、组织或生物体年龄和功能）进行定制。

当前的衰老时钟绝大多数都是基于机器学习方法构建的数学模型，无法提供对衰老的因果见解。特别是对于表观遗传时钟来说，目前关于甲基化位点的改变如何影响基因表达和衰老相关生理学的下游变化知之甚少，未来研究还需深度融合更先进的人工智能技术，整合多组学数据以解析复杂的因果链条，从而揭示衰老时钟背后的核心分子机制。

名词窗 19-6

甲基化时钟（DNA methylation clock）：利用衰老过程中变化的甲基化生物标志物构建的年龄预测模型。表观遗传改变是衰老的标志之一，特定位点的甲基化变化不仅与某些疾病（如心血管疾病）和生活方式（如吸烟）有关，还可能与年龄呈线性关系。

转录组时钟（transcriptomic clock）：利用衰老过程中变化的转录组学生物标志物构建的年龄预测模型。通过转录组学技术可以捕获个体基因的表达谱，以及这些基因在特定组织，不同年龄之间的差异，根据基因表达水平来开发衰老时钟，能够将衰老与基因表达变化更直接联系，从而提高衰老时钟的可解释性和可验证性，但目前转录组学测序数据使用的平台不同，不同批次数据存在一定噪声，仍是限制转录组时钟使用的一大障碍。

蛋白质组时钟（proteomics clock）：利用衰老过程中变化的蛋白质生物标志物构建的年龄预测模型。人血浆和脑脊液中存在数千种蛋白质随着年龄的增长而变化，蛋白质组学技术的快速发展使对单个样品中的数千种蛋白质进行精确定量和构建蛋白质组学时钟成为可能。蛋白质组学的优势在于与器官功能的直接联系，血浆中含有来自几乎所有器官和细胞类型的蛋白质，可以研究衰老在不同组织和细胞类型间的差异，使得开发专注于特定组织衰老生物学的时钟成为可能。

代谢组时钟（metabolomics clock）：利用衰老过程中变化的代谢组生物标志物构建的年龄预测模型。新陈代谢与衰老之间具有紧密的联系，先进的质谱和核磁共振方法可以鉴定人血浆和尿液中的数千种代谢物，从而生成代谢组学时钟。但由于代谢组学的技术限制，代谢组学数据存在一定噪声，限制了其目前在衰老时钟研究中的应用，代谢组学时钟的年龄预测准确性也低于其他组学数据类型。

影像学时钟（imaging clock）：捕获衰老过程中生理结构变化的图像构建的年龄预测模型。衰老涉及许多明显的生理结构变化，如白发产生、皱纹增多、大脑萎缩等。通过影像学方法捕获衰老过程中发生的生理结构变化，利用深度学习和计算机视觉技术，根据影像学信息（如面部特征、大脑 CT 图像等），可以实现较为精确的年龄预测。这种时钟所依赖的生物标志物可以通过非侵入性方法快速获取，相对于其他时钟更为便捷。

复合时钟（composite clock）：利用多种类型衰老生物标志物构建的年龄预测模型（见图 19-18）。由于衰老的复杂性，基于单一衰老生物标志物的时钟不能反映整个衰老过程，通过有目的地选择特征并将不同性质的生物标志物组合到一个模型，有助于提高模型的可解释性，且比单一标志物衰老指标更为可靠。但是，增加预测变量的种类不可避免地会增加测量成本，而且简单地将更多的生物标志物整合到一个模型中也并不一定能保证其性能的提高。

衰老时钟（aging clock）：是一类从整个生命周期中随年龄变化的特征（如面部特征、基因表达水平、代谢物、表观遗传修饰等）中选择重要特征来预测个体年龄的机器学习模型（见图 19-17）。衰老时钟的预测年龄可以作为衡量生物年龄的指标，因此，衰老时钟可以作为度量个体、器官乃至细胞年龄的工具，检验、支持或反驳分子老年科学中的其他观察结果，为深入了解衰老背后的生物过程及未来衰老治疗及干预研究提供帮助。

第八节　衰老的干预

自有历史记载以来，人类一直没有停下找寻延缓衰老方法的脚步。随着老龄化社会的逐步到来，以延缓衰老为目标的衰老干预研究如雨后春笋般出现，并取得了一定成果。在本章前面部分已探讨"机体为什么会老？机体究竟有多老？"，本节重点介绍如何延缓衰老？虽然我们不能从根本上逆转衰老，但是可以通过延缓衰老的措施，预防和治疗衰老相关疾病，提高老年人生活质量，进而实现健康长寿。当前延缓衰老的策略主要包括小分子及药物、主动健康、体内基因干预和基因工程细胞干预（图 19-19）。

一、小分子及药物干预

1. 选择性消除衰老细胞药物

衰老细胞在机体衰老进程及多种年龄相关疾病发生发展中逐渐累积，靶向清除衰老细胞是衰老干预的有效手段。Senolytics 是选择性清除衰老细胞的药物，显示出良好的衰老干预效果。例如，达沙替尼与槲皮素（Dasatinib + Quercetin，D+Q）、漆黄素属于两种 Senolytics 药物。研究发现 D+Q 联合给药可降低老年小鼠死亡风险，延长健康寿命。在老年小鼠中喂食与槲皮素同属类黄酮的漆黄素，可延长中位寿命和最大寿命。ABT263（抗凋亡蛋白 BCL-2 和 BCL-xL 的特异性抑制剂）是另一种 Senolytics 药物，小鼠经口服给药后可选择性清除衰老细胞，恢复衰老组织中的干细胞活力。衰老细胞的 SA-β-gal 活性广泛增加，基于此设计的前体药物衰老特异性杀伤化合物 1

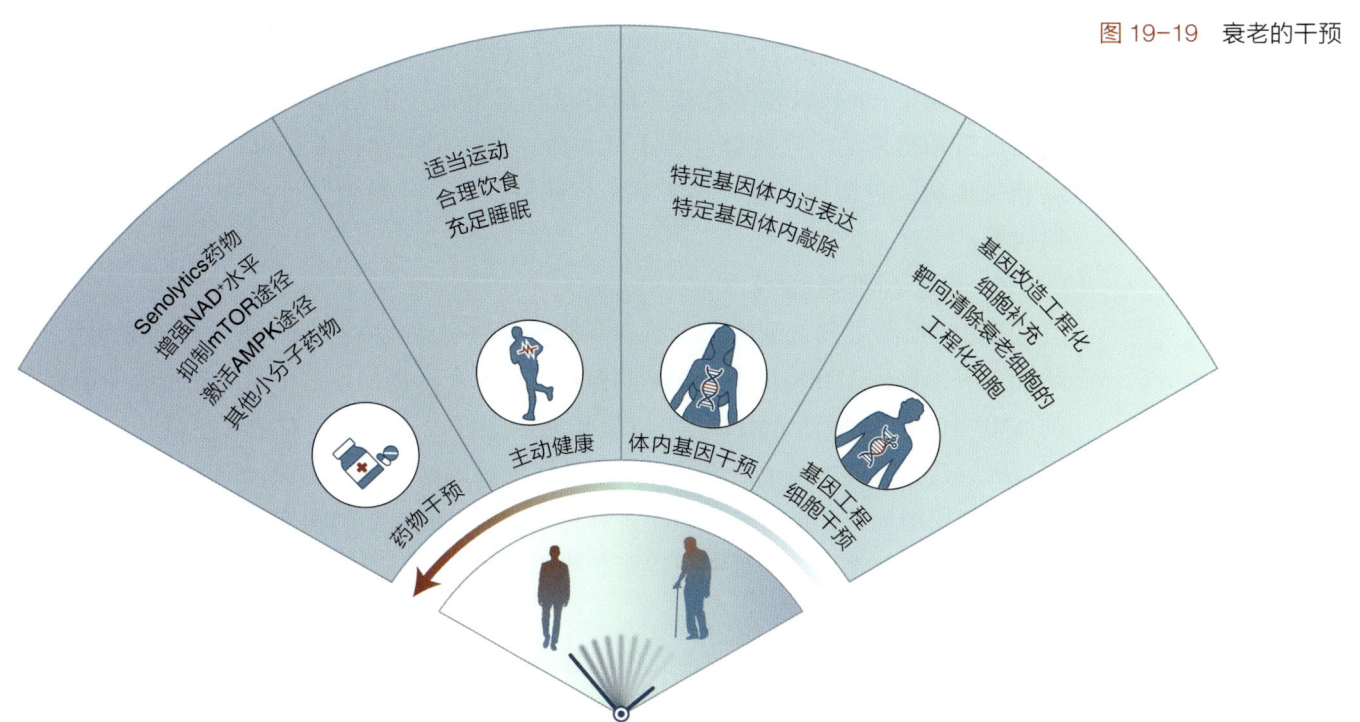

图 19-19　衰老的干预

（SSK1）可选择性地清除衰老细胞，降低老年小鼠慢性炎症水平并改善身体机能。

除 Senolytics 药物外，新兴 Senolytics 疗法聚焦在抗衰老疫苗，也是清除衰老细胞延缓衰老的策略之一。例如，糖蛋白非转移性黑色素瘤蛋白 B（GPNMB）在衰老细胞膜表面富集，针对 GPNMB 开发的抗衰老疫苗能够改善小鼠衰老相关的症状，延长早衰小鼠寿命。

2. 增强 NAD$^+$ 水平

在多种模式生物衰老过程中，组织和细胞中的烟酰胺腺嘌呤二核苷酸（nicotinamide adenine dinucleotide，NAD$^+$）水平逐渐下降，并且 NAD$^+$ 水平的降低与多种衰老相关疾病存在因果关系。NAD$^+$ 也被称为辅酶 I，是能量代谢的核心分子。它在细胞代谢、能量合成、DNA 修复和细胞衰老等多种生物学过程发挥作用。目前的研究发现许多提高机体 NAD$^+$ 水平以进行衰老干预和预防年龄相关疾病的有效策略，包括补充 NAD$^+$ 的前体物质如烟酰胺核糖（NR）、烟酰胺单核苷酸（NMN）和烟酰胺（NAM），调节 NAD$^+$ 生物合成酶以及抑制 NAD$^+$ 降解相关酶的方法。

NAMPT 和 NMNAT 是参与 NAD$^+$ 合成的关键酶，针对它们的活化剂被认为是增加 NAD$^+$ 水平的潜在策略。小分子化合物 P7C3 可以增强 NAMPT 的活性，在年龄相关的疾病（如神经变性）方面具有潜在的功能性治疗作用。ACMSD 是限制 NAD$^+$ 从头合成途径的酶，TES-991 和 TES-102524 的靶向抑制可以提高小鼠肝脏、肾脏和脑组织中 NAD$^+$ 水平。此外，抑制 NAD$^+$ 降解相关酶 PARP、CD38、CD157 和 SARM 有效地提高机体 NAD$^+$ 水平，在治疗与 NAD$^+$ 水平下降相关的年龄相关疾病方面具有巨大潜力。

3. 抑制 mTOR 途径

mTOR 整合营养、能量及生长因子等多种胞外信号，参与调节细胞的生长、增殖、凋亡、自噬和代谢等生物学过程，与多种疾病密切相关。越来越多的证据表明，mTOR 的激活是衰老的主要驱动因素，在包括酵母、秀丽隐杆线虫、果蝇和小鼠在内的模式生物中，mTOR 信号的减少能够延长其寿命。雷帕霉素是 mTOR 抑制剂，研究发现雷帕霉素的治疗能够延长小鼠寿命，同时，雷帕霉素还可预防及治疗多种年龄相关疾病，包括神经退行性疾病、代谢性疾病、年龄依赖性肥胖、心脏肥大、心肌病等。

4. 激活 AMPK 途径

AMPK 通路主要在细胞营养感知、能量代谢过程发挥作用，维持细胞能量稳态。研究表明，激活 AMPK 足以延长不同模式生物寿命。例如，二甲双胍通过改变细胞中的 AMP/ADP 间接激活 AMPK，可以延长秀丽隐杆线虫寿命。对中年小鼠长期进行二甲双胍给药，发现饮食中适量的二甲双胍添加可以延长小鼠寿命。同时，研究表明二甲双胍施用对灵长类全身多组织器官具有衰老保护效果。阿司匹林通过代谢为水杨酸参与到 AMPK 的激活，被证明可以延长线虫和雄性小鼠寿命，降低癌症风险。

5. 其他小分子药物

内源性反转录病毒（ERV）元件是数百万年前远古反转录病毒入侵整合到人类基因组的遗迹，占据人类基因组序列的 8% 左右。在胚胎后发育阶段，受表观遗传调控等因素影响，ERV 处于转录沉默状态。然而，在某些特定的条件下（例如胚胎发育早期，癌症或神经退行性疾病等病理条件），休眠的反转录病毒元件可以被唤醒。聚焦ERV，中国科学院动物研究所刘光慧研究员及其团队发现 ERV 的复活是衰老的生物标志物和驱动因素，而靶向反转录酶的小分子抑制药物可以延缓细胞，组织的衰老。同时，研究发现维生素 C、没食子酸、低剂量氯喹等处理衰老的人类间充质祖细胞，可增加异染色质相关水平，延缓细胞或组织衰老。

二、主动健康

1. 适当运动

长期久坐不动的生活方式会导致一系列健康问题出现，增加死亡风险。相反，定期进行体育锻炼和适度增加运动可以降低许多疾病风险，提高生活质量，甚至增加人类的平均和最大寿命。运动可以显著改变骨骼肌全基因组或特定位点的 DNA 甲基化模式。在平均年龄为 37.5 岁的男性中，持续 16 个月的定期运动使得骨骼肌的 DNA 甲基化模式朝着更好的方向发展，包括促进肌肉生长、分化和代谢等特征性变化。在小鼠中，长期规律的运动被发现可以延缓衰老进程，降低慢性疾病的易感性，同时研究发现长期运动对人具有潜在的衰老保护作用。

2. 合理饮食

饮食可能是对健康和衰老影响最重要的因素之一。暴饮暴食和伴随的肥胖会缩短人体的健康寿命，而合理饮食（包括限食、间歇饮食、生酮饮食等）与预期寿命的延长以及各种慢性病患病风险的降低有关。例如，生酮饮食，以产生高水平内源性酮体 β-羟基丁酸（β-OHB）为特征，被发现可以延长小鼠健康寿命。其中一个原因可能是 β-羟基丁酸通过调节表观遗传调控因子组蛋白去乙酰化酶活性，从而激活长寿基因 *FOXO3* 的表达。

3. 充足睡眠

昼夜节律的逐渐丧失和昼夜节律基因表达的抑制是衰老的常见特征之一，急性睡眠缺失会导致时钟基因发生表观遗传变化，这些基因在机体组织内调节着昼夜节律。因此，睡眠具有不可替代的功能，保持规律且充足的睡眠有助于延缓衰老，预防年龄相关疾病的发生和发展。

三、体内基因干预

随着基因编辑技术的发展，通过定点添加、敲除或改变基因碱基序列来改变基因表达和功能已经成为可能，这也为延缓衰老的基因疗法提供了机会。衰老细胞作为衰老干预的重要靶点受到广泛研究。例如，端粒酶反转录酶（Tert）对染色质末端端粒区域的复制至关重要。在 1 或 2 岁龄小鼠中，通过尾静脉一次性注射 AAV9-Tert 可以延长 24% 或 13% 寿命。衰老细胞产生 SASP 因子，促进相邻细胞衰老。NF-κB 在细胞炎症反应中扮演重要角色，通过向小鼠下丘脑注射显性阴性 IκBα 慢病毒来抑制 NF-κB 的激活，可以延长约 10% 最大寿命。在小鼠关节内注射编码 YAP 或 FOXD1 的慢病毒载体，可以减轻骨关节炎的发展。同样，多能性因子 OSKM（OCT4、SOX2、KLF4 和 MYC）的表达也可以不同程度地回拨表观时钟，延长早衰小鼠寿命。

除了体内特定基因的回补策略外，一些针对基因敲除的方法在延缓衰老中也发挥作用。基于全基因组 CRISPR 筛选技术，最近的研究发现 KAT7 是一个新的衰老促进靶点。通过尾静脉单剂量注射 Cas9/sg-Kat7 的慢病毒载体，可以减缓肝脏衰老，并将生理性衰老和早衰小鼠的中位寿命分别延长 25% 和 34%。

四、基因工程细胞干预

随着机体衰老，组织器官的再生与修复能力显著降低。其中，干细胞的耗竭和功能下降是主要原因之一。除了在体内进行基因操作以实现衰老干预外，通过外源补充干细胞来逆转这一过程也是一种衰老干预方法。然而，考虑到衰老微环境的负面影响，干细胞需要经过基因改造才能在衰老微环境中正常发挥功能。例如，经过 *FOXO3* 基因改造的人类胚胎干细胞派生的血管细胞表现出更强的氧化应激抵抗能力和延缓衰老的能力，增强了血管的再生和修复能力。更进一步，聚焦长寿基因通路进行基因重编程，研究人员构建了具有抗衰老、抗应激、抗恶性转化的工程化人类抗衰型间充质祖细胞（SRC），并证实 SRC 可以作为通用型细胞治疗载体显著延缓灵长类动物多器官衰老进程。另外一项研究报道，在 18 个月大的小鼠体内移植基因工程化下丘脑干细胞表达显性阴性 IκBα 后，其寿命延长近 10%。

衰老细胞随年龄增长在各种组织和器官中积累，它们分泌多种细胞因子和趋化因子，反过来促进或维持衰老。与外源补充基因工程化干细胞不同，另一种衰老干预策略是清除机体中的衰老细胞。例如，P16^{Ink4a} 是一个经典的衰老生物标志物，其在衰老细胞中表达增加。研究表明，在转基因 INK-ATTAC 早衰小鼠中诱导清除 P16^{Ink4a} 阳性衰老细胞，可以延缓衰老相关疾病的发生发展。此外，经过设计的针对尿激酶型纤溶酶原激动剂受体（uPAR）的 CAR-T 细胞可清除衰老细胞。通过腹腔注射这些 CAR-T 细胞，可以延长接受诱导衰老药物治疗的肺腺癌小鼠存活率，并恢复化学治疗或饮食诱导的肝纤维化小鼠体内的组织稳态。

※ 复习思考题

1. 什么是衰老？
2. 衰老与疾病之间的联系与区别是什么？
3. 衰老研究有哪些常用的遗传学方法？这些方法各有哪些优势？
4. 衰老的特征有哪些？这些特征之间是否存在关联？
5. 常见的衰老相关疾病有哪些？其主要特征包括哪些？

6. 常见的早衰症有哪些？其发病机制是什么？

7. 如何理解非遗传因素对于预期寿命的影响？

8. 什么是衰老时钟？

9. 如何实现衰老的科学度量？

10. 衰老干预的策略都有哪些？

※ 推荐阅读

1. HE S, SHARPLESS N E. Senescence in health and disease [J]. Cell, 2017, 169(6): 1000-1011.

2. CAMPISI J, KAPAHI P, LITHGOW G J, et al. From discoveries in ageing research to therapeutics for healthy ageing [J]. Nature, 2019, 571(7764): 183-192.

3. PARTRIDGE L, FUENTEALBA M, KENNEDY B K. The quest to slow ageing through drug discovery [J]. Nature Reviews Drug Discovery, 2020, 19(8): 513-532.

4. LOPEZ-OTIN C, BLASCO M A, PARTRIDGE L, et al. Hallmarks of aging: An expanding universe [J]. Cell, 2023, 186(2): 243-278.

5. BENZING T, SCHUMACHER B. Chronic kidney disease promotes ageing in a multiorgan disease network [J]. Nat Rev Nephrol, 2023, 19(9): 542-543.

6. HOU Y, DAN X, BABBAR M, et al. Ageing as a risk factor for neurodegenerative disease [J]. Nat Rev Neurol, 2019, 15(10): 565-581.

7. MELZER D, PILLING L C, FERRUCCI L. The genetics of human ageing [J]. Nature reviews Genetics, 2020, 21(2): 88-101.

8. RUTLEDGE J, OH H, WYSS-CORAY T. Measuring biological age using omics data [J]. Nature Reviews Genetics, 2022, 23(12): 715-727.

9. PARTRIDGE L, DEELEN J, SLAGBOOM P E. Facing up to the global challenges of ageing [J]. Nature, 2018, 561(7721): 45-56.

（编写：刘光慧、宋默识、张维绮；审读：王堃、李永鑫）

第二十章

进化和发育

　　多姿多彩的生命形态，无疑是自然界最为引人入胜的画卷之一，它们是生物体历经漫长进化历程，将遗传变异信息精妙地通过个体发育过程逐一展现的辉煌成果。"种瓜得瓜，种豆得豆"，每一个物种，无论其形态如何繁复多变，最终发育成的模样总是遵循着某种内在的规律，展现出相对固定的特征。这种规律性在彰显生命多样性的同时，也揭示了遗传信息在塑造生命形态中的决定性作用。这些深藏于物种生殖细胞中的遗传信息，如同生命的蓝图，不仅决定了生物体的基本构造，还指引着其发育的每一步进程。它们在不同物种之间的差异，以及如何在个体发育中精准地表达和展现，构成了进化发育生物学（evolutionary developmental biology，Evo-Devo）研究的核心议题。这一领域致力于探索生命形态在进化长河中的演变轨迹，以及这一演变背后所隐藏的发育机制。通过深入研究，科学家们试图揭开生命形态多样性与遗传信息变化之间的神秘面纱，理解发育过程是如何在进化的推动下不断形成和演变的。当然，在同一物种内部，不同个体之间也会展现出形态上的差异，这些差异虽然同样受到遗传和环境因素的双重影响，但相较于物种间的显著差异，它们更多地被视为个体变异的体现。这些个体间的形态差异，更多地被遗传学或发育生物学关注，用于探索基因表达、环境适应等更为微观层面的生命现象。因此，进化发育生物学作为一门融合了进化生物学与发育生物学的交叉学科，其独特之处在于它致力于从宏观与微观相结合的角度，解析生物体在进化过程中形态结构的深刻变化与发育机制的内在逻辑。它不仅关注生命形态的多样性，更致力于揭示这一多样性背后所蕴含的进化动因与发育奥秘，为我们理解生命的本质，探索生命未来的发展轨迹，甚至人工改造生命，提供了独特的视角和方向。

第一节 基本概念

　　同源异形基因（homeobox gene）是进化发育生物学领域的核心概念之一，它们在进化上高度同源，但其突变所产生的表型并不完全相同。动物的同源异形基因含有一段 180 bp 的保守序列，称为同源异形框（homeobox），这些基因编码的转录因子可以激活或抑制靶基因的表达。通常，具有同源异形框的基因都被称为同源异形基因，是一个重要的转录因子大家族，其中决定动物早期胚胎前后轴和体节形成的一组同源异形基因被称为 *Hox* 基因，其他含有同源异形框的基因还有很多，在各器官组织发育等功能中起着重要作用。同源异形基因最早在果蝇中被发现，随后被发现在所有多细胞动物中都存在，功能也在进化上高度保守，控制各类动物主要器官组织的发育。后续发现植物发育也有非常类似的控制形态发育的基因，并且同样含有编码约 60 个氨基酸的保守结构域（domain），但植物的这类同源异形基因与动物的相比，在序列和结构上都没有相似性，提示多细胞动物和植物分别独立进化了一套基本的控制发育的关键同源异形基因。

　　与同源异形基因密切相关的一个进化发育生物学的核心概念是工具箱基因（toolkit gene）。正是因为发现从线虫、昆虫到小鼠和人类胚胎发育的基本过程中，同源异形基因都起着关键作用，进化发育生物学领域认为所有动物发育，至少关键结构和器官的发育，甚至不同源的同功器官的发育都由同一套工具箱基因控制。例如，不是同源的昆虫、脊椎动物和头足类章鱼的眼发育都受同一个同源异形基因 *Pax6* 控制。这一思想进而引出了进化发育生物学的另一个核心概念，即深度同源性（deep homology），它指的是控制动物发育的基因在系统发育中具有深厚的同源关系，其起源可追溯至近 5 亿年前的寒武纪多细胞动物时期。

　　上述进化发育生物学的几个核心概念自然引出一个关键且令人困惑的问题：既然从线虫到昆虫到人的基本发育均由同样的工具箱基因控制，那如此多姿多彩的动物世界的遗传基础又是什么呢？1975 年，玛莉·克莱尔·金（Mary-Claire King）和艾伦·威尔逊（Allan Wilson，1929—1991）发现人和黑猩猩之间在基因上的差异很少，由此提出了著名的"动物表型进化主要由基因表达调控引起"假说。这一观点在 20 世纪 80 年代后期兴起的进化发育生物学领域被进一步强化，进化发育生物学认为，不同动物类群之间形态差异和形态创新，或由于工具箱基因编码序列的变异进化出了新功能，或由于基因表达的时空模式发生了改变，尤其是后者，在美国著名进化发育生物学家肖恩·卡罗尔（Sean Carroll）的倡导下，影响广泛而深远。实现基因表达的时空变化，需要进化出新的顺式调节元件（*cis*-regulatory element），因此，进化发育中形态创新的遗传基础是顺式调节元件的观点被生物学界广泛接受。但是，仅仅是少数工具箱基因的简单表达改变就造就如此多种多样的动物种类，从进化生物学角度看还需要更多研究证据，包括阐明一些动物重大进化事件的创新机制将有助于证实这一问题。

第二节 发展历史

在动物胚胎学发展早期，由于观察到各种动物在胚胎发育早期的形态过程具有一定相似性，因此提出著名的生物重演律（recapitulation law），即个体发育重演系统发育。这一思想因在 19 世纪 80 年代得到德国胚胎学家恩斯特·海克尔（Ernst Haeckel，1834—1919）的极力倡导而广为人知。但是，从那时到 20 世纪 80 年代近一个世纪中，关于这些动物早期胚胎类似发育，后期胚胎发育却大相径庭的机制几乎一无所知。直到 1978 年，美国生物学家刘易斯在果蝇中发现了控制其胚胎发育的首批同源异形基因，才首次揭开了这一机制的分子基础。1980 年，德国生物学家尼斯莱因 – 福尔哈德和美国发育生物学家维绍斯系统发现了沿果蝇胚胎前后轴最早表达的合子基因，这些基因是同源异形基因，参与果蝇胚胎前后轴早期模式的形成。由于这组基因发生突变时会导致果蝇胚胎体节模式发生间隔缺失现象，因此将它们命名为间隔基因（gap gene），包括 *Hunchback*、*Giant*、*Krüppel*、*Knirps* 和 *Tailness* 等。上述同源异形基因很快就在动物界各个门类中被广泛发现，大大推进了人们对发育机制进化过程的认识，从而催生了进化发育生物学这一分支学科的诞生并使其蓬勃发展，上述三位科学家也因此分享了 1995 年的诺贝尔生理学或医学奖。

在同源异形基因发现之后，从 20 世纪 80 年代开始，众多进化发育生物学家通过在各种动物中进行发育过程和机制的进化比较研究，发现除了早期胚胎前后轴发育的控制，其他器官组织如四肢、眼及各种重要器官发育也存在类似的工具箱基因。例如，除上述控制眼的 *Pax6* 基因外，还发现了控制果蝇腿、鱼鳍和鸟四肢发育，乃至海鞘的管足、环节动物的伪足发育的 *Distal-less* 基因。科学家们又进一步发现在胚胎发育过程中，除了同源异形基因外，一些负责将细胞外信号传递进入细胞内的信号通路也起到了重要的作用，特别是 Wnt 信号通路扮演了非常重要的角色，而很多情况下它都是与 FGF、Notch、Hedgehog 和 TGF-β 等其他几条重要的信号通路通过大量的相互协同而发挥作用的。

第三节 动物形体构型形成

形体构型（body plan）作为动物身体结构的基本框架在其进化过程中高度保守，并对动物生存繁衍和竞争优势等方面均具有至关重要的作用。它构成了动物身体的一般构造模式，并且在动物的高级分类单元间展现出高度的保守性。任何较高分类单元的动物形体构型都可以通过一组关键特征来描述，这些特征足以将它们与其他所有类群区分开来。举例来说，如果一个动物外部分节且具有外骨骼，那它就是节肢动物；如果内部分节且具有内骨骼，那它就是脊椎动物；如果具有包裹内脏团的外套膜和壳（这个壳可能位于外部、内部或已经退化），那它就是软体动物等。可通过增加更多的描述特征，来详尽地描绘每种形体构型，以便更好地进行区分。进化发育生物学的一项重要任务就是研究这些多样的动物形体构型，特别是关于动物体轴和对称性起源形成的遗传发育机制。

一、形体构型中的关键体轴

大多数动物在发育过程中除了要进行细胞命运决定之外，还要形成作为动物身体基本架构的三个关键体轴：包括前后轴（anterior–posterior axis）、背腹轴（dorsal–ventral axis）和左右轴（left–right axis）（图 20–1）。前后轴是指从头到尾的轴线，对无头尾的动物类群是从口到肛门；背腹轴是指从背部（或背面）到腹部（或腹面）的轴线；左右轴是指分开身体左右两侧的轴线。通常来说，沿着任意一个轴线可以将绝大多数动物分成对称的两份，但实际上所谓的对称指的是大部分外部形态拥有的典型特征，细致来看很难存在严格意义上的对称。例如，正如通常所讲，包括人类在内的大多数动物都是两侧对称（bilateral symmetry）的。但是，大多数人的心脏却位于身体的左半部分，胃和肠道等也具有明显的方向性。即便早期胚胎从外形上看已经非常对称了，但它们仍然能够以某种方式知道哪个位置将来应该形成何种组织器官。现在我们已经知道，在胚胎发育早期，大多数动物的主要体轴（如前后轴、背腹轴，以及左右轴）就已经被特化决定，但不同类群采用的体轴特化机制却不完全相同。

二、动物形体构型的起源

动物的形体构型曾一度被认为是在 5.3 亿年前开始的寒武纪大爆发（Cambrian explosion）时期迅速形成的。然而，随着对动物进化研究的持续深入，我们已经知道位于基部的非两侧对称动物和几乎所有的两侧对称动物类群在寒武纪大爆发之时似乎就已经存在。所以，动物形体构型的起源可能发生在寒武纪时期或寒武纪时期之前。通常，人们认为大多数动物的形体构型都出现在接近所谓的寒武纪大爆发而不是更早的成冰纪（Cryogenian，7.20亿—6.35 亿年前），因为成冰纪时期的地球被称为"雪球地球"，这主要是由于地球表面从两极到赤道全部结冰，只有海底残留了少量液态水。因此，动物的形体构型可能起源于 6.3 亿—5.3 亿年前的某个时段，它们可能是在漫长的一亿年时间内逐渐进

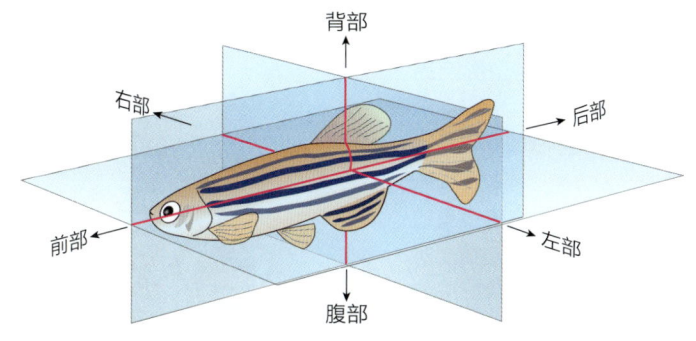

图 20–1 两侧对称动物的三个关键体轴

化的，当然也可能更快。但是，关于动物形体构型的起源目前仍然存在较多争论，阐明这个问题还需要未来更多的研究。

三、动物形体构型形成的进化发育机制

1. 前后轴的建立与分节

当胚胎处于延伸阶段时，会发生一系列关键的形态发生过程，如前后轴的建立和分节等。研究者们已经成功鉴定出一系列基因，这些基因在胚胎发育过程中具有明显的上下游调控关系，它们不仅参与了胚胎前后极性的建立，还负责将胚胎分成特定数目的体节。分节基因（segmentation gene）将早期胚胎沿着前后轴分成若干个重复性的分节原基，当然不同分节原基后期的功能不一定相同。最初是根据突变表型类型的不同分为三类，包括间隔基因、成对规则基因（pair-rule gene）和体节极性基因（segment polarity gene）。目前对果蝇的研究较多，因此一般根据果蝇的研究描述前后轴模式形成过程。在受精卵时期，母体效应基因定位于受精卵的不同位置，从而产生形态发生蛋白的浓度梯度和区域分布，并最终建立前后体轴的图式。前后体轴的形成受许多关键基因的调控，其中最主要是 *Hox* 等工具箱基因。例如，正常成体果蝇有三个胸节，每个胸节上都长有一对腿。第一胸节除了一对腿外没有任何其他附肢；第二胸节除了一对腿之外还有一对翅膀；第三胸节除了一对腿外还有一对平衡棒（haltere）。*Hox* 基因 *Ubx*（Ultrabithorax；超双胸）缺失或突变会使第三胸节变成第二胸节（也就是平衡棒的位置会长出一对翅膀，而不是平衡棒），从而导致产生缺失平衡棒但具有两对翅膀的果蝇个体。当然，还有其他一些例子，如 *Antp*（Antennapedia；触足）基因突变会使长在头上的触角变成腿（图 20-2）。这里的内容在第十三章已经有所提及，本节不再赘述。

2. 左右轴的形成

尽管绝大多数两侧对称动物从外形上看几乎是左右对称的，但动物胚胎实际是有左右轴极性的建立。正如在第十一章中提到的那样，目前许多在脊椎动物中的研究都表明 *Nodal* 基因在胚胎左侧的侧板中胚层表达是左右轴形成的关键事件。一旦这个基因的表达位置发生变化如表达在右侧，那么心脏和肠道等组织器官的位置和分布也会反转；如果表达在中间，就会随机变化。Nodal 蛋白通过激活 Pitx2 来建立左右极性

图 20-2　果蝇 *Hox* 基因突变对其形体构型影响的模式图
为方便对比，仅展示出关键性的改变，其他部位的细节改变未展示。（A）野生型的果蝇；（B）*Ubx* 基因突变对果蝇形体构型的影响；（C）*Antp* 基因突变对果蝇形体构型的影响。

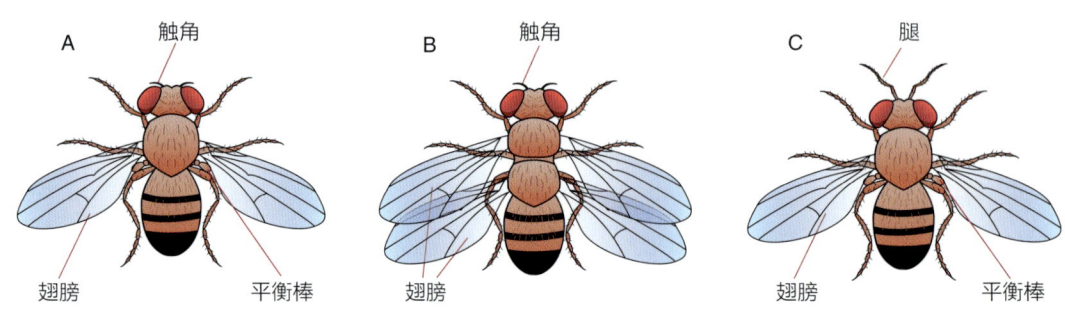

的途径在绝大多数脊椎动物中都是保守的。研究发现，一些与微管相关的蛋白质（如Nodal 蛋白）对母体产物在未来左侧和右侧细胞中的不均匀分布起关键作用，这里的微管以纤毛的形式影响左右轴的形成。在原肠胚形成结束后不久，一个充满液体且带有纤毛的暂时性器官 Kupffer 泡对胚胎左右轴的建立至关重要。如果抑制动力蛋白的合成或去除纤毛细胞的前体，就能通过阻断纤毛的功能最终导致左右轴形成的异常。当然，上述内容只是目前对左右轴极性建立的部分认识，未来更多的细致研究将为我们揭开这层面纱。

　　3. 背腹轴的形成

　　背腹轴作为贯穿动物从背部到腹部（或从背面到腹面）方向的轴线，其发育过程也涉及了大量关键基因的参与，具体的发育机制已在第十一章得到阐述，这里不再赘述。

四、动物其他特殊的形体构型

　　地球上现存的绝大多数动物类群（包括人类）都展现出左右两侧大体对称的外部形态，也就是常说的两侧对称。但是，在漫长的生命进化过程中有一些类群却发展出了非常独特的形体构型，如两侧不对称（bilateral asymmetry）和辐射对称（radial symmetry）。

　　两侧不对称形体构型最典型的例子就是比目鱼（flatfish）。比目鱼在进化过程中发展出了左右两侧极其不对称的形体构型，它的不对称部位包括颅骨、身体两侧肌肉厚度、鱼鳍和眼等，其中以两只眼位于颅面同侧为最显著的特征。不过，值得注意的是，比目鱼的两侧不对称形体构型并不是与生俱来的。与绝大多数脊椎动物成体一样，比目鱼在其幼体早期时期还拥有着两侧对称的形体构型（双眼各位于一侧），并以直立游泳的姿势进行移动。然而，随着变态发育过程的进行，比目鱼的其中一只眼逐渐向头部另一侧迁移，此间两侧的颅面骨、身体的厚度和鱼鳍等也逐渐出现不对称的表型，进而游泳姿势也逐渐发生倾斜。待变态发育结束之后，比目鱼的两只眼就出现在颅面的同一侧并展现出两侧极其不对称的形体构型，这种以两只眼向上的"双视野"姿势趴在海底泥沙中可能在捕食和隐藏中具有一定优势（图 20-3）。已

第一阶段（未变态）　　第二阶段（变态早期）　　第三阶段（变态中期）　　第四阶段（变态后期）

图 20-3　比目鱼变态发育过程的模式图
比目鱼两侧不对称形体构型的形成过程（为方便对比，只重点突出了眼迁移等表型，鱼体大小等其他特征的变化未体现）。

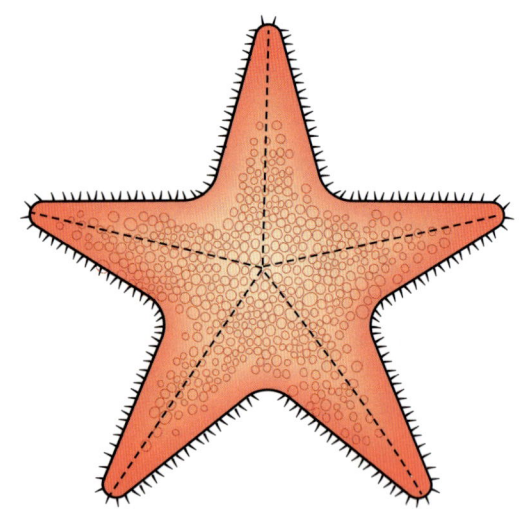

图 20-4　棘皮动物辐射对称形体构型的模式图
（以海星为例）

有的一些研究发现，甲状腺等在调控比目鱼眼迁移的过程中具有至关重要的作用。但是，关于比目鱼眼迁移的具体细胞和分子机制，领域内到目前为止还不是很清楚。其中，与比目鱼眼偏转有关的"细胞挤压说"是目前认可度较高的一个假说，该假说的主要观点是比目鱼待迁移的眼两侧细胞增殖数目的明显差异是挤压该眼向头部另一侧移动的重要原因。未来，通过更加精细的研究方法可能可以确定比目鱼眼迁移的细胞和分子基础。

由于具有内骨骼等特征，棘皮动物（echinoderm）通常被认为是最高等的无脊椎动物。但是，棘皮动物却转变成了辐射对称的形体构型（图 20-4），这与地球上现存的绝大多数类群所拥有的形体构型都不一样。现在已经知道，棘皮动物辐射对称的形体构型来自其两侧对称动物的祖先。那么，它们的辐射对称形体构型又是如何形成的呢？2006 年，科学家联合攻关成功破译了紫海胆（*Strongylocentrotus purpuratus*）的基因组，随后就有研究发现紫海胆 *Hox* 基因簇的排列与已知的拥有两侧对称形体构型的动物类群（*Hox1/2/3*…*Hox11/12/13*）显著不同（本该与 *Hox4/5/6* 相接的 *Hox1/2/3* 却重组在 *Hox11/12/13* 基因座旁边）。众所周知，*Hox* 基因在动物进化过程中极其保守且在体轴形成中具有至关重要的作用，正如前面所讲该基因簇的变化将明显改变动物的形体构型。此外，在其他一些动物类群的研究中发现 *Hox* 基因簇会表现出一定的时空共线性表达特征，一旦其在基因组上的位置发生变化意味着表达模式也可能改变。因此，该发现使得一些棘皮动物学家认为这可能就是棘皮动物形体构型转变（进化出辐射对称的独特形体构型）的重要遗传基础。然而，除海胆纲外，棘皮动物门还包括其他 4 个纲（海星纲、海百合纲、海蛇尾纲和海参纲）。已有的研究提示，并不是所有棘皮动物类群（纲）的 *Hox* 基因簇都发生了像紫海胆那样的重排现象。因此，棘皮动物辐射对称形体构型形成的机制目前仍未完全阐明，尚需进一步研究。

第四节　动物器官和重大表型进化的遗传基础

在宏观进化的尺度上，古生物学家发现了许多生物的表型在相对较短的时间内经历了快速的变化。其中，动物器官的起源和重大表型的进化一直是生物学研究的重要主题。从动物的栖息地到生存方式，从食物获取到繁殖方式，器官的形态和功能的变化都起着关键的作用。理解器官起源和进化的遗传机制，可以帮助我们更好地理解生物的多样性和复杂性，对于动物的生物学分类、疾病的诊断和治疗，以及生物技术的发展都有极其重要的意义。然而，这些改变无法仅仅用现代综合论（modern synthesis）中的基因频率改变进行解释，正如早期系统生物学家沃丁顿所言："进化的真正内核，如马和老虎之间的差异如何产生，是在数学模型之外的。"因此，我们必须要结合生物的发育过程以及进化中各种较大和较小的遗传改变，才能更好地理解重大表型改变的遗传机制。

一、动物新器官的起源

生命进化早期的动物，如海绵动物门和刺胞动物门，展现出从简单到复杂的过渡特征。海绵动物虽缺乏真正的器官和组织，但已具备功能分化的细胞群体，它们有水管系统以过滤食物和水，并通过特殊化的细胞进行消化。刺胞动物有更复杂的体结构，包括神经系统、肌肉和消化系统。

在整个动物界中，许多基本的器官和结构，如眼、心脏和肾脏，在不同的物种中有着相似的基因和发育路径。这一点提示我们这些器官可能起源于一个或少数几个共同的祖先。例如，许多物种的眼，包括人类、章鱼和果蝇，在发育过程中涉及 *Pax6* 基因。当然这也存在一些例外，如扇贝眼的发育可能主要受到 *Pax2/5/8* 基因的控制。总的来说，这些基因在不同物种中的功能和结构的相似性，提示着眼可能起源于一个单一的、有视觉能力的祖先，但后来各个门类具体的发育路径可能因物种而异（图 20-5）。对于更复杂的器官，科学家们认为它们可能是从更简单的结构进化而来的。例如，肾脏可能起源于早期无脊椎动物的排泄系统，而心脏可能起源于简单的血管。这些器官随着时间的推移，通过自然选择和遗传变异，逐渐变得更加复杂和高效。

哺乳动物的胎盘是一个较为近期起源的器官，也是研究新器官起源的一个最新范例。哺乳动物胎盘的起源可以追溯到约 1.6 亿年前的中生代，当时的哺乳动物祖先开始出现胎生的生殖模式。这种变化可能是为了在恶劣的环境条件下保护胚胎，让它们在母体内部完成发育。在早期的胎生动物中，胚胎通过一个被称为卵黄囊的结构从母体获取营养。然而，随着胎生动物体型的增大和代谢率的提高，卵黄囊无法提供足够的营养。因此，哺乳动物的祖先进化出了一种新的结构，即胎盘，以直接从母体血液中获取营养。科学家发现，哺乳动物胎盘的起源涉及了多种遗传机制，包括对许多古老基因的招募和少量新基因的产生。这些

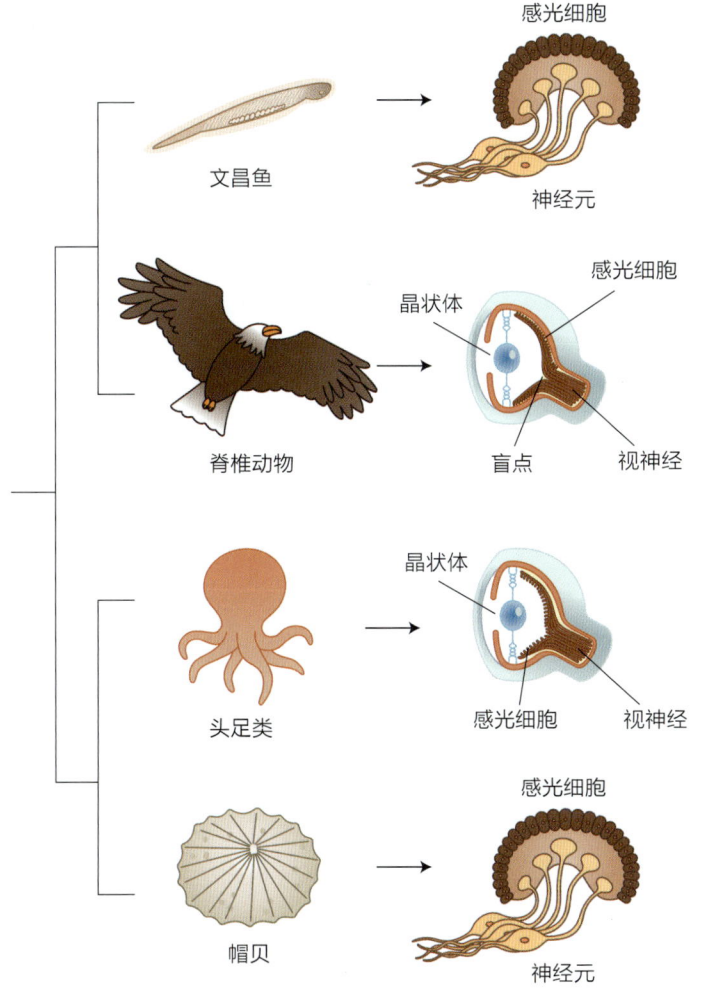

图 20-5　复杂眼结构的多次起源

新基因包括部分来自基因重复后分化的蛋白酶、激素和转录因子，也包括获取自反转录病毒的全新基因。这一反转录病毒产生的新基因（如 *Suppressyn*）可以编码具有抗病毒活性的蛋白质，在胎盘的免疫防御中发挥作用。

最近，我国科学家对反刍动物瘤胃起源的研究也取得不少进展。研究发现，反刍动物瘤胃仅仅在 3 600 万年前才进化出来，其来源的组织是食道而不是肠道。瘤胃内部丰富的微生物群落，对植物纤维素进行高效发酵分解，使得反刍动物能够高效利用植物性食物。研究表明，大多数在瘤胃中表达的基因是在反刍动物与鲸豚类分化前就已存在的古老基因，符合传统的进化发育的调控元件起主导作用的假说。但一些来自基因重复的新起源的基因在瘤胃的发育过程中也起到了重要的作用。例如 *PRD-SPRRII* 这一反刍动物特异的新基因家族可能在瘤胃表面富含角质的发育过程中起重要作用，溶菌酶基因也不断在产生新的基因，这些新基因的产生可能对瘤胃的形成和功能具有重要影响。

目前，关于动物器官起源进化的研究刚刚开始，可以预见未来几年中，对于动物器官起源进化的认识会大大丰富，从而对多姿多彩的动物如何进化而来得到更加明晰的答案。

二、动物重大进化事件的遗传基础

除了新器官的起源，动物的进化过程还涉及了许多其他重大的进化事件，如脊椎动物的出现、脊椎动物从水生到陆生的演变、鸟类和哺乳动物的出现等。文昌鱼作为脊索动物的代表之一，其器官形成的研究为理解脊椎动物器官进化提供了重要线索。例如，文昌鱼虽然没有复杂的免疫系统和心血管系统，但其胚胎发育过程中仍然表现出多种与这些系统相关的基因表达。特别是文昌鱼的内皮细胞相关基因被认为是心血管系统进化的前身，而其免疫相关基因的表达则为脊椎动物先天免疫系统的出现提供了线索。这表明，脊椎动物的复杂器官，如心脏和免疫器官，可能源自这些简单生物的器官雏形，经过一系列新基因出现，原有基因的重新招募、重组和调控，逐渐进化为复杂的器官系统。

目前，关于脊椎动物从水生到陆生进化的遗传机制，是研究得较为清晰的案例之一。研究发现，在 4.8 亿年前硬骨鱼祖先已经具备了大量与陆生有关的基因，具有深度同源性，后来经过肉鳍鱼的祖先以及四足动物的祖先，不断改进或增添新的遗传元件，最终使得四足动物成功登陆，占据了陆地上各种生态环境。与新器官起源类似的是，这些重大进化事件的遗传基础往往涉及许多对古老基因的招募和利用，例如从偶鳍到四肢的转变，以及原始肺演变为能高效进行气体交换的肺。另一方面，新基因的出现同样起到了至关重要的作用。例如，新基因的出现促成了肺泡结构的形成与脑部杏仁核抗焦虑功能的建立。重大的形态、器官和生理进化，究竟是主要源于对"工具箱基因"进行变异和调控的修饰与完善，还是依赖于新基因的参与？这始终是进化生物学的一个核心问题。与新器官的起源研究类似，未来对恒温、飞翔能力等重大进化事件的遗传基础解析，将为这一问题提供更清晰的答案。

第五节　植物的进化发育研究

动植物的进化历程可以追溯到大概 20 亿年前的共同单细胞原始祖先。这种最近的真核共同祖先（last eukaryotic common ancestor，LECA）可能是一种具有线粒体和鞭毛的单细胞真核生物。此后，动植物沿着两个不同的分支进行独立进化：一支在进化出了领鞭毛虫之后经历后续的多细胞化过程形成纷繁多样的多细胞动物；另一支则在经历了蓝细菌的内共生后为光合作用驱动的植物进化奠定了基础（图 20–6）。尽管彼此独立进化造就了动植物形态发育的巨大差异，但动植物发育过程却也呈现出许多内在逻辑的相似性。

一、世代交替

与动物明显不同的是，植物从藻类开始便进化出了世代交替（alternation of generations）现象，即生命周期在单倍体和二倍体阶段之间交替进行，两个阶段分别以减数分裂和配子融合为标志。研究者发现，在衣藻（绿藻的一种）的正（+）负（–）单倍体交配型中分别表达一对旁系同源的植物同源异形基因 *BELL* 和 *KNOX*，这两种基因的表达产物在配子融合之前存在于细胞质之中，当配子融合之后它们形成异源二聚体进入细胞核并激活二倍体基因表达。在进化过程中，*KNOX/BELL* 在藻类和陆生植物中发生过多次的基因加倍事件，这些发现表明像 *KNOX* 及 *BELL* 这类同源异形基因的祖先功能可能与调控由单倍体到二倍体的转变有关（图 20–7）。

二、分生组织

与动物相比，植物的光合自养属性使得它们在进化过程中呈现出了典型的顶端生长特性。在细胞水平上，植物中的分生细胞（meristem cell）与动物中的干细胞（stem cell）类似，它们都具有自我更新的能力，并能够同时通过分裂分化产生新的细胞类型。然而，与动物干细胞通常仅在特定发育阶段或组织修复中短暂活跃不同，植物的分生组织能够在植物的整个生命周期中持续发挥作用。以被子植物为例，其地上部分的所有器官均由被称为茎端分生组织（shoot apical meristem，SAM）的结构产生。该结构由多层细胞规律排列而成，根据细胞的不同分裂行为和基因表达划分为不同的组织区域（详见第十五章）。SAM 的形态与功能受到化学和力学信号的调节，其中 SAM 中干细胞的维持主要通过 CLAVATA（CLV）途径与细胞分裂素信号转导途径相互拮抗负调控同源异形基因 *WUSCHEL*（*WUS*）来完成，而机械应力则广泛地参与 SAM 的生长调控从而调节 SAM 大小、表面曲率、器官发生及细胞命运决定。值得注意的是，

A

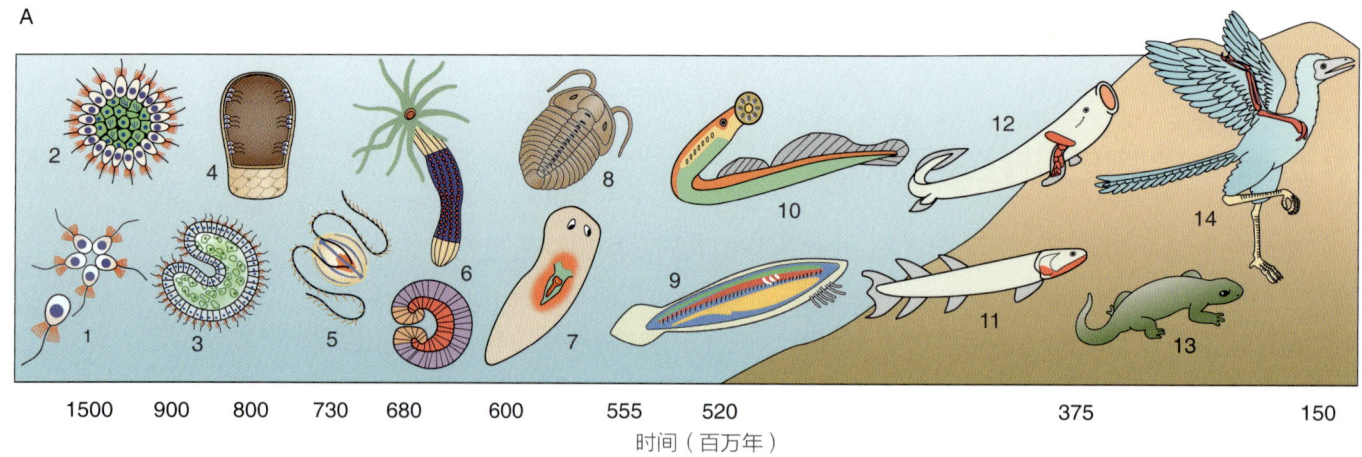

B

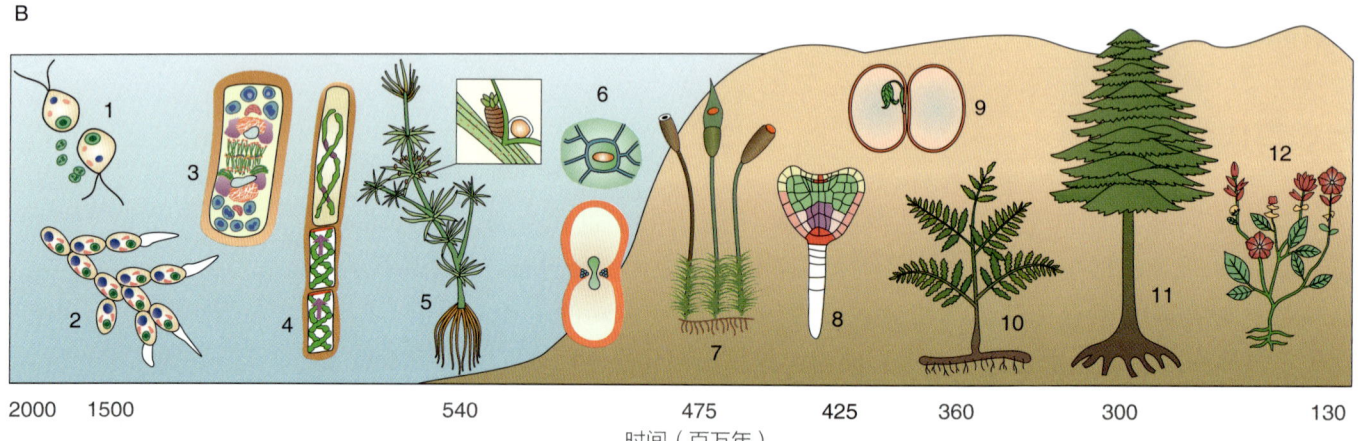

图 20-6 生命的进化发育

该图描绘了动植物进化发育史中发生的关键性适应性状。最近的真核共同祖先（LECA）于约 20 亿年前产生了动物（A）和植物（B）：（A）①领鞭毛虫细胞的定殖；②形成具有双层细胞结构的生命体；③消化结构随着更加紧密的细胞连接和细胞外基质的演变而出现；④原始肠道的出现；⑤栉水母出现类神经细胞样的互联系统；⑥原肠胚的出现；⑦两侧对称性出现；⑧体节与节肢动物的出现；⑨脊索结构的出现；⑩～⑫从无颌到有颌鱼，从鳍到前肢，后生动物走出水面；⑬～⑭爬行动物前肢变成翅，鸟类产生。（B）①蓝细菌的内共生为光合作用驱动的进化路径奠定了基础；②细胞外基质的产生促进了藻类丝状菌落的形成；③细胞壁形成，胞质分裂过程中形成新的细胞板；④植物激素促进细胞间的信息交流；⑤轮藻作为有胚植物的共同祖先开始出现世代交替现象；⑥气孔和胞间连丝为维管组织的出现提供了基础；⑦陆生植物苔藓出现；⑧植物胚胎发育从而定义了有胚植物；红色标记出茎尖和根尖分生组织；⑨种子结构；⑩～⑪木质素强化细胞壁提高维管组织对于水分和营养物质的运输效率；⑫与后生动物的共同进化促进了被子植物（开花植物）的多样性。

从组织解剖学上来看，裸子植物的 SAM 虽然也是多细胞结构，但并不呈现出明显的区域化分层；而苔藓和蕨类的 SAM 则更为简单：直接由单个顶端细胞发挥干细胞维持和器官发生的作用，进而形成植物体。与此对应的是，近年来的研究发现 CLV- 细胞分裂素调控模块对于 SAM 稳态调节的作用在进化上更为保守（在祖先登陆植物，如小立碗藓中就存在并发挥作用），而 *WUS* 则在蕨类植物出现之后才参与 SAM 中干细胞活性维持。在进化过程中植物分生组织的结构与功能是如何进行关联的依然有待研究。

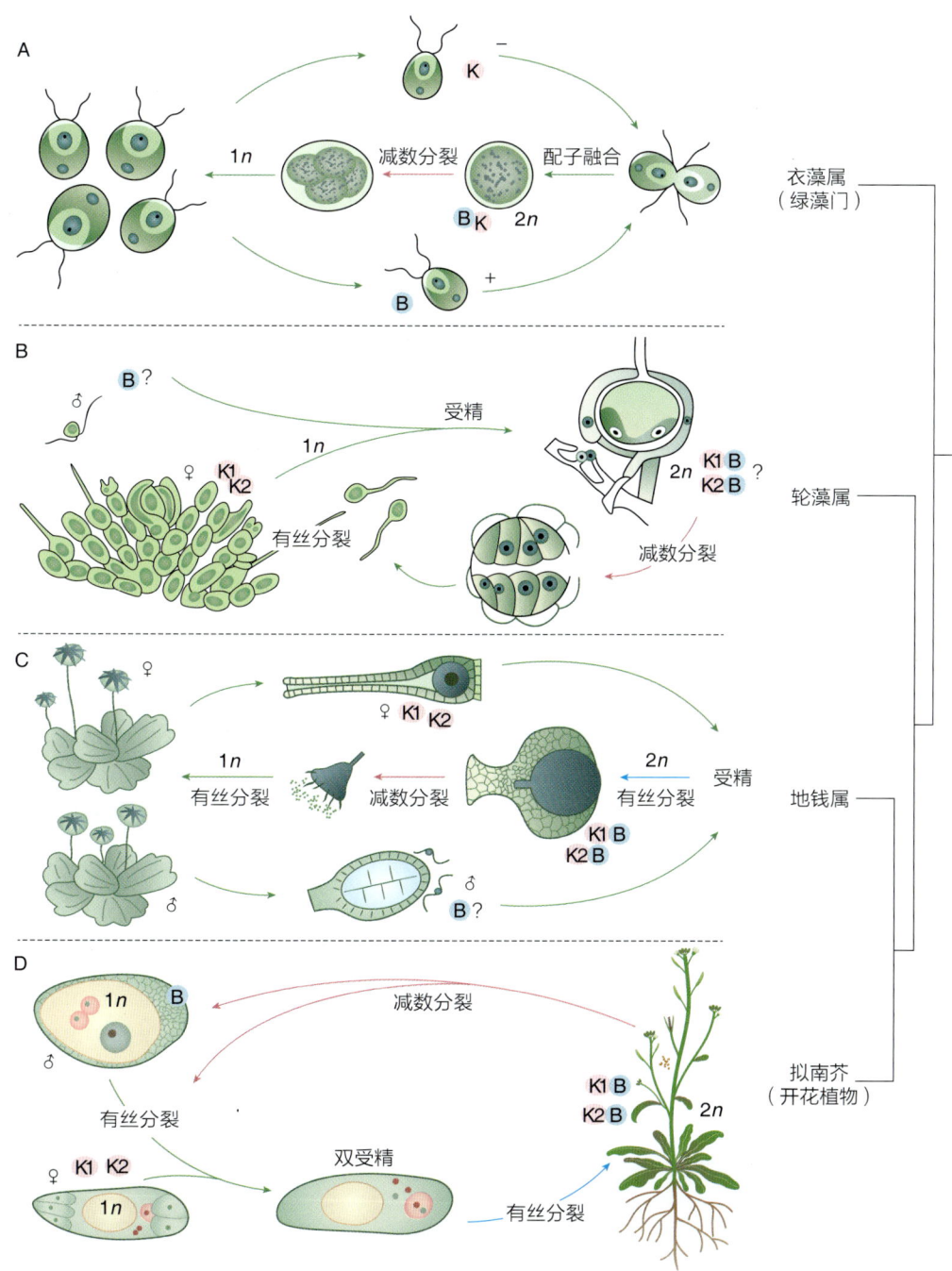

图 20-7 植物生活周期转换的遗传基础

在进化发育过程中 *KNOX/BELL* 发生了多次的基因加倍事件。单倍体和配子融合阶段用绿色表示，二倍体阶段发生事件用蓝色表示，减数分裂用红色表示。（**A**）衣藻。两种交配型（+，−）分别在胞质中表达 *BELL* 和 *KNOX* 基因，配子融合之后形成异源二聚体并进入细胞核激活二倍体基因表达。受精卵经历减数分裂，释放出具备运动能力的单体。（**B**）轮藻。配子、运动精子和滞留卵子由多细胞结构的单倍体分化而来。受精后，合子经过减数分裂与随后的有丝分裂产生游动的孢子，从而形成下一个多细胞单倍体世代。（**C**）地钱为代表的苔藓植物。配子、运动精子和滞留卵子产生于具有复杂多细胞结构的叶状配子体。受精后，合子经过多轮有丝分裂形成多细胞孢子体，并着生于母系配子体上。一部分孢子体细胞经历减数分裂形成单倍体孢子。苔藓植物中的小立碗藓有 2 个 *KNOX* 基因在卵细胞中表达，但尚不清楚精子中是否有 *BELL* 基因表达。（**D**）拟南芥为代表的被子植物。单倍体世代缩减到雄配子体中的 3 个细胞（其中包括 2 个精细胞）以及雌配子体中的 7 个细胞（其中包括 1 个卵细胞）。2 个精细胞分别与雌配子体中的卵子和中央极核融合形成合子及胚乳。合子经多次有丝分裂形成复杂的多细胞孢子体，其中一小部分细胞经历减数分裂。*KNOX* 和 *BELL* 在孢子体发育过程中的作用已被描述，但它们在合子中的作用尚不清楚。K，*KNOX*；K1，*KNOX1*；K2，*KNOX2*；B，*BELL*。

三、叶的进化发育

叶片产生于 SAM 的边缘区，分子遗传学研究表明，叶原基的发生需要抑制前面提到的同源异形基因 *KNOX* 在 SAM 边缘区的表达，而这种抑制作用是由表达于叶原基中的转录因子 ARP（ASYMMETRIC LEAVES1，ROUGH SHEATH2，PHANTASTICA）来实现的。迄今为止，在包括祖先登陆植物在内的多种陆生植物中都发现了这两类基因，表明 ARP-KNOX 模块在叶片形成中的作用可能十分保守。有趣的是，有研究发现一旦 *KNOX* 基因在某些单叶植物的叶原基中异位表达时，则会导致单叶向复叶转变。由此有的学者认为我们所见到的轴对称的枝（shoot）和具有两侧对称的扁平状叶（leaf）的产生，在进化发育上可能是一个连续的过程，我们观察到的两种形态不过是该连续过程的两种极端形态，其受到 *KNOX* 基因表达时间的调控。

伴随着叶原基的生成细胞（founder cell）命运在 SAM 的边缘区被决定，叶片的轴向发育开始确立。其中一个重要的（也是研究得比较多的）发育事件便是叶原基近（上）远（下）轴（adaxial-abaxial axis）极性的建立（图 20-8）。由于该过程常常与动物（如果蝇）胚胎发育过程中背腹轴的发育过程相比拟，叶片的近（上）远（下）对称性也被称为背腹性（dorsiventrality）。尽管动植物的背腹性建立过程存在相似的逻辑，但是控制两套发育程序的基因之间却不具有同源性。分子生物学研究表明，叶原基的背腹性建立主要由位于近轴侧的 AS2（Asymmetric Leaves2）及同源框蛋白 HD-ZIPIII 家族成员 REVOLUTA/PHABULOSA/PHAVOLUTA 与位于远轴侧的 KANADI1/KANADI2 及 YABBY 转录因子家族成员通过相互转录抑制来完成。这些背腹性基因虽然在动物中并不存在同源基因，但是在所有陆生植物中却是保守的。随之而来的问题是：既然背腹性相关基因至少从基部陆地植物开始已经存在于各种门类的植物类型

图 20-8 叶的发育
（**A**）叶原基发生于茎端分生组织边缘区域，并形成沿近（蓝色）远（黄色）轴的背腹极性；（**B**）成熟叶片的近轴（上）和远轴（下）侧呈现出明显不同的形态学特征。标尺：20 μm（A）；2 mm（B）。图片由王潘博士提供。

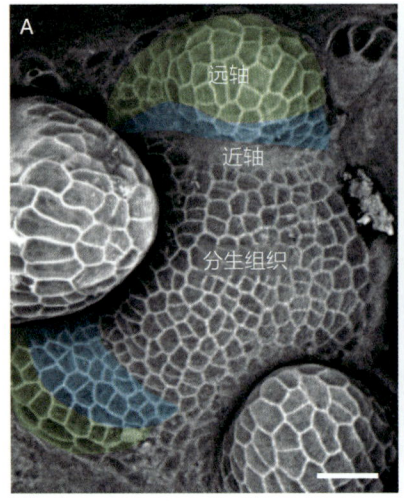

中，但不同植物的叶片却为何能够呈现出具有不同对称性的叶片形态？这一问题还有待更多研究。

四、花的进化发育

花是植物进化发育史中出现的重大关键创新性状，一直是科学家们关注的焦点。德国博物学家约翰·歌德（Johann Goethe，1749—1832）早在 1790 年就提出花是由变态的叶构成，达尔文更是将花的进化问题称为"恼人之谜"（the abominable mystery）。关于花状结构的记录最早出现于距今约 1.74 亿年前侏罗纪早期的化石中。尽管被子植物（也称为开花植物）花的起源问题尚无定论，但在器官层面上有证据表明叶片可能是花器官的祖先。该证据主要来自植物中调控开花基因 *LEAFY*（*LFY*）的发现。*LFY* 存在于轮藻及所有陆生植物中，该基因编码一类植物特有的转录因子。当 *LFY* 突变之后，植物原本的花会变为一簇叶状结构。

有趣的是，20 世纪 90 年代，许多植物发育生物学家通过对拟南芥和金鱼草等模式植物突变体的研究，发现了类似动物中的同源异形转变现象（如前面提到的动物胚胎发育过程中 *Hox* 基因的时空特异性激活参与调节了体节的发育）。与之类似，在拟南芥及其他开花植物中花器官的发育呈现出辐射对称状的图式（四轮花器官由外向内依次为：萼片、花瓣、雄蕊、心皮）。相对应的，一组主控基因以辐射对称的表达模式彼此重叠从而决定不同花器官的命运。这些基因虽然发挥类似动物中同源异形基因的功能，但却不具有同源异形框，而主要是 *MADS-box* 家族成员（*MADS-box* 基因的名称来源于酵母中的 *MCM1* 基因、拟南芥中的 *AG* 基因、金鱼草中的 *DEF* 基因和人类中的 *SRF* 基因）。它们编码的转录因子共享一个同源的 DNA 结合域（MADS-box）并识别相似的目标 DNA 序列。基于三类不同突变体的表型，科恩等人提出了花器官发育的 ABC 模型（详见第十五章）。需要指出的是，MADS 盒基因在从轮藻到陆生植物的各大门类进化过程中十分保守，参与多种发育事件的调控作用。

在被子植物中的诸多花器官中，雄蕊和心皮是典型的生殖器官，"孕育"着生殖细胞的产生。在一定程度上雄蕊和心皮被认为具有类似叶片样的结构，这一点也被前面提到的 *lfy* 突变体表型所印证。然而需要指出的是，从形态发生学的角度来看，早期陆地植物中孢子囊的产生却早于扁平状叶片的出现。近年来，科学家通过对被子植物生殖细胞分化的研究表明，生殖细胞分化的调控网络与分生组织干细胞维持的网络十分相似（图 20-9）。这一点与许多动物中生殖细胞来源于多能干细胞相类似（详见第十八章），表明了尽管动植物在进化过程中很早便产生分歧并独立进化，但却各自保留了进化发育基本规律的逻辑相似性。

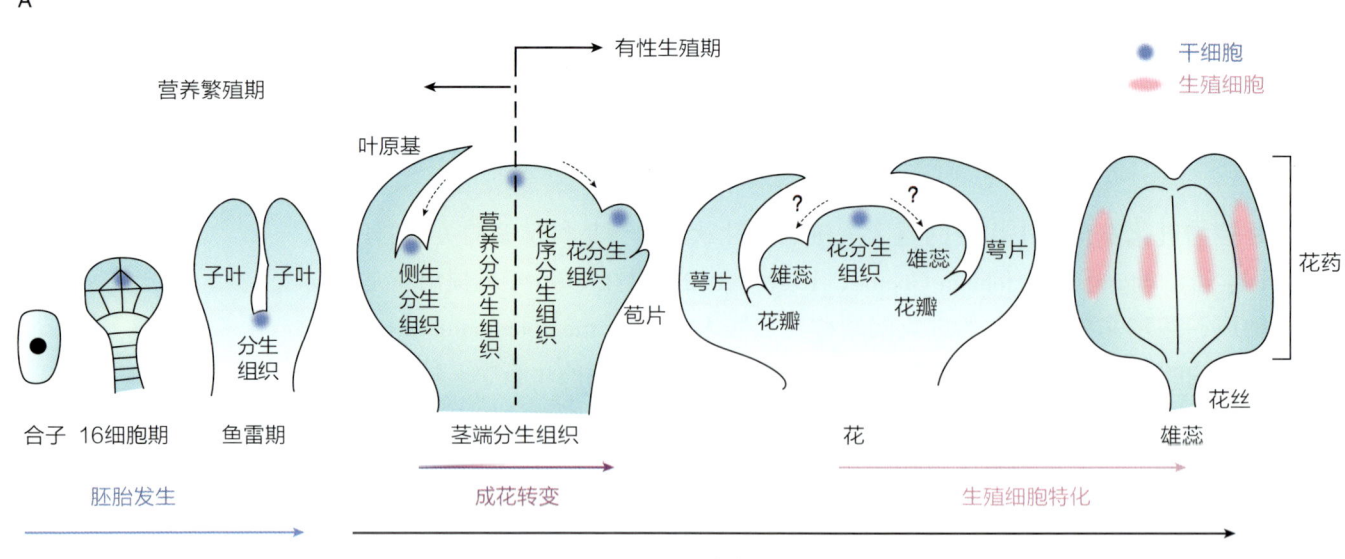

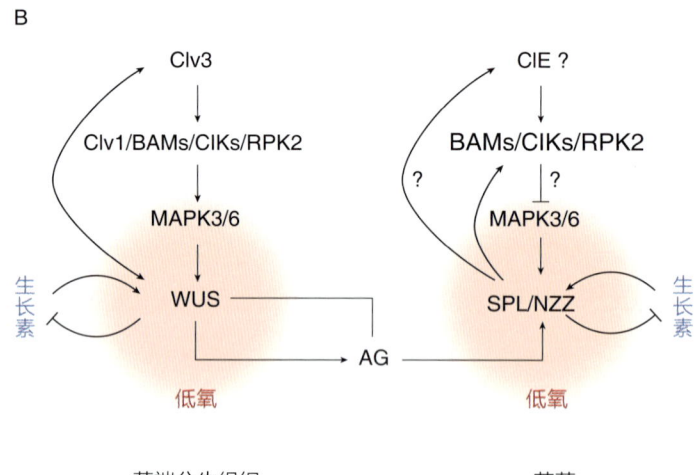

图 20-9　植物雄性生殖系建立路径与调控网络
（A）显示被子植物拟南芥中雄性生殖细胞分化的可能路径，虚线箭头表示侧生分生组织及花分生组织可能来源于茎端分生组织中央的干细胞群；（B）拟南芥花药中生殖细胞调控网络呈现出与茎端分生组织中干细胞维持网络的可比性。

※ 复习思考题

1. 多细胞生物都要经历个体发育过程。多细胞生物不管其种类，其进化发育是否共享一些基本逻辑和规律？从大自然视角，如果多细胞生物体重新再起源的话，是否还得采用类似的遗传学逻辑？

2. 大多数动物（包括人类）都在很大程度上展现出身体的两侧对称性，这种对称性对于动物的生存有哪些潜在的优势？相反，那些打破了传统的两侧对称模式并进化出如辐射对称的动物类群，它们这样的进化选择背后可能隐藏着怎样的生态适应逻辑？

3. 请列举 3～5 个脊椎动物进化过程中出现的代表性新器官，并分析这些器官如何提高了适应能力。讨论这些器官是逐步进化还是突然产生，哪种描述更为合适？

4. 请列举出你所知道的动植物进化发育过程中的异同点，并思考造成这种异同的各自可能原因是什么？

※ 推荐阅读

1. BARRESI M J F, GILBERT S F. Developmental Biology [M]. Oxford: Oxford University Press, 2020.

2. CARROLL S B. Endless Forms Most Beautiful: The New Science of Evo Devo and the Making of the Animal Kingdom [M]. New York: W. W. Norton & Company, 2006.

3. GAUNT S J. Hox cluster genes and collinearities throughout the tree of animal life[J]. Int J Dev Biol, 2018, 62(11–12): 673–683.

4. KING M C, WILSON A C. Evolution at two levels in humans and chimpanzees [J]. Science, 1975, 188(4184): 107–116.

5. MINELLI A, MANNUCCI M P. Plant Evolutionary Developmental Biology: The Evolvability of the Phenotype [M]. Cambridge: Cambridge University Press, 2018.

6. SCHREIBER A M. Flatfish: an asymmetric perspective on metamorphosis [J]. Curr Top Dev Biol, 2013, 103: 167–194.

7. SEA URCHIN GENOME SEQUENCING CONSORTIUM. The genome of the sea urchin *Strongylocentrotus purpuratus* [J]. Science, 2006, 314(5801): 941–952.

8. WALLACE A. Understanding Evo-Devo [M]. Cambridge: Cambridge University Press, 2021.

（编写：王文、李永鑫、王堃、赵峰；审读：刘光慧、宋默识、张维绮）

索 引

郑重声明

高等教育出版社依法对本书享有专有出版权。任何未经许可的复制、销售行为均违反《中华人民共和国著作权法》，其行为人将承担相应的民事责任和行政责任；构成犯罪的，将被依法追究刑事责任。为了维护市场秩序，保护读者的合法权益，避免读者误用盗版书造成不良后果，我社将配合行政执法部门和司法机关对违法犯罪的单位和个人进行严厉打击。社会各界人士如发现上述侵权行为，希望及时举报，我社将奖励举报有功人员。

反盗版举报电话　　（010）58581999　58582371

反盗版举报邮箱　　dd@hep.com.cn

通信地址　北京市西城区德外大街4号　高等教育出版社知识产权与法律事务部

邮政编码　100120

读者意见反馈

为收集对教材的意见建议，进一步完善教材编写并做好服务工作，读者可将对本教材的意见建议通过如下渠道反馈至我社。

咨询电话　400-810-0598

反馈邮箱　gjdzfwb@pub.hep.cn

通信地址　北京市朝阳区惠新东街4号富盛大厦1座　高等教育出版社总编辑办公室

邮政编码　100029

防伪查询说明

用户购书后刮开封底防伪涂层，使用手机微信等软件扫描二维码，会跳转至防伪查询网页，获得所购图书详细信息。

防伪客服电话　　（010）58582300